Iulli Pollucis Onomasticon
- Primary Source Edition

Julius Pollux

PRAEFATIO EDITORIS.

Iulium Pollucem sophistam novimus λεξιφάντην, sed eundem rerum multarum, quae iam aliunde disci non possunt, auctorem et magistrum. hunc cum ita editum viderem ut, quanto cum dispendio emeretur, tanto cum taedio legeretur, experiri iuvabat ecquo pacto habilem possem parvoque parabilem reddere. itaque urceus coepit institui: amphorae si quid simile exit, gratiae habendae Viris Illustribus, qui mihi codicum manuscriptorum usum vel impetrarunt vel concesserunt.

habui autem codices Parisienses duo et Palatinum.

Parisiensium praestat (*A*) qui inter Regios nunc numeratur 2670, antea deinceps fuit n° 5 *tertiae decimae* ᴄꟾꟹᴰᴄᴄᴄᴄxᴄꟾx; 86, 2217, 3510; membranaceus ille quidem, foliis 383, altis pollices quinos ferme, latis ternos; quorum secundo legitur, quod Lederlinus in ora primi sui repertum praef. p. 16 posuit, scholion: ἰστέον ὅτι — εὐληπτότερον; versibus vicenis singulis; libris transpositis ita ut quintus sexti locum et numerum teneat (f. 233 *v*), sextus septimi (f. **272** *r*), septimus quinti (f. **189** *r*). eximius codex, nec Falckenburgiano nisi ultimis in libris, octavo nono decimo, deterior.

Parisiensis alter (*B*) et ipse Regius est, **2647**, olim Tellerianus Remensis **92** et Reg. $^{3257}_{2}$, bombycinus; foliis **123**, altis pollices **8**$\frac{1}{2}$, latis **6**; versibus tricenis ternis quaternisve.

Palatinus denique Heidelbergensis (*C*), n. **375**, ab Iungermanno dudum accurate excussus, foliis membranaceis **283**, quae alta sunt pollices **11**, lata **7**$\frac{1}{2}$, Pollucem inter Harpocrationem et Oribasium habet (f. **53** — **224**). desunt folia singula post f. **137**, **144**, **165**, **216**, **218**; desunt versus aliquot post f. **224**.

est ubi ab his et reliquis codicibus destitutus meas secutus sim opiniones. ibi simpliciter, quid vulgo legatur, soleo commemorare.

Scrib. id. Nov. a. **1845**.

ΙΟΥΛΙΟΥ ΠΟΛΥΔΕΥΚΟΥΣ

ΟΝΟΜΑΣΤΙΚΟΝ.

A.

Κομμόδῳ Καίσαρι Ἰούλιος Πολυδεύκης χαίρειν. ὦ παῖ πα-
τρὸς ἀγαθοῦ, πατρῷόν ἐστί σοι κτῆμα κατ' ἴσον βασιλεία τε καὶ
σοφία. τῆς δὲ σοφίας τὸ μέν τι ἐν τῇ τῆς ψυχῆς ἀρετῇ, τὸ δ' ἐν
τῇ χρείᾳ τῆς φωνῆς. τῆς μὲν οὖν ἀρετῆς ἔχεις τὸ μάθημα ἐν τῷ
πατρί, τῆς δὲ φωνῆς, εἰ μὲν ἦγεν αὐτὸς σχολήν, παρεῖχεν ἄν σοι
τὸ ἡμῶν ἐλάχιστα δεῖσθαι, ἐπεὶ δ' ἐκεῖνον ἡ σωτηρία τῆς οἰκου- 2
μένης ἀπασχολεῖ, ἔγωγ' οὖν ἔν γέ τί σοι πρὸς εὐγλωττίαν συμβα-
λοῦμαι. ὀνομαστικὸν μὲν οὖν ἐστι τῷ βιβλίῳ τὸ ἐπίγραμμα, μη-
νύει δὲ ὅσα τε συνώνυμα ὡς ὑπαλλάττειν δύνασθαι, καὶ οἷς ἂν
ἕκαστα δηλωθείη· πεφιλοτίμηται γὰρ οὐ τοσοῦτον εἰς πλῆθος ὁπό-
σον εἰς κάλλους ἐκλογήν. οὐ μέντοι πάντα τὰ ὀνόματα περιείληφε
τουτὶ τὸ βιβλίον· οὐδὲ γὰρ ἦν πάντα ῥᾴδιον ἑνὶ βιβλίῳ συλλα-
βεῖν. ποιήσομαι δὲ τὴν ἀρχὴν ἀφ' ὧν μάλιστα προσήκει τοὺς εὐ-
σεβεῖς, ἀπὸ τῶν θεῶν· τὰ δ' ἄλλα ὡς ἂν ἕκαστον ἐπέλθῃ τάξο-
μεν. ἔρρωσο.

Θεὸς καὶ θεοὶ καὶ δαίμονες· οὕτω γὰρ Ὁμήρῳ δοκεῖ δαί- 5
μονας καλεῖν τοὺς θεούς. καὶ Πλάτων δὲ τὸν τοῦ παντὸς
κυβερνήτην μέγιστον δαίμονα ὠνόμασεν, ἐπειδὴ τῆς αὐτῆς
χρείας τὸ θεῖον καὶ τὸ δαιμόνιον. καὶ τὸ μὲν χωρίον ἐν 6
ᾧ θεραπεύομεν τοὺς θεούς, ἱερὸν καὶ νεώς, ἔνθα δὲ καθι-
δρύομεν, σηκὸς καὶ τέμενος· οἱ μὲν γὰρ ἀκριβέστεροι σηκὸν
τὸν τῶν ἡρώων λέγουσιν, οἱ δὲ ποιηταὶ καὶ τὸν τῶν θεῶν,
ὡς οἱ τραγῳδοὶ «ἁγνὸν εἰς σηκὸν θεοῦ.» τὸ δὲ πρὸ αὐτοῦ
πρόδομος, καὶ τὸ κατόπιν ὀπισθόδομος, καὶ ἡ εἴσοδος προ-
πύλαια. αὐτὰ δὲ ἃ θεραπεύομεν, ἀγάλματα, ξόανα, ἕδη 7
θεῶν, εἰκάσματα θεῶν, εἰκόνες, μιμήματα, τυπώματα, εἴδη,
ἰδέαι· βρέτας δὲ ἢ δείκηλον οὐκ ἔγωγε προσίεμαι. ἐφ' ὧν

§ 2 vs. 2. γέ om *A*.   3. ἐστὶ om *A*.   4. συνωνύμως ὑπαλλάττειν
δύναται *A*.   7. πάντα om *B*.

1 *

δὲ θύομεν ἢ πῦρ ἀνακαίομεν, βωμός, θυμιατήριον, ἑστία·
ἔνιοι γὰρ οὕτως ὠνομάκασιν. οὕτω δ' ἂν κυριώτατα καλοίης
τὴν ἐν πρυτανείῳ, ἐφ' ἧς τὸ πῦρ τὸ ἄσβεστον ἀνάπτεται.
8 ἐσχάρα δ' ἰδικῶς δοκεῖ μὲν ὧδε ὀνομάζεσθαι ἐφ' ἧς τοῖς
ἥρωσιν ἀποθύομεν· ἔνιοι δὲ τῶν ποιητῶν καὶ τὸν τῶν θεῶν
βωμὸν οὕτω κεκλήκασιν.

εἴη δ' ἂν ὁ μὲν εἴσω περιρραντηρίων τόπος ἔνθεος,
ἱερός, καθιερωμένος, καθωσιωμένος, ἀβέβηλος (καίτοι οὐ-
9 δέπω ἐντετύχηκα τῷ ὀνόματι), ὁ δ' ἔξω βέβηλος· τὸ γὰρ
ἀνίερος ἁρμόττοι ἂν μᾶλλον· ἐπὶ τῶν οὐ καθαρῶν τόπων.
εἰ μέντοι καί τι χωρίον ἄβατον εἴη τοῦ ἱεροῦ, τοῦτο καὶ
ἄδυτον εἴποις ἂν καὶ ἄψαυστον καὶ ἀψαυστούμενον καὶ
10 ἀθέατον καὶ ἀνάκτορον. οἱ δ' ἀνειμένοι θεοῖς τόποι ἄλση
τε καὶ τεμένη καὶ ἕρκη, καὶ ὁ περὶ αὐτὰ κύκλος περίβολος.
εἰ δὲ καὶ ἄσυλόν τι εἴη, τοῦτο χρησφύγετον λέγε καὶ ψύ-
ξιμον· καὶ ἱεροὺς ὅρους, ἐντὸς ὧν ἱκέταις ἀσφάλεια. ἡ δ'
ἄνετος θεοῖς γῆ ἱερὰ καὶ ὀργάς.

11 τὸ δὲ οἰκοδομῆσαι νεὼν λέγοις ἂν καὶ περιβαλέ-
σθαι νεὼν καὶ ἐγεῖραι νεὼν καὶ ἀναστῆσαι νεὼν καὶ ποιή-
σασθαι νεών, καὶ νεὼν ἐργάσασθαι, καὶ συνθεὶς νεωποιῆ-
σαι. φιλοτιμότερον δὲ καὶ τὸ νεὼν περιεργάσασθαι τῷ ἀγάλ-
ματι.   τὸ δὲ ἄγαλμα ἱδρύσασθαι ἐρεῖς καὶ στή-
σασθαι, ἐνστήσασθαι, ἀναστῆσαι, καθιδρῦσαι, ἐγκαθιδρύ-
σασθαι, ἐγκαθίσαι τῷ νεῷ, ἐγκαινίσαι τῷ θεῷ, καθοσιῶ-
σαι, καθιερῶσαι, ἐντεμενίσαι. τὸ δὲ ἔργον ἵδρυσις, καθιέ-
ρωσις, στάσις, ἀνάστασις, καθίδρυσις, κατάστασις, καθοσί-
12 ωσις. τὰ δὲ ἐναντία ἀνατρέψαι, καθελεῖν, καταβαλεῖν, κατ-
ενεγκεῖν, καθελκύσαι, συγχέαι τὸν κόσμον τοῦ νεώ, κατα-
πρῆσαι, ἐμπρῆσαι, καταφλέξαι, πυρὶ νεῖμαι, ἐκ βάθρων
ἀνασπάσαι, ἀκρωτηριάσαι. τὸ δὲ ἔργον ἀνατροπή, καθαί-
ρεσις, ἀκρωτηριασμός.   οἱ δὲ κατασκευάζοντες τοὺς
νεὼς καὶ τὰ ἀγάλματα τεχνῖται, τοὺς μὲν περὶ τὸν
νεὼν λιθοξόους τε καὶ οἰκοδόμους καὶ τέκτονας εἴποις ἄν,
φιλοτιμούμενος δὲ καὶ νεωποιοὺς καὶ ἱεροποιούς, τοὺς δὲ
ἐπὶ τοῖς ἀγάλμασι χειροτέχνας οὐκ ἀγαλματοποιοὺς μόνον
οὐδ' ἀγαλματουργούς, ἀλλὰ καὶ θεοποιοὺς καὶ θεοπλάστας,
13 ὡς Ἀριστοφάνης, ὥσπερ τὴν τέχνην ἀγαλματοποιίαν καὶ

ἀγαλματουργίαν καὶ ἀγαλματοποιικὴν καὶ θεοποιητικὴν καὶ
ἀγαλματουργικήν, οὐ μὴν καὶ θεοποιίαν· δυσχερὲς γὰρ πρὸς
τὴν ἀκοὴν τοὔνομα. τὸ δὲ ἐργάσασθαι θεὸν ἔστιν εἰπεῖν,
καὶ ποιῆσαι, μιμήσασθαι, δεῖξαι, τυπῶσαι· σκληρὸν γὰρ τὸ
μορφῶσαι. ἀλλὰ καὶ κοιλᾶναι λίθον εἰς θεοῦ μορφὴν καὶ
διαγλύψαι καὶ διαρθρῶσαι καὶ διατυπῶσαι καὶ διαξέσαι.

οἱ δὲ τῶν θεῶν θεραπευταὶ ἱερεῖς, νεωκόροι, ζάκοροι, 14
προφῆται, ὑποφῆται, θύται, τελεσταί, ἱερουργοί, καθάρται,
μάντεις, θεαμάντεις, χρησμῳδοί, χρησμολόγοι, χρησμοδόται,
παναγεῖς, πυρφόροι, ὑπηρέται, θεουργοί· ποιητικώτερον γὰρ
τὸ θυηπόλοι. αἱ δὲ θήλειαι ἱέρειαι, προφήτιδες, καὶ ἔργων
μυστικῶν προφάντιδες, καὶ τὰ λοιπὰ πρὸς τοὺς ἄρρενας
κοινά. ἰδίως δὲ ἡ ἐν Δελφοῖς προφῆτις Πυθία.

εἰ δέ που καὶ πνεῦμα εἴη μαντικόν, ὁ μὲν τόπος 15
ἔνθεος καὶ ἐπίπνους καὶ κάτοχος καὶ ἐπιτεθειασμένος καὶ
κατειλημμένος ἐκ θεοῦ, ὥσπερ καὶ ὁ χρῶν ἀνήρ· οὗτος δὲ
καὶ ἐνθουσιῶν, καὶ κεκινημένος ἐκ θεοῦ, καὶ ἀναβεβακχευ-
μένος, καὶ πλήρης θεοῦ, καὶ παραλλάττων ἐκ θεοῦ. τὸ δὲ
πνεῦμα εἴποις ἂν καὶ ἀτμὸν μαντικόν, καὶ ἄσθμα δαιμό-
νιον, καὶ θείαν αὔραν, καὶ ἄνεμον μαντικόν, καὶ φωνὴν
προαγορευτικήν. τὰ δὲ ῥήματα τῶν τῷ ἀνδρὶ συμβαινόν- 16
των κατασχεθῆναι, καταληφθῆναι, ἐνθουσιάσαι, ἐπιθειάσαι,
ἀναβακχεῦσαι, πληρωθῆναι θεοῦ· τὸ γὰρ ἐπιπνευσθῆναι
κακόφωνον. τὰ δὲ ὀνόματα τοῦ πράγματος κατακωχή, κά-
θοδος θεοῦ, καταβολή, κατοχή, ἐπιθειασμός, ἐπίπνοια,
βακχεία, κίνησις ἐκ θεοῦ, κατάληψις, ἐνθουσιασμός, ὥσπερ
καὶ τὰ ἐπιρρήματα ἐνθέως, ἐπίπνως, κατόχως, ἐνθουσιαστι-
κῶς, θειαστικῶς, ἐπιτεθειασμένως. τὸ δὲ πᾶν χωρίον μαν- 17
τεῖον καὶ χρηστήριον καὶ ἀνάκτορον. τὸ δὲ πρᾶγμα χρη-
σμῳδῆσαι καὶ μαντεύσασθαι (ἔνιοι δὲ τῶν Ἀττικῶν καὶ
μαντεῦσαι λέγουσι), ἀνειπεῖν, ἀναφθέγξασθαι, προειπεῖν,
προθεσπίσαι (τὸ γὰρ θεσπιῳδῆσαι διθυραμβῶδες), προα-
γορεῦσαι, προμηνῦσαι, προδηλῶσαι, προδιδάξαι, χρησμοδο-
τῆσαι, χρησμολογῆσαι, ἀνελεῖν, προφητεῦσαι, χρῆσαι. καὶ 18
τὸ μὲν ἔργον μαντεία, χρησμολόγιον, λόγιον, φήμη ἐκ θεοῦ,

πρόρρησις, προαγόρευσις, χρησμῳδία, χρησμολογία, ἀνάρρη-
σις, μάντευμα· καὶ διαλῦσαι τὰ μεμαντευμένα, τὰ ἀνειρη-
μένα, τὰ κεχρησμένα, τὰ κεχρησμῳδημένα, τὰ προηγορευ-
μένα, τὰ τεθεσπισμένα. ἰδίως δὲ τὸ ἐκ Δελφῶν καλεῖται πυ-
19 θόχρηστον, καὶ οἱ χρώμενοι θεωροί. ὀνομάζοιτο δ᾽ ἂν καὶ ἡ
τέχνη μαντική, προαγορευτική, χρησμολογική. τὸν δὲ χρῶντα
καλοίης ἂν προφήτην, μάντιν, χρησμῳδόν, χρησμολόγον·
ποιητῶν τὸ θεσπιῳδόν. ἔχοις δ᾽ ἂν εἰπεῖν καθ᾽ ἕτερον εἶδος
χρείας, ἧκεν ἐκ θεοῦ φήμη, ἧκε μάντευμα ἐκ θεοῦ, ἧκε
λόγιον, ἐξέπεσε χρησμός, ἠνέχθη μάντευμα, ἀνεῖπεν ὁ θεός,
ἀνεῖλεν ὁ θεός, ἀνεφθέγξατο ἀμέτρως, ἐν ἑξαμέτρῳ τόνῳ,
καὶ τὰ τοιαῦτα. οἷς προσθετέον τὸ θεομανεῖν, τὸ θεοκλυ-
τεῖν, θεολογεῖν. θεόληπτος, φοιβόληπτος, νυμφόληπτος,
μουσόληπτος, ἐκ Πανὸς ἢ ἄλλου θεοῦ κάτοχος ἢ κατεχό-
μενος.

20   ὁ μὲν τοίνυν θεοὺς νομίζων ἀνὴρ καλοῖτ᾽ ἂν εὐσε-
βής, φιλόθεος, ὅσιος, φιλοθύτης, φιλεορταστής, ἱερουργι-
κός, θεῶν ἐπιμελής, θεοῖς ἀνακείμενος, θειασμῷ προσκεί-
μενος, λατρεύων θεοῖς, ἔνθεος, κατάθεος, θεοσεβής, θεο-
λογικός, ἐπιτεθειασμένος, ἱερός, καθιερωμένος, θεοφιλής.
21 ὁ δὲ ὑπερτιμῶν δεισιδαίμων καὶ δεισίθεος· κωμικὸν γὰρ ὁ
βλεπεδαίμων. ὁ δὲ ἐναντίος ἄθεος, ἀνίερος, ἀσεβής, δυσ-
σεβής, ἀθέμιτος, μισόθεος, θεομισής, ὀλίγωρος θεῶν, νεω-
τεριστὴς περὶ τὸ θεῖον, ἐναγής, ἐξάγιστος, βέβηλος, θεοβλα-
βής· ὁ γὰρ θεοστυγὴς τραγικόν. ὀνόματα δὲ τοῦ πράγμα-
τος ἐκεῖ μὲν εὐσέβεια καὶ ὁσιότης καὶ θεῶν ἐπιμέλεια καὶ
λατρεία θεῶν καὶ θεοσέβεια (τὸ γὰρ φιλοθεότης βίαιον),
22 ἐνταῦθα δὲ ἀσέβεια καὶ ἀνοσιότης καὶ ὀλιγωρία περὶ τὸ
θεῖον καὶ θεοβλάβεια καὶ ἀθεότης. ῥήματα δὲ εὐσεβεῖν,
ὁσιοῦν, σέβειν, σέβεσθαι, θεοσεβεῖν. τὸ δ᾽ ἐναντίον ἀσεβεῖν
μόνον· τὸ γὰρ ἀνοσιουργεῖν πρὸς ἕτερα. εἰ δὲ καὶ ἐπιρρή-
ματα εἴη προσθετέον, ἐπὶ μὲν τοῦ εὐσεβοῦς ὁσίως, ἐνθέως,
φιλοθέως, θεοφιλῶς, θεοσεβῶς, ἐπὶ δὲ τοῦ ἐναντίου ἀσε-
βῶς, δυσσεβῶς, ἀνοσίως, ἀθέως, θεοβλαβῶς, θεομισῶς,
ἀθεμίτως.

ὀνομάσαις δ' ἂν ἱερὸν ἀρχαῖον, σεμνόν, ἔνθεον, θεῖον, 23
φρικῶδες, ἐκπληκτικόν, ἀρχαιόπλουτον, παλαιόπλουτον, ζά-
πλουτον, μεγαλόπλουτον, βαθύπλουτον, πολύχρυσον, πολύ-
άργυρον, πολυτάλαντον.

θεοὶ ὑπερουράνιοι, ἐνουράνιοι, ἐπουράνιοι, ἐναιθέριοι,
ἐναέριοι, ἐπίγειοι οἱ αὐτοὶ καὶ ἐπιχθόνιοι, ἐνάλιοι, θαλάτ-
τιοι οἱ αὐτοὶ καὶ ἐνθαλάττιοι, ὑπόγειοι, χθόνιοι καὶ ὑπο- 24
χθόνιοι καὶ καταχθόνιοι, ἑστιοῦχοι, πολιοῦχοι, πατρῷοι, ξέ-
νιοι, φράτριοι, ἀγοραῖοι, ἐπικάρπιοι, στράτιοι, τροπαιοῦχοι,
ἱκέσιοι, τρόπαιοι, ἀποτρόπαιοι, λύσιοι, καθάρσιοι, ἁγνῖται,
φύξιοι, σωτῆρες, ἀσφάλειοι, παλαμναῖοι, προστρόπαιοι, γε-
νέθλιοι, γαμήλιοι, φυτάλιοι, προτρύγαιοι. τὰ πολλὰ δὲ τού-
των ὡς ἴδιά ἐστι τοῦ Διός, ὥσπερ ὁ ὑέτιος καὶ ὁ καταιβά-
της, καὶ παρ' Ἀθηναίοις φράτριος. τὸ γὰρ νεφεληγερέτης
καὶ ὅσα τοιαῦτα ἐπὶ τοῦ Διός, ὥσπερ καὶ τὸ ἐννοσίγαιος
καὶ τὸ ἐνοσίχθων καὶ τὰ ὅμοια ἐπὶ τοῦ Ποσειδῶνος, ποιη-
ταῖς ἀνείσθω.

τὸ δὲ προσιέναι πρὸς τοὺς θεοὺς καθηράμενον, 25
καθαρεύσαντα, φαιδρυνάμενον, περιρρανάμενον, ἀπορρυψά-
μενον, ἀπονιψάμενον, ἁγνεύσαντα, ἡγνισμένον, ὡσιωμένον,
καθαρῷ νῷ, ὑπὸ νεουργῷ στολῇ, ὑπὸ νεοπλυνεῖ ἐσθῆτι,
προσιέναι θεοῖς, πρόσοδον ποιεῖσθαι πρὸς τοὺς θεούς, εὔ-
χεσθαι θεοῖς, ἀνατείνειν τὰς χεῖρας, ἐντυγχάνειν θεοῖς,
προστρέπεσθαι θεούς, κατακαλεῖν θεούς, ἀνακαλεῖν θεούς, 26
αἰτεῖν παρὰ τῶν θεῶν τἀγαθά, προσφεύγειν θεοῖς, ποτνιᾶ-
σθαι, καταντιβολεῖν, καθικετεύειν, θύειν θεοῖς, ἱερουργεῖν,
ἱεροποιεῖν, βουθυτεῖν, ἑκατόμβην προσάγειν, θυηπολεῖν,
παιᾶνας ᾆσαι, ὕμνον ᾆσαι, ἱερῶν προκατάρξασθαι, λιβανω-
τὸν καθαγίζειν, θυμιᾶν, ἀρώματα λύειν ἐν πυρί. τὰ δὲ
ἀρώματα καὶ θυμιάματα καλεῖται· Θουκυδίδης δ' αὐτὰ εἴ-
ρηκεν ἁγνὰ θύματα πρὸς τὰ αἱμάσσοντα καὶ σφαττόμενα.
ἀνατιθεὶς σμύρναν, λιβανωτόν. ἱερεῖα προσάγειν τοῖς βω- 27
μοῖς, αἱμάσσειν τοὺς βωμούς, δεκάτην ἀποθύειν, εὔχεσθαι
κατὰ βοὸς ἢ ἄλλου του, σπένδειν, κατασπένδειν, ἀναστέ-
φειν, στεφανοῦν, στεφανώματα προσφέρειν, μυρρίνην στε-

---

25 1. τὸ δὲ] τὸν δὲ ἱερέα ἐρεῖς? 26 1. προτρέπεσθαι ante Hem-
sterhusium anecdot. I p. 164.

φανωτρίδα, σπεῖσαι, κατασπεῖσαι, ἐπισπεῖσαι, μηρία ἐπιθεῖ-
ναι, οὐλὰς ἐπιβαλεῖν, σπλαγχνεύσασθαι, θυηλήσασθαι, ἱε-
ρῶν προκατάρξασθαι, σπλάγχνων ἀπάρξασθαι, δεκάτην ἀπο-
28 θεῖναι, ἀνάθημα ποιήσασθαι, ἀναθεῖναι εἰς τὸν νεών. τὰ
. δ' ἀναθήματα ὡς ἐπὶ τὸ πολὺ στέφανοι, φιάλαι, ἐκπώματα,
θυμιατήρια, χρυσίδες, ἀργυρίδες, οἰνοχόαι, ἀμφορίσκοι. ἡ
δὲ Πυθία καὶ κνισᾶν ἀγυιὰς ἀνῄρει. ἀπαρχὰς προσενέγκαι,
ἀπάργματα προσφέρειν, ψαιστά, πόπανα, ὀμπήν, πελάνους,
στεφάνους, πέμματα, στέμματα, θαλλούς, μυρρίνας, ἄνθη.
παιανίσαι, παιᾶνα ᾆσαι· τὸ γὰρ ὀλολύξαι καὶ ὀλολυγῇ χρή-
29 σασθαι ἐπὶ γυναικῶν. τὰ μέντοι πράγματα θυσία, βουθυ-
σία, θυηπολία, κατάκλησις θεῶν, ἀνάκλησις, ἔντευξις, πρό-
σοδος, ἱερουργία, ἱεροποιία, ἱκετεία, σπονδή. τὸ δὲ ἀπὸ τῶν
βωμῶν ἀπορρέον πνεῦμα, κνῖσα καὶ ἀτμός. τὰ δὲ προσ-
ακτέα θύματα ἱερεῖα ἄρτια, ἄτομα, ὁλόκληρα, ὑγιῆ, ἄπηρα,
παμμελῆ, ἀρτιμελῆ, μὴ κολοβὰ μηδὲ ἔμπηρα μηδὲ ἠκρωτη-
ριασμένα μηδὲ διάστροφα. Σόλων δὲ τὰ ἔμπηρα καὶ ἀφελῆ
ὠνόμασε. προσακτέον μέντοι καὶ βοῦς ἄζυγας. ἰστέον δ'
ὅτι τὰ ἐκ τῶν ἱερείων κρέα θεόθυτα καλεῖται.

30   ἵνα δὲ καὶ διαναπαύσω σε πρὸς μικρόν, ἐπεὶ τὸ διδα-
σκαλικὸν εἶδος αὐχμηρόν ἐστι καὶ προσκορές, οὐδὲν ἂν κω-
λύοι προσθεῖναι καὶ μύθου γλυκύτητα εἰς ψυχαγωγίαν, ὅτι
καὶ μῆλα θύουσι περὶ Βοιωτίαν Ἡρακλεῖ (λέγω δὲ οὐ τὰ
πρόβατα τῇ ποιητικῇ φωνῇ, ἀλλὰ τὰ ἀκρόδρυα) ἐκ τοιᾶσδε
τῆς αἰτίας. ἐνειστήκει μὲν γὰρ ἡ πανήγυρις τοῦ θεοῦ, καὶ
κατήπειγε τοῦ θύειν ὁ καιρός, τὸ δὲ ἱερεῖον ἄρα κριὸς ἦν.
καὶ οἱ μὲν ἄγοντες ἄκοντες ἐβράδυνον (ὁ γὰρ Ἀσωπὸς πο-
31 ταμὸς οὐκ ἦν διαβατός, μέγας ἄφνω ῥυείς), οἱ δ' ἀμφὶ τὸ
ἱερὸν παῖδες ὁμοῦ παίζοντες ἀπεπλήρουν τῆς ἱερουργίας τὸν
νόμον· λαβόντες γὰρ μῆλον ὡραῖον κάρφη μὲν ὑπέθεσαν
αὐτῷ τέτταρα, δῆθεν τοὺς πόδας, δύο δ' ἐπέθεσαν (τὰ δ'
ἦν τὰ κέρατα), καὶ κατὰ τοὺς ποιητὰς ἀποθύειν ἔφασαν
τὸ μῆλον ὡς πρόβατον. ἡσθῆναί τε λέγεται τῇ θυσίᾳ τὸν
. Ἡρακλέα, καὶ μέχρι τοῦδε παραμένειν τῆς ἱερουργίας τὸν
νόμον. καὶ καλεῖται παρὰ τοῖς Θηβαίοις ἢ τοῖς Βοιωτοῖς
Μήλων ὁ Ἡρακλῆς, τοὔνομα ἐκ τοῦ τρόπου τῆς θυσίας
λαβών.

τὰ πρὸ τῶν ἱερῶν περιρραντήρια, καθαρμοί, καθάρ- 32
σεις, καθάρσια, καθαρτήρια, καθάρται. καὶ οἱ τούτοις χρη-
σάμενοι καθαροί, οἱ δ' ἐναντίοι ἀκάθαρτοι. ὥσπερ καὶ τὰ
ἐναντία τῶν ἀκαθάρτων, ὁσίως ὡσιωμένως ἁγνῶς ἡγνευμέ-
νως ἁγίως προσιόντες, ἀνόσιοι, ἀνίεροι, ἀνάγνως ἀνοσίως
ἀκαθάρτως πάντα δρῶντες, μιαροί, παμμίαροι, ἐναγεῖς,
ἄγει προσεχόμενοι, μιάσματι ἐνεχόμενοι. καὶ τὰ πράγματα, 33
τὸ μὲν ἅγιον, καθαρόν, ὅσιον, ἁγνόν, εὐαγές, ἄχραντον,
τὸ δ' ἐναντίον ἐναγές, ἐξάγιστον, δυσαγές, μιαρόν, παμ-
μίαρον, μίασμα, μύσος. ἄλλης δὲ χρείας καθήρασθαι, μί-
ασμα ἐκνίψασθαι, ἄγος ἀποπέμψασθαι, μύσος λύσασθαι,
ἀπολύσασθαι, ἀποτρίψασθαι, ἀποδιοπομπήσασθαι.

τὰ δὲ πρὸς θυσίαν σχίζαι, σφαγίδες, κοπίδες, πελέ-
κεις, ὀβελοί, λίκνα, κανᾶ, χέρνιβες· τὸ γὰρ πεμπώβολα καὶ
οὐλοχύται καὶ τὰ τοιαῦτα ποιητικά.

καιροὶ δ' ἱεροὶ πανηγύρεις, ἑορταί, ἱερομηνίαι, θεο- 34
φάνια, θεοξένια, μεθέορτοι ἡμέραι κατὰ Ἀντιφῶντα. καὶ
ἄνθρωποι ἑορτασταί, πανηγυρισταί, φιλέορτοι, συνεορτα-
σταί, συμπανηγυρισταί. εἴποις δ' ἂν πανηγύρεις δημοτελεῖς
καὶ πάνδημοι καὶ δημόσιαι, καὶ δημοθοινίαι καὶ πανθοι-
νίαι καὶ πανδαισίαι. τὸ δ' ἐν ταῖς εὐωχίαις ἢ κρεανομίαις
τὴν πρώτην τῶν μερίδων λαμβάνειν πρωτοθοινία ὀνομάζε-
ται. τὰ δὲ ῥήματα ἑστιᾶσθαι, εὐωχεῖσθαι, πανηγυρίζειν,
ἑορτάζειν, συνεστιᾶσθαι, συνευωχεῖσθαι, συμπανηγυρίζειν,
συνεορτάζειν, συσπένδειν καὶ ὁμοσπονδεῖν καὶ ὁμοσπόνδους
γίνεσθαι, κρατήρων συμμετέχειν.

εἴη δ' ἂν τῆς αὐτῆς ἰδέας καὶ τάδε, μυστήρια, τελε- 35
ταί, ὄργια, μύσται, μυσταγωγοί, τελεσταί, ὀργιασταί. καὶ
μυεῖν, μυσταγωγεῖν, μυεῖσθαι, ὀργιάζειν, τελεῖσθαι, τελεῖν.
φιλοτιμότερον δὲ τῇ χρήσει τὸ τελεσιουργεῖν καὶ ἡ τελεσι-
ουργία. ἱεροφάνται, δᾳδοῦχοι, κήρυκες, σπονδοφόροι, ἱέρειαι,
πανάγεῖς, πυρφόροι, ὑμνῳδοί, ὑμνητρίδες· ἰακχαγωγὸς γὰρ
καὶ κουροτρόφος καὶ δασειρίτης, καὶ ὅσα τοιαῦτα, ἴδια τῶν
Ἀττικῶν. ὁ δὲ μυηθεὶς μεμυημένος, τετελεσμένος, ὠργια- 36
σμένος, ὥσπερ ὁ ἐναντίος ἀμύητος, ἀτέλεστος, ἀνοργίαστος.

---

33 1. an προεχόμενοι?

ὀνομάζονται δὲ καὶ μυστηριώτιδες σπονδαὶ καὶ μυστικαὶ
ἡμέραι, ὥσπερ ἱεραί, ἄφετοι, ἄνετοι, καθιερωμέναι, κατω-
νομασμέναι θεοῖς, καθωσιωμέναι, καταπεφημισμέναι. τὰ δὲ
μυστήρια καὶ τὰ ὄργια τελεταὶ καὶ τέλη μυστικὰ καὶ τελε-
σιουργίαι.

37   ἑορταὶ δὲ ἔντιμοι Μουσῶν Μουσαῖα, Ἑρμοῦ Ἕρμαια,
Διὸς Διάσια καὶ Πάνδια, Ἀθηνᾶς Παναθήναια, Ἥρας
Ἥραια, Δήμητρος Δημήτρια καὶ θεσμοφόρια καὶ Ἐλευσί-
νια, Κόρης παρὰ Σικελιώταις θεογάμια καὶ ἀνθεσφόρια,
Ἀρτέμιδος Ἀρτεμίσια καὶ Ἐφέσια, Κρόνου Κρόνια, Ἀσκλη-
πιοῦ Ἀσκληπιεῖα, Ἀπόλλωνος Δήλια, Ἑκάτης Ἑκατήσια,
Τροφωνίου Τροφώνια, Διοσκούρων Ἀθήνησιν Ἀνάκεια. συν-
τάττοιντο δ᾽ ἂν τούτοις καὶ αἱ τῆς περιόδου καὶ τῶν ἀγώ-
νων κλήσεις, Ὀλύμπια καὶ τὰ λοιπά.

38   αἱ δὲ εἰς θεοὺς ᾠδαὶ κοινῶς μὲν παιᾶνες, ὕμνοι,
ἰδίως δὲ Ἀρτέμιδος ὕμνος οὔπιγγος, Ἀπόλλωνος ὁ παιάν,
ἀμφοτέρων προσόδια, Διονύσου διθύραμβος, Δήμητρος ἴου-
λος· λίνος γὰρ καὶ λιτιέρσης σκαπανέων ᾠδαὶ καὶ γεωργῶν.

     προσαπτέον δὲ τούτοις καὶ θεοὺς ὁρκίους. ὅρκον ὀμνύ-
ειν, ὀμνύναι (τὸ δὲ ὀμόσαι ἐλέγετο καὶ πίστιν ἐπιθεῖναι),
39 ὁρκωμοτεῖν, ὁρκωμοσία, ὁρκωμότας. ὁρκῶσαι, ὁρκωτούς, ὁρ-
κιητόμους, εἰ μὴ σκληρόν. εὐορκεῖν, ἐμπεδοῦν ὅρκοις. εὔορ-
κον, εὐόρκωτον, εὐώμοτον. εἰορκία καὶ ἐπιορκία, ἐπίορκον,
δυσώμοτον. ὁρκοῦν, ἐξορκοῦν, ἐνόρκως τι εἰπεῖν, ἐνωμότως
τι εἰπεῖν. ἔνορκον, ἐνώμοτον. ἄνορκον, ἀνώμοτον. ἐπιορκῆ-
σαι θεούς, εὐορκῆσαι φρικώδεις ὅρκους καὶ θεὸν δύσμηνιν
καὶ βαρύμηνιν καὶ δυσόργητον.

40   Καὶ περὶ μὲν θεῶν ἀρκεῖ τοσαῦτα· βασιλέα δὲ ἐπ-
αινῶν λέγε πατήρ, ἤπιος, πρᾶος, ἥμερος, προνοητικός, ἐπι-
εικής, φιλάνθρωπος, μεγαλόφρων, ἐλευθέριος, χρημάτων
κρείττων, ἔξω παθῶν, ἑαυτοῦ κρατῶν, ἄρχων ἡδονῶν, λο-
γισμῷ χρώμενος, ὀξύς, ἀγχίνους, περιεσκεμμένος, εὔβουλος,
δίκαιος, σώφρων, θεῶν ἐπιμελής, ἀνθρώπων κηδεμών, στά-
σιμος, βέβαιος, ἀνεξαπάτητος, μεγαλογνώμων, ἰσχυρογνώ-
μων, ἐνεργός, τελεσιουργός, φροντιστὴς τῶν ἀρχομένων, σω-

τήρ, πρόχειρος εἰς εὐεργεσίαν, βραδὺς εἰς τιμωρίαν, ἀσφα- ⁴¹
λής, ἀπλανής, ἀκλινής, ἀκριβέστερος περὶ τὸ δίκαιον ζυ-
γοῦ, εὐπρόσιτος, εὐπρόσοδος, εὐπροσήγορος, εὐέντευκτος,
μειλίχιος, προσηνής, ἐπιμελὴς τῶν ὑπηκόων, φιλοστρατιώτης,
πολεμικὸς μὲν οὐ φιλοπόλεμος δέ, εἰρηνικός, εἰρηνοποιός,
εἰρηνοφύλαξ, παιδευτικός, ἀρχικός, νομοθετικός, εὖ ποιεῖν
πεφυκώς, θεοειδής. πολλὰ δέ ἐστιν ἃ λόγῳ τις ἂν εἴποι
καὶ οὐκ ὀνόματι.   ψέγων δ' ἂν ἐρεῖς τυραννικός, ὠμός, ⁴²
θηριώδης, βίαιος, πλεονέκτης, φιλοχρήματος καὶ τὸ τοῦ
Πλάτωνος ἐρασιχρήματος, ἅρπαξ καὶ τὸ τοῦ Ὁμήρου δη-
μοβόρος, ὑπερόπτης, ὑπερήφανος, δυσπρόσιτος, δυσπρόσο-
δος, δυσπροσήγορος, δυσέντευκτος, δυσόργητος, δύσθυμος,
ἔμπληκτος, ταραχώδης, ἡδονῶν ἥττων, ἀκρατής, ἀκράτωρ,
ἀλόγιστος, μισάνθρωπος, ἄδικος, ἄβουλος, ἄνισος, ἀνόσιος,
νοῦ κενός, εὔκολος, εὐμετάβολος, εὐεξαπάτητος, ῥάδιος, ἀν-
ήμερος, ἐπιθυμίαις ἐνδιδούς, ἀκόλαστος, ὑβριστής, πολεμο-
ποιός, βαρύς, ἐπαχθής, ἀκάθεκτος, ἀφόρητος.

Λέγε δὲ περὶ τοῦ μὴ βραδύνοντος ἕτοιμος, πρόχει- ⁴³
ρος, πρόθυμος, ἄοκνος, ταχύς, ὀξύς, ἔντονος, ἐνεργός, ἀπρο-
φάσιστος, τῷ καιρῷ χρώμενος, ἐγρήγορος, σπουδαῖος, οὐδὲν
ὑπερτιθέμενος, οὐδὲν ὑπερβαλλόμενος. περὶ δὲ τοῦ ἐναντίου
βραδύς, μελλητής, σχολαῖος, νωθρός, νωθής, ἀμελής, ἀμ-
βλύς, ἀργός, διάγων, διαμέλλων, ὑπερβαλλόμενος, ὑπερτιθέ-
μενος, στρεφόμενος, τὸν καιρὸν παριείς. καὶ τὰ πράγματα
τοῦ μὲν ἑτοιμότης, ὀξύτης, ἐγρήγορσις, προθυμία, σπουδή,
τάχος, τοῦ δὲ σχολή, σχολαιότης, μέλλησις, μελλησμός, βρα-
δυτής, ἀναβολή, νώθεια, ἀργία, τριβή. τὸ γάρ τοι τριψη-
μερεῖν εἴρηται μέν, οὐ μὴν ἔμοιγε ἀρέσκει.

Λέγοις ἂν περὶ βεβαίου βαφῆς δευσοποιός, ἀνέκπλυ- ⁴⁴
τος, μόνιμος, ἔμμονος, ἐγκρατής, ἀνεξίτηλος, ἀνεξάλειπτος,
ἀνέκρυπτος, ἀνέκνιπτος, ἀνθοῦσα, εὐανθής, ἀνθηρά. περὶ
δὲ τῆς ἐναντίας ἀβέβαιος, ἔκπλυτος, ἐξίτηλος, εὔρυπτος, εὐ-
έκρυπτος, εὔεκπλυτος, εὐέκνιπτος, ἀκρατής, ἀνανθής. ἔστι δ'
εἰπεῖν καὶ ἀνεῖναι τὴν βαφήν. τὸ δὲ ἔργον ἐκπλῦναι, ἐκ-
νίψαι, ἐκρύψαι, ἀπορρύψαι.

42 1. αὐ?   43 3. ἐγρηγορώς?

43   πάλιν δέ σε διαναπαύων, ὅπως μὴ κάμῃς πρὸς ἓν εἶδος
ἀποβλέπων, ἐρῶ περὶ πορφύρας, ὅπως τὴν ἀρχὴν εὑρέθη.
Τύριοι λέγουσιν ὡς Ἡρακλῆς ἠράσθη νύμφης ἐπιχωρίας·
Τύρος δ' ἦν τῇ νύμφῃ τοὔνομα. εἵπετο δ' ἄρα τῷ Ἡρακλεῖ
καὶ κύων κατὰ δὴ τὸν παλαιὸν νόμον· οἶσθα γὰρ ὅτι τοῖς
46 ἥρωσι συνεισῄεσαν μέχρι τῶν ἐκκλησιῶν οἱ κύνες. ὁ τοίνυν
Ἡράκλειος κύων κατὰ πέτρας ἕρπουσαν πορφύραν θεασάμε-
νος, προὐχούσης αὐτῇ τῆς σαρκός, ἐνδακὼν ὁ μὲν τὴν σάρκα
ποιεῖται τροφήν, ὁ δὲ λύθρος ἄρα τὰ χείλη τοῦ κυνὸς αἱμάξας
ἐφοίνιξεν. ὡς δὲ ἧκεν ὁ ἥρως παρὰ τὴν κόρην, ἥσθη θεασα-
μένη τὰ χείλη τοῦ κυνὸς ἀνθοῦντα ἀήθει βαφῇ, καὶ οὐκ ἔφη
προσήσεσθαι τοῦ λοιποῦ τὸν Ἡρακλέα, εἰ μὴ αὐτῇ κομίσειεν
47 ἐσθῆτα τῶν τοῦ κυνὸς χειλῶν εὐειδεστέραν. ὁ μὲν τοίνυν
Ἡρακλῆς ἐξεῦρέ τε τὸ ζῶον καὶ τὸν λύθρον ἀνεμάξατο καὶ
τὸ δῶρον ἐκόμισε τῇ κόρῃ, πρῶτος γενόμενος εὑρετὴς τῷ Τυ-
ρίῳ λόγῳ τῆς Φοινίσσης βαφῆς· τὰ δὲ νῦν οἱ Φοίνικες ὧδε
θηρῶσι τὸ ζῶον, καὶ τὸ ἔριον χρωννύντες δολοῦσιν ὡς πρὸς
τὴν ὄψιν ἀνθεῖν. σχοινίον πλεξάμενοι παμμῆκες, ἰσχυρόν
τε καὶ καρτερὸν ὡς ἐνθαλαττεύειν δύνασθαι, τούτῳ συνεχεῖς
ὥσπερ κώδωνας ἐξαρτῶσιν ἐκ μετρίων διαστημάτων, κυψέ-
48 λας ἐκ σπάρτου τινὸς ἢ σχοίνου διαπλεξάμενοι. δασεῖαι δ'
εἰσὶ τὰ κατὰ τὴν εἴσοδον· τὰ γὰρ τῶν σπάρτων ἢ τῶν σχοί-
νων τέλη περὶ τοῖς στόμασι τῶν κυψελῶν ἐξεπίτηδες ἀνέχειν
ἐῶσιν, ὡς τῷ μὲν παριόντι ῥᾳδίως εἴκειν καὶ διίστασθαι,
ἀναχώρησιν δὲ εἰς τοὔμπαλιν μηδὲ ἀναστροφὴν τῷ παρελ-
θόντι ἐνδιδόναι. ταύτας τὰς κυψέλας δελεάσαντες οἱ πορ-
φυρεῖς ἐν τοῖς πετρώδεσι καθιᾶσι, τὸ καλώδιον φελλοῦ τι-
νὸς ἐξάψαντες ὡς ἀνέχειν τὸ θήραμα. διαλιπόντες δὲ νύ-
κτα μίαν καὶ δὴ ἐφημερεύσαντες ὡς ἐπὶ τὸ πολὺ τὰς κυ-
49 ψέλας ἔμπλεως τῶν ζώων ἀνέλκουσιν. ἔπειτα κοψάμενοι τὸ
ὄστρακον ἐν ταὐτῷ καὶ τὴν σάρκα καὶ ταριχεύσαντες φυ-
λάττουσιν ἐπὶ δευσοποιίαν· ὅταν δὲ ἐκείνῃ χρῆσθαι ἐθέλω-
σιν, ὕδατι τὴν ἄσην ἐκκαθήραντες, ἐνέψουσιν ἐμπύρῳ λέ-

---

46 5. θεασάμενος Α.   6. καὶ] ἰδοῦσα δὲ καὶ ἡ κόρη Α.   47 1.
χειλέων ἰοειδεστέραν Α.   2. συνελέξατο Α.   5. δηλοῦσιν vulgo: cf. 7
169.   7. τοῦτο συνεχῶς ὥσπερ δὲ κ. Α.   48 3. ἀνέδην Α.   49 4.
τὸν ῥύπον ἀποκαθήραντες Α.

βητι τὸ θαλάττιον θήραμα. τὸ δὲ αἷμα ἐπειδὰν πυρὶ ὁμι-
λήσῃ, χεῖταί τε καὶ ἐξανθεῖ, καὶ τὸ μὲν ξανθίζεται, τὸ δὲ
κυαναυγὲς γίνεται, τὸ δὲ ἄλλο εἰς ἄλλην χροιὰν τρέπεται·
καὶ ὅ τι ἂν καθῇς, πᾶν τὸ συγγενόμενον τῷ αἵματι εἰς
τὴν ἐκείνου χροιὰν μεταχρώννυται. χαίρει δὲ ἡλίῳ ὁμιλοῦσα
τῆς πορφύρας ἡ βαφή, καὶ ἡ ἀκτὶς αὐτὴν ἀναπυρσεύει, καὶ
πλείω ποιεῖ καὶ φαιδροτέραν τὴν αὐγήν, ἐκφοινισσομένην
ἐκ τοῦ ἄνω πυρός.

Ἔμποροι καὶ κάπηλοι καὶ μεταβολεῖς οἱ ὀρθοί τι   50
πράττοντες· οἱ δὲ καθήμενοι βάναυσοι, καὶ ἡ ἐργασία
αὐτῶν βαναυσία. ἐργάται, χειροτέχναι, χειρουργοί, ἀποχειρο-
βίωτοι, δημιουργοί· καὶ χειροτεχνία καὶ χειρουργία καὶ δη-
μιουργία. ἑδραῖοι τεχνῖται· τὸ γὰρ χειρογάστορες Ἑκαταῖος
λεγέτω, καὶ τὸ χειρώνακτες Ἡροδότῳ δεδόσθω.

[Εἰς τὸν μέλλοντα καιρὸν] εὐφορία, φορά, εὐετηρία,   51
εὐθηνία, εὐκαρπία, πολυκαρπία, κἂν βιάζηταί τις, πολυσι-
τία, εὐπορία γῆς. καὶ λόγῳ, ἀξιωτάτης οὔσης τοῦ σίτου τῆς
ἀγορᾶς, τῶν πυρῶν σωρηδὸν κεχυμένων, ἐπενωνισμένων τῶν
πυρῶν, τῆς τιμῆς τοῦ σίτου καταβεβηκυίας ἢ κατεληλυθυίας,
ἀφθόνων ὄντων τῶν ἀναγκαίων, τῶν ἀγαθῶν χύδην κειμέ-
νων, εὐπραγίας οὔσης περὶ τὴν ἀγοράν, ῥᾳδίας οὔσης τῆς   52
περὶ τοὺς πυροὺς διαθέσεως, πολλῆς μὲν πράσεως οὔσης
πολλῆς δ' ὠνῆς. καὶ ἑτέρως, δικαίας τῆς γῆς γενομένης περὶ
τὴν φοράν, τῆς γῆς ἀμειψαμένης τὸν πόνον τῶν γεωρ-
γῶν.   τὸ δ' ἐναντίον λιμός, ἀφορία, δυσετηρία, ἀκαρ-
πία, ἔνδεια τροφῶν, ἐπίλειψις τῶν ἀναγκαίων, σίτου σπά-
νις, σπανοσιτία, ἀναβεβηκυίας τῆς τιμῆς τῶν πυρῶν, ἐπιτε-
τιμημένων τῶν πυρῶν, οὐκ ὄντων τῶν ἀναγκαίων, ἐπιλελοι-
πότων τῶν εἰς ἡμέραν ἐπιτηδείων, οὐκ οὐσῶν τροφῶν, κα-   53
κοπραγίας οὔσης περὶ τὴν ἀγοράν, οὐκ εὐπραγούσης τῆς
ἀγορᾶς, ἀφόρου τῆς γῆς γενομένης, ἀδίκου τῆς γῆς γενομέ-
νης, ἀντειπούσης τῆς γῆς τοῖς γεωργοῖς. καὶ ἑτέρως, ἀντέ-
πραξεν ἡ γῆ τοῖς γεωργοῖς, οὐχ ὑπήκουσεν, οὐκ ἀπέδωκε
τὰ ἐκφόρια. δύναται δέ τις εἰπεῖν καὶ πνεῦμα τὰς ἀρούρας
ἐπέφλεξεν, ἄνεμος τοὺς ἀστάχυς ἐκένωσεν, ὕδωρ τοὺς καρ-

---

52 1. εὐπρασίας alius.

πούς οὐκ ἔθρεψεν, ἢ ὄμβρος τοὺς καρποὺς ἐπέκλυσεν, ἢ αὐχμὸς ἐνέσκηψεν, ἢ ἄβροχος ἡ γῆ διέμεινεν, ἢ ἐδίψησαν οἱ καρποί, ἢ ἐρυσίβη τοὺς καρποὺς κατέλαβεν ἢ πάχνη ἢ διαφθορά.

54   Ἐνιαυτ ό ς, ἔτος, δωδεκάμηνος χρόνος, ἡλίου περίοδος, περιελθόντος ἐξ ὡρῶν εἰς ὥρας τοῦ θεοῦ, τὸν κύκλον τοῦ ἄστρου περιδραμόντος. ἡμιετὲς καὶ ἡμιετὴς χρόνος, καὶ διετὴς δὲ καὶ τριετής, καὶ μέχρι δεκαετοῦς, ἐπὶ μὲν χρόνου ὀξυνόντων, ἐπὶ δὲ παιδίου καὶ οἴνου καὶ φυτοῦ καὶ τῶν τοιούτων παροξυνόντων, ὡς ἐπὶ τοῦ διέτης μέχρι τοῦ δε-
55 κέτης. ὁ δὲ ἐνδεκέτης σκληρότερόν μοι φαίνεται, ἄμεινον δὲ διαλύσαντας εἰπεῖν ἐνοσκαίδεκα ἐτῶν καὶ δυοκαίδεκα, συνάπτοντας μετὰ τοῦ καί, καὶ τὸν σύνδεσμον ὀξύνοντας. εἶτα τρισκαιδεκαέτης παροξυντέον, καὶ πάλιν τετταρωνκαίδεκα ἐτῶν, καὶ τετταρακαίδεκα ἔτη γεγονώς. εἶτα καὶ πεντεκαιδεκαέτης καὶ ἑκκαιδεκαέτης καὶ ἑπτακαιδεκαέτης, ἃ παροξυντέον· καὶ πάλιν ὀκτωκαίδεκα γεγονὼς ἔτη καὶ ἐννεα-
56 καίδεκα, ὁμοίως τῷ δυοκαίδεκα. εἶτα εἰκοσαέτης, καὶ λοιπὸν ἑνὸς καὶ εἴκοσι, καὶ ἐφεξῆς ἀπὸ τοῦ ἐλάττονος ἀριθμοῦ ὁμοίως ἄχρι τῶν τριάκοντα ἐτῶν. εἶτα τριακοντούτης, καὶ πάλιν ἀπὸ τοῦ ἐλάττονος ἀριθμοῦ μέχρι τῶν τεσσαράκοντα, καὶ τετταρακοντούτης, καὶ πεντηκοντούτης, καὶ τἆλλα ὁμοίως. καὶ τριακοντούτεις σπονδαί. ῥητέον δὲ καὶ ταῦτα, τοῦ ἐνεστῶτος ἔτους, τοῦ παρόντος ἔτους, τοῦδε τοῦ ἔτους, τούτῳ τῷ ἔτει, ἐπ' ἔτος, τῆτες· πέρυσι, τοῦ ἐξελθόν-τος ἔτους, τοῦ παρελθόντος, τοῦ προανυσθέντος, τοῦ ἐξή-
57 κοντος, τοῦ παυσαμένου, τοῦ λήξαντος, ταῖς παρελθούσαις ὥραις· τοῦ μέλλοντος ἔτους, τοῦ εἰσιόντος, τοῦ ἥξοντος, τοῦ ἀφιξομένου, τοῦ προσιόντος, νέωτα, ἐς νέωτα. προπέρυσι, τρίτον ἔτος τουτὶ καὶ τέταρτον, καὶ ὁμοίως κατ' ἀριθμὸν τὸν παρελθόντα χρόνον λογίζου. καὶ καρπὸς μὲν ἐπέτειος, βρέφος δὲ ἐνιαύσιον. ἑορτὴ δὲ ἐτήσιος ἡ κατ' ἔτος ἀγομένη, διετήσιος δὲ ἡ διὰ παντὸς τοῦ ἔτους, ἣν Ὅμηρος ἂν εἴποι ἐπετήσιον. ἐπὶ διετὲς δὲ ἡβάσκων ὁ ἐξ ἐφήβων δύο ἔτη.
58 ὅταν δὲ εἴπῃ ὁ Ἡσίοδος «ἡ δὲ γυνὴ τέτορ' ἡβώῃ,» τετταρα-

καίδεκα ἔτη λέγει, προσαριθμουμένων τῶν δέκα. λέγεται
δὲ καὶ αὐτοετῆ τὰ ἐνιαύσια. καὶ διενιαυτίσαι τὸ δι' ὅλου
τοῦ ἐνιαυτοῦ τι πρᾶξαι, ἀπενιαυτίσαι δὲ τὸ φυγεῖν εἰς ἔτος
ἢ παύσασθαί τινος ἐπ' ἐνιαυτόν. χρόνος δὲ πολυετὴς ἢ ἄν-
θρωπος ἢ οἶνος, καὶ ὁμοίως ὀλιγοετής.

ἐκ δὲ μηνῶν σιτηρέσιον ἔμμηνον καὶ μηνιαῖον καὶ 59
τριακονθήμερον καὶ ἐξάμηνον.

τὰ δὲ μέρη τοῦ ἔτους ἱσταμένου μεσοῦντος ἢ λήγον-
τος. καὶ πάλιν πρώτου ἔτους, καὶ νέου ἔτους, καὶ ἀκμά-
ζοντος τοῦ ἔτους καὶ μεσοῦντος καὶ παυομένου καὶ λήγον-
τος. καὶ αἱ ὧραι, χειμὼν καὶ χειμερινὴ ὥρα καὶ χει- 60
μέριος ὥρα, καὶ ἔαρ καὶ ἐαρινὴ ὥρα, καὶ θέρος καὶ θερινὴ
ὥρα, καὶ ὥρα ἔτους, καὶ μετόπωρον καὶ μετοπωρινὴ ὥρα,
καὶ φθινόπωρον καὶ φθινοπωρινὴ ὥρα. καὶ ἰδίως τὸν και-
ρὸν τοῦτον ὀπώραν ὀνομάζουσιν· «ὅς ῥά τ' ὀπώρης εἰσί.»
φιλοτιμότερον δὲ θέρους ἀκμή, καὶ ἦρος ὑπολάμποντος, καὶ
ἦρος ὑπανθοῦντος, καὶ ὡς Θουκυδίδης περὶ σίτου ἐκβολήν, 61
καὶ σίτου χλωροῦ ὄντος, καὶ περὶ σίτου ἀκμήν. καὶ ἀπὸ
τῶν ἐπὶ τοῖς καρποῖς καιρῶν, οἷον τρυγητοῦ καιρῷ καὶ
ἀμητοῦ καιρῷ καὶ σπόρου καιρῷ, καὶ περὶ καρπῶν συλλο-
γήν, καὶ ἀμπέλου ὀργώσης, καὶ ἐλαίας περκνῆς, καὶ τῆς
γῆς ἀνθούσης. καὶ ἄλλως τὸ ἔαρ περὶ ζεφύρων πνοάς, καὶ
τὸ θέρος περὶ τὰ ἐτήσια πνεύματα. καὶ ἀπὸ ἄστρων, περὶ 62
Ἀρκτοῦρον ἱστάμενον, καὶ ὑπὸ τὸν Σείριον ἀστέρα, καὶ περὶ
Πλειάδων ἐπιτολάς, καὶ περὶ Πλειάδων δυσμάς. καὶ τὸ θέρους
που διαγαγεῖν θερίσαι καὶ ἐνθερίσαι, καὶ τὸ ἦρος ἐαρίσαι
καὶ ἐνεαρίσαι, καὶ τὸ χειμῶνος χειμάσαι καὶ ἐγχειμάσαι, καὶ
χωρία χειμάδια. οὐκέτι μέντοι καὶ μετοπωρίσαι ἐστὶν ἐν
χρήσει, ἐκ δὲ τοῦ ὁμοίου χρῆσθαι ἄν τις αὐτῷ δύναιτο.

μέρη δὲ μηνὸς ἱσταμένου καὶ μεσοῦντος καὶ λήγον- 63
τος, ὡς καὶ τὰς τρεῖς δεκάδας οὕτω πως διαιρεῖν. καὶ ἡ
μὲν πρώτη ἡμέρα νουμηνία, ἀπὸ δὲ τῆς δευτέρας ἄχρι τῆς
πρώτης δεκάδος τὸ ἱσταμένου προσθετέον· μετὰ δὲ τὴν δε-
κάτην Ἡσίοδος μὲν «πέμπτη δ' ἡ μέση» φησί, τὴν πεντε-
καιδεκάτην λέγων, ἡμῖν δὲ ῥητέον πρώτη ἐπὶ δέκα καὶ δευ-
τέρα ἐπὶ δέκα καὶ μέχρι τῆς εἰκάδος, τὸ δὲ ἀπὸ τούτου
πρώτη ἐπὶ εἰκάδι (ἡ δ' αὐτὴ καὶ δεκάτη φθίνοντος) καὶ

δευτέρα ἐπὶ εἰκάδι (ἡ δ' αὐτὴ καὶ ἐνάτη φθίνοντος), καὶ
ὁμοίως ἄχρι τῆς τριακάδος, ἣν οἱ Ἀττικοὶ καλοῦσιν ἕνην
καὶ νέαν, Ὁμήρου προειπόντος «τοῦ μὲν φθίνοντος μηνὸς
τοῦ δ' ἱσταμένοιο.» διελόντι δὲ εἰς τρία τὸν μῆνα τὸ τρί-
τον ἂν αὐτοῦ καλοῖτο δεχήμερον.

64   καὶ τὸ μὲν ἐφ' ἑκάστῃ ἡμέρᾳ γινόμενον ἡμερήσιον,
τὸ δὲ δι' ὅλης τῆς ἡμέρας πραττόμενον πανήμερον ἢ παν-
ημέριον, ὡς καὶ τὸ δι' ὅλης τῆς νυκτὸς πάννυχον ἢ παννύ-
χιον. τὸ δὲ διὰ μιᾶς ἡμέρας πραχθὲν αὐθημερόν, καὶ τὸ
τὴν αὐτὴν ὁδὸν διὰ μιᾶς ἡμέρας ἐπανελθεῖν αὐθημερίσαι,
καὶ τὸ δι' ὅλης ἡμέρας τι πρᾶξαι ἡμερεῦσαι καὶ διημερεῦ-
σαι, οἷον ἐπὶ τῶν βαναύσων ὁ Πλάτων εἴρηκε «πρὸς πῦρ
65 ἡμερεύοντας.» λέγοιτο δ' ἂν καὶ παρημερεῦσαί τινι ἔργῳ ἢ
ἀνθρώπῳ καὶ ὁ δι' ὅλης ἡμέρας θέων ἡμεροδρόμος. τὸ
δ' εἰς τὴν ἐπιοῦσαν μὴ μένον ἐφήμερον, τὸ δὲ παρὰ μίαν
ἑτερήμερον. φαίης δ' ἂν τῇ ἀπιούσῃ ἡμέρᾳ, καὶ τῇ παρελ-
θούσῃ, καὶ τῇ ἐξηχοίσῃ, καὶ τῇ προτεραίᾳ, καὶ τῇ προτέρᾳ,
καὶ τῇ χθές· ἐπὶ δὲ τοῦ ἐν αὐτῇ πραχθέντος χθιζόν, ἕω-
66 λον. ἐπὶ δὲ τῆς παρούσης ἡμέρας τήμερον καὶ σήμερον,
καὶ ἡ ἐνεστῶσα καὶ ἡ ἐνεστηκυῖα. ἡ δ' ἐπιοῦσα ἡμέρα κα-
λεῖται αὔριον καὶ ὑστεραία καὶ ὑστέρα καὶ προσιοῦσα. τὴν
δὲ μετ' αὐτὴν εἰκάσας ἂν ὡς ἔνηφι Ἡσίοδος καλεῖ, εἰ μὴ
τὴν τριακάδα οὕτω λέγει. ἰδίως δὲ παρ' Ἀθηναίοις καλοῦν-
ται τριακάδες ἐπὶ τῶν τετελευτηκότων. φιλοτιμότερον δὲ
προστιθέναι τὴν εἰς πρόθεσιν ταῖς ἐπιούσαις ἡμέραις, οἷον
εἰς αὔριον, καὶ εἰς τὴν ἐπιοῦσαν, καὶ εἰς ἡμέραν τρίτην,
67 καὶ εἰς ἡμέραν τετάρτην. λέγεται δὲ καὶ εἰς ἡμέραν ῥητήν,
εἰς ἣν ἂν ὁρισώμεθα, εἰς ἡμέραν ὡρισμένην, εἰς ἡμέραν
διωμολογημένην. καὶ ἡμέρα κυρία ἡ ἐπί τινι τεταγμένη·
κἂν χωρὶς τοῦ ἡμέρας εἴπωσιν οἱ ῥήτορες «παρούσης δὲ τῆς
κυρίας» καὶ «ἐνεστώσης τῆς κυρίας», προσυπακούεται τὸ
ἡμέρας. ἐπὶ δὲ τῶν παρελθουσῶν ἡμερῶν ἡμέρα τρίτη, καὶ
τρίτην ταύτην ἡμέραν, καὶ τὰς ἄλλας ὁμοίως.

68   μέρη δὲ ἡμέρας περίορθρον, ὄρθρος, ὑπολαμπούσης
ἡμέρας, ὑποφαινούσης, ὑπὸ πρώτην ἕω, ἡλίου ἀνίσχοντος,
περὶ ἡλίου ἐπιτολάς, πρωί, καὶ πρωὶ τῆς ἡμέρας. μεσούσης
ἡμέρας, περὶ μεσημβρίαν, ἡλίου ὑπὲρ κεφαλῆς ἱσταμένου,

κλίναντος εἰς τὰ μεσημβρινὰ τοῦ θεοῦ, δείλης, δείλης ὀψίας,
καὶ μεσημβρινοῦ καιροῦ, καὶ δειλινοῦ καιροῦ. ἡλίου εἰς τὸ 69
κάτω ῥέποντος, ὀψὲ τῆς ἡμέρας· τὸ γὰρ πρωιαίτατα καὶ
ὀψιαίτατα οὐκ ἐπὶ ἡμέρας μέρους ἀλλ' ἐπὶ χρόνου λέγεται,
οἷον ταχέως καὶ βραδέως, ὡς ἐπὶ τῶν τι πραττόντων πρὸ
καιροῦ ἢ μετὰ καιρόν, πρωὶ τῆς ἡλικίας καὶ πρωιαίτερον
καὶ πρωιαίτατα, καὶ ὀψὲ τῆς ἡλικίας, ὀψιαίτερον, ὀψιαίτατα.
περὶ ἡλίου δυσμάς, ἑσπέρας, ὅτε ἤδη συνεσκόταζε. καὶ σκο-
τιαῖοι ἀφίκοντο.

τὰ δὲ τῆς νυκτὸς μέρη νυκτὸς ἀρχή, καὶ περὶ πρώ- 70
την νύκτα, καὶ νυκτὸς ἀρχομένης, καὶ περὶ πρώτας φυλα-
κὰς καὶ δευτέρας καὶ τρίτας, ἢ καθ' Ὅμηρον περὶ πρώτην
μοῖραν. ἢ περὶ πρῶτον ὕπνον, εἰ μὴ εὐτελές. μεσούσης νυ-
κτός, μέσων νυκτῶν. ὑπὸ τὸ λυκαυγές, ὅπερ Ὅμηρος ἀμφι-
λύκην νύκτα καλεῖ. περὶ ἀλεκτρυόνων ᾠδάς, ἀλεκτρυόνων 71
ᾀδόντων, ὑπὸ τὸν ᾠδὸν ὄρνιθα. καὶ τὸ μὲν νυκτός τι πρᾶ-
ξαι νυκτερεῦσαι (καί που καὶ νυκτεριναὶ φυλακαί), τὸ δὲ
δι' ὅλης νυκτὸς διανυκτερεῦσαι. καὶ τὸ μὲν ἑσπέρας προσα-
γρυπνῆσαι καὶ ἐφεσπερεῦσαι καὶ ἐφεσπερεύσασθαι, τὸ δὲ
προαναστῆναι περὶ τὸν ὄρθρον ἐπορθρεύσασθαι. ὥρα δὲ
καὶ ἡμιώριον, ὡς Μένανδρος, σημεῖον ὠνομάζετο παρὰ τοῖς
παλαιοῖς. καὶ ἀπὸ σκιᾶς δὲ ἐδηλοῦτο, οἷον δεκάπους ἡ σκιὰ 72
καὶ ἑνδεκάπους.

ἔστι δὲ τῶν καιρῶν καὶ τὰ ἐπιρρήματα τοῦ χρόνου,
τότε καὶ πότε καὶ ὁπότε, καὶ ὁπηνίκα καὶ πηνίκα καὶ ἡνίκα
καὶ τηνικαῦτα, καὶ ποτέ, καὶ πάλαι καὶ πρόπαλαι καὶ τρί-
παλαι. πρὸ ὀλίγου, πρὸ πολλοῦ. μετ' ὀλίγον, ὀλίγῳ ὕστε-
ρον, βραχεῖ ὕστερον. ἄρτι, ὅ ἐστι πρὸ μικροῦ, καὶ νῦν δή,
ὅ ἐστι ταὐτόν. καὶ ὅλως πολλὰ τῆς αὐτῆς ἰδέας ἐστίν.

Φέρε δὴ καὶ περὶ οἴκου φράσωμεν. οἶκος, οἰκία, οἴκη- 73
σις, οἰκητήριον, ἐνοικητήριον, καταγωγή, καταγώγιον, ὑπο-
δοχή, κατάλυσις, καταλυτήριον, ξενών, αὐλή, ἐνδιαίτημα, τάχα
δὲ καὶ καλύβη καὶ σκηνή. οἰκῆσαι, ἐνοικῆσαι, κατάγεσθαι, ἐγ-
κατάγεσθαι, ἐνδιαιτηθῆναι, καταλῦσαι, ἐναυλίσασθαι, καταυ-
λίσασθαι, σκηνῶσαι, κατασκηνῶσαι. τὰ μέντοι ἐνδιαιτήματα, 74
ὥσπερ καὶ τὰ ἐνηβητήρια, οὐκ ἐπὶ τῶν ἀναγκαίων οἰκήσεων
ἀλλ' ἐπὶ τῶν τερπνῶν τάττεται. καλεῖται δὲ ὁ ὑποδεχόμε-

2

νος καὶ ὁ ὑποδεχθεὶς ξένος, ἰδίως δὲ ὁ ὑποδεχόμενος ξενοδό-
χος. ἄλλως δὲ ὁ δεσπότης τῆς οἰκίας στεγανόμος· παρὰ δὲ
75 τοῖς Δωριεῦσι καὶ Αἰολεῦσιν ἑστιοπάμων ὀνομάζεται. ἔνιοι
δ' αὐτὸν καὶ ναύκληρον ἐκάλεσαν, καὶ τὸν ὑπὲρ τῆς κατα-
γωγῆς μισθὸν ναῦλον, ὅπερ ἐνοίκιον οὐ παρὰ τοῖς πολλοῖς
μόνον ἀλλὰ καὶ παρὰ τοῖς παλαιοῖς καλεῖται, παρὰ δὲ ἐνίοις
καὶ στεγανόμιον. εἴποις δ' ἂν μισθώσασθαι καὶ μισθῶσαι
οἶκον, ὅπερ Ἡρόδοτος ἐκδιδόναι καλεῖ· «ἐμισθοῦτο παρ'
οὐκ ἐκδιδόντος τὴν αὐλήν.»

76   μέρη δ' οἰκίας αὔλειος θύρα, κηπαία θύρα, ἀμφί-
θυρος, ἣν Ὅμηρος ὀρσοθύρην καλεῖ, οἱ δὲ πολλοὶ πλαγίαν
θύραν. εἶτα οὐδὸς καὶ τὰ περὶ τὰς θύρας μέρη, θαιρὸς
μὲν ὁ στροφεὺς ὀνομαζόμενος, σταθμοὶ δὲ τὰ ἑκατέρωθεν
ξύλα κατὰ πλευρὰν τῶν θυρῶν, ἃ καὶ παραστάδας φασίν.
αὐτὰς δὲ τὰς θύρας σανίδας Ὅμηρος καλεῖ. τὸ δ' ὑπὲρ αὐ-
τὰς ὑπερθύριον, τὸ δὲ προῦχον τοῦ ὑπερθυρίου γεῖσον καὶ
77 γείσωμα. τὰ δὲ εἰς ἀσφάλειαν κλεῖθρα, μοχλοί, κλεῖδες καὶ
κληῖδες, ἐπιβλῆτες, βαλανάγραι, ὀχεῖς. τὸν δὲ ὀνομαζόμενον
κόρακα κορώνην Ὅμηρος καλεῖ. εἰσιόντων δὲ πρόθυρα καὶ
προπύλαια. καὶ τὸν μὲν πυλῶνα καὶ θυρῶνα καλοῦσι, τὸ
δὲ τοῦ πυλωροῦντος οἴκημα πυλώριον. εἶτα πρόδομος καὶ
προαύλιον, καὶ αὐλὴ τὸ ἔνδον, ἣν αἴθουσαν Ὅμηρος καλεῖ.
78 εἴποις δ' ἂν τὸν περίστυλον τόπον καὶ περικίονα (καὶ γὰρ
στῦλος καὶ κίων ὀνομάζεται), κατὰ δὲ τοὺς Ἀττικοὺς περί-
στωον. στοὰν δὲ κάλει τὸ μέρος αὐτοῦ· στοὰ γὰρ τὸ τα-
μιεῖον καλεῖται. ἡ μέντοι χρῆσις καὶ ἐπὶ τὰ ἐναντία τέ-
τραπται. τῶν δὲ οἰκιῶν πρόδομος καὶ δῶμα καὶ δωμάτιον
καὶ ξενών, ὃ παρὰ τοῖς νεωτέροις νοσοκομεῖον λέγεται, καὶ
79 κοιτών· εἰ γὰρ καὶ Μένανδρος αὐτὸ βαρβαρικὸν οἴεται,
ἀλλ' Ἀριστοφάνης ὁ κωμῳδοδιδάσκαλος τὰ τοιαῦτα πιστό-
τερος αὐτοῦ, εἰπὼν ἐν Αἰολοσίκωνι

      κοιτὼν ἁπάσαις εἷς, πύελος μί' ἀρκέσει.
ἀνδρών, ἵνα συνίασιν οἱ ἄνδρες, εἶτα ἐξέδρα, ἵνα συγκά-
θηνται. συμπόσιον ἐκ τοῦ ἔργου ὠνομασμένον· τὸ δ' αὐτὸ
καὶ συσσίτιον. οἶκος τρίκλινος πεντάκλινος ἢ δεκάκλινος, καὶ

---

78 3. ταμιεῖον *A*, πλευρὸν ceteri.   79 5. εἶτα ἐξέδρα] καθέδρα *A*.

ἁπλῶς πρὸς τὸ τοῦ μεγέθους μέτρον ὁ τῶν κλινῶν ἀριθμός.
θάλαμος, γυναικωνῖτις, ἱστεών, ταλασιουργικὸς οἶκος, σιτο- 80
ποιικός, ἵνα μὴ μυλῶνα ὡς οὐκ εὔφημον ὀνομάζωμεν. ὀπτα-
νεῖον τὸ μαγειρεῖον, ἀποθῆκαι, ταμιεῖα, θησαυροί, φυλακτή-
ρια· Ξενοφῶν δὲ καὶ στεγνὰ καὶ στέγην ὠνόμασεν, οὕτω
πως εἰπὼν «ὅσα δ' οὐδ' ἐν δεκακλίνῳ μεγαλοστέγῃ,» καὶ
πάλιν «στεγνὰ ψυχεινὰ καὶ ἀλεεινά.» καλοῖτο δ' ἂν τὸ μὲν
ὑπὸ τοὺς πόδας ἔδαφος, τὸ δ' ὑπὲρ τὴν κεφαλὴν ὀροφὴ καὶ
στέγη. καὶ ὑπόστεγόν τι καὶ ἄστεγον καὶ κατάστεγον, καὶ
ὑπωρόφιον καὶ ὑπερωρόφιον καὶ ὁμωρόφιον. τὸ δὲ μεταξὺ 81
τοῦ ὀρόφου καὶ τοῦ στέγους παρωροφίς. τὸ δ' ὑπεράνω τοῦ
ὀρόφου στέγος, ὃ ποιητικῶς τέγος λέγεται. τὰ δ' ὑπὲρ αὐτὸ
προύχοντα, ὡς τὸν ὄμβρον ἀπερύκειν, προτεγίσματα. εἶτα
ὑπερῷα οἰκήματα, τὰ δ' αὐτὰ καὶ διήρη. αἱ δὲ προβολαὶ
τῶν ὑπερῴων οἰκημάτων, αἱ ὑπὲρ τοὺς κάτω τοίχους πρού-
χουσαι, γεισηποδίσματα, καὶ τὰ φέροντα αὐτὰς ξύλα γεισή-
ποδες. ἀμείβοντες δ' εἰσὶ ξύλα ἑκατέρωθεν τῶν τοίχων ἀλ-
λήλοις ἀντερειδόμενα πρὸς τὸ τοὺς ἐκ μέσου ὑψηλοὺς ὀρό-
φους ἀνέχειν δύνασθαι.

Πλοῖον, ναῦς, ὁλκάς, σκάφος, μυριοφόρος ναῦς· τὸ 82
δὲ μυριαγωγὸς εὐτελές. ἑκατόντορος, πεντηκόντορος, τριακόν-
τορος, εἰκόσορος. ἐνήρης, ἑπτήρης, τριήρης, διήρης, μονήρης.
μακρὰ πλοῖα, στρογγύλα. ἀκάτια, ἐφόλκια, ἐφολκίδες, λέμ-
βοι, κύδαροι, γαῦλοι, κέλητες, κελήτια, ἐπακτρίδες, ἐπακτρο-
κέλητες, βάρεις, πορθμεῖον, πορθμίς, ἁλιάς, δίκροτον, ἀμ-
φηρικόν, ἀμφήρης, διῆρες, δίκωπον, ἡμιολίς, ἡμιολία, σκάφη,
πλοῖον μονόξυλον. καὶ Πτολεμαίου ναῦς πεντεκαιδεκήρης, 83
καὶ Ἀντιγόνου τριάρμενος. λέγοιτο δ' ἂν ταχεῖα ναῦς καὶ
ταχυναυτοῦσα, καὶ δρομάδες ὁλκάδες, ὡς Ἀριστοφάνης. λέ-
γεται δὲ καὶ βαρεῖα ναῦς, σιταγωγός, σιτηγός, ὁπλιταγω-
γός, στρατιῶτις, στρατηγίς, ἱππαγωγός, φορτίς, φορτηγός,
φορτηγικὸν πλοῖον καὶ ὡς Θουκυδίδης φορτικόν, ληστρίς·
Ὅμηρος δὲ καὶ πολύζυγον ναῦν λέγει. ἔστι δὲ τινα πλοῖα
Λύκια λεγόμενα κριοὶ καὶ τράγοι, ὡς εἰκάζειν ὅτι τοιοῦτόν

80 3. τὸ] τὸ καλούμενον ταμιεῖον A.   5. ὑπειπὼν A.   81 5.
οἰκοδομήματα A.   7. γεισήποδες] γεῖσα A.   82 6. βαρεῖς ante Iun-
germannum.

2 *

τι πλοῖον καὶ ὁ ταῦρος ἦν ὁ τὴν Εὐρώπην ἀπαγαγών. πρό-
πλους ναῦς καὶ πρόπλοι νῆες. λέγοις δ᾽ ἂν τὰς ναῦς καὶ
πορεῖα θαλάττια καὶ ὀχήματα πελάγια.

84   καὶ οἱ μὲν ἐργαζόμενοι τὴν ναῦν ναυπηγοὶ καὶ τέ-
κτονες, φιλοτιμότερον δὲ νεουργοὶ καὶ νεωποιοὶ καὶ τριηρο-
ποιοὶ καὶ τὰ ὅμοια. ζωγράφοι, στυπειοπῶλαι, χαλκεῖς, σιδη-
ρεῖς, σχοινοσυμβολεῖς καὶ τὰ ὅμοια. τὰ δ᾽ εἰς τὴν κατασκευὴν
χρήσιμα σανίδες, σίδηρος, ἧλοι, πιττάνια καὶ πίσσα, στυ-
πεῖον, κάλοι, κηρός, γόμφοι, κῶπαι καὶ τὰ σύστοιχα. ἐρεῖς
δὲ γομφοῦν καὶ πηγνύειν καὶ ἁρμόζειν, πακτοῦν καὶ πά-
κτωσις καὶ τὰ ὅμοια.

85   μέρη δὲ νεὼς δρύοχον, τρόπις, τροπίδια, στεῖρα, τρο-
ποί. τὸ δὲ τῇ στείρᾳ προσηλούμενον φάλκης, ἐφ᾽ οὗ ἡ δευ-
τέρα τρόπις. καλεῖται δὲ οὗτος καὶ λέσβιον καὶ καλχήνη
καὶ κλειτοπόδιον. τὸ δὲ καταλῆγον αὐτοῦ ἐπὶ τὴν πρῶραν
προεμβολίς, τὸ δὲ ὑπ᾽ αὐτὴν ἔμβολον. μέσον δὲ τῆς προεμ-
βολίδος καὶ τοῦ ἐμβόλου ἡ στεῖρα καλουμένη. ὑπὲρ δὲ τὸ
86 ἔμβολον δελφὶς ἵσταται, ὅταν ἡ ναῦς δελφινηφόρος ᾖ. τὸ
δὲ μεταξὺ τοῦ στόλου καὶ τῆς προεμβολίδος . . . . · ὁ στό-
λος δ᾽ ἐστὶν ὑπὲρ τὴν στεῖραν, ὃς καὶ περικεφαλαία καλεῖ-
ται. τὸ δ᾽ ὑπὲρ τὸ προῦχον ἀκροστόλιον ἢ πτυχὶς ὀνομά-
ζεται, καὶ ὀφθαλμός, ὅπου καὶ τοὔνομα τῆς νεὼς ἐπιγρά-
φουσι. τῇ δὲ στείρᾳ προσηλοῦται ὁ καλούμενος φάλκης. ἐν-
δοτέρω δὲ ἐστιν ἑκατέρωθεν ἡ ἐφολκίς, ἣν καὶ ῥινωτηρίαν
ὀνομάζουσι. τὸ δ᾽ ὑπὸ τὴν τρόπιν τελευταῖον προσηλούμε-
87 νον, τοῦ μὴ τρίβεσθαι τὴν τρόπιν, χέλυσμα καλεῖται. καὶ
τὸ μὲν ἔδαφος τῆς νεὼς κύτος καὶ γάστρα καὶ ἀμφιμήτριον
ὀνομάζεται. καλοῖτο δ᾽ ἂν καὶ θάλαμος, οὗ οἱ θαλάμιοι
ἐρέττουσι· τὰ δὲ μέσα τῆς νεὼς ζυγά, οὗ οἱ ζύγιοι κάθην-
ται, τὸ δὲ περὶ τὸ κατάστρωμα θρᾶνος, οὗ οἱ θρανῖται.
καὶ ὅθεν μὲν αἱ κῶπαι ἐκδέδενται, σκαλμός, ᾧ δὲ ἐκδέδεν-
ται, τροπωτήρ, καὶ τροπώσασθαι ναῦν. τὸ δ᾽ ὑπὸ τὸν σκαλ-
88 μὸν ἐπισκαλμίς. τὸ δ᾽ ὑποκείμενον τοῖς ἐρέταις ὑπηρέσιον.
δι᾽ ὧν δὲ διείρεται ἡ κώπη, τρήματα. τὸ δὲ πρὸς αὐτῷ τῷ
σκαλμῷ δέρμα ἄσκωμα. ἡ δὲ παρὰ τοὺς θρανίτας ὁδὸς

---

84 6. post κάλοι *A* κάλωες. τὰ αὐτὰ καὶ καλώδια.   86 7. ῥηνοτηρίαν *A*.

πάροδος, παράθρανος. οἱ δὲ περὶ τὴν στεῖραν ἑκατέρωθεν παρατεινόμενοι τροποὶ πρῶτος καὶ δεύτερος, ὁ καὶ θαλάμιος. ἑπτὰ δ' ἐνίοις ἀνίσταται ἡ τριήρης, ὧν ἕκαστος κατὰ τάξιν καλεῖται, πρῶτος βόλος καὶ δεύτερος καὶ ἐφεξῆς. ὀνομάσαις δ' ἂν τοῖχον δεξιὸν καὶ εὐώνυμον, καὶ σελίδα, καὶ πλευράν. τὸ δὲ ζυγὸν καλεῖται καὶ κληὶς καὶ σέλμα. τῆς 89 δὲ πρώρας τὰ ἑκατέρωθεν παρειὰ καλεῖται καὶ πτερά. ἔστι δέ τι ἐδώλιον πρωρατικόν, ἐφ' οὗ κάθηνται. τὰ δὲ περὶ τὴν πρύμναν προὔχοντα ξύλα περιτόναια καλεῖται. ἐκεῖ που καὶ σκηνὴ ὀνομάζεται τὸ πηγνύμενον στρατηγῷ ἢ τριηράρχῳ. τὸ δὲ ἄκρον τοῦ πηδαλίου οἴαξ· καὶ τὸ πᾶν δὲ οἴαξ τε καὶ πηδάλιον καλεῖται. τὸ δὲ μέσον αὐτοῦ φθεὶρ ἢ ῥίζα ἢ ὑπόζωμα, τὸ δὲ τελευταῖον πτερύγιον, τὸ δὲ λοι- 90 πὸν αὐχήν. ἵνα δὲ κατακλίνεται ὁ κυβερνήτης, ἄγκλιμα καλεῖται. τὸ μέσον δὲ τῆς πρύμνης σανίδιον, οὗ τὸ ἐντὸς ἐνθέμιον, τὸ δ' ἐπηρτημένον αὐτῷ ἐπισείων. τὰ δὲ ἄκρα τῆς πρύμνης ἄφλαστα καλεῖται, ὧν ἐντὸς ξύλον ὀρθὸν πέπηγεν, ὃ καλοῦσι στυλίδα· οὗ τὸ ἐκ μέσου κρεμάμενον ῥάκος ταινία ὀνομάζεται. τῆς δὲ κώπης τὸ μὲν οὗ λαμβάνονται οἱ ναῦται, ἐγχειρίδιον, τὸ δὲ μέσον οὐρίαχος, τὸ δὲ τελευταῖον πτερὰ καὶ ταρσοὶ κωπῶν. καὶ τὸ μὲν ὑποδεχό- 91 μενον τὸν ἱστὸν ληνός, τὸ δὲ ἐναρμοζόμενον αὐτῷ πτέρνα, τὸ δὲ τελευταῖον τὸ πρὸς τῇ κεραίᾳ ἠλακάτη καὶ θωράκιον καὶ καρχήσιον, τὸ δὲ ὑπὲρ τὴν κεραίαν ἄτρακτος, οὗ καὶ αὐτὸν τὸν ἐπισείοντα ἀπαρτῶσι. καὶ ὁ μὲν μέγας καὶ γνήσιος ἱστὸς ἀκάτειος, ὁ δὲ κατόπιν ἐπίδρομος, ὁ δὲ ἐλάττων δόλων. καλεῖται δέ τι καὶ λοίπαδος, ἐνίοις δὲ ἀκάτειος δοκεῖ. τῆς δὲ κεραίας τὸ μέσον τὸ κατὰ τὸν ἱστὸν ἄμβολα καὶ σύμβολα, τὰ δὲ ἑκατέρωθεν συνέχοντα ἀγκύλαι, τὰ δὲ τελευταῖα ἀκροκέραια. ἐὰν δ' ᾖ κατάφρακτον τὸ πλοῖον, 92 ἐπιναυπηγοῦνται πυργοῦχοι, καὶ ἐπ' αὐτῶν πυργία δύο, δεξιὸν καὶ εὐώνυμον, ὧν μέσον τὸ κατάστρωμα. τὰ δὲ ξύλα ἐφ' ὧν αἱ σανίδες ἐπίκεινται, κανόνια καὶ σταμῖνες. τὸ δὲ

---

88 3. δ'.. ενίοις A. ἕκαστον A.   90 4. ἀνθέμιον A. ἐπίσειον A.
91 5. αὐτὰ τὰ A.   7. λόγμασος A.   9. ἀγκάλαι Boeckhius (Seewesen
p. 153).   92 4. σταμρίδες A.

συνέχον ἄνωθεν ἑκατέρους τοὺς τοίχους περιτόναιον καλεῖ-
ται. εἴποις δ' ἂν κοίλη ναῦς, κοῖλον σκάφος, ἔδαφος νεώς,
τὰ κάτωθεν τῆς νεώς. καὶ τὸν τόπον δὲ τὸν πρὸς ταῖς κώ-
παις κωπωτῆρα καλοῦσιν. εἶτα παρεξειρεσία, ἔμβολον, ἄν-
τλον, ὅθεν καὶ ὑπέραντλον σκάφος. ἡ δ' ἀνοιγομένη θυρὶς
εἰς ἐκροὴν τοῦ ὕδατος εὐδίαιος καλεῖται.

93   ἔστι δὲ ἐν τῇ νηὶ ἱστός, ἱστοδόκη, κεραία, σχοινία, κά-
λοι, πρότονοι, καλῴδια, πείσματα, ἀπόγυα, πρυμνήσια· ἐγ-
χωρεῖ γὰρ τῷ ὀνόματι χρῆσθαι, κἂν ᾖ ποιητικόν. ἄγκυραι
ἀμφίβολοι, ἀμφίστομοι, ἑτερόστομοι· καὶ ἄγκυρα ἱερά, ᾗ
χωρὶς ἀνάγκης οὐ χρῶνται. ἀποβάθρα καὶ διαβάθρα, ἣν
σκάλαν καλοῦσιν. οἱ δὲ στίχοι τῶν κωπῶν ταρσώματα κα-
94 λοῦνται. δέρρεις, διφθέραι. ἔστι δέ τις καὶ μηχανὴ καὶ
τροχὸς καὶ τροχιλία, καὶ δι' ὧν οἱ κάλοι διείρονται, κρίκοι·
τὸ γὰρ κίρκοι ποιητικόν, ἴδιον δὲ τὸ κύκλοι. εἶτα θρανεῖα,
ὑπηρέσιον, ἕρματα καὶ ἑρματισμένη ναῦς καὶ ἀνερμάτιστος,
κοντός, κάδος, ἀντλία, ἱμονιά. τὰ δὲ σύμπαντα σκεύη ὅπλα
καλεῖται· καὶ ὁ Ξενοφῶν σκεύη κρεμαστὰ καὶ ξύλινα, Δη-
μοσθένης δὲ καὶ ἀποτριβὴν σκευῶν ὠνόμασεν.

95   οἱ δ' ἐμπλέοντες κυβερνήτης, πρωράτης, ναύτης, ἐρέ-
της, τριηρίτης, πρόσκωπος, ἐπίκωπος, αὐτερέτης· οὕτω γὰρ
Θουκυδίδης ὠνόμασε τοὺς καὶ ἐρέττοντας καὶ ἀπομαχομέ-
νους. περίνεως· οὕτω δ' ἐκάλεσε τοὺς ἄλλους ἐπιβάτας. τού-
τους δ' ἂν καὶ πλωτῆρας καλοῖεν· τὸ γὰρ ναυβάτας ὀνο-
μάζειν τραγικώτερον, βέλτιον δὲ τὸ ἐπιβεβηκότας καὶ ἐμ-
πλέοντας, μάλιστα δ' ἐπιβάτας. ὁ δὲ τοίχαρχος ὀνομαζόμε-
νος λόγῳ ἂν λέγοιτο τοίχων ἄρχων. ὁ δὲ παρὰ τῇ ἐσχάρᾳ
96 ἐσχαρεύς. εἴη δ' ἂν τῶν ἐμπλεόντων καὶ ἔμπορος. ἄλλης
δὲ χρείας τριήραρχος, πεντηκόνταρχος, ναύαρχος, ἐπιστολεύς·
οὕτω γὰρ ἐκαλεῖτο ὁ ἐπὶ τοῦ στόλου διάδοχος τοῦ ναυάρ-
χου. ὁ δὲ στόλος καλοῖτ' ἂν καὶ ἀπόστολος. προσθετέον
δὲ τούτοις καὶ τριηραύλην καὶ κελευστήν.

  ἑτέρας δὲ χρείας ἁλιεύς, ἰχθυουλκός, ἀσπαλιευτής,
ἀσπαλιεύς, πυριευτής, τριοδοντίᾳ χρώμενος, δικτυεύς, δικτυ-

ουλκός, πορφυρεύς, πορφυρευτής, σπογγοθήρας, καὶ τὰ
ὅμοια. τὰ δὲ ἐργαλεῖα αὐτῶν κάλαμοι, ῥάβδοι, λίνον, τρί- 97
χες ἵππειοι, ἄγκιστρα, ἀκιδωτὰ δίκτυα, ἀμφίβληστρα, πόρ-
κοι, κύρτοι, γρῖφοι, πάναγρον, φελλοί, μολύβδαιναι. ἰχθυο-
θηρική, ἀγκιστρευτική, ἁλιευτική, ὑγροθηρική, ἑρκοθηρευ-
τική, πυριευτική, καὶ τὰ ὅμοια.

ἐρεῖς δ' ἂν νήχεσθαι, νεῖν, κολυμβᾶν, δύεσθαι. εἶτα
νήκτης, δύτης βύθιος, κολυμβητὴς ὕφαλος, ὕφυδρος, ἐπιπολα-
ζόμενος, ὑπονηχόμενος. τὸ δὲ ἔργον πλεῖν, ἐμπλεῖν, ἐκπλεῖν· 98
καὶ ἔκπλους, ἀπόπλους, κατάπλους. ναυτίλλεσθαι, ἐρέττειν,
κώπαις ἐλαύνειν, τριηριτεύειν, κωπηλατεῖν. οἰακίζειν δὲ καὶ
κατευθύνειν τὸ σκάφος καὶ κυβερνᾶν καλείσθω ὁ κυβερ-
νήτης ὁ ἐπὶ τῶν οἰάκων καθήμενος, ὁ τῆς νεὼς ἡγεμών,
ὁ τῶν ναυτῶν ἄρχων, ὁ ἐπὶ τοῖς οἴαξιν ἑστώς, καὶ κατ' Ἀν-
τιφῶντα ὁ ποδοχῶν, ἢ μᾶλλον κατ' ἐμὲ ὁ ποδηγῶν· κέκλη-
ται δὲ ὑπὸ ποιητῶν καὶ ἡνίοχος τῆς νεώς. καὶ τῆς νεὼς
ὑποκυβερνᾶν, προκυβερνᾶν ἐπὶ τοῦ πρωρέως. καλοῦνται δέ
τινες καὶ ναυτιλίαι βραχεῖαι καὶ ναυτιλίαι μακραί.

τὰ δὲ ἐντιθέμενα ταῖς ναυσὶ φόρτος, φορτία, ἀγώ- 99
γιμα, ῥῶπος, γόμος, παρενθῆκαι. ἀφ' ὧν ῥήματα ἐπιφορ-
τίσασθαι καὶ γεμίσασθαι καὶ ἐνθέσθαι. λέγοιτο δ' ἂν καὶ
πληρώσασθαι καὶ προσαναθέσθαι ἐπὶ τοῦ καταστρώματος,
ἐμβαλέσθαι καὶ ἐσβαλέσθαι. ἐκθέσθαι, ἀποφορτίσασθαι,
κουφίσαι τὴν ναῦν, ἐπελαφρῦναι, ἐκβολὴν ποιήσασθαι τῶν
φορτίων.

χωρία ἐπιθαλαττίδια, οἷς ἔστι προσσχεῖν, ἀκτή, ἠών,
αἰγιαλός, χηλή, ὕφορμος, ὅρμος, λιμήν. ἔπαινος δὲ λιμέ- 100
νος ἢ καταγωγῆς εὔορμος, εὐπροσόρμιστος, εὔδιος, εὐλίμενος,
εὔστομος, βαθύς, ἀγχιβαθής, ἐν σκέπῃ πνευμάτων, ἀπήνε-
μος, νήνεμος, ὑπήνεμος, ἀσφαλής, ἀκύμων, ἀκίνδυνος, ῥᾴ-
διος προσσχεῖν, ἀσφαλὴς προσβαλεῖν· οὐκ ἂν δεηθείης πεί-
σματος ἐν αὐτῷ. ὅρμοι δὲ βαθεῖς, ἥσυχοι, ἀπόρρυτοι, νή-
νεμοι, ναύλοχοι. καὶ στόμα λιμένος, καὶ εὔστομος λιμὴν
καὶ εὐεπίμικτος. τὸ δὲ ἔργον ναυλοχεῖν, καὶ τὰ ὅμοια. ψέ- 101
γων δὲ ἐρεῖς δύσορμος, δυσπροσόρμιστος, δυσπρόσμικτος,
χειμέριος, ἀλίμενος (Ὑπερίδης δὲ καὶ ὄνομα ἐποίησε, «τῶν
τόπων τὴν ἀλιμενίαν»), τραχύς, κατάνεμος, κυματίας, πο-

λυκύμων, ἀβαθής, πονηρὸν ἔχων τὸ στόμα, καὶ πονηρὸν ἔχων τὸν εἴσπλουν. τὰ δὲ πράγματα καταγαγέσθαι, κατᾶραι, καταπλεῦσαι, εἰσπλεῦσαι, εἰσορμίσασθαι, ἐνορ-
102 μίσασθαι, ἐγκαθορμίσασθαι, προσμῖξαι τῇ ἠπείρῳ, κατα-κολλίσασθαι, προσσχεῖν, προσβαλεῖν. καὶ τὰ ὀνόματα κα-ταίρουσι μὲν καταγωγή, κατάπλους, κάταρσις, ἀναγομέ-νοις δὲ ἀναγωγή, ἔκπλους, ἄπαρσις. καὶ τὰ ἀπαρέμφατα ἀπὸ τούτων ἐσχηματισμένα, ἀνάγεσθαι, ἐκπλεῦσαι, ἀπᾶραι, ἐξορμίσασθαι. ἔστι δέ τις καὶ χηλὴ λιμένος καὶ στόμα καὶ μυχός.

103 περὶ τοῦ ἔξω πλοῦ, εἰρεσίᾳ πλεῖν, ἀνέμῳ πλεῖν. εἴρηται δὲ καὶ ἱστιοκώπῃ, ἀλλὰ βέλτιον εἰρεσίᾳ καὶ πνεύματι. ἀφεῖναι εἰς τὸ πέλαγος, μετεώρῳ εἰρεσίᾳ, πελάγιοι ἐπλέομεν, μετέωροι ἐπλέομεν. ἐπ᾽ ἀγκυρῶν ὡρμισάμεθα, μετέωροι ὡρμισάμεθα, ἀπεσαλεύομεν. αἴροντες ἀπὸ τῆς γῆς, πάντα ἀνασείσαντες τὰ ἱστία, πάντα ἀναπετάσαντες τὰ ἱστία, πᾶσαν ἐκπετάσαντες τὴν ὀθόνην, πάντα ὑποδεξάμενοι τὸν ἄνεμον. κοῦφαι νῆες, βαρεῖαι νῆες, καταβαρεῖς. ἀγκύρας βαλέσθαι, ἀγκύρας καθεῖναι, κα-
104 τατεῖναι, στήσασθαι τὴν ναῦν, ἐκδήσασθαι τὰ πείσματα. τὸ δὲ ἐναντίον ἀνελέσθαι τὰς ἀγκύρας, ἀνασπάσαι, ἀνελκύσα-σθαι, λῦσαι τὰ ἀπόγυα, ἀνελκύσαι τὴν ναῦν, νεωλκῆσαι, στήσασθαι ἐπὶ τοῦ αἰγιαλοῦ, ἐπὶ τοῦ ναυστάθμου, ἐν τοῖς νεωρίοις, ἐν τοῖς νεωσοίκοις, καὶ ὅσα ἄλλα εἴωθε λέγεσθαι. ἄλλης δὲ χρείας, ὤκειλεν ἡ ναῦς, προσώκειλεν, ἐξώκειλεν.

105 πλοῦς εὔδιος, ἡδύς, ἀσφαλής, ἀκίνδυνος, ἄλυπος, ὡραῖος. αὔρας ἐπιπνεούσης λεπτῆς, πραείας, ἡδείας, λιγυ-ρᾶς, ζεφυρίας, Ζεφύρων. ἀνέμου δεξιοῦ γενομένου, ἐπιγε-νομένου, ἐπιπνέοντος, προσπνέοντος, προπέμποντος, παρα-πέμποντος, συμπροπέμποντος. ἀνέμου ἐπικαίρου, φοροῦ, ἐπιφόρου, φιλίου. δι᾽ ἀκριβοῦς αἰθρίας, δι᾽ ἀνεφέλου τοῦ ἀέρος, καταβάντος ἐκ γῆς τοῦ πνεύματος, κατιόντος τοῦ ἀνέ-
106 μου, ἐκ πρύμνης ἐπιπνέοντος, κατὰ πρύμναν τοῦ πνεύμα-τος ἑστηκότος, κατὰ τῶν οἰάκων πνέοντος. πλήρει τῷ ἱστίῳ, ὑπόπλεῳ τῇ ὀθόνῃ, ἀνέμῳ κεκριμένῳ. ἐπλέομεν δι᾽ εὐδίας, διὰ γαλήνης, ἐν θαλάττῃ σταθερᾷ καὶ στασίμῳ, λείᾳ θα-λάττῃ, ἀκύμονι, ἀπράγμονι, νηνεμίας οὔσης, πεσόντος τοῦ πνεύματος, εὐαερίας οὔσης, εὐημερίας οὔσης, ταχυπλοίας,

ἐπιφριττούσης ἠρέμα τῆς θαλάττης αὔρᾳ γλυκείᾳ, ἐν Ἀλ-
κυονίσιν ἡμέραις. καὶ ἐκ τῶν ἐναντίων ἔστιν ἑρμηνεῦσαι 107
οὐ τοιᾶσδε οὔσης τῆς θαλάττης. ἐπλέομεν ὡς διὰ ποταμοῦ
ἐπὶ πολὺ τοῦ κύματος, διέφριττε τὸ πέλαγος. ἐπλέομεν πάντα
ἀνασείσαντες κάλων, πᾶσι κάλοις, πάντα ἀνέντες τὰ ἱστία,
πᾶσαν τὴν ὀθόνην καθέντες, γέμοντι τῷ ἱστίῳ, πλήρει τῷ
ἱστίῳ, κοίλῳ τῷ ἱστίῳ, ἐφέντες τὰ ἱστία τῷ πνεύματι, οὐδὲν
ὑποστειλάμενοι. ἐξ οὐρίας ἐπλέομεν, πάντα λύσαντες τὰ
ἱστία, εἰς ἥμισυ στειλάμενοι τὰ ἱστία, καθ' ἥμισυ ἀναστεί-
λαντες, καθ' ἥμισυ ἀνέντες, ὑφέντες τι τῆς κεραίας, καθέν-
τες βραχὺ τῆς κεραίας.

τὸ δὲ εὐδίαν εἶναι καὶ ὧδε σημανεῖς. ἰχθύων θήρα 108
ἦν, ἰχθύων εὐαγρία, εὐθηρία, ἀσπαλιευταὶ εἰργάζοντο, κο-
λυμβηταὶ ἐπετόλμων τῇ θαλάττῃ, ἁλιέων ἦν εὐπραγία. τὰ
δὲ ἐναντία χειμών, κλύδων, κλυδώνιον, ζάλη, τρικυμία,
θάλαττα τραχεῖα, κοίλη θάλαττα καὶ κοιλαινομένη καὶ
τραχυνομένη. καὶ ὁ πόρος ἐτραχύνετο, κυματίας ἦν, ἐκύ-
μαινεν, ἐκυματοῦτο. καὶ κύματα μετέρρει, μετέπιπτεν, ἐνέ- 109
πιπτεν, ἠγρίαινε. φρικώδης ἦν ἡ θάλαττα, ταραχώδης. ἐπ-
ανιστάμενον τὸ κῦμα, ἀνθιστάμενον, ἀνιστάμενον. σάλος
αἰρόμενος. κῦμα ἱστάμενον, ἐγειρόμενον, ὑποκινούμενον, κυρ-
τούμενον, ἐκβιαζόμενον, ἐλαυνόμενον, ἐλαῦνον, ἐπαναχωροῦν
τῇ γῇ, ἐπαναβαῖνον κατὰ ῥαχίαν, ἐπαριὸν καὶ προσιὸν ἐπὶ
τὴν γῆν. σύρτις, ἄμπωτις. κῦμα κωφὸν ὑπεκινεῖτο. ἐκοιλαί-
νετο ἡ θάλαττα.

ἄνεμος βίαιος, σκληρός, δύσφορος, τυφών, πρηστήρ, 110
καταιγίς, στρόβιλος. ἄνεμος ἐξώστης, ἐξωθῶν, ὑποφέρων,
παραφέρων, προωθῶν, ἐλαύνων, κατὰ κεφαλὴν ἐπείγων.
ἀνέμου κατὰ πρῷραν ἑστηκότος, πνεύματος ἀνθεστηκότος,
ἀντίου πνέοντος τοῦ πνεύματος, πρὸς ἄνεμον ἐναντίον, ἄνε-
μον ἀντίπρωρον ἔχοντες, ἀκρίτων ὄντων τῶν πνευμάτων,
ἀντιπνεόντων, πανταχόθεν συμπεσόντων, πανταχόθεν συρ-
ραγέντων. λάβρου ὄντος τοῦ πνεύματος, ἀμέτρου, ἐκμέτρου. 111
κατὰ πλευρὰν ἀνέμου βιαζομένου, ἐκ τοίχων ἐμπίπτοντος
ἢ περιπνέοντος ἢ ἀνωθοῦντος ἢ περιαράττοντος. Εὔπολις
δὲ καὶ ἄνεμον ἀσελγῆ εἶπε τὸν βίαιον· εἴη δ' ἂν ὅμοιον
καὶ τὸ ὑβριστὴς ἄνεμος. ἔστι δ' εἰπεῖν καὶ πνεύματος μα-

χομένου, ἀνθεστηκότος, ἀντιπράττοντος. καὶ κυκωμένης τῆς
θαλάττης, καὶ ῥοῦ μαχομένου, κατασύροντος, παρασύροντος,
παρατρέποντος, ὑποφέροντος, παραφέροντος, ὠθοῦντος, ἀπ-
112 ωθοῦντος, βιαζομένου, ὑφέλκοντος, ἀντιρρέοντος. ὑπαινίτ-
τεται δέ τι τοιοῦτον καὶ τὸ Ξενοφώντειον, τὸ «σπουδάζον-
τος τοῦ θεοῦ», εἰ μὴ ἄρα τὸ πνεῖν ἐκ γῆς ἄνεμον οὕτως
εἴρηκεν ὡς εἰς ἀναγωγὴν καιρὸν εἶναι. ἔστι δ' εἰπεῖν, ἀπει-
θέστεραι τοῖς κυβερνήταις ἦσαν αἱ νῆες, ἀπειθεῖς, δυσπει-
θεῖς, δυσάγωγοι, ἀνάγωγοι. τὰ πηδάλια οὐχ ὑπήκουεν,
οὐκ ἦν διαγαγεῖν τοὺς οἴακας, οὐκ ἦν περιφέρειν τὰ πη-
113 δάλια. νεφελώδης ἦν ὁ ἀήρ, ἀχλυώδης, ζοφώδης, μέ-
λας, βαθύς, συννέφελος, συννεφής, σκοτώδης. νυκτὶ τὰ
πάντα ἐῴκει, οὐδὲν προεφαίνετο, οὐκ ἦν τὸν ἥλιον ἰδεῖν,
τυφλώττουσιν ἐῴκειμεν, ἀθέατος ἦν ὑπὸ νεφῶν ὁ οὐρανός.
ὑπερεῖχε τὸ κῦμα, ὑπὲρ τοὺς τοίχους ἀνέβη, ὑπερκατέβη,
εἰς κοίλην τὴν ναῦν εἰσέπεσε. κάταντλον ἦν τὸ σκάφος.
ἔστι δ' εἰπεῖν, ἐπλέομεν ἀπὸ κάλων, ἐκ μόνης τῆς κεραίας,
ψιλῇ τῇ κεραίᾳ, ἐν χρῷ τῆς γῆς παραπλέοντες, ἐκ κάλων
ἕλκοντες τὴν ναῦν.
114   τὰ δὲ πάθη οὕτως ἂν εἴποις. χειμάζεσθαι, σαλεύ-
ειν, ὠθεῖσθαι, ἀπωθεῖσθαι, παρασύρεσθαι, συγκλύζεσθαι,
κατασύρεσθαι, καταδύεσθαι, βαπτίζεσθαι, ἀνατρέπεσθαι,
περιτρέπεσθαι, ὀκεῖλαι, ἐξοκεῖλαι, καθέλκεσθαι, κατασπᾶ-
σθαι, ναυαγεῖν, περιρρῆξαί που τὴν ναῦν, προσαράξαι, πε-
ριαράξαι, περιθραῦσαι. καὶ ἄλλως, διαλυθείσης τῆς νεώς,
ἀνοιχθείσης, διαστάσης τῆς ἁρμονίας, τοῦ ἱστοῦ ἀποκλα-
σθέντος, περικλασθέντος, ἀπαραχθέντος, περιαχθέντος, τῶν
πηδαλίων ἀποθραυσθέντων, ἀπορραγέντων. καὶ τὰ ὀνόματα
ναυαγία, κατακλυσμός, ἐπικλυσμός. ἐρεῖς δὲ καὶ «διατοιχεῖν
ἔδει»· τὸ γὰρ ἀνατοιχεῖν ἰδιωτικόν.
115   οἷς δ' ἔστι ναῦν περιπεσεῖν ἐν χειμῶνι, ἕρματα κρύφια,
πέτραι ὕφαλοι, σκόπελοι, σπιλάδες, βράχη, χοιράδες, ἄκραι
χειμέριοι, κατήνεμοι, ὀξεῖαι, προνενευκυῖαι, σκληραί, προπε-
τεῖς, ἀλιτενεῖς, ἀπορρῶγες, ἀπρόσμικτοι, ἀπροσπέλαστοι,
τραχὺς αἰγιαλός, ἠὼν σκληρά, πρόσγειος θάλαττα, καὶ εἴ
τις βιάζοιτο, ὑπόγειος, ἀβαθής, πηλώδης, τελματώδης.
116   ἐρεῖς δὲ ὄμβρος ἔπεσε, προσέπεσε, κατερρύη, ἐπικα-

τερρύη, κατηνέχθη, ἐπικατηνέχθη, ἐπερράγη, ἐξερράγη, κατερ-
ράγη, κατεχεῖτο. κατακλυσμός, ἐπικλυσμός. κάθοδος ὕδατος,
φορά, καταφορά, ἄφεσις, ὁρμή, ἐπιρροή, καταβολή, ἐκβολή.
βίαιος ὄμβρος, πολύς, ῥόθιος, ἐλαυνόμενος, ἐπειγόμενος,
πυκνός, συνεχής, ἐξαίσιος. ἀκρατεῖς τῶν κωπῶν ἦσαν οἱ
ναῦται, ὑγραὶ ἦσαν αἱ ἀντιλήψεις, ὠλίσθαινον αἱ χεῖρες, πε-
ριωλίσθαινον, ἀπωλίσθαινον, παρεφέροντο ἀπὸ τῶν κωπῶν,
ἐξέπιπτον, οὐκ ἐνῆν ἐξαίρειν τὰς κώπας.

ἀστραπὴ ἐξέλαμψεν, ἐξερράγη, ἐξήστραψεν, ἐξετρί- [117]
φθη, ἐπέσχε τὰ ὄμματα, ἐτάραξε, συνετάραξεν, ἐξέπληξε
τὰς ψυχάς, ἐξεθορύβησε, συνέχεε, θόρυβον ἐνεποίησε ταῖς
γνώμαις. λαμπρά, ὑπέρλαμπρος, διάπυρος, φλογώδης, ἐκ-
πληκτική, βλοσυρά, ἀπρόσοπτος, δυσαντίβλεπτος, δυσπρόσο-
πτος, δύσοπτος, ἀντίτυπος. ὡς ἀποσκοτοῦν τὰ ὄμματα, ὡς [118]
συγχέαι τὰς ὄψεις, ὡς ἐκπτοῆσαι τὰς γνώμας, ὡς συγκλεί-
σασθαι τοὺς ὀφθαλμούς. βροντὴ σκληρά, τραχεῖα, βιαία,
βαρεῖα, ὑπερμεγέθης, παμμεγέθης, ἐξετρίφθη, ἐρράγη, προσ-
ερράγη, ἐξήχησεν, περιήχησεν, ἐξεβόμβησεν, περιεβόμβησεν,
ἐξεβρόντησεν, ἐπεβρόντησεν, ἐξεκτύπησεν, ἐνέπεσε ταῖς ἀκο-
αῖς, ἐπηρείσθη, ἐπήρωσε τὰς ἀκοάς, ἐξεπάταξε τὰς γνώμας,
μικροῦ ἐμβροντήτους τοὺς ἐμπλέοντας ἐποίησεν, ἐκκεκωφη-
μένοις ἐῴκειμεν.

τὰ δὲ τῆς ναυμαχίας, αἱ μὲν φέρουσαι τριήρεις, μα- [119]
κρὰ πλοῖα, ταχεῖαι νῆες, κατάφρακτα πλοῖα, οἱ δὲ ἄρχον-
τες τριήραρχοι καὶ πεντηκόνταρχοι καὶ ναύαρχοι καὶ στό-
λαρχοι καὶ ἐπιστολεῖς. τὸ δὲ πρᾶγμα ναυαρχία, τριηραρχία,
πεντηκονταρχία. τῆς δὲ τοῦ ναυάρχου νεὼς τὸ ὄνομα ναυ-
αρχὶς καὶ στρατηγίς. οἱ δὲ ἐρέται ζύγιοι, θαλάμιοι, θρανῖ- [120]
ται. οἱ δ' ἐπὶ τοῦ καταστρώματος μάχιμοι. τὰ δὲ ὅπλα
τὰ μὲν τῆς νεὼς δέρρεις καὶ διφθέραι καὶ χαλκᾶ ἔμβολα,
ὅθεν καὶ χαλκέμβολοι αἱ τριήρεις, τὰ δὲ τῶν ἐμπλεόντων
ἀσπίδες, θώρακες, κνημῖδες, κράνη, ξίφη, δορυδρέπανα, χεῖ-
ρες σιδηραῖ· πρὸς δὲ τὰς ἐπιβολὰς αὐτῶν ἀντεσοφίζοντο
βύρσας προσηλοῦντες πρὸς τὰ τοιχίσματα τῶν νεῶν, ὅπως
ὁ σίδηρος ὀλισθαίνῃ, πρὸς τὸ ἀντίτυπον ἀντιλαβὴν οὐκ

---

118 7. ἐπλήρωσε ante Toupium.

ἔχων. κοντοῖς ἀπεωθοῦντο καὶ διῆγον ἀπ᾿ ἀλλήλων τὰ σκάφη.

121 πληρώματα δὲ ἐντελῆ, ἀκριβῆ, κατεσκευασμένα, εὐδόκιμα, ἐντελόμισθα· τὴν δὲ τοιαύτην ναῦν Λυσίας καὶ ἀδδηφάγον εἴρηκε. καὶ τὰ μὲν καλῶς πεπληρωμένα συγκεκροτημένα, τὰ δὲ ὡς ἑτέρως ἀπλήρωτα καὶ ἡμιπλήρωτα καὶ ἀσυγκρότητα. καὶ αἱ μὲν πλόιμοι νῆες, αἱ δὲ ἄπλοοι· καὶ αἱ μὲν ἀθαλάσσευτοι καὶ ἀκραιφνεῖς καὶ ξηραὶ καὶ διεψυγμέναι, αἱ

122 δὲ ἐντεθαλαττευκυῖαι, δίυγροι, ἀραιαί, διάβροχοι. τὸ δὲ φυλάττειν τινὰς ἐφορμεῖν καὶ ναυλοχεῖν, καὶ τὸ ἀντικαθεστηκέναι πρὸς ναυμαχίαν ἀνθορμεῖν καὶ ἀντεφορμεῖν, καὶ τὸ προσεδρεύειν προσορμεῖν, καὶ τὸ προεκπλεῦσαί ποι ἐξορμεῖν καὶ προορμεῖν, καὶ τὸ στήσασθαι τὴν ναῦν προσορμίσασθαι, καὶ τὸ ἐν κύκλῳ περιπλεῖν νῆσον καὶ προσκαθῆσθαι νήσῳ πολιορκητικῶς ἀπὸ νεῶν περιορμεῖν. καὶ περιορμίζειν

123 τὴν ναῦν περὶ τὸ χῶμά φησι Δημοσθένης· τῷ δὲ θᾶττον ποιήσαντι τοῦτο ἆθλον στέφανος ἦν. ἔστι δὲ αὐτῷ λόγος καὶ περὶ τοῦ ἐπιτριηραρχήματος· ἐπιτριηράρχημα δέ ἐστιν ὁ χρόνος ὅν τις ἐπετριηράρχησεν ἐξήκοντος μὲν αὐτῷ τοῦ καιροῦ, βραδύνοντος δὲ τοῦ διαδόχου. τὰ δὲ ἔργα ἀνάγεσθαι, προσαναπειρᾶσθαι, ἐξορμᾶν τὴν ναῦν, καὶ τὸ πλεῖν καὶ ἐκπλεῖν, περιπλεῖν, διεκπλεῖν, ἀπελάσαι τὴν ναῦν. καὶ τὰ ὀνόματα ἀναγωγή, ἀνάπειρα, πλοῦς, ἐπίπλους, περί

124 πλους, διέκπλους. εἶτα στῆσαι τὰς ναῦς κατὰ στοῖχον, πυκνάς, ἐκ διαστημάτων. ἀρθῆναι τὰ σημεῖα, ἀντανάγεσθαι, ἀντεπιπλεῦσαι, προσεπιπλεῦσαι, προεκπλεῖν, ναυμαχῆσαι, συρραγῆναι, συμπεσεῖν, ἐμβαλεῖν, ἀναρρῆξαι, κατατρῶσαι, ἀναρρῆξαι τὴν παρεξειρεσίαν, ἀναρρῆξαι τὴν πρῶραν, ἀνοῖξαι τὴν ναῦν ὑπὸ τὴν ἐμβολήν, ἄπλους ποιῆσαι τὰς ναῦς, αὐτάνδρους καταδῦσαι, βαπτίσαι, καταναυμαχῆσαι, ἀναδῆσα

125 σθαι, αἰχμαλώτους λαβεῖν, ἐφέλκεσθαι. καὶ τὸ μὲν εἰς ἐμβολὴν ὑπαγαγεῖν εἰς τοὐπίσω τὴν ναῦν ἀνακρούσασθαι, τὸ δ᾿ εἰς φυγὴν πρύμναν κρούσασθαι. εἴρηκε δὲ Θουκυδίδης καὶ «τραυματισθεισῶν τῶν νεῶν.» τὰς δὲ πεπονηκυίας καὶ κεκακωμένας ἔστι θεραπεῦσαι, ἐπισκευάσαι, ἐπισκευάσασθαι, ζεῦξαι, ζεύξασθαι. εἴη δ᾿ ἂν ἐκ νεῶν καὶ ἀποβαίνειν ποι τῆς πολεμίας καὶ ἐκβαίνειν, καὶ ἀποβάσεις ποιεῖσθαι, καὶ κατασύρειν λείαν εἰς τὰς ναῦς.

Αὐτοὶ μὲν οἱ ἄνδρες στρατιῶται, μάχιμοι, σκευο- 126
φόροι, ὑπασπισταί, ἱππαγωγοί, ἱπποκόμοι. καὶ τῶν μαχο-
μένων τὸ μὲν ἔμπροσθεν μέτωπον καὶ ζυγὸν καὶ πρόσωπον,
καὶ τὰ ἑκατέρωθεν ἄκρα πλευρὰ καὶ κέρατα, δεξιὸν καὶ εὐ-
ώνυμον, τὸ δὲ μέσον ὀμφαλός, τὸ δὲ βάθος στοῖχος καλεῖ-
ται. καὶ τὸ μὲν ἐφεξῆς εἶναι κατὰ μῆκος ζυγεῖν, τὸ δ᾽ ἐφε- 127
ξῆς κατὰ βάθος στοιχεῖν. καὶ ὁ μὲν ἐκ δεξιᾶς τοῦ πρώτου
ζυγοῦ πρωτοστάτης, καὶ πᾶν τὸ μέτωπον πρωτοστάται· ὁ
δὲ παρ᾽ ἕκαστον ταττόμενος παραστάτης, ὁ δὲ ὑπ᾽ αὐτὸν
ἐξόπισθεν ἐπιστάτης. τὸ δὲ ἐπὶ πᾶσιν ἐν τῷ βάθει ζυγὸν
οὐρὰ καὶ οὐραγοί· καλοῖτο δ᾽ ἂν ὁμωνύμως καὶ ὁ ἄρχων
αὐτῶν οὐραγός. καλοῦνται δὲ καὶ ὀπισθοφύλακες, καὶ τὸ
ἔργον οὐραγεῖν καὶ ὀπισθοφυλακεῖν. τὸ δὲ σύμπαν στρά-
τευμα, στρατός, στρατιά, στρατιωτικόν, φάλαγξ, τάγμα,
σύνταγμα· μέρη δ᾽ αὐτοῦ μυριοστύς, χιλιοστύς, πεντηκο-
στύς, λόχος, δεκάς, πεντάς. καὶ οἱ ἄρχοντες οἱ μὲν τοῦ 128
παντὸς στρατηγοὶ καὶ συστράτηγοι καὶ ὑποστράτηγοι, ὥσ-
περ οἱ ἀποχειροτονηθέντες ἀποστράτηγοι· ταξίαρχοι καὶ
οὐραγοὶ καὶ μυρίαρχοι καὶ χιλίαρχοι καὶ λοχαγοὶ καὶ ἑκατόν-
ταρχοι καὶ δέκαρχοι καὶ πένταρχοι, καὶ τῶν ἱππέων ἵππαρ-
χοι καὶ φύλαρχοι. Θηβαίων δὲ ἴδιον βοιωτάρχης, καὶ Λα-
κεδαιμονίων βασιλεύς, καὶ Ἀθηναίων ἐν μέρει πολέμαρχος,
καὶ Θετταλῶν ταγός, καὶ μισθοφόρων ξεναγός. λέγω δὲ νῦν 129
οὐ πρὸς ἀκρίβειαν ταυτὶ τὰ ὀνόματα· μακροῦ γὰρ ταῦτα
δεῖται καιροῦ καὶ λόγου, ὁπόταν τακτικὸν ὑμῖν ἢ στρατη-
γικὸν συντιθῶ βιβλίον, ὅτε καὶ περὶ πλαισίου καὶ τοῦ ἑτε-
ρομήκους πλαισίου, καὶ τοῦ ἐπὶ μέτωπον κλῖναι καὶ ἐπ᾽ οὐ-
ρὰν καὶ ἐπ᾽ ἀσπίδα καὶ ἐπὶ δόρυ, καὶ τῶν μερῶν τε καὶ
ἀρχόντων καὶ ἔργων καὶ κινήσεων καθ᾽ ἕκαστα σαφηνιῶ.
ἰδίως μέντοι Λακεδαιμονίων ἐνωμοτία καὶ μόρα.

ἐκ δὲ τῆς σκευῆς οἱ ἄνδρες ὧδε ὀνομάζονται. τὴν 130
μὲν γὰρ σκευὴν κλητέον καὶ ὅπλισιν καὶ ἐξοπλισίαν καὶ σά-
γην κατ᾽ εἶδος μάχης, καὶ ἄνδρας εὐόπλους ὡς τοῦ στρα-
τιωτικοῦ γένους ὄντας. οἱ δ᾽ εἰσὶν ὁπλῖται, ὁπλοφόροι, βα-
ρεῖς, ἀκριβεῖς, μόνιμοι, στάσιμοι, μαχαιροφόροι, πάλιν δ᾽

---

130 3. κατ᾽ Kühnius pro καὶ.

αὖ πελτασταί, πελτοφόροι, γυμνῆτες, κοῦφοι, ἐλαφροί, εὔ-

131 κολοι, εὐχερεῖς, ψιλοί, σφενδονῆται, λιθοβόλοι, τοξόται, το-
ξοφόροι, ἱππεῖς, ἱππακοντισταί, ἱπποτοξόται, δορατοφόροι,
κοντοφόροι, ὑπασπισταί, σκευοφόροι, ἱππαγωγοί, ἄμιπποι.
δύο δ᾽ οὗτοι εἶχον ἵππους, καὶ ὁ ἕτερος προσήρτητο θα-
τέρῳ, καὶ μεμελετήκεσαν μεταπηδᾶν εἰς ἑκάτερον· ἦν δ᾽ αὐ-
τοῖς τὸ σόφισμα τοῦ ἀκραιφνεστέροις χρῆσθαι πρὸς τὰ ἔργα
τοῖς ἵπποις, ὅπως ὁδούς τε μακροτέρας διανύοιεν καὶ εἶεν

132 αὐτοῖς ἀκοπώτεροι. ἦν δέ τι καὶ ἕτερον εἶδος ἱππέων, δι-
μάχαι, Ἀλεξάνδρου τὸ εὕρημα, κουφοτέραν πεζοῦ ὁπλίτου
καὶ βαρυτέραν ἱππέως ἔχοντες σκευήν, ἐξησκημένοι πρὸς
ἄμφω, καὶ τὴν ἐκ γῆς καὶ τὴν ἀφ᾽ ἵππου μάχην, ὅπως ἐν
μὲν τοῖς ἱππασίμοις ἱππεύοιεν, ὅτε δὲ εἰς ἄφιππα ἀφίκοιντο,
μὴ εἶεν ἄμαχοι παντάπασι, μηδὲ πάθοιεν τὸ πάθημα τὸ
Λύδιον· ἀλλὰ τὸν μὲν ἵππον παρελάμβανεν ἐξεπίτηδες ἐπ᾽
αὐτῷ τούτῳ παρεπόμενός τις ὑπηρέτης, ὁ δ᾽ ἐκ τοῦ ἵππου
καταβὰς ὁπλίτης εὐθὺς ἦν.

133 　　ὅπλων ὀνόματα. ἀμυντήρια, ἀλεξητήρια, σκεπαστήρια,
φυλακτήρια, ἐκ χειρὸς χρήσιμα, ἀγχέμαχα, βλήματα, βέλη,
πάντα τὰ ἀφιέμενα. ἀσπὶς καὶ τὰ μέρη τῆς ἀσπίδος, ὀμ-
φαλὸς καὶ μεσομφάλιον καὶ ὄχανον καὶ ἴτυς καὶ κύκλος
καὶ ἄντυξ. ἀσπὶς οἰσυΐνη, ἀσπὶς ἀπὸ ξύλου, ἀσπὶς ἀπὸ βύρ-
σης, ἀσπὶς ὠμοβοΐνη, ἀσπὶς χαλκῆ, παρ᾽ Ὁμήρῳ δὲ καὶ

134 χρυσῆ καὶ ἀπ᾽ ἀργύρου καὶ καττιτέρου. λέγεται δὲ καὶ Νι-
κίας πορφύραν καὶ χρυσὸν μίξας κοσμῆσαι τὴν ἀσπίδα. γί-
νεται δὲ καὶ προμήκης ἀσπίς, τετράγωνος, περιφερής, κυκ-
λοτερής, κοίλη, ἑτερομήκης. πέλτη Ἀμαζονική, ὡς φησὶ Ξε-
νοφῶν, παρεοικυῖα κιττοῦ πετάλῳ. θώραξ καὶ τὰ μέρη
τοῦ θώρακος, πτέρυγες, καὶ τὸ μέσον αὐτοῦ γύαλον. Ἰάσων
δὲ ὁ Θετταλὸς καὶ ἡμιθωράκια προσεξεῦρε. θώρακες δὲ οἱ

135 μὲν φολιδωτοί, οἱ δὲ ἐξ ἀλύσεων. ἔστι δέ τις καὶ σπολὰς
ἀντὶ θώρακος. περικεφαλαία, κυνῆ, κράνος. καὶ τούτου
τὰ μέρη τὸ μὲν ὑπὲρ τὸ μέτωπον ὁμωνύμως τῷ μέρει, τὰ
δ᾽ ὑπ᾽ αὐτῷ ὀφρύες, καὶ τὸ ὑπὲρ αὐτὰς προβεβλημένον γεῖ-
σον, τὸ δὲ ἐπ᾽ αὐτῇ τῇ κεφαλῇ ἐπίκρανον, καὶ τὸ ὑπὲρ αὐτὸ
λόφος καὶ λοφιὰ καὶ τριλοφία. λόφος εὐανθής, ὑακινθι-
νοβαφής. τὰ δὲ περὶ ταῖς χερσὶ προβλήματα ὁμωνύμως τῷ

μέρει χεῖρες καλοῦνται, καὶ κνημῖδες ποδῶν. ξίφος, μά- 136
χαιρα, ἐγχειρίδιον, ξίφους ἀκμή, ξίφους λαβὴ καὶ προλαβή,
ξίφους τελαμών, οὗ τὸ ξίφος ἐξῆπται. κοπίς. ἡ δὲ θήκη τοῦ
ξίφους κουλεός. λόγχη, ξυστόν, κάμαξ, ἀκόντιον. ἀκόντισμα
καὶ τὸ ὅπλον καὶ τὸ ἔργον. δόρυ, κοντός. καὶ ἡ θήκη τοῦ
δόρατος δουροδόκη, καὶ τὰ μέρη τὸ μὲν τέλος σαυρωτήρ,
τὸ δὲ μέσον ἀγκύλη. καὶ τὸ μὲν ἔργον ἐναγκυλίσασθαι, τὸ
δὲ προῦχον αἰχμὴ καὶ ἐπιδορατὶς καὶ στύραξ. ἦν δὲ καὶ 137
τινα δόρατα ναυμάχα, ὡς φησὶν Ὅμηρος, διὰ μήκους χρείαν
συνηρμοσμένα ἐκ συμβολῶν. δρεπάνη, δορυδρέπανον. πέ-
λεκυς ἀμφίστομος, ἑτερόστομος. τάχα δ᾿ ἂν προσθείη τις
τούτοις καὶ τὴν ξυήλην τὴν Λακωνικήν. σφενδόνη, λίθος,
τόξον καὶ τὰ τοῦ τόξου μέρη, κέρας καὶ νευρὰ καὶ οἰστός.
τὸ αὐτὸ καὶ βέλος καὶ τόξευμα· Θουκυδίδης δ᾿ αὐτὸ καὶ
ἄτρακτον καλεῖ. εἰσὶ δὲ καὶ πυρφόροι οἰστοί. καὶ τοῦ βέ-
λους τὸ μὲν ἐπτερωμένον εἴποις ἂν κεφαλὴν βέλους, ὁ δὲ
σίδηρος ἀκίς, καὶ τῆς ἀκίδος ὄγκοι μὲν αἱ πρὸς τῷ καλάμῳ,
γλωχῖνες δὲ αἱ πρὸς τῇ ἀκμῇ προβολαί. ἰστέον δὲ ὅτι καὶ 138
φοίνικος σπάθῃ Ἀράβων τινὲς ἀντὶ κέρως ἐχρῶντο, καὶ
λίθῳ ὀξεῖ ἀντὶ σιδήρου Αἰθίοπες. καὶ ἔχριον τὰς ἀκίδας
ἰῷ φαρμακώδει Ἄραβες.

προσαριθμητέον τούτοις καὶ τὰ βαρβαρικά, σάρισ-
σαν Μακεδονικὴν τὸ δόρυ, καὶ παλτὸν Μηδικὸν τὸ ἀκόν-
τιον, καὶ ἀκινάκην Περσικὸν ξιφίδιόν τι, τῷ μηρῷ προσηρ-
τημένον, καὶ σαγάρεις Σκυθικάς. Ἄραβες δὲ καὶ στρουθῶν
δοραῖς ἀντὶ θωράκων ἢ ἀσπίδων ἐφράττοντο.

πυρσοί, φρυκτοί, καὶ μηχανήματα κριοί, πύργοι, 139
ἑλεπόλεις, μηχαναί, καὶ καταπέλται Μακεδονικοί, καὶ χε-
λῶναι.

χρεία δ᾿ εἰς τοὺς πολέμους σκευοφόρων μὲν ὄνων, βοῶν
δὲ ἐπεσκευασμένων ὑφ᾿ ἁμάξαις, ἡμιόνων δὲ πρὸς ἄμφω,
καμήλων δὲ ἐπισεσαγμένων τὰ σκεύη. Βάκτριοι δὲ καὶ 140
μάχονται ἐπὶ τῶν καμήλων, καὶ εἰσὶν αὐτοῖς ἵππων μὲν
ὠκύτεραι τὸ τάχος, ἐκπληκτικώτεραι δὲ διὰ μέγεθος καὶ δα-
σύτητα, ἐνεργότεραι δὲ διὰ τὸ ἄδιψον καὶ μᾶλλον δύνα-

---

140 2. ἀπό?   4. ἀδιψεῖν?

σθαι πονεῖν. ἵππων μέντοι καὶ ἐλεφάντων ἄντικρυς χρεία πρὸς τὰς μάχας. καὶ ὁ μὲν ἄγων ἐλέφαντα ἐλεφανταγωγὸς καλεῖται, ὁ δ' ἐπ' αὐτοῖς ἄρχων ἐλεφαντάρχης. φράττονται δὲ καὶ οἱ ἵπποι ὅπλοις, προμετωπιδίοις, παρωπίοις, παρηΐοις, προστερνιδίοις, παραπλευριδίοις, παραμηριδίοις, περικνημιδίοις· λέγονται δὲ ἵπποι τεθωρακισμένοι, πεφραγμένοι, ὡπλισμένοι. Λίβυες δὲ καὶ ἀπὸ δίφρων καὶ ἵππων ἐπεζευγμένων, ὥσπερ οἱ Ὁμήρου ἥρωες, μάχονται· Ὅμηρος γὰρ οὐκ οἶδε μονίππους ἱππέας. ὧν οἱ μὲν ὑπὸ τῷ ζυγῷ ζύγιοι, οἱ δ' ἑκατέρωθεν παρήοροι καὶ παράσειροι καὶ σειραφόροι καὶ σειραῖοι, καὶ αἱ τούτων ἡνίαι σειραὶ καὶ παρηορίαι. ἐπιβεβήκασι δὲ τοῦ ἁρματείου δίφρου ἡνίοχος καὶ παραβάτης· ὃν ὁ Πλάτων ἀναβάτην μικράσπιδα ἐκάλεσε. καλεῖται δέ τις Λιβυκὴ διφρεία, ἡ δὲ Περσική, ἡ δὲ Λακωνική.

μέρη δὲ τοῦ ἅρματος δίφρος, ὑπερτερία, ἄντυξ, ἴτυς. ἡ μὲν ἱμάντωσις τοῦ δίφρου τόνος καλεῖται, τὸ δ' ὑπεράνω αὐτοῦ περίφραγμα, ὃ σκύτει εἴωθε περιλαμβάνεσθαι, τάρριον. τρεῖς δ' ἔχοντος τοῦ ταρρίου πλευρὰς τὰς κατὰ τοὺς ἵππους, τὸ ἀνώτατον ξύλον χαπάναξ καλεῖται δεξιὸς καὶ εὐώνυμος, ἡ δὲ μέση ῥάβδος χαπάνη, ἐφ' οὗ δ' ἀναπαύεται, μεσάτιον, ἐμπρόσθιον. αἱ δὲ δίδυμοι αἱ εἰς τοὺς ἵππους βλέπουσαι ἀπὸ τῆς χαπάνης μέχρι τοῦ κυρτίου μετῆλαι, τὸ δὲ κυρτούμενον ἀσπιδίσκη, τὸ δ' ἀπ' αὐτῆς ὑπὸ τὸν τόνον κεκαμμένον ἀζηλίς. τὰ δ' ἐγγώνια τὰ ἐντὸς τοῦ δίφρου γωνίαι ἢ ἀγκῶνες ἢ ἄστρητα. τῶν δὲ πλαγίων πλευρῶν αἱ ἐπάνω ῥάβδοι, αἱ ἕως κάτω τείνουσαι, κυφῶνες, αἱ δὲ ὑπ' αὐτοῖς μέσαι ῥάβδοι ἕως τοῦ τόνου ὑποκυφώνια ἢ κιλλίβαντες ἢ κιλλοβόροι. τὰ δ' ἐγγώνια, οὗ ἐμπίπτουσιν αἱ πλάγιαι πλευραί, θαιροί. τὸ δὲ πρὸ τοῦ τόνου, οὗ πρῶτον ἐπιβαίνουσιν οἱ ἀναβαίνοντες, πτέρνα. τὸ δὲ ὅλον ἐπίθημα καλεῖται ὑπερτερία, τὸ δ' ὑποκείμενον ἄξων, τῶν δὲ περιειλουμένων τῷ ἄξονι τροχῶν τὸ μὲν περὶ ταῖς ἁψῖσι σιδηροῦν ἐπίσωτρον, ἡ δὲ ἁψὶς καὶ σῶτρα καλεῖται, αἱ δὲ ἐν-

ἡρμοσμέναι αὐτῇ ῥάβδοι κνῆμαι. τὸ δὲ κενὸν τοῦ τροχοῦ
τὸ ἐναρμοζόμενον τῷ ἄξονι σίριγξ. τὸ δὲ ἐφ᾽ ἑκάστῃ κνήμῃ 145
σιδηροῦν ἀετός. αὐτὸ δὲ τὸ περιειλούμενον τῷ ἄξονι πλή-
μνη. τὸ δὲ ὑπεράνω αὐτοῦ σιδήριον δακτύλιος. τὸ δὲ συν-
δέον πρὸς τὴν πλήμνην τὰς κνήμας σιδήριον πλημνόδετον
ἢ θώραξ. τὸ δ᾽ ἐντὸς τῆς πλήμνης σιδήριον, ὃ τρίβει τὸν
ἄξονα, γάρνον ἢ δέστρον. τὸ δὲ κωλῦον ἐκπίπτειν τὸν τρο-
χὸν ἐμπηγνύμενον τῷ ἄξονι παραξόνιον ἢ ὡς Γοργίας ἐπί-
βολος ἢ ὡς Ἐρατοσθένης ἔμβολος. τὰ δ᾽ ἑκατέρωθεν τέλη
τοῦ τροχοῦ δακτύλιοι, ὥσπερ καὶ τοῦ ἄξονος τὰ ἑκατέρω-
θεν τέλη ἀκραξόνια. τὰ δὲ τῷ ἄξονι ἐγκείμενα σιδήρια, 146
καὶ τριβόμενα ὑπὸ τοῦ τροχοῦ, εὐραί. ὁ δὲ τοῦ παραξονίου
δεσμὸς ἐμβολοδέτης. τὸ δὲ ἀποτεινόμενον ἀπὸ τοῦ δίφρου
ξύλον ῥυμός, οὗ τὸ τέλος ἀκρορρύμιον, ὕπερθεν δὲ ἐκδέδε-
ται τὸ ζυγόν· τὰ δὲ συνάπτοντα αὐτὸ δεσμὰ ζυγόδεσμα
καλεῖται. ὁ δὲ πάτταλος ὁ διειρμένος ἀπὸ τοῦ ζυγοῦ ἐπὶ
τὸν ῥυμόν, ᾧ τὰ ζυγόδεσμα περιελίττεται, ἕστωρ. τὰ δὲ
κοῖλα τοῦ ζυγοῦ, ὑφ᾽ ἃ ὑπάγονται οἱ ἵπποι, ζεῦγλαι, ὧν
τὰ ἄκρα ἀκροχηνίσκοι. αἱ δὲ ἡνίαι καὶ ῥυτῆρες καλοῦνται. 147
τὰ δὲ ἀπὸ μὲν τῶν ῥυμῶν ἀπηρτημένα, ὑπὸ δὲ τοὺς αὐχέ-
νας τῶν ἵππων ἑλιττόμενα, λέπαδνα, ὧν τὰ ἄκρα λεπαδ-
νιστῆρες, τὰ δὲ ὑπὸ τοὺς ὤμους τῶν ἵππων μασχαλιστῆρες.
ὁ δὲ ἀπὸ τῆς κορυφῆς τοῦ ἵππου ἐκτεταμένος ἱμὰς ἐπὶ τὸν
χαλινὸν κορυφαία, ὁ δὲ περὶ τὰ γένεια γενειαστήρ. τὰ δ᾽
ἐπανεστηκότα δερμάτια περὶ τὸν ἄξονα, κατὰ τὰ παραξό-
νια, παρατρόχια. οἱ δὲ σιδηροῖ κύκλοι δι᾽ ὧν διείρονται αἱ
ἡνίαι, δακτύλιοι. ἀπὸ δ᾽ ἵππου ἐφ᾽ ἵππον ὁ ἀπηρτημένος 148
ἱμὰς μεσάτιον. τῶν δ᾽ ἡνιῶν αἱ μὲν κατανωτίδιοι καλοῦνται,
αἱ δὲ διὰ ῥυμῶν, αἱ δὲ διὰ μεσατίου, αἱ δὲ σειραῖος ἱμάς.
καὶ μὴν τὸ μὲν ὅλῳ τῷ στόματι τοῦ ἵππου περιτιθέμενον
χαλκοῦν ἠθμῶδες κημός καλεῖται, τὸ δὲ περὶ τὸ γένειον
διειρόμενον ψάλιον, τὸ δ᾽ εἰς τὸ στόμα ἐμβαλλόμενον χα-
λινός, οὗ τὸ μὲν μέσον ἡνίον, τὰ δὲ περὶ αὐτὸ δακτύλιοι
ἐχῖνοι τρίβολοι, οὓς μασᾶται ὁ ἵππος.

---

145 3. αὐταῖς A.   146 2. θύραι A.   147 8. περιτρόχια C.
148 1. κατανωτιαῖοι C.   7. ἡνίον] ἀξώνιον A.

149 εἴποις δ' ἂν ἐθεράπευον τὰς ἀσπίδας, ἐξεκάθαι-
ρον, ἐλάμπρυνον τοὺς θώρακας, ἐφαίδρυνον τὰς κνημῖδας,
τὰ κράνη στιλπνὰ ἐποίουν, τοὺς λόφους ηὐθέτιζον· ἔθηγον
τὰ ξίφη, ἔξεον τὰ δόρατα.

τεχνῖται δὲ τῶν ὅπλων ἀσπιδοπηγός, θωρακοποιός,
κρανοποιός, μαχαιροποιός, δορυξόος, πιλοποιός. εὐδοκί-
μει δὲ θώραξ Ἀττικουργής, κράνος Βοιωτουργές, πῖλος καὶ
ἐγχειρίδιον Λακωνικά, ἀσπὶς Ἀργολική, τόξον Κρητικόν,
σφενδόνη Ἀκαρνάνων, ἀκόντιον Αἰτωλικόν, μάχαιρα Κελ-
τική, πέλεκυς Θρᾳκικός. καὶ τὰ μὲν ἔμπροσθεν εἰρημένα
ὑπὲρ τῆς ἑκάστου χρήσεως.

150 Λέγειν δὲ χρὴ ἐχθροί, πολέμιοι· τὸ γὰρ τῶν ἀντι-
πολέμων ὄνομα, εἰ καὶ Θουκυδίδης αὐτῷ κέχρηται, σκληρόν
ἐστιν, βέλτιον δ' ἀντιπολεμοῦντες. ἀπηχθημένοι, ἠλλοτριω-
μένοι, ἀλλόφυλοι· τοὺς δὲ βαρβάρους καὶ ξένους ἐκάλουν.
ἄσπονδοι, ἀκατάλλακτοι, ἄμικτοι, θηριώδεις, ὕπουλοι, ἄπι-
στοι, διάφοροι, ἐναντίοι· χρηστέον δέ ποτε καὶ τῷ ἀντίπα-
λοι, εἴ γε καὶ τὸν πόλεμον ἀγῶνα κλητέον καὶ τὸ νικῆσαι
151 καταγωνίσασθαι. πολέμους ἀκηρύκτους ἐπάγοντες, ἀκηρύ-
κτως πολεμοῦντες, πικροί, δυσμενεῖς, ἐπικηρυκείας οὐκ ἔχον-
τες, ἐπικηρυκείας οὐ δεχόμενοι, κήρυκα καὶ πρεσβείαν οὐ
προσιέμενοι, ἀκηρύκτοις πολέμοις χρώμενοι, ἀδιάλλακτοι,
ἀσύμβατοι, ἀσύμβολοι.   τὰ δὲ ἐναντία ἥμεροι, πρᾶοι,
μέχρι τοῦ δεδίξασθαι πολεμοῦντες, φόβον ἀνασείοντες μό-
νον, σπονδὰς ὑποφευγόντων διδόντες, εἰς εἰρήνην ῥέποντες,
ἐπικηρυκευομένους προσιέμενοι, εὐδιάλλακτοι, εὐδιαλλάκτως
152 διακείμενοι, οὐκ εἰς ἀεὶ τὰς ἔχθρας ἀποτιθέμενοι.   ἄλ-
λης δὲ χρείας φίλοι, σύμμαχοι, ὁμοήθεις, ὁμόφυλοι, συν-
ασπισταί, συναγωνισταί, συστρατιῶται, συνεξεταζόμενοι, συν-
οπλιζόμενοι, συμπολεμοῦντες, κοινωνοὶ πολέμου, κοινωνοὶ
μάχης, μετέχοντες ἔχθρας, συναιρόμενοι, ἐνόσπονδοι. καὶ τὰ
153 πράγματα φιλία, συμμαχία, κοινωνία, συνασπισμός· ὁμαιχ-
μία γὰρ Θουκυδίδου μέν, οὐ μὴν λεῖον πρὸς τὴν ἀκοήν.
τὸ δὲ ὅλον πόλεμος, ἔχθρα, διχόνοια, ἀλλοτρίωσις, μάχη,
στάσις, στασιασμός· τὸ δὲ ἐναντίον εἰρήνη, ἡσυχία, σπον-
δαί, ἀνοχαὶ καὶ ἀνακωχαί, διαλλαγαί, καὶ ὁ συνάγων διαλ-

---

151 5. ἀσύμβουλοι ante Iungermannum.   7. ὑποφείγοντες Δ.

λάκτης. τούτους δὲ καταρτιστῆρας Ἡρόδοτος καλεῖ· εἴποι
δ' ἄν τις αὐτοὺς καὶ ἁρμοστάς. τὰ δὲ ῥήματα, διηλλάγη-
σαν καὶ κατηλλάγησαν καὶ συνηλλάγησαν, καὶ συμβάσεις
ἐποιήσαντο καὶ συνέβησαν, καὶ συνέθεντο καὶ συνθῆκαι ἐγέ- 154
νοντο, καὶ ὡμολόγησαν καὶ ὁμολογίαι ἐγένοντο. δύναιτο δ'
ἄν τις εἰπεῖν ἐπὶ μὲν τοῦ εἰς ἔχθραν καταστῆναι, τὰς σπον-
δὰς ἔλυσαν, διέστησαν, ἀπερράγησαν, ἠλλοτριώθησαν, ἐξ-
επολεμώθησαν (οἱ δὲ συγκρούσαντες αὐτοὺς ἐξεπολέμωσαν,
καὶ πολεμοποιοί), εἰς πόλεμον συνέπεσον, ἐπὶ δὲ τοῦ ἐναν-
τίου συνῆλθον, ἡρμόσθησαν, εἰς ταὐτὸν ἦλθον, ᾠκειώθη-
σαν· τὸ γὰρ ἐφιλιώθησαν ἰδιωτῶν.

Δυνάμεις ἐρρωμέναι, ἀκμάζουσαι, ἀκραιφνεῖς, ἀκέ- 155
ραιοι, ἐπιστήμονες, μεμελετηκυῖαι, ἠσκημέναι, συντεταγμέναι,
συγκεκροτημέναι, ἐγρηγορυῖαι, ἀνδρώδεις, ἀνδρεῖαι, ἀνδρικαί,
νεανικαί, ἔντονοι, φιλόπονοι, φιλοπόλεμοι. καὶ ἕτοιμοι, πρό-
χειροι, συνεργοί, φίλεργοί, φιλότιμοι, ἄοκνοι, εὔρωστοι, ἐρ-
ρωμένοι, ἐθελουργοί, πρόθυμοι, εὔθυμοι, θυμοειδεῖς, φιλό-
νεικοι, φιλοκίνδυνοι. καὶ ἄνδρες ἰταμοί, ἀπροφάσιστοι, ἐθε- 156
λονταί, αὐτεπάγγελτοι, ἀπαράκλητοι, αὐτοκέλευστοι, αὐθαί-
ρετοι, αὐτεπίτακτοι, ἀκέλευστοι, ἀνεπίτακτοι, αὐτήκοοι, εὔ-
τολμοι, εὔψυχοι, ἄφοβοι, ἀνέκπληκτοι, εὐθαρσεῖς, γοργοί,
φοβεροί, ἐκπληκτικοί, εὔοπλοι, πολεμικοί· ἐμπειροπόλεμοι
γὰρ ἐπαχθές, πολέμου δὲ χειροτέχνας στρατιώτας εἴρηκε
Θουκυδίδης. δυσήττητοι, ἀήττητοι, ἄμαχοι, δύσμαχοι, ἀπρόσ- 157
μαχοι, δυσαντίβλεπτοι, ἀνυπόστατοι, ἀνίκητοι, δυσπολέμη-
τοι, θαρραλέοι, δυσανταγώνιστοι. καὶ τὰ ἐπιρρήματα συγ-
κεκροτημένως, μεμελετηκότως, ἀκραιφνῶς, ἐπιστημόνως, ἠσκη-
μένως, συντεταγμένως, ἐγρηγορότως, πολεμικῶς, ἀηττήτως,
ἀμάχως, ἀνανταγωνίστως. καὶ τὰ ῥήματα ἐπιρρωννύναι,
ἀσκεῖν, συγκροτεῖν, γυμνάζεσθαι, πονεῖσθαι, μελετᾶν, συγ-
κροτεῖσθαι. τὰ δὲ πράγματα πόνος, ἐπιστήμη, ἐγρήγορσις,
προθυμία, ἄσκησις, μελέτη, ῥώμη.   τὰ δὲ ἐναντία ἀστρά- 158
τευτοι, ἀπόλεμοι, ἄθυμοι, βλᾶκες, βλακεύοντες, ἀμβλεῖς,
βραδεῖς, ἀσθενεῖς, ἀγεννεῖς, ἄρρωστοι, ὀκνώδεις, ἀδύνατοι,
ἀργοί, ἀναπεπτωκότες, μαλακοί, ἄνανδροι, ἀνάσκητοι, ἀγύ-

μναστοι, ἀσυγκρότητοι, ἀμελέτητοι, δειλοί, καταδεεῖς, ἀμελεῖς, κατημελημένοι, ῥάθυμοι, ὕπτιοι, νωθεῖς, κατερραθυμημένοι, ὀλίγωροι, κατωλιγωρημένοι, εὐάλωτοι, εὐεπιβούλευτοι, εὔλη-
159 πτοι, εὐπολέμητοι, εὐεπιχείρητοι. καὶ τὰ ἐπιρρήματα ἀμελῶς, ῥαθύμως, δειλῶς, ἀνάνδρως, ἀθύμως, ἀστρατεύτως, ἀπολέμως, ἀγυμνάστως, ἀσυγκροτήτως, ἀμελετήτως, καταδεῶς, ὀλιγώρως. τὰ δὲ ῥήματα ἀποδειλιᾶν, ἀθυμεῖν, ῥαθυμεῖν, βλακεύειν, νω-θρεύειν, δεδιέναι, ὀλιγωρεῖν. καὶ τὰ πράγματα ἀνασκησία, ἀμελετησία, ἀμέλεια, βλακεία, νώθεια, ἀθυμία, ῥαθυμία, ὀλιγωρία, ἀνανδρία, δειλία, μαλακία.

160   ἐστράτευσαν, ἐξεστράτευσαν, πανδημεὶ ἐξεστρατεύ-σαντο, ἐπεστρατεύσαντο. ἐστρατοπεδεύσαντο καὶ κατεστρατο-πεδεύσαντο καὶ ἀντεστρατοπέδευσαν, στρατόπεδον ἐβάλοντο, ἱδρύθησαν, σκηνὰς ἐστήσαντο καὶ ἐπήξαντο, ἐκάθισαν, ἐσκή-νωσαν, κατεσκήνωσαν. τεῖχος περιεβάλοντο, τεῖχος ἤραντο,
161 περιῳκοδομήσαντο, περιειργάσαντο. οἱ δὲ πρὸς τοῦτο ἐπιτή-δειοι λιθοδόμοι, λιθολόγοι, τέκτονες, τειχοδόμοι, τειχοποιοί· καλοῦνται δ' οὕτως οὐ μόνον οἱ οἰκοδομοῦντες, ἀλλὰ καὶ οἱ τοῦ ἔργου ἐπιστάται, ὡς Δημοσθένης ἑαυτὸν τειχοποιὸν κα-λεῖ. ἐρεῖς δὲ τάφρον ἠλάσαντο, ἐκοίλαναν, ἐβαθύναντο, ἀπ-ετάφρευσαν, σταυροὺς ἐπήξαντο, χαρακώματα ἐποιήσαντο, περιεσταύρωσαν, ἀπεσταύρωσαν, χάρακα ἐβάλοντο, περιεχα-
162 ράκωσαν, ἐφράξαντο. παραφυλακτέον δὲ ὅτι οἱ μὲν περὶ τοῖς στρατοπέδοις χάρακες ἀρρενικῶς λέγονται, αἱ δὲ πρὸς ταῖς ἀμπέλοις θηλυκῶς. ἐξῆλθον ἐπὶ ὑδρείαν, ἐπὶ ξυλείαν, ἐπὶ ξυλισμόν, ἐπὶ φρυγανισμόν, ἐπὶ προνομήν. εἶτα λείαν ἠλάσαντο, βοσκήματα, λείαν περιεσύραντο, ὡς Ὑπερίδης. εἶτα ἀντετάξαντο, ἀντιπαρετάξαντο, ἀντέστησαν, ἐτάχθη-σαν καὶ ἐξετάχθησαν καὶ ἀντετάχθησαν, μετετάξαντο. εἶτα προύθεσαν οἱ μάντεις ἱερεῖα, ἐθύσαντο, ἐσφαγιάσαντο. καὶ αἴσια τὰ ἱερά, ἢ δεξιὰ καὶ καλά, καὶ τοὐναντίον ἀπαίσια καὶ τὰ ὅμοια.

163   ἐρεῖς δὲ τὰ σημεῖα ἤρθη, ὑπισημήναντο οἱ σαλπιγ-κταὶ τὸ εἰς ἔφοδον, ὥσπερ τοὐναντίον ἀνακλητικόν. πρού-τρεψαν οἱ στρατηγοί, παρεκάλεσαν, ἐπέρρωσαν, ἐξώρμησαν,

---

163 1. σαλπισταὶ εἰς A.

ἀνεκαλέσαντο, παρηγγύησαν, ἐξώτρυναν, ἐπήγειραν, σύνθημα ἔδοσαν, ἐπιδιῆλθον τὸ σύνθημα. τὰ δόρατα πρὸς τὰς ἀσπίδας ἐδούπησαν, ἐπαιάνισαν, τῷ ἐνναλίῳ ἠλάλαξαν, προσέμιξαν, εἰς χεῖρας ἦλθον, προηκροβολίσαντο, ἐτόξευσαν, ἐξετόξευσαν, καὶ τὰ ὅμοια. ἐρεῖς δέ, ἐκ τόξου ῥύματος ἦν 164 ἡ μάχη. καὶ τόξου καθάψαι, ἀνελκύσαι, ἀναγαγεῖν, καὶ πληρωσάμενοι τὰ τόξα, ἐνθέμενοι τοὺς οἰστούς. εἶτα προεξέδραμον οἱ ἱππεῖς, προεξεπήδησαν, προεξήλασαν, ἐκδρομὰς ἐποιήσαντο, προεκδρομάς. [προεξήλασεν] ἐν ἵπποις ἡ ἱππομαχία. ἱππομαχῆσαι, ἱπποκρατῆσαι, καθιπποκρατῆσαι. ἐρεῖς δὲ συνέπεσον, συνερράγησαν, εἰς χεῖρας ἦλθον, συνῆψαν τὴν μάχην, συμπεσόντες ἐμάχοντο, ἐν χερσὶν ἦν ἡ μάχη, καὶ τὰ ὅμοια. εἶτα μάχη καρτερά, σταδιαία, θυμῷ 165 ἐμάχοντο, ἐμπλακέντες διηγωνίζοντο, ἐξώθουν ἀλλήλους, οὐ ῥαδίως ἀπ᾽ ἀλλήλων ἀπελύοντο. δεξάμενοι αὐτοὺς ἠμύνοντο, ἢ ἐνέδωκαν πρὸς τὴν πρώτην ἔφοδον, οὐκ ἤνεγκαν τὴν πρώτην προσβολήν. ἐπόνει θάτερον τῶν κεράτων ἢ τὸ μέσον τοῦ στρατεύματος, εἶξεν, ἐνέδωκεν, ἐπὶ πόδα ἀνεχώρει, ἐνέκλινεν, ἐξέκλινεν, ὑπετράπη, ὑπεχώρησεν, τὰ νῶτα ἔδωκεν, προτροπάδην ἔφυγεν, ἡττήθη, τὰ ὅπλα ῥίψαντες ἔφυγον. τὸ δὲ ἔργον βαλεῖν, τρῶσαι, ἀνατρέψαι, ἀπώσασθαι, παραρρῆξαί τι τῆς φάλαγγος, παρασπάσαι, διακόψαι, διαστῆσαι, τρέψασθαι, διῶξαι, σκυλεῦσαι, γυμνῶσαι, ἀφοπλίσαι, ζωγρῆσαι, αἰχμαλωτίσαι, νικῆσαι, ἀπαγαγεῖν, χειρώσασθαι, ἑλεῖν, καθελεῖν, καταπολεμῆσαι, ὑποχειρίοις ποιήσασθαι, ὑφ᾽ ἑαυτοὺς ποιήσασθαι. τοὺς νεκροὺς ἀποδοῦναι ὑποσπόνδους.

ἐρεῖς δὲ ἐπολιόρκησαν, συνήλασαν, συνέκλεισαν, κατ- 167 έκλεισαν, προσεκάθισαν. ἐκάθισε τὸ στράτευμα, προσήδρευσεν, ἀπέκλεισεν. παρέτειναν τὸν χρόνον τῆς πολιορκίας, ἐπετείχισαν, ἐμετάλλευσαν, ὑπώρυξαν, προσήγαγον μηχανάς, προσέρρηξαν, κατέσεισάν τι τοῦ τείχους, καθείλκυσαν, ἀνέτρεψαν, κατέσυραν τὰς ἐπάλξεις, καθεῖλον, κατήνεγκαν, κατέσπασαν, κλίμακας προσέθεσαν, προσανέβησαν, πυρὶ ἀπε-

---

166 4. post αἰχμ. A ἀνδραποδίσαι, τραυματίας ποιῆσαι.   167 7. πῦρ ἀπεπέτασαν A. an πυρὶ ἀνεπέτασαν?

168 τέφρωσαν, χῶμα ἔχωσαν. οἱ δὲ ἀπὸ τοῦ τείχους ἀπεμά-
χοντο, ἀπεκρούοντο, ἀντεῖχον, διεκαρτέρουν, ἐνεκαρτέρουν, ἀν-
τεσοφίζοντο, σβεστηρίοις κωλύμασιν ἐχρῶντο, ὑφεῖλκον τὸν
χοῦν. εἶτα ἀπεῖπον, ἀπηγόρευσαν, χεῖρας ἀνέτειναν, ἐπεκη-
ρυκεύσαντο, ἐνέδοσαν, σφᾶς αὐτοὺς ἐξέδοσαν, παρέδοσαν,
κατεπολεμήθησαν, ἐνέκλιναν, ἐδουλώθησαν ἐνδείᾳ ἐπιτη-
169 δείων, δίψει καὶ λιμῷ. οἱ δὲ πολιορκοῦντες λέγοιντ᾽ ἄν, εἷ-
λον, κατ᾽ ἄκρας εἷλον, καθεῖλον, ἐπόρθησαν, παρεστήσαντο,
ὑποχειρίους ἐποιήσαντο, ἐδουλώσαντο ἐπὶ φόρῳ, εἰς φόρου
ἀπαγωγήν, ἐπὶ χρημάτων φορᾷ, χρήματα ταξάμενοι, δεκά-
την ἐπιβαλόντες· καὶ δεκατηλόγοι, δεκατηλογία. ἐὰν δὲ ἔν-
σπονδοι γένωνται ἐπὶ συμμαχίᾳ, ἐρεῖς ἐπὶ τῇ ἴσῃ καὶ ὁμοίᾳ,
ἐπὶ τῷ τὸν αὐτὸν ἐχθρὸν καὶ φίλον ἔχειν.

170 τείχους δὲ μέρη κύκλος, περίβολος, προμαχεῶνες, ἐπ-
άλξεις, πύργοι, μεσοπύργια, μεταπύργια. ἐρεῖς δὲ τεῖχος ἐρυ-
μνόν, καρτερόν, ἰσχυρόν, ἀπρόσιτον, δυσπρόσιτον, δύσμαχον,
δύσληπτον, δυσαίρετον, ὀχυρόν, ᾠχυρωμένον, δυσκαθαίρετον·
171 δυσάλωτον. καὶ περὶ χωρίων δὲ ταῦτ᾽ ἂν εἴποις, καὶ ἔτι
ἀπότομον, ἀπόκρημνον, κρημνῶδες, ἀνεπιβούλευτον, δυσε-
πίβατον, δυσπρόσβατον, καὶ ἥκιστα ἐπίμαχον. ἐκ δὲ τοῦ
ἐναντίου τεῖχος ἀσθενές, ὠλιγωρημένον, αὐτοσχέδιον, ἐσχε-
διασμένον, εὐάλωτον, εὐαίρετον, εὐκαθαίρετον, ἐπίδρομον,
172 ὡς Ὅμηρος, εὐπρόσοδον, εὐεπίβλεπτον, εὐεπιβούλευτον, εὐε-
πιχείρητον, ἁλώσιμον.

ἐρεῖς δὲ καὶ τάδε, τὰ ἄκρα προκαταλαβεῖν, τὰ ὑπερδέ-
ξια κατασχεῖν, φθάσαι ἐπὶ τὰ ἄκρα, προκατασχεῖν, ἀποκό-
ψαι τοὺς ἐπὶ τῶν ἄκρων, ἀπαράξαι, ἀπελάσαι τοὺς ὑπὲρ κε-
φαλῆς, ἀνασοβῆσαι, διῶξαι. καὶ μὴν καὶ τάδε, κατὰ μέτωπον
173 ἐπελθεῖν, κατὰ νώτου γενέσθαι, ἐκ τοῦ κατόπιν ἐπιδραμεῖν, ἐκ
προφανοῦς, ἐξ ἐπιφανοῦς, ἐξ ἀφανοῦς, ἐξ ἀσφαλοῦς. ἐνεδρεῦ-
σαι, ἐνέδραν καθίσαι, ψευδενέδραν. λόχον ὑφεῖναι, λοχῆσαι,
ἐλλοχῆσαι· τὸ γὰρ καταλοχίσαι εἰς λόχους διανεῖμαι ἐστίν.

στρατιωτικὰ δὲ καὶ τὸ πυρσεῦσαι, φρυκτωρῆσαι, φρυ-
κτωρία. καὶ αἱ φυλακαὶ καὶ προφυλακαὶ καὶ ἔφοδοι, καὶ
σκοποὶ καὶ κατάσκοποι, καὶ ἐπὶ κατασκοπὴν ἐξελθεῖν, ἐπὶ
174 προσκοπήν. ψευδαυτόμολοι. καὶ γῆν δῃῶσαι, κόψαι τὰ δέν-
δρα, καταπρῆσαι, ἐμπρῆσαι, πῦρ ἐφεῖναι, πυρπολῆσαι, λῃη-

λατῆσαι, δασμολογῆσαι, λάφυρα συναθροῖσαι. οἱ δὲ ταῦτα πιπράσκοντες λαφυροπῶλαι.

ἐρεῖς δὲ τειχίσαι πόλιν, ἐκτειχίσαι, τεῖχος ἄραι τῇ πόλει, ἐγεῖραι, ὀρθῶσαι, περιβαλεῖν, ἐλάσασθαι, περιελάσασθαι, περιεργάσασθαι, φράξαι τείχει τὴν πόλιν. καὶ πόλις τετειχισμένη, καὶ οἱ ἐργαζόμενοι τειχοποιοί· τὸ δὲ ἐναντίον ἀτείχιστος πόλις, γυμνὴ τείχους καὶ ἄφρακτος.

στρατιῶται, συστρατιῶται, στρατός, στρατιωτικόν, στρά- 175 τευμα, στρατόπεδον, σύνταγμα, δύναμις, τάγμα. τάχα δὲ που καὶ οἱ πεζέταιροι καὶ οἱ ἀργυράσπιδες καὶ οἱ χρυσάσπιδες, τὰ Μακεδονικά.

ἐρεῖς δὲ τὰς σφενδόνας πληρώσασθαι, ἐναγκυλίσασθαι, στρέψαι, καὶ τὰ ἀκόντια πῆλαι, διαπῆλαι, ἀφεῖναι, ἀκοντίσαι, διακοντίσασθαι.

ἐξετάσαι στράτευμα καὶ δοκιμάσαι, καὶ ἐξέτασις στρα- 176 τεύματος, ἐξετασμός, δοκιμασία. συλλογή, ἀθροισμός, ἀγερμός· συλλέξαι, ἀθροῖσαι, συναγεῖραι. καὶ στρατιῶται ἐπίλεκτοι, ἔκκριτοι, πρόκριτοι, δόκιμοι, εὐδόκιμοι, ἄριστοι, ἀριστεῖς, ἀριστεύοντες, κρατιστεύοντες, λογάδες, λόγιμοι. ἀριστίνδην, λογάδην, κρατιστίνδην. τάχα δ᾽ ἂν ἐν τούτοις τάττοιντο καὶ οἱ διμοιρῖται. ἐρεῖς δὲ τοὺς ἐκ καταλόγου, τοὺς 177 ἐν ἡλικίᾳ, τοὺς ἀκμάζοντας, τοὺς τὴν στρατεύσιμον ἡλικίαν ἔχοντας, τὴν μάχιμον, τοὺς ἐν ἀκμῇ, τοὺς χρησίμους· τὸ δ᾽ ἐναντίον τὴν ἄχρηστον ἡλικίαν, τὴν ἀπόμαχον, τὴν ἀστράτευτον, τὴν ἀπόλεμον.

ἐρεῖς δὲ ἐκδήμους πολέμους καὶ ἀποδήμους, καὶ ὑπερορίους τοὺς ἐν τῇ ὑπερορίᾳ, διαποντίους, ξενικούς, ὥσπερ πάλιν ἐνδήμους, προσόρους, ὁμόρους.

ἐπαινῶν δὲ στρατηγὸν λέγε στρατηγικός, ἐπιστήμων, 178 πολεμικός, ἀσφαλής, διασωστικός, περιεσκεμμένος, προνοητικός, προορῶν, προβουλεύων, εὔβουλος, ἀγχίνους, ἄγρυπνος, ἄοκνος, εὔτολμος, ἀνδρεῖος, ἡγεμονικός, ἀρχικός, προστατευτικός, ἀξιοπροστάτευτος, διασκεπτικός, ὀξύς, ἐνεργός, διδασκαλικός, τακτικός, ἐπιτακτικός, πρὸς τὰ δεινὰ θαρραλέος, φιλοστρατιώτης, σοφός, κρυψίνους, ἐπίβουλος, νήφων, εὐτελὴς τὴν δίαιταν, φιλεργός, μάχιμος, ἐπιμελής, φιλότιμος,

---

176 3. καταριστεύοντες vulgo. 177 3. post ἀκμῇ A τοὺς ἀκμῆτας.

φιλόπονος, φιλοκίνδυνος, φιλόνικος, νίκης ἐραστής, εὐκλείας
179 ἐραστής, ἄδωρος, ἀδωροδόκητος. ψέγων δὲ ἀμβλύς, ἄμο
χθος, ἄμαχος, ῥάθυμος, ἀμελής, νωθής, βραδύς, μισοστρα
τιώτης, ἀνεπιστήμων, ὀκνηρός, ἄπειρος, ἀμαθής τῶν στρα
τιωτικῶν, ὑπνώδης, μέθυσος, ἀκρατής, τοὺς καιροὺς παριείς,
ἀπερίσκεπτος, ἀπροόρατος, ἄπορος γνώμης, ἀπρόοπτος, κατ
επτηχώς, ἀπρονόητος, ἄβουλος, ἀμήχανος, δειλός, ἄνανδρος,
καταβεβλημένος, ὕπτιος, ἀναπεπτωκώς, ἀνόητος, προπετής,
ἔμπληκτος, ἀπονενοημένος, ῥιψοκίνδυνος, τολμηρός, θρασύς,
μανιώδης, παρακεκινημένος, σφαλερός, ἄφρακτος, προδότης,
180 ἀφειδής, ἀκρατής, δωροκόμος, δωροδόκος.   στρατιώ
του δὲ ἔπαινος εὐπειθής, πειθαρχικός, πειθήνιος, κατήκοος,
ὑπήκοος. τὰ δ' ἐναντία ἀπειθής, ἀνήκοος, ἀνυπήκοος.

ἀπέστησαν πόλεις, ἐπανέστησαν. ἐπεστράτευσαν καὶ
ἐπεστρατεύσαντο, ἐπῆλθον, παρέβαλον, εἰσέβαλον εἰς τὴν
πολεμίαν, κατέλαβον, ἐνέβαλον, καθεῖλον, εἰσβολὴν ἐποιή
σαντο. περὶ σίτου ἀκμήν, περὶ σίτου ἐκβολήν, σίτου χλω
ροῦ ὄντος, σίτου ἀκμάζοντος.

181   Ἱππικὰ ὀνόματα, ἀγέλη ἵππων, ἱπποτρόφος, ἀγελη
τρόφος, ἱππονόμος, ἱππαγωγός, ἱπποδαμαστής, πωλοδάμνης,
ἱπποκόμος, ἵππων ἐπιμελητής, ἱπποφορβός. εἶτα ἵπποι φορ
βάδες, ἵπποι ἀγελαῖοι, ἵπποι ἀθληταὶ καὶ ἀγωνισταὶ καὶ
ἀδδηφάγοι, ἀμιλλητήριοι, νικηφόροι, ἀθλοφόροι, κυνηγετι
κοί, πολεμιστήριοι, ὁδοιπορικοί, στρατιωτικοί, πομπικοί. πῶ
182 λοι ἄβολοι οἱ πώλων καὶ τελείων μέσοι· οὕτω γὰρ Πλά
των τοὺς δευτεροβόλους ὀνομαζομένους ἐκάλεσεν, τελείους.
οἱ δὲ γεγηρακότες ἀγνώμονες καὶ λιπογνώμονες· γνώμων
γὰρ λέγεται ὁ ἀποπίπτων ὀδούς, τῆς ἡλικίας ὢν γνωριστι
κός. ἱππάσαι ἐξ ἀγέλης πῶλον, ἱππωνῆσαι καὶ ἱππωνία. ἔτι
δὲ ἀδάμαστον πῶλον (τούτῳ δὲ Ξενοφῶν ἀντιτίθησι τὸν
ἤδη ἱππαζόμενον), ἀπαίδευτον, ἄγριον. δαμάσαι δ' ἂν εἴποις
καὶ πωλεῦσαι, πωλοδαμνεῖν, ἐκπαιδεῦσαι, ἡμερῶσαι, ἀσκῆ
183 σαι, ἀναδιδάξασθαι. λέγοις δ' ἂν ἐπὶ ἵππων καὶ ψηλαφᾶν
καὶ ψήχειν καὶ ἀποκαθαίρειν, ἐκκαθαίρειν, ἀποσοβεῖν τὴν
κόνιν ἀνιστάντα τὴν τρίχα, ἐκφέρειν τὴν κόπρον, ψύχειν τὰ
στρώματα τοῦ ἵππου. καταπλύνειν δὲ δεῖ λέγειν τὴν κεφα

---

182 3. γνῶμα C.   183 3. κόνιν] κόμην A.

λήν, οὐ καθαίρειν. τὸ δὲ κυλῖσαι καὶ ἀλῖσαι ἐρεῖς καὶ ἐξ-
αλῖσαι, καὶ τὸ χωρίον ἀλίστρα καὶ ἐξαλίστρα καὶ κυλίστρα.

τροφαὶ ἵππων κριθαί, ζειαί, ὄλυραι, χόρτος, χιλός,
παρὰ δὲ Ὁμήρῳ καὶ πυροί (εἰ δὲ πιστεύομεν, καὶ οἶνος
ποτόν) καὶ λωτὸς καὶ ἔλειον σέλινον.

χαλινῶσαι δὲ ἐρεῖς, καὶ χαλινὸν περιθεῖναι τῷ στό- 184
ματι, καὶ χαλίνωσιν. εἶτα ἱππὼν καὶ στάσις ἵππων καὶ ἱπ-
πόστασις καὶ σταθμός, φάτνη, φορβιά, ἐπιφατνίδια δεσμά,
κεκρύφαλος, κορυφαία, χαλινός. τοῦ δὲ χαλινοῦ τὰ σιδήρια
ὑποστόμια, καὶ τῶν ὑποστομίων τὰ μὲν κοῖλα ἐχῖνοι, τὰ δὲ
περιφερῆ καὶ πριονωτὰ τροχοί, τὰ δὲ στερεὰ καὶ προμήκη
καὶ ἀλλήλοις ἀντεμπλεκόμενα ἐν ἀλύσεως εἴδει δακτύλιοι καὶ
δάκτυλοι. ἐρεῖς δὲ κημοὶ καὶ φιμοί, ἔτι δὲ ἔποχα, ἐφίππια, 185
σάγη. τὰ δὲ περὶ τὴν θεραπείαν ἐργαλεῖα, τὸ μὲν ἐκκαθαῖ-
ρον τὴν τρίχα πτερῷ ἐοικὸς ξύλον σπάθη, τὸ δὲ διακτενί-
ζον σιδήριον πριονῶδες ὠδοντωμένον ψήκτρα. τὸ δὲ πλεκό-
μενον ἐκ τῆς φοινικῆς ἀμπεχόνης κοῖλον καὶ διάκενον περι-
χείριον, ὃ καταστέλλει τὴν τρίχα καὶ ἐκλιπαίνει, σωρακίς.
ἀφ' οὗ δὲ ἐσθίει ὁ ἵππος, κρεμαμένου μὲν ἐκ τῆς κορυφαίας,
περιτιθεμένου δὲ τῷ στόματι, χιλωτήρ.

χωρία δὲ ἐρεῖς ἱππάσιμα καὶ δύσιππα καὶ ἄφιππα, 186
δύσβατα καὶ βάσιμα, πεδινά, εὐήλατα, ἐπίδρομα. γῆ πεδιάς,
γῆ ἄπεδος, λεία, ὁμαλή, ἄλιθος, ἱππόκροτος, ἱππόδρομος,
εὔπορος. ἄβατα, τραχέα, δύσπορα, λιθώδη, δυσήλατα, εὔ-
δρομα, πετρώδη, πέτρινα, εὔλιθα, ὀρεινά, βαθέα, ἔγκοιλα,
τελματώδη, ἀπόκροτα, τεναγώδη, πηλώδη, τενάγη, ἀλί-
πεδα, δίυγρα, ὕφαμμα, ψαμμώδη, ὕφυδρα, διάβροχα, ὀλι- 187
σθηρά, ὑποφέροντα τοὺς πόδας, ὑφέλκοντα, ὑπερείποντα,
ὑποσκελίζοντα, ἀνάντη, ὄρθια, σιμά, ἀνατεταμένα. καὶ λόφοι
δὲ ἐρεῖς καὶ γήλοφοι καὶ ἄκραι καὶ χαράδραι καὶ χείμαρ-
ροι, κατάντη, πρανῆ, κατάρρυτα, κατωφερῆ. καὶ ἐν μὲν τοῖς
ἀνάντεσι δεῖ ἀναθεῖν, ἀνατρέχειν, προσβαίνειν, προσαναβαί-
νειν, ἀναπηδᾶν, ἐν δὲ τοῖς κατάντεσι καταθεῖν, καταβαίνειν.

---

184 1. δὲ — 2. χαλίνωσιν] χαλίνωσιν περιθεῖναι τὸ στόμιον Α.
187 1. ὕφαλμα vulgo.   3. ὀρθάσιμα vulgo.   7. καταθεῖν, καταβαί-
νειν] εἰ ἐλαύνοις, φησὶν ὁ Ξενοφῶν, ἀφίσταται τὸ δέρμα. δῆλον δ' ὅτι καὶ

188 ἔπαινος ἵππου ἀπὸ μὲν σώματος ὁπλαὶ κοῖλαι, ὡς εἶναι ἐν βάθει τὴν χελιδόνα καὶ μηδὲν αὐτὴν τῶν ἐκ τοῦ ἐδάφους λυπεῖν· ἡ γὰρ τοιαύτη ὁπλὴ ὥσπερ κύμβαλον, φησὶν ὁ Ξενοφῶν, πρὸς τὸ δάπεδον ψοφεῖ (εἴποις δ' ἂν καὶ κροτεῖ καὶ ἠχεῖ καὶ κτυπεῖ καὶ τὰ ὅμοια). κυνήποδες ἔγκοιλοι στερεοί, κνῆμαι ἄσαρκοι, γόνυ λαγαρὸν πρὸς τὴν συγ-

189 καμπήν, σκέλη ὑγρά, μηροὶ ἰνώδεις, πλευραὶ βαθεῖαι προμήκεις καὶ πρὸς τὴν γαστέρα ὀγκωδέστεραι, γαστὴρ προσεσταλμένη, ἀκρώμια ὑψηλά, τῷ τε ἀναβάτῃ ἀσφαλεστέραν τὴν ἕδραν καὶ τοῖς ὤμοις ἰσχυροτέραν τὴν πρόσφυσιν παρέχοντα. τράχηλος εὐκαμπὴς ὡς ἀλεκτρυόνος, ἀλλ' οὐχ ὥσπερ κάπρου ὀρθός. κεφαλὴ ὀστώδης, προτομὴ βραχεῖα, χαίτη εὔθριξ, προκόμιον εὐπρεπές, ὄμμα προπετὲς ὡς ἐξόφθαλ-

190 μον εἶναι, ὀφθαλμοὶ πυρώδεις, ὕφαιμον βλέποντες. μυκτῆρες ἀναπεπταμένοι· εὐπνοώτεροι γὰρ τῶν συμπεπτωκότων. ὦτα βραχέα, στέρνα πλατέα, ὀσφὺς διπλῆ· τὸ δ' αὐτὸ καὶ ῥάχις καὶ ἕδρα, μάλιστα δὲ τὸ μέσον τῆς ῥάχεως, ᾧ ἐγκάθηται ὁ ἐπιβάτης. ἰσχία πλατέα καὶ εὔσαρκα, γλουτοὶ εὐπαγεῖς, οὐρὰ προμήκης. Σίμων δ' αὐτὴν καὶ κέρκον καλεῖ, ὀνομάζοιτο δ' ἂν καὶ ἵππουρις· γνησιώτατον γὰρ ἐπὶ ἵππου οὐρᾶς τοὔνομα. χρήσιμον δὲ τὸ μῆκος οὐ μόνον εἰς ἀγλαΐαν, ἀλλ' ὅπως καὶ μυωπιζόμενος ἀπελαύνοι τὰ λυποῦντα.

191 ψόγος δ' ἵππου ὄνυχες λεπτοί, ὁπλαὶ πλήρεις σαρκώδεις λεῖαι ὁμαλαί· Ξενοφῶν δ' αὐτὰς χαμηλὰς καλεῖ. κυνήποδας παχεῖς, κιρσοὺς περὶ τὰς κνήμας ἔχων, μηροὺς ἀπαγεῖς, ὠμοπλάτας κοίλους, αὐχένα προμήκη, χαίτην ψιλήν, στήθη στενά, κεφαλὴν βαρεῖαν σαρκώδη, ὦτα μεγάλα, μυκτῆρας συμπεπτωκότας, ὀφθαλμοὺς κοίλους (καλεῖται δὲ ὁ τοιοῦτος καὶ κοιλόφθαλμος), πλευρὰς στενὰς ἀσάρκους, ὀσφὺν ὀξεῖαν, ἰσχίον τραχύ, γλουτοὺς ἀσάρκους, σκέλη σκληρά, γόνατα δυσκαμπῆ· ὁ γὰρ ὑγρὸς κάμπτει τὰ γόνατα ἀκοπώτερον, καὶ ἀπταιστότερον βαδίζει.

τὰ νεῦρα παχύνεται τῶν πρόσθεν ποδῶν τόν τε ἱππέα καὶ αὐτὸν τὸν ἵππον φερόντων. οἱ Πέρσαι δὲ καὶ Ὀδρύσαι, φησί, τοὺς ἵππους μεμελετήκασι φέρειν· τῷ γὰρ ἐπελαύνεσθαι ἐν τοῖς τραχέσιν ἀσυνήθεις ὄντας ψιλοῦνται μὲν αἱ κνῆμαι καὶ ἑλκοῦνται, μάλιστα δὲ τὴν παρακερκίδα, ἣν περόνην ὁ Ξενοφῶν καλεῖ Α.   189 1. post μηροὶ Α μηριαῖα.

ἐπαινέσαις δ' ἂν βλέμμα ἵππου γοργόν, ἰταμόν, ἀν- 192
αιδές, ὑπόθερμον, ἔκπυρον, θρασύ, πικρόν, θυμικόν, ὀργί-
λον· καὶ χρεμετισμὸν ὁμοίως καὶ ἆσθμα θρασύτερον, θυ-
μικώτερον, ἰταμώτερον. ψέξαις δ' ἂν νωθές, ἀμβλύ, ἄπυρον,
ἀόργητον, ἄθυμον, ἀργόν, οὐχ ἱππῶδες, ὑγρόν.

οἱ πρόσθεν πόδες καλοῖντ' ἂν οἱ πρόσθιοι, οἱ ἔμπρο- 193
σθεν, οἱ ὑπὸ ταῖς ὠμοπλάταις, οἱ ὑπὸ τοῖς στέρνοις, οἱ
πρῶτοι, οἱ ὑπὸ τῷ αὐχένι· οἱ δὲ λοιποὶ ὀπίσθιοι, οἱ κατό-
πιν, οἱ ἔσχατοι, οἱ τελευταῖοι, οἱ ὑπὸ τοῖς ἰσχίοις, οἱ ὑπὸ
τὴν οὐράν, οἱ ὑπὸ τοὺς γλουτούς. ἀμείνων δ' ἵππος ὁ μὴ
ἐναλλὰξ ἀλλὰ διὰ πολλοῦ τὰ σκέλη τιθεὶς καὶ διαφέρων.
κακὸς δέ, εἰ τὴν διάστασιν ἔχει τῶν σκελῶν ὡς μεγίστην·
ὑπάρξει γὰρ αὐτῷ, Σίμων λέγει, διὰ πλείστου τὰ σκέλη ῥί- 194
πτειν. καὶ τοῦτο δὲ Σίμωνος, «εὔδρομος δὲ ἵππος ὁ ὀλί-
γον αἴρων ἀπὸ τῆς γῆς ἐν τῷ τρέχειν τὰ σκέλη.»

ἔπαινος ἔργων καὶ γνώμης ἵππου, εὔπνους, εὔπους,
εὔοπλος· ἡ δὲ ποδῶν ἀρετὴ εὐποδία. εὔφορος, εὔθυμος, θυ-
μοειδής, εὐσχήμων, εὐπρεπής, μεγαλοπρεπής, γαῦρος, γαυ-
ρούμενος, γαυριώμενος, κυδρός, κυδρούμενος, ἐλευθέριος,
ἐθελουργός, ἱππαστής, ἀγλαός, φρονηματίας, ἀλαζών, εὔ- 195
ψυχος, εὐκάρδιος, μεγαλόφρων, μετέωρος, πομπικός, σοβα-
ρός, εὔτολμος, εὐθαρσής, ποδώκης, γοργούμενος, πολεμι-
κός, στρατιωτικός, ἥμερος, πρᾶος, εὐπειθής, εὐάγωγος, εὐή-
νιος, χειροήθης, τιθασός, φιλῶν τὸν ἀναβάτην, εὔνους τῷ
ἱππεῖ, ὑπὸ σάλπιγγι ἐξορμῶν, ἐξανισιάμενος, ὀξύς, ταχύς,
ταχύπους, φιλάνθρωπος, φίλιππος, ἐγκαρτερῶν σὺν τῷ καιρῷ,
γνωστικὸς τῶν ἐχθρῶν, ἀνατρεπτικός, εὔτρεπτος, πειθαρ-
χικός, εὔτακτος, εὔκολος, κεκολασμένος τὴν γνάθον, δίκαιος
τὴν σιαγόνα, ἴσος ἑκατέραν τὴν γνάθον, πεπαιδευμένος, 196
ῥᾳδίως ἐξορμῶν, εὐκόλως καθιστάμενος, μάστιγος οὐ χρή-
ζων, κέντρου ἀπροσδεής, εὔδρομος, ἐπίδρομος, τοῖς ἀνέμοις
συνθέων· εἴποι ἂν αὐτὸν Ὅμηρος αὔρας ἢ ἀνέμου παῖδα.
ἀνύποπτος, ἄφοβος, θαρραλέος. μεμελετηκὼς καὶ πρὸς ἄναν-
τες ἀναθεῖν καὶ πρὸς κάταντες καταδραμεῖν, καὶ τειχίον
ὑπερακρίσαι καὶ τάφρον ὑπερπηδῆσαι, καὶ χαράδραν δια-
λέσθαι καὶ ποταμὸν περᾶσαι, καὶ ἐπ' ὄχθους ἀναθρώσκειν,

---

194 7. 8. ἐλεύθερος, ἐλευθερουργὸς vulgo: correctum e Xenophonte.

197 καὶ ἀπ᾽ ὄχθων καθάλλεσθαι.   ὁ δὲ ψόγος ἐκ τῶν ἐναν-
τίων, βραδύς, νωθής, ἀμβλύς, ἀργός, βλάξ, ἄπους, κακόπους,
κακόπνους, μελλητής, δειλός, ἄτολμος, καταδεής, ὕποπτος,
δυσωπούμενος, ἐπίφοβος, οὐ σπουδαῖος τοὺς πόδας, μαλα-
κὸς τὴν ὁπλήν, σκληρόστομος, ἄδικος τὴν σιαγόνα, ἑτερό-
γναθος, βαρὺς τὴν κεφαλήν, κάτω νεύων, εἰς ὄνους τελῶν,
κυφαγωγότερος, δυσγαργάλιστος, ἀπειθής, δυσήνιος, δυσά-
γωγος, ἀνάγωγος, ἄστομος, ἀπόλεμος, πτοούμενος, ταπεινός,
198 μικρόψυχος, ἀσχήμων, ἀπρεπής, εὐλαβής. οὐδ᾽ ἂν σάλπιγγος
ἀνάσχοιτο, οὐδ᾽ ἂν ἐνέγκοι πολέμου βοήν. μίσιππος, μισάν-
θρωπος, δάκνων, λακτίζων, λακτιστής, ἀδάμαστος, φαύλως
ἠγμένος, ἀπρόθυμος, ἀπαίδευτος, ἄτακτος, θηριώδης, δύσ-
φορος, ἀκάθεκτος, τὴν γνάθον ἀκόλαστος, ἀναχαιτίζων, ἀπο-
σειόμενος, ἐφυβρίζων, ὃς πολλάκις ἐξεκύλισε τὸν ἱππέα, οὐδὲ
προσιέμενος τὸν χαλινόν, ὑπέρφοβος, ἐνδεέστερος, ἀποδεέ-
στερος· Σίμωνος τὸ ὄνομα.

199   ὁ δὲ τοῦ ἵππου ἐπιμελητὴς τάδε πραττέτω. καθαι-
ρέτω τὴν χελιδόνα, καὶ τὴν κοιλότητα τῆς ὁπλῆς θερα-
πευέτω, καὶ τὴν κνήμην τριβέτω κατὰ τὴν φύσιν τῆς τρι-
χός· τὴν δὲ μηριαίαν καὶ τὸ λοιπὸν σῶμα καὶ εἰ πρὸς
τοὐναντίον ἀνακαθαίροι, ῥᾷον ἂν ἐκσοβοῖ τὴν κόνιν. καὶ
πρὸς μὲν τὸ ἄλλο σῶμα χρήσθω πᾶσι τοῖς τῆς καθάρ-
200 σεως ὀργάνοις, τὴν δὲ κεφαλὴν καταπλύνειν δεῖ μᾶλλον ἢ
καθαίρειν. τῶν δ᾽ ἐν τῇ ῥάχει τριχῶν ἄλλῳ μὲν ὀργάνῳ
μὴ προσαπτέσθω, ταῖς δὲ χερσὶ τρίβων καὶ ἀπαλύνων, ᾗπερ
φύσει κέκλινται, ἥκιστ᾽ ἂν βλάπτοι τὴν ἕδραν τοῦ ἵππου.
ἐνεθιζέτω δὲ τὸν πῶλον ὁδῷ λιθώδει, μὴ πάντῃ τραχείᾳ·
εἰ δὲ καὶ ἐν τῷ σταθμῷ καταβάλλοι λίθους μναιαίους ἀμ-
201 φιδόχμους, περιχειλώσας σιδήρῳ, ὡς Ξενοφῶν ἔφη, τούτῳ τῷ
ἔθει τῷ πρὸς αὐτοὺς στερεοῖ καὶ καρτερύνει τοῦ ἵππου τοὺς
πόδας. τὰ μέντοι χείλη αὐτοῦ ἀπαλυνέτω, ὅπως τοῦ χαλινοῦ
συνιῇ· ἀπαλύνει δὲ τὰ χείλη χειρῶν τριβῇ καὶ ὕδατος χλια-
ροῦ προσβολῇ καὶ ἐλαίου ποτὲ ἀλοιφῇ. τῆς δὲ ἐπιφατνιδίας
φορβιᾶς μὴ ποιείτω τὸ ἅμμα ἔνθα ἡ κορυφαία περιτίθε-

200 3. ἀπαλύνων Conr. Gesnerus pro πλύνων.   5. ἐνεθ. — 201 3.
πόδας] καὶ ὁ σταθμὸς λίθους ὑπεστρωμένους ἐχέτω· στερεοῖ γὰρ καὶ
κρατύνει τῷ ἔθει τοῦτο τοὺς πόδας BC.

ται, ὡς μὴ ἑλκομένων τούτων καὶ περὶ τὸ χαλινοῦσθαι
δυσκολαίνῃ. ἐργώδης γὰρ ἡ τῆς χαλινώσεως κώλυσις. ἢν μὲν 202
γὰρ κεχαλινωμένον ἄγῃ, οὐδὲν αὐτῷ παραινῶ, ἢν δὲ ἀχα-
λίνωτον, κημοῦν τὸν ἵππον· ὁ γὰρ κημὸς δάκνειν μὲν οὐκ
ἐᾷ, ἐκπνεῖν δὲ οὐ κωλύει. ὁπόταν δὲ ψήχῃ τὸν ἵππον, ἐκ
μὲν τῆς κεφαλῆς αὐτῷ ἀρκτέον, ἵνα τῶν ἄνωθεν καθαρ-
θέντων ἐπικατίῃ τοῖς ὑπ᾽ αὐτά. ἐπεὶ δὲ ψηχόμενον τὸν ἵπ-
πον ἀνάγκη χρῆσθαι ταῖς ὁπλαῖς, τοὺς μὲν πρόσθεν πό-
δας ψήχων, κατόπιν παρελθὼν βλεπέτω ἵνα περ καὶ ὁ ἵπ-
πος, ὡς μηδὲ βουλόμενος αὐτὸν κρούειν δύνηται· ἐπὶ δὲ 203
τοὺς κατόπιν μετιών, ἀντιμεταστρέψας ἑαυτὸν βλεπέτω ἀντία
τοῖς ποσὶν οὓς καθαίρει, τρέψας τὸ πρόσωπον, ἵνα ὁ ἵππος
παύηται. τὸ μὲν δὴ πρῶτον ἐκ φορβιᾶς τὸν ἵππον περιακ-
τέον, εἶτα χαλινώσαντα ἐᾶσαι ἑστάναι, ὡς μὴ εὐθὺς ἑλ-
κόμενος πονοῖτο, ἀλλ᾽ ἐν ἀναλγησίᾳ καὶ ἀπραγμοσύνῃ τῆς
σιαγόνος ἠρέμα προσεθίζηται τῷ χαλινῷ. εἰ δὲ ἀναβαίνοι
ἐπ᾽ αὐτόν, τὸ πρῶτον ἐκ μετεώρου ποιεῖσθαι τὴν ἀνάβα-
σιν, ὅπως μήτε σπάσῃ αὐτὸν ἀναβαίνων μήτε ἐκ σφοδρό-
τητος ἐγκαθίσας λυπήσῃ τὸν ἵππον. ἐλαυνέτω δὲ τοῦτον 204
κατ᾽ ἀρχὰς ὁ ἐπιβάτης εἰς τὰ ἄπεδα καὶ λεῖα, τὰς δὲ προσ-
βάσεις καὶ τὰς ἐκεῖθεν καθόδους μὴ αὐτίκα, ἀλλὰ τὸν ἵπ-
πον· πλαγιαζέτω (οὕτω γὰρ ὁ Σίμων ὠνόμασεν), καὶ ποτὲ
μὲν εἰς μῆκος ποτὲ δὲ ἐπ᾽ ἔλαττον, καὶ ἐναλλάττων θᾶτ-
τον ἢ σχολαίτερον, καὶ τὸν χαλινὸν μεταβάλλων ἐφ᾽ ἑκα-
τέραν τὴν γναῖθον. καμπὰς δὲ χρὴ ποιεῖσθαι καὶ στροφάς
καὶ ὑποστροφάς. ἐν δὲ ταῖς στροφαῖς οὐ δεῖ ἐξελαύνειν 205
τὸν ἵππον ἀλλ᾽ ἀναλαμβάνειν, ὅπερ καὶ ὑπολαμβάνειν κα-
λεῖται καὶ κατέχειν καὶ ἠρεμίζειν καὶ ἀνέχειν, οὐδὲ πλα-
γιοῦν οὔτε αὐτὸν οὔτε τὸν ἵππον· τάχιστα γὰρ ἂν ἐν τούτῳ
κατενεχθεῖεν ἀμφότεροι. ἡ γὰρ ἐπ᾽ εὐθεῖαν κατὰ μῆκος ἔλα-
σις κοπωδεστέρα· καλεῖται δ᾽ αὕτη ὀρθοδρομεῖν, ὥσπερ τὸ
ἐναντίον ἀποκάμπτειν. ἢν δὲ κάμῃ καὶ κατανεύσῃ τὴν κεφα-
λήν, οὐκ ἔστιν εὐσχήμων ὁ ἵππος. ὁ δὲ ἐν καμάτῳ δρόμος 206
καλεῖται οὕτως ἱππάζεσθαι, ὥσπερ καὶ ἐπὶ τῶν ἱππέων τὸ

---

202 8. μὴ βλεπέτω Schneiderus Saxo.　203 2. ἀντία e Xenophonte
additum.　204 2. δάπεδα vulgo: A nihil praeter ἐλαυνέτω δὲ τὰς λείας.
205 6. αὐτὸ A.

ἱππεύειν οὕτως ὀνομάζεται. εἰ δὲ καὶ τὰ χωρία ὑπαλλάτ-
τοι τις, ἐν χάριτι μᾶλλόν ἐστι τῷ ἵππῳ· ἀμισέστερα γὰρ
αὐτῷ τὰ κοινὰ χωρία, ἀπαγορεύει δὲ τοῖς συνήθεσιν. καὶ εἰ
μὲν φύσει γεννάδας ᾖ, κἂν ἀφῇς τὸν χαλινόν, ὀρθῇ τῇ κε-
φαλῇ τρέχει· τὸν δὲ ἀγεννῆ τῷ χαλινῷ ὡς εἰς εὐσχημοσύ-
207 νην βιάζου. παραφυλακτέον δὲ ὅτι τοὺς τραχεῖς χαλινοὺς
οὐκ ἐῶσιν οἱ ἵπποι κατὰ χώραν, ἀλλὰ μεταβάλλουσιν ἐλ-
πίδι τοῦ πρὸς τὸ ῥᾷον μεταστήσειν. διὰ τοῦτο τοῖς θυμο-
ειδέσιν οὐκ ἐμβλητέον σκληροὺς χαλινούς (ἀναλαμβάνουσι
γὰρ αὐτοὺς εἰς τὸ στόμα ὥσπερ ὀβελίσκους εὐπαγεῖς ὄντας)
ἀλλὰ ὑγρούς, ἵνα οὗ ἂν ὁ ἵππος προσάπτηται, τὸ λοιπὸν
κάμπτηται ὥσπερ ἅλυσις. εἰσὶ δὲ σκληροὶ χαλινοὶ οἱ ἔχον-
208 τες τροχοὺς ταπεινοὺς καὶ ἐχίνους ὀξεῖς· ἔστι δὲ καὶ τού-
τους ἐμπραΰνειν κατειλοῦντα καὶ κατακηροῦντα. ἀλλὰ μᾶλ-
λον ὑγρούς· οὗτοι δὲ εὐρείας καὶ λείας ἔχουσι τὰς συμβο-
λὰς ὡς ῥᾳδίως κάμπτεσθαι. καὶ πάντα ὅσα περιτίθεται
περὶ τὸ στόμα, εὐρύστομα καὶ οὐ σύμπυκνα. εἰ δ᾽ εἰς τά-
χος ἐλαύνοις, τοῦ μὲν σώματος τοῦ σαυτοῦ μηδ᾽ ὁτιοῦν προ-
βάλῃς, μακρὰν δὲ τὴν χεῖρα τὴν ἡνιοχοῦσαν προτείνων σὺν
βραχείᾳ τῇ ἡνίᾳ οὔσῃ ποτὲ μὲν ἐξόρμα ποτὲ δὲ καθίστη,
καὶ ἐνδίδου τὸν χαλινὸν καὶ ἀναλάμβανε. εἰ δὲ κατατείνοι
αὐτὸν ὁ ἵππος ἐν τῷ δρόμῳ, ἢ ὁ ἀναβάτης ἀπαίδευτός
ἐστιν ἢ ὁ ἵππος ἀσθενής.

209 ἔστι δέ τι νόσημα ἵππων κριθίασις καὶ ὑπεραίμω-
σις, ὑπὸ πλησμονῆς, καὶ οὐκ ἐκκομίζουσι τὸν σῖτον. τότε
χρὴ ὑφαιρεῖν καὶ χόρτον παραβάλλειν μόνον, ἤ τι ἄλλο τῶν
κουφοτέρων.

ἱππείαν δὲ ἐρεῖς καὶ ἱππασίαν καὶ ἔλασιν καὶ ἐλασίαν
καὶ ἡνιόχησιν, καὶ ἐγκαθῆσθαι ἐπόχως καὶ βεβαίως ἢ πα-
γίως. καὶ ἐφεδρεύειν ἐρεῖς, ὡς Ξενοφῶν, εἰ καὶ βιαιότερον.
ἐπιβαίνειν καὶ ἀναβαίνειν, καὶ ἐπέβη καὶ ἀνέβη, ἐξ ὧν ἐπι-
βάτης, ἀναβάτης. καὶ κλωγμῷ μὲν ἐξεγείρειν τὸν ἵππον
210 ἐρεῖς καὶ ῥοίζῳ (ταῦτα δὲ καὶ ὁρμητήρια σημεῖα ὀνομάζε-
ται), ποππυσμῷ δὲ παριστάναι καὶ καθιστάναι. τὸ δὲ ἐν-

206 2. ἀμιγέστερα codices: correctum e Xenophonte. 209 7. ἐφε-
δρεύειν· ἔστι μὲν γὰρ βιαιότερον, ἀλλ᾽ οὐκ ἔξω φιλοτιμίας A. 9. κημῷ A,
κνησμῷ C. 210 2. καθεστάναι vulgo.

δόσιμον εἰς τὸν δρόμον κροῦσαι τῷ ποδὶ τὴν γαστέρα καὶ ἀνακλάσαι τὸν αὐχένα ἐκ τοῦ χαλινοῦ. τῷ δὲ ἀθύμῳ ἵππῳ οὐδὲν φαῦλον καὶ ἐμβαλεῖν τῷ μύωπι· οἱ γὰρ θυμοειδεῖς ἀγανακτοῦσι καὶ τὴν πληγὴν ὡς ὕβριν, καὶ ἐκφέρονται εἰς δρόμον ὑπὸ ὀργῆς, καὶ σφαλερωτέραν παρέχονται τῷ ἱππότῃ τὴν ῥύμην, ἢν δὲ ἄνιππός τις ᾖ καὶ ἀβέβαιος, καὶ ἀποσείονται καὶ ἐκφέρουσι καὶ ἀναχαιτίζουσιν, ἱστάμενοι κατὰ τοὺς οὐραίους πόδας.

ὁ δὲ π ο μ π ι κ ὸ ς ἵ π π ο ς ἐχέτω ψυχὴν μεγαλόφρονα, 211 σῶμα εὔρωστον, ὀσφὺν ὑγρὰν καὶ βραχεῖαν καὶ ἰσχυράν, οὐ τὴν κατ' οὐρὰν ἀλλὰ τὴν μεταξὺ τῶν πλευρῶν καὶ τῶν ἰσχίων, ὡς δύνασθαι ὑποτιθέναι τὰ ὀπίσθια σκέλη ὑπὸ τὰ ἐμπρόσθια. ἐξέγειρε δὲ αὐτὸν τοῖς ὁρμητηρίοις σημείοις, καὶ ἀνάκρουε τῷ χαλινῷ, καὶ ἐνδίδου αὐτῷ τὸ στόμιον, ἵνα χαίρῃ τῇ χαλαρότητι καὶ φέρηται ἀδεῶς τῷ σχήματι. οὐ δεῖ δὲ αὐτὸν μυωπίζειν, ἀλλὰ μᾶλλον καταψῆν καὶ ἐγκελεύεσθαι, καὶ διδάσκειν κυρτοῦσθαι τὴν κεφαλήν, ὡς καὶ αὐτὸς σχηματοποιεῖται κατὰ τὸν πρὸς τὰς θηλείας καλλωπισμόν.

ἐ ὰ ν μ ε λ ε τ ᾷ ς ἀ φ' ἵ π π ο υ τὰ στρατιωτικὰ ἀνθιππεύων 212 ἑτέροις, ἀκοντίοις ἐσφαιρωμένοις κέχρησο καὶ δόρατι ὁμοίως πεπραγματευμένῳ σφαιρωτῷ, ὥστε εἶναι τὴν πληγὴν ἀσινῆ. καλὸν δὲ λαβόμενον τοῦ ἀντιπάλου, καὶ ἑλκύσαντα ἐφ' ἑαυτόν, ἄφνω ἀφεῖναι· τὸ γὰρ τοιοῦτον καταπληκτικὸν καὶ καταβλητικόν.

π α ρ α φ υ λ α κ τ έ ο ν δὲ ὅτι ὁ Ξενοφῶν οἴεται τὸν ἵππον 213 ἀ σ τ ρ α γ ά λ ο υ ς ἔχειν, Ἀριστοτέλους τοῦ περὶ ταῦτα δεινοῦ φάσκοντος μηδὲν τῶν μωνύχων ἔχειν ἀστραγάλους, μηδὲ τὸν ὄνον, μόνον δὲ τὸν Ἰνδικόν, ᾧ καὶ κέρας ἐκ τοῦ μετώπου ἐκπεφυκέναι λέγει.

δ ι δ α κ τ έ ο ν δὲ τὸν ἵππον καὶ ὑποβιβάζεσθαι· ἔστι δὲ τοῦτο διαστάντα τὰ σκέλη ἐγκαθίζειν τε καὶ ταπεινοῦν ἑαυτόν, ὥστε εὐπετῶς ἀναβαίνειν τὸν ἱππέα. στηρικτέον δὲ αὐτόν, ὅταν ὁ ἵππος ἄρξηται τῆς ἐπισκελίσεως· ἐπισκέλισιν 214

---

211 10. αὐτὸν σχηματοποιοῦντα — πρὸς τὰς θ. σχηματισμόν ante Falckenburgium. 213 7. διστᾶν vulgo.

δὲ καλεῖ ὁ Ξενοφῶν τὴν ἀρχὴν τῆς τῶν ποδῶν κινήσεως.
πέδη δὲ ἱππασία ἡ κυκλοτερής, ἑτερομήκης πέδη ἡ μῆκος
τῷ κύκλῳ προστιθεῖσα. ἐρεῖς δὲ σχεδία ἱππασία καὶ σχέ-
δην ἱππάζεσθαι, καὶ ῥύμῃ ἐξελαύνειν καὶ ἀπὸ ῥυτῆρος, ἀν-
εῖναι τὸν ἵππον, καὶ ἐφεῖναι τὸν χαλινὸν εἰς τάχος, καὶ
πάσας ἀνασεῖσαι τὰς ἡνίας, καὶ τῷ κέντρῳ ἐξαιμάσσειν.
τοὺς δὲ θυμοειδεστέρους ἵππους καταψῆν χρὴ μᾶλλον ἢ
215 κεντρίζειν, καὶ προτρέπειν μᾶλλον ἢ ἐξαναγκάζειν. εἰ δ'
ἐγκαθίζεις ἵππῳ, μὴ πάνυ τοὺς μηροὺς πιέζειν, ἀλλ' αἰω-
ρεῖν ὑγροὺς τοὺς πόδας, καὶ παραπλήσιον εἶναι ἑστηκότι·
καὶ γὰρ ἡ ἰσχὺς πλέον ἐπὶ τῶν ἑστηκότων ἢ ἐπὶ τῶν ἐγκα-
θεζομένων. πειρῶ δὲ τῷ σώματι μηδενὸς τῶν ἐργαζομένων
τοῦ ἵππου προσάπτεσθαι, οἷον ποδῶν ἢ πλευρᾶς· ἐκείνους
τε γὰρ διαφέρει καὶ ταύτην παραφέρει. εἰ δὲ ἔποχος εἴης
ἐκ μελέτης, ῥᾷόν σε οἴσει ὁ ἵππος. εἰ μέντοι οὕτω καθί-
ζεις, καὶ ἀκοντιεῖς ἐπισκοπώτατα σὺν ῥώμῃ, ἐπερείδοντος
τοῦ ἵππου τὴν ἄφεσιν τοῦ δόρατος· καὶ γὰρ αὐτὸς συμ-
βάλλεται τῇ φορᾷ, ῥύμῃ συμπροχωρῶν. συστήσας δὲ τὰς
ἡνίας, καὶ ἠρέμα πλάγιος γενόμενος, καὶ μηκύνας τὴν χεῖρα
τὴν χαλιναγωγοῦσαν, οὕτως ἀκόντιζε.

216   φρύαγμα ἵππου, χρεμετισμός, φριμαγμός, πνεῦμα, φύ-
σημα, ἆσθμα, γαυρίαμα, αὔχημα. καὶ φρυάττεσθαι, χρεμε-
τίζειν, φριμάττεσθαι, φυσᾶν, ἀσθμαίνειν, ἐκπνεῖν, γαυριᾶν.

     ἔστι δὲ καὶ τάδε ἱππικὰ ὄργανα, σειραγωγεύς, ῥυτα-
γωγεύς, κέντρον, μύωψ, ὑποχαλινίδια, ἡνία.

     εἴποις δ' ἂν ὅτι τὰ μὲν ἔμπροσθεν σκέλη αἴρει, τὰ δὲ
ὄπισθεν προσάγεται. ἀμείνων δὲ ἡ ὁμόχρως χαίτη καὶ
217 εὔθριξ· ἀγλαΐα γὰρ χαίτη τοῖς ἵπποις, καὶ καλλωπίζονται
καὶ γαυριῶσιν ἐπ' αὐτῇ, ὁπότε καὶ ὀνοβατοῦντες, ἐπειδὰν αἱ
ἵπποι τῶν ὄνων τὴν μῖξιν ἀτιμάζωσι καὶ ἀφυβρίζωσιν εἰς
αὐτούς, ἀποκείραντες τὰς ἵππους ἐπὶ πηγὰς ἄγουσιν· αἱ δ'
ὥσπερ ἐν κατόπτρῳ θεασάμεναι τὴν αἰσχύνην τοῦ σώματος
ἀπηγλαϊσμένης τῆς κόμης, ἀνέχονται τότε τὴν πρὸς τὸ χεῖ-
218 ρον ὁμιλίαν. ἵππος μέντοι πρὸς θήλειαν καλλωπιζόμενος
ὀρθὸν αἴρει τὸν αὐχένα καὶ κυδροῦται καὶ σοβαρός ἐστιν
ἐν τῷ δρόμῳ. καὶ μάλιστα δ' ἂν αὐτῷ διαπρέψειε τὸ κάλ-
λος, εἰ φύσει ἔχει ἀνατεταμένον καὶ ὑψηλὸν τὸν αὐχένα,

καὶ τὴν κορυφὴν μεγάλην, καὶ τὰ ὦτα ἐλάττω τοῦ πρὸς τὴν κεφαλὴν μέτρου.

ἐὰν μὲν ἐνδάκωσι τὸν χαλινὸν οἱ ἵπποι, κλίναντες τὴν κεφαλήν, ἐκφέρουσιν· παραφέροντες δὲ τὸν τράχηλον καὶ 219 πυκνὰ διασείοντες βιάζονται καὶ ἀποσείονται· ἀνανεύουσι δὲ ἐπὶ τὴν ῥάχιν ἀναχαιτίζοντες. ἔστι δέ τις ἵππου δρόμος ἔκδρομος, ὅταν ὑπὲρ τὸ τεταγμένον τοῦ δρόμου μέτρον ὑπὸ ῥύμης ἐκφέρηται. ὁ μὲν σκληρὸς ἵππος δυσκαμπής, κἂν ἐφιῇς αὐτῷ τὸν χαλινόν, ἥκιστα ἀναλαμβάνει· ὁ δὲ μαλακόγναθος καὶ πειθήνιος ταύτῃ κρίνεται, εἰ τὸν χαλινὸν ἐφέντι, ὅταν ἀναλαβεῖν ἐθέλῃς, ῥᾳδίως πείθεται, καὶ εἰ 220 ὑποσημήναντος εἰς δρόμον μετὰ ῥύμης ἐκδραμών, σύνθημα εἰς στάσιν δόντος εὐθέως ἵσταται.

ἐν τοῖς οὐκ εὐκόλοις χωρίοις εἰσὶ καὶ βῶλοι καὶ ἐργάσιμα καὶ ἀρόσιμα καὶ ἀντίτυπα καὶ στενόπορα, ἐν τοῖς εὐκόλοις ἱππόδρομοι, λεωφόροι, ἁμαξήλατοι, πλατεῖαι, εὐρύχωροι. ἐν τοῖς ἀντιτύποις πάσχουσιν αἱ κνῆμαι, ἃς Ξενοφῶν καλεῖ στήριγγας τοῦ σώματος. τὸ δὲ ἐπιραβδοφορεῖν τὸν ἵππον, ὅπερ γίνεται εἴ τις εἰς δρόμον ἐξελαύνει, οὐ πάνυ ἐπαινοῦσιν οἱ ἱππικοί.

καλοῦνται δὲ ἱππεῖς, ἱππόται, ἡνίοχοι, ἀναβάται, ἀμβάται. καὶ ἱππερασταὶ δὲ οἱ φίλιπποι.

Γεωργικὰ ὀνόματα γῆ, γεωργία, γεώργιον, ἀγροικία, 221 ἀγροί, ἐσχατιαί, ἄλση, δρυμοί, δρυμῶνες, ὗλαι, ἕλη, ἶδαι, νάπαι. γεωργοί, γῆς ἐργάται ἢ ἐργαστῆρες, ὡς Ξενοφῶν· οὒς Ὅμηρος ἐρίθους καλεῖ. εἶτα φυτουργοί, νεοποιοὶ ἢ νεοῦντες ἢ νεάζοντες ἢ νεοποιοῦντες, ὀχεταγωγοί, σκαλεῖς, ἀρόται, σπορεῖς, ἀμητῆρες (ἔστι δὲ τοῦτο ποιητικώτερον), ἀμῶντες, θερισταί, τρυγηταί, τρυγήτριαι, καλαμητρίδες καὶ 222 ἀμητρίδες, ἀμοργεῖς, ἐλαιοκόμοι, ἀμαλλοδετῆρες, ὀχετηγοί, σκαφεῖς, σκαπανεῖς, λικμηταί, ἀλσοκόμοι, κηπουροί. σπέρματα, φυτά, φυτεντήρια (μάλιστα δὲ ἐπὶ ἐλαιῶν οὕτως ὀνομάζεται), δράγματα, ἀμάλλαι, φυτεύματα, μοσχεύματα, κηπεύματα. καὶ νεοῦν καὶ νεάζειν καὶ νεὸν ὑπεργάζεσθαι.

220 2. μήτε ante Iungermannum. ἐνδραμὼν *A*.   221 8. σκαπανεῖς *A*.
222 3. σκαπανεῖς om *A*.

4

πολῆσαι, ὅ ἐστι ταὐτὸν τῷ ἀρόσαι, ὅθεν καὶ ἡ δὶς ἀρο-
223 θεῖσα δίπολος· Ὅμηρος «εὐρεῖαν τρίπολον,» Ἡσίοδος «ἔαρι
πολεῖν.» ἀρόσαι, σπεῖραι, ἐπιδραξάμενον βαλεῖν τῇ γῇ τὸ
σπέρμα. ἐπισπορία δέ ἐστιν, ὅταν τις εἰς τὸ αὐτὸ σπέρμα
σπέρμα τι ἐπεμβάλῃ· ὃ δεῖ φυλάττεσθαι. γίνεται δὲ καὶ κε-
ρασβόλα σπέρματα, ἐὰν τοῖς τῶν βοῶν κέρασι προσπέσῃ·
ἃ ἐκβαίνει ἀτεράμονα, τουτέστιν οὐ ῥαδίως ἑψόμενα. ἀνα-
σῦραι τὴν γῆν, ὡς μὴ καταπνίγοιτο τὰ φυτά. ἀντιπροσα-
μήσασθαι, εἰ γυμνωθεῖεν αἱ ῥίζαι.

224 ἐρεῖς δὲ ἄμπελον τεμεῖν, γυρῶσαι, ταφρεῦσαι, ἀμῆσαι,
κλαδεῦσαι. ἄρδειν, ὀχεταγωγεῖν, ἀνακαθῆραι τὴν ὑδορρόην,
βαθῦναι τὴν ἀμάραν, ἐκτρέψαι τὸ ὕδωρ. χάρακα παραπή-
ξασθαι ταῖς ἀμπέλοις, κάμακα παραστήσασθαι. ἀναθρέ-
ψαι τὸ φυτόν, ἀλοῆσαι τοὺς πυρούς, σκάψαι τὴν γῆν, τρυ-
225 γῆσαι τὰς ἀμπέλους, συναγαγεῖν τοὺς καρπούς, θημῶνας
ἐγεῖραι, λικμῆσαι, ἀποκαθῆραι τὰ ἄχυρα τῷ πλοκάνῳ, ἀπο-
κρῖναι τὰς ἀχυρμιάς. θριγκὸν περιβαλεῖν, αἱμασιὰν περιε-
λάσασθαι ἢ περιβαλέσθαι, ῥάχην ἢ ῥάχον περιστήσασθαι,
ἢ ἀσπαλάθους ἐγείρειν. θλίβειν τὰς σταφυλὰς ἐν τοῖς λη-
νοῖς, τρέπειν, πατεῖν. τρίβειν τὰς ἐλαίας, ἀμέργειν, κατα-
226 μέργειν. κοπροῦν, καὶ κόπρου ἀγωγὰς προσφέρειν. τὰς δὲ
συκᾶς συκάζειν. ἐπὶ δὲ πάσης ὀπώρας τὸ ὀπωρίζειν, βωλο-
κοπεῖν, ὀνηλατεῖν, ἀμπελουργεῖν, καὶ ὄνῳ κοπροφόρῳ ἕπε-
σθαι. σκαπτέα, φυτευτέα, τρυγητέα, ἀλοητέα, ἀλεστέα. τὰ
δὲ ὀνόματα τῶν πραγμάτων νεός, ἄροτος, σπορά, ἀμητός,
ἀλοητός, φυτεία, τρυγητός, καρπῶν συλλογή, τρύγη, στα-
φυλῶν θλῖψις, οἴνου συναγωγή, ἐλαίας τριβή· ἐκ γὰρ τοῦ
σκάπτειν σκάλλειν ἢ λικμᾶν οὐχ εὑρίσκω κεκριμένα ὀνόματα.

227 γῆ δὲ ἐρεῖς εὔφορος, εὔσπορος, εὐήροτος, βαθεῖα, βα-
θύγεως, πίειρα, πίων, εὔκαρπος, πολύφορος, δικαία. ἐπὶ δὲ
τῆς ἐναντίας λεπτή, πετρώδης, ψαμμώδης, λιθώδης, ὑπό-
λιθος, ὑπόπετρος, ὑπόψαμμος, ἄφορος, ἄσπορος, ἀβαθής,
ξηρά, δυσήροτος, ἄκαρπος, φελλίς, ἄδικος. Μένανδρος δί-
καιον γῄδιον καλεῖ τὸ μηδὲν πλέον τοῦ σπέρματος ἐκφέρον.

228 πεδία, ἄρουραι, ἐργάσιμα, λήϊα, ὀργάδες, λόφοι, ὀρχοί,

πρασιαί, ἀμπελουργίαι, ἄλση, κῆποι, λειμῶνες, αὐλῶνες, πα-
ράδεισοι. εἴποις δ᾽ ἂν ὄρη ἀμπελοφόρα, ἀμπελόφυτα, ἀμ-
πελώδη, εὔξυλα, εὔδενδρα, πολύδενδρα, λάσια· γηλόφους
εὐαμπέλους, εὐφύτους, ἡδυοίνους, καταρρύτους· ἀρούρας εὐ-
πύρους, λήϊα κομῶντα, κήπους εὐδρόσους, παραδείσους εὐ-
κάρπους, ἄλση εὔκομα, κατάσκια, εὔσκια, εὔνομα, σκιερά, 229
ἀμφιλαφῆ, ἀμφίκομα, λειμῶνας εὐανθεῖς, αὐλῶνας ἐλαιο-
κομωμένους.

ῥόδα, κρίνα, ἴα, κρόκος, λωτός, νάρκισσος, ὑάκινθος,
θρυαλλίς, σισύμβρια, ἕρπυλλον, ἀνεμῶναι. οἱ δὲ ποιηταὶ καὶ
ἀδίαντόν τι ἄνθος καλοῦσι καὶ ἀμάραντον καὶ λευκόϊον.
τόπος δὲ τῶν ἀνθέων ὁ μὲν πάντων λειμών· ἰδίᾳ δὲ ἀπὸ
μὲν τῶν ἄλλων οὐκ οἶδα εἴ τι κέκληται, τῶν δὲ ῥόδων ῥο-
δωνιά, καὶ ἰωνιὰ τῶν ἴων.

ἐπὶ φυτῶν καὶ δένδρων καρποφόρων ἐρεῖς ἀκμά- 230
ζει, ὀργᾷ, σπαργᾷ, βρύει (μάλιστα δὲ τὸ βρύειν ἐπ᾽ ἐλαιῶν),
ἀνθεῖ, καρποφορεῖ, βλαστάνει, θάλλει. καὶ τὰ ἐξ αὐτῶν
ὀνόματα ἄνθη καὶ ἄνθησις καὶ βλάστησις καὶ βλάστη. καὶ
εὐθαλὲς ἐρεῖς καὶ εὐανθὲς καὶ εὔβλαστὲς καὶ εὐερνὲς καὶ
τεθηλὸς καὶ ἀειθαλές· ἐπὶ δὲ τῶν ἐναντίων ἀνανθές, δυ- 231
σανθές, δυσερνές, ἀπηνθηκός, ἄφυλλον, ἐξηνθηκός. καὶ μα-
ραίνεται, σβέννυται, ἀπανθεῖ, φυλλορροεῖ, γυμνοῦται, ψι-
λοῦται. καὶ φυλλοχόος μὴν ὁ ταῦτα ποιῶν, ὡς Ἡσίοδος.
νέον, νεογενές, νεοβλαστές, ἀρτιγενές, ἀρτίγονον, ἀρτιφυές,
νεοφυές, νεόφυτον· εὐτελὲς μὲν γὰρ τὸ ὄνομα, κέχρηται δὲ
αὐτῷ Ἀριστοφάνης.

δένδρα τὰ μὲν ἔγκαρπα τὰ δὲ ἄκαρπα. τῶν ἐγκάρπων 232
μετὰ ἐλαίας καὶ ἀμπέλου καὶ συκῆς μηλέαι, ὄχναι, ῥοιαί,
κοκκύμηλα. ἰστέον δὲ ὅτι κοκκύμηλον μὲν οὐδετέρως ὁ καρ-
πός, ἀρρενικῶς δὲ τὸ δένδρον καλεῖ ἡ μέση κωμῳδία, ὁ
κοκκύμηλος. χρῆται δὲ καὶ Ἀρχίλοχος τῷ τῶν κοκκυμήλων
ὀνόματι. ἀχράδες, κῶνοι, φοίνικες, κάρυα τὰ οὐκ ἔχοντα δια-
φυήν. εἴη δ᾽ ἂν ταῦτα τὰ λεπτοκάρυα, ἢ μᾶλλον τὰ κασ-
τάνια ὀνομαζόμενα· φησὶ γὰρ περὶ αὐτῶν Ξενοφῶν «παῖδας 233
σεσιτευμένους κάρυοις ἐφθοῖς.» ἔνιοι δὲ ταῦτα καὶ Διὸς
βαλάνους ὑπὸ τῶν ποιητῶν κεκλῆσθαι νομίζουσιν. ἀμυγδα-
λαί. τέρμινθος· εἴρηται δ᾽ αὐτοῦ ὁ καρπὸς ὑπ᾽ ἐνίων καὶ

4 *

τερέβινϑος. συκάμινος· ἔστι δ' ἐν τῇ μέσῃ κωμῳδίᾳ ὁ μὲν καρπὸς συκάμινον οὐδετέρως, τὸ δὲ δένδρον ἀρρενικῶς ἐκφέρεται.

ὁ συκάμινος συκάμιν', ὁρᾷς, φορεῖ.

κρανία, μέσπιλα.

234 ἄκαρπα δὲ λέγουσι δένδρα ὧν ὁ καρπὸς οὐκ ἔστιν ἀνθρώποις τροφή· τὰ δ' ἄλλα κάρπιμα. τῶν οὖν ἀκάρπων δρῦς (τάχα δ' ἂν εἴη ἀμφίβολος πρὸς τὰ ἔγκαρπα διὰ τοὺς βαλανηφάγους Ἀρκάδας, καὶ μάλιστα εἰ πρὸ πυρῶν τοὺς ἀνθρώπους ἔθρεψεν ἡ βάλανος), πλάτανος, πεύκη, πτελέα, μελία, αἴγειρος, λεύκη, δάφνη, πίτυς, κυπάρισσος, κέδρος, θύον, ἰτέα, μυρίκη, μυρρίνη, εἰ μὴ δάφνην καὶ μυρρίνην τοῖς ἐγκάρποις προσθετέον, ὧν ὁ καρπὸς τῆς μὲν δαφνίδες τῆς δὲ μύρτα.

235 τὰ τοῦ δένδρου μέρη ῥίζαι, καὶ ῥιζοφυεῖν, ῥιζοτροφεῖν, ῥιζοῦσθαι, στῆναι, παγῆναι, στηριχθῆναι, ῥίζας ἀποτεῖναι. πρέμνον λεῖον ὁμαλόν. ἐρεῖς δ' αὐτὸ καὶ στέλεχος, στερεόν, ἰσχυρόν, εὐμέγεθες, παχύ, ὄρθιον, χειροπληθές, γενναῖον, εὐφυές, εὔογκον, ὑπέρογκον. κλάδοι, κλῶνες, πτόρθοι· τὸ 236 μέντοι ὄρπηκες ποιητικώτερον. ἀπαλοὶ δὲ ἐρεῖς καὶ ἀδροί, εὐφυεῖς, ὄρθιοι, κεχυμένοι, ἀποκεχυμένοι, εὔφυλλοι, κομῶντες, ἀμφιλαφεῖς, ἀμφίκομοι, εὔκομοι, σκιεροί, εὔσκιοι, σύσκιοι, βαθεῖς, δασεῖς, βαθεῖαν ποιοῦντες τὴν σκιάν, πολλήν, πλατεῖαν, ἱκανήν, ἀρκοῦσαν, ἀποχρῶσαν, δαψιλῆ, ὑπεραποχρῶσαν. τὸ δὲ ἐναντίον ἐρεῖς ἀφύλλους, ἀκόμους, γυμνούς, γεγυμνωμένους, ψιλούς, ἀπεψιλωμένους τῆς κόμης, ἀφῃρημένους τῆς κόμης, ἐξερρυηκότας, γεγηρακότας, ἀποκεκοσμημένους, ἀποκεκαλλωπισμένους, ἀπηνθηκότας, ἀποσεσυλημένους τῆς κόμης, ἀποκεκαρπισμένους, ἀφηβηκότας.

237 ἰδίως μέντοι ὁ τῆς ἐλαίας κλάδος θαλλὸς καλεῖται, ὥσπερ ὁ τῆς ἀμπέλου κλῆμα. τὸ δὲ τῆς συκῆς φύλλον θρῖον, ὥσπερ τὸ τῆς ἀμπέλου οἴναρον. τὰ δὲ φύλλα καὶ πέταλα καλεῖται· λέγοις δ' ἂν ἀπαλά, νεαρά, χλωρά, χλοανθῆ. τὸν δὲ καρπὸν εἴποις ἂν καὶ ἄνθος καὶ φορὰν καὶ φόρημα καὶ ἐκφόριον καὶ ἐπικαρπίαν, καὶ καρπὸν ἀκμάζοντα καὶ πέπονα καὶ ὡραῖον καὶ ὠμὸν καὶ πρόωρον. ἐρεῖς δὲ σίτου ἐκβολή, φυτῶν ἄνθη, συκῆ ὀργῶσα, ἄμπελος ἡβῶσα, ἐλαία βρύουσα.

τὰ δὲ τρέφοντα καρποὺς ἢ δένδρα ὄμβροι, ποτα- 238
μοί, κρῆναι, πηγαί, πίδακες, δρόσοι, λιβάδες, ἰκμάδες, νο-
τίδες, πιδύουσα γῆ, ἰκμάζουσα, νοτερά, ὕδωρ ἀναδιδοῦσα,
ἔνδροσος, νότιος, ἔννοτος, ἐννότιος, λιβάζουσα, κατάρρυτος,
πηγάζουσα. αὖραι· τρέφουσι γὰρ καὶ αὖται. καὶ πνοαὶ ἢ
πνεύματα ζεφύρια.

καὶ εἰ ἐπαινεῖς χωρίον, ἐρεῖς εὔυδρον, κατάρρυτον, 239
ἔνδροσον, ὑδρηλόν, μαλακόν, βαθύ, ἔμφυτον, κατάφυτον,
πυκνόν, δασύ, σύνδενδρον, εὔδενδρον, κατάδενδρον, εὐθα-
λές, ἀμφιθαλές, εὔκαρπον, καλλίκαρπον, πολύκαρπον, ἐπίρ-
ρυτον, σκιερόν, ἀμφιλαφές, εὔφορον, εὐθηνοῦν. εἰ δὲ λει- 240
μῶνα, λέγε εὐανθής, πολυανθής, πολύφορος, ὀργῶν, εὐ-
θηνῶν, εὔοδμος, εὔπνους, κατάπνους, καταπνεόμενος, εὔ-
χρους, πολύχρους, πολύμορφος, πολυειδής, πολυχρώματος,
ἥδιστα ἔχων τὰ ἀποφερόμενα πνεύματα, ἠρινὸν πνέων. εἰ
δὲ δένδρον, εὐπραγοῦν, εὐθηνοῦν, εὔφορον, πολύφορον,
εὔκαρπον, πολύκαρπον· καὶ δένδρου εὐπραγία, εὐθηνία, εὐ-
φορία, πολυκαρπία, εὐκαρπία, πολυφορία.

ἐλαίας μὲν οὖν ἄνθος ἐρεῖς λευκόν, πυκνόν, συνεχές. 241
ἡ δὲ ἀγριελαία κότινος καλεῖται· εἰ δὲ ἐμφυτεύσαις τῷ κο-
τίνῳ ἥμερον, αἱ τοιαῦται ἐλαῖαι κοτινάδες. ἡ δὲ ἱερὰ ἐλαία
μορία, ἡ δὲ ἐν Ὀλυμπίᾳ καλλιστέφανος. πάντα δὲ τὰ ἐμ-
φυτευόμενα ἥμερα τοῖς ἀγρίοις ἐμβλήματα καλεῖται.   τῆς 242
δὲ συκῆς ὁ καρπὸς γλυκύς, ἡδύς, προσηνής. σῦκα, ἰσχά-
δες, παλάθη. ἰσχὰς νέα καὶ χλωρά, ἢ ἀρχαία καὶ ξηρά, τε-
ταριχευμένη· οἱ δὲ κωμῳδοὶ καὶ ἰσχάδα κοπτὴν λέγουσιν.
αἱ μέντοι νέαι συκαῖ συκάδες ἐκαλοῦντο· ἔνιοι δὲ καὶ τὰς
τελείας οὕτως ἐκάλουν. ὁ δὲ τοῦ ἐρινέου καρπός, ὅπερ ἐστὶν
ἀγρία συκῆ, ἔρινα καλεῖται· ἃ προσαρτῶσι ταῖς συκαῖς,
ὅπως μὴ ἀποπίπτῃ ὁ καρπός. τὸ δὲ τὰ ἔρινα συλλέγειν ἢ
περιαρτᾶν συκάζειν λέγουσιν.   ἀμπέλου σταφυλὴ καὶ 243
βότρυες, καὶ ἀπ' αὐτῶν αἱ σταφυλίδες καὶ αἱ σταφίδες.
ἀμπέλους μέντοι ἡδυοίνους καὶ πολυοίνους καὶ εὐοίνους.
καὶ περιπετάννυται τὰ οἴναρα, ἀποφθινόντων τῶν φύλλων.
βότρυς δὲ ὡραίους καὶ πέπονας καὶ γενναίους καὶ ἀκμά-

ζοντας καὶ ὀργῶντας, ἢ τὸ ἐναντίον ὠμούς, ἀτελεῖς, ἐξώ-
ρους, ἀώρους, ὄμφακας.   λέγεται δὲ καρπὸς ὁ μέν τις
ἀθησαύριστος, ὃν οὐκ ἔστιν ἀποθέσθαι, ὁ δὲ ἀπόθετος, ὁ
244 ψυχόμενος καὶ ἡλιούμενος.   περὶ φοίνικος ἐρεῖς ὄρ-
θιος, ὑψηλός, τραχύς, ἰσχυρός, ἀειθαλής. καλεῖται δὲ καὶ
ὁ κλάδος αὐτοῦ ὁμωνύμως φοῖνιξ, καὶ ῥάβδος φοίνικος,
καὶ ἐν τοῖς ποιηταῖς· σπάδιξ. τὸ δὲ φύλλον θαλλός. ὁ δὲ
καρπὸς ὁ μὲν τοῦ ἄρρενος ψήν, ὁ δὲ τῆς θηλείας βάλα-
νος. ἐξ οὗ δὲ κρέμανται αἱ βάλανοι, σπάθη· εἴρηκε τὸ ὄνομα
Ξενοφῶν καὶ Ἡρόδοτος, λέγων ὅτι καὶ τόξα τινὲς εἶχον ἐκ
ταύτης τῆς σπάθης.

245   ἐργαλείων γεωργικῶν ὀνόματα δρέπανον, δρεπάνη,
δίκελλα, ἄμη, μακέλη, ἀξίνη, λίστρον, πλόκανον, θρῖναξ,
σμινύη, πτύον ἢ πτέον· καὶ λικμητηρὶς δὲ καλεῖται. τρύ-
γοιπος, ἐν ᾧ διηθοῦσι τὴν τρύγα· τρὺξ δὲ οὐκ ἐπὶ οἴνου
μόνον ἀλλὰ καὶ ἐπὶ ἐλαίου. εἶτα ἄροτρον, βωλοκόπος, σφῦρα,
σκαλίς, ὅλμος, ὕπερον, κάρδοπος, θυία, δοῖδυξ ὁ καὶ ἀλε-
τρίβανος, σκάφη, μάκτρα, σκαφίς, φορμός, ψίαθος, κόφινος,
246 σώρακος, σταφυλοβόλιον, ὅ ἐστι ταμιεῖον. τριπτήρ, ἄρριχος,
χοῖνιξ, τριχοίνικον, ἐκτεύς, ἡμίεκτον, μέδιμνος, φρύγετρον,
ᾧ τὰς κάχρυς ἔφρυγον, κοδομεία, καὶ κοδομεύτριαι αἱ φρύ-
γουσαι. Σόλων δὲ καὶ τὰς νύμφας ἰούσας ἐπὶ τὸν γάμον
ἐκέλευσε φρύγετρον φέρειν σημεῖον ἀλφιτουργίας.

ἐπὶ ἠμελημένου χωρίου ἄσπορον, ἄσκαφον, ἀβω-
λόκοπον, ἀκανθῶδες, ἀκανθῶν ἀνάπλεων, τριβόλων, κνιδῶν,
ἀσπαλάθων, κονίζης, κουνίδων, θάμνων, ἀγρώστιδος, ἃ δεῖ
ἐξορύττειν, ἐπικαίειν, ἐπιφλέγειν, ἐπιθράττειν, πυρπολεῖν.

247   λαχάνων ὀνόματα θριδακίνη, ῥάφανος· ἡ κράμβη
δὲ οὕτως ἐκαλεῖτο. ἣν δὲ οἱ πολλοὶ ῥάφανον καλοῦσι, ῥα-
φανίς· καὶ παρὰ Ἡροδότῳ δὲ εἶδος ῥαφανῖδος συρμαία.
κινάρα, πράσον, κρόμμυον, σκόροδον, σέλινον, μαλάχη, τεῦ-
τλον, κορίαννον, ἀσφάραγος· ἀσφαραγὶς μέντοι ὁ ἀκανθίας
λέγεται, ὅρμενος δὲ ὁ ἥμερος ὁ ἀπὸ τῆς κράμβης ἐκκαυ-
λούμενος. γογγυλίς, κολοκύνθη, πυροί, κριθαί, ὄσπρια, κατ-
έρικτα, φασίολοι, φακαῖ, κύαμοι, ὠχροί, δολιχοί, λάθυροι,

κνῆκος, ἐρέβινθος, ῥοῦς, τράγοι, ἀράκη, κύμινον. καὶ ἀπὸ μὲν
κριθῶν πτισάνη καὶ ἄλφιτα, ἀπὸ δὲ σίτου χόνδρος καὶ σε-
μίδαλις. ζειαί, σήσαμα, κέγχροι, μήκων, λίνος.   ἄμυλος
ἄρτος, κεγχριδίας ἄρτος, κεγχρίας, καὶ ὀβελίας καὶ ὀβελί- 248
της. καὶ ἄρτους κολλάβους. ἀθάρη ἐκ καγχρυδίου, πανο-
σπρία, πυριάτη τὸ ὑπὸ τῶν πολλῶν λεγόμενον πυρίεφθον.
εἶτα κρίμνα, μᾶζα, κόλλυρα, στέμφυλα, κυρήβια· τὰ γὰρ
φαυλότατα τῶν πυρῶν κυρήβια καλεῖται.   οἶνος γλυ-
κύς, ἡδύς, ἐπαγωγός, πότιμος, ἀνθοσμίας· ὁ δ' ἄλλος δευ-
τερίας, ἐξεστηκώς, τροπίας, ἐκτροπίας, ὀξίνης.

    μέρη δ' ἂν εἴη τῶν κατ' ἀγροὺς βουκόλια, αἰπόλια, 249
ποίμνια. καὶ ὅπου μὲν αἱ βόες ἵστανται, βούσταθμα, βο-
αύλια, βουστάσεις, ὅπου δὲ αἱ ὄις καὶ αἱ αἶγες, αὐλὴ καὶ
σηκός. καὶ ὁ μὲν βουκόλος καὶ βουτρόφος ἂν λέγοιτο καὶ
βουφορβός, ὥσπερ ὁ ὑποζευγνὺς αὐτὰς βοηλάτης, ὁ δὲ τῶν
προβάτων ἡγεμὼν ποιμήν, ὥσπερ ὁ τῶν αἰγῶν αἰπόλος· οἱ
δὲ πάντων τῶν τετραπόδων νομεῖς. τῶν δὲ προβάτων καὶ
αἰγῶν τὰς ἡλικίας ὁ ποιητὴς διακρίνων προγόνους καὶ με-
τάσσας καὶ ἔρσας ὠνόμασεν. καλεῖται δὲ τῶν μὲν βοῶν τὰ
νέα μόσχοι, τῶν δὲ προβάτων ἄρνες, τῶν δὲ αἰγῶν ἔριφοι, 250
ὥσπερ τῶν μὲν αἰγῶν ὁ ἡγεμὼν τράγος, τῶν δὲ οἰῶν· κριὸς
καὶ κτίλος, τῶν δὲ βοῶν ταῦρος. τὰ δὲ ῥήματα νέμειν, ποι-
μαίνειν, αἰπολεῖν, ἐπὶ νομὰς ἐξάγειν. καὶ οὔθατα μὲν σφρι-
γῶντα ἐρεῖς, ὅταν πλήρεις γάλακτος ὦσιν οἱ μαστοί· τὸ
δὲ ἕλκειν ἀπ' αὐτῶν τὸ γάλα βδάλλειν καὶ ἀμέλγειν καλεῖ-
ται. ἐρεῖς δὲ τυροκομεῖν, καὶ γαλουργεῖν καὶ γαλακτουρ- 251
γεῖν, καὶ πηγνύναι·τὸ γάλα καὶ τρέφειν καὶ συνιστάναι. τὸ
δὲ φαῦλον τοῦ γάλακτος ὀρρός. τὰ δὲ ἀγγεῖα γαῦλοι, σκα-
φίδες, τυροκομεῖα, ταρσοί, τυροφορεῖα καὶ τάλαροι. συβώ-
της δ' ἐρεῖς καὶ συβόσια καὶ συφεοὶ καὶ σύφοι καὶ χοιρο-
κομεῖα, ἐργμὸς ὑῶν. χοῖροι, ὕες τέλειοι, ὕες ἀγάλακτοι καὶ
γαλαθηνοί, καὶ δέλφακες, καὶ τὰ ὀψίγονα μετάχοιροι.

    ἀρότρου μέρη ἐχέτλη τὸ κατόπιν ξύλον ὀρθόν, οὗ 252
ἔχεται ὁ ἀρότης· αὐτὸ δὲ τὸ κοῖλον αὐτοῦ, καθ' ὃ τὴν χεῖρα
ἐναρμόζει, χειρολαβίς. ὅπου δ' ἐμπέπηγεν ἡ ἐχέτλη, ἀλύη,

---

247 1. ῥούστραχοι ante Salmasium.   3. post λίνος *A* κορίανον, τυ-
ροὶ χλωροί, νεοπαγεῖς.   248 1. καχρυδίας *B*.

ᾧ δὲ ὁ ζυγὸς ἐνήρμοσται, ἔλυμα. τὸ δὲ ἀροῦν σιδήριον ὕνις,
ἧς τὸ ἄκρον νύμφη. ὁ δὲ ῥυμὸς ἥρμοσται ἐκ τῶνδε. τὸ μὲν
ἐπικαμπὲς αὐτοῦ, ᾧ ὑποτείνεται τὸ ἔλυμα γεγομφωμένον,
γύης, τὸ δὲ μετὰ τὸν γύην ἱστοβοεύς, τὸ δὲ τέλος αὐτοῦ
τὸ μετὰ τὸν ζυγὸν κορώνη. ὁ δὲ πλατὺς ἱμὰς ὁ τῷ ζυγῷ
παρακαθαπτόμενος ἐχέβοιον ἢ μεσάβοιον καλεῖται· κατα-
λαμβάνουσι δ' αὐτόν, ὅταν περιελίξωσιν, εἰς τὸ τοῦ ζυγοῦ
τρύπημα κερκίδα ξυλίνην ἐμβαλόντες, ἢ καλεῖται ἔνδρυον.

253 ἁμάξης μέρη ἄξων, τροχοί, κλῖμαξ τὸ πρόμηκες ξύ-
λον τὸ ὑπὲρ τοῦ ἄξονος, ἐκ τεσσάρων συνεστηκός, καὶ μέ-
σας ῥάβδους πρόσθεν μὲν πλείους ὄπισθεν δ' ἐλάττους ἔχον,
ἐν μέσῳ δὲ τὴν ὑπερτερίαν ἐνηρμοσμένην, ἧς τὰ ἑκατέρω-
θεν πλευρὰ θαιροὶ καλοῦνται, δεξιὸς καὶ ἀριστερός. ὑπο-
πέπηγε δ' αὐτοῖς ξύλα ἃ θαιραῖα ὀνομάζεται· οἷς ἐφαρ-
μόζονται οἱ ἁμαξήποδες, ὑφ' ὧν ὁ ἄξων ἕλκεται στρεφόμε-
νος. τὰ δὲ ἐφεξῆς τῷ ἅρματι τὰ αὐτά, οἷον ῥυμός, ζυγός,
ζεύγλη, ἀκροζύγιον καὶ τὰ τοιαῦτα.

254 ἐρεῖς δὲ ἑσμὸς καὶ σμῆνος τὸ πλῆθος τῶν μελιττῶν·
ὁ δὲ τόπος σίμβλοι, τὸ δὲ ἔργον μελιττουργεῖν· βλίτ-
τειν δὲ τὸ καπνίζειν τὰς μελίττας καὶ ποιεῖν ἀναχωρεῖν. ὁ
δὲ ἄρχων τοῦ σμήνους ἡγεμὼν καὶ βασιλεύς, ᾧ τὸ πᾶν
ἕπεται. τὰ δὲ ἔκγονα σχαδόνες, τὸ δὲ ἀργὸν ἔθνος κηφῆ-
νες. τὰ δὲ ἀγγεῖα κύτταροι. ὁ δὲ ἦχος βόμβος, καὶ βομ-
βεῖν τὸ ἠχεῖν. τὸ δὲ κέντρον οὐκ εὔφορον. τὰ δὲ ἔργα κη-
ρία, μέλι, μελίκηρα. εἰσὶ δὲ σχαδόνες καὶ ἐδώδιμοι.

255 Ἔμελλον δὲ καὶ κυνηγετικὰ προστιθέναι, καὶ ἄλλα ἐπ'
ἄλλοις καὶ πολλὰ ἐπὶ πολλοῖς. ἀλλ' ὡς μὴ εἰς πλέον ἀπο-
τείναιμι τὸ βιβλίον, οἶμαι μὲν καὶ σὲ ἐκ παραδείγματος
τὴν ἐπίνοιαν λαβόντα κατὰ τὴν ὑφήγησιν τοῦ λόγου τὰ
λοιπὰ ἀνερευνήσειν, εἰ δὲ βούλει, κἀκεῖνα προσθήσω.

τουτὶ δὲ τὸ βιβλίον ἐκ θεῶν ἀρξάμενον εἰς τὴν ἱερὰν
γεωργίαν παύεται. τὸ δὲ δεύτερον περὶ σώματος ἀνθρώ-
που διαλαμβάνει καὶ τῆς ὀνομασίας τῶν ἐν αὐτῷ φανερῶν
τε καὶ ἀφανῶν μορίων.

___

254 2. δὲ — 3. ἀναχωρεῖν om A. qui post 6. κύτταροι: τὸν δὲ μελισ-
σουργοῦντα καπνίζειν δεῖ, ὅπως ἀνασοβῇ τὰς μελίττας. 255 7. τὸ —
9. μορίων om A.

B.

Κομμόδῳ Καίσαρι Πολυδεύκης χαίρειν. ὅσα μὲν παρὰ τοῖς τὴν ἀκριβῆ φωνὴν ἔχουσι τῶν ἀνθρώπου μελῶν ἦν εὑρεῖν, ταῦτα δὴ παρ' ἐκείνων ἕξειν ἔμελλον. πολλὰ δὲ καὶ οἱ τῷ περιπάτῳ συνήθεις ἐμήνυον ἡμῖν, αὐτοὶ τὰ παρ' αὑτῶν καὶ τὰ παρὰ τῶν ἰατρῶν ἀθροισάμενοι, παρ' ὧν καὶ ἡμεῖς τινὰ τούτων συνελέξαμεν· ὧν γὰρ μετὰ τὴν πεῖραν ἡ γνῶσις, τούτων ἡ χρεία παρὰ τῶν πείρᾳ γνόντων ἀναγκαία. ἔρρωσο. [2]

Ἐπεὶ δὲ τὸ πρὸ τούτου βιβλίον ἀπὸ θεῶν ἔχει τὴν ἀρχήν, ἀπὸ ἀνθρώπων ἄρα τὸ δεύτερον ἄρχεται. φράσει δὲ τὰ ἀνθρώπου πάντα μέρη, καὶ ὅπῃ ἕκαστα προσρητέον. πρότερον δὲ τὰς ἡλικίας ἐρεῖ.

Ἑπτά εἰσιν ἡλικίαι καθ' Ἱπποκράτην, πρώτη ἀπὸ ἑνὸς [4] ἕως ἑπταετοῦς, δευτέρα ἀπὸ ἑπταετοῦς ἕως τεσσαρεσκαιδεκάτου, τρίτη ἀπὸ τεσσαρεσκαιδεκάτου ἕως εἰκοστοῦ πρώτου, τετάρτη ἀπὸ εἰκοστοῦ πρώτου ἕως εἰκοστοῦ ὀγδόου, πέμπτη ἀπὸ εἰκοστοῦ ὀγδόου ἕως τριακοστοῦ πέμπτου, ἕκτη ἀπὸ τριακοστοῦ πέμπτου ἕως τεσσαρακοστοῦ δευτέρου, ἑβδόμη ἀπὸ τεσσαρακοστοῦ δευτέρου ἕως τοῦ τέλους. ἡ μὲν πρώτη παιδίον, ἡ δευτέρα παῖς, ἡ τρίτη μειράκιον, ἡ τετάρτη νεανίσκος, ἡ πέμπτη ἀνήρ, ἡ ἕκτη πρεσβύτης, ἡ ἑβδόμη γέρων.

ἐρεῖς οὖν τὸ σύνηθες ἄνθρωπος, ἀνθρώπιον, ἀν- [5] θρωπίσκος, ἀνθρώπινον, ἀνθρωπικόν, ἀνθρωπίνως, ἀνθρωπικῶς, ἀνθρωποειδές. καὶ ἀνθρωπεία τέχνη, ὡς Θουκυδίδης, καὶ ἀνθρωπίνη φύσις, ὡς Πλάτων. ἀνθρωπίζεται, φησὶν Ἀριστοφάνης. τὸ δὲ ἀνθρώπου δέρμα ἀνθρωπῆν Ἡρόδοτος καλεῖ. προσήκοι δ' ἂν ἀνθρώπῳ φιλάνθρωπος, φιλανθρωπία, φιλανθρώπως, φιλανθρωπεύεσθαι. ἀπάνθρωπος, ἀπανθρωπία, ἀπανθρώπως· οὐ γὰρ καὶ ἀπανθρωπεύεσθαι, πολυάνθρωπος δὲ καὶ πολυανθρωπία καὶ ὀλιγανθρωπία.

σπέρμα καὶ σπορά. σπεῖραι, ἀρόσαι, καταβαλεῖν τὸ [6] σπέρμα, ὑποδέξασθαι, κυῆσαι, γεννῆσαι, τεκεῖν. ἔμβρυον, κύημα, ἀνεμιαῖον κύημα, τρόφιμον, βιώσιμον. τὸ δὲ κύημα καὶ κύος Ἀριστοφάνης κέκληκεν·

ἥτις κύουσ' ἐφάνη κύος τοσουτονί.

7 ἀμβλῶναι, καὶ ἀμβλωθρίδιον φάρμακον, καὶ ἄμβλωσις, ὡς Λυσίας, καὶ ἄμβλωμα, ὡς Ἀντιφῶν, καὶ ἀμβλίσκειν, ὡς Πλάτων. γέννημα, γέννησις, ὡς Πλάτων. γονὴ ἡ γέννησις, ὡς Ξενοφῶν. τόκος, τίκτει, ἐπίτεξ, ἐπίφορος καὶ ἐπίτοκος, ἢ τικτικός· τοκῶσα δὲ εἶπε Κρατῖνος. ἀτόκιον φάρμακον, ἢ ὠκυτόκια, ὡς Ἀριστοφάνης.

8 βρέφος νεογενές, νεόγονον, ἀρτιγενές, ἀρτίγονον, ἀρτίτοκον, πρωτότοκον, πρωτόγονον, νήπιον, ἄρτι ἀπὸ γονῆς, ἄρτι ἐξ ἀμφιδρομίων. τὸ δὲ νεογιλὸν Ἰσαῖος μὲν εἴρηκεν ἐν τῷ κατ' Ἀριστομάχου, ἐμὲ δ' οὐκ ἀρέσκει. ἄμεινον δ' αὐτοῦ τὸ παρ' Ἡροδότῳ νεογνόν· ἀλλὰ καὶ τοῦτο Ἰωνικόν. αὐτοετές, ἔτειον, διετές, καὶ τὰ ἐφεξῆς. ἔτι ἐν γάλακτι, ἐπιμάστιον, ἐπιμαστίδιον, ἄρτι ἀπὸ θηλῆς, ἄρτι ἀπὸ 9 μαστοῦ. παιδίον, παιδάριον, παιδίσκος, παῖς, κόρος, ἤθεος, οὔπω πρόσηβος, ἤδη πρόσηβος. καὶ ἀντίπαις, ὡς οἱ νέοι κωμῳδοί. Πλάτων δ' ὁ κωμικὸς καὶ παλλάκια εἴρηκεν· παῖδες, γέροντες, μειράκια, παλλάκια.
ἔφηβος, ἄρτι ἐξ ἐφήβων· τοῦτον δὲ καὶ ἀφειμένον ὠνόμαζον, καὶ περυσινὸν ἔφηβον. ἄρτι ἡβάσκων. τόσα ἀφ' ἥβης γεγονὼς ἔτη· τὸ γὰρ πρωθήβης ποιητικόν. μειράκιον, μει- 10 ρακίσκος, μειρακύλλιον. καὶ βούπαις παρ' Εὐπόλιδι. εἶτα ἀγένειος, λειογένειος, ἰούλῳ νέον ὑπανθῶν παρὰ τὰ ὦτα καθέρποντι ἢ περὶ τὴν ὑπήνην ἀνέρποντι, ὑπηνήτης, ἐν ἦρι τῆς ὥρας, ἐν ἀκμῇ, ἐν ἄνθει. εἶτα παρηνθηκώς, παρηβηκώς, ἄφηβος, ἀφηβηκώς, ἀπηνθηκώς, ἐκ μειρακίων εἰς ἄνδρα παραγγείλας, ἀνδριζόμενος, ἐντελὴς τὴν ἡλικίαν, ἔνακμος, ἐν τῷ μεσεύοντι τῶν ἡλικιῶν, ἐν τῇ κορυφῇ τῶν καθ' ἡλικίαν ἀναβάσεων, εἰς ἀνδρῶν ἡλικίαν ὑπαλλάττων, γενειῶν, γενειάσχων, πώγωνος ὑποπιμπλάμενος, πωγωνίας, ὡς Κρατῖνος. προφερὴς δὲ λέγεται ὁ τῷ μὲν χρόνῳ νεώτερος, τῇ δὲ ὄψει δοκῶν πρεσβύτερος· σκληφρὸς δὲ ὁ τούτῳ ὑπεναντίος, ὃν καὶ νεοειδῆ ἂν εἴποις. Θεόπομπος δὲ ὁ κωμι- 11 κὸς ἐπὶ γυναικὸς εἴρηκεν αὐτὸ ἐν Στρατιώτισιν. νεανίσκος, νεανίας· ὁ γὰρ νέαξ, εἰ καὶ τῶν εἰρημένων ἐστίν, ἀλλὰ κωμικώτερον ἂν εἴη. τὸ δὲ τούτων πλῆθος νεολαία. εἶτα ἀνήρ, τὴν μάχιμον ἡλικίαν ἔχων, τὴν στρατεύσιμον

---

8 4. κατὰ ἐτσαίχμου Falckenburgius.   11 1. ἐν στρατιώτισιν add idem.

ἡλικίαν ἔχων, τῶν ἐκ καταλόγου, ἀκμάζων, σφριγῶν. ἐκ τῆς
ἀπομάχου ἡλικίας, ἐκ τῆς ἀμάχου, ἐκ τῆς ἀπολέμου, ἐκ τῆς
ἀστρατεύτου, ὑπὲρ τὸν κατάλογον, ὑπὲρ τὰ ἑξήκοντα γεγο-
νὼς ἔτη, δημηγόρου ἡλικίαν ἔχων, προπόλιος, ὑποπόλιος, 12
μεσαιπόλιος, μεσῆλιξ, πολιός· τὸ γὰρ πολιοκρόταφος οὐ
καθ' ἡμᾶς. ὠμογέρων, πρεσβύτης, ὅθεν καὶ πρεσβεῖα τὰ
γέρα τὰ τοῖς πρεσβυτέροις διδόμενα. καὶ τὸ κατὰ πρέσβιν
τὸ καθ' ἡλικίαν, ὃ καὶ πρεσβύτερον. καὶ πρεσβεύειν τὸ τι-
μᾶν παρὰ Πλάτωνι, καὶ τὸ «οὐδέν ἐστι πρεσβύτερον» ἀντὶ
τοῦ οὐδὲν τιμιώτερον.   γέρων, προγήρως, γηραιός, ὡς 13
Θουκυδίδης καὶ Ἀντιφῶν, ἐσχατόγηρως, βαθυγήρως. καὶ
γερουσία τὸ γερόντων συνέδριον, καὶ γεροντικὰ λουτρὰ παρὰ
Πλάτωνι, καὶ γερόντειαι παλαῖστραι παρ' Ἀριστοφάνει. τοὺς
δὲ γέροντας καὶ γεραιτέρους Ξενοφῶν εἶπεν. Πλάτων δ' εἴ-
ρηκέ τινα καὶ γεροντοδιδάσκαλον. προσήκοι δ' ἂν τῷ γή-
ραι καὶ τὸ γηροτροφεῖν, γηροτροφεῖσθαι, γηροκομεῖν, γη-
ροτροφηθῆναι, ἐγγηροτροφηθῆναι, καὶ γηροτρόφοι, καὶ ἐγ- 14
γηρᾶναι καὶ καταγηρᾶναι. Ὑπερίδης δὲ καὶ γηροβοσχὸν
εἴρηκε, καὶ Ἄλεξις γηροβοσχεῖα, Ξενοφῶν δὲ τὴν ἀγήρατον
δόξαν, Ὑπερίδης δὲ τὸν ἀγήρατον χρόνον, Σοφοκλῆς δὲ
τὸν ἀγήρω, καὶ Πλάτων τὸν ἀγήρω κόσμον, Θουκυδίδης
δὲ τὸν ἀγήρων, ὡς καὶ Εὐριπίδης τὴν ἀγήρων ἀρετήν, καὶ
Δημοσθένης τιμὰς ἀγήρως. ἐρεῖς δὲ πολυετής, μακρόβιος, 15
μακροβίοτος καὶ μακροχρόνιος· Πλάτων γὰρ ἐν Τιμαίῳ
λέγει μακροχρονιώτερον. λέγοιτο δ' ἂν καθ' Ὑπερίδην καὶ
ἐπὶ γήρως οὐδῷ, ἐπὶ δυσμαῖς τοῦ βίου, ὡς ὑποφέρεσθαι
τὴν γλῶτταν, ὡς συγκεχύσθαι τὸ φθέγμα εἰς ἀσάφειαν,
ὡς παράφορον εἶναι τὴν φωνήν, ὡς λελύσθαι τὼ χεῖρε, ὡς
ἀκρατῆ εἶναι διὰ γήρας, ὡς ὑποτρέμειν τὼ πόδε, ὡς ὑπο-
λισθαίνειν, ὡς εἶναι σφαλερούς, ἀβεβαίους, παραφόρους,
ἀπαγεῖς, οὐ στασίμους, οὐκ εὐσταθεῖς. ἕπεται δὲ τούτοις 16
καὶ τὰ κωμικὰ σκώμματα, Κρόνος, κρονικός, κρονόληρος,
πρεσβύτερος Κόδρου, νωδογέρων, τυμβογέρων, μακκοῶν, πα-
ρανοῶν, παραγεγηρακώς, παραφρονῶν, ἐξεστηκὼς ὑπὸ γή-
ρως, παρακεκινηκὼς ὑφ' ἡλικίας, παραλλάττων, ὑπὲρ τὰς
ἐλάφους βεβιωκώς, ὑπὲρ τὰς κορώνας, ταῖς νύμφαις ἰσῆλιξ.

---

14 4. δόξαν] τάξιν Ruhnkenius.

17 ἐπὶ δὲ τῶν θηλειῶν τὰ μὲν πρῶτα ταὐτὰ μέχρι τοῦ
παιδαρίου (καὶ γὰρ τοῦτο κοινὸν ἀμφοῖν, θηλειῶν τε καὶ
ἀρρένων), τὰ δ' ἐφεξῆς παιδίσκη, κόριον παρὰ Εὐπόλιδι,
κόρη, κορίσκιον· τὸ γὰρ κοράσιον εἴρηται μέν, ἀλλὰ εὐτε-
λές, ὥσπερ καὶ τὸ κορίδιον. καὶ πρᾶγμα δὲ κορικὸν τὸ παρ-
θενικόν· ἀλλ' οὐδὲ τοῦτο προσίεμαι. καὶ Φρύνιχος μὲν ὁ
κωμικὸς τὰς νέας ἀφήλικας λέγει,
      ἦσαν δὲ καὶ γυναῖκες ἀφήλικες·
Φερεκράτης δὲ τὴν γεραιτάτην ὡς ἀφηλικεστάτην, ὡς καὶ
Κρατῖνος ἀφήλικα γέροντα. ἐρεῖς δὲ παρθένος ὡραία γά-
18 μου. Ἀριστοφάνης δὲ καὶ κυαμίζειν ἔφη τὰς ἀκμαζούσας·
      ἄλλαι δὲ κυαμίζουσιν αὐτῶν, εἰσὶ δὲ
      ἤδη πρὸς ἄνδρας ἐκπετήσιμοι σχεδόν.
μεῖραξ, μειρακίσκη, ἄγαμος, ἐπίγαμος, νεόγαμος, γυνή, ἠν-
δρωμένη, ἀνδρὶ μεμιγμένη, νέα, ἀκμάζουσα νεᾶνις, ἀφη-
βηκυῖα, παρηβηκυῖα, πρὸς γῆρας ῥέπουσα, γραῦς, καὶ ὡς
Ἰσαῖος γεραιτέρα, γραῖα, καὶ ὡς Θεόπομπος ὁ κωμικὸς
«πρεσβῦτις, φίλοινος, μεθύση, οἰνοκάχλη, κοχώνη». τὰ δὲ
λοιπὰ τὰ αὐτὰ τοῖς ἄρρεσιν, οἷον ἐσχατογήρως, βαθυγή-
ρως καὶ τὰ τοιαῦτα.

19 ῥήματα δὲ τῶν προειρημένων κύειν, κυΐσκεσθαι (ἐπὶ
τῶν κυουσῶν γὰρ καὶ τοῦτο Πλάτων ἔταξεν, εἰπὼν ἐν Θε-
αιτήτῳ «κυϊσκομένη καὶ τίκτουσα»), κυεῖσθαι, γεννᾶσθαι,
τίκτεσθαι. εἰς ἐφήβους τελεῖν. παιδεύεσθαι, τάχα δὲ καὶ
τὸ παίζειν καὶ ἡ παιδεία καὶ τὸ παίδειον μάθημα παρὰ
20 Πλάτωνι, καὶ ὁ παιδαριώδης παρὰ Νικοχάρει, καὶ τὰ παι-
γνιώδη παρὰ Ξενοφῶντι, καὶ ἡ παιδαγωγία παρὰ Πλά-
τωνι. τούτοις ἂν προσήκοι ἡβᾶν καὶ ἡβάσκειν καὶ εἰς
μειρακίων ἡλικίαν ἐξαλλάττειν, ἀκμάζειν, σφριγᾶν, νεάζειν,
νεανιεύεσθαι· Ξενοφῶν δὲ καὶ νεανισκεύεσθαι ἔφη. Ἀρι-
στοφάνης δὲ νεανιεύεσθαι τὸ τολμᾶν ἔφη, ἀφ' οὗ Λυσίας
τὸ νεανιευόμενοι, καὶ νεανίαι. ἀνδρίζεσθαι δὲ Ἀριστο-
φάνης εἶπεν, ἀνδροῦσθαι, καὶ ἀνδριζόμενοι Ὑπερίδης. ὅθεν
ἀνδρείως, καὶ ἀνδρικῶς, ὡς Πλάτων. καὶ ὡς Ἰσαῖος ἀν-

---

18 3. πρὸς] εἰς A.   8. οἰνομάχλη κοχλώρη A.   χόνη Kühnius.
20 5. τὸ δὲ τολμᾶ νεανισκεύεσθαι ἀριστοφάνης ἔφη A.

δριχῷ χορῷ, καὶ ὡς Ἰσοκράτης ἀνδρωδῶς ἐναριθμεῖσθαι
τῷ καταλόγῳ.   εἶτα παρηβᾶν, ἀπανθεῖν, εἰς γῆρας προ- 21
χωρεῖν, λευκαίνεσθαι τὴν τρίχα, πολιοῦσθαι, γηρᾶν, γηρά-
σκειν, ἀσθενεῖν, ὑπονοστεῖν, παρολισθαίνειν, ὑποτρέμειν,
ἀκρατῶς ἔχειν αὑτοῦ, παρηωρῆσθαι τὰ μέλη, λελύσθαι τὰ
ἄρθρα, παραγηρᾶν, παρανθεῖν, ἀλλοφρονεῖν, παραλλάττειν,
ἐξεστηκέναι, μαίνεσθαι, παραφρονεῖν, καὶ τἄλλα τὰ ἀπὸ
τῶν εἰρημένων ὀνομάτων δυνάμενα σχηματίζεσθαι.

Τὰ δὲ τῶν μερῶν ὀνόματα τ ρ ί χ ε ς, τρίχωσις, τρίχωμα, 22
κόμη, χαίτη, λάχνη· χρηστέον γὰρ τῷ ὀνόματι, κἂν ποιη-
τικόν· αἱ γὰρ φόβαι καὶ ἔθειραι καὶ σμήριγγες καὶ ἕλικες
τοῖς μέτροις δεδόσθωσαν. γίνεται δ' ἀπ' αὐτῶν ὀνόματα
εὔθριξ, εὔτριχος, καλλίτριχος, εὐθύθριξ, καὶ ἀπότριχες οἱ
ἄνηβοι. τετανόθριξ, οὐλοκάρηνος, καὶ οὐλότριχες παρ' Ἡρο- 23
δότῳ. Ἀρχίλοχος δὲ ἀναστρέψας τρίχουλον εἴρηκεν. ἐν γὰρ
τοῖς Ἀττικοῖς λόγοις οὐχ εὗρον ὄνομα δηλοῦν τὸ πᾶν, χω-
ρὶς εἰ μὴ λύσας τις εἴποι οὖλος τὰς τρίχας· οὐλόκομός μέν-
τοι εἴρηται παρ' Ἀλέξιδι, καὶ παρὰ Φερεκράτει οὐλοκέφα-
λος. οὐλοκίκιννα δὲ Τελεσίλλα εἴρηκεν. τὸν δὲ τοιοῦτον στρα-
βολοκόμαν Σοφοκλῆς ὠνόμασεν. μοχθηρὰ δὲ ἄμφω τὰ
ὀνόματα.

ἀπὸ μέντοι τριχῶν τριχίαι ἰχθύες καὶ τριχίδες, καὶ 24
ὑστριχὶς ἡ μάστιξ, καὶ τριχοβρῶτες θηρίδιά τινα σινόμενα
τὰς τρίχας, καὶ τρίχαπτον δὲ πλέγμα τι ἐκ τριχῶν. Φι-
λωνίδης δὲ καὶ «ὦ πολυτρίχου πώγωνος» εἴρηκεν. φαίη δ'
ἄν τις εὔκομος, εὐκόμης, βαθυκόμης, ξανθοκόμης, μελαγ-
κόμης, κομήτης, κομᾶν, ἐπικομᾶν, εὐχαίτης, βαθυχαίτης καὶ 25
τὰ ὅμοια. ἀπὸ δὲ χαίτης καὶ τὸ ἀναχαιτίζειν. ἀνασεσυρ-
μένην ἔχων τὴν κόμην, ἀναφρίττουσαν ὑπὲρ τὸ μέτωπον,
τῷ μεταφρένῳ περιρρέουσαν, περικεχυμένην τῷ τένοντι, οὐκ
ἐσφηκωμένην, οὐκ ἔνδετον, περισχιζομένην τῷ μετώπῳ ἢ
τῷ μεταφρένῳ, τοῖς ὤμοις προσπαίζουσαν, ἐξηνεμωμένην
κατὰ τῶν νώτων ἢ ἐπὶ τῶν νώτων.   ψιλὸς τὴν κεφα- 26
λήν, ἀπεψιλωμένος τὰς τρίχας, ἀποσεσυλημένος τὴν χαίτην,
ἄθριξ, ἄκομος τὴν κεφαλήν, ἀπερικάλυπτος, τὴν ἐκ φύσεως
σκέπην τῆς κορυφῆς ἀποβαλλόμενος, τὸ ἐπὶ κεφαλῆς χρή-
σιμον περίττωμα ζημιωθείς, λειοκάρηνος, ἀπεξυρημένος,

οἷον ἐν χρῷ κουρίας, κατὰ τὰ φυλλορροοῦντα τῶν δένδρων ἀπανθήσας ἢ τριχορρυήσας, φαλαντίας, ἀναφαλαντίας, φαλακρός, γυμνὸς τῶν τριχῶν, ψεδνὸς καθ᾽ Ὅμηρον.

27 μέρη δὲ τῶν τριχῶν πλόκαμος, πλοκαμίς, ἀφ᾽ ὧν καὶ αἱ τοῦ καπνοῦ περιστροφαὶ παρὰ τοῖς ποιηταῖς πλόκαμοι. βόστρυχος, ἀφ᾽ οὗ καὶ τὸ διαβεβοστρυχωμένον παρ᾽ Ἀρχιλόχῳ, καὶ παρὰ Ἀναξίλᾳ ἐβοστρύχιζον. καὶ εὐπλόκαμος καὶ εὐβόστρυχος ἀνὴρ ἅμα καὶ γυνή. Φερεκράτης δὲ

ᾧ ξανθοτάτοις βοτρύχοισι κομῶν

28 ἔφη. κικίννους δὲ Ἀριστοφάνης τε εἴρηκε καὶ Εὔπολις· τούτους δὲ καὶ παρωτίδας ὠνόμαζον. Κρατῖνος δὲ στημονίας κικίννους εἶπε τοὺς στήμονι ὁμοίους ὑπ᾽ ἰσχνότητος. Φερεκράτης δὲ τοὺς γυναικείους πλοκάμους πλοκάδας καλεῖ. τὰς μέντοι συνεστραμμένας μετὰ ῥύπου τρίχας ἢ κωμῳδία στόρθυγγας καλεῖ. καὶ μὴν ὀπισθοκόμαι μὲν Εὐβοεῖς, ἀκροκόμαι δὲ Θρᾷκες.

29 κουρᾶς δὲ εἴδη κῆπος, σκάφιον, πρόκοττα, περιτρόχαλα. τὴν δὲ πρόκοτταν φασὶν εἶναι ὅταν τις τὰ ἔμπροσθεν κομᾷ, τὰ πρὸ τῆς κοττίδος· οὕτω γὰρ οἱ Δωριεῖς καλοῦσι τὴν κεφαλήν. οἱ δὲ οὐδὲ κουρὰν οἴονται εἶναι τὴν πρόκοτταν, ἀλλ᾽ αὐτὰς τὰς ὑπὲρ τὸ μέτωπον τρίχας. ἔλεγον δὲ καὶ πρὸς φθεῖρα κείρεσθαι τὴν πένθιμον κουράν, ὡς Εὔβουλος ὁ κωμικός. ἐκαλεῖτο δέ τις καὶ Ἑκτόρειος κόμη, περὶ ἧς φησιν Ἀναξίλας

τὴν Ἑκτόρειον τὴν ἐφίμερον κόμην.

30 Τίμαιος δὲ τὴν κουρὰν ταύτην προεστάλθαι μὲν δεῖν περὶ τὸ μέτωπον λέγει, τῷ δὲ τραχήλῳ περικεχύσθαι. ἔτρεφον δέ τινες ἐκ πλαγίου κόμην ἢ κατόπιν ἢ ὑπὲρ τὸ μέτωπον ποταμοῖς ἢ θεοῖς, καὶ ὠνομάζετο πλοχμὸς ἢ σκόλλυς ἢ σειρὰ τριχῶν· τὴν γὰρ κοσύμβην οὐκ ἂν προσοίμην, ἀλλὰ τὸν Ἀττικὸν κρωβύλον. ἐκαλεῖτο δέ τι καὶ πηνήκη, καὶ προκόμιον προσθετόν, οὐ γυναιξὶ μόνον ἀλλὰ καὶ ἀνδρῶν τοῖς ἐνδεῶς εἰς κόμης λόγον πράττουσιν. τὸ δ᾽ αὐτὸ καὶ ἔν-
31 τριχον ὠνόμαζον. οἱ δὲ περὶ τὴν κόμην χειροτέχναι

---

27 6. βοστρύχοισι ante Bergkium.   29 9. ἐφήμερον ante Meursium.
30 1. προσεστάλθαι?   4. σκιολλίς A.   5. κοσσάμην A.

κομμωταί, καὶ κομμώτριαι αἱ γυναῖκες. οἱ δὲ καὶ κεροπλά-
στας αὐτοὺς ἐκάλεσαν, εἰ κέρας ἡ κόμη· ὃ καὶ Ὅμηρον δη-
λοῦν τινὲς ἔφασαν, εἰπόντα τὸν Πάριν κέραι ἀγλαόν (ὅθεν
καὶ παρὰ Σοφοκλεῖ ὀρθόκερως φρίκη, οἷον ὀρθόθριξ) καὶ
κέρας βοὸς τὴν τρίχα. εὐθετῆσαι δὲ ἔλεγον τὰς τρίχας, καὶ
ὑπόσπειραν εἶδος τριχῶν πλέγματος, ὥσπερ καὶ σπεῖραν.   οὐ
μὴν οὐδὲ ἡ τῶν κουρέων χειροτεχνία ἔξω τῆς κεφαλῆς. τού- 31
τους δὲ καὶ κορσωτῆρας ἐκάλουν. ὧν τὰ ἐργαλεῖα κτένες
καὶ ξυρόν, οὗ τὴν θήκην ξυροδόκην Ἀριστοφάνης καλεῖ,
καὶ μαχαιρίδες, ἃς καὶ κουρίδας ὠνόμαζον. διὰ τοῦτο καὶ
κόρσας τινὲς ἐκάλεσαν τὰς τρίχας, διὰ τὸ κείρεσθαι. ἔλε-
γον δέ τι οἱ κωμῳδοὶ καὶ κείρεσθαι μιᾷ μαχαίρᾳ, ἐπὶ τῶν
καλλωπιζομένων· τὴν δὲ μάχαιραν ταύτην καὶ ψαλίδα κε-
κλήκασιν. ἀκαρὲς μέντοι τὸ σμικρὸν λέγεται, ὃ διὰ τὴν σμι- 33
κρότητα οὐ κατακείρεται· καὶ ἀκαρὴς καιρός, καὶ πλοῦς
ἀκαριαῖος ὁ βραχὺς παρὰ Δημοσθένει. κείρειν, κείρεσθαι,
κουρά. καὶ ἀποκεχαρμένος, ὡς Ὑπερίδης, καὶ ἀποκαρτέον,
ὡς Εὔπολις. καὶ κουριᾶν τὸ κομᾶν, ἀπὸ τοῦ δεῖσθαι κου-
ρᾶς, ὥσπερ καὶ κουριῶν ὁ αὐχμῶν καὶ κομῶν. καὶ ἐν χρῷ
κουρίαι οἱ ἐν χρωτὶ κεχαρμένοι. παρακόμους δὲ τοὺς κο-
μῶντας Ἄμφις εἴρηκεν ὁ κωμικός, Φερεκράτης δὲ ἐν χρῷ
κουριῶντας, ἢ ὅστις τοὺς Αὐτομόλους αὐτοῦ διεσκεύασεν.
καὶ αὐχμεῖν δὲ τὴν κόμην ἔλεγον, ὡς Ὅμηρος

αὐχμεῖς δὲ κακῶς καὶ ἀεικέα ἔσσαι·
Φρύνιχος δὲ ὁ κωμικὸς αὐχμᾷς ἔφη. τὸν δὲ τοιοῦτον αὐχ- 34
μηρὸν Ξενοφῶν κέκληκεν, ὡς Πλάτων αὐχμηρότατον. ἐπὶ δὲ
τοῦ ἐναντίου Ὅμηρος

αἰεὶ δὲ λιπαροὶ κεφαλὰς καὶ καλὰ πρόσωπα.
ἐκτενισμένοι μὲν εἴρηκεν Ἀρχίλοχος, καὶ Ἀναξίλας

ἡμεῖς δὲ γ᾽ ἐκτενίζομεν Τελέσιππον οἰκόσιτον,
Ἀριστοφάνης δὲ

λούσησθε καὶ κτενίσησθε πρὸς τὸν ἥλιον,
Σοφοκλῆς δὲ ἀκτένιστος. ἔλεγον δὲ καὶ κεφαλὴν περίθε- 35
τον, ὡς Ἀριστοφάνης, ὡς ἂν εἴποιεν οἱ νῦν περιθετήν, καὶ
πάλιν τὴν περίθετον κόμην. καὶ διεκτενίσθαι τὰς τρίχας.

---

31 4. καὶ — 5. τρίχα om A.   32 6. διπλῆ B.

παραλελέχθαι δὲ τὸ τὰς περιττὰς ἀφαιρεῖσθαι· ὅθεν καὶ παρὰ Φερεκράτει «ἄσμηκτος ἀπαράλεκτος.» καὶ παραπλέκειν τὰς τρίχας τὸ ἀναπλέκειν, καὶ παραπεπλεγμένη Ἀθηνᾶ ἡ ἀναπεπλεγμένη. καὶ ἐψήσασθαι δὲ τὴν κόμην τὸ καταχρῶσαι ἔλεγον·

καὶ τὴν κόμην ἡψήσατο,

καὶ

ἐφθὴν τὴν κόμην ξανθίζεται.

καὶ μελαίνεσθαι τὴν κόμην, καὶ μέλασμα τὸ τῆς κόμης βάμμα. ὁ δὲ Ἀπόλλων ἀκερσεκόμης.

36 ὑπόκειται δὲ τῇ κόμῃ κεφαλή, καὶ δέρμα ἐλαφρόν τε καὶ κοῦφον ἐπιτέταται κατακεκεντημένον, ὥς φησὶ Πλάτων, εἰς τριχῶν ἔκφυσιν, καὶ ὥσπερ φυτὰ τὰς τρίχας ἐπάρδον τῷ ἔνδοθεν πνεύματι. καὶ τὸ μὲν σύμπαν ὀστοῦν καλεῖται κεφαλῆς κύτος, ἥρμοσται δὲ ἐκ συμβολῶν αἳ καλοῦνται ῥαφαί, πριόνων δίκην ὠδοντωμένων κατὰ τὰς προ-
37 βολάς τε καὶ κοιλότητας εἰς ἀλλήλας ἐνηρμοσμέναι. ἐκάλουν δ' αὐτὰς ἰατρῶν παῖδες στεφανίτιδάς τε καὶ λαβδοειδεῖς καὶ λεπιδοειδεῖς καὶ ἄλλα τοιαῦτα ὀνόματα, καὶ ἐφιλονείκουν περὶ τοῦ πλήθους αὐτῶν, εἴτε πέντε χρὴ τὰς ῥαφὰς ἀριθμεῖν εἴτε πλείους εἴτε ἐλάττους, πάντων μὲν ὁμολογούντων ἐλάττους εἶναι τὰς τῶν γυναικείων κεφαλῶν ῥαφάς, Ἡροδότου δὲ φάσκοντος μετὰ τὸν ἐν Πλαταιαῖς φόνον ἐν τοῖς Περσικοῖς νεκροῖς εὑρεθῆναι κεφαλὴν μηδε-
38 μίαν σχοῦσαν ῥαφῆς συμβόλησιν. λέγει δέ που καὶ Ἄρατός ἐν τοῖς ἰατρικοῖς

ἤδη γάρ ποτ' ὄπωπα καρήατα πολλὰ μὲν αὔτως
μεσσατίης κορυφῆς μούνῃ συνεεργμένα γραμμῇ,
πολλαὶ δ' ἀρραφέες κεφαλαὶ πάγεν ἀνθρώποισιν.

τὴν μέντοι κεφαλὴν οἱ ποιηταὶ καὶ κώδειαν καλοῦσιν, ἀπὸ τῆς τοῦ μήκωνος κεφαλῆς ὀνομάσαντες. καλεῖται δὲ τὸ μὲν σύμπαν πόλος καὶ κρανίον, καὶ κόγχος παρὰ Λυκόφρονι·

τυπεὶς σκεπάρνῳ κόγχον εὐθήκτῳ μέσον·

39 παρὰ δὲ Ἀριστοφάνει σκάφιον,

ἵνα μὴ καταγῇς τὸ σκάφιον πληγεὶς ξύλῳ.

τὸ δ' ἔγκοιλον αὐτοῦ κορυφή, ὅπερ μεσόκρανον ἐν τοῖς
Ὀρφικοῖς ὀνομάζεται μέτροις. τὸ δὲ μεταξὺ τοῦ ἰνίου καὶ
τοῦ βρέγματος στεφάνην καλοῦσιν, τὸ δὲ ὑπὲρ τὸ μέτωπον
βρέγμα καὶ βρεχμόν, τὸ δὲ ὑπ' αὐτῷ προῦχον μέτωπον,
τὰ δὲ ἑκατέρωθεν κροτάφους, τὸ δὲ κατόπιν ἰνίον, διότι
ἀπ' αὐτοῦ αἱ ἶνες ἐκπεφύκασιν. ἡ δὲ τελευταία τῶν τριχῶν 40
περὶ τῇ κεφαλῇ περίοδος καὶ στεφάνη καὶ περίδρομος ἐπί-
κλην ἔχει. τὸ δὲ ὑπὸ ταῖς θριξὶ πᾶν κρανίον. τοὺς δὲ κρο-
τάφους ἔνιοι καὶ κόρσας καλοῦσιν· καὶ τοῦτο εἶναι τὸ ἐπὶ
κόρρης παίειν. καὶ Ὅμηρον δὲ αὐτοῖς νομίζουσι συμμαρτυ-
ρεῖν, εἰπόντα

κόρσην· ἡ δ' ἑτέροιο διὰ κροτάφοιο πέρησεν.

καὶ τὰ μὲν κεφαλῆς νοσήματα κεφαλαία καὶ κε- 41
φαλαλγία καὶ ἡμικρανία καὶ ἴλιγγος καὶ σκοτοδινίασις καὶ
σκοτοδινία· Πλάτων δέ φησιν ἐσκοτώθην καὶ ἰλιγγίασα.
καρηβαρία, καὶ καρηβαρικὸν ποτὸν ἢ βρῶμα· τὸ δὲ τοῦτο
ποιεῖν καροῦν Ἀντιφῶν φησιν. κεφαλαλγὲς σιτίον, ὡς τὸν
τοῦ φοίνικος ἐγκέφαλόν φησιν ὁ Ξενοφῶν. καὶ καρηβαρι-
κὸν τὸ πάθος Τηλεκλείδης, τὸ δὲ ὑπὸ μέθης τοῦτο πά-
σχειν καρηβαριᾶν Ἀριστοφάνης. τάχα δὲ καὶ τὸ καραδοκεῖν
εἴη ἂν ἀπὸ τοῦ κάρα πεποιημένον, κυρίως ἐπὶ τῶν παρα-
φερόντων τὴν κεφαλήν, ὡς μὴ βληθεῖεν. εἰρήκασι δὲ οἱ
κωμικοὶ καὶ «κάτω κάρα κρέμαται» καὶ κραιπαλᾶν.

τὰ δὲ ἀπὸ κεφαλῆς ὀνόματα περικεφαλαία, ἐγκέ- 42
φαλος, παρεγκεφαλίς, κεφάλαιον, ἐπικεφαλαιῶν, συγκεφα-
λαιώσασθαι, προσκεφάλαιον, κεφαλίδιον. ἐπὶ κεφαλὴν ὦσαι,
ἐπὶ κεφαλὴν σπεύδειν, ὡς Ὑπερίδης. ἑτερεγκεφαλᾶν, ὡς Ἀρι-
στοφάνης, τὸ παραφρονεῖν. τὰ δὲ ἀπὸ κρανίου κράνος,
ἐπίκρανον, περίκρανον· περίκρανον δὲ οἱ παλαιοὶ τὸ στέμμα
ἐκάλουν, καὶ ποτίκρανον τὸ προσκεφάλαιον οἱ ποιηταί. ἀπὸ 43
δὲ κορυφῆς κόρυς καὶ κορυφαία. καὶ μὴν ὀνομάζοιτ' ἄν τις
εὐκέφαλος, ἢ ὀξυκέφαλος, ὃν Ὅμηρον καλεῖ φοξόν, ἢ μα-
κροκέφαλος ὡς τὸ περὶ Λιβύην ἔθνος, ἢ κυνοκέφαλος ὡς
τὸ ζῶον, ἢ εὐρυμέτωπος ὡς Ἀλκιβιάδης· ὁ δὲ τοιοῦτος καὶ
μετωπίας ὀνομάζεται. ἐχινοκέφαλον δὲ Κρατῖνος τὸν Πε-

ριχλέα εἶπεν, Πλάτων δὲ μῦθον ἀκέφαλον. ἐκλήθησαν δὲ
καὶ δικόρυφοί τινες; οὓς καὶ μακροβίους νομίζουσιν.

44 τὸ δὲ ἔνδον ἐν τῇ κεφαλῇ ἐγκέφαλος διπλοῦς κατὰ
συμβολήν, εὐρυνόμενος κατὰ τὴν βάσιν τὴν ὄπισθεν, προ-
νεύων εἰς τὸ πρόσθεν. περιειλήφασι δ' αὐτὸν μήνιγγες δύο,
ἡ μὲν ἔνδοθεν ἐρυθροτέρα, ἡ δὲ ἔξωθεν στερεωτέρα· κα-
λοῦνται δὲ καὶ εἰλαμίδες, διότι περὶ μυελὸν εἰλοῦνται. ὑπὸ
δὲ τὴν τοῦ ἐγκεφάλου βάσιν ἡ παρεγκεφαλίς, μυελὸς ἐγκε-
φάλῳ προσόμοιος, πλὴν ὅσον ἐστὶ μᾶλλον ἐπίξανθος τὴν
45 χροιάν. κάτεισι δὲ εἰς τὸν πρῶτον σφόνδυλον, ᾧ ἡ κεφαλὴ
περιστρέφεται, καλεῖται δὲ καὶ ἐπικρανίς· καὶ ἀπ' αὐτῆς ὁ
μυελὸς ἔοικεν εἰς τοὺς σφονδύλους ἐπιρρεῖν, ὁπόταν ὑπὸ
τοῦ λεπτοτάτου καὶ καθαρωτάτου τῆς τροφῆς ὅ τε ἐγκέ-
φαλος καὶ ἡ παρεγκεφαλὶς τρέφηται. ὑγρὸς δέ ἐστιν ὁ τοῦ
ἐγκεφάλου μυελὸς καὶ ἀπαγής, ἀλλ' οὐχ ὥσπερ ὁ τῶν ἄλ-
46 λων ζώων συνεστηκώς· [καὶ γὰρ τῷ ἐγκεφάλῳ δωροφοροῦσι
τὴν τροφὴν τό θ' ἧπαρ παρὰ τοῦ λεπτοτάτου τοῦ ἐν αὐτῷ
αἵματος καὶ ἡ καρδία ἀπὸ τοῦ καθαρωτάτου τοῦ ἐν αὐτῇ
πνεύματος.]

τὸ δὲ ὑπὸ τῇ κεφαλῇ μέτωπον καὶ μετώπιον, ἀφ'
οὗ καὶ ἐν ἵπποις τὸ προμετωπίδιον, καὶ τὸ «μετωπηδὸν
ἔταξαν τὰς ναῦς,» καὶ κατὰ μέτωπον, καὶ ἀντιμετώπους,
καὶ μέτωπον τῆς φάλαγγος. καλεῖται δὲ καὶ τὸ ἐπὶ τοῦ
μετώπου δέρμα προμετωπίδιον, αἱ δὲ ἐν αὐτῷ γραμμαὶ στο-
λίδες καὶ ἀμαρυγαί.

47 τὸ δὲ ὑπὸ τῷ μετώπῳ πρόσωπον, ὃ μόνον ἐπὶ τῶν
ἀνθρώπων οὕτω καλοῦμεν· ἐπὶ γὰρ τῶν ζώων προτομήν,
ὡς ἐπὶ τῶν ὀρνίθων ῥύγχος καὶ ῥάμφος. ἀπὸ δὲ τοῦ προ-
σώπου ὀνόματα εὐπρόσωπος, δυσπρόσωπος, ἀπρόσωπος. καὶ
προσωπεῖον τὸ μορμολυκεῖον· τὸ δ' αὐτὸ καὶ πρόσωπον
καὶ προσωπίς. ἡ δὲ νέα κωμῳδία καὶ προσωποποιὸν εἴρη-
48 κεν ὃν ἡ ἀρχαία σκευοποιόν. [ἐκαλεῖτο δὲ πρόσωπον καὶ
προσώπιον, ὥσπερ καὶ μορμολυκεῖον.] καὶ προσωποῦττα δέ
τι παρὰ τοῖς Ἀττικοῖς ὠνομάζετο χαλκοῦν ἀγγεῖον, ἐχίνῳ

παραπλήσιον, περὶ τὸ στόμα ἔχον πρόσωπα λεόντων ἢ βοῶν, ἀφ᾽ ὧν καὶ ὠνόμαστο. [τὸ δ᾽ ἀποκεφάλισμα κάθαρσιν κάρας, ῥύψιν ὀδόντων ἀποδόντωσιν ἔλεγον, ἐξομμάτωσιν νίψιν ὀμμάτων ῥύπου.] ἀποπροσωπίζεσθαι δὲ τὸ καθαίρειν τὸ πρόσωπον Φερεκράτης εἶπεν·

οὐδ᾽ ἀποπροσωπίζεσθε κυάμοις;

τὰ δὲ τοῦ προσώπου μέρη ὀφρύες. καὶ ὀφρύων γεῖσα 49 αἱ προβολαί· καὶ ὀφρύσιν ἀπογεισῶσαί φησιν ὁ Ξενοφῶν. καὶ ὀφρύων τρίχωσις. καὶ ὀφρύες ἐπαιρόμεναι καὶ δασυνόμεναι. καὶ τὰς ὀφρῦς αἴρων ὁ ὑπερήφανος, καὶ πάλιν τὰς ὀφρύας ἀνασπῶν ἢ αἰωρῶν ἢ ἀνέλκων, ἢ ἀνατείνων ὑπὲρ τὰ νέφη· καὶ τὰς ὀφρῦς συνάγων ὁ φροντιστής, τὰς ὀφρῦς συνέλκων. μεσόφρυον δὲ τὸ τῶν ὀφρύων μέσον, ὃ καὶ μετώπιον ὠνόμαζον. καὶ σύνοφρυς ἀνὴρ καὶ γυνή· τὸν δὲ τοιοῦτον μίξοφρυν Κρατῖνος καλεῖ. καὶ μὴν παρὰ τοῖς τρα- 50 γῳδοῖς τὸ συνοφρυῶσθαι ἐπὶ τῶν λυπουμένων. ὁ δὲ κωμικὸς Ἀμειψίας τὸ νεύειν ὀφρυάζειν εἴρηκεν, ὥσπερ Ὅμηρος ὀφρύσι νευστάζων. καὶ ὀφρύας καλοῦσι τὰ ἀνέχοντα τῆς γῆς. ἤδη δέ τινες τῶν ἰατρῶν τίλους ὠνόμασαν ταύτας τὰς τρίχας. καλοῦνται δ᾽ ὀφρύων κεφαλαὶ μὲν τὰ πρὸς τῇ ῥινὶ μέρη, οὐραὶ δὲ τὰ πρὸς τοῖς κροτάφοις. παραφυλακτέον δὲ ὅτι καὶ συναποτίκτονται αὗται αἱ τρίχες, ὥσπερ καὶ αἱ ἐν βλεφάροις· ὅθεν μόνων ἀπέχονται ξυρούμενοι τὰς ἄλλας τρίχας οἱ τῶν Αἰγυπτίων ἱερεῖς.

εἶτα ἐφεξῆς ὀφθαλμοί, ὄμματα, ὄψις. καὶ τὰ ἀπ᾽ 51 αὐτῶν ὀνόματα εὐόφθαλμος καὶ εὐοφθαλμότερος, ὡς Ξενοφῶν, εὔοπτος, ὀξυωπής, ὀξυωπίας, ὀξυδερκής· ὀξυδερκέστατον δὲ Ἡρόδοτος λέγει. ἀμβλυωπία, ἀφ᾽ ἧς ἀμβλυωπὸς παρ᾽ Εὐριπίδῃ· ἀλλ᾽ ἔστι ποιητικώτερον, βέλτιον δὲ ὁ ἀμβλυώττων. ὀφθαλμία, παραβλώψ, ϙολκός, διάστροφος, στρεβλός· ὁ γὰρ στραβὸς ἰδιωτικόν, καὶ οἱ στραβῶνες ἐν τῇ νέᾳ κωμῳδίᾳ. ἰλλὸς δὲ ὑπὸ τῶν ποιητῶν καλεῖται, καὶ ἰλ- 52 λώπτειν ἐν τῇ κωμῳδίᾳ τὸ παραβλέπειν, καὶ κατιλλώπτειν τὸ καταβλέπειν ἐπὶ χλευασμῷ, καὶ δενδίλλειν. ὁμοίως τὸ τῷ

48 2. τὸ — 4. ῥύπου om A. pro ἔλεγον pone λέγε: versus habebis Michaele Psello dignos.   6. πώμαλα post κυάμοις add Anecd. nostra p. 433 18.   52 1. ἰλλωπεῖν A.

ὀφθαλμὼ παραβάλλειν. λέγεται δὲ καὶ ταυρηδὸν ὑποβλέ-
πειν· καὶ ἀναβλέπειν μὲν εἰς τὸν οὐρανόν, καταβλέπειν δὲ
εἰς τὴν γῆν, ἀντιβλέπειν δὲ τῷ ἡλίῳ καὶ ἀντωπεῖν. δυσω-
πεῖσθαι δὲ τὸ ὑποπτεύειν τι ἰδόντα. καὶ ὑπώπια τὰ ὑπὸ
τοὺς ὦπας τῶν πληγῶν ἴχνη. καλεῖται δ' οὕτω καὶ τὰ ὑπὸ
τοὺς ὀφθαλμοὺς ὀστᾶ, ἐφ' ὧν καὶ τὰ ἴχνη· ταῦτα δὲ καὶ
ὑποφθάλμια παρ' ἐνίοις ὀνομάζεται. καὶ παρωπὶς ἡ καλου-
μένη προσωπὶς τῶν γυναικῶν, καὶ παρώπια τὰ παρὰ τοὺς
ὦπας τῶν ἵππων προβλήματα, ἅ τινες κανθήλια καλοῦσιν.
καὶ ὀπή, δι' ἧς ἔστιν ἰδεῖν. καὶ ἐνώπια παμφανόωντά φη-
σιν Ὅμηρος τὰ ἐντὸς τῶν θυρῶν· παρὰ δὲ τοῖς τραγῳδοῖς
προνώπια τὰ πρὸ τῶν θυρῶν καὶ ἀνώπια τὰ ἄνω, ἀπὸ
τῶν ὠπῶν. καὶ περιωπὴ ἡ περιάθρησις, ὡς Θουκυδίδης.
ὀπαίαν δὲ οἱ Ἀττικοὶ τὴν κεραμίδα ἐκάλουν, ἣ τὴν ὀπὴν
εἶχεν. Ἱπποκράτης δὲ ὀφθαλμὸν ἰλλαίνειν φησὶ τὸν διά-
στροφον γινόμενον καὶ ἀνίλλωμα τὸ ἀνάβλεμμα. οἱ δὲ καὶ
ἴλλους τοὺς ὀφθαλμοὺς ὠνόμασαν, σιλλαίνειν δὲ τὸ ἐπὶ
χλευασμῷ σείειν τοὺς ὀφθαλμούς, ὅθεν καὶ τὸ χλευαστικὸν
ποίημα σίλλος. ἔστι δὲ ἀπὸ τούτων ὁρᾶν, προορᾶν, ὑφο-
ρᾶσθαι, καθορᾶν, ὁρατή, ὁρατά, ἀόρατα, ὁρῶν, καὶ ὁρά-
ματα ὡς Ξενοφῶν, καὶ Δημοσθένης ὅραμα τὸ θέαμα·
παρὰ δὲ Πλάτωνι καὶ ἀνόρατον ἐν Τιμαίῳ γέγραπται.
παρορᾶν, παρεωρᾶσθαι, παρεωρακώς, ἐνορᾶν, ἐνεωρακώς,
περιορᾶν, ὑπερορᾶν, ἐφορᾶν, ἔφοροι, καὶ ἐφορωμένους καὶ
ἐφορῶντας ὡς Ξενοφῶν, καὶ τῆς ἐφορείας ὡς Λυσίας. ἐν-
ορῶν καὶ συνορῶν. καὶ θέα καὶ θεᾶσθαι καὶ θέαμα καὶ
θέατρον καὶ θεατὴς καὶ συνθεατής, καὶ θεωρὸς καὶ συν-
θεωρός, καὶ θεωρία καὶ θεωρικὸν καὶ τὰ τοιαῦτα, ὅσ' ἂν
ἀπὸ τοῦ θεᾶσθαι λέγηται· οἱ γὰρ Πυθῶδε θεωροὶ καὶ
θεωρικὴ ὁδὸς καὶ θεωρὶς ναῦς ἀπὸ τοῦ πρὸς θεὸν ὁρού-
ειν τοὺς ἐν αὐτῇ λέλεκται. ἀπὸ δὲ τῆς θέας θεατόν, ἀθέ-
ατον, ἀθεάτως, καὶ οὐσία θεατή φησιν ὁ Πλάτων, καὶ
θεάτρια καὶ συνθεάτρια, ὡς ἡ παλαιὰ κωμῳδία. ἔστι δ' ἐκ
τούτων καὶ τὸ βλέπειν, βλέμμα, ἀνάβλεμμα, παράβλεμμα,
ἀπόβλεμμα παρὰ Φρυνίχῳ τῷ κωμικῷ· Ἀριστοφάνης δὲ

---

53 8. ἀνόπαια C.   54 8. ὁρατῆς Seberus.   56 1. αὐτῷ A.

καὶ βλέπος που λέγει καὶ βλέπησιν. ἐμβλέπειν, καταβλέπειν,
παραβλέπειν, ὑποβλέπειν, ἀναβλέπειν, ἀντιβλέπειν, ἀποβλέ-
πειν. Ξενοφῶν δὲ τὰ ἀναβλέμματα καὶ ἀντιβλέψεις εἶπεν.
ἀποβλεπόμενοι δὲ καὶ ἀποβλεφθῆναι. καὶ περίβλεπτος παρὰ
Ἰσοκράτει ὁ θαυμαστὸς καὶ ἔνδοξος· καὶ ἀποβλεφθῆναι ἐπὶ
τοῦ θαυμασθῆναι Αἰσχίνης εἶπεν ὁ Σωκρατικός.

ὄψις καὶ ἡ αἴσθησις καὶ τὰ ὄμματα, καὶ ὄψις ὁ ὄνει- 57
ρος. ὄψομαι, ὀφθήσομαι, ὦμμαι ὡς Ἰσαῖος· Ἀντιφῶν δὲ
καὶ τὸ ὀψόμενον εἶπε, καὶ τῇ ὄψει ἤγουν τοῖς ὀφθαλμοῖς,
καὶ ὀπτήρ, καὶ ἄοπτα. εἴη δ' ἂν ἐκ τούτων ὑποψία καὶ
ὑπεροψία καὶ ὑπερόψεσθαι, ὑπόπτως, αὐτόπτης, ὑπόπτης,
ὑπερόπτης, ὑπεροπτικός, καχύποπτος ὡς Ἀριστοφάνης, κα-
χυπονόητος ὡς Πλάτων, καὶ ἀνύποπτος ὡς Ξενοφῶν, καὶ
ἀνυποπτότερος ὡς Λυσίας, καὶ ἄοπτα ὡς Ἀντιφῶν, καὶ 58
ἀπερίοπτοι ὡς Θουκυδίδης. οὗτος δὲ καὶ πρόσοψιν καὶ
πρόοψιν καὶ δίοψιν εἴρηκεν, Ἡρόδοτος δὲ καὶ ἄποψιν. δυ-
σωπούμενος. παρῶπται, παρόψονται, καὶ ὡς Ἰσοκράτης
περιόπτους καὶ περιβλέπτους, καὶ ἀπόβλεπτος καὶ ἀποβλεπό-
μενος, καὶ αὐτόπτης ὡς Ἀνδοκίδης, καὶ σύνοπτον καὶ σύν-
οπτα καὶ ὡς Ἰσαῖος εὐσύνοπτα, καὶ ὡς Δημοσθένης ἐπό-
πτας, καὶ ἐποπτεῦσαι δὲ ἐν μυστηρίοις. καὶ ἀνεπόπτευτον
Ὑπερίδης φησίν, καὶ διοπτεύειν Κριτίας καὶ Ἀντιφῶν, Ἀν-
τιφῶν δὲ καὶ εἴσοπτοι, Δημοσθένης δὲ προῦπτον, Ἡρόδο- 59
τος δὲ κατόπτας, Ξενοφῶν δὲ ὀπτῆρας. εἴρηται δὲ καὶ ὀπτή-
ρια τὰ δῶρα τὰ παρὰ τοῦ πρῶτον ἰδόντος τὴν νύμφην
νυμφίου διδόμενα.

ἐρεῖς δὲ καὶ ἀμβλὺ ὁρᾶν, ὀξὺ βλέπειν. καὶ ἐξωμμα-
τῶσθαί φησιν Ἀριστοφάνης τὸν Πλοῦτον ἐν Ἀσκληπιοῦ.
καὶ βλέμμα εὔτονον, ἑστηκός, σῶφρον, ὑγιαῖνον, σεμνόν,
ἀνδρῶδες, ἀνδρεῖον, ἀρρενωπόν, ἀπειλητικόν· καὶ τἀναντία 60
βλέμμα ὑγρόν, θηλυκόν, ἄνανδρον, θῆλυ, θηλυπρεπές, γυ-
ναικεῖον, ἀχρεῖον, ἀνατετραμμένον. Κτησίας δὲ πού φησιν
ἀναβάλλειν τὰ λευκὰ τῶν ὀφθαλμῶν τὸν Σαρδανάπαλλον.

προσήκοι δ' ἂν τούτῳ τῷ μέρει τυφλός, τυφλούμενος,
πεπηρωμένος τοὺς ὀφθαλμούς· ὡς ἐπὶ τὸ πολὺ γὰρ τὴν

---

57 2. ὦμμαι ὡς Ἰσαῖος] ἄμφω δὲ ἰσαῖος εἴρηκεν Α.

πήρωσιν μετὰ προσθήκης τῶν ὀφθαλμῶν λέγουσιν, ὡς ἄνευ
τῆς προσθήκης ἄδηλον ὂν ποίου μέρους ἡ πήρωσις ἐστίν.
61 ἀνάπηρος δὲ ὁ πᾶν τὸ σῶμα πεπηρωμένος, ὡς Ἰσαῖος ἐν
τῷ κατὰ Ἀριστομάχου «κατέλιπεν ἐν τῷ χωρίῳ γέροντας
καὶ ἀναπήρους.» Ἀντιφῶν δ' ἐν τοῖς περὶ ἀληθείας καὶ
ἀνάπηρα εἴρηκεν, Κρατῖνος δ' ἐν Πλούτῳ ἀναπηρίαν. τάχα
δὲ καὶ τὸ ἔμπηρα τούτοις προσήκει καὶ τὸ ἄπηρα.

ὀφθαλμὸς δὲ λέγοιτ' ἂν καὶ γλαυκός, γλαυκιῶν, χαρο-
πός. μελανόμματος, μυωπίας, μελανόφθαλμος, ἑτερόφθαλ-
62 μος· τὸ γὰρ μονόφθαλμος παρ' Ἡροδότῳ ἐπὶ τῶν ἐκ φύ-
σεως ἕν' ἐχόντων ὀφθαλμόν, οἷον Κυκλώπων καὶ Ἀριμα-
σπῶν. ῥηθείη δ' ἂν τοὺς ὀφθαλμοὺς ἐξορύττειν, σβεννύ-
ναι, κενοῦν, κοιλαίνειν, βαθύνειν, σπαράττειν, ἐκ πυθμέ-
νων ἀνασπᾶν, ἀνέλκειν. καὶ ὀφθαλμὸς ὕφαιμος, ταραχώδης.
καὶ κοιλόφθαλμος καὶ κοιλοφθαλμιῶν ὁ ἐξόφθαλμος καὶ
κυλοιδιῶν. καὶ ἐποφθαλμιῷεν οἷον φθονοῖεν. καὶ ἐποφθαλ-
μιᾶν τὸ ἐπιθυμεῖν τινός, καὶ ὠφθαλμίασε τὸ ἐπεθύμησεν
63 Ὑπερίδης. ὁ δὲ Πλάτων εἴρηκε φωσφόρα ὄμματα· λέγοιντο
δ' ἂν ὀφθαλμοὶ λάμποντες, στίλβοντες, θυμοειδεῖς, πυρώ-
δεις, μαρμαρυγὰς ἀφιέντες, αἴγλην, αὐγήν, ἡδεῖς, ἐπαγωγοί,
ἐπέραστοι. καὶ τὸ ἀπ' αὐτῶν ἀπορρέον ἵμερος.

τὸ δὲ λυόμενόν τε καὶ καταρρέον ἐκ τῶν ὀμμάτων δά-
κρυον, ἀφ' οὗ τὸ δακρῦσαι, ἀποδακρῦσαι, καταδακρῦσαι,
φιλόδακρυς, πολύδακρυς, ἄδακρυς, ἀδακρυτί, καὶ ὁ παρὰ
τοῖς ποιηταῖς ἀρίδακρυς. Ἰσοκράτης δέ φησιν ἀδακρύτους,
64 καὶ Ὅμηρος «ἀδακρύτω ἔχεν ὄσσε,» δακρυρροοῦντα δὲ Ἄλε-
ξις. ἐρεῖς δὲ καὶ κλαῦσαι, ἀνακλαῦσαι, ἀπέκλαεν ὡς Ἡρό-
δοτος, ἀνακλαύσασθαι, κλαυθμυρίσασθαι, κλαυθμός, κλαυθ-
μυρισμός, ὡς Ἰσαῖος· παρὰ δὲ Πλάτωνι καὶ κλαυθμονή.
ἄκλαυτος δὲ παρ' Ὁμήρῳ καὶ Σοφοκλεῖ. δακρύων, κλαίων,
κλαυθμυριζόμενος. κλαυσεῖσθαι δὲ οἱ κωμικοί, καὶ κλαυσιᾶν
τὸ κλαῦσαι θέλειν, κλαιήσειν δὲ Δημοσθένης. παρὰ δὲ Ξε-
νοφῶντι καὶ κλαυσίγελως· εἴληπται δὲ ἐκ τοῦ παρ' Ὁμήρῳ
δακρυόεν γελάσασα.

65 νόσημα δὲ ὀφθαλμῶν ὀφθαλμία καὶ ἐπιτάραξις
ὀμμάτων παρὰ Πλάτωνι. λημᾶν καὶ γλαμᾶν. νυκτάλωψ,
καὶ ἄργεμος τὸ καλούμενον λεύκωμα, καὶ ὁ τοῦτ' ἔχων ἄν-

θρωπος επάργεμος. Ἀριστοφάνης δὲ σῦκα τὰ ἐπὶ τῶν ὀφθαλμῶν ἕλκη λέγει, σκνιπὸν δὲ τὸν ἀμυδρὸν βλέποντα Σιμωνίδης ὁ ἰαμβοποιός·

  ἢ τυφλὸς ἤ τις σκνιπὸς ἢ μέγα βλέπων.

μέρη δὲ ὀφθαλμοῦ βλέφαρα μὲν τὸ ἐπιπετανννύμε- 66 νον δέρμα καὶ συγκλεῖον τοὺς ὀφθαλμούς, ἃ καὶ καλύμματα καλεῖται. ὧν τὰ ὑπεράνω σκύνια, ὅθεν καὶ ἐπισκύνια τὰ περὶ τὰς ὀφρῦς γεῖσα. καὶ κύλα δὲ καὶ ἀνάκυλα καὶ ἐπικυλίδες, ἀφ᾽ ὧν καὶ τὸ κυλοιδιᾶν· οἱ δὲ κῖλον μὲν τὸ κάτωθεν βλέφαρον, τὸ δὲ ἄνωθεν ἐπικυλίδα ἢ κυλίδα. τὰς 67 δὲ ἐπὶ τῶν βλεφάρων γραμμάς, οἷον ῥυτίδας, οὔλιγγας οἱ ποιηταὶ λέγουσιν. ἐπὶ δὲ τῶν βλεφάρων τὸ μῦσαι καὶ ἐπιμῦσαι καὶ καταμῦσαι, καὶ συμβαλεῖν τὰ βλέφαρα καὶ ἐπιβαλεῖν καὶ καταβαλεῖν καὶ προσβαλεῖν, καὶ κλεῖσαι καὶ ἐπικλεῖσαι καὶ συγκλεῖσαι. καὶ σκαρδαμύξαι λέγουσιν, καὶ Ξενοφῶν ἀσκαρδαμυχτί, καὶ Ἀριστοφάνης ἀσκαρδάμυκτος. καὶ συνελεῖν δὲ βλέφαρον τὸ καταννυστάξαι. μεμνῆσθαι δὲ χρὴ 68 ὅτι Ἀριστοτέλης ἔφη μὴ δύνασθαι συνελθεῖν βλέφαρον ῥαγέν, ὥσπερ οὐδὲ πόσθην οὐδὲ γνάθον. βλεφαρίδες δὲ αἱ ἐκπεφυκυῖαι τῶν βλεφάρων τρίχες, οὐ κόσμος τοῖς ὀφθαλμοῖς μόνον, ἀλλὰ καὶ κατὰ χρείαν ἔχουσαι τὴν προβολήν, ὡς τὰ προσπίπτοντα λυπηρὰ ἀποστέγοιεν, καὶ τὰς ὄψεις κατευθύνουσαι, μὴ ἐῷεν πλανᾶσθαι. διὰ τοῦτο καὶ ὁ θεὸς ἰχθύσι μὲν οὐδὲ βλεφάρων μετέδωκεν, ὄρνισι δὲ βλεφάρων 69 μέν, οὐ μέντοι καὶ βλεφαρίδων, τοῖς δὲ ἄλλοις ζῴοις καὶ βλεφαρίδων μέν, ἀλλ᾽ οὐχ ἑκατέρωθεν· τὰ γὰρ κάτω βλέφαρα ψιλὰ αὐτοῖς τριχῶν. ὅθεν καὶ Σίμων τοῦτο ὄνειδος τῆς ἀμαθίας Μίκωνι προήνεγκεν, ὅτι καὶ τὰς κάτω βλεφαρίδας προσέγραψεν ἵππου γραφῇ. ὧν δὲ μερῶν αἱ βλεφαρίδες ἐκπεφύκασι, καλοῦνται ἔλυτρα καὶ ἐντριχώματα καὶ ὀρχοὶ καὶ ταρσοί.

ὀμμάτων δὲ τὸ μὲν ἐν μέσῳ μέλαν καλεῖται κόρη, ἧς 70 ἡ αὐγὴ γλήνη, καὶ ὁ περιθέων αὐτὴν κύκλος γραμμῇ κυκλοτερὴς καὶ ἶρις, τὸ δὲ μετὰ τὴν κόρην λευκὸν ἅπαν σφενδόνη καὶ λογάς.   τὰ δὲ μέρη τῶν ὀφθαλμῶν χιτῶνας

65 4. ἢ σκνιπὸς ὁ μ. A.   67 1 ἢ κυλίδα om A.   2. ὤλιγγας Falckenburgius, ἔλιγγας B, ὤριγγας C.

ἐκάλεσαν οἱ ἰατροί. τέτταρες δ' εἰσὶ τὸν ἀριθμόν, καὶ τούτοις
προσηγορίας ἔθεντο, τῷ μὲν ἐξωτάτω κερατοειδεῖ, ὅς ἐστι
λευκός, στερεός, δυσδιαίρετος, νευρώδης, χονδρώδης, παχύς,
διαφανής, τῷ δ' ὑπ' αὐτὸν δευτέρῳ ῥαγοειδεῖ, ὅς ἐστι δασύς,
71 αἱματώδης, χοροειδής, ἐκτετρημένος, τῷ δὲ τρίτῳ φακοειδεῖ
καὶ κρυσταλλοειδεῖ καὶ ὑαλοειδεῖ, τῷ δὲ τετάρτῳ ἀραχνοειδεῖ
καὶ ἀμφιβληστροειδεῖ.   τά γε μὴν ἔγκοιλα τῶν ὀφθαλ-
μῶν κόγχοι καλοῦνται, ὁ περὶ τοῖς βλεφάροις περίδρομος,
ὥσπερ τῶν βλεφάρων τὰ ἑκατέρωθεν ἄκρα κανθοί, ὧν αἱ
ῥίζαι ἐγκανθίδες. καὶ οἱ μὲν πρὸς τῇ ῥινὶ ῥαντῆρες καὶ
πηγαί, ὅτι καὶ ἀπ' αὐτῶν τὸ δάκρυον ἔρχεται, οἱ δὲ ὑπὸ
τοὺς κροτάφους παρωπίαι. τὰ δὲ περὶ τῇ κόρῃ μέλανα πεσ-
σοί· ὁ δὲ ὑπὸ τὴν ἶριν κύκλος, ὁ τῷ λευκῷ προσιών, ἄλως.
τὸ δὲ καταλῆγον τῶν λογάδων πρέμνον καλεῖται. ἠὼν δὲ πᾶσα
ἡ τῶν ὀφθαλμῶν περιγραφή.

    ῥὶς καὶ μυκτὴρ καὶ μυκτῆρες, καὶ παρὰ τοῖς ἰατροῖς
72 ῥώθωνες· παρὰ δὲ Σοφοκλεῖ καὶ μύξαι οἱ μυκτῆρες κέκλην-
ται, ὅθεν ἴσως καὶ ἐν τῇ κοινῇ χρήσει λύχνοι δίμυξοι, καὶ
ἐν τῇ κωμῳδίᾳ τὸ προμύξαι τὸν λύχνον. ἀνατέτρηνται μέν-
τοι οἱ μυκτῆρες δύο αὐλοῖς εἰς ὁλκὴν πνεύματος, καὶ εἰς
τὸν ἐγκέφαλον ἀναδιδοῦσι τοῖς αὐλοῖς· ὁδὸν δὲ εἰς τὴν
ὑπερῴαν ἔχουσι, καθ' ἣν τρυπήμασιν εἰσρεῖ τε καὶ ἐκρεῖ
73 τὸ πνεῦμα. ῥινὸς δὲ σχήματα γρυπός, ἐπίγρυπος, ὃν βα-
σιλικὸν οἴονται, σιμός, ὃν εὔχαριν νομίζουσιν· Πλάτων
δὲ καὶ σιμοπρόσωπον εἴρηκεν ἐφ' ἵππου. καὶ ἀνασιμῆνα-
σθαι λέγουσι τὸ ὀσφραινόμενον τῷ σχήματι τῆς ῥινὸς μυ-
σάξασθαι. ἐπὶ δὲ τοῦ σιμοῦ φαίης ἂν ὡς ἔστιν ἡ ῥὶς ἐκ
μέσων κοίλη, ὥσπερ ἐπὶ τοῦ γρυποῦ καμπύλη. εὔριν, εὐ-
θύρρις, ἐφ' οὗ τις ἂν εἴποι δικαία ῥίς, εὐθυτενής, ἐξ ἴσου
74 τὸ πρόσωπον διακρίνουσα· παραπέμπει γὰρ καὶ εὐθύνει
τοὺς ὀφθαλμοὺς τῇ καθ' ἑαυτὴν ἀνοχῇ. αἴσθησις δ' ἐστὶν
ὀσφρήσεως, καὶ ἀέρος εἰσροή.   λέγοις δ' ἂν ἀπὸ ῥινὸς
εὔρωες, ἄρρινες, καὶ ῥινηλατεῖν τὸ τὰς ὀσμὰς ἕλκειν, καὶ

---

71 1. χωριοειδῆ A.`   6. ἐπικανθίδες A.   9. ἄλως] λογάς A.
73 3. ἀνασημῆναι A, qui post λέγουσι lacunam habet 12 litterarum capa-
cem.   74 4. τὸ ἀσθμα A.

ῥινηλάτην κύνα ἡ τραγῳδία. καὶ κατ' ἄλλην χρείαν ὀσφρᾶ-
σθαι, τὰς ὀσμὰς ὑποδέχεσθαι, ἕλκειν τὰ ἀποφερόμενα
πνεύματα τῇ ῥινί, τῇ εὐωδίᾳ εὐφραίνεσθαι, τὴν δυσωδίαν
ἐκτρέπεσθαι, τὰ εὐώδη εἰδέναι. ἡ μὲν οὖν αἴσθησις ὄσφρη- 75
σις καλεῖται, τὸ δὲ δι' αὐτῆς ὀσφραίνεσθαι, ὀσφρᾶσθαι,
ὀσφρώμενος, ὀσμώμενος.   καὶ ὀσμὴ δὲ ἐρεῖς καὶ πνεῦμα
καὶ αὔρα, καὶ ὄζει καὶ ὄδωδεν· Ἀριστοφάνης δὲ καὶ ὀζή-
σει εἴρηκεν. πνεῖ εὐῶδες, δυσῶδες. καὶ εὔπνουν, καὶ εὔ-
πνοια, εὐοσμία, εὔοσμον, δυσοσμία, δύσοσμον, δυσωδία;
κακοσμία· ἡ γὰρ ὀδμὴ καὶ εὐοδμία, δοκεῖ μὲν τοῖς πολλοῖς
εἶναι καλὰ τὰ ὀνόματα, ἔστι δὲ ποιητικά, ἐν δὲ τοῖς κατα- 76
λογάδην Ἰωνικὰ καὶ Αἰολικά· παρὰ δὲ Ἀντιφῶντι μόνῳ
ὀδμὰς καὶ εὐοδμίαν εὕροι τις ἄν. καὶ μὴν καὶ ὀσμυλία
ἰχθύων τι γένος, ἡ ὑπὸ τῶν πολλῶν ὄζαινα καλουμένη· πο-
λύποδος δέ ἐστιν εἶδος, ἔχον μεταξὺ τῆς κεφαλῆς καὶ τῶν
πλεκτανῶν αὐλὸν δυσῶδες πνεῦμα ἀφιέντα.

     τραπόμενον εἰς τοὖψον λαβεῖν
     ὀσμύλια καὶ μαινίδια καὶ σηπίδια

φησὶν Ἀριστοφάνης.   καὶ μέντοι χρὴ λέγειν εἰσκρίνεται
κατὰ τὰς ῥῖνας τὸ πνεῦμα, εἰσρεῖ, ἐκρεῖ, εἰσχεῖται, προχεῖ-
ται, εἰσπνέομεν, ἐκπνέομεν, εἰς τὸν ἀέρα ἀναπνέομεν. καὶ 77
ἀναπνοὴ παρὰ Πλάτωνι· ἡ γὰρ παρὰ Θουκυδίδῃ πνοὴ ἐπὶ
φυσήματος εἴρηται ἢ ἀνέμου. παρὰ δὲ Ξενοφῶντι μυκτῆ-
ρες εὐπνοώτεροι. διακρίνομεν δὲ τὰ πνεύματα, δοκιμάζοντες
τὰς ὀσμάς, καὶ πνεῦμα εἰλικρινές. καὶ οἶνος ἀνθοσμίας καὶ
εὐῶδης. εὐῶδες δὲ καὶ τὸ ἐξ ἀρωμάτων πνεῦμα. ἡ δ' ἐν τοῖς
τράγοις δυσωδία, ὥσπερ καὶ ἡ ἐν ταῖς μασχάλαις, κινάβρα
καλεῖται. καὶ γράσος δὲ εἴρηται ἀλλαχοῦ τε καὶ ἐν Πόλεσιν
Εὐπόλιδος.

     νοσήματα δὲ ῥινῶν τὸ μὲν ἐκ ψύξεως κόρυζα καὶ κα- 78
τάρρους, τὸ δὲ δυσίατον πολύπους. τὸ ῥεῦμα μύξαι κατὰ Ἱπ-
ποκράτην καὶ κόρυζα κατὰ τοὺς Ἀττικούς. καὶ τὸ ταύτην
ἀφαιρεῖν ἀπομύττειν. τὸ δὲ ἀπεμύττετο «ὕλιζε τὰς ῥῖνας»

74 1. ὠσφράνθην A.   75 6. post εὔοσμον cum Koenio omisi εὐοδ-
μία.   76 2. μόνον A.   3. ὀσμὰς καὶ εὐοσμίαν ante L. Dindorfium.
77 5. ἀνθοσμίας] εὔπνους addebat Hemsterhusius.   8. τε vulgo om.
78 4. ἔλυζε codex Crameri, ἔκλυζε ipse.

ἔφη Κρατῖνος· ἤδη δέ τινες τῶν κωμικῶν τὸ ἐπὶ κέρδει
ἐξαπατᾶν ἀπομύττειν εἶπον. μυκτηρίζειν δὲ Λυσίας καὶ τὸ
μυσάττεσθαι, ἀπὸ τοῦ τῷ μυκτῆρι ἐνδείκνυσθαι τὸ δυσχε-
ραίνειν. γίνεται δὲ διὰ μυκτήρων καὶ τὸ ῥέγχειν. καὶ τὸν
εἴρωνα ἔνιοι μυκτῆρα καλοῦσιν, καὶ μυκτηρισμὸν τὴν ἐξαπά-
την Μένανδρος.

79 τῆς δὲ ῥινὸς μέρη, τὰ μὲν κοιλώματα θαλάμαι, μυ-
κτῆρες, μυξωτῆρες, ὀχετεύματα. αὐτῆς δὲ τῆς ῥινὸς τὸ μὲν ὑπὸ
τὰς ὀφρῦς ἠθμός, δι' οὗ διηθεῖται τὸ πνεῦμα, τὸ δὲ μέσον
χόνδρος, τὰ δ' ἑκατέρωθεν ἐπὶ τὰ μῆλα νεύοντα ὀστώδη
ῥινὸς ῥάχις. τὸ δὲ τὰ τρυπήματα διαιροῦν ὥσπερ τειχίον
κίων καὶ διάφραγμα καὶ στυλίς· ἔνιοι δὲ τὸ μὲν ἔνδον δια-
80 τειχίζον διάφραγμα ῥινός, τὸ δ' ὑπὲρ αὐτὸ προῦχον σαρ-
κῶδες, ὡς ἐπὶ τὸ χεῖλος φέρον, κίονα. τὸ δὲ ἀκρορρίνιον
ὅλον σφαιρίον· καὶ τὰ μὲν ἔξωθεν τοῦ σφαιρίου ἑκατέρω-
θεν ἀπῆναι ἢ πτερύγια, τὰ δὲ ἔνδοθεν μύξαι τε καὶ θα-
λάμαι, ὡς εἴρηται, τὸ δὲ ἔδαφος αὐτῶν ληνοί. αἱ δὲ ὑπὸ
ῥινὶ τρίχες μύσταξ καὶ ὑπορρίνιον, καὶ προπωγώνιον ἡ
πρώτη βλάστη· αἱ δὲ πρὸς τῷ κάτω χείλει πάππος, τὸ δὲ
ἐξ ἀμφοῖν ὑπήνη. [ἀπὸ δὲ ῥινὸς ὀνόματα εὔρινες κύνες καὶ
ἄρρινες.]

81 καὶ μὴν ἐπί γε τὰ ὦτα ἀνιόντων, αἱ μὲν ὑπὲρ τὸ
μέτωπον παρὰ τοὺς κροτάφους σάρκες μύες (οἱ δὲ καὶ κέ-
ρατα αὐτοὺς ἐκάλεσαν), τὰ δ' ὦτα καὶ ἀκοαί, τό τε μέρος
καὶ τὸ ἔργον. καὶ ἀκούειν, κατακούειν, ὑπακούειν, παρα-
κούειν. ὑπήκοοι, κατήκοοι, εὐήκοοι, δυσήκοοι, ἀνήκοοι, ὀξυ-
ήκοοι, βαρυήκοοι, αὐτήκοοι. ἀξιάκουστον, ἀνηκουστεῖν, ἀν-
82 ήκουστον ὡς Ξενοφῶν, ἀνηκόως, ἀνηκουστία, ἄκουσμα·
Αἰσχίνης δὲ ὁ ῥήτωρ καὶ ἀκρόαμα εἴρηκεν, ὥσπερ καὶ Ξε-
νοφῶν. φαῦλον δὲ ὁ Μενάνδρου ἀκουστὴς ἀντὶ τοῦ ἀκρο-
ατής. παρὰ δὲ Πλάτωνι ξυνήκοοι. καὶ εἰσακοῦσαι. καὶ «ἐπ-
ήκοος γενοῦ» ἐν εὐχῇ παρὰ τῷ κωμικῷ Φρυνίχῳ. κωφός,
κωφότης. κυψέλη, καὶ κυψελὶς ὁ ἐμφράττων τὴν ἀκοὴν ῥύ-
83 πος. πεφράχθαι τὰ ὦτα, καὶ ἐπιλαβεῖν τὰ ὦτα, καὶ ἐμπε-

πλῆσθαι τὴν ἀκοὴν τὸ ταῖν χεροῖν φραγῆναι καὶ ἐπισχεῖν. καὶ διατεθρύληκέ μου τὰ ὦτα. ἐπὶ δὲ τῶν ἐν γυμνασίοις πληγῶν τὰ ὦτα κατεαγέναι, καὶ ὠτοκάταξις. ὠτογλυφὶς δὲ εἴρηται παρὰ Πλάτωνι τῷ κωμικῷ ἐν Συμμαχίᾳ· «σὺν ἐλαίῳ ὠτογλυφίδα λαβοῦσα ἀνασκάλλεται.» ὁ δὲ φιλόσοφος Πλάτων ἀμφωτίδας λέγει· καὶ νεὼς δὲ ἐπωτίδες ὠνομάζοντο καὶ ἀμφωτίδες. ἐνώτια ὁ κόσμος ὁ ἐν τοῖς ὠσίν· τὰ δ' αὐτὰ καὶ ἐλλόβια καὶ ἑλικτῆρες. ἐκαλοῦντο δέ τινες ὦτα καὶ ὀφθαλμοὶ βασιλέως, οἱ τὰ λεγόμενα διαγγέλλοντες καὶ τὰ ὁρώμενα· ἀπὸ δὲ τῶν ὤτων τούτων τὸ ὠτακουστεῖν πεποίηται. Αἰσχίνης δὲ ὁ Σωκρατικὸς καὶ ἐπ' ἀμφότερα τὰ ὦτα καθεύδειν λέγει. σκολιὸς δὲ ὁ τῆς ἀκοῆς πόρος ὁ παραπέμπων τὴν φωνὴν εἰς τὰ περὶ τὴν ψυχήν. μετὰ δὲ τοὺς κροτάφους δύο ὀστῶν εἰσι πλαγίων συμβολαί, περιειληφότων τὰ ὦτα, ὀνομάζονται δὲ ζυγώματα καὶ καρκίνοι. τῶν γε μὴν ὤτων ἡ μὲν ἔξωθεν περιβολὴ κοχλίας, ἡ δὲ ἔνδοθεν σκάφος. καὶ τὸ μὲν ἐπὶ τοὺς κροτάφους ἐπικλινὲς πτερύγιον, τὸ δὲ κάτω λοβός, τὸ δὲ ἔνδον κυψέλη, ἀφ' ἧς ὁ ῥύπος κυψελίς, τὸ δὲ κοῖλον ἀστακός, τὸ δὲ ὥσπερ ἔδαφος κρότων. τοῦ δὲ κοίλου τὸ μὲν ὑπὸ τὸ πέρας τοῦ κροτάφου ὑπανεστηκὸς εἰς τὸ ἔσω νεῦον τράγος, τὸ δὲ ἀντικείμενον ἀντίτραγος, ὥσπερ καὶ τοῦ λοβοῦ τὸ μὲν προῦχον προλόβιον, τὸ δὲ περὶ τῇ κυψέλῃ τέττιξ, τὸ δὲ ὑπὲρ τὸν τέττιγα τραχυνόμενον, ὅπερ ἐστὶ τῆς ἄνω περιφερείας πέρας, ἀντιλόβιον. καὶ τὸ μὲν πρὸς τῷ κροτάφῳ τοῦ τράγου ἀκόνη, ἡ δὲ περὶ τῇ κυψέλῃ κοιλότης ἐχινίσκος, τὸ δὲ κατὰ τὸ τρύπημα μέρος καμάρα, τὸ δ' ἐντὸς κύαρ. μήκων δὲ τὸ κατὰ τὴν ῥίζαν ὑπὸ τὸν λοβόν. ἡ δὲ πᾶσα περιαγωγὴ τοῦ ὠτὸς ὑπὸ τὸ πτερύγιον ἕλιξ, καὶ τὸ ἀνθεστηκὸς αὐτῇ ἀνθέλιξ, καὶ τὸ ὑπ' αὐτῇ κόγχη. ταῦτα μὲν δὴ ἰατροὶ προσεξεῦρον τὰ ὀνόματα· ὁ δ' Ἀριστοτέλης τὰ περὶ τὸ οὖς μέρη ἀνώνυμα ᾤετο πλὴν λοβοῦ.

ῥινὸς δὲ ἑκατέρωθεν ἀνέστηκεν ὑπὲρ τὰς παρειὰς τὰ καλούμενα μῆλα, ἥ ἐστιν ὑποφθάλμιος φρουρὰ τῶν ὀφθαλμῶν, ὡς διατειχίζοιντο εἰς ἀσφάλειαν ἄνωθεν μὲν ταῖς τῶν ὀφρύων προβολαῖς, κάτωθεν δὲ ταῖς τῶν μήλων ἀνοχαῖς. ὠνόμασται δὲ μῆλα παρὰ τὸ ἀνθεῖν ἐν ὥρᾳ. παρειαὶ δὲ καὶ γνάθοι ἂν καλοῖντο. καὶ ὄνομα μὲν ἀπὸ τῶν παρειῶν ὁ εὐπάρειος καὶ ἡ καλλιπάρειος· λέγοιντο δ' ἂν ἀνθοῦσαι παρειαί, εὐανθεῖς, ἐρυθαινόμεναι, λάμπουσαι, στίλβουσαι, ἐρυθριῶσαι, ὑποφαίνουσαι τὴν τῆς αἰδοῦς χροιάν, ὡς ὑπολάμπειν αὐταῖς τὸ ἦθος, ὡς ἐμφαίνεσθαι τὴν αἰδῶ.

88 περὶ δὲ ταύταις ἡ μὲν πρώτη τριχῶν ἄνθη χνοῦς, ὅθεν καὶ τὸ χνοάζειν παρὰ τοῖς ποιηταῖς, καὶ ἴουλος παρὰ τὸ ἕρπειν, καὶ πώγων, ἐπειδὰν ὑποπλησθῇ. καὶ γένειον δὲ κατὰ χρῆσιν ὀνομάζεται, ἀφ' οὗ καὶ ὁ ἀγένειος, εἰ μὴ τραγικώτερον, βαθυγένειος, εὐγένειος, μαδηγένειος. παρὰ δὲ τοῖς ποιηταῖς καὶ εὐπώγων τις εἴρηται, ἀλλ' ἔστι σφόδρα εὐτελές. παρὰ δ' Ἴωνι τῷ τραγικῷ ἐν τῷ ἐπιγραφομένῳ Συνεκδημητικῷ καὶ σπανοπώγων τις ὀνομάζεται, δασυπώγων δ' ἐν ταῖς Θεσμοφοριαζούσαις. καὶ πωγωνίας δέ, καὶ πώγωνες αἱ ἀκίδες παρὰ τοῖς ποιηταῖς, ἃς Ὅμηρος γλωχῖνας καλεῖ. ἐν δὲ τῇ τραγῳδίᾳ πώγων πυρὸς ἡ εἰς ὀξὺ ἀναδρομὴ τῆς φλογός.

89 ἕποιτο δ' ἂν τούτοις χείλη, ὧν τὸ μὲν ἄνω τὸ δὲ κάτω λέγεται, ὥσπερ καὶ αἱ ὑπ' αὐτοῖς γένυες καὶ σιαγόνες, ὧν ἡ μὲν ὑπερκειμένη πᾶσι τοῖς ζώοις πλὴν κροκοδείλων ἀκίνητος, ἡ δὲ ὑποκειμένη προσάγεται πρὸς κατεργασίαν τῆς τροφῆς, ἣ μόνοις κροκοδείλοις πέπηγεν. καὶ Ὅμηρος μὲν ἕρκος ὀδόντων τὰ χείλη καλεῖ, οἱ δὲ παλαιοὶ κωμικοὶ χελύνας. ἀπὸ δὲ χειλῶν τὰ μέτρα, ἰσοχειλῆ μὲν τὰ ἐπίμεστα, καὶ ἐπιχειλῆ τὰ ἐνδεᾶ, ὧν ὑπεραίρει τὸ χεῖλος· ἐπιχειλῆ δὲ καὶ τὰ ἐπιπόλαια πράγματα Ἀριστοφάνης εἶπεν.

90 Εὔπολις δὲ καὶ νεὼς χείλη εἴρηκεν·

ἄνω ῥοθιάζει περὶ τὰ χείλη τῆς νεώς.

τὸ δὲ συνάγειν τὰ χείλη μοιμύλλειν ἡ κωμῳδία καὶ μοιμυλλᾶν φησί, τὸ δὲ διακινεῖν τὰ χείλη διαμυλλαίνειν· καὶ γὰρ τὰ χείλη μύλλα προσαγορεύουσιν. ὀνομάζεται δ' αὐτῶν

τὸ μὲν περὶ ὅλῳ τῷ στόματι κημός, ἡ δὲ ἐν τῷ ἄνω χείλει
κοιλότης φίλτρον, ἡ δὲ ἐν τῷ κάτω τύπος ἢ νύμφη. καὶ τὸ
μὲν προῦχον αὐτῶν προχειλίδια, ἡ δὲ εἰς ἄλληλα τῶν χει-
λῶν συμβολὴ προστόμιον, τὰ δ' ἑκατέρωθεν αὐτῶν ἐπὶ τὰς
γνάθους καταλήγοντα χαλινοί.

οἱ δὲ ὀδόντες ταῖς γένυσιν ἐμπεφύκασι δύο καὶ τριά- 91
κοντα, ἑκκαίδεκα ἑκατέρᾳ σιαγόνι ἐγγεγομφωμένοι. ὧν οἱ
μὲν μέσοι τέτταρες καλοῦνται τομεῖς καὶ διχαστῆρες καὶ
γελασῖνοι καὶ κτένες, τὸ μὲν ὅτι τέμνουσι τὴν τροφήν, τὸ
δ' ὅτι τὸ προσπεσὸν διαιροῦσι, τὸ δ' ὅτι γυμνοῦνται γελών-
των, τὸ δ' ὅτι κτείνουσιν ὃ ἂν λάβωσιν, οἱ δ' ἑκατέρωθεν
δύο κυνόδοντες διὰ τὴν ὀξύτητα, ὡς τοῖς τῶν κυνῶν προσ-
εοικότες. καὶ οὗτοι μὲν μιᾶς ῥίζης ἐκπεφύκασιν, παράκειν- 92
ται δὲ αὐτοῖς ἐξηρτημένοι δύο ῥιζῶν οἱ γόμφιοι, πέντε ἑκα-
τέρωθεν, ὧν τὸ προῦχον μύλαι διὰ τὸ λεαίνειν ἴσως τὴν
τροφὴν ὡς ἡ σιτουργὸς μύλη· εἰσὶ δὲ πέντε τῶν τομέων
ἑκατέρωθεν, τρισὶ ῥίζαις ἐγγεγομφωμένοι. μεθ' οὓς τελευ-
ταῖοι οἱ σωφρονιστῆρες, μετ' εἰκοστὸν ἔτος ἀναφυόμενοι·
κραντῆρας δὲ αὐτοὺς ἄλλοι τε καὶ Ἀριστοτέλης καλεῖ, λέ- 93
γων ἐνίοις καὶ μετ' ὀγδοηκοστὸν ἔτος αὐτοὺς ἀνίσχειν. ἐν
ἑκατέρῳ δὲ τῇ σιαγόνι τοὺς ἴσους ἀνταριθμητέον. τῶν μέν-
τοι μυλῶν τὸ μὲν πρὸς τῇ σαρκὶ βωμίσκον καλοῦσιν, τὸ δὲ
λεαῖνον τὰ σιτία τραπέζας, τὰς δὲ κοιλότητας ὀλμίσκους, τὸ
δὲ συναμφότερον φάτνας. καὶ σύμπας μὲν ὁ τῶν ὀδόντων
στοῖχος φραγμὸς ὀνομάζεται, τούτου δὲ τὸ ὑπὸ τὰς γνά-
θους γαμφῆλαί τε καὶ σιαγόνες. αἱ δὲ περιειληφυῖαι τοὺς 94
ὀδόντας σάρκες, οὖλα μὲν τὰ ἔξωθεν, ἔνουλα δὲ τὰ ἔνδον·
τὰ δὲ μεταξὺ τῶν ὀδόντων ἁρμοί. φησὶ δ' Ἀριστοτέλης ἐλάτ-
τους μὲν εἶναι τοὺς γυναικῶν παρὰ τοὺς ἀνδρῶν ὀδόντας,
τούτων δὲ ὅσοι μὲν πυκνοὺς ἔχουσι καὶ συνεχεῖς, μακροβί-
ους εἶναι, τὸ δ' ἐναντίον ὁπόσοι ἀραιούς.   εἰ δὲ δεῖ τι
καὶ παραμῖξαι καὶ τῆς γλυκείας ἱστορίας πρὸς τὸ τῆς ἀκοῆς
ἐπαγωγόν, Πύρρον μέν φασι τὸν Ἠπειρώτην συμφυεῖς τοὺς
ὀδόντας ἔχειν, ἓν ὀστοῦν γραμμαῖς ἐπιπολῆς εἰς ὀδόντων
σχῆμα τετυπωμένον, ταὐτὸ δὲ τοῦτο καὶ Εὐρυφυεῖ τῷ Κυ-

95 ῥηναίῳ συμπεσεῖν. περὶ δὲ τὴν Ἀλκάθου κώμην ἐν Κύπρῳ
Μήστορι τῷ Κυπρίῳ τοιοῦτον βρέφος τεχθὲν ἐκτεθῆναί
τε ὑποψίᾳ, αἶγα δ' αὐτῷ μαστὸν παρασχεῖν, καὶ κληθῆναι
τραφὲν τὸ μὲν πρῶτον Αἰγίνομαν αὖθις δὲ Εὐρυπτόλεμον,
καὶ βασιλεῦσαι Κυπρίων. ὁ δὲ Νικοκλέους τοῦ Κυπρίου πα-
τήρ, ᾧ τὰς παραινέσεις ὁ Ἀθηναῖος σοφιστὴς ἔγραψεν, τὸ
μὲν ὄνομα αὐτῷ Τίμαρχος ἦν, διστοίχους δ' εἶχεν ἄρα τῷ
Ἀριστοτέλους λόγῳ τοὺς ὀδόντας, κατὰ δὲ τὴν Ἴωνος τοῦ
96 Χίου δόξαν τριστοίχους Ἡρακλῆς.   ὀνόματα δ' ἐξ ὀδόν-
των σίδηρος ὠδοντωμένος ὁ πρίων, καὶ ὀδοντοφυεῖν τὰ
βρέφη, καὶ τὸ τῶν ὀδοντοφυούντων πάθος ὀδοντοφυΐα, καὶ
ὀδονταλγία. καὶ τὰ τῶν ἰατρῶν ἐργαλεῖα ὀδοντοξέστης καὶ
ὀδοντάγρα, ὁ δὲ ὀδόντα μὴ ἔχων νωδός, ὡς Εὔβουλος λέ-
γει καὶ Φρύνιχος ὁ κωμικός· ἀνόδοντα δ' αὐτὸν καλεῖ Φε-
ρεκράτης. ἡ δὲ ὀδόντας προὔχοντας ἔχουσα προόδους κα-
λεῖται.

97   προσήκοι δ' ἂν τῷ στόματι τὸ χαίνειν, χανεῖν, κε-
χηνώς, ἀναχάσκειν· παρὰ δὲ Ξενοφῶντι καὶ ἀναχαίνειν καὶ
παρ' Ἀριστοφάνει. ἐκ τούτου δὲ καὶ ὁ κατάγελως καταχήνη
εἴρηται παρὰ τοῖς κωμικοῖς. καὶ χάνος δὲ παρ' αὐτοῖς τὸ
στόμα.

     τὸ μὲν δὴ ὑπὸ τοῖς χείλεσιν ἐκ τῆς κάτω σιαγόνος
προῦχον ὀξυγενύς τε καὶ γένυς ὀνομάζεται, καὶ τὸ ὑπ'
αὐτῷ σαρκῶδες ἀνθερεὼν ἀπὸ τοῦ θριξὶν ἀνθεῖν, κατ'
98 ἐνίους δὲ λαυκανία, ἑτέρων λαυκανίαν καλούντων τὸ πρὸς
ταῖς κλεισὶ κοῖλον. τὸ δὲ ἔνδον τῶν χειλῶν στόμα, ὥσπερ
καὶ ἡ τῶν χειλῶν τομή. ὑπὸ δὲ ἐνίων καὶ λογεῖον κέκλη-
ται καὶ μάσταξ, ὃ καὶ Ὅμηρόν φασι δηλοῦν λέγοντα «ἀλλ'
Ὀδυσεὺς ἐπὶ μάστακα χερσὶ πίεζεν.» τοῦ δὲ στόματος τὸ
ἄνω οὐρανὸς καὶ ὑπερῴα, ᾗ ἐπιτέταται δέρμα νευρῶδες, τοῖς
ὀδοῦσιν ἔνδοθεν προσπεφυκός, ὥσπερ τοῖς παρισθμίοις θά-
τερον αὐτοῦ μέρος. ἰσθμοῦ δὲ διὰ στενότητα τῆς φάρυγ-
γος κληθείσης, τὰ ἑκατέρωθεν εἰκότως παρίσθμια ἤκουεν,
99 καλοῦνται δὲ καὶ ἀντιάδες ἐκ τοῦ τόπου. τὸ δὲ ἐνδοτάτω

97 7. ὀξυτενὲς γένυς?   8. αὐτὸ vulgo.   98 3. καὶ ἡ] ἂν εἰ? λο-
γεῖον] λώπων A.   5. post πίεζεν A καὶ μέντοι καὶ τὸ «μάσταχ' ἐπεί κε
λάβῃσι» μάσταχί φασιν εἰρῆσθαι, ἵν' ᾖ ἐπειδὰν λάβῃ τῷ στόματι.

κατηρτημένον ἀπὸ τῆς ὑπερῴας κίων καὶ κιονίς, περὶ ὃ σχίζεται τὸ ἀθρόον τοῦ ποτοῦ καὶ τῆς τροφῆς, ὡς μὴ καταπνιγοίμεθα τῷ δαψιλεῖ τῆς ἐπιρροῆς. ὑπ᾽ ἐνίων δὲ τοῦτο καὶ χόνδρος ἐκλήθη καὶ γαργαρεών. ὑπερήρτηται δὲ στομάχου τε καὶ βρόγχου· καὶ ἢν νοσήσασα φλεγμήνῃ ἢ καὶ εἰς ὠχρότητα ὑποτραπῇ, σταφυλὴ καλεῖται ἢ καὶ ὡς Ἀριστοτέλης σταφυλοφόρος. τὸ δὲ μετ᾽ αὐτὴν πόλος. πᾶν δὲ τὸ στομάχου καὶ βρόγχου ὑπερκείμενον φάρυγξ καὶ φαρύγεθρον ὀνομάζεται.

ὀνόματα ἐκ τοῦ στόματος εὔστομος ἵππος καὶ αὐλὸς 100 καὶ ἆσμα, καὶ ἄστομος ἵππος καὶ αὐλὸς ὁ ἄγλωττος. καὶ ἀηδόνες παρὰ Σοφοκλεῖ εὐστομοῦσιν. εἴποις δ᾽ ἂν καὶ λιμένος στόμα, καὶ ἄστομον καὶ εὔστομον λιμένα. Ὅμηρος δὲ καὶ πολέμου κέκληκε στόμα. ἔστι δὲ καὶ στομῶσαι λιμένα τε καὶ σίδηρον· Ἀριστοφάνης δὲ στομῶσαι εἴρηκε τὸ λάλον ἀπεργάσασθαι. στόμα δὲ εἶπεν Αἰσχύλος τὸν τραχύν. στόμιον δὲ καὶ χαλινοῦ τι μέρος, καὶ ὑποστόμιον· Καλλίας δὲ ὁ κωμικὸς καὶ μετάλλου στόμιον εἴρηκεν. πρό- 101 στομον δὲ ξίφος τὸ ἐστομωμένον καὶ τομόν· τὸ δὲ μαλακὸν καὶ ἄστομον ἀπρόστομον, ὡς Μάγνης ὁ κωμικός. στομώδη δὲ τὰ εὔστομα καὶ εὔφημα Σοφοκλῆς, στομοδόκον δὲ τὸν στωμύλον καὶ λάλον Φερεκράτης· καὶ ὁ στωμύλος αὐτὸ καὶ ἡ στωμυλία ἐκ τοῦ στόματος παρῆκται. εἴρηκε δέ που Πλάτων καὶ στομαυλεῖν. τὸ δὲ ἐν στόματι νόσημα στομαλγία· ἀλλὰ καὶ ἡ φλυαρία οὕτως ἂν καλοῖτο, καὶ εὐρύστομος ὁ ὧδε ἔχων στόματος. καὶ ἐπιστομίσαι τὸ ἐπισχεῖν 102 λέγοντα. καὶ χαλκόστομον παρὰ τοῖς ποιηταῖς τὸ χαλκόπρωρον ἢ χαλκέμβολον. καὶ ἀναστομῶσαι τὰς τάφρους φησὶν Ἡρόδοτος, καὶ Καλλίας ὁ κωμικὸς

τραυλὴ μέν ἐστιν, ἀλλ᾽ ἀνεστομωμένη.

ἀποστοματίζεσθαι δὲ τοὺς παῖδας Πλάτων που λέγει, οἷον ὑπὸ τῶν διδασκάλων ἐρωτᾶσθαι τὰ μαθήματα ὡς ἀπὸ στόματος λέγειν. [λέγεται δέ τι καὶ ἀπὸ στόματος εἰπεῖν ἐπὶ τοῦ ἀγράφου λόγου.] καὶ «ἐξ ἑνὸς στόματος» Πλάτων που λέγει.

καὶ μὴν τὸ μὲν ἀπορρέον τοῦ στόματος πτύσμα καὶ 103 πτύαλον· καὶ σίαλον, τὰ δὲ ἀπ᾽ αὐτοῦ ὀνόματα πτύειν ἀπο-

πτύειν καταπτύειν, κατάπτυστον ἀπόπτυστον· Ἀνακρέων δὲ
καὶ καταπτύστην εἴρηκεν. νοσήματα δὲ τῶν ἐντὸς στόμα-
τος βὴξ καὶ λὺγξ καὶ βράγχος καὶ βραγχᾶν καὶ ἕλκωσις
καὶ φλεγμονὴ καὶ κυνάγχη καὶ συνάγχη.

104   καὶ μὴν καὶ γλῶττα, τὸ κάλλιστον τῶν ἐν τῷ προ-
σώπῳ μερῶν, ὑπὸ τὸ τῶν ὀδόντων ἕρκος καὶ προτείχισμα
ἱδρυμένη, λόγου τε πηγὴ καὶ χορηγὸς καὶ γεύσεως γνώμων,
διακρίνουσα τοὺς χυμούς, τῇ μὲν ὑγρότητι τῆς ἔνδον ἐπι-
στροφῆς τὰς φωνὰς τυποῦσα, τῇ δὲ ἀνανεύσει τὰς τροφὰς
παραπέμπουσα, καλεῖται μὲν ὑπ’ ἐνίων γεῦσις καὶ πλῆκτρον,
105 τὸ μὲν ἀπὸ τοῦ ἔργου, τὸ δ’ ὅτι πλήττουσα τὸν ἀέρα τὸν
λόγον ἐργάζεται, πλέγμα δ’ ἐστὶν ἐξ ὑμένων καὶ φλεβῶν
σαρκῶδες ἡ γλῶττα, ἀραιά τε καὶ εὐέλικτος, κάτωθεν μὲν
λεία, κατὰ τοὔδαφος τοῦ στόματος, ἄνωθεν δὲ τραχεῖα,
κατὰ τὸ πρὸς τὴν ὑπερῴαν μέρος, ὀξεῖα δὲ καθὸ συμμίσ-
γει τῷ ἀέρι. καὶ τοῦτο μὲν καλεῖται προγλωσσίς, ἡ δὲ σὰρξ
ἧς ἐκδέδεται, πρὸς τὴν κάτω σιαγόνα συναπτομένη, ἐπίκλην
106 ὑπογλωσσίς ἐστιν. ἡ δὲ ἐπιγλωσσὶς τῆς ὑπερῴας ἐξήρτηται.
ἐξίσχουσα γὰρ ἔνδοθεν ἐκ τῆς στόματος κοιλότητος ἡ γλῶττα
καὶ φλεψὶ συνδεδεμένη κατὰ τὴν ἔνδον ῥίζαν ἔχει σάρκα
παραπλησίαν, οὐ μεγάλην, ἐοικυῖαν κιττοῦ πετάλῳ, τὴν μὲν
πλατύτητα πρὸς τῇ γλώττῃ ἔχουσαν, τὴν δ’ ὀξύτητα πρὸς τὸ
εἴσω τοῦ στόματος μέρος ἐπεστραμμένην, καὶ τὴν ὁδὸν τῆς
τροφῆς ἐπιφράττουσαν, ὡς μὴ ἀθρόα καταφέροιτο περὶ
τουτὶ τὸ φράγμα κοπτομένη. καλεῖται δέ γε ἐπιγλωσσὶς
107 ἥδε ἡ σάρξ. τῷ δὲ ὀνομαζομένῳ βρόγχῳ καὶ στομάχου τοῖς
πρώτοις ἄκροις ἡ γλῶττα προσφυής ἐστιν, ἐκ τῶν ἐγκεφά-
λου μηνίγγων κατηρτημένη. καὶ τὸ πλέον τῆς εἰς τὴν γεῦ-
σιν αἰσθήσεως ἔχει κατὰ τὸ πρὸς τῇ φάρυγγι μέρος, ὃ γεῦ-
σιν καὶ κεφαλίνην καλοῦσιν, ὥσπερ τὰς ἑκατέρωθεν τῆς
γλώττης κοιλότητας χηραμούς· οἱ δὲ παράσειρα προσαγο-
ρεύουσιν.

    ἔργα μὲν οὖν γλώττης γεῦσις καὶ φωνὴ καὶ λόγος,
108 ὀνόματα δὲ ἀπὸ μὲν γλώττης εὔγλωττος καὶ εὐγλωττία,
θρασυγλωττία καὶ γλωσσαλγία, καὶ δίγλωττος, πολύγλωτ-
τος, ἀλλόγλωσσος, ὁμόγλωσσος ὡς Ξενοφῶν. καὶ ὑπογλωτ-
τὶς στεφάνου τι εἶδος, καὶ γλωττογάστορες παρὰ τοῖς κω-

μιχοῖς οἱ ἀπὸ τῆς γλώττης βιοῦντες. καὶ αὐλοῦ γλῶττα, καὶ γλωττοκομεῖον τὸ τὰς γλώττας ὑποδεχόμενον ἀγγεῖον, καὶ γλωττοποιὸς ὁ τεχνίτης, καὶ αὐλὸς ἄγλωττος· Ἀριστοφάνης δὲ ἄγλωττον τὸν εἰπεῖν ἀδύνατον ἔφη, Σοφοκλῆς δὲ τὸν 109 βάρβαρον. ἀγλωττίαν δὲ Ἀντιφῶν εἴρηκεν· ὑπομόχθηρος, γὰρ ὁ ἀθυρόγλωσσος παρ' Εὐριπίδῃ. οἱ δὲ κωμικοὶ καταγλωττίζειν ἐν φιλήματι καὶ καταγλωττισμός, καὶ ἐπιγλωττωμένων οἷον λοιδορουμένων, καὶ παλίγγλωσσον τὸν δύσφημον, καὶ οὐκ ἐπιγλωττήσομαι ἤγουν οὐ λοιδορήσομαι. γλώττας δὲ τὰς τῶν ὑποδημάτων ἔλεγον, ὡς Αἰσχίνης ὁ Σωκρατικός. ἀλλὰ καὶ τὰς ποιητικὰς φωνὰς γλώττας ἐκάλουν, ὡς Ἀριστοφάνης

πρὸς ταῦτα σὺ λέξον Ὁμήρου ἐμοὶ γλώττας, τί καλοῦσι
κόρυμβα.

ἀλλὰ καὶ γλώσσης χαρακτῆρας ὡς Ἡρόδοτος, καὶ γλῶτταν 110 Ἑλλάδα ἢ βάρβαρον, Περσίδα ἢ Ἀτθίδα, καὶ καθ' ἕκαστον ἔθνος καὶ πόλιν. καὶ ἀπὸ γλώττης εἰπεῖν τὸ ἀπὸ μνήμης καὶ μὴ τὰ γεγραμμένα. τὸ δὲ ἐπιγινόμενον τῇ γλώττῃ ἑλκύδριον ὀλοφλυκτὶς καλεῖται ἐν τοῖς Τιτανογίγασι τοῖς Μυρτίλου. ἀπὸ δὲ γεύσεως γεύσασθαι, ἄγευστος, γεῦμα, γευστήριον. κρίνειν χυμοὺς ὀξεῖς, δριμεῖς, ὀδαξητικούς, πικρούς, ἁλμυρούς, ἁλυκούς (Πλάτων γὰρ καὶ τῷ ἁλυκῷ ὀνόματι ἐν Τιμαίῳ κέχρηται), δυσχερεῖς, ἀηδεῖς, γλυκεῖς, ἡδεῖς, εὐμενεῖς, ἐκλυσσῶντας. ἀπὸ δὲ φωνῆς φώνημα, εὐφω- 111 νος, ἄφωνος, ἔμφωνος· Φίλιστος καὶ δίφωνον λέγει. φώνησις, ἐπιφώνησις. σμικρόφωνος, μεγαλόφωνος, λαμπρόφωνος καὶ ὡς Δημοσθένης λαμπροφωνότατος, δύσφωνος, ἰσχνόφωνος, πολύφωνος, ἡδύφωνος, χαλκόφωνος, βαρβαρόφωνος, ὁμόφωνος, βαρύφωνος, γυναικόφωνος ὡς Ἀριστοφάνης, καὶ στενόφωνον ὄργανον, καὶ καλλιφώνους ὑποκριτάς, καὶ στρη- 112 νόφωνος παρὰ Καλλίᾳ τῷ κωμικῷ. καὶ τὰ πράγματα εὐφωνία, ἀφωνία, σμικροφωνία, μεγαλοφωνία, λαμπροφωνία, πολυφωνία, ἡδυφωνία, δυσφωνία, καλλιφωνία· ἀπὸ γὰρ τῶν

---

109 5. γλωσσὸν BC. ‖ τὸ A.   10. ταύτας λ. Ὁ. γλ. τί καλεῖται κ. A: correctum e Galeno.   110 5. ἐλκίδιον A. ‖ ὄλον φλυκτὶς A: corr Porsonus.   112 2. Καλλίστῳ κ. ante Porsonum.

6

ἄλλων οὐκ ἔστιν εὑρεῖν τὰ πράγματα, πλὴν τὴν βαρυφω-
νίαν παρ' Ἀλέξιδι, ὥσπερ καὶ θρασυφωνίαν τὸ μὲν πρᾶγμα
εἴποις ἄν, οὐκ ὂν τῆς Πλάτωνος θρασυξενίας ἀηδέστερον,
113 τὸ δὲ ὄνος θρασύφωνος βίαιον. καὶ γλυκυφωνίαν ἂν φαίης,
οὐκ ἂν καὶ γλυκύφωνον προσειπών, καὶ ξενοφωνίαν, τὸν
ξενόφωνον παρείς, καὶ συμφωνίαν· ὁ δὲ σύμφωνος πάνυ
εὐτελές. καὶ τὴν διαφωνίαν ἐρεῖς, οὐ μὴν καὶ τὸ διάφωνον.
τὰ δὲ ἐπιρρήματα εὐφώνως, σμικροφώνως, μεγαλοφώνως,
ὁμοφώνως, ἀφώνως ἡδυφώνως· τὰ γὰρ ἀπὸ τῶν ἄλλων οὐ
114 λεῖα πρὸς τὴν ἀκοήν. παρὰ δὲ Πλάτωνι συμφωνεῖ καὶ δια-
φωνεῖ, καὶ συμφωνία καὶ διαφωνία.

[φωνὴ φθέγμα, φθόγγος ἔναρθρος, ἐγγράμματος, οὐκ
ἀδιατύπωτος· ἦχος οὐκ ἄσημος, οὐκ ἀδιάρθρωτος· ἀὴρ διὰ
τῶν φωνητηρίων εἰς φωνὴν τυπούμενος· πνεῦμα διὰ τῆς
τραχείας ἀρτηρίας ἀναδιδόμενον ἐκ τοῦ πνεύμονος, καὶ πλῆτ-
τον τὴν ἐπιγλωττίδα, καὶ τῷ στόματι ἐνειλούμενον, καὶ ὡς
115 ἐν κυμβάλῳ ἠχοῦν, τέως ἄναρθρον, τοῖς δὲ φωνητικοῖς ὀρ-
γάνοις εἰς τὸ εὐσήμαντον ἀποχαραττόμενον ἢ ἀποτυπούμε-
νον, εἰς τὸ ἐμμελὲς διατιθέμενον ὡς ὑπὸ πλήκτρου μὲν τῆς
γλώττης χορδῶν δὲ τῶν λοιπῶν. ἐπιγλωττὶς γὰρ τῆς ἁπλῶς
φωνῆς ὄργανον, γλῶσσα δὲ τῆς ἐνάρθρου· διὸ καὶ ὁ μῦ-
θος τὴν τῆς Πανδιονίδος ἀπέτεμεν, ἄλαλον θεῖναι βουλη-
θείς. ἂν δέ τινες καὶ γλῶτταν ἔχοντες οὐ φωνῶσιν, ἡ ἐπι-
116 γλωττὶς βέβλαπται, ἂν δὲ δυσφωνῶσιν, ἡ γλῶττα.   φωνὴ
ἀὴρ πεπληγμένος· πλήττει γὰρ τὴν ἐπιγλωττίδα. ἢ πλῆξις
ἀέρος· πλήττεται γὰρ τοῖς φωνητηρίοις, καὶ ὡς διηχὴς ἐξ-
ηχεῖ. φωνὴ φθόγγος ἀμέριστος καθ' αὑτόν, ἐπὶ μυρίαν δὲ
ἀκοὴν περισχιζόμενος, ὡς ἡ ἀκτὶς τοῦ φωτὸς ἐπὶ θεατὰς
ὀφθαλμούς, ἢ ἔμπαλιν ὡς ἡ ἀκοὴ πολλῶν ἅμα φωνῶν ἀν-
τιλαμβάνεται, καὶ οὐκ ὀλίγων ὁρατῶν ὁ ὀφθαλμός.]

εἴποις δ' ἂν φωνὴν ὑψηλήν, ὑπέρογκον, λαμπράν, πλα-
117 τεῖαν, βαρεῖαν, λευκήν, ἐκκεκαθαρμένην, ἡδεῖαν, ἐπαγωγόν,
εὐμελῆ, εὐπειθῆ, εὐάγωγον, εὔκαμπῆ, εὐέλικτον, γλυκεῖαν,
λιγυράν, σαφῆ, διαφανῆ, μέλαιναν, φαιάν, σμικράν, στενήν,
δυσήκοον, ἀσαφῆ, συγκεχυμένην, ἐκμελῆ, ἀμελῆ, ἀνάγωγον,

---

113 3. παρείς] παρ' οὗ vulgo.   114 3. φωνὴ — 116 7. ὀφθαλμός
om AC.

ἀπειθῆ, δυσκαμπῆ, τραχεῖαν, διεσπασμένην, ἀηδῆ, λυπηράν,
βραγχώδη, χαλκίζουσαν, ὀξεῖαν. καὶ φθέγμα δὲ ὁμοίως
κατὰ τὴν ὑφήγησιν τῶν προειρημένων, καὶ φθέγξασθαι, 118
φθογγὴ καὶ φθόγγος, εὔφθογγος, ἄφθογγος. παραφθεγκ-
τήρια ἡ πρὸς γάμον ἑορτή. πρόφθεγξις. καὶ τρυγεροὺς
τὰ φθέγματα, ὡς ἔφη Πολύζηλος ὁ κωμικὸς «ἀλλ' οὐ τρυ-
γερὰ τὰ φθέγματ' οὐδὲ γλύξιδας.» ἀπὸ δὲ λόγου ὀνό-
ματα λέγειν, καταλέγειν, κατάλογος, ὑπόλογος, ἐπίλογος,
διάλογος. ἀπόλογος Ἀλκίνου ἐπὶ τῶν μακρῶν ῥήσεων. ἀνά-
λογον τὰ φυόμενα φύεσθαι Πλάτων ἐν τῷ περὶ ψυχῆς· ἐν
δὲ τῷ Τιμαίῳ ἀναλογιῶν καὶ ἀναλογίας. καὶ Θουκυδίδης 119
πολὺν τὸν παράλογον φησίν. καὶ παραλογίσασθαι, καὶ τὰ
ἀμφίλογα λογίσασθαι, ἀντιλογίσασθαι, λογισταί, λογιστή-
ριον, ἀλογίστως, ἀλόγιστος. ἀντιλογία, ἀπολογία, ἀπολογή-
σασθαι· Ἀντιφῶν δὲ καὶ ἀπελογήθη. εὔλογον, εὐλόγως καὶ
ὡς Ἰσοκράτης εὐλογωτέρως, εὐλογεῖν, εὐλογήσασιν, εὐλογία,
κακολογία ὡς Ὑπερίδης, κακολογεῖ ὡς Δημοσθένης, αἰ- 120
σχρολογία ὡς Ξενοφῶν, καὶ ἀλογία, καὶ ὡς Πλάτων «ἄλογα
καὶ ἀδιανόητα.» καὶ ὡς Θουκυδίδης ἀναλογισμός, καὶ ἀνα-
λογίζεται ὡς Πλάτων. ὁ δ' αὐτὸς καὶ ἀντιλογικὴ τέχνη φη-
σίν, Ἀντιφῶν δὲ ἀντιλογούμενοι, Θουκυδίδης δὲ ὅρος οὐκ
ἀντίλεκτος. καὶ ἀλόγως, καὶ ἀξιολογώτατος. Ἀντιφῶν δὲ
ἀπαρτιλογία, ὥσπερ καὶ Ἡρόδοτος. οὗτος δὲ καὶ ἐπαλιλλό-
γησε, κενολογήσω δὲ Εὔπολις. ὁμολογία καὶ ὁμολογεῖν καὶ 121
ὁμολογήματα ὡς Πλάτων, καὶ ὁμόλογον. φιλόλογος, πο-
λυλόγος, μισολόγος, φιλολογία, βραχυλογία, κουφολογία,
βραδυλογία, πολυλογία, μισολογία, ὑψηλολογία, ψευδο-
λογία παρὰ Δημοσθένει, μακρολογία, μακρηγορία. λο-
γοποιός, λογοποιΐα, λογοποιοῦσιν. ἀπελογίζετο. μυθολο-
γία, διαμυθολογοῦντες. λογογραφία, λογογράφος, λογογρα-
φικὴ ὡς ὁ Πλάτων. γενεαλογία, γενεαλογεῖν. ἀναμφιλόγως 122
παρὰ Ξενοφῶντι. παρὰ δὲ Κριτίᾳ καὶ λογεὺς ὁ ῥήτωρ. οἱ
δὲ Περσῶν λόγιοι παρ' Ἡροδότῳ, καὶ λογίμη πόλις. καὶ
παρὰ Φαίδωνι λογάρια καὶ λογοποιήματα, παρὰ δὲ Θεο-
πόμπῳ τῷ κωμικῷ ὑπολογεῖν. λέξις, διάλεξις, διάλογος, διά-

---

120 7. ἐπανελόγησε A, ἐπαλληλόγησιν C, ἐπαντιλογήσει F i. e. Fal-
ckenburgius. 122 4. Θεοπέμπτῳ ὑπολέγειν B.

λεκτος, διαλέγεσθαι, διαλεκτικὸς καὶ διαλεκτικῶς. καὶ λεκτι-
κὸς παρὰ Δημοσθένει, καὶ λεκτικώτατος παρὰ Ξενοφῶντι.
123 ἡ δὲ κωμῳδία λεπτολόγος εἴρηκε καὶ λεπτολογεῖν καὶ λε-
πτολογίαν. προσδιαλεγόμενος, προσδιαλέγεσθαι. πρόλογος,
προλογεῖν. λογιστικὸς καὶ λογιστικῶς. λογομύθιον. κακολό-
γος, κακήγορος, καὶ ὡς Ἀντιφῶν ἡδυλόγος καὶ μετριολόγος.
μετεωρολόγος δὲ Πλάτων, καὶ μετεωρολογῶν. μικρολόγον δὲ
124 Ὑπερίδης μὲν τὸν εἰς ἀργύριον ἀνελεύθερον, Ἰσοκράτης δὲ
τὸν μεμψίμοιρον. καὶ ταπεινολογία δὲ καὶ οἰκτρολογία καὶ ἐλε-
εινολογία καὶ ἀληθινολογία, τὰ Πλάτωνος, τούτοις προσήκει.
καὶ ῥήματα δὲ παραπλησίως ἐκ τούτων προάγεται, μικρολο-
γῆσαι· μικρολογεῖσθαι δὲ εἴρηκεν Εὔπολις, καὶ μικρολογή-
σομαι Κρατῖνος, καὶ δεινολογεῖται Ἡρόδοτος. δεκατηλόγους
δὲ καὶ πεντηκοστηλόγους Δημοσθένης. Ὑπερίδης δὲ διει-
125 λεγμένος ἐπὶ ἀφροδισίων· Ἀριστοφάνης δὲ διαλέξασθαι ἔφη.
κακηγορεῖν, κακολογεῖν. λέγεται δὲ καὶ λογοδιδάσκαλος καὶ
λογοδαίδαλος. ἐλλόγιμος. Ἕρμιππος δὲ ὁ κωμικὸς καὶ περι-
λέγειν εἴρηκε τὸ περιέρχεσθαι τῷ λόγῳ καὶ οἷον περισσὰ
λέγειν. καὶ τὸ λαλεῖν δὲ καὶ ὁ λάλος καὶ λαλίστερος, καὶ
ἡ λαλιά, καὶ τὸ καταλαλεῖν παρὰ Ἀριστοφάνει, καὶ ὁμοίως
ἡ λάλησις, καὶ «ἀπερίλάλητος Αἰσχύλος.»
126   τῶν δὲ τῆς γλώττης ἔργων τὰ ὀνόματα βοὴ καὶ
βοᾶν, ἐκβοᾶν, παραβοᾶν, καταβοᾶν, ἐπιβοᾶν. ἐπιβόητος καὶ
περιβόητος. περιβοήτως ὡς Αἰσχίνης, καὶ ὡς Θουκυδίδης κα-
ταβοή. μεγαλήγορος δὲ παρὰ Ξενοφῶντι, καὶ μεγαληγορεῖν
καὶ μεγαληγορία. καὶ συνήγορος, συνηγορεῖν, συνηγορία, συν-
αγορεύειν. προήγορος, προηγορεῖν, προαγορεύειν, προαγό-
127 ρευσις, ἀναγόρευσις. καὶ δημηγόρος, δημηγορεῖν, δημηγορία.
ἰσηγορία, κακηγορία, κακηγορίστερος παρὰ Φερεκράτει, καὶ
κακηγορίστατος παρὰ Ἐκφαντίδῃ. προσήγορος, εὐπροσήγορος,
δυσπροσήγορος, προσαγόρευσις καὶ προσαγορεῦσαι, προσηγο-
ρία. ἀπειπεῖν, ἀπαγορεῦσαι· Ἰσαῖος δὲ ἀπειρηκὼς ἔφη οἷον
ἀπολελαληκώς, Πλάτων δὲ ἀπόρρησιν τὴν ἀπαγόρευσιν καὶ
128 ἀπαγορεύειν τὸ ἀποκαμεῖν. ἀπορρηθὲν δὲ αὐτῷ Δημοσθένης
εἶπε τὸ ἀπαγορευθέν. ὑπὸ δὲ γένους ἀπορρηθῆναι παντὸς
Πλάτων, οἷον ἀποκηρυχθῆναι. ἐκ δὲ τῶν αὐτῶν ἐστιν εἰπεῖν,
εἰπών, ἀπειπών· ἐπανειπὼν ἀργύριον, οἷον ἐπικηρύξας. καὶ

ῥητόν τι καὶ ἀπόρρητον, καὶ ῥῆσις καὶ ἀπόρρησις καὶ ἀνάρ-
ρησις καὶ διάρρησις καὶ πρόρρησις, καὶ ἀρρησία ἡ σιωπὴ
παρὰ Νικοφῶντι, καὶ ῥῆμα καὶ πρόσρημα, καὶ πρόσρησις,
καὶ ῥήτωρ, καὶ εὐρήμων καὶ κακορρήμων καὶ ἀρρήμων, καὶ
ἐπίρρητος, καὶ μεγαλορρημοσύνη καὶ εὐρημοσύνη καὶ ὡς 129
Δημοσθένης αἰσχρορρημοσύνη, καὶ εὐθυρρημοσύνη. ἀπειπεῖν,
συνειπεῖν. ἀρρήδην, διαρρήδην, διαφάδην. φῆσαι, συμφῆσαι,
ἀποφῆσαι. καὶ φάσις· ἀπόφασις δὲ ἐπὶ διαιτητοῦ, ἣν καὶ
γνῶσιν καλεῖ Δημοσθένης. καὶ ἀντίφης Πλάτων, καὶ ἀπό-
φησιν Ὅμηρος, καὶ ἀποφήνασθαι γνώμην οἱ ῥήτορες.

   κεφαλῇ γε μὴν ὑπόκειται τράχηλος. καλεῖται δὲ καὶ 130
αὐχὴν καὶ δειρή, ὅθεν καὶ ὑποδερὶς τὸ ἐν τοῖς πρόσθεν
τοῦ τραχήλου τελευταῖον. ἐφέστηκε δὲ σφονδύλοις ἑπτὰ
ὁ τράχηλος, οὓς Ὅμηρος ἀστραγάλους καλεῖ, καὶ σφονδυ-
λίωνα τὸν μυελὸν τὸν ἐν αὐτοῖς. ὀνομάζονται δὲ οἱ σφόν-
δυλοι καὶ στροφεῖς παρὰ τὴν ἐπ' αὐτοῖς τοῦ τραχήλου στρο-
φήν, καὶ στρόφιγγες παρὰ Φερεκράτει. κατατείνουσι δὲ διὰ 131
ῥάχεως, τὸν μυελὸν ἐξ ἐγκεφάλου διαφέροντες, ὃς μήνιγξι
τε φράττεται καὶ νεύροις παραπέμπεται. τὸ δὲ πᾶν αὐτῶν
σύστημα καλεῖται γύης. τῶν δὲ σφονδύλων ὁ μὲν πρῶτος,
ὁ σὺν τῷ τραχήλῳ στρεφόμενος, ἐπιστροφεὺς ὀνομάζεται·
Ἱπποκράτης δ' αὐτὸν καὶ ὀδόντα δοκεῖ καλεῖν. τοῖς δὲ πλα-
γίοις αὐτοῦ δύο κοιλότητες μία ἑκατέρωθεν ἔνεισιν, εἰς ἃς
ἐνίζουσι ὑπὸ τὴν παρεγκεφαλίδα προύχουσαι προβολαὶ δύο,
κεφαλῆς κορῶναι καλούμεναι. τῶν δὲ σφονδύλων ὁ δεύτε- 132
ρος ἀκίνητος ὢν ἄξων ὀνομάζεται, προβολὰς δὲ ἔχει δύο,
μίαν ἑκατέρωθεν, τὴν μὲν τῷ πρώτῳ τὴν δὲ τῷ τρίτῳ τῶν
σφονδύλων ἐνηρμοσμένας· καλοῦνται δὲ κάτοχοι. παραπλη-
σίων δ' ὄντων τῶν ἐπὶ τούτοις τεττάρων, ὁ τελευταῖος ὡς
ἀχθοφορῶν ἄτλας ὀνομάζεται. τούτῳ δὲ ὑπηρείσθησαν 133
ὠμοπλάται, καταλήγουσαι μὲν εἰς τὰς ἀκρωμίας, ὑπε-
ρείδουσαι δὲ τὰς κλεῖδας, ὧν τὸ μέν τι μέρος τοῖς σφονδύ-
λοις ὑπὸ νεύρου τινὸς προσήρτηται, τὸ δὲ ὑπὸ τὸ στέρνον
εἰς τὸν τράχηλον παύεται καὶ κατακλεὶς ὀνομάζεται. τὰς

---

128. 3. ἀντιφῶντι *A.*   129 5. ἀντίφης] ἀντιφῶν καὶ *A*, ἀντίφη-
σιν *C*, ἀπόφασιν καὶ ἀντίφανσιν *B.*

143 τὸ πρὸ τοῦ καρποῦ (τῷ δὲ καρπῷ καὶ προβολή τις ἀστρα-
γάλῳ προσφερὴς συμπέφυκεν), μετακάρπιον δὲ τὸ πρὸ τῶν
δακτύλων πλατυνόμενον, ἀφ' οὗ εἰς ἐκείνους ἡ χεὶρ σχίζε-
ται. καὶ τὸ μὲν ἔνδοθεν τῆς χειρὸς σαρκῶδες, ἀπὸ τοῦ με-
γάλου δακτύλου μέχρι τοῦ λιχανοῦ, θέναρ καλεῖται, τὸ δὲ
ἔξωθεν ὀπισθέναρ, τὸ δὲ ἀπὸ τοῦ λιχανοῦ ἕως τοῦ μι-
κροῦ δακτύλου ὑποθέναρ. τὸ δὲ μεταξὺ θέναρος καὶ ὑπο-
θέναρος καὶ στήθους κοῖλον χειρὸς ὀνομάζεται, ὃ καὶ κο-
144 τύλην ἔνιοι καλοῦσιν. στῆθος δὲ τὸ μετὰ τὸ κοῖλον πρὸ τοῦ
μετακαρπίου· τὸ δὲ στῆθος καὶ ἄνδηρον καλεῖται. ἔνιοι δὲ
τὸ μὲν πρόσθιον τῆς δρακὸς πᾶν θέναρ οἴονται καλεῖσθαι,
καὶ Ἱπποκράτης καὶ Ὅμηρος τοῦτο ὑποδηλοῦσιν, τὸ δὲ ἀν-
τικείμενον πᾶν ὀπισθέναρ ἢ κτένας. καὶ προκάρπια καὶ
δῶρα, καὶ τούτων τὰ μὲν πρὸς καρποῖς στήθη, τὰ δὲ πρὸς
δακτύλοις ὑπόχηλα καὶ ταρσὸν καὶ κράτος. τῶν δὲ δακτύ-
λων τὰ μὲν προύχοντα κατὰ τὰς συμβολὰς κόνδυλοι, ἀφ'
ὧν καὶ ἡ πληγὴ κέκληται, τὰ δὲ ὑπ' αὐτοῖς ἄρθρα σκυτα-
145 λίδες ἢ ὡς Ἀριστοτέλης φάλαγγες· τρεῖς δ' εἰσὶν ἑκάστῳ
τῶν τεττάρων, δύο δὲ τῷ μείζονι. ὀνομάζονται δὲ οἱ δάκτυ-
λοι μικρός, παράμεσος, μέσος, λιχανός, ἀντίχειρ ἢ μέγας.
τὰ δ' ἐπὶ τῷ μετακαρπίῳ πρὸ τῶν κονδύλων μετακόνδυλα,
ὧν τὰ μὲν κάτω ἄρθρα, τὰ δ' ὑπὸ ταῖς φάλαγξι ῥιζωνυ-
146 χίαι· ἐξ αὐτῶν γὰρ αἱ τῶν ὀνύχων ἀρχαί. μεθ' ἃς ὄνυχες, ὑφ'
οἷς τὰ νεῦρα παύεσθαι λέγουσιν· ὧν τὰ μὲν ὑπὸ τῷ ὄνυχι
κρυπτά, τὰ δ' ἄνωθεν ἄργεμοι, τὰ δ' ἑκατέρωθεν παρωνυχίαι,
τὰ δὲ μετὰ ταῦτα γωνίαι. τὸ δὲ πρὸς ταῖς ῥιζωνυχίαις λευ-
κὸν ἀνατολή. καὶ τὰ μὲν ἐπιφαινόμενα τοῖς ὄνυξι νεφέλια, τὰ
δ' ἔνδοθεν τῶν δακτύλων πέρατα ῥαγές τε καὶ κορυφαί. ἀπὸ
δὲ τῶν ὀνύχων ὀνυχίσασθαι καὶ ἀπονυχίσασθαι, ᾧ καὶ μᾶλ-
λον χρηστέον, καὶ ἐξονυχίζειν. τῆς μὲν οὖν ὅλης χειρὸς ὀστᾶ
ἓξ καὶ εἴκοσιν εἶναί φησιν ὁ Σολεὺς Κλέαρχος, εἷς τῶν Ἀρι-
147 στοτέλους μαθητῶν· ἂν δὲ συγκλείσῃς τὴν χεῖρα, τὸ μὲν
ἔξωθεν καλεῖται πυγμή, ἀφ' ἧς καὶ πύκτης, πυκτεύειν, ἐξ-
επύκτευσεν, πὺξ ἔπαισεν, πὺξ ἐπάταξεν, πὺξ ἔπληξεν· ἡ δὲ
συνεχὴς τῶν χειρῶν συναγωγή, πυκνῶς εἰς πλῆθος ἐπιφε-

---

143 6. ὀπισθοθέναρ A. non 144 5.   8. κουστὴν C.   147 1. ἀλλ'
εἰ μὲν συγκλείσει A.

ρομένων, πίτυλος καλεῖται. τὸ δὲ ἔνδοθεν δράγμα, ἀφ' οὗ
καὶ τὸ τῶν ἀσταχύων, καὶ δράξ καὶ δράκος, καὶ δράττεσθαι
καὶ ἐπιδράττεσθαι. ἀπὸ δὲ τῆς χειρὸς εὔχειρ, θρασύχειρ, 148
ἀντίχειρ, εὐχειρία, θρασυχειρία, οὐ μὴν ἀντιχειρία. χειροτε-
χνία, χειρουργία, χειροτέχνης· ὁ γὰρ χειρουργὸς εὐτελές, χει-
ρουργεῖν δὲ καὶ χειροτεχνεῖν, καὶ χειρουργικὸς καὶ χειρουργι-
κῶς, χειροτεχνικὸς καὶ χειροτεχνικῶς, χειρώσασθαι, ἐγχείρημα,
ἐπιχείρημα, ἐπιχείρησις. εὔχειρ, ταχύχειρ ὡς Κριτίας, καὶ 149
ἀπ' αὐτῶν εὐχειρία, ταχυχειρία. καὶ χειροκρατία ὡς Πλάτων.
ὀξύχειρ γὰρ καὶ ὀξυχειρία, τὸ μὲν παρὰ Μενάνδρῳ εἴρηται,
τὸ δὲ παρ' Ἀλέξιδι, καὶ πολυχειρία παρὰ Θουκυδίδῃ. ἐν
χειρῶν νόμῳ ἀμύνασθαι, εἰς χεῖρας ἐλθεῖν, εἰς τοὺς ὑπὸ
χεῖρα τὴν ὀργὴν ἀφῆκεν. χειραγωγός, χειραγωγεῖν. καὶ χεῖρα
ὑπέχειν. τὸ κατὰ χειρὸς ὕδωρ χέρνιβα ἢ χέρνιβον Ὅμηρος, καὶ
χερνίψασθαι, Φιλωνίδης δὲ καὶ χερνίμματα. Ἀριστοφάνης δὲ 150
«ἀμεταχειρίστων τῶν κοινῶν» εἶπεν. ἀποχειροβιώτων δὲ Ξε-
νοφῶν. χειρόμακτρον, χειρόνιπτρον. καὶ χεὶρ δεξιὰ ἐπὶ χειρο-
τεχνίας τινός, καὶ Πολυκλείτου χεὶρ τὸ ἄγαλμα, καὶ Ἀπελλοῦ
χεὶρ ἡ γραφή. χεὶρ στρατιωτική, καὶ πολλῇ χειρί, πολύχειρ καὶ
πολυχειρία. χειροτονία, ἀντιχειροτονία, ἐπιχειροτονία, χειρο-
τονεῖν, ἐγχειροτονεῖν, ἀντιχειροτονεῖν. ἑκατόγχειρ, μακρόχειρ,
εἴτε κατὰ Πολύκλειτον ὁ Ὑστάσπου Δαρεῖος, εἴτε κατὰ Ἀν- 151
τιλέοντα Ξέρξης, εἴτε κατὰ τοὺς πλείστους Ὦχος ὁ ἐπικλη-
θεὶς Ἀρταξέρξης, ἤτοι τὴν δεξιὰν ἔχων προμηκεστέραν ἢ
τὴν ἀριστερὰν ἢ ἀμφοτέρας· οἱ δὲ ὅτι καὶ τὴν δύναμιν
ἐπὶ πλεῖστον ἐξέτεινεν. ἀπὸ δὲ χειρῶν καὶ χειρίδες παρὰ
Ξενοφῶντι, καὶ χειριδωτοὶ χιτῶνες. καὶ χειροποίητον παρὰ
Δημοσθένει. καὶ χειρώνακτες παρὰ Σοφοκλεῖ, καὶ χειρωνα-
ξία παρὰ Ἡροδότῳ. καὶ χειροήθεις παρὰ Δημοσθένει, καὶ
χειροήθη ζῷα. Ὑπερίδης δὲ ἐν τῷ ὑπὲρ Λυκόφρονος καὶ 152
τὸ ὑπὸ τῶν πολλῶν ὀνομαζόμενον χειρόγραφον χεῖρα ὠνό-
μασεν, εἰπὼν «οὔτε γὰρ τὴν ἑαυτοῦ χεῖρα δυνατὸν ἀρνή-
σασθαι.» ἔστι δὲ καὶ ναύμαχον ὅπλον χεὶρ σιδηρᾶ. χειρο-
πέδας Ἡρόδοτος εἴρηκεν, Ἱππῶναξ δὲ χειρόχωλον τὸν τὴν
χεῖρα πεπηρωμένον. χειρόδοτον δὲ δάνεισμα τὸ ἄνευ συμβό-

---

148 2. ἀντιχειρία Lobeckius.   150 1. δὲ ante καὶ add M.   2 χει-
ρῶν λέγων. ἀποχ. A.

λου. καὶ χειρομάντεις αἱ ἐκ τῶν χειρῶν μαντευόμεναι. χειριᾶν
δὲ ἐκάλουν τὸ κατερρῆχθαι τὰς χεῖρας ἢ ἀλγεῖν ἐκ κόπου,
153 ὅθεν καὶ χειρόποδες οἱ τοὺς πόδας κατερρηγμένοι. χειρο-
νομῆσαι δὲ τὸ ταῖν χεροῖν ἐν ῥυθμῷ κινηθῆναι· Ἡρόδο-
τος δὲ εἴρηκεν ἐπὶ Ἱπποκλείδου τοῦ Ἀθηναίου «τοῖς ποσὶν
ἐχειρονόμησεν,» Κρατῖνος δὲ καὶ χειρονομησείοντας εἶπεν.
καὶ ἀκροχειρισμὸς δέ τί ἐστιν ἐν παγκρατίου μελέτῃ, καὶ
ἀκροχειρίσασθαι. καὶ διαχειρίσασθαι χρήματα καὶ μεταχει-
ρίσασθαι. καὶ διὰ χειρὸς ἔχειν τὴν πόλιν. καὶ αὐτοχειρία,
154 αὐτοχειρί, αὐτόχειρ ἐργάτης· τὸ γὰρ παρὰ Φιλίστῳ αὐτο-
χειρίσαντες παμμίαρον. ἀχείρωτον δὲ Σοφοκλῆς εἴρηκε τὸ
ἀχειρούργητον, δυσχείρωτα δὲ Δημοσθένης, ἐγχειρίθετον
Ἡρόδοτος, ἐγχειρητὴς δὲ καὶ ἐγχείρησις Ἀριστοφάνης, ἐπιχει-
ρηταὶ δὲ Θουκυδίδης, καὶ ἐγχειρητικωτέρους ἀρετῆς Ξενοφῶν,
καὶ ἐγχειρήματα Δημοσθένης, καὶ ἐπιχειρήματα. ἐγχειρίδιον
τὸ ξίφος Ξενοφῶν, Αἰσχύλος δὲ καὶ τὰς ἱκετηρίας. λέγοιτο δ'
155 ἂν καὶ χεὶρ ἀκρατὴς ἢ ἐγκρατής, καὶ τὸ ἔργον αὐτῆς κρατεῖν,
ἀντιλαμβάνεσθαι, καὶ τὸ πρᾶγμα ἀντίληψις καὶ ἀντιλαβή,
καὶ λῆψις καὶ λαβή, καὶ ἀπρὶξ ἀντειλῆφθαι.   ἔστι δ' ἀπὸ
χειρῶν ἅψασθαι, ἀφὴ καὶ ὡς Πλάτων ἅψις, ἁπτόν, ἀναφές·
τὸ γὰρ ἀφᾶσθαι ποιηταῖς δεδόσθω.   ἀπὸ δὲ ἀγκώνων
γαλιάγκων, καὶ ἀπὸ πήχεων εὔπηχυς, καλλίπηχυς, ῥοδόπηχυς,
ὥσπερ ἀπὸ δακτύλων ῥοδοδάκτυλος. καὶ δακτυλίδια τὰ γυ-
ναικεῖα, καὶ δακτυλιογλύφος καὶ δακτυλιογλυφία παρὰ Πλά-
τωνι. καὶ δακτυλοδεικτεῖτε ὡς Δημοσθένης, καὶ ἐπὶ δακτύ-
156 λων θεῖναι τὸ λογίσασθαι, καὶ δακτυλήθρας ὡς Ξενοφῶν.
καὶ δάκτυλος ὁ ῥυθμός. καὶ τοὺς Ἰδαίους δακτύλους κε-
κλῆσθαι λέγουσιν οἱ μὲν κατὰ τὸν ἀριθμόν, ὅτι πέντε, οἱ
δὲ κατὰ τὸ τῇ Ῥέᾳ πάνθ' ὑπουργεῖν, ὅτι καὶ οἱ τῆς χειρὸς
δάκτυλοι τεχνῖταί τε καὶ πάντων ἐργάται.
157   τῶν δὲ μέτρων ἔστι μέν τι καὶ δάκτυλος, δοχμὴ δὲ
συγκλεισθέντες οἱ τέτταρες δάκτυλοι, καὶ δακτυλοδόχμη. τὸ
δ' αὐτὸ καὶ παλαιστὴ θηλυκῶς καὶ παλαιστὴς ἀρρενικῶς,
καὶ δῶρον, καὶ ἑκκαιδεκάδωρα τὰ ἑκκαιδεκαπάλαιστα. τὸ δὲ

---

152 1. οἱ — μαντευόμενοι A.   154 2. ἀχειρόδοτον A.   3. ἐγχει-
ρίδιον C.

ἀπὸ καρποῦ ἕως ἄκρων δακτύλων, ἡ πᾶσα χείρ, ὀρθόδω-
ρον. εἰ δὲ τοὺς δακτύλους ἀποτείνας ἀπὸ τοῦ μεγάλου πρὸς
τὸν μικρότατον μετροῖς, σπιθαμὴ τὸ μέτρον· εἰ δὲ τὸν μέ- 158
γαν δάκτυλον τῷ λιχανῷ ἀντιτείνας, τὸ μέτρον λιχάς. ἀπὸ
δὲ ὠλεκράνου πρὸς τὸν μέσον δάκτυλον ἄκρον τὸ διάστημα
πῆχυς. εἰ δὲ συγκάμψειας τοὺς δακτύλους ἀπ' ἀγκῶνος ἐπ'
αὐτούς, πυγὼν τὸ μέτρον, εἰ δὲ συγκλείσειας, πυγμή. εἰ δ'
ἄμφω τὰς χεῖρας ἐκτείνειας, ὡς καὶ τὸ στέρνον αὐταῖς συμ-
μετρεῖν, ὀργυιὰ καλεῖται τὸ μέτρον.

χειρῶν δὲ ἡ μὲν δεξιὰ κατὰ τὴν θέσιν, ἡ δὲ ἀριστερά, 159
λαιά, σκαιά, εὐώνυμος. καὶ δεξιός, ἐπιδέξιος, δεξιῶς, ἐπι-
δεξίως, ἐπιδέξια· δηλοῖ δὲ τοῦτο παρὰ μὲν Πλάτων τὸ δε-
ξιῶς «ἀναβάλλεσθαι δὲ οὐκ ἐπισταμένου ἐπιδέξια,» παρὰ
δὲ Λυσίᾳ τὸ ἐκ δεξιᾶς χειρός «εἰσιόντων πρὸς τῇ Νεμέᾳ
ἕστηκεν ἐπιδέξια,» παρὰ δὲ Εὐπόλιδι προπόσεως σχῆμα
«ὅταν δὲ πίνωσι τὴν ἐπιδέξια.» ἀμφιδέξιος ὁ ταῖς δυσὶ
χερσὶν ἐνεργῶν δεξιῶς. περιδέξιος. δεξιώσασθαι· Ξενοφῶν 160
δὲ εἴρηκε καὶ δεξιωσάμενος, δεξίωσις δὲ τὸ δοῦναί τι ἢ καὶ
λαβεῖν. δεξιὰν προτεῖναι, δεξιὰν ἐμβαλεῖν, δεξιὰν δοῦναι·
καὶ «δεξιὰν πέμποντι βασιλεῖ,» ὡς Ξενοφῶν. καὶ «μαν-
θάνει τὰ δεξιὰ» ἤγουν τὰ σοφά, ὡς Ἀριστοφάνης. τὸ δὲ
δεξίωμα μόνων τῶν μέτρων. σκαιός, καὶ σκαιῶς ἐπίρρημα.
ἀριστερός· τὸ δ' ἐπαρίστερος ἰδιωτικόν, τό γε μὴν ἀμφα-
ρίστερος Ἀττικόν. τάχα δὲ καὶ ὁ ἀριστεροστάτης ἐν χορῷ 161
προσήκοι ἂν τῇ ἀριστερᾷ, ὡς ὁ δεξιοστάτης τῇ δεξιᾷ. ἀλλὰ
καὶ ἐν δεξιᾷ εἰσπλέοντι, καὶ ὁμοίως ἐν ἀριστερᾷ.

ἀπὸ δὲ ὀνύχων ἄκρων ἀκρωνύχια τὰ ἄκρα τῶν χειρῶν
καὶ τῶν ποδῶν. προσήκοι δ' ἂν οἶμαι δακτύλοις καὶ τὰ
ἀκρότατα, ἀκρωλένια, ἀκρόδρυα, ἀκροχειρισμός, ἀκροκώλια,
ἀκρώρεια, ἀκροθίνια καὶ παρ' Εὐριπίδῃ ἠκροθινιαζόμην,
κατὰ τὸ ἀκροφύσιον καὶ ἀκροτελεύτιον παρὰ Θουκυδίδῃ,
καὶ ὅσα ἄλλα ἐκ τῶν ἄκρων.

ἀπό γε μὴν αὐχένος τὸ μὲν σύμπαν ἕως ἰσχίων θώ- 162
ραξ καὶ ὅλμος, τὸ δὲ ὑπὸ τὰς κλεῖδας στῆθος, οὗ τὰ ἐν-
τὸς ἐντοσθίδια. καλεῖται δὲ καὶ ἵππων προστηθίδια ὅπλα.

159 7. δὲ] δὲ δὴ Toupius.   161 3. τά] τὰ ἄκρα A.   162 3.
ἐντοσθίδια] στηθίδια A.

τὸ δὲ ὑποκαταβαῖνον στέρνον, ὅθεν εὐρύστερνος καὶ εὔστερ-
νος, καὶ προστερνίσασθαι καὶ προστερνίδια· καὶ στερνόμαν-
τιν Σοφοκλῆς τὸν καλούμενον ἐγγαστρίμυθον. τὸ δὲ στη-
θῶν μέσον στηθίνιον. ἐπὶ δὲ τοῖς στέρνοις μαστοί, ἀφ' ὧν
163 καὶ τὰ τῆς γῆς ὑπερέχοντα μαστοὶ κέκληνται. οἱ δὲ μαστοὶ
καὶ τιτθοὶ καλοῦνται καὶ τιτθία, μάλιστα δὲ ἐπὶ γυναικῶν.
ἀπὸ τούτων τιτθαὶ αἱ θηλάζουσαι· θηλάζειν γὰρ καλεῖ-
ται τὸ τὸν μαστὸν ἐπισχεῖν, θηλάζεσθαι δὲ τὸ ἕλκειν τὸ
γάλα ἐκ τῶν μαστῶν. τούτων δὲ θηλὴ τὸ ἄκρον, ὅθεν τὸ
θηλάζειν καὶ θηλὴν ἐπισχεῖν. ὁ δὲ περὶ τῇ θηλῇ μελαινό-
μενος κύκλος φῶς, ἡ δὲ πρώτη τοῦ γάλακτος ὑπ' αὐτῷ πῆ-
164 ξις κύαμος, τὸ δὲ ὑποπιμπλάμενον τοῦ γάλακτος κόλπος
καὶ ἄσκωμα. μόνα δὲ ἐν στήθεσιν ἔχει μαστοὺς ἄνθρωπος
καὶ νυκτερὶς καὶ ἐλέφας. καὶ οὕτω μὲν ὁ Σολεύς· ὁ δὲ
Σταγειρίτης τὸν ἐλέφαντα πρὸς τῷ στήθει φησίν, οὐκ ἐν
τῷ στήθει τοὺς μαστοὺς ἔχειν. προχάρδιον δὲ τὸ ὑπὸ τῷ
στήθει ἔγκοιλον μαλακὸν καὶ σαρκῶδες, κατὰ τὸ στόμα
τῆς κοιλίας· ὑπόκειται δὲ τῷ χόνδρῳ τοῦ στήθους, ὅ ἐστιν
ὀστοῦν ἐκπεφυκὸς τοῦ στήθους καὶ λῆγον εἰς αὐτὸ τὸ τοῦ
165 στήθους ἄκρον ὀστοῦν, ὃ ξιφοειδὲς καλεῖται. τὸ δὲ ὑπὸ τὸ
στέρνον ἔγκοιλον, ὃ καλοῦσι σφαγήν, καὶ ἀντικάρδιον ὑπ'
ἐνίων ὠνόμασται. καὶ δὴ τὸ μὲν ὑπὸ προκαρδίῳ χόνδρος,
τὸ δὲ ὑπὸ χόνδρῳ ὑποχόνδριον. τούτοις δὲ πλευραὶ πρόσ-
κεινται ὀκτώ, περιαγόμεναι εἰς τὰ νῶτα, μείζους τε καὶ
ἐλάττους, αἱ μὲν μείζους καλούμεναι γνήσιαι, αἱ δὲ ἐλάτ-
166 τους νόθαι, αἳ καὶ μάλιστα τῷ στήθει πλησιάζουσιν. τὸ δὲ
ὑπὸ τὰς πλευρὰς λῆγον ὀστέον χήτη καὶ κενεὼν καλεῖται
καὶ ζώνη, ἀφ' ἧς ὀνόματα ζῶμα, διάζωμα, καὶ ζωστήρ, καὶ
ζώνη τι ὅπλον ὁμώνυμον τῷ μέρει· Ἀναξανδρίδης δὲ καὶ
περιζώστραν εἴρηκεν,

ὡς δὴ παχεῖαν τὴν περιζώστραν ἔχει,

δῆλον ὅτι τὴν ζώνην, ἣν Ῥωμαῖοι καλοῦσι φασκίαν. καὶ τὸ
ζώννυσθαι δὲ καὶ διαζώννυσθαι ἐκ τούτων. καὶ ἡ μὲν περὶ
τὰς πλευρὰς νόσος πλευρῖτις, ὥσπερ ἡ περὶ τὰ ἄρθρα ἀρ-
167 θρῖτις, καὶ νεφρῖτις ἡ περὶ τοὺς νεφρούς. ἀλλὰ τὰ μὲν

ὑπὸ μασχάλην πλευρὰ ὀνομάζεται, τὰ δὲ ὀστᾶ πλευραί, ὧν
τὰ μέσα μεσοπλεύρια. ἑπτάπλευροι δὲ Λίγυες ἢ εἰσὶν ἢ κα-
λοῦνται. καὶ τρίγωνόν τι ἰσόπλευρον ὀνομάζεται, καὶ πα-
ραπλευρίδια τὰ παρὰ ταῖς τῶν ἵππων πλευραῖς ὅπλα. κα-
ταλήγει δὲ εἰς τοὺς περὶ τῷ νώτῳ σφονδύλους τὰ τῶν πλευ-
ρῶν ἄκρα, κἀκείνοις ἐμπέπηγε κατὰ τὰς ἐκ πλαγίων κοιλό-
τητας. δώδεκα δ' εἰσὶν ἑκατέρωθεν αἱ σύμπασαι πλευραί,
ὧν τινὲς μὲν τῷ στέρνῳ συνάπτουσιν, αἱ δὲ περὶ τὸν θώ-
ρακα παύονται, αὗται ἑαυτὰς φέρουσαι.

τὸ δ' ἀπὸ στέρνων ἐπ' αἰδοῖα κατὰ τὸν κενεῶνα κα- 168
λεῖται κοιλία καὶ γαστήρ, ἀφ' ἧς προγάστωρ καὶ γαστρίς,
καὶ γαστριμαργία καὶ γαστρίμαργος καὶ γαστροβόρος, καὶ
γαστρισμὸς καὶ γαστρίσαι. καὶ γαστρίδιον ἐν τῇ κωμῳδίᾳ, καὶ
γάστρα τρίποδος παρ' Ὁμήρῳ. καὶ ὑπεγάστριζε τὸ ἐχόρτα-
ζεν ἡ κωμῳδία, καὶ ἐν γαστρὶ ἔχειν Ἡρόδοτος, καὶ ἐγγα-
στρίμαντις καὶ ἐγγαστρίμυθος. τὸ δ' ὑπὸ τῇ γαστρὶ στά-
χυς καλεῖται, τὸ δὲ κατὰ μέσην γαστέρα κοῖλον ὀμφαλὸς 169
καὶ μεσομφάλιον, καὶ ὁ περὶ αὐτὸν τόπος γάγγαμον, ἐπεὶ
νεύρων ἐστὶ πλέγμα, καθάπερ τὸ δικτυῶδες ὃ νῦν καλεῖται
γάγγαμον ἢ ὡς οἱ πολλοὶ σαγήνη. ὀμφαλοῦ δὲ τὸ ἐν μέσῳ
ἀκρομφάλιον, τὸ δὲ ὑπὲρ αὐτὸν ἐπομφάλιον. καὶ μεσόμφα-
λοι καλοῦνται πλακούντων τι εἶδος. καὶ ὀμφαλητόμος ἡ
μαιεύτρια· καὶ ᾧ ἀποτέμνει τοὺς ὀμφαλοὺς τῶν βρεφῶν,
ὀμφαλιστήρ. οἱ δὲ Ἀττικοὶ καὶ τὸν τῶν σύκων πυθμένα 170
ὀμφαλὸν ὠνόμαζον. τὸ δὲ περὶ τῷ ὀμφαλῷ δέρμα γραῖα,
ὅτι ῥυσούμενον γήρως σύμβολον γίνεται. τό γε μὴν ὑπὲρ
τὸν ὀμφαλὸν μέρος εἴποις ἂν ἐπιγάστριον, ὅπερ ἥπατι καὶ
σπλήνὶ ἐπίκειται. τῷ δ' ἐπιγαστρίῳ οἱ κενεῶνες ὑπόκεινται,
οὓς καὶ λαγόνας καλοῦσιν, ὥσπερ τὸ ὑπὸ τὸν ὀμφαλὸν πᾶν
ἄχρι τῆς ὑπὲρ αἰδοῖα τριχώσεως ἦτρόν τε καὶ ὑπογάστριον.
ἀπὸ δὲ τοῦ ἤτρου καὶ ἠτριαῖα τεμάχη οἱ κωμῳδοὶ λέγου-
σιν. αὐτὴ δ' ἡ τρίχωσις ἥβη τε καὶ ἐπίσιον· τὸ γὰρ ἐφή-
βαιον ἰατρῶν μόνων. τὸ δ' ὑπ' αὐτὰ αἰδοῖον. οὗ τὸ πρό- 171
μηκες, δι' οὗ τὸ ἐκ κύστεως ὑγρὸν ἐπιρρεῖ, καυλὸς ὀνομά-
ζεται, καὶ στῆμα κατὰ τοὺς ἰατροὺς τὸ κατηρτημένον, τὸ

δὲ μὴ ἐκκρεμάμενον αὐτοῦ ὑπόστημα καὶ κύστεως τράχη-
λος, ὥσπερ βάλανος τὸ τοῦ καυλοῦ ἄκρον· ἧς τὸ τρύπημα
οὐρήθρα. πόσθη δὲ τὸ ἐπ' αὐτῇ δέρμα, ὡς ἀκροποσθία
καὶ ἀκροπόσθιον τὸ πόσθης προῦχον. ᾧ δὲ τὴν πόσθην
172 ἀπεδοῦντο, τοῦτον τὸν δεσμὸν κυνοδέσμην ὠνόμαζον. τὸ
δὲ τῶν ὄρχεων ἢ διδύμων ἀγγεῖον ὄσχεον, οὗ τὸ χαλώμε-
νον λακόπεδον· τὸν δὲ ἀεὶ χαλαρῷ τούτῳ κεχρημένον λα-
κοσχέαν Ἀθηναῖοι καλοῦσιν. τὰ μέντοι μεταξὺ ὑποστήμα-
τος καὶ ὀσχέου καὶ μηροῦ πλιχάδες καλοῦνται, ὅθεν καὶ
τὸ διαβαίνειν οἱ ποιηταὶ ἀμφιπλίσσειν λέγουσι, καὶ τὸ πε-
ριβάδην ἀμφιπλίξ, ὡς καὶ Σοφοκλῆς κατεχρήσατο ἐπὶ δρα-
κόντων εἰπὼν «θαιρὸν ἀμφιπλὶξ εἰληφότα,» οἷον περιβε-
173 βηκότα. καὶ Στράττις

τὰ θυγάτρια

περὶ τὴν λεκάνην ἄπαντα περιπεπλιγμένα,
τουτέστι διηχότα τὰ σκέλη. καὶ Ὅμηρος δ' ἐπὶ τοῦ διέβαι-
νον «εὖ δ' ἐπλίσσοντο πόδεσσιν.» κρεμαστῆρες δὲ τὰ νεῦρα
ἃ τοὺς διδύμους ἀνέχει. τὸ δὲ ῥαφῇ μὲν προσεοικός, ὑπὸ
δὲ τὸν καυλὸν διὰ τοῦ ὀσχέου μέσου ὑπὸ τὸν ὀνομαζόμε-
νον ταῦρον, ἀφ' οὗ καὶ ἀταύρωτος παρὰ τοῖς τραγῳδοῖς
ἡ παρθένος, εἰς τὸν δακτύλιον καταλῆγον, περίνεος ὀνομά-
174 ζεται ἢ τράμις ἢ ὄρρος. τῶν δὲ ὄρχεων τὸ μὲν ἄνω κεφαλή,
τὸ δὲ κάτω πυθμήν· τὸ δὲ πᾶν τοῦτο αἰδοῖα, ὥσπερ καὶ
τὰ γυναικῶν. ὧν τὸ μὲν σύμπαν κτεὶς καὶ ἐπίσιον, ἡ δὲ
τομὴ σχίσμα. τὸ δὲ ἐν μέσῳ σκαῖρον σαρκίον νύμφη ἢ μύρ-
τον ἢ ἐπίδερις ἢ κλειτορίς· καὶ κλειτορίζειν τὸ ψηλαφᾶν
τὴν κλειτορίδα. τὰ δ' ἑκατέρωθεν σαρκώδη μυρτοχειλίδες
ἢ κρημνοὶ ἢ πτερυγώματα. παραστάται δ' εἰσὶ πόροι ἀπὸ
175 τῶν ὄρχεων ἐπὶ τὸν οὐρητῆρα κατάγοντες τὸ σπέρμα.   ἀπὸ
δὲ τῶν εἰρημένων ὀνόματα, ἀπὸ μὲν γαστρὸς γαστρίς, γα-
στρίμαργος, γαστροβόρος, προγάστωρ, γαστρισμός. γαστρί-
ζειν οὐ μόνον τὸ χορτάζειν λέγουσιν, ἀλλὰ καὶ τὸ πλήττειν
εἰς τὴν γαστέρα, ὡς Ἀριστοφάνης ἐν Ἱππεῦσιν. Πλάτων δὲ
ὁ κωμικὸς ἐπὶ τοῦ γαστριμάργου

172 1. ἀπεδέσμουν C. ‖ κυνοδέσμιον A.   7. ᾧ Porsonus.   174 5.
διαψᾶν καὶ μαλάσσειν B, διαψαθαλάσσειν C.   175 1. τὸ] ἐκπέμπουσι
τὸ A, ut post πόροι exciderit οἱ.

ἔπειτα δ' οὐδείς ἐστ' ἀνὴρ γαστρίστερος.
τὸν δὲ Πιττακὸν γάστρωνα ὁ Ἀλκαῖος καλεῖ. Ὅμηρος δὲ
    γάστρην μὲν τρίποδος πῦρ ἄμφεπεν.
ἀπὸ δὲ καυλοῦ ἀπεκαύλισεν καὶ ἀποκαύλισις. ὁ δὲ πόσθης 176
ἔρημος ἀπεσκολυμμένος· παρὰ δὲ τοῖς Αἰολεῦσιν ἐκαλεῖτο
ἀπαιδοιῶσθαι τὸ ἀπεσκολύφθαι. τὸ μέντοι ἀνασπάσαι τὸ
αἰδοῖον παρὰ τοῖς ἀρχαίοις κωμικοῖς ἀναστῦψαι καλεῖται·
τὸ δὲ ἐπεγείρειν αὐτὸ τοῖν χεροῖν ἀναφλᾶν καὶ ἀναχνᾶν
Ἀριστοφάνης ἐν Ἀμφιαράῳ λέγει. ἐκαλεῖτο δὲ καὶ τύλος τὸ
αἰδοῖον, ὅθεν καὶ Φερεκράτης τὸ γυμνοῦν αὐτὸ τῇ χειρὶ
ἀποτυλοῦν εἶπεν.

    νῶτα τοίνυν ὑπ' αὐχένι κείμενα τὸ μὲν ἔγκυρτον ἔχει 177
χελώνιον ὀνομαζόμενον, τὰ δ' ἑκατέρωθεν ὠμοπλατῶν πτε-
ρύγια, ὧν τὰ πλάγια μεταυχένια. τὸ δὲ μέσον νώτων τε
καὶ τούτων μετάφρενον, περιεχουσῶν αὐτὸ τῶν ὠμοπλατῶν.
ὧν τὰ περὶ τῷ νώτῳ πλατυνόμενα τράπεζαι καλοῦνται, τὸ
δ' ὑπ' αὐταῖς ῥάχις. ἧς τὸ μέσον ἐν τῷ νώτῳ κατὰ μῆκος
ἄχρις ὀσφύος κοιλαινόμενον κρίσις, καὶ ταύτης τὸ καταλῆ-
γον ἀντίστερνον. ἀπὸ δὲ τῆς ῥάχεως ὀσφύς, τὸ μέχρι γλου- 178
τῶν. τὴν δὲ ῥάχιν ἔνιοι τῶν ποιητῶν ὠνόμασαν κλόνιν,
ὥσπερ Ἀντίμαχος
    ὡς εἴτε κλόνιος τεθορυίης σφονδυλίων ἕξ.
ἑπτακαίδεκα δέ εἰσιν οἱ σφόνδυλοι τὴν συγκαμπὴν τῇ ῥάχει
παρέχοντες, δύο μὲν καὶ δέκα ῥάχεως, οὓς ὀνομάζουσι ῥά-
χεις, πέντε δὲ ὀσφύος· καὶ τὸν μὲν ὑπὸ τῷ ἄτλαντι καὶ
τὴν ἐπ' αὐτῷ σάρκα λοφαδίαν ἢ λοφίαν, τὸν δὲ ὑπ' αὐτῷ
μασχαλιστῆρα, τοὺς δὲ λοιποὺς πλευρίτας καλοῦσιν, τὸν δὲ 179
δωδέκατον διαζωστῆρα. τὴν δὲ ὀσφὺν καὶ πρότμησιν ἐκά-
λουν, ἧς ἐνσφονδύλια μὲν τὰ ὀστᾶ, ὁ δὲ πρῶτος σφόνδυ-
λας ἐκαλεῖτο νεφρίτης, ὡς ὁ τελευταῖος ἀσφαλτίτης. τὸ δὲ
μέσον τῆς ὀσφύος ἄκνηστις, κυρίως μὲν ἐπὶ τῶν τετραπό-
δων· Ὅμηρος δὲ καὶ ἐπ' ἀνθρώπου κέχρηται λέγων «κατ'
ἄκνηστιν μέσα νῶτα.» ἀπὸ δὲ νώτων ὀνόματα, κατὰ νώ-
του ἐπιγενέσθαι ἐν πολέμῳ, καὶ τὰ νῶτα δοῦναι, καὶ νω-

---

175 2. ψιττακὸν ABC.   176 5. ἀναφᾶν A, om B. ‖ ἀναχλᾶν B,
καὶ ἀναχνᾶν καὶ ἀνακλᾶν A.   179 3. σφονδύλια C.   4. ἀσφαλτίας C.

180 τίσαι παρὰ τοῖς ποιηταῖς τὸ κατὰ νώτου τι ἀπολιπεῖν. καὶ
παρὰ Ξενοφῶντι νωτοφόρος ἡμίονος καὶ ὄνος· καὶ νωτεῖς
δὲ τούτους ἐκάλουν, ὡς τοὺς ὑπὸ ζυγῷ ζυγίους. τὸν δὲ μα-
στιγίαν Ἀριστοφάνης νωτοπλῆγα ἐκάλεσεν. περὶ δὲ τοῖς
νώτοις ἑπτὰ τραχύτητες ἀνεστᾶσιν, ὧν δύο μὲν αἱ μετὰ
τὴν πρώτην ἄκανθαν ὀνομαζομένην καλοῦνται κυνόλοφα,
χέρναι δὲ αἱ πλάγιοι δύο· αἱ δὲ λοιπαὶ κάτω προνεύουσιν.
τῶν δὲ σφονδύλων ἄρρεν μὲν καλεῖται τὸ προῦχον καὶ ἐνε-
ρειδόμενον, θῆλυ δὲ τὸ ὑποδεχόμενον κοῖλον. τοὺς δὲ σφον-
δύλους τούτους Ῥιανὸς κύβους ὠνόμασεν·

αὐχένος ἐξ ὑπάτοιο κύβοις ἐπιτέλλεται ἰξύς.

ἡ μέντοι διὰ τῶν σφονδύλων πορεία, δι' ἧς ὁ μυελὸς τέ-
ταται, σωλὴν καλεῖται καὶ ἱερὰ σῦριγξ.

181 τῶν δὲ πλευρῶν αἱ μὲν μείζους γνήσιαι, αἱ δὲ ἐλάτ-
τους νόθαι, αἳ καὶ εἰσὶν ὑπὸ τῷ στήθει· μεθ' ἃς τὰ ἐνι-
δρυμένα ταῖς πλευραῖς σπλάγχνα ἐγκοίλια καλεῖται. καὶ ἐκ
μὲν νώτων ἡ ἀνωτάτω πλευρὰ μεγίστη ὁρᾶται, ἐκ δὲ πλα-
γίων αἱ μέσαι. καὶ τὰ μὲν τῶν πλευρῶν ὀστᾶ σπάθαι, τού-
των δὲ πλάται μὲν τὰ εὐρύτερα, ἃ καὶ ἀλλήλοις συμπέπηγεν·

182 τὰ δὲ στενὰ κωπία, ἃ ῥάχει γειτονεῖ. καὶ αἱ μὲν πρῶται
δύο τὴν ἐπίκλησιν ἔχουσιν ἀντίστροφοι, δύο δ' αἱ μετὰ ταύ-
τας στερεαί, δύο δ' ἐπὶ ταύταις στερνίτιδες· αἱ δ' ἐπὶ τοὺς
χόνδρους καταλήγουσαι δύο παράσειροι, τέτταρες δὲ αἱ νό-
θαι μαλθακαί. ἵνα δὲ οἱ σφόνδυλοι καταλήγουσιν, ἱερὸν
ὀστοῦν καλεῖται· καὶ ἄρχεται μὲν ἐξ εὐρύτητος ὑπὸ τὴν
ῥάχιν, ἀποστενοῦται δὲ κατὰ τὸν κόκκυγα καλούμενον, ὃς
καὶ σφονδύλιον καὶ ὀρροπύγιον ὀνομάζεται. οὗ τὸ ὑπερ-

183 άνω ὀσφὺς καὶ ἰξύς, ὡς ζώνη τὸ κατ' αὐτὴν ἐν τοῖς
πρόσθεν. τισὶ δὲ τὸ ἱερὸν ὀστοῦν ὁ τρητὸς κόκκυξ καλεῖ-
ται. καὶ τὸ μὲν εἰς δακτύλιον νενευκὸς αὐτοῦ κορυφὴ κα-
λεῖται, τὰ δὲ πλάγια ἰσχία τε καὶ σκάφια. ταῦτα δὲ ὀμ-
φαλῷ μὲν ἀντίκειται, γλουτοῖς δὲ ἐπίκειται, οἳ καὶ κο-
χῶναι καὶ πυγαῖαι προσαγορεύονται, καὶ προχῶναι παρὰ

---

180 2. νωτίας A. 7. κέρμα A. 10. ἀριανὸς A, om B. 182 4.
παράπηροι A. 8. καὶ σφονδύλιον om A. 183 2. τισὶ] τοῦτο A. ||
ὁ τρητὸς] τριττὸς A ante hiatum, qui versum hausit dimidium. 3. δά-
κτυλον A. 6. προικῶναι A.

Ἀρχίππῳ ἐν τῷ Ῥίνωνι. καὶ ἰσχία μέν ἐστιν αἱ ἑκατέρω-
θεν μετὰ τὴν ὀσφὺν σαρκώδεις προβολαί, τὰ δ' ὑπερέχοντα 184
ἀπὸ τούτων γλουτοὶ καὶ ἐφέδρανα, ἀφ' ὧν ἕδρα καθέδρα
ἐνέδρα, ἐνεδρεύειν ἐφεδρεύειν, ἔφεδρος. ἀπὸ δὲ πυγῶν ὀνό-
ματα εὔπυγος, καλλίπυγος, καταπύγων, καὶ καθ' Ἡσίοδον
πυγοστόλος· οἱ δὲ Ἀττικοὶ καὶ τὸν μέσον τῆς χειρὸς δά-
κτυλον καταπύγονα ὠνόμαζον. οἱ δὲ ἐνδεῶς πυγῶν ἔχοντες
λίσποι καὶ ὑπόλισποι καλοῦνται καὶ λισπόπυγοι, ἐφ' ᾧ μά-
λιστα Ἀθηναῖοι κωμῳδοῦνται. τὴν δὲ ὧδε ἔχουσαν διατρά-
μιν Στράττις ὠνόμασεν.

οἱ δὲ ἔνδοθεν κατὰ τὴν ὀσφὺν μύες καλοῦνται ψόαι 185
καὶ νευρομῆτραι καὶ ἀλώπεκες· Κλέαρχος δὲ οὕτως ὀνομά-
ζει τοὺς ἔξωθεν κατὰ τῆς ῥάχεως μῦς. κοτύλας δ' ἂν εἴποις
τὰς τῶν περὶ τοῖς ἰσχίοις ὀστῶν κοιλότητας, αἱ τῇ κεφαλῇ.
τῶν μηρῶν εἰσὶν ἐνηρμοσμέναι. πλῆκτρον δὲ μηροῦ καλεῖ-
ται καθὸ ἡ κεφαλὴ τοῦ μηροῦ τῇ κοτύλῃ συνάπτει, αὐτὴ
δὲ ἡ κεφαλὴ κοτυληδών. αἱ δὲ ὑπὸ τοὺς γλουτοὺς ἐπὶ τοὺς 186
μηροὺς κατωφερεῖς σάρκες ὑπογλουτίδες. τὰ δ' ἐπ' αὐτῶν
παρὰ τοὺς μηροὺς βουβῶνες, οἷς καὶ τὸ πάθος ὁ βουβὼν
ἐπιγίνεται· καὶ τὸ βουβωνιᾶν ἐκεῖθεν, ὡς Καλλίας. καλεῖ-
ται δὲ καὶ τὸ νεῦρον τὸ συνέχον τὴν κοτύλην πρὸς τὸν μη-
ρὸν ἰσχίον· ὁμώνυμον δὲ αὐτῷ ἐστι καὶ τὸ ἄρθρον. καὶ τὸ
μὲν τῇ κοτύλῃ συνηρμοσμένον ὀστοῦν στρογγύλον μηροῦ
κεφαλή, μηρὸς δὲ τὸ ἀπὸ τούτου μέχρι γονάτων μέρος, ἀφ' 187
οὗ εὔμηρος καλλίμηρος, μηριαῖα παραμηριαῖα, καὶ ἡ Λά-
καινα φανόμηρις. ἡ δὲ περὶ τῇ κεφαλῇ τοῦ μηροῦ τῶν ὀστῶν
ἔκφυσις τροχαντὴρ ὀνομάζεται. μύες δὲ αἱ πρὸ τῶν ἄρθρων
ἐν ταῖς κινήσεσιν ἐπανιστάμεναι σάρκες. τὰ δ' ἐντὸς τῶν 188
μηρῶν παραμήρια, τὰ δὲ μεταξὺ αὐτῶν μεσομήρια. γόνυ
δὲ ἡ μετὰ τοὺς μηροὺς συγκαμπή, ἀφ' οὗ καὶ τὸ γονατί-
ζειν παρὰ Κρατίνῳ τῷ κωμῳδοποιῷ. λέγεται δέ τι καὶ κα-
λάμου γόνυ, καὶ παρ' Ὁμήρῳ ἐπιγουνίς. γόνατος δὲ τὸ μὲν
τῷ τοῦ μηροῦ τέλει συνηρμοσμένον κνήμης κεφαλή, τὸ δ'
ἔξωθεν ἐπικείμενον πλατὺ καὶ περιφερὲς ὀστοῦν, ὥσπερ

184 8. καὶ διαστραμίνα A.   185 1. φύες A.   186 2. ἐπ'] ἔμ-
προσθεν C.   187 3. παρὰ A.

7

189 φράγμα τοῦ γόνατος, ἐπιγονατίς, κόγχη, κόγχος, μύλη, κατὰ δὲ Ἱπποκράτην ἐπιμυλίς, κατὰ δὲ Ἱππώνακτα μυλακρίς. ἡ μέντοι κωμῳδία τὴν ἀλετρίδα μυλακρίδα καλεῖ, ζῷόν τι ἐν μύλωνι γινόμενον, ὡς Ἀριστοφάνης λέγει

ἵνα ξυνῶσιν ᾧπερ ἤδεσϑον βίῳ,
σκώληκας ἐσϑίοντε καὶ μυλακρίδας.

ὁ δὲ πρὸς τῷ γόνατι μῦς ἐπιγουνίς, ἡ δὲ κατόπιν ἀντικει-
190 μένη τῇ κόγχῃ κοιλότης ἰγνύη. κνήμη δὲ τὸ ἐπὶ τῷ γόνατι καὶ τῇ ἰγνύι πᾶν ἑκατέρωϑεν. δύο δὲ ἔχει ὀστᾶ ἡ κνήμη, ἰσομήκη μέν, οὐ μὴν ἰσοπαχῆ· ὧν τὸ μὲν ἔξωϑεν, ὅπερ ἐστὶν ἔλαττον, παρακνήμιον καλοῦμεν, τὸ δὲ ἔνδοϑέν τε καὶ μεῖζον προκνήμιον. τῆς δὲ κνήμης ἁπάσης τὸ μὲν πρόσϑεν ἀντικνήμιον, τὸ δ᾽ ὄπισϑεν εἰς μῦν ἐπηρμένον γα-
στροκνήμιον· ἔνιοι δ᾽ ᾠήϑησαν τὸ μὲν πρόσϑεν κνήμην, τὸ
191 δ᾽ ὄπισϑεν ἀντικνήμιον εἶναι. τὰ δ᾽ ἀπὸ κνήμης ὀνόματα εὔκνημος καὶ κνημὶς καὶ ἐυκνήμιδες Ἀχαιοί, καὶ σκελίδες ὁλόκνημοι ἐν τῇ κωμῳδίᾳ, καὶ κνημοὶ ὀρῶν. τὰ δ᾽ ἑκα-
τέρωϑεν τοῦ μείζονος ὀστοῦ, ὃ τὴν κνήμην φέρει κερκὶς καλούμενον, μικρὰ ὀστάρια, ἃ περόναι λέγονται καὶ παρα-
κερκίδες, ταῦτα δὲ καὶ στήριγγες καλοῦνται. τὸ δὲ πλατὺ νεῦρον, ὃ πρὸς τὴν πτέρναν παύεται ἀπὸ ἰγνύος ἀρξάμε-
νον, τέναν.

192 τὸ δὲ ὑπὸ τῇ κνήμῃ μέρος καλεῖται σφυρὸν καὶ πέζα, ἀφ᾽ ὧν ὀνόματα εὔσφυρος καλλίσφυρος, εὔπεζος ἀργυρό-
πεζος, «ἀργυρόπεζα Θέτις». παρὰ δὲ τὴν πέζαν ἑκατέρω-
ϑεν προὔχουσιν ἀστράγαλοι, εἰς οὓς αἱ περόναι καταλήγου-
σιν· οἱ δὲ ἀστραγάλους οὐ τὰ προὔχοντα ἀλλὰ τὰ ἔνδον κρυπτόμενα ὑπὸ σφυρόν. ῥαιβοὺς δὲ καλοῦσιν οἷς καμ-
193 πύλα εἰς τὸ ἔνδον τὰ σκέλη, βλαισοὺς δὲ οἷς τὸ ἀπὸ τῶν γονάτων εἰς τὸ ἔξω ἀπέστραπται· καὶ τὸ μὲν Ἀρχίλο-
χος τὸ δὲ Ξενοφῶν λέγει. σκέλος μὲν δὴ πᾶν ὀνομαστέον τὸ ἐκ μηροῦ καὶ γόνατος καὶ κνήμης καὶ σφυροῦ καὶ πο-
δός· τὸ δ᾽ ἐκ μηροῦ τε καὶ κνήμης κῶλον καὶ κωλῆνα. ὀνό-
ματα δὲ ἀπ᾽ αὐτῶν τὸ ὑποσκελίζειν, καὶ ὡς Ξενοφῶν κα-

κοσκελής, καὶ σκελὶς ἡ νῦν καλουμένη πέρνα ἐν τῇ κωμῳ-
δίᾳ, καὶ παρὰ Πλάτωνι «ἀσκελὲς καὶ ἄπουν·» τάχα δὲ καὶ 194
ὁ σκελετὸς καὶ σκελετεύειν καὶ κατεσκελετευμένος ἀπὸ τῆς
τῶν μερῶν τούτων ὡς πρὸς τὸ πᾶν σῶμα ἰσχνότητος ὠνο-
μάσθησαν, ὥσπερ καὶ ἄλλα πολλὰ ὅμοια. Μένανδρος δὲ
καὶ περισκελίδας εἴρηκε φορεῖν τὰς κόρας. ἀσκωλιάζειν δὲ
ἔλεγον τὸ τῷ ἑτέρῳ ποδὶ ἄλλεσθαι.   ποὺς δὲ ὀνομάζε-
ται τὸ μετὰ τοὺς ἀστραγάλους πᾶν· ἀφ' οὗ ὀνόματα εὔ-
πους ὠκύπους ταχύπους καὶ ὡς Πλάτων ἀντίπους, εὐ-
ποδία ἀποδία, ποδωκία ποδώκης, ἀρτίπους. καὶ ὡς Πλά-
των παραποδισθῶμεν, καὶ Ξενοφῶν κακόποδας. καὶ δίπους 195
καὶ τρίπους καὶ τὰ ἐφεξῆς, ὧν μόνον ὁ ὀκτάπους εἰδικώ-
τερον ἐκφέρεται. τούτοις ἂν προσήκοι καὶ ἐμπόδια καὶ ἐμ-
ποδίσματα, ἐμποδίζειν, ἐμποδὼν ἵστασθαι, ἐπὶ πόδα ἀνα-
χωρεῖν, καλόπους, ποδοκάκη, ποδάγρα ποδαγρᾶν. Πλάτων
δὲ καὶ τὰ πολύποδα καὶ ἄποδα εἴρηκεν. καὶ ὁ πολύπους δ'
ἐκ τούτων ἂν εἴη καὶ ἡ χαμαίπους· ἐκάλουν δὲ οὕτω τὴν
οὐκ ἐπὶ ζεύγους κομιζομένην νύμφην. ποδοστράβη, ποδό- 196
νιπτρον ποδονιπτήρ, ποδεῶν ἀσκοῦ, ποδήρεις χιτῶνας, πο-
δαλγία ποδαλγής. ὁ δὲ κωμικὸς Πλάτων καὶ ποδάρια εἴ-
ρηκεν. καὶ ποδεῖα τοὺς περὶ τοῖς ποσὶ πίλους Κριτίας, ἅπερ
Αἰσχύλος πέλλυτρα καλεῖ. λέγεται δέ τι καὶ περὶ πόδα, τὸ
ἁρμόττον, ἀπὸ τῶν ὑποδημάτων. «ἀνεπόδιζον» δὲ «τὸν
γραμματέα» Αἰσχίνης ὁ ῥήτωρ ἔφη ἐπὶ τοῦ πάλιν ἀναγι-
νώσκειν ἐποίουν, καὶ ἀναποδιζόμενα Ἀντιφῶν τὰ πάλιν ἐξ-
εταζόμενα.

μέρη δὲ ποδὸς τὸ μὲν ἄνω πρὸ τῶν δακτύλων πεδίον 197
ἢ ὄρος ἢ πολυόστεον, ἐξ ὀστῶν καὶ νεύρων συγκείμενον·
οὗ τὸ ἔμπροσθεν μετὰ τοὺς δακτύλους ταρσός, τὸ δ' ἀπο-
λῆγον τοῦ ποδὸς κατόπιν πτέρνα, ἀφ' ἧς καὶ τὸ πτερνοκο-
πεῖν, ὅπερ ἐστὶ τὸ ταῖς πτέρναις κτυπεῖν πρὸς τὰ ἐδώ-
λια ἐν τοῖς θεάτροις, ὁπότε τινὰ θορυβοῖεν. καὶ πτερνίδες
ἐν τῇ μέσῃ κωμῳδίᾳ καλοῦνται οἱ πυθμένες τῶν ἰατρικῶν
λεχανίδων. τὸ δὲ κάτωθεν τὸ μὲν ὅλον τύλωμα, τούτου δὲ 198

τὸ μὲν προῦχον ὑπὸ τοὺς δακτύλους στῆθος ποδὸς ἢ προ-
στηθίς, τὸ δὲ μετὰ τὸ στῆθος κοῖλον ποδός. δάκτυλοι δὲ
ποδὸς τὰς αὐτὰς ἐπὶ τοῖς μέρεσι προσηγορίας ἔχουσιν ἅσ-
περ οἱ τῶν χειρῶν. καὶ τὰ μὲν ὑπὸ τοὺς δακτύλους ῥήγματα
χίμετλα ὀνομάζεται (οἱ δὲ καὶ αὐτὸ τὸ μέρος οὗ ἐπιγίνε-
ται, χίμετλον νομίζουσιν ὀνομάζεσθαι), τὰ δὲ ὑπὲρ τοὺς δα-
199 κτύλους κρούματα πταίσματα· Ἀριστοφάνης δὲ καὶ ἐπιπταί-
σματα αὐτὰ καλεῖ, τὸ μέντοι προσπταῖσαι ἐν τοῖς Σφηξὶ
προσκόψαι εἴρηκεν.   ποσὶ δ' ἂν προσήκοι καὶ τὸ ὑπό-
δημα, ὑποδεῖσθαι, ὑποδούμενος, ἀνυπόδητος, ἀνυποδησία.
καὶ βάσιν δ' ἂν εἴποις τὸν πόδα, Πλάτωνος εἰπόντος
«θεοῦ βάσεις ὑποτιθέντος πλείους·» ἀφ' οὗ καὶ τὸ βάσι-
μον καὶ τὸ ἄβατον. καὶ βάσις δὲ παρὰ τοῖς μουσικοῖς λέ-
200 γεται τὸ τιθέναι τὸν πόδα ἐν ῥυθμῷ. καὶ βατὴρ ὁ οὐδὸς
ἐφ' οὗ βαίνομεν, ὡς Ἀμειψίας

        ἐπ' αὐτὸν ἥκεις τὸν βατῆρα τῆς θύρας.
καὶ βεβῶτας ὁ Πλάτων τε καὶ Ξενοφῶν λέγουσιν. καὶ δια-
βατήρια Ξενοφῶν ἱερά, καὶ ἀποβατήρια. καὶ διαβατὸς πο-
ταμὸς καὶ ἄβατος Πλάτων, καὶ διαβιβᾶτε Δημοσθένης, καὶ
διαβάτην Ἀριστοφάνης. καὶ ἐπιβασίαν τῇ δίκῃ Ὑπερίδης.
[ἐπιβασία καὶ ἡ εἰς ἀλλότριον οἶκον ἄναρχος εἰσέλευσις,] καὶ
«ἐπιβατεύων τοῦ Σμέρδιος ὀνόματος» Ἡρόδοτος.

201   τῶν τοίνυν ἐντὸς ἀπὸ τῶν μετὰ τὴν ἐπιγλωττίδα τό-
πων αἱ μὲν ἑκατέρωθεν προύχουσαι σάρκες ἀντιάδες καὶ
παρίσθμια καλοῦνται, αἱ δὲ ὑπ' αὐτάς, ὅμοιαι μὲν τὴν ἐρυ-
θρότητα, μείζους δὲ καὶ περιφερέστεραι, μῆλα. προσπεφύ-
κασι δὲ κατὰ λεπτοὺς ὑμένας στομάχῳ, ὃν καὶ βρόγχον
202 καὶ ἀρτηρίαν ἔνιοι καλοῦσιν, οἱ δὲ καὶ φάρυγγα. ταῖς γε
μὴν ἀντιάσιν ὀστοῦν ὑπόκειται περιειληφὸς τὴν τοῦ βρόγ-
χου κεφαλήν, καλούμενον ὑπ' ἐνίων υοειδές, ὅτι προσέοικε
τῷ τοῦ γράμματος σχήματι· Ἡρόφιλος δὲ αὐτό, διὰ τὸ
παρεστηκέναι ταῖς ἀντιάσι, παραστάτην ὠνόμαζεν. ὁ δὲ
στόμαχος πρόσκειται μὲν ἔνδοθεν τῇ ῥάχει, κατατείνει δ'
εἰς πνεύμονα, ὀνομάζεται δὲ καὶ οἰσοφάγος, καὶ τὰ νεῦρα

---

199 1. Ἀρ. — 2. αὐτὰ om A.   4. ὑποδύεσθαι vulgo.   200 6. δια-
βιβῶτα A, διαβάται ceteri.   8. ἐπιβασία — εἰσέλευσις om AC.   202 4.
πράγματος A.

τὰ ἑκατέρωθεν αὐτοῦ τόνοι. ἔνθα δὲ κοιλίᾳ συνάπτει, κα-
λεῖται τοῦτο στόμα κοιλίας. παρέοικε δὲ τὸ κάτω τοῦ στο- 203
μάχου, καθὸ τῷ πνεύμονι ἐμβέβηκε, διὰ τὸ ἐκ στενότητος
ἀνευρύνεσθαι κώδωνι σάλπιγγος. ἔστι μέντοι καὶ τὸ ὑπὸ
τῇ γλώττῃ πρὸς τὴν ὑποδοχὴν τῶν ποτῶν τε καὶ σιτίων
τοῦ λοιποῦ μήκους πλατύτερον, εὐαίσθητον δ' αὐτοῦ τὸ
πρὸς τῇ κοιλίᾳ καὶ νευρῶδες. ἔξωθεν δὲ σαρκώδης ἐστί,
καθὸ τῷ βρόγχῳ γειτονεῖ, τὰ δὲ ἔνδοθεν στρογγύλος ἀρ-
τηριώδης. ἐπίκειται δὲ ἀρτηρίᾳ τε καὶ ταῖς ἀπὸ καρδίας 204
εἰς ῥάχιν ἀνατεινούσαις φλεψίν. πλέγματα δ' αὐτὸν ποιεῖ
τέτταρα, ἢ ὡς ἔνιοι τρία, φλέβες ἀρτηρίαι νεῦρα· τοὺς γὰρ
ὑμένας ἐξαιροῦσιν. καὶ ὄρνισι μὲν ὅμοιόν τι τούτῳ πρόσκει-
ται, πρηγορεῶν καλούμενον, ἔνθα προαθροίζεται ἡ τροφή·
τῶν δὲ μηρυκαζομένων τὴν πρώτην κοιλίαν ἤνυστρον κα-
λοῦσιν. ὁ δὲ βρόγχος στομάχου προκείμενος, εἰς πνεύμονα
ἀνανεύων, τῇ γλώττῃ καὶ τῷ στομάχῳ προσπέφυχεν, ἐρρί- 205
ζωται δ' ἐν μέσῳ τῷ πνεύμονι, τῇ μὲν κατὰ τοὺς ὀπισθί-
ους λοβοὺς ἐγκείμενος, οἳ τοῖς νώτοις προσίζουσιν, τῇ δὲ
κατὰ τοὺς ὑπὸ τοῖς στέρνοις· σχίζεται γὰρ εἰς πλείους λε-
πτὰς ἀποφύσεις, αἳ καλοῦνται σύριγγές τε καὶ βρόγχια καὶ
ἀορταί. αὐτὸς δὲ εἰς στρογγύλον εἶδος ἀποτετορνευμένος,
ἐκ μὲν τοῦ κατόπιν τῷ στομάχῳ γειτνιῶν, ὥσπερ δ' ἐκ κύ-
κλων πολλῶν συγκείμενος χιτῶνας καὶ οὗτος ἔχει τέτταρας,
συμπεπλεγμένος ἐκ νεύρων φλεβῶν ἀρτηριῶν ὑμένων. Ὅμη- 206
ρος μέντοι τὸν στόμαχον καὶ λαιμὸν καὶ λαυκανίαν καλεῖ,
καὶ φησὶ ψυχῆς ὤκιστον ὄλεθρον εἶναι, ὅτι διαιρεθεὶς ἀπόλ-
λυσι τὴν ὁδὸν τῆς τροφῆς. τὸν δὲ βρόγχον ἀσφάραγον κα-
λῶν καὶ φωνῆς ὄντα πορείαν ἐπιστάμενος, ἄτμητον ἐπὶ
Ἕκτορι τετήρηκεν,

   ὄφρα τί μιν προτιείποι ἀμειβόμενος ἐπέεσσιν.

   ἥ γε μὴν φάρυγξ στομάχου ἐστὶν ἀρχή, ὡς βρόγχου 207
λάρυγξ· λαρυγγίζειν δὲ εἴρηκε Δημοσθένης ὅπερ οἱ παλαι-

---

202 1. δὲ καὶ ἡ κοιλία A.   2. τοῦτο om A.   203 3. ἀπευρύνε-
σθαι A.   204 1. ἀρτηρίαις A.   5. ante ἔνθα A et margo C: εἰσὶ
δ' οἵ φασι πρηγορεῶνας ὑποπεφυκέναι καὶ τῶν ἐν σικελίᾳ τισὶ γυναικῶν.
205 6. ἄορτα A, λόρτραι C.   207 1. ὃ A.   2. post λάρυγξ A καὶ
φαρυγγέστερον, C καὶ φαρύγεθρον.

τεροι φαρυγγίζειν. τὸ δὲ ἔξω προὖχον αὐτοῦ περὶ τὸν τρά-
χηλον γαργαρεὼν καὶ πρόλοβος. τοῦ δὲ στομάχου καταλή-
γοντος εἰς τὴν κοιλίαν, ὡς προύλεγον, ἡ τῆς κοιλίας εὐ-
ρυχωρία κεῖται κατὰ τὸ λαιὸν μέρος, τὸ μὲν στόμα κατὰ
τὸν χόνδρον μέσον ἔχουσα, τὸ δὲ λοιπὸν σῶμα ὑπὸ τῷ δια-
208 φράγματι. τῆς δὲ κοιλίας ἐκπέφυκεν ἔντερον κατὰ τὰ δεξιὰ
μᾶλλον νενευκός, τῇ ῥάχει μάλιστα προσκείμενον, ὃ καλεῖ-
ται πυλωρός· παραπέμπει δ᾽ εἰς τὴν ὀνομαζομένην νῆστιν
τὴν τροφήν, ἥ ἐστιν ἔκτοσθεν μὲν πλέγμα νευρῶδες, ἔντο-
σθεν δὲ καὶ σαρκῶδες αὐτῇ παραμέμικται. κεῖται δ᾽ ὑπὸ
τὴν νόθην πλευρὰν τὴν ἐν ἀριστεροῖς μέχρι τῆς λαγόνος
παρήκουσαν τοῦτο τὸ ἔντερον, ὅθεν καὶ νῆστις κέκληται.
209 ταύτης δὲ τῆς νήστεως τὸ λεπτὸν ἔντερον ἐκπέφυκεν, ὑπὸ
τὸν ὀμφαλὸν κείμενον ἕλιγμα, πάντα συμπληροῦν τὸν τό-
πον. λήγει δ᾽ εἰς δύο τέλη, ὧν τὸ μὲν καλεῖται κόλον καὶ
κάτω κοιλία, ἣν νειαίρην Ὅμηρος καλεῖ, κεῖται δὲ ἐν δε-
ξιοῖς, παρὰ τὸ ὑποχόνδριον· ἀφ᾽ οὗ καὶ τὸ κολάζεσθαι καὶ
κόλασις καὶ κολαστήρια, διὰ τὸ φέρειν τὸ ἐν αὐτῷ πάθος
210 τοῖς σώμασιν ὀξείας τινὰς ἀλγηδόνας. τὸ δὲ ἑτέρωθεν τῷ
λεπτῷ ἐντέρῳ λήγοντι συνάπτον ὀνομάζεται τυφλὸν ἔντε-
ρον, τῇ μὲν ῥάχει προσιζάνον, κατὰ δὲ τὴν λαγόνα τὴν δε-
ξιὰν κείμενον. καὶ τῷ μὲν κόλῳ τὸ ἀπευθυσμένον ὕπεστιν,
ἀρχὸς δὲ κόλου τέλος καταλῆγον εἰς τὸν δακτύλιον, τῇ
ὀσφύι προσπεφυκός. ὁ δὲ δακτύλιος ἐντέρου μὲν τέλος, ὁδὸς
δὲ τῶν ἐκ κοιλίας περιττῶν, οὑτωσὶ μὲν ἰδεῖν μεμυκώς, ἐπὶ
211 δὲ πλεῖστον ἀνοιγόμενος, ὃν οἱ μὲν σφιγκτῆρα οἱ δὲ στε-
φάνην καλοῦσιν. τὸ μέντοι μεσεντέριον ἔστι μὲν ὑμὴν ἐκ
φλεβῶν καὶ νεύρων συμπλακείς, νεφροῖς δὲ καὶ κοιλίᾳ γειτ-
νιᾷ, τὴν τροφὴν ἀναπέμπον εἰς τὸ ἧπαρ. ἀπὸ δὲ ἐντέρου
ὀνόματα δυσεντερία παρὰ Πλάτωνι καὶ λειεντερία παρὰ
212 Ἱπποκράτει, καὶ ἐντεριώνη τὸ ἐντὸς τῶν ῥάβδων, ὃ ἐξαί-
ρουσιν οἱ βουλόμενοι κενῶσαι τὴν ῥάβδον εἰς σύριγγα ἢ
αὐλὸν ἤ τι τοιοῦτον. ἐντερόνειαν δὲ τὰ καλούμενα ἐγκοίλια
τῶν νεῶν Ἀριστοφάνης ὠνόμασεν. ἐκ μὲν δὴ τοῦ περιφε-

ροῦς τῆς κοιλίας ἐκπέφυκεν, αὐτήν τε καὶ μέρος τοῦ ἄλλου
ἐντέρου καλύπτον, τὸ ὀνομαζόμενον ἐπίπλουν· ὁ δ' ἀπὸ τῶν
νεφρῶν ἐπὶ πάντα τὰ ἔντερα τεινόμενος χιτὼν περιτόναιον
καλεῖται.

τοῦ δὲ ἥπατος ἐν τοῖς δεξιοῖς κειμένου καὶ τὸ νεα- 213
ρὸν αἷμα διὰ φλεβῶν ἐκ κοιλίας ὑποδεχομένου, τὰ μὲν
πρὸς ταῖς φρεσὶ καὶ τῷ περιτοναίῳ κυρτά, τὰ δὲ κάτωθεν
ἐπιψαύοντα τῆς γαστρὸς σιμὰ ὀνομάζεται. τὸ δὲ μέγιστον
ἔργον ἥπατος διακρῖναι τὴν τροφὴν εἰς αἷμα καὶ χολήν,
καὶ τῆς μὲν ἀγγεῖόν τι πληρῶσαι, ὃ ἔγκειται τῷ μεγίστῳ
λοβῷ καὶ ὁμωνύμως τῷ αὐτοῦ ὑγρῷ καλεῖται χολή, τὸ μὲν 214
στενὸν αὐχένα καλούμενον ἔχουσα, τὸ δὲ πλῆρες πυθμένα.
ἀπὸ δὲ χολῆς χολᾶν, μελαγχολᾶν, χολωθῆναι, ἐπίχολος, ὑπό-
χολος, χολέρα, χολημεσία, χολόβαφος, χολοβαφίνη· οὕτω
γὰρ ἐπὶ τῶν πλασμάτων οἱ Ἀττικοὶ τὴν χρυσοειδῆ ἐκάλε-
σαν, ὡς ὑπόχολον τὸν μελαγχολῶντα. καὶ ἀκρόχολον δὲ καὶ
ἀκροχολοῦντα Πλάτων λέγει.   τὸ δὲ αἷμα διὰ φλεβῶν
εἰς πᾶν διασπείρεται τὸ σῶμα. ἀπὸ δὲ αἵματος αἱμάξαι, 215
αἱμάσσων, αἱματηρόν, ὕφαιμον, αἱματῶδες, αἷμα ἐμῶν,
αἷμα σχάσαι τὸ λῦσαι φλέβα, τῷ κέντρῳ ἐξαιμάσσειν, καὶ
ἔναιμον, καὶ ἐναιμῶδες παρὰ Ἀντιφῶντι, καὶ ἀναίμους δὲ
καὶ ὀλιγαίμους. καλεῖται δὲ τοῦ ἥπατος τὸ μέν τι πύλαι,
καθ' ἃς ὑποδέχεται τὸ αἷμα, ὅπερ διὰ μιᾶς φλεβὸς εἰς
πάσας τὰς φλέβας ἀπ' αὐτῶν ἀναπέμπεται· τὸ δὲ λοβοὶ
ἡπατίαι, καθάπερ οἱ τοῦ πνεύμονος πνευμονίαι.

ἐπίκειται δ' αὐτῷ τὸ διάφραγμα, συγκείμενον ἐκ 216
φλεβῶν, ὃ καὶ διαφράττει ἀπὸ τοῦ ἥπατος πνεύμονα καὶ
καρδίαν. τὰ δ' ἀπ' αὐτῶν ὀνόματα φράττειν, ἀποφράττειν,
ἐμφράττειν, ἐπιφράττειν, φράγμα, φραγμός. τῷ δὲ διαφράγ-
ματι ἡ γαστὴρ ὑπόκειται, καὶ καλεῖται ἄνω κοιλία. ὑπέρ-
κειται δ' αὐτοῦ ἡ καρδία, κόλπους ἔχουσα αἵματός τε καὶ
πνεύματος, ὧν τὸ μὲν ἐκπέμπει δι' ἀρτηριῶν, τὸ δὲ ἀνα-
πέμπει διὰ φλεβῶν. οἱ δὲ κόλποι καλοῦνται κοιλίαι, ἡ μὲν 217

---

212 1. αὐτή ante Iungermannum A.   214 1. αὐτοῦ] ὑπ' αὐτῶ AC.
nec liquet in A ὑγρῷ.   7. αἷμα διὰ φλεβῶν] διαφανὲς αἷμα A.   215 4.
ἐναίμους vulgo.   216 6. κόλπους] ἄνω κόλπους A.

ἀριστερὰ παχυτέρα τε καὶ πνεύματος οὖσα ἄφεσις, ἡ δὲ δεξιὰ
λεπτοτέρα μέν, ἐπὶ μείζονος δὲ τῆς εὐρυχωρίας, ἀφ' ἧς οἱ
τοῦ αἵματος ὀχετοὶ φέρονται. κεῖται δὲ ὑπὸ μαστὸν ἀρι-
στερόν. ὄνομα δ' ἀπ' αὐτῆς εὐκάρδιος, καὶ καρδιώττειν·
οὕτω γὰρ οἱ Δωριεῖς τὸ παρὰ Ξενοφῶντι βουλιμιᾶν κα-
λοῦσιν. καλεῖται δέ τις καὶ περικάρδιος ὑμήν, ὁ διαφράττων
218 τὸν θώρακα, ὃς καὶ χιτὼν ὀνομάζεται. ἡ μὲν δὴ βάσις τῆς
καρδίας καλεῖται κεφαλή, τὸ δὲ προῦχον ὀξὺ πυθμήν, τὰ
δ' ἑκατέρωθεν κοῖλα ὦτα. πρὸς δὲ τῇ κεφαλῇ τῆς καρδίας
ὄπισθεν κατὰ τὸν ἕβδομον σφόνδυλόν ἐστι τις σάρξ ἀδένι
ἐοικυῖα, ἡ καλεῖται θύμος.   εἴποις δ' ἄν τινας καὶ τρα-
χείας ἀρτηρίας κεῖσθαι πρὸ τοῦ στομάχου, δι' ὧν ὁ
θώραξ ἀναφυσώμενος τῷ πνεύματι καὶ συνιζάνων εἰς τὸν
219 πνεύμονα ἀναθλίβεται. ὁ δὲ πνεύμων κεῖται μὲν ὑπὲρ τὸ
διάφραγμα, ὃ καλοῦσι καὶ φρένας, ὥσπερ τοὺς ἐν ταῖς
πλευραῖς ὑμένας ὑπεζωκότας· τῇ δὲ τοῦ θώρακος εὐρυχω-
ρίᾳ, ἡ καλεῖται κενὰ θώρακος, ὁ πνεύμων χρῆται πρὸς τὴν
τοῦ πνεύματος ἐκροήν. ὀνομάζοις δ' ἂν ἀπ' αὐτοῦ πνεῖν,
ἀποπνεῖν, ἐκπνεῖν, διαπνεῖν, πνέων, ἀποπνέων, ἐκπνέων, δια-
πνέων, διαπνεόμενος, πνεῦμα, ἐμπνέων, ἐμπνεῖν, ἐπιπνέων,
ἐπιπνεῖν, ἐπίπνους, εὔπνους, καταπνεόμενος, ἀναπνοή, περι-
πνευμονία, δύσπνοια, ἔμπνους, ἐπίπνοια, διάπνοια.
220   περὶ μέντοι τὴν κοιλίαν κατὰ τὰ λαιὰ ὑπὸ τὸ διά-
φραγμα τὸν σπλῆνα κεῖσθαι συμβέβηκεν, ὃν ὁ Πλάτων
ἐκμαγεῖον τοῦ ἥπατος γεγενῆσθαι φησίν· ἄλλην γὰρ οὐδε-
μίαν χρείαν παρέχεται. κεφαλὴ δ' αὐτοῦ τὸ παχύτατον ὀνο-
μάζεται. λέγεται δὲ καὶ σπληνίον. ὄνομα δ' ἀπ' αὐτοῦ τὸ
σπληνιᾶν, ὅπερ ἐστὶ τὸν σπλῆνα ἀλγεῖν. τῶν δὲ νεφρῶν
θέσις, ἀφ' ὧν καὶ νεφρῖτις νόσος, ὑπὸ σπληνὶ καὶ ἥπατι,
καθ' ἑτέραν τὴν λαγόνα τῶν νεφρῶν ἑκάτερος κείμενος,
καὶ τὸ ἀπορρέον τοῦ σώματος ὑγρὸν εἰς κύστιν διηθῶν.
221 ἥ γε μὴν κύστις κατὰ τὴν εὐρυχωρίαν τῶν πλατέων ὀστῶν
κειμένη τὸ ὑγρὸν ἐφ' ἑαυτὴν συλλέγει. καὶ μὴν ἐπὶ γυναι-
κῶν μέσον ἀρχοῦ τε καὶ κύστεως κεῖται τὸ μητρῷον χω-

---

218 4. ἄδενι A, et 224 8. ἄδενας.   5. θυμός vulgo.   219 4. εἰς A.
220 7. ἐπὶ BC.

ρίον, ὃ μήτραν καλοῦσι καὶ ὑστέραν καὶ δελφύν, ἀφ' ἧς
καὶ ἀδελφοὶ οἱ ἐν τῇ αὐτῇ μήτρᾳ συστάντες, ὡς ἄλοχος
παρὰ τοῖς ποιηταῖς ἡ ἐπὶ τὸ αὐτὸ λέχος ἀναβαίνουσα καὶ
ἄκοιτις ἡ τῆς αὐτῆς κοίτης μετέχουσα. Ἱπποκράτης δὲ οὐ 222
δελφὺν μόνον ἀλλὰ καὶ γονὴν τὴν μήτραν καλεῖ, ἐν ᾗ τό
τε ἔμβρυον συνίσταται καὶ τρέφεται καὶ τὸ ἔμμηνον αἷμα
συναθροίζεται. τῆς δὲ μήτρας αἱ ἐπὶ τὰ ἄνω καὶ τὰ πλά-
για ἐκφύσεις κεραῖαι καλοῦνται καὶ πλεκτάναι, τὰ δ' ἑκα-
τέρωθεν ὦμοι, καὶ τὸ ἄκρον αὐχὴν ἢ τράχηλος· οὗ στόμα
ὁ πρῶτος πόρος, τὸ δὲ ἐφεξῆς κοίλωμα γυναικεῖος κόλπος.
δύο δὲ δὴ περὶ τῷ ἐμβρύῳ χιτῶνες εἰσίν, ὧν τὸν μὲν ἔν- 223
δοθεν λεπτότερον ὄντα καὶ μαλακώτερον ἀμνίον Ἐμπεδο-
κλῆς καλεῖ, τὸ δὲ ἔξωθεν ἐπ' αὐτῷ, τὸ πρὸς τῇ ὑστέρᾳ,
χόριον ὀνομάζεται, οὗ καὶ ὁ ὀμφαλὸς ἐκπέφυκεν. καὶ Ἀν-
τιφῶν δὲ εἴρηκεν «ἐν ᾧ τὸ ἔμβρυον αὐξάνεταί τε καὶ τρέ-
φεται, καλεῖται χόριον.» οἱ δὲ παραπέμποντες ἐξ ἑκατέρων
τῶν νεφρῶν τὸ οὖρον τόποι οὐράναι τε καὶ οὐρητῆρες κα-
λοῦνται· ἡ δὲ τραγῳδία τὴν ἀμίδα οὐράνην ἐκάλεσεν. κα- 224
λεῖται δέ τις καὶ περιτόναιος ὑμήν, τῷ παντὶ ὑπογαστρίῳ
συμπεφυκώς, καὶ περιειληφὼς κοιλίαν καὶ ἔντερα καὶ πάντα
τὸν ἀπὸ διαφράγματος τόπον μέχρι ἐπισίου. καὶ μὴν ἔκ γε
τοῦ σπληνὸς ἕτερος ὑμὴν τοῦ προτέρου λεπτότερος ἐκπε-
φυκώς, ὑπὸ τὸ περιτόναιον κείμενος, τὸ αὐτὸ διάφραγμα
περιειληφώς, ἐπίπλους ὀνομάζεται· Ἀντιφῶν δὲ αὐτὸν καὶ
ἀρρενικῶς καὶ οὐδετέρως καλεῖ.   ἰατροὶ δὲ καὶ ἀδένας
τινὰς καλοῦσιν· ὄγκοι δέ εἰσιν ἐν μέσῳ σαρκὸς καὶ πιμε- 225
λῆς συνιστάμενοι, μάλιστα περὶ βουβῶνάς τε καὶ μασχά-
λας καὶ σιαγόνας καὶ μεσεντέριον, περὶ οὓς καὶ αἱ χοιρά-
δες συνίστανται.   τῶν δὲ φλεβῶν ἡ κοίλη καλουμένη
μεγίστη τέ ἐστι καὶ ἀπὸ καρδίας ἄρχεται, καὶ πᾶσα τῷ
ἥπατι προσπέφυκεν, δι' ἧς ἀπὸ τοῦ ἥπατος ἀνέλκει τὸ αἷμα
ἡ καρδία. ὥσπερ καὶ τῶν ἀρτηριῶν ἡ μεγίστη καλεῖται,
οὕτω καὶ ἔστι καὶ κεῖται κατὰ τὴν ῥάχιν λαμβάνουσά τε
τὸ πνεῦμα παρὰ καρδίας καὶ διασπείρουσα εἰς τὰς ἄλλας
ἀρτηρίας, ὡς εἰς πᾶν διαδίδοσθαι τὸ σῶμα.

---

226 σύγκειται μὲν δὴ ὁ πᾶς ἄνθρωπος ἐκ ψυχῆ
σώματος, καὶ ἔστιν ἡ ψυχὴ πνεῦμα ἢ πῦρ ἢ αἷμ
ἂν δοκῇ τοῖς σοφοῖς, μέρη δ᾽ αὐτῆς νοῦς ἐπιθ
μός. καὶ ὁ μὲν νοῦς καὶ λογισμὸς καὶ ἡγεμονικόν,
ἐγκεφάλῳ κατὰ Πυθαγόραν καὶ Πλάτωνα ἱδρυμ
παρ᾽ ἐγκεφαλίδι ἢ μήνιγξιν, ὡς πολλοῖς τῶν ἰατρ
εἴτε κατὰ τὸ μεσόφρυον, ὡς ἔλεγε Στράτων, εἴτ
αἷμα, ὡς Ἐμπεδοκλῆς τε καὶ Ἀριστοτέλης, εἴτε

227 καρδίαν, ὡς ἡ στοά. θυμοῦ δὲ τόπος ἄντικρυς
καθάπερ ὁ περὶ τὸ ἧπαρ τόπος ἐπιθυμίας. καὶ
ψυχῆς ὀνόματα εὔψυχος ἔμψυχος ἄψυχός, εὐψύ
χος ἀψύχως, ψυχαγωγία ψυχαγωγεῖν, φιλόψυχο
χεῖν, ἀποψύχων ἀναψύχων παραψύχων, παραψυχ

228 νοῦ νόησις, διάνοια, περίνοια, εὔνοια, ἀγχίνοια, κ
τιφῶν ἐπινόημα, πολύνοια, ἀπόνοια, διχόνοια,
παράνοια, ἀνοητία ὡς Ἀριστοφάνης, καὶ διανόησ
των, καὶ διανοήματα. καὶ τὰ ῥήματα νοεῖν, δι
περινοεῖν, εὐνοεῖν· τὸ δ᾽ ἐπινοεῖν εὐτελέστερον,

229 χονοεῖν· διχογνωμεῖν γὰρ καὶ στασιάζειν καὶ διε
ἐξεστασιάσθαι καὶ ἀπερρῆχθαι καὶ ἀπεσχίσθαι ἐπ
ἀμείνω λέγουσιν, ὑπονοεῖν μέντοι καὶ μετανοεῖν κ
εῖν. τὸ δὲ ἀπονενοῆσθαι φαυλότερον, προνοεῖν δέ
ταίνειν. καὶ τὰ ὀνόματα νοήμων, διανοητικὸς καὶ
κός. καὶ εὔνους, καὶ εὐνοϊκὸς ὡς Ἰσαῖος, ἀγχίνους
ἀπονενοημένος, δύσνους, κακόνους, προνοητικός,

230 ητος. ἀπὸ δὲ τῶν ἄλλων οὐδὲν χρηστέον, Πλα
ἀδιανόητα εἴρηκεν. τὰ δὲ ἐπιρρήματα εὔνως, εἰ
νοϊκωτέρως ὡς Δημοσθένης, κακόνως, ἀνόητα
πολύνως, δύσνως· τὰ γὰρ ἀπὸ τῶν ἄλλων βιαιότ
δὲ θυμοῦ θυμοῦσθαι, θυμούμενος, θυμικό
δής, ἄθυμος, εὔθυμος, εὐθυμία, ἀθυμία, ἀθ
μοῦσιν ὡς Ἀντιφῶν, ἀθύμως ὡς Ἰσοκράτης,

231 ὡς Ἰσαῖος, θυμόσοφος, βαρύθυμος, ὀξύθυμο
θυμίας, καὶ ὠξυθυμήθη παρ᾽ Ἀριστοφάνει.
τὸ εὐθυμεῖσθαι, καὶ ὀξυθύμια τὰ καθάρματ

---

226 6. περί?   229 2. ἐξεσιᾶσθαι A.

δὲ καὶ ἐνθύμησιν Θουκυδίδης, καὶ ἐνθυμιζόμενοι τὰς ἐν
ταῖς μάχαις συμφοράς. καὶ ἐνθυμήματα δὲ παρ' Ἰσοκρά-
τει.   ἀπὸ δὲ ἐπιθυμίας ἐπιθυμεῖν, ἐπιθυμῶν, ἐπιθυ-
μητόν, ἐπιθυμητικός, ἐπιθυμητικῶς, ἐπιθυμητής, καὶ ἐπι-
θύμημα ὡς παρὰ Πλάτωνι, καὶ ἐπιθύμησις κακῶν παρ'
Ἰσαίῳ, καὶ ἐπιθυμήματα παρὰ Φιλυλλίῳ.

τὸ δὲ σ ῶ μ α σύγκειται ἐξ ὀστῶν, χόνδρων, μυελοῦ, σαρ- 232
κῶν, πιμελῆς, δέρματος, νεύρων, ἀρτηριῶν, φλεβῶν, ὑμένων,
μηνίγγων. καὶ ἔστι τὰ μὲν ὀ σ τ ᾶ στήριγγες τοῦ σώματος
στερεαὶ καὶ ἀναίσθητοι καὶ ἄναιμοι, κινήσεως ὑπηρέτιδες.
ὀνόματα δὲ ἀπ' αὐτῶν ὀστώδης καὶ ἀνόστεος, ὀστέινος καὶ
τὸ Ἀττικώτερον ὄστινος· ἡ δὲ νέα κωμῳδία καὶ ὀστοθήκην
καὶ ὀστοκόπον λέγει.   ὁ δὲ χ ό ν δ ρ ο ς συγκείμενος ἐκ νεύ-
ρων τε καὶ ὀστῶν, καὶ ἑκατέρῳ τούτων ἐκ μέρους προσεοι-
κώς, μάλιστα δοκεῖ εἶναι τῶν ὀστῶν τέλος.   αἱ δὲ σ ά ρ - 233
κ ε ς πίλημα μαλακὸν λιπαρόν, ἐπιβεβλημένον τοῖς ὀστοῖς
κάλλους τε καὶ σκέπης εἵνεκα· ἀφ' ὧν ὀνομάζεται εὔσαρκος
εὐσαρκία, πολύσαρκος πολυσαρκία. Ἀριστοφάνης δ' εἴρη-
κεν ἄνδρα σάρκινον, Εὔπολις δὲ σαρκίνη γυνή, Ἡρόδοτος
δὲ σαρκίσαι τὸ τοῦ δέρματος τὴν σάρκα ἀφελεῖν.   ἡ δὲ
π ι μ ε λ ὴ λευκὴ μέν ἐστι τὴν χρόαν, προσπέφυκε δὲ τῇ σαρκί,
καὶ καλεῖται στέαρ, συνίσταται δὲ περὶ τοὺς ὑμένας μά-
λιστα. καὶ φαίης ἂν ἀπ' αὐτῆς πιμελώδης, περιπίμε-
λος.   ν ε ῦ ρ α δ' ἐστὶ σύνδεσμος ὀστῶν εἴκων τε καὶ τει- 234
νόμενος, ἀφ' ὧν καὶ αἱ νευραὶ κέκληνται. ταμιεύουσι δὲ μά-
λιστα τὰς κώλων κάμψεις τε καὶ ἐκτάσεις καὶ τὰς τῶν ἄρ-
θρων συγκαμπάς. ὅθεν καὶ τὸ ἰσχύειν νεῦρα ἔχειν λέγουσι,
καὶ τὰ χρήματα νεῦρα τῶν πραγμάτων [Δημοσθένης φη-
σίν, ὡς τὸ ἐκνενευρισμένοι καὶ περιῃρημένοι χρήματα καὶ
συμμάχους.] Θεόπομπος δὲ ὁ κωμικὸς ἄνευρον εἴρηκεν·
    ἄπνους, ἄνευρος, ἀσθενής, ἀνέντατος.
μ υ ε λ ὸ ς δ' ἐστὶν ὀστῶν πλήρωμα λευκὸν ὑπέρυθρον, μήνιγ-
ξιν ἀμπεχόμενον. αἱ δὲ μήνιγγες ἐκ νεύρων καὶ ὑμένων συμ-
πλακεῖσαι τόν τε περὶ ἐγκεφάλῳ καὶ ἐγκεφαλίδι μυελὸν καὶ
τὸν διὰ σφονδύλων περιέχουσιν.   ἀ ρ τ η ρ ί α ι δ' εἰσὶν ὁδοὶ 235

233 6. σαρκίσαι] σάρκα σχίσαι A.   134 5. Δημοσθένης — 7. συμ-
μάχους om AC.

πνεύματος ὡς φλέβες αἵματος.   ἀπὸ δὲ τοῦ δέρματος
ὀνόματα δορά, δέρις, δειρὴ καὶ δειρὰ διὰ τὸ ἐκεῖθεν τὰ ζῶα
γυμνοῦσθαι τῆς δορᾶς. προσήκοι δ᾽ ἂν δέρματι καὶ ταῦτα,
ὑποδερίς, περιδερίς, περιδέραιον, δειράδες.   κοινῇ δὲ ἀπὸ
σ ώ μ α τ ο ς ὀνόματα ἀσώματος, εὐσώματος, φιλοσώματος,
φιλοσωματία, εὐσωματία, πολυσώματος, δοῦλα σώματα, σώ-
ματα οἰκεῖα, σωμασκία, σεσωμασκηκώς, σωματοφύλακες, σω-
ματοειδές, σωμάτιον ἡ τῶν ὑποκριτῶν σκευή.

236   αἱ τοίνυν α ἰ σ θ ή σ ε ι ς πέντε μέν εἰσιν, οὐκ ἐν ἑνὶ δὲ
τόπῳ, ἀλλ᾽ ἡ μὲν ὄσφρησις περὶ τὰς ῥῖνας, ἡ δὲ ὄψις περὶ
τοὺς ὀφθαλμούς, ἡ δ᾽ ἀκοὴ περὶ τὰ ὦτα, ἡ δὲ γεῦσις περὶ
τὴν γλῶτταν, ἡ δ᾽ ἁφὴ περὶ ὅλον τὸ σῶμα. ἀπὸ δὲ τῆς αἰ-
σθήσεως ὀνόματα αἰσθητόν, αἰσθητικόν, ἀναίσθητος, ἀν-
αισθήτως, καὶ ὡς Πλάτων φησίν, ὁ αἰσθητής, οὕτως ὀνομά-
σας τὸν αἰσθανόμενον. αἰσθητικὰ μαθήματα. τὸ δὲ ἔργον
αἰσθάνεσθαι. τὸ δ᾽ ἐναντίον τῇ αἰσθήσει ἀναισθησία.

Γ.

Κομμόδῳ Καίσαρι Ἰούλιος Πολυδεύκης χαίρειν. οἷς μὲν τῶν
ὀνομάτων οἱ δόκιμοι τὴν γλῶτταν κέχρηνται, ταῦτα παρ᾽ αὐτῶν
λαβών, εἰ μὲν πλείους ἦσαν οἱ χρησάμενοι, τὸ μηδὲν ἐπισημήνα-
σθαι περὶ τῶν εἰπόντων ᾠήθην ἀπαρκεῖν, ἐλαττόνων δ᾽ ὄντων
ἕνα τὸν καλλιφωνότατον αὐτῶν ἐπελεξάμην, ὥσπερ ἐν ταῖς δίκαις
εἰς ἀξιόχρεως πολλῶν μαρτύρων ἀρκεῖ.

5   Ἑπόμενον δ᾽ ἂν εἴη τῷ περὶ ἀνθρώπου λόγῳ διελεῖν
γ έ ν ο ς τε καὶ σ υ γ γ έ ν ε ι α ν, καὶ οἷς ἂν ἑκάτερον τούτων
ὀνομάζοιτο τοῖς ὀνόμασιν. οὕτω μὲν γὰρ ἀκοῦσαι πάντες
οἵ τε προσήκοντες ἡμῖν ἐξ οἰκειότητος καλοῦνται συγγενεῖς,
καὶ Ζεύς τις συγγένειος ὁ τὰ τῆς συγγενείας δίκαια ἐφο-
ρῶν παρ᾽ Εὐριπίδῃ· διακριτέον δ᾽ αὐτοὺς τῷ τοὺς μὲν ἀπὸ
γένους ἡμῖν ὀνομάζεσθαι, πρὸς γένους τε καὶ πρὸς αἵμα-
τος, καὶ ἐν γένει καὶ ἐν αἵματι, καὶ οἰκείους καὶ ἀναγκαί-
ους καὶ θεῶν ὁμογνίων κοινωνοὺς καὶ τῆς αὐτῆς ἑστίας
6 μετόχους, γένος δὲ εἶναι τὸ φύσει προσόν, οὐ τὸ νόμῳ
προσιόν, οἷον γονέας υἱεῖς ἀδελφοὺς καὶ τοὺς πρὸ τούτων
καὶ ἐκ τούτων, ἐφ᾽ ὧν καὶ ἡ γενεὰ τάττεται (Ἰσαῖος δὲ καὶ

γένναν εἴρηκεν, «ἐκ τῆς Ἀναξίωνος γέννας καὶ Πολυαρά-
του ὄντα»), συγγένειαν δὲ τὸ φύσει προσγινόμενον, οὐ τὸ
ἐκ φύσεως ὑπάρχον, οἷον γαμβροὺς πενθερούς, καὶ ὅσοι τὴν
οἰκειότητα τὴν πρὸς ἡμᾶς ἐκ συνθήκης ἀλλ' οὐκ ἐξ ἀνάγ-
κης ἔχουσιν. τὸ μὲν γὰρ γένος ἡμῖν ὁμοῦ τῇ γενέσει σύν-
εστι καὶ οὐκ ἔστιν ὅτε παύεται, ἡ δὲ συγγένεια καιρῷ τε 7
ἄρχεται καὶ νόμῳ παύεται. νόμῳ γὰρ ὥσπερ συνίσταται
γάμος, οὕτω καὶ λύεται. λυθέντος γὰρ ἅπαξ τοῦ γάμου
καὶ τὰ ὀνόματα τὰ διὰ τὸν γάμον συναπέρχεται. διακέ-
κριχε δ' αὐτὰ σαφῶς Ὅμηρος·

ἤ τίς τοι καὶ πηὸς ἀπέφθιτο Ἰλιόθι πρό
ἐσθλὸς ἐών, γαμβρὸς ἢ πενθερός, οἵ τε μάλιστα
κήδιστοι τελέθουσι μεθ' αἷμά τε καὶ γένος αὐτῶν.
τούτους δὲ προσκηδεῖς Ἡρόδοτος κέκληκεν. πρότερον οὖν περὶ
τοῦ γένους, εἶτα περὶ τῆς συγγενείας οὕτω ῥητέον.

τὸ μὲν οὖν κοινὸν εἰπεῖν, γ ο ν ε ῖ ς, τ ο κ ε ῖ ς, οἱ γεννή- 8
σαντες, οἱ σπείραντες, οἱ ποιήσαντες, οἱ τεκόντες, οἱ προ-
αγαγόντες εἰς φῶς, οἱ θρέψαντες, οἱ πατέρες (τοῦτο γὰρ
οὐ κατὰ τοῦ γεννήσαντος μόνον ἀλλὰ καὶ κατὰ τῶν ἄνω
προγόνων φέρεται)· τὸ δὲ καθ' ἕκαστον πατήρ, γονεύς, το-
κεύς, ὁ σπείρας, ὁ φύσας, ὁ γεννήσας, ὁ φυτεύσας, ὁ ποιή-
σας, ὁ γεινάμενος, καὶ ὡς Πλάτων ὁ γεννήτωρ. ὁ δ' αὐτὸς 9
ἐπὶ τούτου καὶ γεννητὴς ἔφη, «τὴν τοῦ γεννητοῦ ψυχὴν συ-
λήσας·» καίτοι γε οἱ Ἀττικοὶ γεννητὰς ἐκάλουν τοὺς τοῦ
αὐτοῦ γένους μετέχοντας, τὰ δὲ γένη ταῦτα καὶ ἔθνη ὠνό-
μαζον. ὁ δ' ἀναθρεψάμενος, ὁ ἐκθρεψάμενος, ὁ θρέψας,
ὁ ἐκθρέψας, ὁ προαγαγὼν εἰς φῶς, ὁ δείξας τὸν ἥλιον· καὶ
πολλὰ δ' ἄν τις ἄλλα δύναιτο εἰπεῖν λόγῳ καὶ οὐκ ὀνόματι.
ἡ δὲ διὰ τούτων κτῆσις πατρῷα, πατρική, πάτριος, προγο- 10
νική, καὶ ἱερὰ πατρῷα καὶ πάτρια καὶ πατρικὰ καὶ προγο-
νικά. καὶ πατριάζειν δὲ ἔλεγον Ἀθηναῖοι τὸ πράττειν τι
ἐκ τῶν πατρίων ἐθῶν, καὶ πάτριον στέφανον τὸν τοῦ θαλ-
λοῦ· καὶ πατρόθεν τινὰ καλεῖν λέγουσιν. ὁμοίως δὲ μήτηρ
ἡ τεκοῦσα, ἡ ὠδίνασα, ἡ γεννήσασα, ἡ γεννησαμένη, ἡ μα-

---

6 2. συγγένεια vulgo.   7 2. νόμῳ — 3. λύεται om A. rursus λυ-
θέντος — 4. συναπέρχεται om C.   3. γὰρ] δὲ?   4. τὰ alterum vulgo
om.   8. κηδεστοὶ A.

11 στὸν ἐπισχοῦσα ὡς Σοφοκλῆς, ἡ θηλάσασα, καὶ τἄλλα
ὅσα ἐπὶ πατέρων εἰς τὸ θῆλυ σχηματισθέντα. ὡσαύτως καὶ
κτῆσις μητρῷα καὶ μητρική, καὶ τἄλλα κατὰ ταὐτὰ τοῖς
πατράσιν. ἐλέγετο δέ τι καὶ μητρῷον Ἀθήνησι, τὸ τῆς Φρυ-
γίας θεοῦ ἱερόν· καὶ μητριάζειν τὸ ταῦτα τελεῖν ἢ ἐπ᾽ αὐτῷ
ἀγείρειν, καὶ μητραγύρτης ὁ τελεστής.

12   οἱ δὲ ἐκ τούτων παῖδες, τ έ κ ν α, φυτεύματα, γεννήματα,
ποιήματα, ἔκγονοι, ἀπόγονοι, διάδοχοι, κληρονόμοι, χειρα-
γωγοί, νοσοκόμοι, γηροτρόφοι, τροφεῖς, ταφεῖς, στηρίγματα
οἴκου ἢ βίου, ἐπίκουροι ἀναγκαῖοι, βοηθοί, σύμμαχοι, προ-
αγωνισταί, συναγωνισταί. ταῦτα μὲν κοινά, ἴδια δὲ ἐπὶ μὲν
13 ἀρρένων υἱεῖς, ἐπὶ δὲ θηλειῶν θυγατέρες. καὶ μὴν οἵ γε
περὶ τοὺς γονέας ἐξαμαρτόντες πατραλοῖαι ἢ μητραλοῖαι
ἑκάτεροι αὐτῶν καλοῦνται· Ἰσαῖος δὲ καὶ πατροτύπτας λέ-
γει, Πλάτων δὲ πατροφόνον καὶ μητροκτόνον, Σοφοκλῆς
δὲ πατροκτόνον. ὁ γὰρ πατροφόντης καὶ μητροφόντης ποι-
ητικὸν ἐσχάτως. εἴη δ᾽ ἂν ἐκ τούτων παιδοποιία, τεκνο-
ποιία, παιδοτροφία, ποιήσασθαι παῖδας, ἀνελέσθαι παῖδας,
14 φιλόπαις, ἄτεχνος, ἄπαις, φιλότεκνος, μισόπαις, φιλοτεχνία,
μισοτεχνία, μισότεκνος, καὶ παρὰ Κρατίνῳ εὔπαις, πολύ-
παις, πολύτεκνος, εὔτεχνος, εὐτεχνία, ἀτεκνία, ἀπαιδία, πο-
λυπαιδία, πολυτεχνία, εὐπαιδία. Πλάτων δὲ τὴν παιδοποι-
ίαν καὶ παιδογονίαν καὶ παιδουργίαν εἴρηκεν· ἐν δὲ τοῖς
Νόμοις τὰς γυναῖκας εἴρηκε τὰς παυσαμένας τῆς παιδοποι-
15 ήσεως. τὸν δὲ ἄπαιδα ἀγενῆ Ἰσαῖος ὠνόμασεν. ἡ δὲ μὴ
τίκτουσα καλεῖται στερίφη· ἡ γὰρ ἄτοκος κοινὸν πρὸς τὴν
μηκέτι τίκτουσαν ἢ μήπω τεκοῦσαν, ἣν καὶ ἀνειλείθυιαν
φίλον τοῖς ποιηταῖς καλεῖν. Πλάτων δὲ τὴν παρθένον, ὡς
οὔπω λοχευθεῖσαν, ἄλοχον καλεῖ. Ὅμηρος δὲ καὶ στεῖραν
βοῦν εἶπεν.

    καὶ ταῦτα μὲν εἰς ἄλληλα ἀναστρέφει, ὥσπερ παισὶ
16 πατέρες τε καὶ μητέρες, οὕτω παῖδες γονεῦσιν. καλεῖται δὲ
ὁ μὲν πατρὸς ἢ μητρὸς πατὴρ π ά π π ο ς, καὶ μετὰ προσ-
θήκης πάππος ἐκ πατρὸς καὶ μητρός, ἢ πάππος ἀπ᾽ ἀν-
δρῶν καὶ πάππος ἐκ γυναικῶν· ἀφ᾽ οὗ καὶ τὸ παππάζειν
παρὰ τοῖς ποιηταῖς. ἔξεστι δὲ χρῆσθαι καὶ τῷ μητροπάτωρ τε

---

12 2. ἔγγονοι vulgo.   14 2. ἔμπαις C.

καὶ πατροπάτωρ, κἂν ᾖ ποιητικώτερα τὴν σύνθεσιν· ἢ μᾶλλον διαλύειν πατρὸς πατὴρ ἢ μητρὸς πατήρ. τοῦτον δ᾽ Εὐριπίδης μήτρωα ὠνόμασεν· καλεῖται δὲ καὶ νέννος παρὰ τοῖς ποιηταῖς. ἡ δὲ πατρὸς ἢ μητρὸς μήτηρ τήθη· καὶ τὴν μάμμην δὲ 17 καὶ μαῖαν ἐπὶ ταύτης παραληπτέον, Πίνδαρος δὲ καὶ μητρομήτωρ ἔφη. καὶ ἀναστρέψασιν ὁ μὲν υἱοῦ υἱὸς υἱωνός τε καὶ υἱιδοῦς πάππῳ τε καὶ τήθῃ λέγεται, ἡ δὲ υἱοῦ θυγάτηρ ἀμφοτέροις υἱιδῆ, ὁ δὲ θυγατρὸς υἱὸς θυγατριδοῦς, ὥσπερ ἡ θυγατρὸς θυγάτηρ θυγατριδῆ. ὁ δὲ πάππου ἢ τήθης πατὴρ πρόπαππος, ὡς Ἰσοκράτης· τάχα δ᾽ ἂν τοῦτον τριτοπάτορα Ἀριστοτέλης καλοῖ. Φαίδων δὲ ἐν τῷ Ζω- 18 πύρῳ καὶ ἀβελτηρίαν εἴρηκε προπαππικήν. ἡ δὲ πάππου ἢ τήθης μήτηρ προτήθη, καὶ οἱ τούτων γονεῖς ἐπίπαππός τε καὶ ἐπιτήθη. τὰ δὲ ἀντίστροφα τούτοις ὀνόματα ἔγγονός τε καὶ ἀπόγονος.

μέχρι μὲν δὴ τούτων εἰς ὀνομάτων δήλωσιν ἀναβαίνει τε καὶ καταβαίνει τὸ γένος. οὐ γὰρ προσίεμαι τὸ παππεπίπαππος, εἰ καί τινες τοῦτο τὸν τοῦ πάππου πάππον ὠνόμασαν, ἀλλ᾽ ἐστὶ τοὔνομα δεινῶς ἰδιωτικόν· καίτοι Φιλωνίδης ὁ κωμικὸς αὐτῷ κέχρηται οὕτω,

νυνὶ δὲ Κρόνου καὶ Τιθωνοῦ παππεπίπαππος νενόμισται. τὰ δ᾽ ἀπὸ τούτων οἱ μὲν πρόγονοι καὶ ἀρχηγοὶ γένους καὶ 19 ἀρχηγέται καὶ οἱ ἄνω πατέρες, καὶ θρασύτερον ῥίζαι τοῦ γένους, πηγαὶ τοῦ γένους. καλοῦνται δὲ οὗτοι καὶ προπάτορες· ἔνιοι δ᾽ αὐτοὺς καὶ γενάρχας καλοῦσι καὶ πάτρωνας. οἱ δὲ καταβαίνοντες ἀπόγονοι καὶ ἔγγονοι· ὁ γὰρ ἶνις καὶ κέλωρ σφόδρα ποιητικά, καὶ ἔτι μᾶλλον οἱ ἀμνήμονες. καλοῖτο δ᾽ ἂν υἱὸς ἀγαπητὸς ὁ μόνος ὢν πατρὶ ἢ μητρί, ὥσπερ καὶ ἀγαπητὴ θυγάτηρ ἡ μονογενὴς καθ᾽ Ἡσίοδον. καὶ κατὰ τοὺς πολλοὺς ποιητὰς τηλύγετος εἴτε ὁ ἀγαπητὸς 20 εἴτε ὁ ὀψίγονος, ὁπότε τινὶ πρὸς γῆρας παῖς γένοιτο, καὶ τηλυγέτη θυγάτηρ. ὃ καὶ μᾶλλον ἂν λέγοιτο, ὡς Ὅμηρος μαρτυρεῖ· οὕτω γὰρ οὗτος μονογενῆ μόνον τηλύγετον λέγει, ὥστ᾽ εἴρηκεν «ἄμφω τηλυγέτω» καὶ ὅς μοι τηλύγετος τρέφεται θαλίῃ ἐνὶ πολλῇ.

ἔνιοι δὲ καὶ τηθαλλαδοῦν τοῦτον οἴονται καλεῖσθαι· ἔστι δὲ κυρίως ὁ ὑπὸ τήθης τραφεὶς καὶ διὰ τοῦτο ὢν ὑγρότε-
21 ρος, ὃν οἱ νῦν μαμμόθρεπτον λέγουσιν. παρθενίας δὲ ὅν τις ἐκ τῆς δοκούσης εἶναι παρθένου, οὐ νόμῳ συνοικήσας, ἐποιήσατο. καὶ σκότιος ὃν ἐγέννησέ τις λαθὼν ἢ ἔτεκέ τις λαθοῦσα· Εὔβουλος δὲ ὁ κωμικὸς τὸ λαθρίδιον γέννημα προανάσυρμα παρθένου καταγελάστως ὠνόμασεν. καὶ γνή-σιος μὲν ὁ ἐκ γυναικὸς ἀστῆς καὶ γαμετῆς (ὁ δὲ αὐτὸς καὶ ἰθαγενής), νόθος δὲ ὁ ἐκ ξένης ἢ παλλακίδος· ὑπ' ἐνίων δὲ καλεῖται μητρόξενος. τὰ δὲ χρήματα τὰ τοῖς νόθοις δι-δόμενα Ἀριστοφάνης νοθεῖα καλεῖ. εἰσποιητὸς δὲ καὶ θε-τός, ὃν ἄν τις οὐ γεννήσας ἀλλ' ἑλόμενος ἐπὶ τοῖς χρήμα-σιν ἐποιήσατο, ὥσπερ ἐκποιητὸς ὁ ἀποπεμφθεὶς εἰς γένος ἄλλης οἰκίας.

22 ὁ δὲ πατρὸς ἀδελφὸς θεῖος ἢ ἀδελφόθεος ἢ πα-τράδελφος ἢ πάτρως, ὁ δὲ μητρὸς ἀδελφὸς θεῖος ἢ μη-τράδελφος ἢ μήτρως ἢ νέννος· ἡ δὲ πατρὸς ἀδελφὴ θεία ἢ πατράδελφος, ἡ δὲ μητρὸς ἀδελφὴ θεία ἢ μητράδελφος ἢ τηθίς. ὁ δ' ἀδελφοῦ ἢ ἀδελφῆς υἱὸς ἀδελφιδοῦς, καὶ ἡ θυγάτηρ ἀδελφιδῆ. ἀδελφοὶ δὲ οἱ μὲν ἐκ ταὐτοῦ πατρὸς
23 ὁμοπάτριοι καὶ ὁμοπάτορες, οἱ δὲ ἐκ τῆς αὐτῆς μητρὸς ὁμομήτριοι καὶ ὁμομήτορες· καὶ ὁμογάλακτας δὲ τούτους καὶ ὁμογαστρίους καὶ ὁμογάστορας ὀνομαστέον, καὶ ὁμο-γνίους καὶ ὁμογόνους. οὕτω δὲ καὶ τοὺς διδύμους ὠνόμα-ζον, ὥσπερ καὶ ὁμόπαιδας· Πλάτων δὲ καὶ τὴν διδυμότητα εἴρηκεν. οἱ γὰρ σύναιμοι καὶ ὁμαίμονες, τὸ μὲν ἰδιωτῶν τὸ δὲ ποιητῶν. ἀλλ' οἱ μὲν ἐκ μόνου πατρὸς ἀδελφοί, διαφόρων
24 δ' ὄντες μητέρων, ἀμφιμήτορες, εἰ δὲ εἶεν ἐκ διαφόρων πα-τέρων, ἐκ μέντοι μιᾶς μητρός, ἀμφιπάτορες· εἰ γὰρ καὶ μὴ εὗρον τοὔνομα, ἀλλ' ἐξ ἐκείνου καὶ τοῦτο ἐγκρίνω. ἔνιοι δὲ τοὺς ἐξ ἑκατέρωθεν ἀδελφοὺς αὐταδέλφους καλεῖσθαι νομίζουσιν. ὁ δὲ πρεσβύτερος ἀδελφὸς ὑπὸ τοῦ νεωτέρου ἠθεῖος καλεῖται. τὸ δὲ ἀδελφόν τινα καλεῖν ἀδελφίζειν Ἰσο-

---

κράτης λέγει. καὶ ἀδελφὰς ἐπιθυμίας. Καλλίας δὲ «δυα- 25
δελφίδην ταὐτῷ μυχῷ.» Ἡρόδοτος δὲ καὶ ἀδελφεοκτόνον
ὠνόμασε, τὸν δὲ οὐκ ἔχοντα ἀδελφὸν ἀνάδελφον ὁ Ξενο-
φῶν. οἱ μὲν δὴ σύνδυο γεννηθέντες δίδυμοι καλοῦνται· εἰ
δὲ ἐκ διαφόρων τινὲς μητέρων εἶεν, ἐπίγονος ἂν ὁ δεύτε-
ρος τῷ πρὸ τούτου ὀνομάζοιτο. ὅτῳ δ' οἱ γονεῖς ἀμφότε-
ροι περίεισιν, οὗτος ἀμφιθαλὴς ὀνομάζεται. ὁ δ' οὐκ ἔχων
παῖδας ἄπαις ἢ ἄτεκνος, ὥσπερ ὁ οὐκ ἔχων μητέρα ἀμή- 26
τωρ, καθάπερ ἡ Ἀθηνᾶ, καὶ ὁ οὐκ ἔχων πατέρα ἀπάτωρ,
ὡς ὁ Ἥφαιστος. καλοῖντο δ' ἂν οὕτω καὶ οἱ ἀποβεβληκότες
πατέρας ἢ μητέρας· οὗτοι δὲ καὶ ὀρφανοί. καὶ ἡ μὲν ἐπι-
γημαμένη παιδὶ προγεννηθέντι ἐξ ἑτέρας μητριά, ὁ δ' ἐκ τοῦ
προτέρου γάμου γεννηθεὶς πρ ο γ ο νός, ὥσπερ εἰ καὶ γυναῖκά
τις ἀγάγοιτο ἔχουσαν υἱὸν ἢ θυγατέρα ἐκ προτέρου γάμου,
καὶ τούτῳ προγονὸς ὁ παῖς τε καὶ ἡ παῖς, ὥσπερ ἐκείνοις
οὗτος ἐπιπάτωρ· βέλτιον γὰρ τοὔνομα τοῦ πατρῳοῦ, εἰ καὶ 27
Κερκιδᾶς αὐτῷ κέχρηται. τοῦτον δὲ Ὑπερίδης Πατροκλέους
ἐπὶ προαγωγείᾳ κατηγορῶν μητριὸν κέκληκε, καὶ Θεόπομ-
πος ὁ κωμικὸς ἐν Εἰρήνῃ. τοὔνομα μέντοι ὁ προγονὸς ἔστι
μὲν καὶ παρὰ Δεινάρχῳ, ὀνομάζεται δὲ καὶ παρὰ Στράττιδι
ἡ προγονός· καὶ παρ' Ὑπερίδῃ «ἐξέδωκε τὴν προγονὸν τὴν
αὐτοῦ,» ἐν τῷ πρὸς Ἀπελλαῖον περὶ θησαυροῦ. πάλιν τοί- 28
νυν ἀδελφῶν παῖδες ἀ ν ε ψ ι ο ί, εἴτε ἐκ πατραδέλφων εἶεν
εἴτε ἐκ μητραδέλφων, καὶ εἴτε ἐξ ἀδελφοῦ ἢ ἀδελφῆς εἴτ'
ἐκ δυοῖν ἀρρένων ἀδελφῶν εἴτ' ἐκ δυοῖν θηλειῶν· κατὰ
ταῦτα δὲ καὶ αἱ θήλειαι ἀνεψιαί. οἱ μέντοι αὐτανέψιοι οὐ-
δὲν πλέον τῶν ἀνεψιῶν, ἀλλ' ἄντικρυς ταὐτόν. Δημοσθένης
δὲ τῆς ἀνεψιότητος εἴρηκε, καὶ Σόλων. οἵ γε μὴν ἐκ τῶν
ἀνεψιῶν φύντες ἀλλήλοις ἀνεψιαδοῖ, εἴτε ἐξ ἀμφοῖν ἀρρέ-
νων εἶεν εἴτε θηλειῶν, εἴτε ἐξ ἄρρενος καὶ θηλείας· οὐδὲν
γὰρ ἔλαττον ὁ μὲν ἀνεψιαδοῦς ἡ δὲ ἀνεψιαδῆ, ἂν δὲ δύο 29
θήλειαι, ἄμφω ἀνεψιαδαῖ. οἱ δὲ ἐκ τῶν ἀνεψιαδῶν ἀλλή-

---

25 1. δύο ἀδελφιδὰς τούτω μοιχῷ A: BC enim om. sed M δύ' ἀδελ-
φίδι' ἐν ταὐτῷ μυχῷ.   26 6 et 8 et 27 4 et 6. πρόγονος plerique.
28 8. εἴτε — 29 1. ὁ] ἄντε ἐκ δύο θηλειῶν ἀνεψιῶν ὦσιν ἄντε ἐκ δύο
ἀρρένων, ἄντ' ἐκ θηλείας τε καὶ ἄρρενος, ἄντε αὐτοὶ δύο ἄρρενες ὦσιν ἢ
ἄντε θήλεια καὶ ἄρρην ὁ A.

8

λοις ἐξανέψιοί τε καὶ ἐξανέψιαι. τούτῳ δὲ τῷ ὀνόματι οὐ
πάνυ τετριμμένῳ κέχρηται Μένανδρος, ᾧ ἀεὶ μὲν οὐ χρη-
στέον ὡς οὐκ ἀκριβῶς Ἑλληνικῷ, ἐπὶ δὲ τῶν ἀκατονομά-
στων πιστευτέον· ὧν γὰρ γενῶν ἢ πραγμάτων ἢ κτημάτων
ὀνόματα παρ' ἄλλοις οὐκ ἔστι, ταῦτα ἀγαπητὸν ἂν εἴη κἂν
παρὰ τούτου λαβεῖν.

30   καὶ ταῦτα μὲν ἐκ τοῦ γένους τὰ ὀνόματα, ἐκ δὲ τῆς
συγγενείας κοινὸν μὲν οἰκεῖος, ὁμογενής, καὶ συγγενής,
κἂν θήλεια ᾖ· ἡ γὰρ συγγενὶς ἐσχάτως βάρβαρον. καὶ κη-
δεσταὶ μὲν ἀλλήλοις ἑκατέρωθεν οἱ τὸ κῆδος συνάψαντες,
καὶ πηοὶ κατὰ τοὺς ποιητάς, καὶ προσκηδεῖς καθ' Ἡρόδο-
τον, καὶ κῆδος ἡ ἐπιγαμία κατὰ Θουκυδίδην, καὶ κηδεία
31 κατὰ Δημοσθένην, καὶ κηδεύματα κατὰ Πλάτωνα. καὶ προ-
μνήστριαι μὲν αἱ συνάγουσαι τὸν γάμον (Σικελιῶται δ'
αὐτὰς καλοῦσι προμυθιχτρίας, οἱ δ' Ἀττικοὶ καὶ μνήστριαν
τὴν προμνήστριαν ὀνομάζουσιν), γαμβροὶ δὲ οἱ ἐκ τῆς τοῦ
γήμαντος οἰκίας, οἷον πατὴρ καὶ μήτηρ καὶ οἱ ἄλλοι πάντες
κατὰ ταὐτὰ οἱ πρὸς γένους τῷ ἀνδρί, πενθεροὶ δὲ ἀνάπα-
λιν οἱ τῇ γημαμένῃ προσήκοντες, εἰ καὶ συγκεχύκασιν οἱ
32 ποιηταὶ τὰ ὀνόματα, τὴν χρῆσιν μεταβαλόντες· Σαπφὼ
μέντοι καὶ τὸν ἄνδρα αὐτὸν γαμβρὸν καλεῖ. ἡ μὲν οὖν γη-
μαμένη νύμφη καλεῖται τῷ τοῦ γήμαντος πατρὶ καὶ τῇ
μητρὶ καὶ νυός, οὗτοι δὲ τῇ νίμφῃ ἑκυρὸς καὶ ἑκυρά. ἡ
δὲ τοῦ ἀνδρὸς ἀδελφὴ τῇ ἐκείνου γυναικὶ γάλως, ὁ δὲ τοῦ
γήμαντος ἀδελφὸς δαήρ. αἱ δὲ ἀδελφοῖς δύο συνοικοῦσαι
εἰνάτειρες, οἱ δὲ ἀδελφὰς γήμαντες ὁμόγαμβροι ἢ σύγγαμβροι
ἢ μᾶλλον συγκηδεσταί, καὶ παρὰ τοῖς ποιηταῖς εἰλίονες.

33.   καὶ ἡ μὲν ἐπὶ παντὶ τῷ κλήρῳ τρεφομένη μόνη θυ-
γάτηρ ἐπίκληρος, περιόντος τε τοῦ πατρὸς καὶ ἀποθα-
νόντος· ἐκάλεσαν δέ τινες αὐτὴν καὶ πατροῦχον, Ἰσαῖος δὲ
καὶ ἐπικληρῖτιν, ὥσπερ καὶ Σόλων. ὁ δὲ ταύτῃ προσήκων
κατὰ γένος ἀγχιστεύς. ἐπίδικος δὲ ἡ ἐπίκληρος ὑπὲρ ἧς
ἀμφισβητοῦσί τινες ἀλλήλοις ὡς μᾶλλον εἰς αὑτοὺς τῆς
ἀγχιστείας καθηκούσης· ἀνεπίδικος δὲ ἧς οὐκ ἠμφισβήτη-

---

31 3. προμυθητρίας A.   6. κατ' αὐτὰ A.   `32 4. ἰννὸς AC,
ἰννυὸς vulgo.   8. κηδεμόνες Valckenarius.   33 4. περικληρῖτις A.

σάν τινες. ἡ μέντοι κλῆρον οὐκ ἔχουσα πατρῷον θῆσσα
καλεῖται, ἢν ὁ ἀγχιστεὺς ἐκδίδωσιν, ἂν ἑτέρᾳ συνοικῇ, ἢ
πάντως γαμεῖ.

ὁ μὲν οὖν ἀνὴρ τῇ γυναικὶ πρὸ τοῦ γῆμαι μνηστὴρ 34
καὶ μνώμενος, καὶ τὸ ἔργον μνηστεία καὶ μνηστεύσασθαι,
καὶ μνηστὴ ἡ νύμφη, ὡς Ὅμηρος «γῆμ' ἄλοχον μνηστήν.»
τὴν δ' αὐτὴν καὶ ἐγγυητὴν ἂν εἴποις, καὶ τὸ πρᾶγμα ἐγ-
γύην καὶ τὸ ῥῆμα ἐγγυήσασθαι καὶ ἐγγυῆσαι (Λυκοῦργος δὲ
καὶ διεγγυᾶν τὸ ἐγγυᾶν εἶπεν), καὶ τὸν γάμον ὑπέγγυον, ὥσπερ
τὸν ἐναντίον ἀνέγγυον. ὁ δὲ πενθερὸς ἐγγυᾷ, ἁρμόζει, ὅθεν
τινὲς τῶν παλαιῶν καὶ ἁρμοστὴν τὸν μνηστῆρα ἐκάλεσαν, 35
ἐκδίδωσι, καὶ τὸ πρᾶγμα ἔκδοσις, καὶ ἡ μὴ ἐκδοθεῖσα ἀνέκ-
δοτος, καὶ τὸ συνεισενεγκεῖν εἰς τὴν ἔκδοσιν συνεκδοῦναι. ἐπὶ
δὲ τῷ γάμῳ ὁ μὲν τῇ κόρῃ νυμφίος, ἡ δὲ ἐκείνῳ νύμφη. καὶ
ἡ μὲν σὺν προικὶ ἐπίπροικος, ἡ δὲ ἀχρήματος ἄπροικος. λέ-
γοις δ' ἂν προῖκα καὶ φερνὴν τὴν παρὰ τῆς γυναικὸς δό-
σιν· Αἰσχίνης γὰρ ὁ ῥήτωρ τὴν προῖκα φερνὴν καλεῖ.
ὥστε εἴποις ἂν εἰσενέγκασθαι προῖκα καὶ δοῦναι. αἱ δὲ 36
πρὸς τὴν προῖκα ὑποθῆκαι ἀποτιμήματα ἐκαλεῖτο. τὰ δὲ
παρὰ τοῦ ἀνδρὸς διδόμενα ἔδνα καὶ ὀπτήρια καὶ ἀνακαλυ-
πτήρια· οὐ γὰρ μόνον ἡ ἡμέρα ἐν ᾗ ἐκκαλύπτει τὴν νύμ-
φην οὕτω καλοῖτ' ἄν, ἀλλὰ καὶ τὰ ἐπ' αὐτῇ δῶρα. τὰ δὲ
ἀνακαλυπτήρια καὶ προσφθεγκτήρια ἐκάλουν. καὶ διαπαρ-
θένια δὲ δῶρα τὰ ὑπὲρ τοῦ τὴν παρθενίαν ἀφελέσθαι
ὠνόμασεν Ἄμφις ὁ κωμικός. τὴν μέντοι οὐ λαβοῦσαν ἔδνα
ὀνομάσαις ἂν ἀνάεδνον Ὁμηρικῶς. καὶ ὁ μὲν τόπος τοῦ 37
γάμου θάλαμος, ὥσπερ ἵνα ἐτρέφετο παρθενών, καὶ τὸ
ἔργον παρθενεύεσθαι. καὶ τὸ ἐπίβλημα τῆς γυναικὸς ἑανὸς
καὶ καλύπτρα, τὸ δὲ παρὰ τῇ εὐνῇ παραπέτασμα παστός.
τὸ δὲ ᾆσμα τὸ γαμήλιον ὑμὴν καὶ ὑμέναιος, ὅθεν καὶ παρὰ
τοῖς ποιηταῖς ἀνυμέναιος ἡ ἄγαμος, καὶ ὑμνῆσαι τὸ τὸν
ὑμέναιον ᾆσαι· καὶ τὸ αὔλημα γαμήλιον. ὕπερον δὲ ἐξέ-
δουν πρὸ τοῦ θαλάμου, ὥσπερ καὶ κόσκινον ἡ παῖς ἔφερεν,

34 6. ἐπέγγυον A.   35 1. πολλῶν vulgo.   3. συνενεγκεῖν vulgo.
36 8. ἀμφίας C, ἀγίας A. ‖ κωμῳδός A.   37 1. ἂν vulgo om.   6. ὑμένα
ᾆσαι B, ὕμινα ἦσαι C, ὑμεναιῆσαι Iungermannus.   8. κοδομεῖον C.

8 *

116 · — Γ —

38 σημεῖα, ὡς εἰκός, αὐτουργίας. καὶ τὸ μὲν ἔργον ὁμοῦ καὶ
ἡ ἑορτὴ γάμος, ἡ δὲ πρὸ γάμου θυσία προτέλεια καὶ προ-
γάμια· οὕτω δ᾽ ἂν καλοῖτο καὶ τὰ πρὸ γάμου δῶρα. προ-
τελεῖσθαι δὲ ἐλέγοντο οὐ μόνον αἱ νύμφαι ἀλλὰ καὶ οἱ
νυμφίοι, καὶ τέλος ὁ γάμος ἐκαλεῖτο, καὶ τέλειοι οἱ γεγα-
μηκότες. διὰ τοῦτο καὶ Ἥρα τελεία ἡ συζυγία· ταύτῃ γὰρ
τοῖς προτελείοις προυτέλουν τὰς κόρας, καὶ Ἀρτέμιδι καὶ
Μοίραις. καὶ τῆς κόμης δὲ τότε ἀπήρχοντο ταῖς θεαῖς αἱ
39 κόραι. ἡ δὲ ἐκ παρθενίας τινὶ γημαμένη πρωτόποσις ἐκα-
λεῖτο· γέγραπται δὲ τοὔνομα τῷ τοῦ βασιλέως νόμῳ· καὶ
πρωτόπειρον δ᾽ ὠνόμασε Θεόπομπος ὁ κωμικός. προαύλια
δὲ ἡ πρὸ τῶν γάμων ἡμέρα, καὶ ἐπαύλια ἡ μετ᾽ αὐτήν·
ἀπαύλια δὲ ἐν ᾗ ὁ νυμφίος εἰς τοῦ πενθεροῦ ἀπαυλίζεται
ἀπὸ τῆς νύμφης. οἱ δὲ καὶ τὰ διδόμενα δῶρα τῇ νύμφῃ κα-
40 λοῦσιν ἐπαύλια. ἡ δὲ ἀπαυλιστηρία χλανὶς παρὰ τῆς νύμ-
φης ἐν τοῖς ἀπαυλίοις τῷ νυμφίῳ πέμπεται. καὶ τῷ μὲν
νυμφίῳ τότε ἐν τοῦ πενθεροῦ παιδίον ἀμφιθαλὲς θῆλυ
συγκατακλίνεται, τῇ δὲ νύμφῃ ἐν τοῦ γαμβροῦ ἄρρεν. ὁ
δὲ καλούμενος παράνυμφος νυμφευτὴς ὀνομάζεται καὶ πάρ-
οχος· ἐπὶ ζεύγους γὰρ τὰς νύμφας ὡς τὸ πολὺ μετῄεσαν·
41 εἰ δὲ πεζῇ ἀφίκοιτο ἡ νύμφη, χαμαίπους ἐλέγετο. ὁ δὲ
ἄγων τὴν νύμφην ἐκ τῆς τοῦ πατρὸς οἰκίας νυμφαγωγός,
ὁπότε μὴ ὁ νυμφίος μετίοι· οὐ νενόμιστο δὲ μετιέναι τοὺς
δευτερογαμοῦντας. ἡ δὲ διοικουμένη τὰ περὶ τὸν γάμον
γυνὴ νυμφεύτρια καὶ θαλαμεύτρια, ἡ δὲ τὰ πέμματα μάτ-
τουσα καὶ τὰ περὶ τὰς θυσίας διοικουμένη δημιουργός, ὁ
δὲ πάντων τῶν περὶ τὴν ἑστίασιν ἐπιμελούμενος τραπεζο-
42 ποιός. ἡ δὲ τροφὸς τῆς κόρης τιτθὴ καὶ μαῖα. καλεῖται δὲ
τις τῶν τοῦ νυμφίου φίλων καὶ θυρωρός, ὃς ταῖς θύραις
ἐφεστηκὼς εἴργει τὰς γυναῖκας τῇ νύμφῃ βοώσῃ βοηθεῖν.
ἡ δὲ ἐπὶ γάμῳ θυσία ἐν τοῖς φράτερσι γαμηλία, καὶ τὸ
ἔργον γαμηλίαν εἰσενεγκεῖν. τὸ δὲ τῆς παρθενίας ἀφελέ-
σθαι διακορῆσαι λέγουσιν, ὡς Ἀριστοφάνης

38 3. προτελίζεσθαι C, et 7. προυτέλιζον. 39 3. προαυλία A, et
4. ἐπαυλία. 5. ἀπαυλία A. 40 1. ἀπαυλίστρια χλανὶς ἀπαυλιστή-
ρια χλαμὺς C. 5. παρανύμφιος A. 41 1. post ἐλέγετο AC: ὅταν
δὲ παροχήσωμαι εἴπωσιν, πάροχος ἔσομαι λέγουσιν.

οὗτός με διεκόρησεν οὖσαν ἑπτέτιν.

διαπαρθενεύεται δὲ Ἡρόδοτος εἴρηκεν, καὶ διεπαρθένευσε καὶ διαπεπαρθενευκότα, τὸ μὲν πρότερον Διοκλῆς τὸ δὲ δεύτερον Ἄλεξις οἱ κωμικοί. Ἀντιφάνης Γλαύκῳ «καλυψάμενος 43 τριβωνίῳ διεπαρθένευσα.» καλοῦνται δὲ καὶ δᾷδες νυμφικαὶ καὶ στέφανος καὶ στολή. καὶ λουτρά τις κομίζουσα λουτροφόρος, Ἀθήνησι μὲν ἐκ τῆς Καλλιρρόης εἶτ᾽ αὖθις Ἐννεακρούνου κληθείσης, ἀλλαχόθι δὲ ὅθεν καὶ τύχοι· ἐκαλεῖτο δὲ ταῦτα καὶ νυμφικὰ λουτρά. καὶ δὴ καὶ κλίνη τις ὠνομάζετο γαμική, καὶ ἑτέρα παράβυστος, ἢ καὶ αὐτὴ στρώννυται ἐν τῷ δωματίῳ ὑπὲρ τοῦ τὴν παῖδα μὴ ἀθυμῆσαι, ὡς Ὑπερίδης ἔφη. Ὅμηρος μέντοι οὐ τὸ ἔργον 44 μόνον ἀλλὰ καὶ τὴν ἑστίασιν καλεῖ γάμον·

εἰλαπίνη ἠὲ γάμος, ἐπεὶ οὐκ ἔρανος τάδε γ᾽ ἐστίν.

ὁ δὲ γάμος καλοῖτ᾽ ἂν καὶ συνδυασμός, καὶ σύνοδος ἀνδρὸς καὶ γυναικός, καὶ συνοίκησις, καὶ σύνερξις, καὶ κοινωνία ἐπὶ παίδων σπορᾷ. καὶ γαμέτης μὲν ὁ γήμας καὶ ἀνὴρ καὶ νυμφίος καὶ ὁ συνοικῶν καὶ ὁ πρὸς γάμον ἠγμένος, ἡ δὲ νύμφη γαμετὴ καὶ γυνὴ καὶ συνοικοῦσα καὶ γεγαμημένη. γῆμαι δὲ ἐπὶ τοῦ ἀνδρὸς λέγεται, γήμασθαι δὲ 45 ἐπὶ τῆς γυναικός, οὐ γαμηθῆναι. ὁ δὲ μέλλων γαμεῖν μελλονύμφιος ὑπ᾽ ἐνίων ἐκλήθη, ὡς ὑπὸ Φρυνίχου τοῦ κωμικοῦ, καὶ ἡ μέλλουσα γαμεῖσθαι μελλονύμφη. βέλτιον δέ, ὡς Σοφοκλῆς ὠνόμασεν, τῆς μελλογάμου. ταύτην δὲ καὶ τᾶλιν καλεῖ, λέγων ἐπὶ τοῦ Αἵμονος

ἆρ᾽ ἀχνύμενος τῆς μελλογάμου
τάλιδος ἥκει μόρον Ἀντιγόνης,
ἀπάτας λεχέων ὑπεραλγῶν.

μελλόποσιν δὲ τὸν ἄνδρα ὠνόμασεν. ἀνύμφους δὲ τοὺς ἀγά- 46 μους λέγουσιν, ἀπόνυμφον δὲ ἢ ἀπόνυμφον τὸν φιλόπαιδα καὶ γυναικείᾳ ὁμιλίᾳ δυσχεραίνοντα, ὃν καὶ μισογύνην ἐρεῖς ὡς τὸν ἐναντίον φιλογύνην. ἐκ δὲ τῶν αὐτῶν ἂν εἴη καὶ τὸ ζεύξασθαι γάμον ἢ κῆδος συνάψασθαι. καὶ τὸ ἀποπέμψασθαι γυναῖκα· καὶ τὸ πρᾶγμα ἀποπομπὴ καὶ ἀπόπεμψις, καὶ ἀποπομπῆς δίκη. καὶ κα- 47

κοῦν, καὶ δίκη κακώσεως, προικός, σίτου. καὶ τοὐναντίον
ἀπόλειψις, καὶ δίκη παρὰ τἀνδρὸς ἀπολείψεως. ἡ δὲ μονω-
θεῖσα ἀπ' ἀνδρὸς χήρα, καὶ ὁ μονωθεὶς ἀπὸ γυναικὸς χῆ-
ρος· ὅθεν καὶ χηρωσταὶ οἱ τῷ ἐρήμῳ γένει προσήκον-
τες.   ἕποιτο δ' ἂν τούτοις ἄγαμος, νεόγαμος, πολύγαμος,
ἀγύνης, μισογύνης, μονότροπος. τῶν δὲ νέων κωμῳδῶν τι-
48 νὲς τὸν ἄγαμον ἀγάμητον εἰρήκασιν, Ἀριστοφάνης δὲ τὸν
ἀγύνην ἄγυνον, Φρύνιχος δὲ «τηλικουτοσὶ γέρων ἄπαις
ἀγύναικος.» τὸν δὲ νεόγαμον νεογύνην Ἀμειψίας ὠνόμα-
σεν. φίλανδρος μίσανδρος, πολύνυμφος πολυμνήστη· ἄγα-
μος δὲ καὶ νεόγαμος καὶ πολύγαμος, κοινὰ ταῦτα καὶ ἐπὶ
γυναικῶν. ἦσαν δὲ καὶ ἀγαμίου δίκαι πολλαχοῦ, καὶ ὀψι-
γαμίου καὶ κακογαμίου ἐν Λακεδαίμονι.

49   ἐπεὶ δὲ ἕπεται γάμῳ τεκνοποιία τε καὶ τεκνοτροφία,
οἰκεῖα ἂν εἴη τούτοις ὀνόματα κύειν, ὑπωγκῶσθαι τὴν γα-
στέρα, ὑποπεπλῆσθαι, κυοφορεῖν, κιττᾶν, ὠδίνειν, τίκτειν,
ἀμβλισκάνειν, εἰλειθυίαις εὔχεσθαι, τὴν λοχείαν καλεῖν.
τὴν δὲ μὴ τίκτουσαν στερίφην ἐρεῖς, ἄγονον, ἄτεκνον, ἄτο-
κον καθ' Ἡρόδοτον· Πλάτων δὲ καὶ ἄλοχον αὐτὴν κέκλη-
50 κεν. Ἀνακρέων δὲ δίτοκον τὴν δὶς τεκοῦσαν. τρέφειν, ἀνα-
τρέφειν, ἐκτρέφειν. γαλακτουχεῖν, γαλακτοῦχον. γάλα εὔρουν,
τρόφιμον, ἐπίρρυτον. τὸ δὲ μὴ ἔχειν γάλα γαλακτιᾶν τινὲς
ὠνόμασαν. μαστὸν ἐπέχειν, θηλὴν ἐπίσχειν, θηλάζειν, θη-
λάζεσθαι· τὴν δὲ θηλάζουσαν Εὔπολις τιτθὴν θηλάστριαν
ὠνόμασεν. τιτθή, τιθήνη, τροφός, τροφεύς, οἷς οἱ τραφέν-
τες τρόφιμοι.

51   Ἕποιτο δ' ἂν τούτοις πολίτης· ὁ γὰρ συμπολίτης οὐ
δόκιμον, εἰ καὶ Εὐριπίδης αὐτῷ κέχρηται ἐν Ἡρακλείδαις τε
καὶ Θησεῖ, βελτίω δὲ ἀστός, ἐπιχώριος, ἐγχώριος, ἡμεδαπός,
ὁμόφυλος, ἐγγενής, ἔντοπος· τὸ γὰρ ἐνδάπιος ποιητικόν, καὶ
τὸ ἰθαγενὴς καὶ αὐθιγενὴς εὐτελέστερα. τάχα δὲ βέλτιον
ὁ αὐτόχθων, οἰκεῖος, φυλέτης, δημότης, φρατήρ, μετ' ἐμοῦ
φρατριάζων καὶ μετ' ἐμοῦ δημοτευόμενος, καὶ θεοὺς φρα-
52 τρίους καὶ φιλίους νέμων. τὸ δὲ ἱερὸν εἰς ὃ συνῇεσαν, φρά-

---

τριον ἐκαλεῖτο, καὶ τὸ σύστημα φρατρία, οἱ δὲ καθ᾽ ἕκα-
στον φράτορες. καὶ οἷς φρατήρ, καὶ φράτριος αἲξ ἡ θυο-
μένη τοῖς φράτορσιν. ἐκαλοῦντο δὲ καὶ φρατέρες. φρατρίαι
δ᾽ ἦσαν δυοκαίδεκα, καὶ ἐν ἑκάστῃ γένη τριάκοντα, ἕκαστον
ἐκ τριάκοντα ἀνδρῶν· ἐκαλοῦντο δ᾽ οὗτοι καὶ ὁμογάλακτες
καὶ ὀργεῶνες. ἡ δὲ ὑπὲρ τῶν εἰς τοὺς φράτορας εἰσαγομέ-
νων παίδων οἴνου ἐπίδοσις οἰνιστήρια ἐκαλεῖτο, τὸ δὲ ἱε- 53
ρὸν τὸ ὑπὲρ αὐτῶν μεῖον, καὶ μειαγωγεῖν τὸ εἰσάγειν ἱε-
ρεῖον. κέκληται δὲ ἢ ὅτι ἔσκωπτον ὡς μεῖον τοῦ δέοντος,
ἢ ὅτι κεκωλυμένον εἰσάγειν, ὡς μὴ ἁμιλλῶντο μηδ᾽ ἐμπί-
πτοιεν εἰς ἔριν καὶ ταραχήν, οἱ μὲν οὐδὲν ἧττον ἐφιλοτι-
μοῦντο, οἱ δὲ ἐπεβόων μεῖον ὡς οὐχ ὑπερβαινόντων αὐτῶν
τοῦ νόμου τὸ μέτρον. εἴποις δ᾽ ἂν καὶ τῆς αὐτῆς συμμο-
ρίας καὶ συμμορίτας· τοὺς δὲ ἄρχοντας τῶν συμμοριτῶν
καὶ συμμοριάρχας Ὑπερίδης εἴρηκεν, ὡς τῶν φυλῶν φυλάρ-
χους. ὁμόγλωσσος, ὁμοήθης, ὁμόνομος. οἱ δὲ βάρβαροι ἀλ- 54
λήλους οὐ πολίτας ἀλλὰ πατριώτας λέγουσιν· Ἄρχιππος δὲ
καὶ συμπατριώτας ἔφη. Πλάτων μέντοι ἐν τοῖς Νόμοις καὶ
ἐπὶ Ἑλλήνων τὸ πατριῶται εἴρηκεν. τὸ δὲ ἐναντίον ξένος,
ἀλλοδαπός, ἀλλότριος, ἀλλοεθνής, ἀλλόφυλος, ἀλλόδημος,
ἀλλόγλωσσος, ἔπηλυς, ἐπηλύτης, ὀθνεῖος· ποιητικώτερον μὲν 55
γὰρ αὐτῷ Πλάτων κέχρηται. μέτοικος ὁ τὸ μετοίκιον συν-
τελῶν· τὸ δ᾽ ἦν δυοκαίδεκα τῷ δημοσίῳ δραχμαὶ καὶ τῷ
γραμματεῖ τριώβολον. σκαφηφόρος· οὕτω δὲ τοὺς μετοίκους
ὠνόμαζον, καὶ τὰς γυναῖκας αὐτῶν ὑδριαφόρους, ἀπὸ τοῦ
ἔργου ἑκατέρους. ἀλλαχόθεν ἥκων, ἐπιδημῶν, παρεπιδημῶν.
κἂν δόξῃ πολίτης εἶναί τις οὐκ ὤν, παρέγγραπτος, παρεγγε-
γραμμένος. τὸν δὲ τοιοῦτον καὶ ὑπόξυλον ὠνόμαζον οἱ νέοι 56
κωμικοί. καὶ ὑπόχυτον δὲ οἱ παλαιότεροι τὸν κακῶς γεγονότα,
καὶ παρημπολημένον, ὡς ἀποφύλιον τὸν φυλὴν μὴ ἔχοντα.
κατὰ δὲ τῶν οὐ τελούντων τὸ μετοίκιον ἢ προστάτην μὴ
νεμόντων ἀπροστασίου δίκη. ἔνιοι δ᾽ αὐτῶν καὶ ἀτελεῖς εἰσι
καὶ ὁμοτελεῖς καὶ ἰσοτελεῖς, οἷς ἂν τοῦτ᾽ ἐκ ψηφίσματος
ὑπάρξῃ· καὶ τὸ ἔργον ἰσοτέλεια. οἱ δὲ δημοποίητοι, ὁπόσοι

ἐκ δόγματος κοινοῦ πολιτείας τύχοιεν· τοῦτο δὲ πολιτογρα-
φεῖν Φίλιστος καλεῖ, τάχα δ' ἂν οἱ τοιοῦτοι ὀνομάζοιντο
57 νεοπολῖται ὑπὸ τοῦ Πλάτωνος. ἀδιάτακτοι δὲ καλοῦνται οἱ
μὴ ἐγγεγραμμένοι εἰς τοὺς μετοίκους δέον, ἢ μὴ τελοῦντες
τὸ μετοίκιον, ἢ τὴν σκάφην μὴ φέροντες· οὓς δὴ γραψά-
μενός τις τῶν ἀδιατάκτων εἶναι διήλεγχεν. κατὰ δὲ τῶν
παρεγγεγραμμένων ξενίας γραφή, καὶ δωροξενίας, ἂν δια-
φθείρωσι τοὺς δικάζοντας· ὁ δὲ καταδικασθεὶς ἀπεψηφι-
σμένος, ἐκπεφυλλοφορημένος, καὶ τὰ ῥήματα παρεγγραφῆ-
ναι, ξενίας ἁλῶναι, ξενίας ἀποφυγεῖν, ἐκπεφυλλοφορῆσθαι,
ἀπεψηφίσθαι. τοῦτο δὲ καὶ ἀποξενωθῆναι Ἰσαῖος καλεῖ.
58 τούτοις δ' ἂν προσήκοι καὶ ὁ ἄπολις· Πλάτων δὲ πόλιν
ἄπολιν τὴν μηκέτ' οὖσαν πόλιν. παμπόνηροι δὲ οἱ Θεοπόμ-
που τοῦ συγγραφέως ἀπολῖται καὶ ἀφέταιροι καὶ ἀπαθη-
ναῖοι. τὸ μέντοι ξένον ὄντα εἰς ἄλλην πόλιν ἐλθεῖν ξενοῦ-
σθαι καὶ ἐπιξενοῦσθαι ἔλεγον, ὅθεν καὶ τὴν καταγωγὴν
ξενῶνα. θρασυξενία δέ, εἰ θρασύνοιτο ὁ ξένος. ξεναπάτην
δὲ Εὐριπίδης εἴρηκε καὶ ξενοφόνον, ξενοκτόνον δὲ Ἡρόδο-
τος. ὁ δὲ τῶν ξένων ἡγούμενος ξεναγός· ξενοτροφεῖν δὲ
59 παρὰ Δημοσθένει, καὶ ξενοτροφία παρ' Ὑπερίδῃ. καὶ ξενί-
ζειν παρὰ μὲν τοῖς παλαιοῖς τὸ ἑστιᾶν, παρὰ δὲ Δημο-
σθένει τὸ τῇ φωνῇ χρῆσθαι· Ἰσαῖος δὲ ξενικῇ τῇ φωνῇ
εἴρηκεν. τὰ δὲ δῶρα ξένια Δημοσθένης τε καὶ Ξενοφῶν, καὶ
τὸ καταγώγιον ξενῶνα Πλάτων. τάχα δ' ἂν ἐγγὺς εἴη
τούτων πρόξενος καὶ ἡ προξενία, ἀστόξενος, ἰδιόξενος, δο-
ρύξενος, ἄξενος, πολύξενος, καὶ παρὰ Θουκυδίδῃ ἐθελοπρό-
ξενος. ὁ μὲν πρόξενος, ὅταν πόλεως δημοσίᾳ προξενῇ τις
ἐν ἄλλῃ πόλει, ὡς ὑποδοχῆς τε τῶν ἐκεῖθεν φροντίζειν καὶ
προσόδου τῆς πρὸς τὸν δῆμον καὶ ἕδρας ἐν τῷ θεάτρῳ.
60 ποιεῖ δὲ ταῦτα καὶ ἐθελοπρόξενος ὁ ἀνάγραπτον τὴν προ-
ξενίαν ἔχων. ἰδιόξενος δέ ἐστιν ὁ ἰδίᾳ τινὶ τῶν ξένων φίλῳ
χρώμενος, ὡς Περικλῆς Ἀρχιδάμῳ, καὶ καταγωγῆς τε αὐτῷ
προνοούμενος καὶ τἆλλα συνδιοικούμενος, τῶν ἴσων δὲ καὶ
αὐτός, εἴ ποτε παρ' ἐκεῖνον ἔλθοι, μεταλαμβάνων. ἀστόξε-

νος δὲ κατὰ μέν τινας ὁ αὐτὸς τῷ ἰδιοξένῳ, κατὰ δέ τινας ὁ γένει μὲν ξένος τιμῇ δὲ ἀστός· ἐνίοις δὲ δοκεῖ ὁ φύσει μὲν ἀστὸς δόξῃ δὲ ξένος, ὡς Δαναὸς Ἀργείοις, ἀπὸ Ἰοῦς τῆς Ἀργείας ἔχων τὸ γένος. δορύξενος δὲ ὁ ἐκ τῆς κατὰ τὸν πόλεμον ἐπιμιξίας τὴν γνῶσιν πεποιημένος.

Ἀκόλουθα δ' ἂν εἴη τούτοις φίλος, ἑταῖρος, συνή- 61 θης, ἐπιτήδειος, γνώριμος, προσηταιρισμένος, οἰκεῖος, ᾠκει- ωμένος, ὁμογνώμων, ὁμοήθης, ὁμότροπος, ὁμόσιτος, ὁμο- τράπεζος, ὁμόσπονδος, ὁμωρόφιος, ὁμῆλιξ, ἰσῆλιξ. καὶ ἐχρῆτό μοι, καὶ ἐχρώμην αὐτῷ· καὶ ὁ Δημοσθένης που λέγει «καὶ χρώμενος εἴπερ τις ἄλλος αὐτῷ,» καὶ οὐ δεῖ προσθεῖναι τὸ φίλῳ. ἐκ δὲ τούτων ἐστὶ φιλέταιρος, πολυέταιρος, φιλία 62 καὶ ἑταιρεία, ἐπιτηδειότης, συνήθεια, οἰκειότης, γνῶσις, ὁμο- γνωμοσύνη, ὁμοήθεια, ὁμοτροπία· τὰ γὰρ ἀπὸ τῶν ἄλλων δυσχερῆ, ἡ δὲ ὁμηλικία ποιητικόν. ὁ δὲ φίλιος πρὸς τὸν πολέμιον ἀντίκειται, καὶ φιλικός ἐστιν ὁ χρῆσθαι φίλοις εἰδώς· ἀφ' ὧν τὰ ἐπιρρήματα φιλίως καὶ φιλικῶς. προσ- 63 φιλῶς δὲ Ξενοφῶν εἴρηκε, καὶ Θουκυδίδης προσφιλεῖς, Ἰσο- κράτης δὲ προσφιλεστάτως, πολυφιλίαν δὲ καὶ ὀλιγοφιλίαν Ἀντιφῶν, καὶ πολυφίλοις Ὑπερίδης, καὶ πολυφιλώτερος Λυ- σίας.   τὰ δ' ἐναντία ἄγνωστος, ἀγνώς, ἀήθης, ἐχθρός, διάφορος, ἀλλότριος, ἀλλοτρίως ἔχων, ἠλλοτριωμένος, ἀπ- εχθής, ἀπεχθανόμενος, ἀπεχθῶς διακείμενος, μισῶν, δυσμε- 64 νής, διενηνεγμένος, διεστηκώς, ἐξεστασιασμένος, ὑπόπτως ἔχων, ἐπιβούλως, κακοήθως, ἀπίστως, ἐθελέχθρως (ἐθέλεχ- θρον δὲ Κρατῖνος λέγει), ἄφιλος, ἄμικτος, ἀπρόσμικτος, δύσμικτος, μισέταιρος, μισάνθρωπος, ἀπάνθρωπος. καὶ ἀγ- νωσίαν, ἀήθειαν, ἔχθραν, ἀλλοτρίωσιν, διαφοράν, ἀπέχθειαν, μῖσος, δυσμένειαν, ἀπιστίαν, ὑποψίαν, ἐπιβουλήν, κακοή- θειαν, μισεταιρίαν, ἀπανθρωπίαν, μισανθρωπίαν.

Φιλόπολις, φιλόδημος, δημοτικός, πρᾶος, ἐπιεικής, 65 εὔνως ἔχων πρὸς τὴν πόλιν, πρόθυμος περὶ τὴν πόλιν, φι- λότιμος, μεγαλογνώμων, δημεραστής, μεγαλοπρεπὴς πρὸς τὸ δημόσιον. καὶ ἦθος φιλόπολι, φιλόδημον, δημοτικόν, πρᾶον, ἐπιεικές, εὔνουν, πρόθυμον, φιλότιμον, μεγαλοπρε- πές. καὶ δημεραστία, φιλοδημία, πρᾳότης, ἐπιείκεια, εὔνοια, προθυμία, φιλοτιμία, μεγαλοπρέπεια. καὶ δημοτικῶς, πρᾴως, 66

ἐπιεικῶς, προθύμως, φιλοτίμως, φιλοδήμως, μεγαλοπρεπῶς,
εὔνως.   τὰ δ' ἐναντία μισόπολις, μισόδημος, ὑπερόπτης,
μεγάλαυχος, ὑπερήφανος, τυραννικός, ὀλιγαρχικός, μικρο-
πρεπής, δύσνους, κακόνους, νεωτεριστής, νεωτέρων ἐπιθυ-
μῶν, ἠλλοτριωμένος πρὸς τὴν πόλιν, οὐ χαίρων τοῖς καθε-
στηκόσιν, οὐκ ἀγαπῶν τὸ ἴσον, διαπτύων τοὺς πολλούς,
καθάρματα καὶ πτωχοὺς ἀποκαλῶν.

67   Χορηγός, τριήραρχος, φυλῆς ἑστιάτωρ, τὴν φυλὴν
ἑστιῶν, κρεανομίας ἐπινέμων, διανομὰς διδούς, νομάς, εἰσ-
φοράς, συνεκδιδοὺς τισι θυγατέρας, ἀπὸ τῶν ὑπαρχόντων
εἰσφέρων, τὰ ὄντα καταναλίσκων εἰς τὸ δημόσιον, ἐθελον-
τὴς εἰσφέρων, ἑκών, αὐτεπάγγελτος, αὐθαίρετος, αὐτοκέλευ-
στος, ἀπαράκλητος, ἐπιδιδοὺς ἐπιδόσεις, ζῶν τῇ πόλει, λει-
τουργῶν, καταλειτουργῶν τὰ ὄντα, γυμνασίαρχος, γυμνα-
σιαρχῶν. καὶ τὰ πράγματα χορηγεῖν, τριηραρχεῖν, φυλὴν
ἑστιᾶν, νέμειν, διανέμειν, εἰσφέρειν, ἐπιδιδόναι, λειτουργεῖν,
καταλειτουργεῖν, γυμνασιαρχεῖν. οὐσίαν δὲ ἀλειτούργητον
Ἰσαῖος εἴρηκεν.

68   Ἐρᾶν, φιλεῖν, στέργειν, ἡττᾶσθαί τινος, ἐσπουδακέναι
περί τινα, ἐνθέως ἔχειν, κατόχως, ἐμπύρως· φλέγεσθαι τῷ
πόθῳ, ἐκφλέγεσθαι, ὑποτετύφθαι, κεκαῦσθαι, ἐκκρέμασθαι
ἐξ αὐτοῦ, θερμαίνεσθαι ἐπί τινι, ἀναπνεῖν, δουλεύειν, ἕπε-
σθαι, παρακολουθεῖν, ἐξηρτῆσθαί τινος, ἔχεσθαι, ἱκετεύειν,
δεῖσθαι, ἀντιβολεῖν, παρακαλεῖν, ἐρωτομανεῖν, φιλεραστεῖν,
69 παιδεραστεῖν, γυναικεραστεῖν, φροντίζειν ἐπ' αὐτῷ, ἀλύειν,
ἀλγεῖν, ἀγρυπνεῖν, τετρῶσθαι, κατειλῆφθαι, ἀνακεῖσθαι
τινί. καὶ ἐραστής, καὶ συνεραστὴς δὲ καὶ συνεπιθυμητής,
ὡς ὁ Πλάτων· οὐκ οἶδα δὲ εἰ καὶ ἐπιθυμητής. φίλος δὲ
καὶ ἐπαινέτης. τῆς ὥρας ἡττημένος, στέργων, φιλῶν, ἀγα-
πῶν, δουλεύων. ἐθελόδουλος, ἔνθεος, ἐπίπνους, κάτοχος. ἐξ-
ηρτημένος, ἠρτημένος, ἐκκρεμάμενος. ἔμπυρος, διάπυρος. φλε-
γόμενος, ἑπόμενος, παρακολουθῶν, ἱκετεύων, καθικετεύων,
70 παραπίπτων, καταντιβολῶν, δεόμενος. φιλόπαις, παιδερα-
στής, παιδοφίλης ὡς Τηλεκλείδης· καὶ παιδοφιλῆσαι Πλά-
των εἴρηκεν ὁ κωμικός, ὁ μέντοι παιδέρως Ζεὺς παρὰ τῷ

---

68 3. ὑποτιθύφθαι?

Τηλεκλείδη πέπαικται. γυναικεραστής, γυναιμανής. ἀλύων,
ἀγρυπνῶν, φροντίζων, τετρωμένος, τετοξευμένος, κατειλημ-
μένος, ἀνακείμενος, προσκείμενος. καὶ γυναῖκας δὲ ἐραστρίας
Εὔπολις εἴρηκεν, καὶ ἀνδρεράστριαν Ἀριστοφάνης. ἐρώμενος 71
ἐρωμένη, παιδικά, στεργόμενος στεργομένη, φιλούμενος φι-
λουμένη, ἀγαπώμενος ἀγαπωμένη. καλὸς ὑπέρκαλος πάγ-
καλος, ἐπέραστος, ὡραῖος, ἐπαγωγὸς προσαγωγός, ἀνθῶν
ὑπερανθῶν, στίλβων ὑπερστίλβων, λάμπων ὑπερλάμπων,
ἵμερον ἀφιείς· καλὴ ὑπερκάλη παγκάλη, ἐπέραστος, ὡραία,
ἀνθοῦσα ὑπερανθοῦσα, λάμπουσα ὑπερλάμπουσα, ἵμερον
ἀφιεῖσα· κάλλος, ὥρα, ἄνθη ἄνθος ἄνθησις, λαμπρότης, 72
στιλπνότης, αἴγλη, καλλονή. ἔρως, ἵμερος, πόθος, ἐπιθυμία,
ἴυγξ, ἀντέρως, ἀφ' οὗ ἀντερῶν καὶ ἀντεραστής, παρὰ δὲ Εὐ-
πόλιδι, καὶ ἀντερώμενος. καὶ τὸ ζηλοτυπεῖν δὲ ἐπί τε παί-
δων ὡραίων καὶ γυναικῶν καὶ πάντων δὲ τῶν ἀγαπωμέ-
νων. προσήκοι δ' ἂν τούτοις καὶ τὸ ἀξιέραστος πολυέρα-
στος, καὶ κατὰ σύγκρισιν καὶ ὑπέρθεσιν.

Δεσπότης, δεσπόζων, κύριος, κεκτημένος (Φρύνιχος 73
γὰρ ἐν Σατύροις τὸν δεσπότην κεκτημένον ὠνόμασεν), ἐωνη-
μένος, πριάμενος· καὶ ὁ νεώτερος δεσπότης δεσπόσυννος καὶ
τρόφιμος. δέσποινα, δεσπόζουσα, κεκτημένη, ἐωνημένη, πρια-
μένη, τροφίμη· οὐ γὰρ προσίεμαι τὴν Σοφοκλέους δεσπό-
τειραν ἢ τὴν Εὐριπίδου δεσπότιν. φαυλοτάτη δὲ καὶ ἡ 74
παρὰ τοῖς νέοις κωμῳδοῖς ἀπφία καὶ ἀπφίον καὶ ἀπφά-
ριον, νέας δεσποίνης ὑποκορίσματα. τὸ δὲ πρᾶγμα δεσπο-
τεία, καὶ τὸ ἐπίρρημα δεσποτικῶς, καὶ τὸ ῥῆμα δεσπόζειν
καὶ δεσπόζεσθαι· Πλάτων δὲ καὶ τὸ δεσποτοῦν ἀντὶ τοῦ
δεσπόζον εἴρηκεν. Λυσίας δέ που λέγει ἀδεσπότους, Ἡρό-
δοτος δὲ ἀνδράποδα φιλοδέσποτα. Ἀριστοφάνης μέντοι κατὰ
τὴν τῶν πολλῶν συνήθειαν τὸν δεσπότην αὐτὸν κέκληκεν,
εἰπὼν ἐν Δράμασιν ἢ Κενταύρῳ
    ἀνοιγέτω τις δώματ'· αὐτὸς ἔρχεται.
δοῦλος δούλη· ἡ δὲ δουλὶς Ὑπερίδῃ εἰρημένον φαῦλον ἐστίν.
οἰκέτης οἰκέτις, θεράπων θεράπαινα θεραπαινίς· ἐν δὲ τῷ
κατὰ Δωροθέου λόγῳ Ὑπερίδης φησὶν «ἐν αὐτᾷ ὥσπερ τὸ

---

72 6. προσήκοι — 7. ὑπέρθεσιν om AB.   74 6. δεσπόζειν AB.
9. ἅρμασιν A.

75 ἀτιμότατον θεράπιον.» τὸ δὲ πλῆθος τῶν οἰκετῶν θεραπεία· τὸ γὰρ θεραπουσία βιαιότερον, ἀλλὰ ἡ δουλεία κατὰ Θουκυδίδην. ἔργον δὲ δουλικὸν Ἀραρώς, καὶ δουλικώτατος Ξενοφῶν. καὶ δουλῶσαι, καταδουλώσασθαι, καὶ δεδουλωμένος Θουκυδίδης. καὶ δούλωσις· ἡ γὰρ δουλοσύνη Ἰωνικόν. δουλοπρεπὲς δὲ καὶ δουλοπρεπέστερον Ξενοφῶν, καὶ δουλοπρεπέστατα Κρατῖ-
76 νος, καὶ δουλοπρέπεια Θεόπομπος ὁ κωμικός. καὶ δουλάρια Μεταγένης, καὶ οἰκετικὰ ὀνόματα Πλάτων. διάκονος, ὑπηρέτης, ἀργυρώνητος, ὤνιος, οἰκότριψ, οἰκοτραφής. ἡ δ' ἀντικειμένη τούτῳ σηκὶς καλεῖται ἢ οἰκογενής· ἡ γὰρ ταμία τῆς πίστεως τοὔνομα. παιδίσκην δὲ τὴν θεραπαινίδα Λυσίας ὠνόμασεν, εἰ μὴ ἀμφίβολόν ἐστι τοὔνομα, πότερον ἡλικίας ἢ τύχης· λέγει γὰρ ἐν τῷ κατὰ Καλλίου ὕβρεως «ἐξελθοῦσα αὐτοῦ ἡ παιδίσκη τὴν θύραν ἀνοίγνυσιν.» τὸ δὲ παιδίον τὸ ἐκ τῶν οἰκοτριβῶν
77 οἰκοτρίβαιον ὠνόμαζον. τῷ μέντοι ὠνηθέντι οἰκέτῃ τραγήματα κατέχεον, ἃ ἐκαλεῖτο καταχύσματα. ἀνδράποδα, καὶ ἀνδραπόδια παρ' Ὑπερίδῃ, ἀφ' ὧν καὶ τὸ ἀνδραποδίσασθαι καὶ ἀνδραποδισάμενος, καὶ ἀνδραποδίσαντες παρὰ Θουκυδίδῃ, καὶ ἀνδραποδώδης παρὰ Πλάτωνι, καὶ ἀνδραποδωδῶς παρὰ Ξενοφῶντι, καὶ ἀνδραποδώδεις ἐπιθυμίαι, καὶ ἀνδραποδιστικώτατα παρ' Εὐπόλιδι. δοῦλα σώματα πρὸς
78 ἀργύριον ἀντικατηλλαγμένα, καὶ ἀπὸ τοῦ πρατῆρος λίθου, ἀπὸ τοῦ πωλητηρίου, παρὰ τῶν λαφυροπώλων, παρὰ τῶν ἀνδραποδοκαπήλων. ἀνδραποδιστὴς δέ ἐστιν ὁ τὸν ἐλεύθε-ρον καταδουλούμενος ἢ τὸν ἀλλότριον οἰκέτην ὑπαγόμενος· καὶ δίκη δὲ κατὰ τῶν ἀνδραποδιστῶν ἐλευθεροπρασίου. σώματα δ' ἁπλῶς οὐκ ἂν εἴποις, ἀλλὰ δοῦλα σώματα. καλοῦνται δὲ καὶ παῖδες οἱ δοῦλοι παρὰ τοῖς Ἀττικοῖς, κἂν ὦσι πρεσβύτεροι· λάτρις δὲ καὶ ἀμφίπολος καὶ πρόσπολος οὐ καθ' ἡμᾶς. καὶ ἵνα μὲν κολάζονται οἱ δοῦλοι, μυλῶνες καὶ
79 ζητρεῖα καὶ ἀλφιτεῖα καὶ χονδροκοπεῖα καὶ ζωντεῖα, οἱ δὲ στιζόμενοι στιγματίαι καὶ στίγωνες, ὥσπερ οἱ μαστιγούμενοι μαστιγίαι. τὸ δὲ δεῖσθαι μαστίγων μαστιγιᾶν Εὔπολις

75 1. θεραπόντιον F, qui om illa ἐν αὐτῷ. 76 8. τῷ παιδίῳ. τὸ δ' ἐκ A. 77 1. νεωνηθέντι A. 78 3. ἀνδροκαπήλων A. 79 1. ζώντεια F, ζώντρεια C. 3. μαστιγωτιᾶν A.

εἴρηκεν. αἱ δὲ μάστιγες ὑστριχίδες, ἱμάντες, ῥυτῆρες. τὸ δὲ
μαστιγῶσαι καὶ τυπτῆσαι, ξᾶναι κατὰ νώτου πολλάς, παῖ-
σαι, πληγὰς ἐντεῖναι, ἐμβαλεῖν. Ὑπερίδης δ' ἔφη «κρεμά-
σας ἐκ τοῦ κίονος ἐξέδειρεν, ὅθεν καὶ μωλώπων ἔτι νῦν
τὸ δέρμα μεστὸν ἔχει·» καίτοι ἐπὶ τούτοις οὐκ ἄν τις εἴ-
ποι τὸ δεῖραι.   ἔστι δὲ ἐκ τούτου φιλόδουλος, πολύ- 80
δουλος, ἐθελόδουλος, ἄδουλος, καὶ ἀδούλευτος, ὡς τοὺς Λα-
κεδαιμονίους Ἰσαῖος λέγει. καὶ εὔδουλος δὲ ὁ τοῖς δούλοις
εὖ χρώμενος παρὰ Φερεκράτει, καὶ τὸ δρᾶμα Δουλοδιδά-
σκαλος· παρὰ Κρατίνῳ δὲ ὁ κακόδουλος εἴρηται. ἐθελοδου-
λεία, πολυδουλεία, ἀειδουλεία. ἐωνῆσθαι, ὠνητιᾶν, πρία-
σθαι, πωλῆσαι, πωληταὶ πωλήτριαι, πωλητήρια. καὶ ὠνη-
τὸς ὠνητή, καὶ τὸν ὠνητὴν ὡς Ἰσαῖος, καὶ τὸν αὐτωνη- 81
τὴν ὡς Δείναρχος. προσήκοι δ' ἂν τοῖς δούλοις τό τε
πρᾶγμα [καὶ] ἡ δουλεία καὶ τὸ ῥῆμα τὸ δουλεύειν καὶ τὸ
δεδουλῶσθαι. καὶ τὰ δουλικὰ παρὰ Δημοσθένει, ἀφ' οὗ
καὶ τὸ ἐπίρρημα τὸ δουλικῶς. καὶ τὸ δουλώσασθαι δὲ καὶ
τὸ καταδουλώσασθαι, καὶ ὅσα ἀπὸ τούτων σχηματίζεται.
καὶ τὸ συγκαταδουλώσασθαι παρ' Ὑπερίδῃ, καὶ οἱ συνδου-
λεύοντες παρὰ Δεινάρχῳ. σύνδουλοι δὲ λέγει Λυσίας καὶ 82
Εὐριπίδης, Ὑπερίδης δὲ καὶ Εὐκλείδης ὁμόδουλον λέγουσιν·
ἔνιοι δ' ὁμόδουλον μὲν οἴονται τὸν τῆς αὐτῆς τύχης, σύν-
δουλον δὲ τὸν τοῦ αὐτοῦ δεσπότου. καὶ οἰκέται δὲ καὶ οἰ-
κετικὰ ὀνόματα παρὰ Πλάτωνι· οἱ μέντοι ποιηταὶ καὶ τοὺς
ἄλλους οἰκείους οἰκέτας ὠνόμαζον, ὅπου γε καὶ περιστερὰν
οἰκέτιν.   πελάται δὲ καὶ θῆτες ἐλευθέρων ἐστὶν ὀνόματα
διὰ πενίαν ἐπ' ἀργυρίῳ δουλευόντων.

μεταξὺ δὲ ἐλευθέρων καὶ δούλων οἱ Λακεδαιμονίων 83
εἵλωτες, καὶ Θετταλῶν πενέσται, καὶ Κρητῶν κλαρῶται
καὶ μνῶΐται, καὶ Μαριανδύνων δωροφόροι, καὶ Ἀργείων
γυμνῆτες, καὶ Σικυωνίων κορυνηφόροι. τοὺς μέντοι εἰς
ἐλευθερίαν τῶν εἱλώτων ἀφιεμένους οἱ Λακεδαιμόνιοι νεο-
δαμώδεις καλοῦσιν.   ὁ δὲ τῆς δουλείας ἀφειμένος τῶν
δούλων ἀπελεύθερος καὶ ἐξελεύθερος, ἀπηλευθερωμένος.

---

81 1. ἀντωνητὴν A.   82 7. πενεςαι C.   83 2. πελάται A.
3. δορυφόροι A.

καὶ ἀπελευθερῶσαι ἀπελευθερωθῆναι, καὶ ἀπελευθέρωσις
καὶ ἀπελευθερία. καὶ Δημοσθένης φησὶν ἐξελευθερικοὺς νό-
μους καὶ ἀπελευθερικοὺς νόμους. κατὰ μέντοι τῶν ἀποστάν-
των ἀποστασίου δίκη ἐστίν. φαίης δ' ἂν τιμὴν καταβαλεῖν,
ἀργύριον εἰσενεγκεῖν, ἀντικαταλλάξασθαι χρήματα.

84 Τραπεζίτης, ἀργυρογνώμων, ἀργυραμοιβός, δοκιμα-
στής, ἐπικαθήμενος τραπέζῃ· τραπεζείτης δὲ κύων. τράπεζα
πολυάργυρος, τραπέζης ἀφορμαί. τὴν δὲ τράπεζαν Δημο-
σθένης καὶ ξύλον ὠνόμασεν· ἐκάλουν δ' αὐτὴν καὶ πίνακα.
ἀργυρίου ἀλλαγὴ ὁ καλούμενος κόλλυβος. ἐνέχυρα λύσιμα,
κατενεχυριάζειν. ὀφείλειν, δανείζεσθαι, δανείζειν, προΐε-
σθαι ἀργύριον. ὑποθήκην θεὶς ὁ δανειζόμενος, ὑποθήκην
θέμενος ὁ δανείζων. χρέα, καὶ τοῦ χρέους. δανείσματα, ὀφει-
λήματα, ἐκδόσεις, ἐκδιδόναι, ἔγγυα δανείσματα, ναυτικά· τὰ
γὰρ ὀφλήματα καὶ τὸ ὀφλεῖν ἐπὶ τῶν καταδικασθέντων εἰς
85 ἀργύριον. ὅρους ἐφιστάναι χωρίῳ· λίθος δ' ἦν ἢ στήλη τις
δηλοῦσα ὡς ἔστιν ὑπόχρεών τινι τὸ χωρίον. ἐπὶ δὲ τούτου
ἐλέγετο ἐστίχθαι τὸ χωρίον, ὡς τὸ ἐναντίον ἄστιχτον. τὸ δὲ
ὑπόχρεων χωρίον καὶ ὑπόβολον. χρήστης κυρίως μὲν ὁ δε-
δανεισμένος, πολλάκις δὲ καὶ ὁ δανειστής. οὗτος δὲ καὶ το-
κιστής, τοκογλύφος, τοκίζων, ὅθεν καὶ τὸ «τοκίζεται αὐτῷ
ἀργύριον» παρ' Ὑπερίδῃ, τόκους ἐκλέγων, ὀβολοστάτης. ἐκεῖ-
νος δὲ ὑπόχρεως, κατάχρεως, ὑπέρχρεως. καλεῖται δὲ τὸ μὲν
κεφάλαιον ἀρχαῖον, τὸ δὲ ἔργον τόκος. ὁ δὲ οὐκ ἐκτίσας
κατὰ προθεσμίαν ὑπερήμερος, καὶ τὸ πρᾶγμα ὑπερημερία.

86 Ἀργύριον δόκιμον, ἐπίσημον, γνήσιον, καθαρόν,
ἀμιγές, ἄκρατον, ἀκίβδηλον, ἔντυπον, ἀκριβές, νόμιμον, ἀκέ-
ραιον, ἀδιάφθορον, ἄδολον, ἄχραντον, ἀνεπιβούλευτον· τὸ
δὲ ἐναντίον παράσημον, παρασεσημασμένον, χαλκόκρατον,
κίβδηλον, κεκιβδηλευμένον, ἀφ' οὗ καὶ τὸ πρᾶγμα κιβδηλεία
καὶ κιβδηλεύματα παρὰ Πλάτωνι, ὥσπερ καὶ ὁ κιβδηλεύων,
παρατετυπωμένον, παρακεχαραγμένον, παρεγκεκραμένον, ὑπό-
χαλκον. τὸ δὲ ἀργύριον καλεῖται καὶ χρήματα καὶ νόμισμα,
ὥσπερ καὶ τὸ χρυσίον. ἀργύρια δὲ κατὰ πλῆθος ἥκιστα λέ-
γουσιν οἱ Ἀττικοί, εἴρηται δέ που. λέγοιτο δ' ἂν κόψαι νό-

---

85 4. ὑπώβολον Porsonus. 86 4. post χαλκόκρατον F θιβρόνιον.

μισμα, ἐνσημήνασθαι, τυπῶσαι, ἐντυπῶσαι, ἐντυπώσασθαι. τὸ δὲ τοιοῦτον ἀργύριον ἐπίσημον ἐλέγετο, ὡς τὸ ἐναντίον ἄσημον.

Ἀργύρεια μέταλλα καὶ χρύσεια, μεταλλεύειν, ὀρύττειν, ⁸⁷ ἐπικατατέμνειν, καινοτομεῖν, καινοτομία. οὓς δὲ κατέλιπον μέσους κίονας οἱ μεταλλεῖς ἀνέχειν τὴν γῆν, οὗτοι μεσοκρινεῖς ὠνομάζοντο. ὑπόχρυσος γῆ, ὑπάργυρος γῆ. κάθαρσις χρυσοῦ, κάθαρσις ἀργύρου. χρυσὸς ἄπεφθος, εἰλικρινής· ἄργυρος καθαρός, ἐκκεκαθαρμένος. Ἀρυανδικὸν ἀργύριον, καὶ οἱ Δαρεικοὶ ἀπὸ Δαρείου, ὡς ὑπ' ἐκείνου ἀκριβωθέντος εἰς κάθαρσιν τοῦ χρυσίου. εὐδόκιμος δὲ καὶ ὁ Γυγάδας χρυσὸς καὶ οἱ Κροίσειοι στατῆρες. χρυσός, ἄργυρος, ὀρείχαλκος, σίδηρος, καττίτερος, μόλυβδος, ὕαλος. χρυσῖτις γῆ, ἀργυρῖτις, σιδηρῖτις. χρυσοχοεῖν, χαλκεύειν· χρυσοχόος, χαλκεύς, σιδηρεύς. μολυβδοχοῆσαι.

Τὸ πολὺ ἄπλατον, ἄπλετον, ἄπειρον, ἀμύθητον, ἀμέ- ⁸⁸ τρητον, ἀναρίθμητον, ἀνεξαρίθμητον, ἀνήριθμον, πάμπολυ, παμπληθές, ἄπιστον τῷ πλήθει, ἀδιήγητον. μέγα, πάμμεγα, παμμέγεθες, ὑπερμέγεθες, ὑπέρογκον, ἐξαίσιον, εὐμέγεθες. καὶ τὸ ἐναντίον μικρόν, ὀλίγον, βραχύ, σύμμετρον, συμμεμετρημένον, εὐαρίθμητον.

Ἕστηκεν, ἡσυχάζει, μένει, ἀτρεμεῖ, καθησυχάζει, ἠρε- ⁸⁹ μεῖ, ἐφ' ἡσυχίας ἐστίν, ἀναμένει, περιμένει, ἀκινητεῖ, ἀκίνητός ἐστιν, ἑστηκώς, στάσις, ὀρθοστάδην, ἡσυχία, μονή. κάθηται, καθίζει, καθέζεται, ἀνακαθιζόμενος ὡς Πλάτων. Ξενοφῶν δὲ τὸ ἐκάθισεν ἀντὶ τοῦ καθίσαι ἐποίησεν· καθήμεθα δὲ ἀντὶ τοῦ ἐκαθήμεθα Δημοσθένης, καὶ καθῆστο ἀντὶ τοῦ ἐκάθητο Πλάτων. καὶ καθέδρα, ἕδρα, θρανίον, ⁹⁰ θρᾶνος, θρόνος, θᾶκος, ἕδρανον, δίφρος, καὶ δίφρος ὀκλαδίας· τὸ γὰρ σκολύθριον ὑπομόχθηρον, καὶ τὸ ἐδώλιον ἄλλης ἐστὶ χρείας. βάθρον· οὕτω δὲ ὠνομάζετο καὶ ἡ τῶν ἀνδριάντων βάσις, ἀφ' οὗ τὸ βέβηκε καὶ βεβηκέναι καὶ τὰ ἀπὸ τούτων κατὰ τὰς τῶν προθέσεων προσθέσεις. καὶ ἀναβάδην καθήμενος, καὶ βάδην ὑποχωρῶν. καὶ περιβάδην ἐστὶ

87 7. ἐπ' C.   88 1. ἄπλατον] ἀπλήρωτον A.   90 3. σκελύθριον A, στελύθιον· τὸ γὰρ σκελύθριον C.   7. καὶ π. — πόδας om A.

τὸ ἐπαλλάξαι τοὺς πόδας. τὸ δὲ θακεῖν οὐκ ἂν εἴη πρὸς

91 ἡμῶν, καθήμενος δὲ καὶ καθίζων καὶ καθιζόμενος καὶ καθε-
ζόμενος. ἐπὶ δὲ τῶν ἑστηκότων συμβεβηκὼς ἄμφω τὼ πόδε,
προβεβηκὼς τὸν ἕτερον, διαβεβηκώς· ἀνίσταται, διανίσταται,
ἐξανίσταται, ἐπανίσταται, ἀπανίσταται. ἔστι δὲ καὶ ἀνδρι-
άντος στάσις καὶ ἀνάστασις, καὶ τειχῶν καὶ οἰκοδομήμα-
τος, καὶ πόλεως ἀνάστασις ἢ ἀναστάτωσις παρὰ Δημοσθένει,
καὶ «ἀνάστατα ἐποίησαν τὰ ταύτῃ χωρία» εἴρηται παρὰ
Θουκυδίδῃ.

92 Βαδίζει, βαδίζων, βάδην, βάδισις, βαδιεῖ. βαδιστικὸς
παρὰ Ἀριστοφάνει, παρὰ δὲ Κρατίνῳ βαδισματίας, παρὰ
δὲ Πλάτωνι τῷ φιλοσόφῳ βαδισμός, καὶ παρὰ Θουκυδίδῃ
«μετὰ ῥυθμοῦ βαίνοιεν» ἀντὶ τοῦ βαδίζοιεν. πορεύεται, πο-
ρευόμενος, ὅθεν καὶ πορεία, καὶ πορεῖα τὰ ὀχήματα. προ-
άγει, προάγων, ὑπάγει, ὑπάγων· ἔστι δὲ οἷον ἡγεῖται καὶ
ἄγει. καὶ ἀνάβασις καὶ ἀναβασμοὶ καὶ ἀναβεβασμένοι ἵπ-
ποι· καὶ οἱ τοῖς ἀναβαίνουσι βοηθοῦντες ἀναφέρουσιν αὐ-

93 τοὺς ὀρθαῖν ταῖν χεροῖν ἢ σιμαῖν ταῖν χεροῖν. καταβαίνει,
κατέρχεται. καὶ κάτεισιν ἐπὶ τοῦ μέλλοντος χρόνου. πρόεισι,
περιπατεῖ, ἀφ᾽ οὗ καὶ περίπατος. τρέχει, ἀφ᾽ οὗ δρόμος, θεῖ,
ἐπείγεται. σχολαῖος περίπατος καὶ σπουδαῖος καὶ ἠρεμαῖος,
καὶ σπουδή. ἠπειγμένως βαδίζων, καὶ σχολῇ περιπατεῖ καὶ
ἠρέμα, καὶ ἠπειγμένος περίπατος, καὶ τὸ Ἡσιόδου προβά-
δην. ἄλλης δὲ χρείας βαίνειν, προβαίνειν, ἀναβαίνειν, ἀπο-
βαίνειν, προσβαίνειν. καὶ ἐπιβάτας τῶν νεῶν, καὶ ἀναβάτας
ἐπὶ τῶν ἐν ταῖς ἀγέλαις ὀχείων.

94 Φέρει, φέρεται, φορεῖον, φορεῖς, φοράδην, φορά, ἐκ-
φορά, καὶ ἐπὶ σκευῶν καὶ ἐπὶ νεκρῶν· ἐπιφορὰ γὰρ τὸ τῷ
μισθῷ προστιθέμενον, ὡς Θουκυδίδης, καὶ ἀποφορὰ οὐχ ἡ
ἀποκομιδὴ μόνον ἀλλὰ καὶ ἡ τῶν φόρων καταβολὴ καὶ πνευ-
μάτων ἀποβολὴ [καὶ ὀδμῆς, πνεύματος προσβολή]. εἴποις
δ᾽ ἂν ἐπὶ τῶν φερόντων ἆραι, ἄρασθαι, ἐνεγκεῖν, ἀνενεγκεῖν,
κομίσαι, ἀνακουφίσαι.

95 Ὁδοῦ δὲ ἡγεμὼν ἀγωγός· ὁ γὰρ ἀγωγεὺς εὐτελέστερον.

---

90 1. ὑπαλλάξαι ante Hemsterhusium. 92 1. βαδιεῖ om **AB**. 2. βά-
δισμα **A**, om **B**.

ἐν μέντοι τῷ πλήθει καὶ ἀγωγοὶ καὶ ἀγωγεῖς ῥυτοί. ὑφηγητὴς
ἐξηγητής, προηγεμὼν προηγητής, παρὰ δὲ Κέβητι καὶ καθη
γητής, ὥσπερ καὶ παρὰ τοῖς τραγῳδοῖς. λέγοις δ' ἂν ὁδὸν δεῖ
ξαι, ὁδοῦ ἡγήσασθαι προηγήσασθαι ὑφηγήσασθαι καθηγή
σασθαι, ὁδὸν φῆναι. τὰ δὲ πράγματα ὁδοῦ ὑφήγησις ἐξήγη
σις, δεῖξις, ἀγωγή, μήνυσις, ἡγεμονία.   ὁδὸς δὲ ἄπορος 96
δύσπορος δυσπόρευτος, ἀτριβής, ἀπάνθρωπος, σκολιά, ἀσα
φής, ἀγρία, ἀφανής, δύσοδος, ἔρημος, ἄμικτος ἀπρόσμικτος,
δύσβατος δυσπρόσβατος, δυσεύρετος. ἄνιππος δὲ καὶ ἀνα
μάξευτος Ἡρόδοτος λέγει. ὀρεία, ὀρθία, ἀνατεταμένη καὶ
τὰ τοιαῦτα ἐν τῷ πρώτῳ ἔχεις. τὸ δ' ἐναντίον εὔπορος, εὐθυ
τενής, λεωφόρος, ἀμαξιτὸς ἀμαξήλατος, ἱππάσιμος ἱππόκρο
τος, ἐπίδρομος, λεία, σαφής, προφανής ἐκφανής, τετριμμένη,
τρίβος, στίβος, ἥμερος, πολυάνθρωπος, εὔμικτος, ὁμαλή. τὰ
δὲ τούτοις πρόσφορα τὸ πρὸ τούτου βιβλίον ἐν τοῖς ἱππα
σίμοις χωρίοις περιέχει.

Χαρά, ἡδονή, φαιδρότης, εὐθυμία, εὐφροσύνη, χαρ- 97
μονή, ἵλεως διάθεσις, εὐσθένεια, θυμηδία, τέρψις, τερπνό
της, ἀπόλαυσις· ἡ δὲ περιχάρεια τὸ ἀμέτρως χαίρειν ὑπο
δηλοῖ. χαίρειν, ἥδεσθαι, φαιδρύνεσθαι, εὐθυμεῖν εὐθυμεῖ
σθαι, εὐφραίνεσθαι, εὐσθενεῖν, θάλλειν, τέρπεσθαι, ἀπο
λαύειν, γεγηθέναι· τούτου δὲ τὸ πρᾶγμα οὐκ ἔστιν, ὥσπερ
οὐδὲ τοῦ γάννυσθαι. τερπνῶς, ἡδέως, φαιδρῶς· τὰ γὰρ ἐκ
τῶν ἄλλων ἐπιρρήματα πονηρά. μετοχαὶ δὲ τέρπων, ἀλλὰ 98
καὶ ἔτερψεν· τὸ γὰρ ἥδων Ἰωνικόν, καὶ τὸ ἦδε σπάνιον μὲν
παρ' ἡμῖν, Ἀνακρέων δ' αὐτὸ εἴρηκεν, Ἴων καὶ ποιητὴς
ἀνήρ. ἀλλὰ καὶ εὐφραίνων καὶ εὔφρανε, καὶ χαίρων, ἡδό
μενος, φαιδρυνόμενος, εὐθυμούμενος, εὐφραινόμενος, γεγη
θώς, γαννύμενος. καλὸν δὲ ὄνομα ἀπὸ τούτων τὸ θυμῆρες.
ἴσως δ' ἂν αὐτοῖς προσήκοι καὶ τὸ ἄλυπος καὶ ἀλύπως·
Πλάτων δὲ καὶ ἀλυπήτως ἔφη, ὥσπερ Σοφοκλῆς ἀλύπη
τον.   λύπη, ἀνία, ἀλγηδών, ἀθυμία δυσθυμία βαρυ
θυμία, ἀχθηδών, ἄση, ἄλυς, κατήφεια· ἡ γὰρ περιωδυνία

97 2. εὐθηρία Lobeckius. 98 2. ᾖσεν AC. 6. θυμηδές Lobeckius. addit A καὶ τὸ γάννος. 8. v. Elmsleius ad Oed. Col. 1662.
10. ἄτη A.

9

τὴν ὑπερβολὴν τῆς ἐμμέτρου λύπης ἐμφανίζει. καὶ λυπεῖ-
σθαι, ἀνιᾶσθαι, ἀλγεῖν, ἀθυμεῖν δυσθυμεῖν βαρυθυμεῖν,
99 ἄχθεσθαι, ἀλύειν, ἀσᾶσθαι. καὶ λυπηρῶς, ἀλγεινῶς, ἀνια-
ρῶς, ἐπαλγῶς, ἀθύμως δυσθύμως· οὐ γὰρ ἂν καὶ βαρυθί-
μως εἴποις, ἀχθεινῶς δὲ καὶ ἀσηρῶς. ἄλλης δὲ χρείας πά-
θος πάθημα, πένθος, δυστυχία, συμφορά, δυσποτμία, κα-
κοδαιμονία, δυσπραγία κακοπραγία. παθεῖν, πενθεῖν, δυσ-
τυχεῖν ἀτυχεῖν (Θουκυδίδης δὲ καὶ κακοτυχεῖν), ἐπὶ συμ-
φορᾶς εἶναι, συμφορᾷ περιπεσεῖν, κακοπραγεῖν, καὶ πενθι-
κῶς πράττειν, δυστυχῶς ἀτυχῶς, δυσπότμως. ἔστι δὲ καὶ
καθ' ἕτερον χρείας εἶδος δακρύειν ἀποδακρύειν, κλαίειν
ἀνακλαίειν, ἀποθρηνεῖν, οἰκτίζεσθαι, ὀλοφύρεσθαι, κατοδύ-
100 ρεσθαι. Ξενοφῶν δὲ ποιητικωτέρως καὶ γοωμένη που λέ-
γει. παραμυθεῖσθαι, παρηγορεῖν παρηγορεῖσθαι,
ἐπικουφίζειν, ἐπελαφρύνειν, ἀναφέρειν, ἀνιστάναι, ἐπεγείρειν,
νουθετεῖν, ἐπανορθοῦσθαι, σωφρονίζειν. παραμυθία παρα-
μύθιον, παρηγορία, κουφισμός ἐπικουφισμός καὶ παρὰ Θου-
κυδίδῃ κούφισις, νουθεσία, σωφρονισμός, ἐπανόρθωσις, πα-
ραψυχή, ἀφ' οὗ ῥῆμα οὐκ ἔστιν, ὥσπερ οὐδ' ἀπ' ἐνίων ῥη-
μάτων ὄνομα. λόγοι δὲ παραμυθητικοί, παρηγορικοί, νου-
101 θετικοί, σωφρονιστικοί, καὶ ἄλλης χρείας λόγοι ἐπιτάφιοι,
ἐπικήδειοι, ἐλεγεῖα, ἐπιγράμματα. πάθος δὲ δυσπαραμύθη-
τον, εὐπαραμύθητον, ἀπαραμύθητον. ἐπιχαίρειν, ἐφή-
δεσθαι, καταχαίρειν. Ἰσοκράτης δ' ἔφη καὶ «συνηδόμενοι
ταῖς ἡμετέραις συμφοραῖς» ἀντὶ τοῦ ἐφηδόμενοι. ἐπεμβαί-
νειν, καταγελᾶν, καταχλευάζειν. καὶ ὄνομα παρὰ Θουκυδίδῃ
οἱ ἐπίχαρτοι, ὥσπερ καὶ οἱ καταγέλαστοι· τὸ γὰρ παρὰ Πο-
σειδίππῳ ἐπίχαρμα μοχθηρόν. Φιλωνίδης δὲ τὸν ἐπιχαίροντα
ἐπιχάρτην εἴρηκεν· ἀλλὰ καὶ τοῦτο φαῦλον, ὥστε βέλτιον
μὴ ὀνόμασι χρῆσθαι ἀλλὰ μετοχαῖς. ὁ δὲ ἐπιχαιρέκακος
102 ἀνεκτόν. εὐτυχία, εὐπραγία, εὐποτμία, εὐπραξία. συγ-
χαίρειν, συνήδεσθαι, συνευτυχεῖν, ἢ βασκαίνειν, φθονεῖν.

Τάφος, μνῆμα, μνημεῖον, μνημόσυνον, ἠρία, θῆκαι,
σοροί, πύελοι, ληνοί. χῶμα· χῶσαι, χῶμα ἐγεῖραι, χῶμα περι-
βαλέσθαι, στήλην ἀναστῆσαι, ἐπίγραμμα ἐπιγράψαι, χοὰς

ἐπι.
101 10. ὁ δὲ] καὶ ὅγε A.   102 4. περιβαλίσθαι A.

χέασθαι, ἐναγίσαι. ἐναγίσματα, κτερίσματα, προθέσεις, ἐκφοραί, ἔνατα, τριακάδες, γενέσια, νεκύσια· ταῦτα γὰρ ἐπὶ θεραπείᾳ τῶν ἀπηλλαγμένων νενόμιστο.

Ποταμοὶ δὲ μεγάλοι, ὑπερμεγέθεις, βαθεῖς, πλατεῖς, [103] ἀέναοι ἀείνεω, ἀείρρυτοι, ἀνελλιπεῖς, ἀνενδεεῖς, κυματίαι, νεανικοί, ναυσίποροι, πλωτοί, οὐ διαβατοί, βίαιοι, ῥόθιοι, ῥοώδεις, εὔρωστοι· καὶ λόγῳ, οὓς οὐκ ἄν τις περάσειεν ἄνευ νεῶν, ἄποροι ὅτι μὴ ναυσίν, οὓς διὰ μέγεθος ἐργῶδες τὸ πλεῦσαι, ἰσομέτρητοι θαλάττῃ, ἰσοπληθεῖς, ἐνάμιλλοι, σφαλερόνηκτοι. τὸ δὲ ἐναντίον χείμαρροι, χαράδραι, ὑδορρόαι, ἀμάραι· ἄπλωτοι, διαβατοί, ποσὶ περατοί, κάτω κνήμης ῥέοντες, κάτω γόνατος, οὐδ᾽ ἂν τὸ γόνυ βρέξειας.

Ἐρεῖς δὲ ἐπὶ ἀρρώστου ἔκαμεν, ἠρρώστησεν, ἐνόση- [104] σεν, ἠσθένησεν, ἐμαλακίσθη, μαλακῶς ἔσχεν· καὶ κάμνων, ἀρρωστήσας, νοσήσας, ἀσθενήσας, μαλακισθείς, μαλακῶς ἔχων. τὸν δὲ κάμνοντα Θουκυδίδης πονούμενον εἴρηκεν· «τὸν τεθνηκότα καὶ τὸν πονούμενον ᾠκτίζοντο.» τὰ δὲ πράγματα κάματος, ἀρρωστία, νόσος νόσημα, ἀσθένεια, μαλακία. καὶ τὰ ἐπιρρήματα καματηρῶς, ἀρρώστως, νοσηρῶς, ἐπινόσως· [105] τὸ γὰρ νοσωδῶς ἔχει τινὰ πρὸς τὴν ἀκοὴν δυσχέρειαν. νοσηρότερον, ὅθεν καὶ νοσηρὸν χωρίον καὶ νοσῶδες· τὸ γὰρ νοσακερὸν ἐσχάτως κωμικόν. ἀσθενῶς, μαλακῶς μαλακώτερον. ἔστι δὲ καὶ λόγῳ εἰπεῖν, φαύλως μοι διάκειται τὸ σῶμα, καὶ ἐπιπόνως ἔχω τοῦ σώματος, ἐνδεέστερον διάκειται τὸ σωμάτιον, ἐνδίδωσί μοι τὸ σῶμα ὑπ᾽ ἀρρωστίας. καὶ μὴν ὀνομάτων ἄν τις ἐκ τούτων εὐπορήσειεν, νοσώδης, ἐπίνο- [106] σος, ἄρρωστος, ἀσθενής. ἕτερα δὲ εἰς ταὐτὸν φέροντα κλινοπετής, κλινήρης, κατακλινής· ἀπὸ δὲ τούτων οὔτε πρᾶγμα οὔτε ἐπίρρημα οὔτε ῥῆμα οὔτε μετοχὴν ἔστιν εὑρεῖν. εἴη δ᾽ ἂν τούτοις προσῆκον καὶ ἐπιθανάτως ἔχειν. καὶ Ἡρόδοτος ἐδυσθανάτει, οὗ τὸ ἐναντίον εὐθανάτως Κρατῖνος λέγει. τὸ δὲ λιποψυχεῖν παρὰ Θουκυδίδῃ ὠνόμασται. τοὺς μέντοι κεκμηκότας τοὺς ἀποθανόντας ὁ αὐτὸς εἴρηκεν. πρὸς θάνατον [107] ἔρρεπε, σφαλερῶς εἶχεν, ἐπικινδύνως εἶχεν, ἐπὶ βραχείας ἦν τῆς ῥοπῆς, ἐπ᾽ ὀλίγης ἐλπίδος, ἀπέγνωστο. συντάττοιτο δ᾽

---

104 4. τὸν τε θνήσκοντα Thucydides.   106 7. ἀποψύχειν A.
9 *

ἂν τούτοις καὶ τὸ ἐπανῆλθε τὸ νόσημα, ὑπέστρεψεν, ἀνθυ-
πέστρεψεν, ὑπανετροπίασεν.   τὸ δ' ἐναντίον ὑγιαίνειν, ἐρ-
ρῶσθαι, ὑπερερρῶσθαι, σῶν εἶναι, ἀκήρατον, ἄνοσον, ὅθεν
καὶ ἔτος ἄνοσον ὁ Θουκυδίδης. τὸν δὲ ἄνοσον καὶ ἀνόσητον
Σοφοκλῆς· τὸν δ' αὐτὸν ἐρεῖς ἄπονον. καὶ τὰ πράγματα
ὑγίεια, ῥώμη, σωτηρία, ἀνοσία, ἀπονία. καὶ τὰ ἐπιρρήματα
108 ὑγιεινῶς, ἐρρωμένως, ἀνόσως, ἀπόνως. καὶ τὰ ὀνόματα ὑγι-
εινός, ἐρρωμένος, σῶς, ἀκήρατος, ἄπονος, ἄλυπος.   καὶ
ἐπὶ τῶν ἐκ νόσου διανισταμένων, ἀνεκτήσατο τὴν ψυχήν,
καὶ ἀνεζώωσεν, ἀνέσφηλεν, ἀνήνεγκεν, ἐρράισεν ἀνερράισεν,
ἀνέστη καὶ ἐξανέστη, ἀνεβίω καὶ ἀναβιώσκεται, καὶ ἀνεβιω-
σάμην αὐτόν. ἐνοσήλευσα ἐξενοσήλευσα. καὶ ἀνασφήλας,
ἀνενεγκών, ῥαῖσας ἀναρραῖσας, ἐξαναστάς, ἀναβιούς. εἴποις
δ' ἂν καὶ ἐπαύσατο τῆς νόσου, καὶ λήξαντος αὐτῷ τοῦ νο-
σήματος, καὶ τραπείσης εἰς τὸ βέλτιον τῆς ἀρρωστίας, καὶ
ἔρρεψε πρὸς τὸ κρεῖττον, καὶ τὰ τοιαῦτα. καὶ ἐπεβίω δὲ καὶ
ἐπιβιούς· καὶ τὸ παιδίον ἐπίβιον Ἰσαῖος εἴρηκεν. ἐπὶ δὲ νο-
σοῦντος ἐπισκοπεῖν φησὶ Ξενοφῶν.

109   Πλούσιος, εὔπορος, εὐχρήματος, πολυχρήματος, εὖ
πράττων εἰς χρημάτων λόγον, ζάπλουτος μεγαλόπλουτος,
μεγαλοπλούσιος βαθυπλούσιος· Πλάτων δὲ ἐν τοῖς Νόμοις
καὶ παμπλούσιος ἔφη. ὁ δ' Εὐπόλιδος πλοῦταξ πέπαικται.
πολύχρυσος, οὐκ ὀλιγόχρυσος, πολυάργυρος, εὐκτήμων πολυ-
κτήμων, ἐν περιουσίᾳ ὤν, περιουσιάζων, ἐν περιουσίᾳ ζῶν,
εἷς ὢν τῶν εὐδαιμόνων, τῶν ὀλβίων ἢ ὡς Ἡρόδοτος τῶν
παχέων, τῶν λειτουργούντων, τῶν οἶκον λειτουργοῦντα δια-
δεξαμένων, ἐκ μεγάλου διαγράμματος, εὔκληρος βαθύκλη-
110 ρος. καὶ τὰ ῥήματα πλουτεῖν, εὐπορεῖν, εὐχρηματεῖν· καὶ αἱ
μετοχαὶ πλουτῶν, εὐχρηματῶν, εὐπορῶν, τὰ δ' ἐπιρρήματα
πονηρά. εἴποις δ' ἂν πλουτηρὸν χρῆμα καὶ πλουτοποιὸν καὶ
χρηματοποιόν. καὶ τὰ πράγματα πλοῦτος, εὐπορία, εὐχρη-
ματία πολυχρηματία, πολυχρημοσύνη, πολυκτημοσύνη, περι-
ουσία.   τὰ δ' ἐναντία πένης, πενιχρός, ἀχρήματος, ἄπο-
ρος, ἀκτήμων, ἄχρυσος, ἀνάργυρος, ἐνδεής, ἐνδεῶς πράττων,

---

107 2. ὑπετρόπασεν C.   3. ὑπερρῶσθαι vulgo.   108 4. καὶ ἀνε-
ζώωσεν om A.   109 4. πέπαισται A.   7. εὐδαίμων, omissis εἷς ὢν
τῶν, A. ‖ ὀλίγων AC.   8. τὸν — διαδεξάμενον vulgo.

ἀπόρως πράττων, τῶν ἐπιτηδείων σπανίζων, τῶν ἐφημέρων
ἀπορῶν, πτωχός, πτωχεύων, ἀγείρων, προσαιτῶν, μισθω- 111
τός, μισθαρνῶν, πελάτης, θής, ἀγαπητῶς παρατρεφόμενος,
εἰς ἀλλοτρίας χεῖρας ἀποβλέπων, βωμολοχῶν, ἀπορούμενος.
ἀπορεῖν, πένεσθαι, πτωχεύειν, ἀγείρειν, ἐπ' ἐνδείας εἶναι, βω-
μολοχεῖν, προσαιτεῖν, μισθαρνεῖν, μισθοφορεῖν, δουλεύειν ἐπὶ
λεπτοῖς λήμμασι, παρασιτεῖν, παρατρέφεσθαι, παραδειπνεῖν.
καὶ τὰ πράγματα πενία, ἀχρηματία, ἀχρημοσύνη, ἀκτημο-
σύνη, ἔνδεια, ἀπορία, πτωχεία, ἀγυρμός, βωμολοχία, θητεία.

   Φιλάργυρος, φιλόχρυσος, αἰσχροκερδής, φιλοχρήμα- 112
τος, φιλοκερδής, φιλοχρηματιστής, χρηματιστικός, ἀνελεύθε-
ρος, ὀβολοστάτης, καὶ ἡ γυνὴ ὀβολοστάτις· ὁ γὰρ κίμβιξ
καὶ κυμινοπρίστης οὐκ ἀνεκτά. φαίης δ' ἂν ἐλάττων χρη-
μάτων, πᾶν ἂν πράξας ἐπὶ χρήμασιν, οὐδὲν ἂν αἰσχυνθεὶς
ᾧ λῆμμα πρόσεστιν, ἐκ παντὸς χρηματιζόμενος, χρήμασι τὴν
εὐδαιμονίαν μετρῶν, πρὸς ἀργύριον κεχηνώς, πρὸς ἀργύριον
φθεγγόμενος, τὴν ψυχὴν ἂν ἀνταλλάξας τοῦ χρυσίου, τὴν 113
ψυχὴν ἂν ἀργυρίου προέμενος, καὶ λαμβάνων ἀφ' ὧν οὐ
δεῖ καὶ μὴ διδοὺς εἰς ἃ δεῖ. τὰ δὲ πράγματα φιλοχρημο-
σύνη, φιλαργυρία, φιλοχρυσία, φιλοχρηματία, αἰσχροκέρδεια,
φιλοκέρδεια, χρηματισμός, ἀνελευθερία. ῥήματα δ' οὐκ ἔστιν
ὅτι μὴ χρηματίζειν, καὶ ὡς Ἀντιφῶν φιλοχρηματεῖν, καὶ ὡς
Ὑπερίδης αἰσχροκερδεῖν, καὶ χρηματίζεσθαι, καὶ ὀβολοστα-
τεῖν. ἐπιρρήματα δὲ φιλοχρημάτως καὶ φιλοχρηματιστικῶς
καὶ ἀνελευθέρως· τὰ δὲ ἄλλα χείρω.   ὧν τὰ ἐναντία με- 114
γαλόφρων, μεγαλόψυχος, μεγαλογνώμων, ἐλεύθερος, ὑπερ-
άνω λημμάτων, κρείττων χρημάτων, οὐκ ἀντικαταλλαττό-
μενος χρήματα τοῦ καλοῦ, πλοῦτον τὴν ἀρετὴν ἡγούμενος,
οὐδὲν ἂν λῆμμα προσιέμενος ᾧ τις αἰσχύνη πρόσεστιν, ἡδέ-
ως ἂν διδοὺς ἢ λαμβάνων ἀφ' ὧν οὐ δεῖ. τὰ δὲ πράγματα
μεγαλοφροσύνη, μεγαλοψυχία, μεγαλογνωμοσύνη, ἐλευθερία.
ῥήματα δὲ ἀπὸ μὲν τῶν οὐκ ἔστιν, ἀπὸ δὲ τῶν παμπόνη-
ρα. τὰ δὲ ἐπιρρήματα μεγαλοφρόνως, μεγαλοψύχως, μεγα-
λογνωμόνως, ἐλευθέρως.

---

112 3. βέμβιξ vulgo. 113 6. χρηματίζειν] φιλοχρηματεῖν Α. || φιλο-
χρηματεῖσθαι Α. 114 5. ἥδιον Bentleius, an ἥδιον ἂν διδοὺς εἰς ἃ δεῖ?

115   πάλιν δὲ καθ᾽ ἕτερον χρείας εἶδος φειδωλός, γλίσχρος,
ταμιευτικός, ἀκριβής, θησαυροποιός, θησαυριστικός, θησαυ-
ριστής, ταμιευτικός, κατορύττων τὸ ἀργύριον, φρουρὸς χρη-
μάτων, φύλαξ ἀργυρίου, ἄγρυπνος εἰς τὴν φυλακήν, δανεί-
ζων ἔγγυα δανείσματα, ναυτικὰς ἐκδόσεις, ἐπὶ μεγάλοις τό-
κοις παρακινδυνεύων, ἐπὶ κέρδους ἐλπίδι. μικροπρεπής, τῷ
βαλαντίῳ προστετηκώς, ἀνελεύθερος, δουλοπρεπής. Πλάτων
δὲ ἐν Παρμενίδῃ καὶ ῥυπαρὸν εἴρηκεν, Εὔπολις δὲ
        εἶδες χορηγὸν πώποτε ῥυπαρώτερον
        τοῦδε;

116 θᾶττον ἂν τοῦ αἵματος ἢ χρημάτων μεταδούς τινι, οἰκτρός,
στενός, ἄθλιος, κακοδαίμων, ταπεινός, ἐλεεινός, ἄγχων τοὺς
χρήστας, ἀποπνίγων τοὺς ὀφείλοντας, ἀπάγων ὑπερημέρους.
τὰ δὲ ῥήματα φείδεσθαι, ταμιεύειν ταμιεύεσθαι, θησαυ-
ροποιεῖν, φρουρεῖν, ἀγρυπνεῖν, φυλάττειν. καὶ τὰ πράγματα
φειδωλία, ταμιεία, φρουρά, χρημάτων τήρησις, φυλακή, μι-
κροψυχία, ἀνελευθερία, μικροπρέπεια, καὶ ὡς Κριτίας ῥυ-
παρία, δουλοπρέπεια, κακοδαιμονία, ἀθλιότης, οἰκτρότης.
καὶ τὰ ἐπιρρήματα φειδωλῶς, γλίσχρως, ταμιευτικῶς· τοῖς
117 γὰρ ἄλλοις ἄν τις δυσχεράνειεν.   ὁ δ᾽ ὑπεναντίως δια-
κείμενος ἀφειδής, ἀταμίευτος, ἄσωτος, ἐκκεχυμένος, ἀθη-
σαύριστος, ἀπρόοπτος τοῦ μέλλοντος, οὐ περισκοπῶν τὸ μέλ-
λον, ὅλος τῆς τήμερον ἡμέρας, ῥίπτων τὰ χρήματα, κατεδη-
δοκὼς τὰ πατρῷα, καταναλίσκων, ἐκχέων, ἀπολλύς, σπα-
θῶν τὴν οὐσίαν, κατακυβεύων, καταπορνοκοπῶν, ἐφήμερος
τῷ βίῳ. ἐπιρρήματα δὲ ἀφειδῶς, ἀταμιεύτως, ἀπεριόπτως,
ἀπερισκέπτως, ἀτεκμάρτως, ἀπροοράτως. τῶν δὲ πραγμάτων
118 ὀνόματα οὐκ ἔστιν ὅτι μὴ ἀσωτία.   τῷ δὲ φειδωλῷ μετ᾽
ἐπαίνου ἀντίκειται ἐκτενής, δαψιλής, λαμπρός, ἄφθονος,
φιλότιμος, ἐλευθέριος, φιλάνθρωπος, φιλόδωρος μεγαλόδω-
ρος πολύδωρος, τοῖς δεομένοις ἐπαρκῶν, τῶν ὄντων μετα-
διδούς, μεγαλοπρεπής, ἐλευθεροπρεπής. τὰ δὲ πράγματα δα-
ψίλεια, λαμπρότης, ἀφειδωλία, μεγαλοπρέπεια, φιλοτιμία,
119 φιλοδωρία μεγαλοδωρία πολυδωρία, ἐλευθεριότης· ἡ γὰρ
ἐλευθεροπρέπεια καὶ ἐκτένεια, τὸ μὲν σκληρὸν τὸ δὲ εὐτε-

---

116 3. χρεώστας. A.   118 6. ἀφειδωλία] φιλία. ἀφθονία A.

λές. τὰ δ' ἐπιρρήματα δαψιλῶς, ἐκτενῶς, ἀφθόνως, μεγαλο-
πρεπῶς, ἀνέδην, χύδην, ἐλευθεροπρεπῶς; ἐλευθερίως, φιλο-
τίμως, φιλανθρώπως, φιλοδώρως μεγαλοδώρως, λαμπρῶς.
ῥήματα δὲ λαμπρύνεσθαι, ἐπιδαψιλεύεσθαι, φιλανθρωπεύε-
σθαι, ἐπιδιδόναι τοῖς χρήζουσιν, ἐπικουρεῖν τοῖς δεομένοις,
φιλοτιμεῖσθαι.

Πρόθυμος, ἐρρωμένος, ῥωμαλέος, σφοδρός, σύντονος, 120
συντεταμένος, φιλόπονος, φιλεργός, νεανικός, εὔρωστος, γεν-
ναῖος, γεννάδας, γεννικός, ἐνεργός, ἄοκνος, ἀνδρεῖος ἀνδρι-
κὸς ἀνδρώδης, ἐθελουργός, ἐγρήγορος, ἴτης, ἄγρυπνος, φρον-
τιστής, ἀπροφάσιστος, ἕτοιμος, πρόχειρος. τὰ δὲ πράγματα
προθυμία, ῥώμη, σφοδρότης, φιλεργία· ἡ γὰρ φιλοπονία
εὐτελές, ὥσπερ καὶ ἡ ἀοκνία. εὐρωστία δὲ καὶ ἀνδρία καὶ
ἀνδρισμός· ἡ γὰρ ἀνδρειότης σκληρόν, ἡ δὲ γενναιότης τὴν
εὐγένειαν δηλοῖ. ἐγρηγόρσεις, νεανιεύματα. ἀπὸ δὲ τῶν ἄλλων 121
οὐκ ἔστι πραγμάτων ὀνόματα ἀλλὰ ῥήματα, ἐντεῖναι συν-
τεῖναι ἐπισυντεῖναι, πονῆσαι ἐπιπονῆσαι, νεανιεύσασθαι
ἐπινεανιεύσασθαι, ἀνδρίσασθαι, ἐγρηγορέναι, φροντίζειν,
ἀγρυπνεῖν, ἐρρῶσθαι, εὐρωστεῖν· τὰ γὰρ ἀπὸ τῶν ἄλλων
βίαια. ἐπιρρήματα δὲ ῥωμαλέως, ἐρρωμένως, σφοδρῶς, ἐντε-
ταμένως, ἐντόνως συντόνως, φιλοπόνως, φιλεργῶς, ἀόκνως,
ἀνδρείως ἀνδρωδῶς ἀνδρικῶς, ἐθελουργῶς, ἐνεργῶς, ἑτοί-
μως, ἀγρύπνως, πεφροντισμένως, ἐγρηγορότως, ἀπροφασί-
στως,·προθύμως.   τὰ δ' ἐναντία βλάξ, βλακικός, μαλα- 122
κός, ὑπερβαλλόμενος, μελλητής, ἐκλελυμένος, ἀμβλύς, βρα-
δύς, ἀδύνατος, ἀσθενής, ἀναπεπτωκώς, ἀναβεβλημένος, ἄθυ-
μος, ἀργός, ἄρρωστος, ἄνανδρος, ὀκνώδης, κατανυστάζων,
ἀποκαθεύδων, ἀποκαθήμενος, ὀλίγωρος, ῥάθυμος, ἀμελής,
ὕπτιος, νωθρός, νωθής. τὰ δὲ πράγματα βλακεία, μαλακία,
ἀμβλύτης, βραδυτής, μελλησμός, ἀδυναμία καὶ ἀδυνασία,
ἀσθένεια, ἀργία, ἀρρωστία, ὄκνος, ἔκλυσις, ἀθυμία, ῥαθυ-
μία, ἀνανδρία, νώθεια, νωθρότης, ὀλιγωρία, ἀμέλεια, ὑπτιό-
της. καὶ τὰ μὲν ῥήματα βλακεύειν, ἀμελεῖν, ἀναπεπτωκέναι,
μέλλειν διαμέλλειν, ὑπερβάλλεσθαι, ἐκλελύσθαι, ἀργεῖν κατ- 123
αργεῖν, ὑπτιάζειν, ὀκνεῖν κατοκνεῖν, κατανυστάζειν, καθεύ-

δειν ἀποκαϑεύδειν, ἀποκαϑῆσϑαι ἀποκαϑίζεσϑαι, ὀλιγω-
ρεῖν, ῥαϑυμεῖν, βραδύνειν, ἀρρωστεῖν (βέλτιον δὲ τὸ ἀρρώ-
στως ἔχειν), ἀϑυμεῖν ἐξαϑυμεῖν. τὰ δ' ἐπιρρήματα βλακω-
δῶς, βλακωδέστερον, μαλακῶς, ἀβλεμέως, βραδέως, ἀναπε-
πτωκότως, ἀναβεβλημένως, ἐκλελυμένως, ἀϑύμως, ἀργῶς, ἀν-
άνδρως, ἀρρώστως, ὀκνηρῶς, ὀλιγώρως, ἀγεννῶς, ἀμελῶς, νω-
ϑρῶς, ὑπτίως, ἀσϑενῶς, ἀδυνάτως.

124   Διαϑέσϑαι φορτίον, ἀποδόσϑαι, πωλῆσαι, ἀπεμπο-
λῆσαι, ἀντικαταλλάξασϑαι πρὸς ἀργύριον, ἀλλάξασϑαι πρὸς
ἀργύριον, ἀποκηρῦξαι, καπηλεῦσαι, μεταβαλέσϑαι· ἀπωνη-
ϑήσεται δὲ καὶ πεπράσεται Θεόπομπος εἴρηκεν ὁ κωμικός.
καὶ τὸ πρᾶγμα διάϑεσις, ἀπόδοσις, εἰ μὴ ἀμφίβολον, πρᾶ-
σις, ἐμπόλησις, ἀλλαγή, ἀποκήρυξις, καπηλεία, μεταβολή·
Ξενοφῶν δὲ καὶ πώλησις εἴρηκεν. καὶ τὰ ὀνόματα κάπηλος,
125 πρατήρ, μεταβολεύς, πωλητής· Ὑπερίδης δὲ καὶ πράτην εἴ-
ρηκεν ἐν τῷ Συνηγορικῷ, πωλητῆρα δὲ Ἕρμιππος ὁ κωμι-
κός· ἀπὸ γὰρ τῶν ἄλλων οὐκ ἔστιν, ὥσπερ οὐδ' ἐπιρρήματα
πλὴν καπηλικῶς. ἐπὶ δὲ τῶν ἀνδραπόδων ἔστιν εἰπεῖν κατὰ
Δημοσϑένην «ἐπ' ἐξαγωγῇ ἀπέδοτο.» ὁ δὲ πολλάκις πρα-
ϑείς, ὃν εἴποι τις ἂν παλίμπρατον, παλίμβολος ἂν λέγοιτο.
ἐπὶ δὲ τῶν πολλοῦ πιπρασκόντων εἴποις ἂν ἐπιτιμῶσιν, ἀνα-
τιμῶνται, ἐπιτείνουσι τὰς τιμάς, ὡς τὸ ἐναντίον ἐπευωνίζου-
126 σιν, ἄξια πιπράσκουσιν. ὁ δὲ τόπος πρατὴρ λίϑος καὶ πω-
λητήριον καὶ ὡς Ἡρόδοτος πρατήριον. παρὰ δὲ τοῦ πιπρά-
σκοντος ὠνήσασϑαι, ἀγοράσαι, πρίασϑαι, καὶ ὠνητός, καὶ
ὠνούμενος καὶ ὠνητιῶν καὶ ἀγοράζων. ἀντ' ὀνομάτων αὗται
μετοχαί· ὁ γὰρ ἀγοραστὴς ἐπὶ τοῦ ὀψωνοῦντος τέτακται. καὶ
Πλάτων δὲ ὁ κωμικὸς λέγει «παῦσαι δυσωνῶν·» ὁ γὰρ δυ-
σώνης οὐκ οἶδα μὲν εἰ παρά τινι, ἐν δὲ παροιμίᾳ. τὸ δὲ
127 πρᾶγμα ὠνὴ καὶ ἀγορά. Ξενοφῶν δὲ καὶ τὴν ἐμπολὴν ἐπὶ τοῦ
ἀγοράζειν ἔταξεν. Πλάτων δὲ τῆς ἀγοράσεως εἴρηκεν, ὡς τῆς
ἀγορασίας Τηλεκλείδης. τὰ δὲ πιπρασκόμενα φορτία, ῥῶπος,
ἀγοράσματα, ὤνια, γέλγη, εἰ μὴ κωμικώτερον, ὠνητά, καὶ
ὡς Ξενοφῶν πώλημα. ὁ αὐτὸς δὲ καὶ πράσιμον εἴρηκεν ἐν

---

123 3. βλακῶδες *A*.   125 2. πωλητήριον ante Hemsterhusium.
7. πολλοὺς *A*, εἰς πολλὰ vulgo.

τῇ Παιδείᾳ· παρ' ἄλλῳ δὲ οὐδέτερον εὑρὼν μνημονεύω. ἐπιρρήματα δὲ οὐκ ἔστιν ἀπ' οὐδενός.

Ἀγεῖραι συναγεῖραι, συλλέξαι συλλέξασθαι, ἀθροῖ- 128
σαι ἀθροίσασθαι, συναθροῖσαι συναθροίσασθαι, πορίσαι
συμπορίσαι συμπορίσασθαι, συνενεγκεῖν, συνάγειν, συστῆ-
σαι συστήσασθαι, συμφορῆσαι συμφορήσασθαι, συνερανί-
σαι. τὰ δὲ πράγματα ἀγερμός συναγερμός, ἄθροισις συνά- 129
θροισις, συναθροισμὸς ἀθροισμός, πόρος, συλλογή, συνα-
γωγή, ἔρανος, σύστασις· δύσφθεγκτα δὲ τὰ λοιπά. ὄνομα
δὲ μόνον ὁ συλλογεύς· ἕτερον γάρ τι ὁ ἐρανιστὴς καὶ ὁ
ἀγύρτης. τὸ δὲ ἐναντίον ἐκχέαι, ῥῖψαι διαρρῖψαι, προέσθαι,
σπαθῆσαι, ἀπολέσαι, διασπεῖραι. καὶ τὰ ἐπιρρήματα ἐκκεχυ-
μένως, διερριμμένως, διεσπαρμένως. ὄνομα δὲ διασπορεύς,
πρᾶγμα δὲ ἔκχυσις, ῥῖψις διάρριψις, πρόεσις, ἀπώλεια, δια-
σπορά.

Ἀνύποιστον, δύσοιστον (Εὔπολις δὲ λέγει καὶ δυσάλ- 130
γητον), δυσάνεκτον δυσανάσχετον, οὐκ ἀνεκτόν, οὐ φορητόν,
δύσφορον ἀφόρητον, ἐπίπονον, βαρύ, φορτικόν, ἐπαχθές,
καὶ κατὰ Θουκυδίδην οὐκ ἀνάσχετον, ἀφ' οὗ καὶ τὸ δυσα-
νασχετοῦντες πεποίηκεν. εἴη δ' ἂν ἀπὸ τῶν προειρημένων
ῥῆμα καὶ τὸ δυσφορεῖν. καὶ ἐπιρρήματα ἀνυποίστως, δυσοί-
στως, ἀφορήτως, δυσανέκτως δυσανασχέτως, δυσφόρως, φορ-
τικῶς, βαρέως, ἐπαχθῶς. λόγῳ δ' ἔστιν εἰπεῖν, ὃ οὐκ ἄν τις 131
ὑπομείνειεν, ὃ οὐκ ἄν τις ἐνέγκαι, τίς δ' ἂν ὑπενεγκεῖν δυ-
νηθείη; τίς δ' οὐκ ἂν ἐπὶ τούτῳ δυσχεράνειεν; καὶ ἄλλα
πλείω. τὸ δ' ἐναντίον κοῦφον, εὔφορον, οἰστόν, ἀνθρώπινον,
ἀνεκτόν, φορητόν, ἀνάσχετον. καὶ κούφως, εὐφόρως, ἀνθρω-
πίνως, ἀνεκτῶς· τὸ γὰρ οἰστῶς καὶ φορητῶς κακίω.

Ἄλλης δὲ χρείας δύσκολον, δυσμενές, δύστροπον, δυσ-
τράπελον, παλιντράπελον, δυσχερές, δύσπρακτον, δυσκατέργα-
στον, δυσκατάπρακτον, παλίγκοτον, παλίμβολον, κακόηθες,
ὕπουλον, δολερόν, κακοῦργον, πανοῦργον, ἐπίσκιον, σεσηρός,
δεδυκός, σκοτεινόν, σκολιόν, δυσπετές, ἐργῶδες, ἀλλόκοτον, ὧν

127 6. δὲ οὐκέτι· ἐπίρρημα δὲ ἐξ αὐτῶν οὐχ εὕρηται· οὐ γάρ ἐστιν
ἀπ' οὐδενός A.   129 6. καὶ τὰ — 8. διασπορά] ἐπίρρημα δὲ ἓν μό-
νον τὸ ἐκκεχυμένως. ὄνομα δὲ οὐκ ἔστιν οὐδὲ πρᾶγμα, ἀλλὰ μετοχαὶ AC.

132 ἔνια καὶ ἑτέρας ἐστὶ χρείας. καὶ δυσκόλως, δυσμενῶς, δυστρό-
πως, δυστραπέλως, δυσχερῶς, ἀλλοκότως, παλιμβόλως, κακοή-
θως, ὑπούλως, δολερῶς, κακούργως, πανούργως, σεσηρότως·
τὰ δὲ ἀπὸ τῶν ἄλλων φαυλότερα. καὶ ὀνόματα ἀρρενικὰ ἀπὸ
πάντων, καὶ τὰ πράγματα ἐκ τῶν πλείστων, δυσκολία, δυσ-
τροπία, δυσμένεια, δυσχέρεια, δυστραπελία, παλιντραπελία,
133 παλιμβυλία, κακοήθεια, κακουργία, πανουργία· πονηρὰ δὲ τὰ
Πλάτωνος ἐν Φιλήβῳ δυσχεράσματα. ῥήματα δὲ δυσκολαί-
νειν, δυσμεναίνειν, κακουργεῖν, πανουργεῖν· τὰ γὰρ ἀπὸ τῶν
ἄλλων δύσφθεγκτα. τὰ δ' ἐναντία ῥᾴδιον, πρόχειρον, εὐχε-
ρές, εὔκολον, εὐπετές, εὔπρακτον, ἄπονον, εὐκατέργαστον,
ἁπλοῦν τε κἀπάνουργον, καὶ εὔτροπον καὶ φανερὸν καὶ ἀνα-
πεπταμένον καὶ ἄδολον καὶ εὐθὺ καὶ ἀπαρακάλυπτον. καὶ
τὰ ἀπ' αὐτῶν ἐπιρρήματα, καὶ ὀνόματα ἀρρενικά, καὶ ἐπ'
ἐνίων πράγματα.

134 Κίνδυνος, κινδυνῶδες, ἐπικίνδυνον, δεινόν, ἐκπληκτι-
κόν, φοβερόν, ἐπιδεές, σφαλερόν, ἐπισφαλές. καὶ φιλοκίνδυ-
νος, ῥιψοκίνδυνος, θρασύς, τολμηρός, πάντολμος, παρα-
κινδυνευτικός, ἐθελοκίνδυνος, ῥᾳδιουργός, θερμουργός, ἰτα-
μός, ἀπονενοημένος, παραβεβλημένος· τὸ γὰρ λεουργὸς παρὰ
Ξενοφῶντι φορτικόν. ἀλλὰ πρόχειρος εἰς τὰ δεινά, ἕτοιμος
εἰς τὰ σφαλερά, προπετής, τολμητής. κἂν εἰς πῦρ ἅλοιτο,
κἂν εἰς μαχαίρας κυβιστήσειεν. καὶ ταῦτα μὲν ἂν εἴποις
135 ψέγων, ἐπαινῶν δὲ εὔτολμος, θαρραλέος, εὐθαρσής, ἄφοβος,
ἀδεής, ἀνέκπληκτος, εὔψυχος· τὸ δ' ἴτης κοινὸν ἐφ' ἑκατέ-
ρου. τὰ δὲ πράγματα ἐπὶ μὲν ψόγου θερμουργία, ῥᾳδιουρ-
γία, τόλμα, θρασύτης, θράσος, ἀπόνοια, εὐχέρεια, προπέτεια,
ἐπὶ δ' ἐπαίνου θάρσος, εὐψυχία, εὐτολμία, ἄδεια· τὸ γὰρ
ἀφοβία πάνυ εὐτελές. ῥήματα δὲ τοῦ μὲν ταῦτα μόνα, θρα-
σύνεσθαι, τολμᾶν, παρακινδυνεύειν, παραβάλλεσθαι, ἀπονε-
136 νοῆσθαι, τοῦ δὲ μόνα εὐψυχεῖν τε καὶ θαρρεῖν. τὰ δ' ἐπιρ-
ρήματα τολμηρῶς τολμηρότατα, θρασέως θρασύτατα, φι-
λοκινδύνως, ῥιψοκινδύνως, παρακεκινδυνευμένως, παρακινδυ-
νευτικῶς, παραβεβλημένως, ἀπονενοημένως, προπετῶς, ἰτα-

---

133 1 κακουργία, πανουργία] ἀπόνοια A.   135 2. ἴτης] ἄκαμ-
πὴς A.

μῶς· καὶ τὰ ἐπαινετὰ εὐτόλμως, θαρραλέως, εὐθαρσῶς,
ἀφόβως, ἀδεῶς, εὐψύχως, ἀνεκπλήκτως, ὧν ἐνίοις καὶ τὰ
ὑπερθετικὰ οὐ κακίω πρόσεστιν.   ἐκ δὲ τοὐναντίου δει-
λός, ἀποδειλιῶν, ἀθαρσής, ἄνανδρος, ἐπιδεὴς· καταδεής,
συνεσταλμένος, κατεπτηχώς, ἀγεννής, εὐλαβής, περίφοβος,
φιλόψυχος φιλοσώματος, ἄτολμος, κατάπληξ· ὁ γὰρ ἄψυ-
χος ἰδιωτικόν, καὶ ὁ πτάκις σφόδρα κωμικόν. καὶ τὰ πράγ- 137
ματα δειλία, ἀτολμία, ὄκνος, εὐλάβεια, ἀνανδρία, φιλοσω-
ματία φιλοψυχία, καταπληγία. καὶ τὰ ῥήματα δειλιᾶν ἀπο-
δειλιᾶν, ὀκνεῖν κατοκνεῖν, εὐλαβεῖσθαι, κατεπτηχέναι, φιλο-
ψυχεῖν φιλοσωματεῖν· καὶ ἀπ' αὐτῶν αἱ μετοχαὶ ἀποδει-
λιῶν, εὐλαβούμενος, κατεπτηχώς, φιλοψυχῶν φιλοσωματῶν,
ὀκνῶν κατοκνῶν. καὶ τὰ ἐπιρρήματα δειλῶς, ἀγεννῶς, ἀτόλ-
μως, ἀνάνδρως, εὐλαβῶς, συνεσταλμένως, κατεπτηχότως, ἐπι-
δεῶς καταδεῶς, ἀθαρσῶς, περιφόβως, φιλοψύχως φιλοσω-
μάτως.

    Ἐγκαλεῖν ἐπικαλεῖν, μέμφεσθαι καταμέμφεσθαι, αἰ- 138
τιᾶσθαι καταιτιᾶσθαι, αἰτίαν ἐπάγειν, προσφέρειν, διαβάλ-
λειν, ὀνειδίζειν, φαίνειν, κατηγορεῖν, ἐνδείκνυσθαι γράφε-
σθαι· καὶ κατ' ἄλλην χρείαν ψέγειν, λοιδορεῖν λοιδορεῖ-
σθαι, κακηγορεῖν κακολογεῖν, βλασφημεῖν, κακίζειν. τὰ δὲ
πράγματα μέμψις κατάμεμψις, ἔγκλημα, αἰτία (Ἀντιφῶν δὲ
καὶ αἰτίασις εἴρηκεν), ὄνειδος ὀνειδισμός, διαβολή, ἔνδειξις,
γραφή, κατηγορία, φάσις· καὶ τῶν δευτέρων λοιδορία, ψό-
γος, κακολογία κακηγορία, βλασφημία, κακισμός, εἰ μὴ βι-
αιότερον. ὀνόματα δὲ φιλεγκλήμων, μεμψίμοιρος, φιλαίτιος, 139
ὀνειδιστικός· καὶ πάλιν φιλόψογος, φιλολοίδορος, κακήγορος.
τὰ δ' ἐπιρρήματα φιλεγκλημόνως, μεμψιμοίρως, φιλαιτίως,
διαβόλως, ὀνειδιστικῶς, καὶ φιλοψόγως, βλασφήμως, φιλο-
λοιδόρως· τὰ γὰρ ἀπὸ τῶν ἄλλων βίαια. καλοῖτο δ' ἂν ὁ
μὲν ἔνοχος ὑπαίτιος, ὕποχος, ὑπεύθυνος, ἐγκλητέος, ἐπιλή-
ψιμος, μεμπτὸς ἐπίμεμπτος, ἐπίψογος, ἐπίρρητος, ὁ δ' ἀν-
αίτιος ἀνεύθυνος, ἄμεμπτος, ἄψογος, ἀνέγκλητος. τὰ δ' ἐπιρ-
ρήματα ὑπαιτίως, ὑπευθύνως, μεμπτῶς, ἐπιρρήτως, καὶ ἀναι-
τίως, ἀνεγκλήτως, ἀνευθύνως, ἀμέμπτως.

─────────

136 3. κάκια ἐστίν Α.   138 2. προφέρειν Α.

140 Ἀγωνοθέται, ἀθλοθέται, ἀγώνων διαθέται, ἄθλων ἐπιμεληταί, ἔφοροι, ἐπίσκοποι, ἐπόπται, προστάται. τὸ δὲ πρᾶγμα ἀγωνοθεσία, ἀθλοθεσία ἢ ὡς Ἀριστοφάνης ἀθλοθετία, ἀγώνων διάθεσις, ἄθλων ἐπιμέλεια, προστασία, ἔποψις. καὶ ἀθλοθετεῖν, ἀγῶνας διατιθέναι, ἄθλων ἐπιμελεῖσθαι, ἄθλα ἐφορᾶν, ἀγώνων προεστάναι καὶ προεστηκέναι,

141 καὶ ἄρχειν, καὶ πρυτανεύειν τὰ περὶ τοὺς ἀγῶνας. ἀπὸ δὲ ἀγῶνος ὀνόματα ἀγώνισις παρὰ Θουκυδίδῃ, καὶ ἀγώνισμα καὶ ἀγώνιοι θεοὶ παρὰ Πλάτωνι, καὶ ἀγωνισταὶ παρὰ Δημοσθένει, καὶ ἀγωνία παρὰ Ἰσοκράτει· Σοφοκλῆς δὲ τὴν ἀγωνοθεσίαν ἀγωνοθήκην μοχθηρῶς ἐκάλεσεν. ἔστι δ' ἐκ τούτων ἀγωνιστὴς ἀνταγωνιστὴς συναγωνιστής, ἀγωνίσασθαι συναγωνίσασθαι ἀνταγωνίσασθαι, ἀγωνιστικῶς, δυσανταγωνίστως, προαγών, ἐπαγωνίσασθαι, συναγωνισάμενος, ἀγωνιστικός, ἀνταγώνιστος δυσαγώνιστος, ἀνταγωνιστικός, ἀνανταγώνιστος δυσανταγώνιστος, προσαγωνισάμενος.

142 τῶν δὲ ἀγώνων οἱ μὲν γυμνικοί, οἱ δὲ καλούμενοι σκηνικοὶ ὀνομασθεῖεν ἂν Διονυσιακοί τε καὶ μουσικοί· οἱ δ' Ἀττικοὶ οὐ ῥᾳδίως λέγουσιν ἀγῶνας μουσικοὺς ἀλλὰ μουσικῆς. καὶ τὸ μὲν πρᾶγμα ἀγὼν καὶ ἀγωνία· καὶ σεμνότερον εἴποις ἂν ἀγωνίαι γυμνικαὶ καὶ ἀγωνίαι Διονυσιακαί. καὶ σπονδῶν ἐπαγγελίαι, καὶ ἐκεχειρίας ἐπαγγελίαι. χωρία δὲ τῶν μὲν στάδιον τῶν δὲ θέατρον, κοινοὶ δὲ ἐπ' ἀμφοτέροις

143 θεαταί. καὶ τὰ μὲν ὀνομαζόμενα ὑπὸ τῶν πολλῶν ἔπαθλα ἄθλα καλοῖτ' ἂν κοινῶς ἐπ' ἀμφοῖν καὶ νικητήρια καὶ ἐπίχειρα καὶ γέρα· ἰδίως δὲ ἐπὶ τῶν γυμνικῶν ἄθλοι οἱ πόνοι, καὶ τὸ ἀθλεῖν κάμνειν, πονεῖν, ὥσπερ ἐπὶ τῶν μουσικῶν ἴδιον ὅ φησι Δημοσθένης, τὸ λειτουργεῖν τῷ θεῷ. καὶ οἱ γυμνικοὶ μὲν κυρίως ἀθληταὶ καλοῦνται καὶ ἀσκηταὶ καὶ

144 ἀγωνισταί, καὶ οἱ ἀντίπαλοι αὐτῶν ἀνταγωνισταί. ἀπὸ δὲ τῶν ἀθλητῶν καὶ τὰ ἄθλα καὶ τὰ ἀθλήματα παρὰ Δημοσθένει ἐν τῷ Ἐρωτικῷ, εἰ Δημοσθένους ἐστὶ τὸ βιβλίον, καὶ τὸ ἀθλεύειν παρά τε τοῖς ποιηταῖς καὶ παρ' Ἡροδότῳ, καὶ παρ' ἡμῖν τὸ ἀθλεῖν. βιαζόμενος δ' ἂν καὶ ἐπ' ἐκείνων εἴ-

---

ποι τις Διονυσιακῆς ἀγωνίας ἀθληταί. ἀθληταὶ δὲ μουσι-
κοὶ καὶ Διονυσιακοὶ τεχνῖται. ὀνομάσαις δ' ἂν καὶ τούτους
κἀκείνους ἀγωνιστάς. καὶ τὰ ἐπιρρήματα μουσικῶς, ἀθλητι- 145
κῶς, ἀσκητικῶς, ἀγωνιστικῶς. ἀλλὰ τοῖς μὲν κριταὶ κάθην-
ται, τοῖς δὲ ἐφεστᾶσι βραβευταί, οὓς καὶ βραβέας ὁ Πλά-
των καλεῖ· καὶ μαστιγονόμοι δὲ καὶ ῥαβδοῦχοι. τοὺς δὲ
βραβευτὰς καὶ ἐπιστάτας ὠνόμαζον, ὅθεν καὶ τὸ βραβεύειν
ἐπιστατεῖν Σοφοκλῆς. καὶ τὸ μὲν πρὸ τοῦ στεφάνου συμ-
πλέκεσθαι περὶ βραβείου ἢ ἐπὶ βραβείῳ φαίη τις ἄν, τὸ δὲ
περὶ τοῦ στεφάνου ἢ ἐπὶ τῷ στεφάνῳ, περὶ φοίνικος ἢ ἐπὶ
φοίνικι.

τὰ μὲν οὖν τῶν μουσικῶν ὀνόματα ἐν τοῖς περὶ μου-
σικῆς εἰρήσεται, τὰ δὲ τῶν γυμνικῶν δολιχός, δολιχοδρό- 146
μος, καὶ ὁ τὸν δολιχὸν τρέχων, καὶ ὁ τὸν μακρὸν δρόμον
ἀγωνιζόμενος· Αἰσχίνης δὲ ὁ ῥήτωρ εἴρηκε τὸν δολιχοδρο-
μήσαντα. στάδιον καὶ σταδιοδρόμος καὶ σταδιεὺς καὶ στα-
διάρχης· Ἀριστοφάνης δὲ καὶ σταδιοδρόμης εἴρηκεν. τὸ δὲ
προεκπηδᾶν προανίστασθαι Στράττις εἶπεν·

τί ὅτι ὥσπερ οἱ σταδιοδρόμοι προανίστασαι;
δίαυλος, καὶ ὁ τοῦ διαύλου ἀγωνιστής, καὶ ἀγωνιζόμενος τὸ 147
διπλοῦν, καὶ ἵππιον δρόμον, καὶ δρόμον τὸν ἐν καμπῇ. καὶ
ὅθεν μὲν ἀφίενται, ἄφεσις καὶ ὕσπληγξ καὶ γραμμὴ καὶ
βαλβίς, περὶ δὲ ὃ κάμπτουσι, νύσσα καὶ καμπτήρ· ἵνα δὲ
παύονται, τέλος καὶ τέρμα καὶ βατήρ, ἐνίοις δὲ καὶ βαλβίς.
ὀνόματα δὲ δρομικός, σύνδρομος, ἰσόδρομος, θάττων, κου- 148
φότερος, ὀξύτερος, ἐλαφρότερος, σπουδαιότερος, δρομικώτε-
ρος, ἐπίδρομος, πρόδρομος. καὶ δρόμοι ξυστοὶ ἐν οἷς αἱ
ἀσκήσεις, καὶ Φιλιππίδης ὁ ἡμεροδρόμος, καὶ ὑποδραμεῖν
τὸ κολακεῦσαι. καὶ ἱππόδρομος καὶ ἱπποδρομία, καὶ ἔκδρο-
μος ἵππος, παρὰ δὲ Αἰσχίνῃ τῷ ῥήτορι δρομοκήρυκες. τὸ
μέντοι προδραμεῖν ἐάσαντα ἐπιδιῶξαι, ὅπερ ἐν ταῖς σφαι-
ρομαχίαις γίνεται, προδοσία ἐλέγετο.

πάλη καὶ παλαιστὴς καὶ παλαιστικός, παλαίσματα, 149

144 1. ἀθληταί om A. ‖ ἀθληταὶ δὲ] καὶ καλοῦνται BC. an οἱ δὲ?
146 2. θέων BC. 7. ὅτι] ποθ' M. 147 2. καὶ ἱπποδρόμιον τὸν ἐγ-
καμπῇ A. 148 8. προδόσθαι A.

παλαιστικῶς, ἰσόπαλος, ἀντίπαλος. συγκεκληρωμένος, συλλα-
χών, ἔφεδρος. παλαίειν, διαπαλαίειν, καταπαλαίειν, προσπα-
λαίειν.   καὶ οἱ μὲν δρομεῖς ἐλαφροί, κοῦφοι, ποδώκεις,
ταχεῖς, σπουδαῖοι τοὺς πόδας, καὶ κούφως, ἐλαφρῶς, ὠκέως,
ταχέως, σπουδαίως· οἱ δὲ παλαισταὶ βαρεῖς, στάσιμοι, μό-
νιμοι, ὠμίαι, ἀντερειδόμενοι, συμπλεκόμενοι, καὶ βαρέως,
στασίμως, μονίμως.

150   π υ γ μ ὴ καὶ πύκτης καὶ πυκτικὸς καὶ πληκτικός, καὶ
πὺξ παίειν. εἴποις δ᾽ ἂν ἐπὶ τοῦ πύκτου χεῖρες ὡπλισμέναι,
χεῖρες ὁπλίτιδες· καὶ τὰ ὅπλα σφαῖραι, ἀφ᾽ ὧν καὶ τὸ σφαι-
ρομαχεῖν, καὶ σφαιρομαχία παρ᾽ Ἀριστομένει ἐν Διονύσῳ
ἀσκητῇ. καὶ μύρμηκες δὲ τὰ ὅπλα, καὶ ἱμάντες.   π α γ-
κ ρ ά τ ι ο ν, παγκρατιαστής, παγκρατιαστικός, καὶ παγκρατι-
αστικῶς ἐπίρρημα. σκιαμαχεῖν, ἀκροχειρίζεσθαι, ἀκροχειρισ-
μός, ἄγχειν, ἀποπνίγειν, πὺξ παίειν, λὰξ ἐνάλλεσθαι, λακ-
τίζειν. ἐπὶ δὲ τούτων εἴποις ἂν ὡς εἰσὶ πάμμαχοι, καθάπερ
Πλάτων τοὺς περὶ τὸν Εὐθύδημον· «τούτω γάρ ἐστον κο-
μιδῇ παμμάχω κατὰ τοὺς Ἀκαρνᾶνας τοὺς παγκρατιαστάς.»

151   π έ ν τ α θ λ ο ς ὁ τὰ πέντε ἀγωνιζόμενος. ἴδια δὲ αὐτῷ
πηδᾶν, ἅλλεσθαι, πηδητικός, ἁλτικός. καὶ ὅθεν ἅλλεται, βα-
τήρ, ἀφ᾽ οὗ καὶ τὸ «τὸν βατῆρα κέκρουκεν·» τὸ δὲ μέτρον
τοῦ πηδήματος κανών, ὁ δὲ ὅρος τὰ ἐσκαμμένα, ὅθεν ἐπὶ
τῶν τὸν ὅρον ὑπερπηδώντων οἱ παροιμιαζόμενοι λέγουσι
πηδᾶν ὑπὲρ τὰ ἐσκαμμένα. ἀκοντιστικός· καὶ τὸ ἀκόντιον
τῶν πεντάθλων καλεῖται ἀποτομεύς. τὸ δὲ δίσκον ἀφεῖναι,
δίσκον ἐκπέμψαι, δίσκον ῥῖψαι, δίσκῳ ὑποφέρεσθαι. ἐπὶ δὲ
πεντάθλου τὸ νικῆσαι ἀποτριάξαι λέγουσιν. ὁπλίτης δρόμος,
καὶ ὁ τὸν ὁπλίτην δίαυλον θέων, καὶ ὁπλιτοδρόμος.

152   ὁ δὲ νικήσας τὰ ἆθλα ἀνείλετο, τὸν στέφανον ἀνεί-
λετο, τὴν ῥάβδον τοῦ φοίνικος ἢ τὸν φοίνικα ἔλαβεν, ἐστε-
φανώθη, ἐκηρύχθη, ἀνεκηρύχθη, ἀνερρήθη, ἀνηγορεύθη,
ἀνεδέθη τῷ στεφάνῳ, ἀνεῖπεν αὐτὸν ὁ κῆρυξ. καὶ τὸ
πρᾶγμα ἀνάδεσις στεφάνου, καὶ στεφανηφορία, καὶ ἀνάρ-
ρησις καὶ ἀναγόρευσις καὶ ἀνακήρυξις. τὰ δὲ τῶν ἐνεργούν-

των ῥήματα ἀνειπεῖν, ἀνακηρῦξαι, ἀναγορεῦσαι, ἀναδῆσαι, στεφανῶσαι, ταινιῶσαι· Ξενοφῶν γὰρ εἴρηκεν «ἐταινίουν τε καὶ προσῇεσαν ὥσπερ ἀθλητῇ.»

κοινὰ δ' ἐπὶ πάντων ἀναγκοφαγῆσαι, ἀσκῆσαι ἀσκη- 153 θῆναι, ἀθλῆσαι, γυμνάσασθαι, πονῆσαι, ἀγωνίσασθαι. καὶ ὄνομα καλὸν ἡ ἄσκησις. καὶ γυμναστικὴ ἡ τέχνη, καὶ γυμνασία τὸ πρᾶγμα, καὶ γυμναστικῶς τὸ ἐπίρρημα παρ' Ἀριστοφάνει. καὶ ἀποδῦναι καὶ γυμνάσασθαι παρὰ Θουκυδίδῃ, καὶ γύμνωσις. καὶ γυμνάσιον τὸ χωρίον. ἐλαίῳ χρίσασθαι, λίπα ἀλείψασθαι, κονίσασθαι.

τοὺς μὲν οὖν καλουμένους ἱεροὺς ἀγῶνας, ὧν τὰ ἆθλα ἐν στεφάνῳ μόνῳ, στεφανίτας ἐκάλεσαν καὶ φυλλίνας, τοὺς δὲ ὠνομασμένους θεματικοὺς ἀργυρίτας.

ἐκ δὲ τῶν ἀγωνιστικῶν ὀνομάτων καὶ ὁ μαστιγονό- μος καὶ ὁ ῥαβδοῦχος, καὶ ὁ ῥάβδῳ κοσμῶν, φησὶν ὁ Πλά- των· Ξενοφῶν δὲ καὶ μαστιγοφόρον που λέγει. τὰ δὲ χω- 154 ρία τῆς ἀσκήσεως ἀποδυτήριον, γυμνάσιον, παλαίστρα, κο- νίστρα. καὶ ὁ ἐφεστηκὼς παιδοτρίβης τε καὶ γυμναστής, ἀφ' οὗ καὶ συγγυμναστὴς παρὰ Πλάτωνι καὶ Ξενοφῶντι. προγυμναστής· ὁ δὲ ἀλείπτης ἀδόκιμον. παιδοτριβικὴν δὲ τέχνην Ἰσοκράτης εἴρηκεν, τῆς δὲ παιδοτριβίας Ἄρχιππος ὁ κωμικός. ἐκ τούτων δὲ ξηραλοιφεῖν, σωμασκεῖν σωμασκίας σεσωμασκηκώς, ἀδικομαχεῖν, ἀσκητὴς ἀσκήματα ἄσκησις· Πλάτων δὲ καὶ ἄσκην εἴρηκε, φαῦλον ὄνομα. καὶ λήκυθον δ' ἂν εἴποις καὶ στλεγγίδα· ἐκαλεῖτο δὲ καὶ στλεγγὶς καὶ ξύστρα καὶ σπαθίς. καὶ τὸν παῖδα ἐρεῖς ληκυθοφόρον· πο- νηρὸν γὰρ ὁ στλεγγιδολήκυθος. τὸν δὲ θύλακα τῶν ἀσκη- 155 τῶν σάκταν καλοῦσιν ἢ σάκκον. ἀθληταῖς δ' ἂν προσήκοιεν καὶ ἐνδρομίδες· οὕτω δ' ἐκαλοῦντο τὰ τῶν δρομέων ὑποδή- ματα. Κράτης δ' ἔφη ἐν Ἥρωσιν

ἁλτῆρσι θυλάκοισι χρῆσαι τὸ μέγεθος.

ἄγχειν, στρέφειν, ἀπάγειν, λυγίζειν, ἀγκυρίζειν, ῥάσσειν, ἀνα- τρέπειν, ὑποσκελίζειν. καὶ πλαγιάζειν δὲ καὶ κλιμακίζειν πα- λαισμάτων ὀνόματα· μοχθηρὸν γὰρ τὸ μεσοπέρδειν ἐν τῇ

---

152 1. ὀνόματα *A*.   153 5. γυμνωθῆναι?   154 8. ἀσκομαχεῖν *A*.
10. στελγὶς? an δὲ ἡ pro δὲ καὶ?   155 8. μέσον ἔρδειν *A*, om *BC*, qui
mox παλαίσματος τὸ πέρδειν.

κωμῳδία σχῆμα παλαίσματος. ἤδη δέ τινες τοὺς γυμνικοὺς
ἀγῶνας σεμνότερον Ἡράκλειους ἀγῶνας ἐκάλεσαν. λῦτο δ'
ἀγών, καὶ ἔστω τέλος τοῦ βιβλίου.

Δ.

Κομμόδῳ Καίσαρι Ἰούλιος Πολυδεύκης χαίρειν. οἶμαι καὶ
σέ, εἰ καὶ νέος εἶ, πολλὰ προσεξευρήσειν οἷς ἔγραψα· οὐ γὰρ ἐρ-
γώδης ἡ μίμησις κατὰ τὴν τῆς εὑρέσεως ὑφήγησιν. ἂν δέ τί σε
2 ὄνομα ὡς παρειμένον ἐπέλθῃ, μὴ θαυμάσῃς. ἴσως μὲν γὰρ αὐτὸ
κἂν εἰδὼς εἴην παρεικώς, ἀλλ' ὡς οὐκ ἐπαινῶν· εἰ δὲ καὶ διέλαθέ
με, εὖ ἴσθ' ὅτι πολλὰ καὶ ὧν πάνυ ἴσμεν, ἔστιν ὅτ' ἐπὶ τὴν μνή-
μην οὐκ ἀπαντᾷ, ὅπου καὶ τὰ τῶν οἰκετῶν ὀνόματα, ἃ οὐκ ἂν
φαῖμεν ὡς οὐκ ἴσμεν, ἐκπίπτει πολλάκις χρῃζόντων καλεῖν. καὶ τί
δεῖ τοῦτο θαῦμα οἴεσθαι, ὅπου γε καὶ τῶν σκευῶν τις ἔστιν ἃ
ἔχων ἐν χεροῖν ὡς οὐκ ἔχων ζητεῖ; τὸ τοῦ Πλάτωνος. ὅρα δὲ εἴ
τις ἂν ἄλλος τῶν νῦν Ἑλλήνων εὗρε τοσαῦτα καὶ ἐν τοσούτοις.
ἔρρωσο κύριε.

7 Περὶ τοίνυν ἐπιστημῶν καὶ τῶν ἀπ' αὐτῶν τεχνῶν ἐν
τούτῳ ῥητέον. ἐπιστήμη, ἐπιστημοσύνη, γνῶσις, ἐπιστημο-
νικὴ γνῶσις, ἀλήθεια, κατανόησις, διάσκεψις, θεωρία, ἐμ-
πειρία, τέχνη, εὐτεχνία, ὀρθοδοξία. καὶ τὰ ὀνόματα ἐπιστή-
μων, ἐπιστημονικός, γνωστικός, γνωμονικός, θεωρητικός, δια-
γνωστικός, ἔμπειρος, τεχνίτης, τεχνικός· ὁ γὰρ δοξαστικὸς
κοινὸν καὶ ἐπὶ τοῦ τὰ ψευδῆ δοξάζοντος, ὁ δ' ἀληθὴς καὶ
ὁ φιλαλήθης καὶ ἄλλο τι δηλοῖ, ὁ δὲ κατανοητικὸς εὐτελές.
8 καὶ τὰ ἐπιρρήματα ἐπιστημονικῶς, καὶ παρ' Ὁμήρῳ ἐπιστα-
μένως, γνωστικῶς, γνωμονικῶς, θεωρητικῶς, ἐμπείρως, τεχ-
νικῶς· τὸ γὰρ δοξαστικῶς ἀμφίβολον. ῥήματα δὲ ἐπίστα-
σθαι, ἐπιστῆναι ὡς Πλάτων, γνῶναι, γνωρίσαι, θεωρῆσαι
καταθεωρῆσαι, περιαθρῆσαι, κατανοῆσαι, διασκέψασθαι·
ἀπὸ γὰρ τῶν λοιπῶν οὐκ ἔστι ῥῆμα πλὴν τοῦ δοξάσαι, ᾧ
ἴσως προσθετέον τὸ ὀρθῶς δοξάσαι ἢ ὀρθῇ δόξῃ χρῆσα-
σθαι ἢ ὑγιεῖ ἢ ἀληθεῖ ἢ ἀπλανεῖ ἢ ἀσφαλεῖ. τὸ δὲ τεχ-

νάσαι ἐτέρας χρείας.   τούτοις δὲ τἀναντία ἀνεπιστημο- 9
σύνη, ἄγνοια, ἀγνωσία· Ἀντιφῶν δὲ ἐπὶ τούτου καὶ ἀγνω-
μοσύνην λέγει. ψεῦδος, ἄνοια· τὸ γὰρ ἀνοητία καὶ ἀθεα-
μοσύνη σκληρά, ἀπειρία δὲ καὶ ἀτεχνία καὶ ψευδοδοξία καὶ
δοκησισοφία Πλάτωνος καὶ εἰκασία καὶ εἰκών. καὶ τὰ ὀνό-
ματα ἀνεπιστήμων, ἀγνώμων, ἄνους, ἀνόητος, ἀνοηταίνων,
ἀθεάμων, ἀθέατος, ἄπειρος, ἄτεχνος, δοκησίσοφος, ὡς Ἀν-
τιφῶν ἔφη, εἰκαστής, εἰκαστικός· καὶ μέντοι καὶ δοκησίνους,
ὃν καὶ δοκησιδέξιον Καλλίας εἴρηκεν ὁ κωμικός. καὶ ἐπιρ- 10
ρήματα ἀνεπιστημόνως, ἀγνωμόνως, ψευδῶς, ἀνοήτως, ἀθε-
άτως (τὸ γὰρ ἀθεαμόνως βιαιότερον), ἀπείρως, ἀτέχνως, εἰ-
καστικῶς, ὁμοιωτικῶς. καὶ δόξῃ ψευδεῖ χρήσασθαι, σφαλερᾷ,
πεπλανημένῃ. ῥήματα δ᾽ οὐκ ἔστιν ὅτι μὴ τὸ εἰκάζειν.

ἐκ δ᾽ ἐπιστήμης ἀρετή, ἀνδραγαθία, καλοκαγαθία, δε-
ξιότης, σοφία, φιλοσοφία, φιλολογία, φρόνησις, σύνεσις,
νοῦς, λογισμός, σωφροσύνη, καρτερία, ἐγκράτεια, ἀνδρία,
εὐθυμία, εὐρωστία, δικαιοσύνη, δικαιοπραγία, εὐσέβεια, ὁσι-
ότης, εὐγνωμοσύνη, ἐπιείκεια, μεγαλοψυχία, μεγαλογνωμο-
σύνη, φιλανθρωπία, μεγαλοπρέπεια. καὶ τὰ ὀνόματα κα- 11
λοκάγαθος, σοφός, φιλόσοφος, φιλόλογος, φρόνιμος, συνε-
τός, εὔνους (ὁ γὰρ νοήμων ποιητικόν), δεξιός, εὐμαθής,
ταχυμαθής, πολυμαθής, λελογισμένος, σώφρων, καρτερός,
καρτερικός, ἐγκρατής, ἀνδρεῖος, εἴθυμος, εὔρωστος, δί-
καιος, εὐσεβής, ὅσιος, φιλάνθρωπος, ἐπιεικής, μεγαλόψυ-
χος, μεγαλογνώμων, μεγαλοπρεπής. καὶ τὰ ἐπιρρήματα σο-
φῶς, φιλολόγως, φρονίμως, συνετῶς, εὔνως, λελογισμένως,
ἐμφρόνως, καρτερῶς, καρτερικῶς, ἐγκρατῶς, ἀνδρείως, εὐθύ- 12
μως, εὐρώστως, δικαίως, ὁσίως, εὐσεβῶς, φιλανθρώπως, ἐπι-
εικῶς, μεγαλοψύχως, μεγαλογνωμόνως, μεγαλοπρεπῶς. ῥή-
ματα δὲ μόνα φιλοσοφεῖν, φρονεῖν, συνιέναι, νοεῖν, λογίζε-
σθαι, σωφρονεῖν, καρτερεῖν, ἀνδρίζεσθαι, δικαιοπραγεῖν, εὐ-
σεβεῖν, εὐγνωμονεῖν, φιλανθρωπεύεσθαι.   τὰ δὲ ἐναντία
κακία, πονηρία, μοχθηρία, φαυλότης (φλαυρότης δὲ σκλη-
ρόν), σκαιότης, ἀπαιδευσία, πανουργία, ἀμαθία, μισολογία,
ἄνοια, ἀφροσύνη, ἀσυνεσία, ἀκολασία, ἀκρασία, ἀσέλγεια, 13

_____

9 8. εἰκαστικός] εἰκάστωρ A.

10

ἀνανδρία, θρασύτης, δειλία, ἀρρωστία, ἀδικία, ἀδικοπραγία, ἀνοσιότης, ἀγνωμοσύνη, ἀνεπιείκεια, μικροψυχία (ἡ γὰρ μικρογνωμοσύνη δυσχερὲς πρὸς τὴν ἀκοήν), ἀσέβεια, δυσσέβεια, μισανθρωπία, ἀπανθρωπία, μικροφροσύνη, μικροπρέπεια. καὶ τὰ ὀνόματα κακός, πονηρός, μοχθηρός, ἡμιμόχθηρος, φαῦλος, φλαῦρος, σκαιός, ἀπαίδευτος, ἄσοφος, εἰ

14 καὶ μὴ ἔστιν ἡ ἀσοφία, πανοῦργος, ἀμαθής, μισολόγος, ἄνους, ἀνόητος, ἀλόγιστος, εἰ καὶ τὴν ἀλογιστίαν οὐ προσετέον, ἄφρων, ἀσύνετος, ἀκρατής, ἀσελγής, ἀκόλαστος, ἄνανδρος, θρασύς, δειλός, ἄρρωστος, ἄδικος, ἀνόσιος, ἀγνώμων, ἀνεπιεικής, μικρόψυχος, ἀσεβής, δυσσεβής, μισάνθρωπος, μικρόφρων, ὀλιγόφρων, ἢ κατὰ Ξενοφῶντα μικροπρεπής. καὶ τὰ ἐπιρρήματα μοχθηρῶς, φαύλως, φλαύρως· τὸ γὰρ πονηρῶς εὐτελές, σκαιῶς δὲ καὶ ἀπαιδεύτως, ἀσόφως, πανούργως, ἀμαθῶς, μισολόγως, ἀνοήτως, ἀλογίστως, ἀφρόνως·

15 μικροφρόνως γὰρ καὶ ὀλιγοφρόνως ἀτοπώτερα, κάλλιον δὲ μικροπρεπῶς. ῥήματα δ' ἀπὸ τῶν πλείστων οὐκ ἔστιν, ἀλλὰ μόνα ταῦτα, πονηρεύεσθαι, πανουργεῖν, μισολογεῖν, ἀνοηταίνειν, ἀμαθαίνειν· τὸ δὲ ἀφραίνειν ποιητικώτερον. ἀντὶ μέντοι ῥημάτων τοῖς ἐπιρρήμασι χρηστέον τὸ ἔχειν αὐτοῖς προστιθέντα, οἷον σκαιῶς ἔχειν, μοχθηρῶς ἔχειν, καὶ κατ' ἄλλην κλίσιν συναπτέον αὐτοῖς τὴν ἔχων μετοχήν, οἷον ἀμαθῶς ἔχων καὶ σκαιῶς ἔχων, καί που καὶ σκαιῶς διακείμενος, καὶ ἐπὶ πάντων ὁμοίως.

16 Εἴδη δὲ ἐπιστημῶν ἢ τεχνῶν τῶν ἐλευθεριωτέρων γραμματική, διαλεκτική, ῥητορική (ἡ αὐτὴ καὶ πολιτικὴ καὶ σοφιστική), ποιητική, μουσική, ἀστρονομία, γεωμετρία, ἀριθμητική, στατική, ἰατρική· καὶ τὰ ἀπ' αὐτῶν ὀνόματα γραμματιστὴς καὶ γραμματικός, ῥήτωρ ῥητορικός (ὁ αὐτὸς καὶ πολιτικός), σοφιστὴς σοφιστικός, ποιητὴς ποιητικός, μουσικός, ἀστρονόμος ἀστρονομικός, γεωμέτρης γεωμετρικός, ἀριθμητικός, στατικός, ἰατρός, ἰατρικός. καὶ τὰ ἐπιρρήματα γραμματικῶς, πολιτικῶς, ῥητορικῶς, σοφιστικῶς, ποιητικῶς, μουσικῶς, ἀστρονομικῶς, ἀριθμητικῶς, στατικῶς, ἰατρικῶς.

17 καὶ ἀπὸ μὲν τοῦ γραμματικοῦ ῥῆμα οὐκ ἔστιν, εἰ μὴ λόγῳ

---

14 2. προσιτέον vulgo.

τὸ γραμματικὸν εἶναι, ῥητορεύειν δέ. καὶ πολιτικὸν εἶναι·
οὐδὲ γὰρ τούτῳ ῥῆμα ὑπόκειται. καὶ σοφιστὴν εἶναι· οὐδὲ
γὰρ τὸ σοφιστεύειν ἐν χρήσει κεκριμένῃ, ἀλλ' ἴσως ἀντὶ τού-
του τὸ παιδεύειν, δοκεῖ δ' ἐπὶ πάντων κοινὸν εἶναι. ἀπὸ δὲ
τοῦ ποιητικοῦ τὸ ποιεῖν· ἀλλὰ καὶ τοῦτο διὰ τὴν ἐπὶ πολ-
λῶν χρῆσιν ἀμφίβολον, εἰ μή τις αὐτῷ προσθείη τὸ ποιή-
ματα. παρόμοια δ' ἄν τις καὶ περὶ τοῦ μουσικοῦ φαίη. γε-
ωμετρεῖν δ' ἄν εἴποι τις καὶ ἀστρονομεῖν καὶ ἀριθμεῖν καὶ
ἱστάναι καὶ ἰᾶσθαι.

Καὶ ἐπὶ μὲν τοῦ γραμματιστοῦ ῥητέον διδάσκειν 18
γράμματα, συλλαβὰς συμπλέκειν, γράφειν, ἀναγινώσκειν, προ-
γράφειν ὑπογράφειν προσπαραγράφειν, τῷ γραφείῳ παρα-
γράφειν, τῇ παραγραφίδι, ἀποστοματίζειν. καὶ δελτίον δὲ
τῶν ἐν γραμματιστοῦ, καὶ πυξίον καὶ πυξίδιον (ἔστι γὰρ
παρὰ Ἀριστοφάνει τοὔνομα) καὶ δέλτος. καὶ Ἡρόδοτος μὲν
λέγει δελτίον δίπτυχον, οἱ δὲ Ἀττικοὶ γραμματεῖον δίθυρον,
καὶ θύρας τὰς πτύχας ἄχρι δύο, εἶτα πτύχας, καὶ τρίπτυ-
χον καὶ πολύπτυχον. Ὅμηρος δὲ πίνακα πτυκτὸν εἴρηκεν. 19
γραμματεῖον δὲ παρὰ τοῖς Ἀττικοῖς καὶ ἐν ᾧ ἀργύριον ἀπ-
έκειτο, ὃ καὶ γραμματεῖον Βοιώτιον ἐκάλουν· οἱ δὲ νεώτε-
ροι αὐτὸ καὶ ἀργυροθήκην ὠνόμαζον. Ἀπολλοδώρου δὲ τοῦ
Γελῴου καὶ δρᾶμα ἔστιν ὁ γραμματειδιοποιός. Ἡρόδοτος
μέντοι γραμματιστὴν τῶν ἐν Σάι ἱερῶν χρημάτων εἴρηκεν
ἀντὶ γραμματέως. Ἀριστοφάνης δὲ παίζει ἐν Θεσμοφορια-
ζούσαις λέγων ἡ γραμματεύς. ἔστι δ' εἰπεῖν ἐπὶ τοῦ γραμ-
ματιστοῦ καὶ τὰ Δημοσθένους, τὰ βάθρα σπογγίζειν καὶ
τὸ μέλαν τρίβειν καὶ τὸ παιδαγωγεῖον κορεῖν. τὸ δὲ παιδα-
γωγεῖον καὶ διδασκαλεῖον καὶ φωλεὸν ἐκάλουν οἱ παλαιοί.

Ἐπὶ δὲ τοῦ ῥήτορος εἴποις ἄν δεινὸς εἰπεῖν, ὑπέρδει- 20
νος πάνδεινος, σοφὸς εἰπεῖν, δεξιός, περιττός, συνεχής, πυκ-
νός, πρόχειρος, εὔνους εὐνοϊκός, ῥᾴδιος, πολύς, ἄφθονος,
ἐπιμελής, ἀκριβὴς ἠκριβωμένος, ἐσκεμμένος περιεσκεμμένος,
Ἕλλην, πάνσοφος, εὔρους, Ἀττικός, πολυγνώμων, πολύνους,
πολυλόγος, εὔγλωττος, εὔφωνος, πιθανός, ἡδύς, γλυκύς, ἐπ-
αγωγός, βραχυλόγος, σύντομος, σαφής, σφοδρός· πολιτικός,

---

17 6. τὸ] τὰ vulgo.   18 8. πτυχὰς utrobique A.   19 3. γραμμα-
τεῖον Βοιώτιον] κιβώτιον Harpocration.   5. γράμμα ante Iungermannum.

21 ἰσχυρός, δυνατός, ἔντονος, βίαιος, πολὺς ῥέων, ἀφειδής, εὐθυρρήμων, ἐλεγκτικός, παρρησιαστικός, ἀνυπόστολος, τεχνίτης, ἔντεχνος, βαθὺς τὴν γνώμην, πικρός, θυμικός, θυμοῦ γέμων, χολῆς μεστός, παροξυντικός, πολλῷ ῥεύματι ῥέων, δίκην ποταμοῦ ῥέων, κατὰ χιόνα τὴν συνέχειαν, οἷος ἐγεῖραι θυμόν, ὀργὴν πρᾶϋναι, οἶκτον ἐπισπάσασθαι, ἔλεον ἐκκαλέσασθαι, παρακρούσασθαι, ἐξαπατῆσαι, παραγαγεῖν, φενακίσαι, σοφίσασθαι, [παρασχεῖν,] παρασῦραι, κλύσαι, συγχέαι τὴν γνώμην, συνταράξαι τὸν λογισμόν, δάκρυον προκαλέσασθαι, παρακρουστικός, φενακιστικός, πειστικός, παρα-
22 πειστικός, ἀπατητικός. καὶ τὰ πράγματα δεινότης, σοφία, δεξιότης, συνέχεια, πυκνότης, εὔροια, ῥᾳστώνη, πλῆθος, ἀφθονία, ἐπιμέλεια, ἀκρίβεια, σκέψις, περίσκεψις, ἑλληνισμός, ἀττικισμός, πολυγνωμοσύνη, πολύνοια, πολυλογία, εὐγλωττία, εὐφωνία, ἀφθονία, βραχυλογία, συντομία, σαφήνεια, σφοδρότης, ἰσχύς, δύναμις, βία, ῥοθιότης, ῥαγδαιότης, πιθανότης, ἡδονή, γλυκύτης, εὑρημοσύνη, τέχνη, πικρία, κακοήθεια, πειθώ, φενακισμός, ἀπάτη ἐξαπάτη, παροξυσμός, δεινολο-
23 γία, οἰκτρολογία, ταπεινολογία. ἱκανότης δὲ εἴρηκε Λυσίας ἐν τῷ κατὰ Πανταλέοντος ἐπὶ τοῦ ἱκανοῦ λέγειν, ὥστε ἐκ τούτου εἴποι τις ἂν καὶ ἱκανῶς καὶ ἱκανός. ἀπὸ δὲ τῶν παραλειφθέντων οὐκ ἔστιν ὀνόματα τοῦ πράγματος. τὰ δ᾽ ἐπιρρήματα δεινῶς, σοφῶς, πανσόφως, δεξιῶς, περιττῶς, συνεχῶς, πυκνῶς, προχείρως, εὔρως, ῥᾳδίως. τὸ δὲ πολλῶς βίαιον, ἀφθόνως δέ, ἀκριβῶς ἠκριβωμένως, ἐπιμελῶς, ἐσκεμμένως περιεσκεμμένως, ἑλληνικῶς, ἀττικῶς, πολυγνωμόνως,
24 πολύνως. τὸ δὲ πολυλόγως παραιτητέον, εὐγλώττως δέ, εὐφώνως· καὶ τὸ βραχυλόγως ὑπερβᾶσι τὸ συντόμως ῥητέον. σφοδρῶς, ἰσχυρῶς, δυνατῶς, βιαίως, ῥοθίως, πιθανῶς, ἡδέως, γλυκέως, ἐπαγωγῶς, εὐθυρρημόνως, ἀνυποστόλως, τεχνικῶς ἐντέχνως εὐτέχνως, κακοήθως, πικρῶς, φενακιστικῶς, παροξυντικῶς, ἀπατητικῶς ἐξαπατητικῶς. ῥήματα δ᾽ οὐκ ἔστιν ὅτι μὴ δεινῶσαι, ἐπιμεληθῆναι, ἀκριβῶσαι, ἐσκέφθαι περι-
25 εσκέφθαι, ἑλληνίσαι, ἀττικίσαι, νοῆσαι περινοῆσαι, σφοδρύνασθαι, ἰσχῦσαι, δυνηθῆναι, βιάσασθαι, πεῖσαι, ἡδῦναι ἐφηδῦναι, γλυκᾶναι, τεχνάσαι, φενακίσαι, παροξῦναι, ἀπατῆσαι ἐξαπατῆσαι. ἔνια δὲ τούτων κοινὰ καὶ πρὸς ἕτερα.

εἴποι δ᾽ ἄν τις ῥήτωρ ῥητορικός, λεκτικός, πολιτικός, ἐλεγκτικός, σύμβουλος συμβουλευτικός, νομοθέτης νομοθετικός, δημαγωγός δημαγωγικός, δημηγόρος δημηγορικός, βουληφόρος, βουληγόρος, πρεσβευτής πρεσβευτικός, δικανικός, συνηγορικός συνήγορος, κατήγορος, πανηγυρικός, ἐγκωμιαστικός, ψεκτικός. καὶ συμβουλή συμβουλία, νομοθεσία, 26 δημαγωγία, πρεσβεία πρέσβευσις, δίκη, διαδικασία ἐπιδικασία, ἀντιδικία, συνηγορία, συναγόρευσις, κατηγορία, δημηγορία, βουληγορία, πανήγυρις, ἐγκώμιον, ψόγος. καὶ συμβουλευτικῶς, νομοθετικῶς, δημαγωγικῶς, δημηγορικῶς, πρεσβευτικῶς, δικανικῶς, συνηγορικῶς, πανηγυρικῶς, ἐγκωμιαστικῶς, ψεκτῶς. καὶ εἰπεῖν, λέξαι, φράσαι, ῥῆσιν ἀποτεῖναι, λόγον ἐξενεγκεῖν, λόγον διαπεράνασθαι, εἶραι, συνεῖραι 27 ἀπνευστὶ περιόδους, ἀντίθετα, ἀντιστάσεις, παρισώσεις ἀπισώσεις, κύκλους, περιαγωγάς, νοήματα ἐννοήματα, ἐνθυμήματα. συμβουλεῦσαι, παραινέσαι, ὑφηγήσασθαι εἰσηγήσασθαι, διδάξαι, πεῖσαι, γνώμην ἀποφήνασθαι, δόξαν ἐξενεγκεῖν, ψήφισμα γράψαι, δόγμα συνθεῖναι, νόμον θέσθαι, νόμον εἰσενεγκεῖν, νομοθετῆσαι νομοθετήσασθαι, δημαγωγῆσαι, δημηγορῆσαι, βουληγορῆσαι, συνηγορῆσαι τῷ δήμῳ, πιθανὸν εἶναι, τὸν δῆμον παραιτήσασθαι, οἰκειώσασθαι, προσαγαγέσθαι, προσεταιρίσασθαι, διὰ χειρὸς ἔχειν, ὑπή- 28 κοον ποιήσασθαι, κατήκοον, χειροήθη, τιθασόν, τιθασεῦσαι, ὑπαγαγέσθαι, παντὸς εἶναι πιθανώτερον, ἐκτιθασεῦσαι, κηλῆσαι, πρεσβεῦσαι, διακονήσασθαι, πλανηθῆναι. εἴποις δ᾽ ἂν τὴν πρεσβείαν ἔκδημον πολιτείαν, ἐπισφαλῆ, ἐπίπονον, πολυπλανῆ, ἐπικίνδυνον, οὐκ ἀταλαίπωρον, οὐκ ἀταλαιπώρητον, οὐκ ἀπράγμονα, ἐν περιόδῳ πλάνους ἔχουσαν, ταλαιπωρίας, πόνον, πράγματα, σφάλματα. δι᾽ ὧν ἔστι πόρους ἐξευρεῖν, ἀργυρολογῆσαι, φορολογῆσαι, χρήματα συναθροίσασθαι, συλλέξαι, συστήσασθαι, συναγα- 29 γεῖν, εἰσπρᾶξαι, συνεισενεγκεῖν, συμφορῆσαι, κτήσασθαι, προσκτήσασθαι, προσποιήσασθαι, περιποιήσασθαι· συμμάχους προσαγαγέσθαι, οἳκ ὄντας κατακτήσασθαι, τοὺς ὄντας βεβαιώσασθαι· πολεμίους κακῶσαι, ἡμερῶσαι, πρᾷῦναι, κατα-

27 8. βουλὴν βουλεῦσαι A.

πλῆξαι, φοβῆσαι, ταράξαι, διαταράξαι, δεδίξασθαι· εἰρήνην
συνθέσθαι, συνθήκας ποιήσασθαι, σπονδάς, ὁμολογίας, φι-
30 λίας, συμμαχίαν, ἰσοτέλειαν, ἰσοπολιτείαν· τὸ γὰρ ὁμαιχ-
μίαν πονηρόν, ὁρκίσαι δὲ καὶ ὅρκους ἐπαγαγεῖν, δοῦναι,
λαβεῖν, ἀπολαβεῖν. συνηγορῆσαι, συναγορεῦσαι, συνειπεῖν,
συναγωνίσασθαι, συνεξετασθῆναι, συμπροθυμηθῆναι, συν-
δικῆσαι, συγκινδυνεῦσαι, ὑπεραπολογήσασθαι, ὑπερδικῆσαι,
βοηθῆσαι, συμπρᾶξαι, συλλαβεῖν, συνεπιλαβεῖν, ἐπικουρῆσαι,
προδικῆσαι, προστῆναι, συνεισελθεῖν, ἀντειπεῖν, ἀντιδικῆσαι,
ἀντεξετασθῆναι, ἀνταγωνίσασθαι, κατηγορῆσαι, κατειπεῖν,
31 ἐξελέγξαι.   πανηγυρίσαι, δημαγωγῆσαι, πανηγυρικοὺς
λόγους ἐξενεγκεῖν, πανδήμους λόγους εἰπεῖν, δημοτελεῖς λόγους
παρασχέσθαι, ἐπαγωγούς, ἡδεῖς, γλυκεῖς, τερπνούς, κεχαρισ-
μένους, δημοτερπεῖς, ὀχλοτερπεῖς, πρὸς ἡδονὴν πεποιημέ-
νους, πρὸς πλῆθος ἡρμοσμένους, ἐγκωμιάσαι, ἐπαινέσαι,
λαμπρῦναι, ἀποφαιδρῦναι, κοσμῆσαι, συστῆσαι, γνωρίσαι,
32 ἐπευφημῆσαι. καὶ τὰ ὀνόματα ἐγκώμιον, ἔπαινος, σεμνολο-
γία, λαμπρότης, φαιδρότης, κάλλος, καλλωπισμός, σύστασις,
γνωρισμός, εὐφημία. τὰ δὲ ἐναντία ψέξαι, κακίσαι, αἰσχῦ-
ναι, καθυβρίσαι, λοιδορῆσαι, διαβαλεῖν, ἐλέγξαι, φαυλίσαι,
διασῦραι, καταγελάσαι, χλευάσαι διαχλευάσαι, φλαυρίσαι
καὶ ἀποφλαυρίσαι, κωμῳδῆσαι, τωθάσαι, κακῶς εἰπεῖν, ὀνει-
δίσαι, ὄνειδος προστρίψασθαι, ὄνειδος ἐπενεγκεῖν, αἰσχύνῃ
33 περιβαλεῖν. καὶ τὰ πράγματα ψόγος, αἰσχύνη, κακισμός,
ὕβρις, λοιδορία, διαβολή, ἔλεγχος, κακηγορία, κατάγελως,
ὀνειδισμός, χλευασία χλευασμός, κωμῳδία, τωθασμός. καὶ
μέρη μὲν τοῦ ῥητορικοῦ λόγου προοίμιον, διήγησις, πίστις,
ἀπόδειξις, ἔλεγχοι, παραδείγματα, ὁμοιώσεις, παραβολαί, ἐν-
θυμήματα, ἐπιχειρήματα, ὑπερβολαί, δεινώσεις δεινολογίαι,
φράσεις ἐκφράσεις, οἰκτρολογίαι, παραδηλώσεις ὑποδηλώ-
σεις, ἐπίλογοι.
34   ἔπαινος δὲ ῥήτορος καὶ δημαγωγοῦ, εὔνους, φιλό-
πολις, φιλόδημος, δημοτικός, νόμιμος, δημοκρατικός, πιστός,
ἀξιόπιστος, συμφέρων, ὠφέλιμος, χρήσιμος, πόριμος πορι-
στής, προαγωγὸς τοῦ δήμου, προστάτης τῶν νόμων, φύλαξ
τῆς ἐλευθερίας, προαγωνιστὴς τῆς δημοκρατίας, συναγωνι-
στής, ἄδωρος ἀδωροδόκητος, ἄπρατος, ἀδιάφθορος, συν-

ἔχων τὴν πολιτείαν,. συνδέων, συμφυλάττων, τηρῶν διατη
ρῶν, φυλάττων διαφυλάττων. καὶ τὰ ῥήματα ἀπ᾽ αὐτῶν.
πρᾶγμα δὲ ἀπὸ τῶν πλείστων, ὅτι μὴ εὔνοια, δημοκρατία,
πίστις, πορισμός, προστασία· ἀγωνισμὸς γὰρ καὶ φυλακὴ
καὶ τήρησις λέγονται καὶ πρὸς ἕτερα. ψόγος δὲ, παράνο- 35
μος, προδότης, ὀλιγαρχικός, πεπραμένος, δωροδόκος δεδω
ροδοκημένος, δεδεκασμένος, ἀποδεδοκιμασμένος, ἀδόκιμος,
κίβδηλος, παράσημος, αὐτόμολος, ἄπιστος, βάρβαρος, βλα
βερός, ζημιώδης, ἐπιζήμιος, νόμοις ἐχθρός, καταλύων τὴν
δημοκρατίαν, συγχέων τὰ καθεστηκότα, οὐκ ἀρεσκόμενος·
τοῖς καθεστηκόσιν, δυσχεραίνων, δυσμεναίνων, ἀνατρέπων
τὴν πολιτείαν, λύων. ἀναλύων καταλύων, συνταράττων, με
θιστάς, παρακινῶν, μεταβάλλων, μετατιθείς, παρατρέπων, 36
νεωτερίζων νεωτεριστής νεωτεριστικός, μισόπολις, μισόδη
μος, πρὸς ἀργύριον ῥέπων, πρὸς ἀργύριον βλέπων, παλίμ
πρατος, παλίντροπος, συκοφάντης, δικορράφος, φιλοπράγ
μων πολυπράγμων, κακοπράγμων, ὡς Ὑπερίδης ἔφη, κατα
πολιτευόμενος τὸν δῆμον, ὑποπολιτευόμενος τοῖς ἐχθροῖς,
προτείνων τὴν χεῖρα, λέγων ἐπὶ χρήμασι, παλιγκάπηλος, πε
πρακὼς ἑαυτόν, πρὸς ἀργύριον λέγων, πρὸς λῆμμα βλέπων,
μηδ᾽ ἂν ῥῆμα προῖκα εἰπών, πρὸς ἀργύριον κεχηνώς, μηδὲν 37
μέρος ἔχων ἄπρατον, μισθοῦ φθεγγόμενος, εὔωνος, ῥάδιος,
πρόσοδον τὴν πολιτείαν πεποιημένος, ὕπουλος, δολερός, ἐπί
βουλος, κακοήθης, ἀπατεών, ἐπιβουλεύων, ἐπηρεάζων, δη
μεύων, δημοκόπος, πρὸς χάριν λέγων, πρὸς ἡδονὴν δημηγο
ρῶν, δημοχαριστής, παρὰ τῇ κιγκλίδι ζῶν ἀεί, παρὰ τὸν
δρύφακτον ποιούμενος τὸν βίον, παρὰ τὴν κλεψύδραν, λοι
μὸς δήμου. καὶ ὅλως πολλὰ λόγῳ εἴποι τις ἂν καὶ ἐπαινῶν
καὶ ψέγων. τὰ δὲ τοῦ πράγματος ὀνόματα προδοσία, παρα- 38
νομία, αὐτρμολία, πρᾶσις, δωροδοκία, δεκασμός, κιβδηλία,
ἀπιστία, βλακεία, ζημία, κατάλυσις, σύγχυσις, ἀνατροπή,
λύσις, βλάβη, μετάστασις, κίνησις, μεταβολή, νεωτεροποιία
νεωτερισμός, συκοφαντία, πολυπραγμοσύνη φιλοπραγμοσύνη,
δόλος, ἐπιβουλή, ἀπάτη, κακοήθεια, ἐπηρεασμός, δήμευσις,
δημοκοπία. τὰ πλεῖστα καὶ πρὸς ἕτερα. ἔστι δὲ καὶ ἐπαι
νοῦντι καὶ ψέγοντι ἐπιρρήματα.

34 3. πλείστων] adde οἰκ ἔστιν.   37 2. φθειρόμενος A.

39   *Φιλόσοφος, διαλεκτικός, θεωρητικός, παιδευτικός,*
προτρεπτικός, διδασκαλικός, τὰς ψυχὰς ἐξιώμενος, ἐπανορ-
θούμενος τὰ τῆς γνώμης ἀρρωστήματα, ἐπὶ τὴν ἀρετὴν
ἄγων, ἐπὶ τὴν ἀρετὴν ἀγωγός, οἷος θυμὸν κοιμίσαι, ἐπι-
θυμίαν πρᾶϋναι, ἡδονὰς ῥυθμίσαι, φιλοχρηματίαν συμ-
μετρῆσαι, τῦφον συστεῖλαι, ἀλαζονείαν κολάσαι, ἀκολασίαν
νουθετῆσαι, ἀσέλγειαν σωφρονίσαι, νουθετικός, σωφρονι-
40 *στικός, σωφρονιστής. ὄργανα δὲ φιλοσοφίας τρόπος καὶ λό-*
γος, ὁ μὲν τῷ παραδείγματι τοῦ βίου παιδεύων, ὁ δὲ λόγος
προσαγόμενος καὶ διδάσκων· οὗ μέρη πρότασις, ἐπαγωγή,
συλλογισμός, νουθεσία, νουθέτησις, ὀνειδισμός, προτροπή,
διδασκαλία. καὶ βίος πολιτικὸς ὁ καὶ πρακτικός, λογικὸς ὁ
καὶ παιδευτικός, θεωρητικὸς ὁ καὶ φυσικός. τὸν δ' ἐναν-
τίον τούτῳ ἀφιλόσοφον ἂν εἴποις, ἐκ τοῦ Πλάτωνος Τι-
μαίου λαβὼν τοὔνομα.

41   *Σοφιστής, διδάσκαλος, παιδευτής, ἐξηγητής, ὑφηγη-*
τής, ἡγεμών. σοφιστικός, διδασκαλικός, παιδευτικός, ἐξηγη-
τικός, ὑφηγητικός, ἡγεμονικός. διδάσκων, παιδεύων, ἐξηγού-
μενος ὑφηγούμενος ἡγούμενος· οὐ μὴν καὶ σοφιστεύων εἴ-
ποις ἄν. τοὺς δὲ τοιούτους, ὥσπερ καὶ τοὺς φιλοσόφους,
ἐκάλουν φροντιστάς, καὶ τὰ διδασκαλεῖα οὐ παιδαγωγεῖα
42 *μόνον καὶ φωλεοὺς ἀλλὰ καὶ φροντιστήρια. τὰ δὲ πράγ-*
ματα διδασκαλία, παίδευσις, ἐξήγησις ὑφήγησις, ἡγεμονία,
ἀγωγή, σοφιστική· οὐ γὰρ σοφιστεία, παιδευτικὴ δὲ τέχνη
καὶ ἐξηγητικὴ καὶ ὑφηγητικὴ καὶ ἡγεμονική. καὶ τὰ ἐπιρ-
ρήματα σοφιστικῶς, διδασκαλικῶς, παιδευτικῶς, ἡγεμονικῶς·
τὸ γὰρ ἐξηγητικῶς καὶ ὑφηγητικῶς τραχέα. ἔστι δὲ ἀπὸ
τούτων ῥήματα, ἀφ' ὧν καὶ μετοχαί. εἴποις δ' ἂν ἐπ' αὐ-
τῶν τὸ μισθοὺς λαμβάνειν, πράττειν εἰσπράττειν, πράττε-
σθαι εἰσπράττεσθαι, αἰτεῖν, ἄρνυσθαι, προσίεσθαι, μι-
σθαρνεῖν μισθοφορεῖν, ἀργυρολογεῖν ἀργυρίζεσθαι, χρημα-
τίζεσθαι ἐκχρηματίζεσθαι, καρποῦσθαι ἐγκαρποῦσθαι, πι-
43 *πράσκειν τὰ μαθήματα, διατίθεσθαι, πωλεῖν, ἀποδίδοσθαι,*
ἀντικαταλλάττεσθαι πρὸς ἀργύριον, δωροδοκεῖν, φορολογεῖν,
δασμολογεῖν, ἐπὶ μισθῷ διδάσκειν, ἐπὶ χρήμασιν, εἰσπράττε-
σθαι παρὰ τῶν μαθητῶν φόρους, ἐρανίζεσθαι συνερανί-
ζειν, ἀθροίζειν, συλλέγειν. εἴποις δ' ἂν τοὺς μὲν μείζους σο-

φιστὰς μεγαλομίσθους, δημοτελεῖς, πανδήμους, παγκοίνους,
τοὺς δὲ ἐλάττους ὀλιγομίσθους, εὐτελεῖς· Ἰσοκράτης δ' αὐ-
τοὺς κέκληκεν ἀγελαίους σοφιστάς. τοὺς δὲ μαθητὰς ὀνο- 44
μάσαις ἂν καὶ φοιτητάς, ἑταίρους, συνουσιαστάς, ὁμιλητάς,
ἀκροατάς, ὑπηκόους κατηκόους συνηκόους· καὶ τὴν ἀγέλην
τῶν μαθητῶν, τὸν δῆμον, τὸν χορόν, τοὺς χορευτάς, τὴν
πανήγυριν, τὴν σύνοδον, τὴν συλλογήν, τὸν σύλλογον· τοὺς
περὶ τὸν σοφιστὴν ἔχοντας, τοὺς περὶ αὐτὸν ἐσπουδακότας,
τοὺς κατεχομένους τῷ σοφιστῇ, τοὺς παιδευομένους, τοὺς
ἀκροωμένους, τοὺς διδασκομένους. καὶ τὰ πράγματα μάθη-
σιν, φοίτησιν, ἑταιρίαν, συνουσίαν, ὁμιλίαν, ἀκρόασιν, χο-
ρείαν, σπουδήν, κατοχήν. καὶ τὰ ῥήματα μανθάνειν, φοιτᾶν 45
συμφοιτᾶν, συνεῖναι, ὁμιλεῖν, ὑπακούειν, ἀκροᾶσθαι, ἐπακού-
ειν κατακούειν συνακούειν, ἀγελάζεσθαι συναγελάζεσθαι,
ἀγείρεσθαι συναγείρεσθαι, συνιέναι, συλλέγεσθαι, σπουδά-
ζειν συσπουδάζειν, παιδεύεσθαι, διδάσκεσθαι. αὐτοὶ δ' ἀλλή-
λων εἶεν ἂν συμφοιτηταί, ὡς Πλάτων ἔφη, συνερασταί, συμ-
μαθηταί, σύννομοι, σύντροφοι, ἑταῖροι. καὶ τὰ λοιπὰ μετο-
χαῖς ἂν εἴποις καὶ οὐκ ὀνόμασιν, οἷον οἱ συμφοιτήσαντες,
οἱ συμπαιδευθέντες, καὶ τὰ τοιαῦτα. τὸ δὲ διδόναι μι- 46
σθούς, εἰσφέρειν ἀποφέρειν, καταβάλλειν, κατατιθέναι,
τελεῖν συντελεῖν, δωροφορεῖν, δασμοφορεῖν, πραχθῆναι μι-
σθόν, ἐπὶ μισθῷ μαθεῖν, ἐπὶ δώροις, ἐπὶ χρήμασιν, ἐπὶ
πολλῷ, ἔμμισθον πεποιῆσθαι τὴν ἀκρόασιν, ἐν τέλει, οὐκ ἐξ
ἀτελείας μαθεῖν, οὐκ ἀμισθὶ μαθεῖν. ὁ δὲ μισθὸς ἀργύ-
ριον, χρήματα, φορά, τέλος, εἰσφορά, εἴσπραξις, τέλεσμα.
ὧν ἔνια φαίης ἂν ἐπ' ἀμφοῖν, καὶ τῆς ἀπαιτήσεως καὶ τῆς 47
καταθέσεως, τὴν μὲν αἴτησιν λέγων καὶ εἴσπραξιν καὶ πρό-
σοδον καὶ χρηματισμὸν καὶ ἀργυρισμὸν καὶ δωροδοκίαν καὶ
λῆψιν καὶ εἴσοδον καὶ συλλογήν, τὸ δὲ καταθεῖναι δόσιν
καὶ ἐπίδοσιν καὶ καταβολὴν καὶ δωροφορίαν.

κακίσαις δ' ἂν σοφιστὴν λέγων γόης, ἀπατεών, ἐπίβου-
λος, ἀπατητικός ἐξαπατητικός, δολερός, ὕπουλος, ποικίλος,
πολύτροπος, παλίμβολος, ἐγκρυφίας, ἐπίσκιος, πολλαπλοῦς
τὸ Πλάτωνος, κρυψίνους, γοητευτικός, κακοῦργος, πανοῦρ- 48

---

47 6. ὅστις δὲ βούλοιτο κακίζειν σοφιστήν, τούτῳ ὑπάρχει λέγειν A.

γος, ψεύστης, πεπλασμένος καταπεπλασμένος, καὶ κατὰ
Πλάτωνα πολυχρώματος, κάπηλος καπηλικός, μεταβολεύς
μεταβλητικός, ἔμμισθος θηρευτὴς νέων, θηρευτικός, μί-
σθαρνος μισθοφόρος, κόλαξ κολακευτικός, θώψ, θεραπευ-
49 τής θεραπευτικός. τὰ δὲ ῥήματα σοφίζεσθαι, γοητεύειν,
ἀπατᾶν ἐξαπατᾶν, παρακρούεσθαι, παράγειν, παρατρέπειν,
ποικίλλειν, κακουργεῖν, πανουργεῖν, φενακίζειν, δολοῦν, τεχ-
νάζειν, ψεύδεσθαι, καταπεπλάσθαι, καπηλεύειν, μεταβάλλε-
σθαι, θηρᾶν θηρεύειν, μισθαρνεῖν μισθοφορεῖν, κολακεύ-
ειν ὑπερκολακεύειν, θεραπεύειν ὑπερθεραπεύειν, ὑπιέναι,
ὑπάγεσθαι, ὑπέρχεσθαι, ὑποτρέχειν, ὑποπίπτειν, ὑποκεῖσθαι,
κατεπάδειν, κατακηλεῖν, καταθέλγειν, φαρμακεύειν, θωπεύ-
50 ειν, ὑποθεῖν, ταπεινοῦν ἑαυτόν, ὑποβάλλειν. τὰ δὲ πράγ-
ματα γοητεία, ἀπάτη, ἐπιβουλή ἐπιβουλία, ἐξαπάτη, ποι-
κιλία, πολυτροπία, κακουργία, ῥᾳδιουργία, ψευδολογία, κα-
πηλεία, πρᾶσις, μεταβολή, μισθαρνία μισθοφορία, θήρα,
κολακεία, θωπεία, θεραπεία, παράκρουσις, παραγωγή, πα-
ρατροπή, φενακισμός, ὑποδρομή, ὑπαγωγή, ταπεινότης· ἀπὸ
μὲν γὰρ ἐνίων οὐκ ἔστιν ὄνομα τοῦ πράγματος, σοφιστεία
δὲ βάρβαρον, καὶ ταπείνωσις εὐτελές, καὶ δόλωσις τραχύ.
51 τὰ δ' ἐπιρρήματα γοητικῶς γοητευτικῶς, πανούργως, κα-
κούργως, δολερῶς, ἀπατητικῶς, ποικίλως, ἐπιβούλως, ἐπι-
σκίως, κρυψίνως, ὑπούλως, πολυτρόπως, παλιμβόλως, καπη-
λικῶς, μεταβλητικῶς, μισθαρνικῶς μισθοφορικῶς, [κατα-
πεπυκασμένως,] καταπεπλασμένως, θηρευτικῶς, κολακικῶς
κολακευτικῶς, θεραπευτικῶς, παρακρουστικῶς, φενακιστικῶς,
ταπεινῶς, ὑποπεπτωκότως.
52   Ποιητής ποιητικός, ᾠδός ᾠδικός, μέτρων συνθέτης,
εἰς μέτρα ἐπίπνους, εἰς ᾠδὰς ἔνθεος, κάτοχος ἐκ μουσῶν,
μουσομανῶν, ἐμμανὴς εἰς ποίησιν, μυθολογικός, παραλλάτ-
των ἐπὶ ποιήμασιν, εἰς μέτρα κεκινημένος, ἐνθουσιῶν ἐπὶ
ποιήμασιν, καὶ ὡς δ' ἂν ἄλλα εἴποι τις ἐπὶ τοῦ ἐνθέως
διακειμένου. τὰ δὲ ποιήματα καὶ ᾠδαὶ καὶ ᾄσματα καὶ μέ-
τρα καὶ λόγοι ἔμμετροι, ἔπη, ἡρῷα, ἐξάμετρα, ῥαψῳδία,
ἐλεγεῖα, πεντάμετρα, ἐπιγράμματα, ἴαμβοι, ἰαμβεῖα, τρίμε-

---

49 6. φαρματτεύειν *A.*   52 7. ἡρωεῖα ante Iungermannum.

τρα, ἀνάπαιστα, μέλη χορικά, τετράμετρα, στροφή, ἀντί- 53
στροφος, ἐπῳδός, ὕμνοι, παιᾶνες, προσόδια, δαφνηφορικά,
τριποδηφορικά, διθύραμβοι, ἰθυφαλλικά, ὠσχοφορικά, παρ-
οίνια, ἰόβακχοι, ὑπορχήματα, θρίαμβοι, ἐπιλήνια, ἐπιλοίμια,
παρθένεια, ἐπιθαλάμια, ἐγκώμια, ἐπίνικοι, σκολιά, θρῆνοι,
σίλλοι, κωμῳδία, τραγῳδία, πάροδος, στάσιμον, ἐμμέλεια,
κομματικά, ἔξοδος, εὐκτικά, ἐμβατήρια, ὑμέναιος, νόμοι, προ-
οίμια, προαύλια, προνόμια, ἴουλοι, οὐλαμοί, οὔπιγγοι, λίνος,
ἐπιμύλιος ᾠδή, ἱμαῖος καὶ ἱμαλίς, ὁ δὲ ᾄδων ἱμαοιδός.
βώριμος δὲ Μαριανδύνων γεωργῶν ᾆσμα, ὡς Αἰγυπτίων 54
μανέρως, καὶ λιτυέρσας Φρυγῶν. ἀλλ' Αἰγυπτίοις μὲν ὁ
Μανέρως γεωργίας εὑρετής, μουσῶν μαθητής, Λιτυέρσας δὲ
Φρυξίν· οἱ δ' αὐτὸν Μίδου παῖδα εἶναι λέγουσιν, εἰς ἔριν
δὲ ἀμητοῦ προκαλούμενον μαστιγῶσαι τοὺς ἐνδιδόντας, βιαι-
οτέρῳ δὲ ἀμήτῃ περιπεσόντα θάνατον παθεῖν. οἱ δὲ Ἡρα-
κλέα γεγενῆσθαι τὸν ἀποκτείναντα αὐτὸν λέγουσιν. ᾔδετο 55
δὲ ὁ θρῆνος περὶ τὰς ἅλως καὶ τὸ θέρος ἐπὶ Μίδου παρα-
μυθίᾳ. ὁ δὲ Βώριμος ἦν Ἰόλλα καὶ Μαριανδύνου ἀδελφός,
Οὐπίου βασιλέως παῖς, ἐν θήρᾳ νέος ὥρᾳ θέρους ἀποθα-
νών· τιμᾶται δὲ θρηνώδει περὶ τὴν γεωργίαν ᾄσματι. ἦν
δέ τι καὶ ἀλῆτις ᾆσμα ταῖς αἰώραις προσᾳδόμενον, Θεο-
δώρου ποίημα τοῦ Κολοφωνίου. καί τι καὶ ἐπιλήνιον αὔ-
λημα ἐπὶ βοτρύων θλιβομένων, καὶ ἕτερον πτιστικόν, ὡς
Φρύνιχος ἐν Κωμασταῖς φησιν ὁ κωμικὸς

    ἐγὼ δὲ νῦν δὴ τερετιῶ τι πτιστικόν,
καὶ Νικοφῶν ἐν τοῖς Χειρογάστορσιν   56
    ἀλλ' ἴθι προσαύλησον σὺ νῦν πτισμόν τινα.
καὶ ἐρετικὰ δή τιν' αὐλήματα καὶ ποιμενικά. Ἐπίχαρμος δὲ
καὶ ποιμενικόν τι μέλος αὐλεῖσθαί φησι, Πλάτων δὲ ὁ κω-
μικὸς καὶ συβωτικόν·

    ὅτι δ' ἂν ἡ συβώτρια, μηδ' ἀγαθὴ γένοιτό μοι.
ἔχει δὲ μόνον δακτύλους αὐλητικούς.

---

53 8. οὔσπιγγοι A.   9. ἵμερος καὶ ἵμαδος ante Seberum et Küh-
nium.   10. ἄϋσμα A.   54 5. περιπ. αὐτὸν εἰς θ'νατον πενθεῖν A.
55 3. βωρισμὸς ἦν Ἰόλεω A.   6. ὥρας ante Leopardum.   10. ιι add
Salmasius.   56 3. πολεμικά Toupius.   5. ποιμενικόν Kühnius pro ποιη-
ιικόν.   6. δ' om A.   7. μόνον οὐ δ. M.

Τυρρηνοὶ δὲ τῷ Ἀριστοτέλους λόγῳ οἱ πυκτεύουσιν ὑπ᾽ αὐλῷ μόνον ἀλλὰ καὶ μαστιγοῦσι καὶ ὀψοποιοῦσιν.

57 Μουσικῇ δὲ προσήκοι ἂν καὶ τὰ προειρημένα καὶ μουσικός, μουσουργός, μουσουργικός, μουσουργεῖν, καὶ εὐμουσία, εὐμούσως, μουσικῶς, εὔμουσος, ἄμουσος. καὶ μέλος, ἐμμέλεια, ἐμμελής, ἐμμελῶς, πολυμελῶς, ἐκμελής, ἀμελής, ἐκμελῶς, ἀμελῶς, πλημμελῶς, πλημμελές, πλημμέλεια, πλημμελεῖν. ἐπὶ δὲ μέλει ἁρμονία, ῥυθμός, κροῦμα, βάσις. τὴν δὲ ἁρμονίαν ἁρμογὴν Εὔπολις εἴρηκεν·

ταύτην ἐγὼ ζητῶν πάλαι τὴν ἁρμογήν.

58 ὀνόματα δ᾽ ἀπ᾽ αὐτῆς ἁρμόζον, ἁρμόζειν, ἡρμοσμένον, εὐάρμοστον, ἐναρμόνιον, καὶ τὸ ἐναντίον ἀνάρμοστον, καὶ τὸ Πλάτωνος ἀναρμοστεῖν, ὡς καὶ ἀπὸ ῥυθμοῦ εὔρυθμος, εὐρυθμία, ῥυθμίζειν, εὐρύθμως, καὶ ἀρρύθμως, ἀρρυθμία, ἀρρυθμεῖν. κιθαρῳδία, λυρῳδία, αὐλῳδία. τὰ δὲ ὄργανα τὰ κρουόμενα εἴποις ἂν καὶ πληττόμενα, ἐπιψαλλόμενα, ἔγχορδα, πρόσχορδα, ἐντατά, πρόσῳδα, τὰ δὲ ἐμπνεόμενα, καταπνεόμενα, ὑποπνεόμενα, ἐμφυσώμενα. ὧν εἴδη τῶν μὲν 59 κρουομένων λύρα, κιθάρα, βάρβιτον (τὸ δ᾽ αὐτὸ καὶ βαρύμιτον), χέλυς, ψαλτήριον, τρίγωνα, σαμβῦκαι, πηκτίδες, φόρμιγγες, φοῖνιξ, σπάδιξ, λυροφοινίκιον, ἰαμβύκη, κλεψίαμβος, παρίαμβος, σκινδαψός. ἐπιγόνειον δὲ κέκληται μὲν ἀπὸ τοῦ εὑρόντος, ὁ δ᾽ Ἐπίγονος ἦν γένει μὲν Ἀμβρακιώτης τιμῇ δὲ Σικυώνιος, πρῶτος ἐπικρούσας ἄνευ πλήκτρου. τὸ δ᾽ ἐπιγόνειον ἔχει χορδὰς τετταράκοντα, ὥσπερ 60 τὸ σιμίκιον πέντε καὶ τριάκοντα. μονόχορδον δὲ, Ἀράβων τὸ εὕρημα. τρίχορδον δὲ, ὅπερ Ἀσσύριοι πανδοῦραν ὠνόμαζον· ἐκείνων δ᾽ ἦν καὶ τὸ εὕρημα. πεντάχορδον· Σκυθῶν μὲν τὸ εὕρημα, καθῆπτο δὲ ἱμᾶσιν ὠμοβοΐνοις, αἰγῶν δὲ χηλαὶ τὰ πλῆκτρα. ψιθύρα δέ, τὸ μὲν εὕρημα Λιβυκόν, μάλιστα δὲ Τρωγλοδυτῶν, τὸ δὲ σχῆμα τετράγωνον. ἔνιοι δὲ τὴν ψιθύραν τὴν αὐτὴν εἶναι τῷ ἀσκάρῳ ὀνομαζομένῳ 61 νομίζουσιν. τὸ δ᾽ ἦν πλινθίον πηχυαῖον, ἔχον διειλκυσμένα πηνία, ἃ περιστρεφόμενα ἦχον ἐποίει κροτάλῳ παραπλήσιον. μαγάδιν δ᾽ ὀνομάζει μὲν Ἀνακρέων, τὴν δὲ εὕρεσιν

59 3. σαμβύκη A, ἰαμβύκιον C. 5. γόνῳ C. 60 1. σιμιχὸν A. 61 3. μήδην A.

αὐτῆς Κάνθαρος Θρᾳξὶ προστίθησιν. ἀλλὰ μὴν καὶ νάβλας
μνημονεύει Φιλήμων·

πέδει παρεῖναι, Παρμένων, αὐλητρίδ᾽ ἤ
νάβλαν τινά.

καὶ πήληξ δὲ οὐ μόνον ὁ τῆς περικεφαλαίας λόφος, ἀλλὰ
καὶ ὄργανόν τι ψαλτήριον.

μέρη δὲ τῶν ὀργάνων νευραί, χορδαί, λίνα, μίτοι, 62
τόνοι, πήχεις, ἀγκῶνες, κέρατα, κόλλοπες, ἠχεῖα, πλῆκτρον,
χορδότονον. καὶ δόνακα δέ τινα ὑπολύριον οἱ κωμικοὶ ὠνό-
μαζον ὡς πάλαι ἀντὶ κεράτων ὑποτιθέμενον ταῖς λύραις·
ὅθεν καὶ Σοφοκλῆς εἴρηκεν

ὑφηρέθη σου κάλαμος ὡσπερεὶ λύρας.

οἱ δὲ τεχνῖται λυρῳδοί, κιθαρῳδοί, κιθαρισταὶ κιθαρίσ-
τριαι, ψάλται ψάλτριαι. καὶ τὰ ῥήματα λυρίζειν, κιθαρί- 63
ζειν, ψάλλειν, καὶ ὡς Ἀριστοφάνης βαρβιτίζειν. καὶ κρέκειν
δέ, καὶ κρεγμὸς τὸ πρᾶγμα. προσᾴδειν, ἐπᾴδειν, ὑπᾴδειν,
συνᾴδειν, ἀπᾴδειν. κρούματα, πρόσχορδα ᾄσματα, πολύχορ-
δον. ἁρμονία, ἐναρμόνιον, παναρμόνιον, πολυαρμόνιον, ἀν-
άρμοστον, ἀναρμοστία, ἀναρμοστεῖν, διαναρμοστεῖν. ῥυθ-
μός, ἄρρυθμος, ἀρρυθμεῖν· Πλάτων γάρ ἐστιν ὁ ὀνομάζειν 64
οὕτω δοκῶν, ὥσπερ καὶ Κριτίᾳ τὰς πρὸς κιθάραν ᾠδὰς
προσῳδίας ἀρέσκει καλεῖν. Ἀριστοφάνης δὲ μελῳδὸς καὶ
προσῳδὸς εἴρηκε, καὶ λεπτόφωνος καὶ βαρύφωνος, καὶ φω-
νάριον ᾠδικὸν καὶ καμπτικόν, καὶ ᾀσματοκάμπτας. τὸ δὲ
ᾆσμα καὶ ᾀσμάτιον Πλάτων εἴρηκεν ὁ κωμικός, καὶ ᾀσμόν.
ὁ δὲ ὄργανα τοιαῦτα συμπηγνὺς ὀνομάζεται λυροποιός.

ἁρμονίαι δὲ Δωρὶς Ἰὰς Αἰολὶς αἱ πρῶται, καὶ Φρύ- 65
γιος δὲ καὶ Λύδιος, καὶ Λοκρική· Φιλοξένου τὸ εὕρημα.
νόμοι δὲ οἱ Τερπάνδρου ἀπὸ μὲν τῶν ἐθνῶν ὅθεν ἦν,
Αἰόλιος καὶ Βοιώτιος, ἀπὸ δὲ ῥυθμῶν ὄρθιος καὶ τροχαῖος,
ἀπὸ δὲ τρόπων ὀξὺς καὶ τετραῴδιος, ἀπὸ δὲ αὐτοῦ καὶ τοῦ
ἐρωμένου Τερπάνδρειος καὶ Καπίων. σφάλλονται δὲ οἱ καὶ
ἀπόθετον προστιθέντες αὐτῷ καὶ σχοινίωνα· οὗτοι γὰρ αὐ-

λητικοί. τὸ μέντοι σιφνιάζειν καὶ χιάζειν, τὸ περιέργοις μέ-
λεσι χρῆσθαι, ἀπὸ Δημοκρίτου τοῦ Χίου καὶ Φιλοξενίδου
66 τοῦ Σιφνίου, ὃς καὶ Ὑπερτονίδης ἐκαλεῖτο. καὶ Φρῦνιν δὲ
τὸν Κάμωνος μέλεσι πολυκαμπέσι, τοῖς ὑπὸ τῶν κωμῳδῶν
δυσκολοκάμπτοις κληθεῖσι, κεχρῆσθαι λέγουσιν. τὸ μέντοι
τῶν ψιλῶν κιθαριστῶν ὄργανον, ὃ καὶ Πυθικὸν ὀνομάζε-
ται, δακτυλικόν τινες κεκλήκασιν. νόμοι δ' αὐτῶν Διὸς Ἀθη-
νᾶς Ἀπόλλωνος. ἴαμβοι, ἰαμβίδες, παριαμβίδες. μέρη δὲ τοῦ
κιθαρῳδικοῦ νόμου, Τερπάνδρου κατανείμαντος, ἔπαρχα,
μέταρχα, κατάτροπα, μετακατάτροπα, ὀμφαλός, σφραγίς,
ἐπίλογος.

67   τὰ δὲ ἐμπνεόμενα ὄργανα τὸ μὲν σύμπαν αὐλοὶ
καὶ σύριγγες· καὶ καλαμίνην σύριγγα εἴρηκεν Ἀριστοφάνης.
καὶ ἀπὸ μὲν αὐλῶν αὐλεῖν, ὑπαυλεῖν, προσαυλεῖν, καταυλεῖ-
σθαι, παραυλεῖν, αὔλημα, ἔναυλον, ἔξαυλον, ἐξηυλημένος.
καὶ πολύφθογγος αὐλός, πολύφωνος, πολύκομπος, πολυ-
μελής, πολυμήκης· Πλάτων δὲ καὶ πολύχορδον εἴρηκε τὸν
68 αὐλόν. ἐπὶ δὲ αὐλῶν ἐμφυσᾶν καὶ ἐμπνεῖν φαίης ἂν ἢ κα-
ταπνεῖν, καὶ καταπέμπειν τὸ πνεῦμα εἰς τὸν αὐλὸν ὑποπιμ-
πραμέναις ταῖς γνάθοις, ὑπῳγκωμέναις, ὑποιδούσαις, ἐξεστη-
κυίαις, προπετέσι, προπιπτούσαις, πνεύματος πλήρεσι, τῶν
ὀφθαλμῶν τραχυνομένων, ὑβριζόντων, ἐξαιμασσομένων, ἢ
ἀπράγμονι τῷ προσώπῳ, ἀβασανίστῳ, ἀγνοοῦντι τὴν κάθο-
69 δον τοῦ πνεύματος· καὶ γὰρ τοιαῦτα ἔστιν εἰπεῖν, εἰ
ἐπαινοίης αὐλητὴν ῥοθίῳ μὲν τῷ φυσήματι χρώμενον, διὰ
δὲ μέγεθος καὶ τόνον καὶ ἰσχὺν πνεύματος οὐκ ἐνο-
χλοῦντα τὸ πρόσωπον εἰς ἀταξίαν. ἐπὶ δὲ σύριγγος εἴποις
ἂν παράγειν ἐπ' αὐτῆς τὸ στόμα καὶ παραφέρειν, καὶ
διασπείρειν τὸ πνεῦμα. ἡ μὲν οὖν καλάμων ἐστὶ συνθήκη
λίνῳ καὶ κηρῷ συνδεθεῖσα, ἥ γε αὐτοσχέδιος, αὐλοὶ πολ-
λοί, ἕκαστος ὑφ' ἑκάστῳ κατὰ μικρὸν ὑπολήγοντες εἰς τὸν
ἐλάχιστον ἀπὸ τοῦ μεγάλου, κατὰ μὲν τὰ στόματα τῶν αὐλῶν
ἀφιστάμενοι, ἐκ δὲ θατέρου μέρους ὑπ' ἀλλήλοις δι' ἀνισό-

65 2. φιλοξένου A.   66 2. κάβωνος CF.   6. ἰαμβίαι, omisso ἰαμβί-
δες, C.   7. ἔπταρχα C, om A: ἑπτὰ Iungermannus. sequebatur enim,
quod omisit Boeckhius, ἐπαρχεῖα (μεταρχεῖα A).   8. μεταρχεῖς A.

τητα ὑφεστηκότες, ὡς ὄρνιθος πτέρυγι τὸ σχῆμα προσεοι-
κέναι. τούτῳ δὲ κατὰ τὸ ἔμπαλιν ἔχων ὁ ὑδρηλὸς αὐλός, 70
ἀντεστραμμένῃ σύριγγι παρεοικώς, χαλκοῦς μέν ἐστιν ὁ κά-
λαμος, κάτωθεν δὲ ὑποπνεόμενος, φύσαις μὲν ὁ ἐλάττων,
ὕδατι δὲ ὁ μείζων ἀναθλιβομένῳ καὶ αὔραν πνεύματος
ἀφιέντι. πολύφωνός τις οὗτος αὐλός ἐστιν, καὶ ὁ χαλκὸς ἔχει
τὸ φθέγμα ἰταμώτερον. τῶν δὲ ἄλλων αὐλῶν τὰ μέρη
γλῶττα καὶ τρυπήματα καὶ βόμβυκες καὶ ὅλμοι καὶ ὑφόλ-
μια. καὶ φορβιὰ δὲ προσήκει τοῖς αὐλοῦσι, καὶ τὸν τῇ φορ-
βιᾷ κατειλημμένον ἔλεγον ἐμπεφορβιωμένον. ὁ δὲ τοὺς αὐ- 71
λοὺς ἐργαζόμενος αὐλοποιός, καὶ ἀπὸ μέρους γλωττοποιός,
καὶ αὐλοτρύπης κατὰ τὴν κωμῳδίαν. ἡ δὲ ὕλη τῶν αὐλῶν
κάλαμος ἢ χαλκὸς ἢ λωτὸς ἢ πύξος ἢ κέρας ἢ ὀστοῦν ἐλά-
φου, ἢ δάφνης τῆς χαμαιζήλου κλάδος τὴν ἐντεριώνην ἀφῃ-
ρημένος. ὁ δὲ τοῖς αὐλοῖς χρώμενος αὐλητὴς καὶ κεραύ-
λης κατὰ τὸν Ἀρχίλοχον, τριηραύλης, αὐλητρίς. εἴποις δ᾽ ἂν
αὐλητὴν ἐπαινῶν σοφός, ἐμμελής, δεξιός. ἀλλὰ ταῦτα μὲν
κἂν ἐπὶ τῆς ἄλλης ῥηθείη μουσικῆς· ὃ δ᾽ ἐστιν ἴδιον, εὔ- 72
πνους, μέγα φυσῶν, μέγα πνέων, ἁδρόν, ἔντονον, ἰσχυρόν,
ῥόθιον, βίαιον, ἡδύπνουν· τὸ γὰρ λιγυρόπνουν ποιητικόν.
γλυκὺ δὲ πνεῦμα, λιγυρόν, γοερόν, ἐπαγωγόν, γοῶδες, θρη-
νῶδες. τὸ δὲ πνεῦμα καὶ φύσημα καὶ αὔλημα. ἀπόδεξαι καὶ
τὴν αὐλητοῦ ταχυχειρίαν καὶ τὴν εὐχέρειαν καὶ τὴν εὐχει-
ρίαν. κοινὰ δὲ τὰ πλείω τούτων καὶ πρὸς τὸν αὐλόν. ἐκεῖ-
νος δὲ οὐ μόνον εὔπνους ἀλλὰ καὶ εὔγλωττος εὔστομος
πυκνὸς συνεχής, ὥσπερ ὁ μὲν φαῦλος αὐλητὴς ἄπνους ἀσθε- 73
νὴς ἀηδὴς ἀγλευκής, ὁ δὲ φαῦλος αὐλὸς καὶ ἄγλωττος καὶ
ἄφθογγος, ἀραιός, διάβροχος, ἔξαυλος· καὶ ἐξηυλημέναι γλῶτ-
ται αἱ παλαιαί. αὔλημα δὲ ὄρθιον, ἀφ᾽ οὗ καὶ νόμος ὄρ-
θιος, στερεόν, πλῆρες, ἐμμελές, μονόκωλον, πολύτροπον,
προσαγωγόν, εὔκαμπές, πολύκαμπτον, γοῶδες, θρηνητικόν,
ὀξύ, λιγυρόν, πομπικόν, παροξυντικόν, ἐνόπλιον, πυρριχιστι-
κόν, καὶ σπονδεῖον, τροχαῖον, γαμήλιον, παροίνιον.
    αὐλῶν δὲ εἴδη πλάγιος, λώτινος, Λιβύων τὸ εὕρημα· 74
πλαγίαυλον δ᾽ αὐτὸν Λίβυες καλοῦσιν. ἔλυμος τὴν μὲν ὕλην

πύξινος, τὸ δ᾽ εὕρημα Φρυγῶν· κέρας δ᾽ ἑκατέρῳ τῶν αὐ-
λῶν ἀνανεῦον πρόσεστιν, αὐλεῖ δὲ τῇ Φρυγίᾳ θεῷ. ἱππο-
φορβός· Λίβυες μὲν οἱ σκηνῖται τοῦτον εἶρον, χρῶνται δ᾽
αὐτῷ πρὸς τὰς ἵππων νομάς. ἡ δὲ ὕλη δάφνη τοῦ φλοιοῦ
γυμνωθεῖσα· τῆς γὰρ ἐντεριώνης ἐξαιρεθείσης ὀξὺν ἦχον
75 ποιεῖ καὶ τῶν ἵππων τῇ ὀξύτητι καθικνούμενον. μόναυλος·
μέμνηται μὲν αὐτοῦ Σοφοκλῆς ἐν Θαμύριδι, τὸ δὲ εὕρημά
ἐστιν Αἰγυπτίων, αὐλεῖ δὲ μάλιστα τὸ γαμήλιον. λέγεται δὲ
καὶ Φρύγας εὑρεῖν μόναυλον θρηνητικόν, ᾧ κεχρῆσθαι τοὺς
Κᾶρας παρ᾽ ἐκείνων λαβόντας· θρηνῶδες γὰρ τὸ αὔλημα
τὸ Καρικόν. θήρειος αὐλός· Θηβαῖοι μὲν αὐτὸν ἐκ νεβροῦ
κώλων εἰργάσαντο, χαλκήλατος δ᾽ ἦν τὴν ἔξωθεν ὄψιν.
76 καὶ κέρατι μὲν αὐλεῖν Τυρρηνοὶ νομίζουσιν, γίγγρας δὲ
μικρός τις αὐλίσκος γοώδη καὶ θρηνητικὴν φωνὴν ἀφιείς,
Φοῖνιξ μὲν ὢν τὴν εὕρεσιν, πρόσφορος δὲ μούσῃ τῇ Κα-
ρικῇ. ἡ δὲ Φοινίκων γλῶττα Γίγγραν τὸν Ἄδωνιν καλεῖ,
καὶ τούτῳ ὁ αὐλὸς ἐπωνόμασται. Σκύθαι δέ, καὶ μάλιστα
τούτων Ἀνδροφάγοι καὶ Μελάγχλαινοι καὶ Ἀριμασποί, ἀε-
77 τῶν καὶ γυπῶν ὀστοῖς αὐλητικῶς ἐμπνέουσιν. ἡ δὲ ἐκ καλά-
μων σύριγξ Κελτοῖς προσήκει καὶ τοῖς ἐν Ὠκεανῷ νησιώ-
ταις. παρὰ δὲ Αἰγυπτίοις πολύφθογγος αὐλός, Ὀσίριδος
εὕρημα, ἐκ καλάμης κριθίνης. ἐκλήθησαν δὲ αὐλοὶ καὶ κι-
θαριστήριοι, μεσόκοποι, πυκνοί, δίοποι, ἡμίοποι, σύριγγες,
τέλειοι, ὑπόπτεροι. καὶ Ἀθηνᾶ δὲ εἶδος αὐλοῦ, ᾧ μάλιστα
Νικοφελῆ τὸν Θηβαῖον εἰς τὸν τῆς Ἀθηνᾶς νόμον κεχρῆ-
σθαι λέγουσι. καὶ ἰδοῦθοι δὲ αὐλῶν εἶδος.
78 καὶ ἁρμονία μὲν αὐλητικὴ δωριστὶ καὶ φρυγιστὶ καὶ
Λύδιος καὶ Ἰωνικὴ καὶ σύντονος λυδιστί, ἣν Ἄνθιππος
ἐξεῦρεν· μέλος δὲ Καστόριον μὲν τὸ Λακωνικὸν ἐν μάχαις,
ὑπὸ τὸν ἐμβατήριον ῥυθμόν, Ἱεράκιον δὲ τὸ Ἀργολικόν, ὃ
ταῖς ἀνθεσφόροις ἐν Ἥρας ἐπήυλουν. νόμοι δὲ Ὀλύμπου
καὶ Μαρσύου Φρύγιοι καὶ Λύδιοι, ὁ δὲ Σακάδα νόμος Πυ-
θικός, οἱ δὲ Εὐίου κύκλιοι, καὶ Ὀλύμπου ἐπιτυμβίδιοι. καὶ
79 νόμος δ᾽ ἦν Ἱέραχος· ὁ δὲ Ἱέραξ νέος μὲν ἐτελεύτα, Ὀλύμ-

---

78 2. ἄντιφος C.   4. θεράκιον A.   5. ἀνθεσμοφόροις ἐνείραν-
τες ἐπ. A.

που δ' ἦν οἰκέτης καὶ μαθητὴς καὶ ἐρώμενος. καὶ Κλονᾶ
δὲ νόμοι αὐλητικοὶ ἀπόθετός τε καὶ σχοινίων. τὸ δὲ σπον-
δεῖον μέλος εἴποις ἂν ἐπιβώμιον, καὶ ἄλλο τελεστήριον, καὶ
ἄλλο κουρητικόν. τὸ δὲ νηνίατον ἔστι μὲν Φρύγιον, Ἱππῶ-
ναξ δ' αὐτοῦ μνημονεύει.. ἦν δέ τι καὶ ὀδοντισμὸς εἶδος 80
αὐλήσεως.

καὶ τέως μὲν τέτταρα τρυπήματα εἶχεν ὁ αὐλός· πο-
λύτρητον δ' αὐτὸν ἐποίησε Διόδωρος ὁ Θηβαῖος, πλαγίας
ἀνοίξας τῷ πνεύματι τὰς ὁδούς.

καὶ τὸ μὲν γαμήλιον αὔλημα δύο ἦσαν αὐλοί, μείζων
ἅτερος, συμφωνίαν μὲν ὑποδηλοῦντες, μείζω δ' εἶναι χρῆναι
τὸν ἄνδρα. οἱ δὲ παροίνιοι σμικροὶ μέν, ἴσοι δ' ἄμφω· τὴν
γὰρ ἰσότητα συμποσίῳ πρέπειν. ἥρμοττον δὲ πρὸς ὕμνους 81
μὲν οἱ σπονδειακοί, πρὸς παιᾶνας δὲ οἱ Πυθικοί· τελείους
δ' αὐτοὺς ὠνόμαζον, ηὔλουν δὲ τὸ ἄχορον αὔλημα, τὸ Πυ-
θικόν, οἱ δὲ χορικοὶ διθυράμβοις προσηύλουν. καὶ τοῖς μὲν
παρθενίοις αὐλοῖς παρθένοι προσεχόρευον, τοῖς δὲ παιδι-
κοῖς παῖδες προσῇδον· οἱ δὲ ὑπερτέλειοι προσεφθέγγοντο
ἀνδρῶν χοροῖς. κιθαριστήριοι δὲ καὶ τοὔνομα διότι κιθά-
ραις προσηύλουν διδάσκει. παράτρητοι δὲ θρήνοις ἥρμοτ-
τον, ὀξὺ καὶ νωθὲς πνέοντες. τῶν δὲ βομβύκων ἔνθεον καὶ 82
μανικὸν τὸ αὔλημα, πρέπον ὀργίοις. ἔνιοι δὲ καὶ ἐμβατηρί-
ους αὐλοὺς ὠνόμασαν τοὺς ἐπὶ τοῖς προσοδίοις, καὶ δακτυ-
λικοὺς τοὺς ἐπὶ τοῖς ὑπορχήμασιν· οἱ δὲ ταῦτα οὐκ αὐλῶν
ἀλλὰ μελῶν εἶναι εἴδη λέγουσιν. ὑποθεάτρους δὲ αὐλοὺς
τοὺς ἐπὶ τοῖς νόμοις τοῖς αὐλητικοῖς ἐκάλεσαν. οἱ δὲ Σύ-
ριοι θρασύ τι καὶ εὔτολμον ἐμπνεῖν δοκοῦσιν. γίγγλαρος δὲ
μικρός τις αὐλίσκος Αἰγύπτιος, μοναυλίᾳ πρόσφορος. καὶ
σκυτάλια μέντοι μικρῶν αὐλίσκων τοὔνομα.

μέρη δὲ αὐλημάτων κρούματα, συρίγματα, τερετί- 83
σμοί τερετίσματα, νίγλαροι. τὰ δὲ πρῶτα τῶν αὐλητῶν μα-
θήματα πεῖρα καὶ γρόνθων. Ἀθήνησι δὲ καὶ συναυλία τις
ἐκαλεῖτο· συμφωνία τις αὕτη τῶν ἐν Παναθηναίοις συν-
αυλούντων. οἱ δὲ τὴν συναυλίαν εἶδος προσαυλήσεως οἷον-

79 1. κλόνια CF.   80 6. ἦσαν] εἶεν A.   81 4. χοροὶ A.   83
5. προαυλήσεως A.

ται ὡς τὴν αὐλῳδίαν. καὶ μὴν ἴαμβοί γε καὶ παριαμβίδες
84 νόμοι κιθαριστήριοι, οἷς καὶ προσηύλουν. τοῦ δὲ Πυθικοῦ
νόμου τοῦ αὐλητικοῦ μέρη πέντε, πεῖρα κατακελευσμὸς ἰαμ-
βικὸν σπονδεῖον καταχόρευσις. δήλωμα δ᾽ ἐστὶν ὁ νόμος τῆς
τοῦ Ἀπόλλωνος μάχης πρὸς τὸν δράκοντα. καὶ ἐν μὲν τῇ
πείρᾳ διορᾷ τὸν τόπον, εἰ ἄξιός ἐστι τοῦ ἀγῶνος· ἐν δὲ τῷ
κατακελευσμῷ προκαλεῖται τὸν δράκοντα, ἐν δὲ τῷ ἰαμβικῷ
μάχεται. ἐμπεριείληφε δὲ τὸ ἰαμβικὸν καὶ τὰ σαλπιστικὰ
κρούματα καὶ τὸν ὀδοντισμὸν ὡς τοῦ δράκοντος ἐν τῷ το-
ξεύεσθαι συμπρίοντος τοὺς ὀδόντας. τὸ δὲ σπονδεῖον δηλοῖ
τὴν νίκην τοῦ θεοῦ. ἐν δὲ τῇ καταχορεύσει ὁ θεὸς τὰ ἐπι-
νίκια χορεύει.

85 εἰ δὲ καὶ ἡ σ ά λ π ι γ ξ τοῖς αὐλοῖς προσήκει, τὸ μὲν
εὕρημα Τυρρηνικόν, τὸ δὲ σχῆμα εὐθεῖά τε καὶ καμπύλη,
ἡ δὲ ὕλη χαλκὸς καὶ σίδηρος, ἡ δὲ γλῶττα ὀστίνη. εἴποις
δ᾽ ἂν τὸ φθέγμα τῆς σάλπιγγος καὶ φωνὴν καὶ ἦχον καὶ
βόμβον καὶ θόρυβον καὶ κτύπον, ὄρθιον, ἐρρωμένον, ῥω-
μαλέον, βαρύ, σεμνόν, σφοδρόν, φρικῶδες, ἐκπληκτικόν, πο-
λεμιστήριον καὶ ἐμπολέμιον, βίαιον, στερεόν, ἐμβριθές, τραχύ,
86 ταραχῶδες. μέρη δὲ τοῦ πολεμιστηρίου σαλπίσματος ἐξορ-
μητικόν, ἐφ᾽ οὗ ἔλεγον τὸ σημῆναι τῇ σάλπιγγι, καὶ ὑπεσή-
μηναν αἱ σάλπιγγες, ἐξώτρυναν, ἐξήγειραν ἐξανήγειραν· καὶ
παρακελευστικὸν τὸ κατὰ τὴν τῆς μάχης συμβολήν, ἀνα-
κλητικὸν δὲ τὸ ἐκ τῆς μάχης ἀνακαλοῦν, ἀναπαυστήριον δὲ
τὸ καταζευγνύντων ἐπίφθεγμα. ἔστι δέ τι καὶ πομπικὸν ἐπὶ
πομπαῖς καὶ ἱερουργικὸν ἐπὶ θυσίαις Αἰγυπτίοις τε καὶ
87 Ἀργείοις παὶ Τυρρηνοῖς καὶ Ῥωμαίοις. καὶ ὁ μὲν τῇ σάλ-
πιγγι χρώμενος καλεῖται σαλπιγκτής, τὸ δὲ ῥῆμα σαλπίζειν,
ὁ δ᾽ ἐπὶ τοῖς ἱεροῖς ἱεροσαλπιγκτής· ἄμεινον δὲ τὸ ἱερὸς
σαλπιγκτής, διαλυσάντων τοὔνομα. καὶ Μένανδρος δέ τινας
καλεῖ λῃστοσαλπιγκτάς.

εἰ δὲ δεῖ ἀγλευκεῖ ἄρτι τῷ ὀργάνῳ παραμῖξαι γλυκύ-
τητα ἱστορίας, παρῆλθε μὲν εἰς τοὺς ἀγῶνας ἡ σάλπιγξ ἐκ
τῆς ἐμπολεμίου μελέτης, ἐφ᾽ ἑκάστῃ δὲ τῇ κλήσει τῶν ἀγω-
88 νιστῶν ἐπιφθέγγεται ἐκ τοιᾶσδε τῆς αἰτίας. Ἕρμων ἦν κω-

---

83 1. καὶ μονίαμβοι A, καὶ μηνίαμβοι ceteri: corr M. ‖ περίαμβοι δὲ
A. 84 1. προσῇδον A.

μῳδίας ὑποκριτής· λαχὼν δὲ μετὰ πολλοὺς ὁ μὲν ἀπῆν τοῦ
θεάτρου, τῆς φωνῆς ἀποπειρώμενος, τῶν δὲ πρὸ αὐτοῦ
πάντων ἐκπεσόντων Ἕρμωνα μὲν ὁ κῆρυξ ἀνεκάλει, ὁ δ'
οὐχ ὑπακούσας, ζημίᾳ πληγείς, εἰσηγήσατο τοῦ λοιποῦ τῇ
σάλπιγγι τοὺς ἀγωνιστὰς ἀνακαλεῖν. καὶ τὸ μὲν Ἐπιτάδην
τὸν σαλπιγκτὴν παραφέρειν εἰς πεντήκοντα στάδια τῇ σάλ-
πιγγι διϊκνούμενον, ὥσπερ Μόλοβρον ἐπὶ τοῦ Φιλοπάτορος
αὐλήσαντα δύο σάλπιγξιν, ἴσως ἕωλον· Ἀγλαῒς δὲ ἡ Μεγα- 89
λοκλέους σάλπιγγι ὑπερερρωμένως ἐχρήσατο ἀγωνιστηρίῳ
τε καὶ πομπικῇ. καὶ μὴν ὅ γε Μεγαρεὺς Ἡρόδωρος ὁπότε
σαλπίζοι, χαλεπὸν ἦν αὐτῷ πλησιάζειν πληττομένους διὰ
μέγεθος πνεύματος· ἑπτακαίδεκα δὲ περιόδους ἀνείλετο τῶν
στεφανιτῶν ἀγώνων. ἦν δὲ μέγεθος μὲν τεττάρων πήχεων,
ὑπεστρώννυτο δὲ ἄρκτου δοράν, καὶ λεοντῆν ἐπεβέβλητο. ἓξ
δὲ χοίνικας ἄρτου ἐσιτεῖτο, ὀκτὼ δὲ μνᾶς κρεῶν, οἴνου δὲ
δύο ἔπινε χοᾶς. ἐπλήρου δὲ τῷ πνεύματι τὰ μέγιστα τῶν 90
στρατοπέδων, εἰ καὶ ἐκ μηκίστου φθέγξαιτο. περιεῖπε δ'
αὐτὸν ἐν τοῖς μάλιστα ὁ πολιορκητὴς Δημήτριος. καὶ ποτε
ὁ μὲν τείχει προσέφερέ τινα μηχανήν, ἡ δ' ἦν ἀπειθής τε
καὶ ἐπαχθής. καὶ τοίνυν ὁ μὲν Ἡρόδωρος δύο ὄργανα λα-
βὼν στερρὸν ἐνέπνευσε τοῖς ὀργάνοις, τὰ δὲ τοσοῦτον μέ-
νος τοῖς στρατιώταις ἐνέπνευσεν ὥστε ῥύμη πολλὴ καὶ δρό-
μος προσεγένετο τῆς μηχανῆς.

Τὸ δὲ κηρύκων γένος ἱερὸν μὲν Ἑρμοῦ, κατεκήρυττε 91
δ' ἡσυχίαν ἔν τε ἀγῶσι καὶ ἱερουργίαις, καὶ σπονδὰς περι-
ήγγελλε καὶ ἐκεχειρίαν ἐπήγγελλε καὶ τοὺς ἀγωνιστὰς ἀνε-
κήρυττεν. καὶ ἦν ἀγώνισμα σάλπιγγος πρεσβύτερον. εἰς δὲ
φιλοτιμίαν τῶν ἐπ' αὐτῷ προελθόντων οἵ τε καλούμενοι
πόδες συνετέθησαν, ἔλεγχον ἔχοντες εἰς μῆκος πνεύμα-
τος, καὶ ἡ τῶν περὶ τοὺς νεὼς οἰκοδομημάτων ἔκδοσις
σαφηνείας τινὸς δεομένη. πρότερον δ' Ὀλυμπίασι τῶν ἐπι- 92
χωρίων κηρυττόντων, οἳ ταῖς ἱερουργίαις ὑποδιηκονοῦντο,
πρῶτος τῶν ξένων ἠγωνίσατο τὰ Ὀλύμπια Ἀρχίας Ὑβλαῖος,

88 5. τὸν λειποσάδην A, τὸ μὲν ἐπιστάδην alii: corr Iungermannus.
7. ἡμόλοκρον ante Boeckhium.   89 1. ἴσως Salmasius pro ἰσαῖος: om
A.   2. ἀγωνιστῆρί τε καὶ πολεμικῷ A.   8. ἄρτων A.

καὶ τρεῖς ὀλυμπιάδας ἐφεξῆς ἐνίκα. ἐνίκα δὲ καὶ Πυθοῖ,
καὶ εἰκών τις ἦν αὐτῷ Πυθικὴ καὶ ἐπίγραμμα

 Ὑβλαίῳ κήρυκι τόδ' Ἀρχίᾳ Εὐκλέος υἱῷ
 δέξαι ἄγαλμ' εὔφρων Φοῖβ' ἐπ' ἀπημοσύνῃ,
 ὃς τρὶς ἐκάρυξεν τὸν Ὀλυμπίᾳ αὐτὸς ἀγῶνα,
 οὔθ' ὑπὸ σαλπίγγων οὔτ' ἀναδείγματ' ἔχων.

ἀπὸ μὲν οὖν τοῦ κήρυκος ὀνόματα κήρυγμα, κηρυκεία ἐπι-
93 κηρυκεία, κηρύκειον, καὶ κηρύκεια τέλους τινὸς ὄνομα. κη-
ρύττειν, ἐπικηρυκεύσασθαι ἐπὶ πολέμου, ἀκήρυκτος πόλεμος,
ἐπικηρύττειν τινὶ χρήματα καὶ ἀντεπικηρύττειν, προκηρῦξαι
πόλεμον, κατακηρῦξαι ἐκεχειρίαν, κατακηρῦξαι ἡσυχίαν, ὃ
καὶ κατακελεῦσαι λέγουσιν. κηρῦξαί τινα τῶν ἀγωνιστῶν,
ἀνακηρῦξαι ἀγωνιστήν, ἀποκηρῦξαι υἱὸν καὶ υἱωνόν. τὸ
μέντοι ὄνομα, ὁ ἀποκήρυκτος, οὐκ ἔστιν ἐν χρήσει τῇ πα-
λαιᾷ, Θεόπομπος δ' αὐτῷ κέχρηται ὁ συγγραφεύς· ἀλλ'
94 οὐδὲν Θεοπόμπῳ σταθμητὸν εἰς ἑρμηνείας κρίσιν. τὸ δ'
ἔργον ἀπὸ τῶν κηρύκων κηρυκεῦσαι ἔλεγον, καὶ Ἰσαῖός
που λέγει κηρυκευσάτω. προκηρῦξαι δ' ἐστὶ τὸ προκαλέσα-
σθαι ὑπὸ κήρυκος, καὶ ὑποκηρύξασθαι τὸ προειπεῖν ἡσυ-
χίαν ἢ καὶ ἐπαγγείλασθαι τι δημοσίᾳ· προκηρυκευσάμε-
νοι, ὡς Ἰσαῖος εἴρηκεν. τάχα δ' ἄν τις τοὺς κήρυκας καὶ
ἑρμηνέας καὶ σπονδοφόρους καὶ ἐκεχειροφόρους καὶ ἀγγέ-
λους ὀνομάσειεν. τὸ δὲ φθέγμα αὐτῶν μέγα, ἁδρόν, ὑψη-
λόν, πρόμηκες ἐπίμηκες, σαφές, ἀρτίστομον, συνεχές, διηνε-
κές, ἀποτάδην φθεγγόμενον, ἀπνευστί, καὶ τἄλλα ὅσα ἐν
τοῖς περὶ φωνῆς εἴρηται.

95 Εἰ δὲ καὶ ὄρχησις μέρος μουσικῆς, ῥητέον ὀρχηστής
ὀρχηστικός, ὀρχήσασθαι ὑπορχήσασθαι κατορχήσασθαι
ἐξορχήσασθαι, ὀρχήματα ὑπορχήματα. τάχα δὲ καὶ Ὀρχο-
μενὸς παρὰ τὴν τῶν Χαρίτων ὄρχησιν, ὡς Εὐφορίων

 Ὀρχομενὸν Χαρίτεσσιν ἀφαρέσιν ὀρχηθέντα.

ἐπορχούμενος. ὀρχήστρα, ὀρχηστρίς, ὀρχηστοδιδάσκαλος. σχη-
ματίσασθαι, σχηματοποιήσασθαι. εὐσχημοσύνη, εὐρυθμία,
εὐαρμοστία. νεῦσαι συναπονεῦσαι, μορφάσαι, παραγαγεῖν

τὴν κεφαλήν, διενεγκεῖν, περιενεγκεῖν, περιαγωγῇ χρήσασθαι, 96
τῶν χειρῶν περιαγωγῇ, πηδῆσαι, πυρριχίσαι· πυρρίχη ἐνό-
πλιος ὄρχησις. εἴποις δ᾽ ἂν ὀρχηστὴν κοῦφον, ἐλαφρόν, πη-
δητικόν, ἁλτικόν, εὐάρμοστον, εὔρυθμον, εὐσχήμονα πολυ-
σχήμονα, ὑγρόν, ἐναργῆ, ἐνδεικτικόν, δηλωτικόν, ἐπιδεικτι-
κόν, παντοδαπόν, εὐτράπελον, εὔτρεπτον, δημοτερπῆ ὀχλο-
τερπῆ, δημαγωγικόν, ῥᾴδιον, πρόχειρον, εὔκολον, ὑγρομελῆ,
εὔκαμπῆ, λυγιστικόν, ἐπικλώμενον, ἐξυγραινόμενον, ταχύ- 97
χειρα ταχύπουν, εὐκέφαλον, εὔφορον ἰσόφορον, εὔτακτον·
καὶ τὰ πράγματα κουφότητα, ἐλαφρότητα, πήδημα, ἅλμα,
εὐαρμοστίαν, εὐρυθμίαν, εὐσχημοσύνην, ὑγρότητα, ἐναργό-
τητα, ἔνδειξιν, δήλωσιν, ἐπίδειξιν, πανήγυριν, τέρψιν, ῥᾳ-
στώνην, εὐκολίαν, λυγισμόν, κάμψιν, παραγωγήν, παραφο-
ράν, εὐχειρίαν ὀξυχειρίαν ταχυχειρίαν, εὐποδίαν, εὐφορίαν
ἰσοφορίαν, εὐταξίαν. καὶ τὰ ῥήματα δὲ κουφισθῆναι, ἐλα- 98
φρίσασθαι, πηδῆσαι, παραδηλῶσαι, ἐπιδείξασθαι ἐνδείξα-
σθαι παρενδείξασθαι παρεπιδείξασθαι, λυγίσαι τὸ σῶμα,
κάμψαι, κλάσαι. καὶ τὰ ἐπιρρήματα ὀρχηστικῶς, εὐσχημό-
νως πολυσχημόνως, εὐρύθμως, εὐαρμόστως, ὑγρῶς, ἐναργῶς,
ἐνδεικτικῶς, δηλωτικῶς, ἐπιδεικτικῶς, πανηγυρικῶς, τερπνῶς,
ῥᾳδίως, εὐκόλως, εὐφόρως ἰσοφόρως, εὐτάκτως· τὰ γὰρ ἀπὸ
τῶν ἄλλων τραχέα.

εἴδη δὲ ὀρχημάτων ἐμμέλεια τραγική, κόρδακες κω- 99
μικοί, σίκιννις σατυρική. ἐνόπλιοι ὀρχήσεις πυρρίχη τε καὶ
τελεσίας, ἐπώνυμοι δύο Κρητῶν ὀρχηστῶν, Πυρρίχου τε καὶ
Τελεσίου. ἐκαλεῖτο δέ τι καὶ ξιφισμὸς καὶ ποδισμός, καὶ
ῥικνοῦσθαι, ὅπερ ἦν τὸ τὴν ὀσφὺν φορτικῶς περιάγειν. ἦν
δὲ καὶ κῶμος εἶδος ὀρχήσεως καὶ τετράκωμος, Ἡρακλέους
ἱερὰ καὶ πολεμική. ἦν δὲ καὶ κωμαστικὴ μάχην καὶ πλη- 100
γὰς ἔχουσα, καὶ ἡδύκωμος ἡδίων, καὶ κνισμὸς καὶ ὄκλασμα·
οὕτω γὰρ ἐν Θεσμοφοριαζούσαις ὀνομάζεται τὸ ὄρχημα τὸ
Περσικὸν καὶ σύντονον. τὴν δ᾽ αὐτὴν καὶ ὑγρὰν ὠνόμαζον.
καὶ φαλλικὸν ἐπὶ Διονύσῳ, καὶ καλλίνικος ἐφ᾽ Ἡρακλεῖ.
καὶ κολαβρισμὸς Θράκιον ὄρχημα καὶ Καρικόν· ἦν δὲ καὶ

τοῦτο ἐνόπλιον. καὶ βακχισμὸς Βάκχου ὀρχηστοῦ κῶμος ἐπώνυμος, ἁβρά τις ὄρχησις καὶ τὸ σῶμα ἐξυγραίνουσα.

101 βακτριασμὸς δὲ καὶ ἀπόκινος καὶ ἀπόσεισις καὶ ἴγδις ἀσελγῆ εἴδη ὀρχήσεων ἐν τῇ τῆς ὀσφύος περιφορᾷ, καὶ στρόβιλος. ὁ δὲ μόθων φορτικὸν ὄρχημα καὶ ναυτικόν. τὴν δὲ γέρα- νον κατὰ πλῆθος ὠρχοῦντο, ἕκαστος ὑφ᾿ ἑκάστῳ κατὰ στοῖ- χον, τὰ ἄκρα ἑκατέρωθεν τῶν ἡγεμόνων ἐχόντων, τῶν περὶ Θησέα πρῶτον περὶ τὸν Δήλιον βωμὸν ἀπομιμησαμένων τὴν ἀπὸ τοῦ λαβυρίνθου ἔξοδον. καὶ διποδία δὲ ὄρχημα

102 Λακωνικόν. ἦν δὲ καὶ γίγγρας πρὸς αὐλὸν ὄρχημα, ἐπώνυ- μον τοῦ αὐλήματος. ἐκατερίδες δὲ καὶ θερμαυστρίδες ἔν- τονα ὀρχήματα, τὸ μὲν χειρῶν κίνησιν ἀσκοῦν, ἡ δὲ θερ- μαυστρὶς πηδητικόν. τὰ δ᾿ ἐκλακτίσματα γυναικῶν ἦν ὀρ- χήματα· ἔδει δὲ ὑπὲρ τὸν ὦμον ἐκλακτίσαι. καὶ βίβασις δὲ τι ἦν εἶδος Λακωνικῆς ὀρχήσεως, ἧς καὶ τὰ ἆθλα προυτί- θετο οὐ τοῖς παισὶ μόνον ἀλλὰ καὶ ταῖς κόραις· ἔδει δὲ ἄλλεσθαι καὶ ψαύειν τοῖς ποσὶ πρὸς τὰς πυγάς, καὶ ἠριθ- μεῖτο τὰ πηδήματα, ὅθεν καὶ ἐπὶ μιᾶς ἦν ἐπίγραμμα

χίλιά ποκα βίβατι, πλεῖστα δὴ τῶν πῇ ποκά.

103 τὰς δὲ πινακίδας ὠρχοῦντο οὐκ οἶδα εἴτ᾿ ἐπὶ πινάκων εἴτε πίνακας φέροντες· τὸ γὰρ κερνοφόρον ὄρχημα οἶδ᾿ ὅτι λίκνα ἢ ἐσχαρίδας φέροντες· κέρνα δὲ ταῦτα ἐκαλεῖτο. τὸ δὲ Ἰωνικὸν Ἀρτέμιδι ὠρχοῦντο Σικελιῶται μάλιστα. τὸ δὲ ἀγγελικὸν ἐμιμεῖτο σχήματα ἀγγέλων. ὁ δὲ μορφασμὸς παν- τοδαπῶν ζώων ἦν μίμησις. ἦν δέ τι καὶ σκώψ, τὸ δ᾿ αὐτὸ καὶ σκοπίας, εἶδος ὀρχήσεως ἔχον τινὰ τοῦ τραχήλου περι- φορὰν κατὰ τὴν τοῦ ὄρνιθος μίμησιν, ὃς ὑπ᾿ ἐκπλήξεως

104 πρὸς τὴν ὄρχησιν ἁλίσκεται. ὁ δὲ λέων ὀρχήσεως φοβερᾶς εἶδος. ἦν δέ τινα καὶ Λακωνικὰ ὀρχήματα, διὰ Μαλέας· Σειληνοὶ δ᾿ ἦσαν, καὶ ὑπ᾿ αὐτοῖς Σάτυροι ὑπότρομα ὀρ- χούμενοι. καὶ ἴθυμβοι ἐπὶ Διονύσῳ, καὶ καρυάτιδες ἐπ᾿ Ἀρ- τέμιδι. καὶ βρυάλιχα, τὸ μὲν εὕρημα Βρυαλίχου, προσωρ- χοῦντο δὲ γυναῖκες Ἀρτέμιδι καὶ Ἀπόλλωνι. οἱ δὲ ὑπογύ-

---

101 1. μακιρισμὸς C.   102 5. βέβησις A.   10. χίλι᾿ ἄ? ‖ βι- βάντι ante M.   103 5. σχῆμα A.   104 2. δειμαλέα A.   3. δ᾿ ἦσαν] σάτυροι A. | αὐλοῖ; M. ‖ ὑπότροχα C, περίτροχα. M.   5. βα- ρυλλικά — βαρυλλίχου A, βαρβύλλικα — βαρβυλλίχου F: corr Schneide- rus Saxo.

πωνες γερόντων ὑπὸ βακτηρίαις τὴν μίμησιν εἶχον· οἱ δὲ
γύπωνες ξυλίνων ποδῶν ἐπιβαίνοντες ὠρχοῦντο, διαφανῆ
ταραντινίδια ἀμπεχόμενοι. καὶ μὴν Ἐσχάρινθον ὄρχημα
ἐπώνυμον. ἦν τοῦ εὑρόντος αὐλητοῦ, τυρβασίαν δ' ἐκάλουν
τὸ ὄρχημα τὸ διθυραμβικόν, μιμητικὴν δὲ δι' ἧς ἐμιμοῦντο 105
τοὺς ἐπὶ τῇ κλοπῇ τῶν ἑώλων κρεῶν ἁλισκομένους. λαμβρό-
τερον δὲ ἦν ὃ ὠρχοῦντο γυμνοὶ σὺν αἰσχρολογίᾳ. ἦν δὲ καὶ
τὸ σχιστὰς ἕλκειν σχῆμα ὀρχήσεως χωρικῆς, ἔδει δὲ πη-
δῶντα ἐπαλλάττειν τὰ σκέλη. καὶ μὴν τραγικῆς ὀρχήσεως
σχήματα σιμὴ χείρ, καλαθίσκος, χεὶρ καταπρανής, ξύλου
παράληψις, διπλῆ, θερμαυστρίς, κυβίστησις, παραβῆναι τέτ-
ταρα. ὁ δὲ τετράκωμος, τὸ τῆς ὀρχήσεως εἶδος, οὐκ οἶδα εἴ
τι προσῆκον ἦν τοῖς Ἀθήνησι τετρακώμοις, οἳ ἦσαν Πει-
ραιεῖς Φαληρεῖς Ξυπεταίονες Θυμοιτάδαι.

Τούτοις δ' ἂν προσήκοι χορός, χοροποιία, χοροστασία, 106
χορικὸν μέλος, χορεῦσαι, χορευτής συγχορευτής, χορηγός,
χορηγία, χορήγιον ὁ τόπος οὗ ἡ παρασκευὴ τοῦ χοροῦ.
πρόσχορον δὲ Ἀριστοφάνης τὴν συγχορεύουσαν κέκληκεν· τὴν
δ' αὐτὴν καὶ συγχορεύτριαν. ἡγεμὼν χοροῦ, κορυφαῖος χο-
ροῦ, χορολέκτης, χοροποιός, διδάσκαλος ὑποδιδάσκαλος χο-
ροδιδάσκαλος, δεξιοστάτης ἀριστεροστάτης, δευτεροστάτης
τριτοστάτης· καὶ τὴν γυναῖκα δὲ τριτοστάτιν Ἀριστοφάνης
καλεῖ. παιδικὸς χορός, ἀνδρικός, κωμικός τραγικός. καὶ 107
ἡμιχόριον δὲ καὶ διχορία καὶ ἀντιχόρια. ἔοικε δὲ ταὐτὸν
εἶναι ταυτὶ τὰ τρία ὀνόματα· ὁπόταν γὰρ ὁ χορὸς εἰς δύο
μέρη τμηθῇ, τὸ μὲν πρᾶγμα καλεῖται διχορία, ἑκάτερα δὲ
ἡ μοῖρα ἡμιχόριον, ἃ δ' ἀντάδουσιν, ἀντιχόρια. τριχορίαν
δὲ Τύρταιος ἔστησε, τρεῖς Λακώνων χορούς, καθ' ἡλικίαν
ἑκάστην, παῖδας ἄνδρας γέροντας. ἐπὶ δὲ χοροῦ καὶ συμ-
φωνία καὶ συνῳδία καὶ συναυλία. καὶ ἡ μὲν εἴσοδος τοῦ 108
χοροῦ πάροδος καλεῖται, ἡ δὲ κατὰ χρείαν ἔξοδος ὡς πά-
λιν εἰσιόντων μετάστασις, ἡ δὲ μετὰ ταύτην εἴσοδος ἐπι-
πάροδος, ἡ δὲ τελευταία ἔξοδος ἄφοδος. καὶ ἐπεισόδιον δὲ

104 1. βακτηρίας Α.   2. ποδῶν Α, κώλων ΒC, κάλων Μ.   3. ἐσχά-
ρινον Μ.   105 1. δεικηλικὴν OMüllerus.   2. λαμπροτέρα Β, λαμ-
πρότερον C.   3. ἦν Β. | ὃ ὅτι ΒC.   7. τὰ τέτταρα C.   106 7.
δευτεροστάτης] λαιοστάτης alii.   107 3. δύο τμηθῇ ΒC.

ἐν δράμασι πρᾶγμα πράγματι συναπτόμενον. καὶ μέλος δὲ
τι ἐξόδιον, ὃ ἐξιόντες ᾖδον. μέρη δὲ χοροῦ στοῖχος καὶ ζυ-
γόν. καὶ τραγικοῦ μὲν χοροῦ ζυγὰ πέντε ἐκ τριῶν καὶ στοῖ-
109 χοι τρεῖς ἐκ πέντε· πεντεκαίδεκα γὰρ ἦσαν ὁ χορός. καὶ
κατὰ τρεῖς μὲν εἰσῄεσαν, εἰ κατὰ ζυγὰ γίνοιτο ἡ πάροδος·
εἰ δὲ κατὰ στοίχους, ἀνὰ πέντε εἰσῄεσαν. ἔσθ' ὅτε δὲ καὶ
καθ' ἕνα ἐποιοῦντο τὴν πάροδον. ὁ δὲ κωμικὸς χορὸς τέτ-
ταρες καὶ εἴκοσιν ἦσαν οἱ χορευταί, ζυγὰ ἕξ, ἕκαστον δὲ
ζυγὸν ἐκ τεττάρων, στοῖχοι δὲ τέτταρες, ἐξ ἄνδρας ἔχων
ἕκαστος στοῖχος. ὁπότε μὴν ἀντὶ τετάρτου ὑποκριτοῦ δέοι
τινὰ τῶν χορευτῶν εἰπεῖν ἐν ᾠδῇ, παρασκήνιον καλεῖται τὸ
110 πρᾶγμα, ὡς ἐν Ἀγαμέμνονι Αἰσχύλου· εἰ δὲ τέταρτος ὑπο-
κριτής τι παραφθέγξαιτο, τοῦτο παραχορήγημα ὀνομάζε-
ται, καὶ πεπρᾶχθαί φασιν αὐτὸ ἐν Μέμνονι Αἰσχύλου. τὸ
δὲ παλαιὸν ὁ τραγικὸς χορὸς πεντήκοντα ἦσαν, ἄχρι τῶν
Εὐμενίδων Αἰσχύλου· πρὸς δὲ τὸν ὄχλον αὐτῶν τοῦ πλή-
θους ἐκπτοηθέντος συνέστειλεν ὁ νόμος εἰς ἐλάττω ἀριθ-
μὸν τὸν χορόν.

111 τῶν δὲ χορικῶν ᾀσμάτων τῶν κωμικῶν ἕν τι καὶ ἡ
παράβασις, ὅταν ἃ ὁ ποιητὴς πρὸς τὸ θέατρον βούλε-
ται λέγειν, ὁ χορὸς παρελθὼν λέγῃ. ἐπιεικῶς δ' αὐτὸ ποι-
οῦσιν οἱ κωμῳδοποιηταί, τραγικὸν δὲ οὐκ ἔστιν· ἀλλ' Εὐ-
ριπίδης αὐτὸ πεποίηκεν ἐν πολλοῖς δράμασιν. ἐν μέν γε τῇ
Δανάῃ τὸν χορὸν τὰς γυναῖκας ὑπὲρ αὐτοῦ τι ποιήσας
παρᾴδειν, ἐκλαθόμενος ὡς ἄνδρας λέγειν ἐποίησε τῷ σχή-
ματι τῆς λέξεως τὰς γυναῖκας. καὶ Σοφοκλῆς δὲ αὐτὸ ἐκ
τῆς πρὸς ἐκεῖνον ἁμίλλης ποιεῖ σπανιάκις, ὥσπερ ἐν Ἱπ-
112 πόνῳ. τῆς μέντοι παραβάσεως τῆς κωμικῆς ἑπτὰ ἂν εἴη
μέρη, κομμάτιον παράβασις μακρὸν στροφὴ ἐπίρρημα ἀν-
τίστροφος ἀντεπίρρημα, ὧν τὸ μὲν κομμάτιον καταβολή
τίς ἐστι βραχέος μέλους, ἡ δὲ παράβασις ὡς τὸ πολὺ μὲν
ἐν ἀναπαίστῳ μέτρῳ, εἰ δ' οὖν καὶ ἐν ἄλλῳ, ἀνάπαιστα
τὴν ἐπίκλην ἔχει. τὸ δὲ ὀνομαζόμενον μακρὸν ἐπὶ τῇ παρα-
βάσει βραχὺ μελύδριόν ἐστιν, ἀπνευστὶ ᾀδόμενον. τῇ δὲ

108 1. δράματι A.   111 6. δαναΐδι C.   7. παριδεῖν A. ‖ ιῶ]
ἐν τῷ A.   112 4. μέρους ante Kühnium.

στροφῇ ἐν κώλοις προφσθείσῃ τὸ ἐπίρρημα ἐν τετραμέτροις
ἐπάγεται. καὶ τῆς ἀντιστρόφου τῇ στροφῇ ἀντφσθείσης, τὸ
ἀντεπίρρημα τελευταῖον ὃν τῆς παραβάσεως ἐστὶ τετράμε-
τρα, οὐκ ἐλάττω τὸν ἀριθμὸν τοῦ ἐπιρρήματος.

· Εἰσὶ δὲ ἀπὸ τούτων καὶ ὑποκριταὶ καὶ ὑπόκρισις 113
καὶ ἀντίκρισις, καὶ ὑποκρίνασθαι τὰ ἰαμβεῖα, διαθέσθαι,
σχηματίσασθαι, ῥῆσιν διαπεράνασθαι, ῥῆσιν ἀποτεῖναι, εἶ-
ραι συνεῖραι, ἀποτάδην, ἀπνευστί, ὑπορχήσασθαι, ἐνδείξα-
σθαι παρενδείξασθαι, νεῦσαι, χλευάσαι, μορφάσαι. στιχο-
μυθεῖν δὲ ἔλεγον τὸ παρ' ἓν ἰαμβεῖον ἀντιλέγειν, καὶ τὸ
πρᾶγμα στιχομυθίαν. εἴποις δ' ἂν βαρύστονος ὑποκριτής, 114
βομβῶν περιβομβῶν, ληκυθίζων, λαρυγγίζων, φαρυγγίζων,
καὶ βαρύφωνος δὲ καὶ λεπτόφωνος καὶ γυναικόφωνος καὶ
στρηνόφωνος, καὶ ὅσα σὺν τούτοις ἄλλα ἐν τοῖς περὶ φω-
νῆς εἴρηται. ἀναζυγῶσαι δὲ τὸ φθέγμα ἔλεγον, καὶ κατα-
πεπνῖχθαι τὸ φθέγμα. καὶ Ἀριστοφάνης πρύ φησι

φθέγξαι σὺ τὴν φωνὴν ἀναστοιχήσας ἄνω.
ὁ δ' αὐτὸς
καὶ φθέγμα κεκράτηκεν.

καὶ σκευὴ μὲν ἡ τῶν ὑποκριτῶν στολή (ἡ δ' αὐτὴ 115
καὶ σωμάτιον ἐκαλεῖτο), σκευοποιὸς δὲ ὁ προσωποποιός·
καὶ ἔστιν· εἰπεῖν πρόσωπον προσωπεῖον προσωπίς, μορμο-
λυκεῖον, γοργόνειον. καὶ τὰ ὑποδήματα κόθορνοι μὲν τὰ
τραγικὰ καὶ ἐμβάδες, ἐμβάται δὲ τὰ κωμικά. καὶ ἐσθῆτες
μὲν τραγικαὶ ποικίλον (οὕτω γὰρ ἐκαλεῖτο ὁ χιτών), τὰ δ' 116
ἐπιβλήματα ξυστίς, βατραχίς, χλανίς, χλαμὺς διάχρυσος,
χρυσόπαστος, στατός, φοινικίς, τιάρα, καλύπτρα, μίτρα,
ἀγρηνόν· τὸ δ' ἦν πλέγμα ἐξ ἐρίων δικτυῶδες περὶ πᾶν τὸ
σῶμα, ὃ Τειρεσίας ἐπεβάλλετο ἤ τις ἄλλος μάντις. κόλ-
πωμα, ὃ ὑπὲρ τὰ ποικίλα ἐνεδέδυντο οἱ Ἀτρεῖς καὶ οἱ Ἀγα-
μέμνονες καὶ ὅσοι τοιοῦτοι. ἐφαπτὶς συστρεμμάτιόν τι πορ-
φυροῦν ἢ φοινικοῦν, ὃ περὶ τὴν χεῖρα εἶχον οἱ πολεμοῦν-
τες ἢ θηρῶντες. ὁ δὲ κροκωτὸς ἱμάτιον· Διόνυσος δὲ αὐτῷ 117
ἐχρῆτο καὶ μασχαλιστῆρι ἀνθινῷ καὶ θύρσῳ. οἱ δ' ἐν δυσ-

114 7. ἀναστήσας vel ἀναπείνας Bergkius. 115 2. σωματεῖον ante
Kühnium. 116 5. τι ἄλλο μαντικὸν A, τινι ἄλλῳ μαντικῷ C· om B.
117 2. ἀνθινῷ] ἐν οἴνῳ A.

τυχίαις ὄντες ἢ λευκὰ δυσπινῆ εἶχον, μάλιστα οἱ φυγάδες,
ἢ φαιὰ ἢ μέλανα ἢ μήλινα ἢ γλαύκινα· ῥάκια δὲ Φιλο-
κτήτου ἡ στολὴ καὶ Τηλέφου. καὶ νεβρίδες δὲ καὶ διφθέραι
καὶ μάχαιραι καὶ σκῆπτρα καὶ δόρατα καὶ τόξα καὶ φαρέ-
τρα καὶ κηρύκεια καὶ ῥόπαλα καὶ λεοντῆ καὶ παντευχία
118 μέρη τραγικῆς ἀνδρείας σκευῆς. γυναικείας δὲ συρτὸς πορ-
φυροῦς, παράπηχυ λευκὸν τῆς βασιλευούσης· τῆς δ' ἐν συμ-
φορᾷ ὁ μὲν συρτὸς μέλας, τὸ δ' ἐπίβλημα γλαυκὸν ἢ μή-
λινον. ἡ δὲ σ α τ υ ρ ι κ ὴ ἐ σ θ ὴ ς νεβρίς, αἰγῆ, ἣν καὶ ἰξα-
λῆν ἐκάλουν καὶ τραγῆν, καί που καὶ παρδαλῆ ὑφασμένη,
καὶ τὸ θήραιον τὸ Διονυσιακόν, καὶ χλανὶς ἀνθινή, καὶ
φοινικοῦν ἱμάτιον, καὶ χορταῖος, χιτὼν δασύς, ὃν οἱ Σειλη-
νοὶ φοροῦσιν. κ ω μ ι κ ὴ δὲ ἐ σ θ ὴ ς ἐξωμίς· ἔστι δὲ χιτὼν
λευκὸς ἄσημος, κατὰ τὴν ἀριστερὰν πλευρὰν ῥαφὴν οὐκ
119 ἔχων, ἄγναπτος. γερόντων δὲ φόρημα ἱμάτιον, καμπύλη·
φοινικὶς ἢ μελαμπόρφυρον ἱμάτιον. φόρημα νεωτέρων. πήρα
βακτηρία διφθέρα ἐπὶ τῶν ἀγροίκων. καὶ πορφυρᾷ δ'
ἐσθῆτι ἐχρῶντο οἱ νεανίσκοι, οἱ δὲ παράσιτοι μελαίνῃ ἢ
φαιᾷ, πλὴν ἐν Σικυωνίῳ λευκῇ, ὅτε μέλλει γαμεῖν ὁ παρά-
σιτος. τῇ δὲ τῶν δούλων ἐξωμίδι καὶ ἱματίδιόν τι πρόσκει-
ται λευκόν, ὃ ἐγκόμβωμα λέγεται ἢ ἐπίρρημα. τῷ δὲ μα-
γείρῳ διπλῆ ἄγναπτος ἡ ἐσθής. ἡ δὲ γυναικῶν ἐσθὴς κω-
μικῶν, ἡ μὲν τῶν γραῶν μηλίνη ἢ ἀερίνη, πλὴν ἱερειῶν·
120 ταύταις δὲ λευκή. αἱ δὲ μαστροποὶ ἢ μητέρες ἑταιρῶν ται-
νίδιόν τι πορφυροῦν περὶ τῇ κεφαλῇ ἔχουσιν. ἡ δὲ τῶν
νέων λευκὴ ἢ βυσσίνη, ἐπικλήρων δὲ λευκὴ κροσσωτή. πορ-
νοβοσκοὶ δὲ χιτῶνι βαπτῷ καὶ ἀνθινῷ περιβολαίῳ ἤσθην-
ται, ῥάβδον εὐθεῖαν φέροντες· ἄρεσκος καλεῖται ἡ ῥάβδος.
τοῖς δὲ παρασίτοις πρόσεστι καὶ στλεγγὶς καὶ λήκυθος, ὡς
τοῖς ἀγροίκοις λαγωβόλον. ἐνίαις δὲ γυναιξὶ καὶ παράπηχυ
καὶ συμμετρία, ὅπερ ἐστὶ χιτὼν ποδήρης, ἀλουργὴς κύκλῳ.
121 Ἐπεὶ δὲ καὶ τὸ θ έ α τ ρ ο ν οὐ μικρὸν μέρος ἐστὶ τῶν
μουσικῶν, αὐτὸ μὲν ἂν εἴποις θέατρον καὶ Διονυσιακὸν
θέατρον καὶ Ληναϊκόν, καὶ τὸ πλῆθος θεατάς. Ἀριστοφά-

117 1. δυσπινῆ] δευσοποιὰ A.   118 3. γλαύκινον C.   4. αἰγικὴ A.
6. θυρεὸν A.   119 7. ἐσπέρημα F, ἐπίρραμμα Kühnius.

νης δὲ συνθεάτριαν εἴρηκεν, ὥστ' οὐ θεατὴν μόνον εἴποις
ἂν ἀλλὰ καὶ θεάτριαν, κατὰ δὲ Πλάτωνα καὶ θεατροκρα-
τίαν. τοὺς δ' ἀναβαθμοὺς καὶ βάθρα καὶ ἕδρας καὶ ἐδώ-
λια, καὶ ἐδωλιάζειν τὸ συγκαθίζειν. πρῶτον δὲ ξύλον ἡ
προεδρία, μάλιστα δὲ δικαστῶν, ἐφ' ὧν καὶ τὸν πρῶτον
καθίζοντα πρωτόβαθρον Φερεκράτης εἴρηκεν ὁ κωμῳδοδι-
δάσκαλος· ἴσως δ' ἂν καὶ ἐπὶ θεάτρου κατὰ κατάχρησιν 122
λέγοις. τὸ μέντοι τὰ ἐδώλια ταῖς πτέρναις κατακρούειν
πτερνοκοπεῖν ἔλεγον· ἐποίουν δὲ τοῦτο, ὁπότε τινὰ ἐκβά-
λοιεν, ἐφ' οὗ καὶ τὸ κλώζειν καὶ τὸ συρίττειν. ἐκαλεῖτο δέ
τι καὶ βουλευτικὸν μέρος τοῦ θεάτρου καὶ ἐφηβικόν. ἔξεστι
δὲ καὶ τὸ παραπέτασμα αὐλαίαν καλεῖν, Ὑπερίδου εἰπόν-
τος ἐν τῷ κατὰ Πατροκλέους «οἱ δὲ ἐννέα ἄρχοντες εἰστι-
ῶντο ἐν τῇ στοᾷ, περιφραξάμενοί τι μέρος αὐτῆς αὐλαίᾳ.»
μέρη δὲ θεάτρου πυλὶς καὶ ψαλὶς καὶ κατατομή, κερκίδες, 123
σκηνή, ὀρχήστρα, λογεῖον, προσκήνιον παρασκήνια ὑποσκή-
νια. καὶ σκηνὴ μὲν ὑποκριτῶν ἴδιον, ἡ δὲ ὀρχήστρα τοῦ
χοροῦ, ἐν ᾗ καὶ ἡ θυμέλη, εἴτε βῆμά τι οὖσα εἴτε βωμός.
ἐπὶ δὲ τῆς σκηνῆς καὶ ἀγυιεὺς ἔκειτο βωμὸς ὁ πρὸ τῶν
θυρῶν, καὶ τράπεζα πέμματα ἔχουσα, ἢ θεωρὶς ὠνομάζετο
ἢ θυωρίς. ἐλεὸς δ' ἦν τράπεζα ἀρχαία, ἐφ' ἣν πρὸ Θέσπι-
δος εἷς τις ἀναβὰς τοῖς χορευταῖς ἀπεκρίνατο. τὸ δὲ ὑπο- 124
σκήνιον κίοσι καὶ ἀγαλματίοις κεκόσμητο πρὸς τὸ θέατρον
τετραμμένοις, ὑπὸ τὸ λογεῖον κείμενον. τριῶν δὲ τῶν
κατὰ τὴν σκηνὴν θυρῶν ἡ μέση μὲν βασίλειον ἢ σπήλαιον
ἢ οἶκος ἔνδοξος ἢ πᾶν τοῦ πρωταγωνιστοῦ τοῦ δράματος,
ἡ δὲ δεξιὰ τοῦ δευτεραγωνιστοῦντος καταγώγιον· ἡ δὲ
ἀριστερὰ τὸ εὐτελέστατον ἔχει πρόσωπον ἢ ἱερὸν ἐξηρημω-
μένον, ἢ ἄοικός ἐστιν. ἐν δὲ τραγῳδίᾳ ἡ μὲν δεξιὰ θύρα 125
ξενών ἐστιν, εἱρκτὴ δὲ ἡ λαιά. τὸ δὲ κλίσιον ἐν κωμῳ-
δίᾳ παράκειται παρὰ τὴν οἰκίαν, παραπετάσματι δηλούμε-
νον. καὶ ἔστι μὲν σταθμὸς ὑποζυγίων, καὶ αἱ θύραι αὐτοῦ
μείζους δοκοῦσι, καλούμεναι κλισιάδες, πρὸς τὸ καὶ τὰς
ἀμάξας εἰσελαύνειν καὶ τὰ σκευοφόρα. ἐν δὲ Ἀντιφάνους
Ἀκεστρίᾳ καὶ ἐργαστήριον γέγονεν· φησὶ γοῦν

---

122 1. χρῆσιν vulgo.

τὸ κλίσιον

ὃ πρότερόν ποτ᾽ ἦν τοῖς ἐξ ἀγροῦ βουσὶ σταθμός
καὶ τοῖς ὄνοις, πεποίηκεν ἐργαστήριον.

126 παρ᾽ ἑκάτερα δὲ τῶν δύο θυρῶν τῶν περὶ τὴν μέσην ἄλλαι
δύο εἶεν ἄν, μία ἑκατέρωθεν, πρὸς ἃς αἱ περίακτοι συμ-
πεπήγασιν, ἡ μὲν δεξιὰ τὰ ἔξω πόλεως δηλοῦσα, ἡ δ᾽ ἑτέρα
τὰ ἐκ πόλεως, μάλιστα τὰ ἐκ λιμένος· καὶ θεούς τε θα-
λαττίους ἐπάγει, καὶ πάνθ᾽ ὅσα ἐπαχθέστερα ὄντα ἡ μη-
χανὴ φέρειν ἀδυνατεῖ. εἰ δ᾽ ἐπιστραφεῖεν αἱ περίακτοι, ἡ
δεξιὰ μὲν ἀμείβει τὸ πᾶν, ἀμφότεραι δὲ χώραν ὑπαλλάτ-
τουσιν. τῶν μέντοι παρόδων ἡ μὲν δεξιὰ ἀγρόθεν ἢ ἐκ λι-
127 μένος ἢ ἐκ πόλεως ἄγει· οἱ δὲ ἀλλαχόθεν πεζοὶ ἀφικνού-
μενοι κατὰ τὴν ἑτέραν εἰσίασιν. εἰσελθόντες δὲ κατὰ τὴν
ὀρχήστραν ἐπὶ τὴν σκηνὴν ἀναβαίνουσι διὰ κλιμάκων· τῆς
δὲ κλίμακος οἱ βαθμοὶ κλιμακτῆρες καλοῦνται.

εἴη δ᾽ ἂν τῶν ἐκ θεάτρου καὶ ἐκκύκλημα καὶ μηχανὴ
καὶ ἐξώστρα καὶ σκοπὴ καὶ τεῖχος καὶ πύργος καὶ φρυκτώ-
ριον καὶ διστεγία καὶ κεραυνοσκοπεῖον καὶ βροντεῖον καὶ
θεολογεῖον καὶ γέρανος καὶ αἰῶραι καὶ καταβλήματα καὶ
ἡμικύκλιον καὶ στροφεῖον καὶ ἡμιστρόφιον καὶ χαρώνιοι
128 κλίμακες καὶ ἀναπιέσματα. καὶ τὸ μὲν ἐκκύκλημα ἐπὶ ξύ-
λων ὑψηλὸν βάθρον, ᾧ ἐπίκειται θρόνος· δείκνυσι δὲ τὰ
ὑπὸ σκηνὴν ἐν ταῖς οἰκίαις ἀπόρρητα πραχθέντα. καὶ τὸ
ῥῆμα τοῦ ἔργου καλεῖται ἐκκυκλεῖν. ἐφ᾽ οὗ δὲ εἰσάγεται τὸ
ἐκκύκλημα, εἰσκύκλημα ὀνομάζεται. καὶ χρὴ τοῦτο νοεῖσθαι
καθ᾽ ἑκάστην θύραν, οἱονεὶ καθ᾽ ἑκάστην οἰκίαν. ἡ μη-
χανὴ δὲ θεοὺς δείκνυσι καὶ ἥρως τοὺς ἐν ἀέρι, Βελλερο-
φόντας ἢ Περσέας, καὶ κεῖται κατὰ τὴν ἀριστερὰν πάρο-
δον, ὑπὲρ τὴν σκηνὴν τὸ ὕψος. ὃ δ᾽ ἐστὶν ἐν τραγῳδίᾳ μη-
129 χανή, τοῦτο ἐν κωμῳδίᾳ κράδη. δῆλον δ᾽ ὅτι συκῆς ἐστὶ
μίμησις· κράδην γὰρ τὴν συκῆν καλοῦσιν οἱ Ἀττικοί. τὴν
δὲ ἐξώστραν ταὐτὸν τῷ ἐκκυκλήματι νομίζουσιν. ἡ σκοπὴ

125 1. ante τὸ F: εἰ γὰρ δι᾽ ἐργαστήριον οἰκίας. unde nonnemo
ἦν γάρ τι ἐργαστήριον τῆς οἰκίας; [οὐκ ἦν μὰ τὸν Δί᾽, ἀλλ᾽ ὁρᾷς;] τὸ
κλ. || πρὶν Salmasius. vel tolle ποτ᾽.   126 2. μία] μηχαναὶ F. immo
pro ἄλλαι.   5. ἄγειν A.   127 5 et 128 1 et 5. ἐγκύκλημα A, sicut
plerumque C.   128 4. ἐγκυκλεῖν AC.   5. εἰσκυκλήθρα Hermannus
6. οἱονεὶ] ἵν᾽ ᾖ A.

δὲ πεποίηται κατασκόποις ἢ τοῖς ἄλλοις ὅσοι προσκοποῦσιν, καὶ τὸ τεῖχος καὶ ὁ πύργος ὡς ἀφ' ὕψους ἰδεῖν. τὸ δὲ φρυκτώριον τῷ ὀνόματι δηλοῖ τὸ ἔργον. ἡ δὲ διστεγία ποτὲ μὲν ἐν οἴκῳ βασιλείῳ διῆρες δωμάτιον, οἷον ἀφ' οὗ ἐν Φοινίσσαις ἡ Ἀντιγόνη βλέπει τὸν στρατόν, ποτὲ δὲ καὶ κέραμος, ἀφ' οὗ βάλλουσι τῷ κεράμῳ· ἐν δὲ κωμῳδίᾳ ἀπὸ 130 τῆς διστεγίας πορνοβοσκοί τι κατοπτεύουσιν ἢ γρᾴδια ἢ γύναια καταβλέπει. κεραυνοσκοπεῖον δὲ καὶ βροντεῖον, τὸ μέν ἐστι περίακτος ὑψηλή· τὸ δὲ βροντεῖον, ὑπὸ τῇ σκηνῇ ὄπισθεν ἀσκοὶ ψήφων ἔμπλεοι διωγκωμένοι φέρονται κατὰ χαλκωμάτων. ἀπὸ δὲ τοῦ θεολογείου ὄντος ὑπὲρ τὴν σκηνὴν ἐν ὕψει ἐπιφαίνονται θεοί, ὡς ὁ Ζεὺς καὶ οἱ περὶ αὐτὸν ἐν Ψυχοστασίᾳ. ἡ δὲ γέρανος μηχάνημά ἐστιν ἐκ μετεώρου καταφερόμενον ἐφ' ἁρπαγῇ σώματος, ᾧ κέχρηται Ἠὼς ἁρπάζουσα τὸ σῶμα τὸ Μέμνονος. αἰώρας δ' ἂν εἴ- 131 ποις τοὺς κάλως οἳ κατήρτηνται ἐξ ὕψους ἀνέχειν τοὺς ἐπὶ τοῦ ἀέρος φέρεσθαι δοκοῦντας ἥρως ἢ θεούς. καταβλήματα δὲ ὑφάσματα ἢ πίνακες ἦσαν ἔχοντες γραφὰς τῇ χρείᾳ τῶν δραμάτων προσφόρους· κατεβάλλετο δ' ἐπὶ τὰς περιάκτους ὄρος δεικνύντα ἢ θάλατταν ἢ ποταμὸν ἢ ἄλλο τι τοιοῦτον· τῷ δὲ ἡμικυκλίῳ τὸ μὲν σχῆμα ὄνομα, ἡ δὲ θέ- σις κατὰ τὴν ὀρχήστραν, ἡ δὲ χρεία δηλοῦν πόρρω τινὰ 132 τῆς πόλεως τόπον ἢ τοὺς ἐν θαλάττῃ νηχομένους, ὥσπερ καὶ τὸ στροφεῖον, ὃ τοὺς ἥρως ἔχει τοὺς εἰς τὸ θεῖον μεθεστηκότας, ἢ τοὺς ἐν πελάγει ἢ πολέμῳ τελευτῶντας. αἱ δὲ χαρώνιοι κλίμακες, κατὰ τὰς ἐκ τῶν ἑδωλίων καθό- δους κείμεναι, τὰ εἴδωλα ἀπ' αὐτῶν ἀναπέμπουσιν. τὰ δὲ ἀναπιέσματα, τὸ μέν ἐστιν ἐν τῇ σκηνῇ ὡς ποταμὸν ἀνελ- θεῖν ἢ τοιοῦτόν τι πρόσωπον, τὸ δὲ περὶ τοὺς ἀναβαθ- μούς, ἀφ' ὧν ἀνέβαινον ἐρινύες.

ἀλλὰ μὴν καὶ πρόσωπα τὰ μὲν τραγικὰ εἴη ἂν 133 τάδε, ξυρίας ἀνήρ, λευκός, σπαρτοπόλιος, μέλας ἀνήρ, ξαν- θὸς ἀνήρ, ξανθότερος. οὗτοι μὲν γέροντες, ὁ μὲν ξυρίας πρεσβύτατος τῶν γερόντων, λευκὸς τὴν κόμην· προσκείμε- ναι τῷ ὄγκῳ αἱ τρίχες. ὄγκος δέ ἐστι τὸ ὑπὲρ τὸ πρόσω-

132 2. τόπον om BC.

πον ἀνέχον εἰς ὕψος λαβδοειδὲς τῷ σχήματι. τὸ δὲ γένειον
ἐν χρῷ κουρίας ἐστὶν ὁ ξυρίας, ἐπιμήκης ὢν τὰς παρειάς.

134 ὁ δὲ λευκὸς ἀνὴρ πᾶς μὲν ἐστι πολιός, βοστρύχους δ' ἔχει
περὶ τῇ κεφαλῇ καὶ γένειον πεπηγὸς καὶ προπετεῖς ὀφρῦς
καὶ παράλευκον τὸ χρῶμα· ὁ δὲ ὄγκος βραχύς. ὅ γε μὴν
σπαρτοπόλιος δηλοῖ μὲν τὴν τῶν πολιῶν φύσιν, μέλας δ'
ἐστὶ καὶ ὕπωχρος. ὁ δὲ μέλας ἀνήρ, ἀπὸ μὲν τῆς χροιᾶς
τοὔνομα, οὖλος δὲ καὶ τὸ γένειον καὶ τὴν κόμην, τραχὺς

135 δὲ τὸ πρόσωπον, καὶ μέγας ὁ ὄγκος. ὁ δὲ ξανθὸς ἀνὴρ
ξανθοὺς ἔχει βοστρύχους καὶ ὄγκον ἥττω, καὶ ἔστιν εὔχρως.
ὁ δὲ ξανθότερος τὰ μὲν ἄλλα ὅμοιος, ὕπωχρος δὲ μᾶλλον,
κα δηλοῖ νοσοῦντα.   τὰ δὲ νεανίσκων πρόσωπα πάγ-
χρηστος, οὖλος, πάρουλος, ἀπαλός, πιναρός, δεύτερος πινα-
ρός, ὠχρός, πάρωχρος. ὁ μὲν πάγχρηστος πρεσβύτατος τῶν
νεανίσκων, ἀγένειος, εὔχρως, μελαινόμενος· δασεῖαι καὶ μέ-

136 λαιναι αἱ τρίχες. ὁ δ' οὖλος ξανθὸς ὑπέρογκος· αἱ τρίχες
τῷ ὄγκῳ προσπεπήγασιν· ὀφρῦς ἀνατέταται, βλοσυρὸς τὸ
εἶδος. ὁ δὲ πάρουλος τἄλλα ἐοικὼς τῷ πρὸ αὐτοῦ μᾶλλον
νεανίζει. ὁ δ' ἀπαλὸς βοστρύχοις ξανθός, λευκόχρως, φαι-
δρός, πρέπων θεῷ ἢ καλῷ. ὁ δὲ πιναρὸς ὑγκώδης, ὑποπέ-
λιδνος, κατηφής, δυσπινής, ξανθῇ κόμῃ ἐπικομῶν. ὁ δὲ
δεύτερος πιναρὸς τοσούτῳ τοῦ προτέρου ἰσχνότερος ὅσῳ καὶ

137 νεαρώτερος. ὁ δὲ ὠχρὸς φρυγανός ἐστι ταῖς σαρξὶ καὶ πε-
ρίκομος, ὑπόξανθος, νοσώδης τὴν χροιάν, οἷος εἰδώλῳ ἢ
τραυματίᾳ πρέπειν. ὁ δὲ πάρωχρος τὰ μὲν ἄλλα οἷος ὁ
πάγχρηστος, ὠχριᾷ δὲ ὡς δηλοῦν νοσοῦντα ἢ ἐρῶντα.   τὰ
μέντοι θεραπόντων πρόσωπα διφθερίας, σφηνοπώγων,
ἀνάσιμος. ὁ μὲν διφθερίας ὄγκον οὐκ ἔχων περίκρανον δ'
ἔχει καὶ τρίχας ἐκτενισμένας λευκάς, πρόσωπον ὕπωχρόν τε
καὶ ὑπόλευκον, καὶ μυκτῆρα τραχύν, ἐπισκύνιον μετέωρον,

138 ὀφθαλμοὺς σκυθρωπούς· ὕπωχρος δ' ἐστὶ καὶ τὸ γένειον
προπαλαίτερος. ὁ δὲ σφηνοπώγων ἀκμάζει, καὶ ὄγκον ὑψη-
λὸν ἔχει καὶ πλατύν, κοιλαινόμενον ἐν τῇ περιφορᾷ· ξαν-
θός, τραχύς, ἐρυθρός, πρέπων ἀγγέλῳ. ὁ δὲ ἀνάσιμος ὑπέρ-

---

136 2. ἀνατέτανται vulgo.   4. βόστρυχος A.   137 2. οἷος] ὅσα
A.   6 et 138 4. ἀνάσιλλος C.   138 2. προπαλέστερος Hemsterhusius.

ογκος ξανθός· ἐκ μέσου ἀνατέτανται αἱ τρίχες· ἀγένειός
ἐστιν, ὑπέρυθρος. καὶ οὗτος ἀγγέλλει.   τὰ δὲ γυναικῶν
πρόσωπα πολιὰ κατάκομος, γράδιον ἐλεύθερον, γράδιον οἰ-
κετικόν, μεσόκουρον, διφθερῖτις, κατάκομος ὠχρά, μεσόκου-
ρος ὠχρά, μεσόκουρος πρόσφατος, κούριμος παρθένος, ἑτέρα
κούριμος, κόρη. ἡ μὲν πολιὰ κατάκομος ὑπὲρ τὰς ἄλλας 139
τήν τε ἡλικίαν καὶ τὴν ἀξίωσιν, λευκόκομος, μετρία τὸν
ὄγκον, ὕπωχρος· πάλαι δὲ παράχρωμος ἐκαλεῖτο. τὸ δ' ἐλεύ-
θερον γράδιον ὑπόξανθον τὴν πολιάν, μικρὸν ὄγκον ἔχον·
μέχρι τῶν κλειδῶν αἱ τρίχες· ὑποφαίνει συμφοράν. τὸ δὲ
οἰκετικὸν γράδιον περίκρανον ἐξ ἀρνακίδων ἀντὶ τοῦ ὄγκου
ἔχει, καὶ ῥυσόν ἐστι τὰς σάρκας. τὸ δὲ οἰκετικὸν μεσόκου-
ρον, βραχὺς ὄγκος, χρόα λευκή, πάρωχρος, οὐ πάντα πο-
λιόν. ἡ δὲ διφθερῖτις νεωτέρα τε ἐκείνης καὶ ὄγκον οὐκ
ἔχει. ἡ δὲ κατάκομος ὠχρὰ μέλαινα τὴν κόμην, βλέμμα 140
λυπηρόν, τὸ δὲ χρῶμα ἐκ τοῦ ὀνόματος. ἡ δὲ μεσόκουρος
ὠχρὰ ὁμοία τῇ κατακόμῳ, πλὴν ὅσα ἐκ μέσου κέχαρται. ἡ
δὲ μεσόκουρος πρόσφατος τὴν μὲν κουρὰν ἔχει κατὰ τὴν
πρὸ αὐτῆς, οὐκέτι δὲ τὴν ὠχρότητα. ἡ δὲ κούριμος παρ-
θένος ἀντὶ ὄγκου ἔχει τριχῶν κατεψηγμένων διάκρισιν, καὶ
βραχέα ἐν κύκλῳ περικέχαρται, ὕπωχρος δὲ τὴν χροιάν. ἡ 141
δὲ ἑτέρα κούριμος παρθένος τἄλλα ὁμοία πλὴν τῆς διακρί-
σεως καὶ τῶν κύκλῳ βοστρύχων, ὡς ἐκ πολλοῦ δυστυχοῦσα.
ἡ δὲ κόρη νεαρὸν πρόσωπον, οἷα ἂν Δαναῒς γένοιτο ἢ ἄλλη
παιδίσκη.   τὰ δ' ἔκσκευα πρόσωπα Ἀχιλλῶν ἐστι
κερασφόρος, ἢ Φινεὺς τυφλός, ἢ Θάμυρις τὸν μὲν ἔχων
γλαυκὸν ὀφθαλμὸν τὸν δὲ μέλανα, ἢ Ἄργος πολυόφθαλ-
μος, ἢ Εὐίππη ἡ Χείρωνος ὑπαλλαττομένη εἰς ἵππον παρ'
Εὐριπίδῃ, ἢ Τυρὼ πελιδνὴ τὰς παρειὰς παρὰ Σοφοκλεῖ
(τοῦτο δ' ὑπὸ τῆς μητρυιᾶς Σιδηροῦς πληγαῖς πέπονθεν),
ἢ Ἀχιλλεὺς ἐπὶ Πατρόκλῳ ἄκομος, ἢ Ἀμυμώνη, ἢ ποταμὸς 142
ἢ ὄρος, ἢ Γοργώ, ἢ δίκη ἢ θάνατος ἢ ἐρινὺς ἢ λύσσα ἢ
οἶστρος ἢ ὕβρις, ἢ Κένταυρος ἢ Τιτὰν ἢ Γίγας ἢ Ἰνδὸς
ἢ Τρίτων, τάχα δὲ καὶ πόλις καὶ Πρίαμος καὶ πειθὼ καὶ

---

138 4. μεσοκόρυφος C.   139 3. παράκωμος C.   141 4. δανάης
γένοιτο καλὴ π. A.   142 1. ἄκοσμος C. || Ἀμυμώνη] ποιὴ A.

μοῦσαι καὶ ὧραι καὶ Μιθάκου νύμφαι καὶ Πλειάδες καὶ
ἀπάτη καὶ μέθη καὶ ὄκνος καὶ φθόνος.

ἀλλὰ ταῦτα μὲν ἂν εἴη καὶ κωμικά, σατυρικὰ δὲ
πρόσωπα Σάτυρος πολιός, Σάτυρος γενειῶν, Σάτυρος
ἀγένειος, Σειληνὸς πάππος. τἄλλα ὅμοια τὰ πρόσωπα, πλὴν
ὅσοις ἐκ τῶν ὀνομάτων αἱ παραλλαγαὶ δηλοῦνται, ὥσπερ
καὶ ὁ πάππος Σειληνὸς τὴν ἰδέαν ἐστὶ θηριωδέστερος.

143   τὰ δὲ κωμικὰ πρόσωπα τὰ μὲν τῆς παλαιᾶς κωμῳ-
δίας ὡς τὸ πολὺ τοῖς προσώποις ὧν ἐκωμῴδουν ἀπεικάζετο
ἢ ἐπὶ τὸ γελοιότερον ἐσχημάτιστο, τὰ δὲ τῆς νέας πάππος
πρῶτος, πάππος δεύτερος, ἡγεμὼν πρεσβύτης, πρεσβύτης μα-
κροπώγων ἢ ἐπισείων, Ἑρμώνιος, σφηνοπώγων, Λυκομήδειος,
πορνοβοσκός, Ἑρμώνιος δεύτερος. οὗτοι μὲν γέροντες, ὁ μὲν
πρῶτος πάππος πρεσβύτατος, ἐν χρῷ κουρίας, ἡμερώτατος
τὰς ὀφρῦς, εὐγένειος, ἰσχνὸς τὰς παρειάς, τὴν ὄψιν κατη-
144 φής, λευκὸς τὸ χρῶμα, τὸ μέτωπον ὑπόφαιδρος. ὁ δ᾽ ἕτερος
πάππος ἰσχνότερος καὶ ἐντονώτερος τὸ βλέμμα καὶ λυπη-
ρός, ὕπωχρος, εὐγένειος, πυρσόθριξ, ὠτοκαταξίας. ὁ δὲ ἡγε-
μὼν πρεσβύτης στεφάνην τριχῶν περὶ τὴν κεφαλὴν ἔχει,
ἐπίγρυπος, πλατυπρόσωπος, τὴν ὀφρὺν ἀνατέταται τὴν δε-
ξιάν. ὁ δὲ πρεσβύτης μακροπώγων καὶ ἐπισείων στεφάνην
τριχῶν περὶ τὴν κεφαλὴν ἔχει, εὐπώγων δ᾽ ἐστὶ καὶ οὐκ
ἀνατέταται τὰς ὀφρῦς, νωθρὸς δὲ τὴν ὄψιν. ὁ δὲ Ἑρμώ-
νιος ἀναφαλαντίας, εὐπώγων, ἀνατέταται τὰς ὀφρῦς, τὸ
145 βλέμμα δριμύς. ὁ δὲ σφηνοπώγων ἀναφαλαντίας, ὀφρῦς
ἀνατεταμέναι, ὀξυγένειος, ὑποδύστροπος. ὁ δὲ Λυκομήδειος
οὐλόκομος, μακρογένειος, ἀνατείνει τὴν ἑτέραν ὀφρύν, πο-
λυπραγμοσύνην παρενδείκνυται. ὁ δὲ πορνοβοσκὸς τἄλλα
μὲν ἔοικε τῷ Λυκομηδείῳ, τὰ δὲ χείλη ὑποσέσηρε καὶ
συνάγει τὰς ὀφρῦς, καὶ ἀναφαλαντίας ἐστὶν ἢ φαλακρός.
ὁ δὲ δεύτερος Ἑρμώνιος ἀπεξυρημένος ἐστὶ καὶ σφηνοπώ-

---

142 1. Μιθάκου om C.   6. ὅσα — δηλοῦσιν A.   7. παπποσει-
ληνος A.   144 2. εὐτονώτερος C, ἀτονώτερος M.   8. νωθρὸς —
145 1. δριμύς] τὸ βλέμμα δριμύς. ὁ δὲ ἑρμώνιος ἀναφαλαντίας, τὰς ὀφρῦς
ἀνατεταμένας C, omissis ὁ δὲ σφ. ἀναφ. ὀφρῦς ἀνατεταμέναι.

γων.   τὰ δὲ τῶν νεανίσκων πάγχρηστος νεανίσκος, 146
μέλας νεανίσκος, οὖλος νεανίσκος, ἁπαλός, ἄγροικος, ἐπί-
σειστος, δεύτερος ἐπίσειστος, κόλαξ, παράσιτος, εἰκονικός,
Σικελικός. ὁ μὲν πάγχρηστος ὑπέρυθρος, γυμναστικός, ὑπο-
κεχρωσμένος, ῥυτίδας ὀλίγας ἔχων ἐπὶ τοῦ μετώπου καὶ
στεφάνην τριχῶν, ἀνατεταμένος τὰς ὀφρῦς. ὁ δὲ μέλας νεα-
νίσκος νεώτερος, καθειμένος τὰς ὀφρῦς, πεπαιδευμένῳ ἢ
φιλογυμναστῇ ἐοικώς. ὁ δὲ οὖλος νεανίσκος καλὸς καὶ νέος, 147
ὑπέρυθρος τὸ χρῶμα· αἱ δὲ τρίχες κατὰ τοὔνομα· ὀφρῦς
ἀνατέταται, καὶ ῥυτὶς ἐπὶ τοῦ μετώπου μία. ὁ δὲ ἁπαλὸς
νεανίσκος, τρίχες μὲν κατὰ τὸν πάγχρηστον, πάντων δὲ
νεώτατος, λευκός, σκιατροφίας, ἁπαλότητα ὑποδηλῶν. τῷ
δὲ ἀγροίκῳ τὸ μὲν χρῶμα μελαίνεται, τὰ δὲ χείλη πλατέα
καὶ ἡ ῥὶς σιμή, καὶ στεφάνη τριχῶν. τῷ δ' ἐπισείστῳ στρα-
τιώτῃ ὄντι καὶ ἀλαζόνι, καὶ τὴν χροιὰν μέλανι καὶ τὴν κό-
μην, ἐπισείονται αἱ τρίχες, ὥσπερ καὶ τῷ δευτέρῳ ἐπισεί-
στῳ, ἁπαλωτέρῳ ὄντι καὶ ξανθῷ τὴν κόμην. κόλαξ δὲ καὶ 148
παράσιτος μέλανες, οὐ μὴν ἔξω παλαίστρας, ἐπίγρυποι, εὐ-
παθεῖς· τῷ δὲ παρασίτῳ μᾶλλον κατέαγε τὰ ὦτα, καὶ φαι-
δρότερός ἐστιν, ὥσπερ ὁ κόλαξ ἀνατέταται κακοηθεστέρως
τὰς ὀφρῦς. ὁ δὲ εἰκονικὸς ἔχει μὲν ἐνεσπαρμένας τὰς πο-
λιὰς καὶ ἀποξυρᾶται τὸ γένειον; εὐπάρυφος δ' ἐστὶ καὶ ξέ-
νος. ὁ δὲ Σικελικὸς παράσιτός ἐστι τρίτος.   τὰ δὲ δού-
λων πρόσωπα κωμικὰ πάππος, ἡγεμὼν θεράπων, κάτω
τριχίας ἢ κάτω τετριχωμένος, θεράπων οὖλος, θεράπων
Μαίσων, θεράπων τέττιξ, ἡγεμὼν ἐπίσειστος. ὁ μὲν πάππος 149
μόνος τῶν θεραπόντων πολιός ἐστι, καὶ δηλοῖ ἀπελεύθε-
ρον. ὁ δὲ ἡγεμὼν θεράπων σπεῖραν ἔχει τριχῶν πυρρῶν,
ἀνατέτακε τὰς ὀφρῦς, συνάγει τὸ ἐπισκύνιον, τοιοῦτος ἐν
τοῖς δούλοις οἷος ὁ ἐν τοῖς ἐλευθέροις πρεσβύτης ἡγεμών.
ὁ δὲ κάτω τριχίας ἀναφαλαντίας ἐστὶ καὶ πυρρόθριξ, ἐπηρ-
μένος τὰς ὀφρῦς. ὁ δ' οὖλος θεράπων δηλοῖ μὲν τὰς τρί-
χας, εἰσὶ δὲ πυρραὶ ὥσπερ καὶ τὸ χρῶμα· καὶ ἀναφαλαν-

---

147 1. καλὸς] μᾶλλον *A*.   8. τὴν κόμην] μελαγκόμη *AC*.   148 9
et 149 6. τριχίας et τετριχωμένος *P*.   149 1 et 150 1. μαίων *A*,
μέσων *C*.

12

150 τίας ἐστὶ καὶ διάστροφος τὴν ὄψιν. ὁ δὲ Μαίσων θεράπων
φαλακρὸς πυρρός ἐστιν. ὁ δὲ θεράπων τέττιξ φαλακρὸς
μέλας, δύο ἢ τρία βοστρύχια μέλανα ἐπικείμενος, καὶ ὅμοια
ἐν τῷ γενείῳ, διάστροφος τὴν ὄψιν. ὁ δ᾽ ἐπίσειστος ἡγε-
μὼν ἐοίκοι ἂν τῷ ἡγεμόνι θεράποντι πλὴν περὶ τὰς τρί-
χας.   τὰ δὲ γυναικῶν γράδιον ἰσχνὸν ἢ λυκαίνιον, γραῦς
παχεῖα, γράδιον οἰκουρὸν ἢ οἰκετικὸν ἢ ὀξύ. τὸ μὲν λυκαί-
νιον ὑπόμηκες· ῥυτίδες λεπταὶ καὶ πυκναί· λευκόν, ὕπωχρον,
151 στρεβλὸν τὸ ὄμμα. ἡ δὲ παχεῖα γραῦς παχείας ἔχει τὰς
ῥυτίδας ἐν εὐσαρκίᾳ καὶ ταινίδιον τὰς τρίχας περιλαμβά-
νον. τὸ δὲ οἰκουρὸν γράδιον σιμόν· ἐν ἑκατέρᾳ τῇ σιαγόνι
ἀνὰ δύο ἔχει γομφίους.   νέων δὲ γυναικῶν πρόσωπα
λεκτική, οὔλη, κόρη, ψευδοκόρη, ἑτέρα ψευδοκόρη, σπαρ-
τοπόλιος λεκτική, παλλακή, ἑταιρικὸν τέλειον, ἑταιρίδιον
ὡραῖον, διάχρυσος ἑταίρα, διάμιτρος ἑταίρα, λαμπάδιον,
152 ἄβρα περίκουρος, θεραπαινίδιον παράψηστον. ἡ μὲν λεκ-
τικὴ περίκομος· ἡσυχῇ παρεψησμέναι αἱ τρίχες, ὀρθαὶ
ὀφρύες, χρόα λευκή. ἡ δὲ οὔλη τῇ τριχώσει παραλλάττει.
ἡ δὲ κόρη διάκρισιν ἔχει παρεψησμένων τῶν τριχῶν, καὶ
ὀφρῦς ὀρθὰς μελαίνας, καὶ λευκότητα ὕπωχρον ἐν τῇ χροιᾷ.
ἡ δὲ ψευδοκόρη λευκοτέρα τὴν χροιάν, καὶ περὶ τὸ βρέγμα
δέδεται τὰς τρίχας, καὶ ἔοικε νεογάμῳ. ἡ δὲ ἑτέρα ψευδο-
153 κόρη διαγινώσκεται μόνῳ τῷ ἀδιακρίτῳ τῆς κόμης. ἡ δὲ
σπαρτοπόλιος λεκτικὴ δηλοῖ τῷ ὀνόματι τὴν ἰδέαν, μηνύει
δὲ ἑταίραν πεπαυμένην τῆς τέχνης. ἡ δὲ παλλακὴ ταύτῃ
μὲν ἔοικε, περίκομος δ᾽ ἐστίν. τὸ δὲ τέλειον ἑταιρικὸν τῆς
ψευδοκόρης ἐστὶν ἐρυθρότερον, καὶ βοστρύχους ἔχει περὶ
τὰ ὦτα. τὸ δὲ ἑταιρίδιον ἀκαλλώπιστόν ἐστι, ταινιδίῳ
τὴν κεφαλὴν περιεσφιγμένον. ἡ δὲ διάχρυσος ἑταίρα πολὺν
154 ἔχει τὸν χρυσὸν περὶ τῇ κόμῃ. ἡ δὲ διάμιτρος μίτρᾳ ποι-
κίλῃ τὴν κεφαλὴν κατείληπται. τὸ δὲ λαμπάδιον ἰδέα τρι-
χῶν πλέγματός ἐστιν εἰς ὀξὺ ἀπολήγοντος, ἀφ᾽ οὗ καὶ κέ-
κληται. ἡ δὲ ἄβρα περίκουρος θεραπαινίδιόν ἐστι περικε-

150 6 et 7. λυκώνιον A.   7 et 151 3. οἰκουργὸν A.   150 8. ὑπό-
μηκες] ὑπόλεπτον C.   151 2. κτενίδιον ὅ τ. τ. περιλαμβάνει A.   152
2. περιεψησμέναι A.   7. μονογάμῳ A.

καρμένον, χιτῶνι μόνῳ ὑπεζωσμένῳ λευκῷ χρώμενον. τὸ δὲ
παράψηστον θεραπαινίδιον διακέκριται τὰς τρίχας, ὑπόσι-
μον δ᾽ ἐστὶ καὶ δουλεύει ἑταίραις, ὑπεζωσμένον χιτῶνα κοκ-
κοβαφῆ.

Ἐκ δὲ ἀστρονομίας ὀνόματα ἀστρονόμος, ἀστρο- 155
νομική ἀστρονομικός ἀστρονομικῶς ἀστρονομικώτατος,
ἀστρονομεῖν, μετεωρολογία, μετεωρολόγος, μετεωρολογικός
μετεωρολογικῶς, φυσιολογία, φυσικός· φυσικῶς, ἄστρων κα-
τανόησις. ἄστρα, ἀστέρες. ἄστρων στάσεις, ἀποστάσεις,
ἐγγύτητες, διαστήματα, εἴδη ἰδέαι, σχήματα. ἀστέρων δρό-
μος, περίοδος,. περιδρομή, περιφορά, περιαγωγή· φῶς, ἔλ-
λαμψις ἔκλαμψις, αὐγή, αἴγλη, ἀστραπή. ἄστρα ἀπλανῆ, 156
στάσιμα, ἀμετάθετα, ἀκίνητα, μόνιμα, ἑστηκότα, βιαιότε-
ρόν γε καὶ ἀφόρητα, πλανώμενα καὶ ὡς Πλάτων πλανητά,
φορητά φερόμενα, περιφόρητα περιφερόμενα, περιόντα,
θέοντα περιθέοντα, στρεφόμενα περιστρεφόμενα, κυκλού-
μενα, εἰλούμενα περιειλούμενα, περιαγόμενα. καὶ τὰ ἀπ᾽
αὐτῶν πράγματα μονή, στάσις (τὰ γὰρ ἀπὸ τῶν ἄλλων
φαυλότερα), καὶ πλάνη, φορά περιφορά, ὁδός περίοδος,
δρόμος περιδρομή, στροφή περιστροφή, κύκλος κύκλωσις,
εἴλησις περιείλησις, περιαγωγή. ἡλίου μέτρα, σελήνης σχή- 157
ματα· μηνοειδής, ἀμφίκυρτος, διχότομος, πανσέληνος. ἀνα-
τολή ἀνοχή, δύσις δυσμή, ἑσπέρα, ἄρκτος, μεσημβρία.
ἀνατέλλειν, ἀνίσχειν ἀνέχειν, ἀναβαίνειν, ἀναφαίνειν προ-
φαίνεσθαι, ἀναλάμπειν, δύειν δύεσθαι καταδύεσθαι, κάτω
ῥέπειν, κατακλίνεσθαι ἀποκλίνειν, μεσημβριάζειν, ὑπὲρ κε-
φαλῆς ἑστάναι· τὸ γὰρ μεσουρανεῖν Αἰγυπτίων. Ὅμηρος
δ᾽ αὐτὸ σεμνῶς λέγει

ἦμος δ᾽ ἠέλιος μέσον οὐρανὸν ἀμφιβεβήκει.
λέγοις δ᾽ ἂν καὶ κλίνοντος εἰς τὰ μεσημβρινὰ τοῦ θεοῦ, 158
καὶ τοῦ ἄστρου μεσημβριάζοντος, περιφλέγοντος, τοῦ ἀέρος
ὑπὸ μεσοῦσαν τὴν ἡμέραν περιζέοντος. οὐρανός, κόσμος.
κύκλος, ζῶναι, ζῶα τὰ ἐν τῷ κύκλῳ, ἃ οἱ πολλοὶ ζώδια κα-
λοῦσιν, ἀφ᾽ ὧν καὶ ζωδιακὸν κύκλον καὶ που καὶ ζώνην
ἔμπυρον διάπυρον, φλογώδη, περιφλεγῆ περιπεφλεγμένην,
ἣν καὶ διακεκαυμένην ὀνομάζουσιν. τὴν δὲ κατεψυγμένην ἂν 159
εἴποις κρυώδη κρυμώδη, ψυχράν, σκιεράν κατάσκιον,. ἄπυ-

ρον, ἀνήλιον. Πλειάδας, Ὑάδας, Ὠρίωνα, ἄρκτους, ἀρκτοῦρον, ὄφιν, ὀφιοῦχον, στέφανον, θυμιατήριον, ἀστέρα Σείριον, καὶ τὰ πολυθρύλητα ἐν τῷ κύκλῳ ζώδια, καθ᾽ ὧν οἱ ἀστέρες περιπολεύονται. ἀστέρες κομῆται, πωγωνίαι, δοκίδες, λαμπάδες, βόθυνοι. γαλαξίας κύκλος, ἶρις, νέφη, ἀστραπαί, βρονταί, σκηπτοί, στρόβιλοι. ταῦτα γὰρ πάντα καὶ ὁ περὶ τούτων λόγος ἀστρονομίᾳ ἂν προσήκοι.

160 Ἐκ δὲ γεωμετρίας γεωμέτρης, γεωμετρική γεωμετρικός γεωμετρικῶς, γεωμετρεῖν, γεωμετρικώτατα. γῆς ἀναμέτρησις, νομή, κλῆρος, κληρουχία, διαίρεσις, διανομή. διάγραμμα, σημεῖον, γραμμὴ εὐθεῖα, ἐπιφάνεια, ἐπίπεδος, γωνία, εὐθύγραμμος, κάθετος, περιφερής. σχήματα εὐθύγραμμα, πολύγωνα τρίγωνα τετράγωνα, ἰσόπλευρα, ἑτερο-

161 μήκη. ὀρθὴ γωνία, ἀμβλεῖα, ὀξεῖα. ἐπίπεδα, στερεά. ὄρθιον σχῆμα, κύκλος, ἐπίπεδον, κέντρον, διάμετρος, ἡμικύκλιον, τρίπλευρον τετράπλευρον πολύπλευρον. τρίγωνον ἰσοσκελές ἑτεροσκελές σκαληνόν, ὀρθογώνιον ἀμβλυγώνιον ὀξυγώνιον. μέτρα, πλευραί, ἰσόμηκες τετράγωνον, πρόμηκες ἑτερόμηκες, βάθος ἔχον, ἀβαθές. εἰκοσάεδρον καὶ ὅσα τοιαῦτα. ἴσον ἴσῳ, ἰσοῦν ἀνισοῦν, ἰσάκις, ἰσοστάσιον. σφαῖρα, πολυγώνιον, πόλος, γνώμων, ῥόμβος, στρογγύλον, περιφερές, ῥομβοειδές. δυνάμεις, δίπους τρίπους, ἄχρι τῆς ἑπτακαιδεκάποδός φησιν ὁ Πλάτων, ἡμιπόδια. εὐθύ, καμπύλον. τραπέζια, παράλληλοι εὐθεῖαι, παρὰ τὰ μέρη, ἀναλογία, τὰ πρὸς ἀξίαν.

162 Ἐκ δὲ ἀριθμητικῆς ἀριθμός, ἀριθμεῖν διαριθμεῖν ἐπαριθμεῖν παραριθμεῖν, καταριθμεῖν καταριθμεῖσθαι, συναριθμεῖν. ἰσάριθμα, ἐνάριθμα, ἀναρίθμητα ἀνήριθμα ἀνεξαρίθμητα. ἐξαριθμεῖσθαι, ἀνηριθμησάμην, ἐξαριθμήσομαι διαριθμήσομαι, διαριθμηθέντος. ἀριθμητικός ἀριθμητικῶς, ἀριθμητικώτατος. ἀριθμὸς ἄρτιος, περιττός, ἀρτιο-

163 πέρισσος, περισσάρτιος, ἀρτιάκις ἄρτιος. λογισμός, λογίζεσθαι,

---

161 9. ἄχρι τῆς ἑπτακαιδεκάποδος Iungermannus ex Platone: τετράπους ἔπειτα δὲ καὶ δεκάπους A, ἀκριτής. ἔπειτα καὶ δεκάποδος P. 10. ἡμιπόδια Seberus pro ἡδιποδία vel ἡποδία.

λογιστικός λογιστικώτατος λογιστικῶς, συλλογίζεσθαι συλ-
λογισμός, ἐπιλογίζεσθαι, ἀναλογισμός ἀναλογίζεσθαι. πλῆ-
θος, παμπληθές πολυπληθές, ἰσοπληθία, πολυπληθία ὡς
Δημοσθένης καὶ Ὑπερίδης. πάμπολλα πάμπολυ, πάνσμι-
κρον ὡς Πλάτων. πολλαχόθεν, πανταχόθεν, πάντοθεν·
Ἀριστοφάνης δὲ ἔφη καὶ πλεισταχόθεν. πολλὰ δὲ τὰ ἀπὸ
τούτων ἐκ τόπου καὶ εἰς τόπον καὶ ἐν τόπῳ σχήματα. ὀλι- 164
γότης, ὀλίγον, ἐλάχιστον, ὀλίγιστον, πλέον πλεῖον, πλειό-
νως, πλείους, πλεονάζειν, πλειστηριάζειν, ἔλαττον ἐλάττων,
ἐλαττονάκις. πολλαπλάσιον πολλαπλασίων, πολλαπλασιόνως
πολλαπλασίως, πολλαπλασιάζειν. πλεονασμός. ἀμύθητα. ἴσον
ἴσῳ, ἰσάκις, ἀπισοῦν, ἰσότης, ἴσωσις. τετράγωνος ἀριθμός,
τετραγωνίζειν. ἑτερομήκης ἀριθμός, τέλειος ἀριθμός. μο-
νάς, δυὰς καὶ τὰ ἐφεξῆς. διπλάσιος διπλασίων, διπλασιά-
ζειν, καὶ ὁμοίως ἐπὶ τῶν ἐφεξῆς ἀριθμῶν· διπλασιασμοῦ
δὲ Ἀντιφῶν εἶπεν. ἡμιόλιος, ἐπίτριτος ἐπόγδοος καὶ ὅσα
τοιαῦτα. ἥμισυ, ἡμισυτέταρτον. διατέμνειν τὸν ἀριθμόν, 165
δίχα τέμνειν, δίχα διαλαμβάνειν, διαιρεῖν, διαχωρίζειν, δια-
κρίνειν, διαμερίζειν. πολλοστημόριον, τριτημόριον, τεταρτη-
μόριον, πεμπτημόριον ὡς Πλάτων· ἑκτημόριοι δὲ οἱ πελά-
ται παρὰ τοῖς Ἀττικοῖς. ἀπέραντον. πρόσθεσις ἀριθμοῦ,
ἀφαίρεσις. ἄτομος ἀριθμός. δίς, δεκάκις δωδεκάκις μυριά-
κις καὶ τὰ ὅμοια. μυρίανδρος, μυριοφόρος ὡς Θουκυδίδης,
ὡς δὲ Δείναρχος μυριαγωγοῦσα. καὶ τὸ δίδραχμοι ὁπλῖται
καὶ τριακοντάδραχμοι πυροί, καὶ παρὰ Κριτίᾳ διδραχ-
μιαῖοι.

Ἐκ δὲ μετρητικῆς μετρεῖν, ἀπομετρεῖν ἀπομετρεῖ- 166
σθαι, ἐπιμετρεῖν ἐπιμετρεῖσθαι, προμετρεῖν ἐκμετρεῖν πα-
ραμετρεῖν, μετρητικῶς. γεωμετρία, γεωμετρικόν. μέτρησις,
ἄμετρον ἔκμετρον, σύμμετρον ἀσύμμετρον, καὶ ὡς Δημο-
σθένης τῇ μετρήσει. μέτρον, μετριότης, μετρητόν, διαμεμε-
τρημένην ἡμέραν, διεμετροῦντο τὸν σῖτον, μετριάζειν. καὶ
προσμετροῦντας Ὑπερίδης, καὶ προσμετρεῖν Ἰσαῖος. προ-
μετρητόν. καὶ μετρητικὸν Δείναρχος. δίμετρον τρίμετρον,

165 4. ἑκτημόριον codices.   9. τριάκοντα δίδραχμοι C, om B. || δρα-
χμαῖοι AP.

ἐπίμετρον, συμμεμετρημένως, καὶ συμμετρίας Ἀντιφῶν, καὶ
Ἰσαῖος ἐκμετρηθείς, καὶ Δείναρχος μετρονόμου τοῦ ἐπὶ τῶν
μέτρων, καὶ δυσμέτρητον Ἀντιφῶν, καὶ μετρητὰς οἴνου Δη-
μοσθένης. καὶ τοὺς μὲν πολλοὺς ἀμέτρους Ξενοφῶν κέκληκεν,
τὸ δ' ἄνευ μέτρου ἄμετρον Πλάτων, καὶ τὴν ἐν τῷ ποδὶ
168 πρὸς τὴν λύραν ἀμετρίαν.   μ έ τ ρ ω ν δὲ ὀνόματα μέδι-
μνος ἡμιμέδιμνος, χοῖνιξ τριχοίνικον πενταχοίνικον, καπίθη
ὡς Ξενοφῶν, ἀρτάβη ὡς Ἡρόδοτος. ἡ δὲ ἄδδιξ μέτρον τε-
τραχοίνικον, μάρις δὲ ἐξακότυλον, κοτύλη δὲ τὸ τρίτον τῆς
χοίνικος. ὁ δὲ μέδιμνος χοίνικες ὀκτὼ καὶ τεσσαράκοντα, ὁ
δὲ ἡμιμέδιμνος τέσσαρες καὶ εἴκοσιν, ὁ δὲ τριτεὺς ἑκκαίδεκα,
ἑκτεὺς δὲ ὀκτώ, ἡμίεκτον τέτταρες. οὐ μόνον δὲ ἡ κοτύλη
ὑγρῶν ἦν καὶ ξηρῶν μέτρον, ὡς πολλαχόθεν ἡ κωμῳδία ὑπο-
δηλοῖ, ἀλλὰ καὶ κόφινος μέτρον Βοιώτιον ἄμφω μετροῦν·
169 Στράττις γοῦν φησιν ἐν τῷ Κινησίᾳ _

      τὰ δ' ἄλφιθ' ὑμῖν πῶς ἐπώλουν; τεττάρων
      δραχμῶν μάλιστα τὸν κόφινον. τί λέγεις; μέτρῳ
      ἐχρῶντο κοφίνῳ; ἢ.... τοῦτ' αὖθ' ὅτι
      οἴνου κόφινος, δυνάμενος τρεῖς χόας πυρρῶν
      ταῖς κοφίναις ταὐτὰ ταῦτα δυνάμενος.

κύπρον δὲ τὸ οὕτω καλούμενον μέτρον εὕροις ἂν παρὰ Ἀλ-
καίῳ ἐν δευτέρῳ μελῶν, καὶ ἡμίκυπρον παρ' Ἱππώνακτι ἐν
τῷ πρώτῳ τῶν ἰάμβων. καὶ κοτύλη, ἀμφορεύς, χοεύς. κρου-
σιμετρεῖν, καὶ παρακρουσιχοίνικος ἐν τῇ κωμῳδίᾳ, κρουσι-
170 μετρῶν. ἰσοχειλῆ, ἐπιχειλῆ, ἐπίμεστα· ἔστι δὲ ἰσοχειλῆ μὲν
τὰ πλήρη, ἐπιχειλῆ δὲ τὰ κατωτέρω τοῦ χείλους, ἐπίμεστα
δὲ τὰ ὑπέρπλεα. ἐπὶ δὲ τῶν ξηρῶν μέτρων τὰ οὐκ ἀπεψη-
μένα· τὸ δὲ ἀποψῶν ἐργαλεῖον ἀπομάκτρα ἢ σκυτάλη ἢ
περιστροφίς. ἡμιδεές, ἡμιπλήρωτον, ἡμίπλεων, ἐνδεές· ὑπερ-
δεᾶ δὲ τὰ λίαν ἐνδεᾶ. ἔστι δὲ μετρητικῆς καὶ τὸ μέγα
σμικρόν, πάμμεγα πάμμικρον, πάμμηκες πρόμηκες ὑπέρ-
μηκες, σύμμετρον ὑπέρμετρον, καὶ πάλιν ἔμπλεων κατά-
πλεων ὑπέρπλεων, καὶ πούς, πῆχυς, παλαιστή, δοχμή, πυ-

---

169 4. ἢ — 6. δυνάμενος] sic A, lacuna 9—10 litterarum capace.
8. μελῶν] βιβλίῳ A. ‖ ἱπποκρατει C, omissis ἐν — 9. ἰάμβων.

γῶν, ὀργυιά, καὶ ὅσα ἐπὶ τῶν ἀνθρωπίνων μελῶν ἐστι προειρημένα. καὶ πεντάπουν καὶ πεντάπηχυ καὶ ὅσα τοιαῦτα. ὁμοίως δὲ κανὼν καὶ στάθμη.

Ἀπὸ δὲ στατικῆς στῆσαι στήσασθαι, ἱστάναι ἵστα- 171 ται, στησάμενος, ἀποστῆσαι ἀποστήσασθαι, συστῆσαι, ἀντιστήσασθαι ἀντιστῆσαι, εὐθῦναι, ἀνελκύσαι, τεῖναι· τοιοῦτον γάρ ἐστι τὸ Ὁμηρικὸν

καὶ τότε δὴ χρύσεια πατὴρ ἐτίταινε τάλαντα.
στατικός στατικῶς, στατήρ, ἰσοστάσιον. ζυγά, τρυτάνη, πλάστιγγες, σταθμοί, τάλαντα, ζυγός, ὁλκή, καθέλκειν, ἄγειν (Δημοσθένης γάρ πού φησιν «ὃς ἦγε τριακοσίους δαρεικούς»), βαρύνειν, ῥέπειν ῥοπή, βάρος βαρύτης, ἐλα- 172 φρότης, καταφέρειν ἀναφέρειν, ἄχθος ἐπαχθές, κοῦφον κουφότης, ὄγκος, ἰσόρροπον ἰσορρόπως ἰσορροπία, ἑτερόρροπον ἑτερορρόπως ἑτερορροπία, ἀντίρροπον· βιαζόμενος δ' ἂν εἴποις καὶ ἀντίθετον. κλίνειν ἀποκλίνειν, καταβαρεῖς εἶναι τὰς πλάστιγγας, ἐπιθεῖναι ταῖς πλάστιγξιν, ἀντιθεῖναι τὰ ἱστάμενα. καὶ σηκώματα ὡς Ὑπερίδης, καὶ βαρύσταθμα ὡς Ἀριστοφάνης. καὶ ἀνασηκωθῆναι δὲ λέγοιτ' ἂν τὸ προσθεῖναι τῷ ἀναφερομένῳ εἰς τὴν πρὸς τὸ βαρῦνον ἰσορροπίαν. τὰ δὲ ὀνομαζόμενα σταθμία σταθμά ἐπί- 173 σταθμα καὶ στάσιμα ὠνόμασε Κηφισόδωρος ὁ κωμικός. στατῆρα δὲ οἱ τῆς κωμῳδίας ποιηταὶ τὴν λίτραν λέγουσιν· τὴν μὲν γὰρ λίτραν εἰρήκασιν οἱ Σικελικοὶ κωμῳδοί, δίχελλαν δὲ πεντάστατερον Σωσικράτης ἐν Παρακαταθήκῃ τὴν πεντάλιτρον. ὁ δὲ χρυσοῦς στατὴρ δύο ἦγε δραχμὰς Ἀττικάς, τὸ δὲ τάλαντον τρεῖς χρυσοῦς. καὶ μὴν οἵ γε Δωριεῖς ποιηταὶ τὴν λίτραν ποτὲ μὲν νόμισμά τι λεπτὸν λέγουσιν, οἷον ὅταν Σώφρων ἐν τοῖς γυναικείοις μίμοις λέγῃ ὅτι ὁ 174 μισθὸς δεκάλιτρον καὶ πάλιν ἐν τοῖς ἀνδρείοις «σῶσαι δ' οὐδὲ τὰς δύο λίτρας δύναμαι,» ποτὲ δὲ σταθμόν τινα, ὡς Δεινόλοχος ἐν Μηδείᾳ «τετταρακονταλίτρους τινὶ νεανίσκῳ πέδας.» Ἀριστοτέλης δὲ ἐν μὲν Ἀκραγαντίνων πολιτείᾳ προειπὼν ὡς ἐζημίουν πεντήκοντα λίτρας, ἐπάγει «ἡ δὲ

---

173 1. σταθμία ἐστὶ σιάθμα σιάσιμα ἔνια κηφ. ὠνόμασε **A**: cf.
10 126. 5. κράτης **A**. 174 4. δημολόχος **A**.

λίτρα δύναται ὀβολὸν Αἰγιναῖον,» ἐν δ' Ἱμεραίων πολιτείᾳ
φησὶν ὡς οἱ Σικελιῶται τοὺς μὲν δύο χαλκοῦς ἐξᾶντα κα-
175 λοῦσι, τὸν δὲ ἕνα οὐγκίαν, τοὺς δὲ τρεῖς τριᾶντα, τοὺς δὲ
ἓξ ἡμίλιτρον, τὸν δὲ ὀβολὸν λίτραν, τὸν δὲ Κορίνθιον στα-
τῆρα δεκάλιτρον, ὅτι δέκα ὀβολοὺς δύναται. ἔνιοι δὲ καὶ
τῶν Ἀθήνησι κωμῳδούντων τῶν νέων, οἷον Φιλήμων ἐν
Σικελικῷ καὶ Ποσείδιππος ἐν Γαλάτῃ, λίτρας μνημονεύ-
ουσιν. καὶ ἕβδομον δὲ ἡμιτάλαντον καὶ τρίτον ἡμιτάλαντον
καὶ τὰ τοιαῦτα στατικῇ ἂν προσήκοι, ὥσπερ καὶ ἡ κρεω-
στάθμη.

176 Κοινὰ δὲ γεωμετρίᾳ ἀριθμητικῇ μετρητικῇ στατικῇ,
τῇ μὲν ἔλαττον τῇ δὲ μᾶλλον προσήκοντα, πρῶτον μὲν
αὐτὸ τὸ μᾶλλον καὶ τὸ ἧττον, ἔπειτα νομή διανομή νεῖ-
μαι, χωρίσαι χωρισμός, διακρῖναι διάκρισις, διελεῖν διαί-
ρεσις, μοῖρα μόριον, μέρος μερίς, μεριστός, μερίζειν μερι-
σάμενος μεμερισμένα ἐμερίσω, μεριστάς, ἀντιμοιρεῖ ἰσο-
μοιρεῖ, ἄμοιρος, διμοιρία διμοιρίτης, ἀμέριστον, τριτη-
μόριον, μοιρολογχῦσαι ὡς Ἀντιφῶν. δάσασθαι, δασμός,
δατητάς.

177 Ἀπὸ δὲ ἰατρικῆς ἰατρός ἰατρεία, ἴασις, ἐξιᾶσθαι,
ἰώμενος, ἰάσιμος ἀνίατος, ἰάματα· καὶ ὁ μισθὸς ἰατρεῖα,
καὶ τὸ ἐργαστήριον ἰατρεῖον. θεραπεύειν, θεραπεία. ἀκέσα-
σθαι ἐξακέσασθαι, ἀκεστής, ἀκήματα ὡς Ὅμηρος, καὶ πα-
νακῆ φάρμακα, καὶ ἐξακούμενος. ἐπιμέλεια, κομιδή, νοση-
λεία, νοσηλεῦσαι ἐκνοσηλεῦσαι, νοσοκομῆσαι, νοσοτροφία.
ἀρρωστεῖν, ἀρρώστημα, ἀρρωστία· ὑγίεια, ὑγιαίνειν, ὑγιής.
178 δίαιτα, διαίτησις. τάχα δ' ἂν ἰατρῷ προσήκοι καὶ κρίσιμος
ἡμέρα· Μένανδρος γὰρ περὶ τῆς ἑβδόμης λέγων φησὶ
κρίσιμος γὰρ αὕτη γίνεται.
τομή, τεμεῖν ἐκτεμεῖν. ἐμπρῆσαι, καῦσαι, καῦσις. φαρμα-
κεία, φαρμακοποσία· τὸ δὲ φαρμάξαι ἀμφίβολον ὥσπερ ὁ
φαρμακεύς, καὶ ἡ φαρμακὶς ἐπὶ τῶν βλαπτόντων μᾶλλον
ἀκούεται. πλήρωσις κένωσις, πληρῶσαι κενῶσαι, ἴσχειν
ἰσχαίνειν. στῆσαι ῥεῦμα, ἐπισχεῖν, προκαλέσασθαι ἐκκαλέ-
σασθαι, ἐπισπάσασθαι, ἐφελκύσασθαι.· τὸ δὲ κενῶσαι διὰ

---

176 7. διμοιρία διμοιριστής libri.   8. μοιρολογῆσαι *A*, μοιρολα-
χῆσαι alii.

καθάρσεως καὶ ἐξινῶσαι λέγουσιν, καὶ ἐξινωμένον· ἡ κωμῳ- 179
δία τὸν κεκαθαρμένον φησὶν ὡς ἐκ τῶν ἰνῶν φερομένης
τῆς χολῆς· τὸν δ' αὐτὸν καὶ ὑπερινωμένον φασὶ καὶ ὑπέ-
ρινον. κατευθῦναι τὸ ἐκχωρῆσαν ἄρθρον, ἠπίως, πράως.
παιώνια φάρμακα, ἀλεξητήρια, λυτήρια, ἐλατήρια τὰ κε-
νοῦντα, ἴσχαιμα. σχάσαι φλέβα, λῦσαι φλέβα, διελεῖν σάρκα,
διατεμεῖν σάρκα, ἀμύξαι σάρκα, ἀνοῖξαι σάρκα, ἐπιγρά-
ψαι. ἐξελεῖν ὀστοῦν, ἐξαρθρῶσαι, ἀποτεθραυσμένον παρα-
τεθραυσμένον, ξέσαι ὀστοῦν, ἀποξέσαι, κολλῆσαι, κολάσαι,
τὸ ἀνοιδαῖνον συστεῖλαι. πάσαι φάρμακα, ἐπιθεῖναι φάρ- 180
μακα, ἐπιπάσαι. καθᾶραι τὸ ῥερυπωμένον. καὶ δίαιτα δὲ
καὶ διαιτῆσαι ἰατρικὸν ἔργον, καὶ καταντλεῖν καὶ καταβρέ-
χειν καὶ καταιονᾶν, καὶ αἰόνησις καὶ καταιόνησις, καὶ κα-
ταπλάσαι καὶ ἐπιπλάσαι, καὶ ἐναλεῖψαι καὶ ἐγγράψαι. Ἀρι-
στοφάνης δὲ ἐν τῷ Γήραι φησὶν

ὀφθαλμιάσας πέρυσιν εἶτ' ἔσχον κακῶς,
ἔπειθ' ὑπαλειφόμενος παρ' ἰατρῷ.

εἰπεῖν δ' ἔστι καὶ τὸ πῦον, πυῶδες, μυξῶδες ὑγρόν, μελι-
τῶδες, αἱματῶδες.

καὶ ἐργαλεῖα μὲν ἰατρῶν σμίλη, ψαλίς, τομεύς, 181
ὑπογραφίς, ὠτογλυφίς, μήλη, βελόνη, ξυστήρ, ὀδοντοξέστης,
ὀδοντάγρα, εὔδιον. καὶ μηλῶσαι τὸ τὴν μήλην καθεῖναι,
ὅθεν καὶ Φρύνιχος ὁ κωμικὸς

ἔμει καταμηλῶν· φλέγματος γὰρ εἶ πλέως.

ἢ που δὲ καὶ δεσμά, καὶ κατάπλασμα ἐν Γηρυτάδῃ, καὶ
ὀθόνιον τὸ ἐπίδεσμον. καὶ τελαμῶνα δ' ἂν εἴποις σινδονί-
την, καὶ φάρμακον καταπλαστὸν κατὰ Ἀριστοφάνην, ἀφ' 182
οὗ καὶ τὸ καταπλασθὲν εἴρηκεν· τὸ γὰρ περιαπτὸν ἀλεξι-
φάρμακον. καὶ μότους καὶ μοτῶσαι. καὶ ποδοστράβη δὲ ἡ
τὰ στρέμματα κατευθύνουσα ἐν τῇ κωμῳδίᾳ ἐργαλεῖον ἰα-
τρικόν. καὶ λεκάνη, ἧς τὸν πυθμένα Ἄλεξις πτερνίδα κα-
λεῖ. καὶ μαχαίρια δὲ ἐκάλουν οἱ νέοι κωμῳδοὶ ἐν οἷς ἀπέ-
σχαζον ἢ ἔσχαζον· οὕτω γὰρ ἔλεγον τὸ ἀμύσσειν, ὃ οἱ νῦν

183 κατασχάζειν. καὶ μὴν καὶ σικύα ἕν τι τῶν ἐργαλείων, ὡς
Κράτης ὁ κωμικὸς

ἀλλὰ σικύαν ποτιβαλῶ σοι, κανατλῆς ἀποσχάσω.

καὶ κηρωτὴν δ᾽ ἂν εἴποις ἐπὶ τῶν ἰατρικῶν, Ἀριστοφάνους
εἰπόντος

ὀθόνια, κηρωτὴν παρασκευάζεται.

ἐν δὲ Ἀντιφάνους Τραυματίᾳ καὶ ταῦτα τῶν ἰατρικῶν σκευῶν,
κατεσκευασμένος

λαμπρότατον ἰατρεῖον εὐχάλκοις πάνυ
λουτηρίοισιν, ἐξαλείπτροις, κυλιχνίσιν,
σικύαισιν, ὑποθέτοισιν.

184 ν ο σ η μ ά τ ω ν δὲ ὀνόματα κεφαλαλγία, κεφαλαία, ἡμι-
κραίρα, κάρος, καρηβαρία, ἵλιγγος, σκοτοδινίασις, κεφα-
λαλγὲς νόσημα, καρηβαρικόν, κεφαλαλγεῖν, καρηβαρεῖν, ἑτε-
ρεγκεφαλᾶν, ἰλιγγιᾶν, σκοτοδινιᾶν.   ὀφθαλμία ὀφθαλ-
μιᾶν. τάχα δὲ καὶ τὸ κοιλοφθαλμιᾶν, οὐκ ἴδιον μὲν γινό-
μενον ἐν ὀφθαλμοῖς νόσημα, συμβαῖνον δὲ κοιλαίνεσθαι
τοὺς ὀφθαλμοὺς ἐξ ἄλλου νοσήματος.

οὐδ᾽ ὑδατοπωτῶν οὐδὲ κοιλοφθαλμιῶν

185 φησὶν ὁ Κρατῖνος· Φρύνιχος δὲ ὁ κωμικὸς καὶ τὴν κοιλο-
φθαλμίαν εἴρηκεν. ἄργεμος, λήμη λημᾶν γλαμᾶν, ἀμβλυ-
ώττειν ἀμβλυωπία.   ὠταλγία, κατεᾶχθαι τὰ ὦτα, κυψε-
λίδος εἶναι ἔμπλεα, ἑλκῶν, ὑγρότητος.   κατάρρους, κόρυζα
κορυζᾶν, πταρμός πτάρνυσθαι.   στομαλγία στομαλγεῖν,
ἡλκῶσθαι τὸ στόμα.   γλωσσαλγία γλωσσαλγεῖν· λέγοιτο
γὰρ ἂν καὶ ἐπὶ τῶν κατὰ γλῶτταν ἑλκῶν.   παροιδαίνειν
τὰ παρίσθμια, σταφυλητομία.   βήξ, λύξ, βήττειν, λύττειν,

186 ἐφ᾽ ὧν τὸ ἀνακογχυλιάσαι.   ἔμπυος, ὑπόπυος. ὕφαιμος
ἄναιμος, ἄνικμος, ὑπέρπλεως, ἐξαιμῶν, αἱμόρροια αἱμόρρυ-
σις.   φρίκη, ψυγμός ψῦξις, φρίττειν, ἐψῦχθαι κατεψῦ-
χθαι, ῥῖγος, ἠπίαλος. τοὺς δ᾽ ἀεὶ ῥιγῶντας οἱ παλαιοὶ ῥι-
γεσιβίους ἔλεγον, οὓς οἱ νῦν δυσρίγους. Ἀριστοφάνης δὲ ἐν

---

183 3. ποτιβάλλω ante M. || καὶ τὸ λῇς M.   10. ἐγχάλκοις vel εὐ-
λάμπροις ante M.   184 8. οὔθ᾽ C. || ὑδατοπωτῶν ante Porsonum.
185 2. γλαμᾶν] γλημᾶν A.   7. στόμα, γρ γλῶτταν A.   186 4. ῥιγο-
σιδίους A, ῥιγῶσι βίους B.   5. Ἀρ. δὲ δύσρ. εἴρηκεν expungit Dindorsius,
illa ἐν Βαβυλωνίοις ante ἔφη p. 187 2 reponit.

Βαβυλωνίοις δύσριγος εἴρηκεν.   πυρετός, φλεγμονὴ πυρε-
τοῦ, καταβολή, περίοδος. θέρμα καὶ πῦρ Ἀριστοφάνης ἔφη·
          ὁ δ' ἔχων θέρμαν καὶ πῦρ ἧκεν.
εἶδος δὲ πυρετοῦ καὶ καῦσος.   φῦσα, διάρροια, ἄκρατος 187
δυσεντερία.   καρδιώττειν, λιθιᾶν, σπληνιᾶν, περιπνευμο-
νιᾶν. νεφρῖτις, πλευρῖτις, ἐπηλυσία. καὶ στραγγουρία ὡς Ἀρι-
στοφάνης ἐν Κωκάλῳ. ἀπόστασις, ὕδερος ὑδεριᾶν, ὄγκος,
ἐξωγκῶσθαι ὑπερωγκῶσθαι ὑπωγκῶσθαι.   ὠχρός, ὠχρία-
σις. ἴκτερος, ἰκτεριᾶν. φθόη, φθίσις, φθίνειν, τῆξις, φθι-
νὰς νόσος, τηκεδών, ἐκτετηκέναι, ἐξερρινῆσθαι κατερρινῆ-
σθαι.   θραῦσις, κλάσις. ὀστοῦν κατεᾶχθαι, συντετρῖφθαι.
ἄρθρον ἐκχωρῆσαι, ἄρθρον παραιωρεῖσθαι. πηρός, πήρω- 188
σις, πεπηρῶσθαι. χωλός, χωλεία, ἀποκεχωλῶσθαι. Εὔπολις
δὲ καὶ τὸν τὴν χεῖρα πεπηρωμένον χωλὸν εἴρηκεν,
          ὅτι χωλός ἐστι τὴν ἑτέραν χεῖρ' εὖ σφόδρα.
οὗ τὸ ἐναντίον ἐπὶ ποδὸς Ἀριστοφάνης κυλλόν·
          τί δεῦρο πόδα σὺ κυλλὸν ἀνὰ κύκλον κυκλεῖς;
τὸν ὀφθαλμὸν ἐκκεκόφθαι, ἐξορωρύχθαι, κεκενῶσθαι, ἀπε-
σβέσθαι τὴν γλήνην. τὴν κλεῖν κατεαγέναι.   τραύματα
τραυματίας, τετρῶσθαι· καὶ «τραυματισθεισῶν τῶν νεῶν» 189
ἐκ μεταφορᾶς φησὶ Θουκυδίδης, ὥστε εἴη ἂν καὶ τὸ τραυ-
ματίζεσθαι. ἐπιπολῆς τετρῶσθαι, διὰ βάθους, διαμπάξ,
διαμπερές. καίριον τραῦμα, καιρία πληγή, ἕλκος, ὠτειλή,
οὐλή.   ποδάγρα, ποδαλγία ποδαλγεῖν, καὶ ἀνὴρ ποδαλ-
γής.   τάχα δ' ἂν τοῖς ἰατρικοῖς προσήκοι τὸ ἀλγεῖν, ἀλ-
γεινόν ἐπαλγές, ὀδυνᾶσθαι ὀδυνηρόν ἐπώδυνον, ἀφ' οὗ
καὶ ὀδυνήφατα φάρμακα Ὅμηρος. καὶ σφύζειν, καὶ σφακε-
λίζειν καὶ σφακελισμός, καὶ ὅσα ἄλλα ὑπὸ τῶν ἰατρῶν
ὠνόμασται.

    νοσήματα ἔξωθεν ἐπιφαινόμενα τοῖς σώμασι 190
φλεγμονή, οἴδημα, ἐκφύσημα, σκλήρωμα. ἕλκος καθαρόν,
ἕλκος ἀπόστημα. ἀκάθαρτον ἕλκος, διεφθορὸς ἕλκος, ἐφελ-
κίς, ἐσχάρα. καλεῖται. δὲ καὶ κρότων. μελιτηρὰ ὑγρασία.

    186 3. ἧκεν] εἴρηκεν A.   187 3. ἐπιληψία lungermannus.   6. φθι-
νὰς] φθίσις A, φθίνης ceteri: corr idem.   189 5. ποδάγρης A, ποδά-
γρης ceteri. cf. 2 196.   190 1. ἐπιφνόμενα A.   4. μελ.] αἷμα. ἰχώρ. μελ. A.

ἐλαιώδης, ὅταν ἕλκος ᾖ περὶ τὰ νεῦρα. καλεῖται δὲ καὶ
ῥεῦμα ὕδωρ, ὅ ἐστιν ὑδατώδης ἰχώρ, ὅταν ἤδη τὰ ἕλκη
καθαίρηται. δοθιὴν φῦμα περιφερές, ἀπόστημα μικρόν,
πυῶδες κατὰ τὴν τομήν. τέρμινθος φῦμα φλύκταιναν ἔχον.
191 φύγετρον φῦμα περὶ βουβῶνα μετὰ πυρετοῦ. φλυκτὶς φλύκ-
ταινα ἐπιμήκης, μάλιστα περὶ βουβῶνας καὶ μασχάλας.
ὑπόνομον ἕλκος, ὃ καὶ βάθος ἔχει καὶ κόλπους. ὑπερσαρ-
κοῦν ἕλκος. ἀφρῶδες ἕλκος, ᾧ ἐπανθεῖ λευκότης τις ἢ με-
λανία. τύλωσις, ὅταν σκληρὸν ᾖ καὶ λευκότερον ἢ ὑποπέ-
λιδνον τὸ ἕλκος. μυδῶν σὰρξ σομφή. σῦριγξ ἕλκος στενὸν
πρόμηκες, ἔσωθεν μὲν μυξώδει σαρκὶ ἔξωθεν δὲ τυλώδει
192 κατειλημμένον. ἄνθραξ ἐσχάρα ὑποπέλιδνος ἢ λευκὴ ἢ
ὕπωχρος, φλύκταιναν ἔχουσα καὶ ἐρύθημα καὶ ἀλγηδόνα
σύντονον. τερηδὼν ὀστῶν φθορὰ ἀπροφάσιστος, μάλιστα
περὶ τὴν κεφαλήν. ἀχὼρ ἕλκος περὶ τὰ τετριχωμένα, οὗ τὸ
ὑγρὸν φθείρει τὰς τρίχας. πιτυρίασις ἐοικός τι πιτύροις·
συνίσταται δὲ ὅπου τρίχες. ἀλωπεκία ψίλωσις τριχῶν ἀπρο-
φάσιστος, μάλιστα περὶ τὴν κεφαλήν. ὄφις ψίλωσις τριχῶν
περιλαμβάνουσα τὴν κεφαλὴν στεφάνου δίκην, μάλιστα δὲ
193 ἐπὶ παίδων, ἔσθ᾽ ὅτε καὶ τὰ ὄμματα φθείρουσα. ἀλφὸς
μέλας ἐπιδρομὴ σκιώδης ἐπιπόλαιος εὐίατος· ἀλφὸς λευκὸς
λευκότης ἐπιτρέχουσα τῇ ἐπιδερματίδι αὐχμηρὰ δυσίατος.
λεύκη, ὅταν ἐπιτείνῃ ἡ λευκότης καὶ φύσῃ τρίχωσιν λευκήν·
εἰ δὲ κεντήσειας, ὕφαιμος, δυσίατος, ἔστιν ὅτε ὑπέρυθρος.
ἐπανθεῖ δὲ αὐτὸ τοῖς χείλεσιν οἷον ἁλὸς ἄχνη. λειχὴν
ἄγριος, τραχύς, δυσίατος, ἀνώμαλος. λέπρα λειχῆνες τρα-
χεῖς, πολλοί, ἑλκώδεις, λεπιδωτοί, ὑπόπυρροι ἢ ὑπέρυθροι ἢ
194 ὑπόλευκοι, δυσίατοι· φθείρουσι δὲ καὶ τοὺς ὄνυχας. ψώρα
ἑλκώδης, ὑπέρυθρος, ἐξανθήσεις ἔχουσα ἐν αὐτῇ. ψυδράκια
πυώδη ἐξανθήματα, αὐτόματα, ἑλκώδη ἐν ἐπιφανείᾳ. ὑπέρυ-
θρον νεῦμα, δυσώδης διάθεσις, ὑγρασίαν ἀφιεῖσα. ἔφηλις
πάθος ἐν προσώπῳ, ὑποπέλιδνος ἐπιδρομή, ἀφανίζουσα τὸ
κατὰ φύσιν χρῶμα. ἴονθοι ἀνθήματα ψυδρακίοις ἐοικότα

---

190 3. δοθὴ **P**, idque post τομήν: om **ABC**. 191 3. ὑπερασκοῦν **A**.
192 3. τερη φθορᾶ **A**, τερηδόνας τῶν φθορᾶ ceteri: corr HMercurialis.
5. πιτυρία ἐοικός πιτύροις **A**, πιτύροις ἐοικός ceteri. 193 1. παιδίων?
3. τῷ δέρματι αὐχμηρῷ ὄντι, γρ τῇ ἐπιδερματίδι αὐχμηρᾷ, **A**.

περὶ τῷ προσώπῳ, σημεῖον ἀκμῆς. φακὸς ὅμοιόν τι τῷ
ὀσπρίῳ, συγγενὲς ἢ ἐπιγενές, ὑπόπυον. θύμος. ὑπέρυθρος
ἔκφυσις, τραχεῖα, ἔναιμος, δυσαφαίρετος, μάλιστα περὶ
αἰδοῖα καὶ δακτύλιον καὶ παραμήρια, ἔστι δ' ὅτε καὶ ἐν 195
προσώπῳ. ἀκροχορδὼν ἀπὸ μὲν τῆς ῥίζης λεπτὴ ἔκφυσις,
περὶ δὲ τὸ ἄκρον παχυνομένη, μάλιστα ἐπὶ παιδίων. μυρ-
μηκία ἔκφυσις στερεὰ καὶ τραχεῖα, τυλώδης, ἔναιμος, περὶ
τὰ ἄκρα καὶ τὰ ἔσω τῆς χειρός. ἧλος συστροφὴ τυλώδης
περιφερὴς ὕπωχρος, ἡλοειδής, ὅτι ἄνωθεν μὲν εὐρύνεται,
περὶ δὲ τὴν σάρκα ἀποστενοῦται, μάλιστα περὶ τὰ ἴχνη.
χειρώνιον ἕλκος χρόνιον, δυσούλωτον, χείλη σκληρά, τυλώ- 196
δης σάρξ, ὑποπέλιδνος, ἐν κνήμαις καὶ ποσίν. λεπὶς τοῖς ἐν
πεδίῳ ἕλκεσιν ὁμοία τῇ θαλαττίᾳ ἐπιπήγνυται, ἣν δεῖ τῆς
θεραπείας προαφελεῖν. κιρσὸς ἢ κριξὸς οἴδημα φλεβῶν περὶ
κνήμας, ποδὸς πεδίον, ἐπιγάστριον, μηρούς, ὄσχεον· καλεῖ-
ται δὲ καὶ ἰξία ἀπὸ τῶν ἐν ταῖς πίτυσι τῆς πίττης ὁμοίων
συστροφῶν, ἀφ' ὧν καὶ ὁ ἰξός. ἀγκύλη σκληρότης τυλώδης
ἐν ἄρθροις, μάλιστα ἐν δακτύλοις χειρῶν κατὰ τὸ ἐντός·
ἐπικάμπτει δὲ τοὺς δακτύλους, γίνεται δ' ἔστιν ὅτε καὶ περὶ 197
ἀγκῶνας καὶ γόνατα. ἐπινυκτὶς φλύκταινα ὑποπέλιδνος ὕφυ-
γρος ἔναιμος, περὶ κνήμας καὶ πόδας ἐν νυκτὶ γινομένη.
γαγγλίον ἀπόστημα ἄπονον, ὑπὸ λευκῷ καὶ νευρώδει χι-
τῶνι· ἔνεστι δ' αὐτῷ ὑγρὸν ἀθερῶδες ἢ τρίχια, ἢ ἑλμίνθια,
γίνεται δὲ περὶ ἄρθρα καὶ κεφαλήν. μελικηρὶς ἀπόστημα
ἔχον μελιῶδες ὑγρύν, ἐν ἀγκῶσι καὶ γόνασι, πολλάκις δὲ 198
καὶ ἐν ἄλλοις ἄρθροις καὶ περὶ στόματι. χάλαζα συστρο-
φαὶ βουβωνοειδεῖς ὑπὸ τῷ δέρματι, κατὰ κύαμον Αἰγύπ-
τιον, ἐπαλγεῖς προσαψαμένῳ. καρκίνωμα σκλήρωμα μετὰ
φλεγμονῆς ἐπαλγές, ἔστιν ὅτε ἑλκούμενον, ὑπέρυθρον ἢ πε-
λιδνόν· συμπεφύκασι δ' αὐτῷ ὡς τὸ πολὺ φλέβες ἢ τρίχες·
αἱμορραγοῦν, ἀθεράπευτον. κρυπτὸν καρκίνωμα, ὅταν μὴ
ᾖ ὑπερφανές, τὰ δ' ἄλλα ὅμοιον. χηλαὶ ἢ φύσιγγες ῥαγά-
δες πτερνῶν ποδῶν αἰδοίου. παρουλὶς οὔλων ἀπόστασις, 199
ἐπουλὶς ὑπὸ τὸν σωφρονιστῆρα ἐπίφυσις. ὑπογλωττὶς ἀπό-

στάσις ὑπὸ γλώττῃ. αὖον ἀπόστασις περὶ τὴν ἔκφυσιν τοῦ
στομάχου, κατὰ τὸ ἄνω τῆς φάρυγγος μέρος, κνησμώδης
πρὶν ῥαγῆναι. συνάγχη φλεγμονὴ περὶ ἐπιγλωσσίδα καὶ
φάρυγγα σύντονος ὀδυνηρά· κυνάγχη πνιγμὸς ὑπὸ νύκτα
γινόμενος ἐπενεχθέντος ἐπὶ βρόγχον ὑγροῦ παχέος καὶ γλί-
200 σχρου, μάλιστα ἐπὶ παιδίων. ἀγχόνη πυώδης ἀπόστασις με-
ταξὺ ἐπιγλωττίδος καὶ ῥίζης γλώττης. παρίσθμια φλεγμονὴ
περὶ τὰ μῆλα καὶ ἕλκωσις καὶ ἀπόστασις. ἄφθα ἕλκωσις
ἐπιπολῆς λευκαίνουσα γλῶτταν ἢ παρίσθμια ἢ κίονα ἢ
φάρυγγα, ἔσθ' ὅτε μέντοι καὶ μελαίνουσα· πλεονάζει δὲ ἐπὶ
παιδίων. σταφυλὴ περὶ τὸν κίονα μηκυνομένη καὶ ὠχριῶσα,
ῥαγὶ παραπλήσιος. σῦκον σὰρξ ἑλκώσει ἐπανθοῦσα, ἄνωθεν
201 πλατυνομένη, ἐπίπονος, βουβῶνας ἐγείρουσα. τηνεσμὸς βα-
ρύτης καὶ φλεγμονὴ ἀνοιδαίνοντος τοῦ δακτυλίου, μυξώδη
ὑγρὰ ἢ αἱματώδη καταφέρουσα· ποιεῖ δὲ καὶ δυσουρίαν.
κηρίον περὶ τῷ στήθει ἢ τοῖς νώτοις ἀπόστημα φλεγμαῖ-
νον, πολύστομον, ἀφιὲν μελιτῶδες ὑγρόν, ἔχον ἐν τῷ βάθει
σάρκα ὕπωχρον διεφθαρμένην. χοιράδες περὶ σιαγόσι καὶ
τραχήλῳ καὶ μασχάλαις καὶ βουβῶσιν, ἀδέσιν ἐοικυῖαι φλε-
202 γμοναί, εἰς πύον τρεπόμεναι. χίμετλα γίνεται μὲν ὑπὸ κρύ-
ους ἐπὶ δακτύλοις καὶ ἴχνεσι ποδῶν καὶ χερσί, μάλιστα ἐπὶ
παιδίων, ἑλκώδεις φλεγμοναί. ἐρυσίπελας μώλωψ ἐρυθρὸς
ἐπίπονος ἔμπυρος, ἔσθ' ὅτε καὶ φλυκταινώδης. ἱδρῶα ἐξαν-
θήματα θερινά. βουβὼν περὶ βουβῶνας οἴδημα μετὰ φλε-
γμονῆς. αἱμορροὶς γίνεται μὲν κατὰ τὴν ἕδραν ἐντός, ἔστι
δ' ὁμοία μόροις ὠμοῖς· πολλάκις δὲ καὶ ὑπεροχῆς ἄνευ γί-
νεται ῥαγὰς αἱμορραγοῦσα. τυφλὴ αἱμορροὶς οἴδημα λεῖον
ἐρυθρόν, ἐντὸς τῆς ἕδρας, οὕτω κληθὲν ἐπεὶ ἔσθ' ὅτε οὐχ
203 αἱμορροεῖ. κονδύλωμα περὶ τὴν στεφάνην τοῦ δακτυλίου
εὔλατον οἴδημα. συκαῖ περὶ τὴν ἕδραν κονδυλώματα με-
γάλα, οὐκ ἐπίπονα. ἐντεροκήλη ὀλίσθημα ἐντέρου εἰς τὸν
ὄσχεον, εἰς ὄγκον αἰρόμενον· ὑδροκήλη περὶ θατέρῳ τῶν
διδύμων ὑδατώδης συλλογή, μεταξὺ τοῦ δευτέρου καὶ τετάρ-
του ὑμένος· πωροκήλη πώρωμα περὶ τὸν ὄσχεον ἐξ ἀπο-
στήματος, σαρκοκήλη σκιρώδης καὶ παχεῖα ἐπ' ὀσχέῳ διά-

θέσις. στεάτωμα πιμελῆς παραρροὴ ὑπὸ τῷ δέρματι. λοι- 204
μώδη ἕλκη περὶ τὰ παρίσθμια καὶ τὴν σταφυλήν. ἐσχαρώ-
δης νομὴ δύσχρους, εἰς τὴν φάρυγγα καὶ τὴν ἀρτηρίαν καὶ
τὸν στόμαχον καταφερομένη μετὰ τοῦ ἀνοιδαίνειν τὸν τρά-
χηλον. περιγραφὴ περί τι μέρος τοῦ σώματος στενότης
ἄπονος, μέλαινα ὑπέρυθρος ἢ πελιδνή, ψιλὴ ἢ τετριχωμένη.
πώλυψ σὰρξ ῥινὶ ἐπιφυομένη, μυξῶδες ὑγρὸν ἀφιεῖσα, ἐπι-
φράττουσα τὴν ἀναπνοήν. ὄζαινα ἕλκωσις ἐν τῷ βάθει τῶν
μυχτήρων μέχρι τῶν καλουμένων ἠθμοειδῶν σαρκῶν, πυῶδες
καὶ δυσῶδες ὑγρὸν ἀφιεῖσα, τὴν αἴσθησιν ἐμποδίζουσα.
δρακόντιον ἐκ τῶν περὶ κνήμαις καὶ μηροῖς ἑλκῶν ἐκπῖπ- 205
τόν τι νευρῶδες ἐφθαρμένον, σπανίως μὲν τοῖς ἄλλοις ἐπι-
γινόμενον, Αἰθίοψι δ' ἐνοχλοῦν. κέρατα ἐν τῷ τόπῳ τῶν
κεράτων περὶ τὸ μέτωπον πωρώδεις ἐκφύσεις περὶ τὸ δέρμα.
ἕρπης ψυδράκια φλεγμαίνοντα καὶ νύττοντα, μάλιστα περὶ
τραχήλῳ καὶ πλευραῖς νεμόμενα, ἔσθ' ὅτε δὲ καὶ περὶ χερσὶ
καὶ ποδῶν ἴχνεσιν. ἑρπηστικὸν ἕλκος ἐνοχλεῖ μὲν πρεσβυτῶν 206
κνήμαις καὶ ποσίν, ἔσθ' ὅτε δὲ καὶ μηροῖς καὶ χερσίν· ἔστι
δὲ ὑποπέλιδνον καὶ νέμεται καὶ φλεγμαίνει. φαγέδαινα ἕλ-
κωσις ἄχρι τῶν ὀστῶν διαδιδοῦσα ταχείᾳ νομῇ μετὰ φλε-
γμονῆς, ἰχῶρας δυσώδεις ἀφιεῖσα καὶ πρὸς θάνατον ῥέ-
πουσα. θηρίωμα γίνεται μὲν ἕλκος περὶ ἀνδρῶν αἰδοῖα,
ἔστι δ' ὅτε καὶ περὶ δακτύλους καὶ ἀλλαχοῦ, αἷμα πολὺ
καὶ μέλαν καὶ δυσῶδες ἀφιέν, μετὰ μελανίας τὴν σάρκα
ἐσθίον. σηπεδὼν ἕλκους νομὴ λευκοῦ ὑπώχρου δυσώδους· 207
μάλιστα δὲ ἐνοχλεῖ τῷ στόματι, ὡς ἔσθ' ὅτε καὶ τοὺς ὀδόν-
τας καὶ τὰ ὀστᾶ ἀφιστάναι, γίνεται δὲ καὶ ἐπὶ μηρῶν καὶ
ἄλλων μερῶν. γάγγραινα· οὕτω καλεῖται τῶν μελῶν τὸ νε-
κρούμενον σὺν ἕλκει ἢ χωρὶς ἕλκους, μετὰ φλεγμονῆς καὶ
ἐρυθήματος ἀπολευκαινόμενον, εἶτα μελαινόμενον καὶ εἰς
ἀναισθησίαν μεθιστάμενον.

μαῖα, μαιεία, μαίευσις· καὶ μαιευτικὴ ἡ τέχνη καὶ ἡ 208
γυνή, καὶ τὸ ῥῆμα μαιεύειν καὶ μαιεύεσθαι, καὶ τὸ ἐπίρ-
ρημα μαιευτικῶς. ἀμβλίσκουσι δὲ τὸ ἀμβλίσκειν ποιοῦσι

204 2. ἐσχάρωσις?   9. σαρκῶν] ὀστῶν *BC*.   205 5. φλυκται-
νοντα *A*.   206 6. ἀνδρῶα *A*, ἀνδρεῖα *C*.

φησὶν ὁ Πλάτων. ἀμβλωθρίδιον φάρμακον, τικτικόν, ὠκυτόκιον, ἀτόκιον. λοχεύειν ἐκλοχεύειν· λοχεία ἡ τοῦ τεκεῖν ἐπιμέλεια. «διδοῦσι φαρμάκια αἱ μαῖαι ταῖς δυστοκούσαις» ὁ Πλάτων λέγει· δυστοκεῖν δυστοκία, εὐτοκεῖν εὐτοκία εὐτοκοῦσα. κυΐσκειν κυΐσκεσθαι, ὠδίνειν, τίκτειν. πρωτότοκοι γυναῖκες, πρωτότοκοι παῖδες, καὶ πρωτόγονοι ὁμοίως. ἄτοκοι δὲ καὶ ἄγονοι καὶ ἄλοχοι ὡς Πλάτων, καὶ στερίφαι καὶ στεῖραι. ὀμφαλητομία, ἐμβρυοτομία, καὶ τὸ ἐργαλεῖον ὀμφαλιστήρ.

Ε.

Κομμόδῳ Καίσαρι Ἰούλιος Πολυδεύκης χαίρειν. ἐπεὶ δὲ καὶ κυνηγεσίων σοι προσήκει μέλειν, ὅτι τοὐπιτήδευμα ἡρωικόν τε καὶ βασιλικόν, καὶ πρὸς εὐσωματίαν ἅμα καὶ εὐψυχίαν ἀσκεῖ, καὶ ἔστιν εἰρηνικῆς τε καρτερίας ἅμα καὶ πολεμικῆς τόλμης μελέτημα, πρὸς ἀνδρείαν φέρον, ῥωμαλέον τε εἶναι γυμνάζει καὶ ποδώκην καὶ ἱππικὸν καὶ ἀγχίνουν καὶ φίλεργόν, εἰ μέλλει καθαιρήσειν καὶ τὰ ἀνθιστάμενα ἀλκῇ καὶ τὰ ὑποφεύγοντα τάχει καὶ τὰ ἀποσπῶντα ἀφ᾽ ἵππου... καὶ τὰ συνετὰ σοφίᾳ καὶ τὰ λανθάνοντα ὑπονοίᾳ καὶ τὰ κρυπτόμενα χρόνῳ, καὶ νύκτωρ προαγρυπνῶν καὶ μεθ᾽ ἡμέραν ἐπιπονῶν, ἀνάγκη τι καὶ περὶ θήρας ὑπειπεῖν.

9   Θήρα λέγοιτ᾽ ἂν καὶ ἄγρα καὶ κυνηγέσιον, θῆραί τε καὶ ἄγραι καὶ κυνηγέσια, καὶ θηρευτὴς καὶ ἀγρευτὴς καὶ κυνηγέτης· ὁ δὲ τούτῳ συμπράττων συγκυνηγέτης, σύνθηρος, ὁμόθηρος. ἐρεῖς δὲ ἐπὶ τοῦ κυνηγέτου ζητητὴς θηρίων, πολέμιος θηρίων, ἐχθρός, ἀντίπαλος, φιλόθηρος, ἀφ᾽ οὗ καὶ τὸ πρᾶγμα φιλοθηρία, φιλοκυνηγέτης, καὶ θηρευτικός ἀγρευτικός κυνηγετικός, θηρευτικῶς ἀγρευτικῶς κυνηγετικῶς. θηρᾶν θηρεύειν, κυνηγετεῖν. Ξενοφῶν δὲ καὶ θηρᾶσθαι ἀντὶ τοῦ θηρᾶν ἔφη, καὶ θηρῶνται ἀντὶ τοῦ θηρῶ-
10 σιν· ἡμεῖς δὲ ἐπὶ μὲν τῶν ἐνεργούντων τὸ θηρᾶν, ἐπὶ δὲ τῶν θηρίων τὸ θηρᾶσθαι, ὥσπερ ἐπὶ μὲν τῶν ἀνδρῶν ἰχνεύειν καὶ ἀνιχνεύειν καὶ ἰχνηλατεῖν, καὶ ἰχνευτὴς ἀνὴρ καὶ κύων, ὁμοίως δὲ ζητεῖν ἀναζητεῖν, ἐξερευνᾶσθαι, ἀνευρίσκειν

---

1 1. Κομμόδῳ — 10. ὑπειπεῖν om BC.   10 3. ἰχνηλατεῖν C.

ἐξευρίσκειν συνεξευρίσκειν, ταῖς κυσὶν ἐφεῖναι, τὰς κύνας
ἐπαφεῖναι, ἐπισίξαι (οὕτω γὰρ ἐκάλουν τὸ μετά τινος ἀσή-
μου φωνῆς ἐφεῖναι), διώκειν, μεταθεῖν, μετιέναι, κυνοδρο-
μεῖν, ἐφέπεσθαι κατὰ πόδας, ἐπιγίνεσθαι ταῖς κυσίν, αἱρεῖν, 11
λαμβάνειν, τιτρώσκειν, ἀποκτιννύναι, ζωγρεῖν, ζώντων κρα-
τεῖν, ἐπὶ δὲ τῶν θηρίων ἰχνεύεσθαι ἀνιχνεύεσθαι, διώκε-
σθαι, μεταθεῖσθαι, ζητεῖσθαι ἀναζητεῖσθαι, εὑρίσκεσθαι
ἀνευρίσκεσθαι ἐξευρίσκεσθαι, ὑποφεύγειν περιφεύγειν, ὑπά-
γειν, ἀποδιδράσκειν, αἱρεῖσθαι, ἁλίσκεσθαι, λαμβάνεσθαι,
τιτρώσκεσθαι, ἀποκτίννυσθαι, ζωγρεῖσθαι.   εἴποις δ' ἂν
ἴχνος, ἰχνηλασία, σημεῖα ποδῶν, σύμβολα ἐντετυπωμένα
τῇ γῇ, ἰχνεύματα, ἴχνια, ἴχνευσις· «καὶ τῆς ἰχνεύσεως»
φησὶν ὁ Ξενοφῶν. ἴχνη ὀρθά, εὐθέα συμπεπλεγμένα, εὐ- 12
ναῖα δρομαῖα, ὀξέα. ὄζει τὰ ἴχνη, ἀπόζει, πνεῖ ἀποπνεῖ,
ἀποφέρεται ἀπ' αὐτῶν τὸ πνεῦμα. ἄνοσμα· δύσοσμα δὲ καὶ
εὔοσμα οὐ τὰ δυσχερὲς ἢ ἡδὺ ἀποπνέοντα λέγουσιν, ἀλλὰ
τὰ εὐαίσθητα ἢ δυσαίσθητα πνεύματα τῶν ἰχνῶν.   Θη-
ρία θηράματα θηρεύματα, θήρα, ἄγρα· οὐ γὰρ μόνον τὸ
ἔργον ἀλλὰ καὶ τὸ θηρώμενον ἄγραν καλοῦσιν. ἀφ' ὧν καὶ
εὐαγρία πολυαγρία θηραγρία, εὐθηρία πολυθηρία, καὶ εὐ- 13
θηρος ἄγρα καὶ πολύθηρος ἄγρα, καὶ τὰ ἐναντία δυσαγρία
ἀναγρία δυσθηρία ἀθηρία, καὶ δύσθηρος καὶ «ἄθηρος
ἐπανῆλθεν». ἔστι δὲ εἰπεῖν καὶ ἔνθηρος γῆ καὶ ἔνθηρος
ἴδη, καὶ ὕλη ἔνθηρος καὶ πολύθηρος, καὶ ὁμοίως ὄρη ἔν-
θηρα καὶ πολύθηρα καὶ θηροτρόφυ καὶ θηρονόμα καὶ
θηρίοις εὔτροφα καὶ θηρίων κατάπλεα καὶ πάλιν ἄθηρα
καὶ ἄτροφα. ἡ δὲ θεὸς ἀγροτέρα καὶ κυνηγέτις καὶ φιλό-
θηρος, καὶ ὀρεία ἀπὸ τῶν ὀρῶν, καὶ Ἰδαία ἀπὸ τῆς Ἴδης,
καὶ δίκτυννα ἀπὸ τῶν δικτύων, καὶ ἑκηβόλος ἀπὸ τοῦ ἑκὰς
τὰ θηρία βάλλειν. καὶ πολλὰ ἄλλα ὀνόματα ἀπὸ θήρας.
    τόποι δὲ τῶν θηρίων ἐν οἷς ἀνευρίσκεται, ἴδαι, 14
ὗλαι, νάπαι, ὄρη, ἄντρα, θάμνοι, φωλεοί, ἕλη, ὀργάδες, πε-
δία, ἄρουραι, ἰλεοὶ κυρίως μὲν ἐπὶ τῶν ὄφεων καλούμενοι,
ὥσπερ καὶ χειαί, κατὰ δὲ κατάχρησιν καὶ ἐπὶ τῶν ἄλλων

---

12 5. θηρεῖα A.   6. θηράγρα A.   13 8. ἔκτροφα A.   10. ἑκὰς
e Phavorino additum.   14 3. καλούμεναι A.   4. χρῆσιν A.

θηρίων. καὶ ἔστι θηρία τὰ μὲν ὄρεια ὡς ἐπὶ τὸ πλεῖστον
ὡς λέοντες, τὰ δὲ ἕλεια ὡς σύες, τὰ δὲ ταῖς ἴδαις τε καὶ
ὕλαις χαίροντα ὡς αἱ παρδάλεις, ὅθεν καὶ Ὅμηρος εἴρηκεν
ἠΰτε πάρδαλις εἶσι βαθείης ἐκ ξυλόχοιο,
15 τὰ δὲ ταῖς ὀργάσιν ὡς ἔλαφοι, τὰ δὲ τοῖς θάμνοις ὡς λα-
γωοί. φωλεύουσι δὲ αἱ ἄρκτοι, καὶ ἢν ἔξω νέμωνται, περὶ
τὰ ἔγκαρπα τῶν δένδρων ἁλίσκονται.

καλεῖται δὲ τὰ μὲν τῶν λεόντων ἔκγονα σκύμνοι, τὰ
δὲ τῶν ἄρκτων ἀρκτύλοι, τὰ δὲ τῶν ἐλάφων νεβροί, τὰ δὲ
τῶν ἀλωπέκων ἀλωπεκιδεῖς, τὰ δὲ τῶν λύκων καὶ τῶν κυ-
νῶν σκύλακες, ἰδίως δὲ τὰ τῶν λύκων λυκιδεῖς, καὶ τὰ τῶν
λαγωῶν λαγιδεῖς καὶ λαγίδια, παρὰ Ξενοφῶντι δὲ καὶ λά-
για. ἐφ᾽ ὧν δὲ οὐκ ἔστιν ἴδιον ὄνομα, τὰ τούτων τέκνα
καλεῖται σκυλάκια ἢ σκυμνία. τὰ δὲ πάντων τῶν ἀγρίων
16 τέκνα ὀβρίκια αἱ ποιηταὶ καλοῦσι καὶ ὀβρίας. λέγοι δ᾽ ἄν
τις ἐπ᾽ αὐτῶν νέα νεογνὰ νεογενῆ, γαλαθηνά, νεαρά, ὑγρο-
μελῆ, ἔτεια αὐτοετῆ.

καὶ τὸ μὲν τοῦ λέοντος δέρμα λεοντῆ καλεῖται καὶ
δορὰ λέοντος, ἡ δὲ τῆς παρδάλεως παρδαλῆ, ἡ δὲ τῆς ἄρ-
κτου ἀρκτῆ, καὶ ἀλωπεκῆ ἡ τῆς ἀλώπεκος, καὶ λυκῆ ἡ τοῦ
λύκου, καὶ μοσχῆ ἡ τοῦ μόσχου, ὡς Ἀναξανδρίδης εἴρηκεν
ἀρκτῆ λεοντῆ παρδαλῆ μοσχῆ κυνῆ.
ἡ δὲ τῆς ἐλάφου νεβρίς, ὡς ἡ τῆς αἰγὸς αἰγίς. καὶ τοῦ
προβάτου κῴδιον.

17 καὶ συνεργοὶ μὲν κυνηγέτου κύνες, ἵπποι, κυναγω-
γός, ἱππαγωγός, δικτυαγωγός, λινόπτης ὁ τὰ ἐμπίπτοντα
ἀποσκοπούμενος. καὶ ἡ τῶν κυνῶν ἀγωγὴ κυνηγέσιον κα-
λεῖται ὁμωνύμως τῷ ἔργῳ. ἰχνευτής, ἀρκυωρός, σκοπωρού-
μενος. σκευὴ δὲ κυνηγέτου χιτὼν εὐσταλὴς ἔσται, πρὸς
τὴν ἰγνύαν καθήκων, οὐ λευκὸς οὐδὲ κατ᾽ ἄλλην εὔχροιαν
18 προλάμπων, ὡς μὴ πόρρωθεν καθορῷτο τοῖς θηρίοις· καὶ
χλαμὺς ὁμοία, ἣν δεῖ τῇ χειρὶ τῇ λαιᾷ περιελίττειν, ὁπότε
μεταθέοι τὰ θηρία ἢ προσμάχοιτο τούτοις, καὶ σκυτάλη
ἢ ῥόπαλον, καὶ ὑποδήματα κοῖλα, ἐς μέσην τὴν κνήμην
ἀνήκοντα, δεσμῷ ἀκριβεῖ περιεσταλμένα.   εἴη δὲ νέος,

---

15 5. ἄρκων ἀρκύλοι A.   8. λαγίδες A.   16 1. ὀβρίκαλα καὶ
ὄβρια C.

κοῦφος, ἐλαφρός, δρομικός, ὀξύς, φιλεργός, ἐθελουργός, φιλόπονος, φιλοκίνδυνος, ἀγωνιστής, θαρσαλέος, ἄγρυπνος, μὴ προαποκάμνων, μὴ προαπαγορεύων, μὴ πρὶν ἑλεῖν ἐνδιδούς.   τὰ δὲ πρὸς κυνηγέσιον ἐργαλεῖα ξίφη, δρέ- 19 πανα, ἀκόντια, τόξα, προβόλια, ἄρκυες, ἐνόδια, δίκτυα, κυνοῦχος, σχαλίδες, στάλικες, σχαλιδώματα, ποδάγραι, ἀρπεδόναι, ξίφη μὲν ὡς ὁπότε συμπέσοι θηρίῳ ἔχειν ἀμύνασθαι, δρέπανα δὲ ὅπως, εἰ δέοι τῆς ὕλης τι κόψαι εἰς τὴν τῶν ἀρκύων ἀκώλυτον στάσιν, ὑπάρχοι τὰ δρέπανα. ἐπὶ ταὐτὰ δὲ καὶ ἀξίνας παρασκευαστέον, εἰ καὶ πρέμνα κόψαι δέοι, τόξοις δὲ καὶ ἀκοντίοις χρῷντ' ἂν ἐπὶ 20 τὰς ἐλάφους καὶ ἃ πόρρωθεν ἔστι βαλεῖν, προβολίοις δὲ ἐπὶ τοὺς σῦς καὶ τὰ ἄλλα τὰ ἀγχέμαχα θηρία. καὶ τὰ μὲν ἀκόντια ἔσται μελίας ἢ ὀξύας, στρεφνά, εὐπαγῆ, αἱ δὲ λόγχαι αὐτῶν εὐπλατεῖς καὶ ξυρήκεις· τὰ δὲ προβόλια ἔστω μὲν κρανείας, στερεὰ δὲ καὶ δορατοπαχῆ, φησὶν ὁ Ξενοφῶν, αἱ λόγχαι δὲ αὐτῶν ἔστωσαν σιδήρου τομωτάτου. τῆς δὲ λόγχης τὸ μὲν περὶ τῷ ξύλῳ καλεῖται αὐλός, οὗ τὸ μὲν 21 ἔξωθεν ἡ περίμετρος, τὸ δὲ ἔνδοθεν τοῖχος, τὸ δὲ μετὰ τὸν αὐλὸν κοῖλον ὀβελίσκος· ὅθεν δὲ πλατύνεται, πτέρυγες αἱ ἑκατέρωθεν προβολαί. τὸ δὲ ἄκρον γλῶττα λέγεται, ἡ τῆς λόγχης ἀκμή· καὶ δεῖ τῶν πτερύγων ἑκατέραν πλατυνομένην καὶ παχυτέραν οὖσαν ἀπολεπτύνεσθαί τε καὶ ἀποστενοῦσθαι, κατὰ μικρὸν ὑπολήγουσαν, ἄχρι πρὸς τὴν γλῶτταν. ἐστομῶσθαι δὲ οὐ μόνον τὴν ἀκμὴν ἀλλὰ καὶ τὰς πτέρυγας χρήσιμον.   πρὸς μὲν οὖν τὰ ἄλλα θηρία οὕτω 22 δεῖ παρεσκευάσθαι τὸ προβόλιον· πρὸς δὲ τοὺς σῦς κατὰ τὸ τοῦ αὐλοῦ τέλος, πρὸ τῶν πτερύγων, κνώδοντας ἀμφοτέρωθεν ἐχέτω τῷ αὐλῷ συγκεχαλκευμένους σιδήρου στερεοῦ, ἑκατέρωθεν προβεβλημένους, ὡς μὴ προωθῶν αὐτὸν ὑπὸ θυμοῦ καὶ μένους καὶ τόλμης ὁ σῦς ἀφίκοιτο διὰ τοῦ δόρατος εἰς τὸν ἄνθρωπον, ἀλλὰ καὶ οἱ κνώδοντες ἱστάντες αὐτοῦ τὴν ὁρμὴν ἐμποδὼν τῇ ῥύμῃ γένοιντο εἰς τὸ πρόσω μὴ προχωρεῖν. τὰ μὲν οὖν ἀκόντια ἐνηγκυλῆσθαι δεῖ διὰ 23 τὴν ἄφεσιν, τὰ δὲ προβόλια διὰ τὴν ἐκ χειρὸς χρείαν οὐ δεῖται ἀγκύλης. χρῆσις δὲ τοῦ προβολίου· προβὰς τὸν πόδα τὸν ἀριστερόν, καὶ τὸν δεξιὸν ὑποβὰς ὡς εἶναι τὸ μέτρον

13 *

τῆς διαβάσεως ὅσον ἐν πάλῃ, τὴν προὔχουσαν πλευρὰν
ὀξεῖαν ἐχέτω κατὰ τὸν πόδα, καὶ τὴν χεῖρα τὴν ὑπὲρ αὐ-
τὸν ὑπτίαν ἀντειλημμένην· μέσην τοῦ προβολίου προτεινό-
μενος, τῇ δεξιᾷ ἀντεστραμμένῃ τοῦ δόρατος ἐγκρατῶς ἀν-
τεχέσθω. καὶ τῇ μὲν ἀριστερᾷ τὸν σίδηρον ἀπευθυνέτω
24 πρὸς τὸ τῆς πληγῆς καίριον· ἡ δὲ δεξιὰ κατὰ τὴν ἑαυτῆς
ἰσχὺν ἐπωθείτω τὸ προβόλιον. ὁ δὲ ὀφθαλμὸς κατὰ τοῦ
θηρίου ὀξὺς τετάσθω. κἂν μὲν σῦς ᾖ τὸ θηρίον, στοχα-
ζέσθω τις ἢ κατὰ τὸ μεσόφρυον ἢ κατὰ τὴν ὠμοπλάτην
ὦσαι τὸ προβόλιον· ἄμφω γὰρ καίρια. εἰ δὲ καὶ τῶν γε-
νύων καθίκοιτο, ἧττον ἂν χρῷτο τοῖς χαυλιόδουσιν· ὁ δὲ
πηδῶντος συὸς ὑποθήσει σπασάμενος τὴν μάχαιραν. φυ-
λάττεσθαι δὲ χρὴ μὴ τὸ προβόλιον ὁ σῦς ἐκκρούσῃ τῇ τε
τῆς κεφαλῆς ἐκνεύσει βιαίᾳ καὶ τῇ πρὸς τὸν σίδηρον πληγῇ
25 σφοδρᾷ καὶ τῇ ῥύμῃ τοῦ ἅλματος· εἰ γὰρ τοῦτο γένοιτο,
ὁμοῦ ἂν τῷ ἀνθρώπῳ γίνοιτο, καὶ δεῖ κεῖσθαι πρανῆ, τῆς
ὕλης ἀπρὶξ ἀντειλημμένον· οὐ γὰρ ἂν δύναιτο χρῆσθαι τοῖς
χαυλιόδουσι διὰ τὴν σιμότητα, οὐδὲ τὸ σῶμα ὑποβάλλειν,
ἀλλὰ περιβὰς πατεῖ, αἱ δὲ θήλειαι καὶ δάκνουσιν. εἰ δ᾽
ἑτέρῳ θηρίῳ προσφέροιτο ὁ κυνηγέτης, μὴ διαβαινέτω μὲν
τοῖν ποδοῖν ἐπὶ τοσοῦτον, ἀλλ᾽ ὀρθὸς μᾶλλον ἀνεστηκέτω,
διότι τὰ θηρία ταῦτα, οἷον παρδάλεις καὶ λέοντες, δρόμῳ
26 μέχρι τοῦ κυνηγέτου χρώμενα πλησιάσαντα πηδᾷ, στοχάζε-
σθαι δὲ χρὴ τοῦ στήθους καὶ καρδίας· αὕτη γὰρ ἐπὶ τού-
των ἡ πληγὴ καίριος.

ἄρκυες δὲ καὶ δίκτυα καὶ ἐνόδια, τὸ μὲν λίνον αὐτῶν
Αἰγύπτιον ἢ Φασιανικὸν ἢ Καρχηδόνιον ἢ Σαρδιανὸν εἶ-
ναι δεῖ. Ἡρόδοτος δὲ τὸ Φασιανόν, ὅπερ ἐστὶ Κολχικόν,
ὑφ᾽ Ἑλλήνων Σαρδονικὸν καλεῖσθαι λέγει· καὶ δύναται καὶ
τὸ ἀπὸ Σαρδοῦς, ἀφ᾽ ἧς ἴσως καὶ τὸ Καρχηδόνιον ἔνδο-
ξόν ἐστιν ὡς ἀπὸ τῆς ἑσπέρας κομιζόμενον. πάντα μὲν οὖν
τὰ θηρευτικὰ πλέγματα δίκτυα καλοῖτ᾽ ἄν, Φερεκράτης δ᾽
27 αὐτὰ καὶ ἔρκη εἶπεν· ἡ δὲ παραλλαγὴ τῶν ὀνομάτων ἐν
τῇ χρήσει τῇ θηρευτικῇ δίκτυα μὲν καλεῖ τὰ ἐν τοῖς ὁμα-
λέσι καὶ ἰσοπέδοις ἱστάμενα, ἐνόδια δὲ τὰ ἐν ταῖς ὁδοῖς.

---

25 4. περιβάλλειν *A*, ὑπολαβεῖν Xenophon.   26 5. σαρδιανικὸν *A*.

αἱ δὲ ἄρκυες τούτων μὲν ἐλάττους εἰσὶ τοῖς μεγέθεσι, κε-
κρυφάλῳ δ' ἐοίκασι κατὰ τὸ σχῆμα, εἰς ὀξὺ καταλήγουσαι.
δεῖ δὲ αὐτὰς εἶναι κατὰ τὸν τοῦ Ξενοφῶντος λόγον ἐννεα-
λίνους, ἐκ τριῶν τόνων συμπεπλεγμένας. ὁ δὲ τόνος καὶ
κῶλον καλεῖται· πέπλεκται δ' ἐκ λίνων ὁ τόνος τριῶν. τῆς 28
δὲ ἄρκυος τὸ μέν τι καλεῖται βρόχος· ἔστι δὲ ὁ βρόχος τὸ
συνεχὲς ἐν τοῖς δικτύοις τετράγωνον διάστημα, συνεστηκὸς
ἐκ τεττάρων ἀμμάτων, ὃ τεινομένης τῆς ἄρκυος γίνεται
ῥομβοειδές, δι' οὗ τὴν κεφαλὴν διωθεῖ τὰ θηρία ὡς διεκ-
πεσούμενα, καὶ περὶ αὐτὸ ἐνσχεθέντα ἁλίσκεται· ὁ δὲ περί-
δρομός ἐστι τῆς ἄρκυος σχοινίον ἑκατέρωθεν, τῶν ἄνω τε
καὶ κάτω τελευταίων βρόχων διειρόμενον, ᾧ συνέλκεταί τε
τὰ δίκτυα καὶ πάλιν ἀναλύεται. δεῖ δὲ τοὺς περιδρόμους 29
ἀναμμάτους εἶναι, φησὶν ὁ Ξενοφῶν, ἵνα εὔτροχοι ὦσιν·
προσβάλλονται δὲ τοῖς δικτύοις ἀπὸ στροφίων. ἤδη δέ τι-
νες τοὺς αὐτοὺς τούτους ἐπιδρόμους ὠνόμασαν· οἱ δὲ δύ'
ὄντων τὸν μὲν ἐκ τοῦ κάτω περίδρομον, ἐπίδρομον δὲ τὸν
ἄνωθεν. ἔστι δέ τι ἄρκυος μέρος καὶ ἀκρωλένια, ὅπερ ἐστὶ
τὰ πέρατα τῶν ἀρκύων, ἃ οἱ μὲν κράσπεδα οἱ δὲ πτερύγια
ὠνόμασαν. καὶ μὴν τοῖς ἐνοδίοις προσονομάζονταί τινες
μαστοί, κύκλῳ ἐκ λίνων πλέγματα τοῖς ἀκρωλενίοις προσ-
πεπλεγμένα, τοῖς δὲ δικτύοις δακτύλιοι, κατὰ ταὐτὰ μὲν 30
τοῖς μαστοῖς τὸ σχῆμα ἔχοντες, κρίκοι δὲ αὐτοῖς σιδήρου
πρόσεισιν ὡς ἐπὶ μείζοσιν οὖσι τοῖς δικτύοις, ὅθεν καὶ Ξε-
νοφῶν τοῖς μὲν ἐνοδίοις παρὰ τὰς ἄρκυς κῶλον ἕν, ὃ κα-
λεῖται τόνος, προστίθησι, τοῖς δὲ δικτύοις παρὰ τὰ ἐνόδιά
φησι δεῖν πλείω τόνον προστίθεσθαι, ποιῶν τὰ μὲν ἐνόδια
δωδεκάλινα τὰ δὲ δίκτυα ἑκκαιδεκάλινα, ἐκείνων ὄντων ἐν-
νεαλίνων. ἀνάλογον δὲ καὶ τὸ μέγεθος ἐκ τῆς προσθήκης
ἐπαύξει. τούτοις δὲ καὶ σαρδόνες προσπλέκονται, ὅπερ ἐστὶν 31
ᾠὰ τοῦ δικτύου, μετὰ τὸν τελευταῖον βρόχον ἀνέχουσα τὸ
δίκτυον, ὑπὲρ ἣν ὁ περίδρομος ἢ ἐπίδρομος ταῖς σχαλίσι
κατὰ τὸ δίκρουν ἔπεστιν. κεκρύφαλος δὲ ἄρκυος ἡ κοιλότης,
κορυφαῖον δὲ τὸ στενὸν τὸ τῆς ἄρκυος, ὅ τινες κορυφιστῆρα

ὠνόμασαν. κυνοῦχος δὲ δέρμα μόσχειον, εἰς ὃ ἐντίθεται τὸ
δίκτυον, τῷ σχήματι πεποιημένον ὥσπερ τὰ σύσπαστα βα-
λάντια. στάλικες δὲ καὶ σχαλίδες καὶ σχαλιδώματα ξύλα
ὀρθά, ἐξ ἄκρου διττά, ἱστάμενα μὲν κατὰ τῆς γῆς, τοῖς δὲ
δίκροις ἀνέχοντα τοὺς τῶν δικτύων βρόχους τε καὶ περι-
32 δρόμους. ἀνίσους δ᾽ εἶναι δεῖ τάσδε τὰς στήριγγας, ὅπως
πρὸς τὰ ὑψηλὰ καὶ κοῖλα τῶν χωρίων κατὰ τὴν χρείαν ὁ
ἀρχυωρὸς ἁρμοσάμενος ἀπισώσῃ τῇ τούτων ἀνισότητι τῶν
δικτύων τὴν στάσιν, ἣ καλεῖται ἀρχυστασία. καθίστανται
δὲ αἱ σχαλίδες πλάγιαι, μᾶλλον εἰς ἀλλήλας προσνεύουσαι.
ὁ δὲ τόπος ἐν ᾧ ἵστανται ἀρχυστάσιον.

ἡ δὲ ποδάγρα ἵσταται μὲν ἐλάφοις καὶ συσὶν ἔσθ᾽ ὅτε,
καλοῖτο δ᾽ ἂν καὶ ποδοστράβη. κύκλος δ᾽ ἐστὶ σμιλακίνου
ξύλου, καὶ ὁ κύκλος στεφάνη καλεῖται. κατείληπται δὲ ἥλοις
33 σιδηροῖς καὶ ξυλίνοις παραλλὰξ ἑκατέροις, καὶ πλόκανον
ἐν μέσῳ πέπλεκται, ὡς πατῆσαν τὸ θηρίον φερόμενόν θ᾽
ὥσπερ ἀναστρέψαι τε τὴν ποδοστράβην καὶ ἐνσχεθῆναι
στερεῷ βρόχῳ κατὰ τέχνην ἐπ᾽ αὐτὸ τοῦτο πεποιημένῳ. ἐν-
τίθεται δὲ ἡ ποδοστράβη ὀρύγματι, καὶ ἀπὸ τοῦ περὶ τῇ
στεφάνῃ βρόχου σειρά τις ἐκτέταται, ἣν καὶ σειρίδα καὶ
ἁρπεδόνην καλοῦσιν. πλέγμα δ᾽ ἐστὶν ἐκ σπάρτου στερεὸν ἡ
σειρίς, καὶ ταύτης ἀπήρτηται ξύλον ἐν ἄλλῳ πλησίον ὄντι
ὀρύγματι κατακείμενον, ὅπως ἐὰν τὸ θηρίον ἐπιβὰν ἀνα-
στρέψῃ τε τὴν ποδοστράβην ἐφ᾽ ἑαυτὸ καὶ ἐνσχεθῇ τῷ
βρόχῳ, τὴν ἁρπεδόνην καὶ τὸ ξύλον ἐφελκόμενον ἐμποδί-
ζηται πρὸς τὸν δρόμον, μάλιστα εἰ τῶν προσθίων τις αὐ-
34 τοῦ ποδῶν ἐνσχεθείη. καὶ τῷ μὲν κυνηγέτῃ μεταθεῖν ὑπάρ-
ξει κατὰ τὸν ὁλκὸν τὸν τοῦ ξύλου, ῥᾷον μὲν εἰ κατὰ γῆς
μαλακῆς ἐπισύροιτο· ἡ δὲ τραχυτέρα καὶ αὐτὴ τὸ σημεῖον
ἐνδίδωσι τῷ θηρίῳ, μετιέναι κατὰ τὰ ἀποσύρματα τοῦ ξύ-
λου. ἔσθ᾽ ὅτε δὲ καὶ αὐτὸ τὸ ξύλον ἐνσχεθὲν ὕλης δασύ-
τητι ἢ πέτρας ἀνισότητι ἔστησε τὸ θηρίον. τῷ δὲ ὀρύγ-
ματι χρὴ τῆς στερεᾶς γῆς καὶ τινος πόας ἢ φύλλων ἐπι-
φέρειν, τὴν δὲ νεαρὰν γῆν ἐκ τοῦ ὀρύγματος ἀποφέρειν ὅτι
πορρωτάτω, τοῦ μὴ τῆς νέον κεκινημένης γῆς τὸ θηρίον
ὀσφραινόμενον δυσωπεῖσθαι.

---

33 2. μέσῳ] μέσῳ πλέγματι ante Kühnium.   34 7. ἐπιφορεῖν C.

καὶ ἥδε μὲν ἡ παρασκευὴ μεθ' ἧς τὸν κυνηγέτην δεῖ
παρεῖναι· ἱστάτω δὲ τὰ δίκτυα ἐν πᾶσι τόποις, ὁδοῖς τριμ- 35
μοῖς δρόμοις ἔργοις πεδίοις ὄρεσιν ὕδασιν ὕλαις νάπαις,
ἵνα ὑποπτεύει δύνασθαι τὸ θηρίον εὑρεθῆναι, διαστήματα
καταλιπὼν πρὸς τὰς διαδρομάς, ἃ καλεῖται παράδρομα.
ἐχέτω δὲ καὶ ἄλλα μικρὰ δίκτυα, εἰ καὶ τὰ διαστήματα
προσαποφράξαι δέοι· ταῦτα δὲ τὰ δίκτυα τῶν κυνηγετικῶν
τινὲς ἐμβόλια κεκλήκασιν ὥσπερ ἐμβαλλόμενα τῇ τῶν προ-
τέρων στάσει.

φαίης δ' ἂν στήσασθαι τὰς ἄρκυς, ἐνστήσασθαι περι- 36
στήσασθαι, περιβαλεῖν περιβαλέσθαι, περιπετάσαι, περιθεῖ-
ναι, περιτεῖναι ἐπιτεῖναι, ὀρθῶσαι, στοιχίσαι περιστοιχίσαι
περιστοιχίσασθαι. καλεῖται δ' αὐτῶν ἡ στάσις στοῖχος καὶ
στόχος καὶ στοχὰς καὶ στοχασμὸς καὶ στοιχισμός. στοχὰς
δὲ καλεῖται καὶ χειροποίητά τινα οἰκοδομήματα ἐκ λίθων,
ἢ ὕλης ὑπὲρ τὴν γῆν ἀναστήματα, κατὰ χρείαν τῆς τῶν
δικτύων ἐξ ἴσου στάσεως, εἴ τι κοῖλον εἴη περὶ τὸ ἀρχύστα-
τον. Σόλων δὲ καὶ στοιχάδας τινὰς ἐλάας ἐκάλεσε, ταῖς
μορίαις ἀντιτιθείς, ἴσως τὰς κατὰ στοῖχον πεφυτευμένας.

γενναῖαι κύνες Λάκαιναι, Ἀρκάδες, Ἀργολίδες, Λο- 37
κρίδες, Κελτικαί, Ἰβηρικαί, Καρῖναι, Κρῆσσαι, Μολοττικαί,
Ἐρετρικαί, Ὑρκαναί, Ἰνδικαί. οἱ δὲ κύνες οἱ Ψυλλικοὶ κα-
λούμενοι ἀπὸ πόλεως Ἀχαϊκῆς ἀρχαίας κέκληνται, ὥσπερ
οἱ Ἐλυμαῖοι ἀπὸ ἔθνους μεταξὺ Βάκτρων καὶ Ὑρκανίας
κειμένου. Καστόριαι δὲ καὶ Μενελαΐδες καὶ Ἁρμόδιοι ἀπὸ
τῶν θρεψάντων ὠνομάσθησαν. λέγουσι δὲ τὰς μὲν Λάκαι- 38
νας ἐξ ἀλωπέκων τὸ ἀρχαῖον καὶ κυνῶν γενομένας κληθῆ-
ναι ἀλωπεκίδας, τὰς δὲ Ὑρκανὰς ἐκ κυνῶν καὶ λεόντων,
καὶ κληθῆναι λεοντομιγεῖς. Ἀριστοτέλης δὲ τὰς Ἰνδικὰς κυ-
νὸς καὶ τίγριδος λέγει τρίτην γενεάν· τὰς γὰρ προτέρας
δύο ζῶα γίνεσθαι θηριώδη. Νίκανδρος δὲ ὁ Κολοφώνιος
τοὺς Ἰνδικοὺς κύνας ἀπογόνους εἶναί φησι τῶν Ἀκταίονος
κυνῶν, αἳ μετὰ τὴν λύτταν σωφρονήσασαι, διαβᾶσαι τὸν

---

35 1. τριμμοῖς] δρυμῶσι A. 2. ἔργοις] ἕλεσι A. 4. διαδρομάς] πα-
ραδρομάς A. 6. κυνηγετῶν C. 36 2. περιπετάσθαι vulgo. 10. ἀν-
τιθείς? 38 3. ἀλωπεκίδας; A. 5. δύο γὰρ τὸν πρωτοῦ χρόνον ζῶα
γενέσθαι θηριώδη, λέοντα καὶ ἄρκτον A.

39 Εὐφράτην ἐπλανήθησαν εἰς Ἰνδούς· ὥσπερ καὶ τὰς Χαο-
νίδας καὶ Μολοττίδας ἀπογόνους εἶναί φησι κυνὸς ὃν
Ἥφαιστος ἐκ χαλκοῦ Δημονησίου χαλκευσάμενος, ψυχὴν
ἐνθείς, δῶρον ἔδωκε Διὶ κἀκεῖνος Εὐρώπῃ, αὕτη δὲ Μίνῳ
καὶ Μίνως Πρόκριδι καὶ Πρόκρις Κεφάλῳ. φύσιν δ' εἶχεν
ἄφυκτος εἶναι, ὥσπερ ἡ Τευμησία ἀλώπηξ ἄληπτος· καὶ
διὰ τοῦτο ἀπελιθώθησαν ἄμφω, ὁ μὲν ἵνα μὴ λάβῃ τὴν
ἄληπτον ἀλώπεκα, ἡ δ' ἵνα μὴ φύγῃ τὸν ἄφυκτον κύνα. αἱ
δὲ Καστορίδες Κάστορος θρέμματα, Ἀπόλλωνος τὸ δῶρον·
40 ταύτας δ' ὁ αὐτὸς οὗτος ποιητὴς εἶναι τὰς ἀλωπεχίδας λέ-
γει, μιξαμένου τὸ γένος ἀλώπεκι Κάστορος. αἱ δὲ Ἐρετρι-
καί, καὶ ταύτας Ἀπόλλων ἔδωκεν· τοὺς δὲ λαβόντας καὶ
θρέψαντας τοὺς Εὐρυτίδας φησὶν εἶναι. καὶ μὴν τάς γε
Μενελαΐδας τὰς αὐτὰς εἶναί φησι ταῖς Ψυλλικαῖς, δύ' ἀδελ-
φῶν κυνῶν ἐκεῖθεν ὑπὸ Μενέλεω περὶ τὴν Ἀργολικὴν τρα-
φεισῶν. περὶ δὲ Κυρήνην ἐκ λύκων καὶ κυνῶν γίνεσθαί τι
γένος Ἀριστοτέλης λέγει. τῶν δέ γε Κρητικῶν κυνῶν οἱ μὲν
41 διάπονοι οἱ δὲ πάριπποι καλοῦνται, διάπονοι μὲν οὕς φασι
καὶ τὰς νύκτας ταῖς ἡμέραις ἐν ταῖς πρὸς τὰ θηρία μάχαις
ἐπιλαμβάνειν, καὶ πολλάκις παρευνασθέντας τοῖς θηρίοις
μεθ' ἡμέραν ἄρχεσθαι τῆς μάχης· οἱ δὲ πάριπποι τοῖς ἵπ-
ποις συνθέουσιν, οὔτε προθέοντες οὔτε μὴν ἀπολειπόμενοι.
οἱ δὲ κυναμολγοὶ κύνες εἰσὶ περὶ τὰ ἕλη τὰ μεσημβρινά,
γάλα δὲ βοῶν ποιοῦνται τὴν τροφήν, καὶ τοὺς ἐπιόντας
τοῦ θέρους τῷ ἔθνει βοῦς Ἰνδικοὺς καταγωνίζονται, ὡς
ἱστορεῖ Κτησίας.

42 κύνες δὲ ἔνδοξοι ὁ Πύρρου τοῦ Ἠπειρώτου, ὃς ἐκ-
βοήσαντος μὲν αὐτοῦ ἐκ τῶν ὕπνων περιβὰς ἐφύλαττε τὸν
Πύρρον, ἀποθανόντος δὲ καιομένου τοῦ νεκροῦ ἐνήλατο εἰς
τὴν πυράν. οἱ δὲ Ἡσιόδου παραμείναντες αὐτῷ ἀναιρεθέντι
κατήλεγξαν ὑλακῇ τοὺς φονεύσαντας. ὁ δὲ Ἰκαρίου κύων
καὶ ἔδειξε τῇ θυγατρὶ τὸν Ἰκαρίου νεκρόν· καὶ εἰ χρή τι
πιστεύειν τοῖς ποιηταῖς, οὗτός ἐστιν ὁ Σείριος. ἔνδοξος δὲ
καὶ ὁ Ἠπειρωτικὸς Κέρβερος, καὶ ὁ Ἀλεξάνδρου Περίττας,

τὸ θρέμμα τὸ Ἰνδικόν· ἐκράτει δὲ οὗτος λέοντος, ἑκατὸν
μνῶν ἐωνημένος, καὶ ἀποθανόντι αὐτῷ πόλιν φησὶ Θεό-
πομπος Ἀλέξανδρον ἐποικίσαι. λέγουσι δὲ τοὺς γενναιοτέ- 43
ρους τῶν Ἰνδικῶν ἄλλο μὲν θηρίον ἀπαξιοῦν μεταθεῖν,
λέοντι δὲ ὡς ἀξιομάχῳ προσαγωνίζεσθαι μόνῳ, ἔχεσθαί τε
ὀδὰξ ἐμφύντας, ὥστε κἂν ἁλῷ τὸ θηρίον, πολλὰ πράγματα
τοὺς κυνηγοὺς ἔχειν ὡς ἀποσπάσαι τοῦ θηρίου τοὺς κύνας.
τὸν δὲ Ἀλέξανδρον ἐπὶ πείρᾳ λαβόντα παρὰ Σωπείθους
τοιούτους κύνας ἐν Ἰνδοῖς, πολλὰ θηρίων εἴδη παραβαλεῖν
τινὶ τῶν κυνῶν· τὸν δὲ ἐκταθέντα κατὰ γῆς ἀτρεμεῖν ὡς
οὐδὲν πρὸς αὐτὸν οὖσαν τὴν θήραν τὴν ἄτιμον. λέοντος 44
δὲ προοφθέντος ἐξαναστῆναι, γνωρίσαντα τὸν ὄντα ἄξιον
ἀνταγωνιστήν. κἄπειδὴ συμπλακεὶς κατήθλησε τὸ θηρίον,
ὁ μὲν ἐνδακὼν εἴχετο, μαχαίρᾳ δέ τις ἀπέκοψε τὸν πόδα
τοῦ κυνός, καὶ ὃς οὐδ᾽ ὑπὸ τὴν ἀλγηδόνα τῆς τομῆς ἠνέ-
σχετο λῦσαι τὸ δῆγμα, ἀλλὰ θυμῷ τὸ δρώμενον ἠγνόει.
παρὰ δὲ Πώρου τῷ βασιλεῖ δοθεὶς δῶρον κύων δύο λεόν-
των λέγεται κρατῆσαι. ἦν δὲ καὶ Ἀλκιβιάδῃ κύων ἔνδοξος,
ἑβδομήκοντα μνῶν ὤνιος, τὸ κάλλος θαυμαστός· οὗ τὴν 45
οὐρὰν ἀφελών, πρὸς τὸν μεμφόμενον ὅτι τῷ κάλλει τοῦ
κυνὸς ἐλυμήνατο, ἐξεπίτηδες ἔφη τὸ ζῷον ἀκρωτηριάσαι,
ἵνα τοῦτο καὶ μηδὲν ἄλλο Ἀθηναῖοι ὑπὲρ αὐτοῦ λέγωσιν.
ἔνδοξος δὲ καὶ ἡ Ἀταλάντης κύων, Αὔρα τοὔνομα, ἣν ὁ
Καλυδώνιος σῦς ἀπέκτεινεν· ἀφ᾽ ἧς τὸ κυνὸς σῆμα ἐν Κα-
λυδῶνι. καὶ ἕτερον δὲ οὕτω σῆμα ἐν Ἑλλησπόντῳ κεκλήκα-
σιν ἀπὸ ἐνδόξου κυνός, εἰ μὴ πιστεύομεν ὅτι ἀπὸ Ἑκάβης
εἰς κυνὸς μορφὴν μεταβαλούσης οὕτως ὠνομάσθη. ἡ δ᾽ ἐπὶ
Ἄργῳ τῷ Ὀδυσσείῳ κυνὶ παρ᾽ Ὁμήρῳ θαυματοποιία γνώ-
ριμος. ὁ δὲ Γηρυόνου κύων ὁ τὰς βοῦς φυλάττων ἀδελφὸς 46
μὲν ἦν τοῦ Ἠπειρωτικοῦ Κερβέρου, ἀνῃρέθη δὲ ὑφ᾽ Ἡρα-
κλέους· τὸ δὲ ὄνομα αὐτοῦ Γαργήττιος, καὶ ἔχει μνῆμα ἐν
Ἰβηρίᾳ. γνώριμος δὲ καὶ Τρίακος ἡ Παιονικὴ κύων· Δα-
πάνης δὲ αὐτὴν ὁ Παιονίας σατράπης δῶρον ἔδωκεν Ἀλε-

---

43 6 — 8. λαβόντα ἐθελῆσαι ἰδεῖν τοὺς τοιούτους ἰνδικοὺς κύνας·
ὅθεν καὶ πολλὰ — τινα τῶν κυνῶν ἐκέλευσε A.   44 3. συμπλεκεὶς C.
46 4. τριακάς et δαπάνις C.

ξάνδρῳ.τῷ βασιλεῖ. οὐ μὴν οὐδὲ ὁ Μάγνης κύων, τὸ Ἱπ-
παίμονος κτῆμα, ὁ Λήθαργος ἀνώνυμος, ὃς τῷ δεσπότῃ
συντέθαπται, καθάπερ μηνύει τοὐπίγραμμα·

47 ἀνδρὶ μὲν Ἱππαίμων ὄνομ' ἦν, ἵππῳ δὲ Πόδαργος
 καὶ κυνὶ Λήθαργος καὶ θεράποντι Βάβης.

τὰ μὲν δὴ τῶν Ἀκταίονος κυνῶν ὀνόματα, κατὰ τὴν Αἰ-
σχύλου δόξαν, Κόραξ Ἅρπυια Χάρων Λυκόττας· οἱ δὲ καὶ
Ξενοφῶντι τῷ Γρύλλου γεγενῆσθαί φασιν ἔνδοξον κύνα,
Ἱπποκένταυρον τὴν προσηγορίαν. καὶ μὴν Μάγνητας μὲν
τοὺς ἐπὶ Μαιάνδρῳ τρέφειν φασὶ κύνας πολέμων ὑπασ-
πιστάς· τοιοῦτοι δ' ἦσαν καὶ Παίοσιν οἱ σύνθηροι κύνες.
ἔνδοξον δὲ καὶ Λυκάδα τὴν Θετταλὴν Σιμωνίδης ἐποίησε,
γράψας τουτὶ τοὐπίγραμμα ἐπὶ τῷ τάφῳ τῆς κυνός,

48 ἧς αὖ καὶ φθιμένας λεύκ' ὀστέα τῷδ' ἐνὶ τύμβῳ
 ἴσκω ἔτι τρομέειν θῆρας, ἄγρωσσα Λυκάς.
 τὰν δ' ἀρετὰν οἶδεν μέγα Πήλιον ἅ τ' ἀρίδηλος
 Ὄσσα Κιθαιρῶνός τ' οἰονόμοι σκοπιαί.

καὶ γὰρ ἡ Τεγεᾶτις Ἀνύτη Λοκρίδα δόξης ἐμπέπληκεν, ἐφ'
ἧς τῷ τάφῳ φέρουσ' ἐπέγραψεν

 ὤλεο δή ποτε καὶ σὺ πολύρριζον παρὰ θάμνον,
 Λόκρι, φιλοφθόγγων ὠκυτάτη σκυλάκων·
 τοῖον ἐλαφρίζοντι τεῷ ἐγκάτθετο κώλῳ
 ἰὸν ἀμείλικτον ποικιλόδειρος ἔχις.

49 θηρατέον μὲν τοίνυν ἐν παντὶ καιρῷ, πειρατέον δὲ
τῆς κυνῶν ἀρετῆς ἐν κρύει μὲν εἰ μὴ μαλακιῶσι τὰς ῥῖνας,
ἐν θέρει δὲ εἰ φέρουσι τὸν ἥλιον καὶ συνιᾶσι τῶν ἰχνῶν,
τοῦ ἡλίου τὸ πνεῦμα τὸ ἀπ' αὐτῶν ἀμαυροῦντος, ἦρος δὲ
εἰ ἐν πλήθει τῆς ἀπὸ τῶν ἀνθέων ἀπορροῆς διακρίνουσι
τὰς ὀσμάς. τῆς μὲν οὖν χειμερινῆς τε καὶ θερινῆς ὥρας ὁ
ἠρινὸς καιρὸς εἰς θήραν ἐπιτηδειότερος ὡς τοῦ ἀέρος ἄμει-
νον κεκραμένου, πλήν γε παρ' ὅσον ταῖς κρίσεσι τῶν ἰχνῶν
50 ἐνοχλεῖ τὰ ἄνθη· τὸ δὲ μετόπωρον ἐγγυτάτω μέν ἐστι τῇ

47 4. ἀραία A. 48 1. ἧς — 10. ἔχις] καὶ ἄλλαι δέ τινες τοιαῦται
ἄδονται C. 50 1. ἐγγ. — 4. ἕλκουσι] ὅμοιον μὲν τὴν κρᾶσιν ἔαρι,
πλεονεκτεῖ δὲ τῷ μήτε τὰς ἀπορροίας τῶν ἀνθῶν μήτε καρπῶν τινῶν ἐφ'
ἑαυτὰς ἕλκειν C.

κράσει πρὸς τὸ ἔαρ, οὔτε δὲ αἱ ἀπὸ τῶν ἀνθέων ἀπόρροιαι
οὔθ᾽ αἱ ἀπὸ τῶν ἤδη συγκεκομισμένων καρπῶν ἐφ᾽ ἑαυτὰς
ἕλκουσι τὰς ῥῖνας τῶν κυνῶν. διὰ μέντοι χιόνος ἐπιφανέ-
στερα τὰ ἴχνη καὶ οὐ δυσζήτητα, ἀλλ᾽ εὐαίρετος ὁ λαγώς,
καθότι καὶ τῇ δασύτητι τῶν ὑπὸ τοὺς πόδας αὐτοῦ τριχῶν
ὄγκοι προσιζάνοντες τοῦ δρόμου τὴν ῥᾳστώνην ἐμποδίζουσιν.

τροφαὶ μὲν δὴ τοῖς σκύλαξι μετὰ τὸ ἐκ τῶν μητέ-
ρων γάλα (τοῦτο γάρ φησιν αὔξιμον εἶναι ὁ Ξενοφῶν αὐτό
τε καὶ τὸ μητρῷον πνεῦμα) ἀλλὰ μετὰ τοῦτό γε αἵματα 51
ζώων ἁλισκομένων, ἵνα προσεθίζωνται τῇ κυνηγετικῇ τροφῇ.
σκυλακεία δὲ ἡ μέν τις νοείσθω σκυλάκων ἀνατροφή, ἡ δὲ
σκυλάκων γένεσις, καὶ τὸ σκυλακεύειν τὰς κύνας χρῆναι τοῦ
χειμῶνος ἐστιν ἐμπιπλάναι σκυλάκων καὶ ὀχεύειν. πρόδια-
πονηθεῖσαι δέ, εἶτα ἀναπαυσάμεναι κατὰ καιρὸν ἂν συν-
δυάζοιντο, τῷ μὲν πόνῳ γεγενημένων αὐταῖς τῶν σωμάτων
εὐπαγῶν, τῇ δὲ ἀναπαύσει πρὸς ἰσχὺν τραφέντων. ἐσθίειν
δὲ αὐτὰς τότε δεῖ πρὸς κόρον, ἐπεὶ ὁπότε θηρῶεν τὸ ἐμ-
πίπλασθαι οὐ πάνυ χρήσιμον. ἡ δὲ τῶν σκυλακευομένων
τροφὴ σιτία οἴνῳ διάβροχα. κύουσι δὲ δύο μῆνας, καὶ οὐκ 52
ἄν τις ἐξαγάγοι κύνα ἐπὶ θήραν κύουσαν, ὁπότε ἐπίτεξ
εἴη καὶ ἐπίφορος. τῷ δὲ Ἀριστοτέλους λόγῳ ἡ μέν τις κύει
δύο μῆνας μάλιστα, καὶ τὰ τικτόμενα πρὸ δωδεκάτης ἡμέ-
ρας οὐ βλέπει, ἡ δὲ ἡμέρας δύο καὶ ἑβδομήκοντα, καὶ ἡ
τῶν σκυλακίων ὄψις προθεσμίαν ἔχει τετάρτην καὶ δεκάτην
ἡμέραν· τῆς δὲ ἡ μὲν κύησις τρίμηνος, τὸ δὲ τῶν σκυλά-
κων ἀνάβλεμμα εἰς ἑβδόμην προχωρήσει καὶ δεκάτην ἡμέ-
ραν. ὥρα δὲ ἀρίστη κυνῶν πρὸς πλήρωσίν τε καὶ γένεσιν
τῷ μὲν ἄρρενι τετάρτου ἔτους ἀρξαμένου, τελευταῖον τὸ
ὄγδοον· ἡ δὲ θήλεια τριετὶς ἄχρις ἑξαετίδος συνδυαζέσθω.

νοσήματα μέντοι τρία κυνῶν, λύσσα ποδάγρα
κυνάγχη. ἀλλ᾽ ἡ μὲν ποδάγρα οὐ πάντῃ ἀνίατος, ἡ δὲ 53
λύσσα δυσίατος· ἡ δὲ κυνάγχη εἰς θάνατον φέρει. πᾶν δὲ
τὸ ὑπὸ λύττῃ ἐχομένου κυνὸς δηχθὲν ἀναιρεῖται, ἄνθρωπος
δὲ μόνος οὐκ ἄνευ κινδύνων περιγίνεται.

---

52 3. ἡ] εἰ vulgo.   6. τετάρτην καὶ δεκάτην Vlitius: libri τρίτην
καὶ τετάρτην.

54 τοὺς δὲ σκύλακας ἑξαμήνους μὲν τὰς θηλείας οἴσας, ὀκταμήνους δὲ τοὺς ἄρρενας ἐπὶ θήραν ἀκτέον, ἱμάντι μακρῷ ἐνηγκυλημένῳ ἐξημμένους. εἶθ' ὅταν ἐν καταλήψει γένηται τὸ θηρίον, ἐφιέναι καὶ τούτοις ἑλεῖν, ἵνα χαίρωσι τῇ θήρᾳ, τὸ μὲν πρῶτον ἀπὸ τοῦ ἱμάντος ὑλακτεῖν ἐῶντας, μικρὸν δὲ ὕστερον καὶ τὴν ἀγκύλην ἀπολύσαντας, ὡς μὴ τεινόμενοι ῥηγνύωνται.

55 κόσμος δὲ κυνὸς δέραια μέν, ἱμὰς πλατὺς περὶ τῷ τραχήλῳ, στερεός, ὃς καὶ περιδέραιον καὶ περιδερὶς ὀνομάζεται· ἔνδοθεν δ' αὐτῷ ὑπερράφθω τις ἀρνακίς, ὡς μὴ τρίβοιτο ὑπὸ τοῦ λώρου ἡ δειρὴ τοῦ κυνός. τελαμωνία δὲ καὶ αὐτὴ πλατὺς ἱμάς, ἑκατέρωθεν ἀπὸ τοῦ δεραίου περὶ τὰς πλευρὰς παρήκων ἐναλλάξ, ὡς τῶν τε νώτων τὰ μετὰ τὰς ὠμοπλάτας ἄκρας καὶ τὰς λαγόνας στέγειν. ἧλοι δὲ ἢ ἐγ-

56 κεντρίδες ἔπεισι ταῖς τελαμωνίαις· αἱ δὲ καὶ περὶ τὸ ἐπίσιον ἐκτέτανται, ὡς μὴ ὀχεύοιτο ἡ κύων, τῶν ἐγκεντρίδων τὴν τόλμαν τῶν ἐπιβησομένων ἀνειργουσῶν, τοῦ μὴ ὑποπλησθῆναι αὐτὰς ἐξ ἀγεννῶν χάριν. τὸ δὲ περιδέραιον ἐξῆπται στενοῦ ἱμάντος, ὃς κατὰ τὸν κύναγχον ἐξηγκύλωται· καὶ ἀπὸ τούτου ἄγεται ἡ κύων. ἔνιοι δὲ καὶ τὰ νῶτα τῶν κυνῶν βύρσαις τισὶ στερεαῖς καταλαμβάνουσι, περὶ τὰς ὑποδερίδας τοῦ ζῴου τὰς βύρσας ἀνάψαντες, ὥσθ' ἥκιστα τρωτοὺς εἶναι τοὺς κύνας τῇ τοιαύτῃ σκέπῃ, ὁπότε συμπίπτοιέν τινι τῶν μαχίμων θηρίων.

57 ἀρεταὶ δὲ κυνῶν ἀπὸ μὲν σώματος, μεγάλαι μηδὲ ἀσύμμετροι μηδὲ ἀνάρμοστοι, σιμαί, ἀρθρώδεις. ἰνώδη τὰ κάτωθεν τοῦ μετώπου. μέτωπον πλατύ, τὰς διακρίσεις ἀκριβεῖς ἔχον. κεφαλαὶ κοῦφαί τε καὶ εὔφοροι. ὄμματα μετέωρα μέλανα στίλβοντα· λάμπουσαι αἱ κόραι, πυρῶδες τὸ βλέμμα. ὦτα λεπτὰ καὶ μικρὰ καὶ ψιλὰ ὄπισθεν. τράχηλος μακρὸς ὑγρὸς

58 περιφερής. στήθη εὔσαρκα εὐρύτερα. αἱ δὲ ὠμοπλάται τῶν ὤμων μικρὸν ἀφεστηκέτωσαν. σκέλη ἑκάτερα μὲν ὑψηλά, μείζω δὲ τὰ ἐξόπισθεν· ἀλλὰ ταῦτα μὲν ἐπίρρικνα, τὰ δὲ πρόσθεν ὀρθὰ στιφρὰ στρογγύλα, μὴ προύχοντα κατὰ τοὺς ἀγκῶνας. καὶ πλευραὶ δὲ ἔστωσαν προσεσταλμέναι καὶ μὴ

πρὸς τὴν γῆν βαθυνόμεναι. τῆς δὲ ὀσφύος οὐκ οὔσης
ἀσάρκου τό τε ὑγρὸν πάντη καὶ τὸ παντελῶς σκληρὸν
ὁμοίως ἀπέστω. λαγόνων δὲ ἄριστον τὸ μέτριον, ὡς ἀπεῖ-
ναι μέγεθός τε καὶ σμικρότητα. τῶν δὲ ἰσχίων στρογγύλων 59
ὄντων τὰ μὲν κατόπιν ἔστω σαρκώδη, τὰ δὲ ἄνωθεν ἀσύν-
δετα, ἔνδοθεν προσεσταλμένα. κενεῶνες δὲ αὐτοί τε λαγα-
ροὶ καὶ τὰ κάτωθεν αὐτῶν, οὐραὶ προμήκεις εὐθεῖαι ὀξεῖαι
λιγυραί, μηριαῖαι σκληραί. τὰ δὲ ὑποκώλια περιφερῆ καὶ
προμήκη τε καὶ εὐπαχῆ. περιφερεῖς δὲ καὶ οἱ πόδες. εὔτρι-
χες δ' ἔστων, καὶ τὰ τριχώματα αὐτοῖς δασυνέσθω λεπτῇ
καὶ μαλακῇ καὶ πυκνῇ τῇ τριχί. τοιαῦται δὲ οὖσαι φανοῦν- 60
ται ἐλαφραὶ ποδώκεις δρομικαὶ εὔστομοι. καὶ ἥκει κατὰ μι-
κρὸν ὁ λόγος ἐπὶ τὰς τῆς ψυχῆς ἀρετάς, ἀποφαίνων τὰς
κύνας θυμοειδεῖς, θυμοσόφους, σοφάς, εὔρινας, εὐαισθή-
τους, εὔποδας, ὀξεῖς, φιλοπόνους, ἐθελουργούς, εὐψύχους,
ἀπλανεῖς, ἐγκρατεῖς, οἵας ἁρπάζειν μὲν τὰ πνεύματα, κρί-
νειν δὲ τὰς ὀσμάς, ἐπευθύνειν δὲ τὰ ἴχνη, καταφωρᾶν δὲ
τὸ θηρίον, μετιέναι, μεταθεῖν, μεταδιώκειν, μεθέπειν, κατὰ
πόδας χωρεῖν, ὑποκρυφθὲν ἐξευρίσκειν, προοφθὲν διώκειν,
καταληφθὲν αἱρεῖν, φροντίζειν μὲν κατὰ τὴν ζήτησιν τῶν 61
ὀσμῶν, ἡσυχάζειν δὲ κατὰ τὴν εὕρεσιν τῶν ἰχνῶν, προηγεῖ-
σθαι δὲ τῷ θηρευτῇ, κἂν ἐγγὺς ᾖ τῆς ἀνευρέσεως ὑποση-
μαίνειν, κατανεύειν, ὑποδηλοῦν, διαδηλοῦν τῇ χαρᾷ τῆς ψυ-
χῆς, τῷ πηδήματι τοῦ σώματος, τῇ φαιδρότητι τοῦ προσώ-
που, τῇ λαμπρότητι τῶν ὀφθαλμῶν, τῇ μεταλλάξει τῶν
ὀμμάτων, τοῖς ἀναβλέμμασι τῆς ὄψεως, τοῖς πηδήμασι τῆς
ἐλπίδος, τῇ στάσει τῶν ὤτων, τῷ σεισμῷ τῆς οὐρᾶς, τῷ τὸ
σῶμα πᾶν ἐπικραδαίνειν. κακίαι δὲ κυνῶν ἀπὸ μὲν 62
σώματος μικραὶ ἢ ὑψηλαὶ καὶ ἀσύμμετροι, χαροποί, μυω-
ποί, γρυπαί, ἄρρωστοι, ψιλαί, αἰσχραί, ἄμορφοι, ἀσύνταχ-
τοι τὰ σώματα, διάστροφοι τοὺς πόδας, ἄστομοι, νωθροί,
ἄθυμοι, βραδεῖαι, κατηφεῖς, ἄποδες. βαρεῖαι τὴν κεφαλήν,
σαρκώδεις τῷ μετώπῳ, ὑπέρμετροι καὶ δασεῖαι τὰ ὦτα,
σκληραὶ τοὺς αὐχένας· στήθη στενά, ὠμοπλάται τοῖς ὤμοις

---

59 2. ἄνωθεν] πρόσθια C.   6. εὐπαγῆ A.   7. post δασυνέσθω A
καὶ τὰ μέχρις ὀνύχων A.   60 3. τοὺς κ. vulgo.

συνάπτουσαι, πλευραὶ βαθεῖαι, ὀσφῦς σαρκώδεις, λαγόνες
63 ἀσύμμετροι πρὸς τὸ σῶμα, ἰσχία προμήκη τε καὶ γυμνὰ
σαρκῶν, μηριαῖαι ὑγραί, τὰ ὑποκώλια οὐ στρογγύλα, ἐπι-
μήκεις οἱ πόδες. τοιούτῳ δὲ σώματι ἀνάγκη καὶ τῇ ψυχῇ
κακίαν συνεῖναι, καὶ εἶναι τὰς κύνας ἀνοήτους, ἀναισθή-
τους, ἀμαντεύτους τῶν ἰχνῶν, ἄρρινας, ἀργάς, ἀπόνους, ῥᾳ-
θύμους, πλανήτιδας, εὐεξαπατήτους, ἐξαπατητικάς, πρὸς
μὲν τὴν ζήτησιν ἀναπεπτωκυίας πρὸς δὲ τὴν εὕρεσιν ἀθύ-
μους, ἀπειθεῖς, μισοθήρους, φιλανθρώπους, ἐπαναχωρούσας
ἐκ τῆς διώξεως, προλειπούσας τὸ θηρίον, προδιδούσας τὰς
64 συνθήρους, ὑποθεούσας προθεούσας, προϊεμένας τὰ διώ-
γματα, κεκλαγγυίας, οὐ καίρια ὑπολαμβανούσας, προχαι-
ροίσας, μάτην ἐπαναστρεφούσας, προπετῶς πηδώσας, εἰκῇ
ταῖς σοφωτέραις τῶν κυνῶν ἐμποδὼν καθισταμένας, ἐνδι-
δούσας ὑπὸ τὸν ἥλιον, ὑποφευγούσας ὑπὸ τὰς σκιάς, μαλα-
κιούσας ὑπὸ τὸ κρύος, ἐξανισταμένας ὑπὸ τὸν ὄμβρον, οὐκ
ἀπαλλαττομένας τῶν τριμμῶν, προκαμνούσας, ἀπαγορευού-
σας, ὑποτρεμούσας ὅταν ἐγγὺς ᾖ τὸ θήραμα, ὑποτρόμους
γινομένας, οὐκ ἀνευρεῖν συνετάς, οὐ διώκειν ἱκανάς, ὀλιγό-
φρονας, ἀκρατεῖς, κνυζούσας.

65   ἀπὸ δὲ κυνῶν ὀνόματα κυνῆ, κυνάγχη, κυνοδρομεῖν
κυνομαχεῖν, ἔκκυνοι ἐκκυνῶσαι ἐκκυνεῖν. λέγεται δὲ καὶ προ-
κυνεῖν τὸ προϋλακτεῖν πρὶν ἢ τὸ θηρίον ἀνευρεῖν. καὶ
Ὅμηρος μὲν λέγει «κυνὸς ὄμματ᾽ ἔχων» (οὕτω γὰρ τὸν
ἀναιδῆ καλεῖ) καὶ ἀλλαχοῦ «κύον ἀδεές»· Ἀριστογείτων δὲ
ὁ Κυδιμάχου κύων διὰ τὴν τόλμαν ἐκαλεῖτο, καὶ κύνες οἱ
ἀπ᾽ Ἀντισθένους. καὶ κυνίζειν καὶ κυνισμὸς καὶ κυνικὸς καὶ
κυνώδης καὶ κυνοῦχος, καὶ κυνήποδες ἵπποι.

χρῶμα δὲ κυνῶν οὔτε τὸ πάντῃ λευκὸν ἀποδεκτέον
οὔτε τὸ βαθέως μέλαν οὔτε τὸ παντελῶς πυρρόν, ἀλλ᾽ ἑκά-
στῳ παραμεμίχθω τι καὶ ἑτέρας χρόας, ἤτοι κατὰ τὸ μέ-
τωπον ἢ ὑπὲρ τὰς ῥῖνας ἄκρας ἢ καὶ κατ᾽ ἄλλο τι τοῦ
σώματος μέρος.

66   λαγὼ μὲν εὐναὶ θάμνοι συνηρεφεῖς καὶ ἴδαι ἀμφιλα-

γεῖς καὶ ρωχμοὶ βαθεῖς, χειμῶνος μὲν τὰ πρόσειλα, θέρους
δὲ τὰ ἐπίσκια, ἐν δὲ χιόνι τὰ μελάγχιμα· ἔστι δὲ ταῦτα τὰ
κοῖλα ἐν οἷς ἡ χιὼν διατέτηκεν, κέκληται δὲ ὅτι παρὰ τὴν
ἄλλην τῆς γῆς ὄψιν, λευκὴν οὖσαν ὑπὸ τῇ χιόνι, ταῦτα
μόνα μελαίνεται. εὔκριτα μὲν τὰ ἴχνη τὰ εὐθέα, δύσκριτα
δὲ τὰ συμπεπλεγμένα· γίνεται δὲ μάλιστα τοιαῦτα, ἢν προ-
διεξέλθωσιν ἀλώπεκες. τὰ δὲ ὀρθὰ ἴχνη, ὁπόταν ἤτοι κτύ- 67
πον καταχούσαντες ὀρθοὶ κατὰ τοὺς πόδας τοὺς ἐξόπι-
σθεν ἐξανιστάμενοι βούλωνται τὸ σαφὲς τοῦ προσπεσόν-
τος ἤχου μαθεῖν, ἢ καὶ τῷ τῆς σελήνης φωτὶ χαίροντες,
ὁπόταν ᾖ πανσέληνος, ἀντιπαίζοντες πρὸς ἀλλήλους καὶ
πηδῶντες μακρὰν καὶ διαλλόμενοι καὶ διαπορριπτοῦντες ἀπο-
φήνωσι ταραχώδη τὰ ἴχνη. ἰδέα δὲ λαγὼ καὶ φύσις, τὸ μὲν
χρῶμα ἐπίπερκνος (ἔστι δὲ τοῦτο περκνῆς ἐλαίας τὸ εἶδος,
οὔτε ὄμφακος ἔτι οὔτε ἤδη μελαινομένης), μέγεθος οὐ μέ- 68
γας, κοῦφος τὴν φύσιν, δασὺς τὴν τρίχωσιν, καὶ τὰ ὕπτια
τῶν ποδῶν ἀλλ᾽ οὐ μόνα τὰ πρανῆ δασυνόμενος, ὅπερ οὔ
φησιν Ἀριστοτέλης ἑτέρῳ ζώῳ προσεῖναι. διὰ τοῦτό μοι
δοκοῦσι δασύποδα τὸν λαγὼν ἄλλοι τε καὶ Κρατῖνος κα-
λεῖν, ὄνομα ποιούμενοι τῷ ζώῳ τὴν φύσιν. ὁ μὲν οὖν μεί-
ζων καὶ τὸ λευκὸν ἔχει τὸ ἐν τῷ μετώπῳ μεῖζον, ὁ δὲ μι-
κρὸς τό τε λευκὸν ἔλαττον καὶ τὸ χρῶμά ἐστιν ἐπίπυρρος.
γλαυκὸς δ᾽ ἐστὶν ὁ λαγὼς ἢ χαροπός, ἐξόμματος· καὶ τὰ 69
ὄμματα οὐκ ἔχει βλεφαρίδας, ὅθεν καὶ ἀμβλυώττει. τὰ
πολλὰ δ᾽ ἐστὶν ἐν ὕπνῳ· καὶ τοῦτο δὲ οὐ σμικρὸν ὀφθαλ-
μοῖς τὸ βλάβος. κεφαλὴν ἔχει μικρὰν ἐλαφρὰν κατωφερῆ,
εἰς στενὸν καταλήγουσαν, ὦτα ὑψηλά, τράχηλον στενὸν
στρογγύλον ὑγρὸν ἐπιμήκη, ὠμοπλάτας ὀρθάς, ἄνωθεν
ἀσυνδέτους, σκέλη τὰ πρόσθεν ἐλαφρὰ σύγκωλα, στῆθος οὐ
σαρκῶδες, πλευρὰς οὐ βαρείας οὐδὲ ἀσυμμέτρους, κωλῆνα
σαρκώδη, λαγόνας ὑγράς, ἰσχία μεγάλα στρογγύλα εὔσαρκα, 70
οὐ συνεστηκότα, μηροὺς βραχεῖς εὐπαχεῖς μυώδεις, οὐκ ὀγκ-
ώδεις, τὰ ἔνδον ὑποκώλια μακρὰ καὶ στιφρά, πόδας τοὺς
πρόσθεν στενοὺς καὶ μακρούς, τοὺς ὄπισθεν στερεοὺς καὶ

---

68 3. ἄπερ vulgo. 5. δοκεῖ ante M. 69 8. κωλὴν A. 70 2. εὐ-
παγεῖς A. 3. στρυφρὰ A.

πλατεῖς, σκέλη πολὺ ἐλάττω τῷ μήκει τὰ πρόσθεν παρὰ τὰ
ὄπισθεν. βλαισά τ' ἐστὶ τὰ ὄπισθεν, ὡς ἐγκεκλίσθαι παρὰ
τὰ πρόσθεν καὶ κατὰ τοὺς δρόμους προβάλλειν αὐτὰ πρὸ
ἐκείνων, καὶ πηδᾶν ἀντερειδόμενον τοῖς ὄπισθεν ποσίν, οὐ-
δαμῇ τοὺς προσθίους ἐμποδίζοντα διὰ τὴν ἐκείνων εἰς τὸ
11 εἴσω παράλλαξιν. ἁλτικὸν δ' ἐστὶ καὶ πηδητικὸν τὸ ζῶον
μᾶλλον ἢ δρομικόν, ἄλλως δὲ κοῦφόν τε καὶ ὑπερέλαφρον.
κἀπειδὴ τὴν οὐρὰν οὐχ ἱκανὴν ἔχει τὸ σῶμα ἀπευθύνειν,
τοῖς ὠσὶ χρῆται πρὸς τὴν ἡγεμονίαν, παρακαταβάλλων αὐτὰ
καὶ ὥσπερ κώπαις τισὶ παρερέττων τὸ σῶμα. ἐν δὲ τοῖς κα-
τωφερέσι μᾶλλον ἁλίσκεται διὰ τὸ ὕψος τὸ τῶν ὄπισθεν
ποδῶν κατὰ κεφαλὴν προωθούμενος. ἐν δὲ τοῖς ἀνάντεσιν
ἡ τῶν ποδῶν ἀνισότης κατὰ τὴν ἀνωμαλότητα τὴν τῶν
τόπων ἀπισοῖ τὸ σῶμα πρὸς τὸν δρόμον· ὅσον γὰρ ἐν τοῖς
ἀνάντεσι τὰ κατόπιν κοιλαίνεται, τοσοῦτον τὸ τῶν ποδῶν
72 μῆκος εἰς ἰσοπέδου δόξαν ἀναλαμβάνει. δειλίᾳ δὲ ὑπερβάλ-
λει τοῦτο τὸ ζῶον, ἔκπληκτον ῥᾷστα γινόμενον καὶ ἀνα-
πτοούμενον, ὅθεν καὶ πτὼξ ὀνομάζεται. τὸν δὲ ὕπνον ποι-
εῖται καὶ τὴν ἀνάπαυλαν ὑποθεὶς μὲν εἰς τὰς λαγόνας τὰ
ὄπισθεν σκέλη, τὰ δὲ πρόσω κῶλα προτείνας τε καὶ συν-
θείς, καὶ τὴν κεφαλὴν καταθεὶς κατ' αὐτῶν. ἀλλ' ἢν κατα-
μύῃ τε καὶ τὰς ῥῖνας ἀκινήτους ἔχῃ, καθεύδει μὲν οὔ, κα-
μὼν δ' ἴσως ἀναπαύεται· ἢν δὲ τοῖς ὀφθαλμοῖς ἀναπεπτα-
μένοις ἀτρεμίζῃ καὶ τὰς ῥῖνας ὑποκινῶν ἐκπνέῃ θαμινά,
73 ὕπνος αὐτὸν ἀκριβὴς ἔχει. καὶ μὴν πολύγονόν ἐστιν ἐς τὰ
μάλιστα τουτὶ τὸ θηρίον ἐπικυϊσκόμενον ἀεὶ καὶ διὰ πά-
σης ὥρας, ὥστε τὸ μὲν ἤδη τέτεκται, τὸ δὲ μέλλει, τὸ δὲ
κύεται, τὸ δὲ ἔτι πλάττεται· καὶ εἴποις ἂν αὐτὸ πολύγονον
πολυτόκον πολύτεκνον, ἐπικυϊσκόμενον, γόνου ἀεὶ ἐπιπλη-
ρούμενον. τίκτει δὲ καθ' ἕκαστον μῆνα. καὶ τετρίχωται πᾶν,
ὥστε καὶ τῶν γνάθων ἐντὸς ἔχειν τρίχας. ὅσων δ' ἂν ἐτῶν
ᾖ, τοσαύτας ἔχει τῶν ἀπὸ τοῦ σώματος ἐγχωρούντων ὑπὸ
74 τὴν οὐρὰν τὰς ὀπάς. μόνον δὲ τῶν ζώων γάλα καὶ πρὶν
τεκεῖν ἔχει, καὶ μόνον τῶν πολυσχιδῶν ἔχει πυτίαν. καὶ οἱ
μὲν Ἐλυμαῖοι τῶν παρ' ἡμῖν ἀλωπέκων οὐ μείους εἰσὶ τὰ

---

72 9. ἐκπνεῖ C, ἐκτείνει A.

σώματα, μελαίνονται δὲ τὰ χρώματα καὶ προμήκεις πεφύ-
κασι, καὶ τὸ περὶ τὴν οὐρὰν ἄκραν λευκὸν αὐτοῖς καὶ ἐπί-
μηκές ἐστιν· οἱ δὲ μοσχίαι καλούμενοι τῶν λαγῶν ὀξύτερον
καὶ εὐαισθητότερον ἔχουσι τὸ πνεῦμα τὸ τῶν ἰχνῶν, ὥστε
γίνεσθαι πρὸς αὐτὸ τὰς κύνας ἐκμανεῖς. Ἰθάκη δὲ μόνη 75
τῶν νήσων ἄγονός ἐστι λαγῶ. Καρπάθιοι δὲ πρότερον οὐκ
ὄντων ἐν τῇ νήσῳ λαγῶν ζεῦγος εἰσαγαγόμενοι, τὸ μὲν εἰς
πλῆθος ἐκ τῆς πολυγονίας ἐπιδιδοῦν ἔφθειρε τοὺς καρπούς,
οἱ δὲ παροιμίαν ἐποίησαν ἐπὶ τῶν ἐπισπαστὸν κακὸν ἐφ'
ἑαυτοὺς ἐπαγαγόντων «ὁ Καρπάθιος τὸν λαγών.» καὶ μὴν
Ἀναξίλας ὁ Ῥηγῖνος οὔσης, ὡς Ἀριστοτέλης φησίν, τῆς Σι-
κελίας τέως ἀγόνου λαγῶν, ὁ δὲ εἰσαγαγών τε καὶ θρέψας,
ὁμοῦ δὲ καὶ Ὀλύμπια νικήσας ἀπήνη, τῷ νομίσματι τῶν Ῥη-
γίνων ἐνετύπωσεν ἀπήνην καὶ λαγών.

    τῶν δὲ ἐ λ ά φ ω ν ἄκερως μὲν ἡ θήλεια, ὁ δ' ἄρρην κε- 76
ρωφόρος ἢ κερασφόρος ἢ κεράστης ἢ εὔκερως ἢ πλατύκε-
ρως ἢ ὑπέρκερως, καὶ χρυσόκερως ὁ ὑπὸ Ἡρακλέους ἁλούς·
καὶ Ἀνακρέων μὲν σφάλλεται κερόεσσαν ἔλαφον προσειπών,
καὶ Σοφοκλῆς κεροῦσσαν τὴν Τηλέφου τροφόν, Ὅμηρος δὲ
ὀρθῶς λέγει «ἀμφ' ἔλαφον κεραόν.» ἔστι δὲ τοῖς ἐλάφοις
τὸ χρῶμα ἐπίξανθον, κατάστικτον λευκοῖς γράμμασιν· πλείω
δὲ αἱ θήλειαι τὰ στίγματα ἔχουσι, καὶ μάλιστα τῶν ἐλά-
φων οἱ νεβροί. ἁλίσκονται δὲ δικτύοις μέν, εἴ τις ὀγμεύσας 77
αὐτὰς συνελάσειεν, ποδοστράβαις δέ, εἴ τις ἐνεδρεύσας αὐτὰς
ἐμποδίσειεν. καὶ γεννᾷ μὲν ὡς ἐπὶ τὸ πλεῖστον ἓν ἔλα-
φος, κύει δὲ μῆνας εἰς ὀκτώ, τίκτει δὲ πληρωθεῖσα ὑπὸ τὸ
μετόπωρον ἱστάμενον. τὸν δὲ νεβρὸν οἱ γονεῖς ἀγαγόντες
ἐπὶ τὴν εὐνήν, ἵνα πέτρας ἀπορρῶγος περίδρομος παρέχει
τὴν ἐκ θατέρου μέρους ἀσφάλειαν, ἡ μὲν μήτηρ ἑαυτὴν
καταβαλοῦσα θηλάζει τὸ βρέφος, ὁ δὲ πατὴρ ἄποθεν φυ- 78
λάττει καὶ πρὸς τὸν προσελθόντα ὑπερμαχεῖ. καὶ τὸν μὲν
νεβρὸν εἰ δυνηθείης ἀπελάσας ἀπὸ τῶν γονέων κυνοδρο-
μῆσαι, τὸν μὲν πρῶτον δρόμον ἀπολείψῃ σύ τε καὶ αἱ κύ-
νες, ἐν δὲ τοῖς ἐφεξῆς ἀπαγορεύουσιν ἄρα οἱ νεβροί. πολ-
λαὶ δὲ καὶ τῶν τελείων ἐλάφων ἐν ταῖς συνεχεστέραις διώ-
ξεσιν ὑπὸ δυσπνοίας ἁλίσκονται. χρεία δὲ πρὸς αὐτὰς τόξων
καὶ ἀκοντίων.

14

79 περὶ δὲ συὸς εἴποις ἂν βαθύνει τῷ ῥύγχει τὴν γῆν, κείρει τὰ λήια, κόπτει τὰ δένδρα, θήγει τοὺς ὀδόντας, ἔφριξε τὴν λοφιάν, λεχρίοις παρέβλεψε τοῖς ὄμμασι, πυρῶδες ὑποβλέπει, τοῖς ὀδοῦσιν ἀντιπαταγεῖ, τῷ πρὸς ἀλλήλους κόμπῳ τῶν ὀδόντων ἀπειλεῖ, πῦρ ἐκ τῶν ὀφθαλμῶν ἀφίησιν, ἀφρὸς αὐτῷ τοῖς χαυλιόδουσι περιζεῖ, τραχύς ἐστι τὴν ὀργήν, ἀκάθεκτος τὸν θυμόν, δύσμαχος δυσάλωτος δυσαγώνιστος, προωθῶν, προρρηγνύμενος, ἐμπίπτων προσπίπτων, ἀνατρέπων, κόπτων τοῖς ὀδοῦσιν, ἀνοίγων, ἀναρρηγνύς, ῥύμῃ ἐπιών, ῥόθιος συμπροσχωρῶν, βίαιος τὴν ὁρμήν, δυσ-
80 κίνητος, δυσκαταγώνιστος. καὶ τὰς ἄρκυς διακόψειεν ἄν, καὶ τὰς στάλικας ἀνατρέψειεν, καὶ τὰ δένδρα πρόρριζα ἐκτρίψειεν, ὑπέρθυμος, δυσόργητος, ἔμπυρος, ὑπέρασθμος. εἰ καὶ πλαγίοις τοῖς ὀδοῦσι θίγοι τῶν κυνῶν, τὸ τρίχωμα ἐπέφλεξεν· εἰ δὲ ἀποθανόντος τῷ χαυλιόδοντι προσενέγκαις τρίχας, ὡς ἀπὸ πυρὸς αἱ τρίχες συντρέχουσιν· οὕτω πολὺ τὸ φλογῶδες ἔνεστι τῷ θηρίῳ.

ἡ δὲ ἄρκτος τίκτει μὲν σάρκα, πλάττει δὲ καὶ ἀρθροῖ τὸ γέννημα τῷ στόματι, καὶ πρὸς εἶδος ζῴου τὰ μέλη τυ-
81 ποῖ. καὶ ἄρκτου μὲν ὄρος τὸ ἀρκτῷον ἐπώνυμον, ἀρκτεύεσθαι δὲ τὰς παρθένους ἔλεγον ὁ δῆμος ὁ Ἀττικός. Ἑλίκη δὲ καὶ Κυνόσουρα ἐν οὐρανῷ δύο ἄρκτοι, Διὸς ἡ ἑτέρα τροφός, οἱ δὲ ἄμφω λέγουσιν· οἱ δὲ τὴν μὲν ὡς ἦν τροφός, τὴν δὲ ὡς παιδικά. καὶ ἄρκτος μὲν τὸ καταντικρὺ μεσημβρίας τοῦ κόσμου μέρος, ὁ δὲ ἄνεμος ὁ πνέων ἐκεῖθεν ἀπαρκτίας, καὶ κύκλος ἀρκτικός. ἁλίσκεται δὲ τὸ θηρίον καὶ δικτύοις καὶ μάχῃ καὶ βόθροις τισίν, οὓς ὑπὸ τὰ δέν-
82 δρα τὰ καρποφόρα τῶν κυνηγετῶν τινες ὀρυξάμενοι, καὶ καλάμου ἢ ἄλλου τινὸς εὐθραύστου ξύλου δοκίδας τοῖς βόθροις ἐπιτείναντες, καὶ τῆς ἀκινήτου γῆς ἐπιφορήσαντες καὶ πόαν ἐπιβαλόντες, ἡ μὲν ὡς ἐπὶ τὸ δένδρον ἀναρριχησομένη κατὰ τὸν καρπὸν ἐπείγεται, τὸ δὲ ὄρυγμα αὐτὴν θραυσθεισῶν τῶν δοκίδων ὑπεδέξατο.

τὴν δὲ πάρδαλιν τρόποις τε τοῖς προειρημένοις λαμβάνουσι, καὶ φάρμακον ἀκόνιτον παραμίξαντες σιτίοις, τὸ μὲν θηρίον διαρροίᾳ κενοῦται, τοῖς δὲ πολλάκις καὶ ζῶν ἐστὶν ἁλώσιμον. εἴποις δ' ἂν ἐπὶ παρδάλεως ὡς ἔχει τὸ [83] σῶμα στικτὸν κατάστικτον, κροκοειδές, εὐπρόσωπον, εὔχρουν, εὐειδὲς πολυειδές, ὑγρόν, εὐέλικτον, πολύμορφον, πηδητικόν, ἁλτικόν, εὐπαλές.

καὶ λέοντα δ' ἂν εἴποις βλοσυρόν, βασίλειον, εὐχαίτην εὐκόμην κομήτην, εὐγένειον, ὑπέραυχον, μεγαλόφρονα ὑπέρφρονα ὑπέρθυμον, ὑπερμεγέθη, βίαιον, ταχύν, ἰσχυρόν, θρασύν, καρτερὸν ἐγκρατῆ. θηρᾶται δὲ ἥκιστα μὲν ὁ τέ- [84] λειος πλέγμασιν ἀλλὰ μηχανήμασι καὶ σοφίσμασιν, οἱ δὲ σκύμνοι τῶν γονέων, πίστει τοῦ δυσεπιβουλεύτου καὶ θράσει τῆς οὔσης δυνάμεως, ἐπὶ θήραν ἀπονεμηθέντων.

τοὺς δὲ ὄνους τοὺς ἀγρίους ἐφ' ἵππων διώξαντες (ἀγελάζονται δὲ κατὰ πλῆθος), ἐπειδὰν ὑπέρκοποι καὶ ὑπέρασθμοι γένωνται καὶ ὁ κονιορτὸς αὐτοῖς ὡς ἂν ἐκ πλήθους ἐγειρόμενος ἐνοχλῇ, τοὺς μὲν διακοντίζουσι, τοὺς δὲ καὶ ζῶντας αἱροῦσι βρόχοις σειραίοις περιβαλόντες. οἱ δὲ ἔκφρονες ὑπὸ τῆς διάξεως γενόμενοι πολλάκις οὐκ ἄκοντες, ἐπειδὰν ἐφέλκῃ τις τὸν ἵππον ἀποστρέψας, ἕπονται.

ὁ δὲ κυνηγέτης ἐμβοάτω ταῖς κυσίν, ἐγκελευέτω, [85] ἐπανακραγέτω, ἐπικεκραγέτω, ἐπισημαινέσθω, ἐξοτρυνέτω τὰς κύνας, προτρεπέτω, ἐπεγειρέτω, ὁρμάτω ἐξορμάτω παρορμάτω, προσκαλείσθω, ἐξανιστάτω, συνθέων ἐπιθέων μεταθέων συμπαραθέων, μετιών, μεταδιώκων, ἐπιγινόμενος, κυνοδρομῶν, συγκάμνων συνεργῶν συμπονῶν, συμπροθυμούμενος, συνεξεταζόμενος, συνεξευρίσκων, συνδιερευνώμενος.

Φωναὶ ζώων. κυνῶν μὲν ὑλακὴ καὶ ὑλαγμὸς καὶ [86] ὑλακτεῖν καὶ ὑλακτοῦντες, καὶ κνυζᾶσθαι· εἴποις δ' ἂν καὶ ἀρράζειν καὶ ἀρράζοντας, καὶ ῥύζειν καὶ ῥύζοντας. κατὰ δὲ Ξενοφῶντα καὶ κλαγγή· φησὶ γὰρ ἐπανακεκλαγυῖα. εἰρήκασι δέ τινες τῶν ποιητῶν καὶ βαΰξειν τοὺς κύνας· σκυζᾶν δὲ τὸ καθεύδοντας ὑποφθέγγεσθαι. λύκων δὲ ὠρυγὴ ὠρυγμὸς ὠρύεσθαι ὠρυόμενοι. λεόντων δὲ βρύχημα βρυχηθμὸς βρυχᾶσθαι βρυχώμενοι. ἵππων δὲ χρεμετισμὸς χρεμετίζειν [87]

---

83 4. εὐπαγές B.   86 3. ἀράζειν καὶ ἀράζοντας C. ‖ ἀρράζοντες A, omissis καὶ ῥύζειν καὶ ῥύζοντας.

χρεμετίζοντες ἐπιχρεμετίζοντες· ἔνιοι δὲ καὶ φριμαγμὸν ἵπ-
πων ἐκάλεσαν καὶ φριμάττεσθαι τοὺς ἵππους ἔφασαν, φρυ-
άττεσθαι δὲ πάντας. συῶν δὲ γρυλισμὸς γρυλίζειν γρυλίζον-
τες, καὶ γρύζειν γρύζοντες· τινὲς δὲ καὶ ὑισμὸν εἶπον καὶ
ὑίζειν ὑίζοντες. βοῶν δὲ μύκημα μυκηθμὸς μυκᾶσθαι μυ-
κώμενοι. οἰῶν δὲ βληχὴ βληχᾶσθαι βληχώμεναι. αἰγῶν δὲ
88 μηκασμὸς μηκᾶσθαι μηκώμεναι· καὶ μηκάδας αἶγας Ὅμη-
ρος εἴρηκεν. δοκεῖ δὲ ἴδιον ἐπὶ αἰγῶν μᾶλλον εἶναι ὁ φρι-
μαγμὸς φριμάττεσθαι φριματτόμεναι, ὡς Ἡρόδοτος ἔσφαλ-
ται ἐπὶ τῶν βρεφῶν τῶν Φρυγίων λέγων, βληχᾶσθαι τὰς
αἶγας οἰόμενος. ὄνων δὲ βρώμησις βρωμᾶσθαι βρωμώμενοι·
τὸ δ' αὐτὸ ἐπὶ ἡμιόνων ἐρεῖς. εἴρηται δὲ καὶ τὸ ὀγκώμενοι,
καὶ ὀγκηστὰς ἔνιοι τῶν ποιητῶν τοὺς ὄνους ἐκάλεσαν. καὶ
μὴν ἐπὶ μὲν τῶν ἄλλων τῶν ἀγρίων ζώων, ἐφ' ὧν ἴδιον οὐκ
ἔστιν ὄνομα τῆς φωνῆς, οἷον ἄρκτου παρδάλεως πάνθηρος,
ἐπὶ τῶν τοιούτων βρυχᾶσθαι λέγουσιν, ἐπὶ δὲ τῶν σμικρο-
τέρων, οἷον ἀλωπέκων καὶ θώων καὶ λυγκῶν, τὸ ὑλακτεῖν
καὶ ὠρύεσθαι. [εὗρον μέντοι ἐγὼ ἐπὶ μὲν τῶν ἄρκτων βρά-
ζειν καὶ βράζουσαι, ἐπὶ δὲ ἐλεφάντων στρηνύζουσι παρὰ
Ἰόβᾳ.]

89　　　εἴποις δ' ἂν κλάζειν μὲν ἀετούς, κλαγγάζειν δὲ γερά-
νους, ἐπ' ἀμφοῖν δὲ κλαγγήν, ἱέρακας δὲ ῥύζειν, καὶ ἀλεκ-
τρυόνας ᾄδειν, καὶ κόκκυγας κοκκύζειν (Ὑπερίδης δὲ καὶ
Δημοσθένης ἐπ' ἀλεκτρυόνων τὸ κοκκύζειν εἶπον), καὶ πέρ-
δικας τιττυβίζειν ἢ κακκαβάζειν, καὶ ὄρτυγας τρυλίζειν, καὶ
κύκνους ᾄδειν, καὶ τρυγόνας τρύζειν, καὶ περιστερὰς γογ-
γύζειν, καὶ κορώνας κρώζειν, καὶ κολοιοὺς κλώζειν ἢ κολοιᾶν,
καὶ κοψίχους σίζειν, καὶ τέττιγας τερετίζειν, καὶ μελίττας
90 βομβεῖν, καὶ ἔποπας πιπίζειν, καὶ γλαῦκας ἰύζειν, καὶ με-
λεαγρίδας κακκάζειν, καὶ νυκτερίδας τετριγέναι, καὶ δράκον-
τας συρίττειν, καὶ κίττας κιτταβίζειν, καὶ χελιδόνας ψιθυ-
ρίζειν, καὶ ἀηδόνας ᾄδειν καὶ εὐστομεῖν, καὶ χῆνας παπ-
πάζειν.

συναπτέον δὲ τούτοις καὶ τὴν ἀνθρώπου φωνήν, βοήν,

φώνημα, λαλιάν, φθογγὴν· καὶ φθέγμα, καὶ κραυγὴν καὶ
κεκραγμόν, καὶ λόγον, ἀφ᾽ ὧν βοᾶν, φωνεῖν, λαλεῖν, φθέγ-
γεσθαι, κραυγάζειν, κεκραγέναι, λέγειν. καὶ τὰ μὲν ἀπὸ
φωνῆς καὶ βοῆς καὶ φθέγματος καὶ λαλιᾶς καὶ λόγου ὀνό-
ματα εἴρηται, προσκείσθω δὲ ἀπὸ κεκραγμοῦ κεκράκτης.

Ἐπέσθω δὲ τούτοις καὶ τὰ εἰς ἀπόπατον, εἰς ἀπο- 91
σκευήν, εἰς εὐμάρειαν, εἰς ἄφοδον, εἰς λάσανα, εἰς κοπρῶνα.
τὸν δὲ κοπρῶνα καὶ ἱπνὸν Ἀριστοφάνης καλεῖ. τὸ δὲ ἔργον
ἀποπατῆσαι, ἀποσκευάσασθαι, χέσαι, ὅθεν καὶ χεσᾶς Πα-
τροκλείδης. καὶ τὸ ἀποσκευαζόμενον κόπρος ἀνθρώπου,
σκῶρ· ἀφ᾽ οὗ τὰς πλαγίας οὐ λέγουσιν, ἀλλὰ τοῦ σκατός
καὶ τῷ σκατί, ὧν τὴν ὀνομαστικὴν οὐκ ἐκφέρουσιν. λέγουσι
δὲ καὶ τῖλον καὶ πέλεθον καὶ σπατίλην. καὶ ἵππου κόπρον
φασίν, βοὸς δὲ βόλιτον, ὄνου ὀνίδα καὶ ὄνθον (Ὅμηρος δὲ
ὄνθον βοῶν ἔφη), χοίρου ὑσπέλεθον, προβάτων οἰσπώτην,
αἰγῶν σφυράδα καὶ σφυραθίαν καὶ σπύρδαρα, ὡς καὶ μυῶν
μυσκέλενδρα.

Καὶ μὴν τὸ μίγνυσθαι ἐπὶ μὲν τῶν ἀλόγων βαίνειν 92
ἐπιβαίνειν, ὀχεύειν, βιβάζειν, συνδυάζεσθαι, ἐπάγεσθαι. ὄνων
δὲ ἴδιον τὸ ὀνοβατεῖν, ὁπόταν ἵπποις ἐπιβαίνωσιν. κοινὸν
δ᾽ ἐπὶ πάντων τὸ παιδοσπορεῖν, ὥσπερ καὶ ἐπ᾽ ἀνθρώπων.
ἐπὶ δὲ τούτων καὶ ὁμιλῆσαι, μιχθῆναι, διαλεχθῆναι, ἐντυ-
χεῖν, πλησιάσαι, κοινωνῆσαι, συναναπαύσασθαι, εἰς ταὐτὸν
ἐλθεῖν, συγκατακλιθῆναι, συγκοιμηθῆναι, συγγενέσθαι, σπο-
δεῖν, ὀπύειν, ἀφροδισιάζειν, συμπλέκεσθαι, καὶ τὰ τεθρυλη- 93
μένα, ἃ δὴ παίζουσιν οἱ κωμικοί, ληκεῖν, δρυμάττειν, φλᾶν,
σκορδοῦν, στενάσαι, σπλεκοῦν. ἀπὸ μέντοι ὧν σπουδάζων
ἂν εἴποι τις τὰ πράγματα μῖξις, ἔντευξις, ὁμιλία, κοινωνία,
συνουσία. οὐ μὴν ὁ πλησιασμὸς οὐδ᾽ ἡ διάλεξις, ἀλλὰ διε-
λέχθην αὐτῇ καὶ διειλεγμένος εἰμὶ ὡς Ὑπερίδης, καὶ ἀττι-
κώτερον τὸ διεπραξάμην καὶ ἔπραξα. ἀπὸ δὲ αὐτῆς τὸ χα-
ρίσασθαι καὶ χάριν δοῦναι.

Εἴποις δ᾽ ἂν ἔλαφον θεῖν, λαγὼν φεύγειν, κάπρον 94

---

91 9. βόλβιτον *A*, adscripto in margine βόλιτον. βόλβητον *B*. 10. χοί-
ρων ὑπέλεθρον *A*. 11. σπύρδαρα *C*. 93 3. στενάσαι] σποδίσαι *C*.
7. ἐπί? 8. χάριν om *C*. 94. εἴποις — κατεσθίειν] haec *A* § 82 in
margine apponit.

συρρήγνυσθαι, λέοντα ἐφορμᾶν, πάρδαλιν πηδᾶν, ἄρκτον
συμπλέκεσθαι, ταῦρον ἐμπίπτειν· καὶ τὰ μὲν χηλαῖς παίειν,
τὰ δὲ ὁπλαῖς κρούειν, τὰ δὲ κέρασι κυρίττειν, τὰ δὲ ποσὶ
λακτίζειν, τὰ δὲ ὄνυξι σπαράττειν, τὰ δὲ ὀδοῦσι κατεσθίειν.

93   Οὐ μὴν παρεατέον τὰ τῶν γυναικείων κόσμων
ὀνόματα, περὶ ὧν ἀθρόως μὲν οὕτω φαίην ἄν, κόσμοι
κοσμήματα, καλλωπίσματα· ἀφ' ὧν τὸ κοσμεῖσθαι κόσμη-
σις, καλλωπίζεσθαι καλλωπισμός, ἀβρύνεσθαι, θρύπτεσθαι,
ἁβρότης, θρύψις. κατὰ μέρη δὲ κεφαλῆς μὲν κοσμήματα
Ὅμηρος λέγει
    ἄμπυκα κεκρύφαλόν τε ἰδὲ πλεκτὴν ἀναδέσμην·
σὺ δ' ἂν προσθείης καὶ στεφάνην, παρ' Ὁμήρου λαβών,

96   τῶν δ' αἱ μὲν πλεκτὰς στεφάνας ἔχον, οἱ δὲ μαχαίρας,
καὶ πυλεῶνας παρὰ Καλλιμάχου, καὶ κάλυκας παρ' Ὁμήρου
τε καὶ Ἀνακρέοντος, καὶ στρόφιαν καὶ ὀπισθοσφενδόνην
παρ' Ἀριστοφάνους. καὶ σφενδόνη δέ τις ἐκαλεῖτο καὶ ἀνά-
δημα καὶ κάλαμος καὶ καλαμὶς καὶ ἔντροπον, χρυσᾶ καὶ
ἐπίχρυσα πάντα. τὸ δὲ ξάνιον ἦν μὲν καὶ αὐτὸ χρυσοῦν,
κεφαλῇ κόσμος· ἔνιοι δ' αὐτὸ κτένιον εἶναι νομίζουσιν. ἡ
97 δὲ τιάρα καὶ κυρβασία Περσικά.   περὶ δὲ τοῖς ὠσὶν ἕρ-
ματα, διόπας, ἐλλόβια, ἐνώτια, ἕλικας, ἑλικτῆρας, σίγλας
κατὰ τοὺς Αἰολέας, κατὰ δὲ τοὺς Δωριέας ἀρτίαλα. ἐκα-
λεῖτο δὲ παρὰ τοῖς κωμῳδοῖς καὶ ἐγκλαστρίδια καὶ στρο-
βίλια καὶ βοτρύδια καὶ πλάστρα καὶ καρυάτιδες καὶ ἱππο-
κάμπια καὶ κενταυρίδες καὶ ἔντροφον καὶ τρίπους, δῆλον
ὡς ἀπὸ τῶν σχημάτων θεμένων αὐτῶν τοῖς ἐνωτίοις τὰς
προσηγορίας, ὥσπερ καὶ Ὅμηρος τρίγληνα ἕρματα ὠνόμα-
98 σεν ὡς τριῶν εἴδωλα κορῶν ἔχοντα.   τὰ δὲ περὶ τῷ τρα-
χήλῳ οὑτωσὶ μὲν εἰπεῖν περιτραχήλια καὶ περιδέραια καὶ
δέραια καὶ ὑποδέραια καὶ ὑποδερίδες, ἤ που δὲ καὶ ὅρμοι
καὶ ἴσθμια καὶ στρεπτοὶ καὶ πλόκια καὶ στόμια καὶ μαλά-
κια, καὶ τανθαρυστοὶ ὅρμοι παρὰ Θεοπόμπῳ τῷ κωμικῷ,
ὧν κατεκρέμαντο λίθοι τινές, ὡς ἀπὸ τῆς κινήσεως ὠνομά-
σθαι. καὶ τριοπὶς δὲ ὅρμου εἶδος, τρεῖς ὥσπερ ὀφθαλμοὺς
κρεμαστοὺς ἔχοντος. καὶ ὡς Ἀντιφάνης κάθεμα· ἐκάλουν

---

97 2. στίλας A.   3. δωριᾶς — αἰολέας A.   5. βλάστα A.
6. ἔντροπον C.   98 8. κάθεμα Hesychius: libri κάθημα.

δ' αὐτὸ καὶ καθετῆρα. ὠνομάζετο δέ τι καὶ μάννος ἢ μόν- 99
νος, μάλιστα παρὰ τοῖς. Δωριεῦσιν.   τὰ δὲ περὶ τοὺς
βραχίονας περιβραχιόνια καὶ βραχιόνια, περὶ δὲ τοὺς καρ-
πούς περικάρπια καὶ ἐχίνους καὶ ἀμφιδέας καὶ ὄφεις καὶ
ψέλλια καὶ χλιδῶνας καὶ βουβάλια, ὧν ἔνια καὶ τοῖς περὶ
τοὺς βραχίονας ἐπονομάζουσι καὶ τοῖς περὶ τοὺς πόδας,
μάλιστα δὲ τὰς ἀμφιδέας καὶ τοὺς χλιδῶνας. ἰδίως δὲ τὰ
περὶ τοῖς ποσὶ περισφύρια, πέζας περιπεζίδας περιπέζια,
καὶ αὔγλην καὶ πέδην καὶ περισκελίδας· καὶ γὰρ τούτῳ τῷ 100
ὀνόματι κέχρηται Μένανδρος καὶ Νικόστρατος οἱ κωμῳδο-
διδάσκαλοι. περὶ δὲ τοῖς στέρνοις αἰγίδας καὶ μασχαλιστῆρας·
καὶ ἀναμασχαλιστήρ, ὡς Φιλιππίδης ὁ τῆς κωμῳδίας ποιητὴς
ἐν Ἀδωνιαζούσαις. ἐν δὲ τοῖς δακτύλοις δακτύλιον δακτυλί-
διον, σφραγῖδα σφραγίδιον· οὕτω γὰρ τοὺς ἐπισήμους δα-
κτυλίους ὠνόμαζον, τοὺς τὰ σήμαντρα ἢ λίθους ἐν αὐτοῖς
ἔχοντας. περὶ δὲ τῷ σμικρῷ δακτύλῳ ἐφόρουν ὃ ἀκαρὲς
ἐκάλουν διὰ σμικρότητα, καὶ ἕτερον κορίαννον τῷ λιχανῷ 101
περιηρτημένον.   καὶ ἄλλους δέ τινας κόσμους ὀνομάζου-
σιν οἱ κωμῳδοδιδάσκαλοι, λῆρον, ὀχθοίβους, ὄλεθρον, ἐλλέ-
βορον, πομφόλυγας, βάραθρον, περιστέρια, σαμάκια, σισύμ-
βριον, σισάριον, ὧν οὐ ῥᾴδιον τὰς ἰδέας συννοῆσαι διὰ τὸ
μηδὲ πρόχειρον εἶναί τινα κατιδεῖν εἴτε σπουδάζοντες εἴτε
παίζοντες χρῶνται τοῖς ὀνόμασιν.

Ἴσως δ' ἂν τοῖς κόσμοις προσήκοι καὶ τὸ ἔντριμμα,
ψιμύθιον ἄγχουσα φῦκος, καὶ τὰ ὑπογράμματα, καὶ ἡ
στίμμις παρ' Ἴωνι ἐν Ὀμφάλῃ·

καὶ τὴν μέλαιναν στίμμιν ὀμματογράφον.
ἐρεῖς δὲ καπηλείαν ἀσκεῖ προσώπῳ, τὸ πρόσωπον περιχρίει, 102
ἐπεντρίβει, καλλιγραφεῖ, φύκει πυρσαίνει, ψιμυθίῳ λευκαίνει,
τοὺς ὀφθαλμοὺς ὑπογράφει, τὰς ὀφρῦς μελαίνει, εἰς γραμ-
μὰς ἡμικυκλίων περιάγει, γεωμετρεῖ περὶ τὸ ἐπισκύνιον, ῥόδον
παρειαῖς φυτεύει αὐθωρὸν ἀνθοῦν καὶ θᾶττον ἀπανθοῦν
κατὰ τὸ Λοκρόν, οὐ πρόσωπον ἀλλὰ προσωπεῖον φέρει·
φύσεως προκρίνει τέχνην, ἀληθείας ψεῦδος, τοῦ παραμένον-

100 4. ἀναμασχαλιστῆρας Φιλιππίδης?   101 5. σισάριον] οἴσπνον
Α, οἴσμιον F.   102 3. γραφὰς unus codex: quo admisso εἰς expunxerim.

τος τὸ ῥᾳδίως ἀπαλειφόμενον, τῶν πραγμάτων γράμματα· εἰκὼν ἀντὶ πρωτοτύπου γίνεται.

103 Καταβεβλήσεται δὲ ἡμῖν χύδην καὶ τῶν συνωνύμων ὀνομάτων. ἀπαιτῆσαι, πρᾶξαι εἰσπρᾶξαι, ἐκπρᾶξαι ἐκπράξασθαι, εἰσπράξασθαι. ἀπαίτησις, πρᾶξις εἴσπραξις. ὄνομα πρακτήρ. ἀποδοῦναι, ἀποτῖσαι ἐκτῖσαι, εἰσενεγκεῖν διαλῦσαι, καταβαλεῖν, καταθέσθαι, ἀπαριθμῆσαι, καταθεῖναι. ἀπόδοσις, ἔκτισις, εἰσφορά, διάλυσις, κατάθεσις, καταβολή, ἀπαρίθμησις. στερῆσαι ἀποστερῆσαι, ἀπε-
104 νεγκεῖν ἀπενέγκασθαι, ἀγνωμονῆσαι, ἐξιδιώσασθαι. στέρησις ἀποστέρησις, ἀγνωμοσύνη. καὶ ὄνομα μόνον ἀγνώμων, καὶ ἐπίρρημα ἀγνωμόνως. ἀρνήσασθαι ἀπαρνήσασθαι ἐξαρνήσασθαι, ἐξομόσασθαι, ἀναδῦναι ἐξαναδῦναι, ἀναφυγεῖν, ἀναχωρῆσαι, ἀντειπεῖν, παραιτήσασθαι, ἔξαρνος ἄπαρνος. ταῦτα δὲ μόνα τὰ ὀνόματα· τὰ δὲ πράγματα ἄρνησις, ἐξωμοσία, ἀνάδυσις, ἀναφυγή, ἀναχώρησις, ἀντιλογία, παραίτησις, παρρησία. ἴδιον δὲ τὸ Πλάτωνος «μὴ ἀπαρνη-
105 θεὶς γένῃ». ἐπαγγέλλεσθαι προσεπαγγέλλεσθαι, ὑποσχέσθαι προϋποσχέσθαι, προειπεῖν, ὑποτεῖναι, ὑποθεῖναι. ἐπαγγελία, πρόρρησις, ὑπόσχεσις. ἄλλης δὲ χρείας διαβεβαιώσασθαι, διορίσασθαι, διακριβώσασθαι, διεγγυήσασθαι, εἰς ἑαυτὸν ἀναδέξασθαι, διισχυρίσασθαι ἀπισχυρίσασθαι, ἀπακριβώσασθαι, τὸν ἑαυτοῦ κίνδυνον ὑποθεῖναι, ἐν ἑαυτῷ ὑποβαλέσθαι. δύσκολον, δυσχερές, δύσπρακτον, δύσπορον ἄπορον, δυσαγώνιστον, δυσκατέργαστον, ἐργῶδες, ἐπα-
106 χθές, βαρύ, φορτικόν, δυσδιοίκητον, δυσδιάθετον. καὶ τὰ συγκριτικὰ ἀπὸ τούτων οὐκ ἀηδῆ, καὶ τὰ καθ᾽ ὑπέρθεσιν ἡδίω. καὶ ἐπιρρήματα τοῖς πλείστοις σύνεστι, καὶ ὀνόματα δυσκολία καὶ δυσχέρεια καὶ βαρύτης. τὸ δ᾽ ἐναντίον εὔκολον, εὐχερές, εὔπρακτον, πρόχειρον προκεχειρισμένον, ῥᾴδιον, εὔπορον, ἕτοιμον, εὐπετές, εὐτρεπές εὐτρεπισμένον, εὐκατέργαστον, τὸ συντυχόν, ἀταλαίπωρον. καὶ σύγκρισιν δ᾽ ἔχει
107 καὶ ὑπέρθεσιν καὶ ὀνόματα καὶ ἐπιρρήματα, εὔκολος εὐκολώτερος, ῥᾴδιος ῥᾴων ῥᾷστος καὶ ὡς Ὑπερίδης ῥᾳδιώτερος, ἕτοιμος ἑτοιμότερος ἑτοιμότατος, εὐχερὴς εὐχερέστερος εὐχε-

---

104 1. ἀγνωμονῆσαι] cf. p. 224 4 et 5.   106 6. εὐπρεπὲς vulgo.

ρέστατος, πρόχειρος προχειρότερος προχειρότατος, εὔπορος
εὐπορώτερος εὐπορώτατος, εὐπετής· ὁ γὰρ εὐκατεργαστότε-
ρος καὶ ἀταλαίπωρος, ἔστι τῶν ἔργων μᾶλλον ἢ τῶν δρών-
των τὰ ὀνόματα. τάχα δ' ἂν τούτοις προσθεῖναι βιάζοιτο
καὶ ὄνομα τὸν ῥᾳδιουργόν. σχήματα δὲ, ἐξ ἑτοίμου, ἐξ εὐ-
κόλου, ἐκ τοῦ ῥᾴστου, ἐκ τοῦ προχειροτάτου, ἐκ τοῦ παρα-
πεσόντος. τάχα καὶ ἐκ τῶν λοιπῶν.

Χωρίον ἐρεῖς ὑγιεινόν, ἄνοσον, ἀκήρατον, καθαρόν, 108
εὔκρατον εὐκραὲς εὐκέραστον ταῖς ὥραις, εὖ ὥρας ἔχον,
ἄριστα κεκραμένον, εὐφεγγές, εὐήνεμον, ἀναπνοὰς ἔχον, ἀνα-
πνεόμενον, πνεύματα διαρρέοντα ἔχον, ἀνέμους διαθέοντας,
εὔπνουν, ἀνάψυχον, αὔραις διαπνεόμενον, εὔθερον, εὔσκιον
σκιερὸν παλίσκιον, ψυχεινόν, εὐχείμερον, ἀλεεινόν, ὑπόθερ-
μον, εὐήλιον, δίκαιον ταῖς ὥραις, καλῶς οὐρανοῦ κείμενον,
εὖ ἔχον, εὖ ἦκον ὡρῶν, καλῶς ἔχον πνευμάτων, ταῖς ὥραις 109
χρώμενον μεμετρημέναις, αἴθριον, ἀνέφελον, ἐν καθαρῷ
ἀέρι διακείμενον, ἀναπεπταμένῳ ἀέρι, φαιδρῷ, κούφῳ, ἐλα-
φρῷ, διαφανεῖ, ἐλευθέρῳ, λαμπρῷ, διαυγεῖ. καὶ τοὐναντίον
νοσῶδες νοσερὸν νοσηρὸν ἐπίνοσον, ἐπίκηρον, ἐπισφαλὲς
σφαλερόν, ἐπικίνδυνον κινδυνῶδες, φθινῶδες, δύσωρον, βαρύ,
ζοφῶδες, σκοτῶδες, δυσφεγγές, ἀνήλιον, ἄκρατον, ἄνισον
ταῖς ὥραις, χειμέριον δυσχείμερον, κρυῶδες κρυμῶδες, πα-
γετῶδες, κάτομβρον, ἐπίπνουν, συννέφελον, διάπυρον ἔμπυ- 110
ρον πυρῶδες, φλογῶδες, πνιγηρόν, καυματῶδες, ζέον περι-
ζέον, φλέγον, καῖον ὑπερκαῖον, κατηφές, καταπνεόμενον,
κατήνεμον συνήνεμον, δύσθερον, ὑγρόν δίυγρον, ὑδατῶδες,
χιονῶδες, αὐχμῶδες αὐχμηρόν, χολῶδες, ἀνήμερον, νοσο-
ποιόν, φθοροποιόν, ἔξωρον, λοιμῶδες, κακῶς ἔχον οὐρανοῦ,
καὶ ὅσα ἄλλα ἔστιν εἰπεῖν λόγῳ.   τὰ δὲ πράγματα τοῦ 111
μὲν δυσχειμέρου χειμών, ψῦχος, ἄνεμος, ὄμβρος, ὑετός, κρυ-
μός κρύος, παγετός, χιών, κρύσταλλος, πάχνη, ξάλη, χάλαζα,
τοῦ δὲ δυσθέρου πνῖγος, καῦμα, φλέγμα καὶ καθ' Ὅμηρον
πῦρ, πυρετός, ἀλέα, θάλπος. καὶ ῥήματα τοῦ μὲν χειμάζε-
σθαι, ῥιγοῦν, ψύχεσθαι, καταπνεῖσθαι, ὕεσθαι, καὶ ἐπίρ-

---

107 3. ἀταλαιπωρότερος Iungermannus.   4. ἂν] ἄν τις?   108 6.
καλλίσκιον **ΑΒ**.

ρημα τὸ ψυχρῶς, ὅτι ποιητοῦ τὸ ῥιγηλῶς· τοῦ δὲ φλέγε-
σθαι, θάλπεσθαι, ἀλεαίνεσθαι, πυρέττειν, καὶ ἐπίρρημα
μόνον πνιγηρῶς, ἀλεεινῶς.

112   Οὐκ ἀποτρέψομαι, οὐκ ἀποσχήσομαι, οὐ παύσομαι,
οὐκ ὀκνήσω, οὐ φυλάξομαι, οὐ παραιτήσομαι, οὐκ ἀναδύσο-
μαι, οὐκ ἀποστήσομαι. τὰ δὲ ἀπ᾽ αὐτῶν ὀνόματα καὶ ἐπιρ-
ρήματα ἑτέρας ἐστὶ χρείας.

113   Φιλῶ τὸν δεῖνα, ὑπερφιλῶ, στέργω, ἀγαπῶ, ἄγαμαι·
καὶ ταῦτ᾽, εἰ βούλει, μετὰ τῆς ὑπέρ. οἰκείως ἔχω πρὸς αὐτόν,
οἰκείως διάκειμαι, ᾠκείωμαι. ἐπιτηδείως ἔχω, καὶ ἐπιτήδειός
μοί ἐστιν, οἰκεῖος, φίλος, ἑταῖρος, καὶ ὅσα τοιαῦτα. ἀνακέκρα-
μαι πρὸς αὐτόν, συγκέκραμαι, συνῆμμαι, φιλικῶς ἔχω, εὔνους
εἰμὶ αὐτῷ, εὔνως ἔχω πρὸς αὐτόν, ἐσπούδακα περὶ αὐτόν,
114 χρῶμαι αὐτῷ. καὶ φιλία, στοργή, οἰκειότης οἰκείωσις, ἐπιτη-
δειότης, ἑταιρεία, εὔνοια. καὶ φιλικῶς, φιλοστόργως, οἰκείως,
ἐπιτηδείως, εὐνοϊκῶς. φίλος, εὔνους, οἰκεῖος, ἐπιτήδειος, ἑταῖ-
ρος· ὁ γὰρ φιλόστοργος ἕτερόν τι δηλοῖ.   τὰ δ᾽ ἐναντία,
μισῶ τὸν δεῖνα, ἀποβάλλομαι, ἐκτρέπομαι, διαβέβλημαι
πρὸς αὐτόν, διαβέβληταί μοι, προσκρούω αὐτῷ, προσκρούει
μοι, προσίσταταί μοι, ἄχθομαι αὐτῷ, βδελύττομαι αὐτόν,
115 ἐχθρός μού ἐστι, δυσμενής, ἀλλότριος ἀλλοτριούμενος. καὶ
ἠλλοτρίωμαι πρὸς αὐτόν, δυσμενῶς διάκειμαι πρὸς αὐτόν,
δύσνως, κακόνως. ἀπεχθάνομαι πρὸς αὐτόν, ἀπεχθάνομαι
αὐτῷ· τὸ γὰρ ἐχθαίρω ποιητικόν. διάφορός μοί ἐστιν, ἀνε-
πιτήδειος, ἀνεπιτηδείως διάκειμαι πρὸς αὐτόν, ὑπόπτως ἔχω,
δυσμεναίνω αὐτῷ, διενήνεγμαι πρὸς αὐτόν, ἐθελέχθρως ἔχω.
116 τὰ δὲ πράγματα μῖσος, μισητία, ἔχθρα, ἀπέχθεια, πρόσ-
κρουσμα, διαφορά, δυσμένεια, δύσνοια, κακόνοια, ἀλλοτρίω-
σις, ὑποψία. τῶν δ᾽ ἐπιρρημάτων τὰ πλεῖστα προείρηται,
ἔχει μέντοι καὶ ὑπερθέσεις, ἔχθιστα ἐχθρότατα δυσμενέ-
στατα, διαφορώτατα, ἀλλοτριώτατα, ἀπεχθέστατα, ἀνεπιτη-
δειότατα, ὑποπτότατα, κακονούστατα.

117   Ἔπαινος, εὐφημία, εὐλογία, ἐγκώμιον· βίαιον δὲ τὸ
καλλιλογία καὶ εὐστομία. καὶ τὰ τούτων ἀπαρέμφατα ἐπαι-
νεῖν, εὐλογεῖν, εὐφημεῖν, ἐγκωμιάζειν, καλῶς λέγειν, εὐστο-

---

113 5. συνῆγμαι B.   116 6. ὕποπτα libri: corr Seberus.

μεῖν. ὄνομα δὲ μόνον ὁ ἐπαινέτης, καὶ ἐπίρρημα τὸ εὐφή-
μως· τὰ γὰρ λοιπὰ ἕτερόν τι δηλοῖ. τὸ ἐναντίον ψόγος,
λοιδορία, βλασφημία, κακολογία, κακηγορία, κακισμός, δια-
βολή, καὶ τὰ ἐκ τούτων ῥήματα ψέγειν, λοιδορεῖν, βλασφη-
μεῖν, κακηγορεῖν, κακολογεῖν, κακίζειν. καὶ τὰ ὀνόματα ψέ- 118
κτης ὡς Πλάτων, καὶ φιλόψογος καὶ ψεκτικὸς καὶ κακή-
γορος καὶ φιλολοίδορος· ὁ γὰρ λοίδορος εὐτελές, καὶ ὁ
βλάσφημος καὶ ὁ διάβολος ἰδιωτῶν, ἀνεκτότερον δὲ ὁ δια-
βλητικός. καὶ τὰ ἐπιρρήματα ψεκτικῶς, φιλολοιδόρως, κα-
κιστικῶς, διαβλητικῶς. ὁ δὲ ἐπαινετὸς καὶ ψεκτὸς ἐφ᾽ ἑτέ-
ρων τάττεται. ἐρεῖς δὲ καὶ μοχθηρὸς τὸ ἦθος καὶ τὸν τρό-
πον καὶ τὴν προαίρεσιν καὶ τὴν διάνοιαν καὶ τὴν βούλησιν
καὶ τὴν ψυχὴν καὶ τὴν γνώμην καὶ τὸν βίον καὶ τὸ τοῦ
βίου σχῆμα καὶ τὴν τοῦ βίου κατάστασιν καὶ τὴν τοῦ βίου
διαγωγήν. ἐπαινῶν δ᾽ ἂν ἕκαστον τούτων κατὰ τοὐναντίον 119
χρήσαιο, ἐπαινετὸς τὸ ἦθος καὶ τὰ ἐφεξῆς. ἴδια δὲ τοῦ μὲν
ψόγου δύστροπος, κακοήθης, εἴρων, ἐπίβουλος, δολερός,
ὕπουλος, ἐπίσκιος, τοῦ δὲ ἐπαίνου ἁπλοῦς, ἄκακος, ἄδολος,
ἄπλαστος, ἐκφανής, ἐκκείμενος, ἀκατάσκευος, ἐλεύθερος, εὐ-
θυρρήμων, εὐήθης. καὶ τὰ πράγματα τοῦ μὲν δυστροπία,
κακοήθεια, εἰρωνεία, ἐπιβουλή, δόλος, τοῦ δὲ ἁπλότης, ἀκα-
κία, ἐλευθερία, εὐθυρρημοσύνη, εὐήθεια. καὶ τὰ ἐπιρρή- 120
ματα τοῦ μὲν δυστρόπως, κακοήθως, εἰρωνικῶς, ἐπιβούλως,
δολερῶς, ὑπούλως, ἐπισκίως, τοῦ δὲ ἁπλῶς, ἀκάκως, ἀπλάσ-
τως, ἐκφανῶς, ἐλευθέρως, εὐθυρρημόνως, εὐήθως.   τάτ-
τοιτο δ᾽ ἂν ὁ εὐήθης καὶ ἐπὶ τοῦ ἀνοήτου, ὃν ἂν εἴποις
καὶ μωρόν, ἔμπληκτον ἀπόπληκτον παραπλῆγα, ἐμβρόντη-
τον, ἐνεόν, ἔκφρονα ἄφρονα, ἀσύνετον, ληρώδη, ἄνουν, ἠλί-
θιον, ἀνάλγητον, ἀναίσθητον, ἀβέλτερον, ἐπίληπτον. ὁ δὲ 121
τοιοῦτος ἂν εἴη καὶ ἀνατετραμμένος τὴν γνώμην, κοῦφος
τὴν διάνοιαν, ἀνερμάτιστος, λῆρος, τὸ μηδὲν ὤν. τὰ δὲ
πράγματα φαίης ἂν εὐήθειαν, ἄνοιαν, μωρίαν, ἐμπληξίαν,
ἐμβροντησίαν, ἀφροσύνην ἐκφροσύνην, ἀσυνεσίαν, παρα-
πληξίαν ἀποπληξίαν. καὶ τὰ ῥήματα εὐηθίζεσθαι, μωραί-
νειν, ἀνοηταίνειν, ἐμβεβροντῆσθαι, ληρεῖν, παραπεπλῆχθαι.

---

118 5. κακίστως vulgo.

καὶ τὰ ἐπιρρήματα εὐήθως, ἀνοήτως, ἀφρόνως, ἐμπλήκτως, ἐκφρόνως, ἀσυνέτως· τὸ γὰρ μωρῶς λίανεὐτελές.

122 Φόβος, ὄκνος, δέος, ὀρρωδία, εὐλάβεια, δειλία, ἀθυμία, ἀνανδρία, ἐμπληξία, φρίκη, τρόμος, πτοιά πτόησις, συστολή, θόρυβος, ταραχή. καὶ τὰ ῥήματα φοβοῦμαι, ὀρρωδῶ, ὀκνῶ κατοκνῶ, δέδια δέδοικα, εὐλαβοῦμαι, ἐκπέπληγμαι, φρίττω, τρέμω, ἐπτόημαι ἐξεπτόημαι, συνέσταλμαι, 123 τεθορύβημαι, τετάραγμαι, ἐξέστηκα. καὶ αἱ μετοχαὶ ὡσαύτως, ὀκνῶν κατοκνῶν, δεδιώς δεδοικώς καταδείσας, ὀρρωδῶν, ἀποδειλιάσας, κατοκνήσας, ἐκπλαγείς, φρίττων, τρέμων, ἐπτοημένος ἐξεπτοημένος, συνεσταλμένος, τεθορυβημένος, τεταραγμένος, ἐξεστηκώς. καὶ τὰ ἐπιρρήματα φοβερῶς ἔχων, ἐπιφόβως, ἐπιδεῶς καταδεῶς, εὐλαβῶς· εὐτελὲς γὰρ τὸ δειλῶς, τὸ δὲ ἀποδεδειλιακότως δύσφθεγκτον, τοῦ δὲ θορυβωδῶς καὶ ταραχωδῶς καλλίω τὰ συγκριτικὰ καὶ ὑπερθετικά.

124 εἴποις δ᾿ ἂν καὶ φοβερὸν ἄνθρωπον τὸν φοβούμενον, καὶ ἐπίφοβον καὶ περίφοβον καὶ ὑπέρφοβυν, καὶ περιδεᾶ καταδεᾶ, εὐλαβῆ, δειλόν, ὀκνηρόν, ἄνανδρον, ἀγεννῆ. ἀπὸ δὲ τῶν λοιπῶν μετοχαί εἰσιν ἀντ᾿ ὀνομάτων· ὁ γὰρ ταραχώδης, καὶ εἰ βιάσαιτό τις, θορυβώδης ἐφ᾿ ἑτέρων τάττεται. ἑτέρας δὲ χρείας φοβερὸν πρᾶγμα, ἐπίφοβον, ἐπιδεές, ἐκπληκτικόν, φρικῶδες. καὶ ἀνὴρ φοβερός ἐπίφοβος, ἐπιδεής, ἐκπληκτικός, φρικώδης, θαρραλέος θαρσαλέος εὐθαρσής, 125 γενναῖος, ἀνδρεῖος, ἄοκνος, ἀνέκπληκτος ἀκατάπληκτος, ἀδεής, ἐρρωμένος, εὔθυμος ὑπέρθυμος μεγαλόθυμος θυμοειδής, ἴτης, εὔτολμος. καὶ τὰ ὀνόματα θάρρος θάρσος, ἀνδρεία, γενναιότης, ἀοκνία, ἄδεια καὶ ἀδεές, ῥώμη, θυμός εὐθυμία, τόλμα. καὶ τὰ ῥήματα θαρρεῖν θαρσεῖν, ἀνδρίζεσθαι, ἐρρῶσθαι ὑπερερρῶσθαι, ὑπερθυμοῦσθαι, τολμᾶν. καὶ τὰ ἐπιρρήματα θαρσαλέως θαρραλέως εὐθαρσῶς, ἀνδρείως, ἀόκνως, ἀνεκπλήκτως ἀκαταπλήκτως, γενναίως γεννικῶς, ἀδεῶς, ἐρρωμένως ὑπερερρωμένως, εὐθύμως ὑπερευθύμως θυμοειδῶς, εὐτόλμως.

126 Οἶμαι οἴομαι, ἡγοῦμαι, νομίζω, ὑπολαμβάνω, ἐλπίζω, τοπάζω, προσδοκῶ, δοκῶ, εἰκάζω, τεκμαίρομαι, ὑπονοῶ, ὑποπτεύω. καὶ τὰ πράγματα οἴησις, ὑπόληψις, προσδοκία, εἰκασία, ἐλπίς, ὑπόνοια, ὑποψία· ἡ γὰρ νόησις σκληρότερόν

τε καὶ ἀμφίβολον, ἡ δὲ δόκησις εὐτελές, καὶ ἡ νόμισις σκληρόν. ἐπιρρήματα δὲ οὐκ ἔστιν ὅτι μὴ τὸ εἰκότως. ὄνομα δὲ ἀπ᾽ οὐδενός, ἀλλ᾽ αἱ μετοχαί.

Κηλίς, ὄνειδος ὀνειδισμός, αἶσχος αἰσχύνη, διαβολή, 127 ἀρά, προσβολή, προστροπή· ταῦτα δὲ καὶ ἑτέρας ἐστὶ χρείας, ὀνειδιστικῶς [ἐπονειδιστικῶς] ἐπονειδίστως, ἐπαισχῶς· ἀπὸ δὲ τῶν ἄλλων οὐκ ἔστιν, εἰ μὴ τὸ διαβλητικῶς, ὅπερ ἂν εἴη ἀμφίβολον. καὶ ὀνειδίζειν, αἰσχύνειν, διαβάλλειν· τὰ γὰρ ἀπὸ τῶν λοιπῶν ἐπ᾽ ἄλλων τάττεται.

Ἐπιχαίρειν, καταχαίρειν, ἐφήδεσθαι, ἐπιγελᾶν ἐπεγ- 128 γελᾶν καταγελᾶν, ἐπεμβαίνειν, ἐπιχλευάζειν, κατεύχεσθαι. πρᾶγμα δὲ μόνον ὁ κατάγελως· ὁ γὰρ χλευασμὸς καὶ ἡ χλευασία καὶ τὸ διασύρειν δηλοῖ, ὥσπερ καὶ ὁ χλευαστικὸς μηνύει τὸν γελοιαστήν. ὄνομα δὲ μόνον ἀπὸ τῶν ῥηθέντων ὁ ἐπιχαιρέκακος· ἐπὶ δὲ τῶν ἄλλων μετοχαῖς χρηστέον. ἐπίρρημα δὲ μόνον τὸ καταγελαστικῶς.

Συνήδεσθαι δὲ καὶ συγχαίρειν· τὸ γὰρ ὑπερήδε- 129 σθαι καὶ συνευφραίνεσθαι καὶ ἄλλα δηλοῖ. ἡ μέντοι ἐπὶ τῷ συνήδεσθαι θυσία εὐαγγέλια, ὥσπερ καὶ ἐπὶ τῷ ἥδε- σθαι· τὸ δ᾽ ἐναντίον συνάχθεσθαι καὶ συναλγεῖν· τὸ γὰρ συλλυπεῖσθαι εὐτελές, τὸ δὲ συνανιᾶσθαι ἑτέρας ἐστὶ χρείας. προσήκοι δ᾽ ἂν ἴσως τῷ συνάχθεσθαι καὶ τὸ ἐπανιᾶσθαι. ἐπεύχεσθαι, συνεύχεσθαι τὰ ἀγαθά. τὸ δ᾽ ἐναντίον ἐπαρᾶ- σθαι καταρᾶσθαι· πλὴν καὶ ἐπὶ τούτου τὸ ἐπεύχεσθαι καὶ κατεύχεσθαι τάττεται. καὶ τὰ ὀνόματα ἐπάρατος κατάρα- 130 τος τρισκατάρατος, καὶ τὸ πρᾶγμα ἐπ᾽ ἐκείνου μὲν εὐχὴ ἐπὶ τούτου δὲ ἀρά. τάχα δὲ τῷ ἐπαράτῳ προσήκοι ἂν καὶ ὁ ἐξάγιστος, ἐξώλης προώλης πανώλης. τὸ μέντοι ἐπαρασαμέ- νους ἀναλύειν τὴν ἀρὰν ἀναράσασθαι λέγουσιν· βιαιότερον γὰρ τὸ ἀνεύξασθαι. ὁ μὲν οὖν ἐπαρώμενος, καὶ ᾧ τις ἐπα- ρᾶται, ἀραῖος· ἃ δὲ ὁ εὐχόμενος αἰτεῖ, εὐκταῖα ἀγαθά, καὶ τὸ ἀττικώτερον εὐκτά. λέγουσι δὲ καὶ εὐχωλιμαῖα. οἱ δὲ 131 δαίμονες οἱ μὲν λύοντες τὰς ἀρὰς ἀλεξίκακοι λέγονται,

---

126 1. ἡ δὲ — 2. σκληρόν] πρὸς ἕτερα δὲ καὶ ἡ δόκησις. τὰ δὲ ἐκ τῶν ἄλλων τραχέα A.   127 3. ἐπαισχίστως vel ἐπαισχρῶς libri: corr Dindorfius.   129 6. τὸ ante Iungermannum.   130 5. ἐπαναράσα- σθαι A.

ἀποπομπαῖοι, ἀποτρόπαιοι, λύσιοι, φύξιοι, οἱ δὲ κυροῦντες ἀλιτήριοι ἀλιτηριώδεις, προστρόπαιοι, παλαμναῖοι.

132   Φάρμακον ὀλέθριον, δηλητήριον, θανάσιμον· οὐ γὰρ προσίεμαι τὸ θανατήσιον, ἴσως δὲ τὸ φθοροποιὸν καὶ διαφθαρτικὸν καὶ θανατηφόρον. καὶ βιαιότερον τὸ ἐπιθάνατον καὶ ἐπίφθορον. ὡς δὲ Ὅμηρος, ἀνδροφόνον, ἀφ’ οὗ εἴποις ἂν καὶ φονικὸν φάρμακον. οἱ δὲ καὶ τὰ ἐλατήρια φάρμακα ἐπὶ τούτου τάττουσιν ὡς διὰ κενώσεως ἀναιροῦντα, ὥσπερ καὶ τὸ ἀκόνιτον καὶ τὸν ἐλλέβορον· τὸ γὰρ κώνειον κατὰ ψῦξιν ἀναιρεῖ, ὥσπερ ὁ μανδραγόρας κατὰ καρηβαρίαν, διακέκριται δὲ ταῦτα μέτρῳ καὶ ἀμετρίᾳ. τὰ δὲ ἐναντία φάρμακα εἴποις ἂν σωτήρια, ἀλεξητήρια ἀλεξίκακα ἀλεξιφάρμακα, παιώνια, ἀντίτομα, λυτήρια, οὐκ οἶδα εἰ καὶ λύσια· βιαιότερον γὰρ τὸ ἰάσιμα καὶ ἰατήρια.

133   Πλῆρες, ἰσοχειλές, μεστὸν ἐπίμεστον, ἔμπλεων ὑπέρπλεων, ὑπερχειλές· τὸ δὲ μικρῷ ἐνδεέστερον ἀπλήρωτον καὶ ἐπιχειλές. βίαιον γὰρ τὸ ἐπιδεές, ἴσως δὲ τὸ ἐνδεὲς καὶ ἐλλιπές. τὸ δὲ εἰς ἥμισυ τελοῦν ἡμιπλήρωτον ἡμίπλεων, ἡμιδεές, ἡμίμεστον, ἡμίκενον.

134   Κωλύματα, ἐμποδίσματα ἐμπόδια, ἐναντία ἐναντιώματα, ἐμποδών, φράγματα, ἔργματα, πρόβολοι, οἷς φησὶν ὁ ῥήτωρ προσπταίοντας ὑστερίζειν τῶν καιρῶν. ἐρεῖς οὖν ἐμποδίσας, ὑποσκελίσας, ἐναντιωθείς, ἐποδὼν στάς, ἐμποδὼν καταστάς, ἐμποδὼν γενόμενος, ἐπισχών, κωλύσας, ἀντιλαβόμενος, διαγαγών, ἀντισχόμενος, κατασχών, βραδυτῆτα ἐνειργασμένος.

135   Βλάβη βλάβος βλάμμα, ἀπώλεια, ζημία ζημιῶδες, ἐπιβλαβές, ἐπιζήμιον, βλαβερῶς ἐπιβλαβῶς, ἐπιζημίως, βλαβερὸς ἐπιβλαβής, ζημιώδης ἐπιζήμιος, βλάψαι, ζημιῶσαι. τὰ δὲ ἐναντία ὄφελος ὠφέλεια ὠφέλημα, κέρδος κερδαλέον ἐπικερδές, ἐμπόλημα, ἕρμαιον εὐερμία, τάχα καὶ θησαυρός. ὠφελίμως ἐπωφελῶς, κερδαλέως ἐπικερδῶς, ὠφελεῖ-
136 σθαι, κερδαίνειν, ἐμπολᾶν, εὐερμεῖν. ἑτέρας δὲ χρείας ὠφέλιμον, χρειῶδες, χρηστὸν πάγχρηστον χρήσιμον, ἀναγκαῖον, ἐπιτήδειον, ἐπικερδές, ἐπωφελές, λυσιτελές, συμφέρον σύμφο-

---

132.2. θανατήσιμον *AC*.

ρον, προύργου, ὀνήσιμον· τὸ γὰρ ὀνησιφόρον μοχθηρόν.
ἀπὸ δὲ τούτων ἡ ὄνησις καὶ τὸ συνοῖσον, ἡ χρεία, ἡ ὠφέ-
λεια, τὸ κέρδος· φαῦλον γὰρ ἡ λυσιτέλεια. τὰ δ' ἐναντία
ἀχρεῖον, ἄχρηστον, βλαβερόν, ἀσύμφορον, ἀλυσιτελές, ἀνω-
φελές, ἀνόνητον, ἀνεπιτήδειον.

Ἀσπασμός, πρόσρησις, προσηγορία, προσαγόρευσις. 137
προσαγορεῦσαι καὶ προσρηθῆναι, ἀσπάζεσθαι, προσειπεῖν,
προσαγορευθῆναι, προσειρῆσθαι προσειρημένος. καὶ ἀντι-
προσειπεῖν καὶ ἀντιπροσαγορεῦσαι καὶ ἀντασπάσασθαι. καὶ
ἡ μὲν ἡμέρα ἐν ᾗ γίνεται ἀσπασμὸς προσρητὴ καὶ πρόσ-
ρημα, ἐν ᾗ δὲ μὴ γίνεται, ἀπρόσρητος. καὶ ὁ μὲν δεξιὸς ἐν
τούτοις εὐπροσήγορος καὶ φιλοπροσήγορος (τὸ γὰρ εὐπρόσ- 138
ρητος σκληρότερον), ἐφαρμόττοι δ' ἂν τούτῳ κατ' ἄλλην
χρείαν ὁ εὐπρόσοδος, εὐπρόσιτος, εὐέντευκτος, εὐεπίμικτος,
εὐσύμβολος, μειλίχιος, ἵλεως, φιλάνθρωπος, ἥμερος, εὐμενής,
πρᾶος, ἀνεξίκακος· ὁ δ' ἐναντίος ἐκείνῳ μὲν δυσπροσήγορος
μισοπροσήγορος (τὸ γὰρ δυσπρόσρητος τραχύ, βέλτιον δὲ
τὸ ἀπρόσρητος), τοῖς δ' ἐφεξῆς δυσπρόσιτος δυσπρόσοδος,
ἄμικτος δύσμικτος, δυσσύμβολος, δυσέντευκτος, σκυθρωπός,
σκαιός, ἄγριος, ἀργαλέος, σκληρός, τραχύς, ἀπάνθρωπος, 139
ἀνήμερος, δυσμενής· ὁ γὰρ ἀμείλικτος ποιητικώτερον. τὰ
δ' ἐπιρρήματα ἐκ μὲν τοῦ εὐπροσήγορος εὐπροσηγόρως καὶ
φιλοπροσηγόρως, καὶ τἀναντία δυσπροσηγόρως καὶ μισο-
προσηγόρως, ἐκ δὲ τοῦ εὐπρόσιτος εὐπροσίτως· τὸ γὰρ εὐ-
προσόδως σκληρόν, ὡσαύτως καὶ τὸ εὐεντεύκτως, ἀμείνω δὲ
τὸ εὐεπιμίκτως, εὐξυμβόλως, εὐμενῶς, φιλανθρώπως, πράως,
ἡμέρως. ἀπὸ δὲ τοῦ ἐναντίου δυσπροσίτως, ἀμίκτως δυσ-
μίκτως ἀπροσμίκτως ἀνεπιμίκτως, ἀσυμβόλως, σκυθρωπῶς,
ἀγρίως, σκαιῶς, ἀργαλέως, δυσμενῶς, σκληρῶς, τραχέως,
ἀπανθρώπως.

Εὐεργετεῖν, εὖ ποιεῖν, χαρίζεσθαι, δωρεῖσθαι, διδό- 140
ναι χάριν, εἰσφέρειν, προσεπεισφέρειν. τὰ δὲ πράγματα εὐ-
εργεσία, χάρις, δωρεά· τὸ γὰρ εὐποιία οὐ λίαν κέχρηται,
φιλοδωρίαν δὲ οὔπω παρὰ τοῖς κεχριμένοις εὗρον. ὀνόματα
δὲ εὐεργέτης εὐεργετικός· οὐ γὰρ καὶ εὐποιητικός, φιλόδω-
ρος δὲ καὶ εὐχάριστος· ἐπὶ γὰρ τούτου τάττεται τοὔνομα, 141
καὶ τὸ εὐχαριστεῖν ἐπὶ τοῦ διδόναι χάριν, οὐκ ἐπὶ τοῦ εἰδέ-

καὶ. ὁ μὲν οὖν ἀποστερῶν χάριν ἄχαρις καὶ ἀχάριστος ἂν
ῥηθείη, ἀπάνθρωπος, ἀναίσθητος, ἄδικος, ἀγνώμων, ἀμνή-
μων, ἐπιλήσμων, ἔνοχος τοῖς τῆς ἀχαριστίας ἐπιτιμίοις· καὶ
τὸ πρᾶγμα ἀναισθησία, ἀχαριστία, ἀδικία, ἀγνωμοσύνη
142 καὶ ὡς Ἀντιφῶν ἀποστέρησις· καὶ τὰ ἐπιρρήματα ἀχαρίσ-
τως, ἀναισθήτως, ἀδίκως, ἀγνωμόνως, ἐπιλησμόνως. τὸ δὲ
δίκαιον εἶναι περὶ τοὺς εὐεργέτας εἰδέναι χάριν, ἐπίστασθαι,
χάριν ἔχειν ὡς Ὑπερίδης τε καὶ Λυσίας, διαλύειν χάριν,
ἀποδιδόναι, ἀποτίνειν. ἐκτίνειν, ἀπομνημονεύειν, ἀμείβεσθαι,
ἀντεισφέρειν, ἀντευποιεῖν, ἀντευεργετεῖν, ἀντεπιμετρεῖν, ἀν-
τεπιμελεῖσθαι, ἀντικήδεσθαι, ἀντιχαρίζεσθαι, ἀντωφελεῖν,
ἀντευνοεῖν, ἀντιφιλεῖν, ἀντιφιλοτιμεῖσθαι.

143   Συμβόλαιον, συνάλλαγμα, κοινώνημα κοινωνία,
ἐπαλλαγή· ἰδιωτῶν γὰρ τὸ συναλλαγή. συναλλάξαι, συμβα-
λεῖν, κοινωνῆσαι. εὐσύμβολος, ἀξιοκοινώνητος, ἀσύμβολος
δυσσύμβολος, ἀκοινώνητος δυσκοινώνητος.

144   Ἔμπειρος, ἐπιστήμων, ἐθάς, τρίβων, τετριμμένος περὶ
ταῦτα, ἐντριβής· τὸ γὰρ περίτριμμα λοιδορία, ὁ δὲ εἰδή-
μων ἰδιωτικόν, ὁ δὲ ἴδμων ποιητικόν. βέλτιον δὲ τὸ εἰδὼς
τῷ πράγματι χρῆσθαι, διὰ πείρας ἥκων, διὰ πείρας ἔχων,
ἐν πείρᾳ γεγενημένος. τὰ δὲ πράγματα πεῖρα ἐμπειρία,
ἐπιστήμη, ἕξις, τριβή, καὶ τὰ ῥήματα πεπειρᾶσθαι, ἐπίστα-
σθαι, εἰδέναι, τετρῖφθαι ἐντετρῖφθαι, εἰθίσθαι, καὶ τὰ
ἐπιρρήματα ἐμπείρως, ἐπιστημόνως, εἰθισμένως, ἐντετριμμέ-
145 νως, ἐντρεχῶς, τάχα καὶ εἰδότως· Ὅμηρος δὲ ἐπισταμένως
λέγει. τὰ δ' ἐναντία ἄπειρος, ἀνεπιστήμων, ἀήθης, ἀτρι-
βής, ἀμαθής, ἄτριπτος πρὸς ταῦτα, ἀγνοῶν· Ἀντιφῶν δὲ
καὶ ἀγνώμων λέγει. καὶ τὰ πράγματα ἀπειρία, ἀνεπιστη-
μοσύνη, ἀήθεια, ἀμαθία, ἄγνοια, ἀγνωμοσύνη. ῥήματα δὲ
οὐκ ἔστιν ἐξ αὐτῶν, πλὴν ἀγνοεῖν καὶ ἀγνωμονεῖν· τὸ γὰρ
ἀηθεῖν σκληρόν, ὥσπερ τὸ ἀηθέσσειν ποιητικόν, τὸ δὲ ἀμα-
θαίνειν ἄλλο τι δηλοῖ. ἐπιρρήματα δὲ ἀπείρως, ἀνεπιστη-
μόνως, ἀτριβῶς, ἀήθως, ἀμαθῶς· τὸ δὲ ἀγνώστως καὶ
ἀγνωμόνως κοινὰ πρὸς ἕτερα.

Σιωπᾶν ἀπόρρητα, σιγᾶν, κρύπτειν συγκρύπτειν κα- 146
τακρύπτειν ἀποκρύπτειν ἐπικρύπτεσθαι, τηρεῖν, συμφυλάτ-
τειν, [συμπράττειν,] ἀφθεγκτεῖν, συσκιάζειν, στέγειν. καὶ
τὰ ὀνόματα σιωπηλός, σιγηλός, φυλακτικός, ἄφθογγος, στε-
κτικὸς στεγανός. μετοχαὶ δὲ ἀπὸ πάντων. καὶ τὰ ἀπόρ-
ρητα, τὰ σιωπώμενα, τὰ σιγώμενα, τὰ κρυπτά, τὰ κρυπτό-
μενα, τὰ ἄρρητα, τὰ σιωπῆς ἄξια, τὰ ἄφθεγκτα, τὰ ἀνέκ- 147
φορα, τὰ λανθάνοντα, τὰ συσκιαζόμενα, τὰ στεγόμενα.
καὶ σιωπηλῶς, σιγηλῶς, φυλακτικῶς, ἀφθεγκτί, στεκτικῶς
στεγανῶς. τὸ δ᾽ ἐναντίον ἐκλαλεῖν, ἐξαγορεύειν, ἐκφαί-
νειν, ἐκλέγειν, ἐκφέρειν διαφέρειν, ἔκφορα ποιεῖν, ἔκπυστα,
ἔκφαντα. ἀφ᾽ ὧν ὀνόματα μὲν οὐκ ἔστιν εἰ μὴ ἄρα ὁ λά-
λος, οὐδ᾽ ἐπίρρημα, πρᾶγμα δὲ μόνον ἐξαγόρευσις· σκλη-
ρὸν γὰρ ἡ ἐκλάλησις.

Προτσχεσθαι, προτείνειν, προκαλεῖσθαι, προτείνε- 148
σθαι, προβάλλεσθαι, ἀξιοῦν. πρᾶγμα δὲ οὐκ ἔστι τούτων
ἴδιον ὅτι μὴ πρόκλησις· τάχα δὲ καὶ ἀξίωσις. οὐδὲ ὄνομα,
οὐδὲ ἐπίρρημα, ἀλλὰ μετοχαί, οἷον προτείνων προτεινόμε-
νος, προϊσχόμενος, προβαλλόμενος, ἀξιῶν, προκαλούμενος.

Γράμματα ἐν στήλαις ἐγγεγραμμένα, ἐγκεχαραγ- 149
μένα, ἐγκεκολαμμένα, ἐνσεσημασμένα, ἐντετυπωμένα, ἐγκεί-
μενα ἐναποκείμενα ἐγκατακείμενα, ἐμπεποιημένα, ἐνειργα-
σμένα, ἐνόντα, ἐγγεγλυμμένα. καὶ τὰς μετοχὰς ὡσαύτως,
ἐγγράψας, ἐγχαράξας, ἐγκολάψας, ἐνσημηνάμενος, ἐγκόψας,
ἐγγλύψας, ἐνθείς, ἐνεργασάμενος, ἐγκαταθέμενος, ἐμποιή-
σας, ἐντυπώσας ἐντυπωσάμενος, κοιλάνας, βαθύνας. καὶ 150
τὰ μὲν ὑπέργεια, ὑπερφανῆ, ἔκδηλα πρόδηλα ἐπίδηλα, ἐπί-
σημα, θεατά εὐθέατα (τὸ γὰρ εὔσημα εὐτελές), τὰ δ᾽ ὑπό-
γεια, ἀφανῆ, ἄδηλα, τὰ δὲ χρόνια, ἀρχαῖα παναρχαῖα,
παλαιά παμπάλαια, ἄσημα, ἀσαφῆ, συγκεχυμένα, ἀμυ-
δρά, ἀμαυρά, ἐξίτηλα, ἀθέατα δυσθέατα, δύσγνωστα ἄγνω-
στα, δυσγνώριστα ἀγνώριστα, ἀτέκμαρτα, δυσόρατα ἀνό-
ρατα ἀδιόρατα, κατερρυηκότα ἐξερρυηκότα διερρυηκότα, δυσ-
σύμβολα ἀξύμβολα, δυσείκαστα, ὕποπτα ἀνέποπτα.

Διακορής εἰμι αὐτοῦ, ὑπερκορής κατακορής, εἰς κό- 151
ρον ἦλθον, διάκορός εἰμι, κατάκορος, πέρα κόρου προελή-
λυθα, πλήρης εἰμί, μεστός, ἔμπλεως ὑπέρπλεως ἀνάπλεως

15

κατάπλεώς εἰμι, ἐμπέπλησμαι, κεκόρεσμαι, διακόρως ἔχω, κατακόρως ὑπερκόρως, ἐν πλησμονῇ εἰμί, προσίσταταί μοι.

Ἀναμφίβολον, ἀναμφίλογον ἀναμφίλεκτον, ἀναντίλεκτον, βέβαιον, ἀνενδοίαστον, ἀναμφισβήτητον, ἀναν-
152 τίρρητον, πάγιον. καὶ τὰ ἐπιρρήματα ἀναμφιλόγως, ἀναμφιβόλως, ἀναντιλέκτως, βεβαίως, ἀνενδοιάστως, ἀναμφισβητήτως, ἀναντιρρήτως, παγίως. καὶ λέγοιτ' ἂν ἐπὶ τούτου οἶδα, εὖ οἶδα, ἐπίσταμαι, πείθομαι πέπεισμαι ὑπερπέπεισμαι, πεπίστευκα, διεγγυῶμαι, διαβεβαιοῦμαι, δυσχυρίζομαι, διορίζομαι, διατείνομαι, διηκριβωσάμην, ἐπιστωσάμην,
153 ἀκριβολογοῦμαι· τὸ γὰρ ἀκριβάζω ἀπειρόκαλον. ἀπὸ δὲ τοῦ ἐναντίου πρᾶγμα μέν ἐστι τὸ ἀμφίβολον, ἀπαγὲς καὶ ἀβέβαιον, καὶ ὅρος οὐκ ἀντίλεκτος παρὰ Θουκυδίδῃ, καὶ καθ' ἕτερον σχῆμα ἀντιλογία καὶ ἐνδοιασμὸς καὶ ἀμφισβήτησις· οὐ γὰρ καὶ ἀντίρρησις. ἐπίρρημα δὲ μόνον τὸ ἀμφιβόλως. ῥήματα δὲ ἀμφιβάλλω, ἀπιστῶ, ὑποπτεύω, ἐνδοιάζω, ἀμφιγνοῶ, ἀντιλέγω, ἀμφισβητῶ, διαπορῶ, εἰκάζω, τεκμαίρομαι, ὑφορῶμαι, ὑπονοῶ, διστάζω ὡς Πλάτων.

154 Ἑρμηνεὺς καὶ ἑρμηνευτής, γλῶτταν συμβάλλων, γλῶτταν ὑποκρινόμενος, γλώττης ὑποκριτής, γλώττης συμβολεύς, γλώττης μεταβολεύς, γλώττης μηνυτής, γλώττης ἀλλοτρίας ἐπιστήμων, δίγλωττος δίφωνος, πολύγλωττος πολύφωνος. διαμηνύων τὴν φωνήν, ἐκμηνύων, διαγγέλλων, ἑρμηνεύων ἀφερμηνεύων, μεταβάλλων μεταφέρων μεταπλάττων, ἀφελληνίζων, διαφέρων. τὰ δὲ πράγματα ἑρμηνεία, μήνυσις, μεταβολή, ἑρμήνευσις, ἐξήγησις, μεταφορά διαφορά, ὑπόκρισις.

155 Εἶμι, ἥξω, ἀφίξομαι, παρέσομαι παραγενήσομαι, ἀπαντήσομαι, ἐπάνειμι ἐπανήξω· τὸ γὰρ ἐλεύσομαι Ὅμηρος μὲν εἴρηκεν, τῶν δὲ καταλογάδην οὐχ οἱ κεκριμένοι. πρᾶγμα δὲ ἄφιξις καὶ παρουσία. οὐ μὴν ἐπίρρημα οὐδὲ ὄνομα, ἀλλὰ μετοχαί.

156 Ποιῶ, πράττω, διοικῶ διοικοῦμαι, διαπράττομαι, ἐργάζομαι ἐξεργάζομαι, διατίθεμαι, διοικονομῶ, διαχειρίζω

---

151 3. ante ἀναμφίβολον **A** ὑπὲρ οὖ τις ἂν· διηγήσαιτο tam in titulo quam in contextu.

διαχειρίζομαι μεταχειρίζομαι. καὶ τὰ πράγματα ποίησις, πρᾶξις, διοίκησις, ἐργασία, διάθεσις, διαχείρισις μεταχείρισις. τὰ δὲ ὀνόματα καὶ τὰ ἐπιρρήματα κοινὰ καὶ πρὸς ἕτερα.

Ἴσον, ἰσάριθμον, ἰσοπληθές, ἰσοτελές, ἰσόμηκες, ἰσο- 157 μέγεθες, ἰσομέτρητον, ἰσοστάσιον, ἰσόσταθμον, ἰσόνομον, ἰσότιμον. καὶ κατ᾽ ἄλλο χρείας εἶδος ὅμοιον, ἐοικός, ἀντίπαλον ἰσόπαλον ἰσοπαλές, ἰσοκρατές, ἐνάμιλλον ἐφάμιλλον· τὸ γὰρ ἀγχώμαλον, εἰ καὶ Θουκυδίδης εἶπε, τραχύ.

Κλέος, δόξα, φήμη, ὄνομα, εὐφημία πολυφημία, 158 λαμπρότης, εὐδοξία, εὐδοκίμησις, καὶ ἀκμὴ δόξης, εὐθηνία δόξης, ζῆλος, εὔκλεια, μνήμη. ῾καὶ εὐκλεής, ἔνδοξος, ὀνομαστός, εὔδοξος, εὐδόκιμος, λαμπρός, ζηλωτός, ἐκφανής ἐπιφανής, περίβλεπτος, περιβόητος διαβόητος, περίφημος, ἀείμνηστος, ἀκμάζων δόξῃ, εὐθηνούμενος, [ὀνόματι] γνώριμος. τὰ δὲ ἐπιρρήματα εὐκλεῶς, ἐνδόξως, ὀνομαστῶς, εὐ- 159 φήμως, εὐδοκίμως, ζηλωτῶς, λαμπρῶς, ἐκφανῶς ἐπιφανῶς, περιβλέπτως, περιβοήτως, γνωρίμως. τὰ δὲ ῥήματα εὐδοκιμεῖν, εὐδοξεῖν, λαμπρύνεσθαι, ἀκμάζειν δόξῃ, εὐθηνεῖν, διωνομάσθαι, ἀποβλέπεσθαι. ἐκ δὲ τῶν ἐναντίων ἄδοξος, ἀκλεής δυσκλεής, ἀνώνυμος, ἀφανής, ἀγνώριστος ἄγνωστος, ἀδόκιμος, ἀζήλωτος· ἐπιβόητος δὲ καὶ ἐπίρρητος καὶ ἐπίψογος. καὶ τὰ πράγματα ἀδοξία κακοδοξία, δύσκλεια, δυσ- 160 φημία, ἀγνωσία, καταβοὴ ὡς Θουκυδίδης. καὶ τὰ ἐπιρρήματα ἀδόξως, ἀκλεῶς δυσκλεῶς, δυσωνύμως ἀνωνύμως, ἀφανῶς, δυσγνωρίστως ἀγνώστως, ἀδοκίμως, ἀζηλώτως, ἐπιβοήτως, ἐπιρρήτως. ῥῆμα δὲ μόνον τὸ ἀδοξεῖν· τὰ δὲ λοιπὰ σὺν τῷ εἶναι ῥητέον, ἀνώνυμον εἶναι, ἀκλεᾶ εἶναι.

Φιλοπαίκτης φιλόπαιγνων, φιλόπαισμων φιλοπαί- 161 στης, φιλόγελως, φιλογελοιαστής· καὶ ἑτέρας εἶναι χρείας κομψός χαρίεις στωμύλος, καὶ ἄλλης φιλοσκώμμων εὐσκώμμων σκωπτικός τωθαστικός. καὶ τὰ ἐπιρρήματα φιλοπαιγμόνως, γελοίως, κομψῶς, χαριέντως, στωμύλως, φιλοσκωμμόνως εὐσκωμμόνως σκωπτικῶς, τωθαστικῶς. τὰ δὲ πράγματα φιλοπαιγμοσύνη, παιδιά, γέλως, κομψεία, χαριεντι-

---

- **159** 1. ὀνομαστικῶς ante Seberum.

σμός, στωμυλία, φιλοσκωμμοσύνη εὐσκωμμοσύνη σκῶμμα,
τωθασμός. ῥήματα δὲ παίζειν, γελᾶν, γελοιάζειν, κομψεύε-
σθαι, χαριεντίζεσθαι, στωμύλλεσθαι, σκώπτειν, τωθάζειν.

162 Ἐπὶ τοῦ μηδενὸς ἀξίου εὔωνος, οὐδεὶς οὐδαμό-
θεν, εὐτελής, τοῦ μηδενὸς τίμιος, ὃν πολλοῦ ἄν τις ἡγή-
σαιτο τοῦ μηδενός, ἀνεμιαῖος, εὐκαταφρόνητος, κατάπτυστος
ἀπόπτυστος, οὐδὲ τοῦ τυχόντος ἄξιος, οὐδὲ τοῦ προστυχόν-
τος, παντὸς ὤνιος, φθόρος, οὗ τὸ μηδὲν τιμιώτερον, ὄλε-
θρος, κάθαρμα, περίτριμμα, ἀνδράποδον, αἰσχύνη τῶν συ-
163 νόντων, τῶν εἰς αὐτὸν ἰόντων ὄνειδος, εὐωνότερος τῶν ἀπο-
κεκηρυγμένων ὠνίων, ἀνδραποδώδης, ἀπερριμμένος, ἐπευω-
νισμένος, ἄσημος, ἀνώνυμος, ἄδοξος, ἀφανής, ὃν οἰωνίσαιτ'
ἄν τις, ἄδηλος, ἄπορος, κακοδαίμων, ἄθλιος, ἀντ' οὐδενός,
ἄτιμος ἠτιμωμένος, ταπεινός, δύστηνος, εἰκαῖος, συρφετός,
τῶν ἐν ταῖς τριόδοις καθαρμάτων ἐκβλητότερος, κοπρίων
ἐκβλητότερος, εἰ δεῖ καθ' Ἡράκλειτον λέγειν, τῶν ὀξυθυ-
164 μίων ἀτιμότερος. χρὴ δὲ οὐδὲν θαυμάζειν εἴ τινα τοιαῦτα
ὀνόματα ἐπὶ πλειόνων σημαινομένων λέγομεν. ὥσπερ γὰρ
ἔστι πλείω ταὐτὸν σημαίνοντα, οὕτως ἔνια ἐπὶ πολλοῖς τάτ-
τεται, καθάπερ εἰ φαίης τὸν σοφόν· ἐπὶ γὰρ μυρίων ἂν
τάττοιτο τῶν κατὰ σοφίαν τι δρώντων, ὅπου γε καὶ τέ-
κτονι σοφίαν Ὅμηρος ἐπωνόμασεν. ὁ δὲ βαρὺς εἴη ἂν καὶ
ὁ βίαιος καὶ ὁ ἀλαζὼν καὶ ὁ στάσιμος, ὥσπερ καὶ ὁ ἀπό-
πληκτος ὅ τε μαινόμενος καὶ ὁ ἀνόητος καὶ ὁ νοσῶν. καὶ
πολλὰ ἂν καὶ τῶν ἄλλων τοιαῦτα εἴποι τις ἐπεξιών.

165 Βούλομαι, ἐθέλω θέλω, προαιροῦμαι, ἐπιποθῶ, ἐπι-
θυμῶ ὑπερεπιθυμῶ, ἐφίεμαι, ἐπείγομαι, ὀρέγομαι ὑπερορέ-
γομαι, γλίχομαι (τὸ γὰρ ἱμείρω ποιητικόν), ὀρίγνομαι, βου-
λομένῳ μοί ἐστιν, ἐπιθυμητικῶς ἔχω· τοῦτο γὰρ μόνον ἐπίρ-
ρημα ἔχει, καὶ ὄνομα τὸν ἐπιθυμητήν, τὰ δ' ἄλλα μετοχάς.
πράγματα δὲ βούλησις, ἐπιθυμία, ὄρεξις, ἔφεσις, ἔρως· ἡ
γὰρ θέλησις ἰδιώτου. τάχα δ' ἂν τούτοις συντάττοιτο ἐρῶ
τοῦ πράγματος, ἀμφισβητῶ ὑπεραμφισβητῶ, μέτειμι, με-
ταδιώκω· ἡ γὰρ ἀμφισβήτησις καὶ ἐπιδικασία καὶ μέθοδος
ἑτέροις μᾶλλον προσήκουσιν, ἡ δὲ μεταδίωξις σκληρόν. ὅθεν
καὶ μόνον ἂν εἴποις ἐπίρρημα τὸ ἐρωτικῶς.

---

162 2. ὠνήσαιτο?   165 3. ὀρίγναμαι?

Εἴποις δ' ἂν ἐπὶ τῶν ἤδη γεγραμμένων νόμων ἢ 166
ψηφισμάτων γέγραπται, ὥρισται, δέδοκται, διώρισται, τέ-
τακται διατέτακται, κεχειροτόνηται ἐπικεχειροτόνηται, πεπί-
στευται, δεδοκίμασται, ἐξήτασται, κέκριται, προβεβούλευται
βεβούλευται, κεκύρωται ἐπικεκύρωται, νενομοθέτηται, εἰσε-
νήνεκται προεισενήνεκται, προεξήτασται, προκέκριται, πά-
λαι κεῖται, πάλαι τετήρηται, πάλαι πεφύλακται, προεί-
θισται.

Τὸ μὲν μετρίως ἔχειν εἴποις ἂν συμμέτρως, ἀπο- 167
χρώντως, ἀρκούντως, ἱκανῶς, αὐτάρκως, μεμετρημένως· τὸ
δὲ ἀμέτρως λέγειν, εἰ μὲν κατὰ τὸ πλέον, ἐκμέτρως καὶ
ὑπερμέτρως καὶ περιττῶς, εἰ δὲ κατὰ τὸ ἔλαττον, ἐνδεῶς τε
καὶ ἐλλιπῶς.

Συστρέψαι τὸ σῶμα, συνελκύσαι, συναγαγεῖν, συν- 168
αθροῖσαι, συστεῖλαι, συσπειρᾶσαι, συγκάμψαι. παραπλήσιον
δέ τι καὶ τὸ ἰλυσπᾶσθαι νόει. τὸ δ' ἐναντίον ἐκτεῖναι τὸ
σῶμα, προτεῖναι τὰ κῶλα, ἁπλῶσαι, χαλάσαι, διαχέαι, ἀπο-
τεῖναι, ἀποτάδην. τὸ δὲ μετὰ χάσμης ἀποτείνειν ἑαυτὸν
σκορδινᾶσθαι λέγουσιν.

Ἐφ' ὧν Πλάτων λέγει τὸ ταὐτὸν καὶ τὸ θάτερον, 169
τὸ μὲν ταὐτὸν εἴποις ἂν μόνιμον, βέβαιον, στάσιμον, ἀμε-
τάστατον, ἑστηκός, ἀμετακίνητον, ἀγέννητον, ἀμερές, ἀνα-
φές, ἀθάνατον, ἄληπτον, ἄλυτον, ἀνώλεθρον, ἀΐδιον, ἄφ-
θαρτον, θεῖον, μονοειδές, ἀσχημάτιστον, ἀνενδεές, ἀνελλι-
πές, ἀσώματον, ἀόρατον, ἀχρώματον, ἀεικίνητον, αὐτοκίνη-
τον, ἀείζωον, αὔταρκες αὐτῷ, ἀτάρακτον, καθεστηκός, καὶ
τὰ τούτοις σύστοιχα, τὸ δὲ θάτερον ἀβέβαιον, εὐμετακίνη- 170
τον μετακινούμενον πολυκίνητον, πολύφορον, μετατρεπό-
μενον, φερόμενον, πλανώμενον πλανητόν, μεταπλαττόμενον
μεταρρυθμιζόμενον μετασχηματιζόμενον, γεγονός γενητόν,
ἁπτόν, θεατόν, μεριστόν, φθαρτόν, πολυμιγές, θνητόν,
πολυσχιδές, παυόμενον, ἀπολλύμενον, πολυσχημάτιστον, πολ-
λῶν ἐπιδεές, σωματοειδές, ὁρατόν, αἰσθητόν, πολυχρώμα-
τον, μετασκευαζόμενον μεθαρμοζόμενον, πολλῶν προσδεές,
ἐνδεές, ταραχῶδες, θορύβου μεστόν, ἐφήμερον.

Ϛ.

Κομμόδῳ Καίσαρι Ἰούλιος Πολυδεύκης χαίρειν. τὰ μέν τινα
τῶν ὀνομάτων ὡς κρίνων ἔγραψα, τὰ δὲ ὡς μὴ παριεὶς ἐμήνυσα.
ἐνίοις δὲ τῶν ἀμφιβόλων προσέθηκα τοὺς μάρτυρας, ἵνα τοὺς εἰ-
πόντας εἰδῇς, ἔστι δ᾽ ὅπου καὶ τὸ χωρίον ἐν ᾧ τοὔνομα, ἐπὶ δέ
τινων καὶ τὴν λέξιν αὐτήν. οὐ μὴν ἐπὶ πάντων ταὐτὸν τοῦτ᾽ ἐποί-
ησα, ὅπου μὴ κατήπειγεν, ἵνα μὴ τοῖς βιβλίοις περιττὸς ὄγκος
προσῇ. ἔρρωσο κύριε.

7   Ἐπεὶ δὲ οὐδὲ τῶν συμποτικῶν ὀνομάτων ἀμελητέον,
χρὴ λέγειν τὸ μὲν χωρίον συμπόσιον, ἀνδρῶνα, συσσίτιον,
καὶ τρίκλινον οἶκον ἢ πεντάκλινον ἢ δεκάκλινον, καὶ πα-
στάδα δὲ ἀπὸ τοῦ πάσασθαι, καὶ συναγώγιον· τὸ δὲ πρᾶ-
γμα πότον ἢ συσσιτίαν ἢ συμποσίαν ἢ σύνοδον τὴν ἐν
οἴνῳ ἢ θίασον ἢ εἰλαπίνην ἢ ἔρανον ἢ ἑστίασιν ἢ ἄριστον
ἢ δεῖπνον ἢ σύνδειπνον ἢ θοίνην ἢ ξενισμόν (ἡ γὰρ Θου-
8 κυδίδου ξένισις τραχύ)· τοὺς δὲ συνιόντας συμπότας, ὁμο-
σίτους συσσίτους, συνουσιαστάς, θιασώτας ἢ θιασίτας, εἰ-
λαπιναστάς, ἐρανιστάς. ἰδίως δὲ τοὺς τῶν θιασωτῶν οἴκους
φωλητήρια ὠνόμαζον. τὸ δὲ ἔργον συναγαγεῖν συμπόσιον,
συστῆσαι, πληρῶσαι, συγκροτῆσαι, συναθροῖσαι, συγκαλέ-
σαι. καὶ κληθῆναι δὲ ἐπὶ δεῖπνον ἥ τε παροιμία λέγει καὶ
Μένανδρος, καὶ Δημοσθένης «κληθέντες γὰρ οὗτοι πρὸς
Ξενόφρονα τὸν υἱὸν τοῦ Φαιδίμου,» καὶ «τοῖς συναντῶ-
σιν ἐρωτώμενοι ἐπὶ δεῖπνον ἔφασκον κληθῆναι.» αἱ δὲ δη-
μόσιαι ἑστιάσεις εὐωχίαι, θάλειαι, πανδαισίαι, δημοθοινίαι,
9 τάχα δὲ καὶ σιτήσεις. ἐφ᾽ ὧν δ᾽ ἔστι κατακεῖσθαι, κλῖναι
κλινίδες κλινίδια, σκίμποδες, ἀσκάνται, στιβάδες, ἡμικύκλια,
κλιντήρια, χαμεύνια. τὸ δὲ καλούμενον ἀνάκλιντρον ἐπί-
κλιντρον Ἀριστοφάνης ἔφη, τὸ δὲ ἐνήλατον κλιντήριον.
εἶτα φυλλάδες, πτερίδες, πόαι, τυλεῖα, κνέφαλλα, προσκε-
φάλαια ὡς Δημοσθένης καὶ πολλοί. καὶ ποτίκρανον δὲ οἱ
κωμικοὶ τὸ προσκεφάλαιον ἢ τὸ ὑπηρέσιον. ὑπαυχένιον.
ἀμφίταποι· εἰσὶ δὲ οἱ ἐξ ἑκατέρου δασεῖς, ὡς τάπητες οἱ

---

1 6. περιττὸς om A.   8 6. παροιμία] v. M 4 p. 179.

ἐκ θατέρου. ὑπαγκώνια στρώματα, περιστρώματα ὑποστρώ- 10
ματα, ἐπιβλήματα, ἐφεστρίδες χλαῖναι, ἀμφιεστρίδες, ἐπιβό-
λαια, δάπιδες ψιλοδάπιδες, ξυστίδες χρυσόπαστοι, ὡς Εὔ-
βουλος

       ταῖς ξυστίσιν ταῖς χρυσοπάστοις στόρνυται.
τὸ δὲ ἀγγεῖον ἐν ᾧ τὰ στρώματα ἐνῆν κοίτην ὠνόμαζον·
τὰ δὲ εἰς κοίτην στρώματα ἐνεύναια λέγουσιν. ὅτι δὲ καὶ
πτίλοις τὰ κνέφαλλα ἀνεπλήρουν, Εὔβουλος ἐν Ἀγχίσῃ δι-
δάσκει· καὶ πτερωτὰ καὶ πτιλωτὰ προσκεφάλαια ὀνομάζου-
σιν. καυνάκας δὲ τινας πορφυροῦς ἐπὶ στρωμάτων Μέναν- 11
δρος ὠνόμασεν. τὰς δὲ ἐγκοιμητηρίας ψιάθους χαμευνίας
ἐκάλουν.

    ὁ μὲν οὖν συνιστὰς τὸ συμπόσιον ἑστιάτωρ, ἑστιῶν,
ξενίζων, συμποσίαρχος, συμποσίου ἄρχων, ὁ τῆς συνουσίας
ἡγεμών· ὁ γὰρ οἰκοδέγμων τραγικόν. καὶ ἄλλως δὲ καλεῖ-
ται συμποσίαρχος ὁ ἐν ἰσοτελεῖ τινὶ κοινωνίᾳ κατὰ κλῆρον
ἢ κατὰ δόγμα προαιρεθεὶς τοῦ συμποσίου ἐπιμελητής. εἴ-
ποις δ' ἂν τὸν ἑστιάτορα καὶ ἑστιοῦχον κατ' Ἀριστοφά-
νην. οἱ δὲ συγκληθέντες δαιτυμόνες δαιταλεῖς, ἐπί- 12
κλητοι σύγκλητοι κλητοί, συμπόται, σύνδειπνοι. ἄκλητοι,
οὓς ἀνεπαγγέλτους Κρατῖνος καλεῖ. ἀσύμβολοι, ἀπὸ συμ-
βολῶν, ἀφ' ὧν οἱ Ἀττικοὶ μακρὰς διδόναι συμβολὰς ἔλε-
γον ἀντὶ τοῦ μεγάλας. καὶ προκλίτης μὲν ὁ τῆς ἑστιάσεως
πρωτοστάτης, ὁ δὲ παρακατακείμενός τινι συμπότης συγ-
κλίτης παρακλίτης· σύγκλινον δὲ Μένανδρος λέγει. ὁμοτρά-
πεζος συντράπεζος, ὁμόσιτος σύσσιτος, ὁμόδειπνος. ὁ δὲ 13
φροντίζων τῆς ὑπηρεσίας ἁπάσης τραπεζοποιός. ἡ δὲ ὑπη-
ρεσία παῖδες, οἰνοχόοι, τραπεζοκόμοι, τομεῖς, μάγειροι, ὀψο-
ποιοί, ὀψαρτυταί.

    καὶ τὸ μὲν μαγειρεῖον ὀπτανεῖον, τὰ δὲ ἀρτύματα ἡδί-
σματα. ἵνα δὲ ἔγκειται τὰ τῶν ἡδυσμάτων ἀγγεῖα, κυψέλη,
ἵνα δὲ τὰ ὄψα, κίστη ὀψοφόρος ἢ κίστη δειπνοφόρος. ἵνα 14
δὲ ὁ οἶνος, λάγυνος, πυτίνη, ἀσκός, κρατήρ, προχοίδιον,
κάδος καδίσκος, κρωσσός, βῖκος, κραδισσὸς ὡς Ξενοφῶν,
κεράμιον, ἀμφορεύς ἀμφορίσκος, σταμνίον, ἀγγεῖον οἰνοφό-

ρον ὑάλου ἢ κεράμου πεποιημένον, πίθος ἢ πιθάκνη· Ὑπερ-
ίδης δὲ καὶ πιθάκνιον εἴρηκεν. εἰ δὲ καὶ Ἀριστοφάνης ὠνό-
μασεν ὕρχας οἴνου, δηλοῖ μὲν ἡ λέξις τῷ βίκῳ προσεοικὸς
15 κεράμιον, ἔστι δὲ Αἰολικὸν τοὔνομα. τὰς δὲ ἀποθήκας τοῦ
οἴνου Ξενοφῶν μὲν οἰνῶνας εἴρηκεν, Εὔπολις δὲ πιθῶνας.
κρατῆρες δὲ ὁ μὲν πρῶτος Διὸς Ὀλυμπίου καὶ Ὀλυμπίων
θεῶν, ὁ δὲ δεύτερος ἡρώων, ὁ δὲ τρίτος Διὸς σωτῆρος τε-
λείου, ὅτι καὶ τὰ τρία πρῶτος τέλειος ἀριθμός. καὶ ὁ μὲν
οἶνος πόμα καὶ πῶμα καὶ ποτόν, ἡδύς, ἐπαγωγός, γλυκύς,
αὐστηρός, μελιηδής, ἀνθοσμίας, Θάσιος, Χῖος καὶ ὁ τού-
του ἄριστος Ἀριούσιος, Μενδαῖος, Μενδήσιος, Ἰσμαρικός,
16 Λέσβιος, Πεπαρήθιος, Χαλυβώνιος, Πελλαῖος, Πράμνειος,
Μαρωνείτης· οὔπω γὰρ οἱ παλαιοὶ τὸν Ἰταλιώτην ᾔδεσαν
ἀκριβῶς, ἐπεὶ οὐκ ἔστιν ὄντινα ἂν τούτου προὔθεσαν. καὶ
που καὶ γλυκὺς Πόλιος· ἔστι μὲν ἐκ Συρακουσῶν, Πόλις
δ' αὐτὸν ὁ Ἀργεῖος πρῶτος ἐπεσκεύασεν, ἀφ' οὗ καὶ τοὔ-
νομα, ἢ ἀπὸ τοῦ Συρακουσίων βασιλέως Πόλλιδος, ὡς Ἀρι-
στοτέλης λέγει. καὶ σίραιον δὲ ἐκάλουν τὸν ἐκ γλεύκους ἡψη-
17 μένον γλυκύν, καὶ Θήραιον τὸν ἐκ Κρήτης. ἦν δέ τις καὶ
μυρίνης οἶνος, μύρῳ κεκραμένος· οἱ δὲ τὸν γλυκὺν οὕτως
οἴονται κεκλῆσθαι. καὶ μελίκρατον δέ, τὸ νῦν οἰνόμελι. ἢ
που δὲ καὶ τὸ νῦν ἕψημα ὀνομαζόμενον, ὅπερ ἐστὶν οἶνος
ἐξηψημένος εἰς γλυκύτητα· καὶ τοῦτ' ἄν τις οἴοιτο εἰρημέ-
νον ἐν τῇ τοῦ Πλάτωνος τοῦ κωμικοῦ Συμμαχίᾳ,
τὸ γὰρ ἕψημά σου
γευόμενος ἔλαθον ἐκροφήσας.
καὶ πρότροπος δ' ἦν τις οἶνος, ὁ πρὶν ἀποθλίβεσθαι ἐκρυ-
είς. ὁ δὲ φαῦλος οἶνος δευτερίας, ἐξεστηκώς, ἐντροπίας,
ὀξίνης ὀξώδης· ὁ μέντοι δευτερίας καὶ τρυγηφάνιος ἐκα-
18 λεῖτο. τὸν δὲ οἶνον καὶ τρύγα Κρατῖνος ἐν Ὥραις·
ἀλλ' ἦν ὅτ' ἐν φώσωνι τὴν ἴσην ἔχων
μετ' ἐμοῦ διῆγες, οἴναρον ἕλκων τῆς τρυγός.
αὐτίτης δὲ οἶνος ὁ ἐπιχώριος, σακκίας δὲ ὁ διυλισμένος

15 7. ὁ τούτου om A.   8. ἀριστούσιος A.   16 1. πολλαῖος B,
om AC.   4. Πόλιος] καὶ πολαῖος A. || πόλας A.   5. ἐσκεύασεν C.
7. σήραιον A.   17 2. μυῤῥίνης A.   18 2. τὴν οἱ συνέχων ante Lo-
beckium. om versum A.

καὶ σακτὸς παρ' Εὐπόλιδι. τὸ δὲ τρῖμμα πόμα ἦν μετ'
ἀρωμάτων παρὰ τοῖς νέοις κωμικοῖς. ἐπήνουν δὲ οἶνον τὸν
τρία φέροντα, τουτέστιν ὕδατος τὸ τριπλοῦν· Ὅμηρος δὲ
     ἓν δέπας ἐμπλήσας ὕδατος δ' ἀνὰ εἴκοσι μέτρα.

ὅτῳ δὲ ὁ οἶνος ἀρύεται, ἀρυστὴρ ἀρύστιχος, ἔφηβος, 19
οἰνήρυσις, κοτύλη, λεπαστή, οἰνοχόη, κύαθος, ὅτῳ δὲ δι-
ηθεῖται, ὑλιστὴρ καὶ σάκος καὶ τρύγοιπος. καὶ σίφωνα μέν,
ὅτῳ ἐγεύοντο, Ἱππῶναξ εἴρηκεν,
     σίφωνι λεπτῷ τοὐπίθημα τετρήνας,
σιφωνίζειν δὲ Ἀριστοφάνης.

καὶ ἀπὸ μὲν τοῦ πίνειν πότης συμπότης, ποτικὸς πο-
τίστατος, συμποτικός συμποτικώτατος, καὶ πότις γυνὴ παρὰ
Φρυνίχῳ τῷ κωμικῷ. προπίνειν διαπίνειν, διαμιλλᾶσθαι ἐν
πότῳ, ἐκπίνειν ὑποπίνειν (ὃ καὶ ὑποψακάζειν λέγουσι), φι- 20
λοποτεῖν, καταπίνειν· ἤδη δὲ τοῦτο καὶ ἐπὶ τροφῆς ἔνιοι
λέγουσιν, Αἰσχίνης δὲ καὶ τὴν οὐσίαν ἔφη κατέπιεν. καὶ
λύχνον δὲ πότην Ἀριστοφάνης ἔφη. φιλοπότης δὲ καὶ ἀκρα-
τοπότης ἀκρατοπώτης, ὑδροπότης ὑδροπώτης, φιλοποσία,
ἀκρατοποσία ἀκρατοπωσία, ὑδροποσία ὑδροπωσία, φαρμα-
κοποσία. ἀπὸ τοῦ πιεῖν συμπιεῖν ἐκπιεῖν, ἀκρατοποτεῖν ὑδρο-
ποτεῖν κλεψιποτεῖν. μετριοποτίστατος· τὸ γὰρ ἁπλοῦν ὁ με-
τριοπότης εὐτελές. γαλακτοπόται γαλακτοποσία. εἴποις δ'
ἂν καὶ συμποτικὰς τύχας. ποτικῶς συμποτικῶς.

ἀπὸ δὲ οἴνου φίλοινος φιλοινία, καὶ πάροινος πα- 21
ροινία παροίνως παροινῆσαι. ἔξοινος, οὐ μέντοι καὶ ἐξοινία
οὐδὲ ἐξοίνως, ἴσως δὲ ἐξοινῆσαι. διοινωμένος δὲ καὶ κατοι-
νωμένος ὡς Πλάτων, καὶ οἰνωμένοι ὡς Κρατῖνος. δύσοινος,
καὶ οἰνόφλυξ οἰνοφλυγία οἰνοφλυγεῖν, καὶ οἰνομάχλη. ἀπὸ
δὲ οἴνου καὶ οἰνάνθαι αἱ ἄμπελοι, καὶ οἴναρα τὰ φύλλα,
καὶ οἰνόπτης ὁ τὸν οἶνον ἐπιβλέπων· οὗτος δὲ καὶ λύχνους 22
καὶ θρυαλλίδας παρεῖχε, καὶ τὴν ἐξ ἴσου πόσιν ἐφεώρα.
καὶ οἰνοπότης, καὶ οἰνοπότις γυνὴ ὡς Ἀνακρέων, καὶ οἰνο-
ποτῶν, ὅπερ Ὅμηρος εἴρηκεν οἰνοποτάζων. καὶ πολυοινό-
τατον χωρίον ὡς Θουκυδίδης, καὶ ἄμπελοι ἡδύοινοι ὡς Ξε-
νοφῶν, καὶ εὔοινοι δέ· τὸ γὰρ οἰνίζεσθαι ἐπὶ τῶν τὸν οἶ-

νον ὠνουμένων δεινῶς ποιητικόν. ἡ δὲ οἰνίστρια οἴνου δόσις ὑπὲρ τῶν παίδων ἐν τοῖς φράτερσιν. οἰνιὰς δὲ καὶ οἰνὰς ἡ ἀγρία περιστερά, καὶ οἰνοῦττα μᾶζα ἡ οἴνῳ δεδευμένη. καὶ οἰναγωγὸν πλοῖον παρὰ Κρατίνῳ, καὶ οἰνηρὸς θεράπων παρὰ Ἀνακρέοντι, καὶ παρὰ Κρατίνῳ

ουδ' ὀξύβαφον οἰνηρὸν ἔτι κεκτήσεται.

καὶ Αἰσχύλος

μήτε κρωσσούς
μήτ' οἰνηροὺς μήθ' ὑδατηρούς
λείπειν ἀφνεοῖσι δόμοισιν.

ἔστι δ' εἰπεῖν ἐπανέπλει τὸ ποτὸν καὶ ἐπανῄει. καὶ ἄκρατος οἶνος, ἀμιγὴς πρὸς ὕδωρ, ἄμικτος. ἄκρατον σπάσαι. κεκραμένος, εὔκρατος καὶ εὐκέραστος, εὔκρας εὐκραής. καὶ αὐτόκρας ὁ μηδεμιᾶς προσθήκης δεόμενος, καὶ αὐτοκέρας καὶ αὐτόκρατον· καὶ νεόκρατον καὶ νεόκρας ὁ νεωστὶ κεκραμένος. καὶ ἀκρατότερος, καὶ ὡς Ὑπερίδης ἀκρατέστερος. ἔστι δὲ καὶ τὸ ἀκρατίσασθαι παρὰ τοῖς παλαιοῖς, ὡς παρ' Ἀριστοφάνει

τί τὸ κακόν; ἀλλ' ἢ κοκκύμηλ' ἠκρατίσω;

καὶ κεράσασθαι μίξασθαι συγκεράσασθαι. καὶ κεραννύναι καὶ ἐκεράννυ· τὸ γὰρ ἐκίρνα καὶ κιρνάναι ποιητικώτερον, ὥσπερ καὶ ὁ κιρνάς· οἱ δὲ πεζοὶ λέγουσι κεραννύς. ἀκρατοπότης τε Ἡρόδοτος ἔφη, καὶ ἀκρατοκώθωνας Ὑπερίδης· οὐ μὴν ἐπαινῶ τοὔνομα. ὃ μέντοι ἀναγαργαρίσασθαι οἱ νῦν λέγουσιν, ἀνακογχυλίσασθαι ἔλεγον, τὸ ἀνακλύσασθαι τὴν φάρυγγα· Πλάτων δὲ ὁ κωμικὸς

ἀνακογχυλιαστὸν ἐχθοδοπόν τι σκευάσω.

ἀμυστὶ πίνειν, ἀμυστίζειν, χανδὸν πίνειν. Θρᾳκία πρόποσις, Σκυθικὴ πόσις. ὑποβεβρέχθαι, διαθερμαίνεσθαι, σεσεῖσθαι. μέθη μεθύειν μεθύσκεσθαι μεθυστικός, ἡ δὲ γυνὴ μεθύση, καὶ μεθύστρια παρὰ Θεοπόμπῳ τῷ κωμικῷ· ὁ γὰρ μέθυσος ἐπὶ ἀνδρῶν Μενάνδρῳ δεδόσθω. ἐπὶ δὲ τῶν μεθυόντων ἔλεγον τὸ μασχάλην αἴρειν, ὡς τοῦτο ἔθος ὂν τοῖς ἐν μέθῃ· διὸ καὶ Ὅμηρον προειπεῖν «χεῖρας ἀνασχόν-

---

22 1. δεῖ ὡς *A.* 23 6. μηδ' αὖ Blomfieldus, qui 8. λείπειν posuit pro λιπεῖν. 25 3. τὸ *A.* 4. ἔλεγον δὲ καὶ ἀνακλ. *A.* 26 3. προσειπεῖν vulgo.

τες γέλῳ ἔκθανον.» κραιπάλη κραιπαλᾶν. ἑωλοκρασία. νή-
φειν, νηφαλίως ἔχειν, νηφαντικὸν εἶναι· τὸ γὰρ νηφαλι-
εύειν τὸ νηφάλια θύειν ἔλεγον, ὅπερ ἐστὶ τὸ χρῆσθαι θυ-
σίαις ἀοίνοις, ὧν τὰς ἐναντίας θυσίας ὠνόμαζον οἰνοσπόν-
δους. ἔπινον δέ, ὡς οἱ νῦν, τὸ συνέπινον καὶ ποτοὺς ἐποι-
οῦντο Ξενοφῶν ἔφη· «οἱ δὲ Μῆδοι καὶ ἔπινον καὶ ηὐ-
λοῦντο.» Κρατῖνος μέντοι τὸν οἶνον μάρωνα εἴρηκεν·
  οὔ πώ πιον τοσοῦτον οὐδὲ πίομαι μάρωνα.
  ἔστι δ᾿ εἰπεῖν ἑστιάτωρ λαμπρός, μεγαλοπρεπής, εὔ-
ξενος φιλόξενος, δημοτικός, εὐτράπεζος, καθαριότητι χαί-
ρων (ὁ γὰρ καθάριος ἰδιωτικόν, καίτοι τὸ καθαρίως παρὰ
Ξενοφῶντι εἴρηται), διηκριβωμένος, εὐδίαιτος, μεγαλόφρων,
φιλοφροσύνης γέμων, εὐάρμοστος, φιλοπροσήγορος, πανη-
γυρικὸς τὸ ἦθος, ἁβρόβιος ἁβροδίαιτος. τοὺς δ᾿ ἐναντί-
ους τρυσιβίους ὠνόμαζον, κακοβίους, μικροπρεπεῖς, ἀνελευ-
θέρους.
  περὶ δὲ συμπότου δεξιός, συμποτικός, ἀστεῖος, ἐπιει-
κής, εὐαρμόνιος, ἐπιδέξιος, ἐμμελής, εὔμικτος εὐεπίμικτος,
ἀξιοκοινώνητος κοινωνικός, συνουσιαστικός, ἐξομολογητικός,
σπουδαῖος, φαιδρός, ἵλεως, εὐμενής, φιλόγελως, φιλοπαίγμων
καὶ φιλοπαίσμων, φιλόφρων, αὐτάρκης, ὀλιγοδεής, ὀλιγόσι-
τος, νήφων, μετριόσιτος. ὁ δ᾿ ἐναντίος σκαιός, ἐκμελής,
ἄγροικος, ἄμικτος, εἴρων, ἀλαζών, ὑπεροπτικός, ὑπέρφρων,
βαρύς, φορτικός, ἐπαχθής, κομπαστὴς κομπώδης, περίσπου-
δος ὑπέρσπουδος κατεσπουδασμένος, ἐπισκυθρωπάζων, πε-
πλασμένος καταπεπλασμένος, σχηματοποιούμενος, φιλοσκώμ-
μων, γελοιαστής, τωθαστὴς τωθαστικός, καγχαστής, ἄπλη-
στος, συρφετώδης, χαῦνος, πάροινος ἔξοινος, ὑγρός, σφαλε-
ρός, δυσόργητος, μεθύων, κραιπαλῶν, παράφορος, λάλος,
λῆρος, φλύαρος, κυλικηγορῶν.
  ἔστι δ᾿ ἀπὸ οἴνου σπονδή, σπεῖσαι ἀποσπεῖσαι ἐπι-
σπεῖσαι, ἀπόσπονδος ἄσπονδος ἔνσπονδος ὁμόσπονδος, ἐν-
σπονδότατος ἀσπονδότατος, σπονδῶν καὶ κρατήρων μετα-
σχών, παράσπονδος παρασπονδεῖν, σπονδὰς ἀναιρεῖν. πρό-
ποσις, φιλοτησία. σπονδαρχεῖν τὸ προπίνειν φιλοτησίας.

27 7. τρυγιβίους *A*, τρυγοβίους *B*.   29 3. περισπούδαστος *A*.

τὰς κύλικας ἐν κύκλῳ περιελαύνειν, πυκνὸν ὑποψεκάζειν.
31 καὶ πότος μεταδόρπιος, καὶ κύλιξ μετανιπτρὶς ἢ ἐπὶ πᾶσιν·
εἴποις δ᾽ ἂν τὴν αὐτὴν καὶ ἐπινιπτρίδα. ἐπικωθωνίζεσθαι
δὲ τὸ περαιτέρω πίνειν Κριτίας λέγει. καὶ ὁ μὲν πιεῖν ἐπι-
θυμῶν διψαλέος καὶ διψῶν, καὶ τὸ πρᾶγμα δίψα καὶ δί-
ψος, καὶ τὸ ῥῆμα διψῆν· ὁ δὲ φαγεῖν ἐθέλων πεινῶν, καὶ
τὸ πρᾶγμα πείνη, καὶ τὸ ῥῆμα πεινῆν. Πλάτων δὲ ὁ κω-
μικὸς καὶ κεναγγίαν εἴρηκεν, Ξενοφῶν δὲ βούλιμον. καὶ Ἀρι-
στοφάνης δὲ

τὸν Πειραιᾶ δὲ μὴ κεναγγίαν ἄγειν.

32 Ἡ δὲ τροφὴ ἄρτοι κρέα, ἄλφιτα μᾶζα, ὄψα, σῖτα σι-
τία, ἐδέσματα, βρώματα. καὶ ἀπὸ μὲν τροφῆς θρέψαι τρα-
φῆναι, τροφεύς, εὔτροφος ἔντροφος σύντροφος, τροφός τρό-
φιμος, παρατρέφεσθαι συντρέφεσθαι ἀποτρέφεσθαι ὑπο-
τρέφεσθαι. ἀπὸ δὲ ἄρτου ἀρτοποιός ἀρτοκόπος, κανοῦν
ἀρτοφόρον, ἀρτοσιτεῖν. ἄρτοι ζυμῖται καὶ ἄζυμοι· Πλάτων
γὰρ τῷ ὀνόματι τούτῳ κέχρηται, οὐκ ἐπὶ ἄρτου μέν, κέχρη-
33 ται δ᾽ οὖν. ἄρτοι ὀβελίαι, ἄρτοι κριβανῖται, ἄρτοι καχρυ-
δίαι, ἄρτοι ἀπυρῖται· τῶν δὲ ἄρτων οἱ ψωμοὶ καλοῦνται
ἐνθέσεις. καὶ τὸ ψωμίζειν δὲ ἀπὸ τῶν ψωμῶν, ὡς Ἀριστο-
φάνης φησίν

ἡ μὲν παιδίον
κατέκλινεν, ἡ δ᾽ ἔλουσεν, ἡ δ᾽ ἐψώμισεν.

ἀπὸ δὲ κρεῶν, ἢ ὡς Ξενοφῶν κρεαδίων, κρεωφάγος
κρεωφαγία, κρεανομία, κρεωσιτεῖν, κρεωπῶλαι κρεωπωλεῖν.
ἥμερα κρέα, θήρεια κρέα, σύεια, χοίρεια, ὀρνίθεια, πολυ-
πόδεια, περδίκεια, λαγῷα, σχελίδες λαγωῶν, τεμάχια κρεῶν.
34 κρεωδαίτης δὲ ὁ διατέμνων, ὃν καὶ μάγειρον καὶ ἄρταμον
ἔνιοι καλοῦσιν· ἔστι δὲ καὶ παρὰ Λακεδαιμονίοις ἀρχή τις
ὁ κρεωδαίτης. ἀπὸ δὲ σιτίων σῖτα σιτία, σιτεῖσθαι σι-
τούμενος σίτησις, κακόσιτος ἀπόσιτος φιλόσιτος ἄσιτος εὔ-
σιτος, σιτοφάγος, σιτικός, πολύσιτος ὀλιγόσιτος μετριόσιτος,
σύσσιτος συσσιτεῖν, ἀείσιτος, ἐπίσιτος ἐπισιτισμός, παρασι-

31 3. πίρα A.   9. κεναγγιᾶν et βουλιμιᾶν Bergkius.   8. δὲ add
M.   32 6. ζυμῆτες A.   33 1. κεγχρυδίαι A.   34 2. τις κρεωδαῖ-
τις B.

τεῖν καὶ παρὰ τοῖς νεωτέροις παράσιτος. ἔστι δὲ καὶ παρὰ 35
τοῖς παλαιοῖς τοὔνομα, οὐ μὴν ἐφ' οὗ νῦν, ἀλλ' ἱερᾶς ὑπη-
ρεσίας τοὔνομα, ὁ ἐπὶ τὴν τοῦ ἱεροῦ σίτου ἐκλογὴν αἱρού-
μενος· καὶ ἀρχεῖόν τι Ἀθήνησι παρασίτιον καλούμενον, ὡς
ἐν τῷ νόμῳ τοῦ βασιλέως ἔστιν εὑρεῖν. ἐπὶ μέντοι τοῦ πα-
ρασιτεῖν κατὰ λιχνείαν ἢ κολακείαν πρῶτος Ἐπίχαρμος τὸν
παράσιτον ὠνόμασεν, εἶτα Ἄλεξις. Ὅμηρος δ' αὐτὸν εἰλαπι- 36
ναστὴν λέγει· «ἐπεί οἱ ἑταῖρος ἔην φίλος εἰλαπιναστής.»
κακοσιτία, ἀποσιτία, σπανοσιτία, ἀσιτία, συσσιτία συσσί-
τιον, οἰκοσιτία οἰκόσιτος, σιτοδοτεῖν, σιτοδόκη, σιτίζειν. παῖ-
δας σιτευτοὺς Ξενοφῶν ἔφη. ἀποσυσσιτεῖν. σιτομέτρης γὰρ
καὶ σιταγωγὰ πλοῖα καὶ σιτηγοῦντες καὶ σιτοφύλακες καὶ
τὰ τοιαῦτα οὐκ ἀπὸ σιτίων ἀλλ' ἀπὸ σίτου ὠνόμασται, ὡς
καὶ τὸ ἐσιτοῦντο παρὰ Θουκυδίδῃ. καὶ σιτηρέσιον, καὶ σι-
τοδεία. ἀπὸ δὲ ἀλφίτων ἀλφιτοσιτεῖν, ἀλφιτοποιία, ἀλ- 37
φίτια ὡς Ὑπερίδης, ἄλφιτα δεύσασθαι, μᾶζαν μάξασθαι,
ἀλφιτοπωλητήρια, καὶ γυνὴ ἀλφιτοπωλήτρια. ἀπὸ δὲ
ὄψων ὀψωνεῖν, ὀψοφάγος ὀψοφαγίστατος, ὀψοφαγεῖν κα-
τοψοφαγεῖν, ὀψοφαγία ὡς Αἰσχίνης, ὀψαρτυτὴς ὡς Ὑπερί-
δης, ὀψοποιός, ὀψοποιούμενος ὡς Δημοσθένης. καὶ τόπος 38
Ἀθήνησιν, ἀφ' οὗ φασιν «ἀπῆλθον εἰς τοὔψον.» Κριτίας
δὲ καὶ ὀψωνίας καὶ ὀψωνεῖν ἔφη, τὸ δὲ ὀψωνεῖν καὶ ὀψο-
νομεῖν ὠνόμασεν. Θουγενίδης δὲ ἔφη

ᾔτησεν εἰς ὀψώνιον τριώβολον.
παμπόνηρον δὲ ὁ Μενάνδρου ὀψωνισμός. Ἄλεξις δὲ εὐο-
ψωνίαν εἶπεν. ἀπὸ δὲ ἐδεσμάτων ἔδειν ἔδεσθαι ἐδόμε-
νος ἐδόμεθα, ὀδόντες· ἀπὸ τούτου γὰρ πεποίηνται, οἷον
ἔδοντές τινες, οἱ ὀδόντες. θριπηδέστατον, κατεδήδεστο, τὰ
πατρῷα κατεδηδοκώς. ἀπὸ δὲ βρωμάτων βιβρώσκειν 39
διαβιβρώσκειν καταβιβρώσκειν, βρωτικώτερον. χῆνας ἡμι-
βρώτους φησὶ Ξενοφῶν· καὶ Ὑπερίδης «τὰ ὄντα καταβέ-
βρωκέν» φησιν ἀντὶ τοῦ κατεδήδοκεν. ἄβρωτος δὲ ὁ νῆστις
παρὰ Σοφοκλεῖ, καὶ ἀβρωσία ἡ ἀσιτία. κοινὸν δὲ κατὰ
πάντων ἐσθίειν, φαγεῖν, φαγών καταφαγών, ἐσθίων κατε-

σθίων, ἐπιφαγεῖν (οὕτω δὲ ἔλεγον τὸ ἐπὶ τῷ ἄρτῳ ὄψον
40 ἐπεσθίειν), ἐξέφαγεν. Μεταγένης δὲ καὶ λαθροφαγεῖν που
λέγει. παμπόνηρον δὲ καὶ τὸ παρὰ Μυρτίλῳ τῷ κωμικῷ
καταφαγάς, κἂν Αἰσχύλος αὐτὸ ᾖ προειρηκώς. ἐκ δὲ τού-
των ἂν εἴη καὶ ὁ κραδοφάγος· τὸν δὲ ἄγροικον οὕτως ἐκά-
λουν, ἐπεὶ κράδαι τὰ φύλλα τῶν συκῶν. δυσχερὲς γὰρ
ὁ σκατοφάγος. γαλακτοφάγοι, ἀνδροφάγοι, βαλανηφάγοι
βαλανηφαγεῖν. τάχα δὲ καὶ τὸ ἐντραγεῖν ἐπιτραγεῖν συκο-
τραγεῖν.

41   ὁ δὲ περὶ τροφὴν ἄπληστος ἀκόρεστος, ὡς ὁ τα-
χέως κορεσθεὶς ἀψίκορος. καὶ κακόσιτος δέ, καὶ ἀπόσιτος
ὁ ἀπεστραμμένος ἀπὸ σιτίων, ὡς ἄπιχθυς παρ᾽ Ἀριστοφά-
νει ὁ ἰχθύων ἄγευστος. οὗτος δὲ καὶ τὴν ἀσιτίαν ἀπαστίαν
ὠνόμασεν. ὁ δὲ ἀπλήστως εἰς κόρον ἐσθίων ἀδδηφάγος,
42 ἄδδην ἐσθίων. πολύσιτοι, ὀψοφάγοι. καὶ ἐρέπτειν ἔλεγον τὸ
συντόνως ἐσθίειν. ἄχρι κόρου, πέρα κόρου. γάστρις, γαστρι-
ζόμενος, γαστρίζειν ὑπογαστρίζειν, γαστριβόρος, γαστρί-
μαργος γαστριμαργία, λίχνος λιχνεία, λαίμαργος λαιμαρ-
γία, τένθης τενθεία, δεινὸς φαγεῖν καὶ ἀγαθὸς φαγεῖν. καὶ
φαγέσωρον δὲ τὸν ἄπληστον οἱ κωμικοὶ ὠνόμαζον, καὶ τὴν
43 τοῦ τοιούτου γαστέρα φαγεσωρῖτιν. τὸ δὲ χορτάζειν Ἀρι-
στοφάνης εἴρηκε, καὶ τὸ χορτάζεσθαι Ἀραρώς, Ἀναξανδρί-
δης δὲ καὶ χορτασμόν. καὶ κάβαισον δὲ ἐκάλουν τὸν περὶ
τὴν τροφὴν ἄπληστον, ὥσπερ οἱ νῦν τὸν πολυπότην πίθον·
κάβος γὰρ σίτου μέτρον. ὁ δὲ μέγας ψωμὸς ἐκαλεῖτο Θετ-
ταλικὴ ἔνθεσις. καὶ τὸ μὲν πιεῖν ἐθέλειν διψῆν, τὸ δὲ φα-
44 γεῖν βούλεσθαι πεινῆν. τὴν μέντοι ὑπὸ πλήθους τροφῆς
δυσχέρειαν, ἐκ τοῦ μὴ τρῖψαι τὰ σιτία, ἀπεψίαν μὲν οἱ
πολλοί, σὺ δὲ ὀξυρεγμίαν ἂν λέγοις. τὸ δ᾽ ἐπὶ τῷ κόρῳ
δυσχεραίνειν βδελυγμίαν Ξενοφῶν καλεῖ. τῇ σκιᾷ δ᾽ ἐτεκ-
μαίροντο τὸν καιρὸν τῆς ἐπὶ δεῖπνον ὁδοῦ, ἣν καὶ στοι-
χεῖον ἐκάλουν· καὶ ἔδει σπεύδειν, εἰ δεκάπουν τὸ στοι-
χεῖον εἴη.

45   Τὰ δὲ βρώματα, ὅσα παρὰ τοῖς παλαιοῖς ἐστιν εὔ-

---

40 6. συκοφάγος A, σκυτοφάγος B.   42 4. post λιχνεία vulgo λίγνος.
43 3. κάβασον B, κέβασον A.   5. κέβος A. ‖ σικελικὴ A.   44 2. πέψαι?

ρεῖν, ῥαφανίς, δρυπέτεις ἐλᾶαι, ἀλμάδες καὶ νηκτρίδες. τὰς
δὲ κοτινάδας ἐλάας στραβήλους ὠνόμασε Φερεκράτης· ἐκα-
λοῦντο δὲ αὗται καὶ φαύλιαι. ἃς δὲ οἱ νῦν θλαστάς, ταύ-
τας πυρῆνας οἱ κωμικοί· καὶ θλαστὰς δὲ ἐλάας ἐν Νήσοις
ἂν εὕροις Ἀριστοφάνους. θέρμους δὲ Ἄλεξις εἴρηκεν·
                    τοὺς θέρμους φαγών
ἐπὶ τῶν προθύρων τὰ λέμμαθ᾽ ὁτιὴ κατέλιπεν.
κοκκύμηλα τῶν ἀποθέτων. συκάμινα· ταῦτα δὲ καὶ μόρα 46
Αἰσχύλος ὠνόμακεν, τὰ ἄγρια οὕτως ὀνομάσας τὰ ἐκ τῆς
βάτου. τάχα δ᾽ ἄν τις καὶ κεράσια φαίη, κέρασον τὸ δέν-
δρον ἐν τῷ περὶ φύσεως Ξενοφάνους εὑρών. χόνδρος, κῶ-
νοι, μαλάχη, θριδακίνη, κινάρα· οὕτω γὰρ παρὰ τοῖς Δω-
ριεῦσι ποιηταῖς ἔστιν εὑρεῖν καλουμένην τὴν ἄκανθαν. σι-
κὺς καὶ σικυὸς πέπων, ὃν καὶ σπερματίαν ὠνόμαζον.   τήθη, 47
κογχύλια, ὄστρεα, πορφύραι, κήρυκες, κάραβος, ἀστακός,
χῆμαι, κόγχαι, κτένες, τευθίδες. πολυπόδεια κρέα ἢ πλεκτά-
ναι, σηπίαι σηπιδάρια. ἐχῖνοι θαλάττιοι· ἔνιοι δὲ καὶ πά-
ταγγας καλοῦσιν ἐχίνων τι εἶδος.   καὶ τὰ ἄλλα δὲ τὰ
συνήθως γνωριζόμενα, μήτρα, τέμαχος, συῶν πόδες. μῆλα
τῶν Ἑσπερίδων, μῆλα τῶν ὡραίων, κυδώνια μῆλα ὡς Ἀρι-
στοφάνης· καὶ φαύλια δὲ μῆλά τινα ὠνόμαζον. σῦκα τῶν 48
χλωρῶν. τυροῦ τροφαλίς, τυρὸς χλωρός· τὸν δὲ ξηρὸν
ἰσχνὸν ἔλεγον. ὁ γὰρ ὀξερίας τυρὸς εἴρηται μὲν ἐν τῇ κω-
μῳδίᾳ, Σικελικὸν δὲ τὸ ἔδεσμα.   ταρίχη Ποντικά, τα-
ρίχη Φρύγια, ταρίχη Αἰγύπτια, ταρίχη Σαρδῷα, ταρίχη Γα-
δειρικά. ὡραῖα τεμάχη σκόμβρων, κεστρίνων, κύβων, θυν-
νίδων. θύννοι, κολίαι, σαπέρδαι, λεβίαι, μύλλοι. Ἀριστοφά-
νης δὲ καὶ ταρίχιόν που λέγει. καὶ οὐδετέρως μὲν τὸ τάρι-
χος οἱ Ἀττικοί, Ἴωνες δὲ καὶ Δωριεῖς ἀρρενικῶς, καὶ τῶν
Ἀττικῶν ἐν Διονυσαλεξάνδρῳ Κρατῖνος
                    ὁ δὲ ταρίχους Ποντικούς.   49
καὶ τιλτὸν δὲ τάριχος τὸ λεπιδωτὸν ἐκάλουν, ὡς Πλάτων
ὁ κωμικὸς

---

45 1. δρυπεπεῖς C.   2. τραμβύλους A.   46 6. σίκυος AB.   7. σί-
κυος A.   47 3. χῆμαι A.   4. πάταγα A, παττάγας C.   7. ἑσπε-
ρίων A.   48 2. σκληρὸν A.   3. ἐξερίας C.   7. ἄμυλλοι A.

καὶ περιὼν ἅμα
τιλτὸν τάριχος ἐπριάμην τοῖς οἰκέταις.

Ἀριστοφάνης δὲ

τὸν σαπέρδην ἀποτῖλαι χρή
κᾆτ᾽ ἐκπλῦναι καὶ διαπλῦναι.

ἔξεστι δὲ εἰπεῖν ἥπατα σεσυκασμένα, ἥπατα συῶν σεσυκο-
τραγηκότων, ἢ χηνείων ἡπάτων.   ἰχθύες ἐκ ταγήνου,
ἰχθύες ἐξ ἅλμης· οὕτω γὰρ ἐκάλουν τὸν ἰχθύων ζωμόν.

50 τρίγλη, σκάρος, λάβραξ, μύραινα, κεστρεύς, χρύσοφρυς, γόγ-
γρος, μελάνουρος, ἀνθίας, σφύραινα, ἣν καὶ κέστραν ἐκά-
λουν· τῶν δὲ κεστρέων τοὺς νήστεις ἐπήνουν. τράχουρος,
ξιφίας, ἀμία, κάλλιχθυς, ὀρφός ἢ τὸ Ἀττικώτερον ὀρφώς,
φάγρος, σκορπίος, κίθαρος, βατίς, θυννίς, θύννος, γλαῦκος,
συνόδους, κίχλη, ἔλλοψ, σάλπη, γαλεός, ἐγχέλεις (οὕτω γὰρ
κατὰ πλῆθος ἐξέφερον, καίτοι ἐπὶ τῆς μιᾶς ἔγχελυν ἔλεγον),

51 ἀφύαι, ψῆτται, μαινίδες, ἀκαλήφη, καρίδες, μεμβράδες, κω-
βιοί, νάρκα, φυκίδες. καὶ ἑψητῶν δὲ λοπὰς εὐτελές τι βρω-
μάτιον ἦν, ὥσπερ καὶ τριχίας.

εἴποις δ᾽ ἂν ὀστρέων κελύφη, καὶ καράβων ὄστρακα,
καὶ ἰχθύων λέπη καὶ λεπίδας καὶ λέμματα· καὶ ἀκάνθας
καὶ βράγχια καὶ ἔγκατα καὶ σάρκας, καὶ κρανίον γλαύκου,
ὅπερ εὐδόκιμον ἦν.

52   κωλῆνες ἑφθοί, ἀκροκώλια δίεφθα, κρέα πλευραῖα,
δελφάκια, ἔριφοι, λαγὼ καὶ κρέα λαγῷα καὶ σχελίδες. κίχλαι,
κόσσυφοι, σπινίδια, ἀλεκτρυόνες ἀλεκτορίδες, πέρδικες, γέ-
ρανοι, χῆνες, νῆτται, περιστεραί, φάτται, τρυγόνες, ταοί,
ἀτταγαί, ἀμπελίδες, ἃς νῦν ἀμπελιῶνας καλοῦσιν, φασιανι-
κοὶ ὄρνιθες. ὑπογάστρια, οὔθατα, ἠτριαῖον δέλφακος, φῦσ-
και, ἀλλᾶντες, χόλιξ καὶ χολίκια ὕεια, κωλῆνες τεταριχευ-

53 μένοι, σχελίδες ὁλόκνημοι αἱ πέρναι, ἤνυστρον· ἔστι δὲ γα-
στρίον ἡδυσμένον, ὃ καὶ τάκωνας ἔνιοι κεκλῆσθαι παρὰ
Κράτητι νομίζουσι τῷ κωμικῷ μόνῳ καὶ ἅπαξ εἰρηκότι ἐν
Θηρίοις

---

49 1. περιὼν ante M.   50 6. ἐγχέλυες vulgo.   51 2. post φυκίδες BC
τῶν δὲ ἄλλων ἰχθύων τὰ ὀνόματα συνήθη καὶ γνώριμα πᾶσιν, οἷον φά-
γρος, δελφίς. καὶ τὰ ἄλλα τῶν ἐν ὕδασι. || ἑψετὸν δὲ λ. εὐτελὲς βρῶμά
τι A.

οὐκ ἄρ' ἔτ' οὐδὲν κρέας, ὡς ὑμεῖς λέγετ', οὐδ' ὁτιοῦν
                                                ἐδόμεσθα,
οὐδ' ἐξ ἀγορᾶς, οὐδὲ τάκωνας ποιησόμεθ' οὐδ' ἀλλᾶντας.
οἱ δὲ οἴονται τοὺς τάκωνας ἐκ ταγήνου κρέας, ἢ στέατος
τροχοὺς σὺν ἁλσὶ καὶ ξηροῖς ἡδύσμασι κοπέντας. πῦον, 54
πυριάτη· Φιλιππίδης δὲ ἐν Αὐλοῖς καὶ πυρίεφθα εἴρηκεν.

ἀσφάραγος ὁ ἀκανθίας, ὅρμενος ἥμερος ἀσφάρα-
γος· καὶ πᾶν δὲ τὸ ὑπερεξηνθηκός, ὅπερ ἐκκεκαυληκὸς κα-
λοῦσιν, ὅρμενον ὠνόμαζον, καὶ τὸ ὑπέρωρον γενέσθαι ἐξορ-
μενίσαι. ῥάφανος ἡ κράμβη. τὸ δὲ ὄνομα τῆς κράμβης
ἔστι μὲν καὶ παρ' Ἀριστοτέλει ἐν τοῖς περὶ ζώων, «ῥάφα-
νος, ἣν καλοῦσί τινες κράμβην,» ἄντικρυς δ' αὐτῷ κέχρη-
ται Ἀντιφάνης ἐν Ἀγροίκῳ·
    κραμβίδιον ἐφθόν, χάριεν, ἀστεῖον πάνυ.
γογγυλίδες· λέγουσι δὲ καὶ γογγύλας. βολβοί, τεῦτλα, κολο- 55
κύνται.

αἱ μέντοι τῶν κρεῶν μερίδες ἰδέαι καλοῦνται, τὰ
δὲ ὀψίγονα τῶν ὑῶν μετάχοιρα. τὸ δὲ περιφέρεσθαι τὰς
μερίδας περιφορὰν Ξενοφῶν ὠνόμασεν. τὸ δὲ δέρμα τοῦ
χοίρου φορίνην καλοῦσι, τὸ δὲ κρέας ὑεικὸν ὡς καὶ βοεικόν.
τὸ δὲ ὀπτὸν κρέας φλογὶς ἐκαλεῖτο. Ἑρμοῦ δὲ κλῆρος ἡ
πρώτη τῶν κρεῶν μοῖρα. τὰ μέντοι θνησείδια κρέα κενέ-
βρια ἐκάλουν, ἐπανθρακίδας δὲ τὰ ἐπηνθρακωμένα ἰχθύδια.

εἴποις δ' ἂν ζωμοὺς καρύκην καρυκεύματα, κατα- 56
χυσμάτια, ἀβυρτάκην, παροψίδα· ἔστι δὲ καὶ τοῦτο ζωμοῦ
τι εἶδος ἢ ὡς τινὲς μάζης, ἢ παρενθήκη τις ὄψου, ὃ οἱ νῦν
ἂν εἴποιεν παροψημάτιον. καὶ πασταὶ δέ εἰσιν, ὡς Εὔπολίς
φησι, ζωμὸς ἀλφίτων μετα· Ἀριστοφάνης δέ φησι
    χορδαί, φῦσκαι, πασταί, ζωμός, χόλικες.
μίμαρκυς δὲ κοιλία καὶ ἔντερα μεθ' αἵματος ἐσκευασμένα,
μάλιστα δὲ λαγωῶν. ὁ δὲ μέλας καλούμενος ζωμός, Λακω- 57
νικὸν μὲν ὡς ἐπὶ πολὺ τὸ ἔδεσμα, ἔστι δ' ἡ καλουμένη
αἱματία.

53 1. ἔστιν et ὅ τι ante Bergkium.   55 1. κολοκύνται] σέρις καὶ
ἰντίβιον A.   3. ἀκραίων m. ἰδαῖαι C.   6. συεικὸν C.   56 5. μέτρα
vel μεστά ante M.   6. χόνδραι A.   57 1. ἐκλαγών C.

τὸ δὲ θρῖον ὧδε ἐσκεύαζον. στέαρ ὕειον ἑφθὸν μετὰ
γάλακτος μίγνυ χόνδρῳ παχεῖ, συμφυράσας δ᾽ αὐτὰ τυρῷ
χλωρῷ καὶ λεκίθοις ᾠῶν καὶ ἐγκεφάλοις, περιβαλὼν συκῆς
φύλλῳ εὐώδει, ζωμῷ ὀρνιθείῳ ἢ ἐριφείῳ ἕνεψε, ἔπειτα ἐξε-
λὼν καὶ τὸ φύλλον ἀφελὼν ἔμβαλε εἰς ἀγγεῖον γέμον μέ-
58 λιτος ζέοντος. καὶ τὸ μὲν ὄνομα τῷ ἐδέσματι προσέθηκε
τὸ φύλλον, ἡ δὲ μῖξις πάντα ἐξ ἴσου δέχεται, τῶν δὲ λεκί-
θων πλέον, ὅτι πηγνύουσι καὶ συνιστᾶσιν.

 οὐ φαῦλον δ᾽ ἴσως παραθέσθαι καὶ τὴν Φερεκράτους
λέξιν.

> ποταμοὶ μὲν ἀθάρης καὶ μέλανος ζωμοῦ πλέῳ
> διὰ τῶν στενωπῶν τονθορυγοῦντες ἔρρεον,
> φύσκαι δὲ καὶ ζέοντες ἀλλάντων τόμοι
> παρὰ τοῖς ποταμοῖς σίζοντ᾽ ἐκέχυτ᾽ ἀντ᾽ ὀστράκων.
59
> καὶ μὴν παρῆν τεμάχη μὲν ἐξωπτημένα,
> καταχυσματίοισι παντοδαποῖσιν εὐπρεπῆ,
> τεύτλοισί τ᾽ ἐγχέλεια συγκεκαλυμμένα,
> σχελίδες δ᾽ ὁλόκνημοι πλησίον ταχερώταται
> ἐπὶ πινακίσκων, καὶ δίεφθ᾽ ἀκροκώλια
> ἥδιστον ἀτμίζοντα, καὶ χόλιξ βοός,
> καὶ πλευρὰ δελφάκει᾽ ἐπεξανθισμένα
> χναυρότατα παρέκειτ᾽ ἐπ᾽ ἀμύλων καθήμενα.
> παρῆν δὲ χόνδρος γάλακτι μεμιγμένος
60
> ἐν καταχύτλοις λεκάναισι καὶ πύου τόμοι.
> ὀπταὶ κίχλαι δ᾽ ἐπὶ τοῖσδ᾽ ἀνάβραστ᾽ ἠρτυμέναι
> περὶ τὸ στόμ᾽ ἐπέτοντ᾽ ἀντιβολοῦσαι καταπιεῖν.

αἱ δὲ περιτταὶ σκευασίαι ὀνθυλεύσεις καὶ μονθυλεύσεις ἐκα-
λοῦντο, ὡς παρὰ Μενάνδρῳ αἱ ὑποστάσεις, ζωμὸς παχὺς
ἀμύλῳ πηγνύμενος.

ἐκ δὲ βρωμάτων ἔστι καὶ τὰ ὄσπρια, ἃ καὶ χέδροπα
ὠνόμαζον, ἔτνος, φακῆ, πισός (Ἀριστοφάνης δὲ καὶ πλη-
61 θυντικῶς λέγει τοὺς πισούς), κύαμοι οἱ καὶ πύανοι, ἀφ᾽ ὧν

---

57 3. καὶ ἐγκεφάλοις om *A*.   4. σύναψον *A*, ἔνηψεν ceteri.   58 6.
ἀθάρας libri. || πλέων *A*.   7. τε *AC*. || θορυβοῦντες *A*.   59 2. εὐτρεπῆ ante
Hemsterhusium.   3. ἐγχέλυα ante Schweighaeuserum.   8. χαυνότατ᾽
ἐπέκειτ᾽ *A*: rectius Athenaeus.   9. γάλατι κατανενιμμένος nunc apud
Athenaeum.   60 1. ἀμύλου codices Pollucis.

καὶ τὰ πυανέψια ἡ ἑορτή, κατέρικτα, κέγχροι, ὄρμενοι, σή-
σαμα, μελίναι, πτισάνη. Κρατῖνος δὲ καὶ χυλὸν πιεῖν εἴρηκεν·
    ἀλλ' εἴσιϑ' εἴσω, καὶ πιοῦ|σα χυλὸν ἀναπαύου κακῶν.
ἔλεγον δέ τι καὶ ἐπίπαστα λείχειν· ἦν δὲ ἔτνος, καὶ ἐπι-
πάττοντες ἀλφίτων λεπτῶν καὶ ἐλαίου ἤσϑιον. καὶ πολφοὶ
δέ τι ἐκαλεῖτο, μηρύματα ἐκ σταιτός, ἃ τοῖς ὀσπρίοις ἐνέ-
βαλλον, ἀφ' ὧν ἔτι καὶ νῦν ὀνομάζεται παρά τισι τὸ πολ-
φοφάκη. Ἀριστοφάνης τῶν πολφῶν μνημονεύει·   62
    πολφοὺς δ' οὐχ ἥψον ὁμοῦ βολβοῖς.
εἴη δ' ἂν ἔτνους ἰδέα καὶ τὰ χίδρα· γίνεται δ' ἐκ πυροῦ
χλωροῦ, ὃν χιδρίαν Ἀριστοφάνης καλεῖ. ὁ δ' αὐτὸς καὶ πα-
ληματίον ῥόφημά τι ὠνόμασεν·
    ἵν' ἐπαγλαίσῃ τὸ παλημάτιον, καὶ μὴ βήττων καταπίνῃ.
ἴσως δ' ἂν εἴη ἐκ παιπάλης, ὅ ἐστι τὸ λεπτότατον τοῦ
ἀλεύρου. καὶ ἀϑάρη δὲ ἔτνος ἐκ πυροῦ. τὰ δὲ συγκεκομμένα
λάχανα κνιστὰ ἐκάλουν, ὡς τὰ ἄγρια κιχόρια, καὶ ἰσχνὰ
λάχανα τὰ λεπτά. οἱ κωμικοὶ δὲ ὠνόμαζον τὰ περικόμματα
καὶ χναύματα. τὰ δ' αὐτὰ καὶ νωγαλίσματα· ἀλλὰ τοῦτο
ποιητικὸν ἐσχάτως.
    ἰστέον δὲ ὅτι παρὰ τοῖς παλαιοῖς εὐδοκίμουν μύ-   63
ραινα ἐκ πορϑμοῦ καὶ μύραινα Ταρτησσία, καὶ ϑύννος
Τύριος, καὶ κεστρεὺς ἐκ Σκιάϑου, καὶ ἔριφος ἐκ Μήλου,
καὶ κόγχαι Πελωριναί, ὅϑεν ἴσως καὶ αἱ νῦν καλούμεναι
Πελωρίδες ὠνομάσϑησαν, τεῦτλον ἐξ Ἄσκρης, μαινίδες ἐκ
Λιπάρας, γογγύλαι ἐκ Μαντινείας, Μηϑυμναῖοι κτένες,
γαλεὸς ἐκ Ῥόδου, ψῆτται ἐξ Ἐλευσῖνος, ἀφύαι Φαληρικαί,
τρίγλαι Αἰξωνικαί, ἐγχέλυες ἐκ Βοιωτίας αἱ Κωπᾶδες, ὡς
ἐκ Σικελίας αἱ πλωταί, καὶ Θασία ἅλμη καὶ Θάσιαι ῥα-
φανῖδες, καὶ τυρὸς Κύϑνιός τε καὶ Σικελικός, καὶ ἅλες
Τραγασαῖοι· λίμνη δὲ αἱ Τραγάσαι Τρωικὴ ἢ πεδίον Ἠπει-
ρωτικόν, ἀπὸ Τραγάσου, ᾧ χαριζόμενος ὁ Ποσειδῶν τοὺς
ἅλας ἔπηξεν.
    εἴποις δ' ἂν καὶ φρύττειν φρύττουσα· φρύγετρον τὸ   64
ἐργαλεῖον. τὸ·δ' αὐτὸ καὶ κοδομεύειν καὶ κοδομεύουσα, ἣν
κοδομὴν καλοῦσι, καὶ τὸ ἐργαλεῖον κοδομεῖον, ᾧ δὴ ἐνέ-

φρυττον, ἴσως ἀγγεῖον κεραμεοῦν. καὶ μάττειν δε, καὶ μά-
κτρα οὗ ἔματτον, ·καὶ ὁ μάττων μαγεύς· ἡ δὲ μάκτρα
καὶ μαγὶς ἐκαλεῖτο καὶ σκάφη.

65   τὰ δὲ ἡδύσματα ἔλαιον, ὄξος, ὡς Εὔπολις
          οἴνου παρόντος ὄξος ἠράσθη πιεῖν.
τὸ δὲ ὄξος καὶ ἦδος ἐκάλουν. γάρος, ὡς Σοφοκλῆς
          οὐδ᾽ ἡ τάλαινα δοῦσα ταριχηροῦ γάρου,
καὶ Κρατῖνος
          ὁ τάλαρος ὑμῖν διάπλεως γάρου.
λεπτοὶ ἅλες, ὡς Ἀριστοφάνης
          εἰς ὄξος ἐμβαπτόμενος ἢ λεπτοὺς ἅλας.
πέπερι, ὡς Ἄλεξις ἐν Λέβητι, οὗ τοῖς ἰάμβοις χρηστέον
περιειληφόσι πλῆθος ἡδυσμάτων· τὰ γὰρ τοιαῦτα παρὰ
τῶν ἀρχαίων σοι πάνυ ληπτέον.

66   ὀρθῶς γε. πρῶτον μὲν λάβ᾽ ἐλθὼν σήσαμα.
          ἀλλ᾽ ἔστιν ἔνδον. ἀσταφίδα κεκομμένην,
          μάραθρον, ἄνηθον, νᾶπυ, καυλόν, σίλφιον,
          κορίαννον αὖον, ῥοῦν, κύμινον, κάππαριν,
          ὀρίγανον, γήτειον, ἄννισον, θύμον,
          σφάκον, σίραιον, πέπερι, πήγανον, πράσον.
εἴη δ᾽ ἂν ἐκ τῶν ἡδυσμάτων καὶ λίτρον· Ἀντιφάνης ἐν
Λευκαδίᾳ
          σησάμου, λίτρου, κυμίνου, ῥοῦ, μέλιτος, ὀριγάνου,
          βατανίων, ὄξους, ἐλαῶν, εἰς ἀβυρτάκην χλόης.

67 ἔνια δὲ τῶν ἡδυσμάτων ἐπηνεῖτο ἐκ χωρίου, ὡς Εὔβουλος
ἐν Γλαύκῳ φησὶ
          καὶ νᾶπυ Κύπριον καὶ σκαμωνίας ὀπόν,
          καὶ κάρδαμον Μιλήσιον, καὶ κρόμμυον
          Σαμοθράκιον, καὶ καυλὸν ἐκ Καρχηδόνος
          καὶ σίλφιον, θύμον τε τῶν Ὑμηττίων.
τοῦ μέντοι σιλφίου τὸ μὲν σπέρμα καλεῖται μαγύδαρις, ἡ
δὲ ῥίζα σίλφιον, τὸ δὲ φυτὸν καυλός, τὸ δὲ φύλλον μάσπε-
τον. καὶ ἕτερον δέ τι ἥδυσμα ἐοικὸς σιλφίῳ, ἧττον δὲ δριμύ,

65 4. οὐδὲν ἡ — τοῖ τ. M.   6. γάρου] ἔσται γάρου Athenaeus.
11. σοὶ ἀρχαίων ante Kühnium.   66 3. μάραθα A.   5. γήτιον A. ‖ ἄν-
νισον om A.   8. λευκάδι codices, et   10. βατανίου et ἐλαίου.

ἐκαλεῖτο μαγύδαρις. μίνϑα δὲ ἢ μίνϑη τὸ καλούμενον ἡδύ- 68
οσμον, ὅπερ ὠνομάσϑαι φασὶν ἀπὸ Μίνϑης· ἢ δ' ἦν Πλού-
τωνος παλλακὴ εἰς τοῦτο τὸ φυτὸν μεταβληϑεῖσα. μέμνη-
ται τῆς μίνϑης Κρατῖνος ἐν τοῖς Νόμοις·

  τυρῷ καὶ μίνϑῃ παραλεξάμενος καὶ ἐλαίῳ.

εἴη δ' ἂν τῶν ἡδυσμάτων καὶ τὰ ὑποτριμμάτια, ἃ καὶ κα-
ταχυσμάτια, καὶ σκόροδον καὶ σκοροδάλμη καὶ ὀξάλμη, ὡς
Κρατῖνος ἐν Ὀδυσσεῦσιν

  φρύξας, ἑψήσας κἀπ' ἀνθρακιᾶς ὀπτήσας,   69
  εἰς ἅλμην τε καὶ ὀξάλμην κᾆτ' ἐς σκοροδάλμην
  χλιαρὸν ἐμβάπτων, ὃς ἂν ὀπτότατός μοι ἁπάντων
  ὑμῶν φαίνηται κατατρώξομαι, ὦ στρατιῶται.
ὁ δ' Ἀριστοφάνης ἐν τῷ Γήραι λέγει •

  ὀξωτά, σιλφιωτά, βολβός, τευτλίον,
   περίκομμα, θρῖον, ἐγκέφαλος, ὀρίγανον.
εἴη δ' ἂν προσῆκον τοῖς ἡδύσμασι καὶ ὁ κάνδυλος ἐξ ἀμύ-
λου καὶ τυροῦ καὶ γάλακτος καὶ μέλιτος· καὶ ἡ ματύλλη, 70
Μακεδονικὸν εὕρημα, δίψους ἐγερτικὸν βρῶμα, ᾧ ἐχρῶντο
μεσοῦντος τοῦ πότου· καὶ ὁ μυττωτός, τρῖμμα ἐκ σκορό-
δων δριμύ.   πολλὰ δ' ἂν εἴη τῶν περὶ τὴν ἡδυντικὴν
σκευασίαν ἐξευρεῖν ἐκ τῶν ὀψοποιικῶν συγγραμμάτων Παν-
τολέοντος καὶ Μιθαίκου καὶ Ζωπυρίνου καὶ Σόφωνος καὶ
Ἡγησίππου καὶ Παξάμου καὶ Ἐπαινέτου. συναριθμοῖτο δ' 71
ἂν τούτοις Ἡρακλείδης τε ὁ Συρακούσιος καὶ Τυνδάριχος
ὁ Σικυώνιος καὶ Σιμωνακτίδης ὁ Χῖος καὶ Γλαῦκος ὁ
Λοκρός, ὀψοποιητικῆς πραγματείας σοφισταί.

  ἐκαλοῦντο δὲ καὶ οἱ ἅλες ἡδυντῆρες διὰ τὸ ἡδύνειν.
καὶ τὸ ἀρτύειν δὲ ἡδύνειν ἔλεγον. φυλλάδας δ' ἐκάλουν τὰ
χλωρὰ ὑποτρίμματα. τὸ δ' ἐπὶ πᾶσιν ἐπιφόρημα τύβαριν
οἱ Δωριεῖς ἐκάλουν· ἦν δ' ἐν ὄξει σέλινα.

  ἐπεὶ δὲ τῶν χωρὶς ἄρτου βρωμάτων ἐπιμνησθέντες 72
ὑπηνέχθημεν εἰς τὰ σὺν ἄρτῳ ἐσθιόμενα, οὐδὲν ἂν κωλύοι
καὶ τὰ τῶν ἄρτων εἴδη συναγαγεῖν. οἱ μὲν κριβανῖται οἱ

---

68 1. μυγδαλίς. μίνϑη ἢ μίνϑον C. 69 1. φρύξας καὶ ἑψήσας καὶ
ἐπανθρακώσας καὶ ὀπτήσας A· corr Porsonus. 2. τε om A. 3. ὃς
ἀνυπόστατός A. 70 3. ἐκ] διὰ C.

δὲ ὀβελίαι, κόλλικες, κόλλαβοι, ναστοί, ἄμυλοι, κολλῦραι,
ζυμῖται, σησαμῖται, χαρίσιοι, καχρυδίαι· οἱ δ' ἔτι φαυλότε-
ροι πιτυρίαι. εἴποι δ' ἄν τις καὶ ἄρτον πύρινον, πρὸς τὸν
73 ἐκ κριθῆς διαιρῶν. οἱ δὲ τητάνιοι ἄρτοι ἐκ τῶν τητανίων
πυρῶν, οἵ εἰσι τετράμηνοι· τητινὸν γὰρ τὸ ἐπέτειον. τὸν
μέντοι χαρίσιον πλακοῦντα εἶναι λέγουσιν. καὶ ἄνανος δὲ
ἄρτος ἐγγυτέρω πλακοῦντος. Αἰγύπτιοι δὲ τοὺς εἰς ὀξὺ ἀνη-
γμένους ἄρτους καλλιστεῖς ὠνόμαζον, ὡς ὀρίνδην τινὰ ἄρ-
τον Αἰθίοπες τὸν ἐξ ὀρινδίου γινόμενον, ὅ ἐστι σπέρμα
ἐπιχώριον, ὅμοιον σησάμῳ. ὁ γὰρ ὀρθοστάτης ἱεροῦ ἄρτου
74 τι εἶδος. τὸ δὲ ἐργαλεῖον ἐν ᾧ τὰ ἄλευρα διεσήθετο, τὸ
μὲν ἐκ σχοίνων πλέγμα κόσκινον, εἰ δὲ τοῦ κοσκίνου κύκλῳ
ἀντὶ τῶν σχοίνων λινοῦν τι σινδόνιον εἴη ἐξημμένον, ὡς
ἀκριβέστερον τὸ ἄλευρον καθαίροιτο, ἀλευρότησις ἐκαλεῖτο,
εἰ δὲ ἐξ ἐρίου εἴη, κρησέρα. ἔνθα δὲ ἐπλάττοντο οἱ ἄρτοι,
πλάθανον· ὁμοίως καὶ δι' οὗ ἐπλάττοντο. εἴρηται δὲ
καὶ σεμίδαλις παρά τε Λυκούργῳ τῷ ῥήτορι καὶ πολλοῖς
75 τῶν κωμῳδοδιδασκάλων· Στράττις δὲ καὶ τὴν γενικὴν εἴ-
ρηκε σεμιδάλιδος. ἀπὸ δὲ ναστῶν ὁ ναστοφάγος καὶ τὸ
ναστοφαγεῖν, καὶ ὁ ναστοκόπος παρὰ Πλάτωνι τῷ κω-
μικῷ. μᾶζαι δὲ αἱ μὲν ἱεραί, ἀμφιφῶντες μὲν οὓς ἔφε-
ρον εἰς Μουννυχίας Ἀρτέμιδος, δᾷδας ἡμμένας περιπήξαν-
τες, ὀβελίαι δὲ ἄρτοι οὓς εἰς Διονύσου ἔφερον οἱ καλούμε-
νοι ὀβελιαφόροι, ἐκ μεδίμνου ἑνὸς ἢ δυοῖν ἢ τριῶν τὸ μέ-
γεθος, δι' ὀβελίσκων τινῶν εἰργμένους, ἀφ' ὧν καὶ τοὔ-
76 νομα. πέλανοι δὲ κοινοὶ πᾶσι θεοῖς, ὡς αἱ σελῆναι τῇ
θεῷ· κέκληνται δὲ ἀπὸ τοῦ σχήματος, ὥσπερ καὶ ὁ βοῦς·
πέμμα γάρ ἐστι κέρατα ἔχον πεπηγμένα, προσφερόμενον
Ἀπόλλωνι καὶ Ἀρτέμιδι καὶ Ἑκάτῃ καὶ Σελήνῃ. μελιττοῦτα
μέντοι Τροφωνίῳ. καὶ ἀρεστήρ, καὶ ὑγίεια ὁμοίως· καὶ γὰρ
ὑγίεια μάζης τι εἶδος. αἷς δὲ ἄνθρωποι χρῶνται μάζαις,
τούτων τὰ ὀνόματα ἄνθεμα, θριδακίνη, φύστη, οἰνοῦττα,
ἐφίερος, δανδαλίς, λωλοδιακόνιον, τριπτή, ἀνεμώνη, καρ-

---

72 2. ζυμῆτες ABC. ‖ κεγχριδίαι A.   73 4. ἐνηνεγμένους A.   5. κυλ-
λησῆς C.   75 8. εἰρημένους C.   76 3. μεμιγμένα A.   5. καὶ ἀρ.] ὡς
ἀρ. A.   76 7. φύστα A.   8. καρδαμάλη Athenaeus: AB om.

δάμη. καὶ βήρηκες δὲ μᾶζαί εἰσι μεμαγμέναι διηϑημένων 77
τῶν ἀλφίτων, αἱ δὲ δανδαλίδες πεφρυγμένων κριϑῶν, καὶ
πρόκωνα καὶ προκώνια τὰ ἐξ ἀφρύκτων κριϑῶν ἄλφιτα.   τὰ
δὲ πλακούντων εἴδη ἄμης ἀμητίσκος, πυραμοῦς, σησα-
μοῦς, ἔγχυτος, ἔνϑρυπτα, στρεπτοί, νήλατα, κοτυλίσκος,
φϑοῖς καὶ φϑοίδια, ἐπίχυτος, ϑρυμματίδες. ἦν δὲ καὶ κρη-
πὶς ἐξ ἀλεύρου καὶ μέλιτος, ᾗ ἐνέκειντο ἀμπελίδες τινὲς ἢ
συκαλίδες ὀπταί, ὧν βρωϑεισῶν τὴν κρηπῖδα ζωμῷ ὀρνι-
ϑείῳ ἐνϑρύψαντες ἤσϑιον. ἐκαλεῖτο δὲ καὶ στεγαστὴ ϑρυμ-
ματίς. εὐδόκιμοι δὲ καὶ οἱ Σάμιοι πλακοῦντες, καὶ οἱ Φι- 78
λοξένιοι, τοῦ Λευκαδίου Φιλοξένου τὸ εὕρημα. ναστοὶ δὲ
οἱ αὐτοὶ καὶ σακτοὶ καλοῦνται, κῶνος σὺν ἀσταφίσι καὶ
ἀμυγδάλαις, ἅπερ τριφϑέντα καὶ μιχϑέντα ὀπτᾶται. ὁ δὲ
ἐχῖνος νησιωτικὸς πλακοῦς, ἄμητι προσεοικώς. ὁ δὲ ἐσχαρί-
της Ῥοδιακός, μεϑόριος ἄρτου καὶ πλακοῦντος. προσαριϑ-
μητέον δὲ τούτοις καὶ τὰ μελίπηκτα, οὐκ οἶδα εἰ καὶ τὰ
ἴτρια καὶ τοὺς ταγηνίας· εἰσὶ δὲ οἱ αὐτοὶ ταῖς ἐγκρίσιν.
      ταγηνίας ἤδη τεϑέασαι χλιαρούς,   79
         σίζοντας ὅταν αὐτοῖσιν ἐπιχέῃς μέλι,
Κράτητος ἡ λέξις· τῷ δὲ ταγηνίᾳ κατὰ τοῦ ταγήνου χυ-
ϑέντι ἐπεχεῖτο τυρὸς ἔλαιον μέλι σήσαμα. ὠνομάζετο δέ
τινα καὶ πηνία· ἃ τοῖς πλακοῦσιν· ἐπετίϑετο προσεοικότα
πηνίοις· λευκὰ δ᾽ ἦν τὴν χρόαν.
      τὰ δὲ ἐπιδορπίσματα Ἀριστοφάνης μὲν ἐπιφορή-
ματα καλεῖ, ὥστε εἴη ἂν καὶ τὸ ἐπιδορπίζεσϑαι ἐπιφορεῖ-
σϑαι, ἦν δὲ ἰρωγάλια, κάρυα, μυρτίδες, μέσπιλα, ἃ καὶ ὅσα
καλεῖται· καὶ τοὔνομα ἔστι παρὰ Πλάτωνι τοῦτο, ὡς παρ᾽ 80
Ἀρχιλόχῳ ἐκεῖνο. κόκκοι ῥόας· καὶ οὕτω μὲν ὁ καρπός, τὸ
δὲ δένδρον ῥοιά. εἴποις δ᾽ ἂν καὶ κοκκίσαι ῥόαν κατὰ Ἀρι-
στοφάνην·
      ὀξυγλύκειάν τἄρα κοκκιεῖς ῥόαν.
τουτὶ δὲ τὸ ἰαμβεῖον Ἀριστοφάνης οὐκ ἴδιον ὂν εἴρηκεν,
ἀλλ᾽ ὡς Αἰσχύλου. ἀμύγδαλα. κάρυα Περσικά, ἃ νῦν βασι-
λικά. ἰσχάδες χελιδόνιοι αἱ Ἀττικαί, αἳ καὶ χελιδόνες κα- 81
λοῦνται, καὶ ἄλλαι ἀμφαρίστεως καὶ φιβάλεως καὶ βασί-

77 6. φϑοῖ A.   80 3. ῥοιὰς A, omissis κατὰ — 5. ῥόαν.

λεως καὶ κορώνεως, καὶ πρόκριδες καὶ ὄξαλοι, καὶ βαγιν-
δάριοι δὲ αἱ Ῥόδιαι, καὶ παλάσια, ἃ καὶ Κρατῖνος ἰσχάδα
κοπτὴν καλεῖ. τὰ δὲ οὔπω πέπειρα τῶν σύκων οἴδακες κα-
λοῦνται παρὰ Λάκωσι καὶ φήληκες παρ᾽ Ἀθηναίοις. ἄπιοι,
82 μῆλα, ὄχναι, ἀχράδες, ἀσταφίδες, σταφυλαί, καὶ τούτων
ὀνόματα ἐλαιοσάμμαξις, φοινικοβάλανος, Κρητική, μελίνεως,
μεθύσεως, χαιρένεως, ψιθία, Κρῆσσα, Σύρα, Ῥοδία, Λι-
βυσσα, Πράμνειος, ἀλωπέκεως, κορώνεως, Λημνία, Βυβλία,
Νικοστρατία, Χαρόπη, Οἰνόπη, Πελλαία, Περγαία, Πελμη-
ρίς, Πετραία, Σαμία, Σωχὶς ἢ καὶ Αἰγυπτία, Τορνία.
83　　ἦσαν δέ τινες πρῶται τράπεζαι καὶ δεύτεραι καὶ
τρίται. καὶ τρίποδες μὲν ἐφ᾽ ὧν ἔκειντο· καὶ ἔστι τοὔνομα
παρ᾽ Ἡσιόδῳ καὶ ἐν Τελμισσεῦσιν Ἀριστοφάνους· αἱ δ᾽
ἐπιτιθέμεναι καὶ αἰρόμεναι τράπεζαι, ἃς νῦν μαγίδας κα-
λοῦσιν. ἔστι μέντοι καὶ τὸ τῆς μαγίδος ὄνομα παρὰ Σοφο-
κλεῖ ἐν χρήσει·

　　　　τὰς Ἑκαταίας μαγίδας δόρπων.

84 τούτων δὲ τὴν εὐρύτητα Ὅμηρος ὑποδηλοῖ εἰπὼν «ἐτίταινε
τραπέζας.» τραπέζας δὲ ἐκάλουν καὶ τὰ σιτία τὰ ἐπ᾽ αὐ-
τῶν τιθέμενα. τὰ δὲ ἀγγεῖα τὰ ἐπὶ τῶν τραπεζῶν κοινῇ
μὲν τεύχη ἐρεῖς ἀργυρᾶ καὶ χρυσᾶ· καθ᾽ ἕκαστον δέ, οὓς
μὲν δίσκους καλοῦσιν, κύκλους ἐρεῖς ἀργυροὺς ἢ χεύματα
ἀργυρᾶ ἢ πίνακας, καὶ τοὺς ἐλάττους πινακίσκους, καὶ πί-
85 νακας κρεῶν, καὶ πινακίσκους ἰχθυηρούς. τὰ δὲ τῶν ἡδυσ-
μάτων ἀγγεῖα ὀξίδας μὲν αἷς τὸ ὄξος ἔνεστιν, ἐμβάφια δὲ
καὶ λεκάνια καὶ τρύβλια καὶ ὀξύβαφα, ἐν οἷς τὰ ἡδύσματα
ἢ βρώματα· ὀξύβαφα δὲ ἐκάλουν πάλαι καὶ τὰ ὑποδεχό-
μενα τὰς λάταγας. τὰς δὲ καλουμένας πατέλλας λεκανίδας
ὀνομαστέον, εἰ καὶ ἐξ ἀργύρου εἶεν· Θεόπομπος μὲν γὰρ
86 ὁ κωμικὸς εἴρηκεν ὀρνιθίων λεκάνην, Ἀριστοφάνης δὲ λε-
κανίσκην, ἀλλαχοῦ δὲ λεκάνην, καὶ ἄλλοθι

　　　　καί μοι λεκάνιον τῶν λαγῴων δὸς κρεῶν.

ταῦτα δὲ ὅσα κατὰ φιάλας ἀνεπέπτατο, καὶ κάναστρα κα-

---

82 3. φθισία ante Iungermannum.　　84 1. ταύτας δὲ τὰς εὐρυτά-
τας Α.　　6. post πίνακας Α: ὥσπερ τὰς λαβίνλας ὀνομαζομένας πί-
νακας κοινούς.

λούμενα εὑρεῖν ἔστι παρὰ Νικοφῶντι τῷ κωμικῷ, ὡς καὶ
παρὰ Κρατίνῳ βαλάνων ἄβακα. τὸ δὲ νῦν κανίσκιον κανή-
τιον ἐκάλουν, ὡς τὸ λίκνον κάνητα. μαζονόμια δὲ κοῖλοι 87
μεγάλοι πίνακες, ἐφ' ὧν αἱ μᾶζαι διενέμοντο· ξύλινοι δὲ
ἦσαν. μυστίλη μὲν οὖν ψωμὸς κοῖλος εἰς ἔτνος ἢ ζωμὸν
βαθυνθείς, ἀφ' οὗ καὶ τὸ μυστιλήσασθαι λέγουσιν· ἐμοὶ
δὲ καὶ τὴν καλουμένην νέγλαν μυστίλην ἥδιον καλεῖν ἢ
νέγλαν. καίτοι ἐν Ἀλεξάνδρου πρὸς τὴν μητέρα ἐπιστολῇ
μέμνημαι ἐν ἄλλοις σκεύεσι καὶ τὸν μύστρον εὑρών. τὸ δὲ
κοχλιάριον καλοίης ἂν μυστιλάριον ἢ κοχλιώρυχον.

τὰ δὲ μαγείρου σκεύη χύτρας, λοπάδας, μολιβδο- 88
δέτους ἐσχάρας, ἰχθυόπτριδας, ὀβελοὺς βουπόρους, ὀβελίσ-
κους, τάγηνον, κρεάγραν, ἣν καὶ ἁρπάγην ἐκάλουν καὶ λύ-
κον καὶ ἐξαυστῆρα, καὶ τὸ ἐξελεῖν ἐξαῦσαι· τορύνην, ἣν καὶ
εὐέργην ὠνόμαζον καὶ ἐόργην, καὶ ἐοργῆσαι τὸ τορυνῆσαι·
ζωμήρυσιν ἐτνήρυσιν, λέβητας, χαλκία, κριβάνους, βαύνους,
ἰπνούς, πυραύνους (ἔστι δὲ ἀγγεῖα ἐν οἷς τοὺς ἐμπύρους 89
ἄνθρακας κομίζουσιν), ἐσχαρίδας, ἰπνολεβήτιον, θερμαν-
τῆρα, χυτρόγαυλον, ἠθμόν, κοπίδα, μαχαίρας, δορίδας, αἷς
ἔδερον ἢ ἐφ' ὧν, ἴσως δὲ καὶ τυρόκνηστιν, ἣν καὶ κύβηλιν
καλοῦσιν. ὃ δὲ νῦν ταγηνοστρόφιον, οἱ πάλαι λιστρίον ἢ
πτέον. κρατευτήριον δὲ σιδήριον ᾧ τοὺς ὀβελίσκους ἐπετί-
θεσαν πρὸς τὴν ὄπτησιν τῶν κρεῶν, ἐφ' οὗ καὶ Ὅμηρος
ἴσως εἴρηκε «κρατευτάων ἐπαείρας.» ἔστι δὲ καὶ ἀλετρίβα- 90
νος ὁ καὶ δοίδυξ· τὰς δὲ τοῦ δοίδυκος ἐν τῇ θυίᾳ περια-
γωγὰς περιαμφίδας Εὔπολις κέκληκεν. καὶ μὴν καὶ τάδε,
θυία, κάρδοπος, ξάνιον ἢ ἐπίξηνον, ὅπερ ἡ νέα κωμῳδία
ἐπικόπανον καλεῖ· τὸ δ' αὐτὸ παρὰ τοῖς πάλαι ἐλεὸν ἐκα-
λεῖτο. ἄβαξ ἀβάκιον, κακάβη, πατάνιον ἢ πατάνα· οὕτω
γὰρ Σώφρων εἴρηκεν, «πατάνα αὐτοποίητος,» ὥστε καλοῖτ'
ἂν πατάνη. καὶ Ἐπίχαρμος δὲ τὴν ἔγχελυν πατάνεψιν εἴ-
ρηκεν. εἴη δ' ἂν ἡ πατάνη λοπάδιον ἐκπέταλον, ὃ νῦν
ἴσως ἀπὸ τούτου καλοῦσι πατέλλιον. ἐχῖνος δὲ χύτρας εἶδος 91
ἦν. μέμνηται δὲ Ἀριστοφάνης καὶ κρεωστάθμης.

τὰ δὲ τῶν μαγείρων ἔργα ἀφεῦσαι, εὗσαι, καθῆραι,

κόψαι, τεμεῖν διατεμεῖν, ῥαχίσαι, ἑψῆσαι, ὀπτῆσαι, ἀπαν-
θρακῶσαι, μάξαι, διηθεῖν, διαττᾶν, ἀποβράττειν, τρίβειν
ἐν θυΐᾳ, σταθεύειν, ἡδύνειν, ἀρτύειν, σκευάζειν, ὀνθυλεύ-
ειν. τάχα δὲ καὶ τὸ καπνίζειν εἴποις ἂν ἐπ' αὐτῶν, ὡς Δη-
μοσθένης «φήσαντες γὰρ καπνίζειν ὀψοποιουμένους τοὺς
παῖδας.» εὖστραι δὲ οἱ βόθροι ἐκαλοῦντο, ἐν οἷς εὖεται
τὰ χοιρίδια. τὰ δὲ ἐγκαύματα εὖσανα, ὡς τὰ ξύλα καύσιμα.

92   ἐπεὶ δὲ καὶ τὸ κατὰ χειρὸς ὕδωρ συμποτικὸν ἦν,
χέρνιβα μὲν τὸ ὕδωρ Ὅμηρος καλεῖ, πρόχουν δὲ τὸ ὑδρο-
φόρον ἀγγεῖον, λέβητα δὲ τὸ ὑποδεχόμενον. σὺ δ' ἂν καὶ
προχοίδιον εἴποις τὴν πρόχουν, καὶ λεβήτιον θάτερον, καὶ
τὸ συναμφότερον ὡς Εὔπολις χερόνιπτρον, καὶ κρησέριον δὲ
τὴν ἐπίχυσιν, καὶ ἐπικρῆσαι τὸ καταχέαι, καὶ νίψασθαι μὲν
τὸ πρὸ τῆς τροφῆς, ἀπονίψασθαι δὲ τὸ μετὰ τὴν τροφήν.
ὅπου δ' ἔστιν ἀπομάξασθαι ἐναπομάξασθαι ἀποψήσασθαι,
93 τὸ ἐκμαγεῖον καὶ χειρόμακτρον ἂν προσείποις. οἱ δὲ πάλαι
ταῖς καλουμέναις ἀπομαγδαλιαῖς ἐχρῶντο, αἳ ἦσαν τὸ
ἐν τῷ ἄρτῳ μαλακὸν καὶ σταιτῶδες, εἰς ὃ ἀποψησάμενοι
τοῖς κυσὶν αὐτὸ παρέβαλλον, ὅθεν καὶ Λακεδαιμόνιοι κυ-
νάδα τὴν ἀπομαγδαλιὰν καλοῦσιν. ὑποδηλοῖ δὲ καὶ Ὅμηρος·
    ὡς ὅταν ἀμφὶ ἄνακτα κύνες δαίτηθεν ἰόντα
    σαίνωσ'· αἰεὶ γάρ τε φέρει μειλίγματα θυμοῦ.

94   σπόγγοις δὲ καὶ σπογγιαῖς καθηράντων οἱ ὑπηρέται
πάντα τὰ λείψανα τῆς τροφῆς τὰ ἐπὶ τοὔδαφος ἀπερριμ-
μένα, οἷον φυλλία (τὰ δὲ τῆς θριδακίνης φύλλα οὕτω κα-
λεῖται) καὶ κογχυλίων κόχλους καὶ ὀστρέων κόγχους καὶ
ἰχθύων λέπη καὶ καράβων ὄστρακα καὶ κρεῶν ὀστᾶ καὶ
ὀπώρας μίσχους, ἃ καὶ κορήματα κλητέον. παῖς ἐκκορείτω
παρακορείτω, καθαιρέτω, καλλυνέτω, σαιρέτω, κορήθρῳ ἢ
καλλύντρῳ· σάρον γὰρ ὡς ἐπὶ πολὺ τὸ ἐν τῇ ἅλῳ ἐκάλουν,
ὡς τὸ ἐν τοῖς ἀλφιτείοις μυλήκορον. συναθροιζέτω δὲ εἰς
ἄρριχόν τινα ἢ κόφινον ἢ σπυρίδα ἢ σπυρίχνιον ἢ φερ-
νίον· ἐκαλεῖτο δ' οὕτως ἡ ἰχθυηρὰ σπυρίς.

95   οἱ δὲ οἰνοχόοι τὰ ἐκπώματα ἐκπλυνόντων τε καὶ δια-

---

91 3. θυΐαις ταττεύειν vel ταθεύειν libri.   94 4. κόγχυς vel κόγχις
libri.

νιπτόντων καὶ κλυζόντων καὶ καθαιρόντων, καὶ τὰς φιά-
λας ἐπὶ τῶν δακτύλων ἄκρων ὀχείτωσαν, προσφέροντες τοῖς
συμπόταις εὐλαβῶς. τὰ δ᾽ ἐκπώματα καὶ ποτήρια ἄν τις
εἴποι (τὸ γὰρ δέπας καὶ κύπελλον ποιητικά), τὰ δὲ τούτων
εἴδη κύλικα κυλίσκην, φιάλην, ἀγκύλην, λεπαστήν, κυμβίον,
ἡμίτομα, χαλκόστομα, μαστούς, καρχήσιον, καὶ θηρίκλειον 96
μὲν καὶ κάνθαρον ἀπὸ τῶν ποιησάντων, ἀντιγονίδα δὲ
καὶ σελευκίδα καὶ ῥοδιάδα [ἢ ῥοδιακὰ] ἀπὸ τῶν χρησαμέ-
νων, ἀμφίθετον δὲ φιάλην, ὡς Ὅμηρος, καὶ χρύσεον ἄμ-
φωτον ἀπὸ τῶν σχημάτων· τὸ δὲ μόνωτον κοτυλίσκος ὠνο-
μάζετο. καλοῦνται δὲ καὶ ἡδυπότιδες, λαβρώνιοι, δῖνοι, ῥυτά,
σκύφοι, κότυλος. καὶ κόνδυ Καππαδοκικόν, καὶ βησιακή·
Περσικὸν δ᾽ ἦν τὸ ἔκπωμα, ὡς κώθων Λακωνικόν· τοῦ δὲ 97
κώθωνος αἱ ἑκατέρωθεν πλευραί, ὥσπερ καὶ τῆς χύτρας,
ἄμβωνες καλοῦνται. ἔστι δ᾽ εἰπεῖν καὶ φιάλας Λυκιουργεῖς,
καὶ δίκερας ἢ δίκρουνον ῥυτόν. τὸ δὲ κισσύβιον κισσὸς πε-
ριέθει, ἀφ᾽ οὗ καὶ τὸ ὄνομα. τὸ δὲ ἄλεισον τὸ Ὁμηρικὸν
μέγα ἦν ἔκπωμα, κληθὲν ἐκ τοῦ ἅλις πιεῖν, ὡς ἡ ἄμυστις·
καὶ γὰρ τοῦτο οὐ μόνον τὴν ἀθρόαν πόσιν ἀλλὰ καὶ ἐκ-
πώματος σχῆμα δηλοῖ. καὶ ἀσάμινθος δὲ ποτήριον ἂν εἴη,
ὡς Ὅμηρός τε μηνύει Τηλεμάχου διδόντος Μενέλεῳ δύ᾽
ἀσαμίνθους, καὶ Κρατῖνος ἐν Χείρωσιν· 98

ἐξ ἀσαμίνθου κύλικος λείβων.

κυλίσκιον δὲ ἡ σμικρὰ κύλιξ· ἡ γὰρ κυλιχνὶς πυξίς ἐστιν.
χρυσεῖς δὲ καὶ ἀργυρεῖς φιάλαι μὲν ἄμφω, τοὔνομα δὲ ἐκ
τῆς ὕλης ἔχουσιν. μεσόμφαλοι δὲ φιάλαι καὶ βαλανειόμφα-
λοι τὸ σχῆμα προσηγορίαν ἔχουσι, χρυσόμφαλοι δὲ τὴν
ὕλην, ὡς αἱ Σαπφοῦς χρυσαστράγαλοι. βομβυλιὸς δὲ τὸ
στενὸν ἔκπωμα καὶ βομβοῦν ἐν τῇ πόσει, ὡς Ἀντισθένης
ἐν Προτρεπτικῷ. τὸ δὲ ποτήριον Ἴων ἐκάλεσεν. ἔστι δέ τι 99
καὶ ὁ κότυλος Διονυσιακὸν ἔκπωμα, ὥσπερ καὶ ὁ κοτυλί-
σκος. ὁ δὲ ψυκτὴρ πολυθρύλητος, ὃν καὶ δῖνον ἐκάλουν,
ἐν ᾧ ἦν ὁ ἄκρατος· οἱ πολλοὶ δὲ ἀκρατοφόρον αὐτὸν κα-
λοῦσιν. οὐ μὴν ἔχει πυθμένα ἀλλ᾽ ἀστραγαλίσκους. καὶ γευ-

στηρίου μὲν Ἀριστοφάνης μέμνηται, μάνου δὲ Νίκων ἐν
Κιθαρῳδῷ·

πατριῶτα, μάνην λαβὲ κεραμεοῦν ἀδρόν,
χωροῦντα κοτύλας πέντ᾽ ἴσως.

100 ὀλκαίου δὲ Ἀντίοχος· ἔστι δὲ ὀλκαῖον ᾧ τὰ ἐκπώματα ἐνα-
πονίπτουσιν. Αἰγινήτας δέ φησιν Ἡρόδοτος πίνειν ἐκ χυ-
τρίων ἐπιχωρίων. Ἀριστοφάνης δέ που ἔφη

ἐπίνομεν

ἐξ ὑαλίνων ἐκπωμάτων.

ἡ δὲ μετανιπτρὶς κύλιξ ἐστὶν ἣν μετὰ τὸ ἀπονίψασθαι
ἐλάμβανον· τὸ δὲ ὄνομα οὐ τοῦ κατὰ τὸ ἔκπωμα σχήμα-
τος ἀλλὰ τῆς τάξεως. ἦν δὲ καὶ ὑγιείας ἱερά, ὥσπερ καὶ
Διὸς σωτῆρος ὁ τρίτος κρατὴρ ἱερὸς ἦν. ἀγαθοῦ δὲ δαί-
μονος ὁ μετὰ τὰς τραπέζας ἄκρατος, καὶ Ἑρμῆς ἡ τελευ-
ταία πόσις, ὅθεν καὶ Ὅμηρος «τῷ πυμάτῳ σπένδεσκον.»

101 τὸ δὲ σύμπαν ἄριστον ἀριστῆσαι, ἠρίστησα συνηρί-
στησα, ἀριστοποιουμένους, ἀριστῶσαι καὶ τὸ Μενάνδρου
δρᾶμα Συναριστῶσαι, καὶ ὁ παρὰ Ξενοφῶντι ἀνάριστος.
καὶ πάλιν δεῖπνον δειπνῆσαι, δειπνοποιεῖσθαι, ἐδείπνησα
συνεδείπνησα, καὶ τὸν σύνδειπνον καὶ τὸν συνδειπνοῦντα παρὰ
Δημοσθένει καὶ τὸ περίδειπνον, καὶ παραδεδειπνῆσθαι,

102 δειπνοφόρος δὲ παρὰ Λυσίᾳ, καὶ δειπνοφορία παρ᾽ Ἰσαίῳ.
ἀριστόδειπνον δὲ Μένανδρος εἴρηκε, καὶ ἄδειπνον ὁ αὐτὸς
ἐν Ὀργῇ. οἱ δὲ καὶ τρίτον φασὶ τὰ δόρπα ἢ τὸν δόρπον
ἢ ὡς Ξενοφῶν δορπηστόν, καὶ δορπήσασθαι ἐπιδορπήσα-
σθαι ἐπιδορπήματα, καὶ δορπία ἡ πρώτη τῶν Ἀπατουρίων.
προσήκοι δ᾽ ἂν αὐτοῖς καὶ δαὶς, ἀφ᾽ ἧς καὶ δαιτυμὼν ὁ
ἑστιώμενος καὶ δαιτρὸς ὁ μάγειρος, καὶ δαιτρεῦσαι παρ᾽
Ὁμήρῳ, καὶ κατεδαίσαντο παρ᾽ Ἰσαίῳ, καὶ πανδαισία.

103 λύχνοι δὲ καὶ λυχνία· οὕτω δὲ ἐκαλοῦντο αἱ λυχνίαι,
καὶ λυχνοῦχος ὁ νῦν φανός, καὶ λαμπὰς καὶ λαμπτὴρ καὶ
δᾷδες. λύχνου δὲ διμύξου τῶν κωμῳδῶν Φιλύλλιος μνημο-
νεύει, καὶ Μεταγένης

99 3. πατριώτιδα δὲ μανὴν λάβε A. πατριῶτα Athenaeus.   100 1.
Ἀρχίλοχος Ruhnkenius, Ἀντίδοτος M.   102 2. ἀριστ. — αὐτὸς] ἄδει-
πνον μένανδρος εἴρηκεν A.

δίμυξον ἢ τρίμυξον, ὡς ἐμοὶ δοκεῖ.

θρυαλλίδες δὲ τὰ ἐντιθέμενα, καὶ ἐλλύχνια καὶ φλόμοι. τὸ δὲ παρὰ Θεοπόμπῳ τῷ κωμικῷ ὀβελισκολύχνιον, τὸ μὲν σκεῦος ἦν στρατιωτικόν, τὸ δὲ ὄνομα ὑπομόχθηρον. τὴν μέντοι ἐλαιηρὰν ἐπίχυσιν χαλκίον μακρὸν Εὔπολις ὠνόμασεν. καὶ στίλβη δὲ ἦν τι ἀγγεῖον γήινον, ᾧ ἀντὶ λύχνου ἐχρῶντο, ὡς Πλάτων

    φείδεσθε τοὐλαίου σφόδρ', ἐξ ἀγορᾶς δ' ἐγώ
    ὠνήσομαι στίλβην τιν', ἥτις μὴ πότις.

τὸ δὲ «πρόμυξον τὸν λύχνον» πρόβυσον λέγουσιν.

ἔτι δὲ καὶ μύρων ἐν τοῖς συμποσίοις ἐπιμνηστέον. [104] μύρον Μεγαλήσιον ἀπὸ Μεγάλου Σικελιώτου καὶ Πλαγγόνιον ἀπὸ Πλαγγόνος, καὶ βρένθιον ἐκ Λυδίας, νάρδον Βαβυλωνιακὴν ὡς Ἄλεξις, καὶ Αἰγύπτιον τὸ μέλαν. καὶ σαγδᾶς δὲ Αἰγύπτιον ἦν μύρον. μύρα δὲ ᾔδεσαν καὶ βάκχαριν καὶ ἀμάρακον καὶ ἴρινον. τὸ δὲ ῥόδινον ἔλαιον ῥοδόεν Ὅμηρος καλεῖ. ἐκ δὲ κύπρου καὶ κρίνου μύρον Ἀβδε- [105] λώνυμος ὁ Σιδώνιος Ἀλεξάνδρῳ ἔπεμψεν. σφόδρα δ' ἦν εὐδόκιμον τὸ βασίλειον μύρον. τὰ δὲ ἀγγεῖα τῶν μύρων λήκυθος μυρηρὰ καὶ ἀλάβαστρος· Φερεκράτης δὲ ἐν Ληροῖς εἴρηκε καὶ κυάθιον ἀργυροῦν, ᾧ τὸ μύρον ἐγχέομεν. τὸ δὲ πρᾶγμα μυραλοιφία, καὶ τὸ ῥῆμα μυραλοιφεῖν. καὶ μυρώματα δὲ εἰρήκασι, καὶ μυρίσασθαι καὶ μυρίσαι. τὸ δὲ ἀγγεῖον ᾧ τὸ μύρον ἐνῆν, φιάλῃ προσεοικός, ἐξάλει- [106] πτρον ἐκαλεῖτο. τὰ δὲ ἐν τοῖς στεφάνοις ἄνθη ῥόδα, ἴα, κρίνα, σισύμβρια, ἀνεμῶναι, ἕρπυλλος, κρόκος, ὑάκινθος, ἐλίχρυσος, ἡμεροκαλλές, ἐλένειον, θρυαλλίς, ἀνθρίσκος, νάρκισσος, μελίλωτον, ἀνθεμίς, παρθενίς, καὶ τἆλλα ὅσα ἢ ὀφθαλμοῖς τέρψιν ἢ ῥισὶν ἡδεῖαν ὄσφρησιν παρέχει. μέμνηται δὲ τῶν πλείστων Κρατῖνος ἐν Μαλθακοῖς, ὥσπερ καὶ κοσμοσανδάλου καὶ σμίλου, ὅπερ ἦν τῆς σμίλακος ἄνθος. καὶ Ὅμηρος μὲν ἅπαντα τὰ ἄνθη λείρια κέκληκε, [107] Θεόφραστος δὲ τὸν νάρκισσον καλεῖ λείριον. Ἀνακρέων δὲ

---

103 2. φλόμαι A.   3. ὀβελισκοελλύχνιον A.   104 2. μετάλλιον ἀπὸ μετάλλου C.   5. ψάγδας C.   105 5. μύροις A.   106 3. ἑρπάλλοι A.   5. καὶ — 6. παρέχει om A.

καὶ μύρτοις στεφανοῦσθαί φησι καὶ κοριάννοις καὶ λύγῳ
καὶ Ναυκρατίτῃ στεφάνῳ (σάμψυχος οὗτος ἦν) καὶ ἀνήτῳ,
ὡς καὶ Σαπφὼ καὶ Ἀλκαῖος. οὗτοι δὲ ἄρα καὶ σελίνοις.
ὁ δὲ Ἀνακρέων καὶ ῥόδινον στέφανον ὠνόμασεν.

τῶν μέντοι συμποτικῶν καὶ αἴνιγμα καὶ γρῖφος. τὸ
μὲν παιδιὰν εἶχεν, ὁ δὲ γρῖφος καὶ σπουδήν· καὶ ὁ μὲν λύσας
γέρας εἶχε κρεῶν τινα περιφοράν, ὁ δὲ ἀδυνατήσας ἅλμης
ποτήριον ἐκπιεῖν. ἐκλήθη δ' ἀπὸ τῶν ἁλιευτικῶν γρίφων.
108 τὰ δὲ ζητήματα ὠνομάζετο κυλίκεια· Θεοδέκτης δὲ ὁ σο-
φιστὴς εὐδοκιμήσας ἐν αὐτοῖς, ἐπεὶ καὶ μνημονικὸς ἦν, μνη-
μόνια αὐτὰ ἐκάλεσεν.   καὶ παροίνια δὲ ᾄσματα ἦν καὶ
σκολιά· καὶ μυρρίνην ἐπὶ δεξιὰ περιφέροντές τινες καὶ
ἔκπωμα καὶ λύραν ᾄδειν ἠξίουν.   τοῖς μέντοι διαπαννυ-
χίσασιν ἆθλα ἦν σησαμοῦς καὶ πυραμοῦς, πέμματα διὰ
μέλιτος ἑφθοῦ, τὸ μὲν ἐκ σησάμων, τὸ δὲ ἐκ πυρῶν πε-
109 φρυγμένων. τὸ δὲ διαπαννυχίσαι καὶ διανυκτερεῦσαι ἂν εἴ-
ποις, καὶ παραπέμψαι τὴν νύκτα ἔστε πρὸς ἥλιον, καὶ τὸν
λύχνον τὸν τούτοις καιόμενον πάννυχον.

εἰ δὲ καὶ τὸ κοτταβίζειν τῶν συμποτικῶν μέρος,
ῥητέον κότταβοι κοτταβεῖον ἀποκοτταβίζειν, ἀπ' ἀγκύλης
βάλλειν. καὶ τὸ μὲν κοτταβεῖον ἐκρέματο ἀπὸ τοῦ ὀρόφου
ὕπτιόν τε καὶ λεῖον, χαλκοῦ πεποιημένον, ὥσπερ λυχνίου
110 τὸ ἐπίθεμα, ὃ τὸν λύχνον ἐπ' αὐτοῦ φέρει. καὶ μακρά τις
ῥάβδος, ἣν καὶ ῥάβδον κοτταβικὴν ὠνόμαζον. τὸ δέ τι ἦν
κοίλη τις καὶ περιφερὴς λεκανίς, ἣν καὶ χαλκίον ἐκάλουν
καὶ σκάφην· ἐῴκει δὲ πόλῳ τῷ τὰς ὥρας δεικνύντι. καὶ τῷ
μὲν ἐκ τοῦ ὀρόφου κρεμαμένῳ ἐχρῆν ἐπικοτταβίσαντα ποι-
ῆσαί τινα ψόφον, ὃς καλεῖται λάταξ. τοῦτο δὲ καὶ τὸ κοτ-
ταβεῖον κατακτὸν κότταβον Ἀριστοφάνης καλεῖ, προσεικά-
ζων αὐτὸ κώδωνι σάλπιγγος. τὸ δὲ χαλκίον ἐπεπλήρωτο μὲν
ὕδατος, ἐπεπόλαζε δ' αὐτῷ σφαῖρα καὶ πλάστιγξ καὶ μά-
111 νης καὶ τρεῖς μυρρίναι καὶ τρία ὀξύβαφα. ὁ δὲ ὑγρᾷ τῇ
χειρὶ τὸν κότταβον ἀφεὶς καὶ τούτων τινὸς τυχὼν εὐδοκί-
μει. ὁ δὲ πλεῖστα καταδύσας τῶν ἐπιπολαζόντων τὰ κοττα-

βεῖα τὸ ἆϑλον ἐλάμβανεν· ἐκαλεῖτο γὰρ οὐ τὰ ἀγγεῖα κοτ-
ταβεῖα μόνον, ἀλλὰ καὶ τὸ ἆϑλον, ἦν δὲ πυραμοῦς καὶ
σησαμοῦς καὶ ἄλλα τοιαῦτα. οὐ μὴν εἴποι ἄν τις τὸ κοτ-
ταβίζειν ἐφ᾽ οὗ νῦν, ἀλλ᾽ ἐμεῖν ἢ ἀποβλύζειν, πλὴν εἴ τις
παίζων βούλοιτο οὕτως ὑποπτεύειν τὸ ἐν τῷ Γηρυτάδῃ ὑπ᾽
Ἀριστοφάνους εἰρημένον,

> τότε μέν σου κατεκοττάβιζον,
> νυνὶ δὲ κατεμοῦσι. τάχα δ᾽ εὖ οἶδ᾽ ὅτι
> καὶ καταχέσονται.

τὸ δὲ παῦσαι τὴν ἑστίασιν δ ι α λ ῦ σ α ι τὸ σ υ μ π ό - 112
σ ι ο ν, διαπαῦσαι τὸ συμπόσιον, λῆξαι τὸν πότον, ἐκδειπνῆ-
σαι, ἀπαναστῆναι τοὺς συμπότας, ἐξαναστῆναι, ἐξελϑεῖν,
ἀπαλλαγῆναι, ἐπὶ κοίτην τραπέσϑαι.

Τοῖς δὲ συμποτικοῖς οὐδὲν ἂν κωλύοι προσκεῖσϑαί τινα
τῶν σποράδην συνωνύμων ἢ καὶ ἄλλως συνηρμοσμένων ἀλ-
λήλοις ὀνομάτων.

Τοὺς γ ε ί τ ο ν α ς ἐρεῖς ἀστυγείτονας, ὁμόρους, προσχώ- 113
ρους πλησιοχώρους περιχώρους, προσοίκους περιοίκους καὶ
περιοικίδας πόλεις, γειτνιῶντας, προσοικοῦντας ὑποικοῦντας
παρακατοικοῦντας, παρακατῳκισμένους, παροικοῦντάς τε καὶ
ἐξοικοῦντας, καὶ ἐφεστίους, ἐφορίους, συνημμένους· συνό-
ρους καὶ προσόρους· οἱ γὰρ ἀγχιτέρμονες διϑυραμβῶδες.

Γ ί ν ε τ α ι, φ ύ ε τ α ι ἀναφύεται, γεννᾶται, σπείρεται, 114
τίκτεται, ἄρχεται, συνίσταται, ζῆ, τρέφεται ἀνατρέφεται,
σώζεται, ἀνϑεῖ καὶ ἀνανϑεῖ. τὸ δὲ ἐναντίον φϑίνει, τε-
λευτᾷ, ἀπόλλυται, λήγει, φϑείρεται, ἀφανίζεται, ἀποϑνή-
σκει, ἀναλίσκεται, κτείνεται, ἀναιρεῖται, δαπανᾶται, φο-
νεύεται, ἀναλύεται, διαρρεῖ, κατατήκεται.

Μ ε τ ά ν ο ι α, μεταμέλεια, μετάγνωσις, μετάμελος, 115
ἀναλογισμός, ἔννοια, ἐπανόρϑωσις, ἀνάδυσις, ἀναχώρη-
σις. καὶ τὰ ἀπαρέμφατα μετανοῆσαι, μεταμελῆσαι, με-
ταγνῶναι, γνωσιμαχῆσαι, ἀναλογίσασϑαι, ἐπιϑεάσασϑαι,
ἀντιλογίσασϑαι, ἐπανορϑώσασϑαι, ἀναδῦναι, ἀναχωρῆσαι,

---

111 7. τὸ A. || μὲν Διόνυσέ σου Bergkius. || κατεκοτταβ(ζοντο A,
κατεκοττάβιζον ἄν Bergkius.   8. δὲ] δέ σου idem.   112 4. κοιτὸν C.
113 5. ἐποικοῦντας?

μεταβουλεύσασθαι, μεταδοξάσαι, ἀναψηφίσασθαι, ἀναθέσθαι.

116 Μόνιμον, βέβαιον, ἐχυρόν, πάγιον, ἀσφαλές, ἀμετάβλητον, ἀμετάγνωστον, ἄλυτον, ἀμετάστατον, ἀνεξάλειπτον, ἄτρεπτον, ἀραρός, ἑστός, ἀκίνητον, ἀτρεμές, ἰσχυρόν, ἀρραγές.

117 Συνομολογῶ, συναινῶ, συγκατατίθεμαι, συμμαρτυρῶ, πείθομαι, ὁμογνωμονῶ, ὁμοδοξῶ, σύμφημι, συνέπομαι, συνευδοκῶ, ἐπινεύω, συνεπαινῶ, σύμψηφός εἰμι, ὁμόφωνος σύμφωνος. καὶ συμφέρομαι, ὑπέχομαι, συμπράττω,
118 συναγωνίζομαι.   τὸ δ᾽ ἐναντίον ἐναντιοῦμαι ὑπεναντιοῦμαι, ἀντιλέγω, ἀντικρούω, ἀντιτείνω, ἀπειθῶ, διέστηκα τῇ γνώμῃ, διχογνωμῶ, ἀλλοδοξῶ ἑτεροδοξῶ, ἀρνοῦμαι, ἀποφάσκω ἀπολέγω ἀπαγορεύω, ἀποτρέπομαι, φιλονεικῶ, ἀνταγωνίζομαι, ἀντιπράττω, διαφωνῶ, ἐρίζω, διαφέρομαι. τάχα δὲ τακτέον ἐπὶ μὲν τοῦ προτέρου καὶ τὸ συνᾴδειν, ἐπὶ δὲ τοῦ δευτέρου καὶ τὸ ἀπᾴδειν.

119 Λάλος, φλύαρος, κομπώδης, ὀχληρός, ἀπεραντολόγος, ἀδόλεσχος, κουφολόγος, ἀθυρόγλωσσος, γλώσσαλγος, προσκορής, πέρα κόρου ληρώδης. λαλιά, φλυαρία, ἀπεραντολογία, κουφολογία, ἀδολεσχία, λῆρος, γλωσσαλγία. διαθρυλῶν τὰ ὦτα, μακρολόγος πολυλόγος, βαρύς, ἐπαχθής, φληναφῶν, φλήναφος, τὴν γλῶτταν ὀλισθηρός, ῥησικοπῶν,
120 ἀποκναίων ἀηδίᾳ, κόπτων τὰ ὦτα, τὸ ἐκ Δωδώνης χαλκεῖον, μακρότερα τῆς Ἰλιάδος λαλῶν, Ἀλκίνου ἀπόλογος, ἄπαυστος γλῶττα, ἀνερμάτιστος. μάτην αὐτοῦ τῇ γλώττῃ περίκειται τὸ ἕρκος τῶν ὀδόντων. προπαλὴς γλῶττα, πρόχειρος, ὀλισθηρά, ἐπιχειλής, ἐξωτέρω τῶν ὀδόντων, ὑπὲρ τοὺς τῶν χειλῶν ὅρους, Ἀράβιος αὐλός.

121 Κοῦφος, ῥᾴδιος, εὐμετάβολος, εὔτρεπτος, εὐτράπελος, ὀξύρροπος, μεταπίπτων μεταρρέων μετατρεπόμενος, οὐκ ἐπὶ τῆς αὐτῆς δόξης μένων, ὄρνις, ἄνεμος, εἰκαῖος, συρφετός, αὔρα, πνεῦμα, ἀκατάστατος, ῥᾴων τῶν κυμάτων τὴν τροπήν, πορθμός, εὔριπος, ἀπαγής, ἀβέβαιος, ἀνερμάτιστος, σαλεύων, τοῦ φέροντος ἀεὶ πνεύματος, ὀξύτερος πτεροῦ τὴν ῥοπήν.

---

118 4. post ἀπαγορεύω vulgo ἀναγορεύω.

Κόλαξ, βωμολόγος, εἴρων, χλευασμοῦ γέμων, χλεύης 122
μεστός, χλευαστικός, ἀπατητικός, πρὸς χάριν ἐντυγχάνων,
πρὸς ἐξαπάτην συνών, ὑπιὼν πάντας, ὑπερχόμενος, θώψ
θωπεύων, θέραψ θεραπεύων, κολακεύων ὑπερκολακεύων,
ὑποκριτής, γελοῖος καταγέλαστος, γελωτοποιός, ποιητής γε-
λοίων, γελοιάζων γελοιαστής, λιχνοτένθης τενθεύων, κομ-
ψός, πανοῦργος, γόης, ἀπατεών, ἀνοήτων θηρευτής, τρα- 123
πέζης φίλος, ἄνοιαν τῶν ἀνθρώπων κατευχόμενος, μῖμος
γελοίων, ποιητὴς αἰσχρῶν ᾀσμάτων, αἰσχρολόγος, κορδακί-
ζων, μόθων, ἐφύβριστος, σκωμμάτων συνθέτης, τωθαστής
τωθαστικός, καὶ κατὰ τοὺς νεωτέρους παράσιτος. εἴποις δ᾽
ἂν καὶ κύων προσσαίνων προσσεσηρώς, ἐπισίτιος, λυμεὼν
τῆς νεότητος· ἀσύμβολος, παρεχόμενος συμβολὰς τὸν γέ-
λωτα, πᾶν ἂν εἰπὼν καὶ πᾶν ἂν παθών.

Ὀργίλος, ὑπέρθυμος βαρύθυμος, ἄμετρος ὀργήν, τρα- 124
χὺς ὀργήν, ἔκμετρος, χολώδης ἐπίχολος ἀκρόχολος μελάγ-
χολος, ὀξύθυμος ὀξυθυμίας, πικρός, δύσκολος, μεμψίμοιρος,
ὠμός, ἀσυγγνώμων, ἔκπληκτος, ἀπαραίτητος ἀπαράπειστος,
ἀνεπιεικής, ἀφ᾽ οὗ καὶ τὸ πρᾶγμα ἀνεπιείκειαν εἴρηκε Δη-
μοσθένης, ἀνήμερος, δύσθυμος, δυσόργητος, μηνιῶν βαρύ- 125
μηνις, ἄγριος, θηριώδης, ἰοῦ γέμων, σκορπιώδης, σκορπίος
ζητῶν ὅτῳ ἐγχρίμψει τὸ κέντρον, Σφήττιος, ἀνηλεής, καὶ
τὰ Πλάτωνος, ἀτεράμων, κερασβόλος, σιδήρειος, καὶ τὸ
Ὁμηρικὸν ἀμείλικτος· σκληρότερον γὰρ ὁ ἀστεμφής, καὶ
εὐτελέστερον ὁ Ἡροδότου ἀκρομανής, καὶ κωμικώτερον ὁ
Ἀριστοφάνους θυμάγροικος.

Κίναιδος, πόρνος, ἀκάθαρτος, βδελυρός, καταπύγων, 126
θηλυδρίας, γυναικίας, ἀσελγής, αἰσχρουγός, ἀκόλαστος, μαλ-
θακός, ἡταιρηκώς, ἐκπεπορνευμένος, ἐμπεπαρῳνημένος, ἐν-
ησελγημένος, τὴν ὥραν πεπρακώς, πρὸς ἀργύριον ἀντικατ-
ηλλαγμένος, ταῖς πόρναις ὁμότεχνος, ταῖς ἑταίραις προσ-
αμιλλώμενος, καθυβρισμένος, κλύσμα, πάροινος, ἀνδρόγυ-
νος, ὑγρός ὑγρόνους, ἐκτεθηλυσμένος ἢ μεμαλαγμένος, λε- 127
λυγισμένος, γύννις, θῆλυς τὴν ψυχήν, εὐωνότερος τὴν ὥραν

---

122 4. θέραψ] θεράπων *A.*   123 8. ὡς εἰπεῖν πᾶν καὶ παθεῖν
πᾶν *A.*   125 3. σφήκιος *A.*

17

τῶν ἀποκεκηρυγμένων ὠνίων, τὴν νεότητα προπεπωκώς, τὴν
ἡλικίαν πεπρακώς· μοχθηρὸν γὰρ ὁ λακκόπρωκτος, παλίμ-
πρατος δὲ τὴν ὥραν, καὶ παλιγκάπηλος τοῦ κάλλους, προ-
ειμένος τὰ κάλλιστα καὶ πεπονθὼς τὰ αἴσχιστα, αἰσχύνων
τὸ σῶμα, καταισχύνων τὴν ὥραν, ἐκδεδωκὼς εἰς αἰσχύνην
τὸ σῶμα, ἀναισχυντότερος τῶν ἑταιρῶν, ἰταμώτερος, βδελυ-
ρώτερος, θρασύτερος, ἐπονείδιστος, ἐπίρρητος, ἐπίψογος.

128   Βίοι ἐφ᾽ οἷς ἄν τις ὀνειδισθείη, πορνοβοσκός,
κάπηλος, ὀπωρώνης ὀπωροπώλης, τελώνης δεκατώνης, δεκα-
τηλόγος εἰκοστολόγος πεντηκοστολόγος, ἐλλιμενιστής, κῆρυξ,
ναύτης, πανδοκεύς, πορθμεύς, μαστροπός, ὑπηρέτης, βυρσο-
δέψης σκυτοδέψης, ἀλλαντοπώλης. εἰ δὲ καὶ μὴ διὰ πασῶν
ἀνέλθοι τεχνῶν τὸ ὀνείδισμα τοῖς βελτίω βίον αἱρουμένοις,
ἀλλ᾽ οἵ γε τοιοῦτοι βίοι τὸ ἐπονείδιστον ἐπ᾽ αὐτοῖς ἔχου-
σιν, εἰ καί τις ἐπιμένει τῇ τύχῃ.

129   Πρὸς τὸν θορυβοῦντα τὸ δημόσιον τάδε ἄν τις
εἴποι. κυκῶν συγκυκῶν, θορυβῶν, στρέφων, συγχέων, συντα-
ράττων, δημοκόπος, θρασύς, προωθῶν ἅπαντας, ἐλαύνων,
φύρων τὰ πάντα, μεταπηδῶν ἀναπηδῶν, ἐμπίπτων, ῥύμῃ
φερόμενος, στρόβιλος, ἄνεμος, καταιγίς, χειμάρρους, ἀκατά-
στατος, ἀναρριπίζων τὸν δῆμον, ἀνερεθίζων, ἐκκάων, ἀνα-
130 φλέγων, ἐξοργίζων, παροξύνων, ἐκστασιάζων, συγκρούων πάν-
τας πρὸς ἀλλήλους, ταράττων, τάρακτρον· ὁ γὰρ στρόφις
ἄντικρυς κωμικόν, μεταβάλλων δὲ πάντα καὶ μεθιστάς, ἄνω
καὶ κάτω τὴν πολιτείαν μεταφέρων, ἀηδής, ἀκάθεκτος, πλή-
κτης, ἀνίδρυτος. εἰ δὲ καὶ Δημοσθένης φησὶν «ὁ δὲ ἔνδον
ἐτύρευεν», ἀλλ᾽ οὐκ ἔγωγε ἀποδέχομαι τὸ τυρεύειν. δυναί-
131 μην δ᾽ ἂν εἰπεῖν, τίς τὸν τοιοῦτον πόλις χωρεῖ; τίς δ᾽ ἂν
τὸν τοιοῦτον ἀνάσχοιτο; τίς δ᾽ ἂν ἐνέγκαι; τίς δ᾽ ἂν ἀν-
τίσχοι πρὸς τὴν ῥύμην αὐτοῦ; τῷ δ᾽ ἐστὶν ἀνεκτὸς ἄνθρω-
πος; τί δὲ ἄπρακτον αὐτῷ, τί δ᾽ ἀτόλμητον; πάντολμος ἄν-
θρωπος, πᾶν ἂν πράξας, πᾶν ἂν εἰπών, πολύστροφος τὴν
γνώμην, ἐπὶ πάντα χωρῶν, οὐ διακρίνων τὰ καλὰ τῶν αἰ-
σχρῶν, τὰ κάλλιστα τοῖς αἰσχίστοις συγχέων. ὃς ἐπὶ τῆς
132 αὐτῆς τιμῆς ἀρετήν τε καὶ κακίαν ἄγει. ὃς καλλωπίζεται

---

127 6. ἐτ.] νεωτέρων Α.   128 6. ἂν ἔλθοι?

τοῖς αἰσχίστοις ὡς ἄλλοι τοῖς ἀρίστοις. ὃς ἀδικῶν σεμνύ-
νεται πλέον ἢ αἰσχύνεται. ὃς καλλωπίζεται τῇ πλεονεξίᾳ,
ὃς καλλώπισμα ποιεῖται τὴν πλεονεξίαν. ὃς τἀδικήματα τῷ
δύνασθαι μετρεῖ. ὃς αἴσχιω τὴν εἰς τὸ ἀδικεῖν ἀσθένειαν
ἡγεῖται τῆς τοῦ πλεονεκτεῖν ἐπιθυμίας. ᾧ καλὸν μόνον δο-
κεῖ ὃ βούλεται. ὃς ἰσχὺν μὲν τὸ βιάσασθαι, τὸ δ' ἐξαπα-
τῆσαι σοφίαν οἴεται. ὃς μόνην σύνεσιν τὴν ἀπάτην καλεῖ.
ὃς μικρὸν πᾶν ὃ πεποίηκεν ἡγεῖται πρὸς ἃ βούλεται. ὃς 133
ὃ πέπραχε δοκεῖ μικρότερον οὗ πράξει. ὃς πρὸς οὐδὲν τῶν
ἀδίκων ὀκνεῖ. ὃς ἡγεῖται τὸ τολμᾶν ἴσον τῷ τυχεῖν. ὃς ἂν
διαμάρτῃ τολμήσας, ὅμως ἐλπίσας ἧττον ἀλγεῖ. ᾧ μηδὲν
ἱκανὸν δι' ἀπληστίαν. ὃς τὸν ἀπὸ τῶν αἰσχίστων πόρον
πρὸς εὐπρεπείας δοκεῖ. ὃς διὰ μὲν αἰσχροκέρδειαν τρόπου
πανταχόθεν λαμβάνει, διὰ δὲ φιλαργυρίαν εἰς οὐδὲν δίδω-
σιν. ᾧ μηδὲν αἰσχρόν, ᾧ λῆμμα πρόσεστιν, δοκεῖ. ὃς ἐπι- 134
θυμεῖ μὲν καὶ τῶν ἐλαχίστων δι' ἀνελευθερίαν, ἀρκεῖται
δ' οὐδὲ τοῖς μεγίστοις δι' ἀπληστίαν. ὃς πᾶν νομίζει τὸ
ληφθὲν ἔλαττον οὗ λήψεται. ὃς τὴν μὲν ἀνδραγαθίαν μα-
ταιότητα, τὴν δὲ ἀπραγμοσύνην ἀργίαν, τὴν δὲ φιλοτιμίαν
μανίαν, τὴν δὲ σωφροσύνην ἀτολμίαν, τὴν δ' ἐγκράτειαν
ἀνανδρίαν οἴεται. ᾧ τὸ μηδὲν ἀδικεῖν ἀσθενὲς εἶναι δοκεῖ.
ὃς αἰτεῖ μὲν ὡς οὐκ ἀδικήσων, ἀδικεῖ δ' ἂν λάβῃ. ὃς τὸν μὴ 135
δόντα νομίζων ἐχθρόν, εὐκαταφρόνητον τὸν δεδωκότα δοκεῖ.
ὃς μόνους οὓς οὐκ οἶδεν οὐκ ἀδικεῖ. ὃς τοῖς μὲν ἐχθροῖς ἐπι-
τίθεται διὰ τόλμαν, τοῖς δὲ φίλοις δι' ἀπιστίαν. ὃς ἐν φι-
λίᾳ τὸ πεπιστεῦσθαι προσλαβών, αὐτῇ τῇ πίστει χρῆται
πρὸς ἐξουσίαν ἀδικημάτων. ὃς τῆς πονηρίας τὴν δόξαν ὡς
κέρδος φιλεῖ. ὃς ἀδοξεῖν οἴεται, πονηρὸς ὢν ἂν λάθῃ. ὃς
κολακεύει μὲν ἕκαστον ὡς εὖ πάσχων, μισεῖ δὲ ὡς ἀδικού-
μενος. ὃς ἄχθεται μὲν τοῖς ἀλλοτρίοις ἀγαθοῖς, χαίρει δὲ 136
τοῖς ἁπάντων κακοῖς. ὃς ἴσον τὸ ποιῆσαι τὰ δεινότατα τῷ
μὴ παθεῖν οἴεται. ὃς μέγιστον φρονεῖ τῷ μηδὲν ἴσον οἷς
ἐποίησε δύνασθαι παθεῖν. ὃν οἱ μὲν εἰδότες μισοῦσιν, οἱ
δ' οὐ μεμισηκότες ἀγνοοῦσιν. ὃν ὅστις οὐκ ἀγνοεῖ μισεῖ.
ὃς τῶν μὲν φυλαττομένων δειλίαν κατέγνωκε, τῶν δὲ πι-

---

132 2. ἢ] ἢ ἀδικούμενος *A.*   135 2. διδόντα?   5. προσλαβὼν?

στευόντων εὐήθειαν. ὃς τὸν διδόντα μὲν κολακεύειν, τὸν
137 δ' οὐ διδόντα ὀφείλειν ὑπείληφεν. ὃς οὐχ οἷς ἔλαβε χαί-
ρει, ἀλλ' οἷς οὐ προσέλαβεν ἀγανακτεῖ. ὃς οὐ δύναται μὲν
παθεῖν οἷα ποιεῖ, μόνα δ' αἰσχύνεται ποιεῖν ὅσα δύναται
παθεῖν. οὗ τὴν μὲν ἀπληστίαν οὐκ ἀποπίμπλησιν ὁ διδούς,
τὴν δ' ἐπιθυμίαν οὐχ ἵστησιν ὁ μὴ διδούς. ὃς οὔτε τὸ μέ-
γιστον ἐλπίζειν οὔτε τοὐλάχιστον λαβεῖν αἰσχρὸν εἶναι δο-
κεῖ. ὃς οὔτ' αἰσχύνεται τοῖς ἐλαχίστοις οὔτε πληροῦται τοῖς
μεγίστοις. ὃς τοὺς ἄνδρας ὅρκοις ἐξαπατᾶν οἴεται δεῖν ὡς
τοὺς παῖδας ἀστραγάλοις. ὃς μόνους αὑτοῦ σοφωτέρους οὓς
138 οὐκ ἠδίκηκεν δοκεῖ. ὃς οὔτε παθεῖν δέδιεν οὔτε ποιεῖν
ὀκνεῖ. ὃς τοῖς πονηροῖς ἀρετῆς δόξαν ἐκ τῆς καθ' αὑτὸν
ὑπερβολῆς προστίθησιν. δι' ὃν τοὺς λῃστὰς ὡς νομίμους
εὐδοκιμεῖν συμβέβηκεν. δι' ὃν οἱ λῃσταὶ φιλανθρωπίας δό-
ξαν λαμβάνουσιν. ὃς οὔτε τοῖς πρὸ αὑτοῦ πονηροῖς παρα-
βολὴν καταλέλοιπεν οὔτε τοῖς μεθ' ἑαυτὸν ὑπερβολήν. ὃς
τῇ τόλμῃ τοῦ παρανομεῖν τὴν πίστιν τοῦ μὴ σφαλήσεσθαι
προστίθησιν. ὃς οὐ τὸ ἐπιχειρεῖν ἀδικεῖν ἀλλὰ τὸ διαμαρ-
τεῖν αἰσχύνεται. [ὃν οὔτε θάρσος οἶδε ῥητὸν οὔτε τῶν ἀρ-
ρήτων ἔργων ἡ ἀποχή.] ὃς μόνον αἰσχρὸν ὃ μὴ δύναται νο-
μίζει. [οὗ τὸ παρὰ φύσιν ἐρᾶν τῆς φύσεως πλέον.] καὶ πολλὰ
ἄν τις τοιαῦτα συνθείη.

139   Εἰς μὲν δὴ τὸν οὐκ ἀφροντίστως λέγοντα ἐρεῖς
ἐσκεμμένος, βεβουλευμένος, συγγεγραφώς, πεφροντικώς, προ-
εωρακώς, μεμεριμνηκώς, προβεβουλευμένος, συνθείς, πονήσας
ἐκπονήσας προπονήσας, ταλαιπωρηθείς, ἐπιμεληθείς, φιλο-
τιμηθείς, προσκαμών, προσταλαιπωρηθείς, συνταξάμενος,
παρασκευασάμενος, ἐξεργασάμενος, λογογραφήσας, ἄνω καὶ
140 κάτω μεταθείς, μεταγράψας, ξέσας διαξέσας, ἁρμόσας, δια-
σμιλεύσας, ἐπαναλαβὼν πολλάκις, ἐπαναθεασάμενος, δια-
κριβώσας, διακαθήρας ἐκκαθήρας, διαγράψας μεταγράψας,
ἐξορθώσας, ἐκλεξάμενος, ἐπανορθωσάμενος, βασανίσας, κρί-
νας ἐπιδιακρίνας. ἐσκεμμένως βεβουλευμένως πεφροντισμέ-
νως συγγραφικῶς μεμεριμνημένως προεωραμένως προβεβου-

138 9. ὃν — 10. ἀποχή om *A.*   11. οὗ — 12. συνθείη om *A.*
140 1. διαζεύξας ante Stephanum.

λευμένως συγκείμενα, πεπονημένα, ἐπιπόνως ταλαιπώρως
λογογραφικῶς συντεταγμένα, συνδεδεμένα, παρεσκευασμένα, 141
κεκολασμένα, διεξεσμένα, ἡρμοσμένα, διεσμιλευμένα, ἀποτε-
τορνευμένα, ἐκκεκαθαρμένα, διηκριβωμένα, ἐξειργασμένα, ἐξ-
εσμένα, ἐξειλεγμένα, ἐξωρθωμένα, ἐπηνωρθωμένα, βεβασα-
νισμένα, κεκριμένα. οὐκ ἄνευ φροντίδος, οὐκ ἔξω προνοίας,
οὐ χωρὶς μερίμνης, οὐκ ἄνευ σκέψεως, σὺν ἁρμονίᾳ, σὺν
βασάνῳ, σὺν τάξει, σὺν κρίσει, σὺν ἐργασίᾳ, ἀκριβείᾳ, τα-
λαιπωρίᾳ, καθάρσει, τορείᾳ.   εἰς δὲ τὸν ἄνευ μελέ- 142
της τολμῶντα λέγειν πρόχειρος, ῥᾴδιος, αὐτοσχεδιάζων καὶ
ὡς Ξενοφῶν ἐν Λακώνων πολιτείᾳ αὐτοσχεδιαστής (τὸ γὰρ
ἐν τῇ Νυκτὶ μακρᾷ Πλάτωνος αὐτοσχεδίασμα φαῦλον),
ἄσκεπτος, ἀπόνηρος, ῥᾴθυμος, ἀμελής, ἀφρόντιστος, ἀπρο-
νόητος, προπετής, ὀλίγωρος, ἀταλαίπωρος, εὐχερής, εὔκολος.
ἐκ τοῦ καιροῦ λέγων, ἐκ τοῦ παραχρῆμα, ἐκ τοῦ παρατυ-
χόντος, δι' ὀλίγου, πᾶν τοὐπιὸν λέγων, ἐπιχειλής, φλύαρος,
λάλος, ἐπιπολῆς λέγων, ἐξ ἑτοίμου, πᾶν τὸ ἐπελθόν, ἀπρο- 143
βούλευτος, ἀπερίσκεπτος. ἀβασάνιστα, ἀπαράσκευα. ἀπαρα-
σκεύῳ γνώμῃ ἐν τοῖς περὶ ἀληθείας Ἀντιφῶν εἶπεν, ἀπα-
ρασκεύαστον δὲ ἐν ταῖς ῥητορικαῖς τέχναις (δοκοῦσι δ' οὐ
γνήσιαι)· ἐν μέντοι τοῖς συμβουλευτικοῖς προοιμίοις τοῖς Δη-
μοσθένους τὸ ἀπαρασκευαστότερον γέγραπται. ἀνάρμοστα,
ἄκριτα, ἀραιά, ἀδιέργαστα, διαλελυμένα, διεστηκότα, ἄξε-
στα, ἀφρόντιστα, ἀπροβούλευτα. τάχα δὲ καὶ τὸ ἀπρό-
γραφα· Ὑπερίδης μὲν γὰρ αὐτῷ ἐπ' ἄλλου κέχρηται, εἰπὼν 144
«ἀπροβούλευτα καὶ ἀπρόγραφα,» ἔχοι δ' ἂν ἐνταῦθα χώ-
ραν. καὶ ἀνέδην, χύδην, ῥύδην. πάντα κάλων ἀνείς. προ-
χείρως, ῥᾳδίως, αὐτοσχεδίως καὶ αὐτοσχεδίους λόγους, ἀπό-
νως, ἀσκέπτως, ῥᾳθύμως, ἀμελῶς, ἀφροντίστως, ἀπρονοή-
τως, ἀταλαιπώρως, εὐχερῶς, εὐκόλως, φλυάρως, ἀπροβουλεύ-
τως, ἀπερισκέπτως ἀπροσκέπτως, ἀβασανίστως, ἀπαρασκεύως,
ἀδιεργάστως, ἀκρίτως, ἀναρμόστως. σὺν ἀπονίᾳ, ῥᾳθυμίᾳ,
προπετείᾳ, εὐχερείᾳ, εὐκολίᾳ, λαλιᾷ, ἀναρμοστίᾳ. ἡ δὲ ἐν
τοῖς Πλάτωνος νόμοις ἀπροβουλία οὔ μοι ἀρέσκει.
    εἰς τὸν ὀλίγα ὑπ' ἀσθενείας λέγοντα ἄπορος, 145

---

144 10. με C.

ἄλογος, ἄφωνος, ἀπαράσκευος, ὀλίγος, βραχύς, σμικρός, ῥανίς, ψακάς, ἰχθύς, ἰχθύων ἀφωνότερος, ἀπερραμμένος τὸ στόμα, ἀπεστομισμένος, ἀπεστραμμένος τὴν γλῶτταν, ἄγλωττος, ἀμήχανος, ἀδύνατος, ἀσθενής. καὶ τὰ πράγματα ἀπορία, ἀφωνία, ὀλιγότης, βραχύτης, σμικρότης, ἀγλωττία, ἀμηχανία, ἀδυναμία ἀδυνασία, ἀσθένεια. καὶ τὰ ἐπιρρήματα ἀπόρως, ἀλόγως, ἀφώνως, ἀγλώττως, ἀμηχάνως, ἀδυνάτως,
149 ἀσθενῶς.   εἰ δὲ ὀλίγα μὲν λέγοι, κρίσις δέ τις αὐτῷ προσείη, βραχύς βραχυλόγος, σύντομος, αὐτάρκης, ἀρτιεπής, σαφής, ἀποχρῶν ὑπεραποχρῶν, ἀρτίστομος, πολύνους μᾶλλον ἢ πολυλόγος, περιεπτισμένος, διεσμιλευμένος, ἀκριβής ἠκριβωμένος, ἠπειγμένος, κεκολασμένος, βεβασανισμένος, κεκριμένος, βραχέσι ῥήμασι πολὺν νοῦν ἀπαγγέλλων, οὐ λέγειν μᾶλλον ἢ διδάσκειν τὸ σαφὲς εἰδώς, οὐ μέχρι τῶν ὤτων θέλγων, πολυνοίᾳ μᾶλλον ἢ πολυλογίᾳ
150 χαίρων. καὶ τὰ πράγματα δὲ τάχος, συντομία, αὐτάρκεια, βραχυλογία, σαφήνεια, ἀρτιφωνία ἀρτιλογία ἀρτιστομία, ἀκρίβεια, βάσανος, κρίσις. καὶ τὰ ἐπιρρήματα ταχέως, συντόμως, αὐτάρκως, βραχέως, σαφῶς, ἠπειγμένως, ἀρτιφώνως ἀρτιλόγως ἀρτιστόμως, πολύνως, ἀκριβῶς, περιεπτισμένως, κεκολασμένως, βεβασανισμένως, διεσμιλευμένως, κεκριμένως.
146 παῦρα μὲν λέγων ἀλλὰ μάλα λιγέως.   εἰς δὲ τὸν πολλὰ οὐ μὴν κεκριμένα λέγοντα, πολυλόγος, μακρολόγος μακρός, ἀπέραντος ἀπεραντολόγος, βόρβορος, προσκορής, κυκλοβόρος χείμαρρους χαράδρα, συρφετός, ἄμετρος ἀμετροεπής, θόρυβος, φλήναφος, ἀχαλίνωτος τὸ στόμα, ἀκρατὴς τὴν γλῶτταν, ὀλισθηρός, θολερός θολώδης, ἰλυώδης, ἀχάλινον στόμα, ἀκρατὴς γλῶττα, λήρους μακροὺς ἀποτείνων, φλύαρος, φλυαρίας εἴρων, οὐ λέγειν δυνατὸς ἀλλὰ σιωπᾶν ἀδύ-
147 νατος.   εἰς δὲ τὸν μετὰ δυνάμεως εἰς τὸ πλῆθος παρερχόμενον πολύς, εὔρους, ῥόθιος, εὔπορος, ἄφθονος, σφοδρός, βίαιος, παρασύρων παρέλκων παραφέρων, συγκλύζων, πηγάς τινας ἀφιείς, ὄμβρος, νιφετός, ποταμός, πυκνός, συνεχής, ἄπταιστος, λάβρος, πολλῷ ῥέων, ἀνεμπόδιστος, ἐπειδὰν λύσῃ τὸ στόμα, ἐπειδὰν ἀφῇ τὴν γλῶτταν, ἐπειδὰν προχέῃ τὴν φωνήν, ἐπειδὰν ἐκχέῃ τοὺς λόγους· τίς ἂν ἐνέγκαι τὸν ὠθισμὸν τῶν αὐτοῦ ῥημάτων, τὸν ῥοῖζον τῶν ὀνο-

μάτων, τὸ ῥεῦμα τῆς φωνῆς, τὸ πνεῦμα, τὸν τόνον, τὴν 148
πυκνότητα, τὸν κατακλυσμόν, τὴν σφοδρότητα, τὴν βίαν,
τὴν ἰσχύν, τὴν μεγαλοφωνίαν, τὴν εὔροιαν, τὴν μεγαλόνοιαν,
τὴν λαμπροφωνίαν, τὸ ὑψηλόνουν, τὴν λαμπρότητα, τὴν
ὑψηλολογίαν, τὴν καλλιφωνίαν, τὸν ῥοῦν τῶν λόγων, τὸν
θόρυβον τῆς φωνῆς; τίς οὕτω ποταμὸς πολύρρους; τίς οὕ-
τως ἐπίδρομος; Ἀλφειός, Ἀχελῷος, Ὠκεανός, Νεῖλος. Ἴστρος,
ἂν μὴ παγῇ.

Ἐξ ἀδικημάτων ὀνόματα, ἐφ᾽ οἷς εἰσὶ δίκαι καὶ
γραφαί. κλέπτης, τοιχωρύχος τυμβωρύχος, βαλαντιοτόμος,
μοιχός, ἀνδροφόνος, λωποδύτης, ἱερόσυλος, προδότης, ῥί- 151
ψασπις. ἐπὶ δὲ τούτου ὁ Πλάτων φησὶ «ῥίψασπις μὲν γὰρ
οὐκ ἐν πᾶσιν ὀνομάζοιτ᾽ ἂν δικαίως, ἀποβολεὺς δὲ ὅπλων·»
Ἀριστοφάνης δὲ λέγει ῥίψασπιν. αὐτόμολος, ἀργός, ἀχάρι-
στος, ἀσεβής, δειλός, ἀστράτευτος, λιποστρατιώτης, τύραν-
νος, ἀνδραποδιστής, φαρμακεύς φαρμακός, δωροδόκος, λη-
στής, καταποντιστής, πόρνος, πατραλοίας μητραλοίας, βί-
αιος, ὑβριστής, κακήγορος, συκοφάντης. ἃ δ᾽ οὐκ ἔστιν ἑνὶ 152
ὀνόματι εἰπεῖν ἀλλὰ μετοχαῖς, βουλεύων τυραννίδα, κατα-
λύων τὴν πολιτείαν, ἐπὶ καταλύσει τοῦ δήμου συνιών, τὰ
δικαστήρια συνδεκάζων, ἐξαπατῶν τὸν δῆμον ἢ τὴν βου-
λὴν ἢ τὸ δικαστήριον, τὰ ψευδῆ μαρτυρῶν (οἱ μὲν γὰρ
ψευδομάρτυρες εἴρηνται παρὰ Κριτίᾳ, καὶ ὁ ψευδόμαρτυς
οὐκ οἶδ᾽ ὅπου· καὶ τὸ ψευδομαρτυρεῖν ὁ αὐτός που λέγει, 153
καὶ Δημοσθένης καταψευδομαρτυροῦμαι), πιπράσκων τὸν
ἐλεύθερον, παρανομῶν, ἐκλείπων τὴν ναῦν, παραβαίνων
συνθήκας. καὶ ἕτερα δὲ ἔστιν ἀδικήματα ὧν τοὺς ἀδική-
σαντας οὐκ ἔστιν ὀνομάζειν, ἀλογίου, κακώσεως, ἀποπομ-
πῆς, ἐπιτροπῆς, ἀπολείψεως, παραπρεσβείας, ἐξούλης, σί-
του, καρποῦ, λιπομαρτυρίου λιποταξίου λιποναυτίου, εἰργ-
μοῦ, κακοῦ ἤθους, κακοῦ βίου, αἰκίας, βλάβης, ἀπαγωγῆς,
βουλεύσεως, δήμου καταλύσεως, δημοσίων ἀδικημάτων, δω- 154
ροξενίας, ξενίας, ψευδεγγραφῆς ψευδοκλητείας, ἀποστασίου
ἀπροστασίου, παρανόμων. ἀπρόσκλητον δίκην εἰσελθεῖν,
τὴν μὴ οὖσαν λαχεῖν, παρακαταθήκην ἀποστερῆσαι, κατα-

148 7. ἀλφειός A, παμισός ceteri.

βάλλειν, τιτρώσκειν. καὶ περὶ τούτων καὶ μετοχαῖς ἔστι χρῆσθαι.

155 Ὅσα ἄν τις εἴποι ἐκ τοῦ ὁμο σύνθετα. ὁμόσπονδος, ὁμόσιτος, ὁμοήθης, ὁμότροπος, ὁμόδουλος, ὁμόνους, ὁμόφωνος, ὁμόγλωττος, ὁμοτράπεζος, ὁμόφυλος, ὁμόδημος, ὁμωρόφιος, ὁμότιμος, ὁμότεχνος, ὁμόσκηνος, ὁμοδίαιτος, ὁμογνώμων, ὁμομήτριος ὁμοπάτριος, ὁμώνυμος, ὁμόχρως, ὁμόψηφος, ὁμοβώμιος, ὁμομήτωρ ὁμοπάτωρ, ὁμογενής ὁμόγο-

156 νος, ὁμοειδής, ὁμοθυμαδόν, ὁμολογία· ὁ γὰρ ὁμόλογος βίαιόν τε ὁμοῦ καὶ εὐτελές. ὁμότιτθον δὲ Δείναρχος εἴρηκεν, καὶ Πλάτων ὁμότροπον καὶ ὁμόζυγα, καὶ Θουκυδίδης ὁμόσκενον. ὁμόδοξον δ' ἂν εἴποις, Πλάτωνος εἰπόντος ὁμοδοξίαν· οἱ γὰρ ὁμογάλακτες ἴδιον τῶν Ἀττικῶν, ὁμοερκὴς δὲ σκληρόν, εἰ καὶ παρὰ Σόλωνι. ὁμοπτέρους δὲ τοὺς ὁμοτρίχους εἰπόντος Εὐριπίδου, Στράττις τοὺς ὁμήλικας εἴρηκεν ὁμοπτέρους.

157 ἐκ δὲ τοῦ συν τάδε σύνθετα. σύλλογος, σύνοδος, σύγκλητος, συνεκκλησιαστής, σύμβουλος, σύσσιτος αυσσιτία, συμπότης, συλλογεύς, συστρατιώτης, σύνεδρος, σύσκηνος, συστράτηγος, σύμψηφος, συντράπεζος, σύντροφος, συνεραστής, σύμπλους, συνεργός, συγγενής, συναγωνιστής, συντελής, συμμελής,

158 συσπένδων, συνωμότης, συμπρέσβεις, συνίστορες, συνομνύμενος, συνθεατής, σύνορος, συνάρχων, σύνθηρος, συνιππεύς, συνωρίς, συγγεωργός, συγκυνηγέτης, συγκλέπτης, συμπαραστάτης, συνοδοιπόρος, σύμβιος, συστασιώτης, σύζυξ, συμμορίτης. καὶ σύστασις, συμμετρία, συμφωνία, συναυλία, σύγχυσις ὅρκων. συνθεάτριαν δὲ καὶ συλλήπτριαν

159 Ἀριστοφάνης. ὁ δ' αὐτὸς καὶ συγκοίτας εἴρηκε, καὶ συστάδας ἀμπέλους. εἴρηκε δὲ καὶ σύμποδα καὶ συνθήκην. εἴη δ' ἂν ἐκ τούτων καὶ συντυχία. Πλάτων δὲ συμμαθητὰς ἔφη καὶ σύνοψιν οἰκειότητος. Εὔπολις δὲ συμβίοτοι συμπάροικοι καὶ συνήλικες εἶπε, Δείναρχος δὲ καὶ συνιεροποιὸν καὶ συμπρύτανιν καὶ συμβουλευτήν, ἡ δὲ κωμῳδία καὶ συγκηδεστήν. τὰ δ' ἐκ τούτων παραγόμενα ῥήματα καὶ πρά-

---

155 6. ὁμόγνιος Kühnius. 156 3. ὁμόδρομον A. 6. ὁμότριχας C.
159 4. συμβίωτε συμπάροικε BC.

γματα καὶ ἐπιρρήματα ἀπέραντα ἂν εἴη τῷ βουλομένῳ
λέγειν.

ἐκ δὲ τοῦ ἡμι τάδε τὰ ὀνόματα. ἡμιμανής, ἡμιμα- 160
θής, ἡμιπλήρωτον ἡμίπλεων ἡμίμεστον, ἡμιδεές, ἡμιμέδι-
μνος, ἡμιμόχθηρος, ἡμίτομον, ἡμίδραχμον, ἡμιωβόλιον, ἡμί-
εκτον (καὶ ἡμιεκτέον Ἀριστοφάνης), ἡμιχοίνικον, ἡμιγενής,
ἡμίονος, ἡμίεργον, ἡμιτελές, ἡμιποίητον, ἡμίθραυστον, ἡμί-
φαυστον, ἡμίφρακτον, ἡμίφλεκτον, ἡμίοπτα, ἡμίεφθα, ἡμί-
βρωτα, ἡμιτέλεστα, ἡμίκρανον, ἡμιμόριον, ἡμιθνής, ἡμιμέ-
θυσος, ἡμιτυμπάνιστος, ἡμιτάλαντον, ἡμίγυμνος, ἡμίθεος, 161
ἡμικλήριον. ἡμίλουτοι δὲ Κρατῖνος εἴρηκε, καὶ Φιλύλλιος
ἡμίπλεκτοι, ἡμιμάσητοι δὲ Κράτης, καὶ ἡμιφωσώνιον Ἀρι-
στοφάνης, καὶ ἡμίοπον αὐλὸν Αἰσχύλος. καὶ ἡμίκακον δὲ
Εὐκλείδης λέγει καὶ Σοφοκλῆς, Ἀριστοφάνης δὲ καὶ ἡμι-
κάκως, καὶ Δείναρχος ἡμιπόδιον, ἡμιχρύσους δὲ Ἀναξαν-
δρίδης. τῶν μέντοι Μενάνδρου τὸ μὲν ἡμιφυὲς καὶ ἡμίγρα-
φον ἀνεκτά, τὸ δὲ ἡμιλάσταυρον παμπόνηρον.

τάδε μέντοι ἐκ τοῦ παν σύνθετα. πάγκαλος, πάγκα- 162
κος, πανοῦργος, πάνδημος. καὶ παγκάλως καὶ παγκάκως,
καὶ ὡς Πλάτων παγκάλη πάγκαλον. παμπάλαιον, πάμμεγα
παμμέγεθες, παμπληθές πάμπολυ, πάμμηκες, παμποίκιλον,
παντοδαπόν, παντοῖον, παναρμόνιον, πανσέληνος, παναγές,
πανώλης, πάντολμος, παμμίαρον, παμπόνηρον, πάνσοφον,
παντελές, πάνδεινον, πάνδηλον. καὶ τὰ Θουκυδίδου πανω-
λεθρίᾳ, πανδημεί, πασσυδί. καὶ τὰ Πλάτωνος παμπλού- 163
σιος καὶ πάνσμικρος καὶ παντοπώλιον. εἴποις δ' ἂν καὶ
παγγενεί, πανστρατιᾷ, παναισχές, παμπρασία, πανδαι-
σία, πανθοινία, παγκαρπία, πανοπλία. Ἀντιφῶν δὲ καὶ
ἐξαλᾶσθαι πανοικεσίᾳ ἔφη. πανήμερος πάννυχος· τοῦτον
δὲ πανεύφρονα Κρατῖνος καλεῖ. πανδοκεύς πανδοκεύτρια.
καὶ ὡς Κρατῖνος παναγάθη, καὶ ὡς Ἀριστοφάνης πάγκυ-
φος ἐλαία. καὶ Παναθήναια δὲ καὶ Πανιώνια καὶ Παναι-
τώλια καὶ Παμβοιώτια καὶ Πάνδια.

ἐκ δὲ τοῦ πάλιν τάδε σύνθετα. παλίμβολος, παλίμ- 164

---

160 5: ἡμίφ.] ἡμίκαυστον Iungermannus. videtur ex dittographia na-
tum. 7. ἡμίκραιφα BC.

πρατος, παλιγκάπηλος, παλίντροπος, παλίγκοτος· τὸ γὰρ
παλίνορσος ποιητικόν, καὶ τὸ παλιντράπελος βίαιον καὶ τὸ
παλίντονον. Δείναρχος δὲ καὶ παλιμπροδότης λέγει. παλίμ-
πηγα δὲ οἱ κωμικοὶ τὰ παλαιὰ καττύματα, καὶ παλινδο-
ρίαν. καὶ παλίνδικον τὸν πολλάκις δικαζόμενον, καὶ παλίγ-
γλωσσον τὸν κακόφημον.

165   ἐκ δὲ τοῦ τρι τριπλοῦν, τρίδραχμον, τρίμνουν, τριτά-
λαντον, τριστάτηρος χλαμύς, τριτημόριον, τριχόλλυβον, τρι-
τοστάτης ἐν χορῷ, τρίδουλος, τριμίτιον, τριταγωνιστής, τρι-
ήρης, τρίπολος γῆ· τρίκλυστος δὲ Ἀριστοφάνης λέγει. τρισ-
κατάπτυστος, τριττυάρχης, τρίπαλαι· τὸ γὰρ τριπέρυσιν
ἠρέμα φορτικόν. τρισκακοδαίμων.

166   ἐκ δὲ τοῦ φιλο φιλόδημος φιλόπολις, φιλοστρατιώ-
της, φιλοπροσήγορος, φιλόνεικος, φιλόσοφος, φιλόκαλος,
φιλέταιρος, φιλοβάρβαρος φιλέλλην, φιλολόγος φιλήκοος,
φιλαθήναιος, φιλοχρήματος φιλόχρυσος φιλάργυρος, φίλοι-
νος φιλοπότης, φιλόδικος, φιλόθεος, φιλαλήθης, φιλοπράγ-
μων, φιλοπόλεμος, φιλαίτιος, φιλοκίνδυνος, φίλεργος, φιλα-
ναλώτης, φιλοτύραννος, φιλολοίδορος, φιλόγελως, φιλάν-
167 θρωπος, φιλοκερδής, φιλόδωρος, φιλόπαις φιλότεχνος φιλό-
στοργος, φιλόμουσος, φιλοσώματος φιλόψυχος, φιλόξενος,
φιλόπλουτος, φίλυπνος, φιλοκυνηγέτης, φιλογεωργός, φιλο-
χωρῶν καὶ φιλοχωρία, ἴσως καὶ φιλόχωρος, φιλοτεχνία φι-
λότεχνος. Ἀριστοφάνης δὲ φιλοκηδῆ λόγον, Ἀριστομένης
δὲ ὁ κωμικὸς «φιλακόλουθος ἄρχεται.» φιλοδοξία, ἐκ δ'
168 αὐτῆς ὁ φιλόδοξος. ἔλεγον δὲ οἱ ποιηταὶ καὶ φιλόστροφον
τὸν εὐμετάβολον, Δείναρχος δὲ καὶ φιλοπόνηρον, ἢ ὡς Φι-
λωνίδης φιλομόχθηρον. ἐπὶ δὲ τῆς τελευτῆς ὄνομα ὁ Θεό-
φιλος τὸ φιλεῖν ἔχει· ὁ γὰρ γυναικοφιλὴς ἐν ταῖς Πολυ-
ζήλου Μουσῶν γοναῖς οὐ πάνυ ἀνεκτόν. φιλαπόδημος, φι-
λοσκώμμων, φιλεγκλήμων, φίλερις· Ἄλεξις δὲ καὶ φιλεριστὴν
εἶπεν. φιλόθηρος, φιλογύνης, φιλαπεχθήμων, φιλοθεάμων,
ὃν φιλοθεωρὸν Ἄλεξις εἶπεν, φιλοικτίρμων, φιλόκυβος, φί-
λιππος, φιλοφροσύνη· τάχα καὶ φιλόφρων ἀπ' αὐτῆς.

_____

164 5. παλινδόριον A. § 165 om A. 166 1. φιλῶ A. 167 6.
ἄρχεται] λέγει A.

τάδε μέντοι ἐκ τοῦ κακο σύνθετα. κακοδαίμων, κα- 169
κοῦργος, κακολόγος κακήγορος, κακοπράγμων ὡς Ὑπερίδης,
κακόβιος, κακόβουλος, κακόνους ὡς Ἀντιφῶν, κακοφροσύνη.
καὶ ἐκ τούτου ἂν εἴη ὁ κακόφρων, καὶ κακὸς κακῶς ἀπό-
λοιτο.

ἐκ δὲ τοῦ πολυ πολυπράγμων, πολυλόγος, πολυήκοος, 170
πολυθεάμων, πολύφωνος, πολυμελής, πολύχειρ, πολύγλωττος,
πολύφημος, πολύτροπος, πολύπονος, πολυπλάνητος, πολυ-
πόρευτος, πολύνους, πολύρρους, πολυπρόσωπος, πολυχρήμα-
τος, πολύχρυσος, πολυσώματος, πολυΐστωρ, πολυκτήμων,
πολυάργυρος πολύχαλκος, πολύπυρος πολύοινος πολύσιτος, 171
πολυπότης, πολυάνθρωπος, πολυπρόβατος πολυθρέμμων
πολύδουλος, πολύανδρος πολυγύνης πολύπαις, πολύπους,
πολυάδελφος, πολύθηρος, πολύδενδρος πολύυλος, πολύυδρος,
πολύξυλος, πολυσκώμμων, πολυτελής, πολύτιμος, πολυειδής,
πολυγενής, πολύμορφος, πολυανθής, πολυσχήμων.

ἐκ δὲ τοῦ μισο μισόδημος μισόπολις, μισολόγος, μι- 172
σοπόνηρος, μίσεργος, μισάνθρωπος μισόθεος, μισογύνης μι-
σότεκνος, μίσιππος, μισόθηρος, μισοφίλιππος μισαλέξαν-
δρος, μισαθήναιος, μισοτύραννος, μισέταιρος, μισόξενος,
μισοβάρβαρος μισέλλην, μισοπροσήγορος, μισαπόδημος, μι-
σοπέρσης ὡς Ξενοφῶν.

ἐκ δὲ τοῦ μεγαλο μεγαλοπράγμων, μεγαληγόρος, με- 173
γαλουργός, μεγαλόμισθος, μεγαλογνώμων, μεγαλόψυχος, με-
γαλόθυμος, μεγαλότολμος, μεγαλόφωνος, μεγαλοπολίτης,
μεγαλόπλουτος, μεγαλόδωρος, μεγάλαυχος, μεγαλόφρων.

ἐκ δὲ τοῦ ἰσο ἰσόνομος, ἰσοτελής, ἰσότιμος, ἰσοπολίτης 174
ἰσοπολιτεία, ἰσήγορος ἰσηγορία, ἰσοστάσιον, ἰσομέτρητον,
ἰσοπληθές, ἰσόμηκες, ἰσομέγεθες, ἰσοχειλές, ἰσόπεδον, ἰσά-
ριθμον, ἰσονομία, ἰσομοιρία, ἰσοκρατία ἰσοκρατεῖς, ἰσοπα-
λεῖς, ἰσόψηφοι, ἰσόδρομοι, ἰσόζυγες. Ἄρχιππος δὲ ὁ κωμικὸς
καὶ ἰσόχρυσον εἴρηκεν. τὸ δ' ἰσοθάνατον Σοφοκλέους εἰπόν-
τος ἐν Κρεούσῃ οὐ πάνυ ἀνεκτόν.

Τάδε μέντοι ὅμοια τῷ σχήματι τῆς λέξεως, οὐ σημαί- 175

169 4. ante κακῶς cum Iungermanno omisi καί. 172 1. μισῶ A.
173 1. μεγάλου A. 174 1. ἴσου A.

νοντα μὲν ταὐτόν, ἐοικότα δὲ τῇ ἰδέᾳ. καταλογάδην λέγειν,
λογάδην ἀθροίζειν, ἀριστίνδην ἐκλέγειν, πλουτίνδην κατα-
λέγειν, ἀναβάδην καθίζειν, ἀποτάδην τρέχειν, συλλήβδην
εἰπεῖν, ὀρθοστάδην ἀγωνίζεσθαι, συστάδην μάχεσθαι, ἄ-
δην ἐσθίειν, κρύβδην πράττειν, σποράδην ἑστάναι, φοράδην
κομίζεσθαι, ἀνέδην παραινεῖν, χύδην δαπανᾶν, σχέδην ἐλαύ-
νειν, ἀγχιστίνδην γαμεῖν· τὸ γὰρ φυράδην καὶ ῥύδην οὐκ
οἶδα εἰ ἀνεκτά.

176   καὶ τάδε ἄλλα τοῦ αὐτοῦ σχήματος. προβολὴ ἀδική-
ματος, καταβολὴ πυρετοῦ, συμβολὴ στρατοπέδου, διαβολὴ
κακουργήματος, ἐπιβολὴ τολμήματος, ἐπιβολὴ ζημίας, ἀνα-
βολὴ πράγματος, εἰσβολὴ στρατοῦ, ἐκβολὴ λόγου, παραβολὴ
πράγματος, ἐμβολὴ ἀγωγίμων, ὑπερβολὴ δαπανημάτων,
177 μεταβολὴ κακῶν.   ὡσαύτως καὶ τάδε. στεφάνων ἀνάρ-
ρησις, ἀναγόρευσις τιμῶν [κηρυγμάτων], στάσις εἰκόνων,
ἀνακήρυξις ἀθλητῶν, εἰσήγησις ψηφισμάτων, βούλησις ἀν-
δρῶν, εὕρεσις χρησμῶν, προαίρεσις βίου, πρόκλησις ἐν δίκῃ,
κατάστασις ἀρχῆς, λῆξις δίκης, παραίτησις τιμωρίας, ἀντί-
δοσις οὐσίας, λιπάρησις πρέσβεων, ἐξεγγύησις ὀφείλοντος,
178 ἀμφισβήτησις ἐπικλήρου, μίσθωσις οἴκου, ἔντευξις ἀνδρός,
ἔκτισις δίκης, ἀπόδρασις στρατιᾶς, ἀπόβασις ἐκ νεῶν, σύν-
θεσις ῥημάτων, φάσις ἐγκλημάτων, ἀνάπαυσις καμάτων,
ἔνδειξις ἀδικήματος, ἐκποίησις τέκνων, ἴασις νόσων, ὑπό-
σχεσις χάριτος, τίμησις δίκης, ὑποτίμησις τιμήματος, ἀντι-
τίμησις προτιμήματος, ἀγανάκτησις γνώμης, ἐπιτήδευσις σο-
φίας, ἀπόστασις ὑπηκόων, σύγχυσις πολιτείας, εὕρεσις πρα-
γμάτων, ὄψις χρωμάτων, ἐγχείρησις τόλμης, κρᾶσις ὡρῶν,
179 τέρψις ἀκοῆς, σκέψις δήμου, σχέσις ἁψῖδος, ἕξις ὅπλων,
βούλευσις φόνου, μέλλησις πράξεων, μήνυσις ἀδικημάτων,
σύλλεξις χρημάτων, ἀνασύνταξις φόρων, ἀπόλαυσις τύχης,
μέμψις γνώμης, αἵρεσις φρουρίου, ἀπόφευξις ἀποστασίου,
καὶ πολλὰ ἄλλα τοιαῦτα.

    καὶ τάδε ὁμοίου σχήματος. δεῖγμα ἔνδειγμα, βού-
λημα, βούλευμα, νόμισμα, μίμημα, θέαμα, βάδισμα, τό-
ξευμα, παράδειγμα, τόλμημα, φρόνημα, κίνημα, τίμημα

προστίμημα, ἀξίωμα, πλάσμα, πταῖσμα, θαῦμα, οἴκημα, 180
κῦμα, νᾶμα, δόγμα, ἐπανόρθωμα, εὕρημα, ἐρύθρημα, θή-
ραμα, νόημα, συχοφάντημα, αἰσίωμα, ἐναντίωμα, πλεονέ-
κτημα, ἐλάττωμα, ἀγνόημα, κήρυγμα, τραῦμα, βλῆμα, ἀτύ-
χημα, νόσημα, ἀρρώστημα, σύνθημα, ἐπιτήδευμα, ἐπιθύ-
μημα, παρανόμημα, πλήρωμα, κακούργημα, λῆμμα, ψεῦσμα,
σόφισμα, ἴδρυμα, ἀσέβημα, τοιχωρύχημα, ἀναισχύντημα,
ἐπιχείρημα ἐγχείρημα, λοιδόρημα, ἕρμα, μάντευμα, ἐπιτέ- 181
λεσμα, δίδαγμα, φρύαγμα, καύχημα, αὔχημα, ἀλαζόνευμα,
αὔλημα, πάθημα, καῦμα, φλέγμα, σχῆμα, ζῶσμα, ζεῦγμα,
ἄσκημα, βλέμμα, ὄμμα, ἄσθμα, πνεῦμα, νεωτέρισμα, νεα-
νίευμα, στηλίτευμα, ἐπιτείχισμα, μηχάνημα, μεσεγγύημα,
καλλώπισμα, στεφάνωμα, πέμμα, ἀγώνισμα, γέννημα, παί-
δευμα, θρέμμα, μάθημα, μνῆμα ὑπόμνημα, γεώργημα, 182
πλέγμα, ἔγκλημα, ἄκουσμα, ὑπόδημα, οἰκοδόμημα, ῥῆγμα,
πρόσπταισμα ἐπίπταισμα, στρέμμα, ἀνάθημα, κινδύνευμα,
εὐεργέτημα, κοινώνημα, ἐρώτημα, πλήρωμα, σκαιώρημα,
σύγγραμμα, χαράκωμα, ἔδεσμα βρῶμα, πῶμα πόμα, ἄρτυμα
ἥδυσμα, τόρευμα, πονήρευμα, ᾆσμα, ὀδύρματα, θυρώματα,
αἰκίσματα, ἀργυρώματα, βρώματα, θύματα, συχνάσματα, 183
κωλύματα, πείσματα, ζητήματα ὡς Δημοσθένης, ἀμφισβη-
τήματα, βλάμματα, περιτρίμματα, παιπάλημα, πάτημα,
ὅπλισμα. δόξασμα δὲ Πλάτων εἶπε καὶ ἀποβλάστημα, Ἀν-
τιφῶν δὲ ἐπιθύμημα. δικαίωμα, φράγμα, βάμμα· τὸ γὰρ
κῶμα, ὅπερ ἐπὶ τῆς καρηβαρίας λέγουσι τῆς ῥεπούσης εἰς
ὕπνον, οὐ πάνυ ἐπαινῶ, ὥσπερ οὐδὲ τὸ δράμημα, οὐδὲ τὸ
κώκυμα, οὐδὲ τὸ παρ' Ὑπερίδη ἀναισχύντημα.

Ταὐτὸν δ' ἐστὶν ἀναφυγή, ἀποφυγή, ἀναφορά, ἀνα- 184
χώρησις, ἀποστροφή. ἀποφυγεῖν, ἀναφυγεῖν, ἀνενεγκεῖν,
ἀναχωρῆσαι, ἐπαναχωρῆσαι. καὶ ἀναθέσθαι δὲ ἐπὶ τοῦ
αὐτοῦ.

ὡσαύτως ταὐτόν ἐστι τρυφᾶν, ἡδυπαθεῖν, θρύπτε- 185
σθαι ἀνατεθρύφθαι, ἐκδεδιῃτῆσθαι, χλιδᾶν. τὸ γὰρ θερ-
μερύνεσθαι λέγει μὲν ἡ κωμῳδία πολλαχόθι, ἐμοὶ δὲ οὐκ

ἀρέσκει. βιαζομένῳ δ' ἂν εἰς χρῆσιν ἔλθοι καὶ τὸ σκιατρο-
φεῖσθαι. τὰ πράγματα τρυφή, ἡδυπάθεια, θρύψις, ἐκδιαί-
τησις, χλιδή, σκιατροφία· οἱ δὲ ἐσκιατροφημένοι σκιατρο-
φίαι καλοῦνται. καὶ μετοχαὶ δὲ ἀπὸ πάντων. ὄνομα δὲ ἀπ'
οὐδενὸς ὅτι μὴ χλιδανός, τάχα καὶ ὁ θρυπτικός. ἐπίρρημα
δὲ θρυπτικῶς καὶ ἐκδεδιῃτημένως, φαῦλον δὲ τὸ ἐσκιατρο-
φημένως, καὶ βίαιον τὸ χλιδανῶς.

186   ἐπὶ ταύτου λέγοιτ' ἂν δωρεά, τιμή, ἆθλον, γέρας,
μισθός, ἐπίχειρα. ἰδίως δὲ ἰατρῷ μὲν σῶστρα καὶ σωτήρια
καὶ ἰατρεῖα, τῷ δὲ παιδεύοντι διδασκαλεῖα, τῷ δὲ στρατιώτῃ
ἀριστεῖα καὶ ἐπινίκια καὶ νικητήρια, ὡς ἀθλητῇ ἆθλα καὶ
χειροτέχνῃ ἐπίχειρα καὶ ἀγγέλῳ εὐαγγέλια καὶ τῷ φέροντι
187 κόμιστρα, ὡς εὐεργέτῃ χαριστήρια καὶ τῷ μηνύσαντι μήνυ-
τρα καὶ τροφεῖ θρέπτρα. λέγοις δ' ἂν δωρεῖσθαι, τιμᾶν,
γεραίρειν· Ξενοφῶν δὲ καὶ ἐπιγεραίρειν εἶπεν. λέγοιτο δ'
ἂν ἐπὶ τούτων καὶ τὸ ἀμείβεσθαι. ἀμφίβολος δὲ ἡ ἀμοιβή·
ἔστι μὲν γὰρ παρ' Ἀρχιλόχῳ καὶ παρ' Εὐριπίδῃ ἐν Ὀρέστῃ,
τὸ δὲ παρ' Ὁμήρῳ «σοὶ δ' ἄξιον ἔσται ἀμοιβῆς» καὶ παρὰ
Πλάτωνι ἐν Συμποσίῳ οὐ σαφές.

188   Ὁ δ' ἐπ' ἀφροδισίοις μαινόμενος λάγνης ἂν καὶ
λάγνος ῥηθείη, λαγνίστατος, λαγνεύων, εἰς Ἀφροδίτην νο-
σῶν, ἀσελγαίνων, ἀκολασταίνων, πορνοκοπῶν, πόρνοις συ-
νών, ἑταιριζόμενος (οὕτω γὰρ οἱ κωμικοὶ ὀνομάζουσι τὸν
περὶ τὰς ἑταίρας ἔχοντα), εἰς ἡδονὰς ἐκκεχυμένος, γυναι-
μανής, ἑταίραις συμβιούς, ἑταιριστής, περὶ τὰς τῶν ἑται-
ρῶν θύρας κεκυλινδημένος, μάχλος, ὀργῶν, ἐν οἰκήματι ζῶν,
ἐν ματρυλείοις, ἐν ἀσωτείοις, ἐν κασαυρείοις, εἰ μὴ σφόδρα
189 ποιητικόν. λέγοιτο δ' ἂν καὶ ὁ δύσερως καὶ ὁ δυσερωτιῶν.
καὶ ἐρωτομανῶν, καὶ ὁ ἐρωτομανὴς καὶ ὁ θρήνερως. καὶ
μισητὸν μέντοι τὸν τοιοῦτον οἱ κωμικοὶ καλοῦσι, καὶ μισή-
την τὴν μάχλον· ταύτην δὲ οὐχ ἑταίραν μόνον ἀλλὰ καὶ
πόρνην καὶ χαμαιτύπην καὶ ἀσελγῆ καὶ ἀκόλαστον καὶ ῥᾳ-
δίαν καὶ εὐχερῆ καὶ πρόχειρον καὶ μοιχεύτριαν. τὸ δὲ πρᾶ-
γμα λαγνείαν, ἀσέλγειαν, ἀκολασίαν, εὐχέρειαν, ῥᾳστώνην,
μαχλοσύνην, ἑταίρησιν, πορνείαν, μισητίαν.

_____

189 3. μισγητὴν A, et 8. μισγητίαν.

Δωροδόκος ῥήτωρ, δεδωροδοκημένος, δεδεκασμένος, 190
διεφθαρμένος, ἐπὶ μισθῷ λέγων, ἐπ' ἀργυρίῳ, ἐπὶ χρήμασι
πολιτευόμενος, ἐπὶ τῆς τοῦ λαμβάνειν ὢν προαιρέσεως, πρὸς
τοῦ διδόντος, ὢν παντὸς τοῦ διδόντος, μισθοδοτούμενος
μισθαρνῶν, μισθοφορῶν μισθοφόρος, μισθωτός, καταμι-
σθοφορῶν, πρὸς ἀργύριον ῥέπων, πρὸς τὸ βαρῦνον, ὑποτι-
θεὶς τὴν χεῖρα τοῖς λήμμασι, πεπραμένος, παλίμπρατος,
ἔμμισθος, τὴν φωνὴν πιπράσκων, ἀποδιδόμενος, πωλῶν, 191
ἀπεμπολῶν, ἀποκηρύττων, ἀπομισθῶν, κέρδει τὴν εὐδαιμο-
νίαν μετρῶν, φιλοκερδὴς αἰσχροκερδής. καὶ τὰ πράγματα
δωροδοκία, δεκασμός, διαφθορά, μισθαρνία μισθοφορία,
πρᾶσις, ἀπόδοσις, μισθοδοσία, ἀπεμπόλησις, φιλοκέρδεια
αἰσχροκέρδεια.　　ὁ δ' ἐναντίος ἄδωρος, ἀδωροδόκητος,
ἀδέκαστος, ἀμίσθωτος, ἀδιάφθορος, ἀνάργυρος, ἄπρατος,
ἐλεύθερος, κρείττων λημμάτων, ἀντιβλέπων πρὸς ἀργύριον,
οὐ καθελκόμενος ὑπὸ λήμματος, οὐ βαρυνόμενος

Ταὐτόν ἐστιν ἀναιρεῖν, φονεύειν, κτείνειν ἀποκτείνειν 192
ἀποκτιννύειν ἀποκτιννύναι, σφάττειν ἀποσφάττειν (Θουκυ-
δίδης δὲ καὶ ἔσφαζον λέγει), δολοφονεῖν μιαιφονεῖν, ἀπο-
χρᾶσθαι διαχρᾶσθαι. τὰ δὲ ὀνόματα ἀνδροφόνος φονεὺς φο-
νικός, σφαγεύς, μιαιφόνος· ἀπὸ δὲ τῶν ἄλλων μετοχαί. σφα-
γεὺς μέντοι παρὰ Σοφοκλεῖ καὶ τὸ ξίφος. τὰ δὲ πράγματα
ἀναίρεσις, φόνος, σφαγή, μιαιφονία, ἀνδροφονία. ἐπίρρημα
δὲ καὶ μόνον φονικῶς.

ταὐτόν ἐστιν ἄφνω, ἐξαίφνης, ἐξαπίνης, αἰφνίδιον, 193
ἐξαπίναιον, ἐξαπιναίως. χρηστέον δ' ἐπὶ τούτου καὶ τῷ
ἀπροσδοκήτως, τάχα δὲ καὶ τῷ ἀνελπίστως καὶ ἐξ ἀπροσ-
δοκήτου καὶ ἀνελπίστου.

ταὐτόν ἐστιν ὑποχωρεῖν, ἐκχωρεῖν, ὑπαπιέναι, ὑπαλ- 194
λάττεσθαι, ὑπαφίστασθαι ὑπεξίστασθαι, ἐκκλέπτειν ἑαυτὸν
καὶ ὑποκλέπτειν ἑαυτούς.

τάχα δ' ἂν εἰς ταὐτὸν συντελοῖ καὶ τὸ σπείρεσθαι
διασπείρεσθαι, διασκεδάννυσθαι ἢ ὡς Ξενοφῶν διασκίδνα-
σθαι, ἢ διαπεφορῆσθαι ὡς Κριτίας, καὶ ὑπεκτίθεσθαι δ'
ἑαυτὸν ἢ τὰ ἑαυτοῦ.

---

192 9. Θουκ. — 3. λέγει] haec vulgo post μιαιφονεῖν.

195 καὶ τὸ αὐτῶν μέρος, ὅσον ἐστὶν ἐπ᾽ αὐτοῖς, τὸ κατ᾽ αὐτούς, τὸ ἐπ᾽ αὐτοὺς ἧκον, τὸ ἐπ᾽ αὐτοῖς. Κριτίας δέ πού φησιν ἐπὶ τόγε, ἐπὶ τὸ χρηστοὺς εἶναι.

196 Οὐσία, κλῆρος, κτῆσις, περιουσία, πλοῦτος, βίος, χρήματα· εὐχρηματία πολυχρηματία, εὐκτημοσύνη πολυκτημοσύνη κτήματα, ἐπικαρπία, τὰ ὑπάρχοντα, τὰ ὄντα. εὔκληρος βαθύκληρος, πολυκτήμων, πλούσιος βαθύπλουτος, πολυχρήματος. καὶ ἄβιος, ὡς Ἀντιφῶν φησί, καὶ εὔβιος. Πλάτων δὲ καὶ εὐχρημονεῖν τὸ πλουτεῖν καὶ ἀχρημονεῖν τὸ πένεσθαι εἶπεν. τοῦτο δὲ καὶ ἀπορεῖν καὶ πτωχεύειν, μι-

197 σθαρνεῖν, θητεύειν, ἀγείρειν, προσαιτεῖν. καὶ ὁ πένης ἄπορος, ἀχρήματος, ἀκτήμων, ἄκληρος, ἐνδεῶς πράττων, ἀπόρως πράττων, ἐν πενίᾳ καθεστηκώς, σπανίζων· ἐξ ὧν καὶ πενία, ἀκληρία, ἀπορία, ἀχρημοσύνη ἀχρηματία, ἀκτημοσύνη, σπάνις, ἔνδεια ἔκδεια, ἐπίλειψις. ἰδίως δὲ τοὺς μὲν πλουσίους καὶ τοὺς παχεῖς καὶ τοὺς ἐνδόξους καὶ τοὺς βελτίους καὶ τοὺς ὀλίγους καὶ τοὺς χρηστοὺς καὶ τοὺς ἱππέας ὠνόμαζον, τοὺς δὲ πένητας τοὺς πολλούς, τοὺς δημοτικούς, τὸν δῆμον. ἔνιοι δὲ πένητα τὸν πτωχὸν καὶ πτωχείαν τὴν πενίαν. οἱ δὲ τὸν οὕτω πράττοντα καὶ γυμνὸν καὶ κρίνον ὠνόμαζον.

198 Ἐξόρους δὲ ἐρεῖς, ἐξορίους ὑπερορίους, ἐκδήμους, ἀποδήμους, διαποντίους, ἐπιστολιμαίους, ἀλλοφύλους ἄνδρας τε καὶ δυνάμεις καὶ πολέμους.

199 Γέλως ἐρεῖς καὶ μειδιασμὸς καὶ μειδίαμα καὶ μειδίασις, φαιδρότης ὀφθαλμῶν, ἄνεσις προσώπου, καγχασμός· καὶ ἑτέρας χρείας χλευασμός χλευασία, κατάγελως. γελᾶν, μειδιᾶν ὑπομειδιᾶν ἐπιμειδιᾶν, ἀνιέναι τὸ πρόσωπον, φαιδρύνεσθαι τὼ ὀφθαλμώ, καγχάζειν, χλευάζειν ἐπιχλευάζειν καταχλευάζειν ἐκχλευάζειν, καταγελᾶν ἐπιγελᾶν ἐπεγγελᾶν.

200 πλατὺς γέλως, σαρδόνιος γέλως, ἔγγελως. παρὰ Πλάτωνι γελαστικός· οὕτω γὰρ ὁρίζονται τὸν ἄνθρωπον, ὅτι μόνος ἐξ ἁπάντων τῶν ζώων γελᾷ. χλευαστικός καταχλευαστικός.

καταγελαστικῶς, χλευαστικῶς· οὐ γὰρ ἂν προσοίμην ἀπὸ
τῶν ἄλλων ἐπιρρήματα. τάχα δ᾽ ἂν εἴη τῆς αὐτῆς χρείας
τὸ καταμωκᾶσθαι, κατειρωνεύεσθαι, διασύρειν, κωμῳδεῖν
διακωμῳδεῖν, τωθάζειν. εἴρων, κωμῳδικός, τωθαστικός· ὁ
γὰρ γελοῖος καὶ τὸ γελοιάζειν καὶ τὸ γελοίως ἑτέρας ἐστὶ
χρείας, ὥσπερ καὶ ὁ καταγέλαστος καὶ παρὰ τοῖς ποιηταῖς
τὸ τῆς θαλάττης γέλασμα.

Κλαίειν ἀποκλαίειν ἀνακλαίειν, δακρύειν ἀποδακρύειν, [201]
κλαυθμυρίζεσθαι, θρηνεῖν, ὀδύρεσθαι ἐποδύρεσθαι ἀποδύ-
ρεσθαι, δεινοπαθεῖν, οἰμώζειν, ὀλοφύρεσθαι κατολοφύρεσθαι,
ποτνιᾶσθαι, οἰκτίζεσθαι. καὶ κλαυθμός, δάκρυον, κλαυθμυ-
ρισμός, ὀδύρματα, θρῆνος, ὀλόφυρσις, οἶκτος οἰκτισμός, οἰ-
μωγή· τραχὺ γὰρ ἡ ποτνίασις, καὶ εὐτελὲς ἡ δεινοπάθεια. φι- [202]
λόδακρυς δὲ καὶ πολύδακρυς καὶ θρηνητικὸς καὶ ὀδυρτικὸς
καὶ θρηνώδης, καὶ θρήνων ἔξαρχος, καὶ θρηνῳδός, ὃν καὶ
θρῆνον ἐκάλουν. ἐπιρρήματα δὲ οὐκ ἀπὸ πάντων, ἀλλὰ
θρηνητικῶς. εἴποις δ᾽ ἂν ὅτι τὸ γυναικεῖον γένος ἐστὶ θρη-
νῶδες καὶ φιλόθρηνον καὶ φιλόδυρμον καὶ θρηνητικόν.

Ὄνομα, κλῆσις, προσηγορία, πρόσρησις πρόσρημα, [203]
ἐπίκλησις ἐπίκλην, ἐπωνυμία ὀνομασία. καὶ τὰ ἀπαρέμφατα
ὀνομάζειν, καλεῖν, προσαγορεύειν, ἐπονομάζειν.

Καίριον δὲ ἐρεῖς τὸ αὐτὸ καὶ εὔκαιρον ἔγκαιρον [204]
ἐπίκαιρον· ἐν καιρῷ, κατὰ καιρόν, ἐπὶ καιροῦ, καιρίως, εὐ-
καίρως ἐγκαίρως ἐπικαίρως· εὐκαιρία ὡς Πλάτων. τὸ δ᾽
ἐναντίον ἄκαιρον, ἔξω καιροῦ, ἀκαίρως, ἀκαιρία. ἀπὸ δὲ
τούτων τὸ καιροφυλακεῖν καὶ καραδοκεῖν ἔλεγον. τὸ δὲ
καίριον καθ᾽ ἑτέραν χρείαν εἴποι ἄν τις καὶ εὔστοχον,
ἐπίσκοπον, ἐπιτυχές εὐτυχές, ἀπλανές, ἀσφαλές, τάχα
καὶ ἀστραβές, ὡς τὸ ἐναντίον ἄσκοπον, ἄστοχον, ἀτυ- [205]
χές δυστυχές, διημαρτημένον, ἐσφαλμένον· καὶ εὐστοχίαν
ἐπιτυχίαν εὐτυχίαν (οὐ γὰρ καὶ ἐπισκοπίαν), καὶ ἀστοχίαν
δυστυχίαν διαμαρτίαν ἀτυχίαν· καὶ εὐστόχως καὶ ἐπισκό-
πως, εὐτυχῶς ἐπιτυχῶς, ἀπλανῶς, ἀσφαλῶς, ἀστραβῶς,
ἀστόχως, ἀσκόπως, ἀτυχῶς δυστυχῶς, διημαρτημένως, ἐσφαλ-
μένως, σφαλερῶς.

---

200 1. καταχλευαστικῶς A.

206   Δῆλον ἔνδηλον ἔκδηλον ἐπίδηλον πρόδηλον (ποιητικὸν
γὰρ τὸ ἀρίδηλον), προφανές ἐπιφανές ἐκφανές περιφανές
καταφανές, σαφές, γνώριμον, ἐληλεγμένον, τεθρυλημένον
ἐκτεθρυλημένον πολυθρύλητον, μυριόλεκτον ὡς Ξενοφῶν.
συμβαίνοι δ' ἂν εἰς ταὐτὸν καὶ τὸ ἔκπυστον, ἔκφαντον, ἔκ-
φορον, καὶ τὸ ἐπίρρητον, ἐπιβόητον περιβόητον, κεκηρυγμέ-
207 νον. καὶ τὰ ἀπαρέμφατα δηλῶσαι, ἐκφῆναι, σαφηνίσαι,
γνωρίσαι, θρυλῆσαι, κηρῦξαι ἐκκηρῦξαι, ἐκλαλῆσαι, ἐκβοῆ-
σαι, ἐκθρυλῆσαι, ἐκθροῆσαι, ἐξαγορεῦσαι, ἐλέγξαι, τάχα δὲ
καὶ διακαλύψαι καὶ ἐκκαλύψαι καὶ ἀποκαλύψαι. καὶ ἐνδή-
λως ἐκδήλως προδήλως ἐπιδήλως· τὸ γὰρ καταδήλως καὶ
δήλως εὐτελῆ, προφανῶς δὲ καὶ ἐκφανῶς καὶ καταφανῶς
καὶ περιφανῶς, γνωρίμως, σαφῶς, πεφασμένως, ἀπαρακα-
208 λύπτως, ἀνυποστόλως, πολυθρυλήτως τεθρυλημένως· σκλη-
ρὸν γὰρ τὸ ἐκλελεγμένως, ἐπιρρήτως δὲ καὶ ἐπιβοήτως καὶ
περιβοήτως. τὸ δὲ κεκηρυγμένως ἄηθες. ἐκ δὲ τῶν ἄλλων
ἀποκεκαλυμμένως. καὶ δήλωμα δὲ καὶ δήλωσις καὶ περιφά-
νεια, γνῶσις, σαφήνεια, θροῦς, ἔλεγχος· σκληρὸν γὰρ τὸ
ἐπιβόημα. ἀπὸ δὲ τῶν ἄλλων ἢ οὐκ ἔστι τὰ πράγματα, ἢ
ἄντικρυς ἄλλα δηλοῖ. τάχα δ' ἂν τούτοις προσαριθμήσαις
209 τὸ διαρρήδην, ἀναφανδόν, ὡμολογημένως.   τὰ δ' ἐναντία
ἄδηλον, ἀφανές, ἀσαφές, ἄγνωστον, ἀνέλεγκτον, ἀπόρρητον,
ἀνέκπυστον, ἄφθεγκτον, σεσιγημένον, συνεσκιασμένον, ἀνέκ-
φορον, ἐπικεκρυμμένον, κρυπτόν κρυπτόμενον ἐπικρυπτόμε-
νον διακρυπτόμενον, ἀγνοούμενον, λανθάνον, συγκεκαλυμ-
μένον, ὑπὸ παραπετάσματι. καὶ ἀφανίσαι, κρύψαι κατακρύ-
ψαι ἐπικρύψασθαι διακρύψασθαι, κατασιγάσαι, λαθεῖν,
ἀγνοηθῆναι, συσκιάσαι, παρακαλύψασθαι προκαλύψασθαι,
ὑποστείλασθαι, παραπετάσασθαι. καὶ τὰ ἐπιρρήματα ἀδή-
λως, ἀφανῶς, ἀσαφῶς, ἀγνώστως, ἀνελέγκτως, ἀρρήτως
ἀπορρήτως, κεκρυμμένως, λεληθότως λανθανόντως, στεγα-
νῶς· φορτικὸν γὰρ τὸ σιγηλῶς, τὰ δ' ἀπὸ τῶν ἄλλων
σκληρὰ ἢ εὐτελῆ.

---

208 5. ἐλεγμὸς C.

Z.

Κομμόδῳ Καίσαρι Ἰούλιος Πολυδεύκης χαίρειν. τὸν ταῦτα συντιθέντα τὰ βιβλία οὐ πολλοῖς ὡμιληκέναι μόνον ἐχρῆν ἐμμέτροις τε καὶ ἀμέτροις λόγοις, ὥσπερ ἂν εἴποι ὁ Πλάτων ἔν τε ποιήμασι καὶ χύδην, ἀλλὰ προσθεῖναί τι αὐτοῖς καὶ συντάξεως σχῆμα καὶ τὸ ἐν τοῖς ἀνομοίοις ὅμοιον, ἔτι δὲ καὶ ἀκρίβειάν τινα ἐπὶ τῆς ψυχῆς ἔχειν εἰς βασάνου κρίσιν. τοῦδε εἴνεκα οὐδὲ συνεργὸν ἠδυνάμην ἐπ' αὐτὰ παραλαβεῖν οὐδένα· οὔτε γὰρ εἶχον ὅτῳ πιστεύσαιμι ἐοικότι, καὶ ἔδει πάντως ἑκάστῳ προσεῖναι τὸ ἐμοὶ δοκοῦν.

Καὶ μὴν ἐπί γε τῶν ἑξῆς τεχνῶν εἴποις ἂν τέχναι ᵉ βάναυσοι, τέχναι ἀγοραῖοι, ἀνελεύθεροι, ἀπειρόκαλοι, ἑδραῖοι, χειροτεχνικαὶ χειρουργικαί, καὶ ὡς Ξενοφῶν βάναυσικαί· εἴποις δ' ἂν κατὰ Πλάτωνα καὶ δευτερουργοὺς τέχνας. χειροτεχνία χειρουργία, βαναυσία βαναυσουργία. χειροτεχνεῖν χειρουργεῖν, βαναυσουργεῖν. χειροτέχνης χειρουργός, βάναυσος βαναυσουργός, ἑδραῖος· τὸ γὰρ ἀποχει- ᵗ ροβίωτος καὶ χειρῶναξ καὶ χειρογάστωρ καὶ χειροβοσκὸς καὶ χειροβάναυσος ἧττον ἄν τις προσοῖτο. καὶ ὁμότεχνοι δὲ καὶ σύντεχνοι· Ἀριστοφάνης γὰρ ἐν Γηρυτάδῃ τούτῳ κέχρηται. καὶ ἀντίτεχνοι ἐρεῖς· ἀντιτέχνησις δὲ παρὰ Θουκυδίδῃ ἐφ' ἑτέρου εἴρηται. τοὺς δὲ βαναύσους καὶ ἐργαστῆρας ἂν κατὰ Ξενοφῶντα εἴποις. τοὺς μέντοι μὴ ἀκριβεῖς τεχνίτας φαυλουργοὺς κατὰ Ἀριστοφάνην λέγε. τὸ δὲ χειροτεχνηθὲν χειροτέχνημα χειρούργημα, τέχνημα τέχνασμα, δημιούργημα, ποίημα, ἔργον, πλάσμα, κατασκεύασμα. τέχναι δὲ ἔμπυροι καὶ ἄπυροι.

Αἱ μὲν ἐκ τοῦ πωλεῖν, πιπράσκειν, ἀποδίδοσθαι, ˢ μεταβάλλειν, ἀμείβειν, ἀντικαταλλάττεσθαι, καπηλεύειν, ἀποκηρύττειν, ἐμπολεῖν, ποιοῦσιν ὀνόματα πωλητάς, πρατῆρας, μεταβολέας, καπήλους· τὰ γὰρ ἀπὸ τῶν ἄλλων σκληρά, πλὴν Ἰσαῖος καὶ Ὑπερίδης τὸν πράτην εἶπον, ἐν δὲ τῇ κωμῳδίᾳ ὁ πώλης ὥσπερ καὶ ὁ πρατίας εἴρηται. τὰ δὲ πι-

---

6 2. ἀγοραῖαι A.   7 8. φλαυρουργοὺς κατὰ Σοφοκλῆν M.

πρασκόμενα ὤνια, πώλημα, ἀγώγιμα (πράσιμον δ' Ἰσαῖος
εἴρηκεν, ὥσπερ καὶ Ξενοφῶν), φόρτος, ἐμπολήματα, ῥῶπος,
9 γέλγη. λέγοιτο δ' ἂν καὶ ἀπὸ τῶν μετοχῶν τὰ πωλούμενα,
τὰ πιπρασκόμενα, τὰ καπηλευόμενα, τὰ μεταβαλλόμενα, τὰ
ἀποκηρυττόμενα, τὰ ἀποδιδόμενα· ἔστι δὲ τοῦτ' ἀμφίβολον.
καὶ τὰ πράγματα πρᾶσις, καπηλεία καπηλική, μεταβολή
μεταβλητική, ἀποκήρυξις, ἀπόδοσις, ἐμπολή· καὶ πώλησις
δέ, ὡς εἴρηκε Ξενοφῶν. ἀποκεκήρυκται δὲ καὶ ἀποδέδοται
καὶ μεταβέβληται καὶ κεκαπήλευται τὰ πραθέντα καὶ πέ-
10 πραται καὶ ἐκπέπραται λέγοις ἄν. Πλάτων δὲ ἐν τῷ Πολι-
τικῷ φησὶ «πωληθέντα που πρότερον ἔργα ἀλλότρια πα-
ραδεχόμενοι δεύτερον πωλοῦσιν.» καὶ ἄξια μὲν πιπράσκεται
τὰ εὔωνα καὶ λυσιτελῶς, καὶ ἐπευωνισμένα, καὶ ἀντίπροικα,
καὶ ἀντ' οὐδενός· τὰ δὲ τίμια ἔντιμα, ἐπὶ πολλῷ, ἐπιτετι-
μημένα. λέγοις δ' ἂν καὶ ἐπιτέτανται αἱ τιμαί, καὶ ὁ πι-
πράσκων ἐπέτεινεν καὶ ἀνετιμᾶτο. τὰ δὲ μήπω πεπραμένα
ἄπρατα· οὕτω δ' ἂν λέγοιτο καὶ τὰ μὴ πιπρασκόμενα, ὡς
11 ἄπρατος ἀνὴρ ὁ μὴ πιπράσκων ἑαυτόν. καὶ ὁ μὲν τόπος
ὅπου πιπράσκουσι, πωλητήριον ἂν καλοῖτο, καὶ ὡς παρ'
Ἡροδότῳ πρατήριον. καὶ κύκλοι δὲ ἐν τῇ νέᾳ κωμῳδίᾳ κα-
λοῦνται ἐν οἷς πιπράσκεται τὰ ἀνδράποδα, ἴσως καὶ τὰ
λοιπὰ ὤνια· ἐφ' ὃ δὲ ἀναβαίνοντες οἱ δοῦλοι πιπράσκονται,
τοῦτο τράπεζαν Ἀριστοφάνης καλεῖ. μονοπώλιον δὲ Ὑπερί-
δης εἴρηκεν ἐν τῷ κατὰ Ἀριστοφῶντος· οἱ δὲ ἄλλοι λέγουσι
μονοπωλίαν. ὁ δὲ τοῖς πιπράσκουσι προξενῶν προπράτωρ,
12 ὡς Δείναρχος καὶ Ἰσαῖος εἴρηκεν· προπώλην δ' αὐτὸν Ἀρι-
στοφάνης καλεῖ, προπωλοῦντα δὲ Πλάτων. Λυσίας δὲ τού-
τους μὲν προπράτας, τοὺς δὲ σὺν ἄλλοις πιπράσκοντας συμ-
πράτας λέγει. τὸ δὲ δεύτερόν τι πιπράσκειν ἀναπωλεῖν καὶ
ἀναπιπράσκειν λέγουσι, καὶ τὸ ἔργον ἀνάπρασιν, καὶ τοὺς
τοῦτο ποιοῦντας ἀναπιπράσκοντας καὶ ἀναπωλοῦντας, καὶ
τὰ δεύτερον πιπρασκόμενα ἀναπωλούμενα καὶ ἀναπιπρα-
σκόμενα, παλίμπρατα ἢ παλίμπωλα, καὶ ὁ ταῦτα πωλῶν
13 παλίμπωλος καὶ παλιγκάπηλος. τὸ δὲ μετὰ τὴν πρᾶσιν

ἀποδοθὲν ἀνάδοτον ἄν τις εἰπεῖν δύναιτο, εἰπόντος Θου-
κυδίδου «μὴ ἀνάδοτος εἴη Πλάταια.» τὰ δ' ἐκ τοῦ δεδη-
μεῦσθαι πιπρασκόμενα δημιόπρατα. τὸ δὲ σὺν ἄλλῳ πε-
πρᾶσθαι προσπεπρᾶσθαι. ὃ δὲ οἱ νῦν φασὶ τοὺς οἰκέτας
πρᾶσιν αἰτεῖν, ἔστιν εὑρεῖν ἐν ταῖς Ἀριστοφάνους Ὥραις·

ἐμοί
κράτιστόν ἐστιν εἰς τὸ Θησεῖον δραμεῖν,
ἐκεῖ δ', ἕως ἂν πρᾶσιν εὕρωμεν, μένειν.
ἄντικρυς δὲ ἐν ταῖς Εὐπόλιδος Πόλεσι

κακὰ τοιάδε
πάσχουσα μηδὲ πρᾶσιν αἰτῶ;
τὰ δὲ πραθέντα καὶ ὠνηθέντα λέγουσι, καὶ τὸν [ὠνημένον 14
καὶ τὸν ὠνηθέντα, ὅστις ἐπρίατο, τὸν] πριάμενον ἐωνημέ-
νον. τὸ δὲ ἀνατιμᾶσθαι καὶ τὸ τῷ πλέον δόντι ἐθέλειν
πιπράσκειν πλειστηριάζειν ἂν λέγοις, Ἰσαίου ἐν τῷ πρὸς
Ἀνδοκίδην εἰπόντος «οὔτε τιμῆς τεταγμένης πωλοῦσιν, ἀλλ'
ὡς ἂν δύνωνται πλειστηριάσαντες πλείστου ἀπέδοντο.»
ἀλώνητοι δὲ ἐκαλοῦντο οἱ μηδενὸς ἄξιοι τῶν οἰκετῶν, ὅτι
τῶν Θρᾳκῶν οἱ μεσόγειοι ἁλῶν ἀντικατηλλάττοντο τοὺς
οἰκέτας. τὰ δὲ καταβαλλόμενα ὑπὲρ τῶν πιπρασκομένων 15
τέλη ἐπώνια λέγουσιν. τῆς δὲ ἰσωνίας Λυσίας εἴρηκεν ἐν
τῷ περὶ τοῦ ἀσπιδοποιοῦ. ἐν δὲ τοῖς Ἀττικοῖς ψηφίσμασιν,
ἃ τοῖς ξένοις ἐπί τι μέγα ἐγράφετο, ἔστιν εὑρεῖν «εἶναι
αὐτῷ καὶ οἰκείαν ὤνησιν.» τὸν δὲ πολλὰ ὠνούμενον ἔξεστιν
εἰπεῖν πολλαγόρασον, εἰ καὶ ψιλὸν τοὔνομα, ἀλλ' ὅτι Φε-
ρεκράτης εἴρηκεν ἐν Πέρσαις

τὸ παιδίον
τὸ πολλαγόρασον κἀπὸ πολλῶν τηλιῶν.
τούτων δὲ καὶ θεοὶ ἴδιοι, ἐμπολαῖος Ἑρμῆς καὶ ἀγοραῖος·
καὶ ἐμπόλω Διοσκόρω ἐν Ἥρωσιν Ἀριστοφάνης.

οἱ μὲν δὴ πάντα πιπράσκοντες καλοῖντ' ἂν πανδο- 16
κεῖς καὶ πανδοκεύτριαι, καὶ τὸ χωρίον πανδοκεῖον, καὶ τὸ
πρᾶγμα πανδοκεία· οἱ δ' εἰς τὰ πανδοκεῖα καταγόμενοι

---

13 4. συμπεπρᾶσθαι A.   11. οὐδὲ vulgo.   **14** 4. Λυσίου Harpo-
cration.   6. δύνανται vulgo.   **15** 4. ἐπὶ τιμῇ ἐγρ. Hemsterhusius.   5. οἰ-
κίας ἐωνήσιν?   9. θ' ἡλίων codices: corr Kühnius.

κατάκται ἂν λέγοιντο. μᾶλλον δ᾽ οἱ πάντα πωλοῦντες παν-
τοπῶλαι, καὶ ὁ τόπος παντοπωλεῖον. τὴν δὲ ἀρτόπωλιν
καὶ τὴν παντοπωλίαν Ἄρχιππος εἴρηκεν ἐν Ἰχθύσιν. οἱ
δὲ τὰ ἀνδράποδα πιπράσκοντες ἀνδραποδοκάπηλοι· οἱ
γὰρ λαφυροπῶλαι, κοινὸν τοὔνομα καὶ πρὸς τὰ ἄψυχα,
ἀνδραποδώνης δ᾽ εἴρηται ἐν τοῖς Ἥρωσι τοῖς Ἀριστοφά-
17 νους. τὴν δὲ θεραπαινίδα καὶ θρεπτὴν ἐρεῖ ὅστις βούλοιτο
ἕπεσθαι Φερεκράτει εἰπόντι ἐν Μυρμηκανθρώποις «Μανία
θρεπτή·» ἔστι δὲ τοὔνομα καὶ ἐν τῷ Λυσίου πρὸς Πυθό-
δημον ὑπὲρ ἀποστασίου.

Τέχναι δ᾽ ἐπ᾽ ἀνθρώποις παιδοτρίβαι καὶ γυμνασταί,
καὶ οἱ σωμασκοῦντες· τάττεται μὲν ἡ κλῆσις ἐπὶ τῶν ἀσ-
κουμένων, οὐδὲν δ᾽ ἂν αὐτὴν κωλύοι κἀπὶ τῶν ἀσκούντων
τετάχθαι. τοῦ δὲ ἀλείπτου οὐκ ὄντος ἐν χρήσει, ἀλείπτριαν
εἰρήκασιν οἱ μέσοι κωμικοὶ καὶ Λυσίας ἐν τῷ ὑπὲρ Διο-
φάντου περὶ χωρίου· Ἄμφιδος δὲ καὶ δρᾶμα ἔστιν Ἀλείπ-
τρια.

18   Αἱ δὲ ἐπὶ ταῖς τροφαῖς τέχναι σιτηγοί σιταγωγοί,
σιτοπῶλαι πυροπῶλαι, σιτοκάπηλοι σιτοκαπηλεύειν, σιτηγεῖα,
πυροπωλεῖα σιτοπωλεῖα, πυροπωλεῖν σιτοπωλεῖν, πυροκαπη-
λεύειν. σιτομέτραι ὡς Ὑπερίδης, ἀφ᾽ οὗ τὸ σιτομετρεῖν· πυ-
ρομετρεῖν, καὶ πυρομέτραι ἢ πυραμετρηταί. ἡ δὲ ἀλφιτο-
ποιία καὶ ἀλφιτεία καλεῖται, καὶ οἱ ἐργαζόμενοι ἀλφιτεῖς,
19 οἱ δὲ πιπράσκοντες τὰ ἄλφιτα ἀλφιταμοιβοί, τὸ δὲ ἐργα-
στήριον ἀλφιτεῖον, μύλων, ζώτριον, ζητρεῖον, χόνδριον χον-
δροκοπεῖον. καὶ τὰ ἐργαλεῖα ὄνος ὁ ἀλέτων, καὶ ἡ τράπεζα
μύλη, καὶ ὁ τῆς ἐργασίας προεστηκὼς μυλωρὸς καὶ μυλωθρός,
καὶ ἡ ἔνδον τίφη μυληθρὶς καὶ μυλακρὶς (ἔνιοι δὲ μυλα-
κρίδα καὶ τὴν ἀλετρίδα), καὶ τὸ κάλλυντρον μυλήκορον. τὸν
20 δὲ νῦν μυλοκόπον ὀνοκόπον Ἄλεξις εἴρηκεν ἐν Ἀμφωτίδι·
                                                                                ὀνοκόπος
         τῶν τοὺς ἀλέτωνας τῶνδε κοπτόντων ὄνους.
τό γε μὴν τοῖς οἰκέταις τοῖς ἔνδον ἐργαζομένοις ὑπὲρ τοῦ

---

16 1. κάτακτοι Hemsterhusius, ἀφικνούμενοι A.   2. τὴν δὲ ἀρτό-
πωλιν om C. an παντόπωλιν?   3. καὶ τὴν παντοπωλίαν om A.
17 9. μέσοι om A.   19 3 ἀλήθων A.   5. μυληθρὶς] μυλαρὶς A, μυ-
λωθρὶς Stephanus.   6. μυλόκορον A.   20 3. ἀλέτονας A. || τούσδε M.

μὴ κάπτειν τῶν ἀλφίτων περιτιθέμενον παυσικάπη ὀνομάζεται, τροχοειδὲς μηχάνημα τῷ τραχήλῳ περιαρμοζόμενον ὡς ἀδυνατεῖν τῷ στόματι τὰς χεῖρας προσαγαγεῖν,

ἀρτοπῶλαι ἀρτοπώλιδες, ἀρτοπωλεῖν, ἀρτοπωλεῖον, 21 σιτουργοί, ἀρτοποιοί ἀρτοπόποι. Ξενοφῶν δὲ καὶ ἀρτοκόπους ἔφη· τὸ δὲ ῥῆμα τὸ ἀρτοκοπεῖν ἐν Φρυνίχου Μονοτρόπῳ, ἐν δὲ Ἀριστοφάνους Ἥρωσιν ἀρτοποιία. τῇ δὲ ἀρτοπώλιδι ἀνήκει ἄλευρα, ἄλφιτα, ὄλυραι, ζειαί, σεμίδαλις, χόνδρος, κρίμνα, πάλη, ἀφ᾽ ἧς καὶ τὸ πάλημα, σταὶς, μᾶζα. καὶ τὰ 22 ἐργαλεῖα κρίβανος, ἰπνός, πλάθανον, μάκτρα, ὀβελοί· καὶ σπάλαθρον δὲ ἐργαλεῖον, ὃ οἱ νῦν σκάλευθρον. τὰ δὲ ἔργα δεῦσαι, φυρᾶσαι, τρῖψαι, διαττῆσαι· καὶ ἀρτοστροφεῖν δὲ Ἀριστοφάνης λέγει. διαπλάσαι, πέψαι, ὀπτῆσαι ἐξοπτῆσαι, ἐξελεῖν. ὁ δὲ μάττων τὰ ἄλφιτα μαγεύς, καὶ τὸ ἀγγεῖον μαγὶς καὶ μάκτρα καὶ σκάφη καὶ παρὰ Μενάνδρῳ ληνός. νεόκοπον δὲ κάρδοπον εἴρηκεν Εὔπολις τὴν νεωστὶ κεκομμένην. ἄρτους δὲ αὐτοπυρίτας εἴρηκεν ἐν Ποαστρίαις Φρύ- 23 νιχος, Ἀλκαῖος δὲ ἐν Γανυμήδει «διπύρους τε θερμούς·» οἱ δίπυροι δ᾽ εἰσί τινες ἄρτοι τρυφῶντες. τοῦ γε μὴν ἄρτου αἱ μὲν κατὰ τὸ ἄνω μέρος οἱονεὶ φλύκταιναι ἀττάραγος, αἱ δὲ ἐκ τοῦ κάτω ψωθίαι, αἳ δὴ καὶ προσέχεσθαι εἰώθασι τῷ κριβάνῳ ὑπεροπτώμεναι. τὰ δὲ μέρη τῶν ἄρτων θρύμματα. τὸ μέντοι ὑπερεμπεπλῆσθαι καὶ ὑπερκεκορέσθαι ὑπερμαζᾶν ἀπὸ τῆς μάζης ἔλεγον οἱ παλαιοί, οἱ δὲ νέοι 24 κριθιᾶν ἀπὸ τῶν ὑποζυγίων· Αἰσχύλος μὲν γὰρ εἴρηκε σειραφόρον τε καὶ κριθῶντα πῶλον, Σοφοκλῆς δὲ «ἕως ὅτου κριθώσῃς ὄνου.» τῶν δὲ περὶ ἀρτοπωλίαν ἀθρόα ἐν Ἀριστοφάνους Δράμασιν ἢ Κενταύρῳ

πτίττω, βράττω, δεύω, μάττω, πέττω, καταλῶ.
ἔστι δέ που καὶ ὀπτῆσαι. καὶ ἡ πτισάνη τούτοις προσήκει. καὶ τὸ παρ᾽ Ἀριστοφάνει δὲ ἐν Ἀχαρνεῦσι περιεπτισμένοι ἀπὸ τούτου ἂν εἴη εἰρημένον·

ἀλλ᾽ ἐσμὲν αὐτοὶ νῦν γε περιεπτισμένοι.

καὶ αἴνειν δὲ τὸ πτίσσειν ἐλέγετο, ἀφ᾽ οὗ καὶ ἡ πτισάνη.
καὶ μὴν καὶ τὸ φρύγειν καὶ κοδομεύειν τούτοις συνῆπται.

25 κρεωπώλια καὶ κρεωπῶλαι καὶ κρεωπωλεῖν. τοὺς δ᾽
αὐτοὺς καὶ μαγείρους λέγουσιν. καὶ κρεωδαίτας δ᾽ ἂν εἴποις
καὶ κρεουργούς, καὶ τὸ ἔργον κρεουργεῖν καὶ κρεανομεῖν καὶ
κρεανομίαν, τὰ δὲ ἐργαλεῖα κοπίδα καὶ ῥάχετρον καὶ κρεώ-
σταθμον, τάχα καὶ κρεάγραν καὶ κρεωδείραν.

26 ἰχθυοπῶλαι καὶ ἰχθυοπωλεῖν, καὶ ἰχθύες ἰχθύδια, ὄψον.
καὶ ὀψοποιὸς δὲ καὶ ὀψαρτυτής, καὶ ὀψοποιεῖν καὶ ὀψοποιία,
καὶ ἡδῦναι καὶ ἀρτῦσαι καὶ ζωμεῦσαι· καὶ Ἀριστοφάνης
                    τὴν χύτραν
ἐν ᾗ τὰ κρεάδι᾽ ἥψες ἐζωμευμένα.
τὸν δὲ ὀψοποιὸν καὶ μάγειρον λέγει.

27 ταριχοπῶλαι, ταριχοπωλεῖν, ὡραῖον τάριχος, ὡραῖα
τεμάχη. σαργάναι ταρίχους καὶ ἡμίσειαι, ἐαριναί. χρηστὸν
τάριχος, πονηρὸν τάριχος. σαργάναι ὡραῖαι καὶ σαπραί.

28 Ἐριοπῶλαι, ἐριοπωλεῖν. ἔρια οἰσυπηρὰ Ἀριστοφάνης,
καὶ ἐρίων πιναρῶν πόκον Κρατῖνος. καὶ Ἄρχιππος μὲν ἐν
Ἰχθύσιν εἴρηκε νακοτιλτοῦντα· τὸ δὲ ὄνομα ὁ νακοτίλτης,
εἰ καὶ Φιλήμων αὐτῷ κέχρηται ἐν Ἁρπαζομένῃ, ἀλλ᾽ οὐκ
ἀνεκτόν, εἰ μὴ τὸ ῥῆμα ἦν ἐν χρήσει παλαιότερον. καίτοι
ὅ γε Κρατῖνος ἐν Διονυσαλεξάνδρῳ φησὶ
          νακότιλτος ὡσπερεὶ κωδάριον ἐφαινόμην.
ἐριουργία ἐριουργεῖν· καὶ ἐριουργεῖον ὁ ἱστὼν ἐν Ὀλυμ-
πιάδος ἐπιστολῇ. διὰ τοῦτο δὲ ἀνέχομαι τοῦ ὀνόματος, ὅτι
τὸ πρᾶγμα τὸ ἀπ᾽ αὐτοῦ καὶ τὸ ῥῆμα παρὰ τοῖς κεχρονι-
σμένοις ἔστιν εἰρημένον· βέλτιον δὲ ὁ ἱστών. Πλάτων δὲ
εἴρηκεν «ἐν ἐρεῷ ἱματίῳ.»

29 ταλασία, ταλασιουργία ταλασιουργεῖν, τάλαρος. καὶ
καλαθίσκος, Εὐπόλιδος εἰπόντος ἐν Πόλεσιν
          ἄνευ καλαθίσκων καὶ πόρων καὶ πηνίων.
κατάγειν, κάταγμα· τὸ δ᾽ αὐτὸ καὶ μήρυμα. τῶν δὲ νέων
τις κωμικῶν Ἐπιγένης ἐν Ποντικῷ ἔφη

---

24 1. ἀνεῖν Kühnius, ἀλεῖν libri.   26 5. ἕψεις ante Dobraeum.
27 2. διημισεῖαι Α.   28 10. κεχριμένοις?   29 3. πόκων Μ.

τρεῖς μόνους

σκώληκας ἔτι τούτους μ' ἔασον καταγαγεῖν.
καὶ κροκυδίζειν. δὲ Φιλύλλιος εἴρηκεν·

τὸ κάταγμα κροκυδίζουσαν αὐτὴν κατέλαβον,
ὅπερ ἐστὶν ἐκλέγουσαν τὸ τραχύ. ἔξαινε δὲ τῶν ἐρίων Ἀρι- 30
στοφάνης ἔφη, καὶ καταξῆναι Πλάτων ὁ κωμικός, ὁ δὲ φι-
λόσοφος Πλάτων καὶ τέχνην ξαντικήν, Σοφοκλῆς δὲ ξάσμα.
τὸ δὲ καμεῖν ἀπὸ τῆς ἐριουργίας τὰς χεῖρας ξανᾶν ἐλέγετο,
καὶ ξάνησιν. νεῖν, κλώθειν, στρέφειν. στήμων κρόκη, στημο-
νονητικὴ καὶ κροκονητική· Πλάτων δὲ ἐφυφὴν καλεῖ τὴν
κρόκην, τὸν δὲ στήμονα νῆμα καὶ τὸ ἔργον τοῦ νήματος
νῆσιν εἴρηκε, «τὴν τῆς Ἀτρόπου νῆσιν». ὁ δὲ κωμικὸς Πλά- 31
των ἔφη ἀκλώστους στήμονας. καὶ ἀρπεδόνας δὲ τὰ νήματα
Ἡρόδοτος· Ἀριστίας δὲ ἐν Ἀταλάντῃ «ἀρπεδόνην τε λύσιν
ἱστοῦ» τραγικώτερον. ἄτρακτος, σφόνδυλος, κλωστήρ· οὕτω
δὲ καὶ τὴν περιστροφὴν τοῦ λίνου Εὐριπίδης ὠνόμασεν·

λίνου κλωστῆρα περιφέρει λαβών.
πηνίον, ἀγαθίς, ὅθεν καὶ παροιμία «ἀγαθῶν ἀγαθίδες,»
ᾗ πλείστῃ κέχρηνται οἱ κωμικοί. φαίης δ' ἂν καὶ μίτον, καὶ
μίσασθαι τὸ μιτώσασθαι, καὶ πολύμιτος, ὡς Κρατῖνος ἔφη.
καὶ ἀπὸ πηνίου τὸ πηνίσασθαι· Φιλύλλιος δὲ αὐτὸ εἴρηκεν.
τὰς δὲ ὁλοστημόνους ταινίας τολύπας Σοφοκλῆς ὠνόμασεν. 32
ἐφ' οὗ δὲ νήθουσιν ἢ νῶσιν (τὸ γὰρ νήθειν οἱ Ἀττικοὶ
νεῖν λέγουσιν), ἐπίνητρον καλεῖται καὶ ὄνος. λέγοις δ' ἂν
ἄτρακτον ἐπιστρέφειν, ἔριον ἕλκειν, τείνειν, μηρύεσθαι, ἀπι-
σχναίνειν. στήμονα δὲ ἐξεσμένον τὸν ἰσχνὸν καὶ λεῖον Ἀρι-
στοφάνης καλεῖ. στῆσαι τὸν στήμονα ἢ τὰ στημόνια, καὶ
προφορεῖσθαι· οὕτω γὰρ ἔλεγον οἱ Ἀττικοὶ τὸ νῦν διάζε-
σθαι. καὶ τὸ διάζεσθαι δὲ ἔστιν ἐν αὐτῇ τῇ λέξει παρα- 33
λαμβανόμενον·

ὁ δ' ἐξυφαίνεθ' ἱστός, ὁ δὲ διάζεται,
καί που παρὰ Νικοφῶντι ἐν Πανδώρᾳ. τὸ δὲ συνδῆσαι τὸν
στήμονα καιρῶσαι λέγειν χρή, καὶ καιρῶσιν τὴν σύνδεσιν.

29 2. μ'] δὲ μ' A. 30 4. ξανᾶν et 5. ξάννησιν A, ξανα ἂν et ξα-
νασιν C. 6. ἐπυφὴν C. 31 1. ἀτρόπου F: celeri ἀτράκτου. 3. λύ-
σον Kühnius. 33 4. καί] ὡς M.

ὑφάντης, ὑφαντικός, ὑφαίνειν, ὑφαντικῶς, ὑφή, ὕφασμα,
ὑφάντρια. καὶ ὕφανσιν δ᾽ ἂν εἴποις βιαζόμενος, ἐπεὶ Πλά-
των εἴρηκε «βασιλικῆς ξυνυφάνσεως.» καὶ χλαμυδουργίαν
δὲ καὶ χλαμυδοποιίαν, ὡς ταὐτὸν ὂν ἑκάτερον, ἄμφω ἐν
34 τοῖς Ἀπομνημονεύμασι Ξενοφῶν λέγει· εἴδη δὲ ἔοικεν εἶναι
ταλασιουργίας μὲν ἡ χλαμυδουργία, ὑφαντικῆς δὲ ἡ χλα-
μυδοποιία. καὶ χλανιδουργία δὲ καὶ χλανιδοποιία ὁμοίως
ἂν λέγοιτο, καὶ ἐξωμιδοποιία. ποικιλτὴν δὲ Αἰσχίνης Τι-
μάρχου κατηγορῶν εἶπεν· ἔστι δὲ καὶ τοῦτο ὑφαντικὸν εἶ-
δος. ἡ δὲ τέχνη ποικιλτική, καὶ ὁ ἀνὴρ ποικιλτικός, καὶ τὸ
πρᾶγμα ποίκιλσις κατὰ Πλάτωνα, καὶ τὸ ῥῆμα ποικίλλειν,
καὶ τὸ ἐπίρρημα ποικιλτικῶς, ὥσπερ καὶ ἐριουργικῶς καὶ
35 ταλασιουργικῶς καὶ ὑφαντικῶς. ὁ δὲ ποικιλτὴς ὠνόμασται
παρὰ Ἀλέξιδος ποικιλεύς. λέγοις δ᾽ ἂν διάγειν τὴν κρόκην,
διαφέρειν, διαβάλλειν, κερκίζειν, πλήττειν, πιέζειν, πυκνοῦν.
ὕφασμα δὲ ἐστι λεπτόν, εὐϋφές, ἰσχνόν, εὐήτριον, εὔπλο-
κον· τὸ δὲ εὐήτριον Αἰσχύλος ἐν Δικτυουλκοῖς, εἰ καὶ μὴ
ἐπὶ ἐσθῆτος, ἀλλ᾽ οὖν εἴρηκε «δικτύου δ᾽ εὐήτρια.» κερκίς,
κτείς, ἰστός, ἰστουργία ἰστουργεῖν, ἰστουργικός ἰστουργικῶς.
36 κανὼν ἰστοῦ τὸ καλούμενον ἀντίον. πῆχυς. ἰστόπους, ὡς
Εὔβουλος λέγει· καὶ κελέοντες δὲ οἱ ἰστόποδες καλοῦνται.
ἀγνῦθες δὲ καὶ λεῖαι οἱ λίθοι οἱ ἐξηρτημένοι τῶν στημό-
νων κατὰ τὴν ἀρχαίαν ὑφαντικήν. σπάθη, ὅθεν καὶ τὸ
σπαθᾶν, καὶ τὸ ἀσπάθητος χλαῖνα παρὰ Σοφοκλεῖ, καὶ
σπαθητοῖς ὑφάσμασιν. καὶ σπαθίδα ἐκάλουν τὸ σπαθητὸν
ἱμάτιον.

37   πλύνται πλυντικοί πλυνοί πλύντριαι, φαιδρυνταί φαι-
δρυντικοί φαιδρῦναι, κναφεῖον κναφικὴ κνάψαι, καὶ κνα-
φεὺς καὶ κναφαῖοι καὶ ἄκναφα. καὶ κναφεύειν ἔφη Ἀριστο-
φάνης, καὶ ἀνακνάψαι Λύσιππος ὁ κωμικός. κνάφος δὲ ἡ
πρόσφορος αὐτοῖς ἀκούοιτ᾽ ἂν ἄκανθα. τοῦ δὲ κνάπτειν
ἡγεῖται τὸ συμπατῆσαι, ὡς Κρατῖνος ὑποδηλοῖ παίζων,
38   τῇ μάστιγι κνάψειν εὖ μάλα,
πρὶν συμπατῆσαι.

εἰ δὲ χρὴ τούτους καὶ πλύντας λέγειν, ἀπ' αὐτῶν αἱ πλύν-
τριαι. καὶ πλυνέας δ' ἂν αὐτοὺς εἴποις, καὶ τὸν τόπον πλυ-
νούς. ἀφ' οὗ καὶ τὸ λοιδορεῖν πλύνειν, καὶ «πλυνόν με ποι-
εῖς» ἡ κωμῳδία φησίν, ἤγουν ἐξονειδίζεις καὶ αἰσχύνεις·
καὶ τὸ οὐδενὸς ἄξιόν τι ἀποπεφάνθαι καταπεπλύσθαι ὁ
ῥήτωρ ἔφη Αἰσχίνης. ὁ δὲ μισθὸς ὁ διδόμενος αὐτοῖς
πλύντρα καλεῖται. τὸ δὲ πλύνειν καὶ ῥύπτειν καὶ ἐκρύπτειν 39
καὶ κλύζειν ἐρεῖς καὶ ἐκκλύζειν. καὶ τὸ ἀπὸ τοῦ πλυνοῦ
ὕδωρ πλύμα, καὶ ἡ κατατετριμμένη ἑταίρα κλύσμα καὶ
πλύμα. ἐν ᾧ δὲ ἐξέπλυνον, οὐ μόνον λίτρον καὶ Χαλα-
στραῖον λίτρον, ἀλλὰ καὶ χαλαίρυπος, ὡς Κρατῖνος ὠνόμα-
σεν. Ἀριστοφάνης δὲ τῶν πλυντικῶν καὶ τὴν κονίαν καὶ
τὴν κιμωλίαν εἶναί φησιν ἐν Βατράχοις, εἰπὼν

    ψευδολίτρου τε κονίας
    καὶ κιμωλίας γῆς.

καὶ Πλάτων δὲ ὁ φιλόσοφος τὴν κονίαν ἕν τι τῶν ῥυπτι- 40
κῶν· ἔστι δὲ τὸ ἐκ τέφρας καθιστάμενον ὑγρόν. γῆν δὲ
σμηκτρίδα Κηφισόδωρος ἐν Τροφωνίῳ εἴρηκεν. ἰχθύων δὲ
πλύμα Πλάτων ἐν Νίκαις εἴρηκεν ὁ κωμικός. ἡ δὲ πλυν-
τρὶς παρὰ Νικοχάρει ἐν Ἡρακλεῖ γαμουμένῳ. τὸ δὲ τῶν
ποδῶν νίπτρον νίπτρα μὲν Αἰσχύλος, Ἀριστοφάνης δὲ ἀπό-
νιπτρον. καὶ τὸ φαιδρύνειν δὲ καὶ ἀποπλύνειν καὶ διαπλύ-
νειν τῷ πλύνειν προσήκει, καὶ ἡ παρ' Αἰσχύλῳ παιδὸς σπαρ-
γάνων φαιδρύντρια. ἔοικε δὲ καὶ τὸ ἰποῦσθαι, ἐπὶ τοῦ ἀπο- 41
θλίβεσθαι καὶ πιέζεσθαι, κναφεῦσι προσήκειν, οὐκ ἄντι-
κρυς μὲν ἐπὶ τούτου εἰρημένον, ὑποδηλούμενον δέ·

    δώσεις ἐμοὶ καλὴν δίκην
    ἰπούμενος ταῖς συμφοραῖς

Ἀριστοφάνης πού φησι, καὶ Κρατῖνος ἰποῦμεν ἐν Κλεοβου-
λίνῃ· καὶ Ἀρχίλοχος δ' ἔφη «κέαται δ' ἐν ἴπῳ.» ἔστι μὲν
οὖν ἴπος καὶ ἡ μυάγρα, ἀλλ' ἔοικε μᾶλλον τῷ τῶν κναφέων
ἐργαλείῳ προσήκειν. καὶ θεῖον δὲ τῶν ὑπουργούντων τῷ
κναφεῖ, ἀφ' οὗ Λύσιππος

---

39 4. χαλέστρεον C.   5. ῥῦπος A, χάρυπος BC: corr Iungerman-
nus.   7. Βατράχοις] Λυσιστράτῃ ante Iungermannum.   40 3. Εὔπο-
λις εἶπεν καὶ ἄλλοι C.   41 6. ἀριστοφάνης F: ceteri κρατῖνος. || Κρατῖ-
νος ἰποῦμεν M: libri ἴπον μὲν.

οὐδ' ἀνακνάψας καὶ θειώσας τὰς ἀλλοτρίας ἐπινοίας.

⁴² ἀκέσται ἀκέστριαι ἀκέσασθαι, ῥάψαι συρράψαι, βε-
λόνη βελονίδες, ῥαφεῖς ῥαφίδες.

Ἐκ δὲ ἐσθήτων ὀνόματα ἐσθής ἐσθήματα, ἀμπεχόνη,
στολή, ἔνδυμα, ἱμάτιον, ἀμφίεσμα· Λυσίας δὲ καὶ ἱματίδια
ἔφη. λώπη γὰρ καὶ ῥάκη καὶ φᾶρος καὶ εἷμα καὶ σπεῖρα
καὶ λῶπος ποιήσεως ἔστω· καίτοι ὅ γε λωποδύτης καὶ ἡ
⁴³ συλολωπία ἀπὸ τοῦ λώπους ἐστὶν εἰρημένα. τὰ δὲ ῥήματα
ἠσθῆσθαι, ἀμπέχεσθαι, ἐστάλθαι, ἠμφιέσθαι, ἐνδεδυκέναι.
ἀλλὰ καὶ αἱ μετοχαὶ ἠσθημένος, ἀμπεχόμενος, ἐσταλμένος,
ἠμφιεσμένος, ἐνδεδυμένος ἐνδεδυκώς· ἐνδύσω γὰρ καὶ εἱμέ-
νος καὶ ἐπιειμένος, οὐ κατὰ πεζὴν ἂν εἴη ταῦτα τὴν χρῆ-
σιν. ἴσως δὲ καὶ εὐσταλής, καὶ ὁ παρὰ Κρατίνῳ εὐπινής
τούτοις ἂν ἐνάριθμον εἴη, καὶ τὸ εὐσταλῶς ἐπίρρημα. τὸ
δὲ γυμνωθῆναι καὶ ἀποδῦναι, καὶ ὁ γεγυμνωμένος καὶ ὁ
⁴⁴ ἀποδὺς καὶ ὁ ἀποδεδυκώς, ἐκείνοις ὑπεναντία, καὶ ἀποδῦ-
σαι καὶ ἀπολωπίσαι ὡς Σοφοκλῆς, καὶ περιλωπίσαι, ὅπερ
Ὑπερίδης περιδῦσαι εἴρηκεν. τὸ δὲ ἀμεῖψαι ἐσθῆτα καὶ
ὑπαλλάξαι ἐρεῖς καὶ μεταβαλεῖν, μετενδῦναι, μεταμφιάσα-
σθαι, μεταμπίσχεσθαι· Ξενοφῶν δὲ ἐν τῇ Παιδείᾳ καὶ με-
ταλαβεῖν ἔφη ἱμάτιον, Λυσίας δὲ ἐν τῷ κατὰ Αὐτοκρά-
τους «μεταλλαξαμένη χιτῶνα.» χιτών χιτωνίσκος χιτώνιον.
⁴⁵ ἐπεὶ καὶ ὁ ἐπενδύτης ἔστιν ἐν τῇ τῶν πολλῶν χρήσει, ὅστις
βούλοιτο καὶ τούτῳ τῷ ὀνόματι βοηθεῖν φαύλῳ ὄντι, λη-
πτέον αὐτὸ ἐκ τῶν Σοφοκλέους Πλυντριῶν·

πέπλους τε νῆσαι λινογενεῖς τ' ἐπενδύτας.

καὶ Θέσπις δέ πού φησιν ἐν τῷ Πενθεῖ

· ἔργῳ νόμιζε νεβρίδ' ἔχειν ἐπενδύτην.

ἄντικρυς δὲ δοκεῖ τὸ ἐν τῷ Νικοχάρους Ἡρακλεῖ χορηγῷ

φέρε νῦν ταχέως χιτῶνα τόνδ' ἐπενδύτην

τῇ νῦν χρείᾳ βοηθεῖν.

41 1. οὐδ' Dobraeus pro σὺ δ': om A, qui ἐπιγνάμψας. 42 5.
ῥάκη] λόγκη A. 43 4. ἐνδῦσα? 44 3. εὐριπίδης C. 4. μετενδύε-
σθαι A. 5. μεταμφισχίσθαι C. 7. post χιτώνιον vulgo ἱμάτιον.
45 1. ἐπεὶ — 9. βοηθεῖν] ὁ δὲ ἐπενδύτης εἰ καὶ φαῦλον· ὅμως σοφοκλῆς
αὐτὸ ἐθέσπισεν· καὶ νικόχαρις ἐχρήσατο C. post ἐπεὶ adde δὲ.

εἴδη δὲ ἐσθήτων ἀνδριχῶν μὲν χλαμύς, ἡ μὲν ὁλό- 46
λευκος, ὡς Φιλέταιρος ὁ κωμῳδοδιδάσκαλος ὠνόμαζεν, ἡ
δὲ παρυφὶς καὶ παραπόρφυρος ἢ ὡς ἡ νέα κωμῳδία εὐπά-
ρυφος. τὰς δὲ Θετταλικὰς χλαμύδας Θετταλικὰ πτερὰ ὠνό-
μαζον, καὶ ἐντεθετταλίσμεθα ἔλεγον τὸ χλαμυδοφοροῦμεν.
χλαῖνα ἱμάτιον ἐπὶ τῷ χιτῶνι,

ἔσσω μιν χλαῖνάν τε χιτῶνά τε, εἴματα καλά,
ἔσθ' ὅτε μέντοι ἐνεύναιον περιβόλαιον,

χλαίνας τ' ἐνθέμεναι οὔλας καθύπερθεν ἔσασθαι.
εἰσὶ δὲ χλαῖναι αἱ μὲν ἁπλοΐδες, ὡς Ὅμηρος «δώδεκα δ' 47
ἁπλοΐδας,» αἱ δὲ διπλαῖ, «διπλῆν ἐκταδίην·» ταύτας δὲ
οἱ Ἀττικοὶ ἁπληγίδας καὶ διπληγίδας καὶ διβόλους ὠνόμα-
ζον. χιτὼν δὲ ἑτερομάσχαλος καὶ ἀμφιμάσχαλος, ὁ μὲν
ἐλευθέρων σχῆμα, ὁ δ' ἑτερομάσχαλος οἰκετῶν. τὸ δὲ ποι-
κίλον Διονύσου χιτὼν βακχικός. ἡ δ' ἐξωμὶς καὶ περίβλημα
ἦν καὶ χιτὼν ἑτερομάσχαλος. πορφυρομιγὴς δὲ ἐσθὴς καὶ 48
χλαμὺς οὐχ ᾗ συνύφαντο ἡ πορφύρα, ἀλλ' ᾗ ἐξ ἐρίου φαιοῦ
οὔσῃ κατ' ἀρχὰς μέμικτο. ἄκναπτον δὲ τραχὺ καὶ ἄγροικον
ἱμάτιον. χλανὶς δὲ ἱμάτιον λεπτόν· καὶ χλανίδια δ' αὐτὰ
καὶ χλανιδίσκια ἐκάλουν. καὶ γλαυνὸς δὲ εἶδος χιτῶνος. καὶ
θήραιον ἱμάτιον, ἤτοι ἀπὸ τῆς νήσου ἢ τὸ ὡς θηρίον ἐνυ-
φασμένον. κοινὰ δὲ ἀνδρῶν καὶ γυναικῶν λῆδος λήδιον
ληδάριον, φάρος, χιτὼν ὀρθοστάδιος ὁ μὴ ζωννύμενος (ὀρ- 49
θοσταδίας δὲ τοὺς τοιούτους χιτωνίσκους Ἀριστοφάνης κα-
λεῖ), θέριστρον θερίστριον, ξυστόν ξυστίς, ἔνδυμά τε ὁμοῦ
καὶ περίβλημα καὶ χιτών. βεῦδος, ὡς Σαπφώ, κιμβερικόν·
ἔστι δὲ τὸ κιμβερικὸν διαφανής τις χιτωνίσκος. ἀμπεχόνιον
μικρὸν περίβλημα. καὶ ἴδια δὲ γυναικῶν ἐπωμίς, διπλοΐ-
διον, ἡμιδιπλοΐδιον, κατάστικτος, καταγωγίς [καὶ ἐπίβλημα
καὶ χιτών], πέπλος· ἔσθημα δ' ἐστὶ διπλοῦν τὴν χρείαν, 50
ὡς ἐνδῦναί τε καὶ ἐπιβαλέσθαι. καὶ ὅτι μὲν ἐπίβλημά ἐστι,
τεκμήραιτ' ἄν τις καὶ τῷ τῆς Ἀθηνᾶς πέπλῳ, ὅτι δὲ καὶ
χιτών, ὅταν εἴπῃ Ξενοφῶν «περικατερρήξατο τὸν ἄνωθεν
πέπλον·» παραφαίνει γὰρ τότε καὶ τὰ στέρνα. ὁ δ' αὐτὸς

---

46 1. ὁλόκληρος A.   48 6. ἢ ὡς θηρία?   50 3. τὸν — πέπλον A,
ἐκ τῶν — πέπλων vulgo.

Ξενοφῶν καὶ ἀνδρεῖον οἴεται φόρημα εἶναι τὸν πέπλον·
τὸν γὰρ Ἀρμένιον ἔφη κατασχίσασθαι τοὺς πέπλους, εἰ μὴ
ἄρα ὅτι οἱ βάρβαροι καὶ ταῖς θηλυπρεπεστέραις τῶν ἐσθή-
51 των ἔχαιρον. ὁ δ᾽ ἑανὸς ἄντικρύς ἐστι περίβλημα, δοκεῖ δ᾽
ὁ αὐτὸς εἶναι τῷ πέπλῳ·

πέπλον μὲν κατέχευεν ἑανὸν πατρὸς ἐπ᾽ οὔδει.

ἔνιοι δὲ φασι τὰ μὲν ἄνευ ποικιλμάτων ἐσθήματα ἑανοὺς
καλεῖσθαι, τὰ δὲ σὺν ποικίλμασι πέπλους. τὸ δὲ ζῶμα ἔστι
μὲν ἐπιτήδειον ἐνδῦναι, πέζας δὲ ἔχει, ὡς Αἰσχύλος δηλοῖ,
πεζοφόρα τὰ ζώματα ἀποκαλῶν. ὅτι δὲ ἐνδῦναι ἦν ἐπιτή-
δεια, τεκμήραιτ᾽ ἄν τις καὶ τῷ ἐν τῇ Μενάνδρου Ῥαπι-
ζομένῃ

οὐχ ὁρᾶτε τὴν τροφόν
ζῶμ᾽ ἐνδεδυμένην;

52 ὡς ἐπὶ τὸ πολὺ γὰρ γραῶν τὸ φόρημα ἦν. Ἀντιφάνης δὲ
πού φησι

περίνησα καὶ περίλευκα καὶ πεντάκτενα.

ἔστι δὲ τὰ μὲν πεντάκτενα χιτωνίσκοι παρὰ τὴν ᾤαν πορ-
φυροῖ, πέντε κτένας ἐννυφασμένοι· τὰ δὲ περίλευκα τοὐναν-
τίον εἴη ἂν ὕφασμα ἐκ πορφύρας ἢ ἄλλου χρώματος ἐν
τῷ περιδρόμῳ λευκὸν ἐννυφασμένον. τὰ δὲ περίνησα πρό-
κροσσόν ἐστι περίβλημα, ἔχον τὰ νήματα ἐξηρτημένα· ἢ
πορφύρα κύκλῳ τὰ τέλη τοῦ ὑφάσματος περιέρχεται, νή-
53 σου σχῆμα ποιοῦσα τῇ περιρροῇ τοῦ χρώματος. καὶ τοῦτ᾽
ἴσως νῆσον Ἀναξίλας ἀπεκάλει, εἰ μὴ ἕτερόν τι ὕφασμα
δηλοῖ, ὅταν εἴπῃ

καὶ πῶς γυνή,
ὥσπερ θάλαττα, νῆσον ἀμφιέννυται;

τοιοῦτον δ᾽ ἂν εἴη καὶ τὸ ἔγκυκλον. τὸ δὲ παράπηχυ ἱμά-
τιον ἦν τι λευκόν, πῆχυν πορφυροῦν ἔχον παρυφασμένον.
καὶ παρυφὲς δὲ καὶ παραλουργὲς τὸ ἑκατέρωθεν ἔχον παρυ-
φασμένην πορφύραν· Ἴωνες δ᾽ αὐτὸ καλοῦσι πηχυαλές. αἱ
μέντοι ἐν τοῖς χιτῶσι πορφυραῖ ῥάβδοι παρυφαὶ καλοῦνται.
54 ἡ δὲ συμμετρία χιτών ἐστι ποδήρης, ἔστε πρὸς τοὺς ἀστρα-
γάλους καθήκων. εἴη δ᾽ ἄν τις καὶ στολιδωτὸς χιτών· στολί-

δες δὲ εἰσιν αἱ ἐξεπίτηδες ὑπὸ δεσμοῦ γινόμεναι κατὰ τὰ
τέλη τοῖς χιτῶσιν ἐπιπτυχαί, μάλιστα ἐπὶ λινῶν χιτωνίσκων.
ὅταν δ' Ὅμηρος εἴπῃ

αὐτίκα δ' ἀργεννῇσι καλυψαμένη ὀθόνῃσι,
λευκὸν ἔσθημα λεπτὸν ἐξ ἐρίου ἀλλ' οὐκ ἐκ λίνου ἀκούου-
σιν. ὁ δὲ σχιστὸς χιτὼν περόναις κατὰ τοὺς ὤμους διείρτο
καὶ πόρπῃ κατὰ τὰ στέρνα ἐνῆπτο· ἐκαλεῖτο δὲ καὶ ὁ τῶν 55
παρθένων οὕτω χιτωνίσκος, οὗ παραλύσαντες ἄχρι τινὸς
τὰς πτέρυγας ἐκ τῆς κάτω πέζης παρέφαινον τοὺς μηρούς,
μάλιστα αἱ Σπαρτιάτιδες, ἃς διὰ τοῦτο φανομηρίδας ὠνό-
μαζον. ὁ δὲ κατάστικτος χιτών ἐστιν ὁ ἔχων ζῷα ἢ ἄνθη
ἐνυφασμένα· καὶ ζωτὸς δὲ χιτὼν ἐκαλεῖτο καὶ ζῳδιωτός.
αἱ δ' ἀπὸ χρωμάτων ἐσθῆτες καλούμεναι ἁλουργίς, πορ-
φυρίς, φοινικὶς καὶ φοινικοῦς χιτών, βατραχίς, αὗται μὲν
ἀνδρῶν, γυναικῶν δὲ κροκωτὸς κροκώτιον, παραλουργίς, ὀμ- 56
φάκινον· τούτῳ δὲ τῷ χρώματι καὶ Ἀλέξανδρον ἥδεσθαι
λέγουσιν. τὸ δὲ ὑδροβαφὲς εἴη ἂν ὃ νῦν ψυχροβαφὲς κα-
λοῦσιν. ἔστι δέ τι καὶ κίλλιον ἐσθῆτος χρῶμα, τὸ νῦν ὀνά-
γρινον καλούμενον· κίλλον γὰρ τὸν ὄνον οἱ Δωριεῖς καὶ
κιλλακτῆρα τὸν ὀνηλάτην λέγουσιν. φαιὸν δὲ καὶ μέλαν
ἀλλήλων ἐστὶν ἐγγύς. καὶ ὁ κοκκοβαφὴς δὲ χιτὼν καλεῖται
ἀπὸ τοῦ χρώματος. τὸ δὲ ὕφαδρον ἱμάτιον παχεῖαν χλαῖ- 57
ναν κλητέον καὶ σίσυν, ὥσπερ τὸν ἀμφίμαλλον χιτῶνα δα-
σὺν καὶ ἀμφίμιτον. Πλάτων δ' ἐν Ταῖς ἀφ' ἱερῶν καὶ μαλ-
λωτὰς χλανίδας εἴρηκεν, ὥστε οὐδὲν ἂν κωλύοι εἰπεῖν καὶ
μαλλωτὸν χιτῶνα. Ἀντιφάνης δέ φησιν ἐν Μηδείᾳ

ἦν χιτὼν ἀμόργινος,
ἕτερος δὲ περιηγητός ἐστιν οὑτοσί·
ἦν ἄρα καὶ ὁ περιηγητὸς εἶδος χιτῶνος. ἐν δὲ τῇ τοῦ νεω- 58
τέρου Κρατίνου Ὀμφάλῃ εἴρηται

ὑμεῖς δ' ἐὰν ἱππίσχον ἢ τρίμιτον ἔχητε,
ὡς καὶ ταῦτα εἴδη χιτωνίσκων.

καὶ Περσῶν μὲν ἴδια κάνδυς καὶ ἀναξυρίς, καὶ τιάρα,
ἣν καὶ κυρβασίαν καὶ κίδαριν καὶ πῖλον καλοῦσιν. ὁ δὲ

---

56 4. ὀνάγριον A.   57 6 et 7. ἣν ἐν μηδείᾳ χ. A. ἂν malit M.
7. et 58 1. οὑτοσὶν ἄρα A, οὑτοσὶ δ' ἄρα ceteri.   58 3. ἱπίσκον A.

κάνδυς ὁ μὲν βασίλειος ἁλιπόρφυρος, ὁ δὲ τῶν ἄλλων πορ-
φυροῦς, ἔστι δ' ὅτε καὶ ἐκ δερμάτων· ἦν δὲ χειριδωτὸς χι-
τών, κατὰ τοὺς ὤμους ἐναπτόμενος. κάπυρις δὲ Περσικὸς
59 χιτὼν χειριδωτός. ἤ που δὲ καὶ καυνάκης Περσῶν· ἐν γὰρ
τοῖς Σφηξὶν Ἀριστοφάνης λέγει
     οἱ μὲν καλοῦσι Περσίδ', οἱ δὲ καυνάκην.
τὰς δὲ ἀναξυρίδας καὶ σκελέας καλοῦσιν· τὸ μὲν ὄνομα
καὶ παρὰ Κριτίᾳ ἔστιν ἐν ταῖς Πολιτείαις, Ἀντιφάνης δ'
αὐτὸ ἐν Ἀντείᾳ παρεξηγεῖται,
     ταῖς δ' ἐνδύτοις στολαῖσι τετραγῳδημέναις,
     σκελέαις, τιάραις.
ἐν δὲ τοῖς Σκύθαις Ἀντιφάνης ἔφη
     σαράβαρα καὶ χιτῶνας πάντες ἐνδεδυκότες.
τὰ δὲ τοιαῦτα ὀνόματα μηνύειν με καὶ μὴ κρίνειν νόμιζε.
60 Λυδῶν δὲ χιτών τις βασάρα, Διονυσιακός, ποδήρης. ὁ δὲ
κύπασσις λίνου πεποίητο, σμικρὸς χιτωνίσκος, ἄχρι μέσου
μηροῦ, ὡς Ἴων φησὶ
     βραχὺν λίνου κύπασσιν ἐς μηρὸν μέσον
     ἐσταλμένος.
Ἀρμενίων δὲ ὁ μυωτός, ἢ ἐκ μυῶν τῶν παρ' αὐτοῖς συνυ-
φασμένος, ἢ μυΐας ἔχων ἐμπεποικιλμένας. Μασσαλιωτῶν
δὲ ὁ χορταῖος, ὡς ἡ ζειρὰ Θρᾳκῶν, εἴτε περίβλημά ἐστιν
εἴτε ζῶμα· τὸν δὲ χορταῖον τοὺς προπώλας φορεῖν ὡς ἀγο-
ραῖον Ἀριστοφάνης ἔφη. Βαβυλωνίων δ' ἐστὶν ὁ καυνάκης.
ἡ δὲ μανδύη ὅμοιόν τι τῷ καλουμένῳ φαινόλῃ· τίνων· δὲ
ἐστιν, ὡς μὴ περιερχώμεθα Κρῆτας ἢ Πέρσας, Αἰσχύ-
λος ἐρεῖ
     Λιβυρνικῆς μίμημα μανδύης χιτών.
61 καὶ αὐτὸς δὲ ὁ φαινόλης ἔστιν ἐν Ῥίνθωνος Ἰφιγενείᾳ τῇ
ἐν Ταύροις·
     ἔχωσα καινὰν φαινόλαν κἀπαρτίω.
ὁ δὲ σάραπις, Μήδων τὸ φόρημα, πορφυροῦς μεσόλευκος

---

59 1. κανδύκης **A**, et 3. κανδύκην.   6. ἐναντία ante Leopardum,
ἐναντίως **A**.   7. ἐν αὐτοῖς **AC**: corr Porsonus.   60 11. μανδύα **C**. ‖ παι-
νώλη **C**, qui 61 1. ὁ δὲ παινόλης λέγεται καὶ φαινόλης.   60 12. περιερχό-
μεθα ante Iungermannum.   14. λιβυκῆς **C**, λιβυστικῆς Kühnius.   61 3.
ἐχούσῃ **A**: correctum ex Hesychio. ‖ καινὸν Salmasius. ‖ κἀπαρτίαν **M**.

χιτών. τὴν δὲ ὀνομαζομένην τήβενναν τὰς μὲν τῶν περὶ
Βίτωνα καὶ Κλέοβιν εἰκόνας ἐν Ἄργει φορεῖν φασί, τηβεν-
νίδα δ᾽ αὐτὴν καλεῖν ἀξιοῦσιν. αἱ δὲ ἐφεστρίδες καὶ ἀμφιι-
στρίδες περιβόλαια ἂν εἶεν. τὸ μέντοι χειμερινὸν ἱμάτιον
χείμαστρον ἂν λέγοις, καὶ χλαῖναν δὲ παχεῖαν, ἣν χειμά-
μυναν μὲν Αἰσχύλος, Ὅμηρος δὲ ἀλεξάνεμον κέκληκεν. ἣν
δὲ συρίαν οἱ πολλοί, ταύτην αὐτόποκον ἱμάτιον οἱ κωμικοί.

Μέρη δὲ ἐσθήτων πτέρυγες μὲν καὶ πτερύγιον τὸ 62
ἥμισυ τοῦ χιτωνίσκου, χειρίδες δὲ τὰ περὶ ταῖς χερσίν, ᾦα
δὲ τὸ ἐξωτάτω τοῦ χιτῶνος ἑκατέρωθεν, λέγνα δὲ τὰ ἐν
τῷ ἱματίῳ ἑκατέρου μέρους, οὐχ ὅπου ἡ ᾦα. τὴν δὲ ᾦαν
καὶ ὤαν λέγουσιν· ὄα δὲ καλεῖται καὶ ἡ τοῦ προβάτου δορὰ
ἡ σὺν τῷ ἐρίῳ. αἱ δὲ παρὰ τὰς ᾦας παρυφαὶ καλοῦνται
πέζαι καὶ πεζίδες, καὶ περίπεζα τὰ οὕτω περιυφασμένα·
οἱ δὲ πεζοφόροι χιτῶνες ἢ οἱ ποδήρεις ἢ οἱ πέζας ἔχοντες. 63
Ξενοφῶν δὲ ἔφη κάνδυν ὁλοπόρφυρον, Κράτης δ᾽ ἐν Σα-
μίοις ἱμάτια περιπόρφυρα. ταύτας δὲ τὰς πορφυροβαφεῖς
ἐσθῆτας καὶ κάλλη φίλον τοῖς κωμῳδοῖς καλεῖν, ὡς Εὔπο-
λίς που λέγει

τὰ κάλλη τὰ περίσεμνα τῇ θεῷ.
Ἄρχιππος δὲ ἐν Πλούτῳ καὶ πλατυπόρφυρα εἴρηκεν ἱμάτια.
καὶ κρόκυς δὲ μέρος ἐσθῆτος· λέγει γοῦν Ἡρόδοτος «λα-
βὼν κρόκυν ἐκ τοῦ ἱματίου,» Ἀριστοφάνης δὲ   64
ἀνήσω κροκύδα μαστιγουμένη.
περιῶσαι δὲ ἔλεγον τὸ τῶν παλαιῶν ἱματίων τὰς ᾦας ἀφε-
λόντα καινὰς περιθεῖναι. παραιρήματα δὲ Θουκυδίδης ἐκ
τῶν ἐσθήτων τὰ πρὸς ταῖς ᾦαις, ἃ παραιρεῖσθαί φησιν
ὡς ἰσχυρὰ εἰς ἀγχόνην. θύσανοι δὲ οἱ λεγόμενοι κροσσοί,
ὅθεν καὶ τὰ θυσανωτὰ παρὰ Ξενοφῶντι. τοὺς δὲ θυσά-
νους καὶ σίλλυβα οἱ ποιηταὶ καλοῦσιν. καὶ αὐτοὶ δὲ οἱ 65
κροσσοὶ δοκοῖεν ἂν ὠνομάσθαι, Ἀραρότος εἰπόντος ἐν
Καινεῖ

παρθένος δ᾽ εἶναι δοκεῖ,
φορῶν κροσωτοὺς καὶ γυναικείαν στολήν·

---

61 2. τημενίδα A.   62 5. ὄαν] διὰ βραχέος τοῦ ō add C.   63 8.
οὖν vulgo.   64 2. μαστιγουμένην ante Brunckium.

19

ἔνιοι γὰρ οὕτω γράφουσιν ἀντὶ τοῦ κροκωτούς. κράσπεδα δὲ αἱ τελευταῖαι ὄχϑαι. βοῦς δὲ ὀνομάζεσϑαί φασι τὰς τῶν ῥαφῶν ἐν τοῖς χιτῶσι συμβολάς. τὸ δὲ τῶν μαστῶν τῶν γυναικείων ζῶσμα ταινίαν ὠνόμαζον ἢ ταινίδιον, τὸ δὲ περὶ τῇ κοιλίᾳ περίζωμα ἢ περιζώστραν. τὸ δὲ περὶ 66 τοῖς αἰδοίοις, οὐ μόνον γυναικῶν ἀλλὰ καὶ ἀνδρῶν, ὁπότε σὺν ταῖς γυναιξὶ λούοιντο, ᾦαν λουτρίδα ἔοικε Θεόπομπος ὁ κωμικὸς ἐν Παισὶ καλεῖν, εἰπὼν

τηνδὶ περιζωσάμενος ᾦαν λουτρίδα
κατάδεσμον ἥβης περιπέτασον.

ἄντικρυς δὲ τὸν νῦν καλούμενον ὑπὸ τῶν γυναικῶν στη-θόδεσμον εὕροις ἂν ὀνομαζόμενον ἀπόδεσμον ἐν Θεσμο-φοριαζούσαις Ἀριστοφάνους·

τὴν πτέρυγα παραλύσασα τοῦ χιτωνίου
καὶ τῶν ἀποδέσμων, οἷς ἐνῆν τιτϑίδια.

67 φάριον δὲ τὸν ἐρεοῦν κεκρύφαλον ὠνόμαζον. σύρμα δὲ τρα-γικόν ἐστι φόρημα ἐπισυρόμενον, ἐπίρρημα δὲ κωμικὸν ται-νιῶδες, τὸ μὲν πλάτος κατὰ σπιϑαμήν, τὸ δὲ μῆκος κατ' ὀργυιάν. αἱ δὲ Πελληνικαὶ χλαῖναι ἦσαν εὐδόκιμοι ὡς καὶ τοῖς νικῶσιν ἀϑληταῖς δίδοσϑαι. τὸ μέντοι γυναικεῖον ζώ-νιον οὕτω τε ἐκάλουν καὶ στρόφιον ὠνόμαζον, ὡς Ἀριστο-φάνης

ἀλλὰ τὸ στρόφιον λυϑὲν
τὰ κάρυά μου ἐξέπιπτεν.

68 τὰ δὲ ζώνια ταῦτα καὶ στρογγύλας ὠνόμαζον. ἁρμόττοι δ' ἂν ταῖς ζώναις ταύταις (οὕτω γὰρ Ὅμηρος ὠνόμασεν·

λῦσε δὲ παρϑενικὴν ζώνην)

τὸ λυσίζωνον εἰπεῖν, ὅ τε τῆς Ἀμαζόνος ζωστήρ, καὶ ἡ ἐν ταῖς Σοφοκλέους Κολχίσιν ἐπιζώστρα· λέγει γοῦν «ἔχον-τας εὐζώνους ἔστασαν ἱματίων ἐπιζώστρας.»

ἡ δὲ κατωνάκη ἐξ ἐρίου μὲν ἦν ἐσθὴς παχεῖα, νάκος δ' αὐτῇ κατὰ τὴν πέζαν προσέρραπτο ἔν τε Σικυῶνι ἐπὶ τῶν τυράννων καὶ Ἀθήνησιν ἐπὶ τῶν Πεισιστρατιδῶν, ὅπως

---

67 2. ἐπίγραμμα M.   68 5. κολχίσιν A: ceteri Ζωστῆρσιν.

αἰσχύνοιντο εἰς ἄστυ κατιέναι. κάσσας δὲ ἱππικοὺς Ξενοφῶν
εἴρηκεν ἐν τῇ Παιδείᾳ· οἱ δ' εἰσὶν ἐσθῆτες πιληταί. συρίαν 69
δὲ ἱμάτιον Κρατῖνός φησι Σεριφίοις·

   ἐς Συρίαν δ' ἐνθένδ' ἀφικνεῖ μετέωρος ὑπ' αὔρας.

   ἱμάτιον μοχθηρόν, ὅταν βορρᾶς καταπνεύσῃ.

ὀρθάπτου δὲ μέμνηται Δείναρχος ἐν τῇ τῆς ἱερείας δοκι-
μασίᾳ· ἔστι δ' ἐξ ἐρίου εἴλημα φοινικοῦν, ᾧ φαιδρύνουσι
τὰ ἕδη τῶν θεῶν. τὰ δὲ μέλανα ἱμάτια ὄρφνινα ἐκάλουν.
τὸ δὲ ἄκναπτον ἱμάτιον ὀρεινὸν οἱ μέσοι κωμικοί, ὥσπερ
εἰργασμένον τὸ ἐγναμμένον.

   καὶ σκύτιναι δὲ ἦσαν ἐσθῆτες, σίττυβα μὲν χι- 70
τὼν ἐκ δέρματος, διφθέρα δὲ στεγαστὸς χιτὼν ἐπίκρανον
ἔχων. ἡ δὲ βαίτη ἔστι μὲν προμήκης χιτών, οὕτω δὲ Σο-
φοκλῆς καὶ τὰς σκηνὰς τὰς βαρβαρικὰς καλεῖ. σίσυρνα δὲ
χιτὼν σκύτινος ἔντριχος χειριδωτός· Σκυθικὸν τὸ χρῆμα.
ἡ δὲ σισύρα περίβλημα ἂν εἴη ἐκ διφθέρας·

   ἐν πέντε σισύραις ἐγκεχορδυλημένος

Ἀριστοφάνης λέγει. σπολὰς δὲ θώραξ ἐκ δέρματος, κατὰ
τοὺς ὤμους ἐφαπτόμενος, ὡς Ξενοφῶν ἔφη «καὶ σπολὰς
ἀντὶ θώρακος.» Σοφοκλῆς δ' αὐτὴν Λίβυσσαν ὀνομάζει·

   σπολὰς Λίβυσσα, παρδαλήφορον δέρος.

   ἐκ δὲ λίνου λινοῦς χιτών, ὃν Ἀθηναῖοι πρότερον ἐφό- 71
ρουν ποδήρη, καὶ αὖθις Ἴωνες. καλάσιρις χιτών. θυσανω-
τὸς Αἰγύπτιος. ἔστι δὲ καὶ ὁ φώσων χιτὼν Αἰγύπτιος, ἐκ
παχέος λίνου, ἤ που δὲ καὶ τὸ ἡμιφωσώνιον. τὸ δὲ ἡμιτύ-
βιον, ἔστι μὲν καὶ τοῦτο Αἰγύπτιον, εἴη δ' ἂν κατὰ τὸ ἐν
τῇ μέσῃ κωμῳδίᾳ καψιδρώτιον καλούμενον, ὃ νῦν σουδά-
ριον ὀνομάζεται· Ἀριστοφάνει γὰρ ἐν Πλούτῳ τοιαύτη τις
ἡ δόξα·

   ἔπειτα καθαρὸν ἡμιτύβιον λαβών
   τὰ βλέφαρα περιέψησεν.

σινδὼν δ' ἔστι μὲν Αἰγυπτία, περιβόλαιον δ' ἂν εἴη τὸ νῦν 72
δίκροσσον καλούμενον· εἴρηται δέ που καὶ τελαμὼν σινδο-

   68 1. κασᾶς Arcadius, et 69 1. πιλωταί, ubi libri εἰλιταί: corr Sal-
masius.   69 5. ἱερᾶς ante Kühnium. 6. ἐρίων A. ‖ πίλημα A et
margo C. ‖ φοινικοῦ? 70 2. διφθέρας δὲ στεγαστρὶς C. 4. σισύρα A.
71 6. ἀμιδρώτιον C.

19 *

νίτης. τὴν δὲ ἐργαζομένην τὸ λίνον λινουργὸν ἂν εἴποις, Ἀλέξιδος εἰπόντος ἐν Βωμῷ

γυνὴ λινουργὸς περιτυχοῦσ᾽ ἀφείλετο.

καὶ λινουργίαν. καὶ ἡ κάνναβις δ᾽ ὅμοιόν ἐστι λίνῳ, μέμνηται δ᾽ αὐτῆς Ἡρόδοτος εἰπὼν «λίνου ἢ καννάβεως.» ἐκ ταύτης μέντοι καὶ τὰ στυππεῖα, καὶ ὁ τεχνίτης στυπ-
73 πειοπώλης, καὶ στύππαξ. τὸ δὲ ἐργαλεῖον καθ᾽ οὗ ἔκλωθον ἐξαρτῶντες τὰ στυππεῖα, γέρων ἐκαλεῖτο· ἦν δὲ ξύλου πεποιημένον κιόνιον, σχῆμα Ἑρμοῦ τετραγώνου ἔχον, ᾧ γέροντος ἐπῆν πρόσωπον, ἀφ᾽ οὗ καὶ τοὔνομα. Φερεκράτης δέ φησιν ἐν Μυρμηκανθρώποις

ἀλλ᾽ ὡς τάχιστα τὸν γέρονθ᾽ ἱστὸν ποίει,
ἀφ᾽ οὗ τὸ λίνον ἦν.

ἐν δὲ τῷ πέμπτῳ τῶν Σαπφοῦς μελῶν ἔστιν εὑρεῖν
ἀμφὶ δ᾽ ἄβροις εὖ λασίοις πύκασσεν·

74 καὶ φασὶν εἶναι ταῦτα σινδόνια ἐπεστραμμένα. Θεόπομπος δ᾽ ἐν Ὀδυσσεῦσιν ἐπὶ διακόνου ἔφη «λάσιον ἐπιβεβλημένος.» οὕτω δὲ καὶ νῦν καλοῦσι τὰ μαλλοὺς ἔχοντα χειρόμακτρα ὡς ἀπὸ τῆς δασύτητος, ὥστ᾽ οὐδὲν ἂν κωλύοι τὰς ὀνομαζομένας μαντήλας οὕτω καλεῖν. τὰ δὲ ἀμόργινα γίνεσθαι μὲν τὰ ἄριστα ἐν τῇ Ἀμοργῷ, λίνου δ᾽ οὖν καὶ ταύτας εἶναι λέγουσιν. ὁ δὲ ἀμόργινος χιτὼν καὶ ἀμοργὶς ἐκαλεῖτο.·

75 καὶ μὴν καὶ τὰ βύσσινα, καὶ ἡ βύσσος λίνου τι εἶδος παρ᾽ Ἰνδοῖς. ἤδη δὲ καὶ παρ᾽ Αἰγυπτίοις ἀπὸ ξύλου τι ἔριον γίνεται, ἐξ οὗ τὴν ἐσθῆτα λινῇ μᾶλλον ἄν τις φαίη προσεοικέναι, πλὴν τὸ πάχος· ἔστι γὰρ παχυτέρα. τῷ δὲ δένδρῳ καρπὸς ἐπιφύεται καρύῳ μάλιστα προσεοικὼς τρι-
76 πλῷ τὴν διάφυσιν, ἧς διαστάσης ἐπειδὰν αὐανθῇ τὸ ὥσπερ κάρυον, ἔνδοθεν ἐξαιρεῖται τὸ ὥσπερ ἔριον, ἀφ᾽ οὗ κρόκη γίνεται· τὸν δὲ στήμονα ὑφιστᾶσιν αὐτῷ λινοῦν. τὰ δὲ ἐκ βομβύκων, σκώληκές εἰσιν οἱ βόμβυκες, ἀφ᾽ ἑαυτῶν τὰ νήματα ἀνέντες ὥσπερ ὁ ἀράχνης. ἔνιοι δὲ καὶ τοὺς

---

72 3. περὶ τοίχους ante Piersonum.   73 3. σχῆμα] χεῖρας ante
Toupium.   9. λάβροις λασσίοις εὖ ἐπύκασσε A: correxerunt Seidlerus et
Bergkius.   74 5. μανδύλας, γρ. μαντίλας A.   75 3. ἔφη A.

Σῆρας ἀπὸ τοιούτων ἑτέρων ζώων ἀθροίζειν φασὶ τὰ ὑφά-
σματα. καὶ φλοΐνην δὲ ἐσθῆτα Ἡρόδοτος εἴρηκεν. καὶ μὴν
τό γε ταραντινίδιον διαφανές ἐστιν ἔσθημα, ὠνομασμένον
ἀπὸ τῆς Ταραντίνων χρήσεως καὶ τρυφῆς. ἐκαλεῖτο δέ τι 77
καὶ Κρητικόν, ᾧ Ἀθήνησιν ὁ βασιλεὺς ἐχρῆτο. καὶ Σαρ-
διανικός δέ τις χιτὼν ἐκαλεῖτο καὶ Σικελικός, καὶ Θηραιόν
τι ποικίλον, καὶ Φρύγιον γυναικεῖον, ἀπὸ τῆς ἐπὶ πλέον
τινῶν χρήσεως ἕκαστα τούτων ὀνομασθέντα. δευτερουργῆ
δὲ χλαῖναν ἐκάλουν ἣν οἱ νῦν ἐπίγναφον, καὶ δευτερουρ-
γοὺς τοὺς τοῦτο ποιοῦντας. τάχα δὲ τοῦτο ὑποδηλοῖ καὶ
Λύσιππος ἐν Βάκχαις·

    οὐδ᾿ ἀνακνάψας καὶ θειώσας τὰς ἀλλοτρίας διανοίας.

    οἱ δὲ τὰς ἐσθῆτας πιπράσκοντες ἱματιοπῶλαι, Κρι- 78
τίου τῷ ὀνόματι χρησαμένου· ἐκαλεῖτο δέ τις Ἀθήνησιν
ἱματιόπωλις ἀγορά. ἡ δ᾿ αὐτὴ καὶ σπειρόπωλις· σπεῖρα γὰρ
οὐ τὰ ῥάκη μόνον ἀλλὰ καὶ τὰς ἀμείνους ἔνιοι καλεῖν
ἠξίουν ἐσθῆτας. τοὺς δὲ τὰς ἐσθῆτας ἀπομισθοῦντας τοῖς
χορηγοῖς οἱ μὲν νέοι ἱματιομίσθας ἐκάλουν, οἱ δὲ παλαιοὶ
ἱματιομισθωτάς. ὅτι μέντοι καὶ τρίμιτα εἰργάζοντο, Αἰσχύ-
λος διδάσκει φήσας

    σὺ δὲ σπαθητοῖς τριμιτίνοις ὑφάσμασιν.

    εἰς ἃ δὲ ἀπετίθεντο τὰς ἐσθῆτας ταύτας, χηλοὶ μὲν 79
καθ᾿ Ὅμηρον, κοῖται δὲ καὶ κιβωτοὶ καὶ κίσται καὶ ζυγά-
στρια παρὰ τοῖς νεωτέροις καὶ ῥίσκοι καὶ κανδύτανες, ἴσως
καὶ ἀόρται, Μενάνδρου εἰπόντος ἐν Μισογύνῃ

           χλαμύδα, καυσίαν,
    λόγχην, ἀόρτην, ἱμάτια.

ἃ δὲ οἱ παλαιοὶ στρωματόδεσμα, ταῦθ᾿ οἱ νεώτεροι στρω-
ματεῖς ἔλεγον, ἐν οἷς, ὡς μὲν τοὔνομα δηλοῖ, τὰ στρώματα
ἀπετίθεντο, δῆλον δὲ ὅτι καὶ τὰς ἄλλας ἐσθῆτας. καὶ φα-
σκώλους δὲ ἔλεγον οἱ παλαιοὶ τὰ τῶν ἱματίων ἀγγεῖα καὶ
θυλάκους. Ξενοφῶν δὲ καὶ μαρσίπους ἱματίων εἶπεν.

    Ἕποιτο δ᾿ ἄν, οἶμαι, ταῖς περὶ τὰς ἐσθῆτας τέχναις 80
καὶ ἡ τῶν ὑποδημάτων διὰ τὴν χρείαν τὴν ἐπὶ τῷ σώματι.

    77 9. σὺ δ᾿ ἀναγνάψας *AF*: cf. 7 41.   78 6. παλαιοὶ] μέσοι *C*.
79 5. καυσίαν 10 139: hic enim codices καὶ μυσίαν.

καὶ ἀπὸ μὲν τούτων ὑποδήματα καὶ ὑποδεῖσθαι καὶ ὑπο-
δούμενος καὶ ἀνυπόδητος, οἱ δὲ περὶ ταῦτα τεχνῖται σκυ-
τοδέψαι βυρσοδέψαι, σκυτοπῶλαι βυρσοπῶλαι, σκυτοτόμοι
σκυτεῖς, σκυτεία, καττύοντες καττυόμενοι. μέρη δὲ ὑποδη-
81 μάτων γλῶτται καὶ καττύματα καὶ ὕσχλοι· καὶ ζυγόν δέ τι
τὸ περὶ τοῖς ὄνυξι τοῦ κοίλου ὑποδήματος, καὶ τοῦ σανδα-
λίου τὸ τοὺς δακτύλους συνέχον. εἴποις δ᾽ ἂν ῥάφασθαι
ὑποδήματα, καὶ ῥαφὴ ὡς Ἡρόδοτος, καὶ ῥάψαι καὶ συρ-
ράψαι, σκυτοτομεῖν σκυτοδεψεῖν, βυρσοτομεῖν βυρσοδεψεῖν,
ἱμαντοτομεῖν. Ξενοφῶν δ᾽ ἔφη «ἔστι δ᾽ ἔνθα ὑπόδημα ὁ
82 μὲν νευρορραφῶν μόνον τρέφεται, ὁ δὲ σχίζων.» τοὺς δὲ
τὰ ὑποδήματα ῥάπτοντας πισύγγους ἔνιοι τῶν κωμικῶν κα-
λοῦσι, καὶ τὰ ἐργαστήρια αὐτῶν πισύγγια. τὰ δὲ παλαιὰ
καττύματα παλίμπηγα ὀνομάζεται, οἱ δὲ τὰ παλαιὰ ἐπιρ-
ράπτοντες παλαιουργοί, τὰ δ᾽ ἐπιρραπτόμενα παλινδορία,
83 ἐφ᾽ ὧν λέγεται τὸ ἐπικαττύεσθαι καὶ ἐπικαττύειν. τὰ δὲ ἐρ-
γαλεῖα αὐτῶν σμίλη, ἀφ᾽ ἧς καὶ τὰ σμιλεύματα ἐν Βα-
τράχοις Ἀριστοφάνους, καὶ περιτομεύς, ἀφ᾽ οὗ τὸ περιτέ-
μνειν καὶ ἱμαντοτομεῖν. ὀπήτια δὲ καὶ ὀπητίδια, ἃ καὶ χη-
λεύματα ἐκάλουν οἱ ποιηταί. μάλιστα δὲ οὕτως ὠνόμαζον
τὰ τῶν σχοίνους πλεκόντων, ὡς καὶ κράνη χηλευτὰ τὰ πλε-
κτὰ Ἡρόδοτον λέγειν· καὶ Εὔπολις «σκύτινα χηλεύει.» τὰ
84 δὲ ὀπήτια ὅπερ ἐν Κρησὶ Νικοχάρης ἐκάλει. τοῖς δὲ βυρ-
σοδέψαις ἢ σκυτοτόμοις προσήκει τὸ κατεβύρσωσαν, ὅ φη-
σιν ὁ Θουκυδίδης. λέγοιτο δ᾽ ἂν καὶ ὑποδήματα κοῖλα, βα-
θέα, εἰς μέσην τὴν κνήμην ἀνήκοντα· τὰ δὲ μὴ κοῖλα αὐτὸ
μόνον ἀπόχρη εἰπεῖν ὑποδήματα. περὶ ἃ δὲ τείνεται καὶ
περιρράπτεται τὰ κοῖλα ὑποδήματα, καλόποδες οὐ κατὰ τὴν
νῦν χρείαν μόνον ἀλλὰ καὶ κατὰ τὴν ἀρχαίαν κέκληνται.
περὶ πόδα δὲ ὑποδήματα τὰ ἁρμόζοντα.

85 ὑποδημάτων δὲ εἴδη βασιλίδες· ἐφόρει δὲ αὐτὰς
ὁ βασιλεὺς Ἀθήνησιν. κρηπῖδες· τὸ μὲν φόρημα στρατιω-
τικόν, ἔνιοι δ᾽ αὐτὰς τῶν ποιητῶν καὶ ἁρπίδας ὠνόμασαν.

---

82 2. ἔνιοι] οἱ νέοι M.   83 1. καὶ ἐπικάττυσι A.   3. περιέ-
μνειν] τομεῖν A, τεμεῖν B.   84 1. ὅπερ A: om ceteri. an ὀπέα? cf.
10 141.   6. περιάπτεται C.

ἐμβάδες· εὐτελὲς μὲν τὸ ὑπόδημα, Θράκιον δὲ τὸ εὕρημα,
τὴν δὲ ἰδέαν κοθόρνοις ταπεινοῖς ἔοικεν. σχισταὶ πολυτε-
λὲς ὑπόδημα καὶ θρυπτικόν· ταύτας δὲ καὶ λεπτοσχιδεῖς
ὠνόμαζον. ἀσκέραι ὑπόδημα λάσιον, χειμῶνος χρήσιμον.
ἦν δέ τι ὑπόδημα καὶ ἀρβύλη, εὐτελὲς τὴν ἐργασίαν. ἡ δὲ 86
συχχὰς κρηπῖδι μὲν ἔοικεν, ὠνόμασται δὲ ἐκ τοῦ συνέχειν
τὸν πόδα. οἱ δὲ κονίποδες λεπτὸν ὑπόδημα πρεσβυτικόν·
καὶ τὸ κάττυμα κοῦφον, ὡς ἐγγὺς εἶναι τῆς κόνεως τὸν
πόδα. τὸ δὲ σανδάλιον οὐ μόνον Μένανδρος εἴρηκε καὶ
Ἡρόδοτος, ὥσπερ καὶ τὸ σάνδαλον Εὔπολις ἐν Χρυσῷ γέ-
νει καὶ σχεδὸν ἅπαντες οἱ κωμικοί, ἀλλὰ καὶ Κρατῖνος ἐν
τοῖς Νόμοις «σανδάλια Τυρρηνικά,» καὶ Κηφισόδωρος ἐν 87
Τροφωνίῳ
        σανδάλιά τε τῶν λεπτοσχιδῶν,
    ἐφ' οἷς τὰ χρυσᾶ ταῦτ' ἔπεστιν ἄνθεμα.
    νῦν δ', ὥσπερ ἡ θεράπαιν', ἔχω περιβαρίδας.
Μένανδρος μέντοι ἐν Μισογύνῃ καὶ ἐπιχρύσους σανδαλο-
θήκας λέγει. ἡ δὲ βλαύτη σανδαλίου τι εἶδος, καὶ ἥρως
Ἀθήνησιν ὁ ἐπὶ βλαύτῃ· ἀνέθηκε γάρ τις σκυτοτόμος βλαύ-
της λίθινον τύπον. ἡ δὲ κρούπεζα ξύλινον ὑπόδημα, πε-
ποιημένον εἰς ἐνδόσιμον χοροῦ· κρουπεζοφόρους δ' εἶπε
τοὺς Βοιωτοὺς Κρατῖνος διὰ τὰ ἐν αὐλητικῇ κρούματα. 88
ἀπὸ δὲ ἐθνῶν ἢ πόλεων λέγονται καὶ ἕτερα. καρβατίνη μὲν
ἀγροικικὸν ὑπόδημα, κληθὲν ἀπὸ Καρῶν. Ἀμυκλᾶδες δὲ
ἐλευθεριώτερον μὲν ὑπόδημα, δηλοῖ δὲ κλήσει τὸν τόπον.
αἱ δὲ Ἀργεῖαι παντὶ δῆλον ὡς Ἀργείων τὸ εὕρημα, καθά-
περ αἱ Σκυθικαὶ Σκυθῶν καὶ Ῥοδίων αἱ Ῥοδιακαί. αἱ δὲ
Λακωνικαὶ τὸ μὲν χρῶμα ἐρυθραί, τοὔνομα δὲ δηλοῖ τὸν
τῆς εὑρέσεως τόπον. καὶ Θετταλὶς δὲ ὑπόδημα μηνύον τοὺς 89
εὑρετάς· μέμνηται δ' αὐτοῦ Λύσιππος ἐν Βάκχαις,
        βλαύτῃ, κοθόρνῳ, Θετταλίδι.
αὐτοσχεδὶς δὲ ὑπόδημα τὸ ἁπλῶς εἰργασμένον Ἕρμιππος
εἴρηκεν ἐν Δημόταις. ἀπὸ δὲ τῶν χρησαμένων Ἰφικρατίδες

---

87 5. ὥσπερεὶ θ. M.   88 2. καρβατίνη — 94 4. κροκοειδές] πα-
ρῆκα δὲ ἐγὼ γράψειν διὰ τὸ προσκορές; B.   88 3. ἀγροῖκον AC: corre-
ctum ex Hesychio.   4. δὲ ἐξ ἀμυκλῶν εἶναι C.   5. πάντῃ vulgo.   89 4.
αὐτοσχιδὲς A.

Δεινιάδες Ἀλκιβιάδες Σμινδυρίδια, Μυννάκια ἀπὸ Μυννά-
κου. ἦν δὲ καί τι ὑπόδημα δημοκοπίδες. ἔπτυσχλοι δὲ πο-
λυτελὲς ἀνδρεῖον, οὗ Ἕρμιππος ἐν Φορμοφόροις·μνημονεύει,
90 ὥσπερ τῶν καρκίνων Φερεκράτης·

   καττύομαι τοὺς καρκίνους.

μέμνηται δὲ καὶ φαικασίου ἐν τῷ Ἑρμῇ Ἐρατοσθένης·

   πέλμα ποτιρράπτεσκεν ἐλαφροῦ φαικασίοιο·

Ῥίνθων δὲ Κολοφωνίου τε καὶ καλτίου καὶ ὄγκου ἐν Ἰφι-
γενείᾳ τῇ ἐν Αὐλίδι. ἡ δὲ εὔμαρις κοινὸν ἀνδράσι πρὸς
γυναῖκας, βαρβαρικὸν μὲν εὕρημα, ἐξ ἐλαφῆς δὲ πεποιημέ-
νον. καὶ τὰ διάβαθρα δὲ κοινὰ ἀνδρῶν καὶ γυναικῶν. ὁ
91 δὲ κόθορνος ἁρμόζων ἑκάτερος ἀμφοῖν τοῖν ποδοῖν, ὅθεν
καὶ τὸν Θηραμένην κόθορνον ἐκάλουν διὰ τὸν περὶ τὴν
πολιτείαν ἀμφοτερισμόν. ἐμβάται δὲ ὄνομα τοῖς κωμικοῖς
ὑποδήμασιν. ὑπόσχισμα δὲ ἀνδρεῖον ὑπόδημα μάλα εὐτε-
λές, καὶ πρόσχισμα πρεσβυτικόν. ἦν δέ τι ὑπόδημα καὶ ὀπι-
σθοκρηπίς. ἃ δὲ ποδεῖα Κριτίας καλεῖ, εἴτε πίλους αὐτὰ
οἰητέον εἴτε περιειλήματα ποδῶν, ταῦτα πέλλυτρα καλεῖ ἐν
Φρυξὶν Αἰσχύλος·

   πέλλυτρ᾽ ἔχουσιν εὐθέτοις ἐν ἀρβύλαις.

92 τὰ δὲ πέλλυτρα καὶ εἶδος ὑποδήματος, ὥσπερ αὖ τὰ πο-
δεῖα ταὐτὸν ἦν ταῖς ἀναξυρίσιν, ἃς σκελέας ἔνιοι ὀνομά-
ζουσιν. Κράτης δ᾽ ἐν Ἑορταῖς ἔφη «καὶ δὴ ποδεῖα τριμί-
τινα.» ἴδια δὲ γυναικῶν ὑποδήματα Περσικαί· λευκὸν ὑπό-
δημα, μᾶλλον ἑταιρικόν. περιβαρίς· θεραπαινίδων μᾶλλον
τὸ ὑπόδημα. Τυρρηνικά· τὸ κάττυμα ξύλινον τετράγωνον,
οἱ δὲ ἱμάντες ἐπίχρυσοι· σανδάλιον γὰρ ἦν, ὑπέδησε δ᾽
93 αὐτὸ Φειδίας τὴν Ἀθηνᾶν. ἐκάλουν δ᾽ αὐτὰ τυρρηνικουργῆ,
ὥσπερ καὶ τὰ ἔμβαθρα ῥηνιουργῆ. τὰ μέντοι Τυρρηνικὰ
εἴη ἂν ὁ Σαπφοῦς μάσλης·

   ποικίλος μάσλης Λύδιον καλὸν ἔργον.

αἱ δὲ ἐνδρομίδες, ἴδιον τῆς Ἀρτέμιδος τὸ ὑπόδημα. τὰ δὲ
Σικυώνια τὸ ὄνομα δηλοῖ τίνων τὸ εὕρημα. τὰ δὲ πλοιά-

---

89 2. ὑποσχλοι *A*, ὑπισχλοι *C*: correctum ex Hesychio.   90 4. ῥά-
πτεσκεν ἐλαφροῦ ποτὶ πέλμα φαικασίοις *A*. ποδὶ κρούεσκεν *F*.   5. ὄγκον *A*,
κώνου *F*.   91 8. ϟρυνὶ *A*, φοινίσσαις vulgo.   92 3. Τόλμαις *M*.
93 4. κακὸν *A*.

ρια καὶ ἀκάτια ὀνομάζει Ἀριστοφάνης, εἶδος ὄντα γυναι-
κείων ὑποδημάτων. ῥᾴδια δὲ ποικίλον καὶ πολυέλικτον ὑπό- 94
δημα· μνημονεύει δ' αὐτοῦ Πλάτων τε καὶ Φερεκράτης.
αἱ δὲ βαυκίδες καὶ βαυκίδια ἐλέγοντο· πολυτελὲς δ' ἦν ὑπό-
δημα κροκοειδές. γυναικεῖα δὲ καὶ τὰ ἄφρακτα, ὀπισθο-
κρηπῖδες, καννάβια, γυμνοπόδια, περίβαρα, νυκτιπήδηκες,
μεσοπερσικαί, φιττακίδες, Σελευκίδες, νοσσίδες, Ἀμβρακί-
δες, ἀμφίσφυρα, ἀκροσφύρια.

ἴσως δ' οὐκ ἂν φαῦλον εἴη τούτοις ὑποθεῖναι λέξιν ἐκ 95
Θεσμοφοριαζουσῶν Ἀριστοφάνους, ἐπεὶ πολλὰ εἴδη ἐν αὐτῇ
περιέχει γυναικείων φορημάτων, ἃ καὶ τοῖς περὶ κόσμων
ἴσως ἂν ἐνήρμοσεν.

> ξυρόν, κάτοπτρον, ψαλίδια, κηρωτήν, λίτρον,
> προκόμιον, ὀχθοίβους, μίτρας, ἀναδήματα,
> ἄγχουσαν, ὄλεθρον τὸν βαθύν, ψιμύθιον,
> μύρον, κίσηριν, στρόφι', ὀπισθοσφενδόνην,
> κάλυμμα, φῦκος, περιδέραι', ὑπογράμματα,
> τρυφοκαλάσιριν, ἐλλέβορον, κεκρύφαλον, 96
> ζῶμ', ἀμπεχόνην, τρύφημα, παρυφές, ξυστίδα,
> χιτῶνα, βάραθρον, ἔγκυκλον, κομμώτριον.
> τὰ μέγιστα δ' αὐτῶν οὐ λέγεις ταῦτ'. εἶτα τί;
> διόπας, διάλιθον, πλάστρα, μαλάκιον, βότρυς,
> χλίδωνα, περόνας, ἀμφιδέας, ὅρμους, πέδας,
> σφραγῖδας, ἁλύσεις, δακτυλίους, καταπλάσματα,
> πομφόλυγας, ἀποδέσμους, ὑλίσβους, νάρδια,
> ὑποδερίδας, ἑλικτῆρας, ἄλλα πολλά θ' ὧν
> οὐδ' ἂν λέγων λέξαις.

Λέγωμεν τοίνυν τέχνας ὅσαι τὰς ὕλας ὑποβάλλουσι 97
ταῖς λοιπαῖς. μεταλλεία, μέταλλα μεταλλεύς μεταλλεύ-
ειν, ὀρύττειν γεωρυχεῖν, σκάπτειν καὶ ἀνασκάπτειν καὶ δια-
σκάπτειν. χρυσοῦ μεταλλεῖς, χρυσουργοὶ χρυσουργοῦντες,
χρυσὸν ὀρύττοντες, τὰ χρυσεῖα, τὴν ὑπόχρυσον γῆν, τὴν

---

93 1. ὧν A. 94 5. περίβαραι A. 95 8. στροφίον A, στρόφον BC:
corr Bergkius. 96 3. post κομμώτριον A: ἕτερά τε ὅσα οὐδεὶς μνημο-
νεύσειε ποτὲ λέγων. 4. τὰ μέγιστα δ' οὐ λέγεις αὐτῶν ταυτά A, τὰ μέγι-
στα δ' οὐκ εἴρηκα τούτων. εἶτα τί Clemens Alexandrinus. om BC. 5. μα-
λάκια A. 9. ἀλλ' ἀφ' ὧν ante Fritzschium. 10. λήξαι τις Fritzschius,
λέξαις τὸ πλῆθος κοσμίων Bergkius.

κατάχρυσον ψάμμον, τὴν ἐπίχρυσον κόνιν, τὴν χρυσῖτιν γῆν
μεταλλεύοντες, διασήθοντες, διηθοῦντες, διακρίνοντες, ἕψον-
98 τες, καθαίροντες, πυρὶ βασανίζοντες. ἄπεφθος χρυσός, ἀκρι-
βής, εἰλικρινής, ἀκήρατος, ἀκραιφνής, Δαρεικός, Γυγάδας.
ἀργύρια, ἀργυρῖτις γῆ, ὑπάργυρος ἐπάργυρος, ἀργύρεια
μέταλλα. καινοτομίαι μετάλλων. μεσοκρινεῖς κίονες οἱ ἐν
τοῖς μετάλλοις ὑφεστηκότες ἀνέχειν τὰ ὀρύγματα. ἄργυρος
καθαρός, διαφανής, Ἀρυανδικός. γῆ ὑπόχαλκος· οὐ γὰρ
99 χαλκῖτις, οὐδὲ χαλκεῖα μέταλλα, ὥσπερ καὶ σιδήρου μέ-
ταλλα καὶ γῆ σιδηρῖτις. ταύτης δὲ τὸ κάθαρμα σκω-
ρίαν ὠνόμαζον, ὥσπερ τοῦ χρυσοῦ τὸ ἄνθος ἀδάμαντα
καὶ τὸν τῶν ἀργυρίων κονιορτὸν κέρχνον. τὴν δὲ σκω-
ρίαν καὶ κίβδον ἐκάλεσαν, ἀφ' ἧς καὶ οἱ μεταλλεῖς κίβ-
δωνες. τὸ δὲ ἀγγεῖον ἐν ᾧ κατεκεράννυσαν τὸν σίδηρον,
περίοδος καλεῖται ἐν τῷ περὶ μετάλλων, εἴτε Ἀριστοτέ-
λους ἐστὶ τὸ βιβλίον εἴτε Θεοφράστου. πολλὰ δ' ἂν
καὶ ἄλλα εἴη μέταλλα, ὥσπερ τὰ ἐν Σάμῳ τὰ καλούμενα
γεωφάνεια, ὑπὲρ ὧν ὁ Δείναρχος λέγει, καὶ τὰ ἐν Μήλῳ
καὶ τὰ ἐν Νισύρῳ τοῦ θείου. καὶ κιμωλίαν γῆν Ἀριστο-
100 φάνης λέγει. καὶ ἡ ἀμβολὰς δὲ γῆ παρὰ Ξενοφῶντι τοῖς
ὀρύγμασι προσήκει, καὶ εἰ μὴ τοῖς μετάλλοις. τοὺς δὲ με-
ταλλέας θυλακοφορεῖν Ἀριστοφάνης ἔφη. καὶ λίθων δὲ
μεταλλεῖαι, λιθουργίαι, λιθοτομίαι. πολλὰ δὲ εἴδη λίθων,
Φρυγία, Λάκαινα, Λίβυσσα, Εὐβοΐς, Θετταλή, Αἰγυπτία.
καὶ κογχυλίας δὲ λίθος ἐν Ἀριστοφάνους Δαιδάλῳ, καὶ
παρὰ Ξενοφῶντι κογχυλιάτης, λυχνίας δὲ παρὰ Πλάτωνι
ἐν τοῖς Σοφισταῖς· τὸ γὰρ τοῦ ὀρειχάλκου μέταλλον οὐ-
δέπω καὶ νῦν εἰς πίστιν ἥκει βεβαίαν. Ἀμειψίου δὲ ἐν Μυ-
χοῖς μιλτωρυχίαν εἰπόντος, εἴη ἂν ἐν τοῖς μεταλλεῦσιν ὁ
μιλτωρύχος. καὶ μήκων δὲ ἦν τι ψάμμου εἴδος ἐν τοῖς με-
τάλλοις.

101 [Ἐκ δὲ τῶν τὰς ὕλας παρασκευαζόντων εἶεν ἂν ὑ λ ο υ ρ-
γ ο ί, φυτουργοί, γεωργοί, ὑλοτόμοι, ὑλαγωγοί, ξυλουργοί,
πισσουργοί, σμηνουργοί· καὶ ἡ πρᾶξις ὑλουργία, ὑλοτομία,
ὑλαγωγία, ξυλουργία, πισσουργία, κηπουργία.]

---

98 6. γῆ] οὐχ A.   99 1. οὐδὲ] οὐ γὰρ καὶ A.   100 3. θυλακοφόρου;
C: cf. 10 149.   101 1. Ἐκ — 4. κηπουργία] his aptior post § 108 locus.

καὶ ἀπὸ μὲν χρυσοῦ χρυσοχόοι χρυσοχοεῖον, χρυ- 102
σοῦν ἀποχρυσοῦν, ἐπίχρυσον, χρυσοχοεῖν, καὶ ἡ τέχνη
χρυσοχοϊκή. καὶ χρυσίδες δὲ φιάλαι, καὶ χρυσοῦς τὸ νό-
μισμα. προσκέοιτο δ᾽ ἂν ὁ στατήρ· εἰ δὲ καὶ Δαρεικός τις
εἶπεν, ὁ χρυσοῦς προσηκούετο. χρυσώροφος δὲ οἶκος, καὶ
χρυσῆ Ἀφροδίτη. καὶ ἡ βασανίζουσα τὸν χρυσὸν χρυσῖτις
λίθος ἢ Λυδία. εἴρηται δέ που καὶ τὰ χρυσία παρὰ τοῖς 103
κωμικοῖς ἐπὶ τῶν γυναικείων κοσμημάτων, καὶ τὰ χρυσώ-
ματα παρὰ Λυσίᾳ ἐν τῷ περὶ χρυσοῦ τρίποδος. ἀπὸ δ᾽
ἀργύρου ἀργυροκόπος, ὡς Φρύνιχος ἐν Ἐφιάλτῃ, ἀργυρο-
κοπεῖον, ὡς Αἰσχίνης ἐν Ῥίνωνι· ἀργυροκοπιστῆρας δὲ λό-
γων ἐν Τροφωνίῳ παίζει Κρατῖνος. ἀργυραμοιβός, ἀργυ-
ρογνώμων, ἀργυρολόγος ἀργυρολογεῖν, καὶ ἀργύριον τὸ νό-
μισμα· εἴρηται δὲ καὶ ἀργύρια ἐν Ἀριστοφάνους Νήσοις. 104
ἀργυράγχη, ὡς Δημάδης σκώπτων Δημοσθένη συνάγχῃ λέ-
γοντα εἰλῆφθαι. ἀργυρίζεσθαι δέ, καὶ ἀργυρίδες φιάλαι,
καὶ σκεῦος ἀργυροῦν. καὶ ἀργυρώματα ὁμοίως παρὰ Λυ-
σίᾳ. ὑπάργυρον δὲ τὸ κίβδηλον χρυσίον. ἀπὸ δὲ χαλκοῦ
ὑπόχαλκον νόμισμα, καὶ χαλκοῦς νομίσματος εἶδος, καὶ
χαλκόκρατον, καὶ χαλκοτύπος καὶ χαλκουργὸς καὶ χαλκουρ-
γία, καὶ χαλκεὺς καὶ χαλκεύειν, καὶ χαλκεῖα ἑορτὴ ἐν τῇ 105
Ἀττικῇ Ἡφαίστου ἱερά. χαλκώματα δὲ Ἀριστοφάνης ἐν
Πελαργοῖς καὶ Σφηξὶν εἴρηκεν, Καλλίας δὲ ἐν Κύκλωπι
«κεχαλκεῦσθαι τοίνυν ἑσπέρας.» καὶ τροχίαν μὲν χαλκὸν
τὸν χυτὸν χρὴ καλεῖν, τυπίαν δὲ ὃν ἂν οἱ νῦν εἴποιεν ἐλα-
τόν. χαλκίζειν δὲ παιδιᾶς τι εἶδος, ἐν ᾗ νομίσματι ἠρτία-
ζον. σιδηρεὺς σιδηρεύειν, σιδήριον, σιδηρουργία, ὀβελοὶ
σιδηροῖ, νόμισμα σιδηροῦν τὸ Λακεδαιμονίων καὶ Βυζαν-
τίων. χαλκεύειν δὲ καὶ τὸ σιδηρεύειν ἔλεγον, καὶ χαλκέας 106
τοὺς τὸν σίδηρον ἐργαζομένους. σιδηρῖτιν δὲ τέχνην ἐν Τα-
ξιάρχοις Εὔπολις εἴρηκε τὴν Ξανθίου τοῦ σιδηρέως, οὗ ἐπὶ
τῆς εἰκόνος ἐπιγέγραπται σιδηρόφυσα. τὰ δὲ ἐργαλεῖα τού-
των φῦσαι ἀκροφύσια, χόαναι, πυράγραι, ἄκμονες, ῥαιστῆ-
ρες σφῦραι, ἐσχαρίδες, ἀκόναι θηγάναι, κροταφίδες· σφῦ-

102 3. χρυσοῦν vulgo.   104 7. χαλκόκρανον ante lungermannum.
106 4. σιδηροφύσσα A, om BC: vulgo σιδηροφυῆς.

107 ραι δ᾽ εἰσὶ σιδηραῖ, ἐκ θατέρου ὀξεῖαι. τὸ δὲ ἔργον ὑγραί-
νειν, λύειν, συγχωνεύειν, ἐλαύνειν ἐξελαύνειν, τυποῦν, ἀκονᾶν
θήγειν, προσηλοῦν, διαπατταλεύειν προσπατταλεύειν, στο-
μοῦν, ἥλους ποιεῖν, στόμωμα (Κρατῖνος γὰρ ἔφη Χαλυβδι-
κὸν στόμωμα), παττάλους, ἐπίσωτρα, πλήμνας, κλεῖδας ἀνα-
κλεῖδας, βαλανάγρας, ἁλύσεις, βαλάνους, ὕπερα σιδηρᾶ, μο-
108 χλούς, γιγγλύμους, κορώνας, κλεῖθρα, ζυγά. πρὸ δὲ τῶν κα-
μίνων τοῖς χαλκεῦσιν ἔθος ἦν γελοῖά τινα καταρτᾶν ἢ ἐπι-
πλάττειν ἐπὶ φθόνου ἀποτροπῇ· ἐκαλεῖτο δὲ βασκάνια, ὡς
καὶ Ἀριστοφάνης λέγει

πλὴν εἴ τις πρίαιτο δεόμενος
βασκάνιον ἐπικάμινον ἀνδρὸς χαλκέως.

τὸ δὲ μόλυβδον ἐργάζεσθαι μολυβδοχοεῖν. τούτοις δ᾽
ἂν προσήκοι καὶ ἀγαλματοποιεῖν καὶ ἀγαλματοποιία, ἀν-
δριαντοποιεῖν ἀνδριαντοποιία, τοῖς δὲ χρυσουργοῖς καὶ δακ-
τυλιογλύφοι· τὸ ὄνομα παρὰ Κριτίᾳ καὶ Πλάτωνι, Φιλύλ-
λιος δὲ ἐν Πόλεσι δακτυλιουργὸν ὠνόμασεν.

109 Τῶν δὲ ξύλων ὑλοτομηθέντων οἱ ἐργάται ὑλοτόμοι
καὶ δρυτόμοι καὶ ὑλαγωγοί, καὶ τὰ ἐργαλεῖα πελέκεις, καὶ
τὰ ῥήματα ὑλοτομεῖν καὶ ὑλαγωγεῖν καὶ ὑλάζεσθαι. τῶν δὲ
ξύλων τὰ μὲν εἴποις ἂν ἐργάσιμα τὰ δὲ καύσιμα. ἀλλὰ καὶ
φλοιὸν καὶ φελλὸν καὶ ἀγκαλίδας, ὅθεν καὶ οἱ ἀγκαλιδα-
γωγοὶ ὄνοι καὶ ἀγκαλιδηφόροι ἄνδρες. καὶ τῶν μὲν καυ-
σίμων εἴη ἂν καὶ κληματίδες καὶ κορμοί·

κορμὸν δ᾽ ἐκ ῥίζης προταμὼν ἀμφέξεσα χαλκῷ,
καὶ Εὐριπίδης λέγει «κορμοῖσι πεύκης.» καὶ φιτροὺς δὲ
τούτους λέγει ἡ ποιητικὴ φωνή. ἐκκαύματα δὲ Σοφοκλῆς
ἐν Ἡρακλεῖ σατυρικῷ·

110 συνέλεγον τὰ ξύλ᾽, ὡς ἐκκαυμάτων
μή μοι δεήσειεν.

καὶ ἄνθρακες καὶ μαρίλη, καὶ οἱ τεχνῖται ἀνθρακεῖς καὶ
μαριλευταί, καὶ μαριλεῦσαι τὸ ῥῆμα, καὶ τὸ ἀγγεῖον τῶν
ἀνθράκων λάρκος καὶ φορμός, ἡ δὲ τῶν ἀνθράκων κάμινος
πνιγεύς, οἱ δὲ ἡμίκαυτοι ἄνθρακες θυμάλωπες, οἱ δὲ σπιν-

θῆρες φέψαλοι. ὁ δὲ τοὺς ἄνθρακας πιπράσκων ἀνθρακο-
πώλης· λέγει γοῦν Φιλύλλιος ἐν Πόλεσιν

     ἀνθρακοπώλης, κοσκινοποιός, κηπεύς, κουρεύς.

φῷδες δὲ αἱ ἀπὸ τῆς φλογὸς φλύκταιναι, καὶ φαύστιγγες
αἱ περὶ ταῖς κνήμαις, μάλιστα δὲ ἐπὶ χαλκέων.

     τῶν δὲ ἐργασίμων ναυπηγοὶ ναυπηγία, τέκτονες καὶ 111
τεκτονική, κλινοποιοί. καὶ τὰ μὲν ναυπηγῶν εἴρηται ἐν τοῖς
περὶ νεῶν, τὰ δὲ κλινοποιῶν ἐν τοῖς συμποτικοῖς, τὰ δὲ
θυροποιῶν ἐν τοῖς περὶ οἴκων (οἷς προσθετέον ὅτι ἣν Ὅμη-
ρος μὲν εἴρηκε κορώνην οἱ δὲ νῦν κόρακα, οὕτως ὠνόμασε
καὶ Ποσείδιππος ἐν Γαλάτῃ εἰπὼν «κόρακι κλεῖεθ᾽ ἡ θύρα·»
ἔστι μὲν οὖν οὐ κεκριμένη τοῖς νέοις ἡ φωνή, ληπτέον δὲ 112
καὶ τὰ σπάνια, εἰ καὶ μὴ παρ᾽ αὐτῶν εἴη χρηστέα), τὰ δὲ
τεκτόνων καὶ αὐτὰ ἐν τοῖς συμποτικοῖς, ὅπου καὶ τράπεζα
καὶ τρίποδες· ταῦτα γὰρ ἐκείνων τὰ ἔργα. καὶ δίφροι δὲ
καὶ κλισμοὶ καὶ θρόνοι τῆς ξυλουργικῆς, θρανία, σκολύ-
θρια. κάλλιστοι δὲ οἱ Θετταλικοὶ δίφροι, διὸ καὶ ἡ Πυθία
ἔφη «Θετταλὲ ποικιλόδιφρε.» βάθρα, κλίμακες, καὶ οἱ ἀνα-
βασμοὶ τῶν κλιμάκων κλιμακτῆρες. τεκτονικὸν δὲ καὶ τὸ πακ- 113
τῶσαι θύρας ἐν Ἀριστοφάνους Λυσιστράτῃ. τὰ δὲ ἐργαλεῖα
τούτων σκέπαρνον, πέλεκυς ξυλοκόπος, ὡς ἔφη Ξενοφῶν,
τρύπανον, τέρετρον, τρυπανοῦχος, ἀρίς (Καλλίας γοῦν ἐν
Πεδήταις λέγει «τῆς πατρικῆς ἀρίδος»), πρίων, πρίστης ἡ
καλουμένη ῥίνη· καὶ ῥίνη δὲ ὑπὸ Ξενοφῶντος εἴρηται. ἐν
δὲ τοῖς ἔργοις αὐτοῦ καὶ τὰ Ἀλέξιδος ἂν θείης .... καὶ τὰ 114
ῥήματα κορμάσαι, πρίσαι, πελεκίσαι, ἦ που δὲ καὶ ξέσαι
καὶ ἁρμόσαι καὶ γομφῶσαι συγγομφῶσαι, τυλῶσαι. πρίειν
δὲ λέγεται τὸ πρίζειν, καὶ ἐξέπριον ἔφη Θουκυδίδης· οἱ δὲ
πρίσται τομεῖς ἂν καλοῖντο. ἐργάζοιτο δ᾽ ἂν ὁ τέκτων καὶ
μυάγρας, ὧν τὸ ἱστάμενόν τε καὶ σχαζόμενον παττάλιον,
τὸ δὲ τῇ σπαρτίνῃ προσηρτημένον σκανδάληθρον καλεῖται,
ὁ δὲ ἐν ταῖς μείζοσι πάγαις πάτταλος ῥόπτρον, ὥσπερ καὶ 115
τὸ τὴν θύραν ἐπικροῦον.   καὶ ἁρματοπηγὸς δὲ καθ᾽

---

110 4. φαῦσι.] φλύκτιγγες *C.*   111 6. κλεῖεται θύρα *A.* correctum
ex 10 22.   112 2. εἰ μὴ παρ᾽ ἄλλων εἴη χρηστά?

Ὅμηρον προσήκοι ἂν τεκτονικῇ καὶ ἁμαξοπηγός, καὶ ἁρμα-
τοπηγεῖν εἴποις ἂν καὶ ἁμαξοπηγεῖν, καὶ ἁρματοποιεῖν, καὶ
ζυγοποιεῖν, ὡς ἐν Πλούτῳ Ἀριστοφάνης. καὶ τὰ μὲν ἄλλα
116 εἴρηται περὶ ἁρμάτων τε καὶ ἁμαξῶν, προσθετέον δὲ ὅτι
οὐ ἐν τοῖς ἅρμασιν ἀπετίθεντο τὰς μάστιγας, ἢ οἱονεὶ
τομὴ σάρχαλος ἐκαλεῖτο. δίφρος δὲ διωχῆς ὁ δύο φέρειν
δυνάμενος. τὰς δὲ κνήμας οὐ μόνον οὕτως ἀλλὰ καὶ κνη-
μίας ὠνόμαζον· Λυσίας γέ τοι λέγει «ἁρπάσας τὴν κνη-
μίαν τῆς ἁμάξης.» τὰ δ᾿ ἴχνη τῶν τροχῶν, ἃ Ὅμηρος ἁμα-
τροχίας εἴρηκεν, ἁμαξοτροχίας λέγει Καλλίας ἐν Κύκλωψιν.
τὸ δὲ ὑπὲρ τὴν ἅμαξαν περίφραγμα, ὃ περιλαμβάνεται δικ-
τύοις, μόργον καλεῖται, καὶ μοργεύειν τὸ δράγματα ὑπ᾿
αὐτῷ φέρειν.

117   Ἐπεὶ δὲ καὶ τοὺς οἰκοδόμους τέκτονας Ὅμηρος καλεῖ,
καὶ ἀρχιτέκτων εἴρηται παρὰ Πλάτωνι· βιαία γὰρ ἡ ἐν τῷ
Σοφοκλέους Δαιδάλῳ τεκτόναρχος μοῦσα. τὸ δὲ ἀρχιτεκτο-
νεῖν Ἀριστοφάνης εἴρηκεν ἐν Δαιδάλῳ. φαίης δ᾿ ἂν οἰκοδομία
οἰκοδομική (οἰκοδόμησις γὰρ παρὰ Θουκυδίδῃ) οἰκοδόμημα
οἰκοδομεῖν, οἰκοδομικός οἰκοδομικῶς, οἰκοδόμος· Ἀριστοφάνης
γὰρ ἐν Γηρυτάδῃ εἴρηκε τοὺς οἰκοδόμους, καὶ Πλάτων Πο-
118 λιτείας δευτέρῳ. καὶ τειχοδομεῖν δ᾿ ἂν εἴποις τὸν αὐτὸν καὶ
τειχοποιεῖν, καὶ λιθολογεῖν καὶ λιθουργεῖν, καὶ τειχοδόμον
εἶναι καὶ τειχοποιόν, καὶ λιθουλκὸν καὶ λιθολόγον, εἰ μὴ
τοῦτο φήσεις ὑπηρετικήν τινα εἶναι τῇ τεκτονικῇ τέχνῃ· λι-
θοφορεῖν δ᾿ εἴρηκε Θουκυδίδης. Ξενοφῶν δὲ ἐν τῷ Οἰκονο-
μικῷ καὶ φιλοικοδόμους λέγει. καὶ λατύπους δὲ Σοφοκλῆς,
ὅπου καὶ ἐργαλεῖα τῶν λατύπων ὀνομάζει λείας καὶ γλαρί-
δας. καὶ λιθοτόμον δὲ Ξενοφῶν ἐν τῷ τρίτῳ τῆς Παιδείας
εἴρηκεν, ὡς Δημοσθένης ἐν τῷ κατ᾿ Εὐέργου καὶ Μνησι-
βούλου λιθοκόπον· ᾧ προσήκοιεν ἂν αἱ λιθοτομίαι. ἡ δὲ
119 σφῦρα τῶν λατόμων καλεῖται τύκος.   τὸ δὲ τῆς οἰκοδο-
μικῆς ἔργον οἰκοδομεῖν ἐποικοδομεῖν διοικοδομεῖν, λίθους
ἁρμόττειν συναρμόττειν, ἀκριβῶς, συμφυῶς. ἀπισοῦν, ἀπευ-

---

115 1. ἁρματοπήγιον A, et 2. ἁμαξοπήγιον.   3. Φερεκράτης Do-
bracus.   116 3. τομὴ] θήκη A, omisso σάρχαλος.   4. οὕτως] κνή-
μους AB.   117 6. οἰκοδομεῖν] οἰκοδομή C.   118 3. λιθουργὸν C.
                                        δ
8. τῆς παιδείας] τιμά A.

θύνειν, ἀποτείνειν, κάμπτειν, περιάγειν. ὑπερῷα ἐπαίρειν,
καὶ στέφειν τὰ οἰκήματα εἰς τὴν ὁδόν, καὶ τὰς πλίνθους
ἀναβάλλειν πρὸς ἀριθμόν· Ὑπερίδης γὰρ ἐν τῷ πρὸς Ἐπι-
κλέα ταῦτ' εἴρηκεν. ὅταν δὲ οἱ ποιηταὶ φῶσιν «ἐρέψομεν
πρὸς ἀετόν,» στεγάσομέν φασι πρὸς ἀέτωμα. τειχίζειν ἀπο- 120
τειχίζειν, πύργους ἐφιστάναι, μεταπύργια, προμαχεῶνας,
ἐπάλξεις προοικοδομεῖν, περιοικοδομεῖν θρίγκους, περιβό-
λους· καὶ θριγκῶσαι τὸ ῥῆμα. ψαλίδας, πυλίδας; γεῖσα γει-
σώματα, γεισήποδας γεισηποδίσματα γεισηποδίζειν. στεγά-
ζειν, ἐρέφειν, τέγος προτέγιον, ὄροφον παρωροφίδα, ὅθεν
καὶ ὀροφίας ὄφις. καὶ κρηπιδαῖον δὲ μέρος οἰκοδομήματος,
Λυσίου εἰπόντος ἐν τῷ περὶ τοῦ τύπου «τοῦ γείσου συν-
τετελεσμένου καὶ τοῦ κρηπιδαίου.» ἐκ δ' αὐτῶν ἂν εἴη καὶ 121
λιθόστρωτον ἔδαφος καὶ λιθολόγημα καὶ λελιθωμένον. καὶ
κιόκρανα αἱ κεφαλαὶ τῶν κιόνων, καὶ στυλοβάτης ἡ τοῦ
Δωρικοῦ κίονος βάσις, σπεῖρα δὲ ἡ τοῦ Ἰωνικοῦ. μέρη δὲ
οἰκοδομημάτων τοῖχοι· Ὑπερίδης δὲ καὶ τοῦ παροδίου τοί-
χου εἴρηκεν. δόμοι, πτέρυγες, φάρση. στυλοβάτην δ' ἐν τῇ
οἰκίᾳ Πλάτων ὁ κωμικὸς εἴρηκεν ἐν Ἑορταῖς, ὀρόφοις δὲ
καὶ θυρώμασι Θουκυδίδης. καὶ κιγκλίδες δὲ εἴδη θυρῶν. τὰ 122
δὲ τῆς θύρας ξύλα τέτταρα ὠνόμαζον, καὶ τὸ ἐντὸς τῶν
θυρῶν γενέσθαι ἐντὸς τῶν τεττάρων. τὰ δὲ ὑπέρθυρα ὑπερ-
τόναια. Κρατῖνος δ' ἐν Διονυσαλεξάνδρῳ
        παραστάδας καὶ πρόθυρα βούλει ποικίλα.
παστάδας δὲ Ξενοφῶν, ἃς οἱ νῦν ἐξέδρας. καὶ ἐκφάινωμα
δὲ καὶ κῦμα μέρη ἔργων ἐν Αἰσχύλου Θαλαμοποιοῖς·
        ἀλλ' ὁ μέν τις Λέσβιον φατνώματι
        κῦμ' ἐν τριγώνοις ἐκπεραινέτω ῥυθμοῖς.
τάχα δὲ καὶ οἱ θαλαμοποιοὶ εἶδος τέχνης. καὶ στεγάσματα 123
μὲν δὴ ὀροφῆς Ἡρόδοτος λέγει, κατώρυχες δὲ λίθοι, οὓς
Ὅμηρος κατωρυχέας λέγει, οἱ τοῖς θεμελίοις ἐντιθέμενοι·
καὶ θεμελίους δὲ λίθους αὐτοὺς ὠνόμαζον. κατῆλιψ ἡ με-
σόδμη. κάπνην δὲ καὶ καπνοδόκην Εὔπολις τὸ μὲν εἴρηκεν ἐν
Βάπταις, τὸ δὲ ἐν Δήμοις. λέγειν δ' ἐστὶ καὶ κατάγεια οἰ-

119 1. ἐπ.] ἐγεῖραι 125 3.   120 2. προμαχῶνας C.   121 6. δο-
χοί Boetticherus.   122 3. ἐκθυρα ὑπερτόλεα A.   5. βουλῆι C.   9. ἐμ-
περαινέτω ante Toupium.

κήματα καὶ ὑπόγεια. ἔνι δ᾽ εἰπεῖν λίθον σκληρὸν καὶ λίθον
124 πώρινον· ὗλαι γὰρ οἰκοδομημάτων λίθοι, χάλικες, πλίνθοι,
ξύλα, γύψος, κέραμος στεγαστήρ, ἐρέψιμα ξύλα, ἃ Θουκυ-
δίδης εἶπε τὴν ξύλωσιν, πηλός, ἄσβεστος, τίτανος, ἄσφαλ-
τος. καὶ τοῖς μὲν χυτοῖς χρὴ τὰ οἰκοδομήματα συνδεῖν,
κολλᾶν, συνάπτειν, συναρμόττειν, συμπηγνύναι, συμβάλλειν,
τιτάνῳ δὲ χρίειν, ἐπαλείφειν καταλείφειν ἐξαλείφειν, ἀπο-
λαμπρύνειν, φαιδρύνειν ἀποφαιδρύνειν, ἐπιλεαίνειν, ἐπιλεπ-
125 τύνειν. καὶ κονιάματα δ᾽ ἂν εἴποις, καὶ τὸ ῥῆμα κονιᾶν,
καὶ τὸν τοῦτο δρῶντα κονιατήν· Ἄμφιδος δὲ καὶ δρᾶμα
Κονιατής. ἔργον δὲ τοῦ οἰκοδόμου καὶ τὸ ὑπερῷα ἐγεῖραι,
ὡς Ὑπερίδης ἔφη, καὶ περίδρομον ἐργάσασθαι· Ἀριστοφά-
νης γὰρ ἐν Γήραι ἔφη

ἐκ τοῦ περιδρόμου στᾶσα τῆς συνοικίας.

ἐργαλεῖα δ᾽ αὐτοῦ σὺν τοῖς ξυλουργικοῖς σιδήρια λιθουρ-
γικά, τύκοι, ἀφ᾽ ὧν καὶ τὸ τυκίζειν, ὑπαγωγεύς, ᾧ παρέξεον,
πέλεκυς, στάθμη, μολύβδαινα, κανών, διαβήτης· τὸ γὰρ
μοχλίον τοιχωρύχων ἐστὶ σιδήριον. ἰκριοποιοὶ δ᾽ εἰσὶν οἱ
πηγνύντες τὰ περὶ τὴν ἀγορὰν ἴκρια.

126   Καὶ μὴν καὶ γ ρ α φ ι κ ὴ τέχνη μία τῶν ἐν κόσμῳ τεχ-
νῶν. ὁ δὲ τεχνίτης γραφεὺς γραφικός, καὶ τὸ ἔργον γρά-
φειν, καὶ τὸ ἐπίρρημα γραφικῶς. ἀλλὰ καὶ ζωγραφία καὶ
ζωγράφος καὶ ζωγραφεῖν καὶ ζῷα ποιεῖν· ἐρεῖς δὲ τὴν τέχ-
νην μιμητικὴν ζώων, ποιητικήν, ὁμοιωτικήν, καὶ τὸν ἄνδρα
127 μιμητήν (ὁμοιωτὴς γὰρ σκληρόν), τὸ δὲ πρᾶγμα μίμησιν
μίμημα, ποίησιν, ὁμοίωσιν, γραφήν, καὶ γράψαι, ποιῆσαι,
μιμήσασθαι, ὁμοιῶσαι. καὶ μὴν καὶ εἰκόνα εἴποις ἂν τὸ
πρᾶγμα καὶ εἰκασίαν καὶ εἴκασμα, καὶ τὸν ἄνδρα εἰκαστι-
κόν, καὶ τὸ ἐπίρρημα εἰκαστικῶς, καὶ τὸ ῥῆμα εἰκάσαι.
ἔξεστι δὲ καὶ σκιαγραφίαν εἰπεῖν τὸ πρᾶγμα, καὶ τὸν ἄν-
δρα σκιαγράφον καὶ σκιαγραφικόν, καὶ τὸ ἐπίρρημα σκια-
128 γραφικῶς, καὶ τὸ ῥῆμα σκιαγραφεῖν. τὰ δὲ μέρη τῆς τέχ-
νης ὑποτύπωσις ὑπογραφή σκιαγραφή, καὶ τὸ ἐργαλεῖον
γραφὶς ἢ ὑπογραφίς, καὶ αἱ ὗλαι πίνακες καὶ πινάκια ὡς
Ἰσοκράτης, κηρός, χρώματα, φάρμακα, ἄνθη. κηρὸν τῆξα-

---

125 6. ἐκ] ἐπὶ 9 39.   127 1. σκλ.] ὀκνηρὸν A.

σϑαι μίξασϑαι χέασϑαι, χρώματα κεράσασϑαι συμμίξα-
σϑαι συγχέασϑαι, γραμμὴν ἑλκύσαι, σκιὰν ὑποτυπώσασϑαι,
σκιὰν ὑπογράψασϑαι, σκιὰν ὑποβαλέσϑαι, σκιὰν περιενεγ- 129
κεῖν, σκιὰν ὑπερενεγκεῖν, χρῶσαι ἐπιχρῶσαι ἀποχρῶσαι, ἄν-
ϑεσι φαιδρῦναι, χρᾶναι ἐπιχρᾶναι ἀποχρᾶναι. ἐφ' οὗ δὲ οἱ
πίνακες ἐρείδονται ὅταν γράφωνται, ξύλον ἐστὶ τρισκελές,
καὶ καλεῖται ὀκρίβας τε καὶ κιλλίβας. τὰ δὲ χρώματα ἀν-
δρείκελον, ὄστρεον, πράσινον, κροκοειδές, κυανοῦν, κιννά-
βαρι, ξανϑόν, φαιόν, φλογόλευχον, λευκόφαιον, λευκόν, μέ-
λαν, μελαμβαφές.

Ἔτι τοίνυν οἱ ἐξ ἀγορᾶς ἢ ἐκ λιμένος κομίζοντες ἀχ- 130
ϑοφόροι, ἀμφορεαφόροι, καὶ τὰ ῥήματα ἀχϑοφορεῖν
καὶ ἀμφορεαφορεῖν, ὑδροφόροι, ξυλοφόροι, σκευοφόροι, ὑλη-
φόροι καὶ ὑληφορεῖν, πλινϑοφόροι καὶ πλινϑοφορεῖν, πη-
λοφόροι καὶ πηλοφορεῖν, ξυληγοί, ἀφ' ὧν καὶ τὸ ξυληγῶν
εἴρηκε Δημοσϑένης. φρυγανοφόροι· τὸ δὲ ὄνομα ἐν τῇ Λυ-
σίου πρὸς Μετάνειραν ἐπιστολῇ. καὶ ξυλοφορίαν δὲ ἔφη 131
Λυσίας. τὸ δὲ σύμπαν εἰπεῖν, μισϑωτοί, καὶ ὡς Φρύνιχος,
μισϑώτριαι αἱ γυναῖκες. ἔξεστι δ' ἐπ' αὐτῶν καταχρήσασϑαι
καὶ τῷ φορτηγοί, ἐπεὶ καὶ τὰ κομιζόμενα ὑπ' αὐτῶν εἴποις
ἂν φορτία φορήματα ἄχϑη. τῷ μέντοι φορτηγῷ ἐπὶ τῶν
τὰ φορτία ἀγόντων ἐμπόρων κέχρηται Αἰσχύλος ἐν Φρυξὶν
ἢ Λύτροις·

ἀλλὰ ναυβάτην
φορτηγόν, ὅστις ῥῶπον ἐξάγει χϑονός.
φόρτακας μέντοι ἢ παλαιὰ κωμῳδία τοὺς ἀχϑοφοροῦντας 132
ἐκ τοῦ ἐμπορίου καλεῖ. τὸ δὲ ξύλον ἐφ' οὗ τὰ σκεύη κατηρ-
τημένα ἔφερον, σκευοφορεῖον ὑπὸ Πλάτωνος ἐν Διὶ κακου-
μένῳ ὠνόμασται. εἰ δὲ καὶ προυνίκους τοὺς μισϑωτοὺς οἱ
νέοι κωμῳδοδιδάσκαλοι ὠνόμαζον, τὸ ὄνομα Βυζαντίων ἦν,
ὅϑεν καὶ Βυζαντίους αὐτοὺς ἀπεκάλουν. οἱ δὲ κολωνίτας,
ὡς Ὑπερίδης· δύο γὰρ ὄντων κολωνῶν ὁ μὲν ἵππιος ἐκα-
λεῖτο, οὗ Σοφοκλῆς μέμνηται ὡς Οἰδίποδος εἰς αὐτὸν κα-
ταφυγόντος, ὁ δ' ἦν ἐν ἀγορᾷ παρὰ τὸ Εὐρυσάκειον, οὗ συ- 133
νῄεσαν οἱ μισϑαρνοῦντες· ὅϑεν καὶ τοῦτ' ἔστιν εἰρημένον,

132 5. νομοδιδάσκαλοι C.   6. κολωνώπας A.   8. αἰσχύλος A.

ὀψ' ἦλθες, ἀλλ' ἐς τὸν κολωνὸν ἴεσο.

τύλη δ' ἐκαλεῖτο ἡ ἐπὶ τοῖς τραχήλοις αὐτῶν ὑπὸ τῶν ἀχ-
θῶν γινομένη τριβή. τὸ δὲ ἔργον αὐτῶν φορά, καὶ ὁ μι-
σθὸς κόμιστρον· εἴποι δ' ἄν τις αὐτὸν καὶ φόρετρον καὶ
φορεῖον. Ἀριστοφάνης δ' ἐν τοῖς Ἥρωσι δοκεῖ τὸ κόμιστρον
κατὰ τὸ νῦν ἔθος εἰρηκέναι τὴν φοράν, ὅταν εἴπῃ

ὀβολῶν δεουσῶν τεττάρων καὶ τῆς φορᾶς. ·

τούτῳ δ' ἂν ἐοίκοι καὶ τὸ ἐν τοῖς Φίλοις Εὐπόλιδος

τί μισθοῖ; ποῖ; πόση τις ἡ φορά;

134 τάχα δ' ἂν καὶ κοπροφόροι εἶεν ἐκ τούτων, καὶ κοπραγωγοί·
Ἀριστοφάνης μὲν γὰρ εἴρηκε κόπρου ἀγωγάς, καὶ ἀλλαχοῦ
«κοπρολογεῖ κόφινον λαβών,» Πλάτων δὲ ὁ κωμικὸς «κο-
πραγωγοὺς γαστέρας,» ᾧ καὶ ἐπ' ἐκείνου χρηστέον. καὶ κο-
προλόγοι δ' ἂν οὗτοι λέγοιντο, καὶ τὰ συλλεγόμενα ὑπ' αὐ-
τῶν κόπρια καὶ κόπρος, ὧν ἀπὸ μὲν τῆς κόπρου οἱ κοπρῶ-
νες, ἀπὸ δὲ τῶν κοπρίων παρὰ τοῖς πλείστοις οἱ βολεῶνες.
Στράττις ἐν τῷ Φιλοκτήτῃ φησίν

οὐδ' ἐν κοπρίᾳ θησαυρὸν ἐκβεβλημένον.

ἐκ δὲ τῶν φερόντων καὶ σκιαδηφόροι καὶ λαμπαδηφόροι.

135 Αἱ μὲν κυνηγετικαὶ τῶν τεχνῶν πρὸς ταῖς εἰρημέναις.
οἱ μὲν δρῶντες θηρευταί, κυνηγέται, καὶ τὸ ῥῆμα θη-
ρεύειν θηρᾶν κυνηγετεῖν, ὥσπερ ὀρνιθευταὶ καὶ ὀρνιθοθῆ-
ραι, τὸ δὲ ῥῆμα ὀρνιθοθηρᾶν Τηλεκλείδης εἴρηκεν ἐν Πρυ-
τάνεσιν·

εὐχροεῖν, ὀρνιθοθηρᾶν, σωφρονεῖν.

κυνηγεῖσθαι, ἰξεύεσθαι. τάχα δ' ἂν τούτοις προσήκοιεν καὶ
οἱ ἀλεκτρυονοτρόφοι, οὓς ὠνόμασεν ἐν Ἀξιόχῳ Αἰσχίνης·

136 Φρύνιχος μὲν γὰρ ἐν Κρόνῳ καὶ ἀλεκτρυοπώλιον εἴρηκεν,
ὥστε καὶ ἀλεκτρυονοπώλην ἂν εἴποις. ἴσως δὲ καὶ ὀρτυγο-
τρόφον· ὁ γὰρ ὀρτυγοκόπος ἐστὶν ἐν χρήσει, καὶ ὀρτυγο-
πώλης. καὶ στυφοκόπους δ' αὐτοὺς οἱ κωμῳδοὶ καλοῦσιν,

---

133 4. φέρετρον CF.   9. τιμῆς· εἴποι τις πόση ἡ διαφορά A.
an ἀλλ' εἰς τί?   134 2. κοπραγωγὰς C, κοπραγωγεῖν Dindorfius.   7. παρὰ
πλείστοις λιθυβολεῶνες A.   9. οὐδὲν κόπρια A.   10. σκατοφόροι A,
omissis καὶ λαμπαδηφόροι.   135 2. ῥῆμα κυνηγῆσαι ὥσπερ ὀρνιθοθηρευ-
ταὶ καὶ τὸ θηρᾶν ὀρνιθοθηρᾶν τηλ. A.

ὡς τὸ ἔκοπτον τοὺς ὄρτυγας. καὶ τὸ ἐτρύλιζον καὶ τὸ ἀνεκ
νάδαλλον τῶν ὀρτυγοκοπικῶν. ἁλιεῖς, ἀσπαλιευταί, δικτυ- 137
εῖς δικτυόυλκοί· καὶ δικτυοβόλοι δὲ οὗτοι καλοῦνται, ὡς οἱ
τῷ πόρκῳ χρώμενοι πορκεῖς. γριπεῖς, ἐρχοθηρευταί, πορφυ
ρεῖς πορφυρευταί, σπογγοθῆραι· καὶ σπογγοκολυμβηταὶ δὲ
Λυκοῦργος εἴρηκεν ἐν τῷ κατὰ Μενεσαίχμου. κολυμβηταὶ
ὕφυδροι, κολυμβηταὶ δυόμενοι· ὁ γὰρ δύτης εὐτελές, εἴρηκε
δ᾽ αὐτὸ Ἡρόδοτος ἐπὶ τοῦ Σκυλλίου. νεῖν δ᾽ ἐξ ὑπτίας μά- 138
θημα κολυμβητῶν εἴρηκεν Ἀριστοφάνης καὶ Πλάτων. ῥη
τέον τοίνυν νεῖν διανεῖν, παρανεῖν καὶ παρανέοντες, νήχε
σθαι παρανήχεσθαι διανήχεσθαι, διακολυμβᾶν καταχολυμ
βᾶν, ἐπικυματίζειν, ἐπιπολάζειν τῷ ὕδατι, ἐπινήχεσθαι ἐπι
φέρεσθαι, κολυμβᾶν, ἀφ᾽ οὗ καὶ κολυμβήθραν ὁ Πλάτων,
δύεσθαι ὑποδύεσθαι καταδύεσθαι. τριόδοντι χρωμένους,
πληγῇ, κάμακι, πυρίαις. αἱ τέχναι αὐτῶν θηρευτικὴ 139
θήρα, κυνηγετική, ὀρνιθευτικὴ ὀρνιθεία, ἰξευτική, ἁλιευτικὴ
ἁλιεία, ἀσπαλιευτική, ἀγκιστρεία ἀγκιστρευτική, δικτυοθη
ρευτικὴ ἀμφιβληστρευτικὴ ἐρχοθηρευτική, κολυμβητικὴ δυ
τική, τριοδοντία, πληκτική, πορφυρευτική, σπογγοθηρική,
πυριευτική. κυβερνῆται δὲ καὶ πρωρᾶται καὶ ναῦται· οἷς
προσήκουσι καὶ αἱ παρ᾽ Ἀριστοφάνει ναύτριαι, καὶ πάνθ᾽
ὅσα ἐκ νεῶν ὑπηρετικὰ εἴδη τεχνῶν φθάνει προειρῆσθαι.
δίοπος δὲ ὁ ἐπόπτης τῆς νεώς· Ἀριστοφάνης δὲ ἐν Λη
μνίαις εἴρηκε καὶ ναυφύλαξ.

πρὸς δὲ τούτοις ἔτι γεωργοί, φυτουργοί, ἀμπελουρ- 140
γοί, κηπουροὶ κηπεῖς, ἀλσοκόμοι, ἐλαιοκόμοι, θριασταί, συ
κωροί. γεωργία γεωργική, φυτεία φυτευτική, φυτουργία φυ
τουργική, ἀμπελουργία, κηπουρία, ἀλσοκομία ἀλσοποιία ἀλ
σοκομική, ἐλαιοποιία ἐλαιοκομία ἐλαιοκομική. καὶ τὰ ἔργα
γεωργήματα, φυτεύματα, φυτουργήματα, ἀμπελουργήματα,
κηπεύματα κῆποι, παράδεισοι, ἄλση. καὶ γεωργικοί, φυτουρ- 141
γικοί, ἀμπελουργικοί, κηπουρικοί, ἀλσοκομικοί. καὶ τὰ ἐπιρ
ρήματα γεωργικῶς, φυτουργικῶς, ἀμπελουργικῶς, κηπουρι

---

136 1. ἀνεκθάδαλον A, ἀνέκααν ἄλλον C, om B: correctum ex Hesychio. 137 1. ὀρτυγιτικῶν C. 3. πορκεῖς Canterus: κρωπεῖς BC,
κρωνεῖς A. 5. μενεσένου A. 138 7. τριοδοντία A. 139 1. πυ
ρείοις A. 10. νεὼς φύλαξ A.

20 *

κῶς, ἀλσοκομικῶς. καὶ τὰ ῥήματα γεωργῆσαι, φυτουργῆσαι,
ἀμπελουργεῖν καὶ ἀμπελοστατεῖν, κηπουρεῖν, ἀλσοκομεῖν,
ἐλαιοκομεῖν· καὶ βωλοκοπεῖν δὲ Ἀριστοφάνης λέγει. τὰ δὲ
ἐν μέρει τούτων προείρηται. καὶ ἔριθοι δὲ καὶ τρυγήτριαι
142 καὶ καλαμητρίδες καὶ ποάστριαι καὶ φρυγανίστριαι εἶεν ἂν
ἐκ τούτων, καὶ ποάζειν καὶ φρυγανίζειν. Μηδικὴν δὲ πόαν
ἔλεγον χόρτου τι εἶδος. ὁ δὲ χόρτος καὶ χιλὸς καὶ βοτάνη
καὶ κράστις, ἀφ᾽ οὗ καὶ τὸ ἀγγεῖον ὃ ἐπὶ τῆς φάτνης κα-
τήρτων ἐπὶ τῷ χόρτῳ κραστήριον ὠνόμαζον. στίχον δὲ δέν-
δρων λέγει Ξενοφῶν, καὶ ἐπεργασίας τὸ τὴν ἀλλήλων ἐργά-
ζεσθαι. καλαμώμενον δὲ Κρατῖνος εἴρηκεν. τῶν δὲ τοῖς κη-
143 πουροῖς ὑπηρετούντων ἐστὶ καὶ τὸ κηλώνειον· οὐ μόνον
γὰρ Ἡρόδοτος μνημονεύει, ἀλλὰ καὶ Ἀριστοφάνης

ὥστ᾽ ἀνακύπτων καὶ κατακύπτων τοῦ σχήματος εἴνεκα
τοῦδε

κηλωνείου τοῖς κηπουροῖς.

καὶ συκωροὶ δὲ οἱ τὰ σῦκα φυλάττοντες καλοῖντ᾽ ἄν, καὶ τὸ
ἔργον συκωρεῖν. καὶ ἐρινάζειν μὲν τὸ τὰ ἐρινὰ ἀφαιροῦντας
εἰς θύλακα κατατίθεσθαι (ἐρινὰ γὰρ τὰ τοῦ ἐρινεοῦ σῦκα),
συκάζειν δὲ τὸ τὰ τῆς συκῆς, καὶ θριάζειν τὸ φυλλολογεῖν
144 τὴν συκῆν. τὰ δὲ ζῶα τὰ ἐν τοῖς σύκοις ψῆνες καὶ κνῖπες,
Ἀριστοφάνους εἰπόντος

κνῖπες καὶ ψῆνες τὰς συκᾶς οὐ κατέδονται.

τρασιὰ δὲ οὐ μόνον τὸ ἄθροισμα τῶν σύκων, ἀλλὰ καὶ τὸ
ἐκ καλάμου πλέγμα, ἐφ᾽ οὗ ψύχεται.

πολλῶν δὲ προειρημένων γεωργικῶν καὶ τάδε ῥητέον,
ὅτι κεδρίδες μὲν ὁ τῆς κέδρου καρπός, μεμαίκυλα δὲ ὁ τῆς
145 κομάρου. καὶ μετόρχιον μὲν καλεῖται τὸ μεταξὺ τῶν πεφυ-
τευμένων, ὧν ὁ στίχος ὄρχος ὀνομάζεται, σφῦρα δὲ τὸ με-
ταξὺ τῶν ἀρηρομένων ἀνέχον, καὶ ὑποσφυρίσασθαι οἱ ποι-
ηταὶ τὸ ὑπαρόσαι λέγουσιν. ὁμοίως δὲ τῆς ἀμπέλου τὸ ἀπὸ
γῆς ἕως τῆς ἐκφύσεως τῶν κλημάτων.... τῶν δένδρων αἱ
παραφύσεις, ἃς εἴποις ἂν καὶ παραβλαστήματα ἢ κατὰ
146 Πλάτωνα ἀποβλαστήματα, αὐτομολίαι καλοῦνται, καὶ μο-

---

145 4. ὅμηρος Α.   5. κλημάτων μολιὰς καλεῖ τὰς τῶν δ. π. Α.

λεύειν τὸ ταύτας κόπτειν, ὡς τὸ τὰ πρέμνα πρεμνίζειν· ἐν
γοῦν τῷ Ἀττικῷ νόμῳ τῷ περὶ τῶν κοινωνικῶν γέγραπται
«μὴ ἀνθρακεύειν μηδὲ μολεύειν μηδὲ πρεμνίζειν.» τὸ μέν-
τοι δρέπεσθαι τὸν τῆς ἐλαίας καρπὸν ἐλαιοῦν ἔλεγον, καὶ
τοὺς τοῦτο ποιοῦντας ἐλαϊστῆρας, καὶ τὰς ῥάβδους αἷς κα-
ταράσσουσι τὸν καρπὸν ῥακτρίας. τὸ δὲ ἀνατρέφειν τὰ
φυτὰ μοσχεύειν ἂν λέγοιτο. καὶ ζυγὰς μὲν καὶ συστὰς ἡ
ἀμπελόφυτος γῆ, εἰ μὴ κατὰ στοῖχον εἴη πεφυτευμένη, στοι- 147
χὰς δὲ· ἡ κατὰ στοῖχον, ἡ δὲ ἄλλως δασεῖα δένδροις οὐχ
ἡμέροις ὀρχάμη. εἰ δέ τις καύσειε τὴν ὕλην, τὸ χωρίον διὰ
τὸ ἔργον ὀρόγχους ἐρεῖς. ὡς δὲ ὁ τῆς ἀμπέλου κλάδος κλῆμα
καὶ ὁ τῆς ἐλαίας θαλλός, οὕτω καὶ ὁ τοῦ φοίνικος σπάδιξ.
ἐπεὶ δὲ τοῖς γεωργικοῖς προσέθεμεν καὶ τὰ μελιττουργικά,
ἰστέον ὡς αἱ ὀπαὶ καὶ αἱ καταδύσεις τῶν μελιττῶν καλοῦν-
ται κύτταροι, οἱ δὲ ἐν αὐτοῖς σκώληκες ἢ σχαδόνες ἢ νύμ- 148
φαι, ἐπειδὰν ἤδη πτεροφυῶσιν. οὓς δὲ σκαπτῆρας καλεῖ
Ξενοφῶν, οὗτοί εἰσιν οἱ σκαπανεῖς. σκαφέας δ' αὐτοὺς Ἄρ-
χιππος καλεῖ·

σκαφεῦσι κηπωροῖσι τοῖς τ' ὀνηλάταις,
καὶ ταῖς γυναιξὶ προσέτι ταῖς ποαστρίαις.

τὴν δὲ σμινύην Ἀριστοφάνης σμινύδιον καλεῖ. τῶν δὲ σκα-
πανέων ἐργαλεῖόν ἐστιν ἡ σκαπάνη. καὶ τὸ μὲν καρ- 149
ποῦσθαι κάρπωσιν λέγει Ξενοφῶν, ἣν οἱ νῦν καρπείαν,
αὐτὸ δὲ τὸ καρποῦσθαι καὶ καρπίσασθαι Ὑπερίδης ἐν τῷ
πρὸς Λυσίδημον. καὶ τὸ ῥῆμα καρπεύειν· λέγει γοῦν ἐν τῷ
πρὸς Θασίους «εὐθὺς δὲ καρπεύειν ἀγαθὴν καὶ πλείστην
χώραν.» τὰ δὲ καρπεῖα ἐν τῷ Γηρυτάδῃ Ἀριστοφάνης εἰ-
πὼν τὸ εὐκαρπεῖν ἐν Ταγηνισταῖς καρπεύειν λέγει. τὸ μέν- 150
τοι ῥιζοῦσθαι τὸν σῖτον συγκαρκινοῦσθαι ἔλεγον, ὅθεν καὶ
Φερεκράτης ἐν τοῖς Αὐτομόλοις ἔφη «ἵνα τὰ λῆα συγκαρ-
κινωθῇ.» τὸ δὲ ἀμῆσαι καὶ θερίσαι· καὶ τὸ πρᾶγμα οὐ
μόνον θέρος ἀλλὰ καὶ θερισμὸν Αἰσχίνης εἴρηκεν ὁ Σω-
κρατικός, Ἀριστοφάνης δὲ καὶ γυναῖκα θερίστριαν καὶ

146 1. ἐν — 156 1. θωρακο] haec desunt C.   6. τρακουρίας A.
7. ξυστὰς B. ‖ στάσις A, στάσεις B.   147 3. κλάσειε B.   4. τοὺς
ῥωχμοὺς B.   150 1. τοῖς ἀγωνισταῖς A.   3. λήια ante M.   4. θερί-
σαι] ἀρῶσαι A.

φρυγανίστριαν. τὸ μέντοι τῆς Πραμνίας ἀμπέλου κλῆμα πράμνημα καλεῖται. καὶ τὸ μὲν ξύλον ἐν ᾧ τοὔλαιον πιέζε-
151 ται ὅρος, τὸ δὲ σχοινίον ᾧ τὰ ξύλα καταδεῖται τοπεῖον. ὁ δὲ κρατὴρ εἰς ὃν ἀπορρεῖ τοῦ ἐλαίου τὸ πιεζόμενον τριπ-τήρ, ἐν ᾧ δὲ τὰς σταφυλὰς βάλλουσιν οἱ τρυγῶντες σταφυλοβολεῖον· ὁμοίως δὲ ᾧ ἐμπατοῦνται ληνός. τὰ δὲ ὀνόματα ταῦτ᾽ ἐστὶν ἐκ τοῦ Ἰσαίου πρὸς Διοκλέα ὕβρεως. ὁ μέντοι τὰς μάνδρας καθαίρων, εἴτε ἀνὴρ οὗτος εἴη εἴτε γυνή, σηκοκόρος λέγεται. τὸ δ᾽ ἐκ τῶν στεμφύλων πιεσθέν-των ἀπορρεῦσαν τρυγηφάνιον. ἐπίμορτος δὲ γῆ παρὰ Σό-λωνι ἡ ἐπὶ μέρει γεωργουμένη, καὶ μορτὴ τὸ μέρος τὸ ἀπὸ
152 τῶν γεωργῶν· τὸ δ᾽ ἐπὶ τετάρτῳ μέρει νέμεσθαι τετραχί-ζειν. οἱ δὲ καλούμενοι νῦν τῶν ἀμπέλων ἐπίτραγοι θυμάλω-πες ἐλέγοντο. καὶ ὁ μὲν πρὸ ὥρας πεπαινόμενός καρπὸς πρῷμος ἐν Λημνίαις Ἀριστοφάνους· καὶ πρῷα δὲ καρπία ὁ αὐτὸς εἴρηκεν. σῦκα δὲ τῶν διφόρων ἐν Κραπαταλοῖς Φερεκράτης. τὰ δὲ φυτευτήρια τῶν σύκων συκίδας Ἀρι-στοφάνης ἐν ταῖς Λημνίαις.

153 Ποιητικαὶ δὲ τέχναι καὶ αἵδε. αὐλοποιός γλωττο-ποιός αὐλοτρύπης, αὐλοποιία γλωττοποιία, γλωττοποιητι-κῶς αὐλοποιητικῶς αὐλοτρυπητικῶς. καὶ τὸ μὲν ἀγγεῖον τὸ τὰς γλώττας ἔχον γλωττοκομεῖον, ἡ δὲ τῶν αὐλῶν θήκη συβήνη. πάλιν δ᾽ αὖ λυροποιός λυροποιία, λυροποιητική λυ-ροποιητικός λυροποιητικῶς· Ἀριστοφάνης δ᾽ ἐν Δαιτα-
154 λεῦσι καὶ λυρωνίαν που λέγει. πληκτροποιός πληκτροποιία, πληκτροποιική πληκτροποιικός πληκτροποιικῶς. χορδοποιός χορδοποιία, χορδοποιικός χορδοποιικῶς, καὶ ἀπ᾽ αὐτῶν χορ-δοπώλης, ὡς Κριτίας λέγει. νευρορράφος νευρορραφικός, καὶ ἀπ᾽ αὐτοῦ νευροστάται. ὁπλοποιός ὁπλοποιία, καὶ ἀπ᾽ αὐ-τοῦ ὅπλα, ὅπλισις, ὁπλίτης, ὁπλίζεσθαι, ἐξοπλισία, ὁπλο-
155 μαχία, ὁπλοφόρος, ὁπλοθήκη, ὁ ἐπὶ τῶν ὅπλων στρα-τηγός. ἀσπιδοπηγός ἀσπιδοπήγιον· Λυσίᾳ δὲ καὶ λόγος ὑπὲρ τοῦ ἀσπιδοποιοῦ· καὶ ἀπ᾽ αὐτοῦ ἀσπίς, ἀσπιδηφόρος,

ὑπασπιστής συνασπιστής, ὑπ' ἀσπίδα, συνασπίζειν προασπί-
ζειν ὑπερασπίζειν, μικράσπιδα. κρανοποιός κρανοποιία, κρα-
νουργός κρανουργία, κράνος. θωρακοποιία θωρακοποιός,
θώραξ, θωρακοφόρος, τεθωρακισμένος, ἡμιθωράκια. μαχαι- 156
ροποιός, μαχαιροπωλεῖον μαχαιροπώλης, μάχαιρα, μαχαιρο-
φόροι, μαχαιρίδες. τοξοποιός τοξοποιία, τόξον, τοξότης, το-
ξοφόρος, τόξαρχος, ἱπποτοξότης, τοξεῦσαι ἐκτοξεῦσαι, τοξεύ-
ματα. βελοποιός βελοποιία, βέλος, βλῆμα, βάλλει. δορυξοῦς,
δόρυ ὁλοσίδηρον (καλεῖται δὲ γαισός, καὶ ἔστι Λιβυκόν),
δορυφόρος δορυφορία, δουροδόκη, δορυάλωτος, δορύληπτος.
Ἀριστοφάνης δ' ἐν Σκηνὰς καταλαμβανούσαις ἔφη   157
         καὶ τῶν πλατυλόγχων διβολίαν ἀκοντίων.
καὶ λοφοπωλεῖν δὲ ὁ αὐτὸς εἴρηκεν, καὶ σάγμα τὸ ἔλυτρον
τὸ τῆς ἀσπίδος, σαγὴν δὲ τὴν πανοπλίαν. ἡ δὲ τοῦ κρά-
νους θήκη λοφεῖον καλεῖται, ὡς ἡ τοῦ ξίφους ἀκμὴ κνώ-
δων. ὁ δ' ἐν τῷ τόξῳ δεσμὸς ποδάχνη, ὥσπερ ὁ κρίκος ὁ
πρὸς τῇ ἐπιδορατίδι πόρκης. μέσωρα δὲ ὅπλα τὰ καὶ τοῖς 158
παισὶν ἁρμόσαι δυνάμενα. εἴρηται δὲ καὶ ξιφομάχαιρα ἡ
μεγάλη μάχαιρα ἐν Θεοπόμπου Καπήλισιν,
         ἐλεφαντοκώπους ξιφομαχαίρας καὶ δόρη·
ἔνιοι γὰρ οὕτως εἰρῆσθαι τὰ δόρατα φασίν. βέλους δ' αἱ
ἀκίδες ὄγκοι καὶ πώγονες καλοῦνται. στεφάνη δὲ εἶδος ἂν
εἴη περικεφαλαίας, ὥσπερ καὶ μέρος. τὰ δὲ πολλὰ τούτων
ἐν τοῖς περὶ τῶν στρατιωτικῶν, ἐν οἷς καὶ τὰ συνώνυμα
τούτων καὶ τὰ μέρη τῶν ὅπλων ὑποδεδηλώκαμεν, ἤδη προ-
είρηται.
    ἴωμεν δὴ πάλιν ἐπὶ τὰς εἰρηνικωτέρας τῶν τεχνῶν. 159
ἐξωμιδοποιός ἐξωμιδοποιία ἐξωμίς. χλαμυδουργία χλαμυδο-
ποιία χλαμυδουργός. χλανιδοποιία χλανιδουργία, χλανίδες
χλανίσκια, χλανιδοποιός. κλινοποιική κλινοποιός, κλινοπή-
γιον, κλίνη κλινίδιον κλιντήριον, κλινήρης κλινοπετής, κατα-
κλιθῆναι· κλίνην δὲ παράπυξον Κρατῖνος εἶπεν ἐν Διονυ-
σαλεξάνδρῳ. κιβωτοποιός, ὡς Δείναρχος, κιβωτός κιβώτιον,
τάχα δ' ἂν καὶ ῥίσκος, κίστη, κοίτη κοιτῶν κοιτίς. ὁ δ' αὐ- 160
τὸς Δείναρχος καὶ βυρσοποιὸν εἴρηκε καὶ κωθωνοποιόν. σο-

ροποιός, σοροπηγός σοροπήγιον, σορός· καλοῖτο δ᾽ ἂν αὕτη καὶ
πύελος καὶ κιβωτὸς καὶ ληνός. σχοινιοσυμβολεύς, σχοινιοστρό-
φος καὶ ἱμονιοστρόφος, σχοινίον, σχοῖνος ὁλόσχοινος, παρα-
σχοίνισμα· τὸ δὲ σχοινίον καὶ κάλως καὶ καλῴδιον. κοσκινο-
161 ποιός, κόσκινον. ἱστιορράφος, ἱστίον, πλησίστιος. κεραμεύς,
κεράμιον, κεραμεία ἡ τέχνη καὶ κεραμευτική, κέραμος. καὶ
κεραμίδες, οὐ μόνον κέραμος, αἱ ἐπὶ τοῦ τέγους· Θουκυδί-
δης δὲ ἄμφω λέγει. κεραμεύειν. κεράμιον οἰνηρὸν Ἡρόδοτος
καὶ Κρατῖνος, Ἀριστοφάνης δὲ καὶ ὀξηρόν. κεραμοπῶλαι,
κεραμοπωλεῖον, ὡς Δείναρχος· καὶ τὸ ῥῆμα κεραμοπωλεῖν
Ἄλεξις. καὶ κεραμὶς γῆ ἡ κεραμῖτις καὶ κεραμική. κέραμος
162 δὲ πᾶσα ἡ τῶν κεραμέων ἀγγείων ὕλη. καὶ αὐτὸ δὲ τὸ τέ-
γος οὐ μόνον οἱ νῦν κέραμον ὀνομάζουσιν, ἀλλὰ καὶ Ἀρι-
στοφάνης ἂν ἐοίκοι καλεῖν, εἰπὼν ἐν Κωκάλῳ

       κοφίνους δὲ λίθων ἐκέλευες
ἡμᾶς ἐπὶ τὸν κέραμον.

ἀγγεῖα κεράμεα καὶ γήινα, καὶ τὰ εἴδη κεράμια, πίθοι πι-
θάκναι, ἀμφορεῖς, βίκοι, κώθωνες, σταμνία στάμνοι σταμ-
νίσκοι, ὅθεν εἴρηται ἐν τῇ μέσῃ κωμῳδίᾳ κατασταμνίζειν
τὸν οἶνον τὸ κατερᾶν. λεπρᾶν δὲ κεράμιον ὀξηρόν, ἀντὶ τοῦ
μυδᾶν, Ἀριστοφάνης λέγει. πίνακες κεράμεοι, τρύβλια, χύ-
163 τραι· χύτρας δὲ καὶ τὰ χυτροπωλεῖα ἐκάλουν, ὡς χύτρια τὰ
τῶν χυτρῶν ὄστρακα.   πλίνθοι, πλινθουργός, πλινθουλ-
κός πλινθουλκεῖν, πλινθεύειν, πλινθοφορεῖν· πλινθευ-
ταὶ δ᾽ ἦσαν οἱ τὰς πλίνθους πλάττοντες.   χυτροπλά-
θος, κοροπλάθος· τῶν δὲ κοροπλάθων ἴδιον τὸ τὰ χο-
λοβάφινα βάπτειν, τὰ χρυσοειδῆ. ἱπνοπλάθοι. παροιμία, ἐν
πίθῳ τὴν κεραμείαν μανθάνειν. ἀπὸ δὲ τῶν πίθων ὁ πι-
θών, Φερεκράτους εἰπόντος ἐν Πετάλῃ «κἀκ πιθῶνος ἤρυ-
164 σαν ἄκρατον.» καὶ μέντοι καὶ Εὔπολις ἐν τοῖς Δήμοις ἔφη

    ἐνταῦθα τοίνυν ἦν ἐκείνοισιν πιθών.

πυρρραγὴς δὲ Κρατίνου εἰπόντος ἐν Ὥραις ἐφαρμοστέον
τοὔνομα τῇ κεραμευτικῇ, ἐπεὶ καὶ Ἀριστοφάνης ἐν Ἀχαρ-
νεῦσιν εἴρηκε

---

162 1. κεραμεικῶν A.   5. ἡμᾶς] ἱμᾶν Kühnius, ἡμᾶς ἱμᾶν Berg-
kius.   163 4. κυθροπλάθος A.   8. εἴρυσαν ante M.   164 1. θυή-
μιοις A.

ψοφεῖ λάλον τι καὶ πυρίρραγές.

περὶ ὃ δὲ οἱ τοὺς πίθους πλάττοντες τὸν πηλὸν περι-
θέντες πλάττουσι, τοῦτο τὸ ξυλήφιον κάνναβος καλεῖται.
ἀναχύρωτον δὲ τὸν πηλὸν Ἀριστοφάνης ἐν Ἀναγύρῳ λέ-
γει. πλάσται, πλάττειν διαπλάττειν, πλαστική. καὶ κηρο-   165
πλάσται κηροπλαστική, κηρὸν τήκειν, ἀλεαίνειν, χεῖν, λύ-
ειν, ἀνιέναι, ὀργάζειν, μαλάττειν. λέγεται δὲ καὶ πηλὸν ὀρ-
γάζειν.

κουρεύς, κουρίς, κείρειν ἀποκείρειν, ἀπονυχίζειν. κηρο-
πλάστης. κομμωτής κομμώτρια, κομμωτική, κομμοῦν καὶ
πέκτειν, ὅθεν καὶ Ὅμηρος

ἰδὲ χαίτας

πεξαμένη χερσὶ πλοκάμους ἔπλεξε φαεινούς.

πιττοκόπος πιττοκοπική, πιττοῦν πιττοῦσθαι, πιττοκο-
πεῖσθαι, παρατίλτρια, παρατίλλεσθαι, παραλέγεσθαι.

βαλανεύς βαλανεύτρια βαλανευτική βαλανεύειν βα-   166
λανεῖον. μέρος δὲ βαλανείου ἐσχάρα καὶ ἀλειπτήριον· φησὶ
γοῦν Ἄλεξις ἐν Καυνίοις

ἐν τῷ βαλανείῳ μήτε πῦρ ταῖς ἐσχάραις

ἐνόν, κεχλεισμένον τε τἀλειπτήριον.

καὶ τὰ τῶν βαλανείων ἀγγεῖα ἀρύβαλλος ἀρύταινα· ἄμφω
δ᾽ Ἀριστοφάνης λέγει. ὁ δ᾽ αὐτὸς καὶ κάμινον βαλανείου
φησίν. εἰκότως δ᾽ ἂν βαλανείῳ προσάγοιτο καὶ τὸ ἐν ταῖς
Λημνίαις ὑπ᾽ αὐτοῦ εἰρημένον

ἀλλ᾽ ἀρτίως κατέλιπον αὐτὴν σμωμένην

ἐν τῇ πυέλῳ.

τάχα δ᾽ ἂν καὶ τὸ κτενίζεσθαι ἐν τῷ λουτρῷ. προσήκοι δ᾽   167
ἂν βαλανείῳ λουτρὸν καὶ λοῦσθαι, καὶ λουτρῶνες ὡς Ξενο-
φῶν. καὶ τὸ ὕδωρ τοῦ λουτροῦ λούτριον, ὡς Ἀριστοφάνης
ἐν Ἥρωσιν

μήτε ποδάνιπτρον θύραζ᾽ ἐκχεῖτε μήτε λούτριον.

ἡ δὲ νέα κωμῳδία καὶ λουτῆρας λέγει. Αἰσχύλος δ᾽ ἂν ἐοί-
κοι τὰ βαλανεῖα λουτήρια λέγειν·

[λοῦταί γε μὲν δὴ λουτρὸν αὖ τὸ δεύτερον.]

ἀλλ᾽ ἐκ μεγίστων εὐμαρῶς λουτηρίων.

Ἀναξίλας δὲ οὕτως ὀνομάζει τοὺς νῦν λουτῆρας, ἐν Λου-
τροποιῷ λέγων

    ἐν τοῖς βαλανείοις οὐ τίθεται λουτήρια

168 τῶν δὲ ἔτι νεωτέρων τις Εὔπολις καὶ τὴν πύελον τὴν ἐν
τῷ βαλανείῳ μάκτραν ὠνόμασεν, ὡς οἱ νῦν· λέγει γοῦν ἐν
Διαιτῶντι

               εἰς βαλανεῖον
εἰσελθὼν μὴ ζηλοτυπήσῃς τὸν συμβαίνοντά σοι
εἰς τὴν μάκτραν.

τῷ δὲ λοῦσθαι καὶ τὸ ψυχρολουτεῖν ἂν προσήκοι, εἰρημέ-
νου τοῦ ἐψυχρολουτήσαμεν ἐν Δαιταλεῦσιν Ἀριστοφάνους.
καὶ παραλοῦται δ' ὁ αὐτὸς ἐν Ταγηνισταῖς. ἀλουτίαν δὲ
Εὔπολις ἐν Ταξιάρχοις·

            ἀντὶ ποικίλου
πιναρὸν ἔχοντ' ἀλουτίᾳ κάρα τε καὶ
τρίβωνα.

βαλανείῳ δ' ἂν καὶ ἡ πυρία ἔποιτο· εἴρηκε δ' Ἡρόδοτος
«πυρία Ἑλληνική,» Φίλιστος δὲ «λουτρὰ καὶ πυριάματα.»

169   βαφή, χρῶσις κατάχρωσις, βάπτων καταβάπτων, χρων-
νύς καταχρωννύς, καλχαίνων· ἴδιον γὰρ ἐπὶ τῶν χρωννύν-
των τοὔνομα. Εὔπολις δὲ καὶ βάπτριαν, καὶ Ἀντιφῶν βά-
ψιν χαλκοῦ καὶ σιδήρου. λέγεται δὲ καὶ φαρμάττειν τὰ ἔρια,
καὶ μηλοῦν, καὶ καταμηλοῦν τὸ τῷ κυκήθρῳ καταδύειν. καὶ
τὰ χρώματα καὶ βάμματα καὶ ἄνθη καὶ φάρμακα, καὶ τὸ
ἐργαστήριον ἵνα τοῦτο γίνεται φαρμακών, ὁ δὲ καταβάπτων
170 πορφυροβάφος. εἴποις δ' ἂν καὶ δολοῦν τὰ ἔρια. Ἀντιφά-
νης δὲ ἐν Βυζαντίῳ κατὰ τὴν νῦν χρῆσιν εἴρηκε «πορφύ-
ρας ὀκτὼ κύκλοι.» προείρηται δὲ περὶ δευσοποιοῦ βαφῆς.

   τραπεζίτης τραπεζιτεύω, τράπεζα. ἀργυραμοιβός ἀρ-
γυραμοιβική, ἀργυρογνώμων, δοκιμαστής, κολλυβιστής, ὡς
Λυσίας ἐν τῷ περὶ χρυσοῦ τρίποδος. καὶ ὁ νῦν κόλλυβος
ἀλλαγή, καὶ τὸ καταλλάττειν τὸ νόμισμα, καὶ τὰ κέρματα
δὲ καὶ τὸ κερματίζειν τὸ νόμισμα εἴρηται· Ἀριστοφάνης

---

167 1. λυροποιῷ Schweighaeuserus.   3. ἐν additum ex 10 36.   168
1. cf. M 1 p. 130.   169 5. κυνήθρω A. κινήθρω ceteri.   170 2.
πορφίροις A, omisso κύκλοι.

οὐδ' ἀργύριον ἔστιν κεκερματισμένον.

κέρματα δὲ πολλῶν πληθυντικῶς εἰρηκότων, κέρμα ἑνικῶς Ἄμφις εἴρηκεν ἐν Ἀμπελουργῷ καὶ Ἀντιφάνης ἐν Κύκλωπι. νομισματοπώλης καὶ νομισματοπωλικὴ κατὰ Πλάτωνα.

πιλοποιός πιλοποιικός, πιλοποιία πιλοποιική, πιλη- 171 τικός, πῖλος πίλινος, πίλημα. «πιλητὰ ἔσεσθαι κτήματα σώμασιν» ἐν Τιμαίῳ Πλάτων. πιλῆσαι συμπιλῆσαι, συμ- πίλησις, πιλίον πιλίδιον. οὐ μόνον δὲ ὁ ἐπὶ τῆς κεφαλῆς ἐπιτιθέμενος πῖλος ἐκαλεῖτο, ἀλλὰ καὶ ὁ περὶ τοῖς ποσίν, ὡς δηλοῖ Κρατῖνος ἐν Μαλθακοῖς λέγων

λευκοὺς ὑπὸ ποσσὶν ἔχων πίλους.

ὁ δὲ Πλάτων ἐν Συμποσίῳ καὶ ἀρνακίδας τοῖς πίλοις 172 προστίθησιν· «ἐνειλιγμένων τοὺς πόδας εἰς πίλους τε καὶ ἀρνακίδας.»

πλοκεύς, πλέκων συμπλέκων, πλεκτική πλεκτικός πλεκ- τικῶς, πλέγμα, πλοκή συμπλοκή περιπλοκή. περιπλέκει δια- πλέκει ἀντιδιαπλέκει. πλόκιον, πλόκανον, περιπεπλεγμένον. χήλινον δὲ ἄγγος, ἔχον πυθμένας ἀγγειοσελίνων, ὅταν εἴπῃ Ἀνακρέων, τὸ ἐκ σχοινίων πλέγμα δηλοῖ. καὶ ῥῖπας δὲ πλέ- 173 κειν ἔστιν εἰπεῖν· ἕτερον γὰρ ἡ ῥιπίς. ἀλλὰ καὶ σπυρίδας πλέκειν καὶ φορμίδας καὶ φορμίσκια καὶ φορμίσκους καὶ ταλάρους καὶ καλαθίσκους καὶ ταρσούς· ἔστι δὲ καλάμινον πλέγμα, ἐφ' οὗ τοὺς ὑγροὺς ἐξήραινον τυρούς. τὸ δ' ἐπὶ τῇ ψύξει τῶν σύκων πλέγμα τρασιά. εἴποις δ' ἂν πλέκειν κο- φίνους, σωράκους, ἀρρίχους, φερνία, λάρκους, φορμούς, σπυ- 174 ρίδας σπυρίδια σπυρίχνια, ταρπούς τάρπας, συρίσκους. θο- λία δ' ἐκαλεῖτο πλέγμα τι θολοειδές, ᾧ ἀντὶ σκιαδίου ἐχρῶντο αἱ γυναῖκες. καὶ τὸ σκιάδιον δ' ἐστὶν ἐν χρήσει, καὶ σκιαδοφόροι καὶ ἐσκιαδοφόρει· καὶ σκιάς, ὑφ' ᾗ ὁ Διόνυσος κάθηται, καὶ σκίρα ἑορτή. πλόκαμος πλοκαμίς, πλεκτάνη. καὶ πυτίνας πλέκειν καὶ ταλάρους καὶ τυροκο- 175 μεῖα· οὕτω δ' ἂν καλοίης τὸν τάλαρον ᾧ ὁ χλωρὸς τυ- ρὸς ἐμπήγνυται, ὥσπερ τὸ ξύλον τὸ ἑκατέρωθεν φέρον τουτὶ τὸ πλέγμα τυροφορεῖον. τὸ δὲ τἆλλα σκεύη φέ- ρον οὐ μόνον σκευοφόριον ἀλλὰ καὶ ἀναφόρον εὕροις ἂν

ἐν Βατράχοις Ἀριστοφάνους εἰρημένον. καὶ φορμὸν δὲ σχοίνινον Ἀριστοφάνης λέγει. οἰσυοπλόκος δὲ ὁ τὰς οἰσύας 176 πλέκων· οἰσύαι δὲ αἱ λύγοι, καὶ οἰσύινα σκεύη καὶ οἰσύιναι ἀσπίδες. τὸν δὲ οἰσυοπλόχον οἰσυουργὸν καλεῖ Εὔπολις. κάνναι δὲ τὸ ἐκ καννάβων πλέγμα· ῥῖπές τινές εἰσιν ἐν Ἀριστοφάνους Σφηξίν,

οὐ μή ποτέ σου παρὰ τὰς κάννας οὐρήσω.

καὶ τὸ κανοῦν δὲ πλέγμα τι, καὶ τὸ κανίσκιον· ἐν γὰρ τῷ Γηρυτάδῃ φησὶν Ἀριστοφάνης «πλεκτῷ κανισκίῳ.» καὶ γυργάθους δὲ πλέκειν ἔλεγον· ὁ δὲ γύργαθος ὠνόμασται ἐν τοῖς Ἀριστοφάνους Δαιταλεῦσιν.

177 μυρεψός· Κριτίας γὰρ οὕτως ὠνόμασεν. μυροποιός· οὕτω δὲ Ἀνακρέων. μυροπώλης· μυροπωλεῖν δὲ Ἀριστοφάνης ἔφη. μυροπώλιον, μύρου ἀλάβαστρον, μυρίδα. μυρηρὰ λήκυθος, ἀλαβαστροθῆκαι· καὶ τὸν τὰς ἀλαβάστρους φέροντα Αἰσχύλος εἴρηκεν ἀλαβαστροφόρον. μύρῳ χρίσασθαι, μύρου ὄζειν, μυρίσματα μυρίσαι, μυρώσασθαι μυρώματα, μυραλοιφεῖν μυραλοιφή μυραλοιφία. σπαθίδα δὲ τὴν καθιεμένην εἰς τὸ μύρον Ἀριστοφάνης εἴρηκεν ἐν Δαιταλεῦσιν.

178 λυχνοποιός λυχνοπώλης, λύχνος λυχνοῦχος, λύχνιον ἐλλύχνιον, λυχνοκαυτεῖν, λυχνοκαΐα παρ' Ἡροδότῳ. καὶ τὸ κατασβέσαι τὸν λύχνον, ὅπερ οἱ νῦν, κατακοιμίσαι Φρύνιχος εἴρηκεν ἐν Μονοτρόπῳ·

ἔπειτ' ἐπειδὰν τὸν λύχνον κατακοιμίσῃ.

Εὐριπίδης δ' ἐν Ἰνοῖ

κοίλοις ἐν ἄντροις ἄλυχνος, ὥστε θήρ, μόνος.

179 στλεγγιδοποιός, στλεγγίς, ἀποστλεγγίσασθαι ἀπεστλεγγισμένος. ἔστι δὲ καὶ ἕτερόν τι στλεγγίς, δέρμα κεχρυσωμένον, ὃ περὶ τῇ κεφαλῇ φοροῦσιν. δακτυλιογλύφος· δακτυλιουργὸν αὐτὸν εἴρηκε Φερεκράτης. τὸ δὲ γλύφειν Κρατῖνος, καὶ τὸ γλύμμα Εὔπολις. δακτύλιος δακτυλίδιον· καὶ τοῦ δακτυλίου τὸ μέν τι ὁ κύκλος, τὸ δέ, ἵνα ὁ λίθος ἐναρμόζεται, πυέλος τε καὶ πυελίς, ὡς ἔφη Λυσίας. τὸν δὲ περιφερῆ καὶ ἄλιθον δακτύλιον ἄπειρον καλοῦ-

---

176 1. οἰσύαι] ἰωνικὸν A. 5. περὶ A. 179 2. δέσμα Schweighaeuserus. 6. post κύκλος A σφενδόνη.

σιν. δικτυοπλόκος δικτυεύς, δίκτυον δικτύδια. κεκρυφα-
λοπλόκος, ὡς Κριτίας ἔφη, κεκρύφαλος κεκρυφάλιον. καρ-
δοπογλύφος, ὡς Κράτης εἴρηκεν ἐν Γείτοσιν· Μένανδρος δὲ
τὴν κάρδοπον καὶ ληνὸν κέκληκεν. φαρμακοτρίβας δὲ εἶπε Δη-
μοσθένης. ὀρχηστοδιδάσκαλος, ὀρχηστής ὀρχηστρίς, ὄρ- 180
χησις, ὀρχήματα ὑπορχήματα. μυλωθρός, μύλων μύλη,
ἐπιμύλιος ᾠδή, καὶ προμυλαία θεὸς καὶ εὔνοστος. καὶ ζῶον
τὸ ἔνδον τρεφόμενον μυλακρὶς καὶ μυλαβρίς· οἱ δὲ μυλα-
κρίδα τὴν ἀλοῦσαν γυναῖκα ἔλεγον. στρέφειν τὴν μύλην,
περιάγειν, περιφέρειν περιελαύνειν, ἀλεῖν τοὺς πυρούς, τρί-
βειν, λεαίνειν, ἐρείκειν κατερείκειν· Ἀριστοφάνης γὰρ ἐν 181
Ἀμφιαράῳ φησὶν

    ἔπειτ' ἔρειξον ἐπιβαλοῦσ' ὁμοῦ πίσοις,
ἐν δὲ τοῖς Σφηξὶ «θυμὸν κατερεῖξαι.» ἐκ δὲ τούτων ἂν
εἴη καὶ κοδομὴ καὶ κοδομεύειν καὶ κοδομεῖν, καὶ φρύττειν
καὶ φρύγειν καὶ φρύγετρον καὶ φρῦξαι καὶ φρυγεῦσαι. ἀγ-
γεῖον δὲ ᾧ ἐνέφρυγον ὁ φρυγεύς· Θεόπομπος γοῦν ἐν Σεί-
ρησι «φρυγεύς» φησι «θυΐα λήκυθος.» ὁ δὲ φρυγεὺς καὶ
σείσων καλεῖται· ὀνομαστέον δὲ καὶ τὸν ἄνδρα τὸν φρύτ-
τοντα φρυγέα. σπαρτοπλόκος σπαρτοπώλης, σπάρτη
σπάρτος. σπαρτίνη ἡ μήρινθος. θρονοποιός, δίφρος, 182
ἕδρα, θᾶκος, θρῆνυς θρανίον, σκολύθριον. ληκυθο-
ποιός ληκυθοπώλης, λήκυθος ληκύθιον, ληκυθίζειν.

    ἐν μέντοι τοῖς ἄλλοις τεχνίταις ὁ Πλάτων ἐν τῷ δευ-
τέρῳ τῆς Πολιτείας καὶ τοὺς ἐργολάβους καταταλέγει·
«ῥαψῳδοί, χορευταί, ὑποκριταί, ἐργολάβοι.» νῦν μὲν οὖν
τοὺς περὶ τὴν σκηνὴν λέγει ἐργολάβους· καὶ πάντας μὲν
τοὺς ἐργολαβοῦντας ἔστιν εἰπεῖν, ὧν τοὺς ἐναντίους, τοὺς
ἐκδιδόντας, ἐργοδότας εἴρηκε Ξενοφῶν. τοὺς δὲ ἐργολάβους
καὶ ἐργολήπτας Τηλεκλείδης ὁ κωμικός. οἱ μέντοι ῥήτορες
τὸ ἐργολαβεῖν ἐπὶ τοῦ ἐπηρεάζειν λέγουσιν. τοὺς δὲ ἐφε- 183
στηκότας τῇ τῶν ἔργων ἐπιμελείᾳ οἱ μὲν Ἀττικοὶ ἐπιστά-
τας ἔργων λέγουσιν, Ἐπίχαρμος δὲ καὶ ἐργεπιστάτας.

    κολλέψης κολλοπώλης, κόλλα κολλᾶν. κρηπιδουρ-

γὸς ὡς Δείναρχος, κρηπῖδες. ὀρεοκόμος ὀρεοκομεῖν, ὀρεῖς, ὀρικὸν ζεῦγος. ἡνίοχος, ἡνία, ἡνιοχεῖν ἡνιόχησις ἡνιοχούμενοι.

184 νομή νομεῖς, νέμειν κατανέμειν ἐπινέμειν. μηλόβοτος γῆ, εὔβοτος καὶ εὔνομος καὶ εὔχιλος, καὶ εὔχορτα πεδία, ὡς οἱ ποιηταί. ποάστριον δὲ τὸ νῦν χορτοκόπιον. ἐπινομίαν δὲ Ξενοφῶν ἔφη τὸ ἐν τῇ ἀλλήλων ἐξεῖναι νέμειν. προβατεῖς προβατευταί, προβατεία προβατευτική, πρόβατα, προβατοκάπηλος. καὶ αἱ προβάτων ἡλικίαι· τὸν μὲν ἀπὸ γονῆς εἴποις ἂν μοσχίον, τὸν δ᾽ ἐσθίοντα ἄρνα, εἶτα ἀμνόν, εἶτα ἀρνειόν, ὃς καὶ ἀρὴν παρὰ τοῖς ποιηταῖς καλεῖται,

185 εἶτα λιπογνώμονα. ποιμένες αἰπόλοι, ποίμνια αἰπόλια, ποιμαίνειν αἰπολεῖν, ποιμνῖται κύνες, αἰπολικοὶ κύνες. ἱπποφορβοὶ ἱπποφορβία, καὶ ὡς Σοφοκλῆς ἱπποβουκόλοι, ἱπποφορβεῖς. βοηλάται βουφορβοί, βουκάπηλοι, ζευγηλάται· Σοφοκλῆς δ᾽ ἔφη «ποππύζεται ζευγηλατρίς.» ἀστραβηλάται, καὶ παρὰ τοῖς Δωριεῦσιν ὀνοκίνδιοι καὶ κιλλακτῆρες.

186 ὄνος, ἡμίονος, ἀστράβη, νωτεῖς ἡμίονοι καὶ ζύγιοι· καὶ ἀγὼν δέ τις ἡμιόνων ἤγετο πάλαι ἐν Ὀλυμπίᾳ, καὶ τὸ μὲν τῶν νωτέων ἡμιόνων ἀγώνισμα ἐκαλεῖτο κάλπη, τὸ δὲ τῶν ζυγίων ἀπήνη. τὸ δὲ σάξαι τὸν ὄνον ἐπισάξαι Ἡρόδοτος· Ξενοφῶν δὲ καὶ ἐφ᾽ ἵππων τὸ ἐπισάξαι. τὸ δὲ τοῦ ἀστραβηλάτου ῥῆμα ἀστραβεύειν Πλάτων εἴρηκεν ἐν Ἑορταῖς. τὸ μέντοι τοῖς ἀπηγορευκόσι τῶν ἵππων ἐπιβαλλόμενον ση-

187 μεῖον τρυσίππειον ἐκαλεῖτο. Ἀριστοφάνης δὲ καὶ βοηλατεῖν καὶ ὀνηλατεῖν εἶπεν. ὑοπῶλαι ὑοφορβοί, συβῶται συφορβοί συβώτριαι, χοιροπῶλαι, ὡς Ἀριστοφάνης ἐν Ὥραις.. καὶ ὕες σύες, χοῖροι χοιρίδια, δελφάκια, καὶ τὰ ὀψίγονα καὶ σμικρὰ μετάχοιρα. συφεός ὑφεός συφός, χοιροκομεῖον· χοιροτροφεῖον δὲ ὅ τε συφὸς καὶ πλέγμα τι ἐν ᾧ χοῖροι τρέφονται.

188 ἀγύρται μηναγύρται, ἀγυρτική, ἀγυρμός, ἀγείρειν. μάντεις, ἀλφιτομάντεις, ἀστρομάντεις, νυκτομάντεις, στερ-

---

184 7. μοσχεία B, μοσχίαν Stephanus.　8. ἀρνὸν ὃς καὶ ἄρρην A.
185 3. Εὐριπίδης Valckenarius.　186 4. ἐπισ.] στρωματίσαι C.　187 1.
τρίσιππον A.　188 1. μητραγύρται C.

νομάντεις, σφονδυλομάντεις, ἀλευρομάντεις· κοσκινομάν
τεις δὲ εἴρηκε Φιλιππίδης, Μάγνης δὲ ἐν Λυδοῖς «ὀνειρο
μάντεσιν, ἀναλύταις.» ὀνειροκρίται, ὀνειροπόλοι, ὀνειρά
των ὑποκριταί. ὀρνεοσκόποι, οἰωνισταί, ὀρνιθοσκόποι, οἰω
νοπόλοι. θύται, φιλοθύται, μάγοι, γόητες, ἐξηγηταί, κα
θαρταί, τελεσταί, ἀπομάκται ἀπομάκτριαι, καὶ τὸ ῥῆμα
ἀπομάξομεν. τερατοσκοπία τερατολογία, τερατολόγῳ φύσει 189
(εἴποις δ᾽ ἂν καὶ τερατολόγῳ ἀνδρί), τερατογονία, τερῶν
ὑποκριταί, ἀφ᾽ ὧν καὶ τὸ τερατεύεσθαι. θαυματοποιός
θαυματοποιία, θαυμάτων δημιουργοί.

μηχανοποιός μηχανοποιία, μηχανήματα μηχαναί,
εὐμήχανοι εὐμηχανία, πολυμήχανοι πολυμηχανία, ἀμήχανοι
ἀμηχανία, βιομήχανοι ὡς Ἀντιφῶν. τοὺς δὲ μηχανοποιοὺς
καὶ σκηνοποιοὺς ἡ παλαιὰ κωμῳδία ὠνόμαζεν. γελω- 190
τοποιὸς καὶ γελωτοποιεῖν, καὶ γελωτοποιοῦντες ὡς Ξενο
φῶν. Ἐκπωματοποιὸς δὲ δρᾶμα Ἀλέξιδος, καὶ Γραμματει
διοποιὸς Ἀπολλοδώρου. κυβερνῆται, πρωρᾶται, ἐρέ
ται, ναῦται. καὶ στρογγυλοναύτας Ἀριστοφάνης λέγει, Θεό
πομπος δὲ γυναῖκας ναυτίδας. πορθμεῖς πορθμίον. νεωλ
κοί· τὰ δὲ τῶν νεωλκῶν ξύλα, οἷς ὑποβληθεῖσιν ἐφέλκον
ται αἱ νῆες, φάλαγγες καὶ φαλάγγια. αἱ δὲ καλούμεναι χα- 191
μουλκοὶ μηχαναὶ δι᾽ ὧν εἵλκοντο. καὶ ἡ μὲν οὐκέτι πλέ
ουσα ναῦς νενεωλκημένη, διαψυχομένη, ἀνειλκυσμένη. τὰ δὲ
μέρη τούτων προείρηται. σακχυφάντας δὲ Δημοσθέ
νης εἴρηκεν ἐν τῇ κατ᾽ Ὀλυμπιοδώρου. καὶ σάκκον μὲν καὶ
σακκίον ἡ κωμῳδία, Ὑπερίδης δὲ ἐν τῷ ὑπὲρ Μίκας ἔφη
«ἐμισθώσατο τυλυφάντας,» Σοφοκλῆς δ᾽ ἔφη «λινορραφῆ
τυλεῖα,» Εὔπολις δὲ Κόλαξι «κεκρύφαλοί τε καὶ τύλη,» 192
Ἀντιφάνης δὲ ἐν Φάωνι «στρώματα κλίνας τύλας.» καὶ
φρεωρύχος δὲ εἴη ἂν τέχνης εἶδος· Φιλυλλίῳ γὰρ δρᾶμά
τι ὁ Φρεωρύχος. τὸ δὲ φρεωρύχων ἐργαλεῖον παρ᾽ αὐτοῦ
καλεῖται τορεύς. ἴσως δ᾽ ἂν καὶ [βύρσαν] γλευκαγω

---

188 2. ὀνειροκρίτοισιν A, omisso 3. ὀνειροκρίται. καθάρτριαι add C.
4. μάντεις ἐπ᾽ ὄρνισι add C. 190 1. σκηνικοὺς οἱ παλαιοὶ ὠνόμασαν C.
7. καθέλκονται C. 191 2. καί] οὐλκοί. καὶ A, ὁλκοί. καὶ F. 3. νεωλ
κημένη vulgo. 6. μήκας A. 7. κλινοραφὴς τυλία A: correctum ex
10 39.

γόν τινα φαίης· ἐπίπρασκον δ' οὗτοι τὸ γλεῦκος, ἐφ' ἁμα-
193 ξῶν εἰς τὴν ἀγορὰν κομίζοντες. Φερεκράτης δ' εἴρηκεν ἐν
Ἀγρίοις βύρσης γλευκαγωγοῦ.

κάπηλοι δὲ οὐ μόνον οἱ μεταβολεῖς, ἀλλὰ καὶ οἱ τὸν
οἶνον κεραννύντες· ὅθεν καὶ Σαράβωνα ὁ Πλάτων κάπη-
λον ὠνόμασεν, ἐπαινῶν αὐτὸν ἐπ' οἰνουργίᾳ. τὸ δὲ τῶν κα-
πήλων ἐργαστήριον καπηλεῖον εἰρήκασιν οἱ κωμῳδοδιδά-
σκαλοι, καὶ τὸ κωμῳδούμενον ἐν Σοφοκλέους Φινεῖ
βλέφαρα κέκληταί γ' ὡς καπηλείου θύραι.
194 Ἕρμιππος δὲ ἐπὶ τοῦ προπιστευθέντος ἄνευ ἀργυρίου πί-
νειν ἐκ καπηλείου προδόσει πίνειν εἴρηκεν. κάπηλιν δ' ἔλε-
γον, ὡς Ἀριστοφάνης
ἆρ' ἐστὶν ἡ καπηλὶς ἡ ἐκ τῶν γειτόνων,
ἢ ταῖς κοτύλαις ἀεί με διαλυμαίνεται.
καὶ τὸ κοτυλίζειν εἴρηται μὲν καὶ ἐπὶ τῶν ἄλλων τῶν κατὰ
μέρος πιπρασκομένων ἀλλ' οὐκ ἀθρόως, ἴσως δὲ καταχρω-
μένων τῶν λεγόντων, ὥσπερ καὶ τὸ καπηλεύειν, οὕτω καὶ
τὸ πιπράσκειν λέγουσιν· ἴδιον δ' ἂν εἴη τῶν τὸν οἶνον πι-
195 πρασκόντων. καὶ Φερεκράτης μὲν εἴρηκε
μηδὲν κοτυλίζειν, ἀλλὰ καταπάττειν χύδην,
Ἀριστοφάνης δὲ
κιρνάντες γὰρ τὴν πόλιν ἡμῶν κοτυλίζετε τοῖσι πέ-
νησιν.
ὅτι μέντοι ἡ κοτύλη καὶ ὑγρῶν ἦν καὶ ξηρῶν μέτρον, Θου-
κυδίδης ἀρκεῖ εἰπὼν «κοτύλην ὕδατος καὶ δύο κοτύλας σί-
του.» εἶεν δ' ἂν τινες καὶ νεκροφόροι καὶ ταφεῖς. τὰ δ'
ἐπὶ τοῦ πιπράσκειν, ἔστιν εἰπεῖν ἐπ' αὐτῶν τὸ τιμιοπῶλαι,
εἰρηκότος Φρυνίχου ἐν Τραγῳδοῖς
σὺ δὲ τιμιοπώλης ὥς γ' Ἀχιλλεὺς οὐδὲ εἷς.
196 καὶ ἡ παμπρασία δὲ ἐπὶ τῶν πάντα πωλούντων λέγεται.

τὰ δ' ἐφεξῆς τὰ μὲν πλεῖστα Κριτίας λέγει, πολλοὶ
δὲ καὶ τῶν μᾶλλον αὐτοῦ κεκριμένων τὴν εὐφωνίαν. χαλ-
κοπῶλαι, σιδηροπῶλαι. λαχανοπῶλαι λαχανοπώλιδες λαχα-

---

193 8. δ' A. || θύρας A.   195 2. καταπιπράσκειν A.   4. τοῖς
σιτοπένησιν A.   9. ἐπὶ τούτοις ἀποπιπράσκειν. ἴστιν δὲ εἰπεῖν BC. ||
τιμιοπῶλαι C.   196 3. αὐτῷ ante Kühnium.   4. λαχανοπώλιδες λα-
χανοπωλήτριαι] haec vulgo 200 1. post Ἀντιφάνης.

νοπωλήτριαι. τυροπῶλαι· ἔθος ἦν ἐπερωτᾶν τούτους πό-
τερα κνῆν ἢ ἐπεσθίειν. συρμαιοπῶλαι, στυππειοπῶλαι, ἐριο-
πῶλαι, λιβανωτοπῶλαι· λιβανωτοπωλεῖν δὲ Ἀριστοφάνης
ἔφη. ῥιζοπῶλαι, σιλφιοπῶλαι, καυλοπῶλαι, σκευοπῶλαι, σπερ- 197
μολόγοι. σπερματοπῶλαι, χυτροπῶλαι· τὴν δ' Αἴγιναν χυ-
τρόπωλιν ἐκάλουν. φαρμακοπῶλαι, καὶ τὸ ῥῆμα φαρμακο-
πωλεῖν, καὶ φαρμακοτρίβαι παρὰ Δημοσθένει. βελονοπῶλαι
βελονοπώλιδες· τὰς δέ γε βελόνας βελονίδας εἴρηκεν Ἕρ-
μιππος ἐν Μοίραις. ἔξεστι δὲ καὶ τἄλλα ἐπὶ τὸ θῆλυ σχη-
ματίζειν. πινακοπῶλαι· ἐκάλουν δ' οὕτως οἱ ποιηταὶ τῆς
κωμῳδίας οἱ μόνον τοὺς πίνακας πιπράσκοντας ἀλλὰ καὶ
τοὺς ὄρνις, ἃς προυτίθεσαν ἐπὶ πινάκων κεραμέων. τού-
τους δ' ὀρνιθοκαπήλους Κριτίας καλεῖ. οὗ δ' ἐπιπράσκοντο 198
οἱ ὄρνιθες, ὀρνιθοπωλεῖον. ὀρνεῶται, ὀρνιθοπῶλαι. κτενο-
πῶλαι, ἀγκιστροπῶλαι, σκοροδοπῶλαι, κρομμυοπῶλαι. ἰσχα-
δοπώλιδες· ἰσχαδοπῶλαι δὲ Φερεκράτης ἐν τοῖς Ἀγαθοῖς
καὶ ἰσχαδωνῶν ἔφη. μελιτοπῶλαι μελιτοπώλιδες μελιτοπω-
λοῦσαι. λεκιθοπώλης, ἐλαιοπῶλαι, ὀξοπῶλαι, γελγοπῶλαι
γελγόπωλις· εἴρηται γὰρ ἡ γελγόπωλις ἐν Διονυσαλεξάνδρῳ
Κρατίνου, ὥσπερ ἐν Ἀρτοπώλισιν Ἑρμίππου τὸ γελγοπω-
λεῖν. ἐν δ' Ἀριστοφάνους Δαναῖσι συρμαιοπῶλαι καὶ ἐγκρι- 199
δοπῶλαι, ὥσπερ ἐν ταῖς Φοινίσσαις θεατροπώλης ὁ θέαν
ἀπομισθῶν. χιδροπῶλαι. στεφανοπῶλαι στεφανοπώλιδες στε-
φανοπωλήτριαι. στεφάνων δὲ εἴδη ἐκκύλιστος, ὥσπερ Ἀρ-
χίππῳ εἴρηται ἐν Ῥίνωνι

ἀπέρχεται

στέφανον ἔχων τῶν ἐκκυλίστων·

καὶ κυλιστὸν δὲ εἴρηκεν Ἀντιφάνης. συνθηματιαίους δὲ στε- 200
φάνους εἴρηκεν Ἀριστοφάνης τοὺς ἠργολαβημένους, οὓς οἱ
νῦν ἐκδοσίμους λέγουσιν· φατέον δὲ ἐπὶ μὲν τοῦ ἐκδιδόν-
τος ἔργον ὁτιοῦν τὸ ἐργοδοτεῖν, ἐπὶ δὲ τοῦ ἐργαζομένου τὸ
ἐργολαβεῖν. εἰ δὲ Λυσίου ὁ κατ' Αὐτοκλέους λόγος, ἐν ᾧ
γέγραπται «ψηφοπαικτοῦσι τὸ δίκαιον,» εἴη ἂν καὶ ὁ ψη-

---

197 2. κυθροπῶλαι C. ‖ χυτροπωλεῖον A, χυτρόπολιν M.   5. τὰς
— 6. σχηματίζειν] haec vulgo 200 1. ante συνθηματιαίους.   199 3. χιτρο-
πῶλαι A, ἰτροπώλης ceteri.   200 5. εἰ — 6. ψηφοπαίκτης] καὶ λυσίας δὲ ἐν τῷ
κατ' αὐτοκλέους ψηφοπλασοῦσι τὸ δίκαιον. εἴη δ' ἂν καὶ ὁ ψηφοπλάστης A.

21

201 φοπαίκτης ἐν τέχνῃ. τὸ δὲ ὄνομα τοῦτο εἴρηκέ τις τῶν νέων κωμῳδῶν Εὔδοξος ἐν Ναυκλήρου δράματι.

εἰ δὲ χρὴ καὶ τὰς αἰσχίους πράξεις τέχνας ὀνομάζειν, ἐρεῖς πόρναι πόρνοι, ἑταῖραι ἑταιροῦντες, πορνεῖα οἰκήματα ματρύλλεια, πορνοβοσκοὶ προαγωγοὶ μαστροποί. τὴν δὲ πόρνην καὶ χαμαιτύπην ἐρεῖς, καὶ χαμαιτυπεῖον τὸ ἐργαστήριον, καὶ τεγῖτιν καὶ πορνίδιον. πορνεύτριαν δὲ ἐν 202 τοῖς Γεωργοῖς Ἀριστοφάνης ἔφη, Φιλωνίδης δὲ ἐν τοῖς Κοθόρνοις πορνοτελώνας. Ἕρμιππος δὲ ἐν Ἀρτοπώλισι φησὶν

ὦ σαπρὰ καὶ πᾶσι πόρνη καὶ κάπραινα,

Ἀριστοφάνης δὲ ἐν Σκηνὰς καταλαμβανούσαις

τὴν πόρδαλιν καλοῦσι τὴν κασαλβάδα.

τὸ δὲ πορνεύεσθαι ῥῆμα ἐν τῷ πρώτῳ Εὐπόλιδος Αὐτολίκῳ, ὡς τὸ πορνοβοσκῆσαι ἐν τῇ Πλάτωνος Συμμαχίᾳ, 203 καὶ ἡ πορνοβοσκία ἐν τῷ Αἰσχίνου κατὰ Κτησιφῶντος. ἐν δὲ Φρυνίχου Μούσαις

ὦ κάπραινα καὶ περίπολις καὶ δρομάς.

καὶ φορβάδας δ᾽ ἂν τὰς πόρνας λέγοις, ὥσπερ καὶ μάχλους.

κυβεία, κυβεύτρια κυβευταί, κυβευτήρια. πεττεία ἢ πεσσεία, ὡς Σοφοκλῆς. σκιράφια· καὶ τὸν σκιραφευτὴν Ἄμφις εἴρηκεν ἐν τοῖς Κυβευταῖς. τηλία, κημοί, φιμοί, κηθίς, κόσκινον, ἀβάκιον, κύβοι, διάσειστοι κύβοι, πεττοί, ἀφ᾽ 204 ὧν καὶ τὸ πεττεύειν καὶ πεττευτὴς παρὰ Πλάτωνι. τὸ δὲ πεσσοῖς παίζειν πεσσονομεῖν Κράτης εἴρηκεν ἐν Γείτοσιν. ψῆφοι, γραμμαί, βόλοι. βόλων δὲ ὀνόματα τῶν μὲν φαύλων τε καὶ δυσβόλων, ἐφ᾽ οἷς τὸ δυσκυβεῖν, Μίδας, Μάνης, πάτριλος, πάταινα, μάγνης, σάγλη, ἄβολα, ἄπλια, ἄθετος, ὑπτιάζων, κρύφασος, κάγχασος, τριχίας, ἐκδύνων, χῖος, ὃν καὶ κῖον ἐκάλουν καὶ οἰνὸν καὶ οἰνήν (ἔστι δὲ οἰνὴ παρὰ τοῖς Ἴωσι μονάς)· οἱ δὲ βελτίους, ἐφ᾽ οἷς καὶ τὸ εὐκυβεῖν ἐλέγετο,

202 3. ὡς σαπρὰ πόρνη A, καὶ πάσῃ πόρνη B: corr M.   203 3. ὦ] ὦ καὶ M. ‖ περιβολὰς A, περίπολε C.   4. καὶ φορβὰς τὴν πόρνην λέγει ὥσπερ καὶ μαινὰς καὶ μαχλά; A.   7. κηθίς] αἰθίδα A. an κηθίδια?   204 2. ἐν ἀγγείτορσι A.   3. ψῆφοι ψηφοπαίστου γραμμαὶ C. 4. δυσκόλων BC. ‖ δύσκυβοι A, omissis ἐφ᾽ οἷς τὸ. ‖ σπάτιλος σπάταινα μάγνισσα ἄμπλια ἄβολα C.   6. κίον καὶ οἴδην ἐκάλουν· ἴστι δὲ καὶ πυνὴ π. C.

βόλος πρανής, ἐπακοντιστής, καλλίβολος, φύσκων, ὅροι, συν- 205
ωρὶς ἢ κῷος. ὁ μέντοι Μίδας καὶ τῶν μέσων βόλων ἦν.
καὶ ἄλλοι δὲ πολλοί εἰσιν, οὓς ὀνομάζει Εὔβουλος ἐν τοῖς
Κυβευταῖς,

κεντρωτός, ἱερός, ἄρμ᾽ ὑπερβάλλον πόδας,
κήρυνος, εὐδαίμων, κυνῶτες, ἄρτια,
Λάκωνες, ἀντίτευχος, Ἀργεῖος, δάκνων,
Τιμόκριτος, ἐλλείπων, πυαλίτης, ἐπίθετος,
σφάλλων, ἀγύρτης, οἶστρος, ἀνακάμπτων, δορεύς,
λάμπων, Κύκλωπες, ἐπιφέρων, Σόλων, Σίμων.

κυβείας δὲ εἴδη καὶ ἡ πλειστοβόλινδα παιδιά, καὶ τὸ ἀρ- 206
τιάζειν, καὶ διαγραμμίζειν καὶ διαγραμμισμός, καὶ χαλκί-
ζειν καὶ χαλκισμός, καὶ ἱμαντελιγμός, καὶ ναυμαχία. ἔνι
τις καὶ ἱερὰ γραμμή, ἀφ᾽ ἧς ἡ παροιμία «κινήσω τὸν ἀφ᾽
ἱερᾶς.»

δύναιτο δ᾽ ἄν τις, εἰ βούλοιτο, καὶ τὰς ὑπὸ τοῦ Πλά-
τωνος ὀνομασθείσας τέχνας ταύταις ἐπαριθμεῖν, καὶ τὰ
σὺν αὐταῖς ὀνόματα, εἴτε σπουδάζων ἐχρῆτο τοῖς ὀνόμασιν
εἴτε καὶ μή· λέγω δὲ διὰ τὸ ἐν ἐνίοις τῶν ὀνομάτων βιαι-
ότερον. διακριτικὴ συγκριτική, συγκριτικός διακριτικός, συγ- 207
κριτικῶς διακριτικῶς, διακρῖναι, διελεῖν, διατεμεῖν διχοτομεῖν,
χωρίσαι διαχωρίσαι ἀποχωρίσαι, ἀποστῆσαι διαστῆσαι, δια-
μερίσαι, διαλαβεῖν, ἀφαιρεῖν καὶ ἀφαιρετά, συγκρῖναι, συ-
στῆσαι, συναγαγεῖν, μῖξαι συμμῖξαι, συμπλέξαι, καὶ τέχνη
οὐ πλεκτικὴ μόνον ἀλλὰ καὶ συμπλεκτική. προβληματουρ-
γικὴ προβληματουργικός. προβλήματα, σκεπάσματα, παρα- 208
πετάσματα, στεγάσματα, ὁπλίσματα, ἀμφιέσματα, φράγματα,
περικαλύμματα, ὑποπετάσματα. τρητὰ ἄτρητα, σύνθετα σύν-
δετα, νεύρινα τρίχινα. περιβολή· ὑποβολή ἐπιβολή. ἱματι-
ουργική, πιλητική. τρῆσις, ῥαφή. ὁλοσχίστων δερματουργική,
ῥευμάτων σταλτική, ἐπιθηματουργία, διακωλυτικὰ ἔργα, γομ- 209
φωτική, ὁπλοποιική, μαγγανευτική, ἀμυντικὴ χειμῶνος, ἐρ-
γαστική. ξαντικὴ ξάντης, κναφευτική, ὑφάντης ὑφάσματα
ὑφή, πλυντική. θεραπευτική, κοσμητική, προητική, νηστική,
στρεπτικὴ στρεπτικόν, συμπλεκτικόν, ἄστροφον, κάταγμα,

205 2. ἢ] κῖος ἢ C. || μεσοβόλων BC.   206 3. ἐν ἢ A.   209 1.
στεκτικὴ Iungermannus.

21 *

στημονονητική, κροκονητική, πλεκτική, ἐμπλέξαι, νῆμα, εὐθυπλοκία. χαλκοτυπική, κεραμική, φλοιστική, φελλοί, βίβλοι. πρωτογενές, ἀσύνθετον. γλυπτική σφραγίδων, δρυοτομική. τροφική, ἀγελαιοκομική ἀγελαιοτροφική. ὑπηρετική, ἀργυραμοιβική ἀργυραμοιβός, ἐμπορευτικοί. τὸ κηρυκικὸν
210 πᾶν γένος, ἑρμηνευταί. ἱερεωτική, κριτική, ἐπιστατική. σκευουργική σκευουργία. ἱπποφορβία, διακονική. πεττεία, πειστική πειστικόν, ἀρκτική, μισθαρνική. ἀγκιστρεία ἀγκιστρευτική, ἁλιευτική, τριοδοντία, πληκτική, πυριευτική, ἀσπαλιευτική, καὶ πολλὰ ἄλλα σὺν τούτοις ὀνόματα.

ἵνα δὲ μηδὲ τῶν βιβλίων ἀμελεῖν δοκῶμεν, εἴποις ἂν βίβλοι, βιβλίον· παρὰ δὲ Ἀριστοφάνει καὶ βιβλιδάριον. καὶ χάρτας δὲ τοὺς γεγραμμένους Πλάτων εἴρηκεν ὁ κωμικός·

τὰ γραμματεῖα τούς τε χάρτας ἐκφέρων.

211 ἐκ δὲ τῶν ἐναντίων ἐπὶ ἀγράφου τὸ βιβλίον εἴρηκεν Ἡρόδοτος, εἰπὼν «γράψας ἐν βιβλίῳ.» καὶ βιβλιοπώλην μὲν παρὰ Ἀριστομένει εὑρήσεις ἐν Γόησιν, βιβλιαγράφον δὲ παρὰ Κρατίνῳ ἐν Χείρωσιν, βιβλιογράφος δὲ παρὰ Ἀντιφάνει ἐν Σαπφοῖ. παρὰ δὲ τῷ νεωτέρῳ Κρατίνῳ ἐν Ὑποβολιμαίῳ βιβλιοθήκη. Ἀντιφάνης δὲ ἐν τῷ Μύλωνι εἴρηκε βιβλιδίου κόλλημα. Ἡρόδοτος δὲ τοὺς Ἴωνάς φησι τὰς βίβλους διφθέρας λέγειν ἀπὸ τοῦ παλαιοῦ. τὰς δὲ διφθέρας καλοῦσι καὶ ἰττέλας.

Η.

Κομμόδῳ Καίσαρι Ἰούλιος Πολυδεύκης χαίρειν. ταῦτα ἐγὼ μὲν συνελεξάμην, ὅτι μὲν διὰ ταχέων, αὐτὸ δηλοῖ, πλὴν οὐκ ἔστιν ὅτε ἀποστὰς δι' αὐτὰ τῆς συνουσίας τῆς πρὸς τοὺς νέους καὶ τῶν δι' ἔθους ἀγώνων, ὁσημέραι δύο λόγους τὸν μὲν ἐκ τοῦ θρόνου λέγων, τὸν δὲ ὀρθοστάδην. ἔδει δέ, ὡς εἰκός, κἀκείνοις παρασκευῆς καὶ τούτοις σχολῆς.

---

210 7. καὶ βιβλάριον A.   211 3. βιβλιογράφον ante Lobeckium.   5. ἐν Ὑποβολιμαίῳ] ἀπεμπολημένη A.   9. ἰπτέλας F, ἰττέστας alii, μεμβράνας A: corr ex Hesychio Iungermannus.   1 4. λόγους] λόγους ἐξειργασάμην A.

Δικαστικὰ ὀνόματα εἴη ἂν, ὡς ἐγῷμαι, τάδε. δίκη 6
μὲν ἥ τε θεὸς καὶ τὸ πρᾶγμα οὗ προέστηκεν ὁ δικάζων,
καὶ ἡ ἀμφισβήτησις καὶ ἡ διαδικασία καὶ ἡ τιμωρία, τὸ
δὲ συνέχον τὴν δίκην δίκαιον καὶ ἄδικον, ὁ δὲ δικάζων δι-
καστής, τὸ δὲ χωρίον δικαστήριον. τὰ δὲ ἀπ᾽ αὐτῶν ὀνό-
ματα δίκαιος δικαίως, δικαιοσύνη δικαιότης δικαιοπραγία,
δικαιοδότης. τὸ δὲ δίκαιον καὶ θεμιτόν. τὸν δὲ δίκαιον 7
εἴποις ἂν καὶ νόμιμον, εὐγνώμονα, σώφρονα, τοῖς οὖσιν
ἀρχούμενον, οὐδενὸς τῶν ἀλλοτρίων ἐφιέμενον, δικαιοπρα-
γοῦντα, εὐγνωμονοῦντα, σωφρονοῦντα. καὶ εὐγνωμοσύνη καὶ
σωφροσύνη. νομίμως, εὐγνωμόνως, σωφρόνως. δικαιοπρα-
γεῖν, εὐγνωμονεῖν, σωφρονεῖν. ἄδικος ἀδίκως, ἀδικία, ἀδι-
κοπραγία. καὶ τὸν ἄδικον φαίης ἂν πλεονέκτην, ἄνομον
παράνομον, βίαιον, τῶν ἀλλοτρίων ἐπιθυμητήν, τῶν οὐδὲν
προσηκόντων ἐφιέμενον. καὶ ἀδικεῖν, ἀδικοπραγεῖν, πλεονε-
κτεῖν, ἀνομεῖν παρανομεῖν, βιάζεσθαι. καὶ πλεονεξία, ἀνο-
μία, βία. καὶ πλεονεκτικῶς, ἀνόμως παρανόμως, βιαίως.

ὁ δὲ δικαστὴς ὀνομασθείη ἂν ὁ δικάζων, ὁ κλήρῳ 8
λαχών, ὁ κληρωθείς, ὁ τῆς ψήφου κύριος, ὁ τὴν ψῆφον
παρειληφώς, ὁ τὸν ὅρκον ὀμωμοκώς, ὁ τοῦ δικαίου προ-
στάτης, ὁ τῶν νόμων φύλαξ, ὁ τὰ ἀμφισβητήσιμα διαι-
ρῶν, ὁ κρίνων, ὁ διακρίνων, ὁ τοὺς ἀδικοῦντας κολάζων,
μετιών, καταδικάζων, ἐξαίρων, νουθετῶν, σωφρονίζων, ὁ
τιμωρούμενος. καὶ τὸ ἔργον αὐτοῦ θέσθαι τὴν ψῆφον, ἐξ- 9
ενεγκεῖν γνῶσιν, κρῖναι διακρῖναι τὰ δίκαια, διελεῖν, δικά-
σαι καταδικάσαι ἀποδικάσαι, καταψηφίσασθαι ἀποψηφί-
σασθαι, καταγνῶναι ἀπογνῶναι, τιμωρήσασθαι κολάσαι μετ-
ελθεῖν, ἀφεῖναι ἀπαλλάξαι· τὸ γὰρ ἀπολῦσαι ἰδιωτικόν. τὸ
δὲ ὄνομα τοῦ πράγματος κρίσις, γνῶσις κατάγνωσις ἀπό-
γνωσις, καταδίκη ἄφεσις.   καὶ ἐπαινῶν μὲν ἂν δικαστὴν 10
εἴποις δίκαιος, ἔνδικος, ἀκριβής, ἄδωρος, ἀδιάφθορος, ἀν-
εξαπάτητος, δυσπαράγωγος, δυσπαράτρεπτος ἀπαράτρεπτος,
ἀπαράπειστος, ἀπλανής, στάσιμος, ἀσφαλής, ἴσος ἰσοστάσιος
ἰσόρροπος, ἀκλινής, ἄτρεπτος, πρὸς τὸ δίκαιον ῥέπων, οὐ
πρὸς ὀργὴν ἐκφερόμενος, οὐ πρὸς χάριν ἐνδιδούς, ἀκριβέ-

---

10 4. ἀπαράσεισιος *A.*

στερος ζυγοῦ τὴν ῥοπήν, μισοπόνηρος, πρᾶος, ἐπιεικής, ἐλε-
11 ήμων, φιλοικτίρμων. καὶ τὰ ἐπιρρήματα δικαίως, ἐνδίκως,
ἀκριβῶς, ἀδιαφθόρως, ἀδώρως, ἀνεξαπατήτως, ἀπλανῶς,
στασίμως, ἀσφαλῶς, ἴσως· σκληρὸν γὰρ τὸ ἰσοστασίως.
καὶ ἰσορρόπως, ἀκλινῶς, ἀτρέπτως, ἐπιεικῶς· ἐλεημόνως δὲ
καὶ φιλοικτιρμόνως σκληρά. τὰ δὲ τῶν ἔργων ὀνόματα δι-
καιοσύνη, εὐθυδικία, ἀκρίβεια, ἀσφάλεια, ἰσότης, μισοπο-
νηρία, φιλανθρωπία, ἡμερότης, πραότης, ἐπιείκεια, ἀδωρία,
ἰσορροπία, ἔλεος· ἀπὸ δὲ τῶν ἄλλων οὐκέτι. ῥῆμα δὲ ἀπὸ
τούτων μόνον ἰσορροπεῖν, φιλανθρωπεύεσθαι, ἐλεεῖν, οἰκτεί-
12 ρειν.   ψέγων δ᾽ ἂν εἴποις δικαστὴς ἄδικος, ἔκνομος πα-
ράνομος, ῥᾴδιος ῥᾳδιουργός, προπετής, εὐχερής, δωροδόκος,
εὐεξαπάτητος, εὐπαράτρεπτος, εὐπαράπειστος, εὐπαράγωγος,
πεπλανημένος, σφαλερός, σκαιός, ἀπάνθρωπος, ἀνεπιεικής,
ὑβριστής, ἑτερόρροπος, ἄνισος, ἀνηλεής, ἄγριος, ἄνοικτος,
εἰ μὴ τραγικώτερον, δυσόργητος, πρὸς χάριν ὑποκατακλι-
νόμενος, πρὸς ὀργὴν ἔκφορος, πρὸς ἀργύριον ῥέπων, πρὸς
13 τὸ πλεῖον βαρυνόμενος, δεκαζόμενος, φενακιζόμενος. καὶ
τὰ ἐπιρρήματα ἀδίκως, ἐκνόμως παρανόμως, προπετῶς, ῥᾳ-
δίως, εὐχερῶς, εὐεξαπατήτως, πεπλανημένως, σφαλερῶς,
σκαιῶς, ἀπανθρώπως, ὑβριστικῶς, ἀνίσως, ἀγρίως, ἀνη-
λεῶς, ἀνεπιεικῶς, ἑτερορρεπῶς, ἀνοίκτως· τὰ γὰρ ἀπὸ τῶν
λοιπῶν δυσφθεγκτότερα. τὰ δὲ πράγματα ἀδικία, ἀνομία
14 παρανομία, ῥᾳστώνη ῥᾳδιουργία, προπέτεια, εὐχέρεια, ἀπάτη,
σφάλμα, ἀπανθρωπεία, ἀνεπιείκεια, ὕβρις, ἀνισότης, ἀγριότης,
δωροδοκία, παραγωγή, ἑτερορρέπεια, σκαιότης, πλάνη. καὶ τὰ
ῥήματα ἀδικεῖν, παρανομεῖν, ῥᾳδιουργεῖν, ἀπατᾶσθαι ἐξαπα-
τᾶσθαι, παρατρέπεσθαι, παράγεσθαι, σφάλλεσθαι, ὑβρί-
ζειν, δωροδοκεῖν, παραπείθεσθαι, ἀπανθρωπεύεσθαι, ἑτε-
ρορρεπεῖν, ἀγριαίνειν, φενακίζεσθαι καὶ τὸ ὄνομα φενακι-
σμός. Πλάτων δὲ καὶ γραφὰς εἶναι κακοδικίας ἠξίωσεν.
15   κοινὰ δ᾽ ἐπὶ δικαστῶν, ὁμόψηφοι ἐγένοντο, σύμψηφοι,
συνεψηφίσαντο, τὴν ἐναντίαν γνώμην ἔθεντο, τὴν καταδι-
κάζουσαν, τὴν καθαιροῦσαν, τὴν καταγινώσκουσαν, τὴν

---

11 8. ῥήματα — μόνα? 13 3. ἐξαπατήτως ante Iungermannum.

ἀφεῖσαν. ἴσας τὰς ψήφους ἔθεντο, ἴσαι αἱ ψῆφοι ἠνέχθη-
σαν· τὸ δ' ἰσόψηφοι παρὰ Θουκυδίδῃ ἐπ' ἄλλης ἐστὶ χρείας.
ἔστι δ' εἰπεῖν ἐκάθισε δικαστήριον καὶ ἀπεκληρώθη δικα-
στήριον.

σκεύη δὲ δικαστικὰ σύμβολον, βακτηρία, πινάκιον 16
τιμητικόν, μάλθη, ᾗ καταλήλιπτο τὸ πινάκιον, ἐγκεντρίς,
ᾗ εἷλκον τὴν γραμμήν· μακρὰ δὲ ἐκαλεῖτο ἣν καταδικάζον-
τες εἷλκον. κημός, καδίσκος, ἐχῖνος, ψῆφος, κλεψύδρα, χοιρί-
ναι· πάλαι γὰρ ἀντὶ ψήφων χοιρίναις ἐχρῶντο, αἵπερ ἦσαν
κόγχαι θαλάττιοι· αὖθις δὲ καὶ χαλκᾶς ἐποιήσαντο κατὰ 17
μίμησιν. καὶ σπόνδυλοι δὲ ἐκαλοῦντο αἱ ψῆφοι αἱ δικαστι-
καί, χαλκοῦ πεποιημέναι. καδίσκος μὲν οὖν ἐστι τὸ ἀγγεῖον
ᾧ τὰς ψήφους ἐγκαθίεσαν, κημὸς δὲ δι' οὗ κατῄεσαν αἱ
ψῆφοι ἐπικειμένου τῷ καδίσκῳ, ἐχῖνος δὲ οὗ αἱ μαρτυρίαι
ἐμβληθεῖσαι κατεσημαίνοντο. τῶν δὲ τοῦ δικαστηρίου με-
ρῶν ἐστὶ καὶ κιγκλὶς καὶ δρύφακτος. ἔνιοι δ' οἴονται καὶ
ἀνάγκην σκεῦος εἶναι δικαστικόν, εἰπόντος Ἀριστοφάνους

οὐκ εἰ λαβὼν θύραζε τὰ ψηφίσματα

καὶ τὴν ἀνάγκην ἐς κόρακας ἐντευθενί;

καὶ φρυκτοὶ δὲ ἐκαλοῦντο αἱ ψῆφοι αἱ δικαστικαί· [ὅθεν 18
καὶ φρυκτή τις ψῆφος, ᾗ εἰς τὰ ἐναντία ἐχρῶντο.] φύλ-
λοις δ' ἐψηφίζοντο οἱ κατὰ δήμους δικάζοντες, οἷς ἐπέγρα-
φον εἴ τις ὡς παρέγγραπτος ἐκρίνετο. καὶ τὸ καταγνῶναι
ἐκαλεῖτο ἐκφυλλοφορῆσαι, καὶ ὁ κατεγνωσμένος ἐκπεφυλλο-
φορημένος. ὠνομάζετο δὲ ταὐτὸν τοῦτο ἀποψηφίσασθαι
καὶ ἀπεψηφισμένος ὑπεναντίως τῷ παρὰ τοῖς δικασταῖς·
ἐκεῖ γὰρ τὸ ἀποψηφίσασθαι τὸ ἀφεῖναί ἐστιν, ἐν δὲ τοῖς 19
κατὰ δήμους δικαστηρίοις ἀντὶ τοῦ καταψηφίσασθαι τάτ-
τεται. αἱ δ' ἐν τοῖς δήμοις αὗται κρίσεις ἐκαλοῦντο διαψη-
φίσεις. καὶ ἡ βουλὴ δὲ οἱ πεντακόσιοι φύλλοις ἀντὶ ψή-
φων ἐχρῶντο. κοινῇ μέντοι πᾶς ὁ δῆμος ὀστράκοις ἐψηφί-
ζετο, καὶ τὸ ἔργον ἐκαλεῖτο ὀστρακοφορία, καὶ τὸ πάθος
ὀστρακισμός, καὶ τὸ ῥῆμα ἐξοστρακίσαι καὶ ἐξοστρακισθῆ-

17 9. ἴῃ ante Porsonum.   10. ἐντεῦθεν ante Iungermannum.   18 2.
εἰς τὰς μαντείας Kühnius.   7. τὸ vulgo.   19 4. τοῖς (vel ἐν τοῖς)
πεντακοσίοις libri.

20 ναι. περισχοινίσαντας δέ τι τῆς ἀγορᾶς μέρος ἔδει φέρειν εἰς τὸν περιορισθέντα τόπον Ἀθηναίων τὸν βουλόμενον ὄστρακον ἐγγεγραμμένον τοὔνομα τοῦ μέλλοντος ἐξοστρακίζεσθαι· ὅτῳ δὲ ἑξακισχίλια γένοιτο τὰ ὄστρακα, τοῦτον φυγεῖν ἐχρῆν, οὐχ ὡς κατεγνωσμένον ἀλλ᾽ ὡς τῇ πολιτείᾳ βαρύτερον, δι᾽ ἀρετῆς φθόνον μᾶλλον ἢ διὰ κακίας ψόγον.

τῶν μὲν δικαστικῶν ὀνομάτων ἐστὶν αὐτὸ τοῦτο, δικαστικόν· ἦν δὲ τοῦτο τὸ τριώβολον ὁ τῷ δικαστῇ διδόμενος μισθός.

21 εἰ δὲ τὴν δίκην καὶ τιμωρίαν χρὴ λέγειν, ῥητέον δίκη, τιμωρία, κόλασις, ζημία ἐπιζήμιον, τίμημα προστίμημα ἐπιτίμημα καὶ ὡς Ἀντιφῶν ἐπιτίμιον, ἐπιβολή, εὔθυνα, ὄφλημα, καταδίκη, κατάγνωσις. καὶ τὰ ῥήματα τιμωρεῖσθαι, κολάζειν, ζημιοῦν, τιμᾶσθαι προστιμᾶν ἐπιτιμᾶν, καταδι-
22 κάζειν, καταγινώσκειν, ἐπιβολὴν ἐπιβάλλειν. τὸ δὲ καταδικάζειν Πλάτων κατευθύνειν εἶπεν. τὸ δὲ πάθος καταδεδικάσθαι, κεκολάσθαι, ἐζημιῶσθαι, προστετιμῆσθαι, ὀφλεῖν, κατεγνῶσθαι· καὶ ὁ τοιοῦτος κατάδικος ὑπόδικος, ὑπεύθυνος, ὀφλών, κεκολασμένος, ἐζημιωμένος, ἐγγεγραμμένος, κατεγνωσμένος. οὐ χρὴ δ᾽ ἀγνοεῖν ὅτι ζημίαν οὐ τὴν εἰς χρήματα μόνον ἐκάλουν, ἀλλὰ καὶ τὴν εἰς τὸ σῶμα. τὰ μέν-
23 τοι προστιμήματα Σόλων ἐπαίτια καλεῖ. εἴη δ᾽ ἂν ἐκ τούτων καὶ τὸ ἠτιμῶσθαι, πεφυγαδεῦσθαι, τεθανατῶσθαι, κεχιλιῶσθαι· τὸ δὲ καταλελιθῶσθαι ἄλλης ἐστὶ χρείας.

καὶ μὴν καὶ τάδε ἀπὸ δίκης ὀνόματα. ἐπίδικος κλῆρος ἢ ἐπίκληρος, καὶ ἐπιδικάσασθαι ἐπιδικασάμενος, καὶ ἀνεπίδικος. καὶ διαδικασία, καὶ ἠντιδίκησεν ὡς Δημοσθένης, καὶ καταδίκη ὡς Θουκυδίδης, καὶ ἀνάδικος δίκη, καὶ
24 ἀναδικία ὡς Λυσίας, καὶ ἀναδικάζεσθαι ὡς Ἰσαῖος. καὶ δικογράφος ὡς Ὑπερίδης, καὶ δικογραφικῶς ὡς Ἰσοκράτης. καὶ ἀντεδικάσατο ὡς Λυσίας. καὶ σύνδικος καὶ συνδικασία, συνδικάζειν συνδικαζόμενος. πρόδικος προδικεῖν, προδικάσασθαι προδικασία ὡς Ἀντιφῶν. καὶ εὐδικία εὐθυδικία, καὶ αὐτοδικεῖν. καὶ ἐκδικάζεσθαι, καὶ προκαταδικάζεσθαι ὡς Δείναρχος. καὶ καταδικάσαι, καὶ καταδικάσασθαι ἐπὶ τῶν ἑλόντων. καὶ ἀποδικάζων ὡς Λυσίας.

---

24 8. ἁλόντων vulgo.

καὶ δικαιωτήρια τὰ βασανιστήρια ὡς Πλάτων· ὁ δ' αὐτὸς 25
καὶ δικαιούμενον τὸν κολαζόμενον. Κριτίας δὲ ἀποδικάσαι
ἔφη τὴν δίκην τὸ ἀπολῦσαι ἢ νικῶσαν ἀποφῆναι, ὡς ἂν
ἡμεῖς ἀποψηφίσασθαι. ὁ δ' αὐτὸς καὶ διαδικάζειν τὸ δι'
ὅλου τοῦ ἔτους δικάζειν. εἴποις δ' ἂν καὶ φιλόδικόν τινα,
καὶ ἔνδικον οὐ μόνον ἄνδρα ἀλλὰ καὶ ἡμέραν ἐν ᾗ δικά-
ζουσιν· τὸ γὰρ ἄδικον εἰπεῖν ἐν ᾗ οὐ δικάζουσι, βιαιότερον.
εἰσὶ δὲ καὶ παρὰ Μενάνδρῳ δικάσιμοι ἡμέραι. καὶ ἐφυγο- 26
δίκουν εἴρηκε Δημοσθένης, Κράτης δὲ ὁ κωμικὸς παλίνδι-
κον τὸν πολλάκις δικαζόμενον. ἔνιοι δὲ καὶ τὸ στρεψοδι-
κεῖν τὸ παρὰ τοῖς κωμικοῖς ἢ τὸ φυγοδικεῖν νομίζουσιν ἢ
τὸ ἀναστρέψαντα κατηγορεῖν. ὑπέρδικος δὲ ὁ ὑπὲρ τοῦ δέ-
οντος ἀγών.

τῶν δὲ δικαστικῶν ὀνομάτων γραμματεῖα, διαμαρτυρία, 27
διαθῆκαι, ἀντίγραφα, κατασεσημασμένα, καὶ σημήνασθαι
κατασημήνασθαι, σημηνάμενος. ἐπισημηνάμενος δὲ Ἰσαῖος
εἶπεν· τὸ γὰρ παρασημηνάμενος ὁ Θουκυδίδης ἐπὶ τοῦ πα-
ρατυπώσασθαι τὴν σφραγῖδα λέγει. εἴποι δ' ἄν τις καὶ 28
ἀπογράψασθαι καὶ ἀντιγράψασθαι καὶ ἐνσημήνασθαι. ὀνό-
ματα δὲ τῶν ἐκ δικαστηρίου καὶ τὸ μεσεγγυῆσαι, ἐμεσεγ-
γύησαν, ἐν μεσεγγυήματι ἐποιήσασθε· μεσέγγυον τὴν μεί-
ρακα καταθέσθαι Ἀριστοφάνης λέγει, καὶ μεσεγγύημα μὲν
Ξενοφῶν, μεσεγγυήματα δὲ Ὑπερίδης καὶ μεσεγγυησαμένη
Δημοσθένης. ἔστι δέ τις καὶ λῆξις δίκης, καὶ δίκην λαχεῖν
καὶ ἐνστήσασθαι, ἐνεγκεῖν, ἐπαγαγεῖν, συστήσασθαι καὶ
διαλύσασθαι δίκην. καὶ δίκης μὲν λῆξις εἴη ἂν ὁ νῦν κα- 29
λούμενος τύπος, τὸ ἰδιωτικῶς ἀμφισβήτημα (ἀνεκρίνοντο δὲ
τὰς λήξεις οἱ ἄρχοντες), γραφῆς δὲ ἐπὶ τῶν δημοσίων ἀδι-
κημάτων, ὅπερ νῦν λέγεται ἐγγραφὴ καὶ ἐγγράψασθαι.
ἀποθέσθαι γραφήν, ἀπενεγκεῖν, ἐπενεγκεῖν, ἐπαγαγεῖν, ἐπαγ-
γεῖλαι· ἀποθέμενος, ἀπενεγκών, ἐπαγγείλας, ἀπενέγκας, ἐπα-
γαγών, γραψάμενος. κοινῇ δὲ ταῦτα πάντα φαίης ἂν ἐγκλή-
ματα καὶ ὡς Πλάτων ἐπικλήματα, καὶ ἐγκαλεῖν καὶ ἐπικα- 30

---

25 2. ἀποδικῆσαι C. 4. ἀποψηφίσαι vulgo. 26 4. τὸ παρὰ —
φυγοδικεῖν om A. qui 5. τὸν, et post κατ. addit ἢ τὸν πολλάκις εἰς τὴν
αὐτὴν στρεφόμενον δίκην. 29 2. ἀνέκρινον Schömannus.

λεῖν. καὶ κατηγορία δ᾽ ἂν εἴη ταὐτὸ τοῦτο, καὶ αἰτία καὶ ὡς Πλάτων αἰτιάσεις, καὶ διώξεις· κατηγορεῖν, αἰτιάσασθαι, διώκειν. καὶ εὐθύνειν δὲ καὶ εὔθυνα. τῶν δὲ ἐκ δικαστηρίου ὀνομάτων καὶ τὸ συκοφαντεῖν, ἐργολαβεῖν ἐνεργολαβεῖν, ἐπηρεάζειν ἐνεπηρεάζειν, καταψεύδεσθαι, καταψευδομαρτυ-
31 ρεῖν· Δημοσθένης γὰρ ἔφη καταψευδομαρτυροῦμαι. Ὑπερίδης δὲ ἐπισυκοφαντεῖν ἔφη. καὶ τὸ πρᾶγμα συκοφαντία, ἐπηρεασμός ἐπήρεια, ψευδολογία, ψευδομαρτυρία· Κρατῖνος δὲ καὶ ψευδομαρτύριον εἴρηκεν. καὶ τὸ ὄνομα συκοφάντης, καὶ ἐργολαβῶν καὶ ἐπηρεάζων, καὶ ὁ τὰ ψευδῆ μαρτυρῶν ἢ καταμαρτυρῶν, τάχα δὲ καὶ πολυπραγμονῶν, ἀντὶ τῶν ὀνομάτων φαύλων ὄντων μετοχαί.

καὶ ἰδιωτικὰ μὲν δικῶν ὀνόματα αἰκίας, κακηγορίας, βλάβης, παρακαταθήκης, ἀποπομπῆς καὶ ὡς Λυσίας ἀποπέμψεως, κακώσεως, κλοπῆς, χρέως, συμβολαίων, συνθηκῶν παραβάσεως, μισθώσεως οἴκου, ἐπιτροπῆς, ἀχαριστίας, σίτου, καρποῦ, ἐνοικίου, ἀδικίου, φορᾶς ἀφανοῦς, μεθημερινῆς. ἀμφισβήτησις, παρακαταβολή, διαμαρτυρία, ἐπίσκηψις,
32 ἀμφισβήτησις μέν, ὅστις ἀμφισβητοῖ κλήρου κατὰ γένος ὡς οὐκ ὄντος υἱοῦ τῷ τεθνεῶτι, παρακαταβολὴ δέ, ὅστις ἀντιλέγοι ὡς αὐτὸς δικαιότερος ὢν ἔχειν τὸν κλῆρον ἐξ ἀγχιστείας ἢ διαθηκῶν· παρακατέβαλλε δὲ τῆς οὐσίας τὸ δέκατον, ὡς προσεισοίσων ἐὰν ἡττηθῇ. διαμαρτυρία δέ, ὅστις διαμαρτυροῖτο μὴ ἐπίδικον εἶναι τὸν κλῆρον ὡς ὄντος υἱοῦ.
33 ἐπίσκηψις δέ, εἴ τις τὴν διαμαρτυρίαν ὡς ψευδῆ αἰτιῷτο· Ἰσαῖος δὲ καὶ τὸ ἐπὶ φόνῳ προειπεῖν· «εἰς Ἄρειον πάγον αὐτῷ ἐπέσκημμαι.» ἀντιγραφὴ δὲ ἐκαλεῖτο ἐπὶ τῶν κατὰ γένος ἀμφισβητούντων. τὰς δ᾽ ἐπὶ τῷ σίτῳ δίκας ἐν ᾠδείῳ ἐδίκαζον· σῖτος δέ ἐστιν αἱ ὀφειλόμεναι τροφαί. ἦν δὲ δίκη καὶ εἰς ἐμφανῶν κατάστασιν καλουμένη, ὁπότε τις ἐγγυήσαιτο ἢ αὑτόν τινα ἢ τὰ χρήματα, οἷον τὰ κλοπαῖα, ἃ
34 καὶ κλέμματα καὶ κλοπιμαῖα καὶ φώρια, παρὰ δὲ Πλάτωνι καὶ κλεμμάδια. Σόλων μέντοι τὸ κλέμμα κλέπος ἐν τοῖς νόμοις ὠνόμασεν. τὸν δὲ κλέπτην εἴποις ἂν καὶ κλεπτίσκον ὡς Εὔπολις· Φερεκράτης δ᾽ εἴρηκε καὶ κλεπτίδης. ἡ δὲ βεβαιώσεως δίκη, ὁπότ᾽ ἄν τις πριάμενος οἰκίαν ἢ χωρίον

ἀμφισβητοῦντός τινος ἀνάγῃ ἐπὶ τὸν πρατῆρα· τὸν δὲ
προσήκει βεβαιοῦν, ἢ μὴ βεβαιοῦντα ὑπεύθυνον εἶναι τῆς
βεβαιώσεως. εἰ δ' ὁ ἀνάγων ἐπὶ τὸν πρατῆρα ἡττηθείη, τὸ 35
μὲν ἀμφισβητηθὲν τοῦ κρατήσαντος ἐγίνετο, ὁ δ' ἡττηθεὶς
τὴν τιμὴν παρὰ τοῦ συκοφαντήσαντος ἐκομίζετο. ἀ π ο σ τ α-
σ ί ο υ δὲ δίκη κατὰ τῶν ἀφισταμένων ἀπελευθέρων, ἀπροσ-
στασίου δὲ κατὰ τῶν οὐ νεμόντων προστάτην μετοίκων.
ἀλλ' αὕτη μὲν δημοσία, ὥσπερ καὶ ἡ τῆς ἐπιτροπῆς· ἐξῆν
γὰρ τῷ βουλομένῳ γράφεσθαι τὸν ἐπίτροπον ὑπὲρ τῶν ἀδι-
κουμένων ὀρφανῶν.   μ α ρ τ υ ρ ί α δὲ καλεῖται, ὅταν τις 36
αὐτὸς ἰδὼν μαρτυρῇ, ἐκμαρτυρία δέ, ὅταν τις παρὰ τοῦ
ἰδόντος ἀκούσας λέγῃ. καὶ κατὰ μὲν τῶν τὰ ψευδῆ μαρτυ-
ρούντων δίκη ψευδομαρτυριῶν, ὃ καὶ ἐπισκήψασθαι ψευ-
δομαρτυριῶν ἐλέγετο· λιπομαρτυρίου δὲ κατὰ τῶν ἰδόντων
μὲν καὶ μαρτυρήσειν ὁμολογησάντων, ἐν δὲ τῷ καιρῷ τὴν
μαρτυρίαν ἐκλιπόντων. τὸν δ' οὐ βουλόμενον μαρτυρεῖν
ἐκλήτευον, ἀνάγκην τοῦ μαρτυρῆσαι προστιθέντες· ἔδει δὲ 37
αὐτὸν ἢ μαρτυρεῖν, ἢ ἐξομόσασθαι ὡς οὐκ εἰδείη ἢ μὴ
παρείη, ἢ χιλίας ἀποτίνειν. χλητεύεσθαι μὲν οὖν ἐστι τὸ
καλεῖσθαι εἰς μαρτυρίαν, ἐκκλητεύεσθαι δὲ τὸ δίκην ὀφεί-
λειν ἐπὶ τῷ τὰς χιλίας καταβαλεῖν.   Λ υ σ ί α ς δὲ κ α κ ο-
τ ε χ ν ί ο υ δίκην φησὶν εἶναι. καὶ μὴν καὶ ἐρανικαὶ δίκαι
καὶ νόμος ἐρανικὸς καὶ κοινὸν ἐρανιστῶν.

ἦν δέ τις καὶ παράστασις, ἐπωβελία, πρυτανεῖα, παρα-
καταβολή. τὰ μὲν π ρ υ τ α ν ε ῖ α ὡρισμένα, ὅ τι ἔδει κατα- 38
βαλεῖν πρὸ τῆς δίκης τὸν διώκοντα καὶ τὸν διωκόμενον·
εἰ δὲ μή, διέγραφον τὴν δίκην οἱ εἰσαγωγεῖς. ὁ δ' ἡττηθεὶς
ἀπεδίδου τὸ παρ' ἀμφοτέρων δοθέν, ἐλάμβανον δ' αὐτὸ οἱ
δικασταί. καὶ οἱ μὲν ἀπὸ ἑκατὸν δραχμῶν ἄχρι χιλίων δικα-
ζόμενοι τρεῖς δραχμὰς κατετίθεντο, οἱ δὲ ἀπὸ χιλίων τριά-
κοντα. οἱ δὲ οἴονται πρυτανεῖα εἶναι τὸ ἐπιδέκατον τοῦ τι-
μήματος, κατατίθεσθαι δ' αὐτὸ τοὺς γραψαμένους ἐπὶ μι-
σθοδοσίᾳ τῶν δικαστῶν.   π α ρ α κ α τ α β ο λ ὴ δ' ἦν ἐπὶ μὲν 39
τῶν πρὸς τὸ δημόσιον ἀμφισβητημάτων τὸ πέμπτον, ἐπὶ
δὲ τῶν ἰδιωτικῶν τὸ δέκατον. ἐ π ω β ε λ ί α δ' ἦν τὸ ἕκτον

---

35 3. συστήσαντος F.

τοῦ τιμήματος, ὃ ὤφειλεν ὁ αἱρεθείς· ὠνόμασται δὲ ὅτι
ὀβολὸς ἦν τὸ ἕκτον τῆς δραχμῆς. ἡ δὲ π α ρ ά σ τ α σ ι ς
δραχμὴ ἦν, ἣν ὁ διώκων παρὰ διαιτητῇ προσεισέφερεν· ἀφ'
ἧς ἴσως καὶ Πλάτων παραστήσασθαι εἰς κρίσιν εἴρηκεν ὃ
προσκαλέσασθαι οἱ ῥήτορες.

40   γ ρ α φ α ὶ δὲ φόνου καὶ τραύματος ἐκ προνοίας, καὶ πυρ-
καϊᾶς, φαρμάκων, μοιχείας, ὕβρεως, ἱεροσυλίας, ἀσεβείας,
προδοσίας, δώρων, δεκασμοῦ, λιποστρατίου, λιποταξίου,
ἀστρατείας, λιποναυτίου, ἀναυμαχίου, τοῦ ῥῖψαι τὴν ἀσπίδα,
ἀφ' οὗ ῥίψασπις Κλεώνυμος, ἀγαμίου, παρὰ δὲ Λακεδαι-
μονίοις καὶ ὀψιγαμίου καὶ κακογαμίου, ἀργίας, ἑταιρήσεως,
ψευδεγγραφῆς, ψευδοκλητείας, ξενίας, δωροξενίας, παρανό-
41 μων, παραπρεσβείας. δοκιμασία, εὔθυνα, προβολή, φάσις,
ἔνδειξις, ἀπαγωγή, ἐφηγεῖσθαι, ἀνδροληψίον, εἰσαγγελία.
ταύτας τὰς δίκας ἢ ὅσαι τοιαῦται (ἐκαλοῦντο γὰρ αἱ γρα-
φαὶ καὶ δίκαι, οὐ μέντοι καὶ αἱ δίκαι γραφαί) ἐξῆν τῷ
βουλομένῳ γράφεσθαι, καὶ ἐκ πασῶν τούτων ὁ μὴ μετα-
λαβὼν τὸ πέμπτον μέρος τῶν ψήφων προσωφλίσκανε χι-
λίας· ὁ δὲ τῆς ἀσεβείας γραψάμενος καὶ οὐχ ἑλὼν ἐθανα-
42 τοῦτο. καὶ τῆς μὲν ὕβρεως τὸ τίμημα οὐκ ἦν τοῦ παθόν-
τος ἀλλὰ δημόσιον, δώρων δὲ κατὰ τοῦ ἐπὶ δώροις δικά-
σαντος ἦν ἡ γραφή, δεκασμοῦ δὲ κατὰ τοῦ διαφθείραντος·
καὶ ὁ μὲν δεκάζεσθαι ὁ δὲ δεκάζειν ἐλέγετο. τῆς δὲ ἀργίας
ἐπὶ μὲν Δράκοντος ἀτιμία ἦν τὸ τίμημα· ἐπὶ δὲ Σόλωνος,
εἰ τρίς τις ἁλῴη, ἠτιμοῦτο. καὶ λιποναυτίου μὲν ἐκρίνετο ὁ τὴν
43 ναῦν ἐκλιπών, ὥσπερ ὁ τὴν τάξιν λιποταξίου, ἀναυμαχίου δὲ
ὁ τὴν ναῦν μὲν μὴ λιπών, μὴ μέντοι ναυμαχήσας. ἑταιρήσεως
δ' ἦν γραφὴ καὶ δοκιμασία καὶ ἐπαγγελία· καὶ ταῦτα τῆς
κατὰ τῶν ἡταιρηκότων κατηγορίας τὰ ὀνόματα. ψευδεγ-
γραφῆς δ' ἦν δίκη κατὰ τῶν ὡς ὀφείλοντάς τινας ἐνδειξα-
μένων, εἰ ψευδῶς σεσυκοφαντηκότες ἁλῶεν. κατὰ δὲ τούτου
44 ἦν καὶ ἐπιβουλεύσεως γραφή, ψευδοκλητείας δὲ κατὰ τῶν
οὐ δικαίως κεκλητευκότων. δωροξενίας δέ, εἴ τις ξενίας κρι-
νόμενος δῶρα δοὺς ἀποφύγοι. παρανόμων δέ, εἴ τις ψή-
φισμα γράψαι ἢ νόμον παράνομον· ὑπομοσάμενος γάρ τις
τὸ γραφέν, οὗ ἡ κατηγορία ὑπωμοσία ἐκαλεῖτο, διήλεγχεν

----

44 5. ἀφ' οὗ?

ὅτι ἔστι παράνομον ἢ ἄδικον ἢ ἀσύμφορον. δοκιμα-
σία δὲ τοῖς ἄρχουσιν ἐπηγγέλλετο, καὶ τοῖς κληρωτοῖς καὶ
τοῖς αἱρετοῖς, εἴτ᾽ ἐπιτήδειοί εἰσιν ἄρχειν εἴτε καὶ μή, καὶ 45
τοῖς δημαγωγοῖς, εἰ ἡταιρηκότες εἶεν ἢ τὰ πατρῷα κατε-
δηδοκότες ἢ τοὺς γονέας κεκακωκότες ἢ ἄλλως κακῶς βε-
βιωκότες· ἀτίμους γὰρ αὐτοὺς ἐχρῆν εἶναι καὶ μὴ λέ-
γειν. εὔθυνα δὲ κατὰ τῶν ἀρξάντων ἢ πρεσβευσάντων
ἦν μὲν περὶ χρημάτων πρὸς τοὺς εὐθύνους καὶ λογιστάς
(οἱ δ᾽ ἦσαν δέκα), ἦν δὲ περὶ ἀδικημάτων πρὸς τοὺς δι-
καστάς. ἡ δ᾽ εὔθυνα χρόνον εἶχεν ὡρισμένον, μεθ᾽ ὃν οὐκέτ᾽
ἐξῆν ἐγκαλεῖν. ἰδίως δὲ ἡ κατὰ τῶν πρεσβευτῶν γραφὴ πα- 46
ραπρεσβίας ἐλέγετο. προβολὴ δὲ ἦν κλῆσις εἰς δίκην
κατὰ τῶν κακόνως πρὸς τὸν δῆμον διακειμένων. προβολαὶ
δ᾽ ἐγίνοντο τοῦ δήμου ψηφισαμένου καὶ τῶν εὐνουστάτων τῇ
πόλει, ὡς Λυσίας ἐν τῷ κατὰ Θεοσδοτίδου περὶ ἀμφοῖν λέ-
γων. προβολαὶ δὲ ἦσαν καὶ αἱ τῆς συκοφαντίας γραφαί·
Λυσίας ἐν τῷ πρὸς Ἱπποκράτην αἰκίας. ἐγίνοντο δὲ καὶ
περὶ τῶν ἐξυβρισάντων ἢ ἀσεβησάντων περὶ τὰς ἑορτάς, ὡς
ἡ κατὰ Μειδίου προβολή. φάσις δὲ ἦν τὸ φαίνειν τοὺς 47
περὶ τὰ μέταλλα ἀδικοῦντας, ἢ περὶ τὸ ἐμπόριον κακουρ-
γοῦντας ἢ περὶ τὰ τέλη, ἢ τῶν δημοσίων τι νενοσφισμέ-
νους, ἢ συκοφαντοῦντας, ἢ περὶ τοὺς ὀρφανοὺς ἐξαμαρτά-
νοντας. ἐφαίνοντο δὲ πρὸς τὸν ἄρχοντα. κοινῶς δὲ φάσεις
ἐκαλοῦντο πᾶσαι αἱ μηνύσεις τῶν λανθανόντων ἀδικημά-
των. ἐδίδοσαν δὲ ἐν γραμματείῳ γράψαντες τὴν φύσιν, τά
θ᾽ ἑαυτῶν καὶ τὸ τοῦ κρινομένου ὄνομα προσγράψαντες
καὶ τίμημα ἐπιγραψάμενοι· ὁ δὲ ἄρχων παρεδίδου τὴν κρί- 48
σιν δικαστηρίῳ. καὶ τὸ μὲν τιμηθὲν ἐγίνετο. τῶν ἀδικουμέ-
νων, εἰ καὶ ἄλλος ὑπὲρ αὐτῶν φήνειεν· ὁ δὲ μὴ μεταλαβὼν
τὸ πέμπτον μέρος τῶν ψήφων τὴν ἐπωβελίαν προσωφλί-
σκανεν. ἦν δὲ ἕκτον τοῦ τιμήματος, ὡς Ἰσαῖος ἐν τῷ πρὸς
Εὐκλείδην περὶ χωρίου. εἰσήγετο δὲ τὰ μὲν ἐντὸς χιλίων
εἰς ἕνα καὶ διακοσίους, τὰ δὲ ὑπὲρ χιλίας εἰς ἕνα καὶ τε-
τρακοσίους. ἔδει δὲ καὶ κλητῆρας προσεπιγράφεσθαι τὸν 49
φαίνοντα, εἰ εἰσὶ μάρτυρες. ἔνδειξις δὲ ἦν πρὸς τὸν

---

45 8. οὐκέτ᾽ — 56 1. μὴ om **AB**, nullo lacunae signo.

ἄρχοντα ὁμολογουμένου ἀδικήματος μήνυσις, οὐ κρίσεως
ἀλλὰ τιμωρίας δεομένου. ὁ δ' ἐνδεικνύμενος ἐν γραμματείῳ
πρὸς τὸν ἄρχοντα τὴν ἔνδειξιν ἀποφέρει, ἵν' ὑπεύθυνος ᾖ
τῆς ψευδοῦς ἐνδείξεως. καὶ αὕτη μὲν γίνεται περὶ τῶν οὐ
παρόντων, ἡ δὲ ἀπαγωγή, ὅταν τις ὃν ἔστιν ἐνδείξασθαι
μὴ παρόντα, τοῦτον παρόντα ἐπ' αὐτοφώρῳ λαβὼν ἀπα-
50 γάγῃ. ὁ δὲ κίνδυνος ἐν χιλίαις. μάλιστα δὲ τοὺς ὀφείλον-
τας τῷ δημοσίῳ ἐνεδείκνυσαν, ἢ τοὺς κατιόντας ὅποι μὴ
ἔξεστιν, ἢ τοὺς ἀνδροφόνους. ἐφηγεῖσθαι δέ ἐστιν, ὅταν τις
δι' ἀσθένειαν ἀπαγαγεῖν οὐ θαρρῶν ἐπάγῃ τὸν ἄρχοντα
ἐπ' οἰκίαν οὗ τις τούτων ἀποκρύπτεται.   ἀνδρόληψιον
δέ· ὅταν τις τοὺς ἀνδροφόνους καταφυγόντας ὥς τινας
ἀπαιτῶν μὴ λαμβάνῃ, ἔξεστιν ἐκ τῶν οὐκ ἐκδιδόντων ἄχρι
51 τριῶν ἀπαγαγεῖν. ὁ δὲ ἀδίκως ἀνδροληψίᾳ κεχρημένος οὐκ
ἀνεύθυνος ἦν.   ἡ δ' εἰσαγγελία τέτακται ἐπὶ τῶν
ἀγράφων δημοσίων ἀδικημάτων. κατὰ τὸν νόμον τὸν εἰσ-
αγγελτικόν .... (ἀμφοτέρως γὰρ λέγουσιν), ὃς κεῖται .... περὶ
ὧν οὐκ εἰσὶ νόμοι, ἀδικῶν δέ τις ἁλίσκεται ἢ ἄρχων ἢ ῥή-
τωρ, εἰς τὴν βουλὴν εἰσαγγελία δίδοται κατ' αὐτοῦ, κἂν
μὲν μέτρια ἀδικεῖν δοκῇ, ἡ βουλὴ ποιεῖται ζημίας ἐπιβολήν,
52 ἂν δὲ μείζω, παραδίδωσι δικαστηρίῳ· τὸ δὲ τίμημα, ὅ τι
χρὴ παθεῖν ἢ ἀποτῖσαι. ἐγίνοντο δὲ εἰσαγγελίαι καὶ κατὰ
τῶν καταλυόντων τὸν δῆμον ῥητόρων, ἢ μὴ τὰ ἄριστα τῷ
δήμῳ λεγόντων, ἢ πρὸς τοὺς πολεμίους ἄνευ τοῦ πεμφθῆ-
ναι ἀπελθόντων, ἢ προδόντων φρούριον ἢ στρατιὰν ἢ ναῦς,
ὡς Θεόφραστος ἐν τῷ περὶ Νόμων. ὅτι δὲ ὁ εἰσαγγείλας
καὶ οὐχ ἑλὼν ἀζήμιος ἦν, Ὑπερίδης ἐν τῷ ὑπὲρ Λυκόφρο-
53 νος φησίν. καίτοι γε ὁ Θεόφραστος τοὺς μὲν ἄλλας γραφὰς
γραψαμένους χιλίας τ' ὀφλισκάνειν, εἰ τοῦ πέμπτου τῶν
ψήφων μὴ μεταλάβοιεν, καὶ προσατιμοῦσθαι, τοὺς δὲ εἰσ-
αγγέλλοντας μὴ ἀτιμοῦσθαι μέν, ὀφλεῖν δὲ τὰς χιλίας· ἔοικε
δὲ τοῦτο διὰ τοὺς ῥᾳδίως εἰσαγγέλλοντας ὕστερον προσγε-
γράφθαι. Δημοσθένης δὲ ἐν τῷ κατὰ Μέδοντος καὶ κατὰ
τῶν μὴ προσηκόντως τῇ ἐπικλήρῳ συνοικούντων γίνεσθαι
τὰς εἰσαγγελίας λέγει. χίλιοι δὲ κατὰ μὲν τὸν Σόλωνα τὰς

---

53 7. προσηκόντων ante Meierum.

εἰσαγγελίας ἔκρινον, κατὰ δὲ τὸν Φαληρέα καὶ πρὸς πεντακόσιοι.   ἀγραφίου δὲ κατηγοροῦνται οἵτινες ἂν ἑαυ- 54
τοὺς ἐξαλείφωσιν. καὶ ἀλογίου δὲ δίκη ἦν κατὰ τῶν οὐκ
ἀποδιδόντων λογισμοὺς ὧν ἂν διαχειρίσωσιν.

ἔστι δὲ ἐκ τῶν δικαστικῶν ὀνομάτων προωμοσία ἀντ-
ωμοσία διωμοσία, ἐξωμοσία ἀπωμοσία, ὑπωμοσία, παρα-
γραφή, ἀντιλαχεῖν, ἐξούλης δίκη, μὴ οὖσα δίκη, ἐρήμην
ὀφλεῖν, ἐνεπισκήψασθαι, πρόσκλησις, ἔφεσις, ἔκκλητοι δίκαι,
ἀπὸ συμβόλων δικάζεσθαι, ἐμπορικαὶ δίκαι, ἀτίμητος δίκη,
διαψήφισις. προωμοσία μὲν ὅρκος ὃν ὁ κατήγορος προ- 55
ομνύει, ἦ μὴν ἀληθῆ κατηγορεῖν, ἀντωμοσία δὲ ὅρκος ὃν ὁ
κατηγορούμενος ἀντομνύει, ἦ μὴν μὴ ἀδικεῖν, διωμοσία δὲ
ὁ παρ᾽ ἑκατέρου ὅρκος. ἐξωμοσία δέ, ὅταν τις ἢ πρεσβευ-
τὴς αἱρεθεὶς ἢ ἐπ᾽ ἄλλην τινὰ δημοσίαν ὑπηρεσίαν, ἀρ-
ρωστεῖν ἢ ἀδυνατεῖν φάσκων ἐξομνύηται αὐτὸς ἢ δι᾽ ἑτέ-
ρου. ἐξώμνυντο δὲ καὶ οἱ κληθέντες μάρτυρες, εἰ φάσκοιεν
μὴ ἐπίστασθαι ἐφ᾽ ἃ ἐκαλοῦντο. ἡ δ᾽ ἀπωμοσία ἐγίνετο 56
παρὰ τῶν ἀντιλεγόντων πρὸς τοὺς ἐξομνυμένους ἐπὶ προ-
φάσει ἀρρωστίας ἢ ἀπουσίας. συνισταμένης δὲ περὶ τούτου
δίκης, τὸ παρὰ τοῦ κρίνοντος ἔργον ἀπωμοσία ἐκαλεῖτο.
ὑπωμοσία δέ ἐστιν, ὅταν τις ἢ ψήφισμα ἢ νόμον γραφέντα
γράψηται ὡς ἀνεπιτήδειον· τοῦτο γὰρ ὑπομόσασθαι λέγου-
σιν. καὶ οὐκ ἦν μετὰ τὴν ὑπωμοσίαν τὸ γραφέν, πρὶν κρι-
θῆναι, κύριον. παραγραφὴ δ᾽ ἦν ἡ αὐτὴ καὶ παραμαρ- 57
τυρία, ὅταν τις μὴ εἰσαγώγιμον λέγῃ εἶναι τὴν δίκην ἢ ὡς
κεκριμένος ἢ διαίτης γεγενημένης ἢ ὡς ἀφειμένος, ἢ ὡς τῶν
χρόνων ἐξηκόντων ἐν οἷς ἔδει κρίνεσθαι....οἷον οὐκ εἰσαγ-
γελίας ἀλλὰ παρανόμων, οὐ δημοσίᾳ ἀλλ᾽ ἰδίᾳ, ἢ ὡς οὐ
παρὰ τούτοις κρίνεσθαι δέον, οἷον οὐκ ἐν Ἀρείῳ πάγῳ
ἀλλ᾽ ἐπὶ Παλλαδίῳ. ἄγραπτος δὲ δίκη ἐκαλεῖτο ἡ ὑπὸ τῆς
παραγραφῆς ἀναιρεθεῖσα καὶ διαγραφεῖσα.   ἀντιγραφὴ 58
δέ, ὅταν τις κρινόμενος ἀντικατηγορῇ. καὶ ἡ παραγραφὴ δὲ
ἀντιγραφῇ ἔοικεν· διὸ καὶ προεισέρχεται. ὁ δ᾽ ἀντιγραψάμε-

54 5. post παραγραφή Iungermannus ex § 57 et 58 ἄγραπτος δίκη et
ἀντιγραφή addebat.   54 7. πρόσκλησις] addo πρόκλησις.   55 5. αἱρεθῇ
vulgo.   56 1. μηδὲν vulgo.   5. γράφοντα vulgo.   57 1. διαμαρτυ-
ρία B.   4.....] ἢ ὡς οὐ ταύτην τὴν δίκην κρίνεσθαι δέον Schömannus.

νος μὴ κρατήσας τὴν ἐπωβελίαν προσωφλίσκανεν. τίθενται
δὲ τὸ τῆς ἀντιγραφῆς ὄνομα καὶ κατὰ τῶν ἀπαντώντων
πρὸς τὰς γραφάς, καὶ ἔστι πρὸς τὴν γραφὴν τὸ τοῦ φεύ-
γοντος γράμμα ἀντιγραφή, οἷον «τὰ ψευδῆ μου κατεμαρ-
59 τύρησε Στέφανος, γράψας τὰ ἐν τῷ γραμματείῳ.» ἡ δὲ
τῆς ἐξούλης δίκη γίνεται, ὅταν τις τὸν ἐκ δημοσίου πριά-
μενον μὴ ἐᾷ καρποῦσθαι ἃ ἐπρίατο, ἢ τὸν νικήσαντα ἃ
ἐνίκησεν, ἀλλ' ἢ ἔχοντα ἐκβάλλῃ ἢ σχεῖν κωλύσῃ, ἢ αὐτὸς
ὁ ὀφλὼν ἢ ἄλλος ὑπὲρ αὐτοῦ. καὶ μὴν καὶ εἰ ὁ μὲν ὡς
ἐωνημένος ἀμφισβητεῖ κτήματος, ὁ δὲ ὡς ὑποθήκην ἔχων,
60 ἐξούλης ἡ δίκη. ἡ δὲ μὴ οὖσα δίκη οὕτως ὠνομάζετο·
ὁπόταν τις παρὰ διαιτηταῖς παραγραψάμενος, καὶ ὑπομο-
σάμενος νόσον ἢ ἀποδημίαν, εἰς τὴν κυρίαν μὴ ἀπαντήσας
ἐρήμην ὄφλῃ, ἐξῆν ἐντὸς δέκα ἡμερῶν τὴν μὴ οὖσαν ἀντι-
λαχεῖν, καὶ ἡ ἐρήμη ἐλύετο, ὡς ἐξ ἀρχῆς ἐλθεῖν ἐπὶ διαι-
τητήν. εἰ δὲ μὴ ἕλοι τὴν μὴ οὖσαν, ὀμόσας μὴ ἑκὼν ἐκλι-
πεῖν τὴν δίαιταν, κύρια τὰ διαιτηθέντα ἐγίνετο· ὅθεν ἐγ-
61 γυητὰς καθίστασαν τοῦ ἐκτίσματος.   ἀντιλαχεῖν δὲ
δίκην ἐξῆν, ὁπότε τις μὴ παρὼν ἐν δικαστηρίῳ κατακηρυ-
χθεὶς καὶ μὴ ὑπακούων ἐρήμην ὄφλοι. ἀντιλαχεῖν δὲ ἐντὸς
δύο μηνῶν ὑπῆρχεν. εἰ δὲ μὴ τοῦτο σχοίη, τὸ ἐγγεγραμμέ-
νον ὦφλε καὶ ἄτιμος ἦν.   ἐνεπισκήψασθαι δ' ἦν,
ὁπότε τις ἐν τοῖς δημευθεῖσιν ἑαυτῷ τι ὀφείλεσθαι ἢ προσ-
62 ήκειν λέγοι· καὶ τὸ πρᾶγμα ἐνεπίσκημμα ἐκαλεῖτο.   πρόσ-
κλησις δ' ἐστὶν ἐπὶ τῶν ἀμφισβητούντων κλήρου ἢ ἐπι-
κλήρου· ὁ γὰρ ἀμφισβητῶν προσκαλεῖται τὸν ἐπιδεδικασμέ-
νον πρὸς τὸν ἄρχοντα· εἰ δὲ μὴ προσκαλέσαιτο, ἀτελὴς ἡ
δίκη. αὗται δὲ ἐλέγοντο ἀπρόσκλητοι δίκαι. πρόκλησις δ'
ἐστὶ λύσις τῆς δίκης ἐπί τινι ὡρισμένῳ ὅρκῳ ἢ μαρτυρίᾳ
ἢ βασάνῳ ἢ ἄλλῳ τινὶ τοιούτῳ.   ἔφεσις δέ ἐστιν, ὅταν
τις ἀπὸ διαιτητῶν ἢ ἀρχόντων ἢ δημοτῶν ἐπὶ δικαστὴν
ἐφῇ, ἢ ἀπὸ βουλῆς ἐπὶ δῆμον, ἢ ἀπὸ δήμου ἐπὶ δικαστή-
63 ριον, ἢ ἀπὸ δικαστῶν ἐπὶ ξενικὸν δικαστήριον· ἐφέσιμος δ'

---

59 1. post γραμματείῳ quae desunt, supplet Demosthenes 45 46.
5. καὶ ante εἰ vulgo om.   60 4. ἀντιγράφειν ante Schömannum.   6. ἔλῃ
vulgo, et 61 3. ὄφλῃ.

ὠνομάζετο ἡ δίκη. αὗται δὲ καὶ ἔκκλητοι δίκαι ἐκαλοῦντο.
τὸ δὲ παρακαταβαλλόμενον ἐπὶ τῶν ἐφέσεων, ὅπερ οἱ νῦν
παραβόλιον καλοῦσι, παράβολον Ἀριστοτέλης λέγει. ἐμ-
πορικαὶ δὲ καὶ ἔμμηνοι αἱ τῶν ἐμπόρων ἢ τῶν περὶ τὸ
ἐμπόριον. ἀπὸ συμβόλων δέ, ὅτε οἱ σύμμαχοι ἐδικάζοντο.
ἀτίμητος δὲ δίκη, ἣν οὐκ ἔστιν ὑποτιμήσασθαι, ἀλλὰ το-
σούτου τετίμηται ὅσου ἐπιγέγραπται. διαψήφισις δ' ἦν 64
τὸ τοὺς δημότας τὴν ψῆφον ὑπὲρ τῶν παρεγγεγράφθαι
δοκούντων ἐνεγκεῖν.

προσθετέον δὲ τοῖς εἰρημένοις καὶ τάδε, δίαιτα, δι-
αιτητής, συνδιαιτητὴς ὡς Δημοσθένης. διαιτᾶν διαιτᾶσθαι,
διῄτησεν δεδιῃτημένον, κατεδιῄτησεν ἀποδεδιῃτημένη, διαι-
τήσιμον ὡς Ἰσαῖος, κατεδιῃτησάμην ὡς Λυσίας ἐπὶ τοῦ
ἑλόντος ἐν τῇ διαίτῃ.

δόρυ ἐπὶ τῇ ἐκφορᾷ ἐπὶ τῶν βιαίως ἀποθανόντων 65
ἐπεφέρετο. καὶ αἱ προθέσεις δὲ διὰ τοῦτο ἐγίνοντο, ὡς
ὁρῷτο ὁ νεκρός, μή τι βιαίως πέπονθεν. κῆδος δὲ τὸ πέν-
θος, καὶ οἱ ἐπὶ τὴν οἰκίαν τοῦ πενθοῦντος ἀφικνούμενοι
ἐξιόντες ἐκαθαίροντο ὕδατι περιρραινόμενοι· τὸ δὲ πρού-
κειτο ἐν ἀγγείῳ κεραμέῳ, ἐξ ἄλλης οἰκίας κεκομισμένον, τὸ 66
δ' ὄστρακον ἐκαλεῖτο ἀρδάνιον. ἡ δ' ἐπὶ τῷ πένθει σύνοδος
περίδειπνον. τῶν δ' ἀγάμων λουτροφόρος τῷ μνήματι
ἐφίστατο, κόρη ἀγγεῖον ἔχουσα ὑδροφόρον, ὑδρίαν ἢ πρό-
χουν ἢ κρωσσὸν ἢ κάλπιν. τὴν δὲ ἐφισταμένην εἰκόνα, εἴτε
λουτροφόρος εἴη εἴτε ἄλλη τις, ἐπίστημα Ἰσαῖος κέκληκεν.
εἴργοντο δὲ ἱερῶν καὶ ἀγορᾶς οἱ ἐν κατηγορίᾳ φόνου ἄχρι
κρίσεως· καὶ τοῦτο προαγόρευσις ἐκαλεῖτο.

λέγεται δ' ὁ κατήγορος καὶ διώκων, κρίνων, κατη- 67
γορῶν, εὐθύνων, αἰτιώμενος, γραψάμενος, καὶ ἡ κατηγορία
δίωξις, εὔθυνα, αἰτία, κρίσις, γραφή, ἐπαγγελία. καὶ Ἰσαῖος
ἐπιδιώκειν ἔφη τὸ πάλιν δικάζεσθαι. ὁ δὲ κατηγορούμενος
κρινόμενος, διωκόμενος, εὐθυνόμενος, ἀπολογούμενος, ὁ ἐν
αἰτίᾳ, γραφείς, φεύγων. καὶ φεύγειν τὸ κρίνεσθαι, κατηγο-
ρεῖσθαι, ἀπολογεῖσθαι, γραφῆναι, ἐν αἰτίᾳ εἶναι. καὶ ἐπὶ 68
μὲν τοῦ κατηγοροῦντος εἴποις ἂν εἷλεν, ἤλεγξε διήλεγξεν
ἐξήλεγξεν, ἀπέδειξεν, παρέστησε τοῖς δικάζουσιν, ἐπὶ δὲ τοῦ
ἀπολογουμένου ἀπελογήσατο, ἀπελύθη ὡς Ἀντιφῶν, ἀπέ-

22

φυγεν, ἀπελύσατο τὰς αἰτίας· κἀκεῖνος μὲν ἀπέφηνεν ὑπαί-
τιον ὑπόδικον ὑπεύθυνον, ἔνοχον ὕποχον, ἠδικηκότα, κεκα-
κουργηκότα, ὁ δὲ ἑαυτὸν ἀπέδειξεν ἀνεύθυνον ἀναίτιον
ἀνυπαίτιον, σεσυκοφαντημένον, καθαρόν, ἔξω τῆς αἰτίας,
ἀνεπίληπτον, ἀνεπίκλητον ὡς Ξενοφῶν, ἀφ' οὗ τὸ ἀνεπικλή-
69 τως Θουκυδίδης. Δημοσθένης δὲ ἀνέγκλητον καὶ ἀνεγκλή-
τως· ταῦτα δὲ καὶ ἐπὶ τῶν οὐδὲ τὴν ἀρχὴν ἐγκληθέντων
ἁρμόττει. ἐπὶ μὲν οὖν τοῦ ἄντικρυς ἐλεγχθέντος εἰρήσεται
ἐπ' αὐτῇ τῇ φωρᾷ, ἐπ' αὐτοφώρῳ ἐλήφθη, κατεφωράθη·
ἐπὶ δὲ τοῦ ὑποπτευθέντος, ἐξ ὑπονοίας, ἐξ ὑποψίας, εἰκό-
των, σημείων, τεκμηρίων, συμβόλων.

70 τὰ δὲ τιμήματα ζημία, φυγή, ἀτιμία, θάνατος, δεσ-
μός, στίγματα, στήλη. καὶ ἀπὸ μὲν τῆς ζημίας ζημιοῦν
ἐζημίωσαι ζημιῶδες ἐπιζήμιον· ἀπὸ δὲ τοῦ φυγὴ φυγάς
φεύγειν φυγαδευθῆναι, διωχθῆναι (Ὑπερίδης δέ που καὶ
ἐξεδιώχθη λέγει, καὶ Δείναρχος ἐδίωξεν), ὑπερορισθῆναι,
ἐκπεσεῖν· ἀπὸ δὲ ἀτιμίας ἠτίμωσεν ἀτιμωθείς, ἄτιμος ἀτί-
μως, ὥσπερ τἀναντία ἐπιτιμία ἐπίτιμος ἐπιτίμως· ἀπὸ δὲ
θανάτου ἐθανατώθη ἐθανάτωσαν, ἀπέκτειναν, ἀνεῖλον,
ἀπέσφαξαν, ἀπῆγξαν, ἀπετυμπάνισαν, κατεκρήμνισαν, κατὰ
κρημνοῦ ὦσαν. ἐκ δὲ τούτου ἂν εἴη καὶ τὸ νηποινὶ τεθνά-
71 ναι. ὁ δὲ παραλαμβάνων τοὺς ἀναιρουμένους καλεῖται δή-
μιος, δημόκοινος, ὁ πρὸς τῷ ὀρύγματι· καὶ τὰ ἐργαλεῖα
αὐτοῦ ξίφος, βρόχος, τύμπανον, φάρμακον, κώνειον.   ἀπὸ
δὲ δεσμοῦ δῆσαι, δεσμοῦ προστιμῆσαι, δεδέσθαι, δεσμά,
δεσμώτης δεσμωτήριον, ἐμβληθῆναι εἰς τὸ δεσμωτήριον,
ἐμπεσεῖν, εἰσαχθῆναι ἀπαχθῆναι, κατατεθῆναι, καὶ ἐμβα-
λεῖν, εἰσαγαγεῖν ἀπαγαγεῖν, εἶρξαι, κατακλεῖσαι, καταθέ-
72 σθαι, δεῖν καταδεῖν, δεσμεύειν ὡς Ἰσαῖος· Δείναρχος δὲ καὶ
δοῦσαν τὴν δεσμεύουσαν, Αἰσχίνης δὲ ἐδεδέμεθα. εἰρχθῆ-
ναι ἐν ξύλῳ, ἐν τῇ ποδοκάκῃ. εἱργμός εἱρκτή, δεσμωτήριον,
οἴκημα, φρουρὰ φρούριον φρουρεῖσθαι. τῷ δεδέσθαι δ' ἂν
προσήκοι καὶ τὸ παρὰ Δημοσθένει ἄδετοι, καὶ τὸ παρὰ
Θουκυδίδῃ ἀδέσμῳ φρουρᾷ. ἐν δὲ τῷ δεσμωτηρίῳ καὶ πεν-
τασύριγγόν τι ξύλον ἐκαλεῖτο. καὶ στροφαῖος ἐν τῷ οἰκή-

---

68 3. ὑπέδειξεν vulgo.   72 5. ἄδετον ante Iungermannum.

ματι θεὸς παρὰ τὸν στροφέα ἱδρυμένος· ἔστι δ' Ἑρμῆς. καὶ
σφαλὸς δὲ τὸ δεσμωτικὸν ξύλον ἐκαλεῖτο, ἀλλόμενον, ᾧ
ἐδίσκευον ἐκ καλῳδίου ἠρτημένῳ.   ἀπὸ δὲ τοῦ στίζειν 73
στίγματα, στίξας στιχθείς, στιγματίας. ἀπὸ δὲ τῆς στήλης
ἐνέγραψαν, ἐστηλίτευσαν, ἐστηλιτευμένος κατεστηλιτευμένος,
ἐστηλοκοπημένος· οὕτω γὰρ Ὑπερίδης.

κ αὶ ἐπὶ μὲν τοῦ κ α τ α δ ι κ α σ θ έ ν τ ο ς ἥλω ἑάλω,
ᾑρέθη καθῃρέθη, ἁλώσιμος ἁλούς, ἁλίσκεσθαι ἁλισκόμενος,
κατεδικάσθη, ἡττήθη, κατεγνώσθη, καὶ τὰ πράγματα αἵρε-
σις, καταδίκη, κατάγνωσις, καὶ ὁ ἀνὴρ κατάδικος· ἀπὸ μὲν
τούτου μόνου ὄνομα, τὰ δ' ἄλλα μετοχαί. ἐπὶ δὲ τοῦ κατη- 74
γόρου κρατήσαντος εἷλε καθεῖλε, κατεδικάσατο, ἐξήλεγξεν.
ἐπὶ δὲ τοῦ κρινομένου νικήσαντος ἀπέφυγεν, ἀφείθη, ἀπέ-
γνω αὐτοῦ τὸ δικαστήριον, ἀπεψηφίσατο, ἀφῆκεν, ἀπήλλα-
ξεν, ἀνέλεγκτος ἔμεινε, καθαρὸς εἶναι ἐγνώσθη, ἀναίτιος.

κἀπὶ μὲν τοῦ ἀ ν ε λ ό ν τ ο ς ῥητέον ἀνεῖλεν, ἀπέκτεινεν
ἀπέκτονεν, ἀπέσφαξεν, ἀπεχρήσατο διεχρήσατο, καθεῖλεν,
ἐδολοφόνησεν, ἀνελών, ἀποσφάξας, ἀποκτείνας, ἀποχρησά-
μενος διαχρησάμενος, καθελών, δολοφονήσας· ἐπὶ δὲ τοῦ 75
ἀναιρεθέντος ἀνῃρέθη, ἀπεσφάγη, καθῃρέθη, ἐδολοφονήθη,
καὶ ἀναιρεθείς, ἀποσφαγείς, καθαιρεθείς, δολοφονηθείς.
τὸ δ' ἔργον σφαγή, ἀναίρεσις, φόνος, μιαιφονία.   ἐπὶ δὲ
τοῦ ὑ β ρ ί σ α ν τ ο ς ὑβριστής, ὑπερήφανος, ὑπερόπτης, ἀσελ-
γής, ἐπαχθής, ἀφειδής, πρόχειρος, προπετής, πάροινος,
βαρύς, ὑβρίζων ἐξυβρίζων καθυβρίζων ὑπερυβρίζων, ἀσελ-
γαίνων ἐνασελγαίνων, παροινῶν, ὑβριστικός, αἰκιστικός,
ὑπεροπτικός. καὶ ὑβριστικῶς, ὑπεροπτικῶς, ἀσελγῶς, παροί- 76
νως, βαρέως, αἰκιστικῶς, ἀφειδῶς, προχείρως, προπετῶς.
ὕβρισεν ἐξύβρισεν, ἠσέλγησεν, ἐπαρῴνησεν, ᾐκίσατο, ἐτύπ-
τησε, πληγαῖς ἔκοψε, κατηλόησε, πληγὰς ἐνετρίψατο, ἔπαι-
σεν, ἐπάταξεν, ἤγξεν, ἤραξεν, πὺξ ἐπάταξε, λὰξ ἐνήλατο.
Ὑπερίδης δὲ καὶ κονδυλίζειν ἔφη, καὶ τὸ παθεῖν κονδυλίζε-
σθαι· ὁ δ' αὐτὸς καὶ πρὸς τὸ πρόσωπον προσπτύειν. καὶ
ἀποστρέφειν τὰς χεῖρας Πλάτων. πατῶν, ἐμπηδῶν, πλήττων, 77
τύπτων, συγκόπτων, παίων, πατάσσων, ἀράσσων, ὑποσκελί-

---

72 2. ἄλλο γε ὂν ἢ ᾧ?

ζων, ἐναλλόμενος, αἰκιζόμενος, τοὺς ὀφθαλμοὺς ἐξορύττων,
τὸ πρόσωπον συντρίβων, τὰς γνάθους παραρρηγνύς, ἄγ-
χων, ἀποπνίγων, λακτίζων. τὸ χεῖλος διέσχισε, διέκοψε τὸ
βλέφαρον. καὶ λόγῳ ἐπὶ τοῦ ὑβριστοῦ, οὐ δυνάμενος κατ-
έχειν παρ᾽ ἑαυτῷ τὼ χεῖρε, τῶν χειρῶν ἀκρατής, οὐδενὸς
φειδόμενος, οὐδενὸς ἀπεχόμενος, κονδύλοις παίων, ἐπὶ κόρ-
ρης τύπτων, πὺξ παίων, λὰξ ἐναλλόμενος, οὐ κατέχων τὸν
λογισμόν, ἐπιτρέπων πάντα τῷ θυμῷ, τὴν ἐξουσίαν τῷ βού-
λεσθαι μετρῶν, ἀπερίσκεπτος τῶν νόμων, ἐπεγγελῶν κατα-
78 γελῶν, ἐπιχλευάζων, ἐπικαταμωχώμενος. καὶ τὰ πράγματα
γέλως κατάγελως, χλευασμός χλευασία· χλεύη γὰρ λέγεται
μὲν παρὰ πολλῶν, ἐγὼ δ᾽ οὐκ οἶδ᾽ εὑρών. καὶ κατ᾽ ἄλλην
ἰδέαν τὰ ὑβρισμένα αὐτῷ, ἐξυβρισμένα, τὰ πεπαρῳνημένα,
τὰ ἠσελγημένα, τὰ παρηνομημένα. ἔστι δ᾽ ἐπὶ τοῦ παθόν-
τος εἰπεῖν ὕβρισται, ἠσέλγηται ἐνησέλγηται, πεπαρῴνηται
ἐμπεπαρῴνηται, ἧκισται κατῆκισται, τετύπτηται, διακέκοπται,
79 ἐπ᾽ ὀλίγης τῆς ῥοπῆς ἐστίν, ἐξώρυκται τὼ ὀφθαλμώ, παρα-
τέθραυσται τὰς πλευράς, ὕφαιμός ἐστιν, ἐξαίμων, ὑπερῳδη-
κώς, ὑπώπιος, ὑποπέλιδνος, ἔχων ἐπὶ τοῦ προσώπου τὰ ἴχνη
τῶν πληγῶν, τὰ σημεῖα τῆς ὕβρεως, τὰ δείγματα, τὰ σύμ-
βολα, τὰ τεκμήρια. οὐκ οἶδ᾽ εἰ βιώσιμός ἐστιν· ὀλίγας ἐλ-
πίδας ἔχει τοῦ ζῆν, ἐπιθανάτως τυγχάνει διακείμενος. καὶ
ὑβρισμένος, ἠσελγημένος, πεπαρῳνημένος συγκεκομμένος,
κατηκισμένος. τὰ δὲ τοῦ πράγματος ὀνόματα ὕβρις ὑβρίσ-
ματα, ἀσέλγεια, παροινία, ὑπερηφανία, ὑπεροψία, προπέ-
τεια, βαρύτης, πληγαί, αἰκίαι αἰκισμός, προπηλακισμός.

80 κακήγορος, κακολόγος αἰσχρολόγος, βλάσφημος, λοί-
δορος φιλολοίδορος, κακορρήμων αἰσχρορρήμων. κακηγορία,
κακολογία, βλασφημία, κακορρημοσύνη αἰσχρορρημοσύνη,
λοιδορία. κακῶς εἰπεῖν, κακῶς ἀγορεῦσαι, βλασφημῆσαι, κα-
κηγορῆσαι ὡς Ὑπερίδης, λοιδορῆσαι λοιδορήσασθαι, τὰ
αἴσχιστα εἰπεῖν. καὶ ὁ τοιοῦτος γλώττης οὐ κρατῶν, ἀκρα-
τὴς γλώττης, πρόχειρος τὴν γλῶτταν, καὶ γλῶττα κακήγο-
81 ρος, οὐδενὸς ῥήματος φειδόμενος, οὐδὲν ῥῆμα αἰσχυνόμε-
νος, ἀφειδὴς τὴν γλῶτταν, εὐχερής, ῥᾴδιος, ὀλισθηρός. καὶ
τὰ ἐπιρρήματα κακηγόρως, βλασφήμως, φαυλορρημόνως,
φιλολοιδόρως, κακορρημόνως αἰσχρορρημόνως· τὸ δὲ κακο-

λόγως καὶ αἰσχρολόγως σκληρά, ὡς λοιδόρως εὐτελές. ὁ δὲ ἀδικηθεὶς κακῶς ἀκούσας, κακολογηθείς, κακηγορηθείς, τὰ χείριστα ἀκούσας, τὰ αἴσχιστα.

Σκυρίαν δὲ δίκην ὀνομάζουσιν οἱ κωμῳδοδιδάσκαλοι τὴν τραχεῖαν, ἣν οἱ φυγοδικοῦντες ἐσκήπτοντο εἰς Σκῦρον ἢ εἰς Λῆμνον ἀποδημεῖν.

Ἀρχή, ἄρχων, ἄρχειν, ἔξαρχος, ἀρχηγός, ἀρχικός. ἐξ- [82] άρχων ἐξάρχειν, συνάρχων συνάρχειν. ἀρχηγέτης καὶ θηλυκῶς ἡ ἀρχηγέτις. ἀρχαιρεσίας καὶ ἀρχαιρεσιάζοντα ὡς Ἰσαῖος. ἀναρχία. ἀρχιθεωρός, ἀρχιθεωρία καὶ ἡ ἀρχιθεώρησις ὡς Ἰσαῖος, ἀρχιθεωροῦντα, ἀρχιθεωρεῖν, καὶ ἀρχιθεωρήσειν [83] ὡς Ἰσαῖος. ἀρχιτέκτων. ἀρχεῖα. ἀρχιδίοις ὡς Δημοσθένης. διῆρξα ὡς Λυσίας. ἐπάρχειν ἐπάρξασα, κατάρχειν· κατάρχεσθαι δὲ ἐπὶ θυσίας. ἀπαρχάς, ἀπάργματα. Δεινάρχου δὲ τὸ συγκατήρξατο. ἐνῆρκται τὰ κανᾶ. ὕπαρχος. Δημοσθένης δὲ ἐξ ἀρχῆς καὶ ἀπ' ἀρχῆς καὶ κατ' ἀρχάς. εἴποις δ' [84] ἂν ἐπὶ μὲν τῆς ἀρχῆς καὶ ἡγεμονία, προστασία, βασιλεία, δεσποτεία, δυναστεία, μοναρχία, τυραννίς, ἐπιμέλεια, στρατηγία· τὸν δὲ ἄρχοντα ἔξαρχον, ἡγεμόνα προηγεμόνα, προστάτην, δεσπότην, βασιλέα, ἐπιμελητήν, ἁρμοστήν, ὕπαρχον, σατράπην, στρατηγόν, αὐτοκράτορα, τύραννον, δυνάστην, μόναρχον, ἔφορον ἐπόπτην ἐπίσκοπον, καὶ τὸ ἄρχειν ἡγεῖσθαι, κρατεῖν, δεσπόζειν, προστατεῖν.

ἀρχόντων δὲ τῶν Ἀθήνησιν ὀνόματα οἱ ἐννέα ἄρ- [85] χοντες. εἰσὶ δὲ ἄρχων βασιλεὺς πολέμαρχος καὶ θεσμοθέται ἕξ· ἐκ τούτων γὰρ οἱ ἐννέα συμπληροῦνται. ἐκαλεῖτο δέ τις θεσμοθετῶν ἀνάκρισις, εἰ Ἀθηναῖοί εἰσιν ἑκατέρωθεν ἐκ τριγονίας, καὶ τὸν δῆμον πόθεν, καὶ εἰ Ἀπόλλων ἔστιν αὐτοῖς πατρῷος καὶ Ζεὺς ἕρκιος, καὶ εἰ τοὺς γονέας [86] εὖ ποιοῦσι, καὶ εἰ ἐστράτευνται ὑπὲρ τῆς πατρίδος, καὶ εἰ τὸ τίμημα ἔστιν αὐτοῖς. ἐπηρώτα δ' ἡ βουλή, ὤμνυον δ' οὗτοι πρὸς τῇ βασιλείῳ στοᾷ, ἐπὶ τοῦ λίθου ὑφ' ᾧ τὰ ταμιεῖα, συμφυλάξειν τοὺς νόμους καὶ μὴ δωροδοκήσειν, ἢ

82 4. καὶ ἡ — 83 1. Ἰσαῖος] καὶ ἠρχιθεώρησιν ὡς ἰσαῖος C.   83 2. ἀρχίδικος ante Iungermannum.   3. διῆρξα] δίκαρχος A.   84 8. προστάττειν ante Iungermannum.   86 4. ὑφ' ᾧ τὰ ταμιεῖα codex Schotti: ἐφ' ᾧ τε ceteri.

χρυσοῦν ἀνδριάντα ἀποτῖσαι. εἶτα ἐντεῦθεν εἰς ἀκρόπολιν
ἀνελθόντες ὤμνυον ταυτά. μυρρίνη δὲ ἐστεφάνωντο, καὶ
κοινῇ μὲν ἔχουσιν ἐξουσίαν θανάτου, ἐάν τις κατίῃ ὅποι
87 μὴ ἔξεστι, καὶ κληροῦν δικαστὰς καὶ ἀθλοθέτας, ἕνα κατὰ
φυλὴν ἑκάστην, καὶ στρατηγοὺς χειροτονεῖν ἐξ ἁπάντων,
καὶ καθ' ἑκάστην πρυτανείαν ἐπερωτᾶν εἰ δοκεῖ καλῶς ἄρ-
χειν ἕκαστος (τὸν δ' ἀποχειροτονηθέντα κρίνουσιν), καὶ ἱπ-
πάρχους δύο καὶ φυλάρχους δέκα καὶ ταξιάρχους δέκα. καὶ
κοινῇ μὲν ταῦτα· ἰδίᾳ δὲ οἱ μὲν θεσμοθέται προγρά-
φουσι πότε δεῖ δικάζειν τὰ δικαστήρια, καὶ τὰς εἰσαγγε-
λίας εἰσαγγέλλουσιν εἰς τὸν δῆμον καὶ τὰς χειροτονίας, καὶ
τὰς προβολὰς εἰσάγουσι καὶ τὰς τῶν παρανόμων γραφάς,
88 καὶ εἴ τις μὴ ἐπιτήδειον νόμον γράψειεν, καὶ στρατηγοῖς
εὐθύνας. γίνονται δὲ γραφαὶ πρὸς αὐτοὺς ξενίας, δωροξε-
νίας, δώρων, συκοφαντίας, ψευδοκλητείας, ψευδεγγραφῆς,
βουλεύσεως, ἀγραφίου, μοιχείας. εἰσάγουσι δὲ καὶ δοκιμα-
σίαν ταῖς ἀρχαῖς, καὶ τοὺς ἀπεψηφισμένους, καὶ τὰς ἐκ
τῆς βουλῆς καταγνώσεις, καὶ δίκας ἐμπορικὰς καὶ μεταλλι-
κάς, καὶ ἐὰν δοῦλος κακῶς ἀγορεύῃ τὸν ἐλεύθερον, καὶ ταῖς
ἀρχαῖς ἐπικληροῦσι τὰ δικαστήρια τὰ ἴδια καὶ τὰ δημόσια,
καὶ τὰ σύμβολα τὰ πρὸς τὰς πόλεις κυροῦσι, καὶ δίκας
τὰς ἀπὸ συμβόλων εἰσάγουσι, καὶ τὰς τῶν ψευδομαρτυ-
89 ριῶν τῶν ἐξ Ἀρείου πάγου.   ὁ δὲ ἄρχων διατίθησι μὲν
Διονύσια καὶ Θαργήλια μετὰ τῶν ἐπιμελητῶν, δίκαι δὲ
πρὸς αὐτὸν λαγχάνονται κακώσεως, παρανοίας, εἰς διαιτη-
τῶν αἵρεσιν, ἐπιτροπῆς ὀρφανῶν, ἐπιτρόπων καταστάσεις,
κλήρων καὶ ἐπικλήρων ἐπιδικασίαι. ἐπιμελεῖται δὲ καὶ τῶν
γυναικῶν αἳ ἂν φῶσιν ἐπ' ἀνδρὸς τελευτῇ κύειν, καὶ τοὺς
οἴκους ἐκμισθοῖ τῶν ὀρφανῶν. ἔστι δ' ἐπώνυμος οὗτος, καὶ
90 ἀπ' αὐτοῦ ὁ χρόνος ἀριθμεῖται.   ὁ δὲ βασιλεὺς μυ-
στηρίων προέστηκε μετὰ τῶν ἐπιμελητῶν καὶ Ληναίων καὶ
ἀγώνων τῶν ἐπὶ λαμπάδι, καὶ τὰ περὶ τὰς πατρίους θυ-
σίας διοικεῖ· δίκαι δὲ πρὸς αὐτὸν λαγχάνονται ἀσεβείας,
ἱερωσύνης ἀμφισβητήσεως. καὶ τοῖς γένεσι καὶ τοῖς ἱερεῦσι

---

86 1. ἀναθήσειν?   3. ὅπου vulgo: cf. § 50.   90 5. ἱεροῖς libri:
correctum ex scholiis Plat. et lex. rhet.

πᾶσιν αὐτὸς δικάζει, καὶ τὰς τοῦ φόνου δίκας εἰς Ἄρειον
πάγον εἰσάγει, καὶ τὸν στέφανον ἀποθέμενος σὺν αὐτοῖς
δικάζει. προαγορεύει δὲ τοῖς ἐν αἰτίᾳ ἀπέχεσθαι μυστηρίων
καὶ τῶν ἄλλων νομίμων. δικάζει δὲ καὶ τὰς τῶν ἀψύχων
δίκας. τὴν δὲ συνοικοῦσαν αὐτῷ βασίλισσαν καλοῦσιν.   ὁ 91
δὲ πολέμαρχος θύει μὲν Ἀρτέμιδι ἀγροτέρᾳ καὶ τῷ Ἐνυ-
αλίῳ, διατίθησι δὲ τὸν ἐπιτάφιον ἀγῶνα τῶν ἐν πολέμῳ
ἀποθανόντων, καὶ τοῖς περὶ Ἁρμόδιον ἐναγίζει. δίκαι δὲ
πρὸς αὐτὸν λαγχάνονται μετοίκων ἰσοτελῶν προξένων· καὶ
διανέμει τὸ λαχόν, ἑκάστῃ φυλῇ τι μέρος, τὸ μὲν διαιτη-
ταῖς παραδιδούς, εἰσάγων δὲ δίκας ἀποστασίου ἀπροστα-
σίου κλήρων μετοίκων.

πάρεδροι δ' ὀνομάζονται οὓς αἱροῦνται ἄρχων καὶ 92
βασιλεὺς καὶ πολέμαρχος, δύο ἕκαστος οὓς βούλεται. δοκι-
μασθῆναι δ' αὐτοὺς ἐχρῆν ἐν τοῖς πεντακοσίοις, εἶτ' ἐν δι-
καστηρίῳ. προσαιροῦνται δὲ καὶ γραμματέα, ὃς ἐννόμῳ
δικαστηρίῳ κρίνεται.

εἰσαγωγεῖς ἀρχῆς κληρωτῆς ὄνομα· οὗτοι δὲ τὰς δί- 93
κας εἰσήγαγον πρὸς τοὺς διαιτητάς.

ἀθλοθέται δέκα μέν εἰσιν, εἷς κατὰ φυλήν, δοκιμα-
σθέντες δὲ ἄρχουσιν ἔτη τέτταρα ἐπὶ τῷ διαθεῖναι τὰ Πα-
ναθήναια, τόν τε μουσικὸν καὶ τὸν γυμνικὸν καὶ τὴν ἱπ-
ποδρομίαν.

ἵππαρχοι δὲ δύο ἐξ ἁπάντων Ἀθηναίων αἱρεθέντες 94
ἐπιμελοῦνται τῶν πολέμων. οἱ δὲ φύλαρχοι δέκα, εἷς ἀπὸ
φυλῆς ἑκάστης, τῶν ἱππέων προϊστανται, καθάπερ οἱ τα-
ξίαρχοι τῶν ὁπλιτῶν.

νομοφύλακες ἐστεφάνωνται μὲν στροφίῳ λευκῷ, τὴν
δὲ πομπὴν πέμπουσι τῇ θεῷ, τοῖς δὲ προέδροις ἐν ἐκκλη-
σίαις συγκαθίζουσιν, διακωλύοντες ἐπιχειροτονεῖν ὅσα μὴ
συμφέρει.

πρυτάνεις. οὗτοι τὴν βουλὴν συνάγουσιν ὁσημέραι, 95
πλὴν ἄν τις ᾖ ἄφετος, τὸν δὲ δῆμον τετράκις ἑκάστης πρυ-
τανείας· καὶ προγράφουσι πρὸ τῆς βουλῆς καὶ πρὸ τῆς

---

91 5. προξένων] ξένων, προξένων Meierus.   6. τι] τὸ?   93 1. εἰσ-
αγωγῆς A attice.   94 7. ante διακωλύοντες Meierus expunxit ἔνια.

ἐκκλησίας ὑπὲρ ὧν δεῖ χρηματίζειν. τῶν δ' ἐκκλησιῶν ἡ μὲν κυρία, ἐν ᾗ τὰς ἀρχὰς ἐπιχειροτονοῦσιν, εἴπερ καλῶς ἄρχουσιν, ἢ ἀποχειροτονοῦσιν· ἐν ᾗ καὶ τὰς εἰσαγγελίας ὁ βουλόμενος εἰσαγγέλλει, καὶ τὰς ἀπογραφὰς τῶν δημευομένων ἀναγινώσκουσιν οἱ πρὸς ταῖς δίκαις, καὶ τὰς λήξεις 96 τῶν κλήρων. ἡ δὲ δευτέρα ἐκκλησία ἀνεῖται τοῖς βουλομένοις, ἱκετηρίαν θεμένοις, λέγειν ἀδεῶς περί τε τῶν ἰδίων καὶ τῶν δημοσίων· ἡ δὲ τρίτη κήρυξι καὶ πρεσβείαις ἀξιοῖ χρηματίζειν, οὓς δεῖ πρότερον τοῖς πρυτάνεσιν ἀποδοῦναι τὰ γράμματα, ἡ δὲ τετάρτη περὶ ἱερῶν καὶ ὁσίων. ἐπιστάτης δ' ἐστὶν εἷς τῶν πρυτάνεων, ὁ κλήρῳ λαχών· δὶς δ' οὐκ ἔξεστι γενέσθαι τὸν αὐτὸν ἐπιστάτην. ἔχει δὲ οὗτος τῶν ἱερῶν τὰς κλεῖς ἐν οἷς τὰ χρήματα καὶ τὰ γράμματα. καὶ ὅταν οἱ πρυτάνεις τὸν δῆμον ἢ τὴν βουλὴν συνάγωσιν, οὗτος ἐξ ἑκάστης φυλῆς πρόεδρον ἕνα κληροῖ, μόνην τὴν πρυτανεύουσαν ἀφιείς.

97 ἀποδέκται δὲ ἦσαν δέκα, οἳ τοὺς φόρους καὶ τὰς εἰσφορὰς καὶ τὰ τέλη ὑπεδέχοντο, καὶ τὰ περὶ τούτων ἀμφισβητούμενα ἐδίκαζον. εἰ δέ τι μεῖζον εἴη, εἰσῆγον εἰς δικαστήριον.

ταμίαι τῆς θεοῦ κληρωτοὶ μὲν ἐκ πεντακοσιομεδίμνων ἦσαν, τὰ δὲ χρήματα παρελάμβανον τῆς βουλῆς παρούσης. ἐκαλοῦντο δ' οὗτοι κωλακρέται. εἶχον δ' ἐξουσίαν καὶ ζημίαν ἀφελεῖν, εἰ ἀδίκως ὑπὸ τῶν ἀρχόντων ἐπιβληθείη.

98 γραμματεὺς ὁ κατὰ πρυτανείαν κληρωθεὶς ὑπὸ τῆς βουλῆς ἐπὶ τῷ τὰ γράμματα φυλάττειν καὶ τὰ ψηφίσματα, καὶ ἕτερος ἐπὶ τοὺς νόμους ὑπὸ τῆς βουλῆς χειροτονούμενος. ὁ δ' ὑπὸ τοῦ δήμου αἱρεθεὶς γραμματεὺς ἀναγινώσκει τῷ τε δήμῳ καὶ τῇ βουλῇ. ἀντιγραφεὺς πρότερον μὲν αἱρετὸς αὖθις δὲ κληρωτὸς ἦν, καὶ πάντα ἀντεγρά99 φετο παρακαθήμενος τῇ βουλῇ. δύο δ' ἦσαν, ὁ μὲν τῆς βουλῆς ὁ δὲ τῆς διοικήσεως. λογισταί. καὶ τούτους ἡ βουλὴ κληροῖ κατ' ἀρχὴν ὡς παρακολουθεῖν τοῖς διοικοῦσιν.

---

99 1. δύο δ'] λογισταὶ δύο A.

ἀποστολεῖς οἱ προνοούμενοι τῶν ἀποστόλων καὶ τοῦ ἔκπλου τῶν τριήρων.

πωληταὶ τὰ τέλη πιπράσκουσι μετὰ τῶν ἐπὶ τὸ θεωρικὸν ᾑρημένων, καὶ τὰς τῶν ἐξ Ἀρείου πάγου μετὰ τὸν πρότερον λόγον φυγόντων οὐσίας, καὶ τὰ δεδημευμένα. πρυτανεύει δ' ἐξ αὐτῶν εἷς, ὃς τὰ πωλούμενα βεβαιοῖ. ἀπήγοντο δὲ πρὸς τούτους καὶ οἱ μετοίκιον μὴ τιθέντες.

οἱ δὲ εὔθυνοι, ὥσπερ οἱ πάρεδροι, τοῖς ἐννέα ἄρχουσι 100 προσαιροῦνται. οὗτοι δ' εἰσπράσσουσι καὶ τοὺς ἔχοντας.

οἱ δὲ τετταράκοντα πρότερον μὲν ἦσαν τριάκοντα, οἳ περιιόντες κατὰ δήμους τὰ μέχρι δραχμῶν δέκα ἐδίκαζον, τὰ δὲ ὑπὲρ ταῦτα διαιτηταῖς παρεδίδοσαν· μετὰ δὲ τὴν τῶν τριάκοντα ὀλιγαρχίαν μίσει τοῦ ἀριθμοῦ τοῦ τριάκοντα τετταράκοντα ἐγένοντο.

χίλιοι καὶ διακόσιοι. ἀπὸ τούτων ἦσαν οἱ λειτουργοῦντες· Δημοσθένης δὲ νόμον γράψας ἀντὶ τοσούτων τριακοσίους τοὺς πλουσιωτάτους ἐποίησεν.

εἰσαγωγεῖς οἱ τὰς ἐμμήνους δίκας εἰσάγοντες· ἦσαν 101 δὲ προικός, ἐρανικαί, ἐμπορικαί.

νομοθέται δ' ἦσαν χίλιοι, ἐν οἷς ἐξῆν λῦσαι νόμον παλαιόν, οὐ θεῖναι νέον· τοὺς γὰρ νέους ἐδοκίμαζεν ἡ βουλὴ καὶ ὁ δῆμος καὶ τὰ δικαστήρια.

... οὗτοι παρεφύλαττον μή τις ἐντὸς τοῦ Πελασγικοῦ κείρει ἢ κατὰ πλέον ἐξορύττει, καὶ τῷ ἄρχοντι παρεδίδοσαν. τὸ δὲ τίμημα ἦν τρεῖς δραχμαὶ καὶ ἁπλοῦν τὸ βλάβος.

οἱ ἕνδεκα εἷς ἀφ' ἑκάστης φυλῆς ἐγίνετο, καὶ γραμ- 102 ματεὺς αὐτοῖς συνηριθμεῖτο. νομοφύλακες δὲ κατὰ τὸν Φαληρέα μετωνομάσθησαν. ἐπεμελοῦντο δὲ τῶν ἐν τῷ δεσμωτηρίῳ, καὶ ἀπῆγον κλέπτας ἀνδραποδιστὰς λωποδύτας, εἰ μὲν ὁμολογοῖεν, θανατώσοντες, εἰ δὲ μή, εἰσάξοντες εἰς τὰ δικαστήρια, κἂν ἁλῶσιν, ἀποκτενοῦντες. τοῦ δὲ νομοφυλακίου θύρα μία χαρώνειον ἐκαλεῖτο, δι' ἧς τὴν ἐπὶ θανάτῳ ἀπήγοντο.

ἐπιγραφεῖς. οὗτοι τὰ ὀφειλόμενα ἐφ' ἑκάστου ἑκά- 103

---

100 2. ἁλόντας Toupius.   5. ταύτας C.   101 2. ἐρανικαὶ] γαμικαὶ A.   6. οὗτοι γὰρ π. A.   103 1. ἐπιγραφῆς C: cf. ad § 93. || ὑφ'?

στῳ ἐπέγραφον, καὶ τοὺς οὐκ εἰσφέροντας εἰσῆγον εἰς τὸ
δικαστήριον, ἐπέγραφον δὲ καὶ τὰ τιμήματα ἑκάστοις κατὰ
τὴν ἀξίαν. καὶ ἐν ταῖς σιτοδοσίαις ἐγίνοντο σίτου ἐπιγρα-
φεῖς, ὡς Ἀντιφῶν.

κῆρυξ ὁ μέν τις τῶν μυστικῶν, ἀπὸ Κήρυκος τοῦ
Ἑρμοῦ καὶ Πανδρόσου τῆς Κέκροπος, ὁ δὲ περὶ τοὺς ἀγῶ-
νας, οἱ δὲ περὶ τὰς πομπάς, ἐκ τοῦ Εὐνειδῶν γένους, οἱ
δὲ κατ᾽ ἀγορὰν τὰ ὤνια προκηρύττοντες.

104 λ η ξ ί α ρ χ ο ι ἓξ καθίσταντο τῶν πολιτῶν ἐγγεγραμμένων
ἐν λευκώματι, καὶ τριάκοντα ἀνδρῶν αὐτοῖς προσαιρεθέντων
τοὺς μὴ ἐκκλησιάζοντας ἐζημίουν καὶ τοὺς ἐκκλησιάζοντας
ἐξήταζον, καὶ σχοινίον μιλτώσαντες διὰ τῶν τοξοτῶν συν-
ήλαυννον τοὺς ἐκ τῆς ἀγορᾶς εἰς τὴν ἐκκλησίαν. ὁ δὲ εἰς
τὸ ληξιαρχικὸν γραμματεῖον ἐγγραφεὶς ἤδη τὰ πατρῷα παρ-
ελάμβανεν· ἡ δὲ πατρῷα οὐσία καὶ λῆξις ἐκαλεῖτο.

π ε ρ ι ε σ τ ί α ρ χ ο ι. ἐκάθαιρον χοιριδίοις μικροῖς οὗτοι
τὴν ἐκκλησίαν καὶ τὸ θέατρον. καθάρσιον δὲ τοῦτο χοι-
ρίδιον ἐκαλεῖτο.

105 π ε ρ ί π ο λ ο ι. ἔφηβοι περιῄεσαν τὴν χώραν φυλάττον-
τες, ὥσπερ ἤδη μελετῶντες τὰ στρατιωτικά. καὶ εἰς μὲν
τοὺς ἐφήβους εἰσῄεσαν ὀκτωκαίδεκα ἔτη γενόμενοι, δύο δὲ
εἰς περιπόλους ἠριθμοῦντο, εἰκοστῷ δὲ ἐνεγράφοντο τῷ λη-
ξιαρχικῷ γραμματείῳ, καὶ ὤμνυον ἐν Ἀγραύλου «οὐ κατ-
αισχυνῶ τὰ ὅπλα, οὐδ᾽ ἐγκαταλείψω τὸν παραστάτην, ᾧ
ἂν στοιχῶ, ἀμυνῶ δὲ καὶ ὑπὲρ ἱερῶν καὶ ὁσίων καὶ μόνος
106 καὶ μετὰ πολλῶν, καὶ τὴν πατρίδα οὐκ ἐλάττω παραδώσω,
πλεύσω δὲ καὶ καταρόσω ὁπόσην ἂν παραδέξωμαι. καὶ συ-
νήσω τῶν ἀεὶ κρινόντων, καὶ τοῖς θεσμοῖς τοῖς ἱδρυμένοις
πείσομαι, καὶ οὕστινας ἄλλους ἱδρύσεται τὸ πλῆθος ἐμ-
φρόνως· καὶ ἄν τις ἀναιρῇ τοὺς θεσμοὺς ἢ μὴ πείθηται,
οὐκ ἐπιτρέψω, ἀμυνῶ δὲ καὶ μόνος καὶ μετὰ πάντων. καὶ
τὰ ἱερὰ τὰ πάτρια τιμήσω. ἵστορες θεοί, Ἄγραυλος, Ἐνυ-
άλιος, Ἄρης, Ζεύς, Θαλλώ, Αὐξώ, Ἡγεμόνη.»

107 ἱ ε ρ ο π ο ι ο ί. δέκα ὄντες οὗτοι ἔθυον θυσίας τὰς πεν-

---

106 2. πλείω δὲ καὶ ἀρείω Stobaeus.

τετηρίδας, τὴν εἰς Δῆλον, τὴν ἐν Βραυρῶνι, τὴν τῶν Ἡρα-
κλείων, τὴν Ἐλευσῖνι.

ὀργεῶνες οἱ κατὰ δήμους ἐν τακταῖς ἡμέραις θύον-
τες θυσίας τινάς.

φράτορες. εἰς τούτους τούς τε κόρους καὶ τὰς κό-
ρας εἰσῆγον, καὶ εἰς ἡλικίαν προελθόντων ἐν τῇ καλουμένῃ
κουρεώτιδι ἡμέρᾳ ὑπὲρ μὲν τῶν ἀρρένων τὸ κούρειον ἔθυον,
ὑπὲρ δὲ τῶν θηλειῶν τὴν γαμηλίαν.

γεραραί. αὗται ἄρρητα ἱερὰ Διονύσῳ ἔθυον μετ' ἄλ- 108
λης θεωρίας. καθίστη δὲ αὐτὰς ὁ βασιλεὺς οὔσας τεττα-
ρασκαίδεκα.

δήμαρχοι οἱ κατὰ δήμους ἄρχοντες. ἐκαλοῦντο δὲ
τέως ναύκραροι, ὅτε καὶ οἱ δῆμοι ναυκραρίαι. ναυκραρία
δ' ἦν τέως φυλῆς δωδέκατον μέρος, καὶ ναύκραροι ἦσαν
δώδεκα, τέτταρες κατὰ τριττὺν ἑκάστην. τὰς δ' εἰσφορὰς
τὰς κατὰ δήμους διεχειροτόνουν οὗτοι, καὶ τὰ ἐξ αὐτῶν
ἀναλώματα. ναυκραρία δ' ἑκάστη δύο ἱππέας παρεῖχε καὶ
ναῦν μίαν, ἀφ' ἧς ἴσως ὠνόμαστο. τῆς τριττύος μέντοι 109
ὁ ἄρχων τριττύαρχος ἐκαλεῖτο, τριττύος δ' ἑκάστης γένη
τριάκοντα. καὶ αἱ φυλαὶ τέως μὲν ἐπὶ Κέκροπος ἦσαν
τέτταρες, Κεκροπὶς Αὐτόχθων Ἀκταία Παραλία, ἐπὶ δὲ
Κραναοῦ μετωνομάσθησαν Κραναῒς Ἀτθὶς Μεσόγαια Δια-
κρίς, ἐπὶ δὲ Ἐριχθονίου Διὰς Ἀθηναῒς Ποσειδωνιὰς Ἡφαι-
στιάς, ἀπὸ δὲ τῶν Ἴωνος παίδων ἐπὶ Ἐρεχθέως Τελέοντες
Ὅπλητες Αἰγικόρεις Ἀργάδεις· ἐπὶ δὲ Ἀλκμαίωνος δέκα 110
ἐγένοντο, ἐκ πολλῶν ὀνομάτων ἑλομένου τὰ παλαιὰ τοῦ
Πυθίου, Ἐρεχθηὶς Κεκροπὶς Αἰγηὶς Πανδιονὶς Ἀκαμαντὶς
Ἀντιοχὶς Λεοντὶς Οἰνηὶς Ἱπποθωντὶς Αἰαντίς. προσετέθη-
σαν δ' αὐταῖς δύο, Ἀντιγονὶς καὶ Δημητριάς, ἃς ὕστερον
μετωνόμασαν Ἀτταλίδα καὶ Πτολεμαΐδα. ἀπὸ δὲ φυλῶν τὸ
φυλοκρινεῖν ὠνομάσθη, καὶ ὁμόφυλος ἀλλόφυλος, φυλέτης,

---

107 1. Ἡρακλειδῶν ante Iungermannum. 7. κόριον AB. 108 2.
θεωρίας] ἱερείας F. 5. ναυκάριοι A, omissis ὅτε — ναυκράριοι (ita
enim vulgo), ναύκληροι BC: corr Leopardus. 8. ἐχείριζον F. 109 3.
τρία ante Kühnium. 6. ποσειδωνία ἡφαιστία A. 110 1. κάδεις ante
Canterum. 2. ἑρομένου ante Kühnium. || τὰ παλαιὰ solus F.

111 φυλίων θεῶν ἱερά, ἐμφύλιον αἷμα, ἐμφύλιος πόλεμος. οἱ δὲ
φυλοβασιλεῖς, ἐξ εὐπατριδῶν ὄντες, μάλιστα τῶν ἱερῶν ἐπ-
εμελοῦντο, συνεδρεύοντες ἐν τῷ βασιλείῳ τῷ παρὰ τὸ βου-
κολεῖον. ὅτε μέντοι τέτταρες ἦσαν αἱ φυλαί, εἰς τρία μέρη
ἑκάστη διῄρητο, καὶ τὸ μέρος τοῦτο ἐκαλεῖτο τριττὺς καὶ
ἔθνος καὶ φρατρία. ἑκάστου δὲ ἔθνους γένη τριάκοντα ἐξ
ἀνδρῶν τοσούτων, ἃ ἐκαλεῖτο τριακάδες. καὶ οἱ μετέχοντες
τοῦ γένους γενῆται καὶ ὁμογάλακτες, γένει μὲν οὐ προσή-
κοντες, ἐκ δὲ τῆς συνόδου οὕτω προσαγορευόμενοι. τρία δ᾿
ἦν τὰ ἔθνη πάλαι, εὐπατρίδαι γεωμόροι δημιουργοί.

112 γυναικοκόσμοι δὲ ἀρχὴ ἐπὶ τοῦ κόσμου τῶν γυναι-
κῶν. τὰς δὲ ἀκοσμούσας ἐζημίουν, καὶ τὰς ζημίας αὐ-
τῶν γράφοντες ἐξετίθεσαν ἐπὶ τῆς πλατάνου τῆς ἐν Κε-
ραμεικῷ.

οἱ εἴκοσι. τούτους εἵλοντο μετὰ τοὺς τριάκοντα τῆς πο-
λιτείας καὶ τῶν νόμων ἐπιμελητάς, ἀριστίνδην ἐπιλεξάμενοι.

113 ἦν μέντοι καὶ κρηνοφυλάκιον ἀρχή, δηλούσης τὸ
ἔργον αὐτῆς τῆς ἐπικλήσεως. καὶ λέων δέ τις ἐκαλεῖτο κρη-
νοφύλαξ, χαλκοῦ πεποιημένος ἐπὶ κρήνης τινός, δι᾿ οὗ τὸ
ὕδωρ ἐφέρετο ἐν ταῖς πρὸς ὕδωρ δίκαις· ἐπιμελητὴς δέ τις
κληρωτὸς ἐγίνετο, ὃς καὶ ἐκαλεῖτο ἐφ᾿ ὕδωρ, ὁ παραφυλάτ-
των τὴν ἰσότητα τῆς κλεψύδρας.

θεωρικὰ δὲ χρήματα εἰς τὰς ἑορτὰς καὶ θεῶν τιμὰς
τῷ πλήθει νεμόμενα· καὶ τὸ διδόμενον ἐκαλεῖτο θεωρικὸν
ὥσπερ καὶ τὸ ἐκκλησιαστικὸν καὶ τὸ δικαστικόν, ὅπερ καὶ
τριώβολον καὶ δύ᾿ ὀβολὼ καὶ ὀβολὸς ἦν Ἀττικός.

ὁ δὲ ἐπὶ τῆς διοικήσεως αἱρετὸς ἦν ἐπὶ τῶν προσι-
όντων καὶ ἀναλισκομένων.

114 καὶ στρατηγοὶ δέ, ἵππαρχοι φίλαρχοι λοχαγοὶ τα-
ξίαρχοι, καὶ ὅσα στρατιωτικὰ ἀρχῶν ὀνόματα. καὶ ἑλλη-
νοταμίαι οἱ τοὺς φόρους ἐκλέγοντες, καὶ ἐπὶ νήσων οἱ
τὰ παρὰ τῶν νησιωτῶν εἰσπράττοντες καὶ τὰς πολιτείας
αὐτῶν ἐφορῶντες. καὶ τειχοποιοὶ δὲ καὶ ἱεροποιοὶ καὶ
βοῶναι ὑπηρεσιῶν ὀνόματα· καὶ ἀποδέκται οἱ τὸν σῖτον

footnotes

111 — 116 om AB. 111 1. δὲ vulgo ante 2. ὄντες. 6. ἐξ]
καὶ ἐξ C. 112 1. γυναικοκόμοι. γυναικονόμοι δὲ C.

ἀπομετρούμενοι, σιτῶναι δὲ οἱ συνωνούμενοι. τάχα δ' ἂν
καὶ πρακτῆρες εἴη ὄνομα ὑπηρεσίας, ἢ πράκτορες, ὡς
Δημοσθένης «οὐδεὶς δὲ παρέδωκε τοῖς πράκτορσι τὸ ὄνομα.»
ὁμοίως δὲ καὶ ζητητὰς ἄν τις παρ' αὐτοῦ λάβοι ὄνομα 115
δημοσίας διακονίας, οἳ τὰ λανθάνοντα ἀνεζήτουν. οἱ μέν-
τοι ταξίαρχοι ἀναγεγραμμένους ἔχοντες τοὺς ἐκ τοῦ κα-
ταλόγου, παρεσημαίνοντο τὰ τῶν ἀφυστερούντων ὀνόματα·
καὶ τοῦτο παραστίζειν ἐκαλεῖτο.

πρυτανεία δέ ἐστι χρόνος ὃν ἑκάστη φυλὴ πρυτανεύει·
καὶ ὅτε μὲν δέκα ἦσαν, πλείους ἑκάστῃ φυλῇ αἱ ἡμέραι,
ἐπεὶ δὲ δώδεκα ἐγένοντο, ἑκάστη φυλὴ μηνὸς πρυτανείαν
ἔχει.

πυρφόρος παῖς αἱρετὸς ἐκ καθαρευούσης οἰκίας ὑπὸ 116
χλανίδι καὶ στροφίῳ περιέρχεται, πῦρ ἐπὶ τοὺς βωμοὺς ἐπι-
τιθείς.

σύγκλητος ἐκκλησία ἣν ἐξαίφνης ἐποίουν μείζονος
χρείας ἐπιλαβούσης. ἐκαλεῖτο δὲ καὶ κατακλησία, ὅτι καὶ
τοὺς ἐκ τῶν ἀγρῶν κατεκάλουν.

ταμίας ἐκάλουν τοὺς ταῖς ἱεραῖς τριήρεσι λειτουργοῦν-
τας, ἄλλους ἢ τριηράρχους. καὶ οἱ ἐκ τῆς Παράλου καὶ
τῆς Σαλαμινίας ναῦται ἐκαλοῦντο οἱ μὲν οὐ πάραλοι μό-
νον ἀλλὰ καὶ παραλῖται, οἱ δὲ Σαλαμίνιοι.

Δικαστήρια Ἀθήνησιν. Ἄρειος πάγος· ἐδίκαζε δὲ 117
φόνου καὶ τραύματος ἐκ προνοίας, καὶ πυρκαϊᾶς, καὶ φαρ-
μάκων, ἐάν τις ἀποκτείνῃ δούς. ἐγίνετο δὲ διωμοσία, καὶ
μετὰ τὴν διωμοσίαν κρίσις· προοιμιάζεσθαι δὲ οὐκ ἐξῆν,
οὐδ' οἰκτίζεσθαι. μετὰ δὲ τὸν πρότερον λόγον ἐξῆν φυγεῖν,
πλὴν εἴ τις γονέας εἴη ἀπεκτονώς. καθ' ἕκαστον δὲ μῆνα
τριῶν ἡμερῶν ἐδίκαζον ἐφεξῆς, τετάρτῃ φθίνοντος, τρίτῃ,
δευτέρᾳ. οἱ δ' ἐννέα ἄρχοντες οἱ καθ' ἕκαστον ἐνιαυτὸν 118
μετὰ τὸ δοῦναι τὰς εὐθύνας ἀεὶ τοῖς Ἀρεοπαγίταις προσ-
ετίθεντο. ὑπαίθριοι δ' ἐδίκαζον. φόνου δὲ ἐξῆν ἐπεξιέναι
μέχρις ἀνεψιῶν, καὶ ἐν τῷ ὅρκῳ ἐπερωτᾶν τίς προσήκων
ἐστὶ τῷ τεθνεῶτι· κἂν οἰκέτης ᾖ, ἐπισκήπτειν συγκεχώρη-
ται.   τὸ ἐπὶ Παλλαδίῳ. ἐν τούτῳ λαγχάνεται περὶ

τῶν ἀκουσίων φόνων· μετὰ γὰρ Τροίας ἅλωσιν Ἀργείων τινὰς τὸ Παλλάδιον ἔχοντας Φαληρῷ προσβαλεῖν, ἀγνοίᾳ δὲ ὑπὸ τῶν ἐγχωρίων ἀναιρεθέντας ἀπορριφῆναι. καὶ τῶν μὲν οὐδὲν προσήπτετο ζῶον, Ἀκάμας δὲ ἐμήνυσεν ὅτι εἶεν Ἀργεῖοι τὸ Παλλάδιον ἔχοντες. καὶ οἱ μὲν ταφέντες ἀγνῶτες προσηγορεύθησαν τοῦ θεοῦ χρήσαντος, αὐτόθι δ' ἱδρύθη τὸ Παλλάδιον, καὶ περὶ τῶν ἀκουσίων ἐν αὐτῷ δικάζουσιν. τὸ ἐπὶ Δελφινίῳ ἱδρῦσθαι μὲν ὑπὸ Αἰγέως λέγεται Ἀπόλλωνι Δελφινίῳ καὶ Ἀρτέμιδι Δελφινίᾳ, ἐκρίθη δὲ ἐν αὐτῷ πρῶτος Θησεὺς ἀφοσιούμενος τὸ ἄγος τῶν ὑπ' αὐτοῦ ἀνῃρημένων λῃστῶν καὶ τῶν Παλλαντιδῶν, οὓς ὡμολόγει μὲν ἀποκτεῖναι, δικαίως δ' ἔφη τοῦτο δεδρακέναι. τὸ ἐπὶ Πρυτανείῳ δικάζει περὶ τῶν ἀποκτεινάντων, κἂν ὦσιν ἀφανεῖς, καὶ περὶ τῶν ἀψύχων τῶν ἐμπεσόντων καὶ ἀποκτεινάντων. προειστήκεσαν δὲ τούτου τοῦ δικαστηρίου φυλοβασιλεῖς, οὓς ἔδει τὸ ἐμπεσὸν ἄψυχον ὑπερορίσαι. τὸ ἐν Φρεαττοῖ. ἐν τούτῳ ἐκρίνετο εἴ τις τῶν φευγόντων ἐπ' ἀκουσίου φόνου αἰτίᾳ δευτέραν αἰτίαν ἑκουσίου προσλάβοι. ἦν δ' ἐπὶ θαλάττῃ τὸ δικαστήριον, καὶ τὸν ἐν αἰτίᾳ προσπλεύσαντα τῆς γῆς οὐ προσαπτόμενον ἀπὸ τῆς νεὼς ἐχρῆν ἀπολογεῖσθαι, μήτ' ἀποβάθραν μήτ' ἄγκυραν εἰς τὴν γῆν βαλλόμενον.

γνώριμα δικαστήρια ἡ Ἡλιαία, τὸ τρίγωνον, οὗ μέμνηται Δείναρχος, μέσον παράβυστον, μεῖζον παράβυστον· καὶ μείζονος δὲ μέμνηται Λυσίας· ἐν μέντοι τῷ παραβύστῳ οἱ ἕνδεκα ἐδίκαζον. τὸ Μητίχου κάλλιον, οὗ μνημονεύει Ἀνδροτίων. τὸ ἐπὶ Λύκῳ, ἀφ' οὗ καὶ ἡ Λύκου δεκάς· καὶ ἥρως δὲ ἵδρυτο αὐτόθι ἔχων τοῦ θηρίου μορφήν, πάλαι δ' ἐκεῖ συνῄεσαν οἱ συνδεκάζοντες τὰ δικαστήρια. τὸ δὲ Μητίχου δικαστήριον μέγα, οὕτω κληθὲν ἐπὶ ἀρχιτέκτονος Μητίχου.

ἐδίκαζον δ' οἱ ὑπὲρ τριάκοντα ἔτη ἐκ τῶν ἐπιτίμων καὶ μὴ ὀφειλόντων τῷ δημοσίῳ. ὤμνυσαν δὲ ἐν Ἀρδήττῳ δικαστηρίῳ Ἀπόλλω πατρῷον καὶ Δήμητρα καὶ Δία βασι-

---

121 3. δὲ] γὰρ?   4. τὸ — 5. Ἀνδροτίων om **AB**.   7. δὲ καὶ ante Toupium. ‖ συνδικάζοντες ante Meursium.

λέα· ὁ δὲ Ἄρδηττος Ἰλισσοῦ μέν ἐστι πλησίον, ὠνόμασται
δὲ ἀπό τινος ἥρωος, ὃς στασιάζοντα τὸν δῆμον ὑπὲρ ὁμο-
νοίας ὥρκισεν. ὁ δ' ὅρκος ἦν τῶν δικαστῶν, περὶ μὲν ὧν
νόμοι εἰσί, ψηφιεῖσθαι κατὰ τοὺς νόμους, περὶ δὲ ὧν μὴ
εἰσί, γνώμῃ τῇ δικαιοτάτῃ· ὀμοσάντων δὲ καὶ τῶν δικαζο-
μένων, τὸ πᾶν ἐκαλεῖτο ἀμφιορκία. ἡ Ἡλιαία πεντακοσίων· 123
εἰ δὲ χιλίων δέοι δικαστῶν, συνίστατο δύο δικαστήρια, εἰ
δὲ πεντακοσίων καὶ χιλίων, τρία. ψήφους δ' εἶχον χαλκᾶς
δύο, τετρυπημένην καὶ ἀτρύπητον, καὶ κάδον, ᾧ κημὸς ἐπ-
έκειτο, δι' οὗ καθίετο ἡ ψῆφος. αὖθις δὲ δύο ἀμφορεῖς,
ὁ μὲν χαλκοῦς ὁ δὲ ξύλινος, ὁ μὲν κύριος ὁ δ' ἄκυρος· τῷ
δὲ χαλκῷ ἐπῆν ἐπίθημα μιᾷ ψήφῳ χώραν ἔχον .... οὗ
ὕστερον μυστικῶς δικάζοντες ἦσαν ἐκ τῶν ἐπωπτευκότων. τὸ
δὲ δικαστήριον περιεσχοινίζετο, τοῦ μὲν βασιλέως παραγγεί-
λαντος, τῶν δὲ θεσμοθετῶν πληρούντων τὸ δικαστήριον.
τὸ δὲ περισχοίνισμα ἀπὸ πεντήκοντα ποδῶν ἐγίνετο· καὶ 124
οἱ ὑπηρέται ἐφειστήκεισαν, ὅπως μηδεὶς ἀνεπόπτευτος
προσίῃ.   αἱ μὲν οὖν τῶν δικαστηρίων θύραι κιγκλίδες
ἐκαλοῦντο, ἃς Ῥωμαῖοι καγκέλλωτας λέγουσιν· ἀνίστατο
δὲ τὰ δικαστήρια, εἰ γένοιτο διοσημία· ἐξηγηταὶ δ' ἐκα-
λοῦντο οἱ τὰ περὶ τῶν διοσημιῶν καὶ τὰ τῶν ἄλλων ἱερῶν
διδάσκοντες.

ἐφέται τὸν μὲν ἀριθμὸν εἷς καὶ πεντήκοντα, Δρά- 125
κων δ' αὐτοὺς κατέστησεν ἀριστίνδην αἱρεθέντας· ἐδίκαζον
δὲ τοῖς ἐφ' αἵματι διωκομένοις ἐν τοῖς πέντε δικαστηρίοις.
Σόλων δ' αὐτοῖς προσκατέστησε τὴν ἐξ Ἀρείου πάγου βου-
λήν. κατὰ μικρὸν δὲ κατεγελάσθη τὸ τῶν ἐφετῶν δικαστή-
ριον. δοκοῦσι δ' ὠνομάσθαι, ὅτι πρότερον τοῦ βασιλέως
τοὺς ἐπ' ἀκουσίῳ φόνῳ κρινομένους ἐξετάζοντος ὁ Δράκων
τοῖς ἐφέταις παρέδωκε τὴν κρίσιν, ἐφέσιμον ἀπὸ τοῦ βασι-
λέως πεποιηκώς.

οἱ δὲ ναυτοδίκαι, οὗτοι ἦσαν οἱ τὰς τῆς ξενίας δί- 126
κας εἰσάγοντες. ὑβριστοδίκαι δὲ ἐκαλοῦντο, εἴ τι χρὴ

122 5. συγγνώμῃ libri.   123 8. ἐκ] μετὰ A. || ὑπωπτευκότων ante
Iungermannum.   124 3. προσῇ libri: correctum ex § 141.   125 4. Σό-
λων — 133 6. ὠνομάζετο] τὸ λοιπὸν ἀφείθη διὰ τὴν ἀκαιρολογίαν B.
125 5. κατὰ μικρὰ δὲ κατελύθη κατεγελάσθη τὸ C.

Κρατερῷ πιστεύειν τῷ τὰ ψηφίσματα συνάγοντι, οἱ μὴ βουλόμενοι τὰς δίκας εἰσαγαγεῖν· ἐπεπόλασε δὲ τὸ τοιοῦτον ἐν Σικελίᾳ.

διαιτηταὶ δ' ἐκ τῶν ὑπὲρ ἑξήκοντα ἔτη γεγονότων ἐκληροῦντο, καὶ ἐπεκληροῦντο αὐτοῖς αἱ δίαιται, καὶ ἀτιμία ἀφώριστο τῷ μὴ διαιτήσαντι τὴν ἐπικληρωθεῖσαν δίαιταν. διῄτων δ' ἐν ἱεροῖς. πάλαι δ' οὐδεμία δίκη πρὶν ἐπὶ διαιτητὰς ἐλθεῖν εἰσήγετο. ἔλεγον δὲ ἐπιτρέψαι δίαιταν, 127 καὶ ἡ δίαιτα ἐκαλεῖτο ἐπιτροπή. ἡ δ' ἔφεσις αὐτῶν εἰ εἰς δικαστήριον γένοιτο, εἰς ἐχῖνον τὰς ψήφους ἐμβαλόντες ἰδίᾳ ἑκατέρας τὰς τοῦ φεύγοντος καὶ διώκοντος κατεσημαίνοντο. ἐλάμβανον δὲ οἱ διαιτηταὶ δραχμὴν παρὰ τοῦ κρίνοντος, τὴν καλουμένην παράστασιν, ἐγγράψαντος αὐτοῦ ἐν γραμματείῳ τὸ ἔγκλημα καὶ τὸ τίμημα· ἐλάμβανον δὲ καὶ ἑτέραν ὑπὲρ τῆς ἀντωμοσίας.

128 δέλτοι χαλκαῖ, αἷς ἦσαν πάλαι ἐντετυπωμένοι οἱ νόμοι οἱ περὶ τῶν ἱερῶν καὶ τῶν πατρίων. κύρβεις δὲ τρίγωνοι σανίδες πυραμοειδεῖς, οἷς ἦσαν ἐγγεγραμμένοι οἱ νόμοι. ἄξονες δὲ τετράγωνοι χαλκοῖ ἦσαν, ἔχοντες τοὺς νόμους. ἀπέκειντο δὲ οἵ τε κύρβεις καὶ οἱ ἄξονες ἐν ἀκροπόλει πάλαι· αὖθις δ' ἵνα πᾶσιν ἐξῇ ἐντυγχάνειν, εἰς τὸ πρυτανεῖον καὶ τὴν ἀγορὰν μετεκομίσθησαν· διὰ τοῦτο ἔλεγον τὸν κάτωθεν νόμον ἀντιτιθέντες πρὸς τὴν ἀκρόπολιν.

129 ὀνόματα δ' ἀπὸ διαιτητῶν διαιτητής δίαιτα, διαιτῆσαι διαιτῶν, ἐδιῄτησεν ἀπεδιῄτησεν, διαιτήσασθαι, καταδεδιῃτημένοι ἀποδεδιῃτημένοι, συνδιαιτητής συνδιαιτήσας, καταδιαιτησάμενος οἱονεὶ ἐν διαίτῃ κρατήσας, συνδιαιτῆσαι· τὸ γὰρ συνδιαιτηθῆναι καὶ διαίτημα καὶ ἐνδιαίτημα ἑτέρας ἐστὶ χρείας.

Τιμήματα δ' ἦν τέτταρα, πεντακοσιομεδίμνων ἱπ130 πέων ζευγιτῶν θητικῶν, οἱ μὲν ἐκ τοῦ πεντακόσια μέτρα ξηρὰ καὶ ὑγρὰ ποιεῖν κληθέντες· ἀνάλισκον δ' εἰς τὸ δημόσιον τάλαντον· οἱ δὲ τὴν ἱππάδα τελοῦντες ἐκ μὲν τοῦ δύνασθαι τρέφειν ἵππους κεκλῆσθαι δοκοῦσιν, ἐποίουν δὲ

μέτρα τριακόσια, ἀνάλισκον δὲ ἡμιτάλαντον. οἱ δὲ τὸ ζευ-
γήσιον τελοῦντες ἀπὸ διακοσίων μέτρων κατελέγοντο, ἀνά-
λισκον δὲ μνᾶς δέκα· οἱ δὲ τὸ θητικὸν οὐδεμίαν ἀρχὴν
ἦρχον, οὐδὲ ἀνάλισκον οὐδέν. Ἀνθεμίων δὲ ὁ Διφίλου καλ- 131
λωπίζεται δι᾽ ἐπιγράμματος ὅτι ἀπὸ τοῦ θητικοῦ τέλους
εἰς τὴν ἱππάδα μετέστη, καὶ εἰκὼν ἔστιν ἐν ἀκροπόλει ἵπ-
πος ἀνδρὶ παρεστηκώς· καὶ τὸ ἐπίγραμμα

> Διφίλου Ἀνθεμίων τόνδ᾽ ἵππον θεοῖς ἀνέθηκεν,
> θητικοῦ ἀντὶ τέλους ἱππάδ᾽ ἀμειψάμενος.

Οἱ μέντοι πρὸ τῶν δικαστηρίων καὶ τῶν ἄλλων συνό-
δων δημοσίου ὑπηρέται, οἷς ἐπέταττον ἀνείργειν τοὺς
ἀκοσμοῦντας καὶ τοὺς ἃ μὴ δεῖ λέγοντας ἐξαίρειν, καὶ Σκύ- 132
θαι ἐκαλοῦντο καὶ τοξόται καὶ σπευσίνιοι, ἀπὸ τοῦ πρώ-
του συντάξαντος τὴν περὶ αὐτοὺς ὑπηρεσίαν.

Τέλη δ᾽ ἦν τὰ παρὰ τοῖς πεντηκοστολόγοις ἢ ἐλλιμε-
νισταῖς· ταῦτα δ᾽ ἐλλιμένια ἐκαλεῖτο καὶ ἐμπορικά. καὶ δε-
κατευτήρια δέ ποτε κατέστησαν, καὶ δεκάτη τὸ τέλος ἦν.
καὶ ζευγήσιόν τι τέλος οἱ ζευγοτροφοῦντες ἐτέλουν.

Ἐνεκλησίαζον δὲ πάλαι μὲν ἐν τῇ Πυκνί· Πυὺξ
δὲ ἦν χωρίον πρὸς τῇ ἀκροπόλει, κατεσκευασμένον κατὰ
τὴν παλαιὰν ἁπλότητα, οὐκ εἰς θεάτρου πολυπραγμοσύνην.
αὖθις δὲ τὰ μὲν ἄλλα ἐν τῷ Διονυσιακῷ θεάτρῳ, μόνας 133
δὲ τὰς ἀρχαιρεσίας ἐν τῇ Πυκνί, ἀφ᾽ ἧς τὸν τοῦ δήμου
θόρυβον πυκνίτην φασὶν οἱ κωμικοί. ἐκάλουν δὲ τὴν προ-
εδρίαν καὶ πρῶτον ξύλον, καὶ ἐν τῷ δικαστηρίῳ τὴν πρώ-
την καθέδραν. τὰ δ᾽ ὑποστορνύμενα τοῖς δικασταῖς ἐπὶ
τῶν ἑδρῶν ψιάθια ὠνομάζετο.

Ἀνδροφόνος, φονεύς, σφαγεύς, φαρμακεύς, φονῶν
φονικός, μιαιφόνος· ἔκτεινεν, ἀνεῖλεν, ἐφόνευσεν, ἀπέσφα-
ξεν, ἐδολοφόνησεν, ἐμιαιφόνησεν. ἐπὶ δὲ τούτου ἐναγής, μι- 134
αρός παμμίαρος, αἵματι προσεχόμενος, αἵματος μεστός. τὸ
δὲ πρᾶγμα φόνος, ἀναίρεσις, μιαιφονία, σφαγή.

Εἴη δ᾽ ἂν ἐκ τῶν περὶ τὰ δικαστήρια κοινωνοί, κοι-
νωνία, κοινωνικὰ χρήματα παρὰ Δημοσθένει· οἱ γὰρ κοι-
νῶνες Ξενοφῶντος ἴδιον. καὶ ἀνέμητα χρήματα, καὶ κοινά

---

132 5. δεκατευταί?   133 6. ψιαθίδια *A*, ψιαθία ἰδίως *C.*

135 ἐπίκοινα, οὐ διῃρημένα· τὰ γὰρ διαιρετὰ εὐτελέστερον. καὶ
τὸ ῥῆμα κοινωνῆσαι, καὶ κοινῶσαι τὰ χρήματα, μίξασθαι
τὴν οὐσίαν, συνάψασθαι τὸν πλοῦτον, συνερανίσαι, συνα-
γαγεῖν, ἀθροίσασθαι, συνενεγκεῖν εἰς ταὐτὸ τὴν οὐσίαν,
συστήσασθαι, συμβαλεῖν. καὶ κοινῇ κοινῶς, κοινωνικῶς, κοι-
νωνικὸς ἀνὴρ καὶ ἀξιοκοινώνητος καὶ ἀκοινώνητος. τὰ δὲ
ἐναντία δ ι ε λ έ σ θ α ι, διακληρώσασθαι, διαλαχεῖν, δάσα-
σθαι· τὸ δὲ νείμασθαι ἑτέρας χρείας, καὶ τὸ μερίσασθαι
εὐτελέστερον, κρεῖσσον δὲ τὸ μοιρολογεῖν. καὶ νέμησις οὐ-
136 σίας, διαίρεσις, διακλήρωσις· ὁ γὰρ διαμερισμὸς ἱπόφαυ-
λον καὶ ἡ δάτησις ὑπομόχθηρον, βέλτιον δ' ὁ δασμός. καὶ
οἱ μὲν διανεμόμενοι νεμηταὶ καὶ μερῖται καὶ μοιρόλογχοι,
οἱ δὲ διανέμοντες δατηταί· καὶ εἰς δατητῶν αἵρεσιν ἔλεγον
οἱ ῥήτορες. ὡς ἐπὶ τὸ πλεῖστον δὲ οἱ μοιρόλογχοι καὶ τὸ
μοιρολογεῖν ἐλέγετο ἐπὶ τῶν μετεχόντων κακουργήματος.
ἐγγὺς δὲ τούτων κ λ η ρ ο ῦ χ ο ι, κληρουχοῦντες κατακληρου-
χοῦντες, κατανεμόμενοι, κατὰ κλήρους νεμόμενοι· καὶ τὸ
πρᾶγμα κληρουχία, καὶ τὸ ῥῆμα κληρουχεῖν κατακληρου-
χεῖν, καὶ κληρουχικὰ χρήματα ὡς Δημοσθένης.

137   Π ρ έ σ β ε ι ς πρεσβευταί, πρεσβεία πρέσβευσις, πρεσβεῦ-
σαι, διαπρεσβεῦσαι διαπρεσβεύσασθαι, ἐπιπρεσβεῦσαι ἐπι-
πρεσβεύσασθαι, παραπρεσβεῦσαι παραπρεσβεύσασθαι, ᾧ
μᾶλλον κέχρηται Δημοσθένης καὶ Πλάτων· παραπρεσβείας
δ' ἦν κατ' αὐτῶν ἡ δίκη. ὁ δὲ πρεσβευτὴς εἴη ἂν καὶ ἄγ-
γελος καὶ διάκονος· ἑτέρας δὲ χρείας κ ῆ ρ υ ξ καὶ σπονδοφό-
138 ρος. τὸ δὲ κηρύκειον φόρημα ἦν τῶν πρέσβεων, καὶ εἰς
τὸ πρυτανεῖον ἐπὶ ξενίᾳ ἐκαλοῦντο. εἴποι δ' ἄν τις τοὺς
πρέσβεις ὑπαλλάττων τὴν πρεσβείαν· ὅθεν εἴρηται τὸ κή-
ρυκι καὶ πρεσβείᾳ χρηματίζειν. καὶ τὰ ῥήματα πρεσβεῦσαι,
διακονήσασθαι, ἀποπρεσβεύσασθαι, ἀντιπρεσβεῦσαι. ἀπὸ δὲ
κηρύκων κηρῦξαι ἐρεῖς καὶ ἀποκηρῦξαι καὶ ἐπικηρῦξαι καὶ
προκηρῦξαι, ἀνακηρῦξαι, ἀνειπεῖν καὶ ἀναγορεῦσαι, ἐπικη-
139 ρυκεύσασθαι διακηρυκεύσασθαι, ἐχεχειρίαν ἀπαγγεῖλαι. καὶ
τὸ πρᾶγμα κήρυγμα κηρυκεία ἐπικηρυκεία, καὶ τὸ ἐναν-
τίον ἀκήρυκτοι πόλεμοι καὶ ἀκηρυκτὶ ἐπιόντες. ἄσυλοι δ'

ἦσαν, καὶ ἐξῆν αὐτοῖς πανταχόσε ἀδεῶς ἰέναι. ἀσυλία καὶ
ἀσπονδία· σπονδοφορῆσαι, καὶ σπονδὰς ἐπενεγκεῖν, σπείσα-
σθαι, σπονδὰς αἰτῆσαι· ἔνσπονδοι, ὑπόσπονδοι.

χρυσῷ στεφάνῳ στεφανωθῆναι, θαλλῷ, ἀναγορευθῆναι,
ἀνακηρυχθῆναι, ἀναγγελθῆναι· καὶ τὰ πράγματα ἀναγόρευ-
σις, ἀνακήρυξις, ἀνάρρησις, ἀναγγελία. καὶ μὴν καὶ αἱ λοιπαὶ 140
τιμαί, δωρεαί, γέρα, προτιμήσεις, χάριτες, σιτήσεις, σιτηρέ-
σιον, σύσσιτον εἶναι, πορφύρα, προεδρία, χαλκοῦν ἑστάναι,
ἀτέλεια, χρήματα, τοῖς δὲ ξένοις καὶ πολιτεία.

Συγγραφή, συνάλλαγμα, συμβόλαιον, γραμματεῖον,
συνθήκη ἔγγραφος, ὁμολογία ἔγγραφος. ἀπὸ δὲ τῆς συγ-
γραφῆς τὸ συνεγράψατο, καὶ κατὰ συγγραφὴν ἐπόρνευσεν,
καὶ ναυτικὴ συγγραφή· καὶ παρασυγγραφὴ παρὰ Δημοσθέ-
νει τὸ ἔξω τι ποιῆσαι τῶν ἐν τῇ συγγραφῇ συμβαθέντων.
ἀπὸ δὲ συναλλάγματος συναλλάσσειν, ὥσπερ ἀπὸ συμβολαίου
συμβαλεῖν συμβαλόντες. καὶ συμβόλαιον συμβεβλημένον ἤδη
λέγουσι, καὶ χαρᾶς συμβόλαιον καὶ φιλίας συμβόλαιον.

δάνεισμα, χρεωφείλημα, ἔγγυον ναυτικόν, κατ' ἐκ- 141
δόσεις, ἑτερόπλουν, ἀμφοτερόπλουν, ἐπικίνδυνον, ἐπίτοκον
ἄτοκον.

Περισχοινίσαι τὰ ἱερὰ ἔλεγον ἐν ταῖς ἀποφράσι τὸ
ἀποφράξαι, οἷον Πλυντηρίοις καὶ ταῖς τοιαύταις ἡμέραις·
περισχοινίσαι δὲ τὸ δικαστήριον, ὁπότε περὶ μυστικῶν δικά-
ζοιεν, ἵνα μὴ προσίῃ μηδεὶς ἀνεπόπτευτος ὤν.

τρεῖς θεοὺς ὀμνύναι κελεύει Σόλων, ἱκέσιον καθάρ- 141
σιον ἐξακεστῆρα.

ἐντιμήσασθαί ἐστιν, ὅταν τις προῖκα διδοὺς τιμή-
σηται ὁπόσου δεῖ· ἀποτίμημα δ' ἐστὶν οἷον ὑποθήκη, κυ-
ρίως μὲν πρὸς τὴν προῖκα, ἤδη δὲ καὶ πρὸς τὰς μισθώσεις.
καὶ τὸ ῥῆμα ἀποτιμήσασθαι. θεῖναι μὲν οἰκίαν ἐστὶ τὸ
δοῦναι εἰς ὑποθήκην, θέσθαι δὲ τὸ λαβεῖν εἰς ὑποθήκην·
καὶ τὸ μὲν ἔθηκεν τὸ δ' ἔθετο, καὶ ὁμοίως ὑπέθηκε καὶ
ὑπέθετο. Ὑπερίδης δὲ ἐν τῷ πρὸς Χάρητα ἔφη ἀποδόμε-
νος ἀντὶ τοῦ ὑποθείς.

139 2. ἄσπονδα AB, om C.   140 9. συμβιβασθέντων A.   141 4.
τὰ] μὲν τὰ?

143 δίκαι δ' ἦσαν καὶ καθυφέσεως, καὶ ἔστιν εἰπεῖν
καθυφῆκε καθυφήκατο, προύδωκεν ἐνέδωκεν, καταπροήκατο
τὴν κατηγορίαν, κατεχαρίσατο, ἀπέδοτο, ἐξέδωκεν, ἀνείλετο
τὴν γραφήν, διεγράψατο, ἐξέλιπε τὸν ἀγῶνα οὐκ ἐπεξελ-
θών, ἐγκατέλιπεν, ἀπέστη ἐξέστη, κατὰ συνθήκας εἶπεν,
ἐθελοκακῶν, ὑποχωρῶν, κατακλινόμενος, καὶ κατηγόρησεν
ἐνδόσιμα ὡς Ὑπερίδης.

144 ἔρανοι, ἐρανισταί, κοινὸν ἐρανιστῶν, ἐρανικαὶ δίκαι,
ἐρανικὸς νόμος, ἐράνου φορά, ἐράνου καταβολή· κατενεγκεῖν
τὸν ἔρανον, πληρώσασθαι τὸν ἔρανον, ἐκλιπεῖν τὴν φοράν.
ἔοικε δ' ἂν τοῖς ἐρανισταῖς καὶ οἱ συμμορῖται, καὶ συμμορία
καὶ τὸ παρ' Ὑπερίδῃ μετοικικῆς συμμορίας ταμίας.

Βουλὴ συνεκάθισε, συνῆλθε, συνέστη, συνελέγη, συνε-
τάχθη, ἠθροίσθη, προήδρευσεν συνήδρευσεν, ἐχρημάτισεν,
145 ἐβούλευσεν προεβούλευσεν. βουλῆς ἦν ἕδρα, συναγηγερμένοι
ἦσαν οἱ βουλευταί, εἰς ταὐτὸν ἦλθον, ἐπληρώθη τὸ βου-
λευτήριον, μεστὸν ἦν. ταῦτα καὶ περὶ δήμου ἄν τις εἴποι
καὶ δικαστῶν.

Δημεῦσαι οὐσίαν, ἀπογράψαι, δημοσίᾳ ἀπογραφῆ-
ναι, δημοσίαν ἀποφῆναι. ἀποστῆναι τῆς οὐσίας, ἐκστῆναι,
παραχωρῆσαι τῶν χρημάτων, τῶν ὄντων, τῶν ὑπαρχόντων,
τοῦ κλήρου, τῶν πατρῴων, τῆς κτήσεως, τῆς περιουσίας,
τῶν περιόντων ἁπάντων· ἄκληρον γενέσθαι τῶν πατρῴων.

146 Προθέσεις, ἐκφοραί, τρίτα ἔνατα τριακάδες, ἐναγίσ-
ματα, χοαί, τὰ νενομισμένα. ἐπαμήσασθαι τῆς γῆς, ὑφάπ-
τειν τὴν πυράν. περίδειπνον, ταφή, ἐντάφια, μνῆμα, τάφος,
χῶμα, στήλη, ἐλεγεῖον, ἐπίστημα, ληνοί τε καὶ σοροὶ καὶ
πύελοι.

147 Βλάβη βλάβος βλάμμα, ζημία βλαβερά ἐπιβλαβής
καὶ τὰ ὅμοια, ἐπιζήμιος ζημιώδης, βλαβερῶς ἐπιβλαβῶς ἐπι-
ζημίως· τὸ γὰρ ζημιωδῶς δύσφθεγκτον. εἰσενεγκεῖν ζημίαν,
ἀποδοῦναι, διαλῦσαι, ἀποτῖσαι ἐκτῖσαι, καταθέσθαι κατα-
148 θεῖναι. καὶ τὰ πράγματα εἰσφορά, ἀπόδοσις, διάλυσις, ἔκ-
τισις, θέσις· εὐτελέστερα γὰρ τὰ λοιπά. ὀνόματα δὲ οὐκ
ἔστιν οὐδὲ ἐπιρρήματα. τὰ δ' ἐναντία εἰσπράττειν, ἐνεχυρά-

---

144 4. ἐοίκοιεν?   146 2. ἐπαμείψασθαι ante Kühnium.

ζειν κατενεχυράζειν, ἀπαιτεῖν. καὶ τὸ πρᾶγμα εἴσπραξις, ἀπαίτησις· ὁ γὰρ κατενεχυρασμὸς φαῦλον.

Ἐρεῖς δὲ ἐκληρώθη τὸ δικαστήριον, ἐνεκληρώθη, ἐκάθισε, συνέστη, συνῆλθε, συνήδρευσεν, ἔκρινεν, ἐδίκασεν, ἔγνω, ψῆφον ἔθετο, γνῶσιν ἐξήνεγκεν, κατεψηφίσατο, κατέ- 149 γνω, κατεδίκασεν, προσετίμησεν ἐπετίμησεν, ἐζημίωσεν, ἀπέ- γνω, ἀπεψηφίσατο, ἀφῆκεν, ἀπελύσατο, ἀπεδίκασεν. κλήρω- σις κλῆρος, σύστασις, σύνοδος, γνῶσις κατάγνωσις, κα- ταδίκη, κρίσις, διαψήφισις καταψηφισμός, τίμημα τίμησις προστίμημα ἐπιτίμιον, ζημία ζημίωμα ἐπιζημίωμα, ὄφλημα, τιμωρία, ἐπιβολή, δίκη, ἄφεσις, ἀπαλλαγή. τιμᾶσθαι ἀν- 150 τιτιμᾶσθαι ἀνθυποτιμᾶσθαι. ἀναστῆναι τοὺς δικαστάς, ἀπαναστῆναι, ἀπαλλαγῆναι τοῦ δικαστηρίου καὶ τῆς βου- λῆς καὶ τοῦ δήμου.

Οὐκ εἶξα, οὐχ ὑπεχώρησα, οὐκ ἐνέδωκα, οὐκ ἐφοβή- θην, οὐκ ἐξεπλάγην, οὐχ ὑποκατεκλίθην, οὐκ ἐξετράπην, οὐκ ἐξέστην, οὐκ ἐξηπατήθην, οὐ παρεκρούσθην, οὐχ ὑπή- χθην, οὐ παρήχθην. ἐξιδιώσατο, προσηγάγετο, ὑπηγάγετο, κατεκτήσατο, κατηγωνίσατο.

Συμφρονεῖν, συμφωνεῖν, συννοεῖν, συμβουλεῦσαι, 151 συνῆφθαι, συνηνῶσθαι, συγκεκρᾶσθαι ἀνακεκρᾶσθαι, με- μῖχθαι, συνηρτῆσθαι, συνδεδέσθαι, ἐξηρτῆσθαι ἀλλή- λων, εἰλῆφθαι, ἔχεσθαι, μίαν γνώμην ἔχειν, ἴσα βαίνειν, ἴσα πνεῖν, ἕνα θυμὸν ἔχειν, τοῖς αὐτοῖς χρῆσθαι, τοῖς αὐτοῖς χαίρειν, ταὐτὰ λυπεῖσθαι, ταὐτὰ φιλεῖν, ταὐτὰ μισεῖν, τῶν αὐτῶν ἔχεσθαι, ἕνα δῆμον εἶναι. καὶ τὰ πράγματα ὁμοφροσύνη, ὁμόνοια, ὁμογνωμοσύνη, ὁμολο- 152 γία, συμφωνία ὁμοφωνία, ἀνάκρασις, σύνδεσμος. ταῦτα μόνα· ἡ γὰρ σύνδεσις σκληρόν, κἂν Πλάτωνος ᾖ. τὰ δ' ἐναντία τούτων ἀπερρῆχθαι, ἀπεσχίσθαι, ἀπῆχθαι, τα- ράσσεσθαι, θορυβεῖσθαι, νοσεῖν, ἀπ' ἀλλήλων ἀφεστάναι, διεστάναι, διαφωνεῖν, διχονοεῖν, διχοφρονεῖν, ἀλλοφρονεῖν, ἀπ' ἀλλήλων λελύσθαι, ἀπηρτῆσθαι, διακεκόφθαι κατὰ μοί-

---

149 3. πλήρωσις ante Iungermannum.   150 2. ὑποτιμᾶσθαι idem. 5. οὐκ ἐπεχώρησα libri: correctum ex Demosthene.   152 4. ἀπηλλάχθαι Α. an ἀπηχθῆσθαι?

ρας, διακεχωρίσθαι, μεμερίσθαι, διανενεμῆσθαι, διχογνωμο-
153 νεῖν. καὶ τὰ πράγματα στάσις στασιασμός, διάστασις ἀπό-
στασις, ταραχή, θόρυβος, νόσος, διαφωνία, διχόνοια, διχο-
φροσύνη ἀλλοφροσύνη, διχογνωμοσύνη, διανομή, ἀπέχθεια·
τὰ γὰρ ἄλλα φαυλότερα. ὀνόματα δ᾽ οὐκ ἔστιν ὅτι μὴ στα-
σιαστικός· ὁ γὰρ στασιώδης καὶ στασιαστὴς ὑπόφαυλα, καὶ
ὁ ταραχώδης εὐτελές, ὥσπερ καὶ ὁ θορυβώδης. ἀπὸ δὲ τῆς
ἀπεχθείας ὁ φιλαπεχθήμων· τὸ γὰρ χωρὶς τῆς προσθήκης,
οὐκ ἔστιν ἐν χρείᾳ τοὔνομα ὁ ἀπεχθήμων, ἀλλὰ μᾶλλον ὁ
154 ἀπεχθής· καὶ ὁ διχογνώμων βίαιον. ἐπιρρήματα δὲ στασια-
στικῶς, ἐξεστασιασμένως, διχογνωμόνως, καὶ τὰ πράγματα
ταραχῶδες καὶ θορυβῶδες· ἀμείνω γὰρ ταῦτα τῶν ἀπ᾽ αὐ-
τῶν ἐπιρρημάτων· ἀπὸ δὲ τῆς ἀπεχθείας ἀπεχθῶς καὶ φι-
λαπεχθημόνως.

Ὑποκρούειν, ὑποσκελίζειν, ἐμποδίζειν, ἐπιστομίζειν,
ταράττειν, καταθορυβεῖν, ἐκκρούειν, ἐνοχλεῖν, διακόπτειν,
ἐπέχειν καὶ ἀνέχειν, κατακρούειν, κατακολούειν, κατασιγά-
ζειν, καταστασιάζειν, καταβοᾶν περιβοᾶν, καταθροεῖν, κατα-
155 θρυλεῖν, ἀποστρέφειν τὴν γλῶτταν, ἐπιφράττειν τὸ στόμα,
μόνον οὐκ ἀφαιρεῖσθαι τὴν φωνήν, ἐκκόπτειν, ἐξαιρεῖν, ἐμ-
ποδὼν ἵστασθαι, μόνον οὐ τὰς ἀκοὰς ἡμῶν ἐπιλαμβάνειν,
ἐπέχειν, ἐπιφράττειν. ἐπῃνεῖτε, ἀπεδέχεσθε, προσίεσθε, ἠνεί-
χεσθε, ἐχαίρετε, συνῃνεῖτε, ὁμογνώμονες ἦτε, ᾑρεῖσθε, ἐπε-
νεύετε, ἐπεχειροτονεῖτε, ἐπεκυροῦτε, ἐπεψηφίζεσθε.

Ἡ θόλος ἐν ᾗ συνεδείπνουν ἑκάστης ἡμέρας πεντή-
κοντα τῆς τῶν πεντακοσίων βουλῆς, ἡ πρυτανεύουσα φυλή.

Ἀτελὴς ὁ τῆς ἀτελείας τυχών, ἰσοτελὴς ὁ μέτοικος ὁ
τιμηθεὶς μὴ ταὐτὰ τοῖς μετοίκοις τελεῖν, ὑποτελὴς πᾶς
156 ὅτῳ μὴ τὸ ἀτελὲς ὑπῆρξεν ἐκ δωρεᾶς, συντελὴς ὁ σὺν ἄλλῳ
λειτουργῶν. καὶ ὁ μὲν ἀτελὴς ἀφειμένος τῶν τελῶν, ἀπηλ-
λαγμένος, ὃς ἐπανεῖται τὰ τέλη, ἔξω τοῦ τέλους, οὐ λειτουρ-
γῶν· καὶ τὸ πρᾶγμα ἀτέλεια, ἄφεσις, ἀπαλλαγή, ἀπραγμο-
σύνη, ἄνεσις· ἡ γὰρ ἀλειτουργησία εὐτελές, ἀλειτούργητον
δὲ οὐσίαν Δείναρχος εἴρηκεν. ὁ δ᾽ ἰσοτελὴς καὶ ἰσοπολίτης,

---

153 6. ὁ ταρ.] τὸ ταρ. vulgo.   155 3. οὐ add Toupius.   5. συν-
είητε vulgo, συνήειτε C.

Ἰσότιμος καὶ ὁμότιμος, καὶ τοῦ μετοικίου ἀφειμένος· καὶ τὸ
πρᾶγμα ἰσοτέλεια καὶ ἰσοπολιτεία καὶ ἰσοτιμία. ὁ δ' ὑπο-
τελὴς καὶ ὑπεύθυνος τελῶν ὑποτελῶν, καταβάλλων, εἰσ- 157
φέρων, λειτουργῶν, ἐπιδιδούς· καὶ τὸ πρᾶγμα τέλος, κα-
ταβολή, εἰσφορά, λειτουργία, ἐπίδοσις. ὁ δὲ συντελὴς συν-
τελῶν, συνεισφέρων, συνερανίζων, καταβαλλόμενος, συγκα-
ταβάλλων, συγκατατιθείς, συνεπιδιδούς· καὶ τὰ ῥήματα
ἀπὸ τούτων τῶν μετοχῶν, καὶ τὸ πρᾶγμα συντέλεια, συν-
εισφορά, συμβολή, ἔρανος.

Θ.

Κομμόδῳ Καίσαρι Ἰούλιος Πολυδεύκης χαίρειν. ὀνομαστικόν
τι βιβλίον πεποίηται Γοργίᾳ τῷ σοφιστῇ, οὑτωσὶ μὲν ἀκοῦσαι
παιδευτικόν, εἰς δὲ πεῖραν ἐλθεῖν ὀλίγου λόγου. τούτῳ τῷ συγ-
γράμματι πάλαι μὴ προσομιλήσας, ἀλλὰ νῦν ἐντυχὼν ἠρξάμην
περὶ τούτων τῶν βιβλίων ὥς τι ὄντων φρονεῖν· τά τε γὰρ ἄλλα
τὴν χρείαν αὐτῶν ἀποδέχομαι, καὶ ὅτι τὸν τῶν ὀνομάτων κατά-
λογον, ἔχοντά τι τῇ φύσει προσκορές, τῷ τρόπῳ τῆς διαθέσεως
σεσόφισται πρὸς τὸ ἄλυπον ἐν τῷ τῆς συντάξεως σχήματι, ὡς
μηδένα θᾶττον τῷ γνωσθέντι προκαμεῖν, τῷ τὸ μέλλον ἀκοῦσαι
ποθεῖν. εὐτύχει κύριε.

Ἵν' οὖν καὶ περὶ πόλεώς τι καὶ τῶν τῆς πόλεως 6
μερῶν ὑπείπωμεν, οὕτω λέγομεν. οἰκιστής, οἰκίζων, πολίζων,
οὐ μὴν καὶ πολιστὴς καὶ κτίζων καὶ κτίστης· καίτοι παρ'
Ἡροδότῳ ἔστιν ὁ συγκτίστης. ἐπὶ τούτῳ δὲ καὶ ὁ οἰκίζων
καὶ τεκταινόμενος καὶ ὑποβαλλόμενος τὴν πόλιν, καὶ κατα-
σκευάζων καὶ κατασκευαζόμενος, καὶ ἐργαζόμενος καὶ ἐξερ-
γαζόμενος, καὶ ποιῶν καὶ οἰκοδομούμενος καὶ μηχανώμενος.
καὶ τὸ πρᾶγμα οἰκισμός καὶ παρὰ Θουκυδίδῃ οἴκισις καὶ 7
κατοίκισις· τὰ γὰρ ἀπὸ τῶν ἄλλων τὰ μὲν σκληρὰ τὰ δὲ
κοινὰ καὶ πρὸς ἕτερον. τὸ δὲ ῥῆμα οἰκίζειν καὶ πολίζειν
καὶ κτίζειν καὶ κατοικίζειν, καὶ ἐπίρρημα μόνον τὸ οἰκιστι-
κῶς. τὸ δ' ἔργον πόλις καὶ ἄστυ καὶ συνοικία καὶ συνοι-

---

1 2. βιβλίον om AB.

κισμός· Ξενοφῶν δὲ καὶ τεῖχος οὐ τὸν περίβολον ἔφη μό
νον, ἀλλὰ καὶ τὸ ὑπὸ τῷ περιβόλῳ πᾶν. ὁ δ' ἀνὴρ πολίτης,
8 ἀστός, οἰκήτωρ, ἔνοικος, ἔντοπος, ἐγχώριος, ἐγγενής, καὶ τὸ
πλῆθος δῆμος, ὄχλος, δημόται, φυλέται, γένη, ἔθνη. καὶ τὰ
μέρη τῆς πόλεως τὰ μὲν ἔξω πόλεως ὅροι, ἐφορία ἀγορα,
δῆμοι, κῶμαι, ἀγροί, ἐσχατιαί, χῶραι, κῆποι, παράδεισοι,
προάστεια, ἐνηβητήρια, ἐνδιαιτήματα· ὧν ἔνια καὶ ἐν πόλει
ἂν γένοιτο. καὶ ἀπὸ μὲν τῶν ὅρων Ζεὺς ὅριος καὶ στήλη
ἐφορία καὶ ποταμὸς μεθόριος, καὶ ὅμορος πόλις καὶ πρό
σορος τόπος καὶ ἐνόριος χῶρος καὶ ὑπερόριος πόλεμος καὶ
διωρισμένον πρᾶγμα, καὶ προσορίσαι γῆν καὶ ἀφορίσασθαι
χώραν καὶ ὑπερορίσαι ἄνδρα, καὶ ἐξόριστον γενέσθαι, καὶ
9 ὅρια ἀνασπάσαι. ὁ δ' ὁρίζων ὁριστής, καὶ τὸ ὑπόχρεων χω
ρίον ὡρισμένον, καὶ ἡ ἐνεστηκυῖα στήλη ὅρος, καὶ ὡρισμένη
ἡμέρα ἡ διειρημένη,   ἀπὸ δὲ δήμων οἱ κατὰ δήμους
οἰκοῦντες καὶ οἱ δημοτευόμενοι καὶ τὸ ἔνδημον πλῆθος·
τάχα δὲ καὶ τὸ ἐπιδημεῖν καὶ ἀποδημεῖν, καὶ ἐπιδημία καὶ
ἀποδημία, καὶ ἔκδημοι πόλεμοι, καὶ παρὰ Θουκυδίδῃ «ἀπο
10 δημηταὶ πρὸς ἐνδημοτάτους,» καὶ πάνδημον πλῆθος καὶ
πανδημεὶ καὶ πανδημία καὶ δημοθοινία καὶ δημοτελεῖς
ἑορταὶ καὶ δημόσιον πρᾶγμα καὶ δημόσιος οἰκέτης, καὶ δη
μεῦσαι καὶ δημοσιεῦσαι, καὶ δήμαρχος καὶ δημοπράτης καὶ
δημεραστὴς καὶ δημεραστία καὶ δημαγωγὸς καὶ δημαγωγία,
καὶ δημοτικός, καὶ φιλόδημος καὶ μισόδημος, καὶ δημοκρα
τία καὶ δημοκρατικός. ἀπὸ δήμων δ' ἂν εἴη κεκλημένος καὶ
11 ὁ δήμιος καὶ ὁ δημόκοινος ὡς ἔξω πόλεως κατοικῶν.   ἀπὸ
δὲ κωμῶν κωμήτης καὶ κωμῆτις καὶ κώμαρχος, καὶ κωμο
δρομεῖν καὶ κωμῳδεῖν, ἤ που δὲ καὶ κωμῳδία καὶ κωμῳδο
διδάσκαλος καὶ κωμῳδοποιὸς καὶ κωμῳδοποιητής, καὶ κω
μῳδῶν, καὶ κωμικὸν δρᾶμα καὶ κωμῳδικὸν πρᾶγμα, ἐπεὶ
κατὰ κώμας ἔστησαν τὴν πρώτην οἱ χοροί. τάχ' ἂν οὖν ἀπὸ
τούτου καὶ ὁ κῶμος εἴη εἰρημένος, καὶ τὸ κωμάζειν καὶ ὁ
12 κωμαστὴς παρὰ Πλάτωνι, καὶ ὁ ἡδύκωμος τὸ ᾆσμα.   ἀπὸ
δ' ἀγρῶν οἱ μὲν Ἀττικοὶ σχηματισμοὶ ἀγρόνδε ἐλθεῖν καὶ
ἀγρόθι οἰκεῖν καὶ ἀγρόθεν ἥκειν, καὶ εὐθὺ τῶν ἀγρῶν

---

11 7. κωμικὸς vulgo.   12 2. ἀγρόδε A.

ἀπελθεῖν, καὶ ἴσθι πρὸς τὸν ἀγρόν. ἀγροικία δὲ, καὶ ἄγροι-
κος ὁ σκαιός, καὶ ἀγροῖκος ὁ ἐν ἀγρῷ ζῶν· ἐπὶ δ' ἀμφοῖν
ὁ ἄγριος, καὶ μᾶλλον ἐπὶ τοῦ σκαιοῦ. ἴσως δὲ καὶ ἡ ἄγρα
καὶ τὸ ἀγρεύειν καὶ ὁ ἀγρευτὴς κύων, ἐπεὶ καὶ ταῦτα ἔξω
πόλεως γίνεται, καὶ που τὰ ἄγρια θηρία, καὶ τὸ πάναγρον
λίνον καὶ ἡ ἀγροτέρα θεὸς καὶ τὸ τῆς ἀγροτέρας τέμενος.
εἴποις δ' ἂν καὶ ἄγροικον μέλος, καὶ ἄγροικον μοῦσαν τὴν
αἰπόλων τε καὶ ποιμένων· ὁ γὰρ ἀγροιώτης ποιητικόν. οὐ
φαῦλον δ' ἂν εἴη προσειπεῖν ὅτι καὶ Νίνος ὁ Βήλου τὸν
αὐτοῦ παῖδα ἐν ἀγρῷ τεχθέντα Ἄγρωνα ὠνόμασεν. ἀπὸ 13
δὲ χώρας χῶρος ἱερός, χωρίτης λεὼς καὶ χωριτικὸν πρᾶγμα
καὶ χωριτικῶς ἐβίω, καὶ χωρικὸν καὶ χωρικός, καὶ κατὰ
χώραν ἔμεινεν, καὶ φιλοχωρεῖν καὶ φιλοχωρία, καὶ χω-
ροφιλεῖν παρὰ Ἀντιφῶντι, ἢ που δὲ καὶ ἐπιχώριος καὶ
ἐγχώριος καὶ πρόσχωρος καὶ ὁμόχωρος, εἰ μὴ καὶ τὸ χωρί-
ζειν καὶ ἐπιχωρεῖν καὶ συγχωρεῖν καὶ πάνθ' ὅσα τοιαῦτα τῇ
χώρᾳ προσήκει. ἀπὸ δὲ κήπων κηπουρός κηπουρεῖν καὶ
κηπεύειν καὶ κηπεία, καὶ κηπαία θύρα, καὶ κῆπος ἡ κουρά.
οἱ δὲ παράδεισοι, βαρβαρικὸν εἶναι δοκοῦν τοὔνομα ἥκει
κατὰ συνήθειαν εἰς χρῆσιν Ἑλληνικήν, ὡς καὶ ἄλλα πολλὰ
τῶν Περσικῶν.

τὰ μὲν δὴ μέρη τῶν ἔξω πόλεως, καὶ ὅσα κατ' ἀγρούς, 14
ἔχεις ἐν τοῖς γεωργικοῖς προειρημένα· τῶν δὲ προαστείων
ἂν εἴη καὶ φρούρια, ἃ καὶ φυλακτήρια ἂν λέγοις καὶ φρυ-
κτώρια καὶ πυρσούργια καὶ σκοπάς, καὶ που καὶ προτειχίσ-
ματα καὶ χάραξ καὶ χαρακώματα, τάφροι, σταυροὶ καὶ
σταυρώματα, σκηνώματα καὶ σκηναὶ καὶ σκηνήματα, καλύ-
βαι, στρατόπεδα, καὶ πάνθ' ὅσα ἐπὶ φρουρᾷ τῶν ἔξω προ-
μεμηχάνηται. παίζοντι δὲ τὸ στρατόπεδον ἔξεστι κατὰ τὴν 15
τῶν πολλῶν χρῆσιν καὶ παρεμβολὴν ὀνομάσαι, παρεχόμενόν
τινα τῶν νεωτέρων Θεόφιλον ἐν Παγκρατιαστῇ εἰρηκότα
εἶτ' ἐν χάρακι μὲν ταῦτα καὶ παρεμβολῇ·
καὶ Κρίτων ἐν Αἰτωλοῖς
ἐκεῖ γὰρ ἡμῖν ἐστὶν ἡ παρεμβολή.

12 1. ἴσθι] ἴλθε A.   15 2. πάλαι A. ‖ παρεχόμενον — 6. παρ-
εμβολῇ] τινὲς δὲ καὶ τῶν νεωτέρων ποιητῶν ἐχρήσαντο τῇ λέξει, ὥσπερ δί-
φιλος ʽκαὶ κρίτων ABC.

μέρη δὲ τῶν πρὸ πόλεως καὶ τὰ κατὰ δήμους ἱερά, τε-
λεστήρια, μέγαρα, ἀνάκτορα, χρηστήρια, ἡρῷα, ἡρία, μνή-
ματα, πολυάνδρια, τάφοι· παρὰ δὲ Θουκυδίδῃ μόνῳ τῶν
κεκριμένων καὶ μνημεῖα ἄν τις εἰρημένα εὕροι τὰ μνή-
16 ματα.   ἔξω δὲ πόλεως καὶ ἄντρα καὶ σπήλαια καὶ σπη-
λαιώδεις ὑποφυγαί· καὶ Θεόπομπος ἐν Πανταλέοντι καὶ
σπηλάδιον εἴρηκεν. ἐκ δὲ τούτων ἄλση, τεμένη, αὐλαὶ αὔλια
προαύλια, σταθμοί, αἰπόλια, ποίμνια, σηκοί, μάνδραι, συ-
φοὶ συφεοί, συβόσια, τάχα δὲ καὶ γερανοβοσίαι καὶ χηνο-
βοσίαι κατὰ Πλάτωνα, καὶ περιστερεὼν εἰρημένος ἐν Θεαι-
τήτῳ. ἐν δὲ τοῖς προαστείοις καὶ τὰ περιπόλια εἴη ἄν, εἰ
μὴ χωρίου ὄνομα αὐτὸ νοοῖμεν παρὰ Θουκυδίδῃ, ὅταν φῇ
«ἐν περιπολίοις τισὶν ἐλήφθη.»
17   ἐπεὶ δὲ ἀπὸ τῶν προαστείων εἰς ἄστυ ἰτέον, ἀπὸ μὲν
τοῦ ἄστεως οὐχ ὁ ἀστὸς μόνον καὶ ἡ ἀστή, ἀλλὰ καὶ ὁ
ἀστικὸς καὶ ὁ ἀστεῖος καὶ τὸ ἀστείζεσθαι καὶ ἀστυπολεῖν
καὶ ἀστυνόμος, καὶ παρὰ Κριτίᾳ ὁ ἀστύτριψ. ἡ δὲ κωμῳ-
δία καὶ ἀστῆς ἐλαίας εἴρηκε τῆς ἐν πόλει.

     πόλιν δ' ἂν εἴποις ἠπειρῶτιν, νησιῶτιν, χερσαίαν, ἄπο
θαλάττης, μεσόγειον, ἔφαλον, πάραλον καὶ παράλιον, πα-
ραθαλαττίδιον ἐπιθαλαττίδιον, ἀγχιθάλαττον· ἡ γὰρ ἀγ-
χίαλος ποιητῶν. ἡ δὲ ἑκατέρωθεν ἔχουσα θάλατταν ἀμφι-
18 θάλαττος, ὡς ἡ Κόρινθος. καὶ ἡ μὲν ἐν μέσῳ τῆς θαλάτ-
της ἑκατέρωθεν παρήκουσα γῆ ἀμφίπλους καὶ ἀμφοτερό-
πλους καὶ αὐχὴν καὶ ἰσθμός· ἵνα δ' ἡ θάλαττα ἑκατέρω-
θεν οὖσαν τὴν γῆν διαιρεῖ, ταῦτα θαλάττης αὐλῶνα καὶ
εὔριπον καὶ πορθμὸν δεῖ καλεῖν.   εἴποις δ' ἂν πόλιν τὴν
μὲν ἔναγχος κτισθεῖσαν νέαν, πρόσφατον, καινήν, νεόκτι-
στον νεοποίητον νεουργὸν νεοκατάστατον, ὑπόγυον, ἡλικιῶ-
τιν τῶν οἰκητόρων, τὴν δὲ πρὸ πολλοῦ ἀρχαίαν, παλαιάν
παμπάλαιον, ἀρχαιόπλουτον παλαιόπλουτον, ὠγυγίαν, πρεσ-
19 βῦτιν, γηρῶσαν ὑπεργήριων ὑπεργηρῶσαν· καὶ τὸν μὲν ταύ-
της δῆμον ἀρχαῖον, αὐτόχθονα, γηγενῆ, γνήσιον, ἐγγενῆ, τὸν
δὲ ἐκείνης ἔπηλυν ἐπηλύτην, ἔποικον, ἀλλοδαπόν. καὶ εἰς
μὲν μέγεθος ἐπαινῶν τὴν πόλιν εἴποις ἂν εὐρεῖαν, πλατεῖαν,

προμήκη ὑπερμήκη μηκίστην, μεγίστην ὑπερμεγέθη παμμε-
γέθη, ὑπέρογκον, ἡπλωμένην, ἐκτεταμένην, ἀνακεχυμένην.
καὶ τὴν μὲν ἐν ὁμαλεῖ πεδιάδα, ἰσόπεδον, ἱππήλατον ἁμα-
ξήλατον, λεωφόρον, ἐπὶ πολλῆς εὐρυχωρίας οὖσαν, ἀναπεπ-
ταμένην, ἀνεῳγμένην καὶ καθ᾽ Ὅμηρον εὐρυάγυιαν (ἡ γὰρ 20
κητώεσσα ἐπὶ πλέον ἐστὶ ποιητικόν)· τὴν δὲ ἐν ὄρει ὄρειον
ὀρείαν, ὑψηλήν ὑπερύψηλον, εὐερκῆ, δυσάλωτον, δυσπρόσο-
δον δυσπρόσβατον· δυσπρόσιτον, ἐπιφανῆ ὑπερφανῆ, ὑπερ-
λάμπουσαν, προσανιοῦσαν προσαναβαίνουσαν, τοῖς ὄρεσι
προσαμιλλωμένην, ὑπερδέξιον πᾶσαν, ἀκροπόλει ἐοικυῖαν,
μικροῦ ὑπερνέφελον, ταῖς κορυφαῖς ἁμιλλωμένην τῷ αἰθέρι,
ὀλίγου ψαύουσαν τῶν νεφελῶν, ἐγγυτάτω τῶν νεφῶν, φαιδρῷ
ἀέρι περιρρεομένην, ἐλευθέρῳ τῷ ἀέρι. εἰ δὲ ψέγοις τὴν μείζω 21
πόλιν, ἔκμετρον ὑπέρμετρον, ἀνάρμοστον, δυσφύλακτον, δυσ-
πλήρωτον, δυσοίκητον, πεπλανημένην, διερριμμένην, διεσπασ-
μένην, ἐγγενοῦς δήμου ἐνδεᾶ, πολυγενῆ πολύδημον, ἄκοσ-
μον, ἄκριτον, θορύβου μεστήν, θορύβου πλέαν, ἀκολασίας,
ἀκοσμίας, πάμφυλον παγγενῆ, ἠρανισμένην, ξένου λεὼ με-
στήν, πολύξενον, ξενίζουσαν, ἀλλοφύλου δήμου πλέαν, ἀλ-
λοδημίας μεστήν, πανδημίας ὑπόπλεων, ἐπεισάκτου τροφῆς
δεομένην, οὐκ ἀρκοῦσαν τρέφειν τοὺς οἰκήτορας, εἰσαγωγῆς 22
χρῄζουσαν, εἰσαγωγίμων σιτίων, ἐπεισάκτων τροφῶν· ἣν ἡ
θάλαττα μᾶλλον· τῆς γῆς τρέφει, ἣν ἔμποροι μᾶλλον τῶν
γεωργῶν τρέφουσιν. ὁμοίως δὲ καὶ τὴν πεδιάδα ψέγων εἴποις
ἂν κοίλην, ὑπτίαν, ἑλώδη, εὐέφοδον, εὐάλωτον, ἣν ἐξ ἐπι-
δρομῆς ἄν τις ἕλοι· τὴν δ᾽ ὄρειον ψέγων δύσμικτος ἐρεῖς, δύ-
σοδος, ἀτριβής, ἀπρόσμικτος ἀπροσπέλαστος, δύσξενος, δύσ-
βατος δύσπορος, ἀνάντης, ἄγροικος, χαράδρα, φάραγξ,
θηρίων μᾶλλον ἢ ἀνθρώπων πόλις, αἰγίβοτος μᾶλλον ἢ 23
ἀστική, δυσχείμερος δύσθερος, δυσχερὴς χειμῶνος ὑπὸ τῶν
νιφετῶν, θέρους ἄσκιος. καὶ ἄλλως δ᾽ ἐπαινῶν ἐρεῖς εὐαν-
δρουμένην, ἀκμάζουσαν, εὐθηνοῦσαν· κἂν ψέγῃς, φλεγμαί-
νουσαν, ὀχληράν ὀχλώδη, θλιβομένην, ἀχλυώδη, βαρεῖαν,
πολυπράγμονα, φορτικὴν διὰ πλήθους, θορύβου πλέα,
ὠθισμοῦ, στενοχωρίας, ταραχώδης. ἐν ᾗ δὲ ὀλίγον τὸ πλῆ-
θος, ὀλιγάνθρωπος, ἐν εὐρυχωρίᾳ, ἐν σχολῇ, ἐν ἡσυχίᾳ,
ἀπράγμων, ἄλυπος· εἰ δὲ σκώπτοις, ἔρημον, ἐξηρημωμένην, 24

φορτικήν, ὀλιγάνθρωπον, ἔρημον οἰκητόρων, ἀοίκητον, ἀπάν-
θρωπον, κενήν. ὁμοίως δὲ μικρὰν ἐπαινῶν ἐρεῖς ἀρκοῦσαν,
ἀποχρῶσαν, σύμμετρον, οὐχ ὑπέρογκον, συμμετρικήν συμμε-.
μετρημένην, μετρίαν μεμετρημένην, οἰκήσιμον, εὐδίαιτον· εἰ
δὲ ψέγοις, στενήν, βραχεῖαν, ἀθλίαν, ταλαίπωρον· πόλισμα
25 πολισμάτιον, πολίχνη πολίχνιον, κώμη. καὶ πολλὰ ἄλλα ἂν
εὕροις ἐκ τῶν ἐν τοῖς πρὸ τούτου βιβλίοις προειρημένων
ἐπαινῶν μὲν τὴν φιλάνθρωπον καὶ εὔξενον πόλιν, πάλιν δὲ
ψέγων τὴν ἀπάνθρωπόν τε καὶ ἄξενον· εἰ γὰρ καὶ μὴ ἐπὶ
πόλεών ἐστιν ἀλλ' ἐπὶ ἀνδρῶν εἰρημένα, τὴν γοῦν χρῆσιν
ἔστιν ἄγειν ἐπὶ τὰς πόλεις, ὥσπερ αὖ καὶ ὅσα ἐπὶ χωρίων
ἐστὶν ὑγιεινῶν τε καὶ νοσερῶν, καὶ πάνθ' ὅσα τοιαῦτα,
προσακτέον δὲ καὶ ταῦτα ταῖς πόλεσιν.

ἀλλ' ὁ μὲν μεγάλης πόλεως πολίτης μεγαλοπολίτης ἂν
λέγοιτο, ὁ δὲ μικρᾶς μικροπολίτης, ὅθεν καὶ Ἀριστοφάνει
26 εἴρηται τὸ μικροπολιτικόν, ὁ δὲ νέας νεαπολίτης κατὰ Πλά-
τωνα, καὶ κατ' Ἐπίχαρμον λέγοντα ἐν Ἁρπαγαῖς νέοικος,
καὶ κατ' Εὔπολιν λέγοντα ἐν Χρυσῷ γένει νεοκάτοικος.

τὰ δ' ἀπὸ πόλεως ὀνόματα πολίτης, πολιτεία, πολιτευό-
μενοι πολιτεύεσθαι, πολιτοκοπεῖν καὶ πολιτοκοπία ὡς Σαν-
νυρίων Γέλωτι, πολιτικὴ σοφία καὶ πολιτικὸς ἀνὴρ καὶ λό-
γος πολιτικός, καὶ πολιεῖς θεοὶ καὶ πολιοῦχοι, καὶ φιλόπο-
λις τὸ ἦθος παρὰ Θουκυδίδῃ, καὶ πολιτοκοπεῖν παρ' Ἀντι-
27 φῶντι, καὶ πολλὰ τοιαῦτα. τὸν δὲ ἀστὸν Εὔπολις ἐν τῇ
Διάδι ἔμπολιν εἴρηκεν, οἷον ἐγχώριον· εἴποι δ' ἄν τις, οἴ-
μαι, καὶ τὸν ἐντόπιον, Πλάτωνος εἰπόντος ἐντοπίους θεούς.
ἡ δ' Ἰσθμῷ ἢ πορθμῷ προσοικοῦσα πόλις ἀμφίπολις, καὶ ἡ
πολλὰς ἔχουσα πόλεις χώρα πολύπολις· πέρα γὰρ τοῦ δέοντος
φιλότιμον τὸ τὴν οἰκουμένην εἰπεῖν εὔπολιν. καὶ αἱ μὲν πολ-
λαὶ πόλεις εἰς ἓν συντελοῦσαι ἔθνος, αἱ δὲ πολλαὶ κῶμαι
εἰς ἓν συμφέρουσαι ὄνομα πόλις· τοῖς γὰρ ποιηταῖς καὶ
τὰς χώρας λέγουσι πόλεις οὐ προσεκτέον, ὡς παρ' Εὐρι-
πίδῃ ἐν Ἴωνι

Εὔβοι' Ἀθήναις ἔστι τις γείτων πόλις,
καὶ πάλιν ἐν Τημενίδαις

27 9. κώμας ante Kühnium: νήσους Salmasius.   10. ἰξίωνι ante Bois-
sonadum.

ἅπασα Πελοπόννησος εὐτυχεῖ πόλις.

τρία δὲ πόλεων ἐν οἰκήσει σχήματα, ἤπειρος νῆσος χερρόνησος.

μέρη δὲ πόλεως τὰ μὲν ἐκ θαλάττης αἰγιαλός, ἀκτή, 28 ἠών, λιμὴν καὶ λιμένος στόμα καὶ βάθος καὶ μυχός, καὶ ὅρμος δὲ καὶ κρηπίς, νεώρια, νεώσοικοι καὶ ὡς Ἀριστοφάνης ἐν Βαβυλωνίοις ναυλόχιον. καὶ δὴ καὶ τελώνια· εἴρηται δὲ τὸ τελώνιον ἐν Ποσειδίππου Κώδωνι·

τὸν παῖδ᾽ ἄνω σπεύδοντα πρὸς τὸ τελώνιον.

δεκατηλόγια, δεκατευτήρια, πεντηκοστολόγια, φυλακτήρια. ἀλλὰ καὶ δεκατώνια· κέχρηται δὲ τῷ ὀνόματι Ἀντιφάνης 29 ἐν Ἁλιευομένῃ. καὶ οἱ τούτοις ἐφεστηκότες τελῶναι, ἐκλογεῖς, ἐλλιμενισταί, δεκατηλόγοι ὡς Δημοσθένης, ὡς δὲ Ἀναξίλας ἐν Γλαύκῳ δεκατῶναι, εἰκοστολόγοι, πεντηκοστολόγοι· καὶ πεντηκοστολογεῖν ἐν Φιλωνίδου Κοθόρνοις ἔστιν εἰρημένον·

παναγεῖς γενεάν, πορνοτελῶναι, Μεγαρεῖς δεινοί, πατραλοῖαι.

τὸ δὲ τέλος ἐλλιμένιον, ὡς Εὔπολις Αὐτολύκῳ 30

ἐλλιμένιον δοῦναι πρὶν εἰσβῆναί σε δεῖ,

καὶ δεκάτη καὶ εἰκοστὴ καὶ πεντηκοστή, καὶ κατὰ τὸ μέρος τῆς ἑκασταχοῦ εἰσπράξεως τὸ ὄνομα. ἢ που δὲ καὶ παραγώγιον τέλους ὄνομα, εἰ δεῖ πρὸς ἀπολογίαν τῆς κοινῆς χρήσεως παρέχεσθαι τὸ ἐν τῇ Φιλιππίδου Συνεκπλεούσῃ εἰρημένον «ὅταν ἑξῆς παραγώγιον ἂν ἐκφέρῃς, εἰσπράξομαι.» τὸ δὲ πρᾶγμα τελωνία, καὶ τελωνεῖν τὸ ῥῆμα, καὶ 31 εἰσπράττειν τέλη, πράττειν, ἀπαιτεῖν, ἐκλέγειν. καὶ τὸ τελούμενον παρ᾽ αὐτῶν τελῶν ἀπογραφή, τὸ δὲ μὴ ἀπογραφὲν ἀναπόγραφον. καὶ ὡς Ἀριστοφάνης ἐν Πολυείδῳ

ἐλλιμενίζεις ἢ δεκατεύεις;

καταβολὴ τέλους, τέλος καταβαλεῖν, καταθεῖναι, διαλῦσαι, ἀποδοῦναι, ἀπαριθμῆσαι, ἀποτῖσαι, εἰσενεγκεῖν. καὶ τὸ ὑπεύθυνον τέλει ὑποτελές, καὶ φιλοτιμούμενος τάχα καὶ ἐντελὲς καὶ ἐπιτελὲς ἐρεῖς· τὸ δ᾽ ἀνυπεύθυνον ἀτελὲς καὶ τὸ

32 πρᾶγμα ἀτέλεια, καὶ οὐ μόνον ἄνθρωπος ἀτελὴς ἀλλὰ καὶ
λιμήν, ὅπου μηδὲν εἰσπράττεται. καὶ κακίζων μὲν τελώνην
εἴποις ἂν βαρύς, φορτικός, ἄγχων, ληστεύων ληϊζόμενος,
παρεκλέγων, θαλάττης ἀγριώτερος, χειμῶνος βιαιότερος,
καταδύων τοὺς καταχθέντας, ἀπάνθρωπος, ἐπαχθής, ἄπλη-
στος, ἄμετρος, αἰσχροκερδής, βίαιος, ἀποπνίγων, πιέζων,
λωποδυτῶν, ἀποδύων, ἁρπάζων, ἀφαιρούμενος, παρεισπράτ-
των, ἰταμός, ἀναίσχυντος, ἀπηρυθριακώς, δυσχερής, ἀνήμε-
ρος, ἄγριος, ἄξενος, θηριώδης, ἕρμα, πρόβολος πέτρα, ναυ-
άγιον, θηρίον ἄμικτον, καὶ ὅσα ἐν ταῖς συνήθους λοιδορί-
33 αις ἔχεις· φιλοτιμουμένῳ δὲ ἔξεστιν εἰπεῖν Σαλμυδησσός,
Καφηρεύς, καὶ ὅσα ἐν θαλάττῃ δύσμικτα καὶ ἄξενα χωρία.
εἰ δ᾽ ἐπαινεῖς τελώνην, εἴποις ἂν ἔννομος, εὔξενος, δίκαιος,
ἐνδοτέρω τοῦ νόμου, πραότερος τοῦ λίαν ἀκριβοῦς, κρείτ-
των τοῦ βίου, εἰδὼς αἰδεῖσθαι, παραμυθούμενος τὴν τοῦ
πλοῦ δυσχέρειαν, εἰς ὃν ἄν τις ἀναπαύσαιτο, ᾧ τις ἂν
ἡδέως προσορμίσαιτο. τὸ μέντοι τὰ τέλη παραλαβεῖν εἴποις
34 ἂν πρίασθαι καὶ μισθώσασθαι, καὶ τοὺς ἄρχοντας ἐκδιδό-
ναι τὰ τέλη, πιπράσκειν, κηρύττειν, ἀπομισθοῦν.

τὰ δὲ περὶ τοὺς λιμένας μέρη δεῖγμα, χῶμα, ἐμπόριον,
καὶ ὡς Ὑπερίδης φησίν, ἐξαίρεσις, ὅπου τὰ φορτία ἐξαιρεῖ-
ται, ὥσπερ καὶ τὸ δεῖγμα τοὔνομα ἀπὸ τοῦ δείγματα τῶν
ἀγωγίμων τοῖς ὠνηταῖσι δίδοσθαι, παρ᾽ Ὑπερίδῃ ἐν τοῖς
ὑπὲρ τοῦ ταρίχους. τοῦ δ᾽ ἐμπορίου μέρη καπηλεῖα καὶ πορ-
νεῖα, ἃ καὶ οἰκήματα ἄν τις εἴποι· καὶ τὸ πλῆθος οὐ
ναυτικὸν μόνον, ὅσον ἐν τοῖς περὶ νεῶν ἐστιν εἰρημένον,
ἀλλ᾽ ἔμποροι καὶ κάπηλοι, καὶ ὅσα ἔχεις ἐν τοῖς περὶ τὰς
τέχνας.

35 τὰ δὲ τῆς πόλεως μέρη τεῖχος καὶ τὰ τείχους μέρη,
ἃ τοῖς στρατιωτικοῖς ἐνέγραψα, καί που πύλαι καὶ πυλίδες
καὶ οἱ ἐφεστηκότες τούτοις πυλωροί, ὡς οἱ ἐν τοῖς τείχεσι
τειχοφύλακες· καὶ τὰ μέρη τῶν πυλῶν ἃ καὶ τῶν θυρῶν,
σανίδες πτύχες θαιροὶ στροφεῖς, καὶ ὅσα εὑρήσεις ἐν τοῖς
περὶ οἰκιῶν. εἴσω δὲ παρελθόντων τὸ μὲν σύμπαν ὁ ἐντεί-

---

32 10. ταῖς τοῦ ἤθους?   34 5. δεῖγμα, διότι δείγματα τῶν φορ-
τίων ἕκαστος ἐν αὑτῷ προτείνει AB.

χιος τόπος, εἴσω τείχους, ἐντὸς τειχῶν· τὰ δ᾽ ἔνδον ἀγυιαὶ
μὲν κατὰ Ξενοφῶντα καὶ καθ᾽ Ὅμηρον, ἀφ᾽ ὧν ἡ εὐρυάγυια
Ὁμήρῳ πεποίηται, καὶ Ἀπόλλων ἀγυιεύς. ταῦτα δὲ καὶ ἄμ- 36
φοδα ἔστιν εὑρεῖν κεκλημένα οὐ παρ᾽ Ἀριστοφάνει μόνον,
εἰπόντι ἐν Θεσμοφοριαζούσαις

  ἄμφοδον ἐχρῆν αὐτῷ τεθεῖσθαι τοὔνομα,
ἀλλὰ καὶ παρ᾽ Ὑπερίδῃ ἐν τῷ περὶ ἀντιδόσεως πρὸς Πα-
σικλέα· «τὴν οἰκίαν τὴν μεγάλην τὴν Χαβρίου καλουμέ-
νην καὶ τὸ ἄμφοδον.» καλοῖτο δ᾽ ἂν καὶ κῶμαι ταῦτα,
ὅθεν καὶ κωμήτας τοὺς γείτονας καὶ κωμήτιδας ὠνόμαζον·
Ἀριστοφάνης γοῦν ἐν μὲν Δράμασιν ἢ Κενταύρῳ ἔφη «ἐν
κωμήτισι καπηλοῖς ἐπίχαρτον», ἐν δὲ Λυσιστράτῃ
  πλὴν ἤ γ᾽ ἐμὴ κωμῆτις·
Ἴων δὲ ἐν Φοίνικι σαφέστερον   37
  ἀλλ᾽ ὦ θυρέτρων τῶνδε κωμῆται θεοί.
δοκεῖ δέ μοι καὶ ὁ κῶμος ἀπὸ ταύτης ὠνομάσθαι τῆς κώ-
μης, καὶ τὸ ἐγκώμιον ἐπὶ ταῖς νίκαις ἐπᾳδόμενον. τοὺς μὲν
δὴ γείτονας καὶ προσοίκους καὶ συνοίκους καὶ παροικοῦντας
καὶ προσοικοῦντας, τάχα δὲ καὶ παροίκους καὶ ἀγχιθύρους
ἐρεῖς, Εὔπολις δὲ ἐν Κόλακι καὶ συμπαροίκους εἴρηκεν· ἐπὶ
δὲ τούτοις τὰς μὲν εὐρυτέρας ὁδοὺς λεωφόρους ἂν καὶ ἁμα-
ξιτοὺς καλοίης καὶ ἁμαξηλάτους καὶ ἱππηλάτους, τὰς δὲ στε- 38
νὰς στενωποὺς καὶ λαύρας, Ὁμήρου εἰπόντος
  παρ᾽ οὐδὸν εὐσταθέος μεγάροιο
ἦν ὁδὸς ἐς λαύρην.
τάχα δ᾽ ἂν εὕροις καὶ ῥύμην εἰρημένην καὶ πλατεῖαν, ὡς
οἱ νῦν λέγουσι, Φιλήμονος μὲν ἐν Πανηγύρει εἰπόντος
  τὴν πλατεῖάν σοι μόνῳ
ταύτην πεποίηκεν ὁ βασιλεύς,
Φιλιππίδου δὲ ἐν Φιλευριπίδῃ
  πόστην ὑφοδώσεις παιδάριον ῥύμην; τρίτην·
ὁ γὰρ στενωπὸς οὗτος ἐν Ἀθήνησιν ἦν·
καὶ Λακιάδαις

---

36 10. καπήλισιν Bergkius. 38 3. παρ᾽ οὐδὸν] ἔκτοσθεν δ᾽ C.
7. μόνον ante Bentleium. 10. ὑφ᾽ ὁδοῦ ὡς εἶναι π. ante Dobraeum.
12. λακιάδης ante Meursium.

ὀρθῶς γε τὴν ῥύμην ὁδοιπεπορήκαμεν.

39 καὶ τὸ μὲν πλῆθος τῶν οἰκοδομημάτων οἰκίαι καὶ συνοι-
κίαι, καὶ οἰκίας περίδρομος, ὡς ἐν τῷ Γήρᾳ Ἀριστοφάνης
ἐπὶ τοῦ περιδρόμου στᾶσα τῆς συνοικίας.

καὶ περιοίκιον δέ τι μικρὸν καὶ οἰκίδιον, καὶ οἰκίσκην Δη-
μοσθένης ἐν τῷ κατὰ Ὀλυμπιοδώρου λέγει· «καὶ οὗτος
εἵλετο τοὺς φαρμακοτρίβας καὶ τὴν οἰκίσκην, ἐγὼ δ' ἔλα-
βον τοὺς σακχυφάντας καὶ τὴν οἰκίαν,» ὡς εἶναι τὴν οἰ-
κίσκην μικρὸν οἰκίδιον. ἐν δὲ τῷ Λυσίου πρὸς Φίλωνα ὑπὲρ
Θεοκλείδου φόνου ἔστιν εὑρεῖν οἰκάριον· «ἀλλ' εἰς τὸ οἰ-
κάριον τὸ ὄπισθε τῆς γυναικωνίτιδος.» καὶ που καὶ ἐργα-
40 στήριον καὶ καταγωγαί. τὰ δὲ δημόσια ἀκρόπολις, ἣν
καὶ ἄκραν ἂν εἴποις καὶ πόλιν, καὶ τοὺς ἐν αὐτῇ θεοὺς
ἀκραίους καὶ πολιεῖς, καὶ τὸ κατόπιν τῆς ἀκροπόλεως ὀπι-
σθόδομον. τάχα δὲ τὴν ἀκρόπολιν καὶ βασίλειον ἄν τις
εἴποι καὶ τυραννεῖον. εἰσὶ δ' ἐν αὐτῇ πρυτανεῖον καὶ ἑστία
τῆς πόλεως, παρ' ᾗ ἐσιτοῦντο οἵ τε κατὰ δημοσίαν πρεσ-
βείαν ἥκοντες καὶ οἱ διὰ πρᾶξίν τινα σιτήσεως ἀξιωθέν-
τες, καὶ εἴ τις ἐκ τιμῆς ἀείσιτος ἦν. ἱερὰ δὲ καὶ νεὼ καὶ
41 ἄλση καὶ τεμένη καὶ ἕρκη ἐν τοῖς ἱεροῖς προείρηται. τὰ
μέντοι ἐνηλύσια, οὕτως ὠνομάζετο εἰς ἃ κατασκήψειε
βέλος ἐξ οὐρανοῦ· ὃ καὶ ἐνσκῆψαι καὶ ἐγκατασκῆψαι καὶ
κατελθεῖν ἔλεγον, καὶ τὸν Δία τὸν ἐπ' αὐτῷ καταιβάτην.
περιειρχθέντα δὲ τὰ ἐνηλύσια ἄψαυστα ἀνεῖτο.

πόλεως δ' αὖ μέρη καὶ στοαὶ καὶ δρόμοι καὶ στρατή-
για καὶ ἀρχεῖα καὶ γραμματεῖα καὶ διδασκαλεῖα, ἃ καὶ
παιδαγώγια καὶ φωλεοὺς ὠνόμαζον. ἐκάλουν δὲ τὸ διδα-
σκαλεῖον καὶ χορόν, ὁπότε καὶ τὸν διδάσκαλον χορηγὸν
καὶ τὸ διδάσκειν χορηγεῖν, καὶ μάλιστα οἱ Δωριεῖς, ὡς Ἐπί-
42 χαρμος ἐν Ὀδυσσεῖ αὐτομόλῳ· ἐν δὲ Ἁρπαγαῖς χορηγεῖον
τὸ διδασκαλεῖον ὠνόμασεν. εἰ μέντοι τὸ διδασκαλεῖον καὶ
διατριβὴν κατὰ τὴν τῶν πολλῶν χρῆσιν ἐθέλεις καλεῖν, ὅρα
μή σε βιάζηται καὶ τὸ παρ' Αἰσχίνῃ «καὶ σεμνυνόμενον ἐν
τῇ τῶν μειρακίων διατριβῇ.» ἔστι δὲ καὶ νόμος Ἀττικὸς κατὰ

38 1. ὡδοιπορήκαμεν ante M.   39 4. καὶ post μικρὸν om C.
42 3. ἐθέλεις] ὀκνεῖς?

τῶν φιλοσοφούντων γραφείς, ὃν Σοφοκλῆς Ἀμφικλείδου Σου
νιεὺς εἶπεν, ἐν ᾧ τινὰ κατὰ αὐτῶν προειπὼν ἐπήγαγε μὴ ἐξ
εἶναι μηδενὶ τῶν σοφιστῶν διατριβὴν κατασκευάσασθαι.

καὶ μὴν οὐκ ἄδοξα πόλεως μέρη γυμνάσια καὶ βα- 43
λανεῖα, ἴσως δὲ καὶ πυριατήρια, Εὐπόλιδος εἰπόντος ἐν
Δήμοις "ὅ τι; τὸ πυριατήριον." καὶ δὴ καὶ τὸ παρὰ Πλά
τωνι ἀποδυτήριον καὶ οἱ παρὰ Ξενοφῶντι ἐν Ἀθηναίων
πολιτείᾳ λουτρῶνες, ἐφ᾽ οἷς καὶ παλαῖστραι καὶ δρόμοι ξυσ
τοί. Ξενοφῶν δὲ καὶ χωρὶς τοῦ δρόμου τῷ ξυστῷ κεχρῆ
σθαι δοκεῖ ἐν τῷ Οἰκονομικῷ εἰπὼν "ἢ εἰ ἐν τῷ ξυστῷ
περιπατοίην." εἴρηται δὲ καὶ ἐν τῷ Ἀριστίου Ὀρφεῖ
ἦν μοι παλαίστρα καὶ δρόμος ξυστὸς πέλας.

προσαριθμητέον δὲ τοῖς δημοσίοις θέατρον, καὶ 44
θεάτρου μέρος πρὸς τοῖς προειρημένοις κερκίδα, ὡς ἔστιν
εὑρεῖν ἐν Ἀλέξιδος Γυναικοκρατίᾳ
ἐνταῦθα περὶ τὴν ἐσχάτην δεῖ κερκίδα
ὑμᾶς καθιζούσας θεωρεῖν ὡς ξένας.
ἐπὶ θεάτρῳ δὲ καὶ στάδιον, ἱππόδρομον, ᾠδεῖον, βουλευ
τήριον, ἀγοράν, δικαστήριον, βασίλειον αὐλήν, βασίλειον
στοάν, βασίλειον δικαστήριον, λογιστήριον, ἵνα οἱ λογισταὶ
συνεκάθιζον, κληρωτήριον, ἵνα οἱ κληρωταί. ἀλλὰ μὴν καὶ
ὁπλοθῆκαι ἦσαν, ἵνα τὰ ὅπλα ἀπέκειτο, καὶ δὴ καὶ θη
σαυροὶ καὶ ταμεῖα, ἵνα τὰ χρήματα καὶ οἱ πυροί. ἐν δὲ 45
Μενάνδρου Εὐνούχῳ καὶ σιτοβόλια· ταῦτα δὲ ῥογοὺς Σι
κελιῶται ὠνόμαζον, καὶ ἔστι τοὔνομα ἐν Ἐπιχάρμου Βου
σίριδι. ἢ που δὲ καὶ πομπεῖον εἴη ἂν οἴκημα κοινόν, Δη
μοσθένους εἰπόντος ἐν τῷ πρὸς Φορμίωνα περὶ δανείου
"καὶ ταῦτα ἴστε ἐν τῷ πομπείῳ διαμετρούμενα."

ἦν δὲ τῶν δημοσίων οἰκοδομημάτων καὶ εἰρκτή, ὃ καὶ
δεσμωτήριον καὶ οἴκημα καὶ γοργύρα, ὡς οἱ Ἴωνες ἔλε
γον. οὐ μόνον δὲ τὸ δεσμωτήριον οἴκημα παρὰ τοῖς Ἀττι
κοῖς ἔστιν εἰρημένον, ἀλλὰ καὶ τὸ πορνεῖον, καὶ δὴ καὶ
ἁπλῶς τὸ οἰκήσιμον· ὅ τε γὰρ Πλάτων ἐν τῷ Πρωταγόρᾳ 46

---

43 3. ὅτι ante Raspium.   45 1. πυλωροί. τῶν δὲ πυλωρῶν ταμεῖα
καὶ σιτοβόλια εἶπε μένανδρος A et, qui πυροί et πυρῶν et σιτοβολεῖα, BC.
C etiam τὰ τ.

24

ἔφη «ἦσαν δ' ἐν οἰκήματί τινι, ᾧ πρὸ τοῦ μὲν ὡς ταμι-
είῳ ἐχρῆτο,» καὶ πάλιν ἐν τοῖς Νόμοις δημοσίοις οἰκή-
μασιν ὑποδέχεσθαι ἔφη, καὶ Θουκυδίδης ἐν τῷ τρίτῳ βι-
βλίῳ «οἴκημα ὃ ἦν τοῦ τείχους.»

   τῶν δὲ πόλεως μερῶν καὶ παστάδες, συσσίτια, συμπό-
σια, ὑδρεῖα, ὑδορροόαι, λίβηθρα, κρῆναι, προεξέδραι, θῶ-
κοι καὶ ὡς Σώφρων φησὶ σύνθωκοι. τὸ δὲ καλούμενον ὡρο-
λόγιον ἤ που πόλον ἄν τις εἴποι, φήσαντος Ἀριστοφάνους
ἐν Γηρυτάδῃ

      πόλος τόδ' ἐστίν; εἶτα πόστην ἥλιος τέτραπται;

47   ἐν δὲ τῶν κοινῶν καὶ βιβλιοθῆκαι, ἢ ὡς Εὔπολίς
φησιν «οὗ τὰ βιβλί' ὤνια,» καὶ αὐτὸ ἐφ' αὑτοῦ· οὕτω
γὰρ τὸν τόπον οὗ τὰ βιβλία οἱ Ἀττικοὶ ὠνόμαζον, ὥσπερ
καὶ τοὺς ἄλλους τόπους ἀπὸ τῶν ἐν αὐτοῖς πιπρασκομένων,
ὡς εἰ φαῖεν «ἀπῆλθον ἐς τοὔψον καὶ ἐς τὸν οἶνον καὶ ἐς
τοὔλαιον καὶ ἐς τὰς χύτρας,» καὶ κατὰ τὸν Εὔπολιν

      περιῆλθον εἰς τὰ σκόροδα καὶ τὰ κρόμμυα
      καὶ τὸν λιβανωτόν, κεὐθὺ τῶν ἀρωμάτων,
      καὶ περὶ τὰ γέλγη.

48   εἴη δ' ἂν καὶ μαγειρεῖα τῶν πόλεως μερῶν, οὐχ
ἥπερ τὰ λοιπὰ τῶν ὑπὸ ταῖς τέχναις ἐργαστηρίων, ἀλλ' ὁ
τόπος ὅθεν μισθοῦνται τοὺς μαγείρους, ὡς Ἀντιφάνης ἐν
Στρατιώτῃ ὑποδηλοῦν ἔοικεν·

      ἐκ τῶν μαγειρείων βαδίζων, ἐμβαλών
      εἰς τοὔψον.

μεμνόνεια δὲ ἐκάλουν οὗ τὰ τῶν ὄνων κρέα ἐπιπράσκετο,
ἴσως τῶν ὀνείων ἐνόντων τῷ ὀνόματι.

   καὶ ταῦτα δέ, εἰ καὶ αἰσχίω, ἀλλὰ μέρη πόλεως, ἀσω-
τεῖα, πεττεῖα, κυβεῖα κυβευτήρια, σκιραφεῖα, ματρυλεῖα.

49   μέρη δὲ πόλεων καὶ κατάγειοι οἰκήσεις καὶ σειροὶ καὶ
φρέατα καὶ λάκκοι, τάχα δὲ καὶ λίμναι καὶ προλιμνάδες
καὶ ποταμοὶ καὶ ἄνδηρα ποταμῶν καὶ ὄχθαι καὶ γέφυραι
καὶ πυλίδες καὶ ψαλίδες. ἔστι δὲ ἡ ψαλὶς εἶδος οἰκοδομή-
ματος· ἤ που καὶ Σοφοκλῆς ἐν Λακαίναις λέγει

στενὴν δ' ἔδυμεν ψαλίδα κοὐκ ἀβάρβαρον.
ἀλλὰ μὴν καὶ Πλάτων ἐν τοῖς Νόμοις «θήκην δ' ὑπὸ γῆς
αὐτοῖς εἰργασμένην εἶναι ψαλίδα προμήκη λίθων πολυ-
τίμων.»

ἐκ δὲ τῶν τῆς πόλεως μερῶν καὶ λέσχαι καὶ πιθῶνες,
ὡς Εὔπολις ὠνόμαζε, καὶ οἰνῶνες, ὡς Ξενοφῶν.

τὰ μὲν οὖν πολλὰ ἐργαστήρια, οἷς ἀπὸ τέχνης ἑκά- 50
στης πρόκειται τοὔνομα, ἐν τοῖς περὶ τεχνῶν ἔστι προειρη-
μένα· μέρη δὲ πόλεως καὶ πανδοκεῖον καὶ ξενὼν καὶ ὡς ἐν
Ἰνάχῳ Σοφοκλῆς, πανδόκος ξενόστασις, καὶ στάσις ἵππων,
ὡς Εὐριπίδης ἐν Ἱππολύτῳ καλυπτομένῳ

πρὸς ἵππων εὐθὺς ὁρμήσας στάσιν.
Λυσίας δὲ ἐν τῷ ὑπὲρ Ἀχιλλείδου φόνου εἴρηκεν ἱπποστά-
σιον. καὶ σταθμὸς δ' ἂν καλοῖτο ἡ τῶν ὑποζυγίων στάσις,
καὶ κλείσιον παρὰ τὸ κεκλεῖσθαι· οὗ καὶ αἱ θύραι κλει-
σιάδες.

Οὐ φαῦλον δ' ἂν εἴη βραχέα καὶ περὶ νομισμάτων 51
εἰπεῖν· τὰ μὲν γὰρ περὶ τραπεζίτας κίβδηλόν τε καὶ ἐπί-
σημον νόμισμα ἔχεις προειρημένα, κωλύοι δ' ἂν οὐδὲν εἴδη
τε καὶ μέρη νομισμάτων ὁρίσασθαι. Πλάτωνι μὲν γὰρ καὶ
τέχνη τις ἔστι νομισματοπωλική, καὶ νομισματοπωλικὸν
πρᾶγμα· εἰ δὲ τὸ τάλαντον μέγιστόν ἐστι χρυσίου καὶ 52
ἀργυρίου μέρος, ἐναρμόσαι ἂν ἴσως εἰς τοῦτο καὶ ἡ Δη-
μοσθένους πεντηκονταταλαντία. ῥᾴδιον δὲ αὐτὴν κατὰ τὸ
προκείμενον σχῆμα αὔξειν τε καὶ ἐλαττοῦν· καὶ γὰρ ἑκα-
τονταλαντίαν ἔστιν εἰπεῖν κατὰ τὴν ὑφήγησιν τοῦ προει-
ρημένου καὶ δεκαταλαντίαν καὶ ἀπὸ παντὸς ἀριθμοῦ πλεί-
ονός τε καὶ ἐλάττονος, ὅπου μὴ τὸ δύσφθεγκτον καὶ τὸ
τραχὺ πρὸς τὴν ἀκοὴν ἐμποδίζοι. τὸ δὲ τάλαντον ἦν μὲν
καὶ σταθμοῦ τι ὄνομα, ὅθεν καὶ παρὰ Ἀριστοφάνει ἔστιν
εἰρημένον

ἀλλ' ἢ ταλάντῳ μουσικὴ κριθήσεται,
καὶ τὸ Ὁμηρικὸν

καὶ τότε δὴ χρύσεια πατὴρ ἐτίταινε τάλαντα.

53 τοῦτο μὲν αὐτῶν τῶν σταθμῶν τοὔνομα· τὸ δὲ ἐν ταῖς Κράτητος Τόλμαις

πρῶτα μὲν ταλαντιαῖος ὅστις ἔστ᾽ αὐτῶν λέγε

ἄδηλον εἴτε τιμὴν εἴτε ῥοπὴν λέγει, ὥσπερ ὅταν Ἀλκαῖος ὁ κωμικὸς ἐν Ἐνδυμίωνι εἴπη νοσημάτων ταλαντιαίων. ἡ μὲν γὰρ Ἀντιφῶντος ταλάντωσις τὸ βάρος δηλοῖ, καὶ ὁ Ἀριστοφάνους ἐν Δράμασιν ἢ Κενταύρῳ λίθος δεκατάλαντος. ἠδύνατο δὲ τὸ τοῦ χρυσίου τάλαντον τρεῖς χρυσοῦς 54 Ἀττικούς, τὸ δὲ τοῦ ἀργυρίου ἑξήκοντα μνᾶς Ἀττικάς. ἦν δὲ καὶ ἀριθμοῦ τοὔνομα, ὅπου καὶ πολυτάλαντος ὁ πλούσιος καὶ πολυτάλαντον πρᾶγμα τὸ πολλοῦ ὤνιον· καὶ παρ᾽ Ὁμήρῳ

κεῖτο δ᾽ ἄρ᾽ ἐν μέσσοισι δύο χρυσοῖο τάλαντα.

διτάλαντον δ᾽ ἂν εἴποις κατὰ Δημοσθένην καὶ τριτάλαντον καὶ δεκατάλαντον, καὶ ἡμιτάλαντον, ὡς Ὅμηρος

ἀλλά τοι ἡμιτάλαντον ἐγὼ χρυσοῦ ἐπιθήσω.

ἀρχαία δ᾽ ἡ χρῆσις καὶ ἡ τοῦ πέμπτον ἡμιτάλαντον καὶ τρίτον ἡμιτάλαντον καὶ ἕβδομον ἡμιτάλαντον· τὸ δ᾽ ἦν τέτταρα ἥμισυ τάλαντα ἢ δύο ἥμισυ ἢ ἓξ ἥμισυ· καὶ ὅλως 55 ὁπόστον φήσει τις εἶναι τὸ ἡμιτάλαντον, τὸν πρὸ αὐτοῦ ἀριθμὸν ὁλόκληρον εἶναι δεῖ, ἐὰν μὲν ἕβδομον, τὸν ἕξ, ἂν δὲ τρίτον, τὸν δύο, σὺν δὲ τούτῳ τὸ ἥμισυ πάντως ἐπαριθμεῖν. φίλον δὲ τοῖς ἀρχαίοις καὶ τὸ ἓν ἥμισυ τάλαντον τρία ἡμιτάλαντα λέγειν, ὡς καὶ τρία ἡμίμναια τὴν μίαν ἡμίσειαν μνᾶν. ὅτι δὲ παρὰ τοῖς ἐφ᾽ Ὁμήρου ὀλίγον τὸ τάλαντον ἠδύνατο, μάθοις ἂν ἐκ τῆς ἱπποδρομίας, ἐν ᾗ τῷ μὲν τρίτῳ τὸ ἆθλόν ἐστι λέβης, τῷ δὲ τετάρτῳ δύο χρυσοῖο τάλαντα.

56 ἡ μνᾶ δ᾽ ἐστὶ τὸ μέγιστον τοῦ ταλάντου μέρος, ὡς εἰς ὄνομα κατακερματίσαι λύσαντα τὸ τάλαντον, ἐπεὶ καὶ τρίτον ἂν εἴποις ταλάντου καὶ τέταρτον, καὶ τριτημόριον ταλάντου καὶ τεταρτημόριον· τὰ δὲ τοιαῦτα μέρη ἐστὶν ἐξ ἀριθμοῦ δηλούμενα, ἀλλ᾽ οὐκ ἐξ ὀνόματος. ἦν δὲ καὶ ἡ μνᾶ σταθμοῦ τε ὁμοῦ καὶ νομίσματος ὄνομα· οὗ τὸ ἥμισυ ἡμι-

---

μναιον· κἂν τρίτον ἡμίμναιον εἴπῃς, δύο καὶ ἡμίσειαν μνᾶν
ἐρεῖς. καὶ συντιθέντες δὲ τὴν μνᾶν ἔλεγον, ὡς Ἡρόδοτος μὲν
ἐν τῷ πέμπτῳ βιβλίῳ δίμνως εἴρηκεν, ὁ δὲ Λυσίας ἐν τῷ κατὰ 57
Αὐτοκράτους «τετύχηκε δέ μοι καὶ εἰκοσίμνως ἔρανος.»

ὁ δὲ χρυσοῦς στατὴρ μνᾶν ἠδύνατο· καὶ γὰρ ἐν τοῖς
ἱσταμένοις τὴν μνᾶν τῆς ῥοπῆς στατῆρα ὀνομάζουσιν, καὶ
ὅταν εἴπωσι πεντάστατηρον, πεντάμνουν δοκοῦσι λέγειν, ὡς
ἐν τῇ Σωσικράτους παρακαταθήκῃ·

> ὅταν γάρ, οἶμαι, λευκὸς ἄνθρωπος παχὺς
> ἀργὸς λάβῃ δίκελλαν, εἰωθὼς τρυφᾶν,
> πεντάστατηρον, γίγνεται τὸ πνεῦμ' ἄνω.

ἔστι μέντοι καὶ νόμισμα στατήρ, ὡς ὅταν εἴπῃ Ἀριστο- 58
φάνης

> στατῆρσι δ' οἱ θεράποντες ἀρτιάζομεν·

τὸ γὰρ ἐν ταῖς Ἐκκλησιαζούσαις ἀμφίβολον, «σωτηρίας τε-
τραστατήρου,» εἴτε ῥοπὴν εἴτε ἀριθμὸν λέγει. Εὔπολις δ'
ἐν μὲν Δήμοις τὸ νόμισμα δηλοῖ λέγων

> ἔχων στατῆρας χρυσίου τρισχιλίους,

ἐν δὲ Ταξιάρχοις τὴν ῥοπὴν λέγει·

> ὅτ' ἦν μέντοι νεώτερος, κρόκης
> πέντε στατῆρας εἶχε, ναὶ μὰ τὸν Δία,
> νῦν δὲ ῥύπου γε δύο τάλαντα ῥᾳδίως.

καὶ οἱ μὲν Δαρεικοὶ ἐκαλοῦντο στατῆρες, οἱ δὲ Φιλίππειοι, 59
οἱ δ' Ἀλεξάνδρειοι, χρυσοῖ πάντες ὄντες. καὶ εἰ μὲν χρυ-
σοῦς εἴποις, προσυπακούεται ὁ στατήρ, εἰ δὲ στατήρ, οὐ
πάντως ὁ χρυσοῦς. Ἀναξανδρίδης δ' ἐν Ἀγχίσῃ καὶ ἡμι-
χρύσους λέγει. τὰ δὲ στατῆρος ἄξια στατηριαῖα φαίης ἄν,
ὡς Θεόπομπος ἐν Καλλαίσχρῳ

> οὔ φησιν εἶναι τῶν ἑταιρῶν τὰς μέσας
> στατηριαίας.

ἡ μνᾶ δ' εἶχεν ἡ Ἀττικὴ δραχμὰς ἑκατόν, ὡς ἀκρι-
βέστατα ἔστιν ἐν τοῖς Εὐπόλιδος Κόλαξιν.

> δεῖπνον θὲς ἑκατὸν δραχμάς. ἰδού·

εἶτα ἐπιφέρει

---

57 1. πέμπτῳ] ζ^ω A.   10. εἰδὼς ante Scaligerum.   58 10. ἦγε M.
59 7. οὔ φασὶν M.

οἶνον θὲς ἑτέραν μνᾶν·

60 δῆλον ὅτι καὶ τὰς ἑτέρας ἑκατὸν δραχμὰς μνᾶν εἴρηκεν. ἡ
μέντοι δραχμὴ εἶχεν ὀβολοὺς ἕξ· ὅθεν καὶ ἐπωβελία τὸ ἕκ-
τον τοῦ τιμήματος. καὶ τὸ δραχμῆς ἄξιον δραχμιαῖον, ὡς
ἐν Ἀριστοφάνους Ὁλκάσιν. ἦν δὲ οὐ δραχμὴ νόμισμα μό-
νον, ἀλλὰ καὶ πεντηκοντάδραχμον καὶ πεντάδραχμον παρὰ
Κυρηναίοις καὶ τετράδραχμον ἐκαλεῖτο καὶ τρίδραχμον καὶ
δίδραχμον. τὸ παλαιὸν δὲ τοῦτ᾽ ἦν Ἀθηναίοις νόμισμα, καὶ
ἐκαλεῖτο βοῦς, ὅτι βοῦν εἶχεν ἐντετυπωμένον. εἰδέναι δ᾽
αὐτὸ καὶ Ὅμηρον νομίζουσιν εἰπόντα «ἑκατόμβοι᾽ ἐννεα-
61 βοίων.» καὶ μὴν κἀν τοῖς Δράκοντος νόμοις ἔστιν ἀποτί-
νειν εἰκοσάβοιον· καὶ ἐν τῇ παρὰ Δηλίοις θεωρίᾳ τὸν κή-
ρυκα κηρύττειν φασίν, ὁπότε δωρεά τινι δίδοται, ὅτι βόες
τοσοῦτοι δοθήσονται αὐτῷ, καὶ δίδοσθαι καθ᾽ ἕκαστον βοῦν
δύο δραχμὰς Ἀττικάς· ὅθεν ἔνιοι Δηλίων ἀλλ᾽ οὐκ Ἀθη-
ναίων νόμισμα εἶναι ἴδιον τὸν βοῦν νομίζουσιν. ἐντεῦθεν
δὲ καὶ τὴν παροιμίαν εἰρῆσθαι τὴν «βοῦς ἐπὶ γλώσσῃ
62 βέβηκεν,» εἴ τις ἐπ᾽ ἀργυρίῳ σιωπῷ. ἦν μέντοι, ὡς Ἀριστο-
τέλης φησίν, ἐν Κυρήνῃ καὶ τετραστάτηρον καὶ στατὴρ καὶ
ἡμιστάτηρον χρυσᾶ νομίσματα. τῆς δὲ δραχμῆς τὸ ἥμισυ
ἡμίδραχμον καλεῖται, καὶ τρίτον ἡμίδραχμον αἱ δύο ἥμισυ
δραχμαί.

τὸ δ᾽ ἡμίδραχμον καὶ τριώβολον ἂν καλοῖς. οἱ μέντοι
ὀκτὼ ὀβολοὶ ἡμίεκτον ὠνομάζοντο, ὡς φησὶν ἐν Λαμίᾳ
Κράτης

ἡμίεκτόν ἐστι χρυσοῦ, μανθάνεις, ὀκτὼ ὀβολοί.

ἦν δὲ καὶ τριώβολον καὶ διώβολον εἴδη νομισμάτων Ἀττι-
63 κῶν, τὸ μὲν διώβολον ἔχον ἐντετυπωμένην γλαῦκα καὶ ἐκ
θατέρου πρόσωπον Διός, τὸ δὲ τετρώβολον τὸ μὲν πρόσω-
πον ὁμοίως, δύο δὲ τὰς γλαῦκας. ἀλλὰ τὸ μὲν τετρώβολον
καὶ τριώβολον ἐν τῇ χρήσει τέτριπται· τὸ δὲ διώβολον ὡς
ἐπὶ πολὺ λύοντες ἔλεγον, ὡς Δημοσθένης «ἀλλ᾽ ἐν τοῖν δυ-
οῖν ὀβολοῖν ἐθεώρουν ἄν, εἰ μὴ τοῦτ᾽ ἐγράφη.» ἔστι δὲ καὶ
τὸ διώβολον ἐν Αἰολοσίκωνι Ἀριστοφάνους·

---

60 5. καὶ πεντάδραχμον om C.   62 2. καὶ στατὴρ] δισστάτηρον
Valckenarius.

ὅπερ δὲ λοιπὸν μόνον ἔτ᾽ ἦν ἐν τῇ γνάθῳ
διώβολον, γεγένητ᾽ ἐμοὶ δικόλλυβον.

παρὰ μέντοι Θεοπόμπῳ ἐν Στρατιώτισι καὶ τὸ τετρώβολον 64
λαμβάνειν τετρωβολίζειν ὠνόμασται·

καίτοι τίς οὐκ ἂν εἰκὸς εὖ πράττοι τετρωβολίζων,
εἰ νῦν γε διώβολον φέρων ἀνὴρ τρέφει γυναῖκα;
τὸ δὲ τοῦ ὀβολοῦ ἥμισυ ἡμιωβόλιον, καὶ ἡμιωβολιαῖον τὸ
τοσούτου ὤνιον, ὡς ἐν τοῖς Βατράχοις Ἀριστοφάνης
καὶ κρέα γε πρὸς τούτοισιν ἀνάβραστ᾽ εἴκοσιν
ἂν᾽ ἡμιωβολιαῖα.

ἐν δὲ τῷ Ἀναγύρῳ τὰ τρία ἡμιωβόλια τριημιωβόλιον εἴ-
ρηκεν·

ἐν τῷ στόματι τριημιωβόλιον ἔχων.

ὁ μέντοι ὀβολὸς ὀκτὼ χαλκοῦς εἶχεν, καὶ οἱ μὲν δύο 65
χαλκοῖ τεταρτημόριον καὶ κατὰ ἀποκοπὴν ταρτημόριον
ὠνομάζετο (οὗτοι δ᾽ ἂν εἶεν καὶ δίχαλκον), ὅτι ἦν τοῦ ὀβο-
λοῦ τέταρτον, οἱ δὲ τέτταρες χαλκοῖ ἡμιωβόλιον, οἱ δ᾽ ἐξ
τριτημόριον, ὅτι τὰ τρία μέρη ἐστὶ τοῦ ὀβολοῦ· οἱ δὲ καὶ
τριταρτημόριον αὐτοὺς ὠνόμαζον ὡς τρία τεταρτημόρια
ἔχοντας. ὅτι δὲ τοὺς ἐξ χαλκοῦς τριτημόριον ὠνόμαζον,
ἔστιν εὑρεῖν ἐν τῷ Φιλήμονος Σαρδίῳ·

χαλκοῦς ὀφείλεις πέντε μοι· μέμνησ᾽; ἐγώ
σοὶ πέντε χαλκοῦς, σὺ δέ γ᾽ ἐμοὶ τριτήμορον.
τοὺς ἐξ ἀποδοὺς τοὺς πέντε χαλκοῦς ἀπόλαβε.

καὶ ἔτι σαφῶς ἐν τῷ Πιττοκοπουμένῳ· 66
ἰδοὺ πάρεστιν, ὡς ὁρᾷς. τριτημόρου
ἕκαστος ὑμῶν ἦλθεν· εἰς τοὺς τέτταρας
εἴληφεν ὑμῖν οὑτοσὶ τριώβολον.

τεττάρων γὰρ καὶ εἴκοσι χαλκῶν ὄντων ἐν τῷ τριωβόλῳ,
ἐξ ἑκάστῳ γίνονται χαλκοῖ τέτταρσιν οὖσιν, οὓς εἴρηκεν τρι-
τημόριον. ὅταν μέντοι Θουκυδίδης εἴπῃ «τριτημόριον δὲ
μάλιστα ἱππικόν,» τὴν τρίτην μοῖραν εἴρηκεν. ὁ δὲ Ἡρό-

---

63 1. δὲ et ἔτ᾽ add Bergkius.   2. γένηται μοι ἰδικολλοικὸν F: corr
Bergkius.   64 4. φέρει et τρέφειν ante Kühnium.   65 10. γε add Sal-
masius, idem τριτήμορον posuit pro τριτημόριον.   66 3. τοὺς add Cle-
ricus.   4. ὑμῖν Hemsterhusius, οὑτοσὶ Salmasius: codices ἡμῖν οὑτωσί.

δοτος τριτημορίδα. τὸ δὲ παρὰ Φιλήμονι τριτήμορον τε-
67 ταρτημόριον καλεῖ ἐνίοτε Πλάτων. ὅτι δὲ οἱ τέτταρες χαλκοῖ
ἡμιωβόλιον εἰσίν, ἐν τῷ αὐτῷ δράματι Φιλήμονος ἔστιν·

> ὀβολοῦ τὸ πρῶτον ἡμῖν ἐνέχεεν,
> καὶ τεττάρων χαλκῶν μετὰ ταῦτα. καὶ μάλα
> τρί᾽ ἡμιωβόλι᾽ ἐστί· χαλκοῦ θερμὸν ἦν.

ἐν τούτῳ καὶ πολλὴν ἀπορίαν τις ἂν ἐπιλύσαιτο, ὑπὲρ
ἧς οἶδα πολλάκις ἀμφισβητήσας, εἰ παρά τινι τῶν ἀρχαίων
θερμῷ χρωμένους ἐπὶ τῷ πιεῖν ἔστιν εὑρεῖν. καὶ τὰ μὲν
68 παρ᾽ Ὁμήρῳ πολλὴν εἶχε τὴν ἀσάφειαν. καὶ γὰρ εἴ τις
τοὺς αἴθωνας λέβητας παρὰ τοὺς ἀπύρους λέβητας ἀντιτι-
θεὶς οἴοιτο τούτους ἐπὶ θερμοῦ ὕδατος παρασκευῇ εὐτρεπί-
ζεσθαι, ταὐτὸν ἂν εἶεν οὗτοι τῷ ἐμπυριβήτῃ τρίποδι, ὃς
ἐπὶ λουτροῖς ἐθερμαίνετο, ὧν ἡ χρῆσις οὐκ ὀλίγη παρ᾽
Ὁμήρῳ· οὐδὲ γὰρ κρέα ἑφθὰ τῶν ἡρώων τινὲς ἤσθιον,
καίτοι αὐτοῦ γε τὴν τοιαύτην ὀψοποιίαν εἰδότος, ὅταν φῇ

> ὡς δὲ λέβης ζεῖ ἔνδον ἐπειγόμενος πυρὶ πολλῷ,
> κνίσῃ μελδόμενος ἀπαλοτρεφέος σιάλοιο.

69 περὶ μέντοι τοῦ πότου, παρ᾽ Ὁμήρῳ μὲν οὐχ οἷόν τ᾽ ἦν
ἀνευρεῖν θερμὸν ὕδωρ ἐπὶ πότῳ, παρὰ δὲ τοῖς ἀρχαίοις
ἰατροῖς· καὶ γὰρ ὅταν Ἱπποκράτης εἴπῃ «τὸ ψυχρὸν πολέ-
μιον νεύροισιν ὀστέοισιν ὀδοῦσιν ἐγκεφάλῳ,» δῆλον ὡς οἶδε
τὴν τοῦ θερμοῦ προσφορὰν τοῖς ὀδοῦσιν. ἐγὼ δὲ ἐν ταῖς
Θεσμοφοριαζούσαις Ἀριστοφάνους εἰρημένον «τὸ χαλκίον
θερμαίνεται» οὕτω πως ἤκουον ὡς εἰς πότον εὐτρεπιζομέ-
νων τῶν γυναικῶν. ταὐτὸν δὲ τοῦτο καὶ ἐν τοῖς Εὐπόλιδος
Δήμοις ἔστιν εἰρημένον. ἀλλ᾽ ὅτι οὐδὲ τοῦτο ἀποχρῶν ἐστιν
εἰς πίστιν τῆς τοῦ θερμοῦ πόσεως, ὑπηναντιοῦτό μοι τὸ ἐν
τοῖς Ἀριστοφάνους Γεωργοῖς σαφῶς ἐπὶ λουτροῦ εἰρημένον,

> ἐξ ἄστεως νῦν εἰς ἀγρὸν χωρῶμεν, ὡς πάλαι δεῖ
> ἡμᾶς ἐκεῖ τῷ χαλκίῳ λελουμένους σχολάζειν.

70 τουτὶ μέντοι τὸ παρὰ τῷ Φιλήμονι «χαλκοῦ θερμὸν ἦν»
συντατtόμενον τῷ πιεῖν ἄντικρυς δηλοῖ τὴν τοῦ θερμοῦ

---

66 1. τριτημόριον καὶ τεταρτημόριον δὲ καλεῖ *A.*   **67** 3. ἐνεχθὲν
ante **M.**   **68** 6. γὰρ οὐδὲ vulgo.   **69** 12. δι᾽ et 13. χαλκῷ ἐλλουσάμενον
κολάζειν ante **Porsonum.**

πόσιν· καὶ γὰρ τὸ λεπτὸν τοῦ νομίσματος οὐ λουτροῦ ἐστὶν ἀλλὰ πότου μέτρον.

καὶ πεντέχαλκον δὲ τοὺς πέντε χαλκοῦς ὠνομασμένους εὕρομεν ἐν τοῖς Ἀριστοφῶντος Διδύμοις ἢ Πυραύνῳ·
ἔπειϑ' ἡπάτια καὶ νῆστίν τινα
προσέϑηκεν, οἶμαι, πεντέχαλκον προσλαβών.

εἴη δ' ἂν καὶ σύμβολον βραχὺ νόμισμα ἢ ἡμίτομον νομίσματος. ὁ γοῦν Ἕρμιππος ἐν μὲν Φορμοφόροις λέγει 71
παρὰ τῶν καπήλων λήψομαι τὸ σύμβολον,
ἐν δὲ τοῖς Δημόταις
οἴ μοι, τί δράσω σύμβολον κεκαρμένος;
κεκάρϑαι ἔοικε τὸ ἥμισυ, ὥστε ἢ ἐκ ϑατέρου μόνου τετυπῶσϑαι τοῦτο δεῖ τὸ νομισμάτιον νοεῖσϑαι, ἢ διαιρεῖσϑαι ὡς ἔχειν τὸ μέρος ἑκάτερον, τόν τε πιπράσκοντα καὶ τὸν ὠνούμενον, ἐπὶ συμβόλῳ τοῦ τὸν μέν τι προειληφέναι, τῷ δὲ ἐνοφείλεσϑαι. διελέγχουσι δ' αὐτὸ σμικρόν τι δύνασϑαι Ἀριστοφάνης μὲν ἐν Ἀναγύρῳ λέγων 72
τοῦτ' αὐτὸ πράττω, δύ' ὀβολὼ καὶ σύμβολον
ὑπὸ τῷ 'πικλίντρῳ. μῶν τις αὔτ' ἀνείλετο;
Ἄρχιππος δ' εἰπὼν ἐν Ἡρακλεῖ γαμοῦντι
ἀνδρῶν ἄριστος καὶ μάλιστ' ἐμοὶ ξένος,
ἀτὰρ παρ' ἐμοί γ' ὢν εἶχεν οὐδὲ σύμβολον.

εἴη δ' ἂν καὶ κόλλυβον λεπτόν τι νομισμάτιον· Καλλίμαχος γοῦν ἔφη, περὶ τῶν ἐν ᾅδου λέγων,
ἐκ τῶν ὅκου βοῦν κολλύβου πιπρήσκουσιν,
ὡς ἂν εἴποι τις τοῦ προστυχόντος. ἔλεγον δέ τι καὶ τρικόλλυβον οἱ ποιηταὶ σμικρὸν νόμισμα.

οἱ μέντοι τὸν βοῦν, τὸ ἐκ τοῦ τυπώματος οὕτω κλη- 73
ϑὲν νόμισμα, καὶ Ὅμηρον εἰδέναι νομίζοντες ἐν τῷ «ἑκατόμβοι' ἐννεαβοίων,» ὡς πρὸς ἀριθμὸν δραχμῶν τὴν ἀξίαν τῶν ὅπλων ἀντιτιμώμενον, [ὡς] ὑπό τι εὔηϑες τοῦτο ὑπολαμβάνουσιν Ὁμήρῳ μάρτυρι, τὴν ἀλλαγὴν οὐ νομίσματι γίνεσϑαι τὸ παλαιὸν ἡγουμένῳ ἀλλ' ἀντιδόσει τινῶν, ὡς ὅταν φῇ

ἔνθεν ἄρ' οἰνίζοντο καρηκομόωντες Ἀχαιοί
ἄλλοι μὲν χαλκῷ, ἄλλοι δ' αἴθωνι σιδήρῳ,
ἄλλοι δὲ ῥινοῖς, ἄλλοι δ' αὐτῇσι βόεσσιν·

74 τὰς γὰρ βοῦς πρὸς τὰς ῥινοὺς ἀντιτιθείς, φανερός ἐστι τὸ
ζῶον ἀλλ' οἱ τὸ νόμισμα δηλῶν.

καὶ μὴν τὸ Πελοποννησίων νόμισμα χελώνην τινὲς
ἠξίουν καλεῖν ἀπὸ τοῦ τυπώματος· ὅθεν ἡ μὲν παροιμία
    τὰν ἀρετὰν καὶ τὰν σοφίαν νικᾶντι χελῶναι,
ἐν δὲ τοῖς Εὐπόλιδος Εἵλωσιν εἴρηται «ὀβολὸν τὸν καλλι-
χέλωνον.»

ἀλλὰ καὶ κόρη νόμισμα παρ' Ἀθηναίοις ἦν, ὡς Ὑπε-
ρίδης φησίν, τῷ παιδίῳ τῆς ἐν Βραυρῶνι ἱερείας τῶν ἀνα-
θημάτων τι λαβόντι παραβληθῆναι λέγων ἐπὶ πείρᾳ συνέ-
75 σεως κόρην καὶ τετράδραχμον, κἀπειδὴ τὸ τετράδραχμον
εἵλετο, δόξαι διακρίνειν ἤδη τὸ κέρδος δύνασθαι. τάχα δ'
ἂν εἴη κόρη, ὡς Εὐριπίδης ὠνόμασε παρθένον ἐν Σκίρωνι,
λέγων περὶ τῶν ἑταιρίδων τῶν ἐν Κορίνθῳ
    καὶ τὰς μὲν ἄξῃ, πῶλον ἂν διδῷς ἕνα,
    τὰς δὲ ξυνωρίδ'· αἱ δὲ κἀπὶ τεττάρων
    φοιτῶσιν ἵππων ἀργυρῶν. φιλοῦσι δέ
    τὰς ἐξ Ἀθηνῶν παρθένους, ὅταν φέρῃς
    πολλάς.
τὰς μὲν οὖν παρθένους λέγοι ἂν τὰς κόρας, αἷς ἐνεκεχά-
76 ρακτο Ἀθηνᾶς πρόσωπον, ὅθεν τὸ νόμισμα τοῦτ' Εὔβου-
λος ἐν Ἀγχίσῃ καλεῖ Παλλάδας, πῶλον δὲ τὸ νόμισμα τὸ
Κορίνθιον, ὅτι Πήγασον εἶχεν ἐντετυπωμένον.

ἀλλὰ μὴν τὴν μὲν Αἰγιναίαν δραχμὴν μείζω τῆς Ἀτ-
τικῆς οὖσαν (δέκα γὰρ ὀβολοὺς Ἀττικοὺς ἴσχυεν) Ἀθηναῖοι
παχεῖαν δραχμὴν ἐκάλουν, μίσει τῶν Αἰγινητῶν Αἰγιναίαν
καλεῖν μὴ θέλοντες· τὸ δὲ χρυσίον, ὅτι τοῖ ἀργυρίου δε-
καστάσιον ἦν, σαφῶς ἄν τις ἐκ τῆς Μενάνδρου Παρακα-
ταθήκης μάθοι· προειπὼν γὰρ
    ὁλκὴν ταλάντου χρυσίου σοι, παιδίον,
    ἕστηκα τηρῶν,
77 ἐπάγει μετὰ ταῦτα περὶ ταὐτοῦ λέγων

_____

μακάριος ἐκεῖνος δέκα τάλαντα καταφαγών.

τὸ μέντοι τῶν ὀβολῶν ὄνομα οἱ μὲν ὅτι πάλαι βου-
πόροις ὀβελοῖς ἐχρῶντο πρὸς τὰς ἀμοιβάς, ὧν τὸ ὑπὸ τῇ
δραχὶ πλῆθος ἐδόκει καλεῖσθαι δραχμή, τὰ δ᾽ ὀνόματα καὶ
τοῦ νομίσματος μεταπεσόντος εἰς τὴν νῦν χρείαν ἐνέμεινεν
ἐκ τῆς μνήμης τῆς παλαιᾶς· Ἀριστοτέλης δὲ ταὐτὸν λέγων
ἐν Σικυωνίων πολιτείᾳ σμικρόν τι καινοτομεῖ, ὀφελοὺς αὐ-
τοὺς τέως ὠνομάσθαι λέγων, τοῦ μὲν ὀφέλλειν δηλοῦντος
τὸ αὔξειν, αὐτῶν δὲ διὰ τὸ εἰς μῆκος ηὐξῆσθαι ὧδε κλη-
θέντων. ὅθεν καὶ τὸ ὀφείλειν ὠνομάσθαι φησὶν οὐκ οἶδ᾽ [78]
ὅπως· ἐπὶ μέντοι τῶν ὀβελῶν ὑπηλλάχθαι τὸ φ εἰς τὸ β
κατὰ συγγένειαν.

Βυζαντίων γε μὴν σιδήρῳ νομιζόντων ἦν οὕτω καλού-
μενος σιδάρεος νόμισμά τι λεπτόν, ὥστε ἀντὶ τοῦ «πρίω
μοι τριῶν χαλκῶν» λέγειν «πρίω μοι τριῶν σιδαρέων·»
ὅθεν καὶ ἐν τοῖς Στράττιδος Μυρμιδόσιν εἴρηται
    ἐν τοῖσι βαλανείοις προκέλευθος ἡμέρα,
    ἀπαξάπασα γῆ στρατιαὶ σιδαρέων.
σιδηρῷ δὲ νομίσματι καὶ Λακεδαιμόνιοι χρῶνται, ἐκ πολ- [79]
λοῦ ὄγκου ὀλίγον δυναμένῳ· ὄξει δ᾽ αὐτοῦ τὴν ἀκμὴν εἰς
τὸ ἄτομον κατασβεννύουσιν. τοὺς μέντοι Συρακουσίους κατ-
τιτέρῳ ποτὲ ἀντ᾽ ἀργυρίου νομίσαι Διονύσιος κατηνάγκα-
σεν· καὶ τὸ νομισμάτιον τέτταρας δραχμὰς Ἀττικὰς ἴσχυεν
ἀντὶ μιᾶς.

ὁ δὲ νοῦμμος, δοκεῖ μὲν εἶναι Ῥωμαίων τοὔνομα τοῦ
νομίσματος, ἔστι δὲ Ἑλληνικὸν καὶ τῶν ἐν Ἰταλίᾳ καὶ Σι-
κελίᾳ Δωριέων· Ἐπίχαρμός τε γὰρ ἐν ταῖς Χύτραις φησὶν
    ἀλλ᾽ ὅμως καλαὶ καὶ πῖοι ἄρνες, εὑρήσουσι δέ μοι
    καὶ νούμμους· πωλατιᾶς γάρ ἐντι τᾶς ματρός·
καὶ πάλιν   80
    κᾶρυξ ἰών
    εὐθὺς πρίω μοι δέκα νούμμων μόσχον καλήν·
καὶ Ἀριστοτέλης ἐν τῇ Ταραντίνων πολιτείᾳ καλεῖσθαι

_____

77 6. Ἀριστ. — 93 3. χρώμεθα om A.   78 5. καλούμενον σιδή-
ρεον ante M.   8. τοῖς ante Toupium.   9. σιδάρεοι Hemsterhusius.
79 11. πωλατέαι Hemsterhusius, πωλατικᾶς Koenius. || ἐντι μετὰ τᾶς μα-
τέρος Bentleius.

φησι νόμισμα παρ' αὐτοῖς νοῦμμον, ἐφ' οὗ ἐντετυπῶσθαι
Τάραντα τὸν Ποσειδῶνος δελφῖνι ἐποχούμενον. καὶ μὴν ἐν
Ἀκραγαντίνων πολιτείᾳ φησὶν Ἀριστοτέλης ζημιοῦσθαί τι-
νας τριάκοντα λίτρας, δύνασθαι δὲ τὴν λίτραν ὀβολὸν
Αἰγιναῖον. ἀλλὰ μέντοι παρ' αὐτῷ τις ἂν ἐν τῇ Ἱμεραίων
πολιτείᾳ καὶ ἄλλα εὕροι Σικελικῶν νομισμάτων ὀνόματα,
81 οἷον οὐγκίαν, ὅπερ δύναται χαλκοῦν ἕνα, καὶ διξᾶντα, ὅπερ
ἐστὶ δύο χαλκοῖ, καὶ τριξᾶντα, ὅπερ τρεῖς, καὶ ἡμίλιτρον,
ὅπερ ἕξ, καὶ λίτραν, ἣν εἶναι ὀβολόν· τὸ μέντοι δεκάλιτρον
δύνασθαι μὲν δέκα ὀβολούς, εἶναι δὲ στατῆρα Κορίνθιον.
ὅτι δὲ καὶ τῶν κωμῳδῶν τινὲς τῆς λίτρας μνημονεύουσιν,
ἐν τοῖς περὶ στατικῆς προείρηται· οὐ γὰρ οἱ Δωριεῖς μό-
νον ἀλλὰ καὶ τῶν Ἀττικῶν τινές, ὡς Δίφιλος ἐν Σικελικῷ
> οἷον ἀγοράζειν πάντα, μηδὲ ἓν δ' ἔχειν
> εἰ μὴ κικίννους ἀξίους λίτραιν δυοῖν.

σὺν δὲ τῇ λίτρᾳ καὶ ἄλλα ὠνόμασε νομισμάτων ὀνόματα
Ἐπίχαρμος ἐν Ἁρπαγαῖς·
82
> 　　　　 ὥσπερ αἱ πονηραὶ μάντιες,
> αἵθ' ὑπονέμονται γυναῖκας μωρὰς ἂμ πεντώγκιον
> ἀργυρίου, ἄλλαι δὲ λίτραν, αἱ δ' ἂν ἡμιλίτριον
> δεχόμεναι, καὶ πάντα γιγνώσκοντι·

καὶ πάλιν

> 　　　　 ἐγὼ γὰρ τό γε βαλάντιον λίτρα
> καὶ δεκάλιτρος στατήρ, ἐξάντιόν τε καὶ πεντώγκιον.

ἔχει μὲν δή τι καὶ φιλόκαλον ἡ τούτων γνῶσις· ἴσως
δὲ οὐδὲ ἡ χρῆσις ἄτοπος, εἰ μηδὲ τοὺς σίγλους ὁ Ξενοφῶν
ὄνομα βαρβαρικοῦ νομίσματος εἰπεῖν ἐφυλάξατο. καὶ μὴν
καὶ τὸν δανάκην εἶναί τινές φασι νόμισμά τι Περσικόν.
83 ὄνομα δὲ νομίσματος καὶ κραπαταλοί, εἴτε παίζων εἴτε
σπουδάζων Φερεκράτης ὠνόμασεν ἐν τῷ ὁμωνύμῳ δράματι·
λέγει δὲ τὸν μὲν κραπαταλὸν εἶναι ἐν ᾅδου δραχμήν, ἔχειν
δ' αὐτὸν δύο ψωθίας, τὴν δὲ ψωθίαν εἶναι τριώβολον καὶ
δύνασθαι ὀκτὼ κικκάβους.

---

81 1. διξᾶντα, 2. τριξᾶντα Iungermannus: ἓξ τάλαντα et τρία τά-
λαντα libri. 7. Φιλήμων M, vel Δίφιλος καὶ Φιλήμων. 82 4. πάντ'
ἀναγνώσκοντι M, ut γνώσκειν perinde ac μναίσκειν dicatur. addit P τῷ τι λόγῳ,
unde κωτίλῳ λόγῳ Toupius, θωπικῷ λόγῳ M. 83 4. δύο] ὀκτὼ ante M.

τάχα δ' ἄν τις φιλότιμον εἶναι νομίζοι καὶ τὸν ἐπὶ
τῷ νομίσματι λόγον ἐπιζητεῖν, εἴτε Φείδων πρῶτος ὁ Ἀρ-
γεῖος ἔκοψε νόμισμα, εἴτε Δημοδίκη ἡ Κυμαία συνοική-
σασα Μίδᾳ τῷ Φρυγί (παῖς δ' ἦν Ἀγαμέμνονος Κυμαίων
βασιλέως), εἴτε Ἀθηναίοις Ἐριχθόνιος καὶ Λύκος, εἴτε Λυ-
δοί, καθά φησι Ξενοφάνης, εἴτε Νάξιοι κατὰ τὴν Ἀγλω-
σθένους δόξαν· οὐ γὰρ ἀξιώσει τις ἡμᾶς ἐν τῷ παρόντι 84
πολυπραγμονεῖν, εἰ Μιτυληναῖοι μὲν Σαπφὼ τῷ νομίσματι
ἐνεχαράξαντο, Χῖοι δὲ Ὅμηρον, Ἰασεῖς δὲ παῖδα δελφῖνι
ἐποχούμενον, Δαρδανεῖς δὲ ἀλεκτρυόνων μάχην, Ἀσπένδιοι
δὲ παλαιστάς, καὶ Ῥηγῖνοι μὲν λαγών, Κεφαλλῆνες δὲ ἵπ-
πον, Θάσιοι δὲ Πέρσην, Ἀργεῖοι δὲ μῦν· οὔτε γὰρ κατὰ
τὴν ὑπόθεσιν τῶν βιβλίων ἡ πολυπραγμοσύνη, καὶ ἄλλοις
ἤδη τὰ τοιαῦτα ἔστι συνειλεγμένα. ἴσως δὲ ὀνομάτων κα-
ταλόγῳ προσήκουσιν οἱ Κροίσειοι στατῆρες καὶ Φιλίππειοι
καὶ Δαρεικοί, καὶ τὸ Βερενίκειον νόμισμα καὶ Ἀλεξάνδρειον 85
καὶ Πτολεμαϊκὸν καὶ Δημαρέτειον, ὧν τοὺς ἐπωνύμους γνω-
ριζόντων ἁπάντων, ἡ Δημαρέτη Γέλωνος οὖσα γυνή, κατὰ
τὸν πρὸς τοὺς Λίβυας πόλεμον ἀποροῦντος αὐτοῦ τὸν
κόσμον αἰτησαμένη παρὰ τῶν γυναικῶν, συγχωνεύσασα νό-
μισμα ἐκόψατο.

τοῦτό γε μὴν οὐκ ἄκαιρον, ὅτι τὸ μὲν Ἀττικὸν τάλαν-
τον ἑξακισχιλίας ἐδύνατο δραχμὰς Ἀττικάς, τὸ δὲ Βαβυ- 86
λώνιον ἑπτακισχιλίας, τὸ δὲ Αἰγιναῖον μυρίας, τὸ δὲ Σύ-
ρων πεντακοσίας καὶ τετρακισχιλίας, τὸ δὲ Κιλίκων τρισχι-
λίας, τὸ δὲ Αἰγυπτίων πεντακοσίας καὶ χιλίας, ὡς πρὸς
τὸν τῆς Ἀττικῆς δραχμῆς λογισμόν, ὥσπερ οὖν καὶ τὰς
μνᾶς τὰς Ἀττικάς· τὸ μὲν Ἀττικὸν ἑξήκοντα μνᾶς εἶχε, τὸ
δὲ Βαβυλώνιον ἑβδομήκοντα, τὸ δὲ Αἰγιναῖον ἑκατόν, καὶ
τἆλλα ἀνάλογον. ἡ μνᾶ δὲ ὡς παρ' Ἀθηναίοις ἑκατὸν εἶχε
δραχμὰς Ἀττικάς, οὕτω καὶ παρὰ τοῖς ἄλλοις τὰς ἐπιχω-
ρίους, δυναμένας πρὸς λόγον τοῦ παρ' ἑκάστοις ταλάντου
κατά τε προσθήκην καὶ ὑφαίρεσιν. τὸ μέντοι Σικελικὸν 87
τάλαντον ἐλάχιστον ἴσχυεν, τὸ μὲν ἀρχαῖον, ὡς Ἀριστοτέ-
λης λέγει, τέτταρας καὶ εἴκοσι τοὺς νούμμους, τὸ δὲ ὕστε-

86 4. καὶ χιλίας add F.   5. αὖ?

ρον δυοκαίδεκα· δύνασθαι δὲ τὸν νοῦμμον τρία ἡμιω-
βόλια.

κωλύοι δ' ἂν οὐδὲν προσθεῖναι τῷ περὶ νομισμάτων
λόγῳ καὶ διότι χρήματα μὲν εἴποιεν ἂν οἱ Ἀττικοί, τὸ δὲ
χρῆμα παρὰ μὲν αὐτοῖς ἐπὶ τοῦ πράγματος ἢ κτήματος,
παρὰ δὲ τοῖς Ἴωσι κἀπὶ τῶν χρημάτων. ὥσπερ καὶ κέρ-
88 ματα ἀλλ' οὐ κέρμα λέγειν Ἀττικόν, παρὰ μέντοι τοῖς
Δωριεῦσι καὶ τὸ κέρμα ἔστιν εἰρημένον· εὕροι δ' ἄν τις
αὐτὸ καὶ παρὰ τοῖς Ἀττικοῖς, ὥσπερ ἐν τῷ Ἄμφιδος Ἀμ-
πελουργῷ «μικρόν τι κέρμα» καὶ παρ' Ἀντιφάνει ἐν τῷ
Κύκλωπι «κέρμα γάρ τι τυγχάνω.» ἐν μέντοι τῷ Φιλιππί-
δου Φιλευριπίδῃ

οὗτος οἴεται

περισπάσειν κερμάτιον αὐτοῦ.
καὶ κατακεκερματίσθαι ἐπὶ μὲν λόγου Πλάτων, ἐπὶ δὲ ἀρ-
γυρίου Ἀριστοφάνης ἐν Δαιταλεῦσιν

οὐδ' ἀργύριον ἔστιν κεχερματισμένον,
89 καὶ ἐν τοῖς Σφηξὶ

δραχμὴν μετ' ἐμοῦ πρώην λαβών,
ἐλθὼν διεχερμάτιζετ' ἐν τοῖς ἰχθύσιν.
ἐν μέντοι τῷ Αἰολοσίκωνι τὸ μὴ ἔχειν κέρματα ἀκερματίαν
ὠνόμασεν. ὡς δ' ἐπὶ τῶν κερμάτων οἱ ἀρχαῖοι Ἀττικοὶ ἥκι-
στα τῷ ἑνικῷ ἐχρῶντο, οὕτως ἐπὶ τῷ ἀργυρίῳ τῷ πληθυν-
τικῷ· τ ἀ ρ γ ύ ρ ι α γὰρ ἐπὶ τοῦ ἀργυρίου σπανίως ἄν τις
εὕροι παρ' αὐτοῖς, ἐγὼ δ' εὗρον ἐν ταῖς Νήσοις Ἀριστο-
φάνους, εἰ μὴ ὑποπτεύεται τὸ δρᾶμα ὡς [Ἀριστοφάνους] οὐ
90 γνήσιον. ἀλλ' οὔτι γε καὶ οἱ Κόλακες Εὐπόλιδος, ἐν οἷς
εἶπε

φοροῦσιν ἁρπάζουσιν ἐκ τῆς οἰκίας
τὸ χρυσίον, τ ἀργύρια πορθεῖται.
ἐν δὲ τῷ Τριφάλητι Ἀριστοφάνης καὶ ἀργυρίδιον εἴρηκεν·
ᾔτουν τι τὰς γυναῖκας ἀργυρίδιον.
τὸν δὲ νῦν χ α λ κ ὸ ν οἱ Ἀττικοὶ χαλκίον εἰώθασι καλεῖν,
ὡς ἀπὸ τοῦ ἀργύρου ἀργύριον καὶ ἀπὸ τοῦ χρυσοῦ χρυσίον·
ὥσπερ Ἀριστοφάνης μὲν ἐν Βατράχοις ἔφη

---

88 4. λαβών addebat M.   9. μὲν ἐπὶ vulgo.   89 9. μὴ] δὲ? ‖ οὐ
add Casaubonus.

οὔτε γὰρ τούτοισιν, οὖσιν οὐ κεκιβδηλευμένοις
ἀλλὰ καλλίστοις ἁπάντων, ὡς δοκεῖ, νομισμάτων
καὶ μόνοις ὀρθῶς κοπεῖσι καὶ κεκωδωνισμένοις,   91
χρώμεθ᾽ οὐδέν, ἀλλὰ τούτοις τοῖς πονηροῖς χαλκίοις,
χθές τε καὶ πρώην κοπεῖσι τῷ κακίστῳ κόμματι·
σαφέστερον δ᾽ Εὔβουλος ἐν Παμφίλῳ
      πρῶτον μὲν αὐτοῦ παραλαβὼν τὼ χαλκίω
      τὸν ἰὸν ἐκ τῆς χειρὸς ἐξεσπόγγισεν.
οὕτω δ᾽ ἂν καὶ ὁ Κρατῖνος ἐν ταῖς Θρᾴτταις εἰρηκὼς εἴη
τὸν χρυσὸν χρυσία·
      ὅτι τοὺς κόρακας τἀξ Αἰγύπτου χρυσία κλέπτοντας
      ἔπαυσαν.
οἱ μὲν οὖν χαλκοῖ νομισμάτιον ἦν λεπτόν, ὡς ὅταν εἴπῃ Δη- 92
μοσθένης «οὐδὲ χαλκοῦν οὐδέπω καὶ τήμερον οὐδένα·» ἡ
δὲ τῶν πολλῶν καὶ ἰδιωτῶν χρῆσις τὸν χαλκὸν τὸ ἀργύ-
ριον λέγει, οἷον «οὐκ ἔχω χαλκόν» καὶ «ὀφείλω χαλκόν.»
εἴρηται δὲ καὶ τοῦτο ἐν Ἐπιχάρμου Πέρσαις,
      χρυσὸν καὶ χαλκὸν ὀφείλων·
ἴσως δὲ καὶ παρὰ τοῖς Ἀττικοῖς, ὅστις βιάζοιτο· καὶ γὰρ
εἰ τὸ παρ᾽ Ἀριστοφάνει ἐν ταῖς Ἐκκλησιαζούσαις τὸ νόμι-
σμα δηλοῖ, ὅταν φῇ
      μεστὴν ἀπῆρα τὴν γνάθον χαλκῶν ἔχων,
ἀλλὰ τὸ μετὰ ταῦτά ἐστ᾽ ἀμφίβολον,   93
      ἀνέκραγ᾽ ὁ κῆρυξ μὴ δέχεσθαι μηδένα
      χαλκὸν τὸ λοιπόν· ἀργύρῳ γὰρ χρώμεθα.
Θουκυδίδης μὲν δὴ καὶ στατῆράς τινας Φωκαΐτας κέ-
κληκεν, ἦν δέ τι καὶ νομίσματος εἶδος οὕτως ὀνομαζόμε-
νον· φησὶ γοῦν ἐν τοῖς Ἀποφθέγμασιν ὁ Καλλισθένης ὑπ᾽
Εὐβούλου τοῦ Ἀταρνείτου τὸν ποιητὴν Περσῖνον ἀμελού-
μενον εἰς Μιτυλήνην ἀπελθόντα θαυμάζοντι γράψαι διότι
τὰς Φωκαΐδας, ἃς ἔχων ἦλθεν, ἥδιον ἐν Μιτυλήνῃ μᾶλλον
ἢ ἐν Ἀτάρνῃ καταλλάττει.
Ἐπεὶ δὲ καὶ περὶ τῶν ἐν συμποσίοις παιδιῶν, οἷον 94
κοττάβων καὶ γρίφων καί που καὶ περὶ κύβων προειρήκα-
μεν, οὐκ ἂν φαῦλον εἴη διὰ βραχέων ὀνόματα παιδιῶν

---

92 6. χρυσὸν καὶ om C.

ἐπιδραμεῖν, παρεξηγούμενον τὴν ἐν αὐτοῖς ἀσάφειαν. ἐν
μέντοι γε τοῖς κύβοις, ὅπου τὸ δυσκυβεῖν τε καὶ εὐκυ-
βεῖν ὀνομάζεται καί που καὶ τὸ δύσβολον καὶ εὔβολον εἶ-
95 ναι, ἰστέον ὅτι κύβος αὐτό τε τὸ βαλλόμενον καλεῖται καὶ
ἡ ἐν αὐτῷ κοιλότης, τὸ σημεῖον, ὁ τύπος, ἡ γραμμή, τὸ
δηλοῦν τὸν ἀριθμὸν τῶν βληθέντων· καὶ μάλιστα ἥ γε
μονὰς ἡ ἐν αὐτοῖς ὄνομα εἶχε κύβος καλεῖσθαι, καθάπερ
καὶ ὁ παροιμιώδης λόγος μηνύειν ἔοικεν, «ἢ τρὶς ἓξ ἢ τρεῖς
κύβοι.» τῷ τρυπήματι δὲ τούτῳ, ὃν κύβον παρωνομάσθαι
φαμέν, ἀργυρίου τινὰ ἀριθμὸν ἐπιφημίσαντες καθ᾽ ἑκάστην
μονάδα διῃρημένην, δραχμὴν ἢ στατῆρα ἢ μνᾶν ἢ ὁποσον-
96 οῦν, ἔπαιζον τὴν πλειστοβολίνδα καλουμένην παιδιάν· ὁ
δ᾽ ὑπερβαλλόμενος τῷ πλήθει τῶν μονάδων ἔμελλεν ἀναι-
ρήσεσθαι τὸ ἐπιδιαχείμενον ἀργύριον. ἐν δὲ τῇ Ἀμειψίου
Σφενδόνῃ ὅ τε τρόπος δεδήλωται τῆς κυβείας καὶ προσεί-
ρηται ὅτι εἴη τὸ τρῆμα μνααῖον, ὡς μνᾶν αὐτῶν ἐπιδιατε-
θειμένων ἑκάστῳ κύβῳ. παρὰ δὲ τοῖς Δωριεῦσιν οἱ ταύτῃ
τῇ παιδιᾷ χρώμενοι τρηματίχται τὴν προσηγορίαν εἶχον,
καὶ τρηματίζειν τὸ πρᾶγμα. σκιραφεῖα δὲ τὰ κυβευτήρια
ὠνομάσθη, διότι μάλιστα Ἀθήνησιν ἐκύβευον ἐπὶ σκίρῳ
97 ἐν τῷ τῆς σκιράδος Ἀθηνᾶς νεῷ. τὰ μὲν οὖν ἐργαλεῖα τὰ
κυβευτικὰ ἐν τοῖς περὶ τεχνῶν ἔστι προειρημένα, τὸ δὲ π ε τ-
τ ε ύ ε ι ν καὶ ἡ π ε τ τ ε ί α καὶ τὸ π ε σ σ ο ν ο μ ε ῖ ν καὶ ὁ π ε τ τ ε υ τ ή ς,
καὶ ταῦτα μὲν ἐπ᾽ ἐκείνοις προείρηται· ἐπειδὴ δὲ ψῆφοι
μέν εἰσιν οἱ πεττοί, πέντε δ᾽ ἑκάτερος τῶν παιζόντων εἶχεν
ἐπὶ πέντε γραμμῶν, εἰκότως εἴρηται Σοφοκλεῖ

κ α ὶ   π ε σ σ ὰ   π ε ν τ έ γ ρ α μ μ α   κ α ὶ   κ ύ β ω ν   β ο λ α ί.

98 τῶν δὲ πέντε τῶν ἑκατέρωθεν γραμμῶν μέση τις ἦν ἱερὰ
γραμμή· καὶ ὁ τὸν ἐκεῖθεν κινῶν πεττὸν ἐποίει παροιμίαν,
«κίνει τὸν ἀφ᾽ ἱερᾶς.»

ἡ δὲ διὰ πολλῶν ψήφων παιδιὰ π λ ι ν θ ί ο ν ἐστί, χώ-
ρας ἐν γραμμαῖς ἔχον διακειμένας· καὶ τὸ μὲν πλινθίον
καλεῖται πόλις, τῶν δὲ ψήφων ἑκάστη κύων· διῃρημένων
δὲ εἰς δύο τῶν ψήφων κατὰ τὰς χρόας, ἡ τέχνη τῆς παι-

---

94 1. παρεξηγούμενοι vulgo.

διᾶς ἐστὶ περιλήψει δύο ψήφων ὁμοχρόων τὴν ἑτερόχρων ἀνελεῖν· ὅθεν καὶ Κρατίνῳ πέπαικται,

Πανδιονίδα πόλεως βασιλεῦ **99**
τῆς ἐριβώλακος, οἶσθ' ἣν λέγομεν,
καὶ κύνα καὶ πόλιν, ἣν παίζουσιν.

ἐγγὺς δέ ἐστι ταύτῃ τῇ παιδιᾷ καὶ ὁ διαγραμμισμὸς καὶ τὸ διαγραμμίζειν, ἥντινα παιδιὰν καὶ γραμμὰς ὠνόμαζον.

τὸ μὲν οὖν ἀστραγάλοις παίζειν καὶ ἀστραγαλίζειν καὶ ἀστρίζειν ἔνιοι τῶν ποιητῶν εἰρήκασιν, ὅτι τοὺς ἀστραγάλους καὶ ἀστρίας εἰσὶν οἳ ὠνόμαζον, Ἀντιφάνης δὲ καὶ ἀστρίχους. τὸ δὲ σχῆμα τοῦ κατὰ τὸν ἀστράγαλον πτώματος ἀριθμοῦ δόξαν εἶχεν, καὶ τὸ μὲν μονάδα δηλοῦν κα- **100** λεῖται κύων, τὸ δὲ ἀντικείμενον χιάς, καὶ Χῖος οὗτος ὁ βόλος. δυὰς δὲ καὶ πεντὰς ἐν ἀστραγάλοις, ὥσπερ ἐν κύβοις, οὐκ ἔνεστιν. οἱ δὲ πλείους τὸν μὲν ἑξίτην Κῷον, τὸν δὲ κύνα Χῖον καλεῖσθαι λέγουσιν. καὶ μὴν καὶ στησίχορος ἐκαλεῖτό τις παρὰ τοῖς ἀστραγαλίζουσιν ἀριθμός, ὃς ἐδήλου τὰ ὀκτώ· τὸν γὰρ ἐν Ἱμέρᾳ τοῦ ποιητοῦ τάφον ἐξ ὀκτὼ πάντων συντεθέντα πεποιηκέναι τὴν «πάντ' ὀκτὼ» φασὶ παροιμίαν. ἐπεὶ δὲ τοῖς τετταράκοντα τοῖς μετὰ τοὺς **101** τριάκοντα προστᾶσιν Ἀθήνησι συνῆρξεν Εὐριπίδης, εἰ τετ- ταράκοντα συνήθροιζεν ἀστραγάλων βολή, τὸν ἀριθμὸν τοῦτον Εὐριπίδην ὠνόμαζον.   καὶ μὴν καὶ ἀρτιάζειν ἀστραγάλους ἐκ φορμίσκων κατερωμένους ἐν τῷ ἀποδυτη- ρίῳ τοὺς παῖδας ὁ Πλάτων ἔφη· τὸ δ' ἀρτιάζειν ἐν ἀστρα- γάλων πλήθει, κεκρυμμένων ὑπὸ ταῖν χεροῖν, μαντείαν εἶχε τῶν ἀρτίων ἢ καὶ περιττῶν. ταὐτὸν δὲ τοῦτο καὶ κυάμοις ἢ καρύοις ἢ ἀμυγδάλαις, οἱ δὲ καὶ ἀργυρίῳ πράττειν ἠξί- ουν, εἰ πιστὸς Ἀριστοφάνης ἐν Πλούτῳ λέγων

στατῆρσι δ' οἱ θεράποντες ἀρτιάζομεν.

εἰ μὲν οὖν κύκλου περιγραφέντος ἀφιέντες ἀστράγαλον ἐστο- **102** χάζοντο τοῦ μεῖναι τὸν βληθέντα ἐν τῷ κύκλῳ, ταύτην εἰς ὥμιλλαν τὴν παιδιὰν ὠνόμαζον. καίτοι με οὐ λέληθεν ὅτι καὶ ὄρτυγα ἐνιστάντες τῷ περιγραπτῷ κύκλῳ, ὁ μὲν

---

99 1. βασιλέως ante Bentleium.   2. ἱεροκόλακος A.   100 2. χιάς] τριάδα C.   101 5. καταιρομένους A.

25

ἔκοπτε τὸν ὄρτυγα τῷ δακτύλῳ, ὁ δὲ πρὸς τὴν πληγὴν ἐνδοὺς
ἀνεχαίτισεν ἔξω τοῦ κύκλου, καὶ ἥττητο ὁ τοῦ ὄρτυγος δε-
σπότης· ἐν γοῦν Ταξιάρχοις Εὔπολις τοῦ Φορμίωνος εἰ-
πόντος

οὐκοῦν περιγράψεις ὅσον ἐναριστᾶν κύκλον;
ἀποκρίνεται

103   τί δ' ἔστιν; εἰς ὥμιλλαν ἀριστήσομεν;
    ἢ κόψομεν τὴν μᾶζαν ὥσπερ ὄρτυγα;
ἡ δὲ τρόπα καλουμένη παιδιὰ γίνεται μὲν ὡς τὸ πολὺ δι'
ἀστραγάλων, οὓς ἀφιέντες στοχάζονται βόθρου τινὸς εἰς
ὑποδοχὴν τῆς τοιαύτης ῥίψεως ἐξεπίτηδες πεποιημένου· πολ-
λάκις δὲ καὶ ἀκύλοις καὶ βαλάνοις ἀντὶ τῶν ἀστραγάλων
οἱ ῥίπτοντες ἐχρῶντο.

    ἦν δὲ τῆς ἐν σφαίρᾳ παιδιᾶς ὀνόματα ἐπίσκυρος,
104 φαινίνδα, ἀπόρραξις, οὐρανία. καὶ ἡ μὲν ἐπίσκυρος καὶ
ἐφηβικὴ καὶ ἐπίκοινος ἐπίκλην ἔχει, παίζεται δὲ κατὰ πλῆ-
θος διαστάντων ἴσων πρὸς ἴσους, εἶτα μέσην γραμμὴν λα-
τύπῃ ἑλκυσάντων, ἣν σκῦρον καλοῦσιν, ἐφ' ἣν καταθέντες
τὴν σφαῖραν, ἑτέρας δύο γραμμὰς κατόπιν ἑκατέρας τῆς
τάξεως καταγράψαντες, ὑπὲρ τοὺς ἑτέρους οἱ προανελόμε-
νοι ῥίπτουσιν, οἷς ἔργον ἦν ἐπιδράξασθαί τε τῆς σφαίρας
φερομένης καὶ ἀντιβαλεῖν, ἕως ἂν οἱ ἕτεροι τοὺς ἑτέρους
105 ὑπὲρ τὴν κατόπιν γραμμὴν ἀπώσωνται.   ἡ δὲ φαινίνδα
εἴρηται ἢ ἀπὸ Φαινίδου τοῦ πρώτου εὑρόντος ἢ ἀπὸ τοῦ
φενακίζειν, ὅτι ἑτέρῳ προδείξαντες ἑτέρῳ ῥίπτουσιν, ἐξαπα-
τῶντες τὸν οἰόμενον· εἰκάζοιτο δ' ἂν εἶναι ἢ διὰ τοῦ μι-
κροῦ σφαιρίου, ὃ ἐκ τοῦ ἁρπάζειν ὠνόμασται· τάχα δ' ἂν
καὶ τὴν ἐκ τῆς μαλακῆς σφαίρας παιδιὰν οὕτω τις κα-
λοίη.   ἡ δὲ ἀπόρραξις, ἔδει τὴν σφαῖραν πρὸς τοὔδα-
φος εὐτόνως ῥήξαντα, ὑποδεξάμενον τὸ πήδημα τῆς σφαί-
ρας τῇ χειρὶ πάλιν ἀντιπέμψαι, καὶ τὸ πλῆθος τῶν πηδη-
106 μάτων ἠριθμεῖτο.   ἡ δ' οὐρανία, ὁ μὲν ἀνακλάσας αὑ-
τὸν ἀνερρίπτει τὴν σφαῖραν εἰς τὸν οὐρανόν· τοῖς δ' ἦν

---

102 6. ἀποκρίνεται] Διόνυσος addit M.   104 1. σφενίδη A, σφεν-
νίδα C. || ἀπόπραξις A.   2. ἐπικουρὶς A, ἐπίκοινις C.   105 8. ἀπό-
νως A.

ἁλλομένοις φιλοτιμία, πρὶν εἰς γῆν αὐτὴν πεσεῖν, ἁρπάσαι,
ὅπερ ἔοικε καὶ Ὅμηρος ἐν Φαίαξι δηλοῦν. ὁπότε μέντοι
πρὸς τὸν τοῖχον τὴν σφαῖραν ἀντιπέμποιεν, τὸ πλῆθος τῶν
πηδημάτων διελογίζοντο. καὶ ὁ μὲν ἡττώμενος ὄνος ἐκα-
λεῖτο καὶ πᾶν ἐποίει τὸ προσταχθέν, ὁ δὲ νικῶν βασιλεύς
τε ἦν καὶ ἐπέταττεν.   εἴποις ἂν οὖν τὸν σφαιρίζοντα 107
σφαίρᾳ παίζειν, σφαῖραν ῥίπτειν, βάλλειν, ἀφιέναι, πέμπειν
προπέμπειν ἐκπέμπειν ἀντιπέμπειν, ἀνταφιέναι, ἀνταποφέ-
ρειν, σφαιριστικὸν εἶναι, εὔρυθμον, εὐσχήμονα, εὔσκοπον
ἐπίσκοπον, εὔτονον. ἔξεστι δὲ καὶ σφαιρομαχίαν εἰπεῖν τὴν
ἐπίσχυρον τῆς σφαίρας παιδιάν.

καὶ μέντοι καὶ τὸ ὀρτυγοκοπεῖν παιδιά, καὶ τὸ
πρᾶγμα ὀρτυγοκοπία, καὶ οἱ παίζοντες ὀρτυγοκόποι καὶ
στυφοκόποι ἐκαλοῦντο. καὶ τὸ κόπτειν τοὺς ὄρτυγας καὶ 108
ἀνακναδάλλειν καὶ ἀνερεθίζειν, ἀνεγείρειν, παροξύνειν, καὶ
ταῦτα ἐκ τῶν ὀρτυγοκοπικῶν ὀνομάτων. καὶ τηλίᾳ μὲν
ὁμοίᾳ τῇ ἀρτοπώλιδι κύκλον ἐμπεριγράψαντες ἐνίστασαν
τοὺς ὄρτυγας ἐπὶ ταῖς μάχαις ταῖς πρὸς ἀλλήλους· ὁ δὲ
ἀνατραπεὶς καὶ ἐκπεσὼν τοῦ κύκλου ἥττητο αὐτός τε καὶ
ὁ τοῦ ὄρτυγος δεσπότης. καὶ ποτὲ μὲν ἐπ᾽ αὐτοῖς διετί-
θεντο τοῖς ὄρτυξι, ποτὲ δὲ καὶ ἐπ᾽ ἀργυρίῳ. ἔσθ᾽ ὅτε δὲ ὁ 109
μὲν ἴστη τὸν ὄρτυγα, ὁ δὲ ἔκοπτε τῷ λιχανῷ ἢ τὰ ἐκ τῆς
κεφαλῆς πτερὰ ἀπέτιλλεν· καὶ εἰ μὲν ἐγκαρτερήσειεν ὁ ὄρ-
τυξ, ἡ νίκη μετὰ τοῦ θρέψαντος αὐτὸν ἐγίνετο, ἐνδόντος
δὲ καὶ ὑποφυγόντος ὁ κόπτων ἢ τίλλων ἐνίκα. τοὺς δὲ ἡτ-
τηθέντας ὄρτυγας ἐμβοήσαντες κατὰ τὸ οὖς αὐτοῖς ἐξιῶντο,
λήθην ἐνεργαζόμενοι τῆς τοῦ νενικηκότος φωνῆς· καὶ τὸ
ἐμβοᾶν ἐντρυλίζειν ὠνόμαζον.

ἐρῶ δὲ καὶ ἄλλων παιδιῶν ὀνόματα ταὐτὸν ἐχουσῶν 110
σχῆμα τῇ καταλήξει τῶν ὀνομάτων, βασιλίνδα, ὀστρακίνδα,
διελκυστίνδα, μυτίνδα, χυτρίνδα, φρυγίνδα, κυνητίνδα, ἀκινη-
τίνδα, σχοινοφιλίνδα, σκαπέρδα, ἐφεντίνδα, στρεπτίνδα, πλει-
στοβολίνδα, ἀποδιδρασκίνδα. βασιλίνδα μὲν οὖν ἐστιν ὅταν
διακληρωθέντες ὁ μὲν βασιλεὺς τάττῃ τὸ πρακτέον, ὁ δ᾽ ὑπη-

111 ρέτης εἶναι λαχὼν πᾶν τὸ ταχθὲν ὑπεκπονῇ. ὀστρακίνδα
δέ, ὅταν γραμμὴν ἑλκύσαντες οἱ παῖδες ἐν μέσῳ καὶ δια-
νεμηθέντες, ἑκατέρα μερὶς ἡ μὲν τὸ ἔξω τοῦ ὀστράκου
πρὸς αὑτῆς εἶναι νομίζουσα ἡ δὲ τὸ ἔνδον, ἀφέντος τινὸς
κατὰ τῆς γραμμῆς τὸ ὄστρακον, ὁπότερον ἂν μέρος ὑπερ-
φανῇ, οἱ μὲν ἐκείνῳ προσήκοντες διώκωσιν, οἱ δ' ἄλλοι φεύ-
γωσιν ὑποστραφέντες· ὅπερ εἶδος παιδιᾶς αἰνίττεται καὶ
112 Πλάτων ἐν τοῖς εἰς τὸν Φαῖδρον ἐρωτικοῖς. ὁ μὲν τοίνυν
ληφθεὶς τῶν φευγόντων, ὄνος οὗτος κάθηται· ὁ δὲ ῥίπτων
τὸ ὄστρακον ἐπιλέγει «νὺξ ἡμέρα·» τὸ γὰρ ἔνδοθεν αὐτοῦ
μέρος καταλήλιπται πίττῃ καὶ τῇ νυκτὶ ἐπιπεφήμισται. κα-
λεῖται δὲ καὶ ὀστράκου περιστροφὴ τὸ εἶδος τοῦτο τῆς παι-
διᾶς. ἡ δὲ διελκυστίνδα παίζεται μὲν ὡς τὸ πολὺ ἐν
ταῖς παλαίστραις, οὐ μὴν ἀλλὰ καὶ ἀλλαχόθι· δύο δὲ μοῖ-
ραι παίδων εἰσὶν ἕλκουσαι τοὺς ἑτέρους οἱ ἕτεροι, ἔστ' ἂν
113 καθ' ἕνα μεταστήσωνται παρ' αὑτοὺς οἱ κρατοῦντες. ἡ δὲ
μυῖνδα, ἤτοι καταμύων τις «φυλάττου» βοᾷ, καὶ ὃν ἂν
τῶν ὑποφευγόντων λάβῃ ἀντικαταμύειν ἀναγκάζει, ἢ μύ-
σαντος κρυφθέντας ἀνερευνᾷ μέχρι φωράσῃ, ἢ καὶ μύσας
οὗ ἄν τις προσάψηται, ἢ ἐάν τις προσδείξῃ, μαντευόμενος
λέγει, ἔστ' ἂν τύχῃ. ἡ δὲ χυτρίνδα, ὁ μὲν ἐν μέσῳ κά-
θηται καὶ καλεῖται χύτρα, οἱ δὲ τίλλουσιν ἢ κνίζουσιν ἢ
καὶ παίουσιν αὐτὸν περιθέοντες· ὁ δ' ὑπ' αὐτοῦ στρεφομέ-
114 νου ληφθεὶς ἀντ' αὐτοῦ κάθηται. ἔσθ' ὅτε ὁ μὲν ἔχεται
τῆς χύτρας κατὰ τὴν κεφαλὴν τῇ λαιᾷ, περιθέων ἐν κύκλῳ,
οἱ δὲ παίουσιν αὐτὸν ἐπερωτῶντες «τίς τὴν χύτραν;» κἀ-
κεῖνος ἀποκρίνεται «ἐγὼ Μίδας·» οὗ δ' ἂν τύχῃ τῷ ποδί,
ἐκεῖνος ἀντ' αὐτοῦ περὶ τὴν χύτραν περιέρχεται. ἡ δὲ φρυ-
γίνδα, ὄστρακα τῶν λείων μεταξὺ τῶν τῆς ἀριστερᾶς χει-
ρὸς δακτύλων διαθέντες, ἐπικρούουσι τὰ ὄστρακα τῇ δεξιᾷ
κατὰ ῥυθμόν. ἡ δὲ κυνητίνδα ἀπὸ τοῦ κυνεῖν, ὅ ἐστι
καταφιλεῖν, ὠνόμασται, ᾗπερ ὑποδηλοῦν ἔοικε Κράτης ἐν
115 Παιδιαῖς. σχεδὸν δὲ καὶ περὶ τῶν πλείστων ὁ ποιητὴς οὗ-
τος εἴρηκεν ἐν τῷδε τῷ δράματι· φησὶ δ' οὖν

---

113 5. οὗ ἂν προσάψηται ἢ ὅν τις πρ.?   114 1. ὁ] δ' ὁ?   4. ἀπο-
κρίνεται ἀναζεῖ· ἢ τίς περὶ χύτραν. κἀκεῖνος ἀποκρίνεται C, commode, si
3. τί ἡ χύτρα legamus pro illis τίς τὴν χύτραν.   8. κατ' ἀριθμόν vulgo. om C.

παί|ζει δ᾽ ἐν ἀνδρικοῖς χοροῖσι
τὴν κυνητίνδ᾽, ὥσπερ εἰκός,
τοὺς καλοὺς φιλοῦσ᾽ ἀεί.

ἡ δ᾽ ἀ κ ι ν η τ ί ν δ α ἄμιλλαν τοῦ ἀκινητὶ μένειν εἶχεν. ἡ δὲ
σ χ ο ι ν ο φ ι λ ί ν δ α, κάθηται κύκλος, εἷς δὲ σχοινίον ἔχων
λαθὼν παρ᾽ αὑτῷ τίθησι· κἂν μὲν ἀγνοήσῃ ἐκεῖνος παρ᾽
ᾧ κεῖται, περιθέων περὶ τὸν κύκλον τύπτεται, εἰ δὲ μάθοι,
περιελαύνει τὸν θέντα τύπτων. ἡ δὲ σ κ α π έ ρ δ α, δοκὸν ἐν 116
μέσῳ τρυπήσαντες καταπηγνύουσιν· διὰ δὲ τοῦ τρυπήματος
διεῖρται σχοινίον, οὗ ἑκατέρωθεν εἷς ἐκδέδεται, οὐ πρὸς τὴν
δοκὸν βλέπων ἀλλ᾽ ἀπεστραμμένος· ὁ δὲ τὸν ἕτερον πρὸς
βίαν ἑλκύσας ὡς τὰ νῶτα αὑτοῦ τῇ δοκῷ προσαγαγεῖν, νι-
κᾶν οὗτος δοκεῖ· καὶ τοῦτο σκαπέρδαν ἕλκειν λέγουσιν.
ἔσθ᾽ ὅτε μέντοι καὶ τὰ νῶτά τινες προσθέντες ἀλλήλοις
ἀνθέλκουσιν ἑνὶ δεσμῷ δεθέντες. ἡ δὲ ἐ φ ε ν τ ί ν δ α, ὡς 117
ἔστιν εἰκάζειν, ὄστρακον ἐφέντα ἐς κύκλον ἐχρῆν συμμετρή-
σασθαι, ὡς ἐντὸς τοῦ κύκλου στῇ. ἡ δὲ σ τ ρ ε π τ ί ν δ α,
ὄστρακον ὀστράκῳ ἢ νόμισμα νομίσματι τῷ βληθέντι τὸ
κείμενον ἔστρεφον. ἡ δὲ π λ ε ι σ τ ο β ο λ ί ν δ α, οὐ μόνον ἡ διὰ
τῶν κύβων ἀλλὰ καὶ ἡ διὰ τῶν ἀστραγάλων, ἐπὶ τῷ πλεῖ-
στον ἀριθμὸν βαλεῖν. ἡ δ᾽ ἀ π ο δ ι δ ρ α σ κ ί ν δ α, ὁ μὲν ἐν
μέσῳ καταμύων κάθηται, ἢ καὶ τοὺς ὀφθαλμούς τις αὑ-
τοῦ ἐπιλαμβάνει, οἱ δ᾽ ἀποδιδράσκουσιν· διαναστάντος δ᾽
ἐπὶ τὴν ἐξερεύνησιν, ἔργον ἐστὶν ἑκάστῳ εἰς τὸν τόπον τὸν
ἐκείνου φθάσαι.

καὶ μὴν καὶ ἄλλαι παιδιαὶ αἵδε, παρεοικυῖαι τῷ σχή- 118
ματι τῆς λέξεως, χαλκισμός ἱμαντελιγμός ἐφεδρισμός ἐπο-
στρακισμός ἀσκωλιασμός. ὁ μὲν χ α λ κ ι σ μ ό ς, ὀρθὸν νό-
μισμα ἔδει συντόνως περιστρέψαντας ἐπιστρεφόμενον ἐπι-
στῆσαι τῷ δακτύλῳ· ᾧ τρόπῳ μάλιστα ὑπερήδεσθαί φασι
Φρύνην τὴν ἑταίραν. ὁ δ᾽ ἱ μ α ν τ ε λ ι γ μ ὸ ς διπλοῦ ἱμάντος
λαβυρινθώδης τις ἐστὶ περιστροφή, καθ᾽ ἧς ἔδει καθέντα
παττάλιον τῆς διπλόης τυχεῖν· εἰ γὰρ μὴ λυθέντος ἐμπερι-

---

115 3. φιλοῦσα δέ ante M.   6. παρά ιῳ Kühnius: an παρ᾽ ἄλλῳ?
116 3. διῆρται vulgo, διήρτηται Eustathius.   5. ὥστ᾽ ἀνωτάτω τῇ vulgo.
117 6. τὸ vulgo.   **118** 4. ἔτι στρεφόμενον?

119 εἴληπτο τῷ ἱμάντι τὸ παττάλιον, ἥττητο ὁ καθείς. ὁ δ'
ἐφεδρισμός, λίθον καταστησάμενοι πόρρωθεν αὐτοῦ στο-
χάζονται σφαίραις ἢ λίθοις· ὁ δ' οὐκ ἀνατρέψας τὸν ἀνα-
τρέψαντα φέρει, τοὺς ὀφθαλμοὺς ἐπειλημμένος ὑπ' αὐτοῦ,
ἕως ἂν ἀπλανῶς ἔλθῃ ἐπὶ τὸν λίθον, ὃς καλεῖται δίορος.
ὁ δ' ἐποστρακισμός, ὄστρακον τῶν θαλαττίων κατὰ
τοῦ ὕδατος ἐπιπολῆς ἀφιᾶσιν, ἀριθμοῦντες αὐτοῦ τὰ πρὸ
τοῦ καταδῦναι πηδήματα ἐν τῇ ὑπὲρ τὸ ὕδωρ ἐπιδρομῇ·
ἐκ γὰρ τοῦ πλήθους τῶν ἁλμάτων ἡ νίκη τῷ βάλλοντι.
120 ὁ δὲ κυνδαλισμὸς διὰ πατταλίων ἐστὶ παιδιά· κύνδαλα
γὰρ τοὺς παττάλους ὠνόμαζον. ἦν δ' ἔργον οὐ μόνον αὐτῷ
τινὶ καταπῆξαι τὸν πάτταλον κατὰ τῆς διύγρου, ἀλλὰ καὶ
τὸν καταπαγέντα ἐκκροῦσαι πλήξαντα κατὰ τὴν κεφαλὴν
ἑτέρῳ παττάλῳ· ὅθεν καὶ ἡ παροιμία

> ἥλῳ τὸν ἧλον, παττάλῳ τὸν πάτταλον.

ἔνιοι δὲ τῶν Δωριέων ποιητῶν τὸν ὧδε παίζοντα κυνδαλο-
121 παίκτην ἐκάλεσαν. ὁ δ' ἀσκωλιασμὸς τοῦ ἑτέρου ποδὸς
αἰωρουμένου κατὰ μόνου τοῦ ἑτέρου πηδᾶν ἐποίει, ὅπερ
ἀσκωλιάζειν ὠνόμαζον. ἤτοι εἰς μῆκος ἡμιλλῶντο, ἢ ὁ μὲν
ἐδίωκεν οὕτως, οἱ δ' ὑπέφευγον ἐπ' ἀμφοῖν θέοντες, ἕως τι-
νὸς τῷ φερομένῳ ποδὶ ὁ διώκων δυνηθῇ τυχεῖν. ἢ καὶ πάν-
τες ἐπήδων, ἀριθμοῦντες τὰ πηδήματα· προσέκειτο γὰρ τῷ
πλήθει τὸ νικᾶν. ἀσκωλιάζειν δ' ἐκαλεῖτο καὶ τὸ ἐπιπηδᾶν
ἀσκῷ κενῷ καὶ ὑπόπλεῳ πνεύματος, ἀληλιμμένῳ ἵν' ὥσπερ
ὀλισθαίνοιεν περὶ τὴν ἀλοιφήν.

122 εἰσὶ δὲ καὶ ἄλλαι παιδιαί, ἐν κοτύλῃ, χαλκῆν μυῖαν,
ἔξεχ' ὦ φίλ' ἥλιε, τρυγοδίφησις, μηλολάνθη, χελιχελώνη,
σκανθαρίζειν, ῥαθαπυγίζειν, πεντάλιθα, φίττα Μαλιάδες
φίττα Ῥοιαί φίττα Μελίαι, πλαταγώνιον, τηλέφιλον, κρίνα,
σπέρμα μήλων, λάταγες, κολλαβίζειν. ἡ μὲν ἐν κοτύλῃ,
ὁ μὲν περιάγει τὼ χεῖρε εἰς τοὐπίσω καὶ συνάπτει, ὁ δὲ
κατὰ τὸ γόνυ ἐφιστάμενος αὐταῖς φέρεται, ἐπιλαβὼν ταῖν
χεροῖν τὼ ὀφθαλμὼ τοῦ φέροντος. ταύτην καὶ ἱππάδα καὶ
123 κυβησίνδα καλοῦσι τὴν παιδιάν. ἡ δὲ χαλκῆ μυῖα, ται-

νίᾳ τὼ ὀφθαλμὼ περισφίγξαντες ἑνὸς παιδός, ὁ μὲν περι-
στρέφεται κηρύττων «χαλκῆν μυῖαν θηράσω,» οἱ δ' ἀπο-
κρινάμενοι «θηράσεις, ἀλλ' οὐ λήψει» σκύτεσι βυβλίνοις
αὐτὸν παίουσιν, ἕως τινὸς αὐτῶν λάβηται. ἡ δ' ἔξεχ' ὦ
φίλ' ἥλιε παιδιὰ κρότον ἔχει τῶν παίδων σὺν τῷ ἐπιβοή-
ματι τούτῳ, ὁπόταν νέφος ἐπιδράμῃ τὸν θεόν· ὅθεν καὶ
Στράττις ἐν Φοινίσσαις

περιστρέφεται   εἶθ' ἥλιος μὲν πείθεται τοῖς παιδίοις,   124
                ὅταν λέγωσιν «ἔξεχ' ὦ φίλ' ἥλιε.»
ἡ δὲ τρυγοδίφησις τοῦ γελοίου χάριν ἐξεύρηται· δεῖ γάρ
τι ἐς τρυγὸς λεκάνην καταδεδυκός, περιαγαγόντα ὀπίσω τὼ
χεῖρε, τῷ στόματι ἀνελέσθαι. ἡ δὲ μηλολάνθη ζῷον πτη-
νόν ἐστιν, ἣν καὶ μηλολόνθην καλοῦσιν, ἤτοι ἐκ τῆς ἀν-
θήσεως τῶν μήλων ἢ σὺν τῇ ἀνθήσει γινόμενον· οὗ ζῴου
λίνον ἐκδήσαντες ἀφιᾶσιν, τὸ δὲ ἑλικοειδῶς ἐν τῇ πτήσει
τὸ λίνον διελίσσεται· ὅπερ Ἀριστοφάνης ἔοικε λέγειν,   125

                λινόδετον, ὥσπερ μηλολόνθην, τοῦ ποδός.
ἡ δὲ χελιχελώνη, παρθένων ἐστὶν ἡ παιδιά, παρόμοιόν
τι ἔχουσα τῇ χύτρᾳ· ἡ μὲν γὰρ κάθηται, καὶ καλεῖται χε-
λώνη, αἱ δὲ περιτρέχουσιν ἀνερωτῶσαι

                χελιχελώνη, τί ποιεῖς ἐν τῷ μέσῳ;
ἡ δὲ ἀποκρίνεται

                ἔρια μαρύομαι καὶ κρόκην Μιλησίαν.
εἶτ' ἐκεῖναι πάλιν ἐκβοῶσιν

                ὁ δ' ἔκγονός σου τί ποιῶν ἀπώλετο;
ἡ δὲ φησι

                λευκᾶν ἀφ' ἵππων εἰς θάλασσαν ἅλατο.
τὸ δὲ σκανθαρίζειν ἐστὶ τῷ μέσῳ τῆς χειρὸς δακτύλῳ   126
ὑπὸ τοῦ μείζονος ἀφεθέντι τὴν ῥῖνα παίειν, τὸ δὲ ῥαθα-
πυγίζειν σιμῷ τῷ ποδὶ τὸν γλουτὸν παίειν. τὰ δὲ πεντά-
λιθα, ἤτοι λιθίδια ἢ ψῆφοι ἢ ἀστράγαλοι πέντε ἀνερρι-
πτοῦντο, ὥστ' ἐπιστρέψαντα τὴν χεῖρα δέξασθαι τὰ ἀναρ-
ριφθέντα κατὰ τὸ ὀπισθέναρ, ἢ εἰ μὴ πάντα ἐπισταίη, τῶν
ἐπιστάντων ἐπικειμένων ἀναιρεῖσθαι τὰ λοιπὰ τοῖς δακτύ-
λοις. τὸ δὲ ῥῆμα τὸ πενταλιθίζειν ἔστιν ἐν τοῖς Ἑρμίππου

Θεοῖς, τὸ δ᾽ ὄνομα πεντάλιθα ἐν ταῖς Ἀριστοφάνους Λημνίαις·

πενταλίθοισί θ᾽ ὁμοῦ λεκάνης παραθραύσμασιν.

127 γυναικῶν δὲ μᾶλλον ἡ παιδιά, ὥσπερ καὶ ἡ φίττα Μαλιάδες φίττα Ῥοιαὶ φίττα Μελίαι παρθένων ἦν· τὰς γὰρ νύμφας εὐφημοῦσαι θέουσι, παροξύνουσαι ἀλλήλας εἰς τάχος. τὸ δὲ πλαταγώνιον οἱ ἐρῶντες ἢ αἱ ἐρῶσαι ἔπαιζον· καλεῖται μὲν οὕτω καὶ τὸ κρόταλον καὶ τὸ σεῖστρον, ᾧ καταβαυκαλῶσιν αἱ τίτθαι ψυχαγωγοῦσαι τὰ δυσυπνοῦντα τῶν παιδίων. ἀλλὰ καὶ τὰ τοῦ τηλεφίλου καλουμένου φύλλα ἐπὶ τοὺς πρώτους δύο τῆς λαιᾶς δακτύλους εἰς κύκλον συμβληθέντας ἐπιθέντες, τῷ κοίλῳ τῆς ἑτέρας χειρὸς ἐπικρούσαντες, εἰ κτύπον ποιήσειεν εὔκροτον ὑποσχισθὲν τῇ πληγῇ τὸ φύλλον, μεμνῆσθαι τοὺς ἐρωμέ-

128 νους αὐτῶν ὑπελάμβανον. καὶ μὴν καὶ τὸ κρίνον διπλοῦν ὂν καὶ διάκενον ἔνδοθεν ἐκφυσήσαντες ὡς ὑποπλῆσαι πνεύματος, πρὸς τὰ μέτωπα ῥηγνύντες ἐσημαίνοντο τὰ παραπλήσια τῷ κτύπῳ. ἔτι τοίνυν τὸ σπέρμα τῶν μήλων, ὅπερ ἔγκειται τοῖς μήλοις ἔνδοθεν, ἄκροις τοῖς πρώτοις τῆς δεξιᾶς δύο δακτύλοις συμπιέζοντες ἔτι διάβροχον καὶ ὀλισθηρὸν ὄν, εἰ πρὸς ὕψος ἐκπηδήσειεν, ἐσημαίνοντο τὴν εὔνοιαν τούτῳ τὴν παρὰ τῶν παιδικῶν, ὥσπερ καὶ τῷ κτύπῳ τῶν λατάγων, εἰ τὸ λείψανον τοῦ ποτοῦ κοτταβισάντων

129 κτυπήσειεν. τὸ δὲ κολλαβίζειν ἐστίν, ὅταν ὁ μὲν πλατείαις ταῖς χερσὶ τὰς ὄψεις ἐπιλάβῃ τὰς ἑαυτοῦ, ὁ δὲ παίσας ἐπερωτᾷ ποτέρᾳ τετύπτηκεν.

Τοσαῦτα μὲν περὶ παιδιῶν· τὰ δ᾽ ἐπὶ τούτοις προσθήσομεν κατὰ συνωνυμίαν εἰς συμπλήρωσιν τοῦ βιβλίου.

130 Εἴποις ἂν ἐπὶ τοῦ ὅμοιος ἐοικώς, προσόμοιος (ὁ γὰρ παρόμοιος παρ᾽ ὀλίγον ὅμοιός ἐστι), παρεοικώς, παραπλήσιος, ἐμφερής προσφερής προσφέρων. Ἀριστοφάνης δὲ ἐν Πολυείδῳ καὶ προσεμφερὴς εἶπε, Πλάτων δὲ προσεοικώς. ἀλλὰ μὴν καὶ εἰκόνα ἄν τις εἴποι καὶ σφραγῖδα καὶ τύπον καὶ μίμημα καὶ ἐκτύπωμα καὶ τύπωμα καὶ ἐκμαγεῖον καὶ

131 ἐκμεμαγμένον· οὕτω γὰρ καὶ Κρατῖνος ἐν ταῖς Ὥραις

---

127 5. μέντοι?

ἐκεῖνος αὐτὸς ἐκμεμαγμένος.

Ἀριστοφάνης δὲ ἐν ταῖς Θεσμοφοριαζούσαις καὶ ἔκμαγμα·
λέων, λέων σοι γέγονεν, αὐτέκμαγμα σόν.

καὶ τὰ ῥήματα ὡμοιῶσθαι προσωμοιῶσθαι παρωμοιῶσθαι,
ἐοικέναι παρεοικέναι προσεοικέναι, καὶ προσφέρειν προσεμ-
φέρειν, μεμιμῆσθαι, ἐκτετυπῶσθαι, ἀπεσφραγίσθαι, ἐκμε-
μάχθαι. καὶ τὰ ἐπιρρήματα ὁμοίως προσομοίως· τὸ γὰρ
παρομοίως εὐτελές, εἰκότως δὲ καὶ ἐοικότως παρεοικότως,
παραπλησίως, ἐμφερῶς προσφερῶς· τὰ γὰρ ἀπὸ τῶν ἄλλων 132
δυσφθεγκτότερα. τὰ δὲ πράγματα ὁμοίωσις, εἰκασία, τύ-
πωσις. τὸ δ' ἐναντίον ἀνόμοιον καὶ ἀπεοικός, καὶ ὅσα ἄν
τις εἴποι λόγῳ ἄρνησιν τοῖς ῥήμασι προστιθείς· ῥῆμα δὲ
μόνον τὸ ἀπεοικέναι, ἀφ' οὗ οὐκ ἔστι πρᾶγμα, ὥσπερ οὐδ'
ἀπὸ τοῦ ἀνόμοιος ῥῆμα, πρᾶγμα δὲ ἡ ἀνομοιότης. καὶ ἐπίρ-
ρημα δὲ ἀπ' ἀμφοῖν, ἀνομοίως καὶ ἀπεοικότως.

ἀπάτη ἐξαπάτη, στροφή ὑποστροφή, διάδυσις, παρα-
λογισμός, παραγωγή, πλάσμα, φενακισμός, καὶ καθ' ἑτέραν 133
χρείαν σόφισμα, τέχνη τέχνασμα, γοητεία, ἐπιβουλή, δόλος,
κλοπή, παρατροπή, παραφορά, σκευωρία· καὶ τὰ ῥήματα
ἀπατᾶν ἐξαπατᾶν, στρέφεσθαι ὑποστρέφεσθαι, διαδύεσθαι,
παράγειν, πλάττειν, παραλογίζεσθαι, φενακίζεσθαι, σοφί-
ζεσθαι, τεχνάζειν, γοητεύειν, δολοῦν, κλέπτειν, παρατρέπειν,
σκευωρεῖσθαι. ἀλλὰ καὶ παρακρούεσθαι, ἀφ' οὗ ῥήματος
οὐκ ἔστι τὸ πρᾶγμα· ἡ γὰρ παράκρουσις βίαιον. ἴσως δὲ 134
καὶ παραποδίζεσθαι, Πλάτωνος εἰπόντος ἐν τῷ δευτέρῳ
τῶν Νόμων «μή πῃ παραποδισθῶμεν,» οἷον παρατραπῶ-
μεν ἢ ἐξαπατηθῶμεν· οὐ μὴν οὐδὲ ἀπὸ τούτου εὔφωνον
τὸ πρᾶγμα. ἐν δὲ τῷ αὐτῷ βιβλίῳ ἔστι καὶ τὸ «τί ποτ'
ἂν οὖν λέγοιμεν τὸ πεπλανηκὸς ἡμᾶς εἶναι,» ἵν' ᾖ οἷον
ἐξηπατηκός, ὥστε ἐπὶ τούτου λέγοιτ' ἂν καὶ ἡ πλάνη· καὶ
γὰρ μικρὸν προελθὼν ὁ Πλάτων ἔφη «τόδε δὲ μᾶλλον εἰ-
κὸς πλανᾶν ἡμᾶς.» τῆς δ' αὐτῆς ἂν εἴη δυνάμεως καὶ τὸ 135
φηλοῦν. ὀνόματα δὲ ἀπὸ τῶν εἰρημένων ἀπατεών, φέναξ,
γόης, ἐπίβουλος· τὰ δ' ἀπὸ τῶν ἄλλων ἢ δύσφθεγκτά ἐστιν
ἢ ἄλλο δηλοῖ· ἢ μετοχαῖς οὖν χρηστέον ἢ κτητικῷ σχήματι

τῆς λέξεως, οἷον ἀπατητικὸν καὶ παραλογιστικόν· οὐδὲ γὰρ
ταῦτα ἀπὸ πάντων δυνατὸν εὑρεῖν. ἐπιρρήματα δὲ μόνον,
ἀφ' ὧν καὶ ταυτὶ τὰ ὀνόματα, ἀπατηλῶς, παραλογιστικῶς
136 καὶ φενακιστικῶς καὶ γοητευτικῶς· οὐ μὴν ἀλλὰ καὶ πλα-
στῶς, Πλάτωνος εἰπόντος «οἱ μὴ πλαστῶς ἀλλ' ὄντως φι-
λοσοφοῦντες.»

μέλλειν διαμέλλειν, ὀκνεῖν κατοκνεῖν, στρέφεσθαι,
διάγειν, ἀναβάλλεσθαι ὑπερβάλλεσθαι, βραδύνειν, διατρί-
βειν ἀποδιατρίβειν, ὑπερτίθεσθαι ἀνατίθεσθαι. καὶ στραγ-
γεύεσθαι δὲ ἐν ταῖς Ἀριστοφάνους Νεφέλαις· φαῦλον γὰρ
τὸ λογγάζειν ἐν τοῖς Κήρυξι τοῖς Αἰσχύλου. τοῦ δ' ἀνα-
βάλλεσθαι καὶ ἡ ἐνέργεια ἔστι παρὰ Δημοσθένει, «οἷς ἀνα-
βάλλουσιν ὑμᾶς.» οἴονται δέ τινες ταὐτὸν τῷ διατρίβειν
137 νοεῖν καὶ τὸ τευτάζειν παρὰ τε Πλάτωνι καὶ ἄλλοις εἰρη-
μένον· ἀλλ' οὐ προσίεμαι τοὔνομα. τὰ δὲ πράγματα μέλ-
λησις μελλησμός, βραδυτής, ὄκνος, στροφή ὑποστροφή, ἀνα-
βολή ὑπερβολή, διαγωγή, διατριβή τριβή, ἀνάθεσις· ἡ γὰρ
ὑπέρθεσις ὕποπτος εἰς εὐτέλειαν, ἡ δὲ στραγγεία παμπόνη-
ρος, νωθεία δὲ καὶ νωθρότης καὶ ἀμβλύτης, ὧν οὐκ ἔστι
τὰ ῥήματα ὅτι μὴ παρ' Ὑπερίδῃ τὸ νωθρεύεσθαι ἐν τῷ
138 ὑπὲρ Λυκόφρονος, ὅπερ ἔγωγε οὐ πάνυ ἐπαινῶ. ὀνόματα
δὲ μελλητής μελλητικός, καὶ ἴσως ὀκνηρός, καὶ βραδὺς καὶ
νωθὴς καὶ νωθρός· ἔστι γὰρ καὶ τοῦτο παρὰ Πλάτωνι ἐν
τῷ Φαίδρῳ, «νωθροί πως ἐκβαίνουσι πρὸς τὰς μαθήσεις·»
ἐν δὲ τῇ Ἀμειψίου Σαπφοῖ καὶ νωθρότερον εὑρήκαμεν.
ἀπὸ μέντοι τῶν ἄλλων ἀντὶ ὀνομάτων μετοχαῖς χρηστέον.
τὰ δ' ἐπιρρήματα πάντα φαῦλα.

139 νουθετῆσαι, ἐπιπλῆξαι, σωφρονίσαι, ἐπιτιμῆσαι, Δη-
μοσθένους εἰπόντος «τὸ μὲν οὖν ἐπιτιμᾶν φαίη τις ἂν ῥᾴ-
διον καὶ παντὸς εἶναι» καὶ Πλάτωνος «μὴ πάθωμεν ὃ
ἄλλοις ἐπιτιμῶμεν.» ἴσως δ' ἂν ἐοίκοι τούτοις τὸ ἐπανορ-
θώσασθαι καὶ κατακοσμῆσαι καὶ καθαρμόσαι καὶ ἐπιστρέ-
ψαι καὶ θεραπεῦσαι καὶ ἰάσασθαι καὶ ἐξιάσασθαι καὶ κα-
θῆραι καὶ ἀναλαβεῖν καὶ ἀνενεγκεῖν καὶ ἀνασώσασθαι καὶ
ἀναβιώσασθαι. Ἀριστοφάνης δ' ἐν Πλούτῳ καὶ τῷ ἐπικρού-

---

139 5. μεθαρμόσαι A.   8. ἐπικροῦσαι C.

σασθαι ἐπὶ τοῦ νουθετῆσαι κέχρηται. τὰ δὲ πράγματα νου-
θεσία καὶ ὡς Πλάτων νουθετεία· φαῦλος γὰρ ὁ Μενάν-
δρου νουθετισμός, ἐπίπληξις δὲ καὶ σωφρονισμὸς καὶ ἐπιτί- 140
μησις καὶ ἐπανόρθωσις καὶ κατακόσμησις καὶ ἁρμονία καὶ
ἐπιστροφὴ καὶ θεραπεία καὶ ἴασις καὶ καθαρμός· τὰ δ'
ἀπὸ τῶν ἄλλων οὐκ ἔστιν ἐπὶ τῆς αὐτῆς ἐννοίας μένοντα.
ὀνόματα δ' ἀπ' αὐτῶν ὁ σωφρονιστὴς καὶ ἐπανορθωτής· ἀπὸ
γὰρ τῶν λοιπῶν τὰ μὲν σκληρὰ τὰ δὲ μᾶλλον πρὸς ἕτερα,
πλὴν τοῦ ἐπιτιμητοῦ, ᾧ κέχρηται Σοφοκλῆς, εἰπὼν ἐν τῇ
Πρόκριδι «κολασταὶ κἀπιτιμηταὶ κακῶν.»

   κρατεῖν, περιγίνεσθαι, νικᾶν, ὑπεραίρειν, ὑπερθεῖν, 141
καταγωνίζεσθαι, κατακρατεῖν ἐπικρατεῖν, καθαιρεῖν· τὸ γὰρ
καταπολεμεῖν καὶ καταδουλοῦσθαι ἑτέρας χρείας, ὥσπερ
καὶ τὸ χειρώσασθαι καὶ παραστήσασθαι καὶ ὑπαγαγέσθαι.
καὶ κατὰ εἴδη καταναυμαχεῖν καταπεζομαχεῖν καθιππομα-
χεῖν καθιπποκρατεῖν. ἀφ' ὧν τὰ πράγματα κράτος καὶ νίκη
μόνα καὶ αἵρεσις καὶ καθαίρεσις· βιαιοτέρα γὰρ ἡ ἐπικρά- 142
τησις παρὰ Θουκυδίδῃ, ἢ παρομοίαν ἄν τις εἶναι φαίη τὴν
κατακράτησιν, καὶ τὸν καταγωνισμόν, ἐκείνου ἀγωνισμὸν
εἰπόντος, καὶ τὴν καταπολέμησιν, τὴν διαπολέμησιν εὑρών·
ὑπαγωγὴ γὰρ καὶ προσαγωγὴ ἀνεκτά, τῆς δὲ δουλώσεως εἰ-
ρημένης ἡ καταδούλωσις βίαιος. μοχθηρὰ δὲ ἀπ' ἐνίων τὰ
ἐπιρρήματα· ἀπὸ γὰρ τῶν πλείστων οὐδὲ ἔστιν.

   ταὐτὸν ἂν ἐν χρήσει δύναιτο ὄχλος, πλῆθος, δῆμος,
σύνοδος, σύλλογος, ἄθροισμα, ἀγερμός συναγερμός, σύστασις,
τάχα δὲ καὶ συναγωγὴ καὶ συλλογὴ καὶ θίασος καὶ χορός, ὡς 143
εἰ λέγοι τις ἀνδρῶν ὄχλος καὶ γυναικῶν πλῆθος καὶ παίδων
σύνοδος καὶ ξένων σύλλογος καὶ μετοίκων δῆμος καὶ δού-
λων ἄθροισμα (βιαιότερον γὰρ ὁ ἄθροισμός) καὶ ἐμπόρων
ἀγερμὸς καὶ καπήλων σύστασις καὶ ναυτῶν συναγωγὴ καὶ
κυβερνητῶν συνδρομὴ καὶ παιδευόντων θίασος καὶ παιδευ-
ομένων χορός. ἐπὶ δὲ τῶν αὐτῶν καὶ συνῆλθον πανδημεὶ
παγγενεὶ πασσυδί (ὑπομίαρον γὰρ τὸ πασσυρεί), κατ' ἀγέ- 144
λας, καθ' ἡλικίας, κατὰ τέλη, κατὰ ἔθνη, κατὰ γένη, κατὰ
τύχας, κατὰ τέχνας, κατὰ ἴλας, ἵνα τὸ Ὁμήρου ἰλαδὸν ὡς

ποιητικὸν παραιτώμεθα. καὶ ἑτέρως δ᾽ ἄν τις εἴποι πάντα γένη, καὶ ὅσα γένη, καὶ ὅσαι ἡλικίαι, καὶ ὅσα ἔθνη, καὶ ὅτι παῖς καὶ γυνή. καὶ μὴν καὶ καθ᾽ ἕτερον σχῆμα, οὐδεὶς τῶν ὄντων ἀπῆν, οὐδεὶς ἀπεῖναι ὑπέμενεν, οὐδεὶς ἦν ὃς οὐ παρῆν, οὐ-
145 δεὶς οὕτω γέρων ἢ παῖς ὅστις αὐτὸν οἴκοι κατεῖχεν· ἐκ τῶν οἰκιῶν ἐξεχέοντο, συνῄεσαν, συνελέγοντο, συνηγείροντο, συν-ηθροίζοντο, συνέθεον, συνέρρεον, συνεωθοῦντο, συνεφέροντο, συνέσπευδον, εἰς ταὐτὸν ᾔεσαν, εἰς ἓν ἔσπευδον, ἐν ταὐτῷ ἦσαν, πάντα ἐπεπλήρωτο, πάντα ἐξεπέπληστο, ἐστενοχωρεῖτο, ἐθλίβετο. καιρὸν δὲ ἔχει καὶ τὰ ποιητικά, ὑπὲρ τὴν ψάμμον, ὑπὲρ τὰ κύματα, ὅσα φύλλα καὶ ἄνθη, καὶ τὰ τοιαῦτα.

αὐχεῖν, ἀλαζονεύεσθαι, κομπάζειν, σεμνύνεσθαι σεμ-νολογεῖσθαι, μεγαληγορεῖν μεγαλορρημονεῖν, μεγαλύνεσθαι, αἴρεσθαι μετεωρίζεσθαι, πεφυσῆσθαι, ὑψηλοφρονεῖν ὑπερ-
146 φρονεῖν, ὑπερορᾶν, τερατεύεσθαι· ἐν δ᾽ Εὐπόλιδος Δήμοις ἔστι καὶ τὸ καυχήσεται. ὧν τὰ πράγματα αὔχημα, ἀλαζο-νεία, κόμπος, σεμνολογία, μεγαληγορία μεγαλορρημοσύνη, ὑπερφρόνησις, ὑπεροψία, τερατεία. ἡ δὲ ὑπερηφανία, τὸ μὲν πρᾶγμα ἔστι, τὸ δὲ ῥῆμα τὸ ὑπερηφανεῖν οὐκ ἐπαινῶ. τὰ δὲ ὀνόματα, ἀπὸ μὲν τοῦ αὐχεῖν κατὰ μετοχὴν ῥητέον ὁ αὐχῶν (ὁ γὰρ αὐχητὴς βίαιον), ἀπὸ δὲ τῶν ἄλλων ἀλα-ζών, κομπαστής κομπαστικὸς κομπώδης ὑπέρκομπος, σεμνο-
147 λόγος, μεγαληγόρος μεγαλορρήμων, μεγαλυνόμενος, αἰρόμε-νος μετεωριζόμενος, πεφυσημένος, καὶ αἱ αὐταὶ ἀντὶ ὀνομά-των μετοχαί· ὑψηλόφρων δὲ καὶ ὑπέρφρων καὶ ὑπερόπτης καὶ ὑπεροπτικός· ὁ γὰρ ὑπερορατικὸς βιαιότερον, βέλτιον δὲ ὁ ὑπερορῶν, καὶ ὑπερήφανος καὶ μετέωρος, καὶ ἀπὸ τῆς τερατείας ὁ τερατευόμενος, καὶ τερατολόγος ἐκ τοῦ Πλά-τωνος. τὰ δ᾽ ἐπιρρήματα ἀπ᾽ ἐνίων, ἀλαζονικῶς, κομπαστι-κῶς, μεγαληγόρως μεγαλορρημόνως, ᾐρμένως μετεώρως, πε-φυσημένως· ὑπερφρόνως γὰρ καὶ ὑψηλοφρόνως τραχύτερα,
148 ὑπερόπτως δὲ καὶ ὑπεροπτικῶς καὶ ὑπερηφάνως. καλὸν δὲ καὶ τὸ παρὰ Θουκυδίδῃ κομπῶδες.

κωμῳδεῖν διακωμῳδεῖν, διασύρειν, σκώπτειν διασκώ-πτειν, χλευάζειν, φαυλίζειν, τωθάζειν, γέλωτα τίθεσθαι· σκληρότερον γὰρ τὸ γελωτοποιεῖν, καὶ εὐτελέστερον τὸ γε-λοιάζειν, καὶ φορτικώτερον τὸ γλοιάζειν, καὶ ποιητικώτερον

τὸ σιλλαίνειν καὶ σιλλοῦν καὶ διασιλλοῦν. τὰ δὲ πράγματα
κωμῳδία, σκῶμμα σκωπτική, χλευασμός χλευασία, τωθασμός
τωθαστική, γελωτοποιία, καὶ τὰ ὀνόματα κωμῳδός κωμῳ- 149
δικός, σκωπτικός, χλευαστής χλευαστικός· ὁ γὰρ χλεῦαξ κω-
μῳδικώτερον, τωθαστής δὲ καὶ τωθαστικὸς καὶ γελωτοποιός.
ἐπὶ τούτου δ᾽ εἴρηται καὶ ὁ φλύαξ· ἀλλὰ οὐδὲ τοῦτο ἐπαι-
νεῖται πρὸς ἐμοῦ τοὔνομα, καίτοι τὸ φλυαρεῖν ἕτερόν ἐστιν.
πάντα δὲ ἀπὸ τῶν μετοχῶν ἀμείνω. τὰ δ᾽ ἐπιρρήματα κω-
μῳδικῶς, σκωπτικῶς, τωθαστικῶς· τὸ γὰρ γελοίως ἐφ᾽ ἑτέ-
ρου, καὶ τὸ γελωτοποιικῶς βιαιότερον.

ἐπὶ τοῦ αὐτοῦ φαίη τις ἂν πρᾶγμα, χρῆμα, ἔργον, 150
σπούδασμα, ἐπιτήδευμα, ἐπιχείρημα ἐγχείρημα, μάθημα,
τέχνημα, μεταχείρισις. καὶ ὁ πράττων ἐργαζόμενος, σπου-
δάζων, ἐπιτηδεύων, ἐπιχειρῶν ἐγχειρῶν, μανθάνων, μετα-
χειριζόμενος· τεχνάζων γὰρ ἢ τεχνώμενος ἕτερόν τι δηλοῖ,
ἄμεινον δὲ τὸ τέχνῃ μετιών.

καὶ ταῦτα παραπλήσια, εἰδέναι, γινώσκειν, ἐπίστα-
σθαι, καθορᾶν, κατανοεῖν, μανθάνειν καταμανθάνειν, ἐφικ-
νεῖσθαι· ἕτερα γάρ ἐστι τὸ εἰκάζειν, τεκμαίρεσθαι, ἀμφι- 151
γνοεῖν, ὑποτεκμαίρεσθαι, στοχάζεσθαι, ὑποπτεύειν, ὑπονοεῖν,
τοπάζειν, εἰκοβολεῖν. τὰ δὲ πλεῖστα ἀντὶ ὀνομάτων μετο-
χὰς ἔχει ἢ κατὰ τὴν κτητικὴν ἰδέαν παρηγμένας προσηγο-
ρίας, εἰδώς· ὁ γὰρ εἰδήμων ὑπομόχθηρον, γινώσκων δὲ καὶ
γνωστικός· ὁ γὰρ παρὰ Ξενοφῶντι γνωστὴρ ἕτερόν τι δη-
λοῖ, ἐπιστήμων δὲ καὶ ἐπιστάμενος καὶ ἐπιστημονικός, καὶ
ὁρῶν καὶ καθορῶν καὶ καθορατικός, καὶ κατανοῶν καὶ κα-
τανοητικός, καὶ μανθάνων καὶ μαθητικός. καταμανθάνων 152
δὲ καὶ καταμαθητικὸς δυσηχέστερα τῷ μήκει, ἐφικνούμενος
μέντοι, ὥσπερ καὶ ἀπὸ τῶν ἑτέρων εἰκάζων εἰκαστικός, τεκ-
μαιρόμενος· ὁ γὰρ τεκμαρτικὸς δυσχερές, στοχαζόμενος δὲ
καὶ στοχαστικός, ὥσπερ ὁ Πλάτων καὶ ψυχήν πού φησι
στοχαστικήν. ὑπονοῶν δὲ καὶ ὑπονοητικός, καὶ ἀμφιγνοῶν
καὶ ὑποπτεύων καὶ τοπάζων.

Ἐκ τοῦ αὐτοῦ ταὐτὸν δηλοῦντες οἵδε οἱ σχηματισμοί,
ταχύ, ταχέως, διὰ ταχέων, ὅτι τάχιστα, ὡς τάχιστα, ὡς
εἶχε τάχους, ἐν τάχει, ἀπτέρῳ τάχει. καὶ οἵδε ὁμοίως, ὡς
τὸ πολύ, ὡς ἐπὶ πολύ, ὡς ἐπίπαν, ὡς ἐπὶ τὸ πλεῖστον, ἐκ

153 τοῦ ἐπὶ πλεῖστον, ἐπὶ τὸ πλῆθος, ἐπὶ τὸ πολύ, ὡς ἐπὶ τὸ πλῆθος, ὡς ἐπὶ τὰ πολλά· τοῦτο μὲν γὰρ Ἄλεξις ἐν Ποιητρίᾳ εἴρηκεν,

> ὡς ἐπὶ τὰ πολλὰ τοῦτο ποιῶ,

τὸ δὲ ὡς ἐπὶ τὸ πλῆθος ὁ αὐτὸς ἐν Διδύμαις, τὰ δ' ἄλλα οἱ κεκριμένοι.

ἐπὶ τοῦ ἀναιρεῖν κτεῖναι ἀποκτεῖναι, φονεῦσαι, ἀποσφάξαι, καθελεῖν, διαχρήσασθαι. ἐπὶ δὲ τούτου Ξενοφῶν μὲν ἔφη «κατειργάσατο τὸν λέοντα,» Ἀριστοφάνης δὲ «τοὺς ἄνδρας ἀπεχρήσαντο,» Θουκυδίδης δὲ ἀνεχρήσατο. καὶ τὸ πέπρακται δὲ ἐπὶ τοῦ αὐτοῦ τάττουσιν. Ἡρόδοτος δὲ ἔφη «ἐπεὶ δέ σφι πάντες κατέστρωντο» ἐπὶ τοῦ ἀνή- 154 ρηντο· ὅθεν οὕτως ἀκούουσι καὶ τὸ παρ' Ἀριστοφάνει ἐν Ἱππεῦσιν

> ἐγώ σε νὴ τὸν Ἡρακλέα παραστορῶ.

Ἐφ' οὗ εἴποις ἂν ἀμφιβάλλειν, ἀμφισβητεῖν, ἐνδοιάζειν, ἀμφιγνοεῖν, διστάζειν, ἐπὶ τούτου ἴσως καὶ τὸ εἰκοβολεῖν, Ἀριστοφάνους εἰπόντος

> εἰκοβολοῦντες καὶ πλάττοντες.

ἐφ' οὗ ῥητέον ἀρκεῖ ἐξαρκεῖ ἀπαρκεῖ, ἀπόχρη, ἀποχρῶν, ἀποχρώντως ἔχει, ἱκανῶς, αὐτάρκως, ἀρκούντως ἀπαρκούντως, ὑπεραποχρώντως, δαψιλῶς, ἐπὶ τούτου τὸ ἐκποιεῖ εἴρηκεν ἐν τῷ ὑπὲρ Ἀχιλλείδου φόνου Λυσίας.

155 Ταὐτὸν δ' ἂν εἴη ἐκπλήττειν, θορυβεῖν, ἀπειλεῖν ἐπαπειλεῖν, δεδίττεσθαι, ταράττειν ἐκταράττειν, ἀνατείνεσθαι, ἀνασείειν, ἐπαρτᾶν, ἐκφοβεῖν.

καὶ τάδε ἐοικότα, ὑπεκθέσθαι, ὑπεξελέσθαι, ὑπεκκομίσαι ἐκκομίσαι, ὑπεκκλέψαι, ἀποσκευάσασθαι ἐκσκευάσασθαι· Δημοσθένης γὰρ εἴρηκεν «ἡ δὲ γεωργία ἐξεσκευάσθη μετὰ τὴν δίκην.» ὥσπερ καὶ τάδε, καίειν, φλέγειν διαφλέγειν ἐκφλέγειν καταφλέγειν, ὑποπρῆσαι καταπρῆσαι ἐμπρῆσαι, ὑφεῖναι πῦρ, ὑφάψαι, ἐκτρῖψαι φλόγα, ἀνεῖναι, ἐκριπίσαι, 156 ἀνερεθίσαι, ἐγεῖραι διεγεῖραι. τὸ δὲ πρᾶγμα Ὅμηρος μὲν ἔφη «φλέγμα κακὸν φορέουσα,» καὶ καῦμα δ' ἂν ὁμοίως εἴποι τις βιαζόμενος, βέλτιον δὲ ἐμπρησμὸς καὶ πυρκαϊά·

---

153 2. τοῦτο] οὕτω C.   154 5. post ἀμφιγνοεῖν A: ἀφ' οὗ ῥητέον ἀμφιγνόημα.   155 4. τὰ vulgo.

ἐν μέντοι τῷ Ὑπερίδου ὑπὲρ Λυκόφρονος εὗρον γεγραμμέ-
νον «ἢ νεωρίων προδοσίαν ἢ ἀρχείων ἐμπυρισμὸν ἢ κα-
τάληψιν ἄκρας,» καὶ οὕτως ἐγέγραπτο ἐν πλείοσι βιβλίοις.
ὁ δ' ἐμπρήσας τάχ' ἂν πυρκαεὺς ὀνομάζοιτο, κατ' Αἰσχύ-
λον καὶ Σοφοκλέα οὕτως ἐπιγράψαντας τὰ δράματα, τὸν
μὲν τὸν Προμηθέα, τὸν δὲ τὸν Ναύπλιον.

Ἔστι δ' εἰπεῖν ἐπράχθη ἐξεπράχθη κατεπράχθη, εἰρ-
γάσθη κατειργάσθη, ἐτελέσθη ἐξετελέσθη συνετελέσθη, ἐτε-
λεσιουργήθη συνετελεσιουργήθη, ἐκβέβηκεν ἀποβέβηκε, διῳ-
κήθη· τὸ γὰρ ἐδράσθη καὶ ἐτολμήθη ἑτέρας ἐστὶ χρείας.
τὸ δὲ πρᾶγμα πρᾶξις, τέλεσμα τέλος συντέλεια, τελεσιουρ- 157
γία συντελεσιουργία, τὸ ἐκβάν, τὸ ἐκβεβηκός, τὸ ἀποβεβηκός,
τὸ διῳκημένον. καὶ ὁ ἀνὴρ πράττων καταπράττων· ἔστι δ'
εἰπεῖν καὶ δρῶν, ἐργαζόμενος ἀπεργαζόμενος, τελῶν συντε-
λῶν, τελεστικός, τελεσιουργῶν τελεσιουργός τελεσιουργικός,
διοικητής διοικητικός.

καὶ μὴν καὶ τάδε ἂν εἴποις, ἐδίωξεν, ἤλασεν ἐξή-
λασεν, ἐφυγάδευσεν, μετεστήσατο, ἐξεπέμψατο, ὑπερώρισεν
(Δημοσθένης δὲ καὶ ἐξώρισεν εἶπε καὶ Ὑπερίδης ἀφώρι-
σεν), ἐξέβαλεν, ἀπέρριψεν ἐξέρριψεν· Θουκυδίδης δὲ καὶ
τὸ ἐξεδίωξεν εἴρηκεν. τὸ δὲ πρᾶγμα δίωξις, ἔλασις, φυγή, 158
ὑπερορισμός, ἐκβολή, μετάστασις, πλάνη. καὶ ὁ ἀνὴρ φυ-
γάς, ἐξόριστος, ἀλήτης, πλανήτης πλάνης. ἐκ δὲ τῶν λοι-
πῶν μετοχαί· τραγικὸς γὰρ ὁ παρὰ Σοφοκλεῖ διωκτός, ἐλη-
λαμένος δὲ καὶ ἐξεληλαμένος καὶ ἀπεληλαμένος, καὶ πεφυγα-
δευμένος, καὶ ὑπερωρισμένος, καὶ ἐκβεβλημένος, καὶ ἀπερριμ-
μένος καὶ ἐξερριμμένος, καὶ μεθεστηκώς, καὶ πεπλανημένος.

Προσόμοια καὶ ταῦτα, εἰσῆλθεν ἐπῆλθεν ἐπεισῆλ-
θεν, εἰσέδραμεν ἐπεισέδραμεν, εἰσκεχώμακεν, εἰσεφθάρη, εἰσ-
ήρρηκεν ἐπεισήρρηκεν, εἰσπεπήδηκεν ἐπεισπεπήδηκεν, εἰσεκυ-
κλήθη ἐπεισεκυκλήθη, κατέλαβε τὴν πόλιν, κατέσχεν, ἐπ- 159
εισέπεσεν εἰς τὴν πόλιν, ἐπαφείθη τῇ πόλει ὥσπερ πνεῦμα
ἢ πῦρ ἢ σκηπτὸς ἢ νέφος ἢ χάλαζα ἢ χιὼν ἢ νόσημα, καὶ
καθ' ἕτερον σχηματισμόν, τῇ πόλει προσέβαλε, προσέρρι-
ψεν, ἐπαφῆκε, προσήνεγκε, προσέρρηξε, προσήραξεν.

ἀράμενος, ἐνεγκών ἀνενεγκών, ἀναθέμενος, ἀνακου-
φίσας, ἐπαράμενος, βαστάζων, φορῶν, ἀχθοφορῶν, φέρων

ἀναφέρων. καὶ τὸ φερόμενον ἄχθος καὶ φορτίον καὶ φό-
ρημα, ὁ δὲ μισθὸς φορεῖον καὶ φέρετρον καὶ κόμιστρον
καὶ φορά, ὥσπερ καὶ τὸ πρᾶγμα ἀχθοφορία καὶ φορά·
τὰ γὰρ ἀπὸ τῶν ἄλλων εὐτελέστερα ἢ σκληρότερα.

160 Ταῦτα τῇ διανοίᾳ διάφορα σημαίνοντα προσέοικε τῷ
τῆς λέξεως σχήματι, εὐαρμοστία, εὐρυθμία, εὐήθεια, εὐτρα-
πελία, εὐπραγία, εὐπρέπεια, εὐταξία, εὐτυχία, εὐπορία, εὐ-
χρηματία, εὐποτμία, εὐθηνία, εὐετηρία, εὐαισθησία, εὐβου-
λία, εὐλογία, εὐμαθία, εὐφωνία, εὐστοχία, εὐστομία, εὐνο-
μία, εὐδικία, εὐπαιδία, εὐγαμία, εὐτεκνία, εὐγένεια, εὐ-
λάβεια, εὐγλωττία, εὐφημία, εὐσέβεια, εὐμένεια, εὐμου-
161 σία, εὐτέλεια, εὐερμία, εὐκολία, εὐχέρεια, εὐωδία, καὶ ἡ
παρὰ Ξενοφῶντι εὐποδία, καὶ ἡ παρ' Εὐριπίδῃ εὐπαι-
δευσία, καὶ ἡ παρὰ Κριτίᾳ εὐξυνεσία, καὶ ἡ παρ' Ἀρι-
στοφάνει εὐοδία. ὥσπερ αὖ καὶ τάδε, εὐρημοσύνη, εὐ-
σχημοσύνη, εὐγνωμοσύνη, εὐφροσύνη, καὶ ἡ παρὰ τῷ ποι-
ητῇ εὐθημοσύνη. καὶ δὴ καὶ τάδε, εὐαίσθητα, εὔπρακτα
εὐκατάπρακτα, εὐεξαπάτητα, εὐανάκλητα, εὐκόμιστα, εὔτα-
κτα, εὐσύνθετα, εὐσύντακτα, εὐπόριστα, εὐδιοίκητα, εὐκα-
162 τέργαστα, εὐδίδακτα, εὐκαταγώνιστα, εὐκαθαίρετα. καὶ
ταῦτα δέ, εὐάγγελον, εὔωνον, εὔζωνον, εὔρωστον, εὐδίαι-
τον, εὔσημον, εὔπυρον, εὔσιτον, εὔοινον, εὔδουλον, εὔβου-
λον, εὐλόγιστον, εὐσύνετον, εὐκάρδιον, εὐπρόσωπον, εὐτρά-
πελον, εὐόφθαλμον, εὔκομον, εὐπάρειον, εὔμηρον, καὶ που
καὶ εὐπαλές, εὐσταλές, εὐεπές, εὐμελές, εὐπινές. ὥσπερ εὐ-
αισθήτως, εὐπρεπῶς, εὐπετῶς, καὶ τὸ παρ' Ἀριστοφάνει εἰ-
κόπως. ἔστι δὲ καὶ ἀπὸ τῶν ἄλλων τῶν πλείστων ἐπιρρή-
ματα, καὶ οἱ εἰς ἀλλήλους ἀπ' ἐνίων σχηματισμοί.

I.

Κομμόδῳ Καίσαρι Πολυδεύκης χαίρειν. ἐνέτυχόν ποτε βιβλίῳ
τὸν Ξενοφῶντος Ἱππικὸν ἐξηγεῖσθαι λέγοντι. εὑρὼν δ' ὀνόματος
κρίσει τοῦτο λέγειν Ἐρατοσθένην ἐν τῷ Σκευογραφικῷ, ἐπῆλθέ
μοι ζητεῖν τὸ τοῦ Ἐρατοσθένους βιβλίον διὰ τὸ προσαγωγὸν τῆς
χρήσεως· ὡς δ' εὗρον μόλις, οὐδὲν εἶχεν ὧν ἤλπιζον. τὸ τοίνυν

---

162 2. εὐαγγέλιον vulgo. 1. 2. τῷ τῶν Ξ. ἱππικῶν ante Schneide-
rum Saxonem. || δ'] δ' ἐν?

ἐμαυτῷ μὲν ἐλπισθὲν ὑπ' ἐκείνου δ' οὐ πληρωθὲν ἔγνων αὐτὸς
ἐκτελέσαι. καὶ οἶμαί σοι πειρωμένῳ φανεῖσθαι τουτὶ τὸ βιβλίον
ὑπὲρ πάντα τῇ χρείᾳ· καὶ γὰρ εἰ μηδὲ τῶν ἄλλων μηδὲν ἔξω τοῦ 2
χρησίμου, τοῦτο γοῦν διὰ τῶν συνηθεστάτων ἥκει καὶ ὧν ἑκά-
στοτε χρήζομεν. διὰ τοῦτο καὶ πλείους ἐπηγαγόμην ἐνταῦθα τοὺς
μάρτυρας, ὅτι τὰ πλείω τῶν ὀνομάτων ἀπολογίας ἢ θράσους
ἐδεῖτο. εἰ δέ τινα τῶν εἰρημένων κἂν τούτῳ γέγραπται, μὴ πάνυ
θαυμάσῃς· ἀθροίζοντα γὰρ τὰς τῶν σκευῶν προσηγορίας οὐκ ἐκ
τῶν παλαιῶν συλλέγειν μόνον ἀλλὰ κἀκ τῶν ἰδίων ἔδει. εὐτύχει
κύριε.

Σκεύη τὰ κατ' οἰκίαν χρήσιμα ἢ κατ' ἀγροὺς ἢ τέχ- 10
νας ἔδοξέ μοι καλῶς ἔχειν συναγαγεῖν, ἵν' ἔχῃς, ὅπου ἂν
ἑκάστοτε χρῄζῃς, ὥσπερ ἐκ σκευοθήκης λαβών. αὐτὸ μὲν
γὰρ τοὔνομα τῆς σκευοθήκης εὕροις ἂν ἐν τοῖς Αἰσχύ-
λου Ψυχαγωγοῖς,

καὶ σκευοθηκῶν ναυτικῶν τ' ἐρειπίων,
καὶ παρ' Αἰσχίνῃ ἐν τῷ κατὰ Κτησιφῶντος, «σκευοθήκην
ᾠκοδόμουν·» Θουκυδίδης δὲ ἀποθήκην αὐτὴν καλεῖ, φήσας
«τοῖς τε χρήμασι καὶ τοῖς σκεύεσιν ἀποθήκην.» αὐτὰ δὲ
τὰ σκεύη καλοῖτ' ἂν ἔπιπλα ἤγουν ἡ κούφη κτῆσις, τὰ
ἐπιπολῆς ὄντα τῶν κτημάτων· ὁ γοῦν Εὔπολις ἐν τοῖς Κό-
λαξι προειπὼν

ἄκουε δὴ σκεύη τὰ κατ' οἰκίαν,
ἐπήγαγε

παραπλήσι' ὄντα σοι γέγραπται τἄπιπλα.
Ἡρόδοτος δὲ αὐτὰ ἔπιπλοα εἴρηκεν, οἷον ἃ καὶ πλέων ἄν
τις ἐπικομίζοιτο, ὡς ἔγγειος καλεῖται κτῆσις ἡ λοιπή. Ἰσαῖος 11
δὲ ἐν τῷ πρὸς Διοκλέα περὶ χωρίου κατὰ τὴν ἑνικὴν χρῆ-
σιν ἔπιπλον εἶπεν. δύναιτο δ' ἂν ταῦτα καὶ ἀπόθετα σκεύη
καλεῖσθαι, καὶ ἡ κατ' οἶκον κατασκευή· νεώτερον γὰρ ἂν
εἴη μᾶλλον ἡ ἀποσκευή. εἴποις δ' ἂν αὐτὰ καὶ οἰκητήρια
σκεύη καὶ χρηστήρια, τὸ μὲν Ἀλκαίου τοῦ ποιητοῦ εἰπόν-
τος ἐν Πασιφάῃ

καὶ ναὶ μὰ Δί' ἄλλα σκευάρι' οἰκητήρια,

_____

10 2. ὅτου? 3. λαβεῖν? 13. κατ'] κατὰ τὴν Μ. 15. παρα-
πλήσιον τεσσυγέγραπται τοῖς τὰ ἔπιπλα F: παραπλήσιον, τέως οὖν γέγρα-
πταί σοι Hemsterhusius. 11 6. an κωμῳδοποιητοῦ?

26

τὸ δὲ ἀπὸ τῆς χρήσεως ὀνομάσας. καίτοι με οὐ λέληθεν
ὅτι τὰ πρὸς θεωρίαν ἢ θυσίαν σκεύη ὠνόμαζον χρηστήρια,
ὡς καὶ Πλάτων ἐν τῇ Ἑλλάδι εἴρηκεν ὁ κωμικός· ἀλλὰ ἐγὼ
κρίνω καὶ [τὸ] ἐπὶ τῶν κατ᾽ οἰκίαν χρησίμων καταχρῆσθαι
τῷ ὀνόματι. ἐκαλεῖτο δὲ ταῦτα ὑπὸ τῶν νεωτέρων καὶ μα-
12 λακὰ οἷον εὐμεταχείριστα, ὡς εἶπε Μένανδρος ἐν τῇ Πε-
ρινθίᾳ

   ὅσ᾽ ἐστὶ μαλακὰ συλλαβών
ἐκ τῆς πόλεως τὸ σύνολον ἐκπήδα φίλος,
καὶ Δίφιλος ἐν Ἀπολιπούσῃ

   εἶτα μαλάκ᾽ ὦ δύστην᾽ ἔχεις,
σκευάριον ἐκπωμάτιον ἀργυρίδιον;
οὐκ ἐκδραμεῖ λαβὼν τοδί, δώσεις τ᾽ ἐμοὶ
παρακαταθήκην;

τὴν δὲ τοιαύτην κατασκευὴν ἐνδομενίαν οἱ πολλοὶ κα-
λοῦσιν· ἐγὼ δὲ οὐκ ἐπαινῶ μὲν τοὔνομα, μηνύω δέ, ὅστις
εἰπὼν αὐτῷ ἀπολογεῖσθαι βούλοιτο ὡς ἔστιν ἔν τινι βιβλίῳ,
ὅτι ἐν Ὀλυμπιάδος ἀπογραφῇ, τῇ κατ᾽ ὄνομα περὶ τῶν φα-
μένων ἀφῃρῆσθαι τὰς δόσεις, οὕτως ἐγγέγραπται. κάλλιον
δὲ ταύτην τὴν ἐνδομενίαν παγκτησίαν ἢ παμπησίαν ὀνο-
μάσαι, ὡς ἐν Ἐκκλησιαζούσαις Ἀριστοφάνης· τραγικώτερον
13 γὰρ ἡ παγκληρία. τὰ δὲ σκεύη καὶ σκευάρια φίλον τοῖς
κωμῳδοῖς καλεῖν. ὠνομάζετο δέ τινα σκεύη ἔμπυρα καὶ
ἄπυρα, ὥσπερ καὶ σκεύη τριηρικὰ καὶ σκεύη ναυτικά, ἐφ᾽
ὧν ὁ μὲν Ξενοφῶν σκεύη ξύλινα καὶ κρεμαστά, ὁ δὲ Δη-
μοσθένης ἀποτριβὴν τῶν σκευῶν. ὀνόματα δὲ ἀπ᾽ αὐτῶν
πεποίηται τὸ κατασκευάσασθαι τὴν οἰκίαν τοῖς σκεύεσιν ἢ
14 τὸν ἀγρὸν ἢ ὁτιδήποτε. καὶ μέντοι ἡ σκευή, εἴτε ἡ ὁπλι-
τικὴ εἴτε ἡ τῶν ὑποκριτῶν εἴτε ἡ τῶν ὑποζυγίων, ἀφ᾽ ἧς
εἴρηται τὸ «ἐπεσκευασμένα ἦν τὰ ὑποζύγια» οἷον ἐστρω-
ματισμένα· καὶ αἱ σκευαγωγοὶ δ᾽ ἅμαξαι, καὶ τὰ σκευοφόρα
καὶ ἐν Βατράχοις Ἀριστοφάνους σκευοφόρος, καὶ τὸ ῥῆμα
σκευαγωγεῖν καὶ σκευοφορεῖν, καὶ τὸ ἀνασκευάζεσθαι τὰ
ἐκ τῶν ἀγρῶν, καὶ τὸ ἐνεσκευάσθαι τινὰ σκευήν, καὶ

---

12 3. ὅ ἐστι μαλακόν ante Bentleium.   4. φίλος C, θᾶττον P.
8. οὐκ add Bentleius. ‖ τόδε δώσεις ἐμοὶ ante M. malim ταδί.   12. αὐτὸ
Kühnius.

τὸ ἐνσκευάσαι τι πρᾶγμα, καὶ οἱ παρὰ Θουκυδίδῃ ὅμοροί
τε τοῖς Σκύθαις καὶ ὁμόσκευοι, καὶ αὐτόσκευος ὁ αὐτουρ-
γός, καὶ ἄσκευος ὁ ψιλός, καὶ ἀκατάσκευος ὁ εὐτελής. τάχα 15
δ' ἀπὸ τούτων καὶ ἡ σκευοποιία καὶ ἡ σκευωρία καὶ τὸ
ἐσκευοποιημένον πρᾶγμα, ὡς Ἰσαῖος ἐν τῷ περὶ τοῦ Ἀρχε-
πόλιδος κλήρου «διαθηκῶν δὲ τεττάρων ὑπ' αὐτῶν ἐσκευο-
ποιημένων.» ὁ δ' αὐτὸς ῥήτωρ ἐν τῷ πρὸς Λυσίβιον ἔφη
«τοιαῦτα μέντοι οὗτοι ἐπὶ τῷ τεθνεῶτι σκευοποιοῦντες.»
σκευοποιήματα δὲ Ὑπερίδης ἐν τῷ πρὸς Δημέαν. καὶ σκευ-
ασίαι δὲ καὶ σκευάσαι, καὶ συσκευασάμενοι τὰ πλείστου
ἄξια, καὶ ἀσυσκεύαστον ὡς Ξενοφῶν, καὶ σκευοποιοί, καὶ 16
διασκευασάμενος τὴν οὐσίαν, ὡς φησὶ Δημοσθένης· καὶ
σκευασάμενοι, ὡς Δείναρχος, τὰ ἐκ τῆς οἰκίας· καὶ ἀπε-
σκευασμένος τὰ χρήματα, καὶ ἀνασκευασθῆναι τὴν τρά-
πεζαν, καὶ ἐπισκευάσαι τὸ τεῖχος, καὶ πομπείων ἐπισκευαστής.
Κρατῖνος δ' ἐν Πανόπταις τὸν σκευοφύλακα ἔοικε σκευω-
ρὸν καλεῖν. τοῦτον δὲ καὶ σκοῖδόν τινες ὠνόμαζον, τὸν ἐπὶ
τῶν σκευῶν ἐν ταῖς βαρβαρικαῖς ἀποσκευαῖς· ἕτεροι δὲ οὕ-
τως οἴονται κεκλῆσθαι τὸν ἐπὶ τῶν σιτίων. τὸ μέντοι ἥψη-
ται ἐσκεύασται, ἐν τῷ ἕκτῳ Παιδείας Ξενοφῶν ἔφη· «καὶ
τὰ ἐφθὰ πάντα μεθ' ὕδατος τοῦ πλείστου ἐσκεύασται.»
Δημοσθένης δ' ἔφη σκευωρούμενον.

ὅτῳ δὲ τὰ σκεύη ἐκομίζετο, σκευοφόριον μὲν τοῦτ' 17
Ἀριστοφάνης καλεῖ τὸ ξύλον· Πλάτων δὲ ἐν Διὶ κακου-
μένῳ καὶ τὸ τόξον ἐν παιδιᾷ παρεικάζων ἔφη

κεράτινον εἶχον σκευοφόριον καὶ καμπύλον.
ἀλλὰ μὴν καὶ ἀνάφορον κατὰ τὴν τῶν πολλῶν χρῆσιν εἴη
ἂν ταὐτὸν τοῦτο εἰρημένον ἐν Ἀριστοφάνους Φοινίσσαις·
καὶ τὸν ἱμάντα μου
ἔχουσι καὶ τἀνάφορον·
ἔτι δὲ σαφέστερον ἐν Βατράχοις,
μεταβαλλόμενος τἀνάφορον ὅτι χεζητιᾷς.
τὸν μέντοι σκευοφόρον ἐν Ταξιάρχοις Εὔπολις σκευοφορι-
ώτην παίζων ἐκάλεσεν.

---

16 11. τὰ πλεῖστα codices: corr e Xenophonte.   17 4. vel καὶ de
lendum cum Iungermanno vel κἀγκύλον scribendum cum M.

18 ἵνα δ' ἐπιπράσκετο τὰ σκεύη, τῆς ἀγορᾶς τὸ μέρος
τοῦτο κύκλοι ὠνομάζοντο, ὡς Ἄλεξις ὑποδηλοῦν ἔοικεν ἐν
Καλασίριδι,

    ποῖ δή μ' ἄγεις διὰ τῶν κύκλων;
σαφέστερον δὲ ἐν τῷ Μαινομένῳ Δίφιλος·

    καὶ προσέτι τοίνυν ἐσχάραν κλίνην κάδον
    στρώματα σίγυνον ἀσκοπήραν θύλακον,
    ὥστ' οὐ στρατιώτην ἄν τις ἀλλὰ καὶ κύκλον
    ἐκ τῆς ἀγορᾶς ὀρθὸν βαδίζειν ὑπολάβοι·
    τοσοῦτός ἐσθ' ὁ ῥῶπος ὃν σὺ περιφέρεις.

καὶ μὴν εἰ γυναικείαν ἀγορὰν τὸν τόπον οὗ τὰ σκεύη τὰ
τοιαῦτα πιπράσκουσιν ἐθέλοις καλεῖν, εὕροις ἂν ἐν ταῖς
Συναριστώσαις Μενάνδρου τὸ ὄνομα. εἴποις δ' ἂν τὴν πρᾶ-
σιν τῶν ἐπίπλων τὴν ὑπὸ κήρυκι γινομένην, ἣν νῦν ἀπαρ-
τίαν καλοῦσιν, ἀγορὰν καὶ παμπρασίαν. τοὔνομα δὲ ἡ
ἀπαρτία ἔστι μὲν Ἰωνικόν, ὠνομασμένων οὕτω παρ' αὐτοῖς
19 τῶν κούφων σκευῶν, ἃ ἔστι παραρτήσασθαι, ἢ διανοίᾳ καὶ
τὰ ἔπιπλα ὠνομάσθαι φαμέν· ἀπὸ μέντοι τῶν σκευῶν ἤδη
καὶ τὸ πρᾶγμα τῆς πράσεως αὐτῶν καὶ τὸν τόπον οὕτω
κεκλήκασιν, ὥσπερ οἱ Ἀττικοὶ ἀπὸ τῶν πιπρασκομένων καὶ
τὰ χωρία ὠνόμαζον, λέγοντες εἰς τοὔψον καὶ εἰς τὰ μύρα
καὶ εἰς τὸν χλωρὸν τυρὸν καὶ εἰς τὰ ἀνδράποδα. εἰ μέντοι
καὶ ἐν βιβλίῳ τινὶ τοὔνομα τὴν ἀπαρτίαν εὑρεῖν ἐθέλοις, ὡς
ὑπὲρ τῶν λεγόντων ἀπολογοῖο, εὑρήσεις ἔν τε τῷ δευτέρῳ
τῶν Ἱππώνακτος ἰάμβων,

    ἀκήρατον δὲ τὴν ἀπαρτίαν ἔχει,
καὶ παρὰ Θεοφράστῳ ἐν τῷ δεκάτῳ Νόμων.

20   Τὸν μὲν οὖν τοῦ παντὸς οἴκου δεσπότην ὅτι καὶ
ναύκληρον καὶ ἑστιοπάμονα Δωρικῶς καὶ στέγαρχον καὶ στε-
γανόμον κλητέον, ἐπεὶ καὶ τὸ ἐνοίκιον οὐ ναῦλον μόνον
ἀλλὰ καὶ στεγανόμιον, ἔχεις προειρημένον. παίζων δ' εἰ καὶ
σταθμοῦχον αὐτὸν ἐθέλοις καλεῖν, ἐρεσχηλῶν τινὰ ἢ ἐκπει-
ρώμενος, ὁ δὲ δεινὸς ὢν εἰς ὀνομάτων χρῆσιν λαμβάνοιτο
τοῦ ῥήματος ὡς οὐκ ἂν εἴη δόκιμον, οὐδὲ σὺ μὲν ἂν αὐτὸ

---

18 4. πῇ P.   6. τοίνυν] τύλην M. || κλίνην Hemsterhusius vel και-
νὸν: καὶ νῦν F.   7. συνὸν ante Bentleium, λάγυνον vel τάγηνον Porso-
nus.   8. ὥς που ante Porsonum.   20 6. κρίσιν Iungermannus.

πάντη δόκιμον εἶναι νομίζοις, οὐ μέντοι οὐδὲ παντελῶς ἀδό-
κιμον· ὅτι δὲ ἔστιν εἰρημένον εἰ γνωρίζοις, φιλότιμος εἶναι
δόξεις. εἴρηται τοίνυν ἐν Αἰσχύλου Σισύφῳ

σὺ δ᾽ ὁ σταθμοῦχος εὖ κατιλλώψας ἄθρει.

Ἀντιφάνης δὲ ἐν Ὀβρίμῳ φησὶν   21

ἂν κελεύῃ με σταθμοῦχος. ἢ σταθμοῦχος δ᾽ ἔστι τίς;
ἀποπνίξεις γάρ με καινὴν πρός με διάλεκτον λαλῶν.

εἴ τι τάττοι μοι στέγαρχος.

ἀλλὰ μὴν τὸ κοινότατον τουτὶ καὶ μᾶλλον τεθρυλημένον,
τὸν οἰκοδεσπότην καὶ τὴν οἰκοδέσποιναν, οὐκ ἀποδέχομαι
μὲν τοὔνομα, ὡς δὲ ἔχῃς εἰδέναι, μηνύω σοι ὅτι καὶ ταῦτα
ἄμφω εὗρον ἐν Θεανοῦς τῆς Πυθαγόρου γυναικὸς ἐπιστολῇ
πρὸς Τιμαρέταν γραφείσῃ. ὁ δὲ οἰκοδεσπότης ἔστι καὶ Ἀλέ-
ξιδος ἐν Ταραντίνοις.

Τῶν δὲ σκευῶν εἰ πρῶτα τὰ περὶ τὰς θύρας ῥη- 22
τέον, μοχλοὶ καὶ ὀχλεῖς καὶ κλεῖδες εἰσὶν καὶ κληῖδες, καὶ
βάλανοι καὶ βαλανάγραι, καὶ κλεῖθρα καὶ κλῆθρα, καὶ
ἐπίσπαστρον καὶ ῥόπτρον (τὸ γὰρ ἐπικροῦον τὴν θύραν
οὕτως ὠνόμαζον), καὶ που καὶ στρόφιγγες καὶ γιγγλύμοι
καὶ κορῶναι καὶ κόρακες· Ποσείδιππος γοῦν ἐν Γαλάτῃ
φησὶ «κόρακι κρούεθ᾽ ἡ θύρα.» παρὰ δὲ τοῖς νεωτέροις
τούτοις καὶ ἀντίκλειδες εἴρηνται· παρὰ δὲ Ἀριστοφάνει ἐν
Σφηξὶ κατάκλειδες τὰ κατακλείοντα τὰς θύρας. παρὰ δὲ
Ἡροδότῳ καὶ ἐπισπαστῆρες· φησὶ γοῦν ἐν τῷ ἕκτῳ βιβλίῳ 23
«ἐπιλαβόμενος δὲ τῶν ἐπισπαστήρων εἴχετο.» ἐν δὲ τοῖς
Δημιοπράτοις καὶ ἐμμόχλια σιδηρᾶ. οἱ μὲν οὖν ἀκριβέστε-
ρον ἑρμηνεύειν πειρώμενοι τὰς κλεῖς οἴονται προσήκειν λέ-
γειν, ὅτι καὶ παρὰ Δημοσθένει ἐπὶ τοῦ ἐν τῷ σώματι μέ-
ρους εἴρηται «τὴν κλεῖν κατεαγότα·» ὁμώνυμον δ᾽ ἐστὶν
ἑκάτερον ἑκατέρῳ τοὔνομα, τό τε μέρος τῷ σκεύει καὶ τὸ
σκεῦος τῷ μέρει. ἐν δὲ τῷ Λυσίου πρὸς Φίλιππον ἐπιτρο-
πῆς τὰς κλεῖδας εὑρήκαμεν, παρὰ δὲ Ἀριστοφάνει ἐν Αἰο- 24
λοσίκωνι καὶ κλειδίον, ἐν μέντοι τοῖς Πλάτωνος τοῦ κωμι-
κοῦ Μετοίκοις

21 3. ἀλλ᾽ ἀποπνίξεις?   4. ηιε τάκτοιμιστεγαρχον C: corr M.
7. ἔχεις vulgo.   23 2. εἴχετο] ἀπρὶξ εἴχετο P.

σημεῖα παρασημεῖα, κλεῖν παραχλείδιον.

αἱ μὲν οὖν θύραι καὶ σανίδες καὶ πτύχες ὀνομάζονται· θύραι δ᾽ αὐτὸ τὸ χάσμα ἐστὶ τῆς θύρας. ἐν δὲ τοῖς Δημιοπράτοις πέπραται θύρα διάπριστος καὶ θύραι συνδρομά-
25 δες· ἐν δὲ Κρατίνου Διονυσαλεξάνδρῳ εἴρηται

παραστάδας καὶ πρόθυρα βούλει ποικίλα.

ἡ δὲ ὀπὴ εἴρηται ἐν Αἰολοσίκωνι Ἀριστοφάνους·

καὶ δι᾽ ὀπῆς κἀπὶ τέγους.

καὶ ἀπὸ μὲν τῶν μοχλῶν τὸ «μόχλωσον τὴν θύραν» ἐν Ληναίαις Ἀριστοφάνους, ἀπὸ δὲ τῶν κλειδῶν τὸ κλεῖσαι συγκλεῖσαι παρακλεῖσαι ἐπικλεῖσαι, ἐφ᾽ οὗ καὶ τὸ προσθεῖναι τὴν θύραν καὶ συναγαγεῖν καὶ ἐπισπάσασθαι καὶ ἐπιβαλεῖν καὶ ἐπιφράξαι καὶ ἐπαγαγεῖν καὶ κατακλῖναι καὶ
26 ἐπικλῖναι, ὥσπερ καὶ τῷ ἀνοῖξαι ταὐτόν ἐστι τὸ ἀνακλῖναι ἀνεῖναι ἐκπετάσαι ἀναπετάσαι· παρὰ δὲ τοῖς κωμῳδοῖς καὶ τὸ ἀναζυγῶσαι ταὐτὸν τῷ ἀνοῖξαι σημαίνει, ὥσπερ τῷ κλεῖσαι τὸ ἐπιζυγῶσαι. καὶ τὸ ζυγώθρισον δὲ ἐπὶ τοῦ κλεῖσον εἰώθασι τάττειν. καὶ μὴν καὶ βαλανῶσαι τὴν θύραν ἐκεῖνοι λέγουσι, καὶ

οὐδεὶς βεβαλάνωκε τὴν θύραν

27 ἐν ταῖς Δαναΐσιν ἔφη Ἀριστοφάνης. ὁ δὲ Θουκυδίδης στυρακίῳ ἀκοντίου ἀντὶ βαλάνου ἔφη κεχρῆσθαί τινα ἐς τὸν μοχλόν. τῷ δὲ κλεῖσαι ἴσον καὶ τὸ πακτοῦν καὶ τὸ ἐπιπακτοῦν τὰς θύρας ἐστίν, ὥσπερ τῷ ἀνοίγειν ταὐτὸν τὸ λύειν, ὡς ἔφη Εὐριπίδης «λῦε πακτὰ δωμάτων·» ὡς τοὐναντίον Ἀριστοφάνης «προπύλαια πακτοῦν» ἢ πάλιν «καὶ ἐπιπακτοῦν τὰς θύρας»· ἢ ὡς Ἀρχίλοχος πακτῶσαι τὸ κλεῖσαι.

28 Ἐπεὶ δὲ τῷ πυλωρῷ τὸ καθαίρειν καὶ καταρραίνειν τὴν οἰκίαν ἀναγκαῖόν ἐστιν, εἴπωμεν τὰ πρόσφορα τούτῳ τῶν σκευῶν, οἷον τὸ κόρημα· καλεῖται δ᾽ οὕτω καὶ τὸ σκεῦος καὶ τὸ κάθαρμα τὸ κορούμενον. τὸ δὲ ῥῆμα κορεῖν ἂν λέγοις. καὶ τὸ μὲν σκεῦος κόρημα ὑπὸ Εὐπόλιδος εἴρηται ἐν τοῖς Κόλαξι,

---

27 5. ὡς τ.] ἢ τ. C. 6. ἢ] καὶ Porsonus. 28 5. κόρημα Geelius pro καὶ ῥῆμα.

τουτὶ λαβὼν τὸ κόρημα τὴν αὐλὴν κόρει·
τὸ δὲ κορούμενον ἐν Σκηνὰς καταλαμβανούσαις Ἀριστο- 29
φάνους,

ὡσπερεὶ Καλλιππίδης
ἐπὶ τοῦ κορήματος καθέζομαι χαμαί.
εἰ δὲ καὶ καλλύνειν φαίης ἂν τὸ κορεῖν, ἦ που καὶ τὸ κό-
ρημα κάλλυντρον. εἰ δὲ καὶ σαίρειν φήσεις τὸν θυρωρόν,
τί κωλύει κἀκεῖνο καλεῖν σάρον; ἡ χρῆσις γὰρ ἀπὸ τῆς
ἅλω καὶ ἐπὶ τὰς οἰκίας ἄγει τοὔνομα, ὥσπερ καὶ μυλήκο-
ρον ἄν τις αὐτὸ καλέσειεν· καίτοι σαφὲς ὅτι τοῦτο τῷ
μύλῳ προσήκει· ἀλλ' ὅμως Ἄρχιππος εἴρηκεν ἐν Ἰχθύσι
τὴν ἀγορὰν μυλικόρῳ.
τὸ δὲ ῥαίνειν καὶ διαρραίνειν καὶ καταρραίνειν καὶ ψεκά- 30
ζειν καὶ ῥανίζειν ἔστιν εἰπεῖν, τὸ δ' ἀγγεῖον ᾧ τοῦτο ποιεῖ
κρωσσόν, ὑδρίαν ὑδρεῖον, ἀμφορέα ἀμφορίσκον ἀμφορεί-
διον, κεράμιον, κώθωνα, στάμνον, κάλπιν, ἄγγος ἀγγεῖον
ἀγγείδιον, τεῦχος κεραμεοῦν γήινον χυτρεοῦν χαλκοῦν. δι'
ὧν δὲ τὸ ὕδωρ φέρεται, ἀμάραι, ὑδρορρόαι, ὀχετοί, σωλῆ-
νες. ὀχετόκρανα δ' ἂν εἴποις τὰς τῶν ὀχετῶν ἀρχάς, ὡς
Ὑπερίδης ἐν τῷ περὶ ὀχετοῦ. δι' ὧν δὲ ἐκφέρεται τὸ ὕδωρ, 31
κρουνοί. εἰ δὲ καὶ ἐκ φρεάτων ἢ λάκκων τὸ ὕδωρ ἀπαν-
τλεῖς, δέοι ἂν σκευῶν ἀντλητῆρος, ἀντλίας, ἱμονιᾶς, ἱμάν-
τος, κάλου, σχοινίου, κάδου, τροχαλίας, τάχα δὲ καὶ κηλω-
νείου. μέρη δὲ τροχαλίας τονία τοπεῖα ἀξόνια. τῷ δὲ προσ-
δεῖ καὶ ἁρπάγης καὶ κρεάγρας καὶ λύκου· οὕτω γὰρ ἐκά-
λουν τὰ σκεύη οἷς τοὺς ἐκπεσόντας τῶν κάδων ἐκ τῶν φρε-
άτων ἀνέσπων· ὅτι γὰρ καὶ κρεάγραν καλοῦσι τὴν ἁρπά-
γην, δηλοῖ ἐν Ἐκκλησιαζούσαις Ἀριστοφάνης λέγων
τί δῆτα κρεάγρας τοῖς κάδοις ὠνοίμεθ' ἄν;
Πρὸ μὲν οὖν τοῦ κοιτῶνος ἐπὶ ταῖς θύραις παρα- 32
πετασμάτων σοι δεῖ, εἴτε ἁπλοῦν εἴη τὸ παραπέτασμα λευ-
κὸν ἐξ ὀθόνης, εἴτε καὶ τρίχαπτόν τι βαπτόν, εἴτε πολύ-
χρουν, ἐφ' οὗ Ἀριστοφάνης ἂν εἴποι
παραπέτασμα τὸ Κύπριον τὸ ποικίλον.
ἐν δὲ τῷ κοιτῶνι δεῖ μὲν εἶναι καὶ κλίνην τινὰ ἢ κλινίδιον

---

29 3. ὥσπερ ἐν καλλιππίδῃ ante Toupium.   31 5. τῷ] κάδῳ?

ὡς ἐν Λυσιστράτῃ Ἀριστοφάνης, ἢ κλινάριον ὡς ἐν Δαι-
33 ταλεῦσιν, ἢ κλινίδα ὡς ἐν Ὀδυσσεῦσι Κρατῖνος. ἐπὶ δὲ τῶν
κλινῶν ἀκουστέον, ὅταν φῇ

οἱ δ' ἀλυσκάζουσιν ὑπὸ ταῖς κλινίσιν·

οὐ μέντοι ἀγνοῶ ὅτι κλινὶς ἐκαλεῖτο τὸ ἐπὶ τῆς ἁμάξης κατα-
στορνύμενον, ὅταν μετίωσι τὰς νύμφας, ἐφ' οὗ κάθηται ἡ
νύμφη μεταξὺ τοῦ παρόχου τε καὶ τοῦ νυμφίου. καλεῖται δὲ τὸ
κλινίδιον καὶ κλιντήριον, ὡς ἐν Δὶς ναυαγῷ Ἀριστοφάνης ἔφη

τί ὦ πονηρέ μ' ἐξορίζεις ὡσπερεί
κλιντήριον;

34 μέρη δὲ κλίνης ἐνήλατα καὶ ἐπίκλιντρον, τὸ μέν γε ἐπίκλιν-
τρον ὑπὸ Ἀριστοφάνους εἰρημένον· Σοφοκλῆς δ' ἐν Ἰχνευ-
ταῖς σατύροις ἔφη «ἐνήλατα ξύλα τρίγομφα διατορεῦσαί
σε δεῖται.» εἴδη δὲ κλίνης ἀργυρόπους, παράπυξος, ὡς ἐν
τῷ Διονυσαλεξάνδρῳ Κρατίνου «κλίνην τε παράπυξον,»
καὶ ἀμφίκολλος· οὕτω γὰρ τὴν κατακεκολλημένην ὠνόμα-
σεν ἐν ταῖς Ἑορταῖς Πλάτων,

ἔπειτα κλίνην ἀμφίκολλον πυξίνην.

35 σὺ δὲ κἂν ἐλεφαντίνην εἴποις καὶ χελώνης καὶ σφενδάμνου
καὶ σφενδαμνίνην· Ἀριστοφάνης γὰρ ἐν Ἀχαρνεῦσιν εἴρηκε
σφενδάμνινοι. ἀλλὰ καὶ σκίμπους τῶν ἔνδον σκευῶν, ὃς
καὶ ἀσκάντης ἐστὶν εἰρημένος καὶ σκιμπόδιον. ἐν δὲ τῇ Κρί-
τωνος Μεσσηνίᾳ καὶ τῷ Ῥίνθωνος Τηλέφῳ καὶ κράββα-
τον εἰρῆσθαι λέγουσιν· ἐγὼ δ' οὐκ ἐντετύχηκα τοῖς δράμα-
σιν. τῶν γὰρ ἀδοξοτέρων ἡ χαμεύνη καὶ τὸ χαμεύνιον· ἐν
γοῦν τῷ σατυρικῷ Σκίρωνι Εὐριπίδης φησὶ

σχεδὸν χαμεύνη σύμμετρος Κορινθίας
παιδός, κνεφάλλου δ' οὐχ ὑπερτείνεις πόδα.

36 ἐν δὲ τοῖς Δημιοπράτοις πέπραται Ἀλκιβιάδου χαμεύνη πα-
ράκολλος καὶ κλίνη ἀμφικνέφαλλος. καὶ μὴν τό γε τῇ
κλίνῃ ἢ τῷ σκίμποδι ἐντεταμένον ὡς φέρειν τὰ τυλεῖα,
σπάρτα σπαρτία, τόνος, κειρία, τάχα δὲ καὶ σχοῖνος καὶ
σχοινία καὶ κάλοι· ὧν ἐπὶ τὰ ἄλλα κοινῇ κειρία ἔστιν ἐν

33 1. δὲ] γὰρ? 3. ἐπὶ ante M. 7. διοναυαγῷ codices: correctum
in Vossiano. 8. με ὦ πονηρὲ et ὥσπερ ante Bergkium; qui malit ἐκκορίζεις.
34 1. γε] τοι vulgo. 3. cf. Lobeck. Phryn. p. 178. 36 5. ἐπὶ τὰ
ἄλλα κοινά, ἡ μὲν κειρία?

Ὄρνισιν Ἀριστοφάνους, παραδηλοῦντος αὐτοῦ καὶ τὰ σπάρτα,
ὅταν φῇ

> σπάρτην δ᾽ ἐγὼ θείμην ἂν ὄνομα τῇ πόλει;   37
> οὐδ᾽ ἂν χαμεύνῃ πάνυ γε κειρίαν ἔχων.

ὁ δὲ τόνος ἐν τῇ Λυσιστράτῃ. καὶ Θουκυδίδης μέν φησιν
«ἐκ κλινῶν τοῖς σπάρτοις ἀπαγχόμενοι», Φιλιππίδης δ᾽ ἐν
Λακιάδαις

> κράτιστόν ἐστι τοῦτον ἐκτεμεῖν, γύναι,
> τὸν δίφρον (ἄχρηστα παντελῶς τὰ σπαρτία),
> ἕτερον δὲ καινὸν ἐμβαλεῖν αὐτῷ τόνον.

ἐπέσθω δὲ τῇ κλίνῃ τυλεῖα, κνέφαλλα, δάπιδες, τάπη- 38
τες ἀμφιτάπητες· Δίφιλος γοῦν φησὶν ἐν Κιθαρῳδῷ

> ἐξανίσταμαι
> τὸν ἀμφιτάπητα συστορέσας,

καὶ Ἀλκιβιάδου δὲ ἀμφιτάπης τις πέπραται. Ὁμήρου δὲ
τὴν αἰγίδα ἀμφιδάσειαν εἰπόντος, ἔστι καὶ τὴν ἀμφίμιτον
στρωμνὴν ἀμφιδάσειαν καλεῖν. πρὸς δὲ τούτοις ἐπέσθω
προσκεφάλαια πτιλωτά, προσκεφάλαια ὑπαυχένια. εἴποις δ᾽
ἂν οἶμαι καὶ χνοῦν καὶ μνοῦν ἐπὶ τῶν μαλακῶν, Ἀριστο-
φάνους εἰπόντος ἐν μὲν Βαβυλωνίοις «εἰς ἄχυρα καὶ χνοῦν,»
ἐν δὲ Δαναΐσι «τῶν χοίρων μνοῦς ἔρι᾽ ἐστίν.» τὰ μὲν οὖν 39
τυλεῖα καὶ τὰ κνέφαλλα οὐ μόνον παρὰ τοῖς κωμῳδοῖς
ἔστιν, ἀλλὰ καὶ ἐν τοῖς Δημιοπράτοις πέπραται κνέφαλλον
καινὸν καὶ κνέφαλλον παλαιόν. καὶ τύλη δὲ παρ᾽ Εὐπόλιδι
ἔστιν ἰάζοντι ἐν τοῖς Κόλαξιν. ἀλλὰ καὶ παρὰ Σοφοκλεῖ ἐν
τῷ Ἰοκλεῖ λέγοντι «ἀλλὰ καὶ λινορραφῇ τυλεῖα·» ὧν καὶ
τοὺς τεχνίτας ἔοικεν Ὑπερίδης ἐν τῷ ὑπὲρ Μίκας ὀνομάζειν,
εἰπὼν «ἐμισθώσατο τυλυφάντας.» ἐν δὲ Ἀμφιαράῳ Ἀρι- 40
στοφάνους

> κνέφαλλον ἅμα καὶ προσκεφάλαιον τῶν λινῶν,

δῆλον ὅτι ὡς καὶ σκυτίνων καὶ ἐρεῶν γινομένων, ὡς καὶ
ἐν τοῖς Ἀλκιβιάδου πέπραται προσκεφάλαιον σκύτινον καὶ
λινοῦν καὶ ἐρεοῦν. ἐν δὲ Ἀντιφάνους Φάωνι κατὰ τὴν κοι-
νὴν χρῆσιν ἔστιν εὑρεῖν τὰς τύλας, «στρώματα κλίνας τύ-

---

37 1. παντελῶς οὕτως ἔχει τὰ σπάρτα C.   39 1. χειρῶν ἔργα μνοῦς
ante Berghium.   6. Ἡρακλεῖ Iacobs, Ἰοβάτῃ M.

λας,» ὥσπερ καὶ παρὰ Σαπφοῖ. οὐ μὴν φαῦλον τετηρηκέ-
ναι ὅτι τὸ ναυτικὸν ὑπηρέσιον ἰδίως Κρατῖνος ἐν ταῖς
Ὥραις προσκεφάλαιον, τοῦτο μὴ καλεῖσθαι νομιζόντων,
41 ἀλλὰ ὑπηρέσιον μόνον. ἡ μέντοι καλουμένη λυχνὶς ἀνθήλη
ἐκαλεῖτο. εἰ δὲ καὶ τὸ κνέφαλλον μὴ ἐπὶ τοῦ τυλείου τις
ἀκούειν βούλοιτο, ὥσπερ ἡ πολλὴ χρῆσις ἔχει, ἀλλ' ἐπὶ τοῖ
ἐμβαλλομένου πληρώματος, ὃ γνάφαλον καλοῦσι, προσχρή-
σεται τῷ ῥηθέντι ἐν Πανταλέοντι Θεοπόμπου, εἰ καὶ ἀμ-
φισβητεῖται τὸ δρᾶμα· προειπὼν γὰρ ὁ ποιητὴς «ὠνεῖτο
δέρμα θηρός,» ἐπήγαγε «ῥάψας ὅλον κνεφάλλων ἔσαξεν.»
42 ἔστι δ' εἰπεῖν ἁπαλὴ στρωμνὴ καὶ μαλακὴ καὶ βαθεῖα. τὰ
δὲ στρώματα ἐπιβλήματα, περιβόλαια, ἐφεστρίδες, χλαῖναι,
τάπιδες, ξυστίδες, τάχα δὲ καὶ περιστρώματα· εἴρηται γὰρ
παρά τε Φιλίστῳ ἐν τῇ ἕκτῃ καὶ ἐν τῇ Σιμύλου Μεγα-
ρικῇ. ἐπαινῶν δ' ἂν εἴποις στρωμνὴ λεπτή, εὔυφής, εὐή-
τριος, ὑγρά, περιρρέουσα, στιλπνὴ στίλβουσα, εὔχρως, ἀν-
θοῦσα εὐανθής πολυανθής, ποικίλη παμποίκιλος, πολύμορ-
φος, πορφυρᾶ, ἁλουργὶς ἁλιπόρφυρος, πρασεῖος, ὑαγινοβα-
φής, ἰοειδής, κροκοειδής, κόκκῳ ἀνθοῦσα, κοκκοβαφής, ὀρ-
νίνη, ἐπιπόρφυρος περιπόρφυρος παραπόρφυρος, πορφυρο-
43 μιγής καὶ κατὰ Ξενοφῶντα ὁλοπόρφυρος, ἐπίχρυσος χρυσο-
ειδής χρυσοβαφής χρυσόπαστος· ζῷα ἐνύφαντο, ἄνθη ἐνε-
πεποίκιλτο, θηρία ἐνεγέγραπτο, ἄστρα ἐνήστραπτεν.

καὶ μὴν τοῖς μὲν οἰκέταις ἐν κοιτῶνι ἢ προκοιτῶνι ἢ
πρὸ κοιτῶνος ἀναγκαῖα σκεύη χαμεύνια καὶ ψίαθοι καὶ
φορμοὶ καὶ σάμαξ· ἔστι δ' ὁ σάμαξ ῥίψ καλάμου τοῦ κα-
λουμένου σάκτου, μάλιστα δὲ ἐπὶ στρατείας αὐτῷ ἐχρῶντο,
ὡς Χιωνίδης ἐν Ἥρωσιν

πολλοὺς ἐγῷδα κοὺ κατὰ σὲ νεανίας
φρουροῦντας ἀτεχνῶς κἂν σάμακι κοιμωμένους.

44 τοῖς δὲ δεσπόταις, τῷ μὲν ἀνδρὶ καὶ λάσανα ἀναγκαῖα καὶ
ἀμίς, ἣν Σοφοκλῆς ἐν Πανδώρᾳ ἐνουρήθραν καλεῖ καὶ
Αἰσχύλος οὐράνην. ὅτι δὲ οὐ μόνον ἐπὶ τοῦ ἀκινήτου ἀπο-
πάτου τὰ λάσανα ὀνομαστέον ἀλλὰ καὶ ἐπὶ τοῦ τιθεμένου

40 3. προσκεφάλαιον εἴρηκε, τῶν δεινῶν εἰς ὀνομάτων κρίσιν προσκε-
φάλαιον τοῦτο? 41 6. ὤνητο, 7. τοῦ θηρός et σάξαι κνεφάλῳ (γναφά-
λῳ C) ante Bergkium.

καὶ ἀναιρουμένου, μαρτυροῦσιν Ἀριστοφάνης μὲν ἐν Προα-
γῶνι εἰπὼν

οἴ μοι τάλας, τί μου στρέφει τὴν γαστέρα;
βάλλ' ἐς κόρακας· πόθεν ἂν λάσανα γένοιτό μοι;
εἰ δὲ τοῦτο ἀμφίβολον, ἀλλὰ Φερεκράτης ἐν τοῖς Κραπα- 45
ταλοῖς

πρὸς τῇ κεφαλῇ μου λάσανα καταθεὶς πέρδεται.
καὶ δίφρον δ' ἂν εἴποις τὰ λάσανα εὐφημότερον, καὶ δι-
φρίσκον. τῇ δὲ γυναικὶ σκάφιον, ὡς ἐν Αὐτολύκῳ Εὔπολις

τί δῆτ' ἄν, εἰ μὴ τὸ σκάφιον αὐτῇ παρῆν;
ἄμφω δὲ παράλληλα ἐν Πολυείδῳ Ἀριστοφάνης·

σκάφιον Ξένυλλ' ᾔτησεν· οὐ γὰρ ἦν ἀμίς.
ἐξαναστάντι δ' ἐξ ὕπνου τὸ πρόσωπον ἀπονίπτεσθαι 46
δέον, ὁ παῖς πρόχουν τινὰ ἔχων προσοίσει, νεαροῦ τοῦ ὕδα-
τος ἐπιχέων κατὰ λέβητος ἢ λουτηρίου τινός, ἐπεὶ καὶ τοῦτο
τοὔνομα ἐπὶ μὲν τῶν λουτρῶν Αἰσχύλος εἴρηκεν, ἐπὶ δὲ τῶν
νῦν λουτήρων Ἀναξίλας ἐν Λουτροποιῷ,

ἐν τοῖς βαλανείοις οὐ τίθεται λουτήρια,
ἐπὶ δὲ τῶν παρὰ τοῖς ἰατροῖς ἐκλούτρων ὀνομαζομένων Ἀν-
τιφάνης ἐν Τραυματίᾳ,

κατεσκευασμένος
λαμπρότατον ἰατρεῖον εὐχάλκοις πάνυ
λουτηρίοισιν, ἐξαλείπτροις, κυλιχνίσιν,
σικύαισιν, ὑποθέτοισιν.
οὐ μὴν ἀλλὰ καὶ ἐν τοῖς Δημιοπράτοις εὑρίσκομεν λουτή-
ριον καὶ ὑπόστατον.

κείσθωσαν δ' ἐν τῷ κοιτῶνι θρόνοι, κλισμοί, δίφροι 47
διφρίσκοι (οὕτω γὰρ ἐν Νεφέλαις Ἀριστοφάνης ἐπὶ τοῦ ἁρ-
ματείου δίφρου), δίφροι ὀκλαδίαι, δίφροι διωχεῖς ἐν Φε-
ρεκράτους Ἀγαθοῖς εἰρημένοι, οἷον οἱ δύο ὀχοῦντες, δίφροι
Θετταλικοί, ὡς ἐν Αὐτολύκῳ Εὐπόλιδος «δίφρος Θετταλικὸς
τετράπους,» θρᾶνοι θρανία θρανίδια ἐν Νήσοις Ἀριστο-
φάνους, βάθρα βαθρίδια ὡς ἐν Ταγηνισταῖς, σκολύθρια, 48

---

46 4. μὲν λουτρῶν ὡς **P** i. e. λουτρῶνος. 5. λυροποιῷ Schweig-
hacuserus. 10. v. ad 4 183. 47 4. Θετταλοὶ ante **M**. 48 1. βα-
θράδια ante Hemsterhusium.

ἅπερ ἐστὶ μικροὶ τρίποδες Θετταλικοὶ δίφροι· τὸ δὲ ὄνομα καὶ ἐν Εὐθυδήμῳ Πλάτωνος. καὶ οἱ θρᾶνοι δὲ δίφροι ἂν εἶναι δοκοῖεν, εἰπόντος ἐν Πλούτῳ Ἀριστοφάνους

ἀντὶ δὲ θράνου στάμνου κεφαλὴν κατεαγότος, ἀντὶ δὲ μάκτρας

πιθάκνης πλευρὰν ἐρρωγυῖαν.

49 καὶ θρανίον δὲ ὑποκορισάμενος ἂν εἴποις. καίτοι με οὐ λέληθεν ὅτι θρανίον καὶ ἄλλως ξυλήφιόν τι ἐστίν· Ἀριστοφάνης γοῦν τῷ ὀνόματι ἐπὶ πατταλίου κέχρηται ἐν τοῖς Βατράχοις, περὶ τοῦ δεῖν ἀπάγξασθαι λέγων

μία μὲν γὰρ ἐστιν ἀπὸ κάλω καὶ θρανίου.

ἐπιθράνους δ' ἐκάλουν τὰ ξύλα τὰ κατακλείοντα τοὺς πλινθίνους τοίχους.

παρακεῖσθαι δὲ σοι χρὴ βλαύτας βλαυτία, ὑποδήματα· καὶ που καὶ σανδάλια ἄν τις εἴποι καὶ διάβαθρα. καὶ τὰ μὲν εἴδη τῶν ὑποδημάτων προείρηται, τά τ' ἀνδρεῖα καὶ τὰ γυναικεῖα· προσθετέον δ' ὅτι Θεόπομπος ὁ κωμικὸς ἐν 50 Παμφίλῃ σανδάλια εἴρηκεν, ἀλλ' ἐπὶ γυναικός, Μένανδρος δὲ ἐν Μισογύνῃ καὶ σανδαλοθήκας. οἱ δὲ ὑπεῖναι δεῖ ποδεῖα, πίλους, πέλλυτρα· οὕτω γὰρ τὰ ποδεῖα Σοφοκλῆς καλεῖ, τοὺς δὲ περὶ τοῖς ποσὶ πίλους οὐ Πλάτων μόνον ἐν Συμποσίῳ φήσας «ἐνειλιγμένων τοὺς πόδας εἰς πίλους καὶ ἀρνακίδας,» ἀλλὰ καὶ Κρατῖνος ἐν Μαλθακοῖς,

λευκοὺς ὑπὸ ποσσὶν ἔχων πίλους.

ἔξεστι δ' εἰπεῖν καὶ πλεκτοὺς πίλους, καὶ ἐπὶ τῶν ὀνομαζομένων οὐδώνων πίλους τριμίτους, Λυσίππου εἰπόντος ἐν Βάκχαις «ἀλλὰ τρίμιτός ἐστι πῖλος.»

51 τὰ δὲ τῆς ἐσθήσεως εἴδη προειρηκώς, οὐκ ἂν δέοι μοι ἐνταῦθα πολυλογεῖν· οὐ τοίνυν οὐδὲ δακτυλίους καὶ σφραγῖδας καὶ σφραγίδια χρὴ νῦν ἐπιλέγειν. ἀλλ' εἰ μὲν αἰωρήσει τῇ δι' ὀχημάτων χρῷτό τις περὶ τὴν ἕω, θέρους ὄντος, πρὶν ἢ τὸν ἥλιον περιφλέγειν, τὰ εἴδη τῶν ὀχημάτων ἰστέον, εἴθ' ἅρματα εἴτ' ὄχους εἴθ' ἁμάξας εἴτε λαμπήνας 52 αὐτὰ προσήκει καλεῖν· ἔστι δὲ τοὔνομα ἡ λαμπήνη ἐν τῇ

Σοφοκλέους Ναυσικᾷ καὶ ἐν τοῖς Μενάνδρου Ἁλιεῦσιν. ἀλλὰ τὰ μὲν τῶν ὀχημάτων σκευοφόρα ἂν εἴη, τὰ δὲ ἐνθρόνια, τὰ δὲ εἰς τὸ ἐγκατακλῖναι ἐνεύναια, τὰ δὲ κατάστεγα καὶ στεγαστὰ καὶ καμάραι· οὕτω γὰρ Ἡρόδοτος ὠνόμασεν, Ξενοφῶν δὲ ἐν τῇ Παιδείᾳ τὸ ἐστεγασμένον μέρος τῆς ἁμάξης ὑποσημαίνων ἔφη «καὶ κατέκλιναν καὶ κατεκάλυψαν τὴν σκηνήν.» καὶ τὰ μὲν τετράκυκλα τὰ δὲ δίκυκλα. καὶ οὐδὲν δεῖ περὶ μερῶν ἐπιλέγειν, οἷον σῶτρα ἐπίσωτρα [53] ἁψῖδας πλήμνας κνήμας παραξόνια κερκίδας παραχύκλους ἄξονας καὶ πάνθ' ὅσα τοιαῦτα, ἀλλὰ περὶ τούτων καθ' ἕκαστον προείρηται· μηνύειν δὲ ὅτι ζεῦγος πᾶν ἂν καλοῖτο τὸ ἐζευγμένον, καὶ εἰ τριῶν ὑποζυγίων ἢ καὶ τεττάρων εἴη, λέγοιτο δ' ἂν ζεύγη ὀρικὰ καὶ ζεύγη ἡμιονικὰ καὶ που καὶ ἱππικά. καὶ μονίππῳ δ' ἂν τις χρῷτο ἀνδρειοτέρᾳ κινήσει ἐπινεάζων. ἀλλὰ τοῖς μὲν ὀχήμασι ταπήτων δεῖ ἢ ἀμφιταπήτων ἢ προσκεφαλαίων ἢ στρωμάτων, ὡς καὶ τοῖς ἡνιόχοις κέντρων μαστίγων μυώπων ἐγκεντρίδων (καὶ γὰρ ἐγκεν- [54] τρίδας ἐπὶ τῇ τῶν ὑποζυγίων χρήσει Πλάτων ὁ κωμικὸς εἴρηκεν ἐν Ἑορταῖς)· ἐπὶ δὲ τοῖς μονίπποις δέοιτ' ἄν τις ἔχειν σάγην, ἔποχον, ἔφιππον, κημούς, φιμούς, ψάλια, χαλινούς, πνιγέας (καὶ γὰρ τὸν πνιγέα ἐπὶ ἵππου Ἀριστοφάνης ἐν Ἀναγύρῳ λέγει), φάλαρα, παρώπια, ἀνθήλια. καὶ ἐγκεντρίδας δὲ τοῖς ποσὶ κατὰ τὰς πτέρνας οἱ ἱππεύοντες περιεδοῦντο· Φερεκράτης εἴρηκεν ἐν Δουλοδιδασκάλῳ. παρὰ δὲ Κράτητι ἐν ταῖς Τόλμαις καὶ ἀστραγαλωτή τις μάστιξ ὠνόμασται. - τῶν δ' ἱππικῶν σκευῶν ψήκτρα, σωρακίς, [55] ἡνία, φορβειά, κεκρύφαλος, ῥυτήρ, ῥυταγωγεύς, ἀγωγεύς· ὁ γοῦν Στράττις ἐν Χρυσίππῳ λέγει

προσάγε τὸν πῶλον ἀτρέμα, προσλαβὼν
τὸν ἀγωγέα βραχύτερον· οὐχ ὁρᾷς ὅτι
ἄβολός ἐστιν;

τὴν δὲ ψήκτραν οὐ μόνον Ἀριστοφάνης ἐν Ἀναγύρῳ εἴρηκεν, ἀλλὰ καὶ Σοφοκλῆς ἐν Οἰνομάῳ

διὰ ψήκτρας σ' ὁρῶ
ξανθὴν καθαίρονθ' ἵππον αὐχμηρᾶς τριχός.

56 ὁ μέντοι Πλάτων ὁ κωμικὸς ἐν Κλεοφῶντι μαράγναν τὴν μάστιγα ὠνόμασεν. ἐκαλοῦντο δέ τινες καὶ αὐλωτοὶ φιμοὶ διὰ τὸ κώδωνας ἔχειν προσηρτημένους, οἷς ἐγχρεμετίζοντες οἱ ἵπποι ἦχον ἐποίουν προσόμοιον αὐλῷ. καὶ σπάθην μὲν καὶ χιλωτῆρα καὶ στόμια καὶ ὑποστόμια καὶ στομίδας καὶ ἐχίνους καὶ τροχοὺς καὶ δακτυλίους καὶ σκληροὺς καὶ μαλακοὺς χαλινοὺς ἔχεις ἐν τοῖς ἱππικοῖς, στόμια δὲ πριονωτὰ ἐν Ἀναγύρῳ ἔφη Ἀριστοφάνης.

57 Εἰ δὲ ἀπὸ τῆς αἰωρήσεως ἢ καὶ ἀπό τινος περιπάτου ἐν στοᾷ ἢ δρόμῳ ἢ ἄλσει γενόμενος ἐπὶ τὴν πρὸς τὰ βιβλία συνουσίαν τις τράποιτο, ὥρα αὐτῷ ἔχειν βιβλία, χάρτας, ἰττέλας, διφθέρας, γραμματεῖα γραμματείδια, δέλτους δελτία, ὡς εἰπεῖν γραμματείδιον δίθυρον ἢ τρίπτυχον ἢ
58 καὶ πλειόνων πτυχῶν, ἢ καθ' Ὅμηρον πίνακα πτυκτόν· καὶ Ἀριστοφάνης δὲ ἐν Θεσμοφοριαζούσαις ἔφη

πινάκων ξεστῶν δέλτοι,
δέξασθε σμίλης ὁλκούς,
κήρυκας ἐμῶν μόχθων.

καὶ πινακίδας δ' ἂν εὕροις ἐν ταῖς Φιλυλλίου Πόλεσιν· λέγει γέ τοι δωρίζων

ἐκ τᾶς πινακίδος δ' ἀμπερέως, ὅ τι κα λέγῃ
τὰ γράμμαθ', ἑρμήνευε.

ὁ δὲ ἐνὼν τῇ πινακίδι κηρὸς ἢ μάλθη ἢ μάλθα· Ἡρόδοτος μὲν γὰρ κηρὸν εἴρηκεν, Κρατῖνος δὲ ἐν τῇ Πυτίνῃ
59 μάλθην ἔφη, Ἀριστοφάνης δὲ ἐν τῷ Γηρυτάδῃ

τὴν μάλθαν ἐκ τῶν γραμματείων ἤσθιον.

οὐ μὴν ἀγνοητέον ὅτι τὸν ἐπιτήδειον εἰς τὸ κατασημαίνεσθαι κηρὸν οἱ παλαιοὶ ῥύπον ὠνόμαζον, καὶ ῥύπους ἐν Λυσιστράτῃ Ἀριστοφάνης·

καὶ | μηδὲν οὕτως εὖ σεσημάνθαι τὸ μὴ οὐχὶ
τοὺς ῥύπους ἀνασπάσαι,

τῷ δὲ παιδὶ δέοι ἂν προσεῖναι γραφεῖον, παραγραφίδα, καλαμίδα, πυξίον· εἴρηται μὲν γὰρ καὶ ἐπὶ ζωγράφου τοῦ-

56 1. ἀμαράγαν ABC. 57 4. πέλλας ante Iungermannum. 5. δελτία ὡς] δελτίδια. δελτία μᾶλλον. ὡς A. 58 8. ἐς τὰς πινακίδας διαμπερέως ὅτι κἂν λέγοι τὰ γράμματα ἑρμηνεύς ante Bentleium et M. 10. ἐπὼν?

νομα ἐν Ἀναξανδρίδου Ζωγράφοις ἢ Γεωγράφοις (ἑκατέ-
ρως γὰρ ἐπιγράφεται τὸ δρᾶμα) «πυξίον λαβὼν κάθου,»
οὐδὲν δὲ κωλύει καὶ εἰς ταύτην αὐτὸ τὴν χρῆσιν τὴν ἐπὶ 60
τῷ γράφειν ὑφ᾽ ἡμῶν ἄγεσθαι, ἐπεὶ καὶ Ἀριστοφάνης οὕτω
κέχρηται. προσθετέον δὲ τοῖς εἰρημένοις μέλαν, μελανοδό-
χον, καλάμους. εἰ δὲ καὶ τὸ ἀναλογεῖον ἐθέλοις προσονο-
μάζειν, οὕτω μὲν ἐπὶ τοῦ τοῖς βιβλίοις ὑποκεισομένου παρ᾽
οὐδενὶ τῶν κεκριμένων εὗρον, Ἀθήνησι δὲ ἦν ὑπὲρ ὑδρείου
τινός, οὗ τὸ ὕδωρ ἐπεξεχεῖτο, ποίημα καὶ ἀνάθημα Διογέ-
νους, ὃ καὶ Διογένειον ἀναλογεῖον ἐκαλεῖτο. παρὰ μέντοι
Ἐρατοσθένει ἐν τοῖς περὶ κωμῳδίας, ὡς ἔχοιμέν τινα τοῦ
ὀνόματος τοῦδε ἀποστροφήν, εὕροις ἂν τοὔνομα ἐπὶ τοῦ
σκεύους τοῦ τοῖς βιβλίοις χρησίμου.

Δικάζειν μὲν οὖν ὁπότε δέοι, σκεύη ἂν εἴη δικα- 61
στικὰ κλεψύδρα καὶ προχοίδιον καὶ δίσκοι καὶ ψῆφοι, καὶ
ἡλίσκος ἐπικρούειν τὴν κλεψύδραν· τὸν γὰρ ἧλον καὶ ἡλί-
σκον ἐν Ἥρωσιν Ἀριστοφάνης κέκληκεν. οὗ γὰρ τὰ Ἀττικά,
κημοὶ καὶ καδίσκοι καὶ ἐχῖνοι. κιβώτια δ᾽ ἴσως γραμματο-
φόρα καὶ γραμματεῖα καὶ κάλαμοι γραφεῖς, καὶ κληρωτή-
ριον· εἰ γὰρ καὶ ἐπὶ τοῦ τόπου ἔοικεν εἰρῆσθαι τοὔνομα
ἐν τῷ Γήραι Ἀριστοφάνους, ἀλλὰ καὶ ἐπὶ τοῦ ἀγγείου ἂν
ἐναρμόσειεν.

Ἐπὶ δὲ γυμνάσιον ἐντεῦθεν τραπομένῳ λήκυθος 62
ἐλαιηρά τις ἔστω ἢ καὶ ληκύθιον, καὶ στλεγγίδες. καὶ ξυ-
στίδας δ᾽ αὐτὰς ἄν τις εἴποι· ἔν τε γὰρ ταῖς Ἐπιχάρμου
Νήσοις εὕρηται τοὔνομα, καὶ Δίφιλός που ἐν Κιθαρῳδῷ
ἀνδρὶ εἴρηκεν

λήκυθον ξύστιν τ᾽ ἔχεις;
ἐγὼ δὲ καὶ ξύστραν.
καὶ αὐτοληκύθους δέ τινας Δημοσθένης ἐν τῷ κατὰ Κό-
νωνος ὀνομάζει, οὓς σαφέστερον ἄν τις ἐν τῷ Ἀντιφάνους
Ἀθάμαντι κεκλῆσθαι λέγοι, εἰπόντος

χλαμύδα καὶ λόγχην ἔχων,
ἀξυνακόλουθος, ξηρός, αὐτολήκυθος.

---

61 4. οὗ] καὶ *A*.　　62 1. τραπομένων vulgo.　　12. ξυνακόλουθος
ante Salmasium.

63   Καὶ μέντοι τῶν ἐν αὐτῷ τῷ βαλανείῳ σκευῶν ὀνό-
ματα ἀσάμινθος, πύελος, κρουνός, ἀρύταινα, ἀρύβαλλος,
κατάχυτλον, Ἀριστοφάνους μὲν εἰπόντος

    βαλανεὺς δ᾽ ὠθεῖ ταῖς ἀρυταίναις,
καὶ αὖ πάλιν

    εἶτα κατασπένδειν κατὰ τῆς κεφαλῆς ἀρυβάλλῳ,
Εὐπόλιδος δ᾽ ἐν Χρυσῷ γένει

    ἀλλ᾽ ὦ φίλε Ζεῦ κατάχυτλον τὴν ῥῖν᾽ ἔχεις.
πύελον δ᾽ ὁμοίως ἐν Ταξιάρχοις·

    ὅστις πύελον ἥκεις ἔχων καὶ χαλκίον   .
    ὥσπερ λεχὼ στρατιῶτις ἐξ Ἰωνίας·
καὶ γὰρ τὸ χαλκίον ἕν τι τῶν λουτρῶν, ὥσπερ καὶ λέβης
64 καὶ τρίπους ὁ ἐμπυριβήτης. ἀσάμινθον δ᾽ Ὅμηρος,

    ἔς ῥ᾽ ἀσαμίνθους βάντες ἐυξέστας λούσαντο·
καίτοι ἔν γε τοῖς Κρατίνου Χείρωσι τὴν ἀσάμινθον κιβω-
τὸν νοοῦσιν, ἔνιοι δὲ ἔκπωμα.

    τῶν δὲ γυμνασίοις προσηκόντων σκευῶν καὶ σάκτας
ἐστὶ καὶ μάρσιππος καὶ σάκκος, καὶ κυνοῦχος ὑποδέξασθαι
τὰ ἱμάτια, καί που καὶ συρία καὶ σύρα ἡ ἄκναπτος, καὶ
κόνεως σπυρίς, καὶ ἁλτῆρες καὶ τροχοὶ καὶ δίσκοι καὶ ἀπο-
τομάδες καὶ ὠμόλινον, οὐ Κρατίνου μόνον εἰπόντος τὸ
ὠμόλινον, ἀλλὰ καὶ Αἰσχύλου ἐν Προμηθεῖ Πυρκαεῖ,

    λινᾶ δέ, πίσσα κὠμολίνου μακροὶ τόνοι.

65   Εἰσελθόντι δὲ μετὰ γυμνάσιον, εἰ καὶ πρὸ τοῦ πιεῖν
θυτέον τε καὶ σπειστέον, θυμιατήριον ἄν τίς σοι προσ-
κομίζοι· τὸ δ᾽ αὐτὸ καὶ ἐσχάριον, οἶμαι, καλεῖται, ὥς που
ἀμέλει ὁ μείζων βωμὸς ἐσχάρα. καί που καὶ σπονδεῖον, ᾧ τὸν
οἶνον ἐπισπένδεις, καὶ λοιβεῖον, ᾧ τοὔλαιον· καὶ σφαγεῖον,
εἰ θύεις, ὑφέξει τις τῷ τῶν ἱερείων αἵματι. καὶ κανοῦν δὲ
ἀναγκαῖον ὑπεῖναι καὶ χέρνιβας καὶ χερνιβεῖον, εἰπόντος
Ἀντιφάνους ἐν Βουσίριδι

    τὸ χερνιβεῖον πρῶτον· ἡ πομπὴ σαφής.

66   Τραπομένῳ δ᾽ ἐπὶ τὸ πίνειν, ἵνα μὲν τὸ ὕδωρ θερ-
μαίνεται, θερμαντῆρες θέρμαυστρις θερμαστρίς, χαλκία

θερμαντήρια, ἐσχαρίδες, λέβητες λεβητάρια ἱπνολεβήτια· ἐκπώματα δὲ καὶ ἐκπωμάτια καὶ ποτήρια καὶ κώθωνες καὶ κότυλοι καὶ κοτυλίσκοι καὶ φιάλαι καὶ κύλικες καὶ κυλίσκαι καὶ κυλίσκια καὶ σκύφοι καὶ τὰ πολλὰ εἴδη τῶν ἐκπωμάτων ἐστὶ προειρημένα. προσθετέον δὲ τὰς ἐν Θράτταις Κρα- 67 τίνου πέλιχας, ἢ κύλικας ἢ προχοίδια εἶναι δοκούσας, καὶ τὴν ἐν Ἀριστοφάνους Σκηνὰς καταλαμβανούσαις

λήκυθον

τὴν ἑπτακότυλον, τὴν χυτρεᾶν, τὴν ἀγκύλην, ἢν ἐφερόμην ἵν' ἔχοιμι συνθεάτριαν·

εἴρηται γὰρ νῦν ἐπὶ ἐκπώματος, ὥσπερ καὶ τὸ παρὰ τῷ Κρατίνῳ ἐν Πυτίνῃ οἰνηρὸν ὀξύβαφον, καὶ τὸ ἐν Ἀντιφάνους Μύστιδι,

ἐξ ὀξυβαφίων κεραμεῶν ἐπίνομεν.

ἐν δὲ Ἀχαρνεῦσιν Ἀριστοφάνους   68

ἐξ ὑαλίνων ἐκπωμάτων καὶ χρυσίδων.

τὸ δὲ καλούμενον κυρίλλιον πρὸς τῶν Ἀσιανῶν βομβύλιον μὲν Ἀντισθένης εἴρηκεν ἐν τῷ Προτρεπτικῷ, οἱ δὲ καὶ σύστομον αὐτὸ ὀνομάζουσιν. τὸ δὲ σύστομον ὄνομα φιλήματός ἐστιν ἐν τοῖς Τηλεκλείδου Ἀψευδέσι μετ' ἄλλων πολλῶν εἰρημένον· μήποτ' οὖν βέλτιον στενόστομον αὐτὸ καλεῖν, εἴρηται δὲ τοὔνομα ἐπὶ ἀμφορέως ἐν σατυρικῷ δράματι Κήρυξι τοῖς Αἰσχύλου,

στενόστομον τὸ τεῦχος.

ἔξεστι δὲ τὴν τράπεζαν, ἐφ' ᾗ τὰ ἐκπώματα κατάκειται, τε- 69 τράπουν τε τράπεζαν εἰπεῖν καὶ μονόπουν, καὶ εἴ τις βούλοιτο φιλοτιμεῖσθαι πρὸς τὴν καινότητα τῆς χρήσεως, τραπεζοφόρον. οὐκ ἐπὶ τούτου μὲν γὰρ εὗρον τοὔνομα ἐν τοῖς Ἀριστοφάνους Γεωργοῖς· ἐπεὶ δ' οὖν εἴρηται ὁ τραπεζοφόρος, ἔστι καταχρῆσθαι τῷ ὀνόματι ἐκεῖ ῥηθέντι ἐπὶ τοῦ τὴν τράπεζαν φέροντος, ᾗ ἐπῆσαν τοῖς ἄρχουσιν αἱ μυρρίναι.

τούτοις δὲ προσακτέον τὰ τῶν οἴνων ἀγγεῖα, οἰνο- 70 φόρα, ἀκρατοφόρα, ἀμφορεῖς καὶ ἀμφορίσκους, κάδους καὶ καδίσκους· Ἀνακρέων γοῦν ἔφη

---

67 5. χυτραίαν τὴν κάλην ante Lobeckium.   68 3. βηρύλλιον *A*.

27

οἴνου δ' ἐξέπιον κάδον,

καὶ Ἡρόδοτος «καὶ Φοινικίου οἴνου κάδον,» Κρατῖνος δ'
ἐν Πυτίνῃ

τοὺς μὲν ἐκ προχοιδίου,
τοὺς δ' ἐκ καδίσκου.

ἀλλὰ μὴν καὶ μετρητὴν τὸν ἀμφορέα κεκλῆσθαί φησιν ἐν
τῇ Δωδεκάτῃ Φιλύλλιος·

σοὶ μὲν οὖν τήνδ' ἀμφορεῦ
71   δίδωμι τιμήν, πρῶτα μὲν τοῦτ' αὖτ' ἔχειν
ὄνομα μετρητὴν μετριότητος οὕνεκα.

καὶ Δημοσθένης δὲ ἐν τῷ πρὸς Φαίνιππον οἴνου μετρητὰς
ἔφη. Φιλόχορος δὲ ἐν τῇ Ἀτθίδι παρὰ τοῖς παλαιοῖς φησὶ
τὸν ἀμφορέα καλεῖσθαι κάδον καὶ τὸ ἡμιαμφόριον ἡμικά-
διον· Ἐπίχαρμος μέντοι ἐν Φιλοκλίνῃ διακρίνειν ἔοικε κά-
δον καὶ ἀμφορέα, εἰπὼν

οὔτ' ἐν κάδῳ δηλοίμην οὔτ' ἐν ἀμφορεῖ.

ἐκ δὲ τῶν οἰνοφόρων ἀγγείων ἀσκὸς καὶ ἀσκίδιον, ὡς ἐν
72 Ἀχαρνεῦσιν Ἀριστοφάνης ἔφη, καὶ πυτίνη, καὶ λάγυνος καὶ
λαγύνιον· Δίφιλος δ' ἄμφω λέγει, τὸ μὲν ἐν τῇ Ἑκάτῃ πολ-
λάκις, τὸ δὲ λαγύνιον ἐν Ἀδελφοῖς. καὶ κρατὴρ καὶ κρα-
τηρίδιον καὶ κρατήριον, καὶ στάμνος καὶ σταμνίον. καὶ ἔνιοι
μὲν οὕτως οἴονται καλεῖσθαι μόνον τὸ Θάσιον, Ἀριστοφά-
νης δὲ ἐν Τελμισσεῦσι λέγει

οἴνου τε Χίου στάμνον ἥκειν καὶ μύρον·

καὶ οὐ μόνον ἐπὶ τοῦ Χίου τὸν στάμνον εἴρηκεν, ἀλλὰ καὶ
ἐπὶ τοῦ Θασίου ἐν τοῖς Ἀχαρνεῦσι «τὰ Θάσι' ἀμφορείδια.»
73 Εὔπολις δ' ἐν τῷ Μαρικᾷ καὶ σταμνάριον εἴρηκεν. ἐν δὲ
τούτοις ὀνομάζεται καὶ βῖκος καὶ κοτύλη καὶ χοῦς· ἔνιοι
μέντοι τὸν χοῦν καὶ πελίκην κεκλῆσθαι νομίζουσι, καὶ εἶ-
ναι τοὔνομα Βοιωτικόν. ἀλλὰ καὶ ἀσκοπυτίνη· καὶ γὰρ τοῦτ'
ἄν τις εὕροι ἐν Ἀντιφάνους Μελεάγρῳ, «ἀσκοπυτίνην τινὰ
δίψους ἀρωγόν»· καὶ Μένανδρος δ' ἐν Καρχηδονίῳ κέχρη-
ται τῷ ὀνόματι. ἐν δὲ τοῖς ἀγγείοις τάττοιντ' ἂν καὶ ἃς

---

72 2. Δίφιλος] cf. M 3 p. 283.   73 3. πέλυκιν AB.   7. τάτ-
τοιτ' vulgo.

εἴρηκεν Ἀριστοφάνης ἐν Ὁλκάσιν ὕρχας οἴνου· ἐν δὲ τῷ 74
Γήρᾳ ἔφη

ὑδρίαν δανείζειν πεντέχουν ἢ μείζονα,

ὥστ᾽ οὐ μόνον ὕδατος ἀλλὰ καὶ οἴνου ἂν εἴη ἀγγεῖον ἡ
ὑδρία, ἣν καὶ φιδακνίδα ἄν τις εἴποι καὶ φεναχνίδα, ὡς
ἐν τοῖς Δημιοπράτοις, τάχα δὲ καὶ πλημοχόην· ἔστι δὲ κε‑
ραμεοῦν ἀγγεῖον, οὐκ ἔχον ὀξὺν τὸν πυθμένα ἀλλ᾽ ἑδραῖόν
τε καὶ στάσιμον, ᾧ χρῶνται τῇ τελευταίᾳ τῶν μυστηρίων,
ἣν ἀπ᾽ αὐτοῦ καλοῦσι πλημοχόην. ἐν τούτοις δ᾽ ἔστι καὶ
ψυκτήρ. ᾧ δὲ δεῖ ἀρύεσθαι τὸν οἶνον, ἔστιν ἀρυστὴρ καὶ 75
ἀρύστιχος καὶ κύαθος καὶ οἰνοχόη καὶ οἰνήρυσις καὶ ἔφη‑
βος καὶ λεπαστή· ὅτι δὲ ἡ λεπαστὴ οὐκ ἔκπωμα μόνον
ἐστὶν ἀλλὰ καὶ οἰνοχόη, σαφὲς Ἀριστοφάνης ἐν τῷ Γηρυ‑
τάδῃ ποιεῖ· «περιέφερε δὲ κύκλῳ λεπαστὴν ἡμῖν ταχὺ προσ‑
φέρων παῖς, ἐνέχει τε.» ἔστι δ᾽ ἐν τούτοις καὶ ὁ σίφων,
καὶ τὸ παρ᾽ Ἀριστοφάνει γευστήριον·

τρέχ᾽ ἐς τὸν οἶνον ἀμφορέα κενὸν λαβὼν
τῶν ἔνδοθεν καὶ βύσμα καὶ γευστήριον.

ἐκ δὲ τούτων καὶ ἡ χώνη, ὅταν εἴπῃ Φερεκράτης ἐν Με‑
ταλλεῦσι

κύλικας οἴνου μέλανος ἀνθοσμίου
ἤντλουν διὰ χώνης·

καὶ ὁ τρύγοιπος, καὶ ὁ σάκκος ἐπὶ τοῦ τρυγοίπου εἰρημέ‑
νος, καὶ ὁ ὑλιστήρ. Ἱππῶναξ δέ φησι

στάζουσιν ὥσπερεὶ τροπηίου σάκκος.

Καὶ μὴν ὅτῳ φίλον ἀποβλύζειν πιόντι καὶ ἀπεμεῖν, 76
ὅπερ οἱ πολλοὶ ἀποκοτταβίζειν καλοῦσιν, εὐτρεπιστέα τούτῳ
λεκάνη τις ὑποδέξασθαι τὸ ἐπαναπλέον τοῦ ποτοῦ· καὶ γὰρ
ἵνα ἐξεμοῦσι, καὶ τοῦτο λεκάνην ὠνόμαζον, ὡς Κρατῖνος
μὲν ἐν Ὥραις ἔφη

μῶν βδελυγμία σ᾽ ἔχει;
πτερὸν ταχέως τις καὶ λεκάνην ἐνεγκάτω.

Πολύζηλος δὲ ἐν Δημοτυνδάρεῳ

---

74 2. ἔφη Bentleius pro ἐφ᾽.   75 1. δὲ add Iungermannus.   6. τε
additum ex Athenaeo.   8. κοινὸν libri: correctum ex Suida.   16. ἐς
τροπήιον σάκος ante Dobreum et M.

λεκανίῳ γὰρ
πρῶτον μὲν ἐναπονίψεις,
ἐνεξεμεῖς, ἐνεκπλυνεῖς,
ἐναποπατήσεις, Κλεινία,

ὥστε καὶ λεκάνιον τουτὶ τὸ ἀγγεῖον κλητέον. ἔξεστι δ' αὐτὸ
καὶ λέβητα καὶ λεβήτιον καλέσαι. καὶ σκάφην εἶπεν ἐν τῷ
Ἀναγύρῳ Ἀριστοφάνης· «καὶ ἡμισκάφης δ' ὡς ἐν τι ἐνποδι-
λονίων ἐμοῦμεν.»

77 ταὐτὸν δ' ἄν τις εἴποι τοῦτο καὶ περὶ ἐκείνου τοῦ σκεύ-
ους ᾧ τοὺς πόδας ἐναπονιπτόμεθα· λεκάνην τε γὰρ αὐτὸ
ὀνομαστέον καὶ λέβητα, Ὁμήρου εἰπόντος

ὡς ἄρ' ἔφη, γρηῢς δὲ λέβηθ' ἕλε παμφανόωντα,
τῷ πόδας ἐξαπένιζεν, ὕδωρ δ' ἐπεχεύατο πουλύ.

ἔξεστι δὲ καὶ σκάφην ὀνομάσαι κατ' Αἰσχύλον [που σκά-
φην] εἰπόντα ἐν Σισύφῳ

78 καὶ νίπτρα δὴ χρὴ θεοφόρων ποδῶν φέρειν.

λεοντοβάμων ποῦ σκάφη χαλκήλατος;

καλεῖται μέντοι καὶ ποδανιπτὴρ οὐ παρ' Ἡροδότῳ μόνον
ἀλλὰ καὶ ἐν Διοκλέους Βάκχαις·

ὑδρία τις ἢ χαλκοῦς ποδανίπτηρ ἢ λέβης.

τὸ δὲ ἀπ' αὐτοῦ ὕδωρ νίπτρον ἢ λούτριον ἢ ποδάνιπτρον,
ὡς ἐν Ἥρωσιν Ἀριστοφάνης λέγει. ἰστέον δὲ ὅτι τὴν λεκά-
νην πέλλιν οἱ τραγῳδοὶ καλοῦσιν, οἱ δ' Αἰολεῖς πέλικα, μά-
λιστα τὴν ξυλίνην, ἀπὸ τοῦ πεπελεχῆσθαι· ἵνα δὲ ἐναπο-
πλύνεται τὰ ἐκπώματα, ὁλκαῖον, τάχα δὲ καὶ λουτήριον.

79 τὸ δ' ὑπόθημα αὐτοῦ τάχα καὶ ὑπόστατον κλητέον, ὡς ἐν
τοῖς Δημιοπράτοις εὑρίσκεται τοὔνομα ἐπὶ πάντων ὑποθη-
μάτων, ἴσως δὲ καὶ καθ' Ὅμηρον ὑπόκυκλον, εἰπόντα

χρυσέα δέ σφ' ὑπόκυκλα ἑκάστῳ πυθμένι θῆκεν.

τὸν δὲ πυθμένα καὶ πύνδακα ἄλλοι τε καὶ Φερεκράτης ἐν
Λήροις·

λαβοῦσα μὲν τῆς χοίνικος τὸν πύνδακ' εἰσέκρουσεν.

Ἀριστοφάνης γοῦν ἐν Δράμασιν ἢ Κενταύρῳ «ἐσκρουσα-

76 4. ἐναποβάσεις κυανία ante Bentleium et Dobreum. 7. καὶ μὴν
σκαφή 'σθ', ὡς ἄν τι ἢ σπονδεῖον, ᾧ 'νεμοῦμεν Bergkius. 78 5. ἢ alte-
rum add Bentleius. 79 8. ἐκκρουσαμένους ante M.

μένους τοὺς πύνδακας» εἴρηκεν, τὴν δ' ἀπύθμενον κύλικα
ἐν Τριπτολέμῳ Σοφοκλῆς ἀπυνδάκωτον ὠνόμασεν·
ἀπυνδάκωτος οὐ τραπεζοῦται κύλιξ.

Ἡ δὲ ὑποκειμένη τοῖς ὄψοις τ ρ ά π ε ζ α καὶ τρίπους 80
ἂν καλοῖτο· εἴρηκε γοῦν Ἀριστοφάνης ἐν Τελμισσεῦσι
καὶ πόθεν ἐγὼ τρίπουν τράπεζαν λήψομαι;
καὶ ἐν Ἐκκλησιαζούσαις
καὶ τὼ τρίποδ' ἐξένεγκε καὶ τὴν λήκυθον.
εἴρηνται δὲ οἱ τρίποδες καὶ παρὰ Ξενοφῶντι ἐν τῇ Ἀναβά-
σει, ὥσπερ καὶ τριπόδια, ὡς ἐν Ἱπποκόμῳ Μενάνδρου
τὰ δ' ἐκ μέσου τριπόδια καὶ τραγήματα.
τὸ δ' ἐπίθημα τοῦ τρίποδος κύκλον καὶ ὅλμον προσήκει 81
καλεῖν, ἐπεὶ καὶ τοῦ Δελφικοῦ τρίποδος τὸ ἐπίθημα, ᾧ ἐγ-
κάθηται ἡ προφῆτις, ὅλμος καλεῖται, ὡς τὰ μέσα τοῦ ἐμ-
πύρου τρίποδος γάστρα καθ' Ὅμηρον. ἐν δὲ τοῖς Δημιο-
πράτοις καὶ τράπεζά τις μονόκυκλος πέπραται. καὶ μὴν καὶ
τὰ ἐπιτιθέμενα τοῖς τρίποσι τράπεζαι καλοῦνται, καὶ μαγί-
δες, ὅστις χρῆσθαι βούλοιτο τῷ ὀνόματι κυρίως ῥηθέντι
ἐπὶ τῆς μάκτρας ἢ ἐπὶ τῆς τὰ ἱερὰ δεῖπνα ἢ τὰ πρὸς θυ-
σίαν φερούσης, ὡς παρὰ Σοφοκλεῖ εἴρηται «τὰς Ἑκαταίας
μαγίδας δόρπων.» Κρατῖνος δ' ἐν Βουσίριδι εἴρηκεν 82
ὁ βοῦς ἐκεῖνος χἠ μαγὶς καὶ τἄλφιτα.
παρὰ μέντοι Ἐπιχάρμῳ ἐν Πύρρᾳ ἢ Προμηθεῖ καὶ κατὰ
τὴν ἀνθρωπίνην χρῆσιν εἴρηται, «κύλικα μαγίδα λίχνον.»
σκεύη δὲ τραπεζῶν τὰ πρὸς τροφῆς ὑπηρεσίαν κύκλοι, τεύχη,
χεύματα, κοῖλοι πίνακες, πίνακες ἐκπέταλοι ἢ ὕπτιοι ἢ κυκ-
λοτερεῖς, καί που καὶ πινακίσκοι τινὲς ἰχθυηροί. Ἀριστο-
φάνης δ' ἔοικε διαιρεῖν τινὰς ἀπύρους καὶ ἐμπύρους πινα-
κίσκους, ὡς ὅταν φῇ ἐν Τελμισσεῦσι «πινακίσκον ἄπυρον
ἰχθυηρόν.» τάχα δ' εἴποι τις ἂν καὶ πινάκια· οὐ φαῦλον 83
γὰρ χρῆσθαι τούτῳ τῷ ὀνόματι. ἐπὶ μὲν γὰρ τῶν ὀψοφό-
ρων σκευῶν οὐ μέμνημαι παρά τινι εὑρών, ἐπὶ δὲ τῶν παρὰ
ζωγράφοις Ἰσοκράτους εἰπόντος τὰ πινάκια, οὐδὲν κωλύει
ὑποκόρισμα τῶν πινάκων εἶναι δοκοῦν τοὔνομα κατὰ τὴν
ὑπὸ τῆς συνηθείας γνῶσιν εἰς χρῆσιν ἐλθεῖν, ἐπεὶ καὶ οἱ
πίνακες αὐτοὶ οὐ μόνον τὸ ὑπὸ τοῖς ὄψοις δηλοῦσιν ἀγ-
γεῖον, ἀλλὰ καὶ δέλτον παρ' Ὁμήρῳ καὶ σανίδα ἄλυτον

84 καὶ που καὶ τὰ τῶν ζωγράφων πινάκια, ὡς καὶ ἐν τοῖς Δη-
μιοπράτοις ἔστιν εὑρεῖν, «καὶ πίναξ ποικίλος ἀπ᾽ ὀροφῆς,
καὶ πίναξ ἕτερος γεγραμμένος.» ἐκεῖ δὲ που καὶ πίνακες
μαζηροὶ πέπρανται, ἐν δ᾽ Ἀντιφάνους Ἀφροδίτης Γοναῖς καὶ
πινακίσκιον ἔστιν εἰρημένον. τοῖς δ᾽ ἀγγείοις προσαριθμη-
τέον λεκάνας λεκάνια λεκανίδια λεκανίδας λεκανίσκας, κά-
85 ναστρα, μαζονομεῖα, τὰ μὲν μαζονομεῖα Ἀριστοφάνους εἰ-
πόντος ἐν Ὁλκάσι, τὰ δὲ κάναστρα τοῦ ποιήσαντος τοὺς
Κεραμέας, οὕς τινες Ἡσιόδῳ προσνέμουσιν· λέγει γοῦν

εὖ δὲ περανθεῖεν κότυλοι καὶ πάντα κάναστρα·

γίνεται δ᾽ οὐ κεράμεα μόνον ἀλλὰ καὶ ἄλλης ὕλης, ὥσπερ
οἱ κότυλοι ὅτι καὶ ἀργυροῖ ἐγίνοντο, ἱκανὸς μηνῦσαι Ἀρι-
στοφάνης ἐν Βαβυλωνίοις εἰπὼν

δεῖ διακοσίων δραχμῶν·

πόθεν οὖν γένοιντ᾽ ἄν; τὸν κότυλον τοῦτον φέρε.
τὰ μέντοι κάναστρα φελλώδεις τινὲς πινακίσκοι εἶναι δο-
κοῦσιν, ἀφ᾽ ὧν καὶ τὸ ἐκκενῶσαι ἢ ἐκπιεῖν κανάξαι λέγουσι
καὶ ἐκκανάξαι, ὡς καὶ Εὔπολις ἐν τοῖς Φίλοις «τὴν δ᾽ αὐ-
86 τὸς ἐκκανάξει.» ἐν δὲ τοῖς Δημιοπράτοις οὐ κάναστρον μό-
νον ἀλλὰ καὶ κάνυστρον εὑρίσκομεν. ἐμβάφια, λεκάρια, τρύ-
βλια, ὀξύβαφα ὀξυβάφια· οὐ γὰρ μόνον ἐπὶ τῶν κοτταβι-
κῶν εἴρηται τὰ ὀξύβαφα, ἀλλὰ καὶ ἐπὶ τῶν εἰς τὴν ἐδώδι-
μον χρείαν, ὡς ἐν Ὄρνισιν Ἀριστοφάνης

ὀξύβαφον ἐντευθενὶ πρόσθου λαβὼν ἢ τρύβλιον,

κἄν ταῖς Φρυνίχου Μούσαις

κἂν ὀξυβάφῳ χρῆσται τρεῖς χοίνικας ἢ δύ᾽ ἀλεύρων.
καὶ λεκίδα δὲ Ἐπίχαρμος εἴρηκεν ἐν Ἥβης γάμῳ, «λεκίδα
87 κέμβάφια δύο.» ἐν δὲ Σκίρωνι καὶ πηλίνων λεκίς· ἐν δὲ
τοῖς Δημιοπράτοις λέχος εὑρίσκομεν, Ἱππώνακτος εἰπόντος

κάλειφα ῥόδινον ἡδὺ καὶ λέχος πυροῦ.

Ἱπποκράτης δὲ ἐν τῷ πρὸς τὰς Κνιδίας δόξας λεχίσκον εἴ-
ρηκεν. τὰς δὲ παροψίδας, ἡ μὲν πλείστη χρῆσις ἐλέγχει
τοὔνομα ἐπὶ μάζης ἢ ζωμοῦ τινὸς ἢ ἐδέσματος εὐτελοῦς,
ὃ ἔστι παροψήσασθαι, τεθέν· οὐ μὴν ἀλλὰ κἀπὶ τὸ ἀγγεῖον

---

85 2. τινα; ante Hemsterhusium.   86 8. χρεῖσθαι C: corr M. idem
addit μάττειν.

ἑλκτέον τὴν κλῆσιν· οὐ γὰρ ἄχθομαι τὰ συνήθη τῶν ὀνο- 88
μάτων, κᾶν παρά τινι τῶν ἧττον κεχριμένων εὕρω, παρά-
γων εἰς χρῆσιν, ἐπειδὰν ἔχω τὴν πρὸς τὸν εἰπόντα ἀποστρο-
φήν. τὸ μὲν γὰρ ἐν τῷ Μεταγένους Φιλοθύτῃ
                                                    ὡς ἂν

    πολλαῖσι παροψίσι καὶ καιναῖς εὐωχήσω τὸ θέατρον
οἶδ' ὅτι ἔστιν ἀμφίβολον· τὸ δὲ ἐν τῇ Ἀντιφάνους Βοιω-
τίᾳ σαφέστατα ἐπὶ τοῦ ἀγγείου ἐστὶν εἰρημένον,
    καλέσας τε παρατίθησιν ἐν παροψίσιν
    βολβούς.
καὶ κυλίχνας δὲ ἀγγεῖον ὀψοφόρον ἐν Ταγηνισταῖς δόξειεν
ἂν Ἀριστοφάνης λέγειν εἰπὼν
    τὸ δ' ἔτνος τοὐν ταῖς κυλίχναις τουτὶ θερμὸν καὶ
        τοῦτο παφλάζον.
    χρηστέον δὲ καὶ μυστίλαις ἢ μυστίλοις ἢ γλώτταις ἢ 89
μυστιλαρίοις ἢ κοχλιωρύχοις ἢ λιστρίοις, καὶ μαχαίρᾳ ἢ
μαχαιρίῳ ἢ μαχαιρίδι. ἡ μαχαιρὶς μὲν γὰρ ὡς ἐπὶ τὸ πολὺ
ἐπὶ τῆς κουρίδος· ἀλλ' ὅταν Φερεκράτης ἐν Κραπατά-
λοις φῇ
    μάχαιραν ἆρ' ἐνέθηκας; οὔ. τί μ' εἴργασαι;
    ἀμάχαιρος ἐπὶ βόεια νοστήσω κρέα,
    ἀνὴρ γέρων ἀνόδοντος.
ἀπὸ γοῦν τῆς μαχαίρας καὶ τῇ μαχαιρίδι χρηστέον· ἐν δὲ 90
τοῖς Δημιοπράτοις εὑρήκαμεν μαχαίρια ἐλεφάντινα καὶ μα-
χαίρια κεράτινα.
    καὶ χέρνιβα δὲ καὶ λέβητα καὶ πρόχουν καὶ χερνίβιον,
ἀναγκαῖα καὶ ταῦτα, ἐκ τῆς παρ' Ὁμήρῳ χρήσεως,
    χέρνιβα δ' ἀμφίπολος πρόχοόν τ' ἐν χερσὶν ἔχουσα.
ῥητέον δ' αὐτὸ καὶ χειρόνιπτρον, Εὐπόλιδος εἰπόντος ἐν
Κόλαξι «φροῦδον τὸ χειρόνιπτρον.» οἷς ἐπακτέον καὶ σπόγ-
γους καὶ σπογγίας.   ἐπὶ δὲ τούτοις κανᾶ καὶ κάνητα καὶ
κανίσκια. καὶ κάνητα μὲν Κράτης ἐν Ἥρωσιν εἶπεν,
    ὁ κάνης δὲ τῆς κοίτης ὑπερέχειν μοι δοκεῖ·
Ἀριστοφάνης δ' ἐν Ἀχαρνεῦσι κανοῦν, ἐν δὲ Γηρυτάδῃ «ἄλ- 91
λος δ' εἰσέφερε πλεκτῷ κανισκίῳ ἄρτων περίλοιπα θρύμ-

---

88 13. τοὐν Dindorfius pro ἐν.   91 1. κάνητος libri.

ματα.» καὶ κανοῦν δὲ ἀρτοφόρον. εἴποις δ᾽ ἂν καὶ κίστην
ὀψοφόρον, ὅθεν καὶ

μήτηρ δ᾽ ἐν κίστῃ ἐτίθει περικαλλέ᾽ ἐδωδήν.

καὶ που καὶ κοίτην, ὡς ἔν τε τοῖς Βάπταις Εὐπόλιδος

ἀλλὰ τὰς κοίτας γ᾽ ἔχουσι πλουσίως σεσαγμένας,

καὶ ἐν Φερεκράτους Μυρμηκανθρώποις,

ἀλλὰ καὶ κοίταις ἐν ἐμαῖσιν ἀπόκειθ᾽ ἃ μέλλομεν
ἀριστήσειν.

ἐν δὲ τῇ Ἴωνος Ἀλκμήνῃ ὁ εἰς τὴν τῆς τροφῆς παρασκευὴν
θύλακος σάγη ὠνόμασται. καὶ σπυρίδα δὲ ὀψωνιοδόχον πλεκ-
τὴν σχοῖνον ἐν Ἀμφιάρεῳ Ἀριστοφάνης ἔφη· ἐν δὲ Ἀχαρ-
νεῦσι σπυρίδιον, ὃ καὶ πλέκος εἴρηκε παρατραγῳδῶν.

καὶ τὰ μὲν τῶν ἡδυσμάτων ἀγγεῖα ἐρεῖς κυψέλας, ὀξί-
δας, καὶ τὴν ἐλαιηρὰν ἐπίχυσιν, ἣν Εὔπολις μακρὸν χαλ-
κίον ὠνόμασεν. καὶ Ἀριστοφάνης δ᾽ ἐν Ἀχαρνεῦσιν ἔφη

κατάχει σύ, παῖ, τοὔλαιον ἐκ τοῦ χαλκίου.

τὸ δὲ ὄνομα ἡ ἐπίχυσις εἴρηται ἐν Ἀριστοφάνους Δαιτα-
λεῦσιν· ἐν δὲ Ταγηνισταῖς ὠνόμασταί τι καὶ μελιτήριον
ἄγγος. εἴποις δ᾽ ἂν καὶ τὴν ἡδυσματοθήκην κυμινοδόχον,
Νικοχάρους εἰπόντος ἐν Γαλατείᾳ

σοφαῖσι παλάμαις τεκτόνων εἰργασμένον,

καὶ πόλλ᾽ ἐν αὐτῷ λέπτ᾽ ἔχον καδίσκια

κυμινοδόχον,

καὶ κυμινοδόχην. καὶ κυμινοθήκη δ᾽ ἐν τοῖς Δημιοπράτοις
ἐστὶν εἰρημένη, ἐν δὲ τῷ τοῦ Γελῴου Ἀπολλοδώρου Γραμ-
ματειδιοποιῷ κυμινοδόκη·

μεταξὺ τῶν λόγων δέ, τουτί μοι δοκεῖ

κυμινοδόκην, οὐ γραμματεῖον περιφέρειν.

εἰ δὲ ἐπὶ ταῖς ἑστιάσεσιν ἕν τι τῶν ἀναγκαίων καὶ ἡ
ῥιπίς, εἴρηται μὲν ἐπὶ τῆς ῥιπιζούσης τοὺς ἄνθρακας ἐν
Ἀχαρνεῦσιν Ἀριστοφάνους,

τὴν ἐσχάραν μοι δεῦρο καὶ τὴν ῥιπίδα,

οὐδὲν δὲ κωλύει καὶ ἐπὶ τῆς τὰς μυίας ἀποσοβούσης κατα-

---

91 5. ἀλλὰ] καὶ A. || γ᾽] οὐκ A.   7. καὶ κοίτας τὰς ἐν ἐμοὶ ἀπο-
βανθ᾽ F: corr M.   92 2. ὀψωναδόκων C.   4. πλεκτὸν ante Iunger-
mannum.   93 4. σοφαῖς et τέκτονος ante M.   94 3. ἀνασοβούσης C.

χρῆσθαι τῷ ὀνόματι· καίτοι καὶ τὴν μυιοσόβην ἔν τε ταῖς
Μενάνδρου Φιλαδέλφοις ἔστιν εὑρεῖν καὶ ἐν Ἀναξίππου Κι-
θαρῳδῷ,

μυιοσόβην λαβὼν παράστηθ' ἐνθάδε.

Προσαριθμητέον δὲ τούτοις καὶ τὰ τοῦ μαγείρου 95
σκεύη, χύτρας χυτρίδια χυτρίδας (ζετραίαν δὲ τὴν χύτραν
οἱ Θρᾷκες καλοῦσι), λοπάδας λοπάδια, ἐχίνους ἐχινίσκους,
χαλκία χαλκίδια, ἐσχάρας, ἐσχάρας ἰχθυοπτρίδας, ἐσχαρί-
δας, λέβητας λεβήτια λεβητάρια, ὀβελοὺς καὶ ὀβελοὺς βου-
πόρους καὶ ὀβελίσκους, ὡς Ἀριστοφάνης ἐν Ἀχαρνεῦσιν

φέρε τοὺς ὀβελίσκους, ἵνα πήξω τὰς κίχλας·
ἐν δὲ τοῖς Δημιοπράτοις πέπραται καὶ ἄρτημα ὀβελίσκων. 96
καὶ κρατευτὰς δὲ καὶ κρατευτήρια ἐρεῖς, καὶ ὡς ἐν τοῖς Δη-
μιοπράτοις ἔστιν εὑρεῖν, μολυβδοκρατευτάς. τὰ μὲν οὖν δη-
μιόπρατα, οὐ μόνον τοὔνομα παρ' Ἀριστοφάνει ἐν τοῖς Ἱπ-
πεῦσιν ἔστιν,

ἐπίπαστα λείχων δημιόπραθ' ὁ βάσκανος,
ἀλλὰ καὶ παρὰ τοῖς ἄλλοις κωμῳδοδιδασκάλοις· πρὸς δὲ
καὶ Λυσίᾳ λόγος ἔστιν ὑπὲρ τῶν δημιοπράτων πρὸς Εὐ- 97
θίαν. ἐν δὲ ταῖς Ἀττικαῖς στήλαις, αἳ κεῖνται ἐν Ἐλευσῖνι,
τὰ τῶν ἀσεβησάντων περὶ τὼ θεὼ δημοσίᾳ πραθέντα
ἀναγέγραπται· ἐν αἷς ἄλλα τε πολλὰ σκεύη ἐστὶν ὠνομα-
σμένα καὶ μολυβδοκρατευταί· καὶ Εὔπολις δὲ ἐν τοῖς Κό-
λαξιν ἔφη μολυβδίνους κρατευτάς.

τῶν δὲ μαγείρου σκευῶν καὶ κοπίδες καὶ σφαγίδες, καὶ
σφάγιον, ᾧ ὑποδέχονται τὸ αἷμα τῶν ἱερείων· τὸ γὰρ σφά-
κτρον τέλους ὄνομα ἦν ἐπὶ τοῦ καταβαλλομένου ὑπὲρ τῶν
θυομένων οὕτως ἐπονομασθέν. μαγείρου δὲ σκεύη καὶ το-
ρύνη καὶ ἐόργη καὶ εὐέργη· τὸ δὲ ῥῆμα τὸ τετορύνηκας 98
ἔστιν ἐν Εὐβούλου Παρμενίσκῳ. ἐκ δὲ τῶν σκευῶν καὶ ἐτ-
νήρυσις καὶ ζωμήρυσις, καὶ κρεάγρα καὶ ἁρπάγη καὶ λύκος
καὶ ἐξαυστήρ, καὶ λίστρον καὶ λιστρίον, ὅ τινες ταγηνο-
στρόφιον, καὶ τάγηνον δέ. ἀλλὰ μὴν καὶ τήγανον ἂν ἔχοις
εὑρεῖν εἰρημένον ἐν Εἵλωσιν Εὐπόλιδος, καὶ ἐν Τηλεκλεί-
δου Ἀψευδέσιν

τὰ δὲ τήγανα

σίζοντά σοι μολύνεται.

ὑπόφαυλοι γὰρ οἱ ἐν Ἱπποκόμῳ Μενάνδρου τηγανισμοί.
τὸ μέντοι ῥῆμα τὸ τηγανίζεσθαι ἔστιν ἐν Ἀποκλειομένῃ
99 Ποσειδίππου· καίτοι τό γε δρᾶμα Ἀριστοφάνους Ταγηνι-
σταί.   τὸν δὲ καλούμενον χυτρόποδα ἔστι μὲν καὶ λά-
σανα κεκλημένον εὑρεῖν, ὡς Διοκλῆς ἐν Μελίτταις

ἀπὸ λασάνων θερμὴν ἀφαιρήσω χύτραν·

ἐν δὲ τῷ πρώτῳ τῶν Ἱππώνακτος ἰάμβων εἴρηται χυτρο-
πόδιον, ὥσπερ καὶ παρ' Ἡσιόδῳ

μηδ' ἀπὸ χυτροπόδων ἀνεπιρρέκτων ἀφελόντα.

ἀλλὰ τοῦτο μὲν ἕτερόν τι δηλοῖ· ὅταν δὲ Δίφιλος ἐν Ἐπι-
κλήρῳ λέγῃ «χύτρον μέγαν παρὰ τοῦ μαγείρου,» δῆλον
100 ὅτι τὴν χύτραν λέγει ἀλλ' οὐ τὸν χυτρόποδα. εἰδέναι δὲ οὐ
φαῦλον ὅτι χύτρα καὶ φιλήματος εἶδος ἦν, ὁπότε τὰ παι-
δία φιλοίη τῶν ὤτων ἐπιλαμβανόμενα· ὑποδηλοῖ δὲ Εὔνι-
κος ἐν Ἀντείᾳ,

λαβοῦσα τῶν ὤτων φίλησον τὴν χύτραν.

οὐ μὴν ἀλλὰ καὶ βαῦνον ἂν εἴποις τὸν χυτρόποδα, καί που
καὶ ἀνθράκιον, Ἀλέξιδος εἰπόντος ἐν Λημνίᾳ

καὶ μὴν παρῆν ἀνθράκιον ἡμῖν ἐν μέσῳ

σείσων τε κυάμων μεστός·

καὶ γὰρ ὁ σείσων ἀγγεῖον ᾧ κυάμους ἢ ἄλλο τι τοιοῦτον
101 ἐνέφρυγον. καὶ μὴν καὶ ἐσχάραν εἴποις ἂν τὸ ἀνθράκιον
τοῦτο, καὶ ἐσχάριον, Ἀριστοφάνους ἐν Ταγηνισταῖς εἰπόν-
τος ἐσχάρια, καί που καὶ ἐσχαρίδα. ὁ δὲ Στράττις ἐν
Ψυχασταῖς φησὶ

κομίσειέ μοί τις

θυμαλώπων ὧδε μεστὴν ἐσχάραν.

καὶ εἰσὶν οἱ θυμάλωπες οἱ ἡμίκαυτοι ἄνθρακες· οὐ γὰρ
ἂν εἴη πρὸς τοῦ βιβλίου τοῦδε παραδηλοῦν ὅτι καὶ οἱ κα-
λούμενοι τῶν ἀμπέλων ἐπίτραγοι.

τῶν δὲ μαγειρικῶν καὶ ἐλεόν, ξάνιον, ἐπίξηνον, τρά-
πεζα μαγειρική, ἣν οἱ νεώτεροι ἐπικόπανον· ἔστι δὲ τοὔνομα
παρὰ Μενάνδρῳ ἐν Μεσσηνίᾳ, «ἡγεῖταί μ' ὅλως ἐπικόπα-

---

101 1. καὶ post μὴν vulgo om.   5. τις] τάχα malit **M.**   12. μ'
Hemsterhusius pro μὲν.

νόν τι.» ἔτι δὲ μάκτρα, σκάφη, μαγίς, σκαφίς, κάρδοπος, 102
κάνεον. καὶ νεόκοπον μὲν κάρδοπον Εὔπολις ἐν Αἰξὶν εἴρη-
κεν, ὡς Ἀριστοφάνης ἐν Σφηξὶ νεόκοπτον μύλην· Μέναν-
δρος δὲ ἐν Δημιουργῷ ληνὸν εἴρηκε τὴν κάρδοπον. ταὐτὸν
δὲ τοῦτο καὶ θυῖα καὶ ἀντλία· τὴν γὰρ σκάφην οὕτως
ὠνόμασεν Ἀριστοφάνης ἐν Εἰρήνῃ. καὶ σκαφίδα δὲ τὴν σκά-
φην ταύτην ἐν ταῖς Ὁλκάσιν ἂν λέγοι, συντάξας οὕτω,
«σκαφίδας μάκτρας.» ἐν δὲ τοῖς Δημιοπράτοις εὑρίσκεται 103
σκάφη μακρὰ καὶ σκάφη στρογγύλη. τὴν δὲ θυῖαν καὶ
θυΐδιον εἴποις ἂν κατ᾽ Ἀριστοφάνην ἐν Πλούτῳ λέγοντα·
καὶ ἴγδιν δὲ αὐτὴν κεκλήκασι Σόλων τε ἐν τοῖς Ἰάμβοις
λέγων

     σπεύδουσι δ᾽ οἱ μὲν ἴγδιν, οἱ δὲ σίλφιον,
     οἱ δ᾽ ὄξος,

καὶ ἔτι σαφέστερον Ἀντιφάνης Κοροπλάθῳ,

     γύναι, πρὸς αὐλὸν ἦλθες. ὀρχήσει πάλιν
     τὴν ἴγδιν.

ἔστι μὲν οὖν ἴγδις καὶ ὀρχήσεως σχῆμα· ὁ δὲ παίζων πρὸς
τοὔνομα κωμικῶς ἐπήγαγε «τὴν θυῖαν ἀγνοεῖς; τοῦτ᾽ ἔστιν
ἡ ἴγδις.» τὸ δὲ πύραυνον, ᾧ τοὺς ἐμπύρους ἄνθρακας κο- 104
μίζουσιν, εἴποις ἂν ἐμῇ δόξῃ καὶ πυρφόρον.

     μαγειρικὰ δὲ καὶ κοπίδες καὶ μαχαιρίδες καὶ δορίδες.
Ἀριστοφάνους γοῦν ἐν Ἱππεῦσιν ὁ μάγειρος λέγει «μαχαι-
ρίδων τε πληγάς,» ὥσπερ καὶ ἐν τῷ Γήραι ὁ αὐτὸς ποιη-
τὴς εἴρηκεν «κοπίδι τῶν μαγειρικῶν.» ἐκ δὲ τούτων καὶ
τυρόκνηστις, ἣν καὶ κύβηλιν καλοῦσιν· ὧν ἡ μὲν τυρόκνη-
στις ἔστιν ἐν Πλάτωνος Ἀδώνιδι καὶ ἐν Ἀριστοφάνους Αἰ-
ολοσίκωνι,

     δοῖδυξ, θυῖα, τυρόκνηστις, ἐσχάρα,
ἡ δὲ κύβηλις ἐν Φιλήμονος Ἁρπαζομένῳ,

     ὁρῶ μαγείρου καὶ κύβηλιν καὶ σκάφην.
προσονομαστέον δὲ τούτοις καὶ πέλυκα καὶ δοίδυκα καὶ ἀλε- 105
τρίβανον. γαστρόπτης δὲ ἐν τοῖς Δημιοπράτοις πέπραται,
καὶ δευτήρ, κοινὸν ἀρτοποιῷ καὶ μαγείρῳ σκεῦος, ἀπὸ τοῦ

---

     103 6. σπεῦ] *A*, σπεύσιδα *B*, πευσιδ᾽ *C*: corr Casaubonus.   **104** 1.
ἴγδις] θυῖα addit *C*, Θύεια *B*.   12. μάγειρον *M*.

δεύειν ὠνομασμένον. ἄβακα δ᾽ εἰ βούλοιό τι τῶν τοῦ μαγείρου σκευῶν καλεῖν, προσχρηστέον σοι Κρατίνῳ ἐν Κλεοβουλίναις λέγοντι

ἐπέδωκε βαλάνων ἄβακα τῶν ἐκ φελλέως.

καὶ ἀβάκιον δ᾽ ἂν αὐτὸ εἴποις· ἐφ᾽ ἑτέρου μὲν γὰρ εἴρηται ὑπὸ Λυσίου ἐν τῷ ὑπὲρ Καλλαίσχρου, «μετ᾽ ἀβακίου
106 δὲ καὶ τραπεζίου πωλῶν ἑαυτόν,» χρῆσθαι δ᾽ ἔξεστι τῷ ὀνόματι καὶ ἐπὶ τοῦ ὀψοφόρου σκεύους, ὥσπερ καὶ κακκάβην τὴν λοπάδα ἐρεῖς, εἰπόντος Ἀριστοφάνους ἐν Σκηνὰς καταλαμβανούσαις

τὴν κακκάβην γὰρ κᾶε τοῦ διδασκάλου.

ἐν δ᾽ Εὐβούλου Ἴωνι εἴρηται

τρύβλια δὲ καὶ πατάνια καὶ κακκάβια καί
λοπάδια

ὡς ἕτερον ὂν παρὰ τὴν λοπάδα τοῦτο τῷ σχήματι. καὶ κάκκαβον δὲ τὴν κακκάβην κατὰ τὴν τῶν πολλῶν χρῆσιν Ἀντιφάνης κέκληκεν εἰπὼν ἐν Παρασίτῳ

κάκκαβον λέγω,
σὺ δ᾽ ἴσως ἂν εἴποις λοπάδ᾽. ἐμοὶ δὲ τοὔνομα
οἴει διαφέρειν, εἴτε κάκκαβόν τινες
χαίρουσιν ὀνομάζοντες εἴτε σίττυβον;

107 καὶ Νικοχάρης δὲ ἐν Λημνίαις εἴρηκε κακκάβους. καὶ πατάνη δὲ καὶ πατάνιον τὸ ἐκπέταλον λοπάδιον, ὅ τινες καλοῦσι πατέλλιον, ἡ μὲν πατάνη Σώφρονος εἰπόντος ἐν Νυμφοπόνῳ «πατάνα αὐτοποίητος,» τὸ δὲ πατάνιον Εὐβούλου ἐν Κατακολλῶντι

καὶ πνικτὰ Σικελικὰ πατανίων σωρεύματα
καὶ Ἀντιφάνους ἐν Εὐθυδίκῳ

πολύπους τετμημένος
ἐν πατανίοισιν ἐφθός.

108 Ἄλεξις δὲ ἐν Ἀσκληπιοκλείδῃ πατάνια εἴρηκεν· ἐν δὲ ταῖς Ἱππάρχου Παννυχίσιν εὑρῆσθαί φασι κατὰ τὴν τῶν ἰδιωτῶν συνήθειαν εἰρημένον βατάνιον. οἷς μέντοι τὰς κριθὰς φρύγοντες μετέβαλλον ἢ καὶ τοὺς κυάμους, πατάλλια

ταῦτα ἐκαλεῖτο. εἰ δὲ καὶ κρεωστάθμην ἐν τούτοις θετέον,
ἰστέον ὅτι τὸ σπαρτίον, οὗ λαβόμενός τις ἀνέλκει τὸν ζυ-
γόν, ἀρτάνην ὠνόμαζον. σκεῦος δὲ μαγειρικὸν καὶ ἠθμός,
Εὐριπίδου ἐν Εὐρυσθεῖ σατυρικῷ εἰπόντος

> ἢ κύαθον ἢ χαλκήλατον
> ἠθμὸν προσίσχων τοῖσδε τοῖς ὑπωπίοις.

ἐν μέντοι τοῖς Δημιοπράτοις καὶ ἠθμός τις ἐπικρητηρίδιος
πέπραται, ὃς ἴσως τοῖς περὶ τὸν οἶνον μᾶλλον προσήκει.
καὶ μὴν καὶ ἐπίχυσις χαλκίου ἓν τῶν μαγείρου σκευῶν· [109]
Ἀριστοφάνης δὲ αὐτὸ εἴρηκεν ἐν Δαιταλεῦσιν,

> οὔκ, ἀλλὰ ταῦτά γ' ἐπίχυσις τοῦ χαλκίου.

ἢ που δὲ καὶ φρυγεὺς καὶ φρύγετρον, τὸ μὲν φρύγετρον
Πολυζήλου εἰρηκότος ἐν Διονύσου γοναῖς,

> οὗπερ αἱ χύτραι κρέμανται καὶ τὸ φρύγετρον·

καὶ γὰρ εἰ τὸ φρύγετρον ταῖς κοδομαῖς προσήκειν δοκεῖ
καὶ ἔστι ταὐτὸν τῷ κοδομείῳ ἢ κατὰ τοὺς πολλοὺς φω-
γάνῳ, ἀλλὰ νῦν ἔοικεν ὡς μαγείρου σκεῦος συντετάχθαι·
τὸν δὲ φρυγέα καὶ αὐτὸν ὡς σκεῦος μαγειρικόν, εἴτε τὸ
ἀγγεῖον ἐν ᾧ ἔφρυγον, εἴτε τὸ φρύγετρον, [ὡς] ὁ κωμικὸς
Θεόπομπος ἐν Σειρῆσι ὑποδηλοῖ λέγων «φρυγεὺς θυία λή-
κυθος.» καὶ μὴν καὶ Κηφισοδώρου ἐν Ὑῒ εἰπόντος «σπονδὴ [110]
δὲ παρὰ τῶν ὁλκάδων καὶ καταφαντισγός» καὶ μάτταν ἀγ-
γεῖον ἀκούοντες ἐντεῦθεν εἰρῆσθαι νομίζουσι καὶ τὴν παρὰ
Ῥωμαίοις καμέλλαν. τῶν τε μαγειρικῶν ἰπνοὶ καὶ κρίβανοι,
καὶ βόες κριβανῖται ἐν Ἀριστοφάνους Ἀχαρνεῦσιν.

προσθετέον δὲ τῷ μαγείρῳ καὶ ξύλα καύσιμα καὶ κλη-
ματίδας καὶ ἐκκαύματα, εἰπόντος Σοφοκλέους ἐν Ἡρακλεῖ
σατυρικῷ

> συνέλεγον τὰ ξύλ' ὡς ἐκκαύματα,
> μή μοι μεταξὺ προσδεήσειεν.

προσθετέον δὲ τούτοις καὶ δᾷδας καὶ δᾳδία, καὶ κορμοὺς [111]
καὶ σχίζας καὶ σχιζία, καὶ πεύκας καὶ λαμπάδας καὶ ἰπνοὺς
καὶ πανούς, καὶ ἄνθρακας καὶ μαρίλην· καὶ μαρίλαν δ'
ἐκάλουν τὸν γνοῦν τῶν ἀνθράκων. τάχα δὲ καὶ λάρκους

---

108 2. τὸ C.   109 3. τοῦτό Berghius.   110 2. μάκτραν Gual-
therus.   4. matellam Salmasius.

τούτοις προσονομαστέον καὶ λαρχία καὶ λαρχίδια τὰ ἀγ-
γεῖα τῶν ἀνθράκων, Ἀριστοφάνους εἰπόντος ἐν Ἀχαρνεῦ-
σιν. Εὐριπίδης μὲν εἴρηκεν ἐν Αὐτολύκῳ σατυρικῷ
   τοὺς ὄνους τοὺς λαρκαγωγοὺς ἐξ ὄρους οἴσειν ξύλα·
ἐν δὲ τῷ Ἀλέξιδος Σπονδοφόρῳ ἔστιν εἰρημένον
               Ἀριστογείτονα
   τὸν ῥήτορ' εἶδον λάρκον ἠμφιεσμένον
   τῶν ἀνθρακηρῶν.

112   Εἰ δὲ δὲ ἐπὶ τοῖς μαγειρικοῖς σκεύεσι καὶ τὰ τῶν ἀρ-
τοποιῶν προσρητέον, ἀρτοπτεῖον μὲν τὸ ἐργαστήριον τι-
νῶν ὀνομαζόντων οὐδὲν κωλύει καὶ τὸ σκεῦος ᾧ τοὺς ἄρ-
τους ἐνοπτῶσιν οὕτω καλεῖν, ὃν νῦν ἀρτόπτην καλοῦσι,
πλαθάνους δὲ ἑκάτερον ῥητέον, ᾧ τε καὶ ἐφ' ᾧ τοὺς ἄρ-
τους ἔπλαττον. ἐκ δὲ τῶν ἀρτοποιικῶν ὄνος ἀλέτων, καὶ μύλη
καὶ μύλη σιτοποιὸς καὶ μυλήκορον, καὶ παυσικάπη, ἣν καὶ
113 καρδοπεῖον ὠνόμαζον, ὡς ἐν Ἥρωσιν Ἀριστοφάνης
   ἢ καρδοπείῳ περιπαγῇ τὸν αὐχένα.
ἐκ δὲ τούτων ὀβελοί, σπάλαθρον, ἀπομάκτρα, σκυτάλη, πε-
ριστροφίς, μαγίς, χοῖνιξ, μέδιμνος ἡμιμέδιμνος, ἐκτεύς, καὶ
παρὰ Ἀλκαίῳ τῷ μελοποιῷ ἐν δευτέρῳ μελῶν κύπρος, καὶ
παρ' Ἱππώνακτι ἐν πρώτῳ ἰάμβων ἡμίκυπρον, διχοίνικον δὲ
καὶ ἡμίεκτον ἐν Ἀριστοφάνους Νεφέλαις. καὶ κοτύλη δὲ
μέτρον οὐχ ὑγρῶν μόνον ἀλλὰ καὶ ξηρῶν, ὅταν φῇ Θου-
κυδίδης ἐν τῷ ἑβδόμῳ βιβλίῳ «κοτύλην ὕδατος καὶ δύο
114 κοτύλας σίτου·» δύναται δὲ καὶ τριτημόριον χοίνικος. ἀρτο-
ποιικὸν δὲ καὶ κοδομεῖον καὶ τηλία καὶ μάκτρα καὶ σκάφη,
καὶ εἴ τινα τῶν μαγειρικῶν κοινὰ τοῖς ἀρτοποιοῖς, ἤ που
δὲ καὶ ὅλμος καὶ τὸ ὑπόθημα τοῦ ὅλμου ὑφόλμιον, ὡς
Ἀριστοφάνης ἐν Ἀναγύρῳ. καὶ ὕπερον δὲ καὶ κόσκινον, καὶ
κρησέρα καὶ κρησέριον, καὶ ἀλευρότησις, καὶ ὡς ἐν τοῖς Δη-
μιοπράτοις ἀναγέγραπται, κόσκινον κριθοποιόν. ὁ δὲ Ἀρι-
στοφάνης ἐν Σκηνὰς καταλαμβανούσαις ἔφη «ὥσπερ κόσ-
κινον αἱρόπινον τέτρηται.»
115   *Λύχνοι* δ' ἐπὶ τούτοις, καὶ λύχνοι δίμυξοι, Φιλωνί-

---

111 5. σπονδοφορικῷ ante Hemsterhusium.   112 5. ὥστε vulgo: cf.
6 74 et 89.   6. ἀλήθων A.

δου μὲν ἐν τοῖς Κοθόρνοις εἰπόντος «ὥσπερ οἱ δίμυξοι
τῶν λύχνων,» Μεταγένους δὲ «δίμυξον, ὡς ἐγὼ δοκῶ,» καὶ
λύχνοι τρίμυξοι, καὶ κατὰ Ἡρόδοτον λύχνα. αὐτὸς μὲν καὶ
λυχνοκαΐαν εἴρηκεν, καὶ Κρατῖνος δὲ ἐν τῷ Τροφωνίῳ καὶ
Μένανδρος ἐν Θετταλῇ. καὶ λύχνιον μὲν ἐφ' οὗ ἐντίθεται
ὁ λύχνος, ἡ καλουμένη λυχνία· τοῦ δὲ λυχνίου τὸ ἀπευρυ-
νόμενον, ᾧ ἐπιτίθεται ὁ λύχνος, πινάκιον ἢ πινακίσκιον·
τὸ δὲ ἐντιθέμενον τῷ λύχνῳ θρυαλλίς, ἐλλύχνιον, φλόμος.
ὁ δὲ νῦν φανὸς καὶ λυχνοῦχος, ὡς Ἀριστοφάνης ἐν Ἀχαρ- 116
νεῦσιν ἔφη «φαίνειν ὑπευθύνοις λυχνοῦχος.» ἐν δὲ τῷ Λυ-
σίου πρὸς Χυτρῖνον «ἐξαίφνης τοῦ συνακολουθοῦντος οἰ-
κέτου λίθον τις λαβὼν ἔκρουσε τὸν λυχνοῦχον.» ἐν δὲ τῷ
Ἀριστοφάνους Αἰολοσίκωνι

      καὶ διαστίλβονθ' ὁρῶμεν,
    ὥσπερ ἐν καινῷ λυχνούχῳ,
     πάντα τῆς ἐξωμίδος.

ἐκαλεῖτο δὲ καὶ λαμπτὴρ ὁ λυχνοῦχος· ἐν γοῦν τῷ δευτέρῳ
τῶν Φιλίστου βιβλίων εἴρηται «καὶ τὰς νύκτας ἐπαίρεσθαι
λαμπτῆρας ἀντιπεφραγμένους·» ὑποδηλοῖ δὲ τὸν ἐκ κέρα- 117
τος φανόν. πανὸς μέντοι καὶ φανὸς ἡ λαμπάς, ὡς ὅταν
φῇ ἐν τῇ Ἀλκμήνῃ Εὐριπίδης

    πόθεν δὲ πεύκης πανὸν ἐξεῦρες λαβεῖν;
καὶ γὰρ δᾷδες καὶ λαμπάδες εἰσὶ τῶν φωσφόρων. τὰς μέν-
τοι λαμπάδας καὶ κάμακας εἴρηκεν ἐν Ξαντρίαις Αἰσχύλος·

    κάμακες πεύκης οἱ πυρίφλεκτοι.
τὸ δὲ ὀβελισκολύχνιον, στρατιωτικὸν μέν τι τὸ χρῆμα, εἴρη- 118
ται δὲ ὑπὸ Θεοπόμπου τοῦ κωμικοῦ ἐν Εἰρήνῃ·

    ἡμᾶς δ' ἀπαλλαχθέντας ἐπ' ἀγαθαῖς τύχαις
    ὀβελισκολυχνίου καὶ ξιφομαχαίρας πικρᾶς.
ὅταν δ' εἴπῃ ἐν τῷ Αἰολοσίκωνι Ἀριστοφάνης «δυοῖν λυχ-
νιδίοιν,» δῆλον ὅτι λύχνια εἴρηκεν ἀλλ' οὐ λύχνους μικρούς,
ὥσπερ καὶ ὅταν Κράτης φῇ ἐν τοῖς Γείτοσιν «οὐκ ἔστι
μοι λυχνίδιον.» σαφέστερον δ' ἐν τοῖς Ἀριστοφάνους Δρά- 119
μασιν ἢ Νιόβῳ

115 1. δὲ ante M, et 2. Μεταγένης δὲ δίμυξον δὲ.   3. οὗτος μέντοι?
5. Θετταλικῇ libri.   116 7. κενῷ ante Salmasium.   118 1. τοι vulgo.

ἀλλ' ὥσπερ λύχνος

ὁμοιότατα καθηῦδ' ἐπὶ τοῦ λυχνιδίου.

Ἀριστοφάνους δ' ἐν ταῖς Φοινίσσαις εἰπόντος

στίλβῃ θ' ἡ κατὰ νύκτα μοι

φλόγ' ἀνασειράζεις ἐπὶ τῷ

λυχνείῳ,

οὐκ ἀφανὲς ὅτι καὶ ἡ στίλβη λύχνου τι εἶδος.

    καὶ μὴν εἰ μύροις ἐπὶ τούτῳ χρηστέον, ὅτι μὲν καὶ μυρίδιον εἴρηκε τὸ μύρον Ἀριστοφάνης ἐν Ταγηνισταῖς ἰστέον, εἴρηται δ' ὑπ' αὐτοῦ ἐν Δαιταλεῦσι καὶ ἄγγη μυρηρά. λέγοιτο δ' ἂν καὶ λήκυθος μυρηρά· σὺ δ' ἂν εἴποις καὶ μυροφόρον. ἐν δὲ Βατράχοις Ἀριστοφάνους εἴρηται
120 καὶ τὸ ληκύθιον. Σοφοκλῆς δ' ἐν Ἀνδρομέδᾳ αὐτοχείλεσι ληκύθοις ἔφη, δηλῶν ἀλαβάστους μονολίθους. καὶ τὸ μὲν εἰς τὰς ληκύθους καθιέμενον ἐπὶ γεύματι τοῦ μύρου σπαθίδα καὶ σπάθην κλητέον, Ἀριστοφάνους μὲν εἰπόντος ἐν Δαιταλεῦσιν

τῆς μυρηρᾶς ληκύθου

πρὶν κατελάσαι τὴν σπαθίδα, γεύσασθαι μύρου

(καὶ γὰρ Εὔβουλος ἐν ταῖς Στεφανοπώλισιν τοῦτο μὲν σπαθίδα, τοὺς δὲ ἀλαβάστους ἀλαβάστια εἴρηκεν·

λῦε τἀλαβάστια

θᾶττον σύ, καὶ τῇ σπαθίδι τὸν πώγωνά μου

καὶ τὴν ὑπήνην μύρισον)

121 Ἀλέξιδος μέντοι ἐν τῷ Δρωπίδῃ σπάθην τὴν σπαθίδα εἰπόντος, «τὴν σπάθην ἐν τῷ μύρῳ καθῆκεν.» τὸ δὲ ἀγγεῖον εἰς ὃ ἐξεχεῖτο τὸ μύρον, ἐξάλειπτρον ἐκαλεῖτο, ὡς Ἀριστοφάνης ἐν Ἀχαρνεῦσιν. οὗ δὲ ἔγκεινται αἱ ἀλάβαστοι, ταῦτα τὰ σκεύη ἀλαβαστοθήκας τῶν ἄλλων λεγόντων Ἀριστοφάνης ἐν Τριφάλητι ἀλαβαστροθήκας ἔφη·

ἀλαβαστροθήκας τρεῖς ἔχουσαν ἐκ μιᾶς.

122 κοινῇ δὲ κεραμέων σκευῶν ὀνόματα ἐν Ἀξιονίχου Χαλκιδικῷ,

τρύβλια, χύτρα, λοπάδιον, ὀξίς, χοῦς, ἀμίς,

λεκάνη, θυΐα, κάνθαρος, σείσων, λύχνος.

ὑπηρεσία σοι παντελής, γραῦ, κεραμίων.

τὰ πλείω δὲ τούτων καὶ ἄλλης ἂν ὕλης γένοιτο, ἐπεὶ καὶ Ἕρμιππος ἐν Θεσμοφόροις τὸν κύαθον καὶ τὴν οἰνοχόην καὶ τὸ λύχνιον καὶ τὰ τοιαῦτα σκεύη χαλκίδια καὶ χαλκία καλεῖ ὡς ἐκ χαλκοῦ πεποιημένα.

Δειπνήσαντι δὲ καὶ πρὸς κοίτην τραπομένῳ τὰ μὲν 123 στρώματα καὶ ἐπιβλήματα προείρηται, ἐν καιρῷ δ' ἂν εἴη τὸ παρ' Ὁμήρῳ ἱμάτιον ἐνεύναιον καὶ παρεύναιον μέγα καὶ δασύ, καὶ ὁ παρὰ τοῖς κωμῳδοῖς χιτὼν εὐνητήρ, ὃς τοῦ νῦν ἐγκοιμήτῳ ἡδίων, ἤ που δὲ καὶ χλαῖναι καὶ ῥήγεα σιγαλόεντα καὶ οἱ παρὰ Μενάνδρῳ καυνάκαι, καὶ χειμῶνος σίσυραι καὶ τὸ παρ' Ἀριστοφάνει χείμαστρον. τὴν χλαῖναν δὲ οὕτως ἐκάλουν οἱ τῆς κωμῳδίας ποιηταί, μόνα τὰ παχέα ἱμάτια ταύτης τῆς προσηγορίας ἀξιοῦντες, ὥσπερ καὶ 124 Θεόπομπος ἐν Εἰρήνῃ

χλαῖναν δέ σοι
λαβὼν παχεῖαν ἐπιβαλῶ Λακωνικήν·
Ὅμηρος δὲ καὶ τὰ λεπτὰ χλαίνας καλεῖ. οἱ μέντοι Ἀττικοὶ τὸ λεπτὸν χλανίδα, καὶ τὸ ἱππικὸν χλαμύδα, ὡς Θετταλῶν. πρώτην δέ φασι χλαμύδα ὀνομάσαι Σαπφὼ ἐπὶ τοῦ ἔρωτος εἰποῦσαν

ἐλθόντ' ἐξ ὁρανῶ πορφυρίαν περθέμενον χλαμύν.
Καὶ τὰ μὲν ἐπὶ πλεῖστον ἀναγκαῖα τῇ καθ' ἡμέραν χρήσει σκεύη προείρηται· συναπτέον δὲ δι' ὀλίγων καὶ τὰ λοιπά, οἷον τὰ τῆς γυναικωνίτιδος, ταλάρους καὶ κα- 125 λάθους καὶ καλαθίσκους, καὶ ταλάρια δὲ καὶ καλάθια, καὶ μὴν καὶ ὄνον ἐφ' οὗ νῶσι, καὶ ἐπίνητρον καὶ ἄτρακτον καὶ σπόνδυλον καὶ κλωστῆρα καὶ κερκίδας καὶ κτένας καὶ ἱστὸν καὶ ἱστοῦ ἀντίον καὶ κανόνα καὶ πῆχυν, καὶ κελέοντας τοὺς καὶ ἱστόποδας, καὶ λείας τὰς καὶ ἀγνῦθας, καὶ σπάθας· Φιλύλλιος γὰρ ἐν Πόλεσι καὶ τὸ ἱστουργικὸν ἐργαλεῖον 126 σπάθην ὠνόμασεν, εἰπὼν «σπαθᾶν τὸν ἱστὸν οὐκ ἔσται σπάθη.» προσθήσεις δὲ τούτοις καὶ σταθμὰ καὶ τάλαντα,

ζυγόν, πλάστιγγας, τρυτάνην. καὶ σταθμία δὲ χαλκᾶ ἐν τῇ
ἐπ᾽ Ἀλκιβιάδου ἄρχοντος ἀναγραφῇ τῶν ἐν ἀκροπόλει ἀνα-
θημάτων ἀναγέγραπται· στάσιμα δὲ τὰ σταθμία Κηφισό-
δωρος κέκληκεν. τῶν δὲ γυναικείων σκευῶν κτένιον, ξάνιον,
κομμώτριον, ξυρόν, κάτοπτρον, οὗ τὴν θήκην λοφεῖον κα-
127 λοῦσι, ψαλίς, παρωπίς, προσωπίς καὶ ὡς ἐν Δαναΐσιν Ἀρι-
στοφάνης προσωπίδιον, θολία πλέγμα τι θολοειδὲς ἐπὶ
σκιᾷ, καὶ ῥιπίς, καὶ σκιάδιον, ὃ καὶ σκιάδα ἂν εἴποις·
οὕτω γὰρ τὸ Διονύσου σκιάδιον καλεῖται. καὶ πτερὸν δὲ τὸ
σκιάδιον οἱ κωμῳδοποιοὶ καλοῦσιν· ὁ δὲ Στράττις ἐν Ψυ-
χασταῖς προειπὼν ῥιπίδα, ἐπήγαγεν «εἴτε σκιάδιον.» τὰ δὲ
πολλὰ τούτων ἐν ἐσθῆσιν ἢ ὑποδήμασιν ἢ κόσμοις γυναι-
κείοις ἤδη προείρηται, ὥσπερ καὶ ἀλαβαστοθῆκαι καὶ παρὰ
Μενάνδρῳ ἐν Μισογύνῃ σανδαλοθῆκαι. ἐν δὲ Ἀριστοφά-
νους Αἰολοσίκωνι καὶ σμηματοφορεῖον.
128 Τῶν δ᾽ ἐν ἀγρῷ σκευῶν τὰ ἀναγκαῖα ἄροτρα καὶ
ἀρότρου μέρη, καὶ ἅμαξα καὶ ἁμάξης μέρη. τὰ δὲ λοιπὰ
πτέον, ὡς οἱ Ἀττικοὶ λέγουσιν, ἢ πτύαν, ὡς Ὅμηρος· οὕτω
γὰρ λέγει, ὅταν φῇ
    ὡς δ᾽ ὅτ᾽ ἀπὸ πλατέος πτυόφιν μεγάλην κατ᾽ ἀλωήν.
καὶ θρῖναξ δὲ καὶ δρέπανον καὶ δρεπάνη, καὶ ὡς Φερεκύ-
δης ὠνόμασε, κρώπιον· περὶ γὰρ τοῦ Κόδρου λέγων ὅτι ὡς
ἐπὶ φρυγανισμὸν ἐξῆλθεν ἐν ἀγροίκῳ τῇ σκευῇ βουλόμενος
129 λαθεῖν, φησὶν ὅτι τῷ κρωπίῳ τινὰ παίσας ἀπέκτεινεν. καὶ
πλόκανον δὲ καὶ κόσκινον, καὶ σκαπάνη καὶ σκάφιον, καὶ
σκαλὶς καὶ μακέλη καὶ ἄμη καὶ ἀξίνη καὶ δίκελλα, καὶ σμι-
νύη καὶ σμινύδιον, καὶ λίστρον καὶ σφῦρα βωλοκόπος καὶ
πέλεκυς ξυλοκόπος. καὶ τὰ ἀγγεῖα τὰ ὑποδεχόμενα τὴν ὀπώ-
ραν, τρασιά, κόφινος, σύρισσος, ἄρριχος, σταφυλοβολεῖον·
τάχα δὲ καὶ σώρακος, εἰ καὶ παρὰ τοῖς κωμῳδοποιοῖς οὕ-
τως ὀνομάζεται τὸ ἀγγεῖον ἐν ᾧ τὰ σκεύη τῶν ὑποκριτῶν.
130 Ἀριστοφάνης δὲ ἐν Δαναΐσιν ἔφη
    κακῶν τοσούτων ξυνελέγη μοι σώρακος·
Ἀλέξιδος δὲ καὶ δρᾶμα Σώρακοι. τῶν δὲ γεωργικῶν καὶ
χάρακες καὶ κάμακες, καὶ τῶν ἐλαϊστῶν ῥάβδοι ῥάκτριαι,

καὶ ὅρος τὸ τρῖβον τοὔλαιον ξύλον, καὶ τοπεῖον τὸ περιδο-
νούμενον αὐτῷ σχοινίον, καὶ τριπτὴρ ὁ κρατὴρ εἰς ὃν ἀπορ-
ρεῖ τοὔλαιον. ἀλλὰ καὶ ληνὸς καὶ ὑπολήνιον, ὡς ἐν τοῖς
Δημιοπράτοις πέπραται. ἢ που δὲ καὶ φορμὸς τῶν γεωργι-
κῶν, καὶ γαῦλοι καὶ σκαφίδες, καὶ ταρσοὶ καὶ ταρροὶ καὶ
τάλαροι, καὶ τυροκομεῖον καὶ τυροφορεῖον, καὶ πολλὰ τῶν 131
μαγείρου καὶ ἀρτοποιοῦ σκευῶν. τάχα δὲ καὶ σχοῖνος καὶ
βάτος καὶ ὀρχάνη καὶ ῥάχος καὶ κόνυζα καὶ κνάφος, καὶ
πάνθ᾽ ὅσα ἀκανθώδη τοῖς καρποῖς ἐπὶ φρουρὰν περιβάλ-
λεται. καὶ καλαύροπες δὲ καὶ κορῦναι καὶ σκυτάλαι καὶ σκί-
πωνες καὶ βακτηρίαι προσήκουσι γεωργοῖς, καὶ πίθοι καὶ
πιθάκναι καὶ πιθακνίδες, καὶ σιπύαι καὶ σιρροί, καὶ διφ-
θέρα καὶ αἰγῆ καὶ κυνῆ Σικυωνική.

τὰ δὲ ἁλιέως σκεύη φέρνιον, σπυρὶς σπυρίδιον σπυ- 132
ρίχνιον, λίνον πάναγρον, δίκτυον, ἀμφίβληστρον· Μέναν-
δρος δὲ ἔφη ἐν Ἁλιεῖ «ἀμφιβλήστρῳ περιβάλλεται.» καὶ
ἕρκη δὲ καὶ πόρκοι καὶ κύρτοι καὶ γρῖφοι καὶ γάγγαμον,
ἀφ᾽ οὗ καὶ Αἰσχύλος τὸ δύσλυτον κακὸν ἢ δυσέλικτον ἔφη
«γάγγαμον ἄτης παναλώτου.» τούτοις δὲ προσθετέα φελ- 133
λοί, κάλαμοι, ῥάβδοι, κάμαξ, ὁρμιά, ἄγκιστρα ἀκιδωτά, τρί-
χες, λίνα, σπάρτα σπαρτίναι, μολύβδαιναι, πυρία, τριόδους
τρίαινα, ἰχθύκεντρον.

ναυτικὰ δὲ σκεύη κάλοι, ἱστία, κρίκοι, ἡνία, κωπὶς
κῶπαι, οἴακες, πηδάλια, πλῆκτρα, ὡς Σοφοκλῆς ἐν Ἀχαιῶν
συλλόγῳ

ὡς ναοφύλακες νυκτέρου ναυκληρίας
πλήκτροις ἀπευθύνουσιν οὐρίαν τρόπιν.

καὶ ὁλκία δὲ τὰ πηδάλια ἐν Ναυπλίῳ ὠνόμασε παρὰ τὸ Ὁμή- 134
ρου ξεστὸν ἐφόλκαιον. σκαλμοί, τροπωτῆρες, ὑπηρέσια, ἀσκώ-
ματα, κοντοί, κάλοι, ἀντλία, κάδοι, ἀπόγαια, ἐπίγυα, πεί-
σματα, ἄγκυραι, ὁλκοί, ἔρματα, ὑδροι, ἀποβάθρα, θρανία,
δέρρεις, διφθέραι, δακτύλιοι· οὕτω δὲ τοὺς τετρημένους λί-
θους ὠνόμαζον, ὧν τὰ πείσματα ἐξέδουν. ὀρθίαξ δὲ τὸ
κάτω τοῦ ἱστοῦ καλεῖται, ὡς τὸ ἄνω καρχήσιον· καὶ ἔστι
τοὔνομα τὸ ὀρθίαξ ἐν Ἐπιχάρμου Ναυαγῷ.

---

131 1. post τάλαροι F καὶ προκόμια καὶ προφόρια. 3. ὀρχάνη ABC.

135 τὰ δὲ περὶ θεραπείαν τῶν ἐσθήτων σκεύη πλυνοὶ
καὶ πλυντήρια, καὶ γῆ σμηκτρὶς κατὰ Νικοχάρην, καὶ λί-
τρον καὶ Χαλαστραῖον λίτρον κατὰ Πλάτωνα, κονία καὶ
Κιμωλία γῆ κατὰ Ἀριστοφάνην, καὶ κνάφος, καὶ ἶπος τὸ
πιέζον τὰς ἐσθῆτας ἐν τῷ γναφείῳ, ὡς Ἀρχίλοχος «κέαται
δ᾽ ἐν ἴπῳ.» καὶ περιστροφίδα δ᾽ ἂν εἴποις τὸ ξύλον τὸ τὸν
ἶπον περιστρέφον· ἐναρμόσαι δ᾽ ἂν τούτοις καὶ τὸ ἐν τοῖς
Δημιοπράτοις ἐκπιεστήριον. δεῖ δ᾽ ἐπὶ ταῖς ἐσθῆσι καὶ ῥαμ-
μάτων· εἴρηται δὲ τοὔνομα ἐν Πλάτωνος Ἑορταῖς, «ἐμφέ-
136 ρεσθε δὲ τὰ ῥάμματα,» καὶ ἐν Ἑρμίππου Μοίραις «ῥάμμ᾽
ἐπέκλωσας.» προσδεῖ καὶ ῥαφίδος, ἣν Ἄρχιππος ἐν Πλούτῳ
ὠνόμασεν·

ῥαφίδα καὶ λίνον λαβὼν τὸ ῥῆγμα σύρραψον τόδε.
καὶ βελόνης δὲ τοὔνομα ἐν Εὐπόλιδος Ταξιάρχοις·
ἐγὼ δέ γε στίξω σε βελόναισιν τρισίν.
καὶ βελονίδες, ὡς Ἕρμιππος ἐν Μοίραις. ἵνα δὲ ἀποτίθεν-
ται αἱ ἐσθῆτες, χηλοί, κιβωτοὶ κιβώτια, κίσται καὶ κιστίδες
137 ὡς ἐν Ἀχαρνεῦσιν Ἀριστοφάνης, κοῖται κοιτίδες, καὶ φά-
σκωλοι ὡς ἐν Θεσμοφοριαζούσαις, θύλακοι, στρωματόδεσμα.
ἐν δὲ τοῖς Δημιοπράτοις κιβωτὸς θυριδωτή, παρὰ δὲ τοῖς
νεωτέροις ῥίσκοι, ὡς Ἀντιφάνης ἐν Κυβευταῖς «ῥίσκος ἦν
ὃν εἶπεν.» ὠνόμασται δὲ τῷ κιβωτίῳ παραπλήσιόν τι σκεῦος
κανδύταλις, οὗ μέμνηται καὶ Μένανδρος ἐν Ἀσπίδι καὶ Δί-
φιλος ἐν Ἐπιδικαζομένῳ·

ὁ δὲ κανδύταλις
οὗτος τί δύναται καὶ τί ἔστιν; ὥσπερ εἰ
εἴποις ἀορτάς.
ἐμοὶ μὲν οὖν δοκεῖ τὸ σκεῦος Περσικόν, ἀπὸ τοῦ κάνδυος
138 κληθέν, εἰς χρῆσιν δ᾽ αὐτὸ ἤγαγον Μακεδόνες. καὶ ζύγα-
στρα δὲ καὶ ζυγάστρια. καὶ στρωματεῖς δὲ Ἀπολλόδωρός
τε ὁ Γελῷος ἐν Ψευδαίαντι ἔφη, «μάχαιρα λόγχη στρωμα-
τεύς,» ὁ δὲ Καρύστιος Ἀπολλόδωρος ἐν Ἀντευεργετοῦντι
«τοὺς στρωματεῖς ἔλυον·» κέχρηται δὲ τῷ ὀνόματι καὶ Ἀν-
τιφάνης ἐν Ἀποκαρτεροῦντι. καὶ θολίαν δὲ κίστην εἶναι

λέγουσιν ἔχουσαν θολοειδὲς τὸ πῶμα. Ξενοφῶν δὲ ἐν τῇ
Ἀναβάσει ἔφη καὶ μαρσίπους ἱματίων. αἱ δὲ ἀορταὶ εἴρην- 139
ται ἐν Ποσειδίππου Ἐπιστάθμῳ·

σκηνὰς ὄχους

ῥίσκους ἀορτὰς τάχανα λαμπήνας ὄνους·
τὸ γὰρ ἐν Μισογύνῃ Μενάνδρου

χλαμύδα καυσίαν

λόγχην ἀορτὴν ἱμάτια
ἀμφίβολον, ὅτι ἔνιοι καὶ ἀορτῆρα γράφουσιν. ἐν δὲ τῷ περὶ
ζώων τρίτῳ Ἀριστοτέλους τῶν πρὸς τῇ ῥάχει δύο φλεβῶν
ἡ ἀριστερὰ ἀορτὴ καλεῖται, παρὰ δὲ Φερεκύδει εἷς τῶν Κυ-
κλώπων.

κουρέως δὲ σκεύη κτένες, κουρίδες, μάχαιραι μαχαι-
ρίδες· ἐν μὲν γὰρ Κρατίνου Διονυσαλεξάνδρῳ εἴρηται 140

ἐνεῖεν ἐνταυθοῖ μάχαιραι κουρίδες,
αἷς κείρομεν τὰ πρόβατα καὶ τοὺς ποιμένας,
ἐν δὲ Χρυσῷ γένει Εὐπόλιδος

ἔπειθ᾽ ὁ κουρεὺς τὰς μαχαιρίδας λαβὼν
ὑπὸ τῆς ὑπήνης κατακερεῖ τὴν εἰσφοράν.
καὶ ψαλὶς δὲ τῶν κουρέως σκευῶν, ἣν καὶ μίαν μάχαιραν
καλοῦσιν, καὶ ξυρὸν καὶ ξυροδόχη, ὡς ἐν Θεσμοφοριαζού-
σαις Ἀριστοφάνης

χρῆσόν γε νῦν ἡμῖν ξυρόν. αὐτὸς λάμβανε
ἐντεῦθεν ἐκ τῆς ξυροδόχης.
καὶ ὀνυχιστήρια δὲ λεπτὰ παρὰ Ποσειδίππῳ.

σκυτόμου δὲ σκεύη τομεὺς ἐν Πλάτωνος Ἀλκιβιάδῃ 141
εἰρημένος, καὶ σμίλη ἐν τῇ Πολιτείᾳ, καὶ καλάπους ἐν τῷ
Συμποσίῳ. καὶ περιτομεὺς δ᾽ ἂν ῥηθείη καὶ χηλεύματα καὶ
ὄπεας· καὶ ὀπήτιον εἴρηται ἐν Νικοχάρους Κρησίν,

τοῖς τρυπάνοισιν ἀντίπαλον ὀπήτιον.

κυνηγέτου δὲ σκεύη λίνα, δίκτυα, ἄρκυες, ἐνόδια, ἐμ-
βόλια, στάλικες, στήριγγες, κάμακες, δίκρα, κάλοι, ἱμάντες,
κυνουχοί, σχαλίδες σχαλιδώματα, ξίφη, δόρατα, ἀκόντια,
δρέπανα, τόξα, προβόλια, ποδάγραι, ἀρπεδόναι, σειραὶ σει-

ρίδες, πλεκταί· πλεκτὴν γὰρ οἱ Ἀττικοὶ τὴν σειρὰν ὠνόμα-
ζον, ὡς Πλάτων ἐν Ἑλλάδι

> βούλει τήνδε σοι πλεκτὴν καθῶ,

κἄπειτ᾽ ἀνελκύσω σε δεῦρο;
πελέκεις, δέραια περιδέραια, τελαμωνίαι, ῥόπαλα, σκυτάλαι,
ξυῆλαι, ἀρνακίδες, ἧλοι, ἐγκεντρίδες.

στρατιώτου δὲ σκεύη ἀσπίς πέλτη, θώραξ ἡμιθω-
ράκιον σπολάς, κράνος κόρυς περικεφαλαία, λόφος τριλο-
φία, χεῖρες, κνημῖδες, πῖλοι, τόξα, βέλη τοξεύματα ὀϊστοί,
φαρέτρα οἰστοδόκη οἰστοθήκη γωρυτός φαρετρεῶνες, καὶ
τῆς ἀσπίδος τὸ ἔλυτρον σάγμα, καὶ τοῦ κράνους ἡ θήκη
λοφεῖον, δόρατα, ἀκόντια ἀκοντίσματα, κοντοί, καὶ τοῦ δό-
ρατος τὸ ἱστάμενον σαυρωτὴρ στύραξ στυράκιον, καὶ τὸ
προὖχον σιδήριον λόγχη αἰχμή ἐπιδορατίς, ἡ δὲ θήκη δου-
ροδόκη. καὶ ξυστὰ δ᾽ εἴποις ἂν καὶ κάμακας καὶ παλτὰ καὶ
σαρίσσας καὶ σαυνία· τὸ μὲν γὰρ ὄνομα ἐπ᾽ ἀνδρείου αἰ-
δοίου ἐστὶ παρὰ Κρατίνῳ, ἐπὶ δὲ τοῦ δόρατος ἐν Φιλα-
δέλφοις Μενάνδρου·

> ὥστ᾽ ἔγωγ᾽ ἂν εἱλόμην που σαυνίῳ πεπληγμένος.

καὶ Ἀριστοφάνης μὲν ἔφη ἐν Ὁλκάσιν

> λόγχαι δ᾽ ἐκαυλίζοντο καὶ ξυστὴ κάμαξ,

ἐν δὲ Σκηνὰς καταλαμβανούσαις

> καὶ τῶν πλατυλόγχων, ὡς ὁρᾷς, ἀκοντίων·

Ἄλεξις δ᾽ ἐν Λευκαδίᾳ

> φέρε τὴν σιβύνην καὶ πλατύλογχα,

Ἀμειψίας δ᾽ ἐν Σφενδόνῃ

>   τὸ μὲν δόρυ

μετὰ τῆς ἐπιχάλκου πρὸς Πλαταιαῖς ἀπέβαλεν.
προσθετέον δὲ τούτοις ξίφη καὶ μαχαίρας καὶ κοπίδας καὶ
ἀκινάκας καὶ ξυήλας καὶ δρέπανα καὶ δορυδρέπανα καὶ ἐγ-
χειρίδια, καὶ λαβὴν ξίφους καὶ προλαβὴν καὶ κώπην, καὶ
τὴν θήκην κολεόν. καὶ Εὐριπίδης μὲν ἐν Παλαμήδει λέγει
κώπην χρυσόκολλον, Μένανδρος δὲ ἐν Ἁλιεῦσι «καὶ χρυσο-
λαβὲς καλὸν πάνυ ἐγχειρίδιον,» Θεόπομπος δὲ ἐν Πόλεσιν

---

142 5. τελμονίαι AB: cf. 5 55.   144 6. πλατύλογχ᾽ ἀκόντια Tou-
pius.   145 3. Καπηλίσιν Meursius.

«ἐλεφαντοκώπους ξιφομαχαίρας.» ὅτι δὲ καὶ τὴν σπάθην
ἐπὶ τοῦ ξίφους εἰρήκασιν, εὕροις ἂν ἐν Εὐριπίδου Εὐρυσθεῖ
σατυρικῷ·

πᾶς δ' ἐξεθέρισεν ὥστε πύρινον στάχυν
σπάθῃ κολούων φασγάνου μελανδέτου.

εἰ δὲ τοῦτο ἀμφίβολον, Φιλήμων ἐν Ῥοδίᾳ σαφέστερον
αὐτὸ ποιεῖ λέγων

σπάθην παραφαίνων δηλαδὴ χρυσένδετον,

καὶ ἐν τῷ Μισουμένῳ Μένανδρος, ὅταν λέγῃ «ἀφανεῖς γε- 146
γόνασιν αἱ σπάθαι.» τούτοις δ' ἐπακτέον σφενδόνας, λί-
θους, μολυβδαίνας, πελέκεις, σαγάρεις, πυρεῖα, δέρρεις, δι-
φθέρας, σκηνάς, μακέλλας, κάλους, ἱμάντας, ἁλύσεις, γυ-
λιούς, στρωματόδεσμα. καὶ τελαμῶνα δ' ἂν καὶ ζωστῆρα
εἴποις καὶ ὄχανα, καὶ κιλλίβαντας, Ἀριστοφάνους εἰπόντος
τοὺς κιλλίβαντας οἶσε, παῖ, τῆς ἀσπίδος.

τέκτονος σκεύη σκέπαρνον, πρίων, σφῦρα, τέρετρον
τρύπανον τρυπανοῦχος ἀρίς, ῥίνη, πέλεκυς καὶ καθ' Ὅμη-
ρον πέλεκκος. ἐν δὲ τῇ ἐν Ὀλυμπίᾳ στήλῃ ἀναγέγραπται
τρύπανα τρυπανίας ἔχοντα, ἴσως τὴν ἀρίδα. χαλκέως 147
σκεύη ἄκμων ἀκμοθέτης, ῥαιστήρ, πυράγρα, φῦσαι φυσητήρ
ἀκροφύσιον, χόαναι, ἀκόναι θηγάναι, ἐσχαρίδες, κροταφί-
δες. οἰκοδόμου σκεύη λεῖαι, γλαρίδες ὡς Σοφοκλῆς ἐν
Πριάμῳ, τύκοι, κανών, διαβήτης, πῆχυς, στάθμη, μολύβ-
δαινα, ὑπαγωγεύς, τάχα δὲ καὶ μοχλίον, εἰ καὶ τοῖς τοιχω-
ρύχοις τοῦτο προστιθέασιν οἱ κωμῳδοποιοί. καὶ μοχλίσκον
δὲ τὸ τοιοῦτον Ἀριστοφάνης ἐν Σκηνὰς καταλαμβανούσαις
ὠνόμασεν, εἰπὼν «τοῖχον μοχλίσκῳ σκαλεύειν.» οἷς προσα- 148
ριθμητέον καὶ τὰ ἐν Βατράχοις Ἀριστοφάνους,

καὶ πλαίσια ξυμπτυκτὰ πλινθεύσουσί γε
καὶ διαμέτρους καὶ σφῆνας.

ἐν δὲ ταῖς Ἀττικαῖς στήλαις ἀναγέγραπται πρίων λιθοπρί-
στης καὶ καρκίνος λίθους ἔχων. εἴποις δ' ἂν καὶ μηχανὴν
λιθαγωγόν. ζωγράφου σκεύη πίνακες πινάκια, κιλλί- 163

---

145 4. στάχυν add Piersonus. 6. Ῥοδίαις ante M. 146 3. μο-
λυβδία A, μολυβδίους B, μολυβδίνας C: corr Iungermannus. 10. ὀλυμ-
πίω BC. 148 1. μοχλισκίῳ Bergkius. || σκαλεύειν Kühnius: καλαίειν A,
καλαύειν C, κλαύειν B. 6. ἕλων C: an ἕλκων?

βαντες καὶ ὀκρίβαντες, γραφίδες ὑπογραφίδες, πυξία. νε-
149 ωλκοῦ σκεύη φάλαγγες φαλάγγια, ὁλκοί, οὐροί. με-
ταλλέως σκεύη θύλακες, περίοδος, σάλαξ· καὶ θυλακο-
φορεῖν μὲν τοὺς μεταλλέας οἱ κωμῳδοὶ λέγουσι, περίοδον
δὲ καὶ σάλακα Θεόφραστος ἐν τῷ Μεταλλικῷ, περίοδον μὲν
τὸ ἀγγεῖον ᾧ κατακεραννύουσι τὸν σίδηρον, σάλακα δὲ τὸ
τῶν μεταλλέων κόσκινον. ὁ δὲ τορεὺς φρεωρύχων ἐργα-
λεῖον. ἰατροῦ σκεύη σμίλη, ὑπογραφίς, ὠτογλυφίς, ψα-
λίς, μηλωτρὶς μήλη, ὀδοντοξέστης ὀδοντάγρα, ἐξάλειπτρον,
λουτήριον, σικύα, ὑπόθετον, λεκανίς, σπογγία, ἐπίδεσμα,
150 σπληνίον, λαμπάδιον, ποδοστράβη, κλυστήρ· ἔστι γὰρ παρ'
Ἡροδότῳ τοὔνομα. τάχα δὲ καὶ βάλανος· ἐπὶ γὰρ τοῦ ἐκ
στέατος καὶ λίτρου προμήκους πλάσματος, ᾧ ἀντὶ κλυστῆ-
ρος χρῶνται, βαλανίσαι Ἱπποκράτης λέγει. ἐν δὲ τοῖς Δη-
μιοπράτοις καὶ ῥάκια καὶ κηρωτὴ γέγραπται. κυβευ-
τοῦ σκεύη ἄβαξ ἀβάκιον, κόσκινον, κύβοι, διάσειστοι κύ-
βοι, ἀστράγαλοι, φιμοί, κημοί, τηλία, κήθια κηθίδια, ψῆ-
φοι, πεττοί. σοροποιοῦ σκεύη σορός, πύελος, κιβωτός,
ληνός. οἵ τε γὰρ περὶ Ἔραστον καὶ Κορίσκον Πλάτωνι ἐπι-
στέλλοντες γράφουσι «ληνὸν Ἀσσίαν τῆς σαρκοφάγου λί-
θου,» καὶ ἐπάγουσι περὶ τοῦ αὐτοῦ λέγοντες «σορῷ·» ὅ
τε Φερεκράτης ἐν τοῖς Ἀγρίοις ἔφη
            ἦ μὴν σὺ σαυτὸν μακαριεῖς, ὅταν
        οὗτοί σε κατορύττωσιν. οὐ δῆτ', ἀλλ' ἐγώ
        τούτους πρότερον, οὗτοι δὲ μακαριοῦσί με.
        καίτοι πόθεν ληνοὺς τοσαύτας λήψομαι;
151   καὶ μιξάμενοι δ' ἂν εἴποιμεν σκεύη, βαλάντια καὶ
βαλαντίδια, ὡς ἐν Αἰξὶν Εὔπολις. καὶ θυλάκιον δὲ καὶ θυ-
λακίσκον· Ἀριστοφάνης γοῦν ἐν Τριφάλητι τοῦτο ὑποδη-
λοῖ, ὅταν φῇ
        ἔπειτ' ἐπὶ τοὔψον ἧκε, τὴν σπυρίδα λαβών
        καὶ θυλακίσκον καὶ τὸ μέγα βαλάντιον.
ἐπὶ τοῦ αὐτοῦ δὲ κύστιν ὑείαν ἐν Ταγηνισταῖς·
        ὁ δὲ λύων κύστιν ὑείαν,

---

150 11. ὁρῶ ὅγε ante Bentleium et M. 13. ὅταν] ὦ τᾶν ὅταν
Bentleius.

κάξαιρῶν τοὺς δαρεικούς.

ἐπὶ τοῦ αὐτοῦ δὲ καὶ σακίον, ὅταν φῇ ἐν Θεσμοφορια- 152
ζούσαις

σακίον, ἐν οἷσπερ τἀργύριον ταμιεύεται.

καὶ πόδα δὲ βαλαντίου ὁ αὐτὸς εἴρηκεν ἐν Βαβυλωνίοις.
ἀργυροθήκην δὲ Ἀντιφάνης ἐν Μίδωνι εἴρηκεν. εἰ δὲ καὶ
τῷ μαρσιπίῳ τις χρῆσθαι βούλοιτο, βοηθήσει αὐτῷ Ἀπολ-
λόδωρος ὁ Καρύστιος εἰπὼν ἐν τῇ Ἐννέα «μαρσίπιόν τι
μικρόν.» ἀρύβαλλος δὲ ἐπὶ τοῦ συσπάστου βαλαντίου ἐν
Ἀντιφάνους Αὑτοῦ ἐρῶντι καὶ ἐν Στησιχόρου Κερβέρῳ.

γλωττοκομεῖον ἡ θήκη τῶν αὐλῶν· καὶ συβήνην 153
δὲ τὴν τῶν αὐλῶν θήκην καλοῦσιν. καὶ αὐλοὺς ὀστεΐνους,
καὶ καλαμίνους αὐλοὺς Ἀριστοφάνης ἔφη, καὶ Καλλίμαχος
τὴν φορβειὰν τὴν αὐλητικήν. καὶ κρουπέζια τὰ τῶν αὐλη-
τῶν ὑποδήματα. τὸ μέντοι γλωττοκομεῖον εἴρηκε Λύσιππος 154
ἐν Βάκχαις·

αὐτοῖς αὐλοῖς ὁρμᾷ καὶ γλωττοκομείῳ.

ὠνόμασται γὰρ ἀπὸ τῶν γλωττῶν, οὐ μὴν ἀλλὰ καὶ ἐπὶ
τοῦ ἀγγείου γλωττοκομεῖον παρὰ τοῖς νεωτέροις ἔστιν εὑ-
ρεῖν, ὡς ἐν τῷ Τιμοκλέους Βαλανείῳ, «καὶ τὸ γλωττοκο-
μεῖον βαλανεύεται.» καὶ ἐν Ἀπολλοδώρου τοῦ Καρυστίου
Διαβόλῳ

μέγα
ὦ Φορμίων γλωττόκομον· οὐκ ὀφθαλμιῶ.

ἐκ δὲ τῶν σκευῶν καὶ γαλεάγρα· τὸ δὲ ὄνομα ἐν 155
τοῖς ἐπιγραφομένοις Δημοσθένους πρὸς Ἀριστογείτονα. καὶ
μυάγρα· Ἀριστοφάνης δὲ ἐν Φοινίσσαις κέχρηται τῷ ὀνό-
ματι. ἐν δὲ Πλούτῳ ἴπον τὴν μυάγραν καλεῖ. καὶ Καλλί- 156
μαχος δὲ ἔφη

ἴπόν τ' ἀνδίκτην τε μάλ' εἰδότα μακρὸν ἁλέσθαι,
ὡς καὶ τὸν ἀνδίκτην ὄντα εἶδος μυάγρας. τὸ μέντοι ἐνι-
στάμενον ταῖς μυάγραις παττάλιον σκανδάληθρον καλεῖται,
ὡς ὁ ἐν ταῖς μείζοσι πάγαις πάτταλος ῥόπτρον, τὸ δὲ σπαρ-
τίον ᾧ συνέχεται μήρινθος. τὴν δὲ Ἀνδρομέδαν Κρατῖνος

ἐν τοῖς Σεριφίοις δελεάστραν καλεῖ. Νικοφῶν δὲ τὰς τοι-
αύτας πάγας ἐν Ἀφροδίτης Γοναῖς δέλεαστρα εἴρηκεν. πέ-
τευρον δέ, οὗ τὰς ἐνοικιδίας ὄρνιθας ἐγκαθεύδειν συμβέ-
βηκεν, Ἀριστοφάνης λέγει, ὥσπερ καὶ κρεμάστραν ἐν ταῖς
Νεφέλαις.

157   σὺν δὲ τούτοις λεγέσθωσαν δοκοὶ δοκίδες, ἰκρία, στρω-
τῆρες, καλυμμάτια. καὶ μετὰ τοῦ κεράμου ἐν τοῖς Δημιο-
πράτοις καλυπτῆρες κορινθιουργεῖς καὶ ἰκριωτῆρες. ἀκτη-
ρίδα δὲ τὴν βακτηρίαν Ἀχαιὸς ἐν Ἴριδι ὠνόμασεν· καλεῖ-
ται δὲ οὕτως καὶ τὸ τὸν ῥυμὸν τοῦ ἄρματος ἢ τῆς ἁμά-
ξης ἀνέχον ξύλον, ὅταν ἄζευκτος ᾖ, ὃ στήριγγα καλεῖ Λυ-
σίας, ὥσπερ καὶ τὴν κνήμην τῆς ἁμάξης ὁ αὐτὸς ὠνόμασε
κνημίαν.

158   προσθετέον δὲ τούτοις τράπεζαν λογιστηρίαν, πιλίον
πῖλον πιλίδιον, τάρπην, ἥ ἐστι πλέγμα ἐκ λύγων, ἔτι δὲ καὶ
γύργαθον καὶ θωμόν, Ἀριστοφάνους ἐν Δαιταλεῦσιν εἰ-
πόντος
       εἰ μὴ δικῶν τε γύργαθος ψηφισμάτων τε θωμός.

159 καὶ οἰκίσκον δὲ ὀρνίθειον καὶ οἰκίσκον περδικικὸν Ἀρι-
στοφάνης ἐν Ὁλκάσιν ἔφη. εἰ δὲ μὴ ψευδὴς ὁ Ὑπερί-
δου λόγος ὑπὲρ Ἁρπάλου, ἐν αὐτῷ γέγραπται «ἐκπηδήσαν-
τες ἐκ τῶν περδικοτροφείων.» χοιροτροφεῖον δὲ ἐν ᾧ χοῖ-
ροι τρέφονται, ὡς Εὔπολις καὶ Φρύνιχος ἐν Ποαστρίαις·
τὸ δ' αὐτὸ καὶ χοιροκομεῖον ἐν Ἀριστοφάνους Λυσιστράτῃ.

160 καὶ γρυμέα δὲ ἀγγεῖόν τι εἰς ἀπόθεσιν, ὃ ἔνιοι πήραν
νομίζουσιν. καὶ θύλακος καὶ ἀσκοθύλακος, ὡς ἐν τῷ Ἀρι-
στοφάνους Γηρυτάδῃ, καὶ ἀσκοπήρα, ὡς ἐν ταῖς Ὥραις
Ἀριστοφάνους. καὶ κέστρα δὲ σφύρας τι εἶδος σιδηρᾶς,
ὡς ἐν Αἰγεῖ Σοφοκλῆς
       κέστρᾳ σιδηρᾷ πλευρὰ καὶ κατὰ ῥάχιν
       ἤλαυνε παίων.
ἀλλὰ μὴν καὶ κύρτη σιδηρᾶ ἀγγεῖόν τι, οἷον οἰκίσκος ὀρ-
νίθειος, παρὰ Ἡροδότῳ καὶ Ἀρχιλόχῳ. καὶ καλιὰ δὲ καὶ
καλιὸς ὁ τοιοῦτος οἰκίσκος, ὡς Κρατῖνος Θρᾴτταις

---

156 2. πέταυρον AB, et 3. τοὺς ἐνοικιδίους.   158 2. πιλάδιον ante
Hemsterhusium.   159 3. ἐκδήσαντες C.   160 4. τινος vulgo.

ἐς τὸν καλιόν, ἢν τύχῃ, καθείργνυται.

ἤδη δὲ καὶ τὸν πρὸς οἰκήσεις ἐπιτήδειον οὕτω λέγουσιν, ὡς 161
ἐν Ἐλπίδι Ἐπιχάρμου εἴρηται

τὸν τοῦ γείτονος καλιόν.

ἐν δὲ Εὐπόλιδος Αὐτολύκῳ

οἰκοῦσι δ' ἐνθάδ' ἐν τρισὶν καλιδίοις,
οἴκημ' ἔχων ἕκαστος.

σάγματα μὲν οὖν ὑποζυγίων κατὰ τοὺς πολλοὺς ἐν τῇ
πέμπτῃ τῶν Φιλιππικῶν ἔστιν εὑρεῖν, σακκοπήραν δέ, ὡς
εἴθισται τοῖς ἰδιώταις λέγειν, ἐν Ἀπολλοδώρου τοῦ Καρυ-
στίου Ἀμφιαράῳ·

ἐμβαλόντες, ὦ πονηρὲ σύ,
εἰς σακκοπήραν αὐτὸν ἐπιθήσουσί που
ἐφ' ὑποζύγιον.

σίφνιν δ' ἐν τοῖς Ἀττικοῖς ὕμνοις οὐ τὴν γῆν ἔνιοι ἀκού- 162
ουσιν, ἀλλὰ τὴν σιπύαν, ἐξ ἧς ἡ Δημήτηρ προυκόμιζε τὰς
τροφάς. ἀορτῆρα δὲ τὸν ζωστῆρα Φερεκράτης ἐν Γραυσὶ
κέκληκεν. ἡ δὲ καυσία πῖλος Μακεδονικὸς παρὰ Μενάν-
δρῳ, ὡς τιάρα Περσικός. καὶ κυρβασίαν δ' Ἀριστοφάνης
ἐν Τριφάλητι εἴρηκεν·

καὶ τὴν κυνῆν ἔχειν με κυρβασίαν ἐρεῖς·

Ἡρόδοτος δὲ καὶ κίταριν. τὸ δὲ τῶν ἐφήβων φόρημα πέ- 164
τασος καὶ χλαμύς· Φιλήμων ἐν Θυρωρῷ

ἐγὼ γὰρ ἐς τὴν χλαμύδα κατεθέμην ποτὲ
καὶ τὸν πέτασον.

Τηλεκλείδου δ' ἐν Ἀμφικτύοσιν εἰπόντος «δουλοπόνηρον
ῥυπαρὸν κόλυθρον» κάτοπτρον ἔνιοι ἀκούουσιν. καὶ ὅταν
μὲν ἐν Ἀχαρνεῦσιν εἴπῃ Ἀριστοφάνης ἀχάνας χρυσίου, τὸ
ἀγγεῖον ἴσως Περσικόν· ἔνιοι δὲ τὴν θεωρικὴν κίστην οὕτω 165
κεκλῆσθαι νομίζουσιν, ἐν δὲ Ἀριστοτέλους Ὀρχομενίων πο-
λιτείᾳ μέτρον ἐστὶν Ὀρχομένιον τετταράκοντα πέντε μεδί-
μνους χωροῦν Ἀττικούς. οἱ δὲ κοιτίδας τὰς Πυθῶδε ἰόν-
των, ὅτε καὶ τὰ λεβητάρια καλοῦσι ταναγρίδας. ξίφους δὲ

---

162 2. σιπύην A.   164 6. κάναστρον sive κάνυστρον M.   165 3.
πέντε ex scholiasta Aristophanis add Salmasius.

ὄνομα ἔοικεν εἶναι βαρβαρικὸν ἡ σκαλμή, Σοφοκλέους
εἰπόντος ἐν Τρωΐλῳ

σκαλμῇ γὰρ ὄρχεις βασιλὶς ἐκτέμνουσ' ἐμούς.

τὸ δὲ ὄγκιον σκεῦος πλεκτὸν εἰς ἀπόθεσιν σιδήρου ἢ ἄλ-
λων τινῶν, παρὰ δ' Ὁμήρῳ τῶν Ὀδυσσέως πελέκεων· Ἕρ-
μιππος δ' ἐν Δημόταις ἔφη «ἔχοντες ἴσον ἀσπίδιον ὀγκίῳ.»

166 παρὰ δὲ Βοιωτοῖς τὸν κάδον σκύφον κεκλῆσθαι λέγουσιν.
ἡ δὲ σμινύη κατ τὺς δερμάτιον ἐντιθέμενον τῇ σμινύῃ,
ὅταν ὁ στέλεχος ἀραιὸς ᾖ· καὶ ἔστι τοὔνομα ἐν τοῖς Ἀρι-
στοφάνους Δράμασιν ἢ Νιόβῳ. πτανάκα δ' ἐστὶ ψίαθος
ἡ ἐν τοῖς ἀκατίοις, ἣν καὶ κάνναν καλοῦσι. κραστήριον
δὲ τέτταρα ξύλα εἰς ἄλληλα ἐνηρμοσμένα, τόνῳ ἐνδεδεμένα,
ἃ κατήρτων πρὸ τῆς φάτνης τῶν ὑποζυγίων φέρειν αὐτοῖς
τὸν χιλόν, ὃν καὶ χόρτον καὶ πόαν καὶ κράστιν ἐκάλουν.
ἐκφατνίσματα δὲ αἱ σανίδες αἱ ἀναιρούμεναι ἐκ τῆς φάτ-
νης ὡς καθαίρεσθαι τὰ περιττά.

167 ἐκ δὲ τῶν σκευῶν ἔστω καὶ προσωπεῖον καὶ μορμο-
λυκεῖον καὶ γοργεῖον καὶ προσωπίς, καὶ ὡς ἐν τοῖς Σοφι-
σταῖς Πλάτων ὀθόνιον πρόσωπον, καὶ κλῳὸς καὶ κλοιὸς
καὶ ἄλυσις καὶ μονάλυσις. ἡ δὲ ἄλυσις οὐ μόνον ἐπὶ τοῦ
δεσμοῦ ἀλλὰ καὶ ἐπὶ τοῦ γυναικείου κόσμου ὠνόμασται παρὰ
Ἀριστοφάνει, «σφραγῖδας ἀλύσεις·» Φιλιππίδης δὲ ἔφη

ἀλύσιον εἶχε τετταράκοντ' ἄγον δραχμάς.

δεσμὸς μέντοι σιδηροῦς καὶ σκύλαξ, οὗ μέμνηται Πλά-
των ἐν Ἑλλάδι,

λαβὼν οὖν
τὸν σκύλακα τὸν τοῦ προξένου, κἄπειτα δῆσον αὐτόν.

168 ἐκ δὲ σκευῶν καὶ ἀναξυρίδες καὶ σκελέαι καὶ ποδί-
δες καὶ Περσικαί, ὡς Ἀριστοφάνης ἐν ταῖς Νεφέλαις τὰς
ἀναξυρίδας ἔοικε καλεῖν. Ἀντιφάνης δ' ἐν Σκύθαις ἢ Ταύ-
ροις «σαράβαρα καὶ χιτῶνας πάντες ἐνδεδυκότες.» ἡ δὲ ἁμα-
ξίς ἁμάξιον μικρόν, καὶ παίζειν τοῖς παιδίοις. καὶ κώδων
δὲ ἔστι τῶν σκευῶν καὶ τρυτάνη καὶ ὑστριχίς, τάχα δὲ καὶ
κώδιον καὶ κωδάριον καὶ ἀρνακίς, καὶ βακτήριον, καὶ σάκ-

---

166 2. σμινύη? an ἐν σμινύῃ?   4. πτακάλα AB.   7. κρατὴρ τῶν
libri: cf. 7 142.

κος, καὶ λυχνίς, καὶ πυξίς, καὶ ἕτερόν τι τοιοῦτον καλαμί-
σκος, ὡς ὅταν φῇ Ἀριστοφάνης ἐν Ἀχαρνεῦσιν

σὺ δ' ἀλλά μοι σταλαγμὸν εἰρήνης ἕνα
εἰς τὸν καλαμίσκον ἐνστάλαξον τουτονί.

καὶ ἁλία δὲ σκεῦός τι ἦν πύξινον, ᾧ τοὺς ἅλας ἐντρίβου- 169
σιν· Ἄρχιππος μέν γε ἐν Ἡρακλεῖ γαμοῦντί φησιν «ἁλία
πυξίνη,» Στράττις δ' ἐν Κινησίᾳ

ἁλμυρόν θ' ὕδωρ,
ἕτερόν τε λεπτὸν ἐν ἁλίᾳ κεκομμένον.

καὶ ἴσως ἂν ἐοίκοι τούτῳ τῷ ἀγγείῳ ἐν ᾧ τὸ πέπερι λεαί-
νουσιν. ἀλλὰ μὴν καὶ φορμός φορμίον φορμίσκος φορ-
μίς· ἐν δὲ τῷ Γηρυτάδῃ ὁ Ἀριστοφάνης λέγει «φορμῷ σχοι-
νίνῳ», ἐν δὲ τοῖς Δημιοπράτοις καὶ ἁλῶν τρία ἡμιφόρμια
πέπραται, ὥσπερ καὶ σησάμων ἡμισάκιον. τάχα δὲ κἂν ὀρο- 170
φόν τις ὀνομάσειεν, ὅς ἐστι στεγαστὴρ κάλαμος, ὃν καὶ
Ὅμηρος ὀνομάζειν ἔοικεν ἐπὶ τῆς Ἀχιλλέως σκηνῆς. καὶ ἐν
Ἀριστοτέλους δὲ ἢ Θεοφράστου Φυσικοῖς γέγραπται «κα-
λάμου, ὀρόφου, θρυαλλίδος, στροβίλου, πίτνος.» εἴποις δ'
ἂν καὶ ὠλένας καὶ ὠλενίδας, καὶ παρωλενίδας ἐν τοῖς
Δημιοπράτοις εἰρημένας. καὶ πηνήκην δὲ καὶ προκόμιον,
καὶ ὡς Ἀριστοφάνης ἐν Γηρυτάδῃ περίθεσιν· καὶ περιθέτην
δέ, ὡς ἐν Ἄμφιδος Ἀλκμαίωνι καὶ Μενάνδρου Ὀλυνθίᾳ.

σκεῦος δὲ καὶ ἡ κλῖμαξ· καὶ οἱ ἀναβασμοὶ τῆς κλί- 171
μακος κλιμακτῆρες, ὡς ἐν Ἀριστοφάνους Δράμασιν ἢ Κεν-
ταύρῳ· ἐν δὲ τοῖς Δημιοπράτοις κλιμάκιον, ἐν δὲ Ἀμειψίου
Κόννῳ κλιμακίδα. ἦ που δὲ καὶ τύμπανα καὶ κύμβαλα,
σκευῶν ἂν καὶ ταῦτα εἴη καὶ παρδαλῆ καὶ λεοντῆ, καὶ σα-
νὶς καὶ λεύκωμα. καὶ οἷς ἂν ὀρνιθοθῆραι χρῶνται, παγί-
δες καὶ νεφέλαι καὶ δίκτυα· ἐν Ὄρνισι δ' αὐτῶν Ἀριστο-
φάνης μνημονεύει.

τὴν δὲ πήραν πηρίδιον εἴποις ἂν ὡς ἐν Σκηνὰς κα- 172
ταλαμβανούσαις Ἀριστοφάνης, καὶ θύλακα καθ' Ὅμηρον,
καὶ θύλακον καὶ θυλάκιον καὶ θυλακίσκον, ὡς ἐν Δαιτα-
λεῦσιν Ἀριστοφάνης, καὶ κώρυκον καὶ κωρύκιον καὶ κωρυ-
κίδα, ὡς ἐν ταῖς Ὀλκάσιν Ἀριστοφάνους. καὶ βύσμα δ'

---

169 5. νίτρον vel κέγχρον M.   170 1. δὲ κἂν] δὲ καὶ vulgo.
171 4. κλιμακίδια Salmasius.

ἂν εἴη τῶν χρησίμων, τοῦ αὐτοῦ εἰπόντος «βύσμα καὶ γευ-
στήριον.» τοῦτο δὲ βύστραν ἕτεροι κεκλήκασιν, ὡς Ἀναξαν-
δρίδης Κιθαριστρίᾳ καὶ Ἀντιφάνης Ὀρφεῖ «βύστραν τιν'
ἐκ φύλλων τινῶν.» ἀλλὰ μὴν τῷ στεγαστῆρι ὀρόφῳ προσή-
173 κοιεν ἂν καὶ οἱ σ τ ρ ω τ ῆ ρ ε ς καὶ τὰ καλυμμάτια· ἄμφω δὲ
ἐν Ἀριστοφάνους Βαβυλωνίοις,

    πόσους ἔχει στρωτῆρας ἀνδρῶν οὑτοσί,
καὶ αὖ πάλιν
    ὡς εὖ καλυμματίοις τὸν οἶκον ἤρεφεν.
φαίης δ' ἂν κατ' Ἀριστοφάνην λέγοντα ἐν Ὁλκάσι καὶ
π α τ τ ά λ ο υ ς ἐγκρούειν, καὶ σκυτάλιον ὑποσίδηρον καὶ σμι-
νύας καὶ ἀγκαλίδας, καὶ ὡς ἐν Ταγηνισταῖς νεβρίδα κὰι
λίθους πωρίνους καὶ κηρύκιον, καὶ ὡς ἐν Ἥρωσιν
    ἴθι δή, λαβὼν τὸν ῥόμβον ἀνακωδώνισον,
καὶ ὡς ἐν Γήραι «πτωχικοῦ βακτηρίου,» καὶ
    βακτηρία δὲ Περσὶς ἀντὶ καμπύλης
καὶ «καλαμίνους αὐλούς.» τοὺς δὲ κάλως καὶ σχοινία καὶ
ὅπλα ἂν εἴποις· Ὅμηρος δὲ καὶ ὅπλον βύβλινον.

174   φαίης δ' ἂν καὶ χρυσώματα καὶ ἀργυρώματα καὶ
χαλκώματα ἐν μέρει τῶν σκευῶν, οὐ μόνον ἐν τῇ Ἀναβά-
σει Ξενοφῶντος εἰπόντος χαλκώμασιν, ἀλλὰ καὶ Ἀριστοφά-
νους ἐν Πελαργοῖς «χαλκώματα προσκεφάλαια.» Λυσίας
δὲ ἐν τῷ πρὸς Κλέωνα καὶ ἀργυρώματα καὶ χρυσώματα
εἴρηκεν.

175   καὶ β α ῖ τ α ς δὲ τὰς τῶν ἀγροίκων διφθέρας ἐν τοῖς
γυναικείοις μίμοις ὁ Σώφρων ἐκάλεσεν. εἶεν δ' ἂν καὶ ἀμ-
φ ω τ ί δ ε ς ἐκ τῶν σκευῶν, Πλάτωνός τε εἰπόντος καὶ ἐν
Κερκύονι Αἰσχύλου,
    ἀμφωτίδες τοι τοῖς ἐνωτίοις πέλας·
Ἀλέξιδος δὲ καὶ δρᾶμα Ἀμφωτίς. καὶ ῥιπίδα δ' ἂν τις
φαίη πλέγμα τι ψιάθῳ ἢ φορμῷ παραπλήσιον· Κράτης
δ' ἐν τοῖς Ἥρωσιν ἔφη «ῥιπίδι κοπραγωγῷ,» ἐν δὲ τοῖς
Δημιοπράτοις ἀναγέγραπται «ῥιπικὰ παγκτόν.» Ὅμηρος
176 δ' ἔφη «ῥίπεσσι διαμπερὲς οἰσυίησι·» καὶ γὰρ οἰσύα, καὶ
οἰσύινα σκεύη, παρὰ δὲ Θουκυδίδῃ καὶ ἀσπίδες οἰσύιναι.

---

173 4. εὖ Bergkius pro οὖ.   7. ἐκκρούειν — σκύταλον — σμινύ-
δας ante Bergkium.

καὶ λίνον δ' ἂν εἴποις καὶ στυππεῖον, καὶ κάνναβον καὶ
κάνναβιν, καὶ τὸν ἱστὸν τῶν ταῦτ' ἐργαζομένων γέροντα.
καὶ ὁλκεῖον ἀγγεῖον ὑγρῶν τε καὶ ξηρῶν, ὡς ἐπὶ τὸ πολὺ
χαλκοῦν, ὡς ἐν Ἀρρηφόρῳ Μενάνδρου «ἢ χαλκοῦν μέγα
ὁλκεῖον·» ἐν δὲ Φιλήμονος Γάμῳ

> ὁλκεῖον εἶδον ἐπὶ τραπέζῃ κείμενον
> πυρῶν τι μεστόν.

εἴποις δ' ἂν καὶ μηλωτὴν τὴν τοῦ προβάτου δοράν, Φι-
λήμονος εἰπόντος ἐν Εὐρίπῳ «στρῶμα μηλωτήν τ' ἔχει.»
καὶ σκεῦός τι ὁλοσίδηρον, ὡς ἐν Ἀντιφάνους Φιλίσκῳ,
καὶ ἄλλο μονόξυλον, ὡς ἐν Πλάτωνος Νόμοις. Κρατίνου 177
δ' εἰπόντος ἐν Νεμέσει «ἐν τῷ κυφῶνι τὸν αὐχέν' ἔχων,»
ἢ που νοητέον ὡς σκεῦος ἦν τι ἀγορανομικόν, ᾧ τὸν αὐ-
χένα ἐνθέντα ἔδει μαστιγοῦσθαι τὸν περὶ τὴν ἀγορὰν κα-
κουργοῦντα. καὶ νάρθηκα δ' ἂν εἴποις, Πλάτωνος μὲν καὶ
ναρθηκοφόρους ὀνομάσαντος, Ἴωνος δὲ ἐν τῷ Μεγάλῳ δρά-
ματι εἰπόντος «ψαθαρὸν νάρθηκα.» ζυγὸν δὲ εἴποις ἂν
ὑποζυγίων, καὶ τὸ τῆς τρυτάνης καὶ τὸ τῆς νεὼς καὶ τὸ τοῦ
ὑποδήματος καὶ τὸ τοῦ χοροῦ· Δεινόλοχος δ' ἐν Ἀμαζόσιν
ἔφη καπηλικοῦ ζυγοῦ. τὸ δὲ ξυρὸν πολλῶν εἰρηκότων, πα-
ρατηρητέον ὅτι Ἄρχιππος ἐν τῷ Ῥίνωνι ἀρρενικῶς αὐτὸ
εἴρηκεν.

> φλοΐνην δὲ ἐσθῆτα Ἡροδότου εἰπόντος, σοὶ τοῦτο 178
ὑπάρχει λέγειν καὶ ἐπὶ τῶν ἄλλων πλεγμάτων, οἷον φλοΐ-
νην σπυρίδα ἢ ψίαθον ἢ ὁτιδήποτέ, μάλιστα καὶ Εὐριπί-
δου ἐν Αὐτολύκῳ σατυρικῷ εἰπόντος «σχοινίνας γὰρ ἵπ-
ποισι φλοΐνας ἡνίας πλέκει.» ἡ δὲ ὕλη ὅθεν ἐπλέκετο, φλοῦς
μὲν κατὰ τοὺς Ἴωνας, φλέως δὲ κατὰ τοὺς Ἀττικούς. εἴη 179
δ' ἂν καὶ κόιξ ἕν τι τῶν πλεγμάτων, ὃν οἱ μὲν Δωριεῖς
κόιν καλοῦσιν, ὡς Ἐπίχαρμος Πίθωνι

> ἢ θύλακον βόειον ἢ κόιν φέρειν
> ἢ κωρυκίδα,

οἱ δὲ Ἀττικοὶ κόιχα, ὡς Φερεκράτης Κοριαννοῖ

> πᾶς δ' ἀνὴρ ἔσαττε τεῦχος ἢ κόιχ' ἢ κωρύκους.

σαφῶς δὲ αὐτὸ Ἀντιφάνης ἐν Βομβυλιῷ δηλοῖ, εἰπὼν

---

177 4. δεῖ ante **M.**

ἀγγεῖον ἀλφιτήριον κόιξ.

εἴη δ᾽ ἂν καὶ φ ε ί δ ω ν τι ἀγγεῖον ἐλαιηρόν, ἀπὸ τῶν Φει-
δωνίων μέτρων ὠνομασμένον, ὑπὲρ ὧν ἐν Ἀργείων πολιτείᾳ
Ἀριστοτέλης λέγει. καὶ σ τ έ γ α σ τ ρ ο ν δὲ ὅστις ἐθέλοι ὀνο-
μάζειν, ᾗπερ ἡ πολλὴ χρῆσις, τὴν στεγαστρίδα διφθέραν,
τὸν σκύτινον τοῦτον χιτῶνα, καταφευγέτω ἐπὶ τὸν Αἰσχύ-
λον εἰπόντα «ὀστέων στέγαστρον.» κ ί σ τ α ι δ᾽ οὐ μόνον
ὀψοφόροι, οὐδ᾽ ἄλλως ἀγγεῖα εἰς ἐσθήτων ἀπόθεσιν, ἀλλὰ
καὶ αἱ τῶν φαρμακοπωλῶν ἂν καλοῖντο, ὡς ἐν Ἀμφιαράῳ
Ἀριστοφάνης

και τοὺς μὲν ὄφεις, οὓς ἐπιπέμπεις,

ἐν κίστῃ που κατασήμηναι,

καὶ παῦσαι φαρμακοπωλῶν·

ὥσπερ που καὶ Θεόπομπος ἐν Ἀλθαίᾳ

τὴν οἰκίαν γὰρ εὗρον εἰσελθὼν ὅλην

κίστην γεγονυῖαν φαρμακοπώλου Μεγαρικοῦ.

τὸ μέντοι δέρμα ᾧ ὑποζώννυνται αἱ γυναῖκες λουόμε-
ναι ἢ οἱ λούοντες αὐτάς, ᾤαν λουτρίδα ἔξεστι καλεῖν, Θεο-
πόμπου εἰπόντος ἐν Παισὶν

τηνδὶ περιζωσάμενος ᾤαν λουτρίδα,

κατάδεσμον ἥβης περιπέτασον.

Φερεκράτης δὲ ἐν Ἰπνῷ καταλέγων τὰ ἐργαλεῖα τῆς παι-
δοτριβικῆς,

ἤδη μὲν ᾤαν λούμενος προζώννυται.

οὕτω δὲ τὴν μηλωτὴν ἐκάλουν, ἴσως ἀπὸ τῆς ὄιος. τοῖς δὲ
στρατιώταις καὶ ἀντὶ μάκτρας ὑπουργεῖ· ὅπερ ἐν Στρατιώ-
ταις Ἕρμιππος ὑποδηλοῖ, λέγων «νικᾷ δ᾽ ᾤα λιθίνην μά-
κτραν.» καὶ κ έ ρ α μ ο ν δ᾽ ἂν εἴποις, καὶ κέραμον στεγα-
στῆρα· ἐν δὲ τοῖς Δημιοπράτοις καὶ κέραμον Ἀττικὸν καὶ
κέραμον Κορίνθιον. κεραμίδα δὲ Θουκυδίδου εἰπόντος ἐν τῇ
Πλαταϊκῇ πολιορκίᾳ, κεράμια τὰς κεραμίδας Ἀριστοφάνης
ἐν Σφηξὶ καλεῖ, λέγων

μῦς οὐ μὰ Δί᾽, ἀλλ᾽ ὑποδυόμενός τις οὑτοσί

ὑπὸ τῶν κεραμίων ἡλιαστὴς ὀροφίας·

οἱ δὲ καὶ κεραμίδων γράφουσιν. καὶ σφύρᾳ μέν τι ὅμοιον

---

179 1. ὁ κόιξ codices.   181 8. λουμένῳ προζώννυνται ante Bent-
leium.

ἢ κροταφίδι σιδηρῷ εἴη ἂν ἡ κέστρα, δεσμῷ δ' ἂν ἐοί-
κοιεν αἱ στραγγαλίδες, Στράττιδος ἐν Φοινίσσαις εἰπόντος
«οὐ σχοινί' οὐδὲ στραγγαλίδες εἰσίν.» κάνναι δὲ πλέγμά-
τιόν τι ἐστίν, οὗ μέμνηται ἐν Σφηξὶν Ἀριστοφάνης·

οὐ μή ποτέ σου παρὰ τὰς κάννας οὐρήσω.
καὶ Φερεκράτης ἐν Ἰπνῷ

σκηνὴ περίερκτος περιβόλοις κάνναισι.
μάλιστα δ' ἐχρῶντο τῷ πλέγματι τούτῳ ἐς τὰ περιφράγματα, 184
ὡς ἐν τῇ Πυτίνῃ ὁ Κρατῖνος περὶ τῶν τριήρων λέγει

οὐ δύνανται πάντα ποιοῦσαι νεωσοίκων λαχεῖν
οὐδὲ κάννης.

τὸν μέντοι ταύτας πλέκοντα καννηνοποιὸν Ἱππῶναξ κέκλη-
κεν. ἐν δὲ τοῖς μέτροις τοῖς τῶν ὑγρῶν εἴη ἂν καὶ μάρις,
Ἀριστοτέλους ἐν τῷ ὀγδόῳ περὶ ζώων ἱστορίας εἰπόντος
«οἴνου πέντε μάρεις.» ἔστι δὲ ὁ μάρις ἓξ κοτύλαι.

καὶ γῆν δὲ κεραμῖτιν εἴποις ἂν καὶ γῆν κεραμίδα, 185
ἢ ὡς Σαννυρίων ἐν Γέλωτι, «κεραμικὴν γαῖαν στρέφων.»
οὐ μέντοι οἱ κεραμεῖς τὰς πλίνθους ἔπλαττον, πλινθεῖον
καλεῖ τὸν τόπον ἐν Δράμασιν ἢ Νιόβῳ Ἀριστοφάνης, περὶ
τοῦ Κυκλοβόρου τοῦ ποταμοῦ λέγων

ὁ δ' ἐς τὸ πλινθεῖον γενόμενος ἐξέτρεψε.
τοῖς δὲ σκεύεσιν εἰ βούλοιτό τις προσαριθμεῖν καὶ κάδον
πίττινον, ἔξεστιν, Ἀριστοφάνους ἐν Δράμασιν ἢ Κενταύρῳ
εἰπόντος

ἀλλ' εἰς κάδον λαβών τιν' οὔρει πίττινον.

καὶ στόμωμα μὲν σιδηροῦν ὅστις ἐν τοῖς ἀποθέτοις 186
σκεύεσιν ἀριθμοῖ, Κρατῖνος ἂν αὐτῷ συναινοῖ, λέγων ἐν
Χείρωσι «Χαλυβδικὸν στόμωμα». εἰ δὲ καὶ πλέγμα τι σπάρ-
τινον ἢ σάκον σπάρτινον ἐθέλοις καλεῖν, καὶ πρὸς τοῦτο
Κρατῖνός σοι βοηθεῖ ἐν Νεμέσει λέγων

σπάρτην λέγω γε σπαρτίδα τὴν σπάρτινον.
φαίης δ' ἂν καὶ σίσυραν, Αἰσχύλου μὲν ἐν Κήρυξι σα-
τύροις λέγοντος «κατὰ τῆς σισύρνης τῆς λεοντέας,» Σο-
φοκλέους δ' ἐν Μυσοῖς

---

183 3. οὐ] οὐδὲ ante M. 7. περίβολο; codices. 184 5. καννα-
κοποιὸν A, καννινοποιὸν Salmasius. 186 6. Σπάρτην λέγω τὴν Σπαρ-
τιάδ', οὐ τὴν σπαρτίνην M.

ψαλίδας τιάρας καὶ σισυρνώδη στολήν.

187 ἐπεὶ δὲ καὶ ἀσκὸν καὶ ἀσκίδιον καὶ τὰ τοιαῦτα προειρήκαμεν, οὐδὲν κωλύει καὶ μολγὸν εἰπεῖν, ὅς ἐστι κατὰ τὴν τῶν Ταραντίνων γλῶτταν βόειος ἀσκός· ὅθεν καὶ Θεοδωρίδας τὸν Ἥφαιστον ἔφη φυσητῆρσι μολγίνοις χρῆσθαι. καὶ Ἀριστοφάνης δὲ χρησμόν τινα παίζει,

μή μοι Ἀθηναίους αἰνεῖτ', ἢ μολγοὶ ἔσονται,

τὸ ἄπληστον αὐτῶν ὑπαινιττόμενος. τῶν δὲ ἐν οἰκίᾳ σκευῶν καὶ σκῦτος καὶ μάστιγες καὶ τροχοὶ καὶ πέδαι καὶ στρέβλαι. καὶ ἐπὶ ἐκπώματος δ' ἂν εἴποις, ἢ ἄλλου κατασκευάσματος, ὅτι λιθοκόλλητον ἦν, ὡς ἐν τῷ Μενάνδρου Παιδίῳ

χρυσοῦν ἐπόρισας. εἴθε λιθοκόλλητον ἦν.
καλὸν ἦν ἂν οὕτως.

188 ἐπεὶ δὲ ἥλους οἱ πολλοὶ καὶ ἡλίσκους οἱ κωμῳδοὶ λέγουσιν, ἰστέον ὅτι καὶ κυνδάλους τοὺς ἥλους ὀνομάζουσιν· ἐν γοῦν τῇ τοῦ νεὼ ποιήσει, ἢν ἢ Φίλων ἢ Θεόδωρος συνέθηκε, γέγραπται «κυνδάλους δὲ ἐχέτω ζυγὸν ἕκαστον.» φαίης δ' ἂν ἐπὶ τοῦ αὐτοῦ καὶ πῶμα καὶ ἐπίθημα, οἷον πίθου ἢ λέβητος ἢ φαρέτρας. ἐν γοῦν τῇ Ἀριστοφάνους Εἰρήνῃ γέγραπται

τὴν δ' ἀσπίδα
ἐπίθημα τῷ φρέατι παράθες εὐθέως·

Ὅμηρος δ' ἔφη «ὡς εἴ τε φαρέτρῃ πῶμ' ἐπιθείη.»

189 τὸ μὲν δὴ ξύλον ᾧ περιπλάττουσι τὸν πηλὸν οἱ κοροπλάθοι, κάναβος καλεῖται· ὅθεν καὶ Στράττις ἐν τῷ Κινησίᾳ τὸν Σαννυρίωνα διὰ τὴν ἰσχνότητα κάναβον καλεῖ· αὐτὸ δὲ τὸ πήλινον, ὃ περιείληφε τὰ πλασθέντα κήρινα, ἃ κατὰ τὴν τοῦ πυρὸς προσφορὰν τήκεται καὶ πολλὰ ἐκείνῳ 190 τρυπήματα ἐναπολείπεται, λίγδος καλεῖται· ὅθεν καὶ Σοφοκλῆς ἔφη ἐν Αἰχμαλώτοις

ἀσπὶς μὲν ἡμῖν λίγδος ὡς πυκνόμματεῖ.

---

187 6. αἴνειν ἢ μολγοὶ Bergkius: αἰνεῖτε οἰμολγοι *A*, αἰνεῖτε ἀμολγοὶ *B*, ἀνεῖται μόλγοι *C*. 188 3. ἀπολλόδωρος *AB*. 190 1. μιλιγδος et 3. ἠμιλιγδος ante Leopardum et Hemsterhusium. 3. πυκνὸν πατεῖ *C*, πυκνόματι *AB*, πύκν' ὀμματεῖ Kühnius.

ἐπιπόρπαμα δὲ κιθαρῳδοῦ σκευή, ὡς Πλάτων ἐν Ταῖς
ἀφ' ἱερῶν

      δότω τὴν κιθάραν τις ἔνδοθεν
καὶ τοὐπιπόρπαμα.

ἔξεστι δὲ καὶ ἀγγεῖα ὀστράκινα τὰ κεράμεα ἢ γήινα εἰ-
πεῖν· ἐν γοῦν τῷ Ποιητῇ Πλάτων φησὶ

      θαυμάζω τὸν τὴν δαπιθάκνην
πότερ' ὀστρακίνην ἢ βίβλον ἔχων τὴν δήποτε.

Ἡρόδοτος δὲ καὶ κεραμίνην κύλικα ἔφη, καὶ ὁ Ἀναξίλας
Βοτρυλίωνι

      οὐκ ἄν γέ μοι τουτὶ γένηται κεράμινον.

ἔστι δὲ καὶ ἑλένη πλεκτὸν ἀγγεῖον σπάρτινον, τὰ 191
χείλη οἰσύινον, ἐν ᾧ φέρουσιν ἱερὰ ἄρρητα τοῖς Ἑληνηφο-
ρίοις. εἰ δὲ βούλει καὶ ἄλλα τῶν ἱερῶν σκευῶν, ἔστι μὲν
ὑφάσματα, καλεῖται δὲ ἰστριανόν, προτόνιον, ἡμίμι-
τρον. ποδώνυχον ἡ ἐσθὴς τῆς ἱερείας τῆς Πανδρόσου. τὰ
μὲν ἄλλα καλύμματα ἱερῶν, τὰ δὲ ἐπίπομπα παραπόμπεια 192
καλεῖται. ὅταν Δημοσθένης εἴπῃ σακχυφάντας, τοὺς πλέ-
κοντας ταῖς γυναιξὶ τοὺς κεκρυφάλους ἀκούουσιν. σκευῶν δὲ
ἐν Εὐπόλιδος Πόλεσι κατάλογος,

      χαρδόπους,
κρατῆρας ὀκτώ, δύο χύτρας, δύο τρυβλίω,
κνέφαλλά τε καὶ θέρμαυστριν, ἓξ θρόνους, χύτραν,
κάννας ἑκατόν, κόρημα, κιβωτόν, λύχνον.

190 3. δότω μοι τὴν Bentleius.   192 1. ποδόπομπα παραπόμ-
πια AB.   5. τε καὶ addit B. an δέκα?   6. δύο χ. Salmasius, δέκα
χ. M, δὲ χ. B: ceteri om.

INDEX.

454

31 *

478

μύσταξ 2 80.

μυστήρια 1 35.

μυστίλη 6 87, 10 89.

μυωτός 7 60.

νακοτίλτης 7 28.

Νάξιοι 9 83.

νάρθηξ 10 177.

ναναγεῖν 1 114.

ναύκληρος 1 75.

ναυκραρία 8 108.

ναύκραροι 8 108.

Ναυκρατίτης στέφανος 6 107.

ναυμαχία 1 119.

ναῦς 1 81—4. μέρη νεώς 1 85—92. σκεύη 1 93—4.

ναῦται 7 139 et 190.

ναυτικὰ σκεύη 10 133.

ναυτοδίκαι 8 126.

νεανίας 2 11.

νεβροί 5 15.

νέγλα 6 87.

νειαίρη 2 209.

Νεῖλος 6 148.

νεῖν 7 32 et 138.

νεῦρα 2 234.

νευροστάται 7 154.

νεωλκοῦ σκεύη 10 148.

νεώς 1 6. νεὼν οἰκοδομῆσαι 1 11.

νήφειν 6 26.

νήχεσθαι 1 97, 7 138.

νίγλαροι 4 83.

Νίκανδρος ὁ Κολοφώνιος 5 38.

Νικίας 1 134.

Νικοκλῆς ὁ Κύπριος 2 95.

Νικοστρατία σταφυλή 6 82.

Νικόστρατος 5 100.

Νικοφῶν 2 128, 6 86. ἐν Ἀφροδίτης γοναῖς 10 156. ἐν Πανδώρᾳ 7 33. ἐν Χειρογάστορσι 4 56.

Νικοχάρης 2 19, 10 135. ἐν Γαλατείᾳ 10 93. ἐν Ἡρακλεῖ γαμουμένῳ 7 40. ἐν Ἡρακλεῖ χορηγῷ 7 45. ἐν Κρησί 7 83, 10 141. ἐν Λημνίαις 10 107.

Νίκων ἐν Κιθαρῳδῷ 6 99.

Νικοφίλης ὁ Θηβαῖος 4 77.

Νίνος ὁ Βήλου 9 12.

νίπτρα 7 40. νίπτρον 10 78.

Νίσυρος 7 99.

νόθος 3 21.

νομή 4 176, 7 183.

περὶ νομισμάτων 9 51.

νομοθέται 8 101.

νόμος 4 65 — 6. ὁ Ἀττικός 7 146, 9 42. τοῦ βασιλέως 6 35. ὁ κάτωθεν 8 128. νόμοι καὶ ψηφίσματα 5 166.

νομοφύλακες 8 94 et 102.

νομοφυλάκιον 8 102.

νόννος 3 16.

νοσήματα 4 184. ἔξωθεν ἐπιφαινόμενα 4 190. κυνῶν 5 53.

νουθετῆσαι 9 139.

νούμμος 9 79.

νοῖς 2 226 et 228.

νυκτιπήδηκες 7 94.

νυμφεύτρια 3 41.

νυμφίος 3 35.

νύξ 1 70.

νωγαλίσματα 6 62.

νωθρεύεσθαι 9 137.

νῶτα 2 177.

ξαίνειν 7 30.

Ξανθίας ὁ σιδηρεύς 7 106.

ξάνιον 6 90.

ξενισμός 6 7.

ξένος 1 74, 3 58.

Ξενοφάνης 9 83. ἐν τῷ περὶ φύσεως 6 46.

Ξενόφρων ὁ τοῦ Φαιδίμου 6 8.

Ξενοφῶν 1 80 94 112 134 182 187 not. 188 191 201 209 213 — 4 221 233 244, 2 7 13 14 20 34 41 49 51 54 — 7 59 64 67 77 81 — 2 97 108 122 126 150 — 1 154 156 160 180 193 — 4 200, 3 25 59 62 75 77 89 100 108 124 127 134 152 — 4, 4 14 167 — 8, 5 9 11 15 20

ὦμος 2 137.

ὠνήσασθαι 3 126.

ὥρα 1 71, 3 72. ὧραι 1 60.

Ὠρίων 4 159.

ὡρολόγιον 9 46.

ὡς τὸ πολύ 9 152.

ὠτοκάταξις 2 83.

Ὦχος 2 151.

———

Corrigenda.

l. 1 § 17 v. 4 lege λέγουσιν   1 33 1 not. *sed cf.* 8 134 2 αἵματι προσεχόμενος.   1 38 6. ὁμόσαι   1 174 2. ὑφεῖναι coll. 9 155 9. 1 254 4. σμήνους.   p. 58 ima post 8 4 adde *et* 61 2.   l. 2 17 8. γυναῖκες ἐξ ἀφήλικες *M.*   2 23 6. *Τελέσιλλα*   2 51 7. στράβωνες   2 224 8. καλεῖ] λέγει ἐν τωυθα σύνοψις (ἐν τῷ θ' συνόψεως *M*) τῶν κατ᾽ ἄνθρωπον codex Antverpiensis.   4 102 10. χίλι᾽ ἅ praecepit Hermannus.   4 114 7. ἀνατοιχίσας vel ἀνατειχίσας *M.*   p. 181 v. penult. adde numerum 167. ·   l. 6 18 3. διῆγες μοῖραν, ἕλκων *M.*   6 110 3 χαλκίον   6 144 10. *Νόμοις*   7 70 6. σίσυρα   7 76 5. ἀνιέντες   7 77 5. δευτερουργῇ   p. 313 3. κάναβος   l. 7 182 5. καταλέγει·   9 57 6. *Παρακαταθήκη*·   9 125 6. ποιεῖς *M.* ‖ 8. μαρύομ᾽ ἔρια *M.* ‖ 10. ποιῶν *M.*   p. 400 ima. χρήσεως] nonne κλήσεως? l. 10 40 5. ἐν τοῖς *Δημιοπράτοις Ἀλκιβιάδου* Partheius.   p. 424 v. 18. 93.   l. 10 78 5. ποδανιπτὴρ   10 112. *Εἰ δὲ ἐπὶ*

TYPIS A. G. SCHADII.

Lightning Source UK Ltd.
Milton Keynes UK
UKOW06f0343211014

240367UK00003B/134/P

MADE IN AMERICA

Made In America

*The dark history that led
to Donald Trump*

EDWARD STOURTON

torva

TRANSWORLD PUBLISHERS

UK | USA | Canada | Ireland | Australia
India | New Zealand | South Africa

Transworld is part of the Penguin Random House group of companies
whose addresses can be found at global.penguinrandomhouse.com.

Penguin Random House UK, One Embassy Gardens,
8 Viaduct Gardens, London SW11 7BW

penguin.co.uk

First published in Great Britain in 2026 by Torva
an imprint of Transworld Publishers

001

Copyright © Edward Stourton 2026

The moral right of the author has been asserted.

Typeset in 13/16pt Minion Pro by Six Red Marbles UK, Thetford, Norfolk
Printed and bound in Great Britain by Clays Ltd, Elcograf S.p.A.

The authorized representative in the EEA is Penguin Random House Ireland,
Morrison Chambers, 32 Nassau Street, Dublin D02 YH68.

A CIP catalogue record for this book is available from the British Library.

ISBNs:
9781911742111 (cased)
9781911742128 (tpb)

Penguin Random House is committed to a sustainable future
for our business, our readers and our planet. This book is made
from Forest Stewardship Council® certified paper.

MADE IN AMERICA

Contents

Introduction

THE NEWS IN TRUMP-WORLD CAN make you seasick. This book will provide an anchor. My ambition is to nail down the links between Donald Trump's presidency and America's past. It will not stop the storm, but it might steady the ship as we seek to make sense of our turbulent times.

In retrospect, the first Trump Administration seems something of a sideshow. There was plenty of drama – mostly psychodrama as powerful egos publicly clashed. There were episodes of klutz-like incompetence, like the chaotically implemented 2017 travel ban on people from several Muslim-majority countries. There were some startling moments too – when, for example, in 2020, the most powerful man on the planet suggested that Covid could be treated by injecting disinfectant. But you could, if you felt like it, check out of the show, and carry on with life.

After Donald Trump returned to office in January 2025, there was no escape, unless you happened to be a very dedicated hermit. Every news bulletin became Trump-heavy as a blizzard of executive orders came barrelling out of the White House and blanketed the media land-scape. For a while the president's sidekick, Elon Musk, ripped through the federal government, firing on a scale never seen before. Every orthodoxy of public policy seemed vulnerable, and old certainties were upended. In Europe we quickly learnt that 'America First' was not just a campaign slogan: it really did mean we came a distant second (if that), paying bigger defence bills and putting up with punishing tariffs.

And from Donald Trump's critics, especially those in the United States, came a growing chorus of warnings that he really was a threat to the democratic traditions of the world's greatest democracy.

Very often these warnings have been framed in a charge that the forty-fifth and forty-seventh President of the United States is 'un-American'. But I believe that charge is false. What these Trump-critics are really saying is that his ideas and actions do not accord with their own understanding of what it means to be American, which is something very different. In this book I shall argue that almost all of Donald Trump's shocks to the world – whether his trade tariffs or his determination to deport tens of thousands of people or his apparent contempt for the rule of law – are deeply rooted in American history.

I have sketched out a series of episodes in the nation's past that were driven by Trump-like beliefs and ambi-tions. It makes for a dark reading of the United States' story, and an unfamiliar one: almost everyone is a little bit in love with the USA, and it has always dazzled with its glamour and its high ideals. But this reading gives Donald Trump and his presidency a context. Much of what he does may seem maverick and even mad, and certainly quite out of keeping with the American style of leadership that we have lived with all our lives. But when you place him in a tradition like this, he suddenly seems as American as apple pie.

I begin with American religion – partly because this book was initially inspired by an item on *Sunday,* a religion and current affairs programme I regularly present on BBC Radio 4.

In the aftermath of the astonishing Oval Office bust-up between Donald Trump, JD Vance and the Ukrainian leader Volodymyr Zelenskyy in February 2025, we set out to explore one of the many disorienting somersaults of our new era: the way in which American attitudes to Russia seem to have been turned upside-down. How, we asked, could evangelical Christian nationalists, who once regarded the Kremlin as the heart of what Ronald Reagan called 'the evil empire', admire a man like Vladimir Putin, who grew up in the KGB? Part of the answer is that they like his hard line against minorities like gay and trans people, and they buy into his claim that his Russia, reinvented almost as a kind of theocracy, is a last bastion of true Christian values, standing tall in defiance of a woke and decadent Western Europe. But that is only half the story.

Behind the Putin question lies a much bigger one – one we have often wrestled with on *Sunday,* and which, because so much of my broadcasting work has a religious perspective, I am often asked by friends and acquaintances. Why on earth do those Christians, with their deeply conservative social values, troop to the polls in vast numbers to support a man like Donald Trump, who seems the very antithesis of Christian values?

In the early days – during Donald Trump's first White House run and following his first victory – that question usually related to his less than saintly private life: his three wives, the long list of sex-pest allegations, the New York party life and the absence of any record of serious church-going. After Mr Trump's second election the questioning became more urgent and more pained; many Christian believers outside America are simply bewildered by the way people who share their faith could support someone committed to policies – especially those on immigration and deportation – they regard as an affront to the Christian understanding of human dignity.

For an answer, we need to return to the earliest days of European settlement in America. As I shall argue in chapter 1, MAGA Christianity is a legacy of ideas about the relationship between religion and power that held sway in the seventeenth century – an era that was, of course, horribly disfigured by religious wars and religious persecution. Without an understanding of the roots of American religion you cannot understand

America, and you certainly cannot understand the Trump phenomenon.

Donald Trump's cheerfully casual references to expanding the United States' territory also have their origins very early in the American story, as I shall explore in chapter 2, and those origins help explain the deep-seated racism and periodic xenophobia that provide a context for the president's deportation policies, which I cover in chapter 3. In chapter 4 I show how Mr Trump himself has, with his praise for his hero-president William McKinley, directed us back to the late nineteenth century for an understanding of his love affair with tariffs. Many of his critics, however, believe there are more illuminating comparisons in the McCarthyite era of the mid-twentieth century, which I examine in chapter 5. Finally, I have tried to place him in a tradition alongside some of the previous holders of the endlessly evolving and uniquely powerful office of President of the United States.

This book is not designed to judge, praise or blame Mr Trump. I am a reporter, not a polemicist. But it is part of a story in which I feel deeply engaged in a personal way.

It begins on 28 January 1986, the day on which the Space Shuttle *Challenger* blew up. I had just been appointed Washington correspondent for Channel 4 News, and, those being the days of easy money in the telly world, I was dispatched across the Atlantic on the first available Concorde. *Challenger* was my first story in my new role.

It was a very American disaster. One member of the

seven-person crew, Christa McAuliffe, was a school-teacher, riding into orbit under Ronald Reagan's Teacher in Space programme. Children all over the country had been encouraged to watch what was billed as a demonstration of that great American lesson: there really is no limit to what ambition can achieve, even unto the stars. And this was part of the space race, which America always won. To cap it all, the glorious blue of the Florida skies offered perfect viewing. Until, that is, 73 seconds after lift-off and 46,000 feet above Cape Canaveral, *Challenger* exploded.

Ronald Reagan had been due to give the annual State of the Union address in Congress that night. Instead he gave a televised address to the nation from the Oval Office. American speech writers – and, in the brilliant Peggy Noonan, Reagan had one of the best – often look back to the great speeches and addresses of American history for inspiration. Ronald Reagan's text that night included oblique references to perhaps the greatest of all such speeches, the Gettysburg Address, delivered by Abraham Lincoln on the decisive battlefield of the Civil War in 1863.

Lincoln spoke of the 'honoured dead' who had given their lives for the Union cause; Reagan told the nation the *Challenger* crew 'honoured us by the manner in which they lived their lives'. Lincoln declared, in one of history's great moments of false modesty, 'The world will little note, nor long remember, what we say here, but it can never forget what they did here.' Reagan pledged that 'We will never forget them [the *Challenger* crew] nor the last time we saw them.' He ended with a borrowing from the Second World War Spitfire pilot and poet John Gillespie Magee, and fixed an image of the crew in the nation's collective imagination for ever 'as they prepared for their journey and waved goodbye and "slipped the surly bonds of earth" to "touch the face of God".'

Speaking at a memorial service at Cape Canaveral three days later, President Reagan made his reference to Abraham Lincoln explicit when he addressed the families of those who had died:

The sacrifice of your loved ones has stirred the soul of our nation and through the pain our hearts have been opened to a profound truth: the future is not free; the story of all human progress is one of a struggle against all odds. We learned again that this America, which Abraham Lincoln called the last, best hope of man on Earth, was built on heroism and noble sacrifice. It was built by men and women like our seven star voyagers, who answered a call beyond duty, who gave more than was expected or required, and who gave little thought to worldly reward.

It was pure alchemy. A traumatizing catastrophe was turned into a memorable moment in the American story, with a promise for the future offered as balm for the moment of pain.

Only a Ronald Reagan could do this. I do not for one moment imagine that he had ever read Gillespie's wonderful poem, 'High Flight'. Nor, I fancy, did he spend much time absorbing history books. All that was the speechwriter's job, and Peggy Noonan did it inspiringly. But in a long and very American career – baseball radio broadcaster (famously making up his ball-by-ball commentary from the wire copy without being able to see the actual game), ham (-ish) Hollywood actor, union leader, two-term governor of California, a state with the largest sub-national economy in the world, and right-wing ideologue – Reagan forged a profound understanding of the meaning of being American, which enabled him to work magic like this.

I had arrived in Washington with all the prejudices of a liberal newsroom in London; at Channel 4 News in the 1980s Ronald Reagan was regarded as a dangerous fool, someone we could laugh about and worry about (it was around this time that he was recorded saying 'The bombing begins in five minutes' while warming up for a radio address), but certainly not a leader deserving of serious consideration. I very quickly began to re-evaluate those superficial judgements.

The other revelation from the *Challenger* story was that, to a surprising extent, words still mattered in American politics. Despite all the slick campaign ads and the clever image manipulation that marked the age of television's dominance, the political culture of the 1980s was one that great public orators of the past – like Churchill, and perhaps even Gladstone – might have recognized.

There is a whole school of writing that treats American political history as a succession of landmark speeches. The imagery and the cadences of Martin Luther King's 'I have a dream' speech have been endlessly trawled for their political and religious antecedents. The Gettysburg address is only 272 words long, and would have taken not much more than three minutes to deliver, yet in 1992 the distinguished presidential scholar Gary Wills devoted a whole book, more than three hundred pages long, to a textual analysis of its language and the sources of its inspiration.

All this borrowing from and connecting with the past reflects a profound difference between America's politics and ours: American history is the history of an Idea as well as a nation. That makes it infinitely more engaging and exciting (certainly than our own long plod of kings and queens) because, whether you are reading about or reporting on America, you are watching an encounter between philosophy and real-world politics. And the Idea, of course, has a significance that extends well beyond the fifty states. That is what has kept me making documentaries and covering elections in the United States long after I completed my stint as Washington correspondent.

It would perhaps be more accurate to talk of a whole range of ideas, most of them freedoms (freedom of speech, freedom before the law, free trade and so on), rather than a single Idea. But they are all grouped around a central proposition that is so famously and succinctly set out at the beginning of that Gettysburg Address:

> Four score and seven years ago our fathers brought forth on this continent a new nation, conceived in liberty, and dedicated to the proposition that all men are created equal.

During my time in Washington the American Idea certainly seemed in the ascendancy. President Gorbachev came to pay homage, plunging into the crowds on Washington's Connecticut Avenue in front of our camera crew (something inconceivable for any other Soviet leader) and igniting the possibility that the Cold War might end in smiles. Not long after I left my Washington job that possibility became a reality, and as ITN's diplomatic editor I reported the summits, elections and wars (notably the first Gulf War) that ushered in the optimism of the 1990s, when everyone seemed to aspire to the American way. I read Francis Fukuyama's *End of History and the Last Man* – that era-defining manifesto, which claimed the end of Communism represented the ultimate triumph of liberal democracy and free markets – and I became a true believer.

But a decade after covering the reunification of Germany, and watching the Soviet flag over Red Square lowered for the last time, I found myself, on the evening of 11 September 2001, sitting at Stansted Airport waiting for North American airspace to open so that our hired jumbo jet could get us across the Atlantic. 9/11 proved to be the story that defined the first decade of the twenty-first century, and after the bloody adventures of Afghanistan and Iraq, Fukuyama's beautifully simple proposition did not look quite so shiny.

Abraham Lincoln delivered the Gettysburg Address on a battlefield during a civil war that stress-tested whether the American Idea that 'a new nation, conceived in liberty, and dedicated to the proposition that all men are created equal' could, as he put it, 'long endure'. It is possible to argue that American history has been a repeated and eternal round of such tests – certainly that thought came to mind again and again while I was researching the chapters that follow. And today there are serious commentators who believe that the Trump presidency is the most serious test of all, because the Idea is under attack from the office holder who, more than anyone else, is supposed to protect it.

Donald Trump's own views on that question are difficult to judge. Is he even aware of why people are asking it, or why it matters? Peter Mandelson, while British ambassador to Washington, told the *Sunday Times*, 'He has this sense of history, this grasp of power which I think perhaps recent inhabitants of the White House haven't quite seen.' But Lord Mandelson added, 'He is not a man for endless seminars and thinking.' Anthony Scaramucci, the financier who, in 2017, famously managed only eleven days as Donald Trump's director of communications before being fired, believes the president has never even read the Declaration of Independence or the Constitution; the 'Mooch', as he is often called, believes that he lost his White House job partly because he gave Mr Trump a lecture on the limits of his veto powers in front of members of the cabinet.

Donald Trump's connection with America's past is as difficult to pin down as Ronald Reagan's unique sense of connection with the American public, but it is real, and we ignore it at our peril.

1

Old Time Religion

TOWARDS THE END OF THE presidential campaign of 2024 Donald Trump became increasingly foul-mouthed. He made lewd jokes about penises, salted his speeches with four-letter words and attacked his opponent with a viciousness that seemed extreme even by his own past standards. And the falsehoods flowed as freely as ever. Who could forget his debate claim that Haitian refugees were eating dogs and cats belonging to the good folk of Springfield, Ohio – a claim immediately rejected by the city authorities there?

Arriving in the United States in the final days of the campaign, I wondered whether this most unchristian carry-on might diminish the four-square support Mr Trump had long enjoyed from America's conservative evangelical Christians – believers who keep their homes godly and, in many cases, still accept the Genesis account of creation.

A Bible-belt televangelist very quickly put me right.

Dr Michael Yusuf, Egyptian-born but now based in Atlanta, Georgia, had, in June that year, been very quick off the mark with his response to the assassination attempt against the Republican candidate: Mr Trump's survival, he immediately declared, was providential. 'The Providence of God saved him,' Dr Yusuf told me. 'I really believe that. God saved him for a reason.' And I was, apparently, quite wrong in my conclusion that Candidate Trump was becoming ever more raunchy and vituperative. 'If you notice closely,' the preacher advised me, 'he has literally been changed before our eyes. We are seeing some moderation that we haven't seen before, and I think that is his conviction that God protected him and saved him from certain death.'

Dr Yusuf said he was voting Trump because he feared a future in which his granddaughters were forced to 'share a locker-room with pervert men', which I took as a reference to transgender people. When I asked whether Mr Trump offered a good role-model to those granddaughters, he did concede that 'If I was looking for a Sunday school teacher he wouldn't be on my list.' But I was, again, missing the point; his *agenda* mattered, not his personality. St Paul was called in evidence at this point (Romans 13), as he so often is on occasions like this. 'Let every person be subject to the governing authorities,' the Apostle wrote to Christians in the imperial capital, 'for there is no authority except from God, and those authorities that exist have been instituted by God.'

In the event even the fact that Mr Trump was a convicted felon apparently made no serious difference to his religious vote. Exit polling found that 81 per cent of evangelical Christians gave him their support – only a modest drop from the 84 per cent who supported him in 2020. The number of Catholics who voted for him increased significantly, but that was perhaps to be expected: Joe Biden's Catholic faith had made a big difference in the 2020 election. And – just to underline how wrong I was in my reading of the runes – the venerable Pew Foundation found that the number of people who saw Donald Trump as 'very' or 'somewhat' religious actually increased between February and October 2024.

On the morning after the result, I interviewed the Reverend Professor Robert Franklin Jr, a distinguished academic at Emory University in Georgia. He is a veteran student of the interplay between religion and politics in the United States, and he has been following the burgeoning influence of the religious right since the Reagan years. But he still seemed somewhat shell-shocked by what had happened the previous night. He told me the president-elect's support was down to what he called a 'toxic brand of Christian nationalism that is a "take no prisoners" will to power'.

In a country where Church and state are formally separated, that sentence should make no sense at all. What business have Christian groups with power? But evangelicals had, of course, already been given their proof that, constitutional niceties notwithstanding, an ally in the White House could deliver for them politically. During his first term Mr Trump appointed three conservative Supreme Court judges – Neil Gorsuch, Brett Kavanagh and Amy Barret; in June 2022 the court overturned Roe versus Wade, the ruling that had provided a guarantee of the nationwide right to abortion since the 1960s.

Abortion is a touchstone for America's religious right, and it featured prominently in JD Vance's famous – or infamous, depending on where you stand on such matters – speech to the Munich Security Conference immediately after Donald Trump's inauguration. As evidence that religious freedom is under threat in Britain, Mr Vance cited a court case against an anti-abortion campaigner arrested for violating a public space protection order outside an abortion clinic. The Trump Administration likes to claim religious freedom as one of America's great gifts to the world.

PURITANS' PROGRESS

Much of the early migration to the New World was indeed driven by groups – mostly Pilgrims and Puritans – seeking religious freedom. But they brought with them a seventeenth-century understanding of the relationship between religion and secular power: despite their own difficulties with the established Church in England, they believed it was the state's duty to protect and uphold the Church. 'Religious freedom' meant their freedom to escape the errors they felt they had left behind in the old country. It most certainly did not mean freedom for people who had a different understanding of Christianity.

The impact of this is well illustrated by the career of John Winthrop, a seventeenth-century Puritan (and founder of the city of Boston) who became something of a twentieth- and twenty-first-century celebrity because of one of his sermons. As he prepared to board *Arabella* for the journey to the New World, Winthrop, borrowing from Jesus's Sermon on the Mount, told his fellow Puritans that their new community would be 'as a city upon a hill, the eyes of all people . . . upon us'.

In modern times the phrase has been repeatedly borrowed by politicians, from Presidents John F. Kennedy to Barack Obama, and it has become a commonplace for those who believe in American exceptionalism. Ronald Reagan, in his sunny way, expanded on the phrase in his farewell speech in January 1989:

I've spoken of the shining city all my political life, but I don't know if I ever quite communicated what I saw when I said it. But in my mind it was a tall, proud city built on rocks stronger than oceans, wind-swept, God-blessed, and teeming with people of all kinds living in harmony and peace; a city with free ports that hummed with commerce and creativity. And if there had to be city walls, the walls had doors and the doors were open to anyone with the will and the heart to get here. That's how I saw it, and see it still.

The reality of John Winthrop's Boston could not have been more different. Winthrop learnt his religion at Cambridge University, where his friends included several theologians and preachers who would later play significant roles in America's early colonies. A prosperous Suffolk landowner and ambitious London lawyer, he does not appear to have considered leaving these shores until quite late in the day. Following the accession of Charles I in 1625, life for religious dissenters became increasingly uncomfortable. Charles's religious adviser William Laud, a senior bishop and later Archbishop of Canterbury, was relentless in his persecution of those who did not accept the rites and teachings of the Church of England. Puritans were Laud's main target, and his methods could be brutal: some of his opponents were punished for their deviant religious views by having their ears cropped and their faces branded.

Charles's decision to dissolve Parliament – because of the 'malevolent dispositions of some ill affected persons in the House of Commons' – on 2 March 1629 appears to have been the deciding moment for Winthrop. Little more than a month later he was aboard *Arabella* sailing for Salem (later of witches' fame) in New England. Winthrop had already been elected (by the shareholders of the Massachusetts Bay Company) governor of what would become Massachusetts. Over the following twenty years he served no less than eighteen annual terms as governor and lieutenant governor of the colony.

The first serious challenge to the new community's 'meekness, gentleness, patience and liberality' (as Winthrop put it) came in the form of what is known as the Antinomian Crisis of the mid-1630s. Antinomianism meant being against (*anti*) the law (*nomos*). The term was used to describe a group of prominent Boston citizens, who believed (in a happy coinage by Francis Bremer, Winthrop's biographer) that 'the moral law does not bind those predestined for salvation'. That was an affront to the mainstream Puritan view that the Bible and its laws were the source of all truth and authority.

In the gubernatorial election of 1636 Winthrop defeated an Antinomian candidate and immediately cracked down on the sect in a manner that would have made Archbishop Laud proud. The Antinomian leaders were tried and banished from the colony, while their supporters lost their right to vote. Anne Hutchinson, a popular figure in Boston society, was tried twice, first by the colonial authorities and then by a clergy court. Winthorp himself pronounced her future after her first trial: 'Mrs Hutchinson, the sentence of the court you hear is that you are banished from out of our jurisdiction as being a woman not fit for our society, and are to be imprisoned till the court shall send you away.'

The governor also introduced an immigration system of Trumpian severity. The order laid down that 'no town or person shall receive any stranger, resorting hither with intent to reside in this jurisdiction, nor shall allow any lot or habitation to any, or entertain any such above three weeks unless they had permission from the Massachusetts authorities'. Those wishing to be 'freemen' of the colony had to be accepted by a church before they could apply, and there were stiff fines (up to the then significant figure of a hundred pounds) for communities that broke the rules. Thomas Shepard, another Cambridge alumnus turned Puritan influencer, supported the measure in terms that would surely be commended by Trump voters today: he warned against the risks if the authorities 'open the doors to all comers that may cut our throats in time: and, if being come, they do offend, threaten them and fine them, but use no sword against them'. The doors that Ronald Reagan dreamt of in his vision of the City on a Hill were in fact firmly shut.

The Puritans' progress from persecuted to persecutors was institutionalized in the mid 1640s. A synod in Cambridge, Massachusetts (home to the newly founded Harvard College), agreed a 'Platform for Church Discipline', which laid down the structure and function of church officials (elders, deacons, pastors, et cetera), the conditions for church membership and a mechanism for excommunication.

In the course of the synod's debates, in the middle

of one of those interminable sermons that were such a feature of Puritanism, a snake was seen to slip in at the doorway. One Mr Tompson, a respected church elder, crushed its head beneath his boot, and, like my Atlanta televangelist several centuries later, John Winthrop was quick to see the hand of Providence at work. 'The serpent is the Devil,' he wrote, 'the synod the regeneration of the churches of Christ in New England. The Devil had formerly and lately attempted their disturbance and dissolution, but their faith in the seed of the woman overcame him and crushed his head.'

With Winthorp's support, the Cambridge Platform became Massachusetts' religious constitution and formed the religious culture of the colony for more than a century after his death in 1649. The Puritan system of church government was known as 'Congregationalism' because it preserved the autonomy of individual congregations. It now became Massachusetts' established religion, and although its beliefs were very different from those of the Church of England, the system for enforcing them was every bit as rigorous as that employed in the C of E.

In 1651 three Anabaptists – so-called because of their conviction that believers should be re-baptized as adults – visited a member of their congregation who was too frail to travel; the three lived in the more liberal Rhode Island, but their elderly friend was a resident of the Massachusetts town of Lynn. They were immediately arrested and hauled off to prison in Boston for trial. The three were quickly found guilty, and when one queried their heavy fines, John Endicott, the deputy governor who was presiding, became 'somewhat transported' (in other words, lost his temper) and told the man that he 'deserved death' and that the colony's officials 'would not have such trash into their jurisdiction'.

Supporters of the three raised money to pay the Anabaptists' fines, but one, Obadiah Holmes, refused to accept the help. He was taken to Boston's whipping post, where he was struck thirty-nine times with a three-corded whip, and although he cheerfully told the magistrates, 'You have struck me as with roses', for some weeks he 'could take no rest, but as he lay upon his knees and elbows, not being able to suffer any part of his body to touch the bed whereon he lay'.

The Anabaptists' trial was notable because they were given almost no chance to speak in their own defence. Even the Antinomian leader Anne Hutchinson had been allowed to defend herself and explain her beliefs, but the Anabaptists were accorded no such courtesy. There was never any question about the outcome of the trial. John Cotton, a respected Boston pastor, delivered a ferocious denunciation of the Anabaptists, and another clergyman, John Wilson (who had crossed the Atlantic on *Arabella* with John Winthrop), actually struck Obadiah Holmes in the courtroom. The refusal to allow defendants to speak up for themselves became a salient characteristic of the Puritans' next and most deadly persecution campaign.

Quakerism had grown in popularity in England since the 1640s for reasons very similar to those that had previously attracted people to Puritanism. Their lives proclaimed their piety: they dressed modestly (like the Puritans, they rejected worldly fashion). Their plain speaking habits and their reputation for trustworthiness made some very successful in business: their meeting house in the City of London was attended by the Barclays, the Lloyds and members of the Hoare family. Despite all this, ministers in Massachusetts believed that their heresy would 'lead men into a pit of darkness, under pretence of the light, and annihilate all the sensible objects of our holy religion under a pretence of the spiritual; so that we must have no Bible, no Jesus, no baptism, no eucharist, no ordinances, but what shall be evaporated into dispensations, allegories and mere mystical notions'. When Quaker missionaries started arriving in Massachusetts in the mid-1650s they were treated accordingly.

Two women Quakers, Mary Fisher and Ann Austin, reached Salem on a ship from Barbados in 1656. They were forbidden to land while their cabins and possessions were searched; some one hundred books they had brought were judged to be 'corrupt, heretical and blasphemous', and were publicly burnt in the marketplace. The two women were then imprisoned in lightless cells, 'stripped stark naked' and searched for 'tokens' of witchcraft. Within five weeks they had been deported back to

Barbados without having been through any judicial process at all.

The following year a certain Christopher Holder had the temerity to speak publicly at a church service in Salem, rising to his feet after being 'moved of the Lord', as is the Quaker way. Almost immediately he was seized by the hair while 'his mouth was violently stopped with a glove and a handkerchief thrust thereinto'. He and a companion were taken to that Boston whipping post and given thirty strokes apiece. They were then kept in a bare cell for nine weeks, and whipped twice a week – the whippings began with fifteen strokes, a number that was increased steadily as the punishment continued. And the beatings became more severe as time went on; one elderly Friend (as the Quakers are known) expired after receiving 117 blows with a tarred rope. All of these grisly details were recorded by a contemporary writer, George Bishop, in his *New England Judged*, which kept the stories alive in the way that *Foxe's Book of Martyrs* preserved the memory of Bloody Mary's victims in old England.

The violence had absolutely no impact on the flood of Quaker missionaries pouring into Massachusetts. A 1657 law introduced a sliding scale of punishment for those of the 'cursed sect of Quakers' who returned to Massachusetts after being expelled. A first return would be punished by one of Laud's ear-croppings; after the second the other ear would be given the same treatment;

and any Quaker foolish enough to try a third time would have his tongue bored with a hot iron. Anyone who helped the Quakers faced fines and possible banishment.

In 1658 the authorities turned to the ultimate sanction: a new law allowed the death penalty for those Quakers who remained in the colony after being formally banished. The first executions took place on 27 October 1659 – two men were hanged on the (appropriately named) Boston Neck, the narrow strip of land that connected the city to the mainland. John Winter, the pastor who had struck the Anabaptist Obadiah Holmes at his trial, was there to shout at them for refusing to remove their hats as they approached the scaffold. Anne Dyer, a prominent woman Quaker, was spared at the last moment, but she refused to recant and went to her death the following summer. A fourth Friend, William Leddra, was executed in 1661.

The end of this sorry saga came in September that year, when a new English king, Charles II, who favoured religious toleration, released all Quakers from capital charges.

It is worth keeping this legacy in mind when judging comments on religious freedom from the Trump Administration. Just before leaving office in 2021, President Trump proclaimed a Religious Freedom Day, and his proclamation explicitly recalled the early years of Christian America: 'When the Pilgrims first crossed the Atlantic Ocean more than four hundred years ago in pursuit of religious freedom, their dedication to this first freedom shaped the character and purpose of our Nation.'

In February 2025, just after his second inauguration, Mr Trump established a White House Faith Office as part of his Domestic Policy Council. He also vowed to 'root out anti-Christian bias', and set up a task force under the attorney general to identify the 'targeting' of Christians. The task force was immediately attacked by the pressure group Americans United for the Separation of Church and State (which was established in the 1940s); its chief executive, Rachel Laser, declared, 'Rather than protecting religious beliefs, this task force will misuse religious freedom to justify bigotry, discrimination, and the subversion of our civil rights laws.'

And when, at the beginning of May, Mr Trump established a Religious Liberty Commission, it excluded most of the world's non-Christian religions: no members were appointed to represent Islam, Hinduism or Buddhism, although there was one rabbi and a former Miss California. The Christian commission members included Pastor Paula White, the senior adviser to the White House Faith Office and a long-time Donald Trump supporter. Pastor Paula is a proponent of so-called prosperity theology, which holds that Christian faith brings material rewards, and has in the past declared that 'Christians that don't support President Trump will have to answer to God.'

Some commentators on the Puritan period have drawn a link between that bloody episode and the later eruptions of antipathy towards outsiders that have marked American history. The late Larzer Ziff, in his *Puritanism in America*, suggested that the closed culture of the Puritans, completely committed to a godly life lived by its own lights, was simply unable to cope with the idea of an alternative path to holiness; 'When that culture confronted the unchosen,' he wrote, '. . . then it could react with a cold violence that in the view of the generality of mankind was scarcely human.' He also noted that the persecution was carried out with an unshakeable conviction that it was God's will: 'In other parts of the contemporary world, punishment was equally or even more severe, but in Massachusetts it was administered with a unique personal certainty that lent it an overtone of inhumanity not found in the punishment of feeling men by feeling men.'

Ziff argued that the Puritan sense of righteousness later informed white America's apparently unembarrassed slaughter of Native Americans – so the spirit of one of the founding influences on American identity, Puritanism, had a profound effect on another, the fight for the frontier, which we will come to later. The New England Puritans fought their own brutal war against the Pequot people, and that good Christian John Winthrop kept three Pequots as slaves following the conflict.

None of the four Quakers who were executed or the sixty-four who were tortured had done anything remotely criminal – at least not judged by today's understanding of that word. And, as I will explore in chapter 3, the Puritans' custom of treating outsiders as groups rather than individuals, with punishment inflicted on the basis of identity and belief rather than action, finds an echo in Donald Trump's deportation policies today.

CHURCH AND STATE – A SEPARATION

Unlike most scions of the Virginia gentry, James Madison was educated at the College of New Jersey, which later became Princeton. Arriving at college in 1769, he quickly formed a lifelong friendship with another student, William Bradford, the son of a famous printer who later became the United States' second attorney general. Bradford was a native of neighbouring Pennsylvania, established by the Quaker William Penn in 1681 – so not very long after the persecution inflicted by Puritans in Massachusetts. Penn's colony was founded on the principle of religious tolerance, and after a visit, Madison wrote to his friend full of praise for the 'liberal, catholic and equitable way of thinking as to the rights of conscience'. Madison believed that religious toleration encouraged every kind of civic virtue, while 'ecclesiastical establishments tend to great ignorance and corruption', and 'Religious bondage shackles and debilitates the mind and unfits it for every noble purpose.'

Virginia, named for Elizabeth I, the queen who had such a powerful influence on the formation of our national church, was Anglican from the first, and its House of Burgesses declared the Church of England to be its established church right back in 1619. It was still locking up dissenters a century and a half later. Madison wrote to Bradford complaining about the 'pride, ignorance, and knavery' he found among its priests. He was especially incensed by what he called 'That diabolical, Hell-conceived principle of persecution' and reported to his friend that 'There are . . . not less than five or six well-meaning men in close jail for publishing their religious sentiments, which are in the main very orthodox [they were Baptists].'

Madison began his campaign against the persecution of dissenters in 1773, and at least one of his biographers speculates that the gratitude of his Baptist neighbours may have helped to secure him a seat at the Virginia State Convention three years later. This convention, held on the eve of the United States' Declaration of Independence in July 1776, produced Virginia's first constitution and a Virginia Bill of Rights – it would have a profound impact on the federal Constitutional Convention a decade later. And Madison was determined that religious freedom should be central to the agenda.

The first draft on this subject considered by the Virginians was a world away from the thinking of John Winthrop and his Puritans. It stated

> That religion, or the duty which we owe to our Creator, and the manner of discharging it, can be directed only by reason and conviction, not by force of violence, and therefore, that all men should enjoy the fullest toleration in the exercise of religion, according to the dictates of conscience, unpunished and unrestrained by the magistrates unless, under colour of religion, any man disturb the peace, the happiness, or safety of society.

This would certainly have meant an end to persecution and the imprisonment of those Baptists, but it fell well short of church disestablishment. 'Toleration' is not quite the same thing as 'equality'. Madison, highly skilled in the art of drafting and, as he would later show on the national stage, a master of constitutional politics, suggested replacing the sentence that referred to toleration with the simple statement, 'All men are equally entitled to enjoy the free exercise of religion unless the preservation of equal liberty and the existence of the state are manifestly endangered.' The amendment was accepted, and the reference to the role of magistrates was simply dropped. Article 16 of the new Virginia constitution did not directly disestablish the Church of England in the state, but it was a huge step in that direction.

But this victory was followed by a rearguard action from those who believed in preserving some link between religion and the state. As Madison's biographer Lance Banning puts it, 'In the eighteenth century almost everyone believed that virtue rested on religion' and even those in favour of the disestablishment of the Church of England in Virginia felt that some form of public support for religious institutions was essential 'for the morality without which no republic can endure'. In 1784 there was a proposal in the state legislature for supporting churches – in the plural, not just the Church of England – through a system of 'assessment', which would allow Virginia taxpayers to decide which denomination would benefit from their money.

Madison opposed this on the grounds that it would make Christianity – if not the Church of England – the established religion of the state. In his address to the legislature he made great play of the practical problems this presented: how could secular judges decide what was Christian? How could they rule on which version of the Bible deserved the term, or which of the Bible's books made the grade when Christian denominations were completely unable to agree answers themselves? Religion, he declared, was 'not within the purview of civil authority'.

The speech claimed the day, and several members of

the legislature changed sides to block the passage of the bill. Madison followed up this victory with an (anonymous) essay called 'Memorial and Remonstrance against Religious Assessment', now recognized as one of the clearest expressions of Enlightenment ideas, many of them based on the English philosopher John Locke, which made him one of the greatest thinkers of the day.

In a radical move for the age, Madison urged that atheism be given the same protection as systems of belief. 'Whilst we assert for ourselves a freedom to embrace, to profess, and to observe the religion we believe to be of divine origin, we cannot deny an equal freedom to those whose minds have not yet yielded to the evidence that has convinced us. If this freedom be abused, it is an offence against God, not against man: To God, therefore, not to man, must an account of it be rendered.'

He also drew on America's still recent experience of religious persecution. 'Who does not see,' he demanded, 'that the same authority which can establish Christianity, in exclusion of all other religions, may establish with the same ease any particular sect of Christianity in exclusion of all other sects? That the same authority which can force a citizen to contribute three pence only of his property . . . may force him to conform to any . . . establishment in all cases whatsoever.' And he cast the campaign against religious assessment as part of the wider debate about freedom in which the young republic was engaged. 'The equal right of every citizen to a free exercise of his religion,' he stated, 'is held to be the same tenure as all our other rights' – in which he included a free press, trial by jury and the right to vote.

The ideas expressed in 'Memorial and Remonstrance' informed Madison's thinking when, towards the end of the 1780s, he had the task of shepherding the first amendments to the United States' new Constitution through the nation's First Congress (he is sometimes called the Father of the Constitution). In 1791 the First Congress ratified the ten constitutional amendments, which became known as the Bill of Rights, and the first states:

> Congress shall make no law respecting an establishment of religion, or prohibiting the free exercise thereof; or abridging the freedom of speech, or of the press; or the right of the people peaceably to assemble, and to petition the Government for a redress of grievances.

The First Amendment has, of course, been tested and its meaning defined many times by the courts in the decades since, but it is worth contrasting that very simple death sentence on established religion with the French mechanism for achieving the same thing.

The French revolutionaries of 1789 very quickly came into conflict with the Catholic Church, which had been a rock of support for the *ancien régime*. Priests were required to swear oaths of allegiance to the new republic and to deny the authority of the Vatican. Those who did – many refused, and were imprisoned or exiled – found themselves forced to perform the rites of slightly ridiculous religious experiments such as the Cult of Reason (a form of state-sponsored atheism) and Robespierre's truly batty Cult of the Supreme Being. There was a brief period of genuine church/state separation before Napoleon restored the establishment of Catholicism.

The 1905 law that finally and permanently broke the church/state relationship was a very detailed piece of legislation, which laid out exactly how the break was to be achieved. It banned political meetings on religious premises; it prevented priests standing for office; it outlawed the use of religious symbols on public buildings; and it transferred the ownership of cathedrals and churches to the national and local authorities. It was, in other words, comprehensive, and profoundly changed French political culture.

By contrast, on 16 April 2025 the *New York Times* painted a vivid picture of the religious character of the Trump White House. 'A cappella hymns rising in the Roosevelt Room. Prayer "in Jesus' name" proclaimed from the Cabinet Room. Hands stretching out in the Oval Office, as pastors invoke Bible passages about how kings are established by God [probably including those lines from Romans 13]'. And the paper reported a Christian triumph in the kind of bureaucratic tussle that marks all administrations: 'To his supporters' particular delight,' the *Times* reported, 'Mr Trump's new White House Faith Office has physical office space in the prized real estate of the West Wing. Evangelical leaders say they have increased proximity to Mr Trump, even compared with his first administration, when they enjoyed a place of prominence.'

Is it a violation of America's constitutional prohibition of an established religion? Probably not – at least not yet. Congress, after all, has not voted on any of this at the time of writing (indeed Donald Trump's apparent determination to govern with little or no reference to Congress during his second term was one of the most striking characteristics of his early days in office). But it seems reasonable to speculate that if James Madison were alive today he would not be a big MAGA fan. And he would certainly be disturbed by some of the talk. The *Times* reported that 'Senior Administration officials and allied pastors are infusing their brand of Christian worship into the workings of the White House itself, suggesting that his campaign promise to "bring back Christianity" is taking tangible root.'

AWAKENING

Even in those heady days of eighteenth-century Constitution-making the Madison view of religion was probably a minority one. A decade later there was powerful evidence that Enlightenment thinking on religion was veneer-thin.

The term the 'First Great Awakening' refers to a wave of Protestant revivalism in mid-eighteenth-century Britain, parts of continental Europe and North America; in the United Kingdom it is often referred to as the Evangelical Revival, and its luminaries included the Wesley brothers and their friend John Whitfield, the animating spirits behind what became Methodism. The Second Great Awakening, which flourished in the last decade of the eighteenth century and the early decades of the nineteenth, was an all-American affair.

To a very great extent, it was a 'frontier' movement, centred on then-new states like Kentucky, Indiana and Ohio, and it was spread by ministers – mostly Methodist and Baptist – who evangelized the often-isolated communities in newly settled territory. 'Circuit riders' or 'saddleback preachers' travelled between frontier families, planting new churches and sustaining their faith. They developed a system of 'camp meetings', outdoor events that in time developed into vast religious 'happenings', lasting several days and attracting thousands of groupies.

Denis Lacorne, in his *Religion in America*, argues that the style of preaching gave a populist flavour to the revival: 'It offered a democratization of religion from below,' he writes. 'Itinerate preachers with little or no training emphasized spontaneity, hymns, dance, trances, public confession, and cries of joy and glosso-lalia [speaking in tongues].' The movement's theology was democratic, too: although it drew on the same kind of religious fervour that had inspired the early Puritans, it rejected the Calvinist Puritan belief in predestination. The Bible-wielding prophets of the Second Great Awakening preached the liberating message that salvation was open to all. This was above all a charismatic movement inspired by emotion more than reason, and about as far as it is possible to imagine from the cool logic of James Madison's Enlightenment world.

The new churches that sprang from the movement included the Church of Jesus Christ of the Latter Day Saints, which began life in New York State and moved steadily westward as its teachings brought it into often violent conflict with wider American society. Joseph Smith, the founder, published his Book of Mormon in 1830, claiming that it was a translation of the see-ings of indigenous prophets, which had originally been recorded on golden plates. Smith wanted to establish a Zion, or new Jerusalem, in North America, and the Mormons had no truck at all with the idea of separating Church and state.

Brigham Young became the Church's president in 1844 following Smith's death, and when the Mormons reached their long-term home in what is now Utah, he incorporated the Church as a legal entity and set himself up as the leader of a theocratic state. Smith had quietly initiated the practice of polygamy in his later years (based, it appears, on his reading of the Old Testament) and in 1852 Young formally stated that it was the Church's public policy. Tensions between the Church and the federal government led to an all-out Utah War in the 1850s, and during the course of the conflict Mormon militia massacred some 120 civilians who were passing through Utah on their way to California in a wagon train. It was not until the 1890s that the Mormons finally accepted federal authority and became part of the Union.

Other churches associated with the Second Great Awakening include (to name only some) the Jehovah's Witnesses, a non-trinitarian movement sometimes described as restorationist – because of its belief that the true teachings of Jesus and his followers were adulterated or disappeared after his death and need to be restored; the Restorationist Movement (not to be confused with the Witnesses), which holds that the unity of the early Church should be restored (although it has now itself sub-divided into multiple groups); Seventh Day Adventists, who believe that the day of rest should fall on Saturday, the Jewish Sabbath; and the Churches of Christ, a loose association of churches distinguished by their practice of full-immersion baptism and their ban on the use of musical instruments at services (which they trace back to their roots in Puritanism). However, the Churches of Christ have a strong tradition of the a capella hymnody the *New York Times* heard in the Trump White House.

Many of the new denominations and churches that emerged from the Second Great Awakening were dominated by the theology of millennialism – the belief that Christians have a duty to prepare the world for Christ's Second Coming. One, known as dispensationalism, explicitly fused millenarian philosophy with that of Zionist Restorationism, the belief that Jews should and will return to their biblical home, and that this is a precondition of the Second Coming.

This concept had a long pedigree – it would almost certainly have been familiar in John Winthrop's Boston. It was developed more systematically during the nineteenth century, and the link between millennialism and Zionist Restorationism is perhaps most clearly expressed in the conclusions of a dispensationalist biblical convention of 1878 'that the Lord Jesus will come in person to introduce the millennial age, when Israel shall be restored to their own land, and the earth shall be full of the knowledge of the Lord; and that this personal and premillennial advent is the blessed hope set before us in the Gospel for which we should be constantly looking'.

These ideas are closely associated with an especially fruity concept known as the Rapture – a belief that the end of times will begin with the living and the dead being taken into the air (or, according to some variants, into

Heaven) by Jesus, before a period of tribulation on Earth. This school of thought today finds its expression in Christian Zionism, which holds that the Rapture can take place only *after* 'Israel shall be restored to their own land'.

BURLESQUE

Professor Franklin, the wise Atlanta guru from whom I sought guidance in the week of Donald Trump's election, told me that 'Going right back to the founding of the American republic there has always been a vigorous debate and an outright tension between at least two schools of thought: those who believe America should be a place where people of all faith affiliations and none at all could freely participate fully in American civic life . . . the tradition of civic virtue; and the other tradition, that people should first declare themselves to belong to God, to a particular representation of morality and practice, for example, church-going on Sundays, refraining from alcohol, closing down on Sundays in accordance with what's known as Sabbatarianism.' I find it more helpful to think – at the risk, no doubt, of oversimplification – in terms of a division between the descendants of Winthrop and those of Madison. However you characterize these divisions, there is a gloriously funny illustration of such friction in that seminal American novel *Huckleberry Finn*. Here is how Mark Twain (and probably much of nineteenth-century liberal America) saw nineteenth-century religious America.

For a time on their Mississippi odyssey Huck and the slave Jim find themselves in thrall to a couple of ne'er-do-wells and tricksters calling themselves the duke and the dauphin – one claims to be the true English Duke of Bridgewater, the other a right to the throne of France. Descending on a 'little one-horse-town' in the hope of finding some means of persuading the inhabitants to part with their dollars, they find the place empty: the entire population has decamped to one of those religious camp meetings.

Half an hour away, they reach the meeting:

There was as much as a thousand people there, from twenty mile around. The woods was full of teams and wagons, hitched everywheres, feeding out of wagon troughs and stomping to keep off the flies. There was sheds made out of poles and roofed over with branches, where they had lemonade and gingerbread to sell, and piles of watermelons and green corn and such-like truck.

The preaching was going on in large tents with 'outside slabs of logs' serving as benches and, in the first, Huck's party watch a preacher working the crowd, encouraging them with rousing hymns until 'towards the end, some began to groan, and some began to shout. Then the preacher began to preach; and began in earnest too; and went weaving first to one side of the platform and then to the other, and then a-leaning down over the front of it, with his arms and his body going all the time, and shouting his words out with all his might; and every so often he would hold up his Bible and spread it open, and kind of pass it round this way and that, shouting, "It is the brazen serpent in the wilderness! Look upon it and live."'

Amid the frenzy the 'duke' pulls off a masterpiece of improvisation. He leaps onto the stage and declares himself a repenting sinner, claiming that he is a veteran pirate who has come ashore to recruit new crew, 'and thanks to goodness he'd been robbed last night and put ashore off a steamboat without a cent, and he was glad of it, it was the blessedest thing that ever happened to him, because he was a changed man now, and happy for the first time in his life, and, poor as he was, he was going to start right off and work his way back to the Indian Ocean and spend the rest of his life trying to turn the pirates into the true path'. This affecting tale set off a cry for a collection, and as the duke handed round his hat 'the prettiest kind of girls, with tears running down their cheeks, would up and ask him would he let them kiss him'. The duke collected over eighty dollars, helped himself to a three-gallon jug of whisky as he left and rated the whole experience as 'over any day he'd ever put in in the missionary line'.

HURRICANES

Some of the televangelists who flourished in America in the 1980s were the true heirs of Mark Twain's duke and his preacher. My time as a Washington correspondent saw the exposure of a whole raft of dubious characters who built vast congregations by preaching on the airwaves, became immensely rich and were then hit with scandals associated with sex and money – Jimmy Swaggart with his prostitutes and his lachrymose 'I have sinned' broadcast in 1988, for example, and Jim Bakker, who stood accused of making a big pay-off to an actress, who alleged he had raped her, and was later convicted of fraud and sent to gaol.

But the really big figure in 1980s televangelism, Pat Robertson, floated above all this and seemed indestructible, even though he was involved in a number of controversies (as distinct from scandals). A southern Baptist from a prominent Virginia family, Robertson founded his Christian Broadcasting Network in 1960 and built it into one of America's biggest broadcasting empires. He was quick into first the cable and then the satellite markets, and by 1985 CBN was the third biggest satellite network in the United States (after HBO and the Turner Broadcasting Network).

In its early years CBN shows were charismatic affairs, marked by speaking in tongues and claims of miraculous cures. Robertson employed Jim Bakker and Jimmy Swaggart for a while, and the historian Frances Fitzgerald quotes an evening when 'the spirit moved with such intensity that the entire CBN staff was "slain by the spirit" – the technicians apparently falling down with their headsets on'. But as the network matured Robertson developed a slicker style for his daily show *The 700 Club*, which he presented himself. It mixed high production values with revivalist preaching and gospel music, and the messages became increasingly political. Robertson appeared as an affable, avuncular figure, despite the extreme nature of some of his views: 'He dressed in well-cut suits and spoke with the soft drawl of a Virginia gentleman,' Fitzgerald wrote, 'yet out of his mouth came astonishing statements.'

Robertson brought some of the ideas I have explored in this chapter right to the heart of contemporary politics, and he is one of the clearest examples of the way America's Old Time Religion has helped to form the modern religious right. He was, for example, a vocal supporter of Israel's right to exist, and indeed to hold the Occupied Territories taken in the 1967 Six Day War. He frequently broadcast his *700 Club* from Israel, expounding the argument that biblical prophecy required Christian support for the Zionist cause, and he declared Israel's victories in 1948, 1967 and 1973 to be 'miracles from God'.

When the Israeli Prime Minister Ariel Sharon was floored by a massive stroke in January 2006 Robertson suggested his illness had been visited by God as a punishment for Mr Sharon's decision to withdraw the Israeli presence from Gaza the previous year. In what must surely qualify as one of his most 'astonishing statements', Robertson declared, in a broadcast immediately after news of the stroke broke, that 'The prophet Joel makes it very clear that God has enmity against those who "divide my land". God considers this land to be His. You read the Bible and He says, "This is my land," and for any Prime Minister of Israel who decides he is going to carve it up and give it away, God says, "No, this is mine." '

Robertson made no distinction at all between the affairs of the Church and those of the state. In 1987 he founded the Christian Coalition, a Christian pressure group that distributed 'voter guides' at election time, spelling out the Christian agenda (or at least the Robertson version of it). He was deeply involved in the politics of the Reaganite Republican Party, and in 1988 he ran, unsuccessfully, for the Republican presidential nomination. His campaign slogan, 'Restore the Greatness of America Through Moral Strength', now reads like a rhetorical near miss, especially in the wake of Reagan's famous 1980 campaign motto, 'Let's make America great again'. But the way he pushed religion into politics had an enduring impact. The then director of the campaigning group Americans United for Separation of Church and State described him as 'the most dangerous man in America'.

Robertson's broadcasts also took his audience into a world where Providence and the hand of God could often and readily be detected. In 1985 he prayed that Hurricane Gloria would spare Virginia Beach, where his broadcasting operation was based. The incident raised all sort of questions about God's mysterious ways, because the hurricane duly turned north and wreaked death and destruction in the mid-Atlantic states and New England.

After Hurricane Katrina hit New Orleans in 2005, Pat Robertson suggested it might reflect God's anger over abortions in America. 'I was reading . . . a book that was very interesting about what God has to say in the Old Testament about those who shed innocent blood,' he mused on his show. 'Have we found we are unable somehow to defend ourselves against some of the attacks that are coming against us, either by terrorists or now by natural disaster? Could they be connected?' Similarly, in 2010, when an earthquake hit Haiti, killing and injuring several hundred thousand people, Robertson put it down to a 'pact with the Devil' the Haitians had made when they had driven out the French in the early nineteenth century.

A world in which Providence holds sway is altogether more hospitable to what Kellyanne Conway, in her role as counsellor to the president during Donald Trump's first term, memorably described as 'alternative facts'. Natural disasters seem especially susceptible to alternative interpretation.

When Hurricane Helene swept across a belt of southern states in September 2024, Donald Trump claimed the aid operation had been hampered because so much money had been spent on housing illegal immigrants. This was not true, but it at least had the logic of a campaign attack. Some of the president's supporters pursued much wilder ideas. Mike Flynn, his former national security adviser, shared a video claiming that 'Hurricane Helene was an ATTACK caused by Weather Manipulation.' And Marjorie Taylor-Greene, a Trump-supporting member of Congress, declared on X, 'Yes, they [by which she appears to have meant the government in Washington] can control the weather. It's ridiculous for anyone to lie and say it can't be done.' Shortly thereafter weather forecasters started to get death threats from people who were convinced they were responsible for the hurricane. For those moved by the fervour of the Great Awakenings, there are signs and wonders everywhere.

And to those who take a Winthropian rather than a Madisonian view of the relationship between religion and the state, the way Mr Trump is using his power in the service of an ambition to reshape American society makes perfect sense. The culture wars – over matters such as diversity and gender – fit very comfortably into the framework of a biblical view of public policy. The drive against anti-Semitism in universities is naturally welcome to those who believe in Israel's prophetically promised right to its historic home – whatever concerns civil-rights campaigners may have about the way the Trump Administration has been pursuing that objective. In the field of foreign policy the President's promise to remove the inhabitants of Gaza, which provoked gulps of horror from diplomats all over the world, was probably less startling for those with good schooling in Rapture theology and Christian Zionism.

Foreign policy takes us back to the Sunday programme item that set me off on this journey in the first place: the puzzle of good Christian conservatives who once regarded the Soviet Union as the 'evil empire' and now so admire the former KGB man who runs Russia. If you believe the power of the state can be mobilized in support of the Church, then the close relationship between Church and state that Vladimir Putin and Patriarch Kiril of Moscow have built looks very attractive indeed. Suddenly Moscow has become the City on a Hill, shining against the darkness of godless Western Europe.

The author of *Holy Russia? Holy War?*, Katherine Kelaidis, an academic working in Cambridge (England) and Chicago, told our programme that Vladimir Putin's main appeal to the religious right in America is 'the very hard line he has taken against gender and sexual minorities'. And she argued that Mr Putin and his Patriarch have quite deliberately 'positioned Russia as the last and final safeguard against the collapse of Christian values'. We were talking in the aftermath of JD Vance's Munich speech, and I ventured to suggest that the vice president's attack on European values might have been delivered with half an eye to the next presidential campaign. 'Absolutely,' she replied. 'JD Vance was speaking as much to suburbanites in Ohio as he was to anyone in Munich.' The Old Time Religion is likely to endure as a force long after Donald Trump has left the political stage.

2

Imperial America

TO MARK VE DAY 2025, Joe Biden gave the BBC a scoop in the form of a rare interview, conducted by Nick Robinson for *Today*. Asked about the Oval Office row between Donald Trump, JD Vance and the Ukrainian leader Volodymyr Zelenskyy, to which I referred in the Introduction, the former president paused for a moment before declaring that he found it 'beneath America'. It launched him into a tirade against what he plainly saw as the imperial character of the Trump presidency.

'The way he's talking now about the Gulf of America, the way he's talked about "Maybe we're going to take back Panama, maybe we need to acquire Greenland, maybe Canada should be the fifty-first [state]." What the hell's going on?' Mr Biden demanded rhetorically. 'No president ever talks like that. It's not who we are. We are about freedom and democracy and opportunity. We are not about confiscation.'

Up to a point, Mr President, up to a point. Some of your predecessors have certainly thought like that, and one or two have been quite open about the United States' right to 'confiscate', even clothing it in the kind of providential terms described in the previous chapter. For William McKinley, the twenty-fifth president and one of Donald Trump's great heroes, empire became, in the end, a mission. He was reported to have justified the 1898 annexation of Hawaii with the words 'We need Hawaii just as much and a good deal more than we did California. It is manifest destiny.'

Joe Biden's negative view of imperial ambitions of course accords much more closely with the origins of the United States. As a nation born in a revolution against the far-away imperial power in London, anti-colonialism is in its genes. The cry of 'No taxation without representation' challenges the way in which most empires run, and monarchy, the heart of so many imperial enterprises, was anathema to America's founding fathers after their struggle with the hated King George III.

For much of the twentieth century the legacy of that history was very much alive – in policy and public sentiment. During the Second World War it greatly complicated the United States' relationship with the United Kingdom, and proved a real irritant to Winston Churchill in his efforts to secure wartime American support. In 1941 Franklin Delano Roosevelt, in his State of the Union address on the 'four freedoms' (freedom of speech, freedom of worship, freedom from want and freedom from fear) made a direct link between America's democracy and a wider drive for universal rights: 'This nation has placed its destiny in the hands and heads and hearts of millions of free men and women; and its faith in freedom under the guidance of God,' he declared. 'Freedom means the supremacy of human rights everywhere. Our support goes to those who struggle to gain those rights or to keep them. Our strength is our unity of purpose.' This statement of high principle was reflected in practical terms in his attempts to persuade Churchill to end British rule in India.

And the President was reflecting a popular view. 'In poll after poll,' writes the historian Tim Bouverie in *Allies at War*, 'imperialism was cited as the leading cause of anti-British sentiment in the United States . . . British colonialism was denounced as 'oppressive, stupid, inefficient and insulting.' In May 1942 Sumner Wells, a senior State Department official and close adviser to President Roosevelt, declared an end to the 'Age of Imperialism' and stated that the war was being fought for 'the liberation of all peoples'. Some months later Henry Luce, the American publishing magnate, wrote in an 'Open Letter . . . to the People of England' in *Life* magazine, one thing 'we are sure we are *not* fighting for is to hold the British Empire together . . . If your strategists are planning a war to hold the British Empire together they will sooner or later find themselves strategizing all alone.'

The advent of the Cold War and the priority given to the containment of Communism complicated America's commitment to anti-imperialism – in Indo-China, for example, Washington supported France's attempt to hold on to her colonial possessions. But the message that the age of empire was over remained a staple for post-Second World War giants like Presidents Truman and Eisenhower, and Eisenhower's immensely influential secretary of state, John Foster Dulles. So anti-colonialism was at the heart of the era of America's leadership of the Western world in the second half of the twentieth century.

Almost everyone seems to agree that that era has ended with President Trump's second administration, that the worldview evoked by President Biden in that *Today* interview is dead. And if we twitch back the curtain of America's long twentieth-century history of anti-imperialism, we find a very different picture. The itch for the acquisition of foreign lands goes right back to the earliest days of the republic.

THE ART OF THE DEAL

America's first real venture into the arena is rich in irony, and perhaps its strangest aspect is that it was led by two statesmen who seem, at first glance anyway, as unlike Donald Trump as it is possible to be: Thomas Jefferson and James Madison, that great champion of true religious liberty.

Jefferson was elected president in 1800, defeating the sitting Federalist president John Adams. The term 'Federalist' can be confusing, but in this context it refers to the Federalist Party, which was broadly nationalist, pro-military and anti-immigration. Jefferson was idealistic to the point of dreaminess. The great nineteenth-century historian Henry Adams (a descendant of both presidents of that surname) described him like this:

> Jefferson aspired beyond the ambition of a nationality, and embraced in his view the whole future of man. That the United States should become a nation like France, England or Russia, should conquer the world like Rome, or develop a typical race like the Chinese, was no part of his scheme. He wished to begin a new era. Hoping for a time when the world's ruling interests should cease to be local and should become insignificant, when armies and navies should be reduced to the work of police, and politics should consist only in non-intervention – he set himself to the task of governing, with this golden age in view.

The new president and James Madison were close friends and allies, and Madison was appointed secretary of state.

Before exploring the extraordinary sequence of events that transformed these two idealists into heroes of *realpolitik*, it is worth noting that they both embodied the contradictions inherent in America's founding fathers. Passionate believers in the values of the Enlightenment and the 'proposition that all men are created equal', they were both slave-owners and ran substantial plantations in Virginia. And while they liked to play the plain-living republicans during their service in Washington – Jefferson, making do in the mess of a half-completed White House, took his horse out along the capital's then muddy lanes and did his own shopping – they both lived high on the hog in their Virginia retreats. Monticello, Jefferson's home on a Virginian hilltop, was (and now, as a monument, remains) a magnificent aristocratic mansion in the Palladian style. He designed it himself, but much of the building work was, of course, done by slaves.

The story begins with exactly the kind of serpentine, undemocratic and cynical chicanery that made the infant American republic wary of entanglements with Europe.

The territory known as Louisiana was claimed by French explorers in the seventeenth century and named in honour of Louis XIV. It covered the land along and beyond the Mississippi river, that vast, sinuous waterway (where Huck Finn and the slave Jim had their adventures), which runs for more than 2,300 miles from what is now Minnesota all the way down to the Gulf of Mexico (or, as Donald Trump would have me write, the Gulf of America). In the 1760s, at the end of the Seven Years War, France ceded all of its territory east of the river to England, and the river soon became the western border of the new United States of America. The land west of the river went to Spain, along with the port of New Orleans near the river mouth where the Mississippi joined the sea.

Napoleon's rise at the end of the eighteenth century led to renewed French enthusiasm for colonial power. Napoleon's foreign minister, Prince (and for a while Bishop) Maurice de Talleyrand-Périgord, the very model of a corrupt and clever European statesman schooled in the ways of the *ancien régime*, had spent time in the United States while he weathered the French Revolution and its Terror, and he suggested a 'wall of brass' along the Mississippi to secure France's claims to a slice of the New World. His strategy required persuading Spain to return Louisiana to France, and he did so with a piece of classic old-style state play: Napoleon promised King Charles IV of Spain that France would create a new kingdom for the Spanish monarch's son-in-law in northern Italy.

When talk of this manoeuvring reached Washington, Jefferson and Madison dispatched a rich New Yorker, Robert Livingstone, to Paris in the hope of greater intelligence – every message, of course, took several weeks to cross the Atlantic, so diplomacy of any kind was a snail-like business. In October 1802 the governor of New Orleans, which was still a Spanish possession, turned this grumbling diplomatic ulcer into a full-blown crisis by closing New Orleans to American shipping, claiming that American traders were routinely guilty of smuggling. A wave of anger erupted across the western states – in those frontier zones where the Great Awakening was taking root – because the port was their gateway to the world. Madison expressed sympathy with the rage of the frontiersmen, writing that it was 'justified by the interest they have at stake. The Mississippi is to them everything. It is the Hudson, the Delaware, the Potomac and all the navigable rivers of the Atlantic states formed into one stream.' The rumour mill ground out stories that the closure of the port was part of a French plot (much later it was proved that this was entirely untrue) and Jefferson, who believed in peace above all else, faced a growing drumbeat of calls for war to defend the United States' interests.

The president and his young nation were spared by a happy (for them at least) conjunction of outside factors, which included a brutal war they did not have to fight, a vicious tropical disease and the mercurial character of the so-called Man of Destiny now in control of France.

The Caribbean island of Santo Domingo – later known as Hispaniola and today divided between Haiti and the Dominican Republic – was central to Napoleon's plans. Its plantations had once been a source of immense (slave-created) wealth for France, but the economy was devastated by a civil war during the chaos of the French Revolution. At the turn of the eighteenth and nineteenth centuries the island – home to some four hundred thousand ex-slaves, thousands of their white former owners and a large mixed-race population – was under the control of the remarkable Toussaint L'Ouverture, an ex-slave who had proved a highly effective military leader.

In the autumn of 1801 Napoleon dispatched his brother-in-law, General Charles Leclerc (married to Pauline Bonaparte), to wrest back control of the island. He was accompanied by twenty thousand well-trained troops, and the French estimated that the job could be done in a matter of weeks. Once Santo Domingo had been pacified Leclerc was expected to move on to Louisiana.

But Toussaint L'Ouverture proved a formidable foe, inflicting heavy casualties on the French army and retreating into his northern stronghold of Gonaives to evade French capture. One of his generals, Dessalines, roamed freely around the countryside, massacring everyone white his forces could lay their hands on. It was not until May 1801 that the French managed to fight Toussaint into a surrender. A few weeks after the truce they lured the charismatic slave revolutionary into a meeting without his usual bodyguards; he was seized and shipped to France, to be confined in a damp dungeon in the Jura mountains. He died there a year later.

But Leclerc was fighting another foe – one not susceptible to truce or treachery. His soldiers started going down to a mysterious sickness: 'in a day they were too sick to walk. Then came black vomit, yellowing skin, convulsions, and death.' We now know this as yellow fever; it is carried by mosquitoes (a tiny female called *Aedes aegypti*) and can be prevented by a vaccine. On Santo Domingo in the early nineteenth century no one had any idea what it was or how to prevent its spread. In June 1802 Leclerc wrote to his brother-in-law, 'If the first Consul wishes to have an army in Santo Domingo in the month of October, he must send it from France.' The impressive force he had brought with him was simply disappearing, and he estimated that by the autumn it would have shrunk to around four thousand soldiers. 'Not a day passes without my being told of the death of someone who I have cause to regret bitterly,' he wrote, and he told Napoleon that his own health was suffering too.

The death blow to the Louisiana project was delivered by Napoleon himself: in the summer of 1802 he announced that he would reinstate slavery on Santo Domingo. He allowed the slave trade to restart on the island with immediate effect and barred anyone of colour (including those of mixed race, or mulattos, as they were known) from holding French citizenship. This immediately provoked another revolution, which Leclerc was unable to contain, despite the most brutal methods. He concluded that his only hope was a general war of extermination (women, he wrote to Napoleon, 'laughed at death' just as freely as men) 'which will cost

me many men'. He told his brother-in-law, 'I make ter-
rible examples, and since terror is the only resource left
to me I employ it.' He boasted of bringing calm to one
rebel town by hanging sixty rebels.

But even terror requires troops for its enforcement. By
the autumn of 1802 Leclerc was losing over a hundred
troops a day to yellow fever, and in November that year
he died too. Napoleon sent more troops – French soldiers
were by now terrified of going to Santo Domingo – and
a new general, who resorted to even bloodier tactics,
buying 600 pit bulls from Cuba, starving them and
training them to eat 'only the flesh of negroes'. This led to
even wider resentment (as non-combatant Black people
now found themselves being savaged by ravening dogs)
and resistance only grew more determined. In Novem-
ber 1803 the famously brutal rebel general Dessalines
finally defeated the French forces, and on 1 January
1804 declared Haitian independence (before massacring
the remaining white settlers). It was the only success-
ful slave revolt in modern history, and it was, as far as
we know, achieved without the pact with the Devil, later
claimed by the televangelist Pat Robertson. Subsequent
events suggest the United States and its then slave-
owning leaders owed a huge debt of gratitude to these
slave revolutionaries.

Even before the final collapse of his New World dream,
Napoleon's attention had turned to his old enemy,
England. In early 1803 he began training a new army

(known as the Armée de l'Angleterre) along the Channel coast and building the boats needed for a full-scale invasion. Just after Easter he announced to his generals and ministers that he proposed to pay for all this by selling the territory known as Louisiana, and his finance minister was instructed to engage in negotiations.

Washington's envoy, Robert Livingstone – with a long family history of wealth and land-owning behind him – proved a skilled negotiator, and had things well in hand by the time a second American envoy, the future president James Monroe, arrived a few days later. Livingstone's claim of success was perceptive; 'We have lived long but this is the noblest work of our whole lives . . . The United States takes rank this day among the first powers of the world.'

It was surely the greatest real-estate deal of all time. The French seemed vague on the point of where the western boundary of their territory lay (roughly the Rocky Mountains), but it is now generally agreed that the United States acquired some 828,000 square miles at the heart of north America, almost doubling the nation's size overnight. The cost was fifteen million dollars, which, for such a vast territory, worked out at around three cents an acre. The land included all of what are now Arkansas, Iowa, Kansas, Missouri and Nebraska, and parts of North and South Dakota, Montana, Wyoming, Colorado, Minnesota, New Mexico, Texas and today's Louisiana. There was some initial ambiguity about whether the deal included New Orleans, but the Americans took the Gulf port anyway – peacefully, but by using the military.

The news reached Washington at the end of June 1803, and Jefferson was able to announce it formally from the steps of the White House on 4 July, Independence Day. He and Madison, who in truth had been no more than worried spectators for much of the crisis, were hailed as national heroes. Boston's *Independent Chronicle* declared that 'The wise, seasonable and politic negotiation of the President . . . has gloriously terminated to the immortal honour of the friends of peace and good government and to the utter disappointment of the factious and turbulent throughout the Union.'

But the deal gave the president a constitutional dilemma. He was what was known as a 'strict constructionist', meaning he believed in a very narrow interpretation of the Constitution he had done so much to establish. Anything beyond that, the argument ran, could end up delivering monarchical power to the presidency and the federal government. And, magnificent though his Constitution might be, it included absolutely nothing about acquiring new territory.

What was more, this 'wilderness so immense' came with a large number of people. It has been estimated that there were some half a million Native Americans living west of the Mississippi river. New Orleans and the area around the port was home to Spaniards, French,

French-speaking Creoles (in other words, of mixed race), slaves and free African Americans, plus a large and growing community of refugees from the war in Santo Domingo – Haitian refugees, in today's terms. One sceptical senator described the mix as a '*Gallo-Hispano-Indian omnium gatherum* of savages and adventurers'.

It goes without saying that none of these people was given any say in the sale of their home, but the terms of the treaty agreed with France stated explicitly that 'The inhabitants of the ceded territory shall be incorporated in the Union of the United States and admitted as soon as possible according to the principles of the federal Constitution to the enjoyment of all rights, advantages and immunities of citizens of the United States, and in the meantime they shall be maintained and protected in the free enjoyment of their liberty, property and the Religion which they profess'. How on earth could the *omnium gatherum* be given these privileges without igniting the ever-smouldering issues of race and slavery in the existing states?

In a letter to the Senate majority leader – one of his supporters – Jefferson expressed the fear that unless the Constitution was amended to take specific account of the acquisition of new territory, the Constitution itself was at risk of becoming 'a blank piece of paper'. Over the summer he tinkered with a series of possible amendments, and they are instructive of his thinking. Two are explicit on the question of colour, stating 'Louisiana, as ceded by France to the US is made part of the US. Its white inhabitants shall be citizens, and stand, as to their rights and obligations, on the same footing with other citizens of the US in analogous situations.' He also suggested provision for 'Indians' (Native Americans) to give up their land within the existing borders of the United States in exchange for land in the new territory – so encouraging the steady drive to push Native Americans westward.

In the event none of these drafts came anywhere near fulfilment, because the Americans began to pick up signs that Napoleon was having second thoughts about the whole matter, and decided to rush through ratification of the Louisiana Treaty as quickly as possible. Jefferson, in fact, did what Donald Trump has sometimes been accused of doing: ignoring constitutional niceties and pushing on regardless.

As for the government of the new acquisition, the people of New Orleans discovered, to their distress, that their lives were to be run entirely by officials appointed by the president. The nation that laid such claims to democratic principles gave them no votes, or even trial by jury. The president's Federalist critics accused him of 'monarchical' control, and claimed he had become the thing he hated most – a king.

Writing nearly a century later the historian Henry Adams endorsed those judgements:

Within three years of his inauguration Jefferson bought a foreign colony without its consent and against its will, annexed it to the United States by an act which he said made a blank piece of paper of the Constitution; and then he who had found his predecessors too monarchical . . . made himself a monarch of the new territory and wielded over it, against its protests, the powers of its old kings. Such an experience was final . . .

It is true that Adams's great-grandfather was on the anti-Jefferson side of the argument in 1803, but it is difficult to disagree with his assessment of what had happened.

VLADIMIR'S VERDICT

One person who seems to have understood the relevance of America's nineteenth-century history to today's world is Vladimir Putin. At a press conference in the Russian city of Murmansk at the end of February 2025, the Russian leader offered a kind of endorsement for an American takeover of Greenland. Mr Putin observed the takeover plan 'may surprise someone only at first glance, and it is a deep mistake to believe that this is some kind of extravagant talk by the new American administration. Nothing of the sort.' Recalling past links between

Greenland and the United States, he also mentioned that other great real-estate deal, the American purchase of Alaska in 1867.

Mr Putin fancies himself as an interpreter of great historical trends: not long before his invasion of Ukraine he published a lengthy and discursive essay on the shared history of Russia and its neighbour; it was widely criticized for its distortion of history and politics. But perhaps Historian Putin deserves more credit for spotting the significance of nineteenth-century America's unconventional approach to the acquisition of territory: the Louisiana Purchase set the tone for a whole century of 'confiscation'.

A TRAIL OF TEARS

The day after the purchase was officially announced, 5 July 1803, two explorers, Captain Clark and Captain Lewis, were dispatched into the interior with instructions to find out what they could about the territory. They returned full of stories of grizzly bears, treacherous 'Indians' and a cornucopia of natural resources. Their tales fired the imagination of those with a hunger for new land. The opening up of new lands allowed for the pursuit of early America's two most objectionable addictions: the expansion of slave economies, a preoccupation in the South; and the ethnic cleansing of Native Americans, an enterprise for which most Americans seem to have shared an enthusiasm.

The opening words of the United States' Declaration of Independence are of course well-known: 'We hold these truths to be self-evident, that all men are created equal, that they are endowed by their Creator with certain unalienable Rights, that among these are Life, Liberty and the pursuit of Happiness.' Less well known is the last item in the document's list of grievances against King George III, which accused him of trying 'to bring on the inhabitants of our frontiers, the merciless Indian savages whose known rule of warfare is an undistinguished destruction of all ages, sexes, and conditions'.

In 1784 J. F. D. Smith, a Scottish settler in Virginia who remained loyal to the British Crown during the War of Independence, claimed that 'The White Americans ... have the most rancorous antipathy to the whole race of Indians: nothing is more common than to hear them talk of extirpating them totally from the face of the earth, men, women and children.' In the Constitution ratified four years later, Native Americans were treated as foreigners; it states that Congress 'shall have Power to Regulate Commerce with foreign nations, among the several states, and with the Indian Tribes'. And Native Americans were not granted United States citizenship until 1924.

Jefferson's idea of using America's new territories in a campaign of ethnic cleansing really caught fire after gold was discovered in Georgia in the 1820s; the Indian Removal Act of 1830 authorized the enforced deportation of some eighteen tribes (including the so-called

Five Civilized Tribes, who had adopted some of White America's practices, the Cherokee, the Seminole, the Chickasaw, the Chocktaw and the Creek Muscogee) to the west of the Mississippi. Some of the removals were achieved by treaties, but the Cherokee resisted, and several thousands died on the journey to their new homes in what is now Oklahoma. The episode is now known as the Trail of Tears, and it is estimated that at least sixty thousand people were forced from their ancestral lands.

Throughout the century, confiscation went ahead across the west through a mixture of treaty-making and brutally applied state power. In 1851, for example, a group of Dakota tribes including the Sioux agreed to allow safe passage to settlers heading for Oregon in return for the exclusive right to a significant area of land in the Dakotas, Wyoming and Nebraska. The treaty was broken almost immediately as a new gold rush brought white settlers to the area, and white farmers established themselves in these fertile plains. By the beginning of the following decade tensions between settlers and Native Americans erupted in all-out war. A general in Minnesota gave this order to one of his senior officers; 'It is my purpose utterly to exterminate the Sioux if I have the power to do so and even if it requires a campaign lasting the whole of next year. Destroy everything belonging to them and force them out onto the plains . . . They are to be treated as maniacs or wild beasts, and by no means as people with whom the compromises can be made.'

By this stage Washington was, of course, engaged in the great anti-slavery campaign of the Civil War; by a horrible irony of timing President Lincoln had to decide on the fate of several hundred Sioux soldiers taken prisoner in the fighting just as he was preparing the Emancipation Proclamation to end slavery. Many of the prisoners had been condemned to death; Lincoln decided to commute most of the sentences, but on 26 December 1862 thirty-eight were hanged at Mankato, the largest mass execution in American history. Four days later Lincoln declared that all slaves held in the rebel states were to be free.

A full account of the way in which white America stole the lands of Native Americans is beyond the scope of this book, but the subject has become an increasingly important element in efforts to understand the early history of the United States. One revisionist historian, Ned Blackhawk, writes in his 2023 book *The Rediscovery of America, Native Peoples and the Unmaking of US History*, that by the time of the 1924 Indian Citizenship Act 'the federal government had seized hundreds of millions of acres of land from Native nations in more than three hundred treaties. Tens of thousands of Native peoples were killed by settler militias and US Armed Forces during the Civil War era, and government-sponsored campaigns of child removal from reservation communities resulted in 40 per cent of Indian children being forcibly separated from their families and taken to boarding schools by 1928.' Blackhawk asks, 'How can a nation founded on the homelands of dispossessed indigenous peoples be the world's most exemplary democracy?' and concludes that 'Among historians, silence, rather than engagement, has been the most common response.'

A GREEN BERET AND THE ALAMO

Donald Trump's choice of ambassador to Mexico raised an eyebrow or two. Ronald D. Johnson, who took up his post in mid-May 2025, is neither a career diplomat nor a politician, but a former Green Beret, a special forces officer who led combat operations in El Salvador as a 'military adviser' during that country's civil war. He is also reported to have spent the 1990s tracking down war criminals in the Balkans.

President Trump has proposed sending United States troops into Mexico to fight the drug cartels, claiming that Mexico is 'essentially run' by them. Mexico's president Claudia Sheinbaum politely but firmly rejected the offer, telling Mr Trump that 'our territory is inalienable, sovereignty is inalienable'. But Ambassador Johnson may have other ideas. Asked, at his confirmation hearing, whether Washington should consider unilateral military action against the cartels, he replied that while he would ' prefer' to work with Mexico, 'all cards are on the table'. President Trump put the position more colourfully, claiming that his Mexican opposite number is 'so afraid of the cartels she can't even think straight'.

History has given Mexico good reasons to be wary about Americans within her borders – especially those with guns.

The first to arrive in any numbers were invited in by the Spanish government in 1820, near the end of Mexico's struggle for independence. The land we now know as the state of Texas had proved difficult to settle, and the Spanish authorities offered American immigrants large grants of land in return for building immigrant communities. Moses Austin, for example, who would in time give his name to the state capital, was granted two hundred thousand acres of land in return for a commitment to attract several hundred American families into the territory.

The new arrivals were required to become Roman Catholics and assume Mexican citizenship, and they were forbidden to bring slaves into the territory, but these rules were feebly enforced and often ignored. In 1834 – by which time Mexico was fully independent of Spain – the immigrant American population of Texas had swelled to some sixteen thousand, while its Mexican inhabitants numbered only around a quarter of that figure.

Tension between the settlers and Mexico's central government was driven partly by the immigrant Americans' attachment to slavery, which Mexico had formally abolished in 1829. By the autumn of 1835 the settlers were in open revolt, and the following spring they declared independence from Mexico.

The American historian Albert Nofi begins his account of the rebellion like this: 'It was a small war as such things go, probably no more than 2,500 men were ever engaged in a single action, both sides taken together. It was a short one too, lasting only about seven months. And it was certainly fought in what was then one of the most obscure corners of the world. Yet for all that, the Texas War for Independence was a heroic struggle of legendary character.' It is remembered in the United States above all for the defence of the fort known as the Alamo, and for some of the colourful characters who led the settler movement – David Crockett, with his penchant for Native American dress and his bewitching tales of frontier life; James Bowie, with his fighting prowess and legendary knife; the gambling soldier Buck Travis, with his obsessive habit of recording all his sexual conquests and the progress of his numerous venereal infections.

It is true that the defence of the Alamo saw examples of heroic courage and endurance, and it is also true that the Mexican leader Antonio López de Santa Anna treated the survivors of that epic struggle brutally; a handful of them surrendered and Santa Anna had them executed on the spot. When the settler revolt broke out the Mexican Congress had declared that any foreigners fighting on Mexican soil 'will be deemed pirates and dealt with as such, being citizens of no nation presently at war with the Republic and fighting under no recognized flag'.

But none of that can obscure that the Texan revolution was, in essence, a landgrab by a group of foreign settlers who wanted the freedom to continue slaving. A month after the Alamo, the settlers defeated Santa Anna at the battle of Jacinto and captured the Mexican commander. While in American custody he agreed a treaty that recognized the independence of Texas. The constitution of the new republic legalized slavery and forbade anyone to free a slave without the express permission of the republic's lawmakers. A decade later Texas was annexed to the United States as a slaving state.

Mexico refused to accept the formal loss of Texas, and the dispute set in motion yet another confiscation, this one on the scale of the Louisiana Purchase – 'The Great Landgrab', as the Mexican historian Orlando Martinez described it in the title of his book on the subject. Like the Native American academic Ned Blackhawk, Martinez believed that the truth about America's expansion during the nineteenth century had gone untold by American historians and, writing in the 1970s, he argued that the impact of the Mexican–American War of 1846 to 1848 endured long after the fighting ended: 'No other event contributed as much to the Mexican Republic's generations of economic backwardness as her war with the United States,' he wrote, 'and no other event contributed as much to the suspicion, distrust, resentment, ill-feeling and lack of faith which those millions of Americans living south of the Rio Grande feel towards their far more powerful "good neighbours" to the north.'

The idea of annexing Texas was not without its critics in the United States: politicians from Northern states (including the future president Abraham Lincoln) feared it would upset the delicate balance between slave and non-slave states. But in November 1844 William Polk won the presidency on a platform of the immediate annexation of Texas and a general push to expand America's borders westward.

President Polk first tried bribery, offering money to prominent Mexican politicians (including Santa Anna, who at this stage was in exile in Cuba), and sent an envoy in the hope of buying Mexican land Louisiana-style. When that failed he sent a military expedition to push the claim that the Texas border ran along the Rio Grande river, further south than the Mexicans accepted. And when an American detachment was attacked in territory the Mexicans believed to be their own, he had his excuse for all-out war – Abraham Lincoln later called it 'the sheerest deception'.

There was never any doubt about who was going to win: Mexico was politically chaotic and still labouring to escape the legacy of centuries of colonial exploitation. It had no real industry, and was incapable of producing the kind of modern weapons the Americans were able to deploy. The future Civil War general and US president

Ulysses S. Grant, serving as a young lieutenant, recorded that the Mexican troops were using flintlocks, which 'at a distance of a hundred yards a man might fire at you all day without finding you out'. Success came easily, and here are a few examples of the way the American forces enjoyed it.

In Matamoros, on the Rio Grande, another young officer, George Gordon Meade, observed the behaviour of American troops: 'They have killed five or six innocent people walking in the streets, for no other object than their own amusement; to be sure they are always drunk, and are in a measure irresponsible for their conduct. They rob and steal the cattle and corn of the poor farmers, in fact act more like a body of hostile Indians than of civilized whites.'

The volunteer regiments included many 'desperadoes, and ruffians and renegades' who had joined up to avoid gaol, and they were allowed to elect their own officers. After visiting the front line the United States Army's chief of staff, General Winfield Scott, accused the volunteers of committing 'atrocities – horrors – . . . sufficient to make Heaven weep and every American of Christian morals blush for his country'. His charge sheet included 'Murder, robbery, rape on mothers and daughters in the presence of the tied-up males of their families', and General Scott complained that 'not one of the felons has been punished and very few rebuked – the officers generally being as much afraid of their men as the poor suffering Mexicans themselves are afraid of the miscreants . . .'

United States troops also invaded the territory known as New Mexico, which was a semi-autonomous province of Mexico. They quickly took control and installed a governor, a businessman called Charles Bent. But there was a general uprising of Mexicans and Native Americans against the occupation, Bent being captured and killed with six other officials. This in turn provoked a merciless campaign of suppression and a novel legal principle: Mexican rebels who were taken prisoner were forced to swear allegiance to the United States, and sentenced to death as traitors if they refused. As one American officer remarked, 'It certainly did appear to be a great assumption on the part of the Americans to conquer a country and then arraign the revolting inhabitants for treason.'

When American forces besieged the ancient port city of Veracruz, the European consuls there (including Britain's) sent a message to the United States' commanding officer pleading for a truce so that neutrals, women and children could leave. General Scott (who had earlier complained so vociferously about the atrocities committed by American troops) rejected their request out of hand, informing them that 'anyone, soldier or non-combatant, who attempted to leave the city would be fired upon'. He then poured artillery into the city in a battery described as 'the heaviest that had ever been mounted on a siege in the history of warfare up to this time'. 'Whole families were buried under the ruins of their shattered homes,' Orlando Martinez wrote. 'Frightened women and children praying at the altars of churches were mangled by the shells and balls piercing the roofs. The very graves were torn open and dead bodies exposed to view.'

The war ended in February 1848, and the settlement imposed by the United States reflected its total victory. California and New Mexico were ceded to Washington – so the republic could now truly be said to spread 'from sea to shining sea', and the Texan border along the Rio Grande was confirmed. Mexico surrendered more than half its national territory, an area larger than France and Germany combined. In return Washington agreed to a fifteen-million-dollar compensation payment – a sum widely regarded as 'conscience money'.

Throughout the war the pursuit of what we might now call 'America First' was sanctified in religious language borrowed from the Great Awakening. In his Victory Proclamation, President Polk declared that 'Much as we have been pained by the loss of life, sacrifice of treasure and apparent calamities of war, we believe that all its events and issues were determined by that wise Providence which at the same time moulds empires and watches sparrows fall.' The writer Walt Whitman reached even further back into America's history, describing its armies in Mexico as 'The Elect', like Winthrop's Calvinists.

A slogan coined by a New York editor (and Polk supporter) on the eve of the war became the great rallying call of the era: 'Our manifest destiny is to overspread and possess the whole of the continent which Providence has given us.' For Whitman the pursuit of that destiny was a great service to mankind. He wrote, 'It is from such materials – from Democracy, with its manly heart and its lion strength spurning the ligatures wherewith drivellers would bind it – that we are to expect the great FUTURE of this western world!'

Membership of that world, and its future, however, was to be tightly circumscribed, and all too often naked racism showed its ugliness from beneath the petticoats of all these gorgeous rhetorical garments, The *New York Evening Post*, generally regarded as a liberal newspaper, pronounced that 'Mexicans are Indians – Aboriginal Indians . . . only rendered more mischievous by a bastard civilization. The infusion of European blood, whatever it is, and that, too, infused in a highly illegitimate way, is not, as we see, to affect the character of the people.' The paper concluded that 'The Aborigines of this country have not attempted, and cannot attempt to live independently alongside of us. Providence has ordained it, and it is folly not to recognize the fact. The Mexicans are Aboriginal Indians, and they must share the destiny of their race, extinction!'

DENALI

The final piece of the continental jigsaw slipped into place with the purchase of Alaska in 1867. Alexander II of Russia – like Napoleon Bonaparte before him – found himself in sore need of cash to finance a war: he had been defeated in the conflict in Crimea by Britain, France and the Ottoman Empire the previous year. He sold over half a million square miles of his North American territory to Washington at a price of .02 of a cent per acre, a ridiculously small figure when set against the vast resources the new territory could offer.

In January 2025, Alaska featured in Donald Trump's inaugural address for culture-war reasons. The territory includes the highest mountain in North America (at more than 20,000 feet) and in 1896 a gold prospector gave it the name Mount McKinley in honour of the then Republican candidate for the presidency, William McKinley. But in 2015 the Obama Administration formally changed the mountain's name to Denali in deference to the traditions of the local indigenous people. Mr Trump has now reversed that decision, and 'Mount McKinley' it is again.

Donald Trump's admiration for the man who became the twenty-fifth President of the United States owes most to McKinley's enthusiasm for tariffs, which I will explore in chapter 4. But he also rounded off the century of confiscation with America's most nakedly colonial enterprise.

He began his time in office (in 1897) as a reluctant imperialist. The people of Cuba were engaged in a long war of independence against their Spanish colonial masters, and American political and public opinion were 'on fire' in support of the rebels. The so-called 'yellow' press filled its pages with stories of atrocities committed by the Spanish authorities; in New York William Randolph Hurst and Joseph Pulitzer, locked in a circulation war, tried to outdo one another with horror from the Caribbean island. Protestant pastors and preachers (who were banned from evangelizing on Cuba) sent shivers through the pews with their tales of wickedness in the Catholic colony, urging letter-writing campaigns to Congress and the White House. And over lunches at Washington's elegant Metropolitan Club the boisterous Theodore Roosevelt, newly appointed as assistant secretary to the United States Navy, conspired with fellow interventionists.

McKinley resisted all this until early 1898, when an American armoured cruiser, the USS *Maine*, was blown up and sunk in Havana's harbour in mysterious circumstances. The clamour for war became irresistible, and on 21 April the United States blockaded Cuba.

The war immediately spread to the Pacific, and within ten days the Americans had destroyed the Spanish fleet in the Philippines. The first United States marines landed on Cuba in June, Guam surrendered later that month, the Americans invaded Puerto Rico in July, and by the middle of August the United States was able to claim total victory. Spain's centuries-old role in the New World was ended. Washington also took the opportunity offered by the war to annex Hawaii, where American settlers had staged a coup against the native queen – who had unwisely espoused the idea of 'Hawaii for the Hawaiians'. Small wonder that the American secretary of state, John Hay, declared the episode a 'splendid little war'.

In the peace treaty that followed, Cuba was promised independence, but in the immediate term became an American protectorate. The United States held on to all her island gains, including the Philippines, although President McKinley agonized long and hard over the decision to keep the archipelago; he told a group of Methodist ministers that when he realized the Philippines 'had dropped into our laps I confess I didn't know what to do with them'. In the end he seems to have decided to create a new Pacific colony because he could not see what else would work; like many colonial powers before and after them, the Americans had to fight an insurgency to keep control of their possession, and the Philippines remained American until 1946.

American historians have long debated whether the Spanish–American War was different in kind because it was fought overseas and brought America new territory outside the landmass it called home. One school textbook, which referred to Americans as 'chosen people', declared that 'The Spanish–American War established the United States as a dominant force for the twentieth century. It brought America colonies and millions of colonial subjects; it brought the responsibilities of governing an empire and protecting it . . . The war strengthened the office of the presidency, swept the nation together in a tide of emotion, and confirmed the long-standing belief in the superiority of the New World over the Old.'

But Richard E. Hamilton, in his two-volume account, *President McKinley, War and Empire*, places the war firmly in the tradition of America's nineteenth-century territorial acquisitions. He lists no less than twenty 'episodes of American expansion', including two unsuccessful attempts to achieve Donald Trump's ambition of annexing what is now Canada – the first by war, in 1812, the second by negotiation, at the end of the 1860s. Hamilton also notes an early (1867) report making the case for Mr Trump's view that the United States should acquire Greenland because of its 'resources and geopolitical importance'; the view was supported by the then secretary of state, William Seward, the man who bought Alaska.

For the purposes of this book, the question of whether America became a truly imperial power (like Britain or France) is secondary to the pattern of events during the century of confiscation, when the United States resorted to absolutely every trick in the book to achieve its ambitions – real-estate deals, bribery, treaties, diplomatic sharp practice, bullying, ethnic cleansing, conquest. The outcome always came first, the means mattered less. Donald Trump blindsides modern professional diplomats and politicians when, for example, he talks with such confidence about acquiring Gaza to build a new riviera, while being so hazy about how this is to be achieved and what it might mean for the people currently living there. But in this he is a true echo of leaders like Presidents Polk and McKinley – even, dare I say, Thomas Jefferson.

Until Mr Trump's return to the White House, most Europeans still viewed the United States through the lens of Joe Biden's worldview, in which America is the guarantor of the rights of nation states and does not trample upon them. It was a genuine shock to many people to hear an American president state, flatly and without embarrassment, that his country would 'expand our territory' and 'pursue our manifest destiny' (even if by this use of the phrase he meant space exploration rather than landgrabs on earth).

And it has inevitably led to the kind of diplomatic car crash that occurred in January 2025 when Mr Trump rang the Danish prime minister, Mette Frederiksen, to discuss his plans for Greenland. The call was variously described as 'horrendous' and 'fiery', with Mr Trump making (according to *Time* magazine) 'his most aggressive push yet to prise the semi-autonomous territory away from Denmark'. The American president reportedly levied specific threats – including punishment by tariffs – and an official later remarked that 'The Danes are freaked by this.'

Perhaps Ms Frederikson should have been better prepared. Washington spent much of the latter half of the nineteenth century trying to persuade Copenhagen to sell the Danish West Indies. During the First World War the American secretary of state, Robert Lansing, threatened to occupy the islands – on the pretext that they were vulnerable to attack by Germany. The Danes decided to take the money (twenty-five million dollars), and in 1917 ceded what are now known as the US Virgin Islands. The inhabitants had to wait until the 1930s before they were granted American citizenship.

3

Immigration, Citizenship and Deportation

EVEN SOME OF DONALD TRUMP'S fiercest critics acknowledge that he can be funny. British television viewers caught a glimpse of his facility as a tease when, at the transatlantic press conference to launch Britain's much-vaunted trade deal with the United States, he responded to the somewhat fawning remarks from the then British ambassador, Lord Mandelson, with 'What a beautiful accent . . . your mother would be proud.'

But Mr Trump is not well-known for his ability to laugh at himself. His apparent tactic of raising tariffs astronomically and lowering them at the first sign of trouble in the markets was nicknamed 'Taco' – 'Trump always chickens out'. When this was put to him at a press conference he glowered, and called it a 'nasty question'.

One of the few – the very few – politicians who has risked a joke at the president's expense is the prominent centre-left French MEP (and possible future presidential candidate) Raphaël Glucksmann, who, in March 2025, suggested that the United States should give back the Statue of Liberty, because the USA no longer embodies the ideals that inspired this great gift from the French people.

Standing more than a hundred and fifty feet high, and built on a framework provided by Gustave Eiffel (of Tower fame), Liberty has lifted her torch over New York Harbour since 1886. In the crook of one arm she carries a tablet inscribed with the date of the United States' Declaration of Independence, and a broken chain lies beneath her feet as a symbol of the abolition of slavery. The famous words by American poet Emma Lazarus, 'Give me your tired, your poor, your huddled masses yearning to breathe free', engraved on a plaque attached to the structure in 1903, have welcomed millions of new arrivals to this nation of immigrants.

Donald Trump has made immigration one of his top targets. Indeed, the way he talks about immigrants, often synonymously with criminals, almost suggests anyone trying to enter America is regarded as a potential enemy. The policy stands out amid the blizzard of presidential initiatives because it seems to threaten all of us non-Americans; visiting America for work or pleasure is something many of us have long assumed to be an unquestioned right. As Trump supporters have frequently reminded us, it is nothing of the sort: it is a privilege.

And it has suddenly come to seem a risk. It is very odd indeed to find myself having serious conversations with friends and family about whether it is safe to travel to the United States, these days. At the time of writing my elder son, a respectable forty-something banker, is weighing whether to take his family to join American friends for their Independence Day celebrations in July.

There are good reasons for his caution. A young Welsh backpacker was banged up for nearly three weeks by immigration officials, then deported in chains – 'like Hannibal Lector', according to her parents; an eminent French scientist was put on a plane home after his phone was found to contain comments critical of the president; an Indian researcher at the prestigious Georgetown University in Washington was arrested and threatened with deportation because (at least, this seemed the most likely explanation) his father-in-law had once advised the Hamas government in Gaza.

Several of the president's initiatives in this area have been challenged in the courts, and immigration and deportation are a critical battleground in what has emerged as one of the great questions of the Trump presidency: when executive authority, based on a democratic mandate, runs foul of the law, which wins?

From the start of Trump's second term, there was plenty of skirmishing between the courts and the White House, with complaints from Trump Administration officials about 'activist judges' standing in the way of the will of the people. That is a constitutional issue, but it also reflects contrasting political philosophies. Donald Trump promised the electorate that, unlike 'business as usual' Washington, he would get things done – the message was a big part of his appeal. And in office he has been pursuing his objectives with ruthless pragmatism, even if that has sometimes put him at risk of exceeding his authority. For this president the overriding question asked about any policy has been 'Does it work?' His opponents often respond with different questions – 'Is it legal?' and, perhaps, what does it tell us about the president's worldview, about his understanding of the eternal struggle over the American Idea?

That contrast is illustrated by perhaps the most controversial step taken in Donald Trump's furious crackdown on immigration and immigrants: his attempt to remove the automatic right to American citizenship for people who are born in the United States. The right is based on the Fourteenth Amendment to the Constitution, which opens with the very clear declaration that 'All persons born or naturalized in the United States and subject to its jurisdiction are citizens, regardless of race or previous conditions of servitude.'*

---

* The phrase 'and subject to its jurisdiction' excluded Native Americans from the provisions of the 14th Amendment; Native Americans were deemed to live under the jurisdiction of their own Native American authorities, and, as we saw in the previous chapter, had to wait much longer for citizenship.

This is a serious obstacle to a mass deportation pro-gramme, like the one the president promised. There are millions of children in the United States who can claim citizenship in this way, even though their parents entered the country illegally and remain undocumented. Split-ting families by deporting parents while their American children remain in the United States would be a very controversial policy to carry out.

The Fourteenth Amendment was introduced in the aftermath of the Civil War to allow former slaves to become American citizens. Donald Trump has argued that means it is irrelevant to today's very different politi-cal circumstances: 'Birthright citizenship is about *slavery*,' he declared, during one of his informal Oval Office press conferences. '. . . They use it now instead not for slav-ery, they use it for people who come into our country, who walk into our country and suddenly they become citizens.' His view seems to enjoy wide public support: an opinion poll in January 2025 (conducted by Emerson College Polling) found that 45 per cent of voters sup-ported an end to birthright citizenship for the children of illegal immigrants, while 37 per cent opposed it.

But for some it is precisely that birthright citizenship is so closely associated with the fight against slavery that makes the Fourteenth Amendment so precious. When it was introduced, it was regarded as a milestone in the struggle to keep the American Idea alive. The novelist William Faulkner famously wrote in his *Requiem for a Nun* that 'The past is never dead. It's not even past,' and Barack Obama paraphrased the quotation in a much-praised speech on race he gave during his successful 2008 presidential campaign. The past behind the controversy over the birthright amendment carries an especially heavy burden.

SO DARK A GROUND

The story begins with what is sometimes described as the worst ever decision of the United States Supreme Court.

In 1846 an enslaved Black man called Dred Scott and his wife Harriet sued for their freedom in a court in St Louis, Missouri. Missouri was a slave state, but the man who claimed ownership of Mr Scott, an army surgeon, had, thanks to a military posting, earlier brought him to Fort Snelling, in what was then the free territory of Wisconsin. While he was there he married Harriet in a ceremony conducted by the man who claimed ownership of her – an army major and JP – which, since slave marriages were not recognized in law, was later advanced as evidence that during their time in Wisconsin the Scotts had lived as free citizens. The Scotts argued that because they had once been free, they could not legally be returned to servitude.

It took more than a decade for the case to work its way up through the court system, and in 1857, by a majority of seven to two, the Supreme Court delivered a devastating verdict. The majority opinion was written up by the chief justice, Roger Taney, who came from a rich slave-owning family in Maryland and was a strong supporter of the right of individual states in the Union to allow slavery. Abraham Lincoln called the decision 'an astonisher in legal history'. Read today, it takes your breath away.

The founding fathers, in Chief Justice Taney's view, did not really mean what they said. 'In the opinion of the court, the legislation, and histories of the times, and the language used in the Declaration of Independence,' he opined, 'show that neither the class of persons who had been imported as slaves nor their descendants, whether they had become free or not, were then acknowledged as a part of the people, nor intended to be part of that memorable instrument.' In the chief justice's interpretation, that majestic 'We the people . . .', the opening phrase of the Preamble to the United States Constitution, actually meant something closer to 'Those of us who are white . . .'

Taney based this argument on context. For 'more than a century' before the Declaration of Independence and the framing of the Constitution, he argued, Black people had been regarded as 'beings of an inferior order, and altogether unfit to associate with the white race either in social or political relations'. Instead 'the negro . . . was bought and sold, and treated as an ordinary article of merchandise and traffic'.

The chief justice laid responsibility for this view

squarely on the shoulders of the United States' former colonial masters. The English, he noted 'not only seized them [slaves] off the coast of Africa and sold them or held them in slavery for their own use, but they took them as ordinary articles of merchandise to every country where they could make a profit out of them'. The founding fathers had naturally absorbed and adopted such attitudes, ran the argument; when they declared that 'All men are created equal', they 'knew that it would not in any part of the civilized world be supposed to embrace the negro race'.

The legal consequence of this extraordinary sophistry and bigotry was that a Black person could never become a citizen of the United States. Black people, the court ruled, 'are not included, and were not intended to be included, under the word "citizens" in the Constitution, and can therefore claim none of the rights and privileges which that instrument provides for and secures to citizens of the United States'. One of the dissenting justices, John McLean, known for his opposition to slavery, complained about Chief Justice Taney's approach, saying that he would rather rely on the 'lights of Madison, Hamilton and Jay [John Jay, the first chief justice of the United States]' than on Taney's interpretation of history; 'I do not like to draw the sources of our domestic relations from so dark a ground.' he wrote. But the ruling stood.

Taney apparently hoped that the decision would end the debate about slavery once and for all. In fact, it had quite the opposite effect, pouring oil on the fire of an already bitter national debate, and propelling the United States ever closer to civil war.

Press reaction to the court's decision was violent – on both sides. The *New-York Tribune* published a series of editorials that condemned Taney's reasoning as 'shallow sophistries' and 'detestable hypocrisy'. The paper condemned the court ruling as 'atrocious', 'wicked' and 'abominable'. Similar sentiments were published in papers right across the anti-slavery Northern states; a Chicago paper, which also had the title *Tribune*, declared that 'We scarcely know how to express our detestation of its inhuman dicta, or to fathom the wicked consequences which may flow from it.' Pro-slavery papers responded with the accusation that abolitionists must be considered enemies of the Constitution: 'Southern opinion upon the subject of southern slavery . . . is now the supreme law of the land,' the *Constitutionalist* of Augusta, Georgia, judged, 'and opposition to southern opinion upon this subject is now opposition to the Constitution, and morally treason against the Government.'

Abolitionist clergy piled into the debate, and Justice John McLean's dissenting opinion was read from the pulpit. The *Independent,* a radical church weekly, called the Scott decision a 'deliberate, wilful perversion' and warned that 'If the people obey this decision, they disobey God.' On the other side of the argument a leading proponent of polygenesis – the theory that different races are descended from different ancestors – argued that the Supreme Court view 'fixed the *status* of the subordinate race *for ever*'.

Politically, the decision caused confusion and chaos, with Southern states rushing to capitalize on the licence it gave them, and Northern states scrambling to shore up their anti-slavery laws. Arkansas passed an act that forced all free Black residents to leave the state or face enslavement, while New York tried to make it possible for Black men to vote. The big fear among abolitionists was that the Supreme Court had effectively legalized slavery throughout the Union.

Abraham Lincoln, with his steady moral compass, saw that danger, and it was the inspiration behind his great 'House Divided' speech of 1858. He told that year's Illinois Republican State Convention that he did not believe the United States could continue 'permanently half *slave* and half *free*'. Lincoln predicted that 'It will become *all* one thing, or *all* the other. Either the *opponents* of slavery will arrest the further spread of it, and place it where the public mind shall rest in the belief that it is in course of ultimate extinction; or its *advocates* will push it forward till it shall become alike lawful in *all* the States.' Many historians argue that the Dred Scott case gave Lincoln the platform he needed to win the 1860 presidential election; the legal scholar Charles Warren, who was the United States attorney general during the First World War, stated in his acclaimed 1920s history of the

Supreme Court that 'It may be fairly said that Chief Justice Taney elected Abraham Lincoln to the Presidency.'

In the aftermath of the Union victory in the Civil War that followed (1861–5), the United States Congress pushed through a series of amendments to the Constitution. The Thirteenth – which was passed by lawmakers even before the fighting was over, and ratified before Christmas 1865 – stated that 'Neither slavery nor involuntary servitude . . . shall exist within the United States.'

The Fourteenth Amendment – the one Donald Trump sought to reinterpret – was written as a direct response to the Scott ruling by the Supreme Court. It was ratified in the teeth of opposition from the Southern states in 1868. In addition to the very clear and unambiguous statement of birthright citizenship quoted above, it included clauses that were explicitly designed to eradicate from American public life the racism that informed Chief Justice Taney's decision.

The amendment goes on to lay down that 'No State shall make or enforce any law which shall abridge the privileges or immunities of citizens of the United States; nor shall any State deprive any person of life, liberty, or property, without due process of law; nor deny to any person within its jurisdiction the equal protection of the laws.' It also laid down a formula to protect the voting rights of Black men; the amendment decreed that any state which denied a vote to any males over twenty-one – women and Native Americans would have to wait – would suffer a proportionate reduction in its overall vote in national elections.

Two years later, in 1870, a Fifteenth Amendment was added, which provided further protection for Black voting rights. It was brief, but as clear as could be: 'The right of citizens of the United States to vote shall not be denied or abridged by the United States or by any State on account of race, colour, or previous condition of servitude.'

One of the great tragedies of United States history – and one of the reasons that, even now, race remains such a raw issue in Donald Trump's America – is that both the spirit and the letter of these amendments were flagrantly violated in the years that followed.

JIM CROW

The amendments were passed during the period known as Reconstruction – when the task was, as Abraham Lincoln put it, to 'bind the nation's wounds' and 'to do all which may achieve and cherish a just and lasting peace'. The word 'Reconstruction' applied as much to a refashioning of the political and social systems of the South as it did to the physical rebuilding of the shattered Southern economy. The task of integrating some four million former slaves was a huge challenge, and many of the achievements during this era were remarkable.

The Freedmen's Bureau, established a month before the end of the war, took on the immediate task of providing aid – clothes, shelter, food and medical assistance – to newly liberated African Americans who had been left destitute by the war. It also helped to establish Black schools and hospitals, negotiated labour contracts between former slaves and their former planter masters, and provided transport for refugees who were trying to find family members or move home. The Bureau even provided a marriage service so that Black couples could take full advantage of their new status.

In addition to passing those three critical amendments, Congress moved to cement the position of freed slaves in American society. Two Civil Rights Acts – the first in 1866, the second in 1875 – gave all citizens the right to attend the same churches and theatres, to travel on the same boats and trains, to be buried in the same cemeteries and to stay in the same hotels.

It was a time of enormous optimism for Black Americans. As the Civil War ended, the great African American abolitionist campaigner Frederick Douglas remained cautious about how much had really changed: 'In what skin will the old snake come forth?' he asked the 1865 meeting of the Anti-Slavery Society. Appealing to the United States founding documents, he insisted that only the vote would complete the work of the Civil War: 'I want the elective franchise, for one, as a colored man,' he told the convention, 'because ours is a peculiar government, based on a peculiar idea, and that idea is universal suffrage.'

Five years later, when Black voting rights were ostensibly secured by the Fifteenth Amendment, this great orator allowed his rhetoric to take flight: 'Our eyes behold it, our ears hear it, our hearts feel it, and there is no doubt or illusion about it,' he declared in a speech at Albany, the New York state capital. 'The Black man is free, the Black man is a citizen, the Black man is enfranchised.' Ordinary Black Americans shared Douglas's enthusiasm for democracy: at an election in Alabama a reporter for a Northern paper watched a crowd of African Americans, many of them barefoot and in tattered clothes, as 'in defiance of fatigue, hardship, hunger and threats of employers' they stood in a queue waiting to vote. Another (white) observer remarked, 'You never saw a people more excited on the subject of politics than are the negroes of the south. They are perfectly wild.'

The Reconstruction campaign ran out of steam for a complex set of reasons. Politics was certainly part of it. After Abraham Lincoln's assassination in 1865 the presidency passed to his vice-president Andrew Johnson, who was much less sympathetic to promoting Black equality and actively opposed Black voting rights. Until he was replaced by Ulysses S. Grant in the 1868 presidential election much of the early Reconstruction legislation had to be forced through over his veto – so requiring a two-thirds majority in both houses of Congress. Then in 1873 the United States was hit by a financial crisis; the depression that followed lasted for much of the decade, and the position of Black people in the South inevitably became less of a priority for many voters. As time went by it also became apparent that many Northern voters who had supported the abolition of slavery felt altogether less enthusiastic about equal rights for former slaves.

The end of Reconstruction was also brought about by white Southern terrorism. The Ku Klux Klan was founded in Tennessee in 1866 and, with its hoods and sheets and esoteric ranks (wizards, grand dragons, furies, hydras, titans, night-hawks), it was designed to inspire fear. New members had to swear that they were 'opposed to negro equality, both social and political' and supported 'a white man's government'. Their lynching, whipping and shooting campaigns of intimidation became such a serious threat to public order that in 1871 Congress passed a Ku Klux Klan Act aimed at suppressing the organization. But the Klan was only one of many such groups across the south – others included the Knights of the White Camelia, the White Brotherhood and the Pale Faces.

It is estimated that between them they lynched some four hundred Black people around the turn of the 1860s and 1870s. The Harvard historian Henry Gates Jr records that 'In rural Kentucky alone, white mobs lynched as many as two dozen African Americans each year between 1867 and 1871. Thirty-eight black people were lynched in South Carolina between the elections of 1870 and the spring of 1871. About thirty African Americans were killed in a single day in Meridian, Mississippi.'

The Mississippi killings were part of an organized campaign to use terror as a means of stealing an election. Mississippi was one of the Southern states where Black voters were a majority, and in 1874 the local Democrats (at that time the party of the white South) came up with a strategy to secure control over the state's politics in defiance of the demographics. They organized themselves into militia groups and initiated a sustained campaign of violent intimidation.

It began in December 1874, with a rampage in the Mississippi river town of Vicksburg, in which more than three hundred Black people were killed and hundreds more were wounded. The Meridian killings took place in early 1875, and many of the dead were women and children. One white militia member involved declared that he and his comrades were fighting in the interest of 'Anglo-Saxon supremacy'. In the month leading up to the election, dozens more Black people were killed, and, unsurprisingly, most Black voters stayed at home on election day. The Democrats took control of both houses of the state legislature, and the *Yazoo City Banner* declared that 'Mississippi is a white man's country and by Eternal God we'll rule it.'

In 1877, as part of a shoddy compromise to settle a disputed presidential election, Washington agreed to withdraw all federal troops from the South. It marked the end of Reconstruction, and the end also of any real Congressional control over Southern politicians.

Reconstruction had lasted little more than a decade, nothing like enough time to address the legacy of two and a half centuries of slavery.

What followed is a terrifying example of how rapidly and completely political progress can be reversed. It was also a sobering reminder that the United States, despite the claims it makes for its love of a written Constitution and the rule of law, can sometimes behave as if none of that really matters. Southerners called it their Redemption. The new order came to be known by the less flattering nickname of Jim Crow, a reference to a blacked-up minstrel-show character based on demeaning racial stereotypes.

To kill the power of Black suffrage, the Southern states used a combination of poll taxes and literacy tests. Mississippi again led the way. The state introduced registration requirements that included a significant two-dollar registration tax, which voters had to pay in the February before elections, and proof of literacy, necessary because the new system included a secret ballot. There was also an 'understanding clause', which directed election officials to quiz applicants about American history and government. That last provision made it possible to give a little leeway to poor and illiterate white voters who might fall foul of a system designed to exclude Blacks. One state newspaper crowed that, taken together, all this meant that the mob violence which had marked past elections was 'no longer necessary because the laws are so framed that the Democrats can keep themselves in possession of the governments'.

Alongside the political suppression of Black voting rights, the Southern states put the process of social integration into reverse, developing a whole web of Jim Crow laws designed to keep Black and white apart. Leslie Tischauser, in his *Jim Crow Laws*, writes that the new legislation 'covered almost every possible area of human contact'. In Georgia, for example, it was against the law for a white baseball team to play within two blocks of a Black playground. Louisiana required separate buildings for 'blind persons' in state institutions. The same state introduced fines and prison sentences for anyone who rented a room to a Black person if there were already white tenants in the building. In Mississippi every hospital was required to have separate entrances for white and 'coloured patients and visitors'. Alabama insisted on the same principle in restaurants, adding – with great precision and attention to detail – that if Black and white customers were served in the same room it must be 'effectively separated by a solid partition extending from the floor upward to a distance of seven feet or higher'.

Sexual contact across the colour line – miscegenation, as it was called by white racists, from the Latin meaning to 'mix races' – was regarded with particular horror. A pamphlet published towards the end of the Civil War declared that 'The very conception of love – upon which all lawful intercourse of the sexes is founded – is impossible, eternally impossible, between whites and blacks.' Whites in the South – and, indeed, many in the North as well – believed that the 'unnatural blending of whites and blacks' would weaken the 'free spirit and lofty aspirations which our race inherited from their ancestry and brought to this continent'. All eleven of the Confederate states, which had seceded during the Civil War, introduced laws against interracial marriage. In Mississippi this crime could carry a life prison sentence.

All this, of course, made nonsense of the protections for Black people enshrined in the Fourteenth and Fifteenth Amendments to the Constitution, as well as the Civil Rights Acts adopted alongside them. The Supreme Court, however, was apparently happy to leave the Southern states to do as they pleased. John Adams, the second president, famously declared, 'We are a government of laws not of men,' but in the last few decades of the nineteenth century the United States Supreme Court cheerfully collaborated in making the laws passed in Washington irrelevant for a significant proportion of the country's citizens.

THERE IS NO CASTE HERE

In 1881 the court delivered a truly shocking verdict in what became known as the Ku Klux Klan case. A local sheriff in Tennessee removed four Black men from the county gaol and, along with nineteen other men, beat them all up and killed one. The federal government took action against the sheriff and his accomplices on the grounds that they had violated the men's Fourteenth Amendment protections, but the court held that the amendment applied only to actions taken by states, not individuals; the justices took the view that government prosecution of these men 'is not warranted by any clause in the Fourteenth Amendment to the Constitution'. This meant that even some crimes as serious as murder were put beyond Washington's reach, and justice in such cases was left entirely in the hands of the state authorities, who were unlikely to be sympathetic to Black victims in such cases.

Later that same year the court ruled in a similar way on a slew of cases brought in relation to the Civil Rights Acts. They decided that 'Individual invasion of individual rights is not the subject matter of the amendment', and that the protections in the Fourteenth Amendment applied only to action by states. This meant that Congress could not, for example, force an individual hotel owner to accept Black guests. It effectively rendered meaningless all the guarantees laid out in the Civil Rights Acts, a situation that persisted right up until the mid-1960s, a full century after the end of the Civil War, when President Lyndon B. Johnson signed a new Civil Rights Act (much of it based on the one passed in 1875) into law.

The Jim Crow restrictions were especially tightly drawn in relation to public transport, partly because of a widespread assumption that Black men found it difficult to restrain their libidos when they were in the presence of white women. When Louisiana passed its Separate Cars Act in 1890 the *New Orleans Times-Democrat* supported the legislation on the grounds that 'A man that would be horrified at the idea of his wife or daughter seated by the side of a burly negro in the parlor of a hotel or restaurant cannot see her occupying a crowded seat in a car next to a negro without some feeling of disgust.' Two years after the Act came into force, a mixed-race man called Homer Plessy deliberately boarded a 'Whites Only' car of the East Louisiana Railroad in New Orleans. It led to an especially egregious Supreme Court decision.

Plessy was fined and, like Dred Scott before him, he fought his case all the way to the highest court – arguing that his conviction was a violation of his rights under the Fourteenth Amendment. In an echo of Chief Justice Taney's ruling forty years earlier, the court held that the writers of that crucially important constitutional protection could not possibly have meant what they said. 'The object of the amendment was undoubtedly to enforce the absolute equality of the two races before the law,' wrote Justice Henry Billings Brown, 'but in the nature of things it could not have been intended to abolish distinctions based upon color, or to enforce social, as distinguished from political equality, or a commingling of the two races upon terms unsatisfactory to either.' (What exactly, you find yourself asking as you read that sentence, does the phrase 'the nature of things' mean, and how has it been slipped into a legal judgement where precision should be the priority?)

Brown's ruling insisted that segregation between white and Black did not automatically imply that Black people were treated less well than white people. The 'underlying fallacy' of Mr Plessy's case was, according to the court, 'that the enforced separation of the two races stamps the colored race with a badge of inferiority. If this be so, it is not by reason of anything found in the [Separate Cars] Act, but solely because the colored race chooses to put that construction upon it.'

There was a thunderous denunciation of the decision from one dissenting justice, John Marshall Harlan. The Great Dissenter, as he became known, saw this, quite rightly, as a hugely important defeat for the American Idea of equality. 'In the view of the Constitution, in the eye of the law, there is in this country no superior, dominant, ruling class of citizens. There is no caste here. Our Constitution is color blind, and neither knows nor tolerates classes among citizens. In respect of civil rights, all citizens are equal before the law,' he declared. Not any more, they weren't. The Plessy ruling, which has never been explicitly overturned, provided the impetus for a whole new raft of segregation laws, and segregation on public transport remained a fact of daily life for millions of Black Americans right up to the moment when Rosa Parks, echoing Plessy's act of resistance, refused to budge from her seat on the bus in Montgomery, Alabama, in 1955.

The justification for slavery had always been, in very large part, economic. Of course the idea that Black people were inferior to white people was always there, but the social conditions that went with the system of slavery could be explained away as necessary consequences of an economically necessary institution. Once slavery had been abolished, those advocating segregation between the races talked much more openly in terms of white supremacy. This was partly a result of the development of more 'scientific' racism in the late nineteenth century, some of it linked to a distorted form of social Darwinism.

And some religious leaders backed up the development of pseudoscientific methods with biblical 'evidence'. Charles Carroll, a minister from the former slaving state of Missouri, claimed that people from Africa were not, in fact, human at all but only 'man-like' apes, as a means of reconciling the continued mistreatment of African Americans with his Christian faith.

THE LEOPARD'S SPOTS

The way America remembers the Civil War and the Reconstruction period has changed with the political mood of the nation, and white-supremacist ideas played an important role in forming the version of the past that settled into public consciousness at the turn of the nineteenth and twentieth centuries. At around the time that Charles Carroll published his *The Negro, a Beast; or, In the Image of God*, the novelist Thomas Dixon brought out *The Leopard's Spots: a Romance of the White Man's Burden,* and then his hugely popular *The Clansman: An Historical Romance of the Ku Klux Klan.* Dixon turned reality on its head by presenting the KKK as if it really was – as its members liked to claim – 'an institution of Chivalry, Humanity, Mercy and Patriotism'.

He suggested that the presence of Black Americans was itself responsible for the Civil War, and blamed Northerners for forcing the South to accept a disastrous post-war settlement. In *The Leopard's Spots* he has one of his characters reflect, 'It seemed a joke sometimes as he thought of it, a huge preposterous joke, this actual attempt to reverse the order of Nature [and] turn society upside down,' contrasting supposedly uncivilized African people with the 'proudest and strongest race' of white Americans who, in his view, should naturally be in charge.

Meanwhile historians like Professor William Dunning of Columbia University developed a narrative that contrasted the 'heroic' era of the Civil War (when men of high ideals fought on both sides, defending their cherished principles to the death) to the shabby and shameful era of Reconstruction. This version of the story, like Dixon's novels, held that repressive and often corrupt politicians from the North had bullied the South into accepting an unjust settlement. Most perniciously, some members of this school of history held that the collapse of Black democracy had come about not because of Southern opposition to the Black vote, but because Black voters had proved incapable of using their new power responsibly.

This narrative proved remarkably resilient, and was accepted by many people right up until the civil rights movement of the 1960s. Kenneth Stampp, who challenged the story with a revisionist history published in 1965, argued that the 'Dunning interpretation' of Reconstruction took root as a result of profound social change. Industrialization, he observed, brought in waves of new immigrants that unsettled traditional white America – North as well as South. America's whites, he writes, 'were threatened by the immigrants who came to America to work in the mines and mills and on the railroads – Italians, Slavs and Jews from Poland and Russia'.

It was, in fact, an era not unlike that in which Donald Trump came to power; Stampp argues that what he called the 'Dunning Interpretation' was 'written at a time when xenophobia had become almost a national disease, when the immigration restriction movement was getting into high gear . . . and when Negroes and immigrants were being lumped together in the category of unassimilable aliens'. He also judges that the stunning American success in the Spanish–American War, described in chapter 2, contributed to the spread of chauvinism.

I CAN'T BREATHE

There was a different kind of revision of the Civil War and Reconstruction eras towards the end of Donald Trump's first term.

The Black Lives Matter movement began as a response to several controversial killings of Black Americans. Notable among them was the case of a young man called Trayvon Martin: the Black teenager was walking through a gated community in Florida on his way to see his father when he was challenged and shot dead by a neighbourhood watch volunteer in 2012. BLM grew as a loosely organized network, without any centralized leadership, and relying heavily on social media; throughout the 2010s it was involved in protests and rallies relating to race and allegations of police brutality.

In 2020 BLM attracted international attention following the murder of George Floyd, a Black man in his forties, by a police officer in Minneapolis. On 25 May, Floyd was arrested after a shop assistant complained that he had tried to buy something with a counterfeit note, and the arresting officer, Derek Chauvin, kept him restrained by kneeling on his neck. Despite Floyd's complaints that 'I can't breathe,' and objections from witnesses, Chauvin maintained the restraint for nine minutes, by which time Floyd was dead.

America erupted in what the *Guardian* described as

'the most widespread civil unrest in the US since the assassination of Martin Luther King in 1968'. Some of the protests turned into riots, and several cities saw serious outbreaks of looting. Over the last weekend in May mayors in fifteen cities introduced curfews, and several governors called in the National Guard to help restore order.

President Trump called the protesters 'radical left', and repeatedly urged the leaders of Democrat-controlled cities to be tougher, threatening that if order was not brought to places like New York, Los Angeles and Philadelphia the federal government would 'step in and do what has to be done, and that includes using the unlimited power of our Military and many arrests'. He tweeted that 'When the looting starts the shooting starts,' and warned that if protesters had breached the security of the White House grounds they would have been 'greeted with the most vicious dogs'; the mayor of Washington DC called that 'no subtle reminder' of the way white supremacists used to treat Black Americans in the Jim Crow days.

The president's threat to use active-duty soldiers against the protesters earned him rebukes from several former top-ranking military officers. General Martin Dempsey, chairman of the joint chiefs of staff under President Obama, complained that 'The idea that the military would be called in to dominate and to suppress what, for the most part, were peaceful protests – admittedly, where some had opportunistically turned them violent – and that the military would somehow come in and calm that situation was very dangerous to me.'

That 2020 military queasiness about getting involved in domestic political issues of this kind stands in stark contrast to what happened in similar circumstances five years later. When Los Angeles erupted in protest against President Trump's immigration sweeps in June 2025, both the National Guard and the marines were deployed by the president, with no sign of protest from the top brass. The main opposition came from California's Democrat governor, Gavin Newsom, who called Mr Trump's troop deployments 'deranged'.

The George Floyd protests gave new force to the idea that in the United States policing had never really escaped from its Jim Crow past. The logic of that drove the radical movement to 'Defund the Police', which held that because policing was so tainted by that past, law and order money was better spent on meeting social challenges like homelessness, mental-health crises and drug addiction. Poll after poll showed that most Americans thought this was a terrible idea, but some prominent radical Democrats adopted the 'Defund the Police' slogan. President Trump ensured their party paid a heavy political price, telling the voters 'The Radical Left Democrats new theme is "Defund the Police". Remember that when you don't want Crime, especially against you and your family.'

The episode did, however, produce a more enduring campaign to challenge the way in which America was memorializing the past. In the months that followed George Floyd's death, dozens and dozens of statues judged to be associated with slavery and its aftermath were removed from public places. Sometimes they were first attacked and vandalized during the BLM protests, but many more came down because city and state authorities had been forced to recognize the reality of the history they represented. The campaigning group the Southern Poverty Law Center calculated that some 160 Confederate statues were taken down in 2020 alone. In 2021, even the great Confederate general Robert E. Lee was removed from his 60-foot plinth in Richmond, Virginia, once the capital of the Confederacy.

In the summer of 2020, when the statues debate was at its most intense, President Trump attacked those responsible for damaging memorials on Fox News. 'At some point there is going to be retribution,' he said, 'because there has to be. These people are vandals. They're agitators. They're really terrorists in a sense.'

In March 2025, back in office, the president signed an executive order aimed at 'restoring truth and sanity to American history'. It instructed the Department for the Interior to restore statues and monuments that 'have been removed or changed to perpetuate a false reconstruction of American history' since 2020. The department was also told to make American history great again, by ensuring that all 'monuments, statues and memorials under its jurisdiction . . . focus on the greatness of the achievements and progress of the American people or, with respect to natural features, the beauty, abundance, and grandeur of the American landscape'.

FAKE NEWS

On 30 April 2025 the Department of Homeland Security published a post entitled '100 Days of Fighting False News' designed to 'set the record straight' on what it said were 'numerous false and misleading stories that have spread around news coverage and social media' about the president's immigration and deportation policies. One of the pieces of 'Fake News' listed was the story of that 'French Scientist denied entry over his political views' to whom I referred at the beginning of this chapter. The Homeland Security post insisted he had in fact been turned away because he was 'in possession of confidential information on his electronic device from Los Alamos National Laboratory', and that 'His political beliefs were not considered at all in his removal'.

Other stories covered on the same site, however, made it abundantly clear that politics are an important factor in deciding who the Trump Administration wants to allow within the borders of the United States. The Georgetown researcher who was arrested and threatened with deportation – also mentioned at the beginning of the chapter – features on the list. The department's defence of his arrest included a piece of startlingly mangled logic: 'The media calls him a "scholar" who was innocent of any wrongdoing, even though he was married to the daughter of a senior advisor for to [*sic*] Hamas terrorist group.'

One of the most controversial cases of Mr Trump's early months in office involved Mahmoud Khalil, who, while a graduate student at Columbia, was involved in organizing pro-Palestinian protests on campus. Mr Khalil, originally from Syria, was studying in the United States legally, and had married an American woman while he was doing his master's degree – she gave birth to their first child while he was in detention, and since both of his parents were entitled to be in the United States at the time of his birth, the baby will presumably be considered an American citizen.

No crime has been alleged against Mr Khalil, but the American secretary of state, Marco Rubio, has argued that he is a threat to the United States' foreign policy. After his arrest he was moved to a detention centre in Louisiana, famous for its conservative justice system, and his lawyers alleged this was to avoid his case being considered in the more liberal courts of New Jersey or New York. At the time of writing he remains in detention, and the Homeland Security Fake News post states that he 'is one of the ringleaders of the vicious, anti-American, anti-Semitic protests at Columbia University.

His activities are aligned with Hamas, a designated terrorist organization.'

If any further evidence of the link the Trump Administration sees between political views and the right of entry to the United States were needed, that came with an instruction issued to United States' embassies around the world at the end of May 2025. It required them to pause appointments for student visas until the federal government had developed a system for vetting all applicants' past social-media posts.

SEDITION AND ENEMY ALIENS

This political approach to policing the borders has a long pedigree in American politics. In 1798, with the Federalist John Adams in the White House, Congress passed four statutes known as the Aliens and Sedition Acts. They were designed to give the president the powers he needed to ensure national security at a time when it looked as if the country might find itself at war with France. The Acts allowed the president to imprison or deport foreigners who were thought to be dangerous (without a trial if necessary), and they banned 'false and malicious' writings against the president and the government – the 'Fake News' of the day, if you like.

The White House and the Federalists controlled Congress, using the powers against sedition to close down even legitimate criticism, and widespread resentment against the infringement of free speech was an important factor in the subsequent election, which, as noted in chapter 2, saw Adams defeated by Thomas Jefferson.

The Sedition Act was subsequently repealed, but what is now generally called the Alien Enemy Act remained on the statute book. It was used during the 1812 war with Britain, again during the First World War and, most notoriously, by President Roosevelt during the Second World War. In the aftermath of Japan's attack at Pearl Harbor, FDR used the Act, in conjunction with a separate executive order, to intern some hundred and twenty thousand people of Japanese descent. Two-thirds of them were American citizens, and the blanket internment policy went ahead even though there was no evidence that they were sympathetic to the Japanese cause.

The 1798 Act is now being used again by the Trump Administration as the basis for the mass deportation of alleged members of a Venezuelan gang associated with people trafficking, arms trafficking and drug smuggling. To make this possible within the terms of the Act, the administration has claimed that the gang, which is called Tren de Aragua, has staged an invasion of the United States (almost as if it were a foreign government) and poses a terrorist threat. Mr Trump has compared them to groups like al-Qaeda, and accused them of 'undertaking hostile actions and conducting irregular warfare' against America.

Identifying gang members liable to be deported is

based on a points system; a criminal conviction in the United States carries a high score, but the final result also relies on tattoos thought to be associated with gang membership.

In March 2025 the government sent 137 Venezuelans who had been identified as gang members to El Salvador, where they were immediately incarcerated in a notorious prison known as the Terrorism Confinement Center. This enormous facility – the largest in Latin America – can hold up to forty thousand prisoners, and was opened in 2022 as part of a government crackdown on the street violence that has plagued El Salvador since the 1990s. Each cell houses more than a hundred and fifty people, who are allowed out for only thirty minutes a day. There are no rehabilitation or education programmes at the Center, and the inmates are not allowed visits or phone calls.

None of those deported to El Salvador under the Alien Enemy Act had been through any kind of due process in the United States – the courts have since ruled that deportees in such circumstances should have the right to appeal – and they have no prospect of a trial or indeed a release date in El Salvador.

If you get caught in the coils of today's immigration and deportation system in the United States your fate could be decided not on the basis of your actions, but your group identity or your beliefs. John Winthrop would approve.

ANOTHER GREAT SHOW IN THE OVAL OFFICE

No account of the Trump Administration's immigration and deportation policies would be complete without a brief reflection on perhaps their strangest aspect. While most people were being kept out – with bans introduced on the citizens of several whole countries – white South Africans were suddenly allowed in as refugees.

When the South African president Cyril Ramaphosa visited the White House in May 2025, Donald Trump hijacked their Oval Office meeting with a video he claimed provided evidence that Afrikaners – white South Africans of Dutch and German heritage – were having their farms stolen and were facing a genocide.

In 2024 the South African government did indeed pass a law designed to allow it to expropriate farms for the purpose of land reform and redistribution, but only in tightly drafted circumstances. At the time of writing it has yet to be used. It is also true that many white South Africans have been victims of violence, but the country is a violent place, and most of the victims are Black. The president claimed that the video he played to President Ramaphosa showed crosses marking the graves of large numbers of white farmers, but this turned out not to be accurate.

Nevertheless, Washington's South Africa Mission plan for Afrikaner asylum seekers went ahead, and in May

2025 nearly sixty such refugees arrived in the United States.

It was the Afrikaner-led National Party that, in 1948, introduced the system of racial segregation known as apartheid, many features of which would have been all too familiar to those who lived in the American South during the Jim Crow era.

4

Tariffs and Trade

WILLIAM MCKINLEY, TWENTY-FIFTH PRESIDENT OF the United States, triumphant war leader, imperialist convert and stand-out hero to Donald Trump, was nicknamed the Napoleon of Protection. It was partly a tease – as a young man he was said to resemble the late French emperor – but it was also a recognition of the way he had used the issue of trade tariffs to propel himself to prominence, first within his party and then on the national stage. Any honest assessment of his career, however, has to recognize that the tariffs he so cherished sometimes proved politically troublesome. And while Donald Trump has declared that McKinley 'made our country rich through tariffs', the record does not support that baldly confident statement. The full McKinley story is altogether more complex and more intriguing.

One of the reasons Donald Trump's views on tariffs seemed so startling is that, like his views on expanding

America's territory, they are rooted in debates that were hard fought in the nineteenth century. Governments use tariffs for three reasons: to raise revenue, to protect their industries, and as a means of exerting pressure on other governments to change policy. In the early years of the American republic the first of those – raising revenue for the federal government – was the most important; taxes on goods coming into the country are, of course, very easy to collect.

In 1860, on the eve of the Civil War, tariffs typically contributed between 80 and 95 per cent of the federal budget, and they remained the main source of government funding right up until the First World War. Income tax was a relatively late arrival; the Union government introduced a very small levy on income for a brief period during the Civil War, but the debate about whether such a tax was constitutional was not settled until 1913. When Donald Trump argues that money from tariffs could be used to fill the fiscal hole left by his broader tax-cutting agenda – as outlined in the so-called Big, Beautiful Bill that came before Congress in May 2025 – he is making a case that would immediately have been understood in McKinley's Washington.

As America's economy developed, the tariff debate focused more on the role of tariffs in providing protection against foreign competition. And because tariffs were so central to economic policy, that debate was passionate, partisan and ideological. The battle lines were drawn by Senator Henry Clay, who, while proposing a bill to increase tariffs in 1824, urged the idea of what he called an 'American system'. This early iteration of an 'America first' policy saw high tariffs as a way of protecting the development of a 'home market', which would be 'paramount in importance', and it was closely linked with nationalism. It helped that the old enemy, Britain, was a free-trading nation; supporters of high tariffs sometimes smeared their free-trading opponents by associating them with the wicked former colonial power.

The issue was another fault line between North and South: the North, the industrial heartland, liked the idea of tariffs to protect America's growing industrial base, while the South, which relied heavily on agricultural exports, favoured free trade.

THE MAJOR

McKinley came into politics as a committed Republican, and he was a protectionist from his earliest days in the political game. He was born in the small Ohio village of Niles (named, appropriately as things turned out, for Hezekiah Niles, a prominent journalist and high-tariff campaigner of the revolutionary era), the seventh of nine children. His father was in the pig-iron business, and, as one of his biographers put it, 'The duty on foreign iron had not been an abstract idea to an iron founder's son, but the source of bread and butter.'

Both of his parents were ardent abolitionists – for part of William's childhood the family lived close to the Ohio river, which marked the border with what was then the slaving state of Virginia, so the reality of slavery was ever-present in their lives. At the outbreak of the Civil War in 1861, the eighteen-year-old McKinley enlisted as a private soldier in the Union army.

He quickly distinguished himself, winning promotion first to sergeant and then lieutenant, and he was credited with conspicuous bravery. At the 1862 battle of Antietam, for example, the bloodiest single day in American military history, he commandeered a wagon, filled it with meat, beans and coffee, and drove it across an open field, swept with fire, successfully delivering the supplies to an isolated pocket of his fellow Ohioans. There were other episodes of this kind, and at the end of the Civil War McKinley left the army with the rank of brevet major (in the American Army 'brevet' commissions, which gave an officer a higher rank without the associated pay or privileges, were often awarded for gallantry). For the rest of his life he liked to be referred to as 'the Major'.

With the war's end, William McKinley took up law, building a successful practice in the Ohio town of Canton, some sixty miles south of Cleveland. In 1877 he was elected to the House of Representatives (campaigning, of course, on a protectionist manifesto). He established a solid but not stellar reputation, until the tariff issue provided his first big break.

Towards the end of the 1880s the Democrat President Grover Cleveland urged Congress to address an issue that most modern politicians would see as a blessing rather than a curse: high tariffs were delivering so much money to the United States Treasury that the federal government was running an enormous surplus; in 1888 the surplus was over a hundred million dollars, more than 40 per cent of total government expenditure. Cleveland used this fiscal imbalance to bolster his argument for reducing tariffs.

McKinley led the attack on the subsequent bill proposed by the Democrats, and his combative speech in the House earned him admirers among his fellow Republican representatives. To ram home his argument that the existing tariffs on wool had not pushed up prices for clothes, he theatrically ripped open a parcel on his desk, and shook out a three-piece suit along with a receipt for the modest sum of ten dollars. The receipt, which he brandished at his opponents, also revealed that the suit had been bought at a shop belonging to the Democrat Congressman Leopold Morse of Massachusetts, one of the most vocal opponents of high tariffs.

He also played the nationalist card, condemning the bill as 'British policy', and claiming that the Democrats' proposals had been made on behalf of 'foreign producers'. At the Republican convention that summer he went even further, declaring that this attack on the 'American system' had been undertaken at the behest of 'the agents of foreign manufacturers'.

William McKinley's chance to secure himself a place in the index of every serious book on America's economic history came two years later, in 1890. With the Republican Benjamin Harrison now in the White House, the tariff question was once again at the centre of national debate. McKinley, by now chairman of the powerful Ways and Means Committee of the House of Representatives, took on the task of drafting a new set of protectionist measures.

The Tariff Act of 1890, now almost universally known as the McKinley Tariff, raised import duties from 41 per cent to a Trumpian level of 52 per cent. The Napoleon of Protection was clear about his ambition: 'We do not conceal the purpose of this bill – we want our countrymen and all mankind to know it,' he declared. 'It is to increase production here, diversify our productive enterprises, enlarge the field, and increase the demand for American workmen.' And he challenged his opponents, 'What American can oppose these worthy and patriotic objects?'

One of the most controversial elements of the legislation was a tariff on tinplate, introduced even though there was, at the time, no tinplate industry in the United States – the commodity was supplied almost entirely by Britain. McKinley argued that the measure would encourage the development of tinplate production in the United States, but those who used the material – for example, to make cans for food – were furious at the high prices they now had to pay. The Democrats complained that extending protection to an industry that did not yet exist at a cost to businesses that were already established 'involved a new and distinct perversion of the Federal taxing policy'.

During the McKinley bill's passage through the Senate, legislators added an important rider to his proposals. The president was to be given the right to vary tariffs on goods from countries that treated American products unfairly. This was the first real move towards the third use of tariffs as a means of influencing the policy of other countries. It was challenged in the Supreme Court – on the grounds that under the United States Constitution the power to regulate trade belonged to Congress – but the challenge failed. (The issue of presidential power in this area has, of course, been central to the controversy over the way in which Donald Trump has used his tariffs.)

Despite sailing through the legislative process, in political terms the McKinley tariff proved an unmitigated disaster for the Republican Party.

The Tariff Act was not signed into law until October 1890, far too close to that autumn's congressional elections for the true consequences of the legislation to be clear. But traders pushed up their prices as soon as the new tariff rates were announced, and during the election campaign the Democrats made hay with widespread fears that the McKinley tariff would lead to inflation.

They employed some underhand tricks, sending out pedlars to people's homes offering hugely expensive tin-plate cups and coffee pots.

The Republicans lost control of the House of Representatives; their seven-seat majority was replaced by a Democrat majority of 147. Theodore Roosevelt, who was emerging as a rising star of Republican politics, had no doubt about where the blame lay: 'The overwhelming nature of the disaster is due entirely to the McKinley bill.' William McKinley lost his seat in Congress.

The real economic impact of the McKinley tariff continues to be much debated. This period of American history is sometimes referred to as the 'Gilded Age' (the phrase was taken from the title of a novel written by Mark Twain and his friend Charles Dudley Warner) in recognition of the dizzying expansion of the American economy between the Civil War and the end of the nineteenth century. The economic historian Douglas A. Irwin notes that 'In 1870 the US economy was about the same size as Britain's; by the turn of the century, its GDP was twice as large.' Nevertheless, I have found no modern economist who endorses Donald Trump's view that the McKinley tariff was the main source of the gilt on the Gilded Age.

The causes of US economic expansion included high levels of immigration (which also drove the xenophobia we saw in chapter 3) and the abundance of America's natural resources. In his comprehensive

Clashing over Commerce, a History of US Trade Policy, Irwin tests the evidence that McKinley's tariff made a significant contribution to America's rapid economic growth. He concludes that while some sectors, including, for example, tinplate production, developed more quickly because of the tariffs, they would have developed anyway. Protection did push up prices, and Irwin states, with reference to the tinplate example, 'The McKinley tariff also failed to improve economic welfare: the initial large losses of consumers were not offset by the stream of profits received by domestic producers.'

Finally, the international reaction to the tariff provided a warning that protectionism sometimes comes at a serious cost. Free-trading Britain was pushed in the direction of the system known as Imperial Preference, under which London gave preferential treatment to countries within its imperial family.

Some Americans had thought the new tariff system would 'starve Canada into annexation', forcing the country to sue for membership of the United States – while writing this book I have been startled by how often this leitmotif can be heard in American history – but in fact it drove the USA's northern neighbour closer to Britain.

In 1893 the United States' extraordinary economic boom was interrupted by an economic crisis. It began with the collapse of a railroad company and a crash on Wall Street; the stock market fell by nearly 25 per cent in a single day in May. People rushed to withdraw their money from banks, and there was a run on gold at the United States Treasury. In the months that followed, unemployment in some states hit 25 per cent. Some inevitably blamed the McKinley tariff, though by now a Democrat was back in the White House – Grover Cleveland had won a second term in 1892. That backdrop set the stage for one of the most exciting and consequential elections of the Gilded Age.

THE FRONT PORCH

For much of the twentieth century William McKinley's reputation was overshadowed by that of Theodore Roosevelt. But Donald Trump is not the only prominent twenty-first-century Republican to re-mint him as a political hero. During Mr Trump's first successful presidential campaign in 2015, Karl Rove, the Republican electoral strategist, wrote an admiring account of McKinley's 1896 presidential campaign called *The Triumph of William McKinley*. Rove makes some big claims on the twenty-fifth president's behalf.

The election was an especially challenging one for the Republican Party because Southern states were, by that last decade of the century, well on their way to achieving the near total suppression of the Black vote, which meant the Grand Old Party lost a huge natural constituency of support. McKinley was chosen as the Republican candidate after serving two successful terms as Ohio's governor, but he faced a formidable Democrat candidate in the shape of the charismatic and energetic William Jennings Bryan, who, at the age of thirty-six, became the youngest ever presidential nominee from a major party – a record he still holds today. Because of his popular touch and his speaking skills, Bryan was known as both the Great Commoner and the Boy Orator.

The excitement of this highly competitive election was enhanced by a stark contrast between the two candidates' campaigning styles. Bryan went on the stump; he is said to have travelled some eighteen thousand miles, visiting twenty-seven of the forty-five states and delivering six hundred speeches to an estimated total audience of five million people. McKinley adopted what became known as his 'Front Porch' strategy, staying at the family home in Canton, Ohio. Supporters poured into town from all over the United States to pay tribute to the candidate and hear him speak.

In one weekend in September, it was estimated that a hundred and fifty thousand people came to Canton, and Rove lists 'steelworkers, railroad labourers, travelling salesmen, hardware men, and mill, mine and factory workers'. Other more colourful visitors included the Ladies McKinley Club of Bowling Green – dressed in matching gear with tam-o'-shanter hats – and countless brass bands, glee clubs and barbershop groups, filling Canton's streets with music and turning it into a permanent party town. It is estimated that McKinley addressed more than seven hundred thousand people from his front porch.

At the beginning of his campaign, McKinley focused almost exclusively on protectionism; his strategy was to 'talk tariff, think tariff, dream tariff'. But his opponent had other ideas. William Jennings Bryan made early headway with his own campaign theme – a monetary policy known as Free Silver, which seems obscure and weirdly marginal today but aroused great passions at the time.

It meant abandoning the system known as the Gold Standard – in which monetary supply and the value of the dollar were tied to and backed by gold – instead allowing silver to be freely minted into coinage on demand. This would loosen the money supply, lowering the value of the dollar and introducing a measure of inflation. That may sound like a niche technical theory, but Bryan argued it would provide much-needed relief to struggling groups, like farmers, who would get higher prices for their produce and find it easier to repay their debts with a debased currency. It took McKinley several weeks to realize how potent this message was proving to be, but he eventually tackled the argument head on, making the case for a strong dollar and relegating tariffs and protection to the second tier of his campaign message.

The Democrats took the whole of the South – which gave them 111 votes in the Electoral College by which American presidents are chosen – but McKinley racked up the votes in the north-east and parts of the Midwest. The Republican nominee won 51 per cent of the popular vote, and his 271 Electoral College votes – against Bryan's 171 – gave him the keys to the White House. Karl Rove argued that this victory 'created a new political system' and he wrote that 'The bigger, stronger electoral coalition he [McKinley] built for his party in his 1896 campaign endured for nearly four decades, marking the period between 1896 and 1932.' He pointed out that 'During those 36 years, Republicans held the White House for 28, the Senate for 30, and the House for 26.'

Mr Rove has made winning elections a lifetime's passion, and he listed eight reasons for McKinley's success. He argued that one of the reasons McKinley won was 'because he was a different kind of Republican who recognized his party must broaden and modernize its appeal'. That meant looking for voters in the newly arrived immigrant communities from southern Europe who 'had no real allegiance to either party and were up for grabs'.

He also praised McKinley for running 'as a unifier, adopting the language of national reconciliation'. The 1896 campaign followed that prolonged depression in the United States, which had left many people questioning – another echo of today's America here – whether Washington was really capable of dealing with the nation's challenges. 'In moments like this,' Karl Rove judged, 'there is a tendency for some people and politicians to adopt a negative, dark tone of opposition to the political system as it exists and the country's direction as they perceive it.' That comment might easily have been applied to all three of Donald Trump's presidential campaigns but, in this regard at least, the Republican hero of 1896 was very different: 'McKinley understood that Americans thirsted for someone who could replace discord and rancor with optimism and unity.'

Tariffs and protection scarcely feature on Karl Rove's list of McKinley's winning qualities. Indeed, the Republican strategist suggests that if McKinley had not responded to the Democrat challenge on Free Silver and relegated tariffs to a second order issue, he would probably have lost the election. The Napoleon of Protection achieved his most enduring and influential electoral success despite, not because of, the issue for which he is best known.

BUFFALO AND THE PAN-AMERICAN EXPOSITION

The final twist in William McKinley's tariff story is both tragic and tantalizing.

The 1898 Spanish–American War, described in chapter 2, was the dominant event of William McKinley's first term in office. In the 1900 presidential election he again faced a challenge from William Jennings Bryan, but with a successful military victory behind him he was able to win an even more decisive victory. And during the early months of his second term, William McKinley began working towards a fundamental and radical change in his party's traditional protectionist policies.

The Dingley tariff, passed by Congress in 1897, with the president's support, created a whole new set of presidential powers to vary trade tariffs as a way of influencing the behaviour of foreign governments. The president could reward governments that lowered their tariffs by doing the same with America's, and punish those who did the opposite with higher American tariffs. This led to a series of 'reciprocal trade deals', including with big powers from the Old World such as France, Great Britain and Russia.

Most of those deals languished in the Senate and were never ratified (usually for domestic political reasons), but McKinley recognized that, with the return of prosperity and yet more economic growth, America needed new markets in which to sell its products. Exports became more important than protection in his thinking. He decided to make his case in a big speech at the Pan-American Exposition, a huge world fair in Buffalo, New York, on the banks of Lake Erie. The fair covered some 350 acres, and Buffalo was chosen partly because of its transport links; it was estimated some eight million people visited the event. The visit by the – by now very popular – president was a high point.

On 5 September 1901 McKinley outlined his new trade ideas to a large open-air crowd there. 'Reciprocity is the natural outgrowth of our wonderful industrial development . . .' he declared. The new policy required the rejection of traditional American isolationism: 'The period of exclusiveness is past. The expansion of our trade and commerce is the pressing problem.'

And the president explicitly rejected the idea of trade wars: 'Commercial wars are unprofitable. A policy of good will and friendly trade relations will prevent reprisals. Reciprocal treaties are in harmony with the spirit of the times, measures of retaliation are not.' According to the McKinley biographer Margaret Leech, the message went down a storm. 'As the pattern of the address emerged,' she wrote, 'the intermissions of applause increased in volume and enthusiasm . . . At the conclusion . . . a tempest of cheering swept the Esplanade.'

The following day was planned as a 'restful day' for the president, and he spent the morning visiting Niagara Falls. He returned to the Exposition in the afternoon to attend a reception at the Temple of Music, where he was due to meet members of the public. Just after 4 p.m., while a Bach sonata played in the background, a young man leapt forward and fired two revolver shots into the president's abdomen. His attacker, Leon Czolgosz, was an anarchist from a family of Polish immigrants; he had been living on the family's small farm outside Cleveland since a nervous breakdown three years earlier and, according to his own account, he did not formulate his plan to kill the president until he read a newspaper story about McKinley's scheduled visit to Buffalo a few days earlier.

The president initially showed signs of recovery, but his wound turned gangrenous, and he died on 14 September 1901. His new, free-trading and anti-isolationist vision would not become government policy for many decades to come. Whether he would have successfully pushed it through had he survived remains an open question.

THE MOST BEAUTIFUL WORD IN THE DICTIONARY

The 1930 Smoot–Hawley Act was the last tariff-raising legislation of the Republican-dominated era that began with McKinley's 1896 victory. It has achieved a rare consensus among economists as one of the worst pieces of legislation ever introduced in Washington.

Tariffs were already very high, thanks to an act passed in 1921, and there was no particular business pressure to raise them further. Herbert Hoover, the Republican president elected in 1928, was, however, concerned by the plight of America's farmers, who had missed out on the general prosperity America enjoyed in the 1920s; he declared agriculture to be 'the most urgent economic problem in our nation today', and he argued that tariff protection from foreign competition was the key to addressing it. Hoover promised to 'use my office and influence to give the farmer full benefit of our historical tariff policy'.

In January 1929 Representative Willis C. Hawley, chairman of the House Ways and Means Committee (like William McKinley before him) opened hearings on how the tariffs should be revised. Although business had not been agitating for revision, special-interest groups found the invitation to lobby irresistible. Some 1,100 witnesses gave evidence on every imaginable trade sector – many of them having absolutely nothing to do with agriculture – and their evidence piled up in 10,684 pages, which were published in eighteen volumes. The House bill that emerged from all this increased 845 existing tariff rates and – according to the advisory Tariff Commission – increased the average tariff on imported goods from 34.6 per cent to 43.1 per cent.

But the trouble really began when the bill moved to the Senate and into the hands of Senator Reed Smoot of Utah, a Mormon elder nicknamed the Apostle of Protection. Senator Smoot's Finance Committee began conducting its own hearings into tariff revision – once again, more than a thousand witnesses gave testimony, and another eighteen-volume report was produced. Over the summer and winter of 1929 and on into 1930, senators indulged in the unedifying practice known as 'log-rolling', trading votes in private deals, which would ensure that as many of their special-interest demands as possible were included in the final bill. This opened pretty much every economic sector for debate.

The bill that finally emerged ran to two hundred pages and included individual tariff rates for 3,300 items. The honourable senators had gone into fantastical levels of detail: one clause of the bill, for example, laid down that 'Bottle caps of metal, collapsible tubes and sprinkler tops' could be subject to different levels of tariff, 'if not decorated, colored, waxed, lacquered, enamelled, lithographed, electroplated, or embossed in color, 30 percent ad valorem; if decorated, colored, waxed, lacquered, enamelled, lithographed, electroplated, or embossed in color, 45 percent ad valorem.'

By increasing tariffs on such a wide range of goods, the bill undercut its own ambition of helping farmers: it pushed up prices for so many of the goods farmers needed to work and to live that it negated the value of the tariff protections the bill provided for farming produce. Senator George Norris, from the farming state of Nebraska and one of the bill's opponents, called it 'protection run perfectly mad'. He charged that the bill was 'conceived and written in the interest of victorious business organizations who are using their power . . . to put through Congress one of the most selfish and indefensible tariff measures that have ever been considered by the American people'.

And it seems the American people were repulsed both

by the log-rolling spectacle of Congress at work and by the result. The White House correspondence secretary declared that 'There has never been in this country such a rising tide of protest as has been aroused by the tariff bill.' A thousand economists wrote to President Hoover urging him to veto the bill, as did his own secretary of state and his advisers from the world of banking. But on 17 June 1930 the president signed it into law.

It seems the members of the Senate had been too busy worrying about the lobbyists in Washington and their special interests to think very much about the reaction the Smoot–Hawley Act might provoke from America's allies. Harris Gaylord Warren, in his *Herbert Hoover and the Great Depression*, pointed out that even in the 1920s and 1930s "The world economic structure was so closely interconnected that no unilateral major change could be undertaken without seriously affecting the entire structure.' And he judged that 'The manner in which members of Congress either ignored this fact or were ignorant of it was an amazing demonstration of irresponsibility.'

Before the bill even became law, sixty-five foreign governments protested to Washington about the new tariffs. The Canadian government was among them, and as soon as the Act came into force Canada began reducing tariffs on imports from the British Empire and imposing retaliatory tariffs on agricultural imports from the United States. Douglas Irwin quotes striking figures, which illustrate how the Smoot–Hawley Act backfired: 'While US imports of eggs from Canada fell from 13,299 dozen in 1929 to 7,939 dozen in 1932, American exports of eggs to Canada dropped from 919,543 dozen to 13,662 dozen over the same period.' The Act also encouraged a wave of pro-British and anti-American feeling in Canada, and the Canadian general election in the summer of 1932 returned a pro-British Conservative government. This in turn encouraged the government in London to abandon the traditional British commitment to free trade and move towards the system of Imperial Preference.

In Europe generally anger about the Smoot–Hawley Act was exacerbated by the fact that many nations had borrowed heavily from the United States during the First World War. At the beginning of the 1920s the total European debt to America stood at over $11 billion, and to repay it the Europeans relied on their dollar-earning exports to the United States – exports that, of course, collapsed with the passing of Smoot–Hawley. Spain introduced retaliatory tariffs the month after the Act came into force, Italy followed suit, with tariff protections for its car and radio industries later in the summer, and Mussolini began to look elsewhere for his raw materials.

In September 1931 Britain, struggling with the financial and banking crisis now engulfing markets everywhere, abandoned the Gold Standard, which underpinned sterling, allowing the pound to depreciate. This made British exports more competitive, but it increased the cost of imports, including those coming from the United States.

In February 1932 the world's leading free-trader followed America into protectionism: Westminster imposed a general 10 per cent tariff on all imports. And in the summer of 1932 the British government formally agreed a new system of Imperial Preference at a conference in the Canadian city of Ottawa. Douglas Irwin notes that 'Although this trade bloc was not a direct retaliation against the United States, it was a product of the international climate that the Smoot–Hawley tariff helped foster.'

The Smoot–Hawley Act did not cause the Great Depression. The Wall Street Crash took place at the end of October 1929, while the Senate was still log-rolling and swapping votes to decide what the Act should include. And economists still argue about its impact on the Depression. But it would be perverse to deny its role in encouraging the commercial nationalism and protectionism that spread across the world, making it almost impossible for international trade to operate smoothly. America paid a price along with everyone else. Between 1929 and 1932 the volume of exports from the United States fell by nearly 50 per cent, and the volume of imports fell by 40 per cent.

Ordinary Americans certainly made the connection, and the Act contributed significantly to Franklin D. Roosevelt's victory in the presidential election of 1932; the White House remained in Democrat hands for the next twenty years. It is difficult to imagine anyone offering Smoot–Hawley as evidence that high tariffs work, economically or politically. Over time, the Act entered the United States' collective political memory as a nightmare no one wanted to relive, and its mythic power helped to sustain the long American love affair with free trade that took hold in the aftermath of the Second World War.

APPEALING INTO THE VOID

During the presidential election campaign of 2016, I paid a visit to Steelton in the Pennsylvania rust belt. The steel works, which were established in 1867, sprawled over six hundred acres along the Susquehanna river. I was told that a small amount of steel was still being produced there, but as I drove along Cameron Street, which runs between the town and the works, I recorded seeing only 'mile upon mile of empty warehouses, piles of rusting pipes and silent plant'.

Al Quigley, the owner of Quigley's Restaurant ('six decades of fine dining'), told me that in the town's glory days every corner had a 'bar and a church across the street'. Now just two bars remained. He told me that in the 1950s the steel mill employed at least six thousand people and worked a seven-day shift system. Only a tenth of that number were still employed at the plant, according to Mr Quigley. The view in his restaurant was that the town's problems were inflicted by cheap foreign imports, and there was vocal support for a president who would 'bring the jobs back to the USA'.

Steelton is an example of a troubling phenomenon that began to shake America's free-trade consensus around the turn of the twenty-first century. While it remains true that open markets raise general prosperity, the benefits tend to be widely and therefore thinly distributed, so not easily noticed. In those places that pay a price for free trade (like Steelton), however, the pain can be deep and enduring. Steelton's population has been shrinking steadily, and is now around half of what it was in the 1950s. The median income for a household is just under thirty-five thousand dollars, while the national median household income is just under eighty thousand. Nearly 12 per cent of the population are considered to be living below the poverty line.

The 2016 campaign proved a pivotal moment in America's trading history.

At the end of the Second World War the United States was the world's pre-eminent industrial power, and, with many nations on their knees after the conflict, it had nothing to fear from foreign competition. Decades on, Ronald Reagan was perhaps the greatest free-trade apostle of the post-war period, and made an open system for trade in North America part of his successful 1980 presidential campaign. Under Reagan and his successor, George H. W. Bush, Washington, Mexico City and Ottawa negotiated the North American Free Trade Agreement, which eliminated tariffs between the United

States, Mexico and Canada. Free trade was at the time a bipartisan consensus.

In 1995 the General Agreement on Tariffs and Trade, the umbrella organization that had regulated world trade since the 1940s, was replaced by the World Trade Organization, or WTO. The WTO's remit covers services and intellectual property as well as goods. It has 166 member states, which between them represent some 98 per cent of world trade. China joined in 2001 and its entry was the high-water mark of an open global economy.

But China's WTO membership proved controversial, because of its human-rights record and because of accusations – not just from the United States – of unfair trade policies. Donald Trump was the first presidential candidate to challenge America's pro-free-trade consensus, but the 2016 election was marked by a move away from free-trading ideas on the Democrat side too. His opponent, Hillary Clinton, refused to endorse the TPP, or Trans Pacific Partnership, described as the biggest free-trade agreement ever, even though it was championed by Barack Obama. And on the left of the Democratic Party, Senator Bernie Sanders, who snapped at Hillary Clinton's heels throughout the 2016 primary campaigns, was and remains a committed protectionist.

Donald Trump began his tariff war on China during his first term, targeting steel, solar panels and white goods. Strikingly, his successor, Joe Biden, kept most of the Trump tariffs in place, and even extended them to cover electric vehicles and semi-conductors. By March 2024 these tariffs had raised 233 billion dollars for the United States Treasury; 89 billion of that total was raised during Donald Trump's first term, but even more, 144 billion, flowed in during Joe Biden's time in the White House. Today's trade consensus in American politics accepts at least some degree of protectionism.

And while President Biden never engaged in the kind of on–off rollercoaster tariff tactics that marked Donald Trump's early days in office, he did, quietly, collaborate in a Trump enterprise that has undermined the rule of law in the international market.

When the WTO was established it introduced – with Washington's support – a two-tier system for regulating trade disputes between members. If one country considers that another is breaking the rules in its treatment of, say, large residential washers or ripe olives – to take two real-life examples – it can raise the issue with a disputes panel based in Geneva. If they don't like the panel's ruling, a country can then seek redress from the Appellate Body. If that second ruling is ignored, the WTO can then authorize sanctions against the offending party.

During his first term Donald Trump deliberately rendered the system unworkable by blocking the appointment of any new lawyers to the Appellate Body. On 10 December 2019 the body ceased to function because it lost its quorum of three lawyers. A year later, the last of the members of the Appellate Body retired, and it now has no members. This state of affairs means any government that does not like the decision of a disputes panel can 'appeal into the void', knowing that the appeal cannot be heard, so no judgment can ever be made. You might have expected Joe Biden to reverse this deliberate sabotage of an international agreement, but he did not.

I owe my understanding of this shabby story to Tom Sebastian, a London-based barrister who is credited with an unmatched knowledge of WTO and trade law more generally. Mr Sebastian had no doubt at all that Donald Trump's Liberation Day tariffs went well beyond what was permissible under WTO rules. Intriguingly, he also thought it 'very unlikely' that the quick trade deal Britain subsequently did with the United States would be considered legal. The WTO's dispute resolution system still exists, but whether anyone will pay it heed in the future must be an open question.

5

McCarthyism and the Politics of Revenge

ACCUSATIONS OF 'MCCARTHYISM' CAME DONALD Trump's way very soon after his entry into presidential politics.

In July 2015, a month after declaring himself a candidate for the Republican nomination, Mr Trump attacked the distinguished Republican senator and former presidential nominee John McCain. Mr McCain had been shot down while flying his twenty-third bombing mission over North Vietnam in 1967. He broke both arms and a leg when he ejected from the plane, and he landed in a lake. A group of North Vietnamese pulled him out, then crushed his shoulder with a rifle butt and bayoneted him. He was held prisoner for five and a half years, two of which he spent in solitary confinement, and he was repeatedly beaten and tortured.

But during an interview with the Republican pollster Frank Luntz, Mr Trump, who had been piqued by

McCain's comments on a recent Trump rally, declared that the senator 'is not a war hero', adding, for good measure, 'He's a war hero because he was captured. I like people that weren't captured, okay? I hate to tell you.'

In a column in the *Atlantic* magazine (a 'failing Radical left magazine', in Donald Trump's view) the writer and journalism professor Peter Beinart compared the comments to the way the Red-hunting senator Joe McCarthy overreached himself by attacking the military in 1954. Picking up on newspaper commentary that judged the slur on McCain's record to be 'the moment when Trump's candidacy went from boom to bust', Professor Beinart expressed the hope that 'Trump's political career will have followed the same basic arc as that of another notorious American demagogue, Joseph McCarthy'. Reading his *Atlantic* piece five years after John McCain's death from a brain tumour, with Donald Trump in all the pomp of his second term, is a sobering reminder of the dangers of underestimating the forty-fifth and forty-seventh president.

Some of the early accusations of McCarthyism related to Mr Trump's habit of throwing out incendiary statements without any evidence to back them up. That was certainly a favourite technique employed by McCarthy, and Donald Trump has sometimes seemed to regard almost any charge against an opponent as fair game. Even before he ran for president, for example, he suggested that Barack Obama was not really an American, stating in 2011, 'I have people that have been studying [Obama's birth certificate] and they cannot believe what they're finding . . . If he wasn't born in this country, which is a real possibility . . . then he has pulled one of the great cons in the history of politics.' During the 2016 campaign he raised doubts about 'Crooked Hillary's' mental health – claiming she 'could be crazy' – and questioned whether Mrs Clinton was 'loyal' to her husband Bill. In 2020 'Sleepy Joe' Biden was accused of having been 'bought and paid for by China'.

In June 2017 James and Tom Risen wrote a *New York Times* piece called 'Donald Trump does his best Joe McCarthy impression', in which they argued that the president and the 1950s senator exploited fear to help secure their power – fear of Communism in McCarthy's case, fear of Islamic State, Mexican immigrants and China in Donald Trump's.

And some commentators also conjured up the ghost of McCarthyism in response to Donald Trump's relentless attacks on the 'mainstream media' and what he called its 'Fake News'. In 2018 the veteran foreign correspondent and *Meet the Press* anchor Marvin Kalb published a book-length philippic against the president with the subtitle *Trump's War on the Press, the New McCarthyism, and the Threat to Democracy*. He had been provoked by two tweets from Mr Trump immediately after his first inauguration:

> The FAKE NEWS media (failing @nytimes,@
> NBCNews, @ABC, @CNN) is not my enemy,
> it is the enemy of the American People.

And then . . .

> I called the fake news 'the enemy of the
> people' because they have no sources – they
> just make it up.

To make his case against the president, Kalb tells the well-known story (of which more later in this chapter) of the way the great CBS broadcaster Edward R. Murrow used his *See it Now* show to take on McCarthy in 1954. 'It becomes more important with each day of news bulletins, legal finagling and congressional hearings to learn more about the McCarthy era,' Kalb writes. 'Through that experience we may all learn more about the Trump era. Something similar to what happened in one era may now be happening in another.'

Kalb cast both the McCarthy history and the contemporary struggle between press and president as battles in the long war over American identity. He described Murrow, the hero of his narrative, as an 'American original', and he twice quoted the broadcaster's reported dictum that 'the only thing that counts is the right to know, to speak, to think, that – and the sanctity of the courts. Otherwise it is not America.' Having himself been the victim of state harassment during the Nixon era – his phones were tapped, his tax returns were audited with suspicious regularity and his office was twice ransacked – Kalb ended his book with a ringing declaration of defiance. 'With all due respect to the office you hold, Mr President, the "enemy of the people" is not the press. It is you.'

All of these commentators are, of course, from the liberal tradition of American journalism, which Mr Trump has so often challenged, and there is no sign that the accusations of McCarthyism have had any impact on his core supporters. Many of them would probably endorse the view expressed by Steve Bannon, one of his most vocal champions, in 2017 that 'The opposition party here is the media' – by which, of course, he meant the 'mainstream' media of 'fake news'.

During his years out of office (between 2021 and 2025) Donald Trump acquired a whole legion of new enemies to hate, and he developed a much more sophisticated approach to attacking and punishing them. His practice of the politics of revenge is one of the areas where there is a marked difference between his first and second terms. Before analysing 'Trump 2' from this perspective, it is helpful to explore McCarthy's career and the 'ism' associated with his name, because this is a much more complex tale than the story of one man.

The accusation of 'McCarthyism' appears at first to be a relatively easy shot. Most of us have a rough idea of what the term means: it immediately conjures up the abuse of state power and the unfair treatment of ordinary citizens. And it is widely understood to have been a phenomenon that disfigured American politics for much of the last century. But it is difficult to define precisely. In *Reds,* his magisterial account of *McCarthyism in Twentieth Century America,* Ted Morgan describes the phenomenon in three slightly different ways.

He begins with a dictionary definition: '1. The political practices of publicizing accusations of disloyalty or subversion with insufficient regard to evidence. 2. The use of dubious methods of investigation in order to suppress opposition.' Later he describes a 'textbook' example of McCarthyism as 'the use of false information in the irrational pursuit of a fictitious enemy'. Still later he writes, 'A staple of anti-Communist rhetoric over the years was the comparison to a contagious disease. The same comparison could be used to describe McCarthyism . . . when it spread virus-like into the FBI, and from the FBI to the White House.'

RED SCARES

Joe McCarthy was only around ten years old when his ism first stirred. The Russian revolution of 1917 and the wave of strikes that swept through the United States after the end of the First World War led to what is now referred to as America's First Red Scare. Fears that the country and its institutions were threatened by radical ideas and revolutionaries led to one of America's periodic eruptions of xenophobia. Congress passed two Acts – the Espionage Act of 1917 and the Sedition Act of 1918 – which were designed to protect the government, but which became serious threats to free speech. The Sedition Act forbade 'disloyal, profane, scurrilous, or abusive language' about the United States government, its flag and its armed forces.

In the spring of 1919 the authorities discovered evidence of a plot to bomb prominent members of the government, Congress and the judiciary. That summer bombs went off simultaneously in eight cities. One of the targets was the Washington home of the attorney general, Alexander Palmer, and the bomber, who was killed in the blast, was identified as an Italian-American anarchist from Pennsylvania. The explosion narrowly missed the future president Franklin D. Roosevelt and his wife Eleanor, who lived across the street and had walked past moments before it went off.

Palmer responded with a series of raids on the homes of people he suspected of seditious intent, and some five thousand were detained without due legal process. The task of carrying out the raids was delegated to one J. Edgar Hoover, who at the time was head of the General Intelligence Division at Palmer's Justice Department. In 1924, Hoover became director of the newly created Federal Bureau of Investigation, and he would remain a hugely important figure of the McCarthy era for many decades to come.

Palmer also deported some 250 Russian immigrants. Many were members of the Union of Russian Workers, an anarchist organization that helped new arrivals from Russia, and they were expelled under the terms of the 1903 Immigration Act, which excluded anarchists, sufferers from epilepsy, traffickers of prostitutes and beggars. The Russian deportees were loaded onto an elderly transport ship, which became known as the 'Soviet Ark' without any idea of where they were going.

One, the radical activist Emma Goldman, later wrote, 'We were prisoners. Sentries at our cabin doors day and night, sentries on deck during the hour we were daily permitted to breathe the fresh air. Our men comrades were cooped up in dark, damp quarters, wretchedly fed, all of us in complete ignorance of the direction we were to take.' Even the ship's captain had no idea of his destination until he opened sealed orders twenty-four hours after leaving New York. The deportees were eventually dropped off in Finland and shipped over the border into Russia.

In 1920, three years after the successful Russian revolution, Palmer warned that there was a plot to unseat the US government in a left-wing revolution that would begin on International Workers' Day, 1 May. When the revolution failed to materialize, the attorney general faced public ridicule, and he was also under pressure over allegations that his arrests and deportations were unconstitutional and a violation of the rights of the victims. The political power of the Red Scare phenomenon ebbed, for a while.

UN-AMERICAN ACTIVITIES

Red Scare ideology lived on in Congress. The Overmann Committee, a sub-committee of the Senate judiciary committee, had held hearings into Soviet propaganda in 1918–19, at the height of the Red Scare panic. It established a model for a series of committees designed to target subversive activity in the United States.

The Fish Committee, more properly known as the Special Committee to Investigate Communist Activities in the United States, began work in 1930. One of its main targets was the American Civil Liberties Union, which in the 1920s focused its campaigns on free-speech issues and, in consequence, often found itself defending the Communist Party.

In 1934 a similar House committee was established to examine the impact of Fascist as well as Communist propaganda, and in 1938 the House Committee on Un-American Activities (commonly known as HUAC) was founded. It became the main attack-dog body for Congressional anti-Communist investigations. It has long been closely associated with McCarthyism in the public imagination, although McCarthy, who was a member of the Senate and not the House, never served on it.

HUAC's most prominent early target was Hollywood. In 1938 the committee chair, Congressman Martin Dies, released a report claiming that Communism was a pervasive influence in the film industry. During the war he interviewed an ex-Party member who fingered forty-three Tinsel Town inhabitants as closet Communists, including Humphrey Bogart, Katharine Hepburn and James Cagney. In 1945 another HUAC member, Congressman John Rankin, declared that 'one of the most dangerous plots ever instigated for the overthrow of this Government has its headquarters in Hollywood . . . the greatest hotbed of subversive activities in the United States'. And he promised, 'We're on the trail of the tarantula now, and we're going to follow through.'

The follow-through came in the autumn of 1947. Just over forty Hollywood directors, actors and screenwriters were subpoenaed to appear before HUAC in Washington. A few of them were sympathetic to HUAC's ambitions: Walt Disney named some of his former employees as probable Communists, and the future president Ronald Reagan, then leading the Screen Writers Guild, gave evidence that a small cabal of Communists was trying to influence the union's policies.

But ten of the witnesses refused to cooperate with the committee, and instead 'took the Fifth' – shorthand for invoking the Fifth Amendment to the Constitution, which allows American citizens to stay silent if they fear incriminating themselves. When they were asked that classic question – or variations on the theme – 'Are you now, or have you ever been, a member of the Communist Party?' they simply refused to answer. An eleventh witness, the playwright Bertolt Brecht, *did* answer questions, but he did so evasively, and he fled the country the following day.

The ten were immediately blacklisted by the big Hollywood studios, who declared that 'thereafter no Communists or other subversives would "knowingly" be employed in Hollywood'. They were also charged with contempt for refusing to cooperate with a Congressional committee, and after their conviction was upheld by the Supreme Court in 1950 they all served time in gaol. HUAC turned up no real evidence that Communists were slipping subversive messages into their films, but the blacklist grew and grew, eventually encompassing hundreds of names. And the studios started producing films they believed the Red-hunting members of Congress would like. John Wayne even made a film called *Big Jim McLain,* in which he played a HUAC investigator who goes hunting Reds in the labour unions of Hawaii.

This being America, the land of free enterprise, private investors and business people muscled into the blacklisting business too. In 1947 a prominent American textile importer founded an anti-Communist organization called American Business Consultants. The organization published a newsletter, *Counterattack,* and then a pamphlet called *Red Channels,* which listed 151 allegedly Red people involved in film, radio and television. The journalist Ted Morgan describes the business model like this: 'It was a dirty little business, exposing people, often on flimsy grounds, and getting paid to expose them by the ad agencies and networks who subscribed to your publication, and then getting paid again to help clear those who were named.'

In 1952 one of the *Red Channels'* investigators left to launch a similar publication called *Aware*. It is said that he found some of his victims by trawling through photographs of old May Day parades with a magnifying glass. He would then offer those he identified help in clearing their names – for a fee, of course.

The blacklisting mania caused untold harm to some of those who lost work, and almost certainly led to several cases of mental illness and early death. It also left enduring scars in Hollywood.

Elia Kazan was described – in his *New York Times* obituary – as 'one of the most honored and influential directors in Broadway and Hollywood history'. His film credits included *East of Eden*, he helped launch Marlon Brando and Warren Beatty, and his stage productions included *A Streetcar Named Desire* and *Death of a Salesman*. He admitted he had been a Communist Party member – for less than two years – in his twenties – but left after becoming disillusioned with the Party.

Summoned to give evidence to HUAC in January 1952, he refused to provide names of his fellow Party members. But a couple of months later he changed his mind, stating that 'I have come to the conclusion that secrecy serves the Communists . . . The American people need the facts and all the facts . . . It is my obligation as a citizen to tell everything I know.' He named eight former colleagues.

His decision was still a raw issue when, at the age of eighty-nine, Kazan was awarded an honorary Oscar in 2000. Some distinguished members of the audience, including the actors Nick Nolte and Ed Harris, refused to applaud him, Sean Penn signed a piece in *Variety* condemning what Kazan had done nearly half a century earlier, and there was a demonstration outside the Oscar ceremony. The protesters included writers who had once been blacklisted.

A VIRULENT FORM OF PRIOR CENSORSHIP

J. Edgar Hoover pursued his own Red-hunting campaign alongside the HUAC hearings. In 1948 he proposed using a piece of wartime legislation – originally designed as a way of dealing with far-right subversives – to attack the Communist Party. The Smith Act of 1940 – in the tradition that went right back to the Sedition Act of 1798 – made it illegal to advocate or teach the forcible overthrow of the government or to belong to an organization that held those views. Those found guilty could be gaoled or deported. Needless to say, this was regarded by many people as running counter to the protection of free speech in the First Amendment of the Constitution.

Hoover amassed a huge dossier of evidence – 1,350 pages plus 546 exhibits – to prove that the Communist Party leadership were guilty of the crime defined in the Smith Act. Eleven of the Party's most senior leaders went on trial in November 1949. It became the longest ever criminal trial in American history, partly because the defendants used it as a kind of show trial in reverse, an opportunity to demonstrate the iniquities of the American system; one of the eleven leapt up mid-proceedings and declared 'More than 500 negroes have been lynched in this country,' which was true, though it had no bearing on the trial.

In October 1949 all eleven defendants were found guilty and given prison sentences. Because of the grandstanding in court, the judge pronounced five of their lawyers guilty of contempt of court, and sent them to gaol too. The verdicts against the eleven were appealed all the way to the Supreme Court, where they were upheld. The decision opened the way for dozens more Smith Act prosecutions of Communists in the years that followed.

As in so many of the Supreme Court cases we have encountered in this history, a minority of dissenting justices – two in this case, Hugo Black and William Douglas – held out for a more liberal interpretation of the Constitution, arguing that the defendants were being condemned simply for what they thought, not for anything they had actually done.

Justice Black took the view that 'These petitioners

were not charged with an attempt to overthrow the Government. They were not charged with overt acts of any kind designed to overthrow the Government. They were not even charged with saying anything or writing anything designed to overthrow the Government. The charge was that they agreed to assemble and to talk and publish certain ideas at a later date.' And he condemned that approach as 'a virulent form of prior censorship of speech and press, which I believe the First Amendment forbids'. Like Marvin Kalb in the different context quoted on pages 150–52, or James Madison condemning religious persecution a century and a half earlier, Black saw the case as an important moment in the struggle for America's true values: he stated unambiguously, 'I have always believed that the First Amendment is the keystone of our Government, that the freedoms it guarantees provide the best insurance against destruction of all freedom.'

Justice Black ended his dissenting opinion with the hope that 'this or some later Court will restore the First Amendment liberties to the high preferred place where they belong in a free society'; a more liberal Supreme Court indeed later challenged the logic of the Smith Act and, in two critical decisions, rendered it almost meaningless. But America's mood in the early 1950s was unforgiving: this was the height of the Second Red Scare. Black, while looking forward to 'calmer times, when present pressures, passions and fears subside', recognized that 'Public opinion being what it now is, few will protest the conviction of these Communist petitioners.'

There was more objective evidence behind the Second Red Scare than there had been behind the First. The Soviet Union began consolidating its hold on central and eastern Europe immediately after the end of the Second World War, and in March 1946 Winston Churchill, out of office but still a powerful voice on the international stage, delivered his Iron Curtain speech in Fulton, Missouri (the home state of the then United States president, Harry Truman), calling for Anglo-American resistance to the spread of Soviet influence. In 1949 Soviet scientists successfully tested an atomic bomb for the first time.

China, which, like the Soviet Union, had been a Second World War ally, fell to Mao's Communist Party that same year. The Cold War was well and truly joined, and in 1950 it turned hot in Korea, which had been a Japanese colony until, at the end of the Second World War, it was divided between the Soviet Union and the United States. In the summer of 1950 North Korea invaded the South. That autumn Chinese troops crossed the Yalu river and entered the war in support of the North.

And in 1950 Alger Hiss, a senior State Department official who had been part of the American delegation at the 1945 Yalta summit on the future of Europe, and who was also involved in the establishment of the United Nations, was charged and convicted of perjury over his denial of involvement with the Communist Party in the 1930s. Hiss had been investigated by HUAC, and was regarded as one of the committee's most important scalps. Communism was a real threat in the wider world, and it was all too easy to believe it was a threat on the home front too.

TAIL-GUNNER JOE

This was the world in which Joe McCarthy, with a shrewd eye for choosing his enemies, was able to become a big player.

McCarthy began life as a true Wisconsin farm boy. The fifth of nine children, he dropped out of education at the age of fourteen to help his parents work their land. At twenty he went back to high school, studying alongside teenagers, and pushed himself to graduate within a year. A Catholic, thanks to his Irish heritage, he worked his way through the Jesuit Marquette University by washing dishes and parking cars. Graduating with a law degree in 1935, he joined a local law firm and immediately plunged into politics. It was a hard-scrabble background not unlike that of his future nemesis, Ed Murrow, and these early struggles surely earned McCarthy the right to be regarded as an 'American original' too.

With the outbreak of war he secured a commission as an intelligence officer in the marines, and was posted to a dive-bomber squadron in the Solomon Islands northeast of Australia. He earned the nickname 'Tail-gunner

Joe' by joining bombing missions as an intelligence observer and tail gunner; it appears most of these missions were relatively risk-free, and he later grossly exaggerated the number of sorties he had made. He injured his leg and foot falling down a ladder during a navy ritual when his ship crossed the equator, and later played up the idea that this rather inglorious injury was some kind of combat wound. The PR officer attached to his unit was charged with the task of getting colour stories into newspapers back at home, and he wrote one up about McCarthy's missions; Joe was delighted, and it served him well when he came to run for the Senate after the war.

McCarthy's decision to make Red-hunting his mission seems to have been driven as much by opportunism as conviction. Elected to the United States Senate on the Republican ticket in 1946, he struggled to make a mark. But his Lincoln Day speech to the Republican Women's Club of Wheeling, West Virginia, on 9 February 1950 immediately catapulted him to fame.

There is no surviving recording of the speech, but he was widely quoted as saying 'The State Department is infested with Communists. I have here in my hand a list of 205 – a list of names that were made known to the Secretary of State as being members of the Communist Party and who nevertheless are still working and shaping policy in the State Department.' The address became known as his 'enemies within speech', and it is hard to believe that Donald Trump's vice-president, JD Vance, was unaware of that reference when he used a similar phrase during the Munich speech quoted in chapter 1.

No one was ever allowed to see McCarthy's list of State Department Communists, and the number of names on it varied every time it was cited; on other occasions he mentioned eighty-one, sixty-one and fifty-seven. And he never managed to nail a single Soviet spy working at the State Department. None of this appeared to matter very much. The national mood of near hysteria about Communism and the threat from 'enemies within' gave him an apparently invulnerable cloak of protection, and he was able to choose his targets at will.

He very quickly demonstrated a talent for revenge. Over the spring following his Wheeling speech, one of his fellow senators, Millard Tydings, a Democrat from Maryland, held hearings into McCarthy's charge that State Department Communists had laid the ground for Mao's 1949 victory in China. In July the Tydings Committee issued a report that dismissed the claim as nonsense.

McCarthy, who liked to call the distinguished senator an 'egg-sucking liberal', set about wrecking his chances of re-election. His staff circulated a composite photograph of the senator in company with Earl Browder, the former head of the American Communist Party. The text underneath stated that after Browder had given evidence before the Tydings Committee the senator said, 'Thank you, sir' – surely an innocent enough courtesy, but in this case made to appear like a full-throated endorsement of Marxism. Tydings, who had served in the Senate for a quarter of a century, was defeated that November. During the same election McCarthy campaigned in Illinois against Scott Lucas, the Democrats' leader in the Senate, accusing him of being 'soft on Communism'. Lucas lost too.

One of McCarthy's earliest targets was General George Marshall, who had been chief of staff of the United States Army during the Second World War and was praised by Winston Churchill as 'the organizer of victory'. After the war he served as Harry Truman's secretary of state, and he was responsible for the huge $13 billion package of financial investment in Western Europe that allowed the Europeans to rebuild their shattered economies; it became known as the Marshall Plan, and it was one of the most successful of all American policies designed to contain the spread of Communism. He resigned due to exhaustion in 1949, but was recalled to government as the secretary of defense with the outbreak of the Korean War in 1950. He was twice – in 1943 and 1947 – named *Time* Man of the Year, and in 1953 he was awarded the Nobel Peace Prize because of his contribution to the rebuilding of Europe in the aftermath of the Second World War.

McCarthy, however, argued that Marshall was partly responsible for that Communist victory in China – Truman had sent the general on a mission there in

1945 with a brief to end the civil war. McCarthy apparently took the view that Marshall's long record of public service counted for nothing when set against the terrible crime of being soft on Communism. In the summer of 1951 McCarthy delivered a three-hour rant against General Marshall in the Senate, blaming 'this grim and solitary man' for almost every misfortune in American foreign policy. He called the Marshall Plan a 'massive and unrewarding boondoggle', which had made America the 'patsy of the world'. Without any evidence, he described Marshall as being 'a man steeped in falsehood' and accused him of a 'conspiracy on a scale so immense as to dwarf any previous such venture in the history of man. A conspiracy so black that . . . its principals shall be for ever deserving of the maledictions of all honest men.'

McCarthy's standing with the public was so high at this stage that even the great General Eisenhower, who had played such a central role in the defeat of Hitler, felt unable to challenge the junior senator from Wisconsin. George Marshall had been his mentor and was his friend; Marshall had appointed Ike Supreme Allied Commander in Europe during the final push against the Third Reich, and the two men had worked closely together planning Operation Overlord, the Allied invasion of Europe that began on D-Day in 1944. Yet Ike fought shy of taking on Marshall's tormentor.

His reluctance was entirely down to politics. By the early 1950s the Democrats had held the White House for two decades. The Republicans were pinning great hopes on Eisenhower as their candidate in the 1952 presidential election, and none of them wanted to risk a McCarthyite backlash against him. During a campaign stop in Wisconsin, McCarthy's home turf, the month before the vote, Eisenhower planned to praise Marshall in his stump speech, but he cut out the section at the last minute. The memory of what had happened to Senators Tydings and Lucas two years earlier was still very fresh.

In the Senate McCarthy held the chair of an unglamorous body known as the Senate Permanent Sub-committee on Investigations, which had been established to examine financial good practice in the federal government. McCarthy turned the PSCI into a kind of personal HUAC. In early 1953 he engaged the services of a young lawyer called Roy Cohn, one of the strangest and most intriguing figures in American public life in the late twentieth century. Two years earlier, Cohn had been the prosecutor in the high-profile trial of Julius and Ethel Rosenberg on espionage charges; he secured their conviction, and the Rosenbergs went to the electric chair at Sing Sing prison. Much, much later, in the 1970s, Cohn would advise a young business person called Donald Trump.

McCarthy left Cohn in no doubt about what he wanted to achieve, telling his new chief counsel, 'I fought this Red issue. I won the primary on it. I won the election on it. And I don't see anyone else around who is going to take it on. You can be sure that as chairman of this committee this is going to be my work.'

Some of their investigations seem, in retrospect, almost eccentric. In the spring of 1953, they took on the International Information Agency, the State Department's soft power arm. The IIA ran the Voice of America radio broadcasts, propaganda newsreels and magazines and the international network of libraries – nearly two hundred of them – where readers overseas could be introduced to American culture and democratic ideas. The Eisenhower Administration decided that the libraries should reflect a 'balanced collection of American thought', which meant they would include work by left-wing authors.

McCarthy and Cohn summoned a parade of authors and officials to be bullied by the committee, and the State Department responded by banning books, including those by the *Red Star over China* author Edgar Snow and the French philosopher and writer Jean-Paul Sartre. It was reported that some books in Germany were taken off the shelves and burnt.

This early culture war extended to the world of music. A piece by Aaron Copland, that most American of twentieth-century composers, had been scheduled for a performance during Eisenhower's inauguration in January 1953, but it was pulled after a Republican congressman raised concerns about Copland's 'suspect political affiliations'. McCarthy hauled the composer up before his committee later that spring; the creator of *Appalachian Spring* and *Fanfare for the Common Man* protested that 'I spend my days writing symphonies, concertos, ballads, I am not a political thinker,' but it appears he failed to convince the committee. His work was blacklisted by the State Department libraries.

Later that year McCarthy took on an opponent that proved too powerful even for him: the United States Army. It was the beginning of the end of his rampage through American public life. One of the charges he levelled against the army concerned, bizarrely, the promotion of a dentist. A shortage of medical staff in the military during the Korean War prompted Congress to pass the Doctors and Dentists Act. One of those drafted as a result – with the rank of captain - was Irving Peress, a New York dentist with left-wing sympathies. In response to the services' routine loyalty question, Dr Peress wrote 'constitutional privilege', which was effectively a way of pleading the Fifth Amendment, but no one seems to have noticed this warning signal. After a year's service Peress was promoted to major – automatically and along with hundreds of others recruited in a similar way. In early 1952 he was given an honourable discharge.

When news of a suspected Communist being promoted in this way reached McCarthy he summoned Dr Peress to a closed session of his committee; the dentist elected to remain silent. McCarthy accused him of being a 'Fifth-taking Communist' and cited the case as an example of 'deliberate Communist infiltration of our armed services'. He then launched a frenzied witch-hunt to find out who was responsible for the terrible crime of allowing Peress's promotion.

This brought him up against the commanding officer of the camp where Peress was stationed, General Ralph W. Zwicker. Like McCarthy, Zwicker was Wisconsin-born, but the two men had very different war records. On D-Day Zwicker slipped ashore with a hundred men on Omaha Beach, acting as observer and beach commander before the main first wave of troops even arrived. He then advanced under heavy fire, and was awarded the Bronze Star, Silver Star and (from Britain) the Distinguished Service Order for the way in which he had fought up the beach. He battled his way through Normandy and beyond as a frontline soldier and, in October 1944, was promoted to chief of staff at the Second Infantry Division.

None of this stopped McCarthy shouting at him about the promotion of an allegedly Communist dentist. When General Zwicker defended the handling of Peress, McCarthy bawled, 'General, you should be removed from any command . . . [you are] not fit to wear that uniform. General . . . It is a tremendous disgrace to the army to have this sort of thing.' It was a closed session, but word of what had happened leaked out, and this treatment of a war hero went down badly even with some of McCarthy's supporters.

At the same time McCarthy and his team had become embroiled in a grubby row that blew up after one of McCarthy's assistants was drafted by the army.

When Roy Cohn joined the staff he brought with him, in the role of unpaid 'chief consultant', a rich (he was the heir to a hotel chain) and glamorous young anti-Communist called David Schine. One historian described Schine as a 'twenty-six-year-old beach boy type', and judged that 'essentially, Schine was Cohn's dumb blond'.

In November 1953 Schine was called up by the United States Army as a private, and over the weeks that followed Roy Cohn repeatedly intervened with the military on his behalf. In phone calls to everyone from staff in the secretary of the army's office to Schine's commanding officer, he pushed for Schine to be given a commission (which the army refused) and put on light duties. This took place while the McCarthy Committee was investigating the army, and the two sides traded accusations against one another.

The row was eventually played out in public in a series of televised hearings in the Senate, and Cohn subsequently resigned from McCarthy's staff. The question of whether Cohn and Schine were lovers has never been settled, but there was an ugly undercurrent of homophobia at the hearings. Gay sex was not fully legalized across the United States until the twenty-first century. Small wonder, perhaps, that at the time Cohn denied that he was gay. He maintained his denial right up until his death from AIDS in 1986.

SEE IT NOW

Ed Murrow made his move against McCarthy in the spring of 1954, on the eve of the Army–McCarthy hearings.

The great CBS broadcaster owed much of his standing with the American public to his wartime radio reporting from London; with great courage – he even persuaded the BBC to let him broadcast live from the top of Broadcasting House during an air-raid – and a vivid turn of phrase, he brought the reality of Blitz life to American audiences, and he is often credited with helping to turn the tide of American public opinion in Britain's favour. His work earned him admiration at the very top of government; in 1941 President Roosevelt praised him for having 'reported the news day by day and, at the same time, kept faith with the truth-loving peoples of the world by telling the truth when he tells the news'.

At the end of the war Murrow returned to New York as the head of news at CBS and in the early 1950s he began to experiment with the newly popular medium of television – which, as an old radio hand, he approached somewhat sceptically. The autumn of 1951 saw the launch of his immensely successful news magazine and documentary show *See It Now*; *Variety* praised its 'entirely new approach to news reporting, an approach which uncovered a power in TV's ability to report the news which most . . . had never even suspected'. By the time he took on McCarthy, Murrow was at the pinnacle of his career, the most influential broadcaster the United States had ever known. He also enjoyed the complete confidence of the head of CBS, William Paley, a relationship that allowed Murrow to take commercial risks that no other news broadcaster could.

He warmed up with a programme that attacked McCarthyism rather than McCarthy himself. It was based around the case of one Milo Radulovich, a reserve lieutenant in the air force who was facing dismissal because his sister was alleged to be a Communist and his father, a retired car worker from Detroit, was said to read 'subversive Serbian language newspapers'. No one accused Milo himself of being anything other than a patriotic military man, but these family connections were deemed enough to make him a security risk.

An air-force board instructed Lieutenant Radulovich that he must either break with his family or resign from the service as a security risk. As he told *See It Now*'s camera, the latter course would have made him unemployable in the climate of the time. When asked why he did not repudiate his sister's views he replied, 'If I am going to be judged on my relatives, are my children going to be asked to denounce me?' At the end of the show Murrow editorialized in a way that came close to breaking his generally rigorous code of journalistic impartiality. 'Whatever happens in this whole area of the relationship between the individual and the state, we will do it ourselves – it cannot be blamed on Malenkov [the Soviet prime minister at the time] or Mao Tse-tung, or even our allies.'

The next day's *New York Times* called the show 'a superb and fighting documentary . . . a long step forward in television journalism'. Public opinion ran overwhelmingly in Radulovich's favour and not long after the broadcast the air force backed down. Murrow had demonstrated that television could change politics, and the stage was set for his showdown with McCarthy.

Murrow's strategy for his 'Report on Senator Joseph McCarthy' was simple: let the senator condemn himself with his own words, adding a few well-chosen, fact-checking words of his own where necessary. For example, McCarthy was shown interrogating a *Voice of America* witness and describing the American Civil Liberties Union as a 'front for doing the work of the Communist Party'. Murrow popped up live on screen and pointed out that neither the Attorney General's Office nor the FBI listed the ACLU as a subversive organization and that it 'holds in its files letters of commendation from President Eisenhower, President Truman, and General MacArthur'.

In another segment, McCarthy was seen repeating his abuse of General Zwicker in a speech recorded by a *See It Now* camera. After gleefully quoting himself the senator turned to his audience and asked, with a slightly sinister giggle, 'Are you enjoying this abuse of a general?' It was not, as we would say today, a good look.

At the end of the programme Murrow delivered a brief homily, which certainly crossed the impartiality line. 'The actions of the junior senator from Wisconsin have caused alarm and dismay among our allies abroad, and have given comfort to our enemies,' he declared. And he ended with a Shakespearean flourish: 'Whose fault is that? Not really his. He didn't create this situation of fear, he merely exploited it, and rather successfully. Cassius was right, "The fault, dear Brutus, is not in our stars, but in ourselves . . ." Good night and good luck.'

The calls that started coming into the CBS offices ran ten to one in favour of Murrow. One of his biographers, Joseph Persico, records an astonishing tally of viewer response: 'By noon of the following day, CBS and its affiliates had received over 10,000 phone calls and tele-grams. Within days, hallways were piled high with boxes of letters. The letters, telegrams and calls eventually totalled over 75,000, the greatest reaction to any single programme in the network's history.'

See It Now and the Army–McCarthy hearings that fol-lowed collapsed the McCarthy myth with dizzying speed. In the autumn of 1954, the senator who had been so much feared by his political opponents was himself censured by the full Senate. After the vote Lyndon B. Johnson, then the Democrat leader in the Senate, dismissed him as 'Just a loud-mouthed drunk.'

And McCarthy's drinking, which had always been heavy, got completely out of hand. He died in May 1957 at the age of forty-eight, and while his death certificate recorded the cause as 'Hepatitis, acute, cause unknown', it is now generally accepted that he drank himself to death.

There is a temptation for journalists – especially broadcast journalists like me – to go misty-eyed about Ed Murrow's role in all this. He was a great broadcaster, he did bring moral clarity and a sense of mission to his work, and he was willing to take risks for the sake of truth. It is also true that his network, CBS, took commercial risks by supporting him and allowing his McCarthy programme to be broadcast. (And what fun to get away with flinging in a Shakespeare quote like that.) But any attempt to make his 1950s triumph relevant to today's world has to acknowledge the transformation of broadcasting culture, technology and finances in the decades since.

The National Broadcasting Corporation, or NBC, was founded in 1926, CBS went on air the following year, and the American Broadcasting Corporation, or ABC, joined the other two in 1943. By the end of the 1950s, 90 per cent of American homes had a television set, and the networks had grown into immensely powerful institutions. Their stars – Murrow was not the only one – were national figures. Since then the market has been fragmented – by cable, by satellite, and, most recently and most thoroughly, by the internet. The last truly 'Murrow-like' news reporter was probably Walter Cronkite who, as a CBS anchor in the 1960s and 1970s, was famously voted 'the most trusted man in America'. It is almost impossible to imagine a Murrow figure flourishing today.

And CBS – which would certainly feature on most lists of 'mainstream media' – has had a torrid time in the Donald Trump era. During the 2024 election campaign Mr Trump sued the network over an interview with his opponent, Kamala Harris, broadcast on its prestigious *60 Minutes* programme. He claimed Ms Harris's 'word salad' had been edited to present her in a better light. CBS initially said that the case was 'completely without merit', but in early July 2025 Paramount, the network's owner, agreed a settlement of 16 million dollars. A Trump spokesperson quickly hailed it as a 'win for the American people' over the 'fake news media'.

In mid-July 2025, hard on the heels of the settlement, CBS announced the cancellation of the long-running satirical show *Late Night with Stephen Colbert*, and at the end of the month the Federal Communications Commission, which regulates the broadcasting industry, gave long-sought approval to a merger between Paramount, the CBS owners, and the media company Skydance Productions. The FCC's chairman, Brendan Carr, a Trump appointee, welcomed the promise that the new ownership would change things at CBS: 'Americans no longer trust the legacy national news media to report fully, accurately, and fairly,' he said. 'It is time for a change.'

The row over the Kamala Harris interview had already claimed the scalp of its executive producer, Bill Owens, who had been running the programme for six years. He resigned in April 2025, citing editorial interference. 'Over the past months,' he said, 'it has become clear that I would not be allowed to run the show as I have always run it, to make independent decisions based on what was right for *60 Minutes*, right for the audience.'

In an epilogue to his *Reds, McCarthyism in Twentieth Century America*, Ted Morgan claimed that 'Just as McCarthyism began long before McCarthy, it endured long after him.' As evidence he cited the FBI dirty-tricks department known as the Counter-Intelligence Program (or COINTELPRO), which, among many other dubious activities, was responsible for bugging Martin Luther King's home and hotel rooms. COINTELPRO's leader, one William Sullivan, later said that the FBI's habit of disregarding the 'niceties of the law' was a hangover from the Second World War.

Morgan also pointed to Richard Nixon's attempts to infiltrate anti-Vietnam War groups as a further example of the spread of the McCarthyite virus. Finally, he argued that with the Bush Administration's response to the attacks of 9/11, 'the McCarthyite strain in American political life re-emerged with a vengeance – the politics of fear, the politics of insult, and the politics of deceit.'

That last stretch seems a little more difficult to make, although the attack of 9/11 loomed large at the time his book was published in 2003. Two decades on, as I laid out at the beginning of this chapter, there are plenty of American commentators who believe the McCarthyite virus is now back with a vengeance.

I AM YOUR RETRIBUTION

At the end of April 2025 NPR, America's National Public Radio, published an investigation into the first hundred days of President Trump's second term under the headline 'Trump has used government powers to target more than a hundred enemies'. The NPR 'review' found that 'The administration is using a vast array of government powers to launch criminal investigations, sweep people into ICE [Immigration and Customs Enforcement] detention, ban companies from receiving federal contracts, revoke security clearances and fire employees.'

There are, of course, important differences between the Red Scare era and the 2020s. Communism is not the national bogeyman it was in the 1950s, and in Donald Trump's rhetoric it has morphed into a vaguer term for being un-American and 'woke'. In general, the ideological dimension to Mr Trump's attacks on individuals and organizations is often slim. Mr Trump's list of enemies is even more personal than Joe McCarthy's ever was.

He has never really tried to disguise that he regards

revenge as a legitimate political ambition. At a gathering of the Conservative Political Action Committee, or CPAC, in May 2023, he told the crowd, 'I am your warrior, I am your justice, and for those who have been wronged and betrayed, I am your retribution.' He promised to destroy a list of enemies, including the so-called deep state, globalists, Communists and 'fake news media'. And he made a commitment to 'evict Joe Biden from the White House' and 'liberate America from these villains and scoundrels once and for all'.

Mr Trump's attacks on the 'fake news media' have been much more focused during his second term than they were during his first. The NPR review lists sixteen media groups and figures (including NPR itself) that have found themselves in the presidential sights. Most of the big television networks were subject to an investigation by the Federal Communications Commission. Some of the 'retribution' seems petty. For instance, traditionally liberal papers, like the *New York Times* and the *Washington Post*, were deprived of their workspaces in the Pentagon. And the Associated Press Agency was banned from the White House press corps because it refused to accept Mr Trump's declaration that the Gulf of Mexico should be renamed the Gulf of America.

As president, Mr Trump had some quickfire and easy options for making life uncomfortable for those he identified as his enemies. Several former Trump aides who have turned against him have lost the security details put in place to protect them against assassination or terrorist attacks; they include Mike Pompeo, who served as the CIA director and later the secretary of state during Mr Trump's first term; John Bolton, Mr Trump's former national security adviser (who has plenty of real enemies to fear, especially in the Iranian government); the former chairman of the joint chiefs of staff, Mike Milley; and Anthony Fauci, who advised Donald Trump during the COVID pandemic and went on to become the United States Chief Medical Adviser to the President under Joe Biden.

Mr Trump has also put a serious obstacle in the way of some of his enemies' professional lives by removing their security clearances, which makes it very difficult to engage with the government in any serious way. Names on this list include his 2016 opponent Hillary Clinton, his 2024 opponent Kamala Harris, the former secretary of state Antony Blinken and, indeed, the former president Joe Biden.

Before his re-election in November 2024, Donald Trump faced four separate criminal prosecutions, one of which led to his conviction on multiple felony counts over a payment he was alleged to have made to the porn star Stormy Daniels. All those connected with these prosecutions found themselves in the firing line. In January 2025, just after Mr Trump's inauguration, twelve Justice Department staff were sent termination letters stating that there were doubts about whether they 'could be trusted to faithfully implement the President's agenda because of their significant role in prosecuting the President'. A senior Justice Department lawyer who prosecuted many of the 6 January 2021 Capitol rioters was also fired: he was told that the work he had done was a 'grave national injustice'.

Universities have long been a target for the president and, especially, his vice president, JD Vance; this is the arena where their attacks are most ideological – and perhaps most reminiscent of the McCarthy era. Some right-wing academics and think-tanks have argued that, despite the collapse of Communism at the end of the 1980s, there is a new form of the ideology, 'cultural Marxism', which poses an equally grave challenge to America's future.

The Trump-supporting Heritage Foundation, for example, produced a 2022 paper headlined 'How cultural Marxism threatens the United States'. The battle, it argues, really began *after* the dissolution of the Soviet Union: 'American Marxists, making use of the complacency that victory often produces, have gained more influence than ever before. Cloaking their goals under the pretense of social justice, they now seek to dismantle the foundations of the American republic by rewriting history; reintroducing racism; creating privileged classes; and determining what can be said in public discourse, the military, and houses of worship'. The authors warned, 'Unless Marxist thought is defeated again, today's cultural Marxists will achieve what the Soviet Union never could: the subjugation of the United States to a totalitarian, soul-destroying ideology.'

Right-wing thinkers see universities as the main conduit by which the poison is allowed to seep into American society. And this kind of 'enemy within' worldview dovetails neatly with Donald Trump's rhetoric. In 2023 Mr Trump declared, 'We are going to choke off the money to schools that aid the Marxist assault on our American heritage and on Western civilization itself,' adding, 'The days of subsidizing Communist indoctrination in our colleges will soon be over.'

JD Vance gave a 2021 speech which baldly declared that 'the Universities are the enemy', and he later accused them of supporting what he called 'anti-whiteness'. Since the Hamas attacks of 7 October 2023 and the pro-Palestinian campus protests that followed, anti-Semitism has been, in the eyes of many cultural warriors on the right, identified as a symptom of cultural Marxism, and that has given extra impetus to the Trump Administration's attacks on America's elite academic institutions.

At the time of writing, the administration is locked in an especially bitter battle with Harvard, America's oldest university and the grandest. Harvard has refused to accept instructions from the administration that it sees as an infringement of academic freedoms, and the Trump Administration has cut billions of dollars of federal funding in response.

I shall leave it up to the reader to decide whether – as writers like Marvin Kalb, whom I quoted at the beginning of this chapter, would have us believe – these points of comparison and contrast with the McCarthy era are illuminating.

NPR's charge sheet brings home one important point of contrast: the President of the United States is infinitely more powerful than the junior senator from Wisconsin ever was, and Donald Trump has many more ways of settling scores.

The *New York Times*, meanwhile, reported in the spring of 2025 that fear of reprisal and revenge is stifling debate in American public life, and that does seem a real echo of the McCarthy era. 'More than six weeks into the second Trump Administration,' the paper concluded, 'there is a chill spreading over political debate in Washington and beyond.'

Donald Trump would, of course, view both NPR and the *Times* as sources of fake news.

6

The Presidency, Leadership and the Law

ON THE 130TH ANNIVERSARY OF George Washington's birth, 22 February 1862, the text of his Farewell Address was read out in the Chamber of the United States Senate. The Civil War was ten months old, and that same day in Richmond, Virginia, the Confederate capital, Jefferson Davis, leader of the Southern states, was inaugurated as President of the Confederacy. The Union's leaders knew that a dark and bloody year lay ahead, and they sought encouragement and inspiration in the words of the nation's founding father.

The ritual was repeated on the same day in 1888 to mark the centenary of the ratification of America's Constitution, and it is now repeated every year on Washington's birthday. The reading – with a different senator chosen each time for the honour – has become one of those very visible symbols that keep America's history alive in its day-to-day politics.

Washington wrote the Address when he decided to retire after two terms as president. It is full of wise words of warning about the dangers of factionalism, foreign entanglements and the abuse of power, and it is written with the calm lucidity of a great Enlightenment thinker.

Reading it amid the fevered activism of Donald Trump's second term is like stepping out of burning summer heat into the cool shade afforded by a copse of trees, and the panorama it offers on the political landscape – both then and now – is majestic and refreshing. On trade, for example, Washington urged 'harmony, liberal intercourse with all nations' as being 'recommended by policy, humanity, and interest'. America should, he argued, have a commercial policy 'neither seeking nor granting exclusive favours or preferences; consulting the natural course of things; diffusing and diversifying by gentle means the streams of commerce but forcing nothing'.

Like his fellow founding fathers, Washington was deeply concerned about the possibility that America's newly formed democracy might be hijacked by a despot, a new version of English kings in democratic garb. The challenge of balancing a truly democratic system with adequate protection against a demagogue was at the heart of the Constitution-making process, and in his Farewell Address the departing president stressed the importance of the 'checks and balances' that had been built into the system. He declared:

The habits of thinking in a free country should inspire caution in those entrusted with its administration to confine themselves within their respective constitutional spheres, avoiding in the exercise of the powers of one department to encroach upon another. The spirit of encroachment tends to consolidate the powers of all the departments in one and thus to create, whatever the form of government, a real despotism. A just estimate of that love of power and proneness to abuse it which predominates in the human heart is sufficient to satisfy us of the truth of this position.

We do know what Donald Trump thinks about trade – and it would seem he certainly does not favour 'diffusing and diversifying by gentle means the streams of commerce'. We do not know in any great depth or detail what he thinks about the proper exercise of presidential power, because he has never set it out as a reasoned argument of the kind Washington developed in his Farewell Address. But he has given us a few ad-libs and quick-fire answers by way of clues.

When Mr Trump redecorated the Oval Office for his second term, he brought in a portrait of the second president, John Adams, who famously declared that 'A republic is a government of laws, not of men.' In April 2025, in an interview to mark his first hundred days, the president was asked (while sitting beneath the Adams portrait) whether he agreed with that statement. The quote seemed to take him by surprise, and he declared, 'I wouldn't agree with it 100 per cent.' On the substance, Mr Trump's answer was decidedly ambiguous. 'Well, I think we're a government ruled by law but, you know, somebody has to administer the law, so therefore men, certainly, men and women, certainly play a role in it.' He added, 'We are a government where men are involved in the process of law, and ideally, you're going to have honest men like me.'

The following month he cast doubt on whether he believes he has a duty to uphold the Constitution. He was being questioned about his mass deportation policy, and the interviewer raised the Fifth Amendment guarantee that 'no person' should be 'deprived of life, liberty, or property, without due process of law'.

'Don't you need to uphold the Constitution of the United States as president?' she asked.

'I don't know,' Trump replied. 'I have to respond by saying, again, I have brilliant lawyers that work for me, and they are going to obviously follow what the Supreme Court said.'

In the same interview the president did, however, accept the constitutional ban on running for a third term, even though he sounded a little shaky on the detail: 'It's something that, to the best of my knowledge, you're not allowed to do,' he said, 'I don't know if that's constitutional that they're not allowing you to do it or anything else.'

As I have explored in earlier chapters, Donald Trump's heroes can also offer an insight into his thinking, with William McKinley the inspiration for his policy on tariffs. A portrait of Andrew Jackson, America's seventh president, was brought into the Oval Office during Donald Trump's first term, and 'Old Hickory', as he was affectionately nicknamed (hickory wood is famed for its toughness, and is used to make axe and hammer handles and baseball bats), returned to the wall there along with John Adams during the second Trump Administration. When Mr Trump visited the Jackson home in Tennessee, in 2017, he declared himself a 'big fan' of President Jackson, and called him 'inspirational'.

A CORRUPT BARGAIN

Andrew Jackson and Donald Trump have both blamed the Establishment for stealing an election.

There were four candidates in the presidential election of 1824. Jackson won the highest proportion of the popular vote (40.45 per cent) and the highest number of votes in the Electoral College by which American presidents are chosen (99), but he fell short of an absolute Electoral College majority. The Constitution dictated that in such circumstances the decision should go to the House of Representatives. Jackson assumed that the House would take note of his clear lead in both the popular vote and Electoral College votes, and endorse him as president; instead the Representatives chose John Quincy Adams, the son of the second president and very much an Establishment figure. Jackson suspected a 'corrupt bargain' between Adams and one of the defeated candidates, Henry Clay, who, he believed, had agreed to support Adams in return for an appointment as secretary of state.

Donald Trump, of course, had no basis at all for his belief that the 2020 election was stolen from him. Jackson could argue with some justice that he was indeed robbed of the 1824 election, although the process was irreproachably constitutional. Both men brooded on these two elections, and their experiences helped to fuel the campaigning energy that later fired them to victory.

The two presidents are also associated with mayhem in the great public buildings of America's capital city. The image of Jake Chansley, a.k.a. the QAnon Shaman, sporting a horned headdress, his face painted red, white and blue, strutting around the Capitol during the attack of 6 January 2020, will for ever be associated with Donald Trump (Chansley was pardoned by Mr Trump in January 2025). Andrew Jackson was equally haunted by the less sinister but rambunctious near-riot that broke out at the White House on the evening of his first inauguration following his victory in the 1828 election.

In keeping with his claim to be a man of the people,

Jackson had opened his new home to the general public. Lavish supplies of cakes, ice-cream and punch had been laid out on tables in the East Room, but no one appears to have given much thought to organizing a large crowd of excited guests who were not well schooled in the ways of gracious entertainment. Once the crowd reached the gates to the White House it broke into a stampede, and the respectable end of the president's guest list – the members of the Senate and the House, the high government officials – were swept out of the way in a rush for the cakes and punch. One of those present observed, 'The *Majesty of the People* had disappeared,' to be replaced by 'a rabble, a mob, of boys, negroes, women, children, scrambling, fighting, romping'.

When more punch arrived it made things even worse: 'As the waiters opened the doors to bring it out,' a Congressman recorded later, 'a rush would be made . . . the glasses broken, the pails of liquor upset, the most painful confusion prevailed.' The president was nearly crushed in the melee, and his aides had to form a protective ring around him. The bill for repairing and replacing furniture ran to several thousand dollars.

A final point of comparison is that Andrew Jackson in 1828 and Donald Trump in 2016, 2020 and 2024 presented themselves as outsiders. Jackson's claim to that status was probably stronger.

LIVING AT THE MARGINS

The first six United States presidents were all, to a greater or lesser degree, aristocrats. Washington, Jefferson and Madison were Virginia grandees, with large estates, dozens of slaves and fine country houses. James Monroe's family were not from the first rank of Virginia society – his father was a carpenter – but they owned land and slaves, and the fifth president studied law alongside Jefferson. John Adams and his son John Quincy Adams were quintessential Boston Brahmins.

Andrew Jackson, by contrast, grew up, as one of his biographers put it, 'living at the margins and at the mercy of others'. His parents were immigrants from northern Ireland, who scraped a living somewhere in the Carolinas. His father died suddenly just before Andrew's birth, and there is a story that the pall bearers drank so much on the way to the nearest church that they lost the corpse in a snowstorm for a while.

The revolutionary war with Britain, which began when Andrew was eight, claimed the life of his eldest brother. Andrew and a second brother joined the Patriot militia as teenagers and served as couriers, but they were captured by the British and contracted smallpox, which Andrew survived but his brother did not. Not long afterwards Andrew's mother caught cholera and died too, leaving him an orphan of war at the age of fourteen.

During his time in captivity there was an episode that inspired him to a set of settled hatreds – of privilege, class distinctions and, above all, the British. An English officer ordered Andrew to clean his boots, and when the teenager refused, the officer struck him with a sword. It left scars on Andrew's hand and arm – which he had raised to protect himself – and on his head, and later became part of the 'Old Hickory' mythology.

With the coming of peace Jackson turned to the study of law, but much of his youth appears to have been dedicated to vice and violence: he was an enthusiastic gambler, a dedicated dueller and brawler. He fought his first duel at the age of twenty – with a fellow lawyer over some now obscure slight; it ended happily with the two young men firing into the air.

In 1788 he was appointed as a prosecutor in what was then the frontier town of Nashville, and he settled there for good, rising steadily in the legal profession. He bought his first slave at around the time of his move, the beginning of a life-long enthusiasm for slave-owning, which allowed him to establish a plantation he named the Hermitage close to Nashville.

By the time of his death his estate owned 161 slaves. He was a slave-trader as well as a slave-owner, buying and selling in a market that stretched from Virginia to Tennessee and on to New Orleans. And he believed in brutal violence as a means of controlling his human 'property'.

When one of his slaves ran away in 1804 Jackson

offered a fifty-dollar reward for his recapture, plus 'ten dollars extra, for every hundred lashes any person may give him, to the value of three hundred'. And he was once heard to remark that 'Before a slave of mine should go free, I would put him in a barn and burn him alive.' Unlike Washington and Jefferson, who were uneasy about the slavery system that underpinned their wealth, Jackson does not seem to have suffered the slightest qualm.

Career success and prosperity do not appear to have calmed his outbursts of rage or his propensity towards personal violence. His entertainments at the Hermitage included breeding horses, and in 1805 he became involved in a rancorous dispute with another breeder over a cancelled race. Duelling was illegal in Tennessee, but the two slipped over the border into Kentucky, where they could try to kill one another unmolested. Charles Dickenson, his opponent, had a reputation as a deadly marksman, and got his shot off first; the bullet struck Jackson in the chest, but it glanced off his breastbone and did not damage any of his organs. Jackson recovered sufficiently to hit his opponent in the chest, and Dickenson bled to death. Asked about his own wound, Jackson is said to have remarked, 'If he had shot me through the brain, sir, I should still have killed him.'

The bullet remained lodged inside him for the rest of his life, and he picked up a second during a pub brawl a few years later. His enemy this time was Thomas Hart

Benton, a politician and soldier who later became one of his closest allies. Again, the cause of the conflict is opaque and, again, the violence was extreme. Several men were involved on both sides, armed with whips, knives and pistols. Jackson was hit in the shoulder by a bullet and seriously wounded. These episodes are merely the most egregious in a long list of whippings, canings, stabbings and shootings that punctuated the future president's early and middle life at regular intervals.

WE SHOT THEM LIKE DOGS

Jackson was elected general in the Tennessee state militia in 1802, but his opportunity to demonstrate his military prowess did not come until a decade later, when the United States declared war on Britain (for a complex mixture of reasons). The first enemy fighters he engaged with were not British but some of their Native American allies.

On 30 August 1813 a war party of Red Sticks, warriors from the Creek nation, attacked Fort Mims in southern Alabama. The fort was a stockade crowded with refugee families, and the Red Sticks killed almost all of them, including the women and children. Some four hundred people were 'scalped and mutilated' in the attack. Jackson was still languishing in bed recovering from the wounds he had suffered in the Benton brawl, but he joined his troops in the field nevertheless. The frontiersman and

Tennessee militia officer David Crockett, who was among the volunteers, recorded that the men were 'all determined to fight, judging from myself, for I felt wolfish all over'.

The first engagement with Creek warriors – led by one of Jackson's trusted aides – took place on 2 November, and Crockett had plenty of opportunity to indulge his wolfishness. 'We shot them like dogs,' he recorded. Men, women and children were slaughtered, and fifty Red Sticks were burnt to death in a hut. Only five white Americans lost their lives.

After the battle the plight of an orphaned Creek boy was brought to General Jackson's attention, and he agreed to take him into his home, giving him the name Lyncoya and providing him with an education. This is sometimes cited as evidence of his generosity of spirit, but it is worth remembering that the child was only an orphan because Jackson's men had killed his parents.

The battle was judged adequate revenge for the massacre at Fort Mims, but General Jackson did not allow things to rest there. He was determined to suppress the Creeks so thoroughly that they could never threaten white Americans again. In a series of engagements over the next few months he killed hundreds of Red Stick warriors, destroyed Creek villages and crops and drove Creek women and children to starvation.

By the end of March the Creeks had been reduced to a shadow tribe, and sued for peace. A treaty to end hostilities was agreed the following summer, and Jackson forced the Creeks to give up their claim to 23 million acres, half their ancestral lands. Burke Davis, the author of a 1970s biography of Jackson, described the agreement as 'the most rapacious treaty in the history of Indian-white relations in North America'. The brutal treatment of Native Americans and the theft of their lands, sometimes in contravention of treaties the United States had already signed, were to be hallmarks of Andrew Jackson's administrations in Washington.

In gratitude for his success in the Creek War, Jackson was promoted to the rank of major general in the United States Army, and in December 1814 he was sent to defend the city of New Orleans against a British assault. With some five thousand men under his command, he managed to fight off a British force of double that size, one that included some of Britain's finest troops, veterans of the Napoleonic Wars in Europe. The details of the battle of New Orleans are beyond the scope of this book, but the raw casualty statistics tell a compelling story; on 8 January 2015, the British lost more than two thousand dead, at the cost of only seventy American lives. Much of the killing was done by frontier marksmen who shredded the lines of advancing redcoats, which added to the sense that this was an All-American victory.

Jackson was accused of being unnecessarily heavy-handed in the way he ran New Orleans during his time in control of the city. He introduced martial law and suspended the habeas-corpus protection against arbitrary detention. When a member of the Louisiana legislature publicly argued that he was prolonging these emergency measures unnecessarily, Jackson locked him up. A local judge ordered the man's release, and Jackson locked him up too. Jackson also approved the execution of six mutineers. But such matters were as nothing when set against the achievement of his stunning victory over the British. 'As swiftly as the news spread,' wrote Burke Davis in *Old Hickory*, 'Jackson became the most celebrated man in the country, the first genuine national hero since Washington.'

In February news reached America from Europe: British and American negotiators meeting in the Flemish city of Ghent had agreed terms for ending the war before the battle of New Orleans even took place. But that did nothing to take the shine off General Jackson's achievement. The *New Hampshire Patriot* trumpeted that 'the brilliant and unparalleled victory . . . has closed the war in a blaze of glory . . . and placed America on the very pinnacle of fame'. The war had, at times, shaken America badly: in August 1814 the British had reached Washington DC and burnt down the White House. Now honour was restored. In the House of Representatives one Congressman declared, 'The terms of the Treaty are yet unknown to us. But the victory at Orleans has rendered them glorious and honourable be what they may . . . The nation now . . . is above disgrace.'

It was the perfect platform for building a populist political movement – in the broadest sense of the word – and it came at a moment when the American political system was already evolving towards a genuinely popular democracy. As Jackson's star rose, some of the checks and balances designed to moderate a free-for-all democracy and keep power in elite hands were falling away.

At the time of the American Revolution the suffrage was generally restricted to property owners, and in some states religious qualifications were required too. In the state of Georgia, for example, a 1777 statute stated that voters must be 'of the Protestant religion, and of the age of twenty-one years, and shall be possessed in their own right of two hundred and fifty acres of land, or some property to the amount of two hundred and fifty pounds'. That began to change in 1810, when Maryland abolished all property requirements for male voters, and the states of Connecticut, New York and Massachusetts soon followed.

All of the frontier states, which were being formed in the west, adopted universal suffrage for white men as they joined the Union, and by the 1840s, white men enjoyed the franchise without restrictions almost everywhere. Greater democratic opportunity created greater enthusiasm for democracy, and more and more American men cast a ballot; turnout in presidential campaigns rose from 27 per cent in 1824 to 57 per cent in 1828.

The Electoral College system was changing too. It was

originally designed to produce a body of wise citizens judged 'most likely to possess the information and discernment requisite' to select the president. They could, if they deemed it necessary, deliberate on the outcome of a presidential election and make up their own minds about whom should be awarded the keys to the White House. James Madison argued that the college would protect the process of choosing a president from what he called 'the mischiefs of faction', by which he presumably meant political parties.

In the very early days of the republic, members of the college were often chosen by state legislatures, not a popular vote, and in 1824 six states still chose their electors in this way. But by 1832, South Carolina was the only state still operating such a system, so America had moved a step closer to electing its president by popular vote.*

Madison was right that the new landscape would encourage political parties. Between 1824 and 1828, Jackson's supporters established what were known as 'Hickory Clubs' up and down the country, the nearest to a party system America had known at this stage. This push to attract grassroots supporters gave birth to all the hoopla – rallies, marching bands, speeches and

---

* Today the counting of the Electoral College votes is largely ceremonial, although the college system can still produce perverse results (as it did when Donald Trump beat Hillary Clinton in 2016 despite losing the popular vote).

posters – which still make American elections such fun today. Up against John Quincy Adams again, Jackson's campaign slogan was designed to stress his 'man of action' credentials in contrast to those of the allegedly snooty scholar who had inhabited the White House for the previous four years: 'Quincy who can write, Jackson who can fight'.

Jackson challenged the politics of the past with the politics of the future. According to Jon Meacham, a Jackson enthusiast and the author of the admiring biography *American Lion*, 'The force driving Jackson [was] a belief in the primacy of the will of the people over the whim of the powerful, with himself as the chief interpreter and enactor of that will.' And it worked. Jackson won 55 per cent of the popular vote and 178 Electoral College votes to Adams's 83. He became the first president who was not from Massachusetts or Virginia, the traditional powerhouses of American politics.

Many people reacted with the kind of outraged horror that characterized some twenty-first-century reactions to Donald Trump's election victories. Thomas Jefferson had made his view clear even before the 1824 campaign, declaring that 'I feel much alarmed at the prospect of seeing General Jackson president. He is one of the most unfit men I know of for such a place. He has very little respect for the law . . . his passions are terrible . . . he is a dangerous man.' One society hostess from South Carolina, who remembered Jackson in his youth, was astonished at the very idea of him running at all: 'What! Jackson up for president? *Jackson? Andrew* Jackson? . . . Why, when he was here he was such a rake that my husband would not bring him into the house!' A Congressman from Massachusetts declared, 'There is more effrontery in putting forward a man of his bad character – a man covered with crimes . . . than ever was attempted before upon an intelligent people.'

Alexis de Tocqueville, the peripatetic French observer of the American political scene, noted in his *Democracy in America* that 'General Jackson . . . is a man of violent character and middling ability. Nothing in his career demonstrates that he possesses the qualities required to govern a free people. Accordingly, a majority of the enlightened classes of the Union has always voted against him.' Another French observer, the newspaper editor Michel Chevalier, claimed that his populist credentials did not extend as far as listening to what people wanted, and that his style was simply to 'throw himself forward with the cry of "Comrades, follow me!"'

At this period members of the Senate were still chosen by state legislatures rather than the popular vote, so senators felt especially vulnerable to the wind of democratic change. In early 1829 Daniel Webster, the distinguished senator and Adams supporter from Massachusetts, sent a message home to Boston: 'General J will be here abt 15th Feb. Nobody knows what he will do when he does come . . . My opinion is that when he comes he will bring a breeze with him. Which way it will blow I cannot tell. My *fear* is stronger than my *hope.*'

Andrew Jackson was inaugurated on 4 March 1829, and Senator Webster was right to predict that he would 'bring a breeze with him'. President Jackson made clear that he understood his election to be a mandate for change. 'The recent demonstration of public sentiment,' he declared, 'inscribes on the list of Executive duties, in characters too legible to be overlooked, the task of reform.' His targets, he explained, were 'abuses' in the appointment of government officials, which 'have placed or continued power in unfaithful or incompetent hands'. To a complacent Washington, this was the equivalent of Donald Trump's promise to 'drain the swamp'.

The way Jackson reinvented the presidency was, undeniably, a remarkable achievement. The ends to which he bent its new power were sometimes highly controversial. Perhaps the most significant legislative achievement of his first term was the Indian Removal Act of 1830, to which I referred in chapter 2. It allowed for the wholesale ethnic cleansing of tens of thousands of Native Americans, and it was enforced with unforgiving vigour.

Although the forced removal of Native Americans to the lands west of the Mississippi was a genuinely popular cause, it would be wrong to ignore the powerful opposition Jackson's policy faced from mainstream politicians. Henry Clay, who had been John Quincy Adams's secretary of state and would later run against Jackson for the presidency, believed it would 'bring a foul and lasting stain upon the good faith, humanity and character of our nation'. Adams himself, recognizing that Jackson could secure the votes to get the measure through Congress, said that its opponents could only 'record the exposure of perfidy and tyranny of which the Indians are to be made the victims, and to leave the punishment of it to Heaven'.

When the Indian Removal Bill was debated on the floor of the Senate it prompted great eloquence from Jackson's opponents. Theodore Frelinghuysen of New Jersey declared, 'We have crowded the tribes upon a few miserable acres on our Southern frontier – it is all that is left to them of their boundless forests.' He ended by asking, 'Do the obligations of justice change with the colour of the skin? Is one of the prerogatives of the white man, that he may disregard the dictates of moral principles, when an Indian shall be concerned? No.'

Another leader of the anti-Removal movement, the Christian polemicist Jeremiah Evarts, complained that the development of a party system under Jackson had killed off the moral dimension of the debate. Claiming that the immorality of the Jackson proposal was 'already as plain in the Senate as any question of human conduct can possibly be', Evarts continued, '. . . yet it is expected that men will vote by platoons, in regular rank and file, according to party drilling, on this question of public faith. I have never before seen such a commentary on human depravity'. Evarts was to die of tuberculosis not long afterwards, exhausted by his campaigning over the issue.

In the spring of 1830 the Indian Removal Act passed in the House by a slim majority, 101 to 97, and the Senate by a solid majority of 28 to 19. Jackson signed it into law in May, and within a year it was the subject of a Supreme Court ruling that established one of Jackson's most distinctive legacies: he is remembered as a president who cared little for the law.

The Supreme Court case arose because Georgia passed a statute taking control of Cherokee lands in a way that nullified an earlier treaty between the Cherokees and the United States federal government. The Georgia law banned white people from living on Cherokee land without the state's permission, and in 1830 the state authorities arrested and charged a group of white Christian missionaries for doing that. Two of the missionaries appealed their conviction to the Supreme Court, and that allowed the Cherokees to challenge the way their original treaty with the federal government had been swept aside.

The court found in favour of the Cherokees, but the result was simply dismissed by Jackson. He was reported to have said, 'John Marshall [the chief justice of the Supreme Court] has made his decision; now let him enforce it!' That quotation may be apocryphal, but we know Jackson did write – to one of his allies – 'The decision of the Supreme Court has fell still born, and they find that they cannot coerce Georgia to yield to its mandate.'

Chief Justice John Marshall apparently felt the ruling placed the court on the right side of history: he wrote to his sister, 'Thanks be to God, the Court can wash their hands clean of the iniquity of oppressing the Indians and disregarding their rights.' But in practical terms the ruling made no difference at all: Jackson simply ignored the treaties that had already been made with Native American groups.

Although we discussed the Indian Removal Act, it is perhaps worth quoting the testimony of Alexis de Tocqueville, who witnessed one group of Native Americans crossing the Mississippi during the so-called Trail of Tears. 'It was then in the depths of winter,' he wrote, 'and that year the cold was exceptionally severe: the snow was hard on the ground, and huge masses of ice drifted on the river. The Indians brought their families with them: there were among them the wounded, the sick, newborn babies, and old men on the point of death. They had neither tents nor wagons, but only some provisions and weapons. I saw them embark to cross the great river, and the sight will never fade from my memory. Neither sob nor complaint rose from that silent assembly.'

MAD PROJECT OF DISUNION

Despite the Indian Removal Act and the crimes it made possible, Andrew Jackson has been hailed as a hero by some of America's greatest presidents, first among them Abraham Lincoln. Lincoln praised Jackson for the way he used his powers as president to defeat an early episode of secessionism, the political creed that would cause America so much grief in the 1860s.

Secessionism held that there was nothing to stop an individual state leaving the Union if it so desired, and after his re-election in 1832, Jackson faced a concerted effort from South Carolina to do exactly that. The cause for the dispute was not slavery, as it would be in the Civil War years but – and the story returns here to another Donald Trump obsession – a tariff.

Like the later tariff regimes explored in chapter 4, this one, introduced in 1828, was designed to protect Northern industries. Jackson supported it because he wanted to pay off the national debt, but Southern states believed it would make it more difficult to sell their cotton into foreign markets. Indeed it was so unpopular in the South that it became known as the Tariff of Abominations. South Carolina pursued a policy of what was known as 'nullification', excluding the state from the introduction of the new tariff levels, and the state's leaders threatened to leave the Union.

Jackson responded with a twin-track policy, offering to reform the tariff but also securing Congressional approval, which would allow him to deploy the United States armed forces if South Carolina continued to frustrate the collection of this federal tax. And in the midst of the crisis Jackson demonstrated that he, like his perennial rival John Quincy Adams, could write as well as fight. His Proclamation to the People of South Carolina became one of those documents that help to define how America works; and it sets out a new understanding of the duties of the president and the sacred character of the Union.

Jackson told the people of the rebellious state, 'The dictates of high duty oblige me solemnly to announce that you cannot succeed. The laws of the United States must be executed. I have no discretionary power on the subject, my duty is emphatically pronounced in the Constitution.' There is in fact no mention of secession in the Constitution, but Jackson insisted that 'Disunion by armed force is *treason*.'

He warned the people of South Carolina of the consequences that would follow if they continued down the secessionist path: 'On your unhappy state will inevitably fall all the evils of the conflict you force upon the government of your country. You cannot accede to the mad project of disunion, of which you would be the first victims. Its First Magistrate cannot, if he would, avoid the performance of his duty.'

Finally he appealed to them as if speaking before the court of history. 'Declare that you will never take the field unless the star-spangled banner of your country shall float over you; that you will not be stigmatized when dead, and dishonored and scorned while you live, as the authors of the first attack on your country. Its destroyer you cannot be.'

The combination of flexibility over the tariff, firmness in preparation for a possible conflict and a dose of fine rhetoric worked. South Carolina backed down, and Jackson prevailed, as he usually did.

Nearly three decades later, in 1860, Abraham Lincoln, faced with the gathering storm of a civil war, declared, 'The right of a state to secede is not an open or debatable question . . . It was fully discussed in Jackson's time and was denied . . . by him.' And he supported Jackson's view that 'It is the duty of the President to execute the laws and maintain the existing government.'

It is said that when Lincoln sat down to write his first inaugural address he locked himself up with a copy of the Constitution, two speeches by nineteenth-century political heavyweights (Henry Clay and Daniel Webster) and a copy of Jackson's Proclamation to the People of South Carolina.

Jackson was also admired by another great president, the twentieth-century liberal hero Franklin D. Roosevelt, who, in a national radio address on Andrew Jackson Day in 1941, praised him as 'an ever-living symbol of the rugged, courageous spirit of our people'. Roosevelt was speaking as America faced the very real possibility of going to war (the attack on Pearl Harbor took place in December that year), and he compared the secessionist crisis Jackson faced in the early 1830s to the crisis of the moment. 'In his day the threat to the Federal Union came from within,' FDR said. 'In our own day the threat to our Union and our democracy is not a sectional one. It comes from a great part of the world which surrounds us, and which draws more tightly around us, day by day.'

And towards the end of the address, FDR very deliberately placed himself in a tradition of strong activist presidents: 'When Abraham Lincoln became President, he had to face the awful reality of a war between the States. On 4 July 1861, in his first message to the Congress, he presented this vital question: "Must a government, of necessity, be too strong for the liberties of its own people, or too weak to maintain its own existence?"

'Lincoln answered that question as Jackson had answered it, not by words but deeds. And America still marches on. We of today have been presented with that same question. We too are answering it by deeds.'

Could it make sense to add Donald Trump's name to that tradition of strong presidents, so that it runs 'Jackson, Lincoln, Roosevelt, Trump'? The question is at least worth asking, because Roosevelt foreshadowed Mr Trump's presidential style in some important ways.

THE CONSTITUTION AS *I* UNDERSTAND IT

FDR's first inaugural address, delivered on 4 March 1933, is remembered above all for his claim that 'We have nothing to fear but fear itself,' and for the promise to repair the ravages of the Great Depression. But towards the end of that same speech, there is a striking passage that reflects a very Jacksonian understanding of the presidency.

'Action in this image and to this end [defeating the Depression] is feasible under the form of government which we have inherited from our ancestors,' Roosevelt said. 'Our Constitution is so simple and practical that it is possible always to meet extraordinary needs by changes in emphasis and arrangement without loss of essential form.' And he went on to express the hope that 'the normal balance of executive and legislative authority may be wholly adequate to meet the unprecedented task before us.'

But then came a challenge to the constitutional order. If Congress should fail to act decisively, the president warned, 'and in the event that the national emergency is still critical, I shall not evade the clear course of duty that will then confront me. I shall ask the Congress for the one remaining instrument to meet the crisis – broad Executive power to wage a war against the emergency, as great as the power that would be given to me if we were in fact invaded by a foreign foe.'

Roosevelt believed that his democratic mandate to meet a crisis was more important than constitutional niceties – that politics comes before law. And that, of course, is precisely the proposition at the heart of the second-term Trump project.

Roosevelt followed up his inaugural promises by summoning Congress to a three-month sitting, and in his first 100 days he persuaded them to pass fifteen major pieces of legislation covering different aspects of the Depression economy – the core of what became known as the New Deal. As the Roosevelt biographer Iwan Morgan notes, 'Virtually every one of these initiatives was sent to Congress with a trenchant political statement of its necessity. Whenever it looked as if the legislature might not produce the kind of measure he wanted, FDR used his influence to ensure it did his bidding.' He also issued ninety-nine Executive Orders during the same 100-day period.

Donald Trump tried to avoid the necessity of dealing with Congress by acting almost exclusively through Executive Order rather than troubling with legislation, but he was equally activist in his approach. In the first 100 days of his second term he signed 142 such orders – easily clearing the record, which until then had been held by FDR's ninety-nine. During the same period, Trump faced at least two hundred legal challenges.

Like Donald Trump, FDR had trouble with the

courts – which he tried to deal with by the kind of manoeuvre Donald Trump would surely approve.

Although many historians now look back fondly on the achievements of the New Deal, the Supreme Court of the time repeatedly ruled unconstitutional the legislation that enacted it, declaring that it went beyond the federal government's proper powers. When, at FDR's second inauguration in 1937, the chief justice of the Supreme Court administered the presidential oath, some listeners felt he added unusual emphasis to the passage requesting that the president swear to 'preserve, protect and defend the Constitution of the United States'. FDR later told an aide that he had longed to interrupt the proceedings with the answer, 'Yes, but it is the Constitution as *I* understand it, flexible enough to meet any new problem of democracy – not the kind of Constitution your court has raised up as a barrier to progress.'

A few days later Roosevelt took Washington by surprise with a proposal for a reform of the judicial system. The White House claimed this was necessary because some judges were too old and 'avoid an examination of complicated and changed conditions'. The proposed bill would allow 'constant and systematic addition of younger blood to the judiciary'.

The bill did not spell this out, but the system for achieving that would have increased the number of Supreme Court justices to fifteen, giving the president the opportunity immediately to appoint six new justices who were more sympathetic to his ambitions. Congress very quickly woke up to the fact that Roosevelt was trying to 'pack the court', and the bill failed.

HE WHO SAVES THE COUNTRY

Despite all that, one overwhelming question casts serious doubt on the idea that Donald Trump's name should be added to that tradition of strong presidents.

Those 'brilliant lawyers' to whom he referred in one of the comments I have quoted at the beginning of this chapter have used the idea of an emergency as the legal basis for some of Mr Trump's Executive Orders. The use of the Alien Enemies Act as part of his deportation policy, for example, is justified on the basis that the United States has been 'invaded', and most of Mr Trump's tariffs have been introduced under the International Emergency Economic Powers Act of 1977, which in the past has been used in a much more targeted way – to block funding for terrorist groups after 9/11, for example.

At the time of writing, the courts have been asked to rule on those 'emergencies' and whether they can be used to justify the president's actions. History will surely judge that when Donald Trump took office for a second time in January 2025, there was no existential crisis of the kind that threatened America like secessionism in 1833, civil war in 1861, or economic Armageddon in 1933. The

'Trump emergency' seems largely a rhetorical creation. Not long after his inauguration Donald Trump posted a quote attributed to Napoleon on his social-media site: 'He who saves the country breaks no law.' There can be no doubt about his mandate: he won a thumping victory in the Electoral College and a clear if narrow majority of the popular vote. But did America really need 'saving' on Inauguration Day in January 2025 in the way it did at those moments of deep crisis when strong presidents preserved the Union?

Epilogue

FLYING HOME FROM ATLANTA, GEORGIA, the day after the presidential election in November 2024, I felt, for the first time ever, unenthusiastic about making any future trips to the United States.

It was not the election result – who am I to tell Americans how they should vote? It was, rather, the way brutishness and coarseness seemed to have overtaken American politics. The attack ads in the final days of the campaign had been a hideous cacophony. And I had spent election night at the Republican Watch Party in Atlanta, where one platform speaker declared that defeating Kamala Harris was like 'putting out the garbage'. Ronald Reagan was a polarizing figure too, but he and his supporters never spoke like this. The civility that marked the America I knew in the 1980s seemed to have disappeared.

That is, of course, a personal opinion rather than the kind of objective analysis I have aspired to while writing this book. As I approach its end, I cannot resist another personal and subjective judgement.

Writing the final chapter, I concluded that Andrew Jackson, the seventh President of the United States, was a monster. His addiction to violence apparently permeated every sphere of his life: from the personal, with his brawling and brutality to slaves; to the military, with his vicious campaigning strategies and tactics; and the political, with his determined ethnic cleansing. As a consequence of that view, I found the way Jackson has been treated by American historians nauseating. Some of his biographers almost excuse his excesses in a kind of 'boys will be boys' manner.

Even the Pulitzer Prize-winning author Jon Meacham strives for something like a 'balanced' view of his genocidal approach to the removal of Native Americans from their lands. 'Jackson was neither a humanitarian nor a bigot,' he writes in his *American Lion – Andrew Jackson in the White House*, 'He was an exaggerated example of the prevailing white view, favouring removal at nearly any cost where his predecessors had spoken in softer terms of "voluntary" emigration. While he took an extreme view of Indian matters, however, he was on the extreme edge of the mainstream, not wholly outside it.' And although Meacham concedes that 'There is nothing redemptive about Jackson's Indian policy, no moment, as with Lincoln and slavery, where the moderate on a morally urgent question did the right and brave thing,' he adds, 'Not all great presidents were always good, and neither individuals nor nations are without evil.'

Two minutes' reflection tell me that this is probably inevitable. Jackson's story is, inescapably, part of America's story too, and any patriotic historian is likely to treat a past passage like this with forbearance and restraint. I am perfectly sure that I am inclined to be similarly selective in the way I treat British history and its heroes. If I was writing about Winston Churchill, for example, would I instinctively seek testimony from the Iraqi villages he bombed in the 1920s? Or from the families of those who died in the Bengal Famine of 1943? Meacham is surely right to recognize that no 'nations are without evil'.

Partisan national memories and cultural assumptions have, of course, played a huge part in British reactions to Donald Trump. We think we understand Americans because they speak our language and we watch their films, but anyone who has reported from the United States will tell you of moments when they have been brought up short by the gulf between us. Often these involve issues like the death penalty, or guns. During my 2024 visit I was startled by a gentle young woman deacon at a rural Georgia church who told me, 'We need our guns to protect our guns . . . from the government!' And because Donald Trump is so authentically himself and so authentically American, we are struck by these deep cultural differences every time we pick up a newspaper or turn on the television.

Jon Meacham, the historian I quoted above, is no Trump fan, and his view of the president has darkened with time. Looking back at the early days of Donald Trump's White House challenge in 2015, he has written, 'I thought I knew what we were dealing with . . . he struck me as a dangerous but recognizable demagogue.' As a presidential biographer, he looked to history for 'analogies from the past to shed light on the present', and his *The Soul of America – the Battle for our Better Angels*, which came out during Donald's Trump's first term, covers much of the territory that I have covered in this book – slavery, Reconstruction and white supremacy, McCarthyism.

But Meacham deployed these episodes to a rather different end: his message is full of optimism, designed to show how, in past moments of peril for the American Idea, 'presidents and citizens came together to defeat the forces of anger, intolerance and extremism'. The book ends with a call to arms. Rallying his readers to carry on fighting for America's original ideals, he reminds us, in his conclusion and his subtitle, of another soaring quotation, this one from Abraham Lincoln's First Inaugural Address: 'The mystic chords of memory, stretching from every battlefield and patriot grave to every living heart and hearthstone all over this land, will yet swell the chorus of the Union, when again touched, as surely they will be, by the better angels of our nature.'

The darkening of Meacham's view of the Trump phenomenon came with what the historian called 'His concerted efforts to overthrow the November

2020 election . . . tangible proof that he is in fact willing to follow through on the authoritarian threats he so freely makes'. And Jon Meacham declared, 'I now see him as a genuine aberration in our history – a man whose contempt for constitutional democracy makes him a unique threat to the nation.' Those words appeared in a *New York Times* essay published on 5 November 2024, the day the United States of America elected Donald Trump to serve a second term.

I set out to show that you cannot understand Donald Trump without understanding America's history. At the end of this exploration of the vital connections between past and president, I am persuaded that you cannot understand America without understanding Donald Trump.

I am reminded again of the way Ed Murrow mused on the public mood at the end of his broadcast polemic against Joseph McCarthy: 'He didn't create this situation of fear, he merely exploited it, and rather successfully. Cassius was right. "The fault, dear Brutus, is not in our stars, but in ourselves . . ." Good night and good luck.'

Further Reading

This story is a mixture of history and current affairs, and I have drawn on a mixture of sources to put it together – newspapers (online and on paper), magazine articles, my own reporting, broadcast interviews, podcasts, official websites and publications and, above all, books, some from my own library but most from the London Library's wonderfully wide-ranging collection. Below I have listed those that might appeal to readers drawn to deeper study of areas I have covered.

INTRODUCTION

6   **in the brilliant Peggy Noonan:** Peggy Noonan described her relationship with Ronald Reagan in *What I saw at the Revolution: A political life in the Reagan era*, Random House, New York, 1990. Beautifully written – as one would expect – it is revealing about a leader whose true character remains elusive even now.

9   **Gary Wills devoted a whole book:** Wills's *Lincoln at Gettysburg: The Words That Remade America*, Simon & Schuster, New York, 1992, is one of the very best books in this genre. His *Reagan's America: Innocents at Home*, William Heinemann Ltd, 1988, is another significant contribution to Reagan studies.

10   **I read Francis Fukuyama's:** Francis Fukuyama, *The End of History and the Last Man*, Free Press, New York, 1992.

CHAPTER 1: OLD TIME RELIGION

17   **the career of John Winthrop:** Francis Bremer's *John Winthrop: America's Forgotten Founding Father*, Oxford, 2003, offers a balanced view of the Puritan leader. The influential late-twentieth-century American cultural commentator Larzer Ziff, in *Puritanism in America; New Culture in a New World*, Viking Press, New York, 1973, delivers a much tougher commentary on the Puritan persecutions.

24   **All of these grisly details:** George Bishop's *New-England Judged, by the Spirit of the Lord. In two Parts* is available in hardback, published by Gale ECCO, 2018.

28   **Unlike most scions:** For those interested in the evolution of Madison's thought, I recommend Lance Banning's *The Sacred Fire of Liberty; James Madison and the Founding of the Federal Republic*, Cornell University Press, Ithaca, New York, 1995.

36   **Denis Lacorne, in his *Religion in America*:** Denis Lacorne, *Religion in America: a Political History*, Columbia University Press, New York, 2011.

40   **Here is how Mark Twain:** Mark Twain, *The Adventures of Huckleberry Finn*, University of California Press, Oakland, California, 2001.

43   **In its early years CBN:** Frances Fitzgerald's *The Evangelicals: the Struggle to Shape America*, Simon & Schuster, New York, 2017, is an especially vivid and enjoyable account of the wilder shores of American religion from the nineteenth century onwards.

48   **The author of *Holy Russia? Holy War?*:** Katherine Kelaidis, *Holy Russia? Holy War?: Why the Russian Church is Backing Putin Against Ukraine*, SPCK, London, 2023. For a broader account of Russian Orthodoxy and its relationship with power, I recommend *The Baton and the Cross: Russia's Church from Pagans to Putin*, Icon Books, London, 2024 by Lucy Ash, one of the BBC's best broadcasters and writers on foreign affairs.

CHAPTER 2: IMPERIAL AMERICA

50   **To mark VE Day 2025:** This interview is still available on BBC Sounds, and can be found in the archive of Nick Robinson's *Political Thinking* programme.

52   **the historian Tim Bouverie:** Tim Bouverie, *Allies at War, the Politics of Defeating Hitler*, Bodley Head, London, 2025.

54   **The great nineteenth-century historian:** Henry Adams's *The formative years, the history of the United States during the Administration of Jefferson and Madison*, Collins, New York, 1948 (first published 1889) remains a gripping and scholarly piece of story-telling. Adams spent much of his life near the heart of power in the late nineteenth and early twentieth centuries, and his memoir *The Education of Henry Adams* is also a classic.

55   **The story begins with:** Thomas Fleming tells this story especially well in *The Louisiana Purchase*, John Wiley, Hoboken, New Jersey, 2003.

66   **The day after the purchase:** The adventures of Captains Clark and Lewis are recorded in Ripley Hitchcock's *The Louisiana Purchase and the Exploration, Early History and Building of the West*, Ginn, Boston, Massachusetts, 1904.

69   **One revisionist historian:** Ned Blackhawk, *The Rediscovery of America, Native Peoples and the Unmaking of US History*, Yale University Press, New Haven, Connecticut, 2023.

72   **The American historian Albert Nofi:** Albert Nofi, *The Alamo and the Texas War of Independence, September 30 1835 to April 21 1836, Heroes, Myths and History*, Combined Books, Conshohocken, Pennsylvania, 1992.

73   **Mexico refused to accept:** Orlando Martinez, *The Great Landgrab, the Mexican-American War 1846–1848*, Quartet Books, London, 1975.

77   **Our manifest destiny:** For an analysis that challenges the conventional understanding of 'manifest destiny', see

Daniel J. Burge's *A Failed Vision of Empire, The Collapse of Manifest Destiny 1845–1872*, University of Nebraska Press, Lincoln, Nebraska, 2022.

79   **He began his time in office:** As we shall explore in chapter 4, McKinley has recently become a popular subject for biographers. Richard Hamilton's two-volume *President McKinley, War and Empire*, Transaction, Piscataway, New Jersey, 2006–7 is the best account of this aspect of his administration.

CHAPTER 3: IMMIGRATION, CITIZENSHIP AND DEPORTATION

89   **The novelist William Faulkner:** William Faulkner, *Requiem for a Nun*, Vintage Classics, 1996.

90   **the worst ever decision of the United States Supreme Court:** The case and its impact are exhaustively covered by Don E. Fehrenbacher in *The Dred Scott Case, Its significance in American Law and Politics*, Oxford University Press, New York, 1978. Recent Supreme Court rulings and opinions can be found on the Court's own website. Historic cases – such as Dred Scott – are available on the very efficient and user-friendly Library of Congress website.

98   **The Reconstruction campaign ran out of steam:** The aftermath of Reconstruction and the rise of Jim Crow segregation are very well covered in two recent books, Henry Louis Gates Jr's *The Stony Road, Reconstruction, White Supremacy, and the Rise of Jim Crow*, Penguin Press, New York, 2019, and Leslie Tischauser's *Jim Crow Laws*, Bloomsbury Academic, London, 2024.

108   **historians like Professor William Dunning:** Dunning's *Essays on the Civil War and Reconstruction and Related Topics*, first published in 1897, is available online on Google books.

109 **Kenneth Stampp, who challenged the story:** Kenneth M. Stampp, *The Era of Reconstruction, America after the Civil War, 1865–1877*, Eyre & Spottiswoode, London, 1965.

CHAPTER 4: TARIFFS AND TRADE

123 **McKinley came into politics:** Margaret Leech's *In the Days of McKinley*, Harper and Brothers, New York, 1959, has a certain period charm, and is also a thorough and well-sourced account of the president's life. Since Donald Trump's rise there has been a flood of new books on someone once considered the 'forgotten president'. H. Wayne Morgan's *William McKinley and his America*, Kent State University Press, Kent, Ohio, 2004, and Robert W. Merry's *President McKinley: Architect of the American Century*, Simon & Schuster, New York, 2017, are still widely recognized as leaders in the field.

126 **William McKinley's chance:** By far and away the most comprehensive account of the debates on tariffs is to be found in Douglas A. Irwin's *Clashing over Commerce, A History of US Trade Policy*, University of Chicago Press, Chicago, Illinois, 2017.

130 **Karl Rove, the Republican electoral strategist:** Karl Rove, *The Triumph of William McKinley, Why the Election of 1896 Still Matters*, Simon & Schuster Paperbacks, New York, 2015.

CHAPTER 5: MCCARTHYISM AND THE POLITICS OF REVENGE

150 **a book-length philippic:** Marvin Kalb, *Enemy of the People, Trump's War on the Press, the New McCarthyism and the threat to American Democracy*, Brookings, Washington DC, 2018.

153 **his magisterial account of McCarthyism:** Ted Morgan, *Reds, McCarthyism in Twentieth-Century America*, Random House, New York, 2003.

174 **Ed Murrow made his move against McCarthy:** A. M. Sperber's *Murrow, His Life and Times*, Freundlich Books, New York, 1986, and Joseph E. Persico's *Edward R. Murrow, An American Original*, McGraw-Hill, New York, 1988, are engaging accounts of the broadcaster's life and work. I devoted a chapter of *Auntie's War, The BBC During the Second World War*, Doubleday, London, 2017, to his reporting from London during the Blitz.

CHAPTER 6: THE PRESIDENCY, LEADERSHIP AND THE LAW

194 **Andrew Jackson, by contrast:** I have drawn on two fine biographies for my account of Jackson's life: Burke Davis's *Old Hickory, A Life of Andrew Jackson*, The Dial Press, New York, 1977, and Jon Meacham's *American Lion, Andrew Jackson in the White House*, Random House, New York, 2009.

203 **Many people reacted:** Striking reactions to Jackson's election are recorded in Arthur Schlesinger Jr's *The Age of Jackson* (with an introduction by Herbert Agar), Eyre & Spottiswoode, London, 1946.

204 **Alexis de Tocqueville:** Alexis de Tocqueville, *Democracy in America* (trans. Arthur Goldhammer), the Library of America, New York, 2004.

214 **Like Donald Trump, FDR had trouble with the courts:** This episode is well told by Iwan Morgan in *FDR, Transforming the Presidency and Renewing America*, Bloomsbury Academic, New York, 2022.

EPILOGUE

221 **'analogies from the past to shed light on the present':** Jon Meacham, *The Soul of America; the Battle for Our Better Angels*, Random House Trade Paperbacks, New York, 2019.

Acknowledgements

I would not have imagined the central proposition of this book without the work of my colleagues on Radio 4's *Sunday* programme. Week after week, they find surprising ways to bring a religious and ethical perspective to the headlines, and it nurtures the habit of looking at the news agenda in an offbeat way. I am especially grateful to Dan Tierney, the producer on my most recent trip to the United States.

Susanna Wadeson at Penguin Random House spotted the potential in my early, somewhat jumbled ideas, and her colleague Alex Christofi picked up the project and ran with it. He could not have been a better editor: he remained unfailingly calm and, despite the speed at which we worked, was always sharp in his comments and queries.

Hazel Orme's rigorous copy-editing was especially valuable on a book that was written in three months; as well as polishing my prose, she caught several embarrassing howlers. I am also grateful to Kevin Silverton at the BBC for his time and advice.

My old friend Sir Nicholas Mostyn, former High Court judge, Parkinson's campaigner and prolific podcaster, provided invaluable guidance on American law. *Law and Disorder*, the podcast he presents with the former lord chancellor Lord Falconer and the human-rights lawyer Baroness Kennedy, proved a helpful research resource.

My wife Fiona was my first reader; I am equally in awe of her story-telling instincts and her eagle eye for misplaced apostrophes.

And my thanks, as ever, to my agent at Curtis Brown, Gordon Wise, for his help and support.

ABOUT THE AUTHOR

Edward Stourton has worked in broadcasting for over forty years, and regularly presents BBC Radio 4 programmes such as *The World at One, The World This Weekend* and *Sunday.* He has been a foreign correspondent for Channel 4, ITN and the BBC, and for ten years he was one of the main presenters of the *Today* programme.